DIREITO das FAMÍLIAS

O GEN | Grupo Editorial Nacional – maior plataforma editorial brasileira no segmento científico, técnico e profissional – publica conteúdos nas áreas de concursos, ciências jurídicas, humanas, exatas, da saúde e sociais aplicadas, além de prover serviços direcionados à educação continuada.

As editoras que integram o GEN, das mais respeitadas no mercado editorial, construíram catálogos inigualáveis, com obras decisivas para a formação acadêmica e o aperfeiçoamento de várias gerações de profissionais e estudantes, tendo se tornado sinônimo de qualidade e seriedade.

A missão do GEN e dos núcleos de conteúdo que o compõem é prover a melhor informação científica e distribuí-la de maneira flexível e conveniente, a preços justos, gerando benefícios e servindo a autores, docentes, livreiros, funcionários, colaboradores e acionistas.

Nosso comportamento ético incondicional e nossa responsabilidade social e ambiental são reforçados pela natureza educacional de nossa atividade e dão sustentabilidade ao crescimento contínuo e à rentabilidade do grupo.

RODRIGO DA CUNHA PEREIRA

DIREITO das FAMÍLIAS

6ª edição — revista, atualizada e ampliada

Prefácio Min. Edson Fachin

- O autor deste livro e a editora empenharam seus melhores esforços para assegurar que as informações e os procedimentos apresentados no texto estejam em acordo com os padrões aceitos à época da publicação, e todos os dados foram atualizados pelo autor até a data de fechamento do livro. Entretanto, tendo em conta a evolução das ciências, as atualizações legislativas, as mudanças regulamentares governamentais e o constante fluxo de novas informações sobre os temas que constam do livro, recomendamos enfaticamente que os leitores consultem sempre outras fontes fidedignas, de modo a se certificarem de que as informações contidas no texto estão corretas e de que não houve alterações nas recomendações ou na legislação regulamentadora.

- Fechamento desta edição: *21.02.2025*

- O autor e a editora se empenharam para citar adequadamente e dar o devido crédito a todos os detentores de direitos autorais de qualquer material utilizado neste livro, dispondo-se a possíveis acertos posteriores caso, inadvertida e involuntariamente, a identificação de algum deles tenha sido omitida.

- **Atendimento ao cliente: (11) 5080-0751 | faleconosco@grupogen.com.br**

- Direitos exclusivos para a língua portuguesa
  Copyright © 2025 by
  Editora Forense Ltda.
  Uma editora integrante do GEN | Grupo Editorial Nacional
  Travessa do Ouvidor, 11 – Térreo e 6º andar
  Rio de Janeiro – RJ – 20040-040
  www.grupogen.com.br

- Reservados todos os direitos. É proibida a duplicação ou reprodução deste volume, no todo ou em parte, em quaisquer formas ou por quaisquer meios (eletrônico, mecânico, gravação, fotocópia, distribuição pela Internet ou outros), sem permissão, por escrito, da Editora Forense Ltda.

- Capa: Aurélio Corrêa

- **CIP-BRASIL. CATALOGAÇÃO NA PUBLICAÇÃO**
  SINDICATO NACIONAL DOS EDITORES DE LIVROS, RJ

P495d
6. ed.

Pereira, Rodrigo da Cunha
  Direito das famílias / Rodrigo da Cunha Pereira ; prefácio Edson Fachin. - 6. ed., rev., atual., e ampl. - Rio de Janeiro : Forense, 2025.
  624 p. ; 24 cm.

  Inclui bibliografia
  ISBN 978-85-3099-687-1

  1. Direito de família - Brasil. I. Fachin, Edson. II. Título.

25-96586
  CDU: 347.6(81)

Gabriela Faray Ferreira Lopes - Bibliotecária - CRB-7/6643

Ao IBDFAM, que desde 1997 vem criando possibilidades, novos olhares, novas escutas, novas tendências, pela ética do sujeito e da liberdade das famílias, sempre inspirado e inspirando relações mais responsáveis, afetivas, afetuosas e amorosas.

SOBRE O AUTOR

Advogado, Doutor (UFPR) e Mestre (UFMG) em Direito Civil, Presidente do IBDFAM – Instituto Brasileiro de Direito de Família. Atua na área de Direito de Família e Sucessões desde 1983, buscando no discurso psicanalítico o suporte para a sua advocacia. Autor de vários livros e artigos em Direito e Psicanálise. É também Professor e Parecerista.

APRESENTAÇÃO

O conteúdo deste livro é fruto de minhas reflexões e atuação na área do Direito de Família, o que venho fazendo desde o ano de 1983. Portanto já se vão quase quatro décadas trabalhando especificamente com Direito das Famílias e das Sucessões, bem como ministrando aulas na graduação (PUC-Minas) e pós-graduação *lato sensu* e *stricto* sensu em todo Brasil. Somente agora me sinto autorizado a fazer isto, a esta altura da vida. Talvez um pouco retardatário, mas é que eu quis trazer minha prática a essas teorias. Afinal, uma teoria é totalmente vazia de sentido, se não tiver resultados práticos.

Este livro é dirigido a todos os profissionais do Direito que se interessam em fazer uma viagem mais profunda no universo do Direito de Família, ainda que ele tenha esse caráter mais manualístico, ou seja, de pretender trazer todo o conteúdo em apenas um livro economizando palavras. Sim, escrever é a arte de economizar palavras, como bem disse meu conterrâneo mineiro Carlos Drumond de Andrade. Então, o desafio deste compêndio é trazer o maior conteúdo possível em menos palavras, sem perder profundidade.

Ao final de cada capítulo trago um resumo que dá uma brevíssima ideia do assunto para ajudar a estudar, a organizar o aprendizado e memorizá-lo. Além disso, trago uma filmografia relativa a cada capítulo. É a Arte, e especificamente em sua linguagem cinematográfica, ajudando a ampliar e aprofundar a compreensão jurídica dos assuntos aqui tratados. E, aproveitando os recursos da tecnologia, o leitor poderá, também, assistir vídeos gravados por mim, em que destaco algumas questões polêmicas de cada capítulo.

Do começo ao fim, o leitor notará a influência do discurso psicanalítico em meu raciocínio. Não é possível mais pensar a objetividade dos atos e fatos jurídicos e a trans-historicidade das famílias, sem a compreensão da subjetividade que o permeia o tempo todo. O sujeito do inconsciente está presente na cena jurídica e judicial, e também é quem o determina. As tramas e dramas do Direito de Família, e com os quais lidamos no dia a dia são determinados ou pre--determinados por um outro sujeito, que habita em cada um de nós: o sujeito do inconsciente, que carrega consigo uma força poderosa determinando contratos, casamentos, divórcios, separações, reconhecimento de paternidade, alimentos, assistência, cuidado etc. Somente por causa desta compreensão do sujeito de direitos como sujeito de desejos é que foi possível incorporar no ordenamento jurídico o afeto como valor jurídico. E isto continua revolucionando e modificando toda a organização jurídica sobre as famílias.

Aliado à teoria jurídica e psicanalítica, quis trazer também a minha experiência, não apenas como professor, mas também como Advogado que trabalha especificamente com Direito de Família e Sucessões na minha "clínica do Direito". Nosso trabalho como profissionais, seja como Advogados, Defensores Públicos, Magistrados, membros do Ministério Público, Assessores, é um trabalho de imensa responsabilidade, pois modifica e transforma a vida das pessoas. Nosso trabalho profissional é também de ajuda, de escuta e de compreensão do desamparo àqueles que buscam algum amparo na justiça. Daí a nossa grande responsabilidade, que começa com a compreensão de um conteúdo teórico, que trago aqui neste livro de Direito das Famílias.

O autor

PREFÁCIO

A obra, expressão fiel do seu autor, autentica a vivência do Direito das Famílias pelo Professor Rodrigo da Cunha Pereira, testemunhando-se nela o que de melhor se produziu sobre o tema nas últimas décadas. Ciente e consciente de que a teoria, sem resultados práticos, é vã, o Professor e dileto amigo Rodrigo da Cunha Pereira apresenta-nos um trabalho de envergadura e profundidade inéditas, especialmente sob o prisma da compreensão psicanalítica das tramas e dramas com os quais os estudiosos e profissionais do Direito das Famílias se deparam em seus afazeres cotidianos.

A benfazeja influência do discurso psicanalítico, ao longo de todo o trabalho, reforça a autenticidade e originalidade da exposição do Direito das Famílias, que se constrói, na obra, a partir das relações de sujeitos de direitos e de desejos; de seres humanos reais que dialogam, por meio das diversas instituições e institutos jurídicos, pelo canal dos afetos.

Sim, o Professor Rodrigo da Cunha Pereira afirma, com a propriedade de quem pensa o Direito de forma integral, utilizando-se, como poucos, dos dois lados do cérebro, que a trans-historicidade das famílias somente será compreendida pela chave da intersubjetividade.

O afeto é o elo que conecta todos os capítulos do livro, escrito com acuidade acadêmica, perspectiva crítica e genuína preocupação com a dogmática jurídica mais atualizada. O princípio da confiança, da lealdade e da boa-fé objetiva são os elementos que conduzem o sujeito de direitos, nas suas relações familiares, a uma plena consciência e responsabilidade como sujeito de desejos.

Já no primeiro capítulo, pontua-se que, "*a partir do momento em que as pessoas passaram a se casar por amor, a família deixou de ser essencialmente um núcleo econômico e de reprodução para ser o espaço do amor e do afeto*". E nessas relações, marcadas inexoravelmente por amor e por afeto, os sujeitos constituem-se cultural e juridicamente em um núcleo de direitos, especialmente de intimidade e privacidade, a que se chama de família, expressão única que engloba, generosamente, múltiplas possibilidades significantes.

A percepção do Autor, para contextualizar o Direito das Famílias no Estado Democrático de Direito, afinando-o meticulosamente com a Constituição de 1988, levou a um interessante catálogo explicado sobre os princípios constitucionais fundamentais estruturantes do Direito das Famílias, o que foi feito no Capítulo 2. Numa perspectiva pós-positivista, em que se assumem as normas como regras e princípios, bem como se apresentam os princípios constitucionais fundamentais do Direito de Família, destaque se deu para o princípio da dignidade da pessoa humana (art. 1º, III, CRFB); princípio do melhor interesse da criança e do adolescente (art. 227, CRFB); e princípio da pluralidade das formas de família (art. 226, CRFB).

O terceiro capítulo traz como tema central o instituto do casamento, enfatizando-se que, apesar de ser a forma mais conhecida de constituir-se uma família, não é a única, nem pode ser considerada superior às demais. Lembra-nos que se trata, o casamento, de um contrato especial e personalíssimo, celebrado de múltiplas formas e por meio de ritos diversos, a depender dos costumes e da cultura, o qual, conforme anota o Professor Rodrigo da Cunha Pereira, gera direitos e deveres tais como: fidelidade recíproca; mútua assistência; afeto e respeito mútuos, dentre outros.

Em continuidade, em capítulo específico sobre regimes de bens, o Professor Rodrigo da Cunha Pereira reitera que casamento implica a escolha de um regime de bens, o qual regulará a relação patrimonial entre os nubentes. Esse regime de bens pode ser o legal, estabelecido de forma obrigatória em algumas situações, ou o consensual, em outras, sendo possível, inclusive, que os noivos construam regime próprio e personalizado às suas realidades/necessidades (art. 1.639, CCB).

Ingressando nas temáticas afetas ao nosso tempo, a obra cuida da união estável, apresentada como uma das formas constituidoras de um núcleo familiar, a qual prescinde do vínculo do casamento civil. Anote-se que a caracterização da união estável não descura de elementos caracterizadores, tais como: convivência *more uxório*, durabilidade e estabilidade, dependência econômica, fidelidade-lealdade e publicidade. Mas é preciso também reconhecer que as famílias de nosso tempo são tão múltiplas quanto podem ser as relações entre os seres humanos, sendo a união estável, em todas as suas múltiplas formas, ato-fato-jurídico. Sendo vinculada à realidade, a regulamentação da união estável conduz a uma contradição: como estabelecer normas para regular uniões afetivas cuja essência é não estar sob a regulação do Estado?

No sexto capítulo da obra, o tema é o divórcio e a dissolução da sociedade e do vínculo conjugais. Descrito pelo Professor Rodrigo da Cunha Pereira como um momento de "*desamparo estrutural do ser humano*", o divórcio induz os envolvidos no processo – no sentido de caminho percorrido – de dissolução da sociedade conjugal a um profundo encontro com eles mesmos. De forma original, afirma o Professor: "*O fim da sociedade e vínculo conjugal não significa o fim da família, nem o fim da felicidade; pelo contrário, separa-se para ser feliz, para melhorar de vida ou pelo menos ser menos infeliz (...)*". E continua: "*Um dos mais sofridos e traumáticos ritos de passagem em nossa vida é o da separação conjugal. Alguns não conseguem transpor este ritual e viver o luto necessário. Se o casamento adoeceu, é necessário fazer alguma coisa por ele e pelos sujeitos ali envolvidos*", anota condoído o Professor Rodrigo da Cunha Pereira.

Seguindo a trilha do anterior, no capítulo sobre alimentos, afirma-se que este instituto jurídico "*decorre dos princípios da solidariedade e da dignidade humana, destinando-se àqueles que não podem arcar com a própria subsistência.*" Aqui, o princípio da realidade norteia a doutrina civilista, consolidando-se que o instituto dos alimentos funda-se em dois pressupostos essenciais: necessidade de quem recebe e possibilidade de quem paga, das quais se origina a obrigação decorrente do poder familiar e do parentesco.

Ainda como decorrência da dissolução da sociedade conjugal, o capítulo oitavo discorre sobre a partilha de bens, que obedecerá o regime de bens escolhido pelo casal. Lembra o Professor Rodrigo da Cunha Pereira que "*pode haver divórcio sem partilha, mas não há partilha sem divórcio*". Trata-se da faceta patrimonial do rompimento do vínculo conjugal, em que o processo judicial de separação é "*(...) metaforicamente, para o Direito de Família, um caminho percorrido e a percorrer, no qual as partes vão depositando suas angústias, insatisfações, frustrações, enfim os restos do amor e também a sensação de que foi enganado, para que o Judiciário retifique e repare o erro do outro e diga quem tem razão no fim do casamento*".

Por ser tema de importância crucial para as questões de Direito das Famílias, o bem de família é tratado em capítulo próprio, enfatizando-se a teoria do estatuto do patrimônio mínimo como sustentação para a impenhorabilidade da casa de família. A dignidade da pessoa humana também é invocada como princípio constitucional que ancora, com apoio no mínimo existencial, a tese de que a casa de família, considerando família em suas amplas e múltiplas formas, não pode ser penhorada.

O décimo capítulo do compêndio é dedicado ao tema das parentalidades, nome escolhido pelo Professor Rodrigo da Cunha Pereira para apresentar o regime jurídico das relações de parentesco, que hoje já não se limitam aos vínculos biológicos, estendendo-se também para os vínculos socioafetivos. Importante ressaltar, como fez o autor, que a informação do histórico

PREFÁCIO **XIII**

genético familiar é direito fundamental do sujeito, especialmente relacionado com o direito fundamental à saúde, mas que a ação de investigação de origem genética não tem necessariamente efeitos patrimoniais, e nem sempre alterará o vínculo parental já estabelecido.

Este tema das parentalidades é cotidianamente desafiado pelos avanços científicos no campo da genética e pelas normas jurídicas e culturais, nacionais e internacionais, relacionadas com a concepção e gestação de uma criança. Ao discorrer sobre a política pública de planejamento familiar, sobre a reprodução assistida heteróloga e homóloga, sobre a gestação compartilhada ou útero de substituição, filiação socioafetiva com multiparentalidade, o Professor Rodrigo da Cunha Pereira demonstra seu afinamento com as questões mais controvertidas da área, bem como sua vocação acadêmica para dar soluções a problemas complexos, com profundidade e leveza.

Nesse contexto, no Capítulo 11, cuida-se do exercício da autoridade parental e do complexo problema do abandono afetivo, enfatizando a condição de sujeitos de direitos não apenas dos adultos das relações familiares, mas também das crianças e adolescentes. Enfatiza o direito dos membros das famílias ao cuidado e ao afeto, com fundamento nos princípios constitucionais da dignidade humana, da solidariedade, da paternidade responsável e do melhor interesse da criança e do adolescente, como também do idoso e do curatelado, lembrando que o *"afeto é mais que um sentimento. É uma ação, uma conduta, presente ou não o sentimento."* Dessa forma, conclui o Professor, *"está na categoria dos deveres que podem ser impostos como regra jurídica."*

Sobre a guarda dos filhos e convivência familiar, ressalta-se na obra que se trata de um instituto cuja principal função é chamar os membros da família ao dever de assistência e cuidado, provimento material e moral, e, sobretudo, para o processo de educação dos menores, que, segundo o Professor Rodrigo da Cunha Pereira, é *"uma verdadeira função protetiva e promocional, em todos os aspectos".*

A alienação parental, tratada em capítulo específico pela importância do tema para o Direito de Famílias da atualidade, originou as reflexões do décimo terceiro capítulo, que avançou, com acuidade, pela dogmática jurídica específica, mas também contribuiu com análise própria, de viés psicanalítico, sobre o problema:

> O alienador, assim como todo abusador, é um usurpador da infância, que se utiliza da ingenuidade e inocência das crianças e adolescentes, para aplicar o seu golpe, às vezes mais sutil, mais requintado, às vezes mais explícito e mais visível, e o filho acaba por apagar as memórias de convivência e de boa vivência que teve com o genitor alienado. Embora o alvo da vingança e rancor seja o outro genitor, a vítima maior é sempre a criança ou o adolescente, programado para odiar o pai ou a mãe, ou qualquer pessoa que possa influir na manutenção de seu bem-estar, o que significa violação também dos princípios constitucionais da dignidade humana (Art. 1º, CR), do melhor interesse da criança e do adolescente (Art. 227, *caput*, CR) e da paternidade responsável (Art. 226, § 7º, CR).

O Professor Rodrigo da Cunha Pereira é percuciente ao tratar do instituto da adoção, tema do Capítulo 14 de seu livro: *"A verdadeira paternidade/maternidade é adotiva: se eu não adotar meu filho, mesmo biológico, jamais serei pai/mãe."* Com fundamento nas raízes históricas do instituto da adoção, lembra-nos o estimado Professor que o milenar instituto é a comprovação mais evidente de que família é antes produto cultural do que um fato natural. Apresenta-nos os vários tipos de adoção, advertindo que a tal instituto exige a destituição dos genitores da condição de pais registrais, situação em que os pais adotivos assumirão definitivamente esta condição, salvo nas hipóteses de multiparentalidade.

A ideia de Justiça, com apoio na Psicanálise, apresenta-se bastante evidente no Capítulo 15, pois, para compreender os limites da razão e desrazão, capacidade e incapacidade, o Professor Rodrigo da Cunha Pereira sugere visão interdisciplinar para uma melhor aplicação das normas jurídicas. Afirma também que *"um dos esteios do sistema de proteção aos incapazes, no ordenamento jurídico brasileiro, é a tutela, ao lado da curatela e do poder familiar"*, sem desconsiderar os avanços da tomada de decisão apoiada, nos termos da Lei 13.146/2015.

O idoso é objeto das reflexões e considerações do décimo sexto capítulo, com destaque para as figuras do idoso e do superidoso, bem como para os temas do abandono afetivo e da respectiva reparação civil, dos direitos diretamente decorrentes dos afetos, como o direito de os avós conviverem com os netos e vice-versa. A alienação parental também é objeto de análise nesse contexto específico, afirmando o mesmo direito já considerado em relação aos pais para os avós paternos e maternos. A prioridade especial para idosos acima de 80 anos é não apenas um dever legal, mas principalmente prática cultural de civilidade de um povo.

No Capítulo 17, o Professor Rodrigo da Cunha Pereira enfrenta a difícil realidade da violência doméstica, registrando que tanto homens quanto mulheres podem ser agressivos, mas que cerca de noventa por cento da violência doméstica é praticada por homens. Adverte o Professor, com ampla experiência nos processos judiciais que cuidam de dramas conjugais, que a maior parte das vezes a violência doméstica nasce pela incapacidade de um dos cônjuges de suportar a rejeição e o desamparo. Cuida, com propriedade técnica e acuidade intelectual, o "desejo de poder" e o "poder de desejo" como fontes de sustentação da vida do indivíduo, afirmando que *"é na intimidade do casal, dos desejos contidos, das inseguranças, do ódio/amor, que vem a explosão da violência."* Rememora que a Lei Maria da Penha foi o primeiro texto legislativo a usar a palavra "afeto" (art. 5º, III, Lei 11.340/2006).

Por fim, no último capítulo de sua grandiosa obra, o ilustre Professor Rodrigo da Cunha Pereira demonstrou ser um homem afinado com a expansão imposta e interferências inexoráveis das conexões globais do século XXI. Ao tratar das famílias no direito internacional privado, acolhe os dramas de um paradoxo: *"Embora os sistemas de comunicação tenham facilitado as relações afetivas, as regras jurídicas para solucionar questões e conflitos daí decorrentes continuam sendo aquelas que esbarram em seus limites territoriais"*. Faz importante registro dogmático das bases legais para resolver os problemas entre sujeitos de nacionalidades diferentes, lembrando que *"a capacidade para o casamento e os direitos de família são regidos pela lei pessoal dos nubentes, ou seja, a lei do seu domicílio. Uma vez o casamento tendo sido consumado, seus efeitos e limitações serão submetidos à lei domiciliar"*.

A obra, de fôlego, que nos apresenta o Professor Rodrigo da Cunha Pereira é fruto de uma vida profissional e acadêmica autêntica e sustentável, além da genialidade de quem não foge de suas próprias verdades. A cada linha escrita, cada ideia apresentada, cada tese posta e contraposta pelos autores escolhidos e pelas teorias confrontadas, percebe-se a presença do ser humano pleno e seguro de sua missão e vocação para o Direito e para as Famílias.

Afirmo e confirmo, com a segurança de quem testemunhou, com muita honra e alegria, o caminho percorrido para se chegar até esse admirável cume, que os juristas brasileiros têm em mãos uma pedra angular do Direito das Famílias, cuja leitura far-se-á obrigatória para todos aqueles que desejem conhecer e dialogar sobre essa área do Direito.

A amizade cultivada ao longo das quatro décadas, as quais coincidem com o tempo de maturação das reflexões desse livro, permite-me, sem medo de exagerar, dizer que se trata de uma das mais genuínas contribuições da doutrina brasileira para o Direito das Famílias, tanto no âmbito nacional quanto no comparado, porque fruto da verdade e da vontade de um sujeito que se move pelos afetos.

Luiz Edson Fachin
Verão de 2020

SUMÁRIO

Capítulo 1 – DIREITO DAS FAMÍLIAS	1
1.1 O que é Direito de Família? Direito público ou privado?	1
1.2 Breve histórico da família e revisitando conceitos	3
1.3 Origem e estruturação da família	5
1.4 A promiscuidade e a formação das famílias	6
1.5 O incesto é a base de todas as proibições – a primeira lei é uma lei de Direito de Família; O *Totem e Tabu* em Freud	7
1.6 O direito e desejo; ética e moral, uma distinção necessária	9
1.7 As fontes do Direito das Famílias	11
1.8 A família nas Constituições brasileiras	13
1.9 O conceito de família e sua organização jurídica – a família como estruturação psíquica.	16
1.10 As entidades familiares parentais e conjugais	18
1.10.1 Família democrática	18
1.10.2 Família eudemonista	19
1.10.3 Família patriarcal	19
1.10.4 Família conjugal	20
1.10.5 Família parental	20
1.10.6 Família monoparental	21
1.10.7 Família anaparental	21
1.10.8 Família unipessoal	21
1.10.9 Família multiparental	22
1.10.10 Família substituta	25
1.10.11 Família extensa	25
1.10.12 Família ectogenética	26
1.10.13 Família socioafetiva	27
1.10.14 Famílias mútuas	28
1.10.15 Família coparental	28
1.10.16 Família nuclear	28
1.10.17 Família binuclear	29
1.10.18 Família natural	29
1.10.19 Família informal	29
1.10.20 Família matrimonial	29
1.10.21 Família avuncular	30
1.10.22 Família mosaico	30
1.10.23 Família recomposta ou reconstituída	31
1.10.24 Família fissional	31
1.10.25 Família homoafetiva	32
1.10.26 Família homoparental	33
1.10.27 Família multiconjugal	34

1.10.28	Família simultânea ou paralela	34
1.10.29	Família poliafetiva	36
1.10.30	Família multiespécie	38

1.11 Direito de Família e suas conexões com outros ramos do Direito 39

1.11.1	O Direito de Família e o Direito das Sucessões	39
1.11.2	O Direito de Família e o Direito Constitucional	40
1.11.3	O Direito de Família e o Direito Penal	41
1.11.4	O Direito de Família e o Direito Empresarial	43
1.11.5	O Direito de Família e o Direito Tributário	45
1.11.6	O Direito de Família e o Direito Contratual/Obrigacional	46
1.11.7	O Direito de Família e o Direito Previdenciário	49

1.12 Institutos do Direito Civil na perspectiva do Direito de Família 50

1.12.1	Reponsabilidade civil no Direito das Famílias	50
1.12.2	Perda de uma chance	52
1.12.3	*Supressio surrectio*	54
1.12.4	*Venire contra factum proprium*	56
1.12.5	A boa-fé objetiva	56
1.12.6	Confiança e lealdade	59

1.13 A mediação como técnica de resolução de conflitos 60

1.14 Direito de Família e interdisciplinaridade 62

1.14.1	Direito de Família e Psicanálise	62
1.14.2	Seis conceitos de Psicanálise fundamentais para compreensão do Direito das Famílias	64

1.14.2.1	Inconsciente	64
1.14.2.2	Sexualidade	65
1.14.2.3	Desejo	67
1.14.2.4	Gozo	68
1.14.2.5	Desamparo	70
1.14.2.6	Fetichismo	70

1.14.3	Direito de Família e Arte	71

1.15 Direito das Famílias sob a perspectiva do gênero 73

1.16 Direito das Famílias visto sob a perspectiva da racialidade 76

1.17 Resumo 78

Filmografia 79

Capítulo 2 – OS PRINCÍPIOS FUNDAMENTAIS PARA O DIREITO DE FAMÍLIA 81

2.1 Uma principiologia para o Direito de Família 81

2.2 A quebra do dogmatismo e positivismo jurídico e a contribuição da psicanálise 83

2.3 Normas e princípios; Kelsen e colisão de princípios 85

2.3.1	O princípio da dignidade humana	87
2.3.2	O princípio da monogamia	88
2.3.3	O princípio do melhor interesse da criança/adolescente	91
2.3.4	O princípio da igualdade e o respeito às diferenças	93
2.3.5	O princípio da autonomia e da menor intervenção estatal	96
2.3.6	O princípio da pluralidade de formas de família	97
2.3.7	O princípio da afetividade	100
2.3.8	O princípio da solidariedade	102
2.3.9	O princípio da responsabilidade	104
2.3.10	O princípio da paternidade responsável	105

2.4 Resumo 107

Filmografia 108

Capítulo 3 – CASAMENTO 109

3.1 Breve histórico e conceito 109
3.2 Natureza Jurídica 111
3.3 Esponsais (noivado) 113
3.4 Espécies 115
    3.4.1 Casamento civil 115
    3.4.2 Casamento religioso com efeitos civis 115
    3.4.3 Casamento por procuração 116
    3.4.4 Nuncupativo ou *in articulo mortis* ou *in extremis* 116
    3.4.5 Casamento putativo 117
    3.4.6 Casamento avuncular 117
    3.4.7 Casamento homoafetivo 118
    3.4.8 Casamento consular 119
    3.4.9 Casamento de estrangeiros 121
3.5 Capacidade para casar; as pessoas com deficiência 121
3.6 Impedimentos para o casamento, absolutos e relativos 123
3.7 Causas suspensivas: não devem casar 124
3.8 Processo de habilitação; os proclamas e seus elementos ficcionais 124
3.9 Celebração 126
3.10 Estado civil 127
3.11 Posse de estado de casado 128
3.12 Eficácia do casamento 129
3.13 Direitos e deveres dos cônjuges – fidelidade, infidelidade e o código particular de cada casal; o fim da discussão da culpa conjugal 130
    3.13.1 Infidelidade virtual 132
3.14 Invalidade do casamento 132
    3.14.1 Casamento nulo 133
    3.14.2 Casamento anulável 133
        3.14.2.1 O erro essencial 136
        3.14.2.2 Impotência sexual e o débito conjugal 138
3.15 Casamento inexistente 139
3.16 Resumo 140
Filmografia 141

Capítulo 4 – REGIME DE BENS 143

4.1 Disposições gerais 143
4.2 Regime de bens obrigatório, supletivo e convencional 144
4.3 Pacto antenupcial e pós-nupcial 146
    4.3.1 Disposições gerais 146
    4.3.2 O conteúdo patrimonial e pessoal do pacto: o que pode e o que não pode. Os nubentes podem renunciar à herança? 148
    4.3.3 Pactos e contratos paraconjugais 150
4.4 Regime da comunhão parcial 151
    4.4.1 Bens comunicáveis 152
    4.4.2 O que são frutos comunicáveis? 152
    4.4.3 Bens incomunicáveis 154
    4.4.4 Previdência Privada, FGTS, verbas rescisórias e outros ativos 154
    4.4.5 Cotas e ações das empresas 157
4.5 Regime da comunhão universal 158
    4.5.1 Bens incomunicáveis e fideicomisso 158
4.6 Regime da participação final nos aquestos 160

XVIII DIREITO DAS FAMÍLIAS – *Rodrigo da Cunha Pereira*

4.7	Regime da separação de bens	161
4.8	Regime da separação obrigatória e a súmula 377 do STF	161
4.9	A administração dos bens comuns e particulares, e reponsabilidade pelas dívidas	164
4.10	Doação entre cônjuges e a terceiros. Proibições	166
4.11	Mudança de regime de bens	167
	4.11.1 Quebra do princípio da imutabilidade	167
	4.11.2 Efeito *ex tunc* ou *ex nunc*?	168
	4.11.3 Procedimento para alteração do regime de bens	170
	4.11.4 Alteração do regime para maiores de 70 anos	171
4.12	Resumo	173
	Filmografia	174

Capítulo 5 – UNIÃO ESTÁVEL 175

5.1	Origem e breve evolução histórica	175
5.2	Conceito e pressupostos para caracterização da união estável	177
5.3	Namoro, namoro qualificado, noivado, união estável e casamento	182
	5.3.1 Contratos. Retroatividade. Pessoas com deficiência	185
5.4	Relação *sugar* e união estável	188
5.5	União estável e o paradoxo da sua regulamentação	189
5.6	União estável ou concubinato; convivente ou companheiro?	193
5.7	A união estável como ato – fato jurídico	194
5.8	Conversão da união estável em casamento	194
5.9	Prazo para se reclamar em juízo: prescrição	198
5.10	As consequências pessoais na união estável	200
	5.10.1 Sobrenome, guarda e convivência	201
	5.10.2 Existe um estado civil para união estável?	202
	5.10.3 Presunção de paternidade	203
5.11	As consequências patrimoniais na união estável	203
	5.11.1 Regime de bens na união estável	206
	5.11.2 Os negócios jurídicos na união estável e o terceiro de boa-fé	207
	5.11.3 Meação e triação	208
	5.11.4 Alimentos na união estável	210
	5.11.5 União estável e Previdência Social	210
	5.11.5.1 Reivindicação de pensão previdenciária – foro competente – Justiça estadual ou federal?	213
5.12	União estável homoafetiva e os fantasmas da sexualidade	214
5.13	Concubinato ou famílias simultâneas?	216
	5.13.1 União estável putativa	218
	5.13.2 Uniões estáveis simultâneas e relações extraconjugais. A outra, o outro: a função social dos amantes	219
5.14	União estável e sucessão hereditária – Direito real de habitação e usufruto	220
5.15	União estável e processo judicial	222
	5.15.1 A dissolução da união estável	224
5.16	A equiparação entre casamento e união estável pelo STF – Companheiro(a) é herdeiro necessário?	230
5.17	Teses do STJ a partir de seus julgados	231
5.18	Resumo	234
	Filmografia	236

Capítulo 6 – DIVÓRCIO E DISSOLUÇÃO DA SOCIEDADE E DO VÍNCULO CONJUGAL 237

6.1	Divórcio e dissolução da união estável como ritual de passagem	237
6.2	Breve histórico do divórcio no Brasil e a moral religiosa	239

6.3	Semelhanças, diferenças e inutilidades entre separação judicial e divórcio		242

6.3 Semelhanças, diferenças e inutilidades entre separação judicial e divórcio 242

6.4 Separação judicial/administrativa ainda vigora no Brasil? A Emenda Constitucional nº 66/2010 243

    6.4.1 A inconstitucionalidade do CPC/2015 diante da previsão da separação judicial 248

6.5 Separação de fato e seus efeitos jurídicos 250

6.6 Dissolução pela morte, sobrenome da viúva e morte presumida 252

6.7 Divórcio judicial consensual 254

6.8 Divórcio nuncupativo 257

6.9 Divórcio *post mortem* 257

6.10 Divórcio administrativo ou extrajudicial – Lei nº 11.441/2007 259

6.11 Divórcio judicial litigioso 263

    6.11.1 O amor acaba, existem culpados? Os restos do amor 265

6.12 Os efeitos e aspectos pessoais do divórcio e união estável 267

    6.12.1 Uso do nome de casado: resgate da identidade ou incorporação do nome do outro à própria personalidade 268

    6.12.2 Mudança do nome dentro do casamento 271

6.13 Os efeitos e aspectos patrimoniais do divórcio e união estável 272

6.14 Teses do STJ a partir de seus julgados 272

6.15 Resumo 275

Filmografia 277

Capítulo 7 – ALIMENTOS 279

7.1 Pensão alimentícia 279

7.2 Obrigação alimentar e dever de sustento 280

    7.2.1 Sinais exteriores de riqueza e a teoria da aparência para a fixação do *quantum* alimentar 281

7.3 Princípios e características dos alimentos 282

    7.3.1 Direito personalíssimo 282

    7.3.2 Irrenunciabilidade dos alimentos 283

    7.3.3 Intransmissibilidade dos alimentos 283

    7.3.4 Incedibilidade, impenhorabilidade e incompensabilidade dos alimentos 285

    7.3.5 Irrepetibilidade dos alimentos 286

    7.3.6 Alternatividade da prestação alimentar ou pensão de forma mista e os indexadores 287

    7.3.7 Imprescritibilidade dos alimentos 289

    7.3.8 Indivisibilidade e obrigação solidária 289

7.4 Da condição ou termo dos alimentos: pensão transitória 289

7.5 Revisão e exoneração 291

7.6 Pensão entre ex-cônjuges 292

7.7 Alimentos gravídicos 294

7.8 Dispensa e renúncia dos alimentos 295

7.9 A indignidade como causa da extinção da obrigação alimentar 297

7.10 Aplicação da teoria da *disregard* na apuração do *quantum* alimentar e o CPC 302

7.11 Pensão alimentícia compensatória. O conteúdo econômico invisível do trabalho doméstico 305

    7.11.1 Princípios constitucionais da pensão compensatória: dignidade, solidariedade e responsabilidade 307

    7.11.2 Princípios, a jurisprudência e a regra da igualdade. O conteúdo econômico do trabalho doméstico 308

    7.11.3 Alimentos compensatórios e regime de bens 310

    7.11.4 Natureza jurídica e meios de execução 311

    7.11.5 Os sujeitos da pensão compensatória 312

    7.11.6 Termo inicial de vigência e termo final da obrigação compensatória 312

DIREITO DAS FAMÍLIAS – *Rodrigo da Cunha Pereira*

	7.11.7	Possibilidade de cobrança *post mortem*	312
	7.11.8	No direito comparado	312
7.12		Alimentos na guarda compartilhada	314
7.13		Alimentos avoengos	314
7.14		Alimentos *intuitu familiae* e *intuitu personae*	315
7.15		Alimentos em decorrência de ato ilícito	316
7.16		Alimentos decorrentes da Lei Maria da Penha	317
7.17		Pensão alimentícia de pessoas residentes em países diferentes	318
7.18		Teses do STJ a partir de seus julgados	320
7.19		Resumo	329
		Filmografia	330

Capítulo 8 – PARTILHA DE BENS, ALIMENTOS E PROCESSO JUDICIAL ... 331

8.1		Aspectos gerais da partilha de bens	331
8.2		A fraude na partilha de bens	333
8.3		Cobrança de frutos do patrimônio conjugal e a apuração de haveres	336
8.4		Partilha de bens digitais	338
8.5		Perda da meação pelo usucapião familiar: reflexos da Lei nº 12.424/2011	340
8.6		O processo judicial de divórcio e dissolução deunião estável	341
8.7		Divórcio e dissolução de união estável judicial consensual	343
8.8		Divórcio e dissolução de união estável litigioso	344
	8.8.1	Revelia	346
	8.8.2	Reconvenção	347
	8.8.3	Cumulação de pedidos dentro da ação de divórcio	348
8.9		Tutela provisória de urgência e evidência; divórcio liminar	349
8.10		Os procedimentos de urgência no Direito das Famílias e o CPC/2015	353
	8.10.1	Separação de corpos	354
	8.10.2	Sequestro de bens	355
	8.10.3	Arrolamento, bloqueio, indisponibilidade e descrição de bens do casal e as ferramentas eletrônicas	356
	8.10.4	Busca e apreensão	358
	8.10.5	Exibição judicial	359
	8.10.6	Oferta de alimentos	360
	8.10.7	Alimentos provisionais ou provisórios?	360
8.11		Execução de alimentos	362
8.12		Ação de reembolso	367
8.13		Ação de prestação de contas de alimentos	368
8.14		Ação de prestação de contas da administração de bens	369
8.15		A flexibilização da prova nos processos de família	370
8.16		Resumo	371
		Filmografia	372

Capítulo 9 – BEM DE FAMÍLIA ... 373

9.1		Conceito	373
9.2		O Estatuto Jurídico do Patrimônio Mínimo – bem de moradia	375
9.3		Bem de família legal	375
	9.3.1	As exceções do bem de família legal	376
9.4		Bem de família voluntário ou convencional	377
	9.4.1	Extinção do bem de família voluntário	378
	9.4.2	Bem de família e fraude	379

9.5	Teses do STJ a partir de seus julgados		380
9.6	Resumo		397
Filmografia			397

Capítulo 10 – PARENTALIDADES 399

10.1	Das relações de parentesco e sua classificação		399
	10.1.1	Natural e civil	400
	10.1.2	Parentesco em linha reta	401
	10.1.3	Parentesco em linha colateral	401
	10.1.4	Parentesco por afinidade	401
	10.1.5	Parentesco decorrente de outras origens	402
10.2	Da filiação		402
	10.2.1	Breve visão histórica	402
	10.2.2	Filiação e investigação de parentalidade	403
	10.2.3	Investigação de origem genética	406
	10.2.4	Presunção de paternidade	407
	10.2.5	Planejamento familiar	407
	10.2.6	Reprodução assistida heteróloga e homóloga	409
	10.2.7	Reprodução assistida caseira – autoinseminação	411
	10.2.8	Gestação compartilhada ou útero de substituição (barriga de aluguel); contrato de geração de filhos	412
	10.2.9	Filiação socioafetiva e multiparentalidade	413
	10.2.10	O limite tênue entre pai/mãe socioafetivo e padrasto/madrasta	415
10.3	Resumo		417
Filmografia			418

Capítulo 11 – DO EXERCÍCIO DA AUTORIDADE PARENTAL E ABANDONO AFETIVO 419

11.1	Conceito e breve histórico		419
11.2	Perda, suspensão e extinção		421
11.3	Emancipação		422
11.4	Abandono afetivo dos pais		423
	11.4.1	Paternidade e maternidade como função e o exercício da autoridade parental	425
	11.4.2	As normas jurídicas do compromisso do amor paterno/materno-filial	426
	11.4.3	Indenização pelo abandono afetivo filial e a tríade indenizatória. Prescrição	429
	11.4.4	Monetarizando o afeto?	430
	11.4.5	O abandono afetivo nos tribunais: Pai, por que me abandonastes?	431
11.5	Abandono material		435
11.6	Resumo		436
Filmografia			437

Capítulo 12 – GUARDA E CONVIVÊNCIA 439

12.1	Guarda dos filhos e convivência familiar		439
12.2	Guarda compartilhada ou conjunta		442
	12.2.1	Guarda compartilhada com residência alternada ou dupla residência	445
	12.2.2	Guarda compartilhada e violência doméstica	447
	12.2.3	Guarda compartilhada no Direito comparado	448
12.3	Guarda alternada		451
12.4	Guarda nidal		452
12.5	Guarda unilateral		452
12.6	Guarda deferida a terceiros		453

12.7	Regulamentação da convivência familiar	454
12.8	Convivência com os avós	455
12.9	Multa pelo descumprimento do dever de convivência	457
12.10	Autorização de viagens de crianças e adolescentes	458
12.11	Resumo	459
	Filmografia	460

Capítulo 13 – ALIENAÇÃO PARENTAL – PARENTIFICAÇÃO – ABUSO SEXUAL – ESCUTA ESPECIALIZADA DE CRIANÇAS E ADOLESCENTES 461

13.1	Conceito. Uma relação sujeito e objeto e o mito de Medeia	461
13.2	Abandono afetivo, o outro lado da moeda da alienação parental	464
13.3	Consequências e estágios da alienação parental; uma síndrome?	466
13.4	Responsabilidade civil e atos de indignidade	468
13.5	Alienação parental de outros sujeitos vulneráveis	469
13.6	Autoalienação ou alienação autoinfligida	470
13.7	Parentificação	471
13.8	Abuso sexual	472
13.9	Escuta especializada de crianças e adolescentes	473
13.10	Resumo	474
	Filmografia	475

Capítulo 14 – DA ADOÇÃO 477

14.1	Breve histórico e conceito	477
14.2	Os vários tipos de adoção	480
	14.2.1 Adoção "à brasileira"	480
	14.2.2 Adoção consentida ou *intuitu personae*	481
	14.2.3 Adoção de maiores	483
	14.2.4 Adoção do nascituro	484
	14.2.5 Adoção de embrião	485
	14.2.6 Adoção homoparental	485
	14.2.7 Adoção internacional	487
	14.2.8 Adoção plena	488
	14.2.9 Adoção por testamento	488
	14.2.10 Adoção póstuma	488
	14.2.11 Adoção tardia	489
	14.2.12 Adoção unilateral	490
14.3	Entrega voluntária	490
14.4	Procedimentos para adoção; habilitação	493
14.5	Destituição do poder familiar/autoridade parental	493
14.6	Ação de adoção	495
14.7	Nome afetivo	495
14.8	Apadrinhamento	496
14.9	Desadoção	497
14.10	Resumo	501
	Filmografia	503

Capítulo 15 – TUTELA, CURATELA, TOMADA DE DECISÃO APOIADA 505

15.1	Da tutela	505
	15.1.1 Introdução – Panorama geral	505
	15.1.2 Breve histórico – A tutela no Direito Romano	506

SUMÁRIO **XXIII**

		15.1.2.1 Tutela dos impúberes no Direito Romano	507
		15.1.2.2 Tutela das mulheres impúberes e púberes	508
	15.1.3	A tutela no Estatuto da Criança e do Adolescente – ECA	509
	15.1.4	A tutela no Código Civil; espécies	510
	15.1.5	Nomeação do tutor; quem pode ser tutor?	510
	15.1.6	Do exercício da tutela; direitos e obrigações do tutor	511
	15.1.7	Cessação da tutela e prestação de contas	512
15.2	Curatela		512
	15.2.1	Introdução – Panorama geral	512
	15.2.2	A história da loucura em Foucault, Machado de Assis e Teixeira de Freitas; capacidade e deficiência	514
	15.2.3	O caso do Juiz Schreber	515
	15.2.4	As estruturas da personalidade. Quem é curatelável?	517
	15.2.5	Depoimento de uma ex-curatelada	519
	15.2.6	Conceito de curatela de acordo com o Estatuto da Pessoa com Deficiência – EPD	520
	15.2.7	Quem pode ser curatelado e quem pode requerer a curatela? Interdição?	521
	15.2.8	Extinção da curatela	523
	15.2.9	Curatela do nascituro	523
	15.2.10	Curatela compartilhada	524
	15.2.11	Curatela mandato	524
	15.2.12	Autocuratela	524
	15.2.13	Curatela extensiva	525
	15.2.14	Curatela no Direito Alemão	525
		15.2.14.1 Direito de orientação	526
		15.2.14.2 Curatela complementar	529
	15.2.15	O procedimento da curatela; curatela provisória	530
15.3	Tomada de Decisão Apoiada (TDA)		531
15.4	Casamento e testamento de pessoas curateladas e/ou com apoio (TDA)		533
15.5	Resumo		533
Filmografia			534

Capítulo 16 – DIREITO DAS PESSOAS IDOSAS 537

16.1	Quem é a pessoa idosa? Uma ferida narcísica?	537
16.2	Idadismo, etarismo e ageísmo	538
16.3	O Estatuto da Pessoa Idosa – Lei nº 10.741/2003 – Curatela e gestão de saúde	539
16.4	Alimentos	539
16.5	Abandono afetivo inverso	541
16.6	Restrições ao direito de casar	541
16.7	Idosos como avós: direito de convivência com seus netos; alienação parental	543
16.8	Tramitação prioritária	544
16.9	Senexão	545
16.10	Resumo	545
Filmografia		546

Capítulo 17 – VIOLÊNCIA DOMÉSTICA – MEDIDAS PROTETIVAS E A LEI MARIA DA PENHA 547

17.1	A eclosão de conflitos familiares e o potencial de agressividade humana	547
17.2	Uma lei só para mulheres? Transgêneros	550
17.3	Violência patrimonial	552

17.4	(In)constitucionalidade da Lei Maria da Penha	554
17.5	Teses do STJ a partir de seus julgados	558
17.6	Resumo	564
Filmografia		565

Capítulo 18 – FAMÍLIAS NO DIREITO INTERNACIONAL PRIVADO ... 567

18.1	Famílias globalizadas	567
18.2	Efeitos e eficácia do divórcio de estrangeiro no Brasil	569
18.3	Homologação de sentença estrangeira	571
	18.3.1 Divórcio no consulado brasileiro	572
18.4	Problemas e questões do multiculturalismo: poligamia *versus* monogamia; registro de casamento e divórcio de casais homoafetivos	573
18.5	Guarda de criança no plano internacional	575
18.6	Sequestro internacional/interparental de crianças – autoridade central	576
18.7	Alimentos no plano internacional	578
18.8	As convenções internacionais de direito de família e crianças e adolescentes	580
18.9	Resumo	583
Filmografia		584

ANEXO – REFERÊNCIAS NORMATIVAS EM DIREITO DE FAMÍLIA POR ORDEM CRONOLÓGICA ... 585

BIBLIOGRAFIA ... 587

DIREITO DAS FAMÍLIAS

 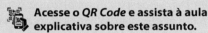

Acesse o *QR Code* e assista à aula explicativa sobre este assunto.
> https://uqr.to/ofpp

1.1 O QUE É DIREITO DE FAMÍLIA? DIREITO PÚBLICO OU PRIVADO?

É o ramo do Direito que estuda e organiza juridicamente as relações familiares. Também denominado de Direito das Famílias, expressão mais apropriada em razão de que a família deixou sua forma singular e passou a ser plural. Um dos clássicos juristas brasileiro, Clóvis Beviláqua, o definia como o complexo de normas e princípios que regulam a celebração do casamento, sua validade e os efeitos que dele resultam, as relações pessoais e econômicas da sociedade conjugal, a dissolução desta, as relações entre pais e filhos, o vínculo de parentesco e os institutos complementares de curatela e da ausência. Do começo do século XX até hoje, quando Beviláqua assim o definiu, o Direito de Família mudou substancialmente. De lá para cá, novas estruturas parentais e conjugais se estabeleceram e o Direito de Família não está mais aprisionado ao casamento como esteve até o final do século XX.

É ramo do Direito Privado, uma subdivisão do direito civil, pois os sujeitos de sua relação são entes privados, mas contém elementos e princípios que são verdadeiros comandos do Direito Público, como nas questões envolvendo interesses de crianças, adolescentes e incapazes. A tendência do Direito de Família é que o Estado se afaste cada vez mais das questões privadas e de foro íntimo, e tende a intervir somente para dar proteção às pessoas vulneráveis, sob o comando do princípio da responsabilidade, que é o grande autorizador e condutor para o campo da autonomia privada. Afinal, não há nada mais íntimo e privado do que a família. Mas a dicotomia entre público e privado permanece sendo uma importante e instigante questão na atualidade, para se demarcar o limite de intervenção do Estado na vida privada do cidadão.

O Direito de Família é o próprio exercício da vida, como diz Giselda Hironaka, e não é produto do legislador ou das decisões judiciais, ou mesmo da doutrina. O Direito de Família é o fruto dos costumes, uma das mais importantes fontes do Direito. Nas palavras de Giselda Hironaka, é o ramo do conhecimento que visa justificar as relações de família consanguíneo, civil ou afetiva sob a orientação dos princípios constitucionais de proteção a dignidade da pessoa humana, de solidariedade familiar, de igualdade entre os filhos, entre cônjuges e companheiros, de afetividade e de função social da família, entre outros corolários desses[1].

Direito de Família é um conjunto de normas jurídicas (regras e princípios) que organizam as relações familiares, parentais e conjugais. Em outras palavras, é a regulamentação das relações de afeto e das consequências patrimoniais daí advindas. A base de suas regras está no Código Civil que tem um Livro dedicado ao Direito de Família, mas cuja tendência é desprender-se do Código Civil, a exemplo de alguns países que já têm seus Códigos de Famílias. Obviamente que há outras muitas regras (ver capítulo 2) esparsas. E, como as normas jurídicas não são apenas as leis, mas também os princípios, essas normas hoje são principalmente constitucionais, ou seja, o Direito de família é regido por uma principiologia constitucional.

O objeto de estudo do Direito de Família, obviamente, é a família, que é hoje muito diferente do início do século XX, quando ela era ainda patriarcal. Na medida em que ela foi deixando de ser essencialmente um núcleo econômico e de reprodução, para ser o espaço do amor e do afeto, foi perdendo sua força como instituição para ser o centro formador e estruturador do sujeito. Com isso se despatrimonializou e perdeu sua hierarquia rígida centrada na autoridade masculina. É aí que o afeto ganha *status* de valor jurídico, e depois torna-se, ao lado do princípio da dignidade da pessoa humana, um dos princípios basilares e norteadores da organização jurídica da família. Isto mudou o curso da história desse ramo do Direito. Foi aí que ela começou a perder sua força como instituição e o sujeito passou a ter mais valor do que o objeto da relação jurídica.

A Constituição da República de 1988, consolidando toda a evolução histórica, política e social, instalou uma verdadeira revolução no Direito de Família[2], com base em três eixos básicos: igualização de direitos entre homens e mulheres; legitimação de todas as formas de filiação; reconhecimento de que há várias formas de famílias, mencionando exemplificativamente o casamento, a união estável e as famílias monoparentais[3].

---

[1] HIRONAKA, Giselda Maria Fernandes Novais. In Tratado de Direito das Famílias – Coord. Rodrigo da Cunha Pereira, 3ª ed.; Belo Horizonte: IBDFAM, 2019, p. 66.

[2] "(...) E o que é uma família? O que é uma família, no Brasil, quando nós sabemos que a Constituição Federal só consagrou a união estável porque 50% das famílias brasileiras são espontâneas? Nesses lares, nessas casas desse percentual do povo brasileiro, nunca passou um juiz, nunca passou um padre, mas naquela casa há amor, há unidade, há identidade, há propósito de edificação de projetos de vida. Naquela casa, muito embora não tenha passado nenhum padre e nenhum juiz, naquela casa há uma família. E o conceito de família no mundo hodierno, diante de uma Constituição pós-positivista, é um conceito de família que só tem validade conquanto privilegie a dignidade das pessoas que a compõem. Assim como, hodiernamente, só há propriedade conquanto ela cumpra sua finalidade social, há família, conquanto ela cumpra sua finalidade social; a família, conquanto ela conceda aos seus integrantes a máxima proteção sob o ângulo da dignidade humana. [...]" (STF – RE: 615941 RJ, Relator: Min. Luiz Fux, pub. 01.12.2011).

[3] "(...) diferentemente do que ocorria com os diplomas superados – deve ser *necessariamente plural, porque plurais também são as famílias* e, ademais, não é ele, o casamento, o destinatário final da proteção do Estado, mas apenas o intermediário de um propósito maior, que é a proteção da pessoa humana em sua inalienável dignidade. 4. O pluralismo familiar engendrado pela Constituição – explicitamente reconhecido em precedentes tanto desta Corte quanto do STF – impede se pretenda afirmar que as famílias formadas por pares homoafetivos sejam menos dignas de proteção do Estado, se comparadas com aquelas apoiadas na tradição e formadas por casais heteroafetivos. 5. *O que importa agora, sob a égide da Carta de 1988, é que essas famílias multiformes recebam efetivamente a 'especial proteção do Estado', e é tão somente em razão desse desígnio de especial proteção que a lei deve facilitar a conversão da união estável em casamento, ciente o constituinte que, pelo casamento, o Estado melhor protege esse núcleo doméstico chamado família.* (...)" (STJ, REsp 1183378/RS, Rel. Ministro Luis Felipe Salomão, Quarta Turma, 25/10/2011. Grifamos).

1.2 BREVE HISTÓRICO DA FAMÍLIA E REVISITANDO CONCEITOS

A história do Direito, assim como a história do Direito de Família se confunde com a própria história da humanidade, pois só existe civilização porque existe o Direito. Em outras palavras, o Direito surge para possibilitar o convívio social, colocando limites, freios e regras para esse convívio. Daí poder-se dizer que o Direito é uma sofisticada técnica de controle das pulsões[4]. E, o Direito de Família também existe desde sempre, já que não existe sociedade sem família. A sua organização jurídica em textos legislativos é que tem história mais recente nas organizações sociais. Mas é preciso lembrar que a lei é apenas uma das fontes do Direito.

A família é a célula básica de toda e qualquer sociedade, desde as mais primitivas até as mais contemporâneas. Mas seu conceito transcende sua própria historicidade. Para entendê-la hoje é preciso revisitar alguns conceitos para que possamos pensar melhor sua organização jurídica, e para onde ela aponta neste século XXI.

No contexto do patriarcalismo a ideia de família era mais simples e mais fácil de ser desenhada. Vários juristas, do século passado, como Clóvis Beviláqua, assim a definia:

> Um conjunto de pessoas ligadas pelo vínculo da consanguinidade, cuja eficácia se estende ora mais larga, ora mais restritamente, segundo as várias legislações. Outras vezes, porém, designam-se, por família, somente os cônjuges e a respectiva progênie.[5]

Orlando Gomes, citando *Mazeaud* e *Mazeaud*, dizia que:

> somente o grupo oriundo do casamento deve ser denominado família, por ser o único que apresenta os caracteres de moralidade e estabilidade necessários ao preenchimento de sua função social.[6]

Também, dentre os mais notáveis, destaque-se Caio Mário da Silva Pereira que, em sua obra "Instituições de Direito Civil – Direito de Família", apresenta-nos conceitos em que mostra a família sob uma nova concepção, após descrever sua evolução, desde Grécia e Roma até a família cristã. Cita *Planiol, Enneccerus* e outros grandes juristas, que a definem como "conjunto de pessoas ligadas pelo parentesco e pelo casamento".[7]

O estudo da família no Direito esteve sempre estritamente ligado ao casamento, que a tornava legítima ou ilegítima, segundo os vínculos da oficialidade dados pelo Estado, ou mesmo pela religião. Grande parte dos juristas confundiu o conceito de família com o de casamento. E por incrível que isso possa parecer, em nossa sociedade, mesmo no terceiro milênio, quando se fala em formar uma família, pensa-se primeiro em sua constituição por meio do casamento. Mas como a realidade aponta para outra direção, somos obrigados a vê-la, como algo mais abrangente.

A Declaração Universal dos Direitos do Homem, em seu art. XVI, § 3º, estabeleceu: "A família é o núcleo natural e fundamental da sociedade e tem direito à proteção da sociedade e do Estado".

---

[4] Pulsão é uma expressão psicanalítica, utilizada por Freud pela primeira vez em 1905, em 1920 em seu texto "Mais além do princípio do prazer" e depois em 1933 em "Novas conferências introdutórias sobre Psicanálise". É a tendência permanente e na maioria das vezes inconsciente que incita o indivíduo e o faz agir, praticar atos e ações. Pulsão de vida e pulsão de morte é um dualismo que está presente em todos os movimentos da vida. Cf. O verbete Pulsão no Dicionário de Direito de Família e Sucessões – Ilustrado. Ed. Saraiva, 3ª ed. 2023, p. 603.

[5] BEVILÁQUA. *Direito de Família*, p. 16.

[6] GOMES. *Direito de família*, p. 31.

[7] PEREIRA. *Instituições de Direito Civil*, p. 17.

Em 1969, a Convenção Americana sobre Direitos Humanos, assinada em São José da Costa Rica (art. 17), retratou os elementos conceituais daquela época: "A família é o elemento natural e fundamental da sociedade e deve ser protegida pela sociedade e pelo Estado".

Desta ou daquela forma, com estas ou aquelas palavras, o conceito de família atravessa o tempo e o espaço, sempre tentando clarear e demarcar o seu limite, especialmente para fins de direitos. Mas a família está sempre se reinventando, por isto ela transcende sua própria historicidade. Novas estruturas parentais e conjugais estão em curso, inclusive desafiando os padrões morais vigentes. Em uma determinada época, concebe-se a família como um organismo mais amplo, em outra, com tendência mais reduzida, como o é atualmente. No Brasil, na França e praticamente em todo o mundo ocidental, o nosso modelo familiar retratou a família romana como o padrão de organização institucional. Segundo *Beviláqua*, a forma mais ampliada de família corresponde à *gens* dos romanos, e a forma mais reduzida à *genos* dos gregos. Entretanto, é mesmo nos romanos que está a referência de organização familiar, e é neles que o ordenamento jurídico brasileiro se pautou. Mesmo com todas as modificações e evoluções no sistema jurídico brasileiro, o referencial básico é, e será sempre, ao que tudo indica, o da família romana, ainda que neste momento aponte para uma outra direção com questionamento ao modelo patriarcal.

A ideia de família, para o Direito brasileiro, sempre foi a de que ela é constituída de pais e filhos unidos a partir de um casamento regulado e regulamentado pelo Estado. Com a Constituição de 1988 esse conceito ampliou-se, uma vez que o Estado passou a reconhecer "como entidade familiar a comunidade formada por qualquer dos pais e seus descendentes", bem como a união estável entre homem e mulher (art. 226). Isso significou uma evolução no conceito de família. Até então, a expressão da lei jurídica só reconhecia como família aquela entidade constituída pelo casamento. Em outras palavras, o conceito de família se abriu, indo em direção a um conceito mais real, impulsionado pela própria realidade.

A história do Direito de Família é uma história de exclusões. Filhos e famílias fora do casamento eram excluídos da proteção do Estado e recebiam o selo da ilegitimidade. Filhos e famílias fora do casamento sempre existiram, desde o Brasil colônia, mas não se podia reconhecê-los, tinham que ser ignorados pelo aparato jurídico. Tudo isto em nome da moral e bons costumes. Portanto, a moral sexual e religiosa sempre foi, e continua sendo, um dos fios condutores da regulamentação dessas relações jurídicas.

Paulo Lôbo sintetiza bem a história do Direito de Família no Brasil, dividindo-o em três períodos: 1) Da colônia ao Império – 1500 a 1889 – Direito de Família religioso, ou seja predomínio total do direito canônico; 2) Da Proclamação da República (1889) até a Constituição de 1988 – redução gradativa do modelo patriarcal; 3) De 1988 até os dias atuais – Direito de Família plural, igualitário e solidário[8]. Foi somente neste último período que surgiram novos valores jurídicos, e especialmente o afeto, que evoluiu para a categoria dos princípios jurídicos (ver cap. 2), proporcionando espaço e proteção para as novas estruturas parentais conjugais.

Marcou profundamente a História do Direito de Família no Brasil, o surgimento, em 1997, do Instituto Brasileiro de Direito de Família – IBDFAM, entidade que reúne as autoridades do pensamento jurídico contemporâneo, e, trouxe novos valores, princípios e paradigmas para a organização jurídica das famílias e pôde traduzir melhor a célebre frase do jurista mineiro João Batista Villela, que é definitiva e definidora para o Direito de Família contemporânea: "O amor está para o Direito de Família, assim como a vontade está para o Direito das Obrigações".

---

[8] LÔBO, Paulo. Direito civil. Vol. 5 – Famílias. 9ª ed. São Paulo: saraiva, 2019, p. 39.

1.3 ORIGEM E ESTRUTURAÇÃO DA FAMÍLIA

Em 1884, *Friedrich Engels* publicou *A Origem da Família, da Propriedade Privada e do Estado*,[9] descrevendo, a partir de *Morgan*, uma ordem evolutiva em três épocas principais: estado selvagem, barbárie e civilização. No estado selvagem, os homens apropriam-se dos produtos da natureza prontos para serem utilizados. Aparece o arco e a flecha e, consequentemente, a caça. É aí que a linguagem começa a ser articulada. Na barbárie, introduz-se a cerâmica, a domesticação de animais, a agricultura e aprende-se a incrementar a produção da natureza por meio do trabalho humano; na civilização, o homem continua aprendendo a elaborar os produtos da natureza: é o período da indústria e da arte.

Embora nos interesse compreender a família na "civilização", não podemos deixar de mencionar seus aspectos nos períodos que a antecedem. Desnecessário descrever detalhes dessas formas familiares primitivas, uma vez que isto já foi feito pelos sociólogos, pelos etnólogos e, principalmente, pelos antropólogos. Em algumas tribos e em variados lugares, elas se apresentam de forma poligâmica ou monogâmica, patriarcal ou matrilinear. Seja no estado de natureza ou no estado de cultura, em qualquer tempo ou espaço, sempre como um grupo *natural* de indivíduos unidos por uma dupla relação biológica: por um lado a geração, que dá os componentes do grupo; por outro, as condições de meio, que postulam o desenvolvimento dos mais novos, enquanto os adultos garantem a reprodução e asseguram a manutenção do grupo.

Mas será mesmo a família uma organização natural? O que verdadeiramente mantém e assegura a existência da família? Será a lei jurídica associada ao afeto e aos laços de consanguinidade?

João Baptista Villela, em seu trabalho *Desbiologização da Paternidade*,[10] já demonstrou, referindo-se à paternidade, que esta não é um fato da natureza, mas um fato cultural. Embora se refira, neste texto, especificamente à paternidade, pode-se lê-lo, estendendo-o para a questão da família como um todo, consequentemente.

Jacques Lacan, em 1938, escrevendo para o tomo VIII da *Encyclopédie Française*, em seu texto *A Família* (publicado no Brasil com o nome *Complexos Familiares*), vem exatamente marcar a diferença, mostrando que a família não é um grupo natural, mas cultural. Ela não se constitui apenas por homem, mulher e filhos. Ela é, antes, uma estruturação psíquica, onde cada um de seus membros ocupa um lugar, uma função. Lugar do pai, lugar da mãe, lugar dos filhos, sem, entretanto, estarem necessariamente ligados biologicamente. Tanto é assim, uma questão de lugar, que um indivíduo pode ocupar o lugar de pai sem que seja o pai biológico. Exatamente por ser uma questão de lugar e de função, que é possível e que exista o instituto da adoção. Da mesma forma, o pai ou a mãe biológica podem ter dificuldade, ou até mesmo não ocupar o lugar, de pai ou de mãe, tão necessários (essenciais) à nossa estruturação psíquica e formação como sujeitos.

De todos os grupos humanos é a família que desempenha o papel primordial na transmissão da cultura. Como diz *Lacan*:

> Se as tradições espirituais, a manutenção dos ritos e dos costumes, a conservação das técnicas e do patrimônio são com ela disputados por outros grupos sociais, a família prevalece na primeira educação, na repressão dos instintos, na aquisição da língua acertadamente chamada de materna. Com isso, ela preside os processos fundamentais do desenvolvimento psíquico, preside esta organização das emoções segundo tipos condicionados pelo meio ambiente, que é a base dos sentimentos, segundo *Shand*; mais

---

9   ENGELS. *A origem da família, da propriedade privada e do Estado, passim.*
10 VILLELA. *Revista da Faculdade de Direito da Universidade Federal de Minas Gerais.*

amplamente, ela transmite estruturas de comportamento e de representação cujo jogo ultrapassa os limites da consciência.[11]

É essa *estrutura familiar*, que existe antes e acima do Direito, que nos interessa entender. E é mesmo sobre ela que o Direito vem regulando e legislando, sempre com o intuito de ajudar a mantê-la, para que o indivíduo possa, inclusive, existir como cidadão (sem esta estruturação familiar na qual há um lugar definido para cada membro, o indivíduo seria psicótico) e trabalhar na construção de si mesmo (estruturação do sujeito) e das relações interpessoais e sociais que remetem a um ordenamento jurídico.

1.4   A PROMISCUIDADE E A FORMAÇÃO DAS FAMÍLIAS

Até o início do século XIX acreditava-se que existiu uma época primitiva em que imperava o comércio sexual promíscuo, de maneira que cada mulher pertencia a todos os homens e cada homem a todas as mulheres.

No início da colonização brasileira, registra *Gilberto Freyre* em *Casa Grande e Senzala*, Vespúcio escreve a Lourenzo dei Medici dizendo que os indígenas tomam tantas mulheres quantas querem, e o filho se relaciona com a mãe, com irmãos, enfim, que era uma verdadeira luxúria. O Padre Nóbrega se alarmava à vista do número de mulheres que cada um tinha e com que facilidade eram abandonadas.

Com base nessas premissas é que foram construídas teorias das famílias primitivas e do parentesco, mas que não passavam de hipóteses; a promiscuidade, como se observa nos animais, como se nenhuma lei tivessem, como se não houvesse a noção de parentalidade, não é um dado da realidade.

Lacan, em 1938, já escreveu:

> A promiscuidade presumida não pode ser afirmada em parte alguma, nem mesmo nos casos ditos de casamento grupal: desde a origem existem interdições e leis. As formas primitivas da família têm os seus traços essenciais de suas formas acabadas: autoridade, se não concentrada no tipo patriarcal, ao menos representada por um conselho, por um matriarcado ou seus delegados do sexo masculino; modo de parentesco, herança, sucessão, transmitidos, às vezes distintamente (*Rivers*) segundo uma linguagem paterna ou materna. Trata-se aí de famílias humanas devidamente constituídas. Mas, longe de nos mostrarem a pretensa célula social, veem-se nessas, quanto mais primitivas são, não apenas um agregado mais amplo de casais biológicos, mas, sobretudo, um parentesco menos conforme aos laços naturais da consanguinidade.[12]

Sobre os índios brasileiros aqui encontrados no início da colonização, segundo *Gilberto Freyre*, não viviam em promiscuidade e as suas relações sexuais não se processavam à solta e sem restrições:

> É aliás erro, e dos maiores, supor-se a vida selvagem não só neste, mas em vários outros de seus aspectos, uma vida de inteira liberdade. Longe de ser o livre animal imaginado pelos românticos, o selvagem da América, aqui surpreendido em plena nudez e nomadismo, vivia em meio de sombras de preconceito e de medo.[13]

---

[11]   LACAN. *Os complexos familiares*, p. 13.

[12]   LACAN. *Complexos familiares*, p. 14.

[13]   FREYRE. *Casa grande e senzala*: formação da família brasileira sob o regime da economia patriarcal, p. 103.

Portanto, no início da civilização não havia a promiscuidade que se imaginava. Esta é uma ideia já ultrapassada. Havia, sim, desde o início, impedimentos e tabus.

Analisando a formação da família brasileira e desmistificando a suposta promiscuidade atribuída aos ameríndios, Gilberto Freire um dos maiores sociólogos brasileiros, preocupa-se em analisar a questão do incesto. Embora não mencione os textos de *Freud*, traduz, como ele, as ideias de interdição que se fazem a partir de interditos sexuais.

> (...) como restrição ao intercurso sexual, o totemismo segundo o qual o indivíduo do grupo que se supusesse descendente ou protegido de determinado animal ou planta não se podia unir a mulher de grupo da mesma descendência ou sob idêntica proteção. Sabe-se que a exogamia por efeito do totemismo estende-se a grupos mais distantes uns dos outros em relações de sangue. Esses grupos formam, entretanto, alianças místicas correspondentes às do parentesco, os supostos descendentes do javali ou da onça ou do jacaré evitando-se tanto quanto irmão e irmã ou tio e sobrinha para o casamento ou união sexual.[14]

1.5 O INCESTO É A BASE DE TODAS AS PROIBIÇÕES – A PRIMEIRA LEI É UMA LEI DE DIREITO DE FAMÍLIA; O *TOTEM E TABU* EM FREUD

Freud, o fundador da Psicanálise, em 1913 publica o texto *Totem e Tabu*, no qual, com apoio da antropologia, descreve costumes de povos primitivos, constatando a presença de *totens* e *tabus* nessas sociedades, que simbolizam as leis básicas e estruturadoras para aqueles selvagens.

Totem é um animal, ou raramente um vegetal, ou um fenômeno natural (chuva, água por exemplo), ou mesmo um objeto, que mantém uma relação peculiar com o clã, sendo, pois, o objeto de tabus, proteção e deveres particulares. O totem é o antepassado comum do clã, ao mesmo tempo em que é o espírito guardião e auxiliar. Cada clã possui seu totem, e os seus integrantes têm a obrigação sagrada de não destruí-lo. Na relação de subordinação ao totem está a base de todas as obrigações sociais e restrições morais das tribos. Nos lugares em que se encontram totens, havia lei contra as relações sexuais entre pessoas do mesmo clã, com forte ligação entre totemismo e exogamia, sendo esta uma ordenação sagrada de origem desconhecida.

A proibição das relações sexuais entre os membros do clã era o meio apropriado para impedir o incesto, inclusive grupal, e essa prevenção era a grande preocupação dos povos selvagens. As proibições sexuais de prevenção ao incesto estão longe de serem morais, no sentido dos nossos atuais padrões. Não cabe, aqui, descer a detalhes históricos e antropológicos, mesmo porque a obra de *Freud* e também de outros autores já o fizeram. Interessa realçar que o horror do incesto entre os povos primitivos continha variações inexplicáveis: a proibição para uma tribo era o relacionamento sexual entre pai e filha; em outra, a proibição entre genro e sogra, ou apenas entre irmãos etc. Assim, cada totem possuía suas peculiares leis de interdições sexuais. Todas elas tinham sempre uma proibição sexual, desta ou daquela forma, mas sempre uma proibição ao incesto, independentemente dos laços de sangue. Aliás, a única explicação que *Freud* encontrou para distinguir a evitação do incesto dos laços sanguíneos das demais evitações é que:

> No caso de parentesco de sangue, a possibilidade de incesto é imediata e a intenção de preveni-lo pode ser consciente. Nos outros casos, inclusive nos das relações do genro com a sogra, a possibilidade de incesto parece ser uma tentação na fantasia, mobilizada pela ação de laços vinculantes inconscientes.[15]

---

[14] Op. cit. p. 103.

[15] FREUD. "Totem e tabu". *In: Obras psicológicas completas*, v. XII, p. 36.

Tabu, como já foi dito anteriormente, era entre os primitivos as interdições e proibições. Aquilo que é proibido sem ter ideia do porquê dessa proibição.

> Essas proibições referem-se principalmente contra a liberdade de prazer e contra a liberdade de movimento e comunicação (...). Os tabus sobre animais, que consistem fundamentalmente em proibições de matá-los e comê-los, constituem o núcleo do totemismo.[16]

Freud faz um grande relato histórico e antropológico sobre o tabu, em relação aos mortos, aos governantes etc. Não cabe aqui repeti-lo. Interessa-nos o porquê dessas proibições mais primitivas para saber onde está a origem de nosso ordenamento jurídico. Segundo *Freud*:

> Onde existe uma proibição tem de haver um desejo subjacente (...) afinal de contas, não há necessidade de se proibir algo que ninguém deseja fazer e uma coisa que é proibida com a maior ênfase (o incesto) deve ser algo que é desejado. Se aplicarmos essa tese plausível aos nossos povos primitivos, seremos levados à conclusão de que algumas de suas mais fortes tentações eram matar seus reis e sacerdotes, cometer incesto, tratar mal os mortos e assim por diante – o que dificilmente parece provável. E nos defrontaremos com a mais positiva contradição se aplicarmos a mesma tese em que nós mesmos pareceremos ouvir com a maior clareza a voz da consciência. Sustentaríamos com a mais absoluta certeza que não sentimos a mais leve tentação de violar nenhuma dessas proibições – o mandamento 'Não matarás', por exemplo – e que não sentimos senão horror à ideia de violá-las.[17]

Podemos dizer então que a toda lei corresponde um desejo que se lhe contrapõe. Da mesma forma, podemos dizer que os crimes que a lei proíbe, são os crimes que muitos homens têm uma propensão natural para cometer, senão, qual seria a razão de proibi-los?

A investigação antropológica de *Freud* permitiu-lhe concluir que "os começos da religião, da moral, da sociedade e da arte convergem para o Complexo de Édipo".[18] E o Complexo de Édipo nada mais é que a "Lei do Pai" (*Lacan*), ou seja, a primeira lei do indivíduo e que o estrutura enquanto sujeito e lhe proporciona o acesso à linguagem e, consequentemente, à cultura.

Foi isso exatamente que *Levi Strauss*, por meio de observações empíricas em tribos primitivas, inclusive do Brasil, veio constatar, afirmar e confirmar:

> (...) o problema da proibição do incesto não consiste tanto em procurar que configurações históricas, diferentes segundo os grupos, explicam as modalidades da instituição em tal ou qual sociedade particular, mas em procurar que causas profundas e onipresentes fazem com que, em todas as sociedades e em todas as épocas, exista uma regulamentação das relações entre os sexos. Querer proceder de outra maneira seria cometer o mesmo erro que o linguista que acreditasse esgotar, pela história do vocabulário, o conjunto de leis fonéticas ou morfológicas que presidem o desenvolvimento da língua.[19]

Nessa obra, ele demonstrou, como já se disse, que o incesto é a base de todas as proibições. É então a primeira *lei*. É a lei fundante e estruturante do sujeito e, consequentemente, da sociedade e, portanto, do ordenamento jurídico. É somente a partir dessa primeira lei, quando o indivíduo teve acesso à linguagem, que pôde perceber, com a proibição, que existiam outros

---

[16]   FREUD. *Op. cit.*, p. 41, 43.
[17]   FREUD. *Op. cit.*, p. 91-92.
[18]   FREUD. *Op. cit.*, p. 185.
[19]   STRAUSS. *Estruturas elementares do parentesco*, p. 62.

Cap. 1 – DIREITO DAS FAMÍLIAS **9**

totens e faz nascer a cultura. E talvez a explicação de sua origem seja mesmo a do vinculante inconsciente a que se refere *Freud*.

Segundo *Claude Levi Strauss*:

> A proibição do incesto não é nem puramente de origem cultural nem puramente de origem natural, e também não é uma dosagem de elementos variados tomados de empréstimo parcialmente à natureza e parcialmente à cultura. Constitui o passo fundamental graças ao qual, pelo qual, mas sobretudo no qual se realiza a passagem da natureza para a cultura.[20]

Como já se disse, desde o início existem interdições e leis. Para existir o verbo, ou melhor, a linguagem, segundo a Psicanálise é necessário que o incesto, presente em toda e qualquer cultura, torne-se requisito básico para a existência e desenvolvimento desta cultura. É a partir desses elementos básicos que *Freud*, baseado na mitologia grega, construiu sua teoria sobre o Complexo de Édipo. E assim podemos dizer que é exatamente porque existe a interdição do incesto, que o homem é marcado pela "Lei do Pai", que se torna possível e necessário fazer as leis da sociedade onde ele vive, estabelecendo um ordenamento jurídico. Por isso podemos afirmar que a primeira lei, aquela que estrutura todos os ordenamentos jurídicos, é uma Lei do Direito de Família que funda a família conjugal. E podemos afirmar que a família conjugal é um sistema simbólico fundado em um fato sexual[21].

1.6 O DIREITO E DESEJO; ÉTICA E MORAL, UMA DISTINÇÃO NECESSÁRIA

A organização jurídica da família sempre foi, e sempre será, contaminada, e até determinada, por uma moral em cuja essência está a sexualidade. Daí a necessidade de falar e entender um pouco sobre isto. A primeira Lei, fundante do sujeito e da cultura é essa lei de Direito de Família, que é de origem sexual. A sexualidade interessa ao Direito de Família na medida em que ela passou a ser compreendida na ordem do desejo. E o desejo é a força motriz do Direito de Família. Embora o Direito Penal tipifique os crimes sexuais, focalizando-os na ordem da genitalidade (arts. 213 e segs.), a sexualidade se expressa no Direito de várias outras formas.

Sexo, casamento e reprodução são o tripé e esteio do Direito de Família, e é a partir daí que todo o sistema jurídico para a família se estrutura e se organiza. Infidelidade, investigações de paternidade, divórcio, violência doméstica, abuso sexual, novas conjugalidades etc. são os ingredientes do Direito de Família e têm conteúdo sexual, ou melhor, são de ordem da sexualidade.

Desde que Freud revelou ao mundo a existência do inconsciente, passou-se a compreender a sexualidade na ordem do desejo. Assim, a sexualidade humana foi ressignificada. E é nesta dimensão do desejo que se instalou uma moral-sexual e se organizou juridicamente, misturando-se a preceitos religiosos, à família patriarcal, relações de poder e a dominação de um gênero sobre o outro. O Direito, uma sofisticada técnica de controle das pulsões, legitimou ou ilegitimou determinadas categorias de pessoas, inclusive e, principalmente, pelo controle da sexualidade feminina. É assim que o sexo legítimo só era possível dentro do casamento.

Filhos ilegítimos, adulterinos, incestuosos, famílias ilegítimas etc. são expressões que traduzem a moral sexual de uma determinada sociedade e ganham registros nos textos jurídicos. Esta moral sexual condutora da organização jurídica sobre a família é tão forte e imperativa que nem mesmo era possível refletir sobre suas contradições históricas. Por exemplo: o homem sempre foi instigado e estimulado ao sexo, enquanto a mulher era instigada ao pudor. Ora, como poderia o homem praticar o sexo, como era instigado desde a infância, se à mulher

---

[20] STRAUSS. *Op. cit.*, p. 536.
[21] MARINA, José Antônio. O quebra cabeça da sexualidade. Trad. Diana Araújo Pereira. Rio de Janeiro: Guarda Chuva, 2008, p. 103.

10 DIREITO DAS FAMÍLIAS – *Rodrigo da Cunha Pereira*

eram proibidos o prazer e o sexo fora do casamento? Com quem haveria o homem de se deitar? Só restaria ser com prostituta ou com outros homens. Contudo, tanto a prostituição quanto a homossexualidade sempre foram condenados pela ordem jurídica.

Devemos entender a sexualidade em seu sentido mais amplo e profundo para não reduzi-la apenas à genitalidade, que seria um empobrecimento da compreensão das relações humanas. Sexualidade, que vai muito além do sexo, como tão bem já nos revelou Freud, é uma dimensão presente na totalidade da existência humana. É todo um sistema de relações, afetos e fracassos. A energia libidinal, é o que dá vida à vida. Faz-nos trabalhar, produzir, criar e descansar, amar e sofrer, ter alegria, prazer e dor. É o desejo. Este começa com a vida, termina com a morte e sustenta-nos por toda vida. Começou a vida, instalou-se o desejo. Acabou o desejo, acabou-se a vida. É ele que mantém vivo o "arco da promessa".

Se a sexualidade é da ordem do desejo, não se pode desconsiderar a existência de um sujeito desejante. Este sujeito desejante é quem pratica atos jurídicos, faz e desfaz negócios, casa, separa, tem filhos, sofre, tem alegria, enfim, emprega sua energia libidinal nas mais variadas formas do viver, e tece os traumas e os dramas familiares.

Associado a essa tentativa de organização jurídica das relações de afeto está o elemento ideológico, que vem, por meio de uma moral sexual, determinando relações de poder e revelando as posições subjetivas dos operadores do Direito. A moral sexual civilizatória adotou o paradigma da moral masculina, na qual as restrições eram feitas, principalmente, às mulheres.

O sistema patriarcal estabeleceu, e estabelece ainda, uma relação de poder entre os gêneros, a partir da divisão sexual do trabalho. Esta dominação de um sexo sobre o outro deixou marcas em nossa cultura que, até hoje, espalham seus significados e significantes (para usar uma expressão da linguística de Saussure e Lacan). Assim, as palavras vieram significando comportamentos, condutas, e o Direito, absorvendo isto, passou a expressá-las em seus textos legislativos.

A história já nos ensinou que quem quer exercer o poder busca um sistema de legitimação. O Professor de filosofia espanhol, José Antônio Marina, em seu livro é assertivo ao fazer essa conexão da sexualidade, poder e dominação:

> *as morais sexuais foram usadas com frequência para impor interesses particulares. São morais que emergem de sociedades patriarcais, nas quais o homem quer fazer constar o seu domínio e assegurá-lo, ou sociedades teocráticas em que as igrejas tentam regular esse tempestuoso universo[22].*

Até o advento da Constituição de 1988, os filhos havidos de uma relação extraconjugal não podiam ser registrados com o nome do pai. Para o Direito estes filhos "não existiam". Esta hipocrisia era sustentada em nome de uma moralidade pública, e dizia-se que tinha a finalidade de evitar a desestruturação ou a destruição da família. Fazia-se então a investigação da paternidade apenas para fins de alimentos. Aliás, esta e qualquer outra ação de investigação de paternidade girava sempre em torno da conduta sexual da mulher. Interessava saber, nesses processos judiciais, com quem ou com quantos homens ela teve relação à época da concepção do filho (investigante). Do suposto pai, pouco ou quase nada interessa de sua vida sexual. Apenas com o surgimento dos exames em DNA, que o eixo moral se deslocou para um eixo mais científico.

A história do Direito, e em particular do Direito de Família, é recheada e marcada por uma história de exclusões: mulheres assujeitadas aos homens, famílias ilegítimas, filhos ilegítimos etc. Estas exclusões foram sustentadas por um discurso moralizante e de uma moral sexual

---

[22] MARINA, José Antônio. *O quebra cabeça da sexualidade.* Trad. Diana Araújo Pereira. Rio de Janeiro: Guarda Chuva, 2008, p. 59.

civilizatória, como diz Freud. Os juízos particularizados e inseridos em uma ideologia para sustentação do poder acabaram por construir um Direito de Família marcado por injustiças. Foi em nome dessa moral (sexual) e dos bons costumes que muita injustiça já se fez e ainda se faz. Por exemplo, a filha "desonesta", isto é, que não tinha sua sexualidade controlada pelo pai ou pelo marido, podia ser excluída da herança; discutia-se ainda, até recentemente (2010) quem era o culpado pelo fim da conjugalidade; se pessoas do mesmo sexo podiam constituir famílias (2011) etc. Em 2021, tivemos mais um passo importante para a proteção de crianças intersexuais[23], que são pessoas que nascem fisicamente, *inter*, com características do sexo masculino e do sexo feminino, tendo parcial ou completamente desenvolvido ambos os órgãos sexuais, ou um predominando sobre o outro[24]. Em 2022, o Conselho Nacional do Ministério Público expediu a Resolução 254 de 19 de dezembro, determinando o impedimento de membros do Ministério Público de se manifestarem contrariamente para habilitação, celebração de casamento e conversão de união estável em casamento de pessoas do mesmo sexo.

Para não continuarmos repetindo as injustiças históricas de ilegitimação de pessoas e categorias, em razão de uma moral sexual e religiosa, é necessário distinguir ética de moral. Somente um juízo ético universal, despido das particularidades do juízo moral, é que pode nos aproximar do ideal de justiça. Foi o imperativo ético, em detrimento de uma moral sexual que legitimou, a partir da Constituição de 1988, todos os filhos, instalou o princípio do melhor interesse da criança acima dos valores morais, fazendo-nos compreender que as funções maternas e paternas estão desatreladas do comportamento moral-sexual dos parceiros conjugais.

É na ética do cotidiano que o outro é visto, considerado e respeitado em sua integridade e integralidade de sujeito, que se deve assentar a hermenêutica. Distinguir ética de moral é "suspender o juízo" para que se possa ver os sujeitos envolvidos como sujeitos amorais. Para que isto seja possível e para ajudar a viabilizar julgamentos e considerações éticas, acima de valores morais, muitas vezes estigmatizantes e excludentes, é necessário que se recorra à várias fontes do Direito, especialmente aos princípios, como se verá no capítulo 2.

Ainda nesta distinção necessária entre ética e moral, o Conselho Nacional de Justiça expediu a Resolução nº 492/2023 para adoção de Perspectiva de Gênero nos julgamentos em todo o Poder Judiciário, introduzindo a forma de tratamento que o Poder Judiciário deve adotar em processos judiciais que envolvam discriminação contra grupos vulnerabilizados em razão de etnia, gênero, idade, orientação sexual, entre outras. No mesmo sentido, a Resolução nº 598/2024 do Conselho Nacional de Justiça estabelece as diretrizes para adoção de Perspectiva Racial nos julgamentos em todo o Poder Judiciário.

1.7   AS FONTES DO DIREITO DAS FAMÍLIAS

Como e onde nasce o Direito das Famílias? Sua fonte, ou seja, o seu manancial, seu nascedouro é a própria natureza humana, isto é, o espírito que reluz na consciência individual, tornando-a capaz de compreender a personalidade alheia, graças à própria. Dessa fonte se deduzem os princípios imutáveis de justiça ou do Direito natural[25].

---

[23]   PEREIRA, Rodrigo da Cunha. *Dicionário de direito de família e sucessões ilustrado*. São Paulo: Saraiva, 2018, p. 460.

[24]   O Conselho Nacional de Justiça – CNJ reconheceu, por meio de um pedido de providência do Instituto Brasileiro de Direito de Família – IBDFAM, que há uma lacuna normativa no Registro de Nascimento das crianças intersexo, quando na Declaração de Nascido Vivo – DNV ou na Declaração de Óbito o sexo é marcado como "ignorado". Ampliou-se, com isso, a possibilidade dos pais que desejam não declarar o sexo dessas crianças nessa situação, de não se identificar o sexo, preservando, inclusive, o superior interesse da criança. Dessa decisão, criou-se o Provimento nº 122/2021, sendo alterado pelo Provimento nº 149/2023.

[25]   DEL VECCHIO, Giorgio. *Lições de filosofia do direito*. Trad. Antônio José Brandão, Coimbra: Armênio Amado, 1959, v. II, p. 140.

Quando falamos de fontes do Direito[26], como meio técnico de realização do direito objetivo, referimo-nos às fontes do Direito ocidental, isto é, à família *common law* e à romano-germânica, que têm em comum a mesma moral cristã, a mesma base filosófica, o individualismo, o liberalismo, e que a partir do século XX passaram a sofrer também a interferência do discurso psicanalítico[27], isto é, a consideração da subjetividade na objetividade dos atos e fatos jurídicos, e a compreensão de que o sujeito de direito é também, um sujeito desejante. Norberto Bobbio é assertivo ao dizer que

> fontes do direito são aqueles fatos ou atos dos quais o ordenamento jurídico faz depender a produção de normas jurídicas. O conhecimento de um ordenamento jurídico (e também de um setor particular desse ordenamento) começa sempre pela enumeração de suas fontes. (...) o que nos interessa notar numa teoria geral do ordenamento jurídico não é tanto quantas e quais sejam as fontes do Direito de um ordenamento jurídico moderno, mas o fato de que, no mesmo momento em que se reconhece existirem atos ou fatos dos quais se faz depender a produção de normas jurídicas (as fontes do direito), reconhece-se que o ordenamento jurídico, além de regular o comportamento das pessoas, regula também o modo pelo qual se devem produzir as regras[28].

Das conhecidas e tradicionais fontes do Direito Positivo – a lei[29], jurisprudência, doutrina, costumes, equidade, direito comparado, analogia e princípios gerais –, interessa-nos aqui destacar, para melhor compreender e viabilizar uma aplicação prática, os princípios gerais do direito, que hoje melhor se traduzem como princípios constitucionais, especialmente para estabelecer princípios norteadores para o Direito de Família. É essa fonte do Direito que faz tornar inaceitável para o jurista uma decisão judicial, ou uma solução no plano social que não seja justa e não esteja de acordo com a equidade. Os princípios constitucionais, hoje a principal fonte do Direito das Famílias, que, ao lado dos costumes, da jurisprudência e doutrina, são o alicerce, os pontos básicos e vitais para a sustentação do Direito. São eles que tratam as regras ou preceitos, para que toda espécie de operação jurídica tenha um sentido mais relevante que o da própria regra jurídica. Os princípios constitucionais contêm os fundamentos da "ciência" jurídica e as noções em que estrutura o próprio Direito.

Para um Direito de Família mais justo, ou que se aproxime mais da ideia e ideal de justiça, é fundamental que o ordenamento jurídico se aproprie de todas as fontes do direito, especialmente porque a mais comum delas, a lei em sentido técnico legislativo, não consegue acompanhar ou traduzir a realidade jurídica, que também deveria traduzir os costumes. O jusfilósofo italiano, Del Vecchio, para realçar os costumes como uma das principais fontes do Direito, e assim o é principalmente para o Direito das famílias, lembra que desde o direito romano os costumes já

---

[26] A finalidade das fontes é servir como função de garantia, impedindo que o juiz, ao decidir os casos concretos que lhe são postos, deixe transbordar o seu subjetivismo. Impede, pois, o julgamento centrado em critérios pessoais. Importante indagação se pode formular: quais são as fontes do direito? Pois bem, diferentes critérios existem para classificar as fontes, fazendo com que sejam reconhecidas diferentes fontes do Direito. ROSENVALD, Nelson; CHAVES, Cristiano de Farias. Curso de Direito Civil. Volume 1, 12ª edição, Editora Jus Podivm, 2014, p. 107.

[27] MARTINO, Antônio Anselmo. Freud, Kelsen y La unidad del Estado. In: *El lenguaje del derecho*. Buenos Aires: Abeledo Perrot, 1983, p. 297-320, *passim*.

[28] *Teoria do ordenamento jurídico*. Trad. Maria Celeste C. J. Santos. Brasília: Ed. Universidade de Brasília, 1999, p. 45.

[29] Após o advento da Emenda Constitucional n° 45, de acordo com a redação do art. 103-A da Carta Constitucional, a jurisprudência ganhou especial importância, podendo, até mesmo, vincular a decisão do juiz de primeiro grau de jurisdição, quando se tratar de decisão proferida pelo Supremo Tribunal Federal, em matéria constitucional. É o que se convencionou chamar jurisprudência com efeito vinculante, ou simplesmente súmula vinculante.

eram assim invocados: Com maravilhosa intuição divinatória, já Vico advertia, em uma época em que poucos o podiam compreender, que o Direito nasce das profundezas da consciência popular, da sabedoria vulgar, sendo obra anônima e coletiva das nações[30].

Para que o Direito de Família não repita as injustiças históricas de ilegitimação de determinadas categorias de filhos e famílias, é necessário que outras fontes do Direito, além das regras legislativas sejam respeitadas e consideradas, especialmente os princípios constitucionais, repita-se, que podem melhor ajudar a traduzir uma das outras fontes mais importantes do Direito: os costumes. Somente assim o Direito poderá fazer a necessária distinção entre ética e moral. Optar pela ética em detrimento de juízos morais significa trazer para o campo jurídico o conceito de família como um grupo cultural e não natural, como se concebia até recentemente[31].

1.8 A FAMÍLIA NAS CONSTITUIÇÕES BRASILEIRAS

Os movimentos sociais e a revolução dos costumes nas décadas de 1960 e 1970, consequência do movimento feminista e do pensamento psicanalítico foram absorvidos pelo Texto Constitucional de 1988. Foi somente a partir daí, como já se disse anteriormente, que o Estado, constitucionalmente, passou a dar proteção às famílias que não fossem constituídas pelo casamento. Então, podemos vê-la como um gênero que comporta várias espécies, sejam conjugais ou parentais. É o reconhecimento de que a família não é mais singular. É plural. Além de outras fontes do Direito, como o costume, a doutrina, os princípios, a jurisprudência vêm se firmando no sentido da pluralidade das famílias, como se vê no julgado abaixo:

> (...) Inaugura-se com a Constituição Federal de 1988 uma nova fase do direito de família e, consequentemente, do casamento, baseada na adoção de um explícito *poliformismo familiar em que arranjos multifacetados são igualmente aptos a constituir esse núcleo doméstico chamado "família"*, recebendo todos eles a "especial proteção do Estado". Assim, é bem de ver que, em 1988, não houve uma recepção constitucional do conceito histórico de casamento, sempre considerado como via única para a constituição de família e, por vezes, um ambiente de subversão dos ora consagrados princípios da igualdade e da dignidade da pessoa humana. Agora, a concepção constitucional do casamento – diferentemente do que ocorria com os diplomas superados – *deve ser necessariamente plural, porque plurais também são as famílias* e, ademais, não é ele, o casamento, o destinatário final da proteção do Estado, mas apenas o intermediário de um propósito maior, que é a proteção da pessoa humana em sua inalienável dignidade[32]. (...) Grifamos.

É importante, entretanto, trazer um elemento histórico para que possamos compreender melhor a evolução e o processo evolutivo no qual estamos inseridos. Vejamos pelos registros nas Constituições brasileiras e tratamento dado por elas às famílias.

A primeira Constituição do Brasil, outorgada em 1824 pelo Imperador D. Pedro I, não fez nenhuma referência à família ou ao casamento. Tratou apenas, em seu Capítulo III (arts. 105 a 115), da família imperial e seu aspecto de dotação. A segunda Constituição do Brasil e primeira da República (1891) também não dedicou capítulo especial à família. Entretanto, seu art. 72, § 4º, dizia: "A República só reconhece o casamento civil, cuja celebração será gratuita". Esse artigo ficou inserido nesta Constituição em razão da separação Igreja/Estado. A partir do regime republicano, o catolicismo deixou de ser a religião oficial e, com isso, tornou-se

---

30   DEL VECCHIO, Giorgio. Idem. p. 146.
31   PEREIRA, Rodrigo da Cunha. Princípios Fundamentais Norteadores do Direito de Família. São Paulo: Saraiva, 2016 *passim*.
32   STJ, REsp 1.183.378/RS, 4ª turma, Rel. Min. Luis Felipe Salomão, publicado em 01.02.2012.

14 DIREITO DAS FAMÍLIAS – *Rodrigo da Cunha Pereira*

necessário mencionar o casamento civil como o vínculo constituinte da família brasileira. Até então era dispensável, pois as famílias constituíam-se pelo vínculo do casamento religioso, que tinha automaticamente efeitos civis, já que não havia a separação dos poderes Igreja/Estado.

A segunda Constituição da República (1934) dedicou um capítulo à família, no qual, em quatro artigos (144 a 147), estabelecia as regras do casamento indissolúvel. Foi, portanto, a partir dessa Constituição que, seguindo uma tendência internacional e com as modificações sociais, as Constituições passaram a dedicar capítulos à família e a tratá-la separadamente, dando-lhe maior importância.

As Constituições de 1937, 1946, 1967 e 1969 (Emenda 1/1969), seguindo a mesma linha de pensamento, traziam em seu texto o casamento indissolúvel como a única forma de se constituir uma família.

> CR 1937:
>
> Art. 124. A família, constituída pelo casamento indissolúvel, está sob a proteção especial do Estado. Às famílias numerosas serão atribuídas compensações na proposição dos seus encargos.
>
> CR 1946:
>
> Art. 163. A família é constituída pelo casamento de vínculo indissolúvel e terá direito à proteção especial do Estado.
>
> CR 1967:
>
> Art. 167. A família é constituída pelo casamento e terá direito à proteção dos Poderes Públicos.
>
> § 1º O casamento é indissolúvel.
>
> CR 1969:
>
> Art. 175. A família é constituída pelo casamento e terá direito à proteção dos Poderes Públicos.
>
> § 1º O casamento é indissolúvel (modificado pela Emenda Constitucional n. 9/77, que instituiu o divórcio no Brasil).

O momento em que o *texto* constitucional passou a mencionar a família e dizer que ela se constitui pelo casamento civil é sinal de que o contexto talvez apontasse outras direções. É certo que há imposições da própria cultura, mas se os elementos culturais fossem tão determinantes, não haveria necessidade de se legislar sobre eles, pois seriam leis naturais. Há também razões políticas a partir da separação Igreja/Estado,[33] razões econômicas etc. Mas a história nos revela mais e nos possibilita ver os fatos à distância, com uma isenção maior e um envolvimento menor no processo histórico-evolutivo. Podemos verificar, portanto, que a lei, ao dizer que a forma de constituir família é o casamento civil e que este é indissolúvel, estava cerceando algo

---

[33] (...) Se, de um lado, a Constituição, ao consagrar a laicidade, impede que o Estado intervenha em assuntos religiosos, seja como árbitro, seja como censor, seja como defensor, de outro, a garantia do Estado laico obsta que dogmas da fé determinem o conteúdo de atos estatais. Vale dizer: concepções morais religiosas, quer unânimes, quer majoritárias, quer minoritárias, não podem guiar as decisões estatais, devendo ficar circunscritas à esfera privada. A crença religiosa e espiritual – ou a ausência dela, o ateísmo – serve precipuamente para ditar a conduta e a vida privada do indivíduo que a possui ou não a possui. Paixões religiosas de toda ordem hão de ser colocadas à parte na condução do Estado. Não podem a fé e as orientações morais dela decorrentes ser impostas a quem quer que seja e por quem quer que seja. Caso contrário, de uma democracia laica com liberdade religiosa não se tratará, ante a ausência de respeito àqueles que não professem o credo inspirador da decisão oficial ou àqueles que um dia desejem rever a posição até então assumida (STF, ADPF 54, Rel. Min. Marco Aurélio, julgado em 12.04.2012).

que se lhe contrapunha. Ou seja, se havia necessidade de se impor o casamento civil é porque deveria haver outras formas de constituir família que iriam, ou queriam, surgir a partir do Brasil República. É como os Dez Mandamentos. Eles só existem porque existem aqueles dez desejos que se lhes contrapõem.

A Constituição de 1988, como já se disse, abriu e ampliou as formas de constituição de família, dizendo em seu texto:

> Art. 226. A família, base da sociedade, tem especial proteção do Estado.
>
> § 1º O casamento é civil e gratuita a celebração.
>
> § 2º O casamento religioso tem efeito civil nos termos da lei.
>
> § 3º Para efeito da proteção do Estado, é reconhecida a união estável entre o homem e a mulher como entidade familiar, devendo a lei facilitar sua conversão em casamento.
>
> § 4º Entende-se, também, como entidade familiar a comunidade formada por qualquer dos pais e seus descendentes.
>
> § 5º Os direitos e deveres referentes à sociedade conjugal são exercidos igualmente pelo homem e pela mulher.
>
> § 6º O casamento civil pode ser dissolvido pelo divórcio.
>
> § 7º Fundado nos princípios da dignidade da pessoa humana e da paternidade responsável, o planejamento familiar é livre decisão do casal, competindo ao Estado propiciar recursos educacionais e científicos para o exercício desse direito, vedada qualquer forma coercitiva por parte de instituições oficiais ou privadas.
>
> § 8º O Estado assegurará a assistência à família na pessoa de cada um dos que a integram, criando mecanismos para coibir a violência no âmbito de suas relações.

Apesar de certa timidez no texto quando se diz entidade familiar em vez de família, podemos marcar aí uma evolução. É compreensível que a elaboração de um texto legislativo seja o resultado de forças políticas diversas. Mas talvez seja mesmo na diversidade que esteja a democracia. Apesar de alguns resistirem ainda em não entender o atual texto constitucional, ele é a tradução da família atual, que não é mais singular, mas cada vez mais plural. E nele estão contidas todas as novas estruturas parentais e conjugais. Neste sentido, Paulo Lôbo com propriedade e autoridade:

> (...) Os tipos de entidades familiares explicitados nos parágrafos do art. 226 da Constituição são meramente exemplificativos, sem embargo de serem os mais comuns, por isso mesmo merecendo referência expressa. As demais entidades familiares são tipos implícitos incluídos no âmbito de abrangência do conceito amplo e indeterminado de família indicado no *caput*. Como todo conceito indeterminado, depende de concretização dos tipos, na experiência da vida, conduzindo à tipicidade aberta, dotada de ductilidade e adaptabilidade.[34]

Após décadas de evolução da hermenêutica constitucional, o Supremo Tribunal Federal, invocando o princípio da dignidade da pessoa humana, consolidou definitivamente que as famílias descritas no artigo 226 da CR são apenas exemplificativas, pois o conceito de família envolve o princípio da afetividade e, assim, todas as novas estruturas parentais e conjugais,

---

[34] LÔBO, Paulo Luiz Netto. "Entidades Familiares Constitucionalizadas: para além do *numerus clausus*". Anais do III Congresso Brasileiro de Direito de Família. Família e cidadania. *O novo CCB e a vacatio legis*. Belo Horizonte: IBDFAM/Del Rey, 2002, p. 95.

incluindo a homoafetiva, fazem parte do leque constitucional das entidades familiares, como já explicitado no julgado abaixo transcrito, que sintetiza a evolução deste pensamento:

> *(...) A superação de óbices legais ao pleno desenvolvimento das famílias construídas pelas relações afetivas interpessoais dos próprios indivíduos é corolário do sobreprincípio da dignidade humana. 6. O direito à busca da felicidade, implícito ao art. 1º, III, da Constituição, ao tempo que eleva o indivíduo à centralidade do ordenamento jurídico-político, reconhece as suas capacidades de autodeterminação, autossuficiência e liberdade de escolha dos próprios objetivos, proibindo que o governo se imiscua nos meios eleitos pelos cidadãos para a persecução das vontades particulares. (...) A Constituição de 1988, em caráter meramente exemplificativo, reconhece como legítimos modelos de família independentes do casamento, como a união estável (art. 226, § 3º) e a comunidade formada por qualquer dos pais e seus descendentes, cognominada "família monoparental" (art. 226, § 4º), além de enfatizar que espécies de filiação dissociadas do matrimônio entre os pais merecem equivalente tutela diante da lei, sendo vedada discriminação e, portanto, qualquer tipo de hierarquia entre elas (art. 227, § 6º). 9. As uniões estáveis homoafetivas, consideradas pela jurisprudência desta Corte como entidade familiar, conduziram à imperiosidade da interpretação não-reducionista do conceito de família como instituição que também se forma por vias distintas do casamento civil (ADI nº 4277, Relator(a): Min. Ayres Britto, Tribunal Pleno, julgado em 05/05/2011). (...) Os arranjos familiares alheios à regulação estatal, por omissão, não podem restar ao desabrigo da proteção a situações de pluriparentalidade, por isso que merecem tutela jurídica concomitante, para todos os fins de direito, os vínculos parentais de origem afetiva e biológica, a fim de prover a mais completa e adequada tutela aos sujeitos envolvidos, ante os princípios constitucionais da dignidade da pessoa humana (art. 1º, III) e da paternidade responsável (art. 226, § 7º). 16. Recurso Extraordinário a que se nega provimento, fixando-se a seguinte tese jurídica para aplicação a casos semelhantes: "A paternidade socioafetiva, declarada ou não em registro público, não impede o reconhecimento do vínculo de filiação concomitante baseado na origem biológica, com os efeitos jurídicos próprios" (STF, RE nº 898060-SC, Rel. Min. Luiz Fux, Tribunal Pleno, j. 21/09/2016).*

1.9 O CONCEITO DE FAMÍLIA E SUA ORGANIZAÇÃO JURÍDICA – A FAMÍLIA COMO ESTRUTURAÇÃO PSÍQUICA

Do latim *famulus*, de *famel* (escravo), designava um conjunto de pessoas aparentadas entre si que viviam na mesma casa (*famulus*), mas também cumprindo a função de servos ou escravos para outro grupo, as *gens*, que eram seus patrões. Em inglês *family*, em francês *famille*, em alemão *familie*, italiano *famiglia*. O seu conceito tem sofrido variações ao longo do tempo. Embora a Antropologia, a Sociologia e a Psicanálise já tivessem estabelecido um conceito mais aberto de família conjugal, no Direito esteve restrito, até a Constituição da República de 1988, ao casamento (art. 226), como já se disse.

Com a Carta Magna, ela deixou sua forma singular e passou a ser plural, estabelecendo-se ali apenas um rol exemplificativo de constituições de família. E nem poderia ser diferente, já que a ideia e o conceito de família está em constante mutação, adaptando-se às evoluções e costumes. Portanto, novas estruturas parentais e conjugais estão em curso, e muitas delas já são realidade absorvida pela ordem jurídica, como as famílias mosaicos, famílias geradas por inseminação artificial, famílias simultâneas, poliafetivas, famílias homoafetivas, filhos com dois pais ou duas mães, parcerias de paternidade, enfim, as suas diversas representações sociais atuais e, que estão longe do tradicional conceito de família, que era limitada à ideia de um pai, uma mãe, filhos, casamento civil e religioso.

A família transcende sua própria historicidade, pois suas formas de constituição são variáveis de acordo com o seu momento histórico, social e geográfico. Sua riqueza se deve ao mesmo tempo à sua ancoragem numa função simbólica e na multiplicidade de suas recomposições possíveis[35]. Por isso haverá sempre, de uma forma ou outra, algum tipo de núcleo familiar que fará a passagem da criança do mundo biológico, instintual, para o mundo social. Neste sentido é que ela é o núcleo básico, fundante e estruturante do sujeito. Isso amplia nossa visão, ajuda a acabar com preconceitos e torna mais efetiva a aplicação do princípio da pluralidade de famílias.

Com o declínio do patriarcalismo, a família perdeu sua força como instituição e hierarquia rígida, ficou menos patrimonialista, deixou de ser essencialmente um núcleo econômico e de reprodução para ser o espaço do amor e do companheirismo, e um centro formador e de desenvolvimento do sujeito, de sua dignidade, de sua humanidade e humanização.

Família, ou entidade familiar, é um gênero que comporta duas espécies, em sua constituição: a família conjugal e a família parental. A conjugal é aquela que se estabelece com base em uma relação afetiva, envolvendo sexualidade e pode advir daí filhos, ou não. Pode ser heteroafetiva ou homoafetiva, pelo casamento ou união estável, simultânea à outra, quebrando o princípio da monogamia, ou não; a família parental é aquela que decorre da formação de laços consanguíneos ou socioafetivos. Pode ser por inseminação natural ou artificial, geradas em útero próprio ou de substituição (barriga de aluguel). Seja como for, parental ou conjugal, interessa ao Direito de Família a inclusão de todas essas novas configurações para que se possa atribuir direitos e receber a proteção do Estado.

Afinal, por que esses novos arranjos familiares causaram e ainda causam tanta resistência, indignação e até mesmo horror a algumas pessoas? É que a forma de constituição de família revela, de alguma forma, elementos e fantasias da sexualidade que é mais cômodo repugná-las. Reprimir a sexualidade alheia é uma forma de ajudar a reprimir as próprias fantasias. Pessoas em paz com a própria sexualidade aceitam a dos outros com respeito e naturalidade.

O que realmente interessa de uma família? Qual o seu conteúdo central que determina se ali tem-se um núcleo familiar, ou não? O que verdadeiramente mantém e assegura a existência de uma família? Será a lei jurídica associada ao afeto e aos laços de consanguinidade?

Família é o *locus* da formação e estruturação do sujeito. Não é possível que uma pessoa se torne sujeito sem que tenha passado por um núcleo familiar. Além de formador do sujeito, a família desempenha um papel primordial de formação de valores e transmissão da cultura. Sem ela não há sociedade ou Estado. Sem essa estruturação familiar não haveria sujeito ou relações interpessoais ou sociais. É na família que tudo se principia, é nela que nos estruturamos como sujeitos e encontramos algum amparo para o nosso desamparo estrutural. Para se ter ideia da força dessa estruturação familiar que é psíquica, muito além do laço jurídico, basta lembrar, por exemplo, que os verdadeiros pais, biológicos ou socioafetivos, mesmo depois de mortos, continuam vivos, não apenas em nossa memória, mas principalmente em nossa *psiqué*. Pai, mãe, filho integram uma estrutura psíquica e, por isso, quando morrem, uma parte de nós vai junto com eles, e ao mesmo tempo continuam vivos dentro de nós. Esta é a força da família como estruturação psíquica, e que, portanto independe da forma de sua constituição, se pelo casamento, união estável, união simultânea, ou mesmo sem laço conjugal, hetero ou homoafetiva.

A revolução silenciosa que a família, por meio dos novos arranjos que ainda estão curso, vem provocando é a grande questão política da contemporaneidade. A luta por um país melhor

---

[35] DERRIDA, Jacques; ROUDINESCO, Elisabeth. De que amanhã: diálogo. Trad. André Telles. Rio de Janeiro: Jorge Zahar, 2004. p. 52.

18 DIREITO DAS FAMÍLIAS – *Rodrigo da Cunha Pereira*

só tem sentido, e é verdade, se o sujeito tiver autonomia privada e tiver a liberdade de estabelecer seus laços conjugais como bem lhe aprouver.

A história e a política, hoje, se escrevem e se inscrevem a partir da vida privada, que obviamente começa e termina na família. E assim a vida privada, e, portanto, a família, tornou-se a principal razão política dos Estados democráticos contemporâneos. Compreender o avanço da dinâmica e das novas famílias nos remetem a valores que são universais, como busca da igualdade e o respeito à diferença, que são suporte de uma visão de mundo humanista e civilizador. Não há vida digna, pública ou privada, sem liberdade e igualdade. E não há vida humana sem fraternidade. Sem liberdade, há o arbítrio, sem igualdade a injustiça, sem a fraternidade a barbárie[36].

1.10 AS ENTIDADES FAMILIARES PARENTAIS E CONJUGAIS

Desde que a família passou a ser o espaço do afeto, do companheirismo, e as pessoas passaram a se casar por amor, começaram a surgir novas estruturas parentais e conjugais. A Constituição da República de 1988, legitimou todas elas, uma vez que o rol do artigo 226 é apenas exemplificativo. Vejamos algumas destas novas e antigas concepções de família, que se apresentam hoje, inclusive, com um novo vocabulário, novas nomenclaturas. Nomeá-las é passar a entendê-las melhor:

1.10.1 Família democrática

Família democrática vem em contraposição à família tradicional patriarcal em que o pai era autoridade central, tinha mais valor e importância que a mulher e os filhos. Com o declínio do patriarcalismo, a família foi se tornando cada vez mais democrática: menos hierarquizada, menos patrimonializada. E assim foi deixando sua forma mais vertical e ficando mais horizontalizada, para ser um *locus* do afeto, da solidariedade, do companheirismo e de formação e desenvolvimento do sujeito e de sua dignidade.

Na família democrática, não há superioridade de um gênero sobre o outro, as crianças e adolescentes são sujeitos de direito tanto quanto os adultos, embora tenham lugares e funções diferentes. Não há desigualdade de direitos entre seus membros, repele-se a violência doméstica, o trabalho do homem e da mulher, sejam eles exercidos fora ou dentro do lar, são igualmente valorizados.

Democracia pressupõe a igualdade entre seus membros e suas formas de constituição, sejam constituídas pelo casamento, união estável, hétero ou homoafetivas. Em uma família democrática, quando o casal se divorcia, os filhos continuam convivendo igualmente com ambos os pais, que praticam a guarda compartilhada.

Um Estado Democrático de Direito começa com sua base democrática, que é a família. Em outras palavras, a teoria e a prática da democracia começam no ambiente doméstico, onde os valores de solidariedade, responsabilidade, igualdade, liberdade e fraternidade estabelecem o *design* da dignidade e dignificação da pessoa humana como sujeito de desejo e de direitos. A democracia começa na família, cujos membros não têm seus desejos assujeitados ou dominados pelo desejo do outro. *A democracia, portanto, representa um ideal, o ideal de uma comunidade coesa de pessoas, vivendo e trabalhando juntas, e buscando mecanismos juntos e não violentos*

---

[36] CUNHA, João Paulo. Minha família é a humanidade. *In* Penso, logo divide. Belo Horizonte: Lira Cultura, 2019. p. 142.

de conciliar seus conflitos. Democracia no seu mais amplo sentido, pode ser definida como a arte de viver junto.[37]

Em uma família democrática, a essência transcende a sua formalidade, isto é, não importa a forma como ela se constituiu, e além de funcionar como o núcleo formador e estruturante do sujeito, tem também como essência a busca da felicidade. E, assim, família democrática e família eudemonista se entrelaçam e têm sentido e conceitos complementares.

1.10.2   Família eudemonista

Eudemonismo é a doutrina que tem como fundamento a felicidade como razão da conduta humana, considerando que todas as condutas são boas e moralmente aceitáveis para se buscar e atingir a felicidade. Assim, família eudemonista é aquela que tem como princípio, meio e fim a felicidade. Essa ideia da busca da felicidade vincula-se diretamente a valores como liberdade e dignidade da pessoa humana, que por sua vez pressupõe o sujeito de direitos como sujeito de desejos, isto é, a felicidade do sujeito de direito está diretamente relacionada ao desejo do sujeito.

Os valores eudemonistas ganharam força, e reforço, com o declínio do patriarcalismo e com a sociedade do hiperconsumo. E foi assim com o enaltecimento de tais valores, que são ao mesmo tempo causa e consequência, que a família perdeu sua preponderância como instituição, sua forte hierarquia, deixando de ser, principalmente, um núcleo econômico e de reprodução.

Se o que interessa na família é a felicidade de seus membros, a sua força como instituição não tem mais a relevância que tinha antes e não prevalece mais a vontade do Estado na determinação de sua formatação jurídica. A família continua, e está mais do que nunca, empenhada em ser feliz. A manutenção da família depende sobretudo, de se buscar, por meio dela, a felicidade[38]. Daí poder-se dizer: casamos para sermos felizes e também nos separamos à procura da felicidade.

1.10.3   Família patriarcal

É a família em que a autoridade e os direitos sobre os bens e as pessoas concentram-se nas mãos do pai.

Além de uma patrilinearidade, é um sistema social político e jurídico que vigorou no mundo ocidental até o século XX. Embora ainda persistam sinais de patriarcalismo, ele perdeu sua força.

A Psicanálise e o movimento feminista reforçaram o declínio do patriarcalismo, ajudando a desconstruir a força ideológica da família patriarcal. A partir da consideração do sujeito de direito como sujeito de desejos, passou a ser inadmissível que mulher e filhos fossem assujeitados ao poder e desejo de um patriarca. E, assim, a família perdeu sua rígida hierarquia, despatrimonializou-se, ou seja, aos poucos foi deixando de ser apenas um núcleo de formação e transmissão de patrimônio, e passou a ser o espaço do amor, do afeto e o *locus* de formação e estruturação dos sujeitos (ver. cap. 2 – Princípio da igualdade e respeito às diferenças.

No Brasil, até a década de 1960 o sistema da família patriarcal ainda era muito forte. Foi somente com a Lei nº 4.121/62, Estatuto da Mulher Casada, que a mulher ganhou *status* jurídico de sujeito de desejo e direitos. E a Constituição da República de 1988 rompeu definitivamente

---

[37]   BODIN DE MORAES, Maria Celina. A Família Democrática. In: PEREIRA, Rodrigo da Cunha (Coord.). Anais do V Congresso Brasileiro de Direito de Família – *Família e Dignidade Humana*. São Paulo: IOB Thomson, 2006. p. 616.

[38]   RIBEIRO, Renato Janine. In Anais do II Congresso Brasileiro de Direito de Família. *A família na travessia do milênio*. Belo Horizonte: IBDFAM/Del Rey, 2000. p. 23.

os laços jurídicos com a tradição patriarcal. Foi aí que o afeto passou a ser valor jurídico, e a família pôde ser mais democrática.

A família patriarcal, mais que um núcleo familiar, e antítese da família democrática, engendrou todo um sistema de pensamento baseado na suposta superioridade masculina.

Em 2023, o CNJ, após longo estudo, expediu a Resolução nº 492, estabelecendo o Protocolo de julgamento pela perspectiva de gênero, que tem em sua essência a função de desconstruir os paradigmas da família patriarcal.

1.10.4 Família conjugal

Conjugalidade é um elo amoroso-sexual mais permanente entre o casal. Ela pressupõe a presença da sexualidade que é um de seus elementos vitalizador, ou desvitalizador. Contudo, nem toda relação sexual significa conjugalidade, como acontece em um namoro ou em relações sexuais eventuais. Quando o sexo fora do casamento deixou de ser ilegítimo, e o exercício da sexualidade tornou-se livre de imposições jurídicas, e portanto mais saudável, o sexo pôde se desatrelar da conjugalidade.

A conjugalidade é um núcleo de vivência afetivo-sexual com uma certa durabilidade na vida cotidiana. *"É uma forma possível de gestão compartilhada da sexualidade e dos afetos, onde ideologias e práticas diversas de amor conjugal e gênero se expressam e realizam positivamente"*[39].

Família conjugal é aquela que se estabelece a partir de uma relação amorosa, na qual estão presentes, além do afeto, o desejo e o amor sexual. O amor conjugal assenta-se também na sexualidade, que não está necessariamente na genitalidade. A sexualidade vai muito além do sexo. Isto ajuda o Direito a ampliar a noção de amor conjugal. Pode haver, por exemplo, um casal que, em decorrência de fatores como impotência ou frigidez causadas pela idade, doença ou por razões que não se pode ou não se deve indagar, o exercício de sua sexualidade não necessariamente está nos atos sexuais genitalizados tradicionais. Contudo, isto não anula ou invalida o amor conjugal. A sexualidade é da ordem do desejo, é plástica e comporta infinitas variações e manifestações.

Família conjugal é o gênero que comporta várias espécies de famílias, tais como, aquela constituída pelo casamento e união estável, homo ou heteroafetiva. Fundamental é verificar se os sujeitos que se dispuseram a unir-se o fazem pelos laços afetivos e se constituíram uma entidade familiar que está além de um convívio superficial e despretensioso, instituindo-se ali um núcleo familiar, seja com alguém de mesmo sexo ou de sexo oposto, com filhos ou sem eles.

A família conjugal por si só não gera uma relação de parentesco, a não ser o parentesco por afinidade, estabelecendo a relação de cunhado(a), sogra(o), genro e nora (art. 1.595, CCB).

1.10.5 Família parental

É a família que se estabelece a partir de vínculos de parentesco, consanguíneos, socioafetivos ou por afinidade. O parentesco por afinidade na linha reta, ou seja, sogro(a), nora, genro, não se dissolve com o fim do casamento ou união estável (art. 1.595, § 2º, CCB). Esta fórmula é uma repetição do CCB 1916 (art. 335), e hoje não faz nenhum sentido. Não há razão lógica alguma romper o vínculo com a mulher/marido/companheiro e não romper com a sogra ou sogro. O argumento que sustentava o art. 335, CCB/1916 ("A afinidade, na linha reta, não se

---

[39] MATOS, Marlise. *Reinvenções do vínculo amoroso: cultura e identidade de gênero na modernidade tardia.* Belo Horizonte: Ed. UFMG; Rio de Janeiro: IUPERG, 2000. p. 163.

Cap. 1 – DIREITO DAS FAMÍLIAS **21**

extingue com a dissolução do casamento, que a originou"), era o da evitação do incesto, ou seja, evitar possível casamento entre genro e sogra.

A família parental é o gênero das várias espécies de famílias, tais como, anaparental, monoparental, multiparental, extensa, adotiva, ectogenética, coparental e homoparental.

1.10.6 Família monoparental

É a família formada por filhos com apenas o pai ou a mãe. Na expressão do art. 226, § 4º, da Constituição da República, é "a comunidade formada por qualquer dos pais e seus descendentes". As famílias monoparentais podem ser constituídas pelo pai ou mãe viúvos, mãe ou pai solteiros, ou seja, pode ser constituída por escolha, planejada ou não.

Os dados do Instituto Brasileiro de Geografia e Estatística – IBGE têm revelado a cada nova estatística um aumento crescente do número de famílias monoparentais, notadamente as de mulheres que criam seus filhos sozinhos, seja pelo abandono do pai, seja em razão de gravidez não planejada.

Família monoparental pode ser também constituída pela avó/avô, seus netos, ou um parente, ou mesmo um terceiro qualquer "chefiando" a criação de um ou mais filhos.

Um dos tipos de família monoparental, e que são recentes do ponto de vista histórico, são as chamadas "produções independentes". Uma mulher, ou um homem, que deseja ser pai ou mãe, resolve ter um filho, independentemente da anuência ou concordância de um parceiro ou fornecedor do material genético. Isto pode se dar por meio de inseminação artificial com material buscado em banco de sêmen, ou mesmo por inseminação natural, utilizando seu parceiro sexual como mero doador do material genético, com o conhecimento/consentimento, ou não do parceiro.

1.10.7 Família anaparental

É a família formada entre irmãos, primos ou pessoas que têm uma relação de parentesco entre si, sem que haja conjugalidade entre elas e sem vínculo de ascendência ou descendência. É uma espécie do gênero família parental.

A importância desse conceito e caracterização, assim como as demais famílias, está no sentido de proteção jurídica, especialmente para efeitos de caracterização do bem de família e sua impenhorabilidade. A decisão abaixo reforça esse conceito: *"(...) Nessa senda, a chamada família anaparental sem a presença de um ascendente, quando constatado os vínculos subjetivos que remetem à família, merece o reconhecimento e igual status (...)" (STJ, REsp 1217415-RS, Rel.ª Min.ª Nancy Andrighi, 3ª T., publ. 28/06/2012).*

1.10.8 Família unipessoal

Há pessoas que optam por viverem sozinhas, o que se denomina na língua inglesa de *singles*, mas nem por isso significa que não deve receber o reconhecimento e proteção do Estado. Embora pareça paradoxal, pois no conceito de família está a ideia de um grupo de pessoas ligadas pelo vínculo de parentesco ou conjugalidade, o Direito de Família brasileiro tem considerado como família os *singles*, ou seja, os que vivem sozinhos, especialmente para caracterização de sua moradia como um bem de família e, portanto, impenhorável. Não é justo que alguém que viva sozinho em imóvel de sua propriedade, seja por livre escolha (família unipessoal estrutural) ou em decorrência de viuvez, divórcio ou fim da união estável (família unipessoal friccionais) não tenha sua "propriedade mínima", sua moradia, preservada de possíveis constrições.

A doutrina e a jurisprudência, em sua maioria, vinham no sentido de proteger o patrimônio mínimo do sujeito, independentemente de ter constituído família nos moldes tradicionais, ou não. Na verdade, a proteção é ao núcleo familiar, ou mesmo à pessoa, como se pode ver exemplificativamente na decisão abaixo:

> *(...) Nessa linha, conservada a teleologia da norma, o solteiro deve receber o mesmo tratamento. Também o celibatário é digno dessa proteção. E mais. Também o viúvo, ainda que seus descendentes hajam constituído outras famílias, e, como normalmente acontece, passam a residir em outras casas. "Data venia", a Lei n. 8.009/90 não está dirigida a número de pessoas. Ao contrário – à pessoa. Solteira, casada, viúva, desquitada, divorciada, pouco importa. O sentido social da norma busca garantir um teto para cada pessoa. Só essa finalidade, 'data venia', põe sobre a mesa a exata extensão da lei. (...). (STJ, REsp 182223/ SP, 6ª T., Rel. Min. Luiz Vicente Cernicchiaro, publ. 10-5-1999)*

A Súmula 364 do STJ, de 03.11.2008 sepultou de vez a polêmica, consolidando toda a evolução jurisprudencial: *"O conceito de impenhorabilidade de bem de família abrange também o imóvel pertencente a pessoas solteiras, separadas e viúvas".* E assim, o conceito de família unipessoal, que foi construído para proteção ao "solteiro", perde um pouco o sentido, já que depois dessa súmula a pessoa já está protegida.

A Lei nº 13.144/2015 alterou o inciso III do art. 3º da Lei nº 8.009, de 29 de março de 1990, para assegurar proteção ao patrimônio do novo cônjuge ou companheiro do devedor de pensão alimentícia.

1.10.9 Família multiparental

É a família que tem múltiplos pais/mães, isto é, mais de um pai e/ou mais de uma mãe. Geralmente, a multiparentalidade se dá em razão de constituições de novos vínculos conjugais, em que padrastos e madrastas assumem e exercem as funções de pais e mães, paralelamente aos pais biológicos e/ou registrais, ou em substituição a eles. A multiparentalidade é comum, também, nas reproduções medicamente assistidas, que contam com a participação de mais de duas pessoas no processo reprodutivo, como por exemplo, quando o material genético de um homem e de uma mulher é gestado no útero de uma outra mulher. Pode se dar também nos processos judiciais de adoção.

A multiparentalidade, ou seja, a dupla maternidade/paternidade tornou-se uma realidade jurídica, impulsionada pela dinâmica da vida e pela compreensão de que paternidade e maternidade são funções exercidas. É a força dos fatos e dos costumes como uma das mais importantes fontes do Direito, que autoriza esta nova categoria jurídica. Daí o desenvolvimento da teoria da paternidade socioafetiva que, se não coincide com a paternidade biológica e registral, pode se somar a ela.

O conceito de multiparentalidade revolucionou o sistema jurídico de paternidade e maternidade concebido até então. O registro civil, que tem função de registrar a realidade civil das pessoas, tem-se adaptado a esta realidade. Foi neste intuito que a Lei de Registros Públicos (Lei nº 6.015/73) foi alterada em 2009, pela Lei nº 11.924, para tornar possível acrescentar o sobrenome do padrasto/madrasta no assento do nascimento da pessoa natural. Em 2022, com o advento da Lei nº 14.382, ocorreu nova alteração: *"§ 8º O enteado ou a enteada, se houver motivo justificável, poderá requerer ao oficial de registro civil que, nos registros de nascimento e de casamento, seja averbado o nome de família de seu padrasto ou de sua madrasta, desde que haja expressa concordância destes, sem prejuízo de seus sobrenomes de família. (Redação dada pela Lei nº 14.382, de 2022)".* É também conhecida como pluriparentalidade.

Cap. 1 – DIREITO DAS FAMÍLIAS **23**

O jurista Zeno Veloso é enfático: Em alguns casos, podem coexistir a parentalidade biológica e socioafetiva, com a mesma intensidade, isto é, sem que se estabeleça uma preferência ou hierarquia entre uma e outra. Tome-se como exemplo o caso de alguém que tem pai biológico e padrasto, mantendo com ambos um vínculo de paternidade-filiação. Verifica-se uma dupla parentalidade. Essa multiparentalidade pode ser reconhecida e produzir efeitos jurídicos, no âmbito do registro civil, inclusive, em que o assento – testemunhando fatos da vida – pode dizer que alguém possui dois pais ou duas mães[40].

Após várias decisões de tribunais estaduais, o STF se posicionou favorável à multiparentalidade (RE 898060/2016[41]), estabelecendo a tese com repercussão geral: "*A paternidade socioafetiva, declarada ou não em registro público, não impede o reconhecimento do vínculo de filiação concomitante baseado na origem biológica, com os efeitos jurídicos próprios*".

Após essa decisão, o CNJ expediu o Provimento 63/2017, acompanhando a essa realidade e prevendo em seu artigo 14 que:

> *O reconhecimento da paternidade ou maternidade socioafetiva somente poderá ser realizado de forma unilateral e não implicará o registro de mais de dois pais e de duas mães no campo filiação no assento de nascimento.*

Em 2019, o Provimento 83/2019 fez alterações no Provimento 63/2017 e o artigo 14 *passa a vigorar acrescido de dois parágrafos, numerados como § 1º e § 2º, na forma seguinte:*

> Art. 14 (...)
>
> § 1º Somente é permitida a inclusão de um ascendente socioafetivo, seja do lado paterno ou do materno.
>
> § 2º A inclusão de mais de um ascendente socioafetivo deverá tramitar pela via judicial.

Em 2023, o CNJ *expediu o Provimento 149*, Instituindo o Código Nacional de Normas da Corregedoria Nacional de Justiça do Conselho Nacional de Justiça – Foro Extrajudicial (CNN/CN/CNJ-Extra) e revogando parcialmente os provimentos supracitados e prevendo:

---

[40] VELOSO, Zeno. Nome civil da pessoa natural. In: Pereira, Rodrigo da Cunha. *Tratado de Direito das famílias*. 3ª edição. Belo Horizonte: IBDFAM, 2019, p. 510.

[41] Uma das primeiras decisões de primeira instância foi proferida em novembro de 2011, pela Juíza Deisy Cristhian Lorena de Oliveira Ferraz, na 01ª Vara Cível da Comarca de Ariquemes/RO, nos autos da ação de investigação de paternidade nº 0012530-95.2010.8.22.0002. Esta decisão reconheceu e declarou a dupla paternidade propriamente dita de uma menina, fazendo constar em seu assento registral os nomes do pai biológico e afetivo da criança, sem prejuízo da manutenção do registro materno. Outro julgado, no TJSP, também decidiu pela MULTIPARENTALIDADE: Maternidade Socioafetiva: – Preservação da maternidade biológica. Respeito à memória da mãe biológica, falecida em decorrência do parto, e de sua família. Enteado criado como filho desde dois anos de idade. Filiação socioafetiva que tem amparo no art. 1.593 do Código Civil e decorre da posse de estado de filho, fruto de longa e estável convivência, aliado ao afeto e considerações mútuos, e sua manifestação pública, de forma a não deixar dúvida, a quem não conhece, de que se trata de parentes. A formação da família moderna não consanguínea tem sua base na afetividade e nos princípios da dignidade da pessoa humana e da solidariedade. Recurso provido (AP. Civ. TJSP, 000642226.2011.8.26.0286, Rel. Des. Alcides Leopoldo e Silva Júnior, 1ª Câmara de Direito Privado, 12/08/2012). (...) Observada a hipótese da existência de dois vínculos paternos, caracterizada está a possibilidade de reconhecimento da multiparentalidade. (...) (TJ-RS – AC: 70064909864 RS, Rel. Des. Alzir Felippe Schmitz, 8ª CC, Dje 22/07/2015) Apelação. Direito civil. Família. Relação de parentesco. Ação de reconhecimento de paternidade. Anulação de registro civil. Multiparentalidade. Reconhecida a existência de dois vínculos paternos, caracterizada está a possibilidade de reconhecimento da multiparentalidade. Tema nº 622 da repercussão geral do STF. Em juízo de retratação, deram provimento ao recurso. (TJ-RS – AC: 70073977670 RS, Rel. Des. Liselena Schifino Robles Ribeiro, 7ª CC. *DJe* 14/12/2017).

Art. 507. O reconhecimento da paternidade ou da maternidade socioafetiva será processado perante o oficial de registro civil das pessoas naturais, ainda que diverso daquele em que foi lavrado o assento, mediante a exibição de documento oficial de identificação com foto do requerente e da certidão de nascimento do filho, ambos em original e cópia, sem constar do traslado menção à origem da filiação. § 1º O registrador deverá proceder à minuciosa verificação da identidade do requerente, mediante coleta, em termo próprio, por escrito particular, conforme modelo constante do Anexo VI do Provimento n. 63, de 14 de novembro de 2017, de sua qualificação e assinatura, além de proceder à rigorosa conferência dos documentos pessoais. § 2º O registrador, ao conferir o original, manterá em arquivo cópia de documento de identificação do requerente, junto ao termo assinado. § 3º Constarão do termo, além dos dados do requerente, os dados do campo FILIAÇÃO e do filho que constam no registro, devendo o registrador colher a assinatura do pai e da mãe do reconhecido, caso este seja menor. § 4º Se o filho for menor de 18 anos de idade, o reconhecimento da paternidade ou da maternidade socioafetiva exigirá o seu consentimento. § 5º A coleta da anuência tanto do pai quanto da mãe e do filho maior de 12 anos de idade deverá ser feita pessoalmente perante o oficial de registro civil das pessoas naturais ou escrevente autorizado. § 6º Na falta da mãe ou do pai do menor, na impossibilidade de manifestação válida destes ou do filho, quando exigido, o caso será apresentado ao juiz competente nos termos da legislação local. § 7º Serão observadas as regras da tomada de decisão apoiada quando o procedimento envolver a participação de pessoa com deficiência (Capítulo III do Título IV do Livro IV do Código Civil). § 8º O reconhecimento da paternidade ou da maternidade socioafetiva poderá ocorrer por meio de documento público ou particular de disposição de última vontade, desde que seguidos os demais trâmites previstos neste Capítulo. § 9º Atendidos os requisitos para o reconhecimento da paternidade ou da maternidade socioafetiva, o registrador encaminhará o expediente ao representante do Ministério Público para parecer: I – o registro da paternidade ou da maternidade socioafetiva será realizado pelo registrador após o parecer favorável do Ministério Público; II – se o parecer for desfavorável, o registrador não procederá o registro da paternidade ou maternidade socioafetiva e comunicará o ocorrido ao requerente, arquivando-se o expediente; e III – eventual dúvida referente ao registro deverá ser remetida ao juízo competente para dirimi-la.

(…) Art. 510. O reconhecimento da paternidade ou da maternidade socioafetiva somente poderá ser realizado de forma unilateral e não implicará o registro de mais de dois pais e de duas mães no campo FILIAÇÃO no assento de nascimento. § 1º Somente é permitida a inclusão de um ascendente socioafetivo, seja do lado paterno ou do materno. § 2º A inclusão de mais de um ascendente socioafetivo deverá tramitar pela via judicial.

Ainda assim, a multiparentalidade poderá ser requerida de forma extrajudicial, de forma unilateral, pois nos casos em que já consta o liame biológico no registro, poderá constar o socioafetivo. O provimento estipulou idade de mínima 12 anos, bem como obrigatoriedade de parecer do Ministério Público.

A multiparentalidade foi facilmente aceita e absorvida na ordem jurídica brasileira, pois a maioria dos casos se tratava tornar-se o direito de uma situação fática, ou seja, traduzir juridicamente o exercício das funções paternas ou maternas. Em outras palavras, não há aí um conteúdo moral que sempre dificulta o reconhecimento de novos direitos[42]. Entretanto, na sequência

---

[42] (...) Em que pese tenha o STF, ao analisar a Repercussão Geral 622, admitido a possibilidade do reconhecimento da multiparentalidade, a alteração no registro civil de uma criança constando o nome de dois pais é situação não prevista em lei, o que impossibilita o reconhecimento da pretensão recursal. (...) (TJRS, AC Nº 70073977670, Rel. Des. Liselena Schifino Robles Ribeiro, 7ª CC, j. 16/08/2017).

passou-se a reivindicar pluriparentalidade em casos decorrentes de técnicas de inseminação artificial em que há presença de um terceiro na relação. Ainda que este terceiro não participe da conjugalidade, apenas da parentalidade. Inicialmente esse reconhecimento era negado até que o primeiro julgado do TJRS reconheceu a pluriparentalidade de uma criança, advinda de inseminação artificial. O caso tratava de um casal de mulheres que recebeu material genético de um conhecido que só forneceu sob a condição de ser tornar o pai. A dificuldade inicial de tal reconhecimento nas famílias ectogenéticas, ocorrem, como se sabe, do conteúdo moral que ela traz consigo. Mas após vários reconhecimentos pelos tribunais estaduais de pluriparentalidade em famílias, semelhantes a essa, o STJ acaba por consolidar concepção de multiparentalidade nas famílias, advindas por técnica de reprodução assistida.[43]

1.10.10 Família substituta

É a expressão introduzida no ordenamento jurídico brasileiro pelo Estatuto da Criança e do Adolescente – ECA (Lei nº 8.069/90), para dizer que a família biológica ou originária, pode ser substituída por outra, seja por meio da adoção, pela guarda ou tutela. Esta expressão introduziu um novo paradigma para compreensão e alargamento do conceito de família.

A partir desta expressão, passou-se a admitir que a família biológica nem sempre é a que terá a guarda ou tutela dos filhos, reforçando o conceito introduzido pelo jurista mineiro João Baptista Villela, em 1979, da desbiologização da paternidade. Foi a partir daí que surgiu e desenvolveu-se a expressão paternidade socioafetiva, inclusive para atender ao melhor interesse da criança/adolescente.

1.10.11 Família extensa

É a família que vai além do seu núcleo pai, mãe, filhos, estendendo –se a outros parentes, como avós, tios e primos. A Lei n° 12.010/09, alterou o Estatuto da Criança e do Adolescente – Lei n° 8.069/1990 e assim a definiu: *Entende-se por família extensa ou ampliada aquela que se estende para além da unidade pais e filhos ou da unidade do casal*[44], *formada por parentes próximos com os quais a criança ou adolescente convive e mantém vínculos de afinidade e afetividade* (art. 25, parágrafo único). Transcrevo aqui um trecho do livro *O arroz de palma*, de Francisco Azevedo, que bem ilustra e ajuda a ampliar esse conceito:

---

[43] (...) A paternidade socioafetiva realiza a própria dignidade da pessoa humana por permitir que um indivíduo tenha reconhecido seu histórico de vida e a condição social ostentada, valorizando, além dos aspectos formais, como a regular adoção, a verdade real dos fatos. 7. O Supremo Tribunal Federal, ao julgar o Recurso Extraordinário nº 898.060, com repercussão geral reconhecida, admitiu a coexistência entre as paternidades biológica e a socioafetiva, afastando qualquer interpretação apta a ensejar a hierarquização dos vínculos. (STJ – REsp: 1704972 CE 2017/0272222-2, 3ª Turma, *DJe* 15/10/2018).

[44] (...) A Constituição Federal de 1988 rompeu com os paradigmas clássicos de família consagrada pelo casamento e admitiu a existência e a consequente regulação jurídica de outras modalidades de núcleos familiares (monoparental, informal, afetivo), diante das garantias de liberdade, pluralidade e fraternidade que permeiam as conformações familiares, sempre com foco na dignidade da pessoa humana, fundamento basilar de todo o ordenamento jurídico. 2. O conceito de "família" adotado pelo ECA é amplo, abarcando tanto a família natural (comunidade formada pelos pais ou qualquer deles e seus descendentes) como a extensa/ampliada (aquela constituída por parentes próximos com os quais a criança ou adolescente convive e mantém vínculos de afinidade e afetividade), sendo a *affectio familiae* o alicerce jurídico imaterial que pontifica o relacionamento entre os seus membros, essa constituída pelo afeto e afinidade, que por serem elementos basilares do Direito das Famílias hodierno devem ser evocados na interpretação jurídica voltada à proteção e melhor interesse das crianças e adolescentes. 3. Conforme explicitamente estabelecido no artigo 19 do ECA, é direito da criança a sua criação e educação no seio familiar, em ambiente que garanta seu desenvolvimento integral e assegure convivência com os seus, sendo a colocação em família substituta excepcional (STJ, REsp 1.911.099/SP, Relator: Ministro Marco Buzzi, 4ª Turma, Data de Publicação: 29/06/2021).

É muita gente, Antônio, muita! Filhos, genros, netos, irmãos, sobrinhos, sobrinhos-netos e até sobrinhos-bisnetos! Milagre se vierem todos. Principalmente, os mais novos. Se no teu tempo de rapaz já era difícil obrigar presença, imagina agora com a meninada independente do jeito que é. Nenhum moleque vai deixar de sair com os amigos ou com a namorada para vir a este fim de festa organizada por um gagá que nunca viu mais gordo. Te aquieta, homem! Os convites extensivos às famílias foram feitos e enviados com antecedência, foram confirmados por telefone um a um. Vê se sossega. Faz a tua parte e pronto. O resto, entrega. Se vai chover, se vai fazer sol, não adianta a preocupação, nem um tico. Cuida do que está em tuas mãos. E mesmo assim, relaxa. Não vai esquentar se o arroz pegar no fundo da panela, vai? – Não, é claro que não. Sei que é o normal, o que mais acontece. Mas, como cozinheiro, me sentiria realizado ao ver, pelo menos uma vez, a família toda guardada na fazenda e o arroz todo soltinho na travessa[45].

1.10.12 Família ectogenética

É a família com filhos decorrentes das técnicas de reprodução assistida. A biotecnologia abriu a possibilidade de inseminações artificiais homólogas e heterólogas. Não há lei específica para regulamentar esse tipo de família[46]. Elas são regidas pelos princípios da dignidade da pessoa humana, responsabilidade e paternidade responsável. As únicas regras relativas ao assunto são o Provimento 149/2023 do CNJ[47], bem como a Resolução CFM 2.320/2022, que

---

[45] AZEVEDO, Francisco. *O arroz de palma*. Rio de Janeiro: Record, 2008, p. 259-260.

[46] Na Câmara dos Deputados temos o PL nº 115/2015, que pretende instituir o Estatuto da Reprodução Assistida, para regular a aplicação e utilização das técnicas de reprodução humana assistida e seus efeitos no âmbito das relações civis sociais.

[47] Em 2023, o CNJ expediu o Provimento 149, instituindo o Código Nacional de Normas da Corregedoria Nacional de Justiça do Conselho Nacional de Justiça – Foro Extrajudicial (CNN/CN/CNJ-Extra), revogando parcialmente os Provimentos 63/2017 e 83/2019 e prevendo: "Art. 512. O assento de nascimento de filho havido por técnicas de reprodução assistida será inscrito no Livro A, independentemente de prévia autorização judicial e observada a legislação em vigor no que for pertinente, mediante o comparecimento de ambos os pais, munidos de documentação exigida por este Capítulo. § 1º Se os pais forem casados ou conviverem em união estável, poderá somente um deles comparecer ao ato de registro, desde que apresente a documentação exigida neste Capítulo. § 2º No caso de filhos de casais homoafetivos, o assento de nascimento deverá ser adequado para que constem os nomes dos ascendentes, sem referência a distinção quanto à ascendência paterna ou materna. Art. 513. Será indispensável, para fins de registro e de emissão da certidão de nascimento, a apresentação dos seguintes documentos: I – declaração de nascido vivo (DNV); II – declaração, com firma reconhecida, do diretor técnico da clínica, centro ou serviço de reprodução humana em que foi realizada a reprodução assistida, indicando que a criança foi gerada por reprodução assistida heteróloga, assim como o nome dos beneficiários; III – certidão de casamento, certidão de conversão de união estável em casamento, escritura pública de união estável ou sentença em que foi reconhecida a união estável do casal. § 1º Na hipótese de gestação por substituição, não constará do registro o nome da parturiente, informado na declaração de nascido vivo, devendo ser apresentado termo de compromisso firmado pela doadora temporária do útero, esclarecendo a questão da filiação. § 2º Nas hipóteses de reprodução assistida *post mortem*, além dos documentos elencados nos incisos do *caput* deste artigo, conforme o caso, deverá ser apresentado termo de autorização prévia específica do falecido ou falecida para uso do material biológico preservado, lavrado por instrumento público ou particular com firma reconhecida. § 3º O conhecimento da ascendência biológica não importará no reconhecimento do vínculo de parentesco e dos respectivos efeitos jurídicos entre o doador ou a doadora e o filho gerado por meio da reprodução assistida. Art. 514. Será vedada aos oficiais registradores a recusa ao registro de nascimento e à emissão da respectiva certidão de filhos havidos por técnica de reprodução assistida, nos termos deste Capítulo. § 1º A recusa prevista no *caput* deverá ser comunicada ao juiz competente nos termos da legislação local, para as providências disciplinares cabíveis. § 2º Todos os documentos apresentados na forma deste Capítulo deverão permanecer arquivados no ofício em que foi lavrado o registro civil. Art. 515. Os registradores, para os fins do presente Capítulo, deverão observar as normas legais referentes à gratuidade de atos".

adotou as normas éticas para a utilização das técnicas de reprodução assistida, tornando-se o dispositivo deontológico a ser seguido pelos médicos brasileiros e revogou a Resolução CFM 2.294, de 15/06/2021.

Dentre as inovações/alterações mais significativas, cito em comparação com a Resolução de 2017, que se ampliou a idade com relação ao número de embriões a serem transferidos. Pela Resolução CFM nº 2.320/2022, quanto ao número de embriões a serem transferidos, determina-se, de acordo com a idade: a) mulheres com até 37 (trinta e sete) anos: até 2 (dois) embriões; b) mulheres com mais de 37 (trinta e sete) anos: até 3 (três) embriões; c) em caso de embriões euploides ao diagnóstico genético, até 2 (dois) embriões, independentemente da idade; e d) nas situações de doação de oócitos, considera-se a idade da doadora no momento de sua coleta.

Outra inovação, bastante significativa, diz respeito à permissão da gestação compartilhada em união homoafetiva feminina, considerando gestação compartilhada a situação em que o embrião obtido a partir da fecundação do(s) oócito(s) de uma mulher é transferido para o útero de sua parceira. Poucas foram as inovações, em comparação com os atos normativos anteriores do Conselho Federal de Medicina – CFM.

Todas essas tecnologias, associadas ao discurso psicanalítico, filosófico e jurídico, proporcionaram caminhos e possibilidades para a constituição de novas relações de parentesco. As formas podem variar entre inseminações artificiais homólogas, heterólogas, útero de substituição (barriga de aluguel). A partir daí, surgiram as parcerias de paternidade/maternidade, isto é, pessoas que estabelecem contratos de geração de filhos, sem vínculo conjugal ou sexual, formando – se aí apenas uma família parental.

1.10.13 Família socioafetiva

É a família parental formada pelos laços de afeto[48], com ou sem vínculo biológico. Toda família parental, independentemente da forma de sua constituição, deve ser socioafetiva. É como a adoção, isto é, todo filho, mesmo biológico, deve ser "adotado" por seus pais. Em outras palavras, se não se adotar o filho, mesmo biológico[49], não se constituirá uma relação verdadeira de paternidade. Da mesma forma, é a família, que só será verdadeiramente o núcleo estruturante do sujeito, se for formada na afetividade e no amor. Sem esses elementos não haverá ali uma verdadeira família. O CCB 2002 reconhece esse tipo de família ao estabelecer, em seu art. 1.593, outra categoria de parentesco, além dos tradicionais: O parentesco é natural ou civil, conforme resulte de consanguinidade ou outra origem[50].

---

[48] (...) É certo que a doutrina e a jurisprudência têm admitido concepção ampliativa da família, segundo a qual esta não se restringiria às formas previstas no rol do artigo 226 da Constituição Federal, que seria, portanto, meramente exemplificativo. Assim, com base na norma do artigo 1.593 do Código Civil, vêm sendo admitidas as relações familiares decorrentes da afetividade. A noção de família socioafetiva, portanto, constitui inovação interpretativa, criada com o intuito de dar maior eficácia à ordem normativa perante a realidade social existente. (...) (TJ-GO – Apelação (CPC): 00506267720188090034, Rel. Carlos Alberto França, 2ª CC, DJ 13/03/2019).

[49] Enunciado 52 do IBDFam: "O resultado negativo de exame genético realizado em ação de Investigação de Paternidade, Negatória de Paternidade ou Anulatória de Registro de Nascimento não autoriza o julgamento antecipado do mérito e nem a desconstituição do vínculo de parentalidade sem que se promova a averiguação da presença de socioafetividade entre pai e filho".

[50] (...) Inexiste qualquer vedação legal ao reconhecimento da fraternidade/irmandade socioafetiva, ainda que post mortem, pois a declaração da existência de relação de parentesco de segundo grau na linha colateral é admissível no ordenamento jurídico pátrio, merecendo a apreciação do Poder Judiciário. (...) (Informativo 743 do STJ, Rel. Min. Marco Buzzi, 4ª Turma j. 04/10/2022).

O STF em análise do RE 898.060, com repercussão geral reconhecida firmou a seguinte tese: *A paternidade socioafetiva, declarada ou não em registro público, não impede o reconhecimento do vínculo de filiação concomitante baseado na origem biológica, com os efeitos jurídicos próprios.*

1.10.14 Famílias mútuas

Expressão utilizada pelo desembargador pernambucano, Jones Figueiredo, para designar a situação de duas famílias que descobriram a troca de seus filhos na maternidade. Em razão da descoberta tardia deste equívoco, já haviam estabelecido forte vínculo afetivo com os filhos não biológicos. Assim, convivem mutuamente com os filhos de uma e de outra, relacionando com ambos os filhos, biológico e socioafetivo.

1.10.15 Família coparental

É a família parental, cujos pais se encontram apenas para ter filhos, de forma planejada, para criá-los em sistema de cooperação mútua, sem relacionamento conjugal ou mesmo sexual, entre eles.

Sexo, casamento e reprodução, o tripé que sustentava o Direito de Família se desatrelou. O casamento não é mais o legitimador das relações sexuais, e com a evolução da engenharia genética, não é mais necessário sexo para haver reprodução. Com isso, as pessoas ficaram mais livres para seguir os caminhos do seu desejo. E foi assim que o Direito começou a distinguir conjugalidade de parentalidade.

Há quem queira constituir apenas uma família conjugal, e não querem ou não podem ter filhos. Outras, querem apenas ter filhos, mas não querem estabelecer uma conjugalidade, ou nem mesmo uma relação sexual. Se a parentalidade não está mais, necessariamente, vinculada à conjugalidade, ou à sexualidade, as pessoas podem fazer parcerias apenas para formarem um par conjugal, ou apenas uma parceria de paternidade/maternidade.

As possibilidades de constituição de família se ampliaram com o declínio do patriarcalismo. Família é o *locus* do amor e do afeto, independentemente das escolhas ou orientações sexuais de seus membros e a forma de reprodução ou de filiação. Coparentalidade, ou famílias coparentais[51], são aquelas que se constituem entre pessoas, hetero ou homoafetivas, que não necessariamente estabeleceram um vínculo amoroso conjugal ou sexual. Apenas se encontram movidos pelo desejo e interesse em fazer uma parceria de paternidade/maternidade. Na maioria das vezes o processo de geração de filhos é feito por técnicas de reprodução assistida, ou seja, podem ser também denominadas de famílias ectogenéticas.

É recomendável que se estabeleça um contrato expresso com algumas regras para o estabelecimento e criação do filho que daí nascerá, o que podemos chamar de contrato de geração de filhos (ver também item 10.2.6).

1.10.16 Família nuclear

É a família conjugal mais reduzida, isto é, aquela constituída pelo casal e sua prole. A concepção de família nuclear surge de uma evolução histórica em que as famílias eram muito grandes e foram se tornando cada vez menores, isto é, mais nucleares. A ideia de família

---

[51] A família coparental é aquela formada por indivíduos que almejam exercer a paternidade/maternidade sem terem vínculo conjugal/amoroso, pois o que os unirá é o filho. Ou seja, é uma parentalidade planejada por pessoas que não são casadas, não vivem em união estável e nem possuem relacionamento amoroso/sexual (...). A parentalidade responsável e o livre planejamento familiar são a base da coparentalidade (VALADARES, Nathália de Campos. *Famílias coparentais*. Curitiba: Juruá, 2022, p. 46).

nuclear se opõe à concepção de família extensa, isto é, aquela em que se considera não apenas pai-mãe-filhos, mas também avós, tios e primos.

1.10.17 Família binuclear

É a família nuclear bipartida e, portanto, formada por dois núcleos de um núcleo originário. Assim, um casal com filho(s) que se separa, dissolvendo aquele núcleo familiar constituiu dois núcleos daquela mesma família.

O conceito de família binuclear é importante para se compreender e ajudar a acabar com a ideia e preconceito de que divórcio, ou dissolução de união estável, é o fim da família. A família é indissolúvel. Ela foi, é, e continuará sendo o núcleo básico e essencial da formação e estruturação dos sujeitos e, consequentemente, do Estado. O que se dissolve é a conjugalidade e não propriamente a família que se transforma ou se transmuta em família binuclear.

1.10.18 Família natural

É a que se forma naturalmente, sem maiores formalidades. Também se diz das famílias que têm vínculos biológicos, ou seja, proporcionado pela natureza e não necessariamente pela cultura. Filhos naturais são filhos biológicos. Até 1988, os filhos havidos fora do casamento eram também designados "filhos naturais" quando não tinham o nome do pai, numa alusão à natureza de sem pai. Assim, família natural, filhos naturais vinculam-se à ideia de vínculos proporcionados pela genética, pela natureza e não pela cultura, como acontece com a família e filhos socioafetivos e adotivos.

1.10.19 Família informal

É o nome que se dá às famílias que se constituem sem nenhuma formalidade, ou seja, naturalmente e informalmente, como acontece com as uniões estáveis, que na maioria das vezes não há um contrato ou alguma formalidade regulamentando as regras patrimoniais ou pessoais daquela relação. Diferentemente, é a família constituída pelo casamento, cuja característica é a formalidade e solenidade do ato/contrato de casamento. E, da mesma forma, a união estável que se formaliza por meio de contrato, seja particular ou escritura pública. Nas famílias conjugais informais, o regime de bens, naturalmente, é o da comunhão parcial de bens.

1.10.20 Família matrimonial

É a família constituída pelo casamento que, até meados de 1977, por razões de ordem moral e religiosa era indissolúvel. Até a Constituição de 1891, o catolicismo era a religião oficial no Brasil e determinava as regras do casamento civil, que se misturava com o casamento religioso.

Para a religião católica, o matrimônio é um dos seus sacramentos e, assim, conceito de casamento e matrimônio se fundem e se confundem. Quando se diz família matrimonializada a rigor está-se referindo à família constituída pelo casamento civil e religioso. Portanto, família matrimonial traz consigo o sentido de família constituída pelo casamento em seus moldes tradicionais, herdados de um período em que não havia separação entre a Igreja Católica e o Estado. Em um Estado laico, estas expressões têm outra conotação e tendem a cair em desuso, embora muitos juristas ainda usem a expressão matrimônio como sinônimo de casamento.

1.10.21 Família avuncular

É a constituição de família, por meio de casamento e ou união estável formada entre tio e sobrinha ou sobrinho e tia, parentes colaterais em terceiro grau. *"A possibilidade de casamento avuncular é descrita pelo art. 1º e regulamentada pelo art. 2º do Decreto-Lei 3.200/41, o qual exige atestado médico emitido por dois médicos afirmando não existir inconveniente sob o ponto de vista da sanidade e da saúde de qualquer deles e da prole. Cumprida a exigência, mitiga-se o impedimento"* (STJ – AREsp 417119). O Enunciado nº 98 das Jornadas de Direito Civil, promovidas pelo Superior Tribunal de Justiça, preconizou que *"o inciso IV do art. 1.521 do CCB/2002 deve ser interpretado à luz do DL nº 3.200/41 no que se refere à possibilidade de casamento entre colaterais de terceiro grau"*. O impedimento de casamento na linha colateral até o segundo grau é absoluto, e alcança os irmãos bilaterais, quando têm o mesmo pai e a mesma mãe, ou unilaterais, quando descendem de um mesmo pai ou de uma mesma mãe.

Em nossa cultura, com forte influência do cristianismo, reputa-se a união entre irmãos como imoral, incestuosa e contrária à natureza, afrontando a pureza que deve reinar nas famílias. Essa proibição também é de ordem genética, mas encontrou um lenitivo, entre tios e sobrinhos, ao permitir o Decreto-Lei nº 3.200, de 19 de abril de 1941, o casamento entre colaterais de terceiro grau, uma vez comprovada que a sua relação não será nociva para a prole porventura gerada[52].

1.10.22 Família mosaico

É aquela que se constitui de pessoas oriundas de núcleos familiares diversos, formando um verdadeiro mosaico. Esta expressão de origem italiana significa, originalmente, um peso ou superfície embutida e composta por diversas peças de ladrilhos variados, e de diversas cores, formando um único desenho.

É família que se constitui de pais e mães que trouxeram para um novo núcleo familiar, filhos de relações anteriores e, muitas vezes, ali também tiveram filhos comuns. Esta família, em que filhos de anteriores uniões convivem com filhos das novas uniões, tem cada vez mais uma representação maior na sociedade contemporânea. Daí a expressão "os seus, os meus, os nossos".

Famílias *ensambladas* é a expressão argentina; famílias *patchwork*, Alemanha; *step-families* ou *blended family*, Estados Unidos; *familles recomposées*, França. Com o aumento dos divórcios e das dissoluções das uniões estáveis vão surgindo as figuras dos padrastos e das madrastas, dos enteados e das enteadas, e que ocupam os papéis domésticos dos pais e mães, dos filhos e das filhas e dos meio-irmãos e que passam a integrar uma nova relação familiar provenientes dos vínculos que se formam entre os membros do casal e os filhos do outro.

A Lei nº 11.924/09[53] alterou o art. 57 da Lei nº 6.015, de 31 de dezembro de 1973 (Lei dos Registros Públicos) e autorizou o enteado ou a enteada a adotar o nome da família do padrasto ou da madrasta. É o afeto como valor jurídico que revolucionou e vem introduzindo novos paradigmas para o Direito de Família brasileiro. Rente à história e preso à vida mutante, considerando que não pode a Justiça seguir dando respostas mortas a perguntas vivas, ignorando a realidade social subjacente, encastelando-se no formalismo, para deixar de dizer o direito. (...) Na transformação da família e de seu Direito, o transcurso apanha uma comunidade de

---

[52] MADALENO, Rolf. *Curso de direito de família*. 4. ed. Rio de Janeiro: Forense, 2011, p. 111.

[53] Em 2022, a Lei nº 14.382 fez alterações neste artigo, com a seguinte previsão: "Art. 57 (...) § 8º O enteado ou a enteada, se houver motivo justificável, poderá requerer ao oficial de registro civil que, nos registros de nascimento e de casamento, seja averbado o nome de família de seu padrasto ou de sua madrasta, desde que haja expressa concordância destes, sem prejuízo de seus sobrenomes de família".

Cap. 1 – DIREITO DAS FAMÍLIAS **31**

sangue e celebra (...) a possibilidade de uma comunidade de afeto. (...) Mosaico da diversidade, ninho de comunhão no espaço plural da tolerância[54].

A família mosaico advém da reconstituição de famílias, ou melhor, da constituição de novos núcleos familiares formados por pessoas que tiveram núcleos conjugais desfeitos anteriormente. Daí a denominação, também, de família reconstituída, redimensionada ou recomposta. Mas nem todas as famílias reconstituídas são mosaico, e só o será se tiverem filhos de conjugalidades anteriores e comuns.

1.10.23 Família recomposta ou reconstituída

É aquela que se constitui de pessoas que dissolveram o vínculo conjugal pretérito e constituíram uma nova entidade familiar. Além de plural, as estruturas familiares estão em movimento, isto é, estão sempre se reinventando, desenvolvendo-se para a superação de valores e impasses na direção contrária a uma história de infelicidades. Com a conquista das mulheres, de um *status* jurídico de "sujeito de desejo", o princípio da indissolubilidade do casamento acabou. A resignação histórica das mulheres é que sustentava os casamentos. O fantasma do fim da conjugalidade foi atravessado por uma realidade social em que imperava a necessidade de que o sustento do laço conjugal estivesse no amor, no afeto e no companheirismo. Os casais já não precisavam mais ficar casados a qualquer custo. As mulheres já não estavam mais tão resignadas como nas décadas de 1950 e 1960 e, compreendeu-se que filhos de pais separados não são infelizes ou problemáticos por essa razão. Ao contrário, estarão melhores na medida em que os pais estiverem melhores, mais felizes, juntos ou separados.

A expressão família recomposta ou reconstituída não traduz bem o sentido a que tem sido tomada pelo Direito de Família. Na verdade, trata-se de uma nova família, e não de uma reconstituição ou recomposição. Daí denominar-se também de família mosaico.

A expressão reconstituída deve traduzir-se aqui no sentido de recomeço, recomeçar uma nova família conjugal. Essas novas famílias, que são em número cada vez mais crescente, são os resultados da quebra do princípio da indissolubilidade dos casamentos, instalando-se uma lógica calcada no princípio da liberdade dos sujeitos, um dos pilares e base de sustentação da ciência jurídica. E assim, as pessoas são mais livres para desfazerem seus laços conjugais e constituírem outros. Nessa constituição de novos vínculos, é muito comum que se reúnam filhos comuns do casal, com os filhos de relações anteriores. Os meus, os seus, os nossos, isto é, filhos enteados, padrastos, pais biológicos ou socioafetivos, constituem uma nova formatação de família a que temos denominado de mosaico. Em outras palavras, as novas famílias constituídas por pessoas que tiveram vínculos conjugais anteriores, muitas vezes formando um mosaico, recebem o nome de família reconstituída, e trazem consigo o sentido de constituídas ou recomeçadas com novas pessoas.

1.10.24 Família fissional

É a entidade familiar composta por pessoas que fizeram a opção, ou por circunstâncias da vida, de viverem juntas somente nos finais de semanas ou por períodos de férias[55], viagens ou lazer.

---

[54] FACHIN, Luis Edson. *Direito de famílias*: elementos críticos à luz do novo Código Civil brasileiro. 2. ed. Rio de Janeiro: Renovar, 2003, p. 123.

[55] E mais outras famílias são possíveis, como as reconstituídas, com prole de uniões anteriores do casal, ou as fissionais, entendidas na Itália como entidade familiar experimental, formada por pessoas denominadas celibertárias, cuja unidade de convivência resume-se aos fins de semana ou a períodos de lazer ou viagem. Exemplos mais interessantes ao direito de família são oferecidos, ademais, pelas entidades familiares

32 DIREITO DAS FAMÍLIAS – *Rodrigo da Cunha Pereira*

Esta expressão tem sua origem no latim *fissione,* de fissão, cindir. Mas na verdade não é uma família que tenha uma fissão, apenas uma maneira diferente de convivência.

1.10.25 Família homoafetiva

É a família conjugal constituída por pessoas do mesmo sexo, seja por meio da união estável ou casamento. Até o julgamento pelo Supremo Tribunal Federal da ADIn 4277 e ADPF 132, em 05/05/2011, os tribunais estaduais tinham posições oscilantes sobre o reconhecimento desta formatação de família. O reconhecimento de tal configuração familiar passou pelo mesmo processo histórico de legitimação das uniões estáveis heteroafetivas, que só foram reconhecidas como famílias com a Constituição da República de 1988.

O mecanismo político e intelectual em que se sustenta o preconceito em uma sociedade estrutura-se em razões de dominação de um ser sobre o outro. No Brasil, até 1888, a pessoa branca era oficialmente superior à negra (racismo); até 1934, mulheres não podiam votar e até hoje há ainda quem acredite na superioridade do masculino sobre o feminino (sexismo). Por acreditar na superioridade da hetero sobre a homossexualidade, o ordenamento jurídico brasileiro imprimia o selo da ilegitimidade e não concedia os mesmos direitos civis àqueles que se relacionavam com pessoas do mesmo sexo, como se isto desmerecesse a heterossexualidade. Esta ideologia sexista e homofóbica não se sustenta somente por razões da dominação. Nela, estão inseridas também razões e elementos do inconsciente e do desejo.

A revelação da existência do inconsciente, por Freud, no início do século XX, revolucionou o pensamento contemporâneo. A sexualidade passou a ser vista para muito além do sexo e passou a ser compreendida muito mais na ordem do desejo. A consideração do sujeito do inconsciente fez mudar também os rumos do pensamento jurídico. Sabemos hoje que a objetividade dos atos, fatos e negócios jurídicos é determinada, predeterminada ou perpassada pela subjetividade, isto é, pelo desejo. E, se é o desejo que determina toda a objetividade do mundo jurídico, muito mais se dirá das relações familiares, que há muito já deixaram de ter sua preponderância patrimonialista.

E, quando a família perde sua força como instituição para ganhar centralidade nos sujeitos daquelas relações, o afeto ganha *status* de valor jurídico. E, se é o afeto o grande vetor das relações familiares, conjugais e parentais, as formas e modos de sua constituição saíram do singular e tornaram-se plurais[56].

A não aceitação das diferenças e não admissão das variadas formas e expressões do desejo sexual têm suas motivações na própria sexualidade. Quem está em paz com a sua sexualidade, como já se disse, não se incomoda com a sexualidade alheia, por mais diferente que ela seja. Por que excluir as diferenças? Por que considerar as relações homoafetivas como uma categoria inferior? Por que orientação sexual diferente da maioria atemoriza tanto?

---

ectogenéticas, diante das técnicas de reprogênese medicamente assistida, remetendo-se à legislação emergente e a uma doutrina aprofundada a conveniente regulação eficiente das hipóteses. Aqui, o fenômeno da globalização, atraído em convenções e pactos, está a reclamar tratamento uniforme a coincidir e harmonizar interesses elevados da dignidade da família, independentemente do país onde esteja ela constituída, em tessitura de um emergente biodireito familiar." ALVES, Jones Figueirêdo. A família no contexto da globalização e a socioafetividade como seu valor jurídico fundamental. In: CASSETTARI, Christiano. *10 anos de vigência do Código Civil de 2002: estudos em homenagem ao professor Carlos Alberto Dabus Maluf.* São Paulo: Saraiva, 2013, p. 546.

56   O CNJ, por meio da Resolução nº 532, de 16/11/2023, determinou aos tribunais e magistrados(as) o dever de zelar pelo combate a qualquer forma de discriminação à orientação sexual e à identidade de gênero, ficando vedadas, nos processos de habilitação de pretendentes e nos de adoção de crianças e adolescentes, guarda e tutela, manifestações contrárias aos pedidos pelo fundamento de se tratar de casal ou família monoparental, homoafetivo ou transgênero.

Certamente, a homofobia está ligada ao medo do próprio desejo. Amor e ódio, horror e desejo, direito e torto não são polaridades excludentes, mas dois lados interdependentes e complementares.

Não incluir a conjugalidade homossexual no laço social, deixando de dar-lhe legitimidade e desconsiderá-la como uma entidade familiar[57] como outra qualquer, como acontecia no Brasil até 2011, é continuar repetindo as injustiças históricas de exclusão de cidadanias. Expropriar cidadanias em razão da orientação sexual é promover o mesmo ato nazista de excluir judeus para supostamente manter a raça ariana mais pura. As motivações e explicações dessas exclusões passam longe da ética[58] e aproximam-se do moralismo perverso, que mata e tortura os semelhantes. Contudo, a doutrina e jurisprudência, veio aos poucos amenizando o preconceito[59] e dando legitimidade a essas relações:

> (...) A extensão, às uniões homoafetivas, do mesmo regime jurídico aplicável à união estável entre pessoas de gênero distinto justifica-se e legitima-se pela direta incidência, dentre outros, dos princípios constitucionais da igualdade, da liberdade, da dignidade, da segurança jurídica e do postulado constitucional implícito que consagra o direito à busca da felicidade, os quais configuram, numa estrita dimensão que privilegia o sentido de inclusão decorrente da própria Constituição da República (art. 1º, III, e art. 3º, IV), fundamentos autônomos e suficientes aptos a conferir suporte legitimador à qualificação das conjugalidades entre pessoas do mesmo sexo como espécie do gênero entidade familiar. (...) O postulado da dignidade da pessoa humana, que representa – considerada a centralidade desse princípio essencial (CF, art. 1º, III) – significativo vetor interpretativo, verdadeiro valor-fonte que conforma e inspira todo o ordenamento constitucional vigente em nosso país, traduz, de modo expressivo, um dos fundamentos em que se assenta, entre nós, a ordem republicana e democrática consagrada pelo sistema de direito constitucional positivo. (...). (STF, RE 477.554 AgR, rel. min. Celso de Mello, j. 16/08/2011, 2ª T, DJE 26/08/2011)

Quando se diz família homoafetiva[60] está se referindo mais ao casal, isto é, a família conjugal homoafetiva, que pode conter também a família parental, ou seja, homoparental.

A família homoafetiva pode ser chamada também de isossexual.

1.10.26 Família homoparental

É a família decorrente da parentalidade, isto é, paternidade ou maternidade, exercida por casal de pessoas do mesmo sexo, decorrente de adoção, reprodução assistida ou útero de substituição (barriga de aluguel). A família homoparental pode estar contida, ou ser uma decorrência da família conjugal homoafetiva, e também decorrente da coparentalidade.

---

[57] Enunciado 54 do IBDFam: – "A presunção de filiação prevista no art. 1.597, V, do Código Civil, também se aplica aos casais homoafetivos".

[58] E dando um passo rumo a ética, em 2022, o Conselho Nacional do Ministério Público expediu a Resolução 254 de 19 de dezembro, determinando o impedimento de membros do Ministério Público de se manifestarem contrariamente para habilitação, celebração de casamento e conversão de união estável em casamento de pessoas do mesmo sexo.

[59] O CNJ, por meio do Provimento 152, de 26/09/2023, aprimorou as regras de averbação de alteração de nome, de gênero ou de ambos de pessoas transgênero.

[60] Licença-maternidade à mulher não gestante em união estável homoafetiva (STF, RE 1.211.446/SP, 13/03/2024): "A mãe servidora ou trabalhadora não gestante em união homoafetiva tem direito ao gozo de licença-maternidade. Caso a companheira tenha utilizado o benefício, fará jus à licença pelo período equivalente ao da licença-paternidade" (Informativo 1.128).

1.10.27 Família multiconjugal

É a família que se constitui com mais de uma conjugalidade ao mesmo tempo, sejam as simultâneas, ou em um mesmo núcleo familiar, isto é, poliafetiva-multiconjugalidade, portanto é o gênero que comporta as espécies de família simultânea e poliafetiva e outras que ainda não têm denominação e possam estar em curso, já que a família é da ordem da cultura e está sempre se reinventando[61]. E como diz Guimarães Rosa, em sua obra *Grande Sertão: Veredas*, há muitas coisas que ainda não têm nome.

A multiconjugalidade pode ser consensual ou não. A família simultânea ou paralela nem sempre é consensual. É comum, neste tipo, que uma não saiba da existência da outra[62].

1.10.28 Família simultânea ou paralela

É aquela que se constitui simultaneamente a outra família. Tem o mesmo sentido de família paralela. A jurisprudência brasileira tem flexibilizado o princípio da monogamia ao ponderá-lo com outros princípios norteadores do Direito de Família, como o da dignidade e responsabilidade, para atribuir direitos[63] às famílias que se constituem paralelamente a um casamento ou a uma união estável. Em um Estado que se proclama democrático, e orientado pelo princípio pluralista inclusivo, não há lugar para o regramento unívoco da conjugalidade. Estabelecer um *standard* para todas as relações conjugais, com as facilidades e praticidades inerentes a determinado modelo único, talvez seja o caminho mais fácil e mais apto a proporcionar a chamada segurança jurídica, porém a vida e os relacionamentos são dinâmicos, criativos, voláteis e mutantes. A diversidade que implica sempre certa dose de conflito não pode ser aniquilada em nome de um modelo único expresso em lei[64].

O CCB/2002, embora tenha dedicado um título à união estável (artigos 1.723 a 1.727), continuou tratando as famílias simultâneas como concubinato: *As relações não eventuais entre o homem e a mulher, impedidas de casar, constituem concubinato.*

A dificuldade de se reconhecer e legitimar as famílias simultâneas é de ordem moral, e não ética. E como diz o professor Marcos Alves, o concubinato é um subproduto da monogamia. E ao contrário do raciocínio moralista, este não reconhecimento é um prêmio a quem escolhe ter uma segunda ou terceira família, já que o seu patrimônio fica "blindado" pelo casamento. Na prática, não atribuir direitos às famílias simultâneas, é incentivar que se tenha tais uniões, já que nenhuma responsabilidade será impingida a quem fez esta escolha. Uma decisão do TJMG, de 2008, sintetiza e esclarece bem esta questão:

> (...) *Negar a existência de união estável, quando um dos companheiros é casado, é solução fácil. Mantém-se ao desamparo do Direito, na clandestinidade, o que parte da sociedade prefere esconder. Como se uma suposta invisibilidade fosse capaz de negar a existência de um fato social que sempre aconteceu, acontece e continuará acontecendo. A solução para tais uniões está em reconhecer que ela gera efeitos jurídicos, de forma a evitar irresponsa-*

---

[61] "Punir quem vive fora dos parâmetros aceitos pela moral conservadora não é função do juiz, nem do Estado, nem de ninguém. O juiz não pode usar a espada que consta do símbolo de sua profissão para podar direitos. Precisa arrancar a venda nos olhos e ver a necessidade de as diferenças serem respeitadas, cânone maior do direito à igualdade e à liberdade". DIAS, Maria Berenice. Mullticonjugalidades. *Revista IBDFam*: Famílias. v. 59, set./out., Belo Horizonte: IBDFam, 2023, p. 46.

[62] PORTO, Duina. Poliamor: reconhecimento consensual e estrutura familiar, Curitiba: Juruá, 2022, p. 232.

[63] Enunciado 04 do IBDFam: "A constituição de entidade familiar paralela pode gerar efeito jurídico".

[64] SILVA, Marcos Alves. *Da monogamia*: a sua superação como princípio estruturante do direito de família. Curitiba: Juruá, 2013, p. 181.

bilidades e o enriquecimento ilícito de um companheiro em desfavor do outro. (TJMG. AC nº. 1.0017.05.016882-6/003 – Rel. Des. Maria Elza. Public. 10/12/08)

Com a evolução do pensamento científico, a compreensão da subjetividade na objetividade dos atos e fatos jurídicos, a ordem passa a ser a consideração do sujeito na relação e não mais o objeto da relação. Em outras palavras, o sistema jurídico deve ter sua atenção voltada para a priorização do sujeito na relação, em detrimento do objeto da relação jurídica (instituição do casamento), ainda que isto signifique contrariar o princípio jurídico organizador da monogamia.

A tendência das organizações jurídicas ocidentais é relativizarem o princípio da monogamia, para não condenar milhares de famílias, que de fato existem, à invisibilidade jurídica[65], considerando-as como inexistentes, eliminado essa reprovabilidade para não repetir as mesmas injustiças históricas, como os filhos e famílias havidos fora do casamento, que por muito tempo foram condenados à ilegitimidade (ver capítulo 10, item 10.2). A professora Giselda Hironaka e o professor Flávio Tartuce em artigo publicado na revista do IBDFAM, nos ajudam nesta reflexão sobre atribuição, ou não de direitos às famílias simultâneas:

> *(...) assunto da atualidade da vida dos homens, hoje com maior visibilidade do que já esteve, antes, no tempo em que se ignoravam juridicamente tais relacionamentos, jogando-os "para baixo dos tapetes", de resto como tantas outras situações e circunstâncias da vida como ela efetivamente é. Que o direito não permaneça alheio à realidade humana, à realidade das situações existentes, às mudanças sociais importantes que, sem dúvida, têm-se multiplicado na história das famílias, exatamente como ela é. Cerrar os olhos para essa situação significa cultuar a hipocrisia e ser conivente com a omissão que o Legislativo e o Judiciário têm repetidamente deixado acontecer, em uma era que já não mais se coaduna com as histórias guardadas a sete chaves[66].*

Em 03/08/2021, nos REx nºˢ 1.167.478 e 883.168, por seis votos a favor, e 5 contra, o STF decidiu não ser possível o reconhecimento de uniões estáveis simultâneas para rateio de pensão por morte, benefício pago pelo Instituto Nacional do Seguro Social (INSS). Não foi a primeira vez que o Supremo analisou o tema. Em 27 de março de 2009, da mesma forma, concluiu que essas famílias, formadas simultaneamente à outra família, não podem ser reconhecidas pelo Estado, com o voto divergente do então Ministro Ayres Britto[67]. Com tais decisões, é como se

---

[65]   (...) O mundo da vida e a experiência social devem ser percebidos e acolhidos pelo Direito, notadamente pela jurisprudência, que, por ser também fonte jurídica, permite que os fatos relevantes retroalimentem a constante evolução na intepretação e na aplicação do Direito, voltada à construção de uma hermenêutica que consagre o princípio da primazia da realidade, a promoção dos valores éticos e a máxima proteção dos direitos humanos-fundamentais (Virada de Copérnico). (...). (TJPR, 12ª Câmara Cível, 0003076-13.2017.8.16.0035/2, São José dos Pinhais, Rel. Des. Rogério Etzel, Rel. desig. p/ acordão Eduardo Augusto Salomao Cambi, j. 26/04/2023).

[66]   HIRONAKA, Giselda; TARTUCE, Flávio. *Famílias paralelas – visão atualizada*. Revista IBDFAM: Famílias e Sucessões. V. 33. Maio/Junho. Belo Horizonte: IBDFAM, 2019.

[67]   (...) Isto é família, pouco importando se um dos parceiros mantém uma concomitante relação sentimental a dois. No que andou bem a nossa Lei Maior, a juízo, pois ao Direito não é dado sentir ciúmes pela parte supostamente traída, sabido que esse órgão chamado coração "é terra que ninguém nunca pisou". Ele, coração humano, a se integrar num contexto empírico da mais entranhada privacidade, perante a qual o Ordenamento Jurídico somente pode atuar como instância protetiva. Não censora ou por qualquer modo embaraçante (...). 17. No caso dos presentes autos, o acórdão de que se recorre tem lastro factual comprobatório da estabilidade da relação de companheirismo que mantinha a parte recorrida com o de cujus, então segurado da previdência social. Relação amorosa de que resultou filiação e que fez da companheira uma dependente econômica do seu então parceiro, de modo a atrair para a resolução deste litígio o § 3º do art. 226 da Constituição Federal. Pelo que, também desconsiderando a relação de casamento civil que o então segurado mantinha com outra mulher, perfilho o entendimento da Corte Estadual para desprover, como

dissesse: "Essas famílias existem, mas não se pode dizer que existem. Afinal, elas afrontam a moral e os bons costumes. Não podem ser reconhecidas e qualquer direito que se dê a elas, deve ser no campo do Direito obrigacional, e não no âmbito do Direito de Família, ou seja, devem ser vistas como concubinato e estão condenadas ao limbo jurídico".

Assim, um homem que tenha constituído uma família simultânea, nenhuma responsabilidade terá com ela. Endossando uma lógica moralista, o STF continuou preferindo fazer de conta que essas famílias não existem, tirando a responsabilidade de quem, adulto e por livre e espontânea vontade, constitui uma união simultânea a outra, pois nenhuma responsabilidade ele terá com essa segunda família. Interessante observar a força desta moral excludente. Até as famílias multiespécies – aquelas formadas por humanos e animais de estimação – têm conquistado mais direitos e reconhecimento do que as simultâneas. Estas, assim como as poliamorosas, não cabem à mesa na ceia de Natal. É importante nos perguntarmos, sempre, porque esses julgamentos, envolvendo aspectos morais, continuam excluindo pessoas e categorias do laço social, condenando-as à invisibilidade jurídica. Por que o medo de reconhecê-las?

Julgamentos como esse acabam sendo muito mais morais do que jurídicos. Sabemos que os julgadores são imparciais, mas não são neutros. E, nessa não neutralidade, entra toda a concepção moral particular de cada julgador. É aí que se misturam ética e moral, Direito e religião, proporcionando injustiças e exclusões de pessoas e categorias do laço social. Assertivo foi o voto divergente do Ministro Fachin, do qual comungo desse entendimento:

> (...) Ademais, a boa-fé se presume, inexistente demonstração em sentido contrário, prevalece a presunção, especialmente porque não se cogita de boa-fé subjetiva e sim de boa-fé objetiva. Desse modo, uma vez não comprovado que ambos os companheiros concomitantes do segurado instituidor, na hipótese dos autos, estavam de má-fé, ou seja, ignoravam a concomitância das relações de união estável por ele travadas, deve ser reconhecida a proteção jurídica para os efeitos previdenciários decorrentes. Assim, o caso é de provimento do recurso extraordinário, possibilitando o rateio da pensão por morte entre os conviventes. Proposta de tese: É possível o reconhecimento de efeitos previdenciários póstumos a uniões estáveis concomitantes, desde que presente o requisito da boa-fé objetiva[68].

1.10.29 Família poliafetiva

União poliafetiva é a espécie de gênero de uniões plúrimas, ou famílias multiconjugais, que comporta família simultânea e famílias poliafetivas. É a união conjugal formada por mais de duas pessoas convivendo em interação e reciprocidade afetiva entre si. Também chamada de família poliamorosa. É uma relação amorosa, consensual, receptícia e igualitária e que não tem a monogamia como princípio e necessidade, estabelecendo seu código particular de lealdade e respeito, com filhos ou não, constituindo uma família conjugal em que três ou mais pessoas compartilham entre si uma relação amorosa, em casas separadas ou sob o mesmo teto. *A conformação da multiconjugalidade consensual como estrutura familiar parte da premissa comum a todas as entidades familiares: comunhão, compartilhamento de vidas, entrelaçamento de laços afetivos e/ou sanguíneos, propósito de união visando à realização pessoal, busca da felicidade, companheirismo, mútua assistência, suporte emocional e existencial. As relações de*

---

efetivamente desprovejo, o excepcional apelo. O que faço com as vênias de estilo ao relator do feito, ministro Marco Aurélio. (STF, RE 397.762/BA, 1ª Turma, j. 03/06/2008).

[68] STF, RE nº 1.045.273, Sergipe, voto divergente Min. Fachin.

afeto, responsabilidade e solidariedade que são a substância de qualquer família também se fazem presentes nesses arranjos multiconjuguais[69].

A família poliafetiva distingue-se da família simultânea/paralela, pois na poliafetiva todos consentem, interagem, relacionam entre si, respeitam-se mutuamente e geralmente vivem sob o mesmo teto, isto é, em conjunto. Nas famílias simultâneas, elas não são conjuntas, mas paralelas e, geralmente, uma das partes não sabe da existência da outra. São núcleos familiares distintos, enquanto na família poliafetiva tem-se um mesmo núcleo.

Tais formas de famílias sempre existiram no Brasil, mas de forma camuflada, embora menos comum do que as famílias simultâneas, em que um homem se relaciona e, geralmente, sustenta financeiramente duas ou mais mulheres, mas em casas separadas, seja pelo casamento, pela união estável, ou mais uniões estáveis.

Nas famílias poliafetivas e simultâneas deparamo-nos com a importante questão, que é a dicotomia entre público e privado. Até onde o Estado deve intervir para proibir essas formas de famílias que fogem do lugar tradicional monogâmico? O Estado só deveria intervir para proteger pessoas vulneráveis. Devemos nos perguntar o porquê de tanto incômodo com famílias diferentes das tradicionais. Segundo a Constituição da República, em seu art. 226, não há mais famílias ilegítimas. Todas devem receber proteção do Estado. Devemos nos perguntar também de onde vem esse querer impor regras aos outros e disciplinar os caminhos do desejo. O psicanalista Contardo Calligaris diz que *"A paixão de disciplinar é filha da inveja: ele não terá mais do que eu, não gozará mais do que eu"*.

Em um Estado que se diz laico e democrático, não se pode determinar como as pessoas devem constituir sua família. No princípio da dignidade, vértice do Estado democrático de Direito, deve-se pressupor a mais ampla liberdade nas relações privadas não patrimoniais. A liberdade e a igualdade, não podem pressupor uniformização, como diz o professor paranaense Marcos Alves da Silva:

> *O judiciário ao enfrentar os casos de famílias que fogem dos padrões tradicionais e que se forma à margem do casamento, como na união estável a três, o chamado poliamor, não pode continuar aterrado ao modelo único da família constituída pelo casamento. Nestes casos, a liberdade, no que se refere a situações subjetivas existenciais, deve ser maximizada*[70].

No Brasil, o primeiro registro de uma união poliafetiva foi feito em um Cartório de Notas de Tupã, interior do Estado de São Paulo, de um trio formado por duas mulheres e um homem, que lavrou "Escritura Declaratória de União Poliafetiva", e que já estavam nesta relação há três anos e sob o mesmo teto. Embora estas relações sejam vistas ainda com reservas, elas começaram a aumentar. Em razão disto, o CNJ em 28/06/2018, por meio do Pedido de Providência nº 0001459-08.2016.2.00.0000, proibiu, ou recomendou que os cartórios não mais lavrassem tais escrituras, como se isto fosse impedir uma realidade social que se tornou jurídica. Em 2023, o TJRS reconheceu a união amorosa entre 3 pessoas, concluindo que "Inequívoco que a afetividade permeia a relação jurídica constituída entre os autores, como também pode ser percebido nos relatos em juízo dos três requerentes, chamando à atenção a serenidade, a emoção e o entusiasmo ao se referirem à gestação e à chegada do filho"[71].

---

[69] PORTO, Duina. *Poliamor*: reconhecimento jurídico como multiconjugalidade consensual e estrutura família. Juruá: Curitiba, 2022, p. 294.

[70] SILVA, Marcos Alves. O reconhecimento de conjugalidades simultâneas afronta o ordenamento jurídico brasileiro? In: *Revista – IBDFAM – Família e Sucessões*, nº 30. Nov./Dez. 2018, p. 67.

[71] Disponível em: https://www.tjrs.jus.br/novo/noticia/justica-reconhece-uniao-poliamorosa/. Acesso em: 05/12/2023.

Segundo P.M. Murdock, citado por José Antônio Marina, de 849 sociedades, 708 permitem a poligamia (83,5%), apenas 137 sociedades (16%) são monogâmicas por lei e 4 são poliândricas. Mas até mesmo nas sociedades poligâmicas, há quem opte pela monogamia. Ou seja, o fato de não se proibir a poligamia, não quer dizer que todos adotarão famílias poligâmicas. Da mesma forma, em que se legitimando as famílias homoafetivas, todas as pessoas viverão relações homoafetivas. Talvez o homem seja mesmo um animal de natureza poligâmica, que vem se empenhando em ser monogâmico[72].

Esses dados antropológicos e históricos acima mencionados revelam o repertório humano em seu leque de variações da sexualidade. Não há sexo imoral e isto nos remete a uma reflexão ética: pode haver sexo criminal: estupro, mercado de mulheres, abuso sexual infantil, por exemplo, mas nestes casos a maldade consiste na violência, não em seu caráter sexual.

A grande dificuldade de se reconhecer direitos às famílias poliafetivas e simultâneas, é que isto coloca a monogamia em xeque. Todo o nosso sistema jurídico está organizado com base na monogamia. Reconhecer tais direitos não afronta a ética. E as regras jurídicas devem ir se adaptando aos costumes. Pode até ir contra a moral religiosa estabelecida, mas não contra a ética. Aliás, será contra a ética e contra os princípios constitucionais se não se respeitar a liberdade dos sujeitos de estabelecerem suas famílias como quiserem[73], afinal se isto não fere direitos de terceiros, não há porque não se reconhecer juridicamente tais famílias. E, como bem nos lembra Kelsen[74], não interessa se se adota poligamia ou monogamia, pois isso não é uma moralidade universal.

1.10.30 Família multiespécie

É a denominação que se dá ao vínculo afetivo constituído entre seres humanos e animais de estimação.

Os animais de estimação devem ser considerados mais que "semoventes" como tratados pela doutrina tradicional. Por isso têm sido denominados de seres sencientes, que são aqueles que têm sensações, isto é, que são capazes de sentir dor, angústias, sofrimento, solidão, raiva etc.

No Brasil não há lei específica sobre o assunto, como acontece em Portugal, por meio da Lei 08/2017 que estabelece que os animais de estimação deixam de ser coisas e passam a ser seres vivos dotados de sensibilidade. A doutrina brasileira e a jurisprudência já vêm tratando desse assunto, embora ainda exista a polêmica se este tipo de relação pode ser considerado família. A Professora Marianna Chaves foi uma das pioneiras no assunto:

> A ideia de um animal como uma cadeira, como móveis, como um automóvel em uma disputa judicial, a tradicional percepção legal de animais de companhia como mera res não coincide mais com o sentimento social pós-moderno. Essa ideia coaduna com os já referidos limites para uma classificação dos animais como meras coisas. Sendo considerado como um membro da família, especificamente como um "filho" (ainda que apenas socialmente), é natural que existam demandas judiciais relativas à custódia de animais

---

[72]   MARINA, José Antônio. Op. Cit. p. 11.

[73]   (...) Dado que os deveres de fidelidade e de lealdade são bastante abrangentes e indeterminados, exige-se a sua exata conformação a partir da realidade que vier a ser estipulada por cada casal, a quem caberá, soberanamente, definir exatamente o que pode, ou não, ser considerado um ato infiel ou desleal no contexto de sua específica relação afetiva, estável e duradoura. (...) (STJ, REsp nº 1.974.218/AL, Rel. Min. Nancy Andrighi, 3ª Turma, *DJe* 11/11/2022).

[74]   (...) é que as proibições morais e as convenções pelas quais nos regemos podem ter uma relação fundamental com esses tabus primitivos e, finalmente, porque uma explicação do tabu pode lançar luz sobre a origem obscura de nosso próprio imperativo categórico. (...). KELSEN, Hans. *Teoria pura do direito*. Trad. João Baptista Machado. São Paulo: Martins Fontes, 1998, p. 42.

de companhia, tal e qual aconteceria na hipótese de dissolução da união estável ou do vínculo conjugal[75].

Da mesma forma o Tabelião Thomas Nosch Gonçalves, em artigo publicado na *Revista IBDFAM – Famílias e sucessões,* em consonância com a Lei 11.441/2007, discorreu acerca da família multiespécie e divórcio extrajudicial com guarda de animais sencientes, posicionando-se favorável a instrumentos jurídicos relativos a guarda de animais:

> *(...) é esse o ponto curial que ora se pretende iluminar: é perfeitamente possível lavrar o instrumento consignando a relação jurídica acerca do animal de estimação, enquanto ser 'senciente', atribuindo-se, 'tout court', responsabilidade e aplicando-se analogicamente as regras do instituto da guarda do Direito Civil.[76]*

A jurisprudência, aos poucos, vem considerando essa possibilidade, quando há discussão sobre a guarda de animais, como se vê exemplificativamente na decisão abaixo, que resume o atual pensamento sobre a compreensão dos animais de estimação como integrantes de uma entidade familiar, e que eles têm valor único, subjetivo e peculiar, e por isso fazem aflorar sentimentos e circulação do afeto. Para o STJ, a discussão de guarda de animais em dissolução de união estável, não pode ser como uma discussão menor, e os animais de companhia têm um valor subjetivo único e peculiar, como já se decidiu no REsp: 1713167/SP, 2017/0239804-9[77].

1.11 DIREITO DE FAMÍLIA E SUAS CONEXÕES COM OUTROS RAMOS DO DIREITO

1.11.1 O Direito de Família e o Direito das Sucessões

O Direito das Sucessões é um ramo integrante do Direito Civil, assim como o Direito das obrigações, de Propriedade e de Família. É o conjunto de regras e princípios que regem a transmissão de bens, direitos e obrigações de uma pessoa a outra, em razão do falecimento. O direito de suceder é o direito conferido a alguém de receber o acervo hereditário, ou parte dele, seja por testamento ou pela ordem de vocação hereditária estabelecida em lei (sucessão legítima).

A sucessão hereditária é um natural complemento do Direito de Propriedade entrelaçado ao Direito de Família, que se projeta *post mortem.* É também uma das formas de transmissão da

---

[75] CHAVES, Marianna. Disputa de guarda de animais de companhia em sede de divórcio e dissolução de união estável: reconhecimento da família multiespécie? *Direito UNIFACS,* v. 187, p. 1-34, 2016.

[76] NOSCH GONÇALVES, Thomas. Família multiespécie e divórcio extrajudicial com guarda de animais sencientes. In. *Revista IBDFAM – Famílias e sucessões.* V. 30 (Nov. Dezembro) Belo Horizonte, 2018.

[77] (...) Na forma da lei civil, o só fato de o animal ser tido como de estimação, recebendo o afeto da entidade familiar, não pode vir a alterar sua substância, a ponto de converter a sua natureza jurídica. 3. No entanto, os animais de companhia possuem valor subjetivo único e peculiar, aflorando sentimentos bastante íntimos em seus donos, totalmente diversos de qualquer outro tipo de propriedade privada. (...) Assim, na dissolução da entidade familiar em que haja algum conflito em relação ao animal de estimação, independentemente da qualificação jurídica a ser adotada, a resolução deverá buscar atender, sempre a depender do caso em concreto, aos fins sociais, atentando para a própria evolução da sociedade, com a proteção do ser humano e do seu vínculo afetivo com o animal. 8. Na hipótese, o Tribunal de origem reconheceu que a cadela fora adquirida na constância da união estável e que estaria demonstrada a relação de afeto entre o recorrente e o animal de estimação, reconhecendo o seu direito de visitas ao animal, o que deve ser mantido. 9. Recurso especial não provido (STJ – REsp: 1713167/SP, 2017/0239804-9, Relator: Ministro Luis Felipe Salomão, 4ª Turma, pub. 09/10/2018).

40 DIREITO DAS FAMÍLIAS – *Rodrigo da Cunha Pereira*

propriedade, um consectário lógico do conceito de propriedade privada do sistema capitalista, e está garantido pela Constituição da República em seu art. 5º, XXX e XXI[78].

O Direito das Sucessões tem uma estreita conexão com o Direito de Família, uma vez que a ordem da vocação hereditária é determinada de acordo com as relações conjugais e parentais. Na verdade, o Direito das Sucessões é um desdobramento, ou uma continuação do Direito de Família, e também do Direito de Propriedade.

O CCB-2002 fez significativa alteração na ordem da vocação hereditária em relação ao CCB-1916, ao estabelecer o sistema de divisão de herança de parentes com os cônjuges/companheiros, a denominada concorrência sucessória, mas tratando de forma diferente os companheiros, gerando grande polêmica, que foi parar no STF. E foi assim que, em repercussão geral, a suprema corte no julgamento dos Recursos Extraordinários (646.721 e 878.694), corrigiu tal injustiça, aprovando a seguinte tese: *No sistema constitucional vigente é inconstitucional a diferenciação de regime sucessório entre cônjuges e companheiros, devendo ser aplicado em ambos os casos o regime estabelecido no art. 1.829 do Código Civil.*

Enfim, as regras do Direito Sucessório são determinadas pelos conceitos do Direito de Família.

1.11.2 O Direito de Família e o Direito Constitucional

Todo o ordenamento jurídico gira em torno da ordem constitucional, que é a sua fonte primária. Daí a conexão do Direito de Família com o Direito Constitucional. Com a evolução do Direito Civil, que está cada vez mais constitucional, não se pode mais conceber o Direito de Família sem os princípios constitucionais. São eles que dão o comando de otimização do Direito e pairam sobre todo o sistema jurídico, inclusive preenchendo lacunas deixadas por outras normas (Ver Cap. 2).

A Constituição da República de 1988, consolidando toda a evolução histórica, política e social, provocou uma verdadeira revolução no Direito de Família, a partir de (em) três eixos básicos: igualização de direitos entre homens e mulheres; legitimação de todas as formas de filiação; reconhecimento de que há várias formas de famílias, mencionando exemplificativamente o casamento, a união estável e as famílias monoparentais[79].

O Direito de Família contemporâneo gira em torno da pessoa humana real e das situações jurídicas, tendo em vista, principalmente, o processo de Constitucionalização do Direito Civil. Em outras palavras, interessa na relação jurídica muito mais o sujeito do que o seu objeto. Este é um imperativo ético que se impõe especialmente com a introdução do discurso psicanalítico da valorização do sujeito, como já havia pronunciado Del Vecchio: "O único princípio que permite visão recta e adequada do mundo ético é o do caráter absoluto

---

[78] Art. 5º, XXX – é garantido o direito de herança; XXXI – a sucessão de bens e estrangeiros situados no país será regulada pela lei brasileira em benefício do cônjuge ou dos filhos brasileiros, sempre que não lhes seja mais favorável a lei pessoal do *de cujos*.

[79] (...) No século XXI, desponta o fenômeno da "constitucionalização do direito infraconstitucional". O Código Civil deixou de ocupar o centro do sistema jurídico e cedeu espaço à Constituição. O texto constitucional passou a ser não apenas um sistema em si – com a sua ordem, unidade e harmonia – mas também um modo de olhar e interpretar todos os demais ramos do direito. Toda a ordem jurídica deve ser lida e apreendida sob a lente da Constituição, de modo a realizar os valores nela consagrados. "Diante de certos casos, mister é que a justiça se ajuste à vida. Este ajustar-se à vida, como momento do dinamismo da justiça, é que se chama equidade, cujo conceito os romanos inseriram na noção de Direito, dizendo: 'jus est ars aequi et boni'. É o princípio da igualdade ajustada à especificidade do caso que legitima as normas de equidade. Na sua essência, a equidade é a justiça bem aplicada, ou seja, prudentemente aplicada ao caso. A equidade, no fundo, é, repetimos, o momento dinâmico da concreção da justiça em suas múltiplas formas" (Miguel Reale) (...) (Ap. Cível nº 1.0699.08.082305-6/002(1), Rel. Des. Rogério Medeiros, TJMG. j. 25/02/2010).

da pessoa, da supremacia do sujeito sobre o objeto[80]". Por isso, o sistema de regras tornou-se insuficiente, em face da revolução hermenêutica havida com o *status* que a pessoa humana alcançou, de fundamento da República Federativa do Brasil, por força do art. 1º, III, da CF de 1988.

Em síntese, os fundamentos do Direito de Família contemporâneo assentam-se na ordem constitucional.

1.11.3 O Direito de Família e o Direito Penal

A conexão do Direito de Família com o Direito Penal se faz presente em vários artigos do Código Penal, sendo que um dos mais invocados antes da abolição da discussão de culpa no Direito de Família, já foi revogado, mas vale aqui o registro histórico. O **adultério** era um tipo penal previsto no art. 240 do Código Penal, revogado em 28/03/2005 pela Lei nº 11.106. Em Direito de Família, o adultério constituía um dos motivos pelos quais se podia pleitear a separação judicial. Com a mudança dos costumes, e especialmente depois que o adultério deixou de ser tipificado como crime, a infidelidade conjugal perdeu sua importância jurídica como causa das separações judiciais. Primeiro, porque entendeu-se que uma infidelidade ou "traição", na maioria das vezes não é o verdadeiro motivo do fim de um casamento/união estável, mas consequência. E assim, a jurisprudência foi eliminando gradativamente a culpa pelo fim da conjugalidade. E, por fim, a Emenda Constitucional nº 66/10 consolidou a não intervenção do Estado na vida privada das pessoas, reafirmando a eliminação da discussão de culpa ao excluir do ordenamento jurídico brasileiro o instituto da separação judicial, em que se procurava um culpado pelo fim da conjugalidade.

Em outros países, em diferentes épocas, as mais variadas formas de punição eram aplicadas à mulher adúltera: o povo egípcio mutilava o seu nariz; na Índia, era jogada aos cachorros para que fosse devorada; o povo hebreu a condenava à morte; na Roma antiga, a punição ia desde a perda patrimonial, até a morte lenta e dolorosa. Ainda hoje, alguns países do Oriente Médio condenam a mulher adúltera ao apedrejamento.

Outro tipo penal que se conecta ao Direito de Família é a **bigamia**. É o estado da pessoa que tem casamentos simultâneos: *Contrair alguém, sendo casado, novo casamento: Pena – reclusão, de dois a seis anos* (art. 235, CP). São três os requisitos indispensáveis para a configuração do delito: a) a existência anterior de casamento válido; b) na vigência deste, a coexistência de outro casamento que tenha observado de igual forma todas as formalidades e solenidades; c) a intenção criminosa do agente. Aquele que provar que estava de boa-fé não incorre no crime de bigamia, mesmo que declarado nulo o casamento. Não caracteriza crime a união estável simultânea a outro casamento, ou a outra união estável (Ver Cap. 5).

O **abandono moral ou intelectual,** que caracteriza-se pela negligência de quem tem o poder familiar/autoridade parental e/ou a guarda, em relação à educação da criança ou adolescente, deixando-a sem acesso à instrução ou escola de ensinamentos básicos. É um tipo penal prescrito no art. 246 do Código Penal, que se configura por deixar, sem justa causa, de prover à instrução básica de filho em idade escolar. Pode ser descaracterizado, caso o Poder Público não disponha de escolas, ou caso não haja vagas para matricular os menores naquela região. Neste caso, o Ministério Público, na condição de defensor dos incapazes, deve providenciar medidas para se cumprir o ditame constitucional de direito à educação das crianças e adolescentes.

---

[80]   Lições de filosofia do direito. Trad. Antônio José Brandão. Coimbra: Arménio Amado, 1959, v. II, p. 364.

O **abandono material** que é o abandono de menores, idosos ou incapazes pelos pais, tutores, curadores, ou de quem tenha a guarda dos filhos, ou responsável por sustentá-los materialmente, deixando de prestar alimentos, é também um tipo penal[81]. O abandono material, além de caracterizar atos que autorizem mudança de guarda, restrição de visitas/convivência familiar e até mesmo a destituição do poder familiar, é um tipo penal inscrito no art. 244 do Código Penal: *Deixar, sem justa causa, de prover a subsistência do cônjuge, ou de filho menor de 18 (dezoito) anos ou inapto para o trabalho, ou de ascendente inválido ou maior de 60 (sessenta) anos, não lhes proporcionando os recursos necessários ou faltando ao pagamento de pensão alimentícia judicialmente acordada, fixada ou majorada; deixar, sem justa causa, de socorrer descendentes ou ascendentes, gravemente enfermo.* Diferentemente do abandono moral ou intelectual, significa deixar de dar assistência, ou recusar a prestar auxílio material a quem é seu dependente, ou a quem devia pagar alimentos, seja parente, cônjuge ou companheiro. Para configuração do tipo penal, o abandono material deve apresentar três pressupostos: o objetivo, que é a omissão/negligência de sustento de dependente do agente; o subjetivo, ou seja, o dolo movido pela intenção de negligenciar o sustento; e, por fim, o normativo, que é a ausência de justa causa sobre a ação contrária ao ordenamento jurídico. A tipicidade pode ser afastada se provada a concreta impossibilidade econômica de contribuir para o sustento da vítima[82]. Na esfera cível, o não pagamento de pensão alimentícia fixada, judicialmente, pode incidir em prisão civil[83].

O **abandono de incapaz** é o ato ou conduta de abandonar pessoa que está sob sua guarda, cuidado, vigilância ou autoridade, e, por qualquer motivo, incapaz de defender-se dos riscos resultantes do abandono. Além das sanções civis previstas no CCB, como destituição do poder familiar (art. 1.638 CCB e Art. 22 ECA), o Código Penal tipifica como delito o abandono de pessoas incapazes. As penas cominadas aumentam de um terço quando o abandono ocorrer em lugar ermo, ou se o agente for ascendente ou descendente, cônjuge, irmão, tutor ou curador da vítima, e, por fim, se a vítima for maior de 60 anos de idade (art. 133, § 3º, CP).

Há tipificação penal também em relação ao estado de filiação, que é a chamada "**adoção à brasileira**", (art. 242 do Código Penal, parágrafo único)[84]. No Direito de Família, a adoção à

---

[81] Enunciado IBDFAM nº 23 – Havendo atraso ou não pagamento da verba alimentar e indícios de que o devedor dispõe de recursos econômicos, o juiz cientificará ao Ministério Público para apurar a prática do crime de abandono material.

[82] (...) deixar de implementar pensão alimentícia é ilícito civil e o que o difere do ilícito penal é justamente c dolo, vontade livre de não pagar, sem justa causa, ou seja, mesmo podendo fazê-lo. A caracterização do tipc penal exige que se demonstre que a conduta de não pagar a pensão alimentícia foi realizada por alguém que podendo implementá-la, não o faz sem causa que justifique a falta, o que não foi demonstrado na incoativa que se limita a afirmar que a omissão do ora paciente foi "sem justa causa". Ora, esse elemento não está nc tipo penal apenas como adorno, mas porque, como o próprio nome está a indicar, é uma parte essencia e a acusação dele deve se ocupar, demonstrando, em cada caso concreto, o porquê do não pagamento da pensão, ou seja, se, pelos fatos ocorridos, há motivos justos para o alimentante deixar de solver as prestações (...) Se assim não for, estar-se-á igualando os ilícitos penal e civil, pois não haverá mais diferença entre eles bastando que o alimentante falte ao seu dever para cometer um crime. (HC 141069 RS, Rel.ª Min.ª Maria Thereza de Assis Moura, 6ª T. – STJ. publ. 21/03/2012).

[83] O Conselho Nacional de Justiça, tendo em vista a Pandemia originada pelo COVID-19, no dia 17 de março de 2020, expediu a Recomendação nº 62, que recomenda aos Tribunais e magistrados a adoção de medidas preventivas à propagação da infecção pelo novo coronavírus – Covid-19 no âmbito dos sistemas de justiça penal e socioeducativo. Uma das medidas apontadas pelo CNJ como preventivas à propagação da infecçãc pelo novo coronavírus – Covid-19 foi recomendar aos magistrados com competência cível que considerem a colocação em prisão domiciliar das pessoas presas por dívida alimentícia, com vistas à redução dos riscos epidemiológicos e em observância ao contexto local de disseminação do vírus.

[84] Art. 242 – Dar parto alheio como próprio; registrar como seu o filho de outrem; ocultar recém-nascido ou substituí-lo, suprimindo ou alterando direito inerente ao estado civil. Pena – reclusão, de dois a seis anos.

brasileira, pode inserir-se no contexto da filiação socioafetiva. É o reconhecimento voluntário da maternidade/paternidade, por meio do qual não foram cumpridas as exigências legais pertinentes ao procedimento de adoção. O(s) adotante(s) simplesmente registra(m) perante o cartório de Registro Civil a criança ou o adolescente como se filho biológico fosse. Tal ato constitui um ilícito civil e penal.

Outra previsão de tipicidade que se conecta ao Direito de Família é o crime previsto no art. 249[85] do Código Penal, intitulado "**subtração de incapazes**", que se liga, por exemplo, à guarda de filhos e à alienação parental.

Uma das mais corriqueiras conexões do Direito de Família com o Direito Penal são os crimes de **violência doméstica**, sobretudo os casos de feminicídio[86]. A violência doméstica, embora praticada no âmbito da vida privada, ganhou visibilidade, passando a ser tratada como uma preocupação não restrita apenas à ordem da intimidade. Foi assim que, em agosto de 2006, sancionou-se a Lei nº 11.340, mais conhecida como Lei Maria da Penha, que objetiva combater toda e qualquer forma de violência doméstica e familiar praticada contra o gênero feminino[87] e significa a efetivação e implementação de políticas públicas para diminuição do tormentoso quadro de violência doméstica[88]. É na intimidade das relações familiares que eclodem grandes conflitos. E aí que o Direito de Família necessita buscar ajuda no Direito Penal. A violência doméstica, e particularmente a Lei Maria da Penha é a típica e importante interseção entre esses dois ramos do Direito (ver Cap. 17).

1.11.4   O Direito de Família e o Direito Empresarial

Empresa é a pessoa jurídica que ganha identidade própria para se diferenciar da pessoa física. Pessoa jurídica é a personificação pela técnica abstrata do Direito. Pode ser de Direito

---

Parágrafo único – Se o crime é praticado por motivo de reconhecida nobreza. Pena – detenção, de um a dois anos, podendo o juiz deixar de aplicar a pena.

[85] Art. 249 – Subtrair menor de dezoito anos ou interdito ao poder de quem o tem sob sua guarda em virtude de lei ou de ordem judicial:

Pena – detenção, de dois meses a dois anos, se o fato não constitui elemento de outro crime.

[86] Sobre o assunto, Guilherme de Souza Nucci, ao tratar do feminicídio esclarece que se trata de "uma qualificadora objetiva, pois se liga ao gênero da vítima: ser mulher", advertindo que "o agente não mata a mulher somente porque ela é mulher, mas o faz por ódio, raiva, ciúme, disputa familiar, prazer, sadismo, enfim, por motivos variados que podem ser torpes ou fúteis; podem, inclusive, ser moralmente relevantes", não se descartando, "por óbvio, a possibilidade de o homem matar a mulher por questões de misoginia ou violência doméstica; mesmo assim, a violência doméstica e a misoginia proporcionam aos homens o prazer de espancar e matar a mulher, porque esta é fisicamente mais fraca", tratando-se de "violência de gênero, o que nos parece objetivo, e não subjetivo" (Curso de Direito Penal. Parte Especial. Volume 2. Rio de Janeiro: Forense, 2017, p. 46/47). Na mesma esteira tem se orientado a jurisprudência deste Sodalício, extraindo-se do REsp 1.707.113/MG, de Relatoria do Ministro Felix Fischer, publicado no dia 7.12.2017, que, "considerando as circunstâncias subjetivas e objetivas, temos a possibilidade de coexistência entre as qualificadoras do motivo torpe e do feminicídio. Isso porque a natureza do motivo torpe é subjetiva, porquanto de caráter pessoal, enquanto o feminicídio possui natureza objetiva, pois incide nos crimes praticados contra a mulher por razão do seu gênero feminino e/ou sempre que o crime estiver atrelado à violência doméstica e familiar propriamente dita, assim o animus do agente não é objeto de análise".

[87] Lei nº 11.340 – Art. 2º Toda mulher, independentemente de classe, raça, etnia, orientação sexual, renda, cultura, nível educacional, idade, religião, goza dos direitos fundamentais inerentes à pessoa humana, sendo-lhe asseguradas as oportunidades e facilidades para viver sem violência, preservar sua saúde física e mental e seu aperfeiçoamento moral, intelectual e social.

Art. 3º Serão asseguradas às mulheres as condições para o exercício efetivo dos direitos à vida, à segurança, à saúde, à alimentação, à educação, à cultura, à moradia, ao acesso à justiça, ao esporte, ao lazer, ao trabalho, à cidadania, à liberdade, à dignidade, ao respeito e à convivência familiar e comunitária.

[88] Decreto nº 11.431/2023 – Instituiu o Programa Mulher Viver sem Violência.

Público ou Privado. É, na verdade, uma ficção jurídica, assim como o espólio, uma criação do mundo jurídico.

No Direito Privado, a pessoa jurídica, ou seja, a Empresa é a personificação de grupos de pessoas com objetivos comuns, criado na forma da lei e dotado de personalidade própria para que atue com autonomia. Muitas vezes há empresas que comandam outra, que por sua vez controla a outra, constituindo as denominadas *holdings*, expressão de origem americana e significa segurar, manter, controlar, guardar. No ordenamento jurídico brasileiro, é utilizada para indicar a sociedade empresarial que tem como atividade o exercício do controle de outras empresas e a administração dos bens das empresas. Grande parte dessas empresas são controladas pelos membros de uma mesma família[89].

No Direito de Família, tem sido comum a pessoa jurídica ser usada como um instrumento para a prática de fraude à meação nas dissoluções das sociedades conjugais. Não é raro um dos cônjuges/companheiros transferir todo, ou parte, do seu patrimônio para uma pessoa jurídica, que por ter autonomia e personalidade própria não se confunde com a pessoa do sócio/cônjuge/companheiro, ocultando assim o patrimônio partilhável. A desconsideração da personalidade jurídica, também denominada de *disregard*[90], é utilizada no Direito de Família, daí sua conexão com o Direito Empresarial em sua modalidade inversa, quando demonstrado que a pessoa jurídica é utilizada para fraudar ou esconder bens na partilha conjugal ou ocultar fontes de rendimentos do alimentante de modo a fixar baixos valores de pensão, ou fraudar sua execução[91].

Outro encontro do Direito Empresarial e o Direito de Família está na regra – em sua parte restritiva – do art. 977 do Código Civil: *Faculta-se aos cônjuges contratar sociedade, entre si ou com terceiros, desde que não tenham casado no regime da comunhão universal de bens, ou no da separação obrigatória.* Não só isso, o direito de empresa interfere também no raciocínio da partilha dos bens conjugais, cuja discussão mais significativa, e com pontos de vastas divergências, envolve a partilha de bens no que diz respeito à valorização das cotas sociais[92], com a dissolução conjugal[93].

---

[89] HIRONAKA, Giselda Fernandes Novaes, *Tratado de Direito de Família e Sucessões*. IBDFAM: Belo Horizonte, 3ª edição, 2019.

[90] As manobras realizadas através do mau uso da personalidade societária encontram forte eco no Direito de Família para sonegar alimentos e para trapacear a meação, porque a incorporação de bens a uma sociedade empresarial ou o simples afastamento do cônjuge do quadro societário da empresa conjugal equivale à sua alienação para terceiro. MADALENO, Rolf. *Curso de direito de família*. 5. ed., Rio de Janeiro: Forense, 2013, p. 827-828.

[91] MADALENO, Rolf. *Revista IBDFAM – Famílias e sucessões*. In: A desconsideração inversa da personalidade jurídica no Direito de Família e no novo CPC. V 13 (Jan./Fev.) Belo Horizonte: IBDFAM, 2016, p. 37 a 45.

[92] Rolf Madaleno na Revista IBDFAM: Famílias e Sucessões discorre: Basta pensar na hipótese de o sócio agora casado injetar na sociedade novos aportes em dinheiro eminentemente conjugal ou através da transferência de bens existentes em seu acervo nupcial e certamente não poderia ser dito que este aumento do capital seguiria inatingível ao casamento, por haver a sociedade sido constituída quando o consorte sócio era solteiro, ressentindo-se o crescimento patrimonial do necessário esforço comum. Ora, o esforço comum dos cônjuges e conviventes está representado em cada dia de trabalho do esposo sócio na empresa, cuja pessoa jurídica tinha uma configuração patrimonial quando ele era solteiro e tem outra conformação patrimonial após o casamento do sócio e, por vezes, contando com décadas de esforço comum em termos de trabalho, e de retenção ou injeção de dinheiro matrimonial e isto, em nada se confunde com a mera valorização de um imóvel particular que, sem nenhum esforço do proprietário, apenas parado, ficou aguardando com o transcorrer dos anos a natural incidência de sua valorização, fruto do mero efeito econômico do tempo que passa. O imóvel valoriza até diante da simples desvalorização da moeda, sabido que os bens imóveis usualmente aumentam mais, isto quando assim não acontece apenas pelo crescimento e povoamento do bairro, e com a construção de novos prédios que arrastam para cima o valor venal do imóvel privado e incomunicável de um cônjuge ou de qualquer pessoa. Edição 14 março/abril de 2016 – *Revista IBDFAM* – Famílias e Sucessões.

[93] (…) Consoante a jurisprudência desta Corte, a valorização patrimonial das cotas sociais adquiridas antes do casamento ou da união estável não deve integrar o patrimônio comum a ser partilhado, por ser decorrência

O Direito Empresarial é utilizado também no auxílio a um planejamento sucessório, para facilitar a distribuição do patrimônio de alguém para depois de sua morte, inclusive diminuindo a carga tributária.

1.11.5   O Direito de Família e o Direito Tributário

Essa conexão se mostra presente em vários aspectos, como por exemplo, na declaração conjunta do Imposto de Renda, aproveitando benefícios tributários de composição de renda e dedutibilidade entre si e de seus dependentes. Tal modalidade se aplica somente ao cônjuge, companheiro, ou dependente econômico, cujos rendimentos estejam sujeitos ao ajuste anual.

Incidia Imposto de Renda sobre a pensão alimentícia, cujo percentual variava de acordo com o valor da pensão. Em 2022, o Supremo Tribunal Federal – STF afastou a incidência do imposto de renda em pensões alimentícias, movida pelo Instituto Brasileiro de Direito de Família – IBDFAM. *Alimentos ou pensão alimentícia oriundos do direito de família não se configuram como renda nem proventos de qualquer natureza do credor dos alimentos, mas montante retirado dos acréscimos patrimoniais recebidos pelo alimentante para ser dado ao alimentado. A percepção desses valores pelo alimentado não representa riqueza nova, estando fora, portanto, da hipótese de incidência do imposto (STF, ADI 5.422, Rel. Min. Dias Toffoli, j. 06/06/2022).* Uma das formas de diminuir tal tributação **era utilizar a elisão fiscal**, que é diferente de fraude fiscal. Elisão fiscal é a estratégia lícita para evitar a ocorrência de determinado fato gerador ou desviar de sua imposição por meio de algum tipo de isenção ou imunidade, e com isso, fazer cessar ou impedir o nascimento da obrigação tributária[94]. Um bom exemplo de elisão fiscal era de estabelecer o pagamento da pensão alimentícia de forma mista, isto é, uma parte *in natura*, com pagamento direto do alimentante aos credores, como educação e saúde, e a outra em espécie.

No artigo 134 do CTN – Código Tributário Nacional consta a responsabilidade dos pais pelos tributos devidos por seus filhos menores, assim como a dos tutores e curadores pelos tributos devidos por seus tutelados e curatelados, entre outras hipóteses[95].

Outra conexão do Direito de Família com o Direito tributário está na incidência de imposto de competência estadual ou distrital[96], que tem como fato gerador a transmissão de

---

de um fenômeno econômico que dispensa a comunhão de esforços do casal. 2. Agravo interno não provido. (STJ, – AgInt nos EDcl no AREsp 699.207/SP 2015/0071048-3, Quarta Turma, j. 27/06/2022, *DJe* 29/06/2022, RSDF vol. 133, p. 103).

[94] HIRONAKA, Giselda. Op. cit. p. 87.

[95] Art. 134. Nos casos de impossibilidade de exigência do cumprimento da obrigação principal pelo contribuinte, respondem solidariamente com este nos atos em que intervierem ou pelas omissões de que forem responsáveis:

I – os pais, pelos tributos devidos por seus filhos menores;

II – os tutores e curadores, pelos tributos devidos por seus tutelados ou curatelados;

III – os administradores de bens de terceiros, pelos tributos devidos por estes;

IV – o inventariante, pelos tributos devidos pelo espólio;

V – o síndico e o comissário, pelos tributos devidos pela massa falida ou pelo concordatário;

VI – os tabeliães, escrivães e demais serventuários de ofício, pelos tributos devidos sobre os atos praticados por eles, ou perante eles, em razão do seu ofício;

VII – os sócios, no caso de liquidação de sociedade de pessoas.

Parágrafo único. O disposto neste artigo só se aplica, em matéria de penalidades, às de caráter moratório.

[96] O STJ já firmou entendimento de que não é necessário pagamento prévio do imposto de transmissão, para casos de simples adjudicação: *No arrolamento sumário, a homologação da partilha ou da adjudicação, bem como a expedição do formal de partilha e da carta de adjudicação, não se condiciona ao prévio recolhimento do*

46   DIREITO DAS FAMÍLIAS – Rodrigo da Cunha Pereira

direitos relativos a bens imóveis, móveis, direitos, títulos e créditos[97], decorrente de sucessão *causa mortis* e doação e partilha de bens do casal. Também conhecido pelas siglas ITD, ITCD e ITCMD (art. 156, II, § 2º, CR). Estas siglas recebem diferentes variações de acordo com o estado da federação brasileira que o institui[98]. Também nos casos de doação entre membros da família, temos a incidência do ITCD, salvo casos de não incidência do tributo previsto em legislação específica.

Interessa ao Direito de Família, inclusive o imposto *inter vivos causa mortis*, em razão das partilhas desiguais de bens e doação, também o IOF-Imposto sobre Operações Financeiras.

O IOF está previsto no artigo 153 da CR[99] e reflete no Direito de Família quando no planejamento familiar e sucessório tiver sido realizado algum tipo de operação, como por exemplo, a criação de uma empresa familiar[100]. É comum em casos como este confundir os recursos da sociedade com o das pessoas físicas. Esse empréstimo de dinheiro entre pessoa física e jurídica é hipótese de incidência do IOF (art. 13, Lei 9.779/99)[101].

1.11.6   O Direito de Família e o Direito Contratual/Obrigacional

Em Direito de Família, os contratos trazem consigo, além dos elementos comuns do direito obrigacional, a consideração do afeto, o que os classifica como contrato *sui generis*. Em razão deste elemento peculiar dos contratos em Direito de Família a doutrina em todo o mundo ocidental sempre esteve dividida em duas correntes de pensamento quanto à natureza jurídica do casamento: a contratualista e a institucionalista. São exemplos de contratos em Direito de Família, além do casamento, ou contrato/pacto antenupcial, pacto pós-nupcial (mudança de regime de bens) contrato de geração de filhos, contrato de união estável, contrato de namoro.

Para Caio Mário, o casamento é um contrato especial, dotado de consequências peculiares, mais profundas e extensas do que as convenções de efeitos puramente econômicos (ver Cap. 3).

O contrato de **reprodução assistida** é o contrato expresso ou tácito, entre um homem e uma mulher, ou entre duas pessoas, para gerarem um filho, formando-se apenas uma família parental,

---

ITCMD, devendo ser comprovado, todavia, o pagamento dos tributos relativos aos bens do espólio e as suas rendas, a teor dos artigos 659, parágrafo 2, do CPC e 192 do CTN. (STJ, REsp 1.896.526/REsp 2.027.972, Dje 28/10/2022).

[97]   STF, RE 1.363.013 (previdência privada herança):"É inconstitucional a incidência do imposto sobre transmissão *causa mortis* e doação (ITCMD) sobre o repasse aos beneficiários de valores e direitos relativos ao plano vida gerador de benefício livre (VGBL) ou ao plano gerador de benefício livre (PGBL) na hipótese de morte do titular do plano".

[98]   Resposta à Consulta Nº 10321 DE 08/06/2016 – ITCMD – Divórcio consensual – Partilha – Regime de comunhão parcial de bens – Patrimônio comum dividido de maneira desigual – Compensação com pagamento oriundo de patrimônio particular de um dos cônjuges. I. Havendo excesso de meação em partilha, é necessário se averiguar, para fins de análise de eventual ocorrência de fato gerador do ITCMD, se a desigualdade na divisão ocorreu a título oneroso ou gratuito. II. A compensação financeira feita pelo cônjuge favorecido na partilha, em favor do outro, em montante equivalente ao valor do excesso de meação, descaracteriza a gratuidade do ato de divisão desigual do patrimônio comum dos cônjuges, não havendo, portanto, que se falar em doação e, por conseguinte, em incidência do ITCMD.

[99]   Art. 153, V, da Constituição da República: Compete a União instituir imposto sobre: (...) V – operação de crédito, câmbio e seguro, ou relativas a títulos ou valores mobiliários.

[100]   HIRONAKA, Giselda. Op. cit. p. 89.

[101]   Art. 13 – As operações de crédito correspondentes a mútuo de recursos financeiros entre pessoas jurídicas ou entre pessoa jurídica e pessoa física sujeitam-se à incidência do IOF segundo as mesmas normas aplicáveis às operações de financiamento e empréstimos praticadas pelas instituições financeiras. § 1º Considera-se ocorrido o fato gerador do IOF, na hipótese deste artigo, na data da concessão do crédito. § 2º Responsável pela cobrança e recolhimento do IOF de que trata este artigo é a pessoa jurídica que conceder o crédito. § 3º O imposto cobrado na hipótese deste artigo deverá ser recolhido até o terceiro dia útil da semana subsequente à da ocorrência do fato gerador.

sem que daí decorra necessariamente uma relação amorosa ou conjugal. Com a compreensão jurídica de que maternidade e paternidade são funções exercidas, a paternidade/maternidade e a conjugalidade puderam ser vistas e engendradas em campos separados. Ter filhos, criá-los e educá-los não está necessariamente atrelado a uma relação conjugal ou amorosa.

Com o desenvolvimento das técnicas da engenharia genética tornou-se possível estabelecer parcerias de paternidade/maternidade, formando-se apenas uma família parental. A diferença em relação às famílias comuns, é que em vez de se escolher um parceiro para uma relação amorosa ou conjugal, escolhe-se um parceiro apenas para compartilhar a paternidade/maternidade, por meio da combinação de um ato reprodutivo, na maioria das vezes por técnicas de reprodução assistida.

Essa nova categoria de família, facilitada pelas redes sociais e sites de relacionamentos virtuais, surgiu como uma alternativa à adoção e inseminação artificial nas quais não se sabe quem é o doador do material genético, e útero de substituição (barriga de aluguel) em que se terceiriza a gravidez. Não há lei que regulamente esses contratos ou parcerias de paternidade/maternidade, tão somente a Resolução do Conselho Federal de Medicina – CFM, sob o nº 2.320/2022, que estabeleceu diretrizes e éticas para utilização da reprodução assistida. Entretanto, os princípios constitucionais do melhor interesse da criança/adolescente, paternidade responsável, pluralidade das formas de família, responsabilidade, todos sob a égide do macroprincípio da dignidade humana, autorizam a liberdade e autonomia dos sujeitos constituírem suas famílias conjugais e parentais da forma que melhor entenderem. O Provimento nº 149/2023[102] do CNJ dispõe sobre o registro de nascimento e emissão da respectiva certidão dos filhos havidos por reprodução assistida.

---

[102] Em 2023, o CNJ expediu o Provimento 149, instituindo o Código Nacional de Normas da Corregedoria Nacional de Justiça do Conselho Nacional de Justiça – Foro Extrajudicial (CNN/CN/CNJ-Extra) e revogando parcialmente os provimentos 63/2017 e 83/2019 e prevendo: "Art. 512. O assento de nascimento de filho havido por técnicas de reprodução assistida será inscrito no Livro A, independentemente de prévia autorização judicial e observada a legislação em vigor no que for pertinente, mediante o comparecimento de ambos os pais, munidos de documentação exigida por este Capítulo. § 1º Se os pais forem casados ou conviverem em união estável, poderá somente um deles comparecer ao ato de registro, desde que apresente a documentação exigida neste Capítulo. § 2º No caso de filhos de casais homoafetivos, o assento de nascimento deverá ser adequado para que constem os nomes dos ascendentes, sem referência a distinção quanto à ascendência paterna ou materna. Art. 513. Será indispensável, para fins de registro e de emissão da certidão de nascimento, a apresentação dos seguintes documentos: I – declaração de nascido vivo (DNV); II – declaração, com firma reconhecida, do diretor técnico da clínica, centro ou serviço de reprodução humana em que foi realizada a reprodução assistida, indicando que a criança foi gerada por reprodução assistida heteróloga, assim como o nome dos beneficiários; III – certidão de casamento, certidão de conversão de união estável em casamento, escritura pública de união estável ou sentença em que foi reconhecida a união estável do casal. § 1º Na hipótese de gestação por substituição, não constará do registro o nome da parturiente, informado na declaração de nascido vivo, devendo ser apresentado termo de compromisso firmado pela doadora temporária do útero, esclarecendo a questão da filiação. § 2º Nas hipóteses de reprodução assistida *post mortem*, além dos documentos elencados nos incisos do *caput* deste artigo, conforme o caso, deverá ser apresentado termo de autorização prévia específica do falecido ou falecida para uso do material biológico preservado, lavrado por instrumento público ou particular com firma reconhecida. § 3º O conhecimento da ascendência biológica não importará no reconhecimento do vínculo de parentesco e dos respectivos efeitos jurídicos entre o doador ou a doadora e o filho gerado por meio da reprodução assistida. Art. 514. Será vedada aos oficiais registradores a recusa ao registro de nascimento e à emissão da respectiva certidão de filhos havidos por técnica de reprodução assistida, nos termos deste Capítulo. § 1º A recusa prevista no caput deverá ser comunicada ao juiz competente nos termos da legislação local, para as providências disciplinares cabíveis. § 2º Todos os documentos apresentados na forma deste Capítulo deverão permanecer arquivados no ofício em que foi lavrado o registro civil. Art. 515. Os registradores, para os fins do presente Capítulo, deverão observar as normas legais referentes à gratuidade de atos".

Contrato de Namoro é a declaração de vontade de duas pessoas para estabelecer que aquela relação é apenas um namoro. Embora isso pareça óbvio e desnecessário, tornou-se, em muitas situações, conveniente fazê-lo, em razão da linha tênue existente entre o namoro e a união estável. Tal contrato é quase um antinamoro e parece quebrar parte dos encantos proporcionados pelo idílio, que vem sempre revestido de um romantismo que deveria ficar longe de aspectos jurídicos. Entretanto, as mudanças culturais e a liberação dos costumes sexuais deixaram as diferenças entre namoro e união estável bastante semelhantes. Em razão disso, e por mais que pareça desnecessário, tornou-se um instrumento de proteção à vontade das partes. E, assim, deixam claro que tal relação não se constitui família, embora possa até ser uma preparação para constituir família.

Em tal declaração, ou contrato, pode-se estabelecer que se o namoro se transformar em união estável, as regras patrimoniais ficam desde já ali estabelecidas, seja pela separação de bens, comunhão parcial ou total, ou mesmo um regime próprio e particularizado para aquele casal.

O contrato de União estável disciplina os efeitos pessoais e patrimoniais da união estável. Semelhante ao casamento em seu conteúdo, diferencia-se dele em razão da forma. No casamento, exige-se formalidade e solenidade. Na união estável não há exigência de formalidade, podendo ser, inclusive, tácito, como acontece com a maioria das uniões estáveis que não fazem contrato escrito. Francisco José Cahali foi pioneiro em descrever tal contrato: É o instrumento pelo qual os sujeitos de uma união estável promovem regulamentações quanto aos reflexos da relação (CAHALI, Francisco José. *Contrato de convivência na união estável*. São Paulo: Saraiva, 2002, p. 55).

O Código Civil de 2002, repetindo a ideia da Lei nº 9.278/96, previu a possibilidade desses contratos de convivência: Na união estável, salvo convenção válida entre companheiros, aplica-se às relações patrimoniais, no que couber, o regime da comunhão parcial de bens (art. 1.725, CCB).

São vários os nomes dados a este contrato, tais como pacto de convivência, contrato de convivência, contrato de união estável, entre outros. Para que tenha validade e eficácia, o pacto deve atender aos requisitos essenciais determinados pelo art. 104 do Código Civil, quais sejam: "I – agente capaz; II – objeto lícito, possível, determinado ou determinável; III – forma prescrita ou não defesa em lei". O objetivo principal do contrato de convivência, além de deixar claro que aquela relação é uma união estável, é buscar estabelecer regras próprias e diferentes daquela estabelecida em lei, por exemplo as regras estabelecidas no regime da comunhão parcial de bens (art. 1.725, CCB).

O contrato de união estável pode ser feito por escritura pública ou particular, e pode ser retroativo se não afrontar a realidade dos contratantes, ou seja, não fraudar nenhuma das partes, terceiros ou o Poder Público (ver capítulo da união estável). O art. 94-A da Lei de Registros Públicos (LRP) prevê o registro facultativo da união estável e foi fruto da Lei do SERP (Lei nº 14.382/2022). O CNJ, por meio do Provimento 141/2023[103] abordou três temas a saber: termo declaratório de reconhecimento e dissolução de união estável, alteração do regime de bens da união estável e conversão da união estável em casamento.

---

[103] Com alterações do Provimento 146/2023 referentes a dois pontos: o primeiro é a necessidade de lavratura de escritura pública na partilha de bens imóveis de valor superior a 30 salários mínimos, E o segundo é a obrigatoriedade do prévio registro do documento estrangeiro no Serviço de Registro de Títulos e Documentos – RTD, para ingresso no Registro Civil das Pessoas Naturais – RCPN.

1.11.7 O Direito de Família e o Direito Previdenciário

A seguridade social é assunto constitucional, e assim vem sendo tratada desde a primeira Constituição brasileira (1824). Na atual CR insere-se no Título VIII, Capítulo II, definindo o que é seguridade social: *Art. 194. A seguridade social compreende um conjunto integrado de ações de iniciativa dos Poderes Públicos* e da sociedade, destinadas a assegurar os direitos relativos à saúde, à previdência e à assistência social.

A previdência social insere-se neste contexto de seguridade social e conecta-se ao Direito de Família em vários aspectos, mas principalmente ao estabelecer o conceito de dependente para fins previdenciários, que tem sua fonte no Direito de Família. A previdência social tem como objetivo assegurar aos seus beneficiários os meios indispensáveis de manutenção. Na verdade, assegurar proteção às famílias e a seus membros isto é, a seguridade social é uma seguridade social familiar. E, muitas vezes a pensão alimentícia se transforma em pensão previdenciária.

O Direito Previdenciário regulamentado pelas Leis nº 8.212/91 e nº 8.213/91, pelo Decreto nº 3.048/99, pela Lei nº 8.080/90 (SUS) e a Assistência social (LOAS) pela Lei nº 8.742/93 que constituem o aparato jurídico do amparo contributivo, embora a previdência social nem sempre necessite de contribuição. Esse sistema de seguridade social é financiado com recursos do Estado e das contribuições sociais do empregador e do trabalhador (art. 195, CR). O objetivo da Previdência social, segundo os arts. 1º das Leis nº 8.212/91 e nº 8.213/91 é assegurar aos seus beneficiários meios indispensáveis de manutenção, por motivos de incapacidade, idade avançada, tempo de serviço, desemprego voluntário, encargos de família e reclusão ou morte daqueles de quem dependiam economicamente.

A legislação previdenciária sempre se pautou pelas relações familiares, desde o primeiro Decreto legislativo, o de nº 3.724/1919 e depois o Decreto nº 4.682/1923, que determinava expressamente que a indenização do segurado fosse pago à sua família. Em outras palavras, interessa ao Direito Previdenciário o conceito de família para saber quem são os destinatários da pensão previdenciária, ao lado do conceito de dependente econômico.

Os benefícios previdenciários que se conectam ao Direito de Família são:

a) Pensão por morte – Art. 74 da Lei nº 8.213/2019 que foi alterada pela Medida Provisória nº 664/2014, depois pela Lei nº 13.135/2015 e pela Lei nº 13.846/2019;
b) Auxílio-reclusão – Art. 80 da Lei nº 8.213/91;
c) Salário-família – Art. 65 Lei nº 8.213/91;
d) Salário-maternidade – Art. 71 da Lei nº 8.213/91;
e) Seguro-desemprego – Art. 2º, I e II, Lei nº 7.998/90.

O Direito Previdenciário foi um dos grandes responsáveis pela evolução do "Direito Concubinário" e também do Direito Homoafetivo. Isto porque ele não está permeado pelos aspectos morais que sempre legitimou ou ilegitimou famílias. Ele parte do conceito de dependente econômico. E foi assim que surgiram as primeiras pensões para as "concubinas", que logo depois passaram a ser denominadas de companheiras[104] (Ver Cap. 5). Da mesma forma com as

---

[104] Os elementos de prova dos autos indicam que o segurado instituidor da pensão manteve simultaneamente duas famílias, uma decorrente de casamento e outra de união estável, por mais de vinte anos, que as famílias tinham conhecimento da existência uma da outra e que se aceitavam mutuamente pelo afeto que nutriam pelo segurado. 2. O conjunto probatório demonstra, ainda, que a união estável foi mantida desde 1980, antes mesmo do casamento realizado somente em 1984, e que não se trata de relação clandestina e oculta, mas pública e tolerada pelas famílias envolvidas por mais de duas décadas. 3. Nessas condições, não é possível argumentar que o ordenamento jurídico refuta a possibilidade de reconhecer uma união estável paralela ao casamento, pois, conforme decidido pelo Supremo Tribunal Federal na ADPF 132, a Constituição Federal adota um modelo pluralista de família. 4. Recurso da companheira provido, para determinar o desdobramento do

1.12 INSTITUTOS DO DIREITO CIVIL NA PERSPECTIVA DO DIREITO DE FAMÍLIA

uniões homoafetivas, cujas primeiras pensões surgiram de regulamentações internas do órgão previdenciário[105] e também com as famílias simultâneas (ver item 1.10.27).

1.12 INSTITUTOS DO DIREITO CIVIL NA PERSPECTIVA DO DIREITO DE FAMÍLIA

1.12.1 Reponsabilidade civil no Direito das Famílias

A expressão responsabilidade, como obrigação de responder pelas ações próprias ou dos outros, surge em nosso idioma em 1813 (Dicionário Houaiss da Língua Portuguesa). Contudo, a primeira referência foi em 1787, na obra "O Federalista", que Alexander Hamilton atribuiu o significado político de governo responsável, traduzindo o controle dos cidadãos e o dever de transparência. No Estado Social, há uma mudança na concepção de responsabilidade para torná-la mais objetiva e, principalmente, para incluir no âmbito de proteção os sujeitos vulneráveis, sendo necessária a responsabilização tanto de pessoas físicas quanto jurídicas. Essa tendência foi seguida pela legislação contemporânea, como o ECA, o Estatuto do Idoso, a Lei nº 8.009/90 (Bem de Família), o Código de Defesa do Consumidor, a legislação do inquilinato, todas preocupadas com a parte mais vulnerável.

Um dos princípios norteadores do Direito de Família, o princípio da responsabilidade, se estende e repercute na responsabilização de danos causados a outrem, também no Direito de Família. A responsabilidade civil pode ser entendida como a obrigação de reparar o dano, ou ressarci-lo como consequência da ofensa ou violação do direito. A responsabilidade civil pode ser extracontratual, também denominada de aquiliana, ou contratual/negocial. Decorre *a priori*, de um fato juridicamente qualificado como ilícito, isto é, em ofensa à ordem jurídica (arts. 186, 187 e 188 do CCB).

A responsabilidade civil remete à ideia de atribuição das consequências danosas da conduta ao agente infrator[106]. Na sua caracterização é indispensável também a existência de um dano ou prejuízo. Sem a ocorrência deste elemento não haveria o que indenizar, e, consequentemente, não se poderia falar em responsabilidade civil. Assim, compõe-se de três elementos: ação (caráter comissivo ou omissivo, a conduta ilícita); dano ou prejuízo causado (material ou psíquico que atinja os atributos da personalidade como a honra e a dignidade[107]) e nexo de causalidade, a ligação entre a conduta e o dano.

---

benefício de pensão por morte. (TRF-4 – Recurso Cível: 50427836520134047000 PR 5042783-65.2013.404.7000, Relator: Flávia da Silva Xavier, Julg.: 20/05/2015, 3ª Turma Recursal do PR).

[105] O conceito de certo e errado é completamente relativo. Por essa razão, não abro mão da ideia de que ao chamado concubinato podem ser aplicadas as mesmas regras da união estável, já que essa modalidade de relação deve, sim, ser vista como entidade familiar pela realidade fática e social que dela emanam. Os princípios da dignidade da pessoa humana, da responsabilidade, da pluralidade das formas de família, quando aliados ou em confronto com o da monogamia em cada caso concreto, se sobressaem e acabam por autorizar a atribuição e distribuição de direitos às famílias paralelas. (TJ-AL – APL: 0500885-41.2007.8.02.0046, Rel. Des. Tutmés Airan de Albuquerque Melo, 1ª CC, Public.: 22/02/2016).

[106] Os danos emergentes correspondem ao "montante indispensável para eliminar as perdas econômicas efetivamente decorrentes da lesão, reequilibrando assim o patrimônio da vítima", sendo que os prejuízos são necessariamente nascidos da ação ou omissão dolosa (FARIAS, Cristiano Chaves. ROSENVALD, Nelson. NETTO, Felipe Peixoto Braga. Curso de Direito Civil – Responsabilidade Civil. Bahia: Ed. Juspodivm, 2016, p. 257).

[107] Nas palavras de Cristiano Chaves Farias, funda-se, portanto, a família pós-moderna em sua feição jurídica e sociológica, no afeto, na ética, na solidariedade recíproca entre os seus membros e na preservação da dignidade deles. Estes são os referenciais da família contemporânea (FARIAS, Cristiano Chaves. *Curso de Direito Civil* Direito das Famílias Volume 6. 5ª Edição, Editora JusPodivm: 2013).

Cap. 1 – DIREITO DAS FAMÍLIAS **51**

A agressão a um interesse eminentemente particular origina a responsabilidade civil[108], ficando o infrator subordinado ao pagamento de uma compensação pecuniária à vítima, se não puder repor *in natura* o estado anterior das coisas. Assim, o agente que cometeu o ato ilícito tem a obrigação de reparar o dano material ou moral causado, na tentativa de restituir o *status quo ante*, obrigação esta que, se não for possível, é convertida no pagamento de uma indenização, nos casos em que se pode estimar patrimonialmente o dano, ou de uma compensação, na hipótese de não se poder estimar patrimonialmente este dano. Portanto, responsabilidade, para o Direito, é uma obrigação derivada – um direito sucessivo, resultado da violação de um dever originário de assumir as deduções jurídicas de um fato.

A ideia da responsabilidade civil no Direito de Família é nova, mas vem ganhando adeptos e ampliando o leque de suas possibilidades, apesar de seus opositores sustentarem que isto pode significar a monetarização das relações de afeto. Rolf Madaleno e Eduardo Barbosa organizaram a importante obra sobre o assunto, que além de pioneira foi um registro histórico em que elencou vinte e oito possibilidades de Responsabilidade civil no Direito de Família, desde danos morais pelos relacionamentos extraconjugais, pelo não pagamento de alimentos, em decorrência da prática de alienação parental, pela ausência e negligência de convivência familiar, pela fraude patrimonial, pela prática de *bullying* etc.[109]. Em razão deste vasto leque de possibilidades de reparação civil, destacarei aqui e no capítulo 11, item 11.4.5, uma possibilidade, que vem ganhando destaque, pelo seu conteúdo pedagógico, e que tem sido objeto de estudo e decisões judiciais em quase todos os tribunais estaduais e também no STJ: a reparação civil pelo abandono dos filhos, ou pais idosos.

A responsabilidade civil, em decorrência de danos morais pode ser aplicada, principalmente, em casos de abandono afetivo dos pais em relação aos filhos menores, e dos filhos em relação aos seus pais idosos. Os pais são responsáveis pela criação, educação e sustento material e afetivo de seus filhos. Neste caso, além de princípio, a responsabilidade é também regra jurídica que se traduz em vários artigos da Constituição da República de 1988, do Estatuto da Criança e do Adolescente (arts. 4º, 22 e 33, Lei nº 8.069/90 – ECA) e Código Civil brasileiro (arts. 1.566, IV, e 1.634, I e II). Portanto, a violação a estas regras pode ensejar responsabilidade civil, ou melhor, uma reparação civil. Aplica-se também a responsabilidade civil em casos de comprovada alienação parental (Ver Cap.13, item 13.4).

Nas relações conjugais, em que o amor é uma via de mão dupla, o Estado não deve intervir, a não ser que estejam presentes os três elementos acima citados, quais sejam, conduta, nexo e dano. Como por exemplo, em casos de doenças sexualmente transmissíveis[110] ou se o foi uma

---

[108] Aquele que, por ação ou omissão, negligência ou imprudência, causar dano a outrem, deve ressarci-lo. É a dicção da norma do artigo 186 do mencionado diploma legal. Questão acalorada na doutrina e nos tribunais pátrios cinge-se à possibilidade de reconhecimento da responsabilidade civil nas relações familiares, afinal, para alguns, compreender sua possibilidade tratar-se-ia de monetização das relações existenciais, cuja consolidação, ao contrário das relações civis ordinárias, não são movidas pela vontade, mas sim pelo afeto, conforme preleciona Maria Berenice Dias (*Manual de Direito das Famílias*. Porto Alegre: Livraria do Advogado, 2015).

[109] *Responsabilidade Civil no Direito de Família*. Coord. MADALENO, Rolf; BARBOSA, Eduardo. São Paulo: Atlas, 2015.

[110] (...) 2. O parceiro que suspeita de sua condição soropositiva, por ter adotado comportamento sabidamente temerário (vida promíscua, utilização de drogas injetáveis, entre outros), deve assumir os riscos de sua conduta, respondendo civilmente pelos danos causados. 3. A negligência, incúria e imprudência ressoam evidentes quando o cônjuge/companheiro, ciente de sua possível contaminação, não realiza o exame de HIV (o Sistema Único de Saúde – SUS disponibiliza testes rápidos para a detecção do vírus nas unidades de saúde do país), não informa o parceiro sobre a probabilidade de estar infectado nem utiliza métodos de prevenção, notadamente numa relação conjugal, em que se espera das pessoas, intimamente ligadas por laços de afeto, um forte vínculo de confiança de uma com a outra. 4. Assim, considera-se comportamento de risco a pluralidade de parceiros sexuais e a utilização, em grupo, de drogas psicotrópicas injetáveis, e encontram-se

52 DIREITO DAS FAMÍLIAS – *Rodrigo da Cunha Pereira*

traição pública que tenha frontalmente desrespeitado e ferido a honra e imagem do "traído". Também pode ser fonte de responsabilidade civil e violência doméstica familiar, pois há aí uma efetiva ocorrência de um ilícito danoso, nos termos do art. 186 do CCB (conduta humana, culpa *lato sensu*, nexo causal e dano), pois pela agressão física, psicológica, sexual, patrimonial ou moral decorrente de violência doméstica (art. 7º da Lei nº 11.340/2006), tal violação e dever familiar pode e deve ser corrigida pelas próprias sanções do direito de família, pelo menos no cenário da reparação civil, sem afastar obviamente a responsabilidade criminal.

1.12.2 Perda de uma chance

É uma modalidade autônoma de dano, na qual se indeniza a subtração da chance séria e real de se alcançar, futuramente, um benefício ou de evitar ou diminuir uma situação de risco[111]. Para que haja indenização não é necessário que o resultado final favorável seja certo, bastando a probabilidade mínima de obtenção da vantagem, caso não tivesse sido retirada a oportunidade. Indenizável não é a vantagem final esperada, que, obviamente, é incerta, mas, sim, a própria perda da oportunidade de se praticar um ato, o qual poderia, no futuro, gerar uma vantagem ou evitar um prejuízo. Indeniza-se a aposta perdida, que é necessariamente hipotética. Apesar disso, o dano tem que existir, podendo ser patrimonial ou extrapatrimonial. Quando há a interrupção de um processo aleatório, por exemplo, um tratamento médico, um acompanhamento de ação judicial, a realização de um concurso etc., por um ato imputável, a probabilidade de êxito ou de se evitar um prejuízo perdido pela vítima pode ser indenizada.

O cálculo da indenização pode ser feito por meio de estatísticas e possui um valor próprio. Certamente, determinar o montante da chance[112] perdida não é tarefa fácil, mas isso não

---

em situação de risco as pessoas que receberam transfusão de sangue ou doações de leite, órgãos e tecidos humanos. Essas pessoas integram os denominados "grupos de risco" em razão de seu comportamento facilitar a sua contaminação. 5. Na hipótese dos autos, há responsabilidade civil do requerido, seja por ter ele confirmado ser o transmissor (já tinha ciência de sua condição), seja por ter assumido o risco com o seu comportamento, estando patente a violação a direito da personalidade da autora (lesão de sua honra, de sua intimidade e, sobretudo, de sua integridade moral e física), a ensejar reparação pelos danos morais sofridos. 6. Na espécie, ficou constatado o liame causal entre a conduta do réu e o contágio da autora, diante da vida pregressa do causador do dano, que, numa cadeia epidêmica, acarretou a transmissão do vírus HIV. Não se verificou, por outro lado, culpa exclusiva ou, ao menos, concorrente da vítima, não tendo sido demonstrado que ela tivesse conhecimento da moléstia e ainda assim mantivesse relações sexuais, nem que ela houvesse utilizado mal ou erroneamente o preservativo. Logo, não se apreciou a questão à luz da participação da vítima para o resultado no sentido de considerar eventual exclusão do nexo causal ou redução da indenização. Concluir de forma diversa do acórdão recorrido ensejaria o revolvimento fático-probatório dos autos, o que encontra óbice na Súmula n. 7 do STJ. 7. No que toca aos danos materiais, a indenização, em regra, deverá ter em vista os custos para manter certas resistências contra a propensão de infecções, o que se consegue por meio de coquetéis de medicamentos (ou drogas poderosas), em combinação com medicações antivirais comuns, mais de finalidade inibidora, a serem ingeridos ciclicamente, mas em constante repetição. Deverá compreender as despesas médico-hospitalares e as exigidas para a assistência terapêutica e psicológica, bem como aquilo que a pessoa contaminada deixou de ganhar, se interrompida a atividade que exercia. (…) 9. Recursos especiais não providos. (STJ – REsp: 1760943 MG 2018/0118890-8, Rel.: Min. Luís Felipe Salomão, Julg.: 19/03/2019, 4ª Turma, Public.: *DJe* 06/05/2019).

[111]   Nelson Rosenvald, ao tratar da teoria da perda de uma chance de se evitar um prejuízo, conclui que trata – se da frustração da oportunidade de evitar um dano efetivamente acontecido. A reparação decorrerá de um esboço daquilo que aconteceria caso o ilícito fosse neutralizado a tempo. Vale dizer, é imprescindível que já estivesse em curso o processo que levou ao dano e que houvesse a possibilidade de ele ser interrompido por certa atuação. O fundamento da perda de uma chance será o ato ilícito da não interrupção desse processo, que culminou por causa de um dano. ROSENVALD, Nelson; BRAGA, Netto Felipe. *Responsabilidade civil*: teoria geral. Indaiatuba: Foco, 2024, p. 598.

[112]   (...) Chance é a possibilidade de um benefício futuro provável, consubstanciada em uma esperança para o sujeito, cuja privação caracteriza um dano pela frustração da probabilidade de alcançar esse benefício

Cap. 1 – DIREITO DAS FAMÍLIAS **53**

pode servir de justificativa para se negar a indenização de um dano real. Se, eventualmente, for impossível avaliar o dano de forma matematicamente exata, essa impossibilidade deve ser usada em benefício da vítima e não em seu prejuízo[113].

Na teoria da chance perdida[114], não há que se falar em prova de vínculo causal entre a perda da oportunidade e o ato danoso. Isso porque a aludida aposta é aleatória por natureza. Além disso, é possível haver a intervenção de causas externas. Assim, o resultado da aposta nunca será efetivamente conhecido e, consequentemente, nunca se poderá saber se foi o agente do ato danoso que necessariamente causou a perda da aposta, não sendo a conduta do ofensor uma condição *sine qua non* para a perda da vantagem esperada ou para o aparecimento do dano final, mas, sim, para a perda da chance de auferir a vantagem esperada ou de evitar o prejuízo. Quando um profissional, por exemplo, um advogado, um médico ou um engenheiro, não realiza uma diligência necessária, ou alguém, devido a um acidente, não tem condições de conseguir um emprego, a perda das chances faz com que seja impossível o resultado almejado para o futuro, o qual já era aleatório antes mesmo do acidente ou da falta da diligência. Desta maneira, o ato culposo do agente tem relação de causalidade necessária com a interrupção da chance. Assim, quando as consequências da interrupção do processo já aconteceram e são conhecidas, o que antes poderia ter sido um evento fortuito agora é real: a morte ou a invalidez do paciente, o recurso judicial perdido, a ponte que caiu etc. Entretanto, não será possível se conhecer, com absoluta certeza, qual é a relação de causalidade entre a falha do profissional responsável e dano final. É quase impossível saber se o efeito pretendido pela vítima seria alcançado de forma positiva ou não, se haveria êxito ou se o prejuízo poderia ser evitado, caso o ofensor não tivesse realizado a conduta.

O ato do agente, o qual interrompeu o curso do procedimento, exclui todas as oportunidades de se alcançar o resultado almejado, ocasionando a perda definitiva do resultado esperado após a ocorrência do ato danoso. Logo, nunca se saberá se um recurso, mesmo interposto tempestivamente, seria julgado procedente ou se o candidato conseguiria o emprego, pois o processo aleatório foi interrompido antes de chegar ao final, sendo as chances uma "suposição legítima do futuro"[115].

A noção de perda de uma chance[116] não se confunde com a indenização por lucros cessantes, os quais, normalmente, são pagos de acordo com os rendimentos atuais da vítima. Além disso, no caso de lucros cessantes está presente a análise do nexo de causalidade.

---

possível. Reparação da chance perdida, e não do resultado final. Doutrina e jurisprudência. 8. Pressupostos da perda de uma chance no caso concreto: Os pressupostos para o reconhecimento da responsabilidade civil por perda de uma chance foram bem sintetizados no acórdão recorrido: "No caso concreto, para que se possa indenizar a chance perdida do ajuizamento de ação judicial, imprescindível verificar os seguintes pressupostos: (i) a viabilidade e a probabilidade de sucesso de futura ação declaratória de nulidade de doações inoficiosas; (ii) a viabilidade e a probabilidade de sucesso de futura ação de sonegados; (iii) a existência de nexo de causalidade entre o extravio de dois livros e as chances de vitória nas demandas judiciais." (...) STJ, REsp nº 1.929.450/SP, Rel. Min. Paulo de Tarso Sanseverino, 3ª Turma, *DJe* 27/10/2022.

[113] PETEFFI DA SILVA, Rafael. *Responsabilidade civil pela perda de uma chance: uma análise do direito comparado e brasileiro*. 3. ed. São Paulo: Atlas, 2013. p. 4.

[114] A perda de uma chance consiste em uma oportunidade dissipada de obter futura vantagem ou de evitar um prejuízo em razão da prática de um dano injusto. (...) Só se viabiliza a compreensão da teoria da perda de uma chance a partir do momento em que conceituamos o dano – seja ele patrimonial ou extrapatrimonial – como a lesão a um interesse concreto merecedor de tutela. A partir desta premissa, demonstraremos que, quando alguém é privado de uma chance séria e efetiva, o dano traduzirá uma lesão a uma legítima expectativa, que eventualmente será objeto de reparação, da mesma forma que os danos emergentes, lucros cessantes e o dano moral" (FARIAS, Cristiano Chaves; ROSENVALD, Nelson; BRAGA NETTO, Felipe Peixoto. Curso de Direito Civil: responsabilidade Civil. 4. Ed. Salvador: JusPodivm, 2017).

[115] PETEFFI, Rafael. Op cit, p. 86.

[116] (...) quando se fala em chance, colocamo-nos perante situações em que está em curso um processo que propicia a uma pessoa a oportunidade de vir a obter no futuro algo benéfico. Ao cogitarmos da perda de

54 DIREITO DAS FAMÍLIAS – *Rodrigo da Cunha Pereira*

Não há óbice para a utilização da teoria da perda de uma chance nos casos de responsa-bilidade civil objetiva[117] – orientada pela teoria do risco –, assim como nos casos de responsa-bilidade civil subjetiva, que pesquisa a culpa.

O exemplo mais antigo da utilização do conceito de perda de uma chance se deu na juris-prudência francesa (*pert d'une chance*). Em 17 de julho de 1889, a Corte de Cassação francesa conferiu indenização pela atuação culposa de um oficial ministerial que extinguiu todas as possibilidades de êxito em uma demanda, através de seu normal procedimento. Em 1911, deu-se a aparição dessa teoria no sistema da *common law*, com o caso inglês Chaplin v. Hicks, no qual a autora era uma das 50 (cinquenta) finalistas de um concurso de beleza conduzido pelo réu e foi impedida por ele de participar da fase final do evento. Um dos juízes de apelação argumentou que, considerando que as 50 (cinquenta) finalistas estavam concorrendo a doze prêmios distintos, diante da "doutrina das probabilidades", a autora teria 25% (vinte e cinco) de chances de ganhar um dos prêmios.

A perda de uma chance não se configura por um dano hipotético. Hipotética é a opor-tunidade perdida, que não é possível saber se seria alcançada, caso o processo aleatório não tivesse sido interrompido.

No Direito de Família, é aplicável, por exemplo, quando os pais deixam de exercer devida-mente o poder familiar, negando a um filho os cuidados elementares no que tange à sua saúde e educação, o que pode vir a acarretar uma deficiência física e a impossibilidade de concluir os estudos. Outro exemplo são os casos em que a mãe opta por não revelar ao pai a sua gravidez, casando-se com outro homem, o qual acaba criando o filho como seu, configurando uma paternidade socioafetiva. Neste caso, é negado ao pai biológico o direito de exercer a paterni-dade, ou seja, ele perdeu a oportunidade e a chance do exercício da paternidade. Da mesma forma pode-se caracterizar perda de uma chance, o genitor que não foi informado a respeito do aborto, frustrando a oportunidade da paternidade.

1.12.3 *Supressio surrectio*

Supressio surrectio é a expressão em latim para designar a supressão de situações jurídicas, em decorrência do tempo, independentemente de previsão prescricional ou decadencial, que obsta o exercício de algum direito, sob pena de caracterizar abuso de direito, seja na modalidade da quebra da confiança ou da boa-fé objetiva. O retardamento da busca de determinado direito pode fazer surgir uma outra expectativa, como bem demonstra a regra do CCB: *O pagamento reiteradamente feito em outro local faz presumir renúncia do credor relativamente ao previsto no contrato* (art. 330).

---

chances para efeito de responsabilidade civil, é porque esse processo foi interrompido por um determinado fato antijurídico e, por isso a oportunidade ficou irremediavelmente destruída. Nestes casos, a chance que foi perdida pode ter-se traduzido tanto na frustração da oportunidade de obter uma vantagem, que por isso nunca mais poderá acontecer, como na frustração da oportunidade de evitar um dano, que por isso depois se verificou. No primeiro caso podemos falar em frustração da chance de obter uma vantagem futura, no segundo em frustração da chance de evitar um dano efetivamente acontecido (FARIAS, Cristiano Chaves; ROSENVALD Nelson; BRAGA NETTO, Felipe Peixoto. *Curso de Direito Civil:* responsabilidade civil. 4. ed. Salvador: JusPodivm 2017. p. 264-275, apud NORONHA, Fernando. *Direito das obrigações.* 4. ed. São Paulo: Saraiva, 2013. p. 665)

[117] O pleito indenizatório vem ancorado em responsabilidade civil decorrente de erro médico, da qual decorre a responsabilidade objetiva do ente público por ato de seus agentes, prescindindo da averiguação de culpa. Restou incontroverso nos autos que, em razão da omissão do réu o paciente veio ao óbito. Perda de uma chance. Obrigação de reparar os danos morais sofridos. Verba indenizatória fixada de forma razoável. É devida pensão mensal à esposa do falecido. Taxa Judiciária devida, conforme entendimento cristalizado nas Súmulas 76 e 145 desta Corte e Enunciado 42 do FETJ. Negado provimento ao recurso (TJ-RJ – APL: 00152197420148190061 Rio de Janeiro Teresópolis 2ª VC, Rel.: Edson Aguiar de Vasconcelos, Julg.: 13/12/2017, 17ª CC, Public.: 18/12/2017).

Exemplo de *supressio surrectio* em Direito de Família é o caso do credor de alimentos que nada recebeu do devedor por quase dez anos, permitindo sua conduta a criação de uma expectativa que não haveria mais pagamento e cobrança. Enquanto a prescrição torna ineficaz pretensões em sentido estrito, ou seja, de natureza obrigacional, a *supressio* e sua decorrente *a surrecio* têm aplicação mais ampla, abrangendo todos os livros do Código Civil, porque a boa-fé objetiva pauta toda e qualquer relação humana. (...) A *supressio* não se confunde com a decadência, porque não extingue direitos potestativos, mas apenas impede o exercício de posições jurídicas que continuam existentes, porém ineficazes[118].

Psicanaliticamente, Jacques Lacan sintetiza: *Da nossa condição de sujeito somos sempre responsáveis*. Além disso, devemos manter uma coerência comportamental, como por exemplo, em definir se àquele que reconhece voluntariamente a paternidade de criança em relação à qual afirma que sabe não haver vínculo biológico assiste o direito subjetivo de propor, posteriormente, ação de anulação de registro de nascimento levado a efeito sob alegada pressão psicológica e coação irresistível imposta pela mãe da criança. Não se pode, por meio de uma gota de sangue[119], que revelou pelo método em DNA não ter o vínculo genético, destruir vínculo de filiação, simplesmente dizendo a uma criança que ela não é mais nada para aquele que, um dia, declarou, perante a sociedade, em ato solene e de reconhecimento público, ser seu pai[120]. Essa mudança comportamental evidencia a ocorrência de um tipo específico de ato abusivo, qual seja, a proibição de comportamento contraditório[121] (*nemo potest venire contra factum proprium*). Trata-se de modalidade de abuso de direito[122] que decorre da violação do princípio da confiança, este haurido da função integradora da boa-fé objetiva, na esteira do preceito contido no art. 422 do CC e na conclusão do Enunciado 362/CJF, a preconizar que "*A vedação do comportamento contraditório ('venire contra factum proprium') funda-se na proteção da confiança, tal como se extrai dos arts. 187 e 422 do Código Civil*".

---

[118] SIMÃO, José Fernando. *Prescrição e decadência, início dos prazos*. São Paulo: Atlas, 2013. p. 197-198.

[119] Para Cristiano Chaves de Farias e Nelson Rosenvald," estudos diversos oriundos de outros ramos do conhecimento, em especial da Psicanálise, convergem no sentido de reconhecer que a figura de pai é funcionalizada, decorrendo de um papel construído cotidianamente – e não meramente de uma transmissão de carga genética" (Curso de direito civil: Famílias. 7ª. Edição. São Paulo: Atlas, 2015. pág. 590). Aliás, a paternidade socioafetiva não se confunde com a mera guarda ou cuidado com o próximo, conforme já manifestado anteriormente por esta relatoria (REsp nº 1.593.656/RJ, Terceira Turma, julgado em 9/8/2016, DJe 16/8/2016). Assim, a paternidade socioafetiva está inserida no contexto constitucional, que busca realizar a própria dignidade da pessoa humana (art. 1º, III, da Constituição Federal) e o melhor interesse da criança (art. 227 da CF/1988).

[120] STJ, REsp 932.692-DF, Rel. Min. Nancy Andrighi, julgado em 9/12/2008.

[121] *Venire contra factum proprium non potest*. Traz à baila a lição de Nelson Rosenvald e Cristiano Chaves de Farias: "Quanto ao 'venire contra factum proprium', vale destacar, de saída, observação de Franz Wieacker, de que a referida expressão (que também é designada de proibição de comportamento contraditório) evidencia de modo tão imediato a essência da obrigação de um comportamento conforme a boa-fé objetiva (ou seja, conforme o senso ético esperado de todos) que a partir dela é possível aferir a totalidade do princípio. Pois bem, a proibição de comportamento contraditório (*nemo potestt venire contra factum proprium*) e modalidade de abuso de direito que surge da violação ao princípio da confiança-decorrente da função integrativa de boa-fé objetiva (C.C., art. 422) A vedação do comportamento contraditório obsta que alguém possa contradizer o seu próprio comportamento, após ter produzido, em outra pessoa, uma determinada expectativa. É, pois, a proibição da inesperada mudança de comportamento (vedação da incoerência), contradizendo uma conduta anterior adotada pela mesma pessoa, frustrando as expectativas de terceiros. Enfim, é a consagração de que ninguém pode se opor a fato que ele a próprio deu causa..." (ROSENVALD, Nelson; FARIAS, Cristiano Chaves. A aplicação do abuso de direito nas relações de família: o *venire contra factum proprium e a supressio/surrectio*. Direito das Famílias. Org. Maria Berenice Dias, São Paulo: RT, 2009 p. 95-96).

[122] (...) Assim é que o titular do direito subjetivo que se desvia do sentido teleológico (finalidade ou função social) da norma que lhe ampara (excedendo aos limites do razoável) e, após ter produzido em outrem uma determinada expectativa, contradiz seu próprio comportamento, incorre em abuso de direito encartado na máxima *nemo potest venire contra factum proprium*. (EDcl no REsp 1143216/RS, Rel. Ministro Luiz Fux, Primeira Seção, julgado em 09/08/2010).

Em síntese, a *Supressio* é o fenômeno da perda, isto é, a supressão de determinado direito pelo decurso do tempo. A *surrectio* é o inverso, ou seja, o surgimento de uma determinada situação, em razão de não exercício por outrem de um determinado direito, ficando vedado, em razão disso a possibilidade de exercê-lo depois. Este brocardo jurídico é uma derivação ou uma subespécie do *venire contra factum proprium*, diferenciando-se pela conduta inicial que consiste em um comportamento omissivo, ou um não exercício de uma situação jurídica subjetiva[123].

1.12.4 *Venire contra factum proprium*

É a proibição, ou vedação, do comportamento contraditório, expressando uma das modalidades do abuso de direito, que advém da violação do princípio da confiança que, por sua vez, relaciona-se diretamente à boa-fé. Tal posição visa manter a coerência, para dar maior segurança para que se possa estabelecer atos/fatos com mais confiança. O Superior Tribunal de Justiça é firme sobre a aplicação dos princípios da segurança jurídica e da boa-fé objetiva, bem como da vedação ao comportamento a impedir que a parte, após praticar ato em determinado sentido, venha adotar comportamento posterior contraditório[124].

Exemplificando, podemos apontar que uma mesma pessoa, em momentos distintos, adota dois comportamentos, sendo que o segundo deles surpreende o outro sujeito, por ser completamente diferente daquilo que se poderia razoavelmente esperar, em virtude do primeiro. Trata de um princípio implícito. E não poderia ser diferente, considerando que somente a partir dele é possível impedir que uma parte adote conduta diversa daquela praticada anteriormente, causando não apenas surpresa, como também prejuízo à outra parte. O ordenamento jurídico vigente prevê implicitamente essa vedação ao comportamento contraditório.

O Código de Processo Civil em alguns artigos invoca a ideia de que as partes em litígio não podem argumentar ou apresentar postulações contraditórias àquelas já manifestadas no curso da demanda. Estabelece o art. 5º que aquele que de qualquer forma participa do processo deve comportar-se de acordo com a boa-fé. Além dessa previsão, o art. 276 prevê que, quando a lei prescrever determinada forma sob pena de nulidade, a decretação desta não pode ser requerida pela parte que lhe deu causa.

Sintetizando, é a vedação de inesperada e incoerente mudança de comportamento, contradizendo ou contrariando um comportamento ou conduta anteriormente esperado. Ou seja, comportamentos que se mostram contraditórios entre si, de modo a quebrar a confiança em uma determinada situação jurídica por ter feito acreditar que determinada pessoa agiria coerentemente com a situação anterior. Por exemplo, a proteção do bem de família não pode ser invocada pelo devedor caso ele tenha oferecido o único imóvel que serve de moradia do casal, ou da entidade familiar, em hipoteca voluntariamente. Igualmente incorre em contradição o marido que consentiu previamente com a fertilização heteróloga e depois recusa-se a assumir a paternidade. Uma pessoa, mesmo não sendo genitor(a), se comporta como pai/mãe, exercendo a parentalidade socioafetiva, por anos a fio, fazendo o filho socioafetivo acreditar nisso, não pode deixar de ser pai/mãe socioafetivo.

1.12.5 A boa-fé objetiva

A boa-fé no cenário jurídico se divide em subjetiva e a objetiva. A boa-fé subjetiva não ultrapassa a esfera psicológica do sujeito, representa o conhecimento do bem. É quando alguém acredita estar agindo corretamente, mas, não está e, portanto, não tem noção da ilicitude de

---

[123] SCHEREIBER, Anderson. A proibição de comportamento contraditório: tutela da confiança e *venire contra factum proprium*. Rio de Janeiro: Renovar, 2005. p. 181.

[124] STJ, AgInt no REsp 1.472.899/DF, Rel. Ministro Antônio Carlos Ferreira, *DJe* 01/10/2020).

Cap. 1 – DIREITO DAS FAMÍLIAS **57**

seu ato. É o caso do casamento putativo. Tal preceito é de difícil aferição pela dificuldade em afirmar intenções e pensamentos do homem. A boa-fé objetiva[125] é aquela que entra nas ações humanas, se demonstrando por meio de condutas, impondo que as ações dos envolvidos estejam de acordo com um padrão ético objetivo de honestidade, diligência e confiança, exigindo ainda um estado de respeitabilidade recíproca. Carlos Roberto Gonçalves, reforça tal ideia, quando explica que a boa-fé objetiva[126] está fundada, também, na retidão, na lealdade e na consideração para com os interesses da outra parte, especialmente no sentido de não lhe sonegar informações relevantes a respeito do objeto e conteúdo das relações jurídicas[127].

A boa-fé objetiva[128] não se trata de uma crença interna, na esfera subjetiva, mas sim uma regra de conduta, um dever de comportamento com essência da ética e confiança, possuindo duas funções a saber: a primeira permite criar a presunção de um comportamento leal, com cooperação entre as partes; a segunda função é a criadora de deveres jurídicos de conduta, que impõem às partes comportamentos necessários que devem ser obedecidos a fim de permitir a realização das justas expectativas surgidas em razão das relações jurídicas e limitadora do exercício de direitos e garantias subjetivos[129].

A boa-fé objetiva[130], é o comportamento ético que se espera das pessoas. É a manifestação do princípio fundamental da eticidade, que é a exigência de lealdade das partes, o que se espera

---

[125] A boa-fé objetiva deve guiar as relações familiares, como um manancial criador de deveres jurídicos de cunho preponderantemente ético e coerente.(...) STJ – REsp: 1025769 MG 2008/0017342-0, Relator: Ministra NANCY ANDRIGHI, T3, Public.: DJe 01/09/2010.

[126] 4. Nas relações familiares, o princípio da boa-fé objetiva deve ser observado e visto sob suas funções integrativas e limitadoras, traduzidas pela figura do venire contra factum proprium (proibição de comportamento contraditório), que exige coerência comportamental daqueles que buscam a tutela jurisdicional para a solução de conflitos no âmbito do Direito de Família. (...) 6. A omissão do recorrido, que contribuiu decisivamente para a perpetuação do engodo urdido pela mãe, atrai o entendimento de que a ninguém é dado alegrar a própria torpeza em seu proveito (nemo auditur propriam turpitudinem allegans) e faz fenecer a sua legitimidade para pleitear o direito de buscar a alteração no registro de nascimento de sua filha biológica. 7. Recurso especial provido. (REsp 1087163/RJ, Rel. Ministra Nancy Andrighi, DJe 31/08/2011).

[127] GONÇALVES, 2007, p 136.

[128] (...) O princípio da boa-fé objetiva exercer três funções: (i) instrumento hermenêutico; (ii) fonte de direitos e deveres jurídicos; e (iii) limite ao exercício de direitos subjetivos. A essa última função aplica-se a teoria do adimplemento substancial das obrigações e a teoria dos atos próprios, como meio de rever a amplitude e o alcance dos deveres contratuais, daí derivando os seguintes institutos: tu quoque, venire contra facutm proprium, surrectio e supressio. 5. A supressio indica a possibilidade de redução do conteúdo obrigacional pela inércia qualificada de uma das partes, ao longo da execução do contrato, em exercer direito ou faculdade, criando para a outra a legítima expectativa de ter havido a renúncia àquela prerrogativa. (...) (STJ, REsp 1202514 RS, Rel.ª Min.ª. Nancy Andrighi, 3ª T., publ. 30/06/2011).

[129] VICENZI, 2003. p. 24.

[130] Também rege as relações de família, sob o prisma patrimonial e não meramente existencial, consoante consignado por Anderson Schreiber: "A segunda situação freqüentemente inserida sob o signo da 'boa-fé objetiva em relações de família' é aquela em que, embora aplicando-se efetivamente a boa-fé em seu sentido objetivo, não se está diante de uma relação de família propriamente dita, mas tão somente de uma relação negocial situada em um contexto de direito de família. Assim, por exemplo, as decisões que analisam o efeito vinculante dos chamados ajustes de divisão de bens celebrados 'por fora' no momento da dissolução da união conjugal. Em tais hipóteses, a relação que se examina tem natureza obrigacional, patrimonial, não restando dúvida quanto à aplicabilidade da boa-fé objetiva, como é natural a um conceito concebido e aperfeiçoado no direito das obrigações. O contexto do direito de família, embora possa interferir na decisão no caso concreto, não afasta, certamente, a incidência da cláusula geral em virtude da própria natureza da controvérsia (...) Em outras palavras a boa-fé objetiva e suas especificações como a proibição de comportamento contraditório na qualidade de conceitos forjados e desenvolvidos em âmbito negocial dirigem-se a tutelar a expectativa das partes envolvidas pressupondo porque isto é o normal em relações contratuais a plena correspondência entre expectativa e melhor interesse. Entretanto, no campo das relações existenciais, e, sobretudo, das relações existenciais envolvendo menores, expectativa e melhor interesse não raro divergem (...)". (Princípios do Direito Civil Contemporâneo, coordenada por Maria Celina Bodin de Moraes, 2006, Rio de Janeiro, Editora Renovar, p. 452 e 455).

de alguém por um simples senso ético. Trata-se de uma evolução do conceito da boa-fé propriamente dita, que se dividiu em objetiva e subjetiva, não mais residindo apenas no plano da intenção (boa-fé subjetiva), mas no plano da conduta de fato também (boa-fé objetiva). Aliás, esta é a condição até mesmo para os efeitos do casamento nulo ou anulável.

Está diretamente relacionado aos deveres anexos ou laterais de conduta, isto é, deveres jurídicos não previstos em legislação ou em cláusulas contratuais, mas que são esperados das partes, por exemplo: dever de cuidado; dever de respeito; dever de informar; dever de lealdade etc.

A boa-fé objetiva não tem a intenção de servir como instrumento de correção de posições de hipossuficiência ou inferioridade contratual, isto é, não se trata de um princípio de proteção da parte mais fraca, mas do comportamento ético-socializante que se espera das partes.

Com a constitucionalização do Direito Civil ganhou *status* de princípio e expandiu suas fronteiras, chegando ao Direito de Família, não apenas aplicável às relações patrimoniais, por decorrência natural do direito obrigacional, mas também nas relações não patrimoniais, servindo de controle e termômetro dos atos de autonomia privada (Ver Cap. 2). Por exemplo, aquele que não informa ao seu ex-cônjuge/companheiro que já estabeleceu outra relação de união estável/casamento, ou que já tem trabalho para seu autossustento, com intuito de não cessar a pensão alimentícia, não agiu com boa-fé, ferindo os deveres de lealdade e informação. Da mesma forma, viola o princípio da boa-fé objetiva o alimentante que esconde sua fonte de renda para não pagar, ou pagar um valor menor da pensão alimentícia; o(a) alimentário(a) que utiliza de artifícios para prolongar e manter a necessidade alimentar. O conceito da boa-fé objetiva está estritamente ligado à ideia de honestidade e à dignidade e ao seu oposto, a indignidade.

A boa-fé objetiva, assim como a dignidade, a responsabilidade, afetividade tornou-se um vetor e catalisador que deve estar presente em todas as relações do Direito de Família. Mais que um valor, tornou-se um princípio. Outro bom exemplo da consideração da boa-fé objetiva é sua aplicação nas uniões simultâneas. Se nenhum dos sujeitos envolvidos nas duas, ou mais uniões estava agindo de má-fé, o seu corolário, ou seja, a boa-fé objetiva está ali presente, e portanto a essas conjugalidades simultâneas deve ser atribuído efeitos jurídicos, como bem explicitou o STF no voto do Min. Fachin, que vale aqui sua transcrição:

> *Circunscrevo o voto em torno do estreito campo previdenciário. Por isso assento desde logo que é possível o reconhecimento de efeitos post mortem previdenciários a uniões estáveis concomitantes, desde que presente o requisito* da boa-fé objetiva. *É certo que, em termos dilatados, o tema acolhido para o desate neste STF tem conexões diversas à luz da hermenêutica constitucional adequada sobre famílias, direitos, deveres, sob os limites e as possibilidades da Constituição da República. Nada obstante, a nervura temática no cerne do caso se cinge a três pilares: a) benefício previdenciário; b) dependência; c) eficácia póstuma de relações pessoais cujo âmbito se almeja inclusão sob o agasalho da união estável.* O fio condutor para o desate do tema, limitado ao campo previdenciário, jaz na boa-fé. A questão central, pois, reside na boa-fé. *Aliás, esta é a condição até mesmo para os efeitos do casamento nulo ou anulável, nos termos do Código Civil: "Art. 1.561. Embora anulável ou mesmo nulo, se contraído de boa-fé por ambos os cônjuges, o casamento, em relação a estes como aos filhos, produz todos os efeitos até o dia da sentença anulatória". Como se vê, o casamento anulável ou mesmo nulo produz todos os efeitos até o dia da sentença que o invalida.* Na situação dos autos, por causa da morte, cessaram as relações jurídicas, mas os efeitos, de boa-fé, devem ser preservados. Ademais, a boa-fé se presume, inexistente demonstração em sentido contrário, prevalece a presunção, especialmente porque não se cogita de boa-fé subjetiva e sim de boa-fé objetiva. *Desse modo, uma vez não comprovado que ambos os companheiros concomitantes do segurado instituidor, na hipótese dos autos, estavam de má-fé, ou seja, ignoravam a concomitância*

das relações de união estável por ele travadas, deve ser reconhecida a proteção jurídica para os efeitos previdenciários decorrentes. Assim, o caso é de provimento do recurso extraordinário, possibilitando o rateio da pensão por morte entre os conviventes. Proposta de tese: É possível o reconhecimento de efeitos previdenciários póstumos a uniões estáveis concomitantes, desde que presente o requisito da boa-fé objetiva. (STF, REx nº 1.045.273, Rel. Min. Alexandre de Moraes)

Em síntese, a boa-fé objetiva é um valor intrínseco que reflete em ação comportamental da confiança, lealdade, ética, solidariedade, cooperação e lealdade nas relações humanas[131].

1.12.6 Confiança e lealdade

A confiança é uma derivação e vertente da lealdade e boa-fé. Todas as relações de Direito de Família devem pressupor confiança e lealdade. Confiar é criar expectativa, cujo referencial é a ética e a boa-fé. Portanto, a fonte da confiança, que pode também ser invocado como um princípio constitucional não expresso, está na boa-fé como norma de conduta.

A confiança é um dos elementos que sustenta as relações familiares. A quebra desta confiança pode significar violação de direitos. Um casamento ou uma união estável pode se tornar insuportável se se quebra a confiança entre os cônjuges/companheiros. Obviamente que não caracteriza quebra de confiança alguém que deixou de amar o outro e optou pelo divórcio, por exemplo.

A violação de confiança, ou, do princípio da confiança é uma modalidade de abuso de direito, que por sua vez decorre da boa-fé objetiva, como bem disse Luís Edson Fachin ao falar sobre este valor jurídico como bem tutelável: confiança depositam neste valor jurídico, invocando-a como alavanca para o Direito Civil a revalorização da confiança como valor preferencialmente tutelável para repensar o Direito Civil Contemporâneo e suas categorias jurídicas fundamentais[132].

No direito alimentar, vê-se a incidência da quebra da confiança, ou, do princípio da confiança, no que diz respeito à possibilidade de abuso do direito, por meio do *venire contra factum propium* e da *supressio surrectio* (Ver item supra). Por exemplo, o alimentante, quando ciente da exoneração da obrigação alimentar, continua pagando os alimentos, e assim criando no alimentário uma expectativa de que continuará recebendo tais valores, de forma que sua organização financeira continua incluindo a verba alimentar. Depois de meses ou anos nesta situação, de continuidade de pagamento de pensão, embora já estivesse legalmente desobrigado, o alimentante interrompe o pagamento abruptamente, ele está se comportando de forma contraditória, e portanto abusando da confiança gerada por ele próprio, em razão de seu comportamento.

---

[131] A boa-fé é um valor que defende a confiança, a transparência, a solidariedade, a cooperação e a lealdade nas relações humanas. Portanto, o princípio da boa-fé é justamente o veículo que otimiza tais mandatos no sistema jurídico, exigindo que as partes mantenham uma conduta em sintonia com estes, já que o Direito rechaça qualquer regra que implique o apego à mentira e à enganação. A confiança representa um dever natural da verdade nas relações jurídicas e surge da necessidade humana de segurança e crença para que haja relacionamento entre os homens e para que uma sociedade seja criada e se desenvolva. Assim, percebe se a importância da confiança para o funcionamento da Justiça, pois, as relações do Direito são formadas por meio de condutas das partes do processo, seja essa o juiz, o autor, o réu ou qualquer pessoa que participe do processo em dado momento. Para que haja um desencadeamento natural das fases processuais é preciso que todas essas partes atuem de acordo com a boa fé, havendo sinceridade recíproca e confiança na própria Justiça. (...) TRT-1 – RO: 02404009720095010521 RJ, Relator: Leonardo Dias Borges, Publ.: 12/06/2015.

[132] FACHIN, Luís Edson. O aggiornamento do direito civil brasileiro e a confiança negocial. In: Repensando fundamentos do Direito Civil Contemporâneo. Rio de Janeiro: Renovar, 2000, p. 115.

60 DIREITO DAS FAMÍLIAS – *Rodrigo da Cunha Pereira*

A família, como núcleo da intimidade e privacidade, é o espaço em que as pessoas devem se sentir protegidas de intromissões externas, seja em relação aos seus segredos individuais, seja em relação à intimidade do grupo familiar. O princípio da confiança deve ser harmonizado com a proteção da autonomia privada e da intimidade, tanto do indivíduo como do grupo familiar.

1.13 A MEDIAÇÃO COMO TÉCNICA DE RESOLUÇÃO DE CONFLITOS

A mediação é um método, ou uma técnica, para dirimir conflitos, no qual um terceiro devidamente capacitado e imparcial conduz e proporciona o restabelecimento da comunicação entre as partes, para que elas mesmas possam redirecionar o conflito. Portanto, o objeto da mediação é a transformação do conflito. É trocar o bate-boca pelo bate-papo, como se diz popularmente.

Como técnica de resolução de conflitos é aplicável em todos os impasses de natureza humana envolvendo duas ou mais pessoas, seja qual for a complexidade do problema. Pode estar relacionada a um processo judicial ou não. Sua aplicação no Direito de Família tem tido ampla eficácia, especialmente quando se busca ajuda da psicologia e da Psicanálise.

A mediação no Brasil é historicamente nova. As primeiras mediações em desavenças familiares foram feitas no início da década de 1990, introduzidas pela advogada e professora paulista, Águida Arruda Barbosa, e a psicanalista Giselle Groeninga. Há várias correntes de pensamento para aplicação de técnicas de mediação.

É comum ser confundida com conciliação e arbitragem. Na **conciliação** utiliza-se de um conciliador que intervém, sugere e alerta sobre as possibilidades de ganhos e perdas, sob a orientação de que é melhor um mau acordo do que uma boa demanda. É uma reorganização lógica do conflito, polarizando-o, eliminando os pontos incontroversos, para delimitar direitos e deveres e, com técnicas de convencimento, o conciliador visa corrigir as percepções recíprocas, para uma aproximação das partes em um espaço concreto. A conciliação é a sentença dada pelas próprias partes, e a sentença é a conciliação imposta pelo juiz, como diz Francesco Carnelutti. Na **arbitragem**, os envolvidos se submetem à decisão de um árbitro por eles eleito, que, ao final, proferirá uma decisão arbitral condenatória que constitui título executivo. A **mediação** é um processo mais longo, mais profundo e mais amplo. Depara-se com o conflito, propondo reflexões, de modo a transformá-lo, construindo alternativas para a sua resolução e prevenção. O acordo não é necessariamente o desfecho final de uma mediação, embora na maioria das vezes e, quando benfeita, resolve-se o conflito e entabula-se um acordo.

O mais importante e significativo da mediação é que ela proporciona o restabelecimento do diálogo e imprime responsabilidade aos sujeitos daquela relação para que eles mesmos, melhor do que ninguém, possam resolver os impasses.

A mediação não pode ser imposta, apenas sugerida, e tem como objetivo, em síntese: a) confrontar e organizar uma nova identidade familiar; b) restabelecer uma comunicação interrompida; c) evitar o crescimento e perpetuação de um litígio instaurado entre um casal que está se divorciando ou já foi divorciado; d) conservar a importante relação de coparentalidade, fazendo com que os pais enxerguem o que é melhor para o filho, evitando que a criança seja moeda de troca do fim da conjugalidade; e) transformar conflitos e divergências em relações mais harmoniosas; f) ser escutado e conseguir se fazer entender, chegando a um denominador comum sobre questões que aparentemente eram inconciliáveis, aliviando angústia, ansiedade e sofrimento; g) demonstrar que as diferentes posições de cada um não são inviabilizadoras do diálogo; h) "desmisturar" objetividade de subjetividade; i) demonstrar que um litígio judicial não tem ganhador e perdedor. Ambos perderam ao tentarem degradar o outro no processo judicial, que se torna apenas a materialização de uma realidade subjetiva.

Ainda que não se chegue a um acordo, o processo de mediação pode levar os sujeitos a prevenir impasses, facilita e restabelece a comunicação familiar e ajuda também na elaboração psíquica da perda, mágoas e traumas, proporcionando o diálogo e posição respeitosa sobre os diferentes pontos de vista.

O Direito de Família atual deve-se orientar e se conduzir por uma principiologia, sobretudo da responsabilidade, da autonomia da vontade, da não intervenção estatal na vida privada, do melhor interesse do menor. Nesse viés, os operadores do Direito, diante de um inevitável divórcio que, com a Emenda Constitucional nº 66/10, estipulou-se como único requisito a vontade de não mais continuar casado, deve propiciar um ambiente favorável para que os litigantes procurem resolver por si sós (com o suporte de um mediador ou de comediadores) os conflitos oriundos da família, que são muito mais da ordem afetiva que material, responsabilizando-os por suas escolhas e atitudes.

A mediação como técnica não adversarial, além de funcionar como eficaz indicativo para dirimir conflitos, traz consigo um novo pensamento e uma nova perspectiva para responsabilização do sujeito. Consequentemente, pode ajudar e ser uma alternativa eficaz para evitar que os restos do amor vão parar no judiciário. Acima de tudo, a cultura da mediação muda a perspectiva e o olhar sobre o conflito. Em linguagem psicanalítica, é o mesmo que proporcionar aos operadores do Direito, especialmente aos advogados, não se permitirem ser instrumento de "gozo" com o litígio, isto é, desestimular a briga ao desinstalar a lógica conflitante que constrói estórias de degradação do outro para instalar a lógica consensual em que se pode vislumbrar a responsabilidade de cada um por suas escolhas e atitudes, de modo a não buscar no outro as causas da sua infelicidade, do insucesso conjugal e do seu desamparo estrutural.

O CPC/2015, na tentativa de mudar a lógica adversarial dos conflitos, estabeleceu em seu art. 334 a mediação como parte integrante de todos os processos judiciais e, em especial, no Direito de Família, como se vê em seu art. 694: "Nas ações de família, todos os esforços serão empreendidos para a solução consensual da controvérsia, devendo o juiz dispor do auxílio de profissionais de outras áreas de conhecimento para a mediação e conciliação. Parágrafo único. A requerimento das partes, o juiz pode determinar a suspensão do processo enquanto os litigantes se submetem a mediação extrajudicial ou a atendimento multidisciplinar".

A Lei nº 13.140/2015[133] dispõe sobre a mediação como meio de solução de controvérsias entre particulares e sobre a autocomposição de conflitos no âmbito da administração pública: *Considera-se mediação a atividade técnica exercida por terceiro imparcial sem poder decisório, que, escolhido ou aceito pelas partes, as auxilia e estimula a identificar ou desenvolver soluções consensuais para a controvérsia* (art. 1º, parágrafo único).

Essa nova interpretação, aliada ao discurso psicanalítico, permitiu a compreensão e o objetivo do trabalho dos advogados familiaristas, ou seja, o discurso com seu cliente. Freudianamente, é escutar o que está por detrás do discurso, ou como Lacan, o que está entre o dito e o por dizer.

Sabemos todos que as relações familiares são intrincadas e complexas. Por exemplo, ninguém se casa pensando em se divorciar, mas em viver juntos até que a morte os separe. Colocar fim ao enlace conjugal não é fácil, e é um momento delicado e tormentoso para todo o núcleo familiar. Significa lidar com os insucessos e os resquícios conjugais, com emergentes conflitos, frustrações, desilusões e perdas que amedrontam e, muitas vezes, paralisam o sujeito. É deparar-se e se preparar para mudanças, para recomeçar. E tudo isso se torna ainda mais difícil quando um dos cônjuges não aceita o fim da conjugalidade e não sabe lidar com as mágoas, o sentimento de posse, de vingança, o egoísmo, a vaidade ou, simplesmente, quando falta comunicação.

---

[133] O CNJ, por meio da Resolução 358, de 02/12/2020 regulamentou a criação de soluções tecnológicas para a resolução de conflitos pelo Poder Judiciário por meio da conciliação e mediação.

DIREITO DAS FAMÍLIAS – *Rodrigo da Cunha Pereira*

Para minimizar os efeitos traumáticos de uma separação/divórcio e evitar indefinidas e reincidentes ações judiciais no âmbito do Direito de Família, além de um olhar e uma escuta sobre essas tormentosas questões, a mediação tem se mostrado uma eficaz técnica de transformação dos conflitos. Em síntese, a mediação tem o objetivo de transformar o "bate-boca" em uma conversa, um diálogo possível, em que cada parte possa responsabilizar-se pelos seus atos. Consequentemente deixará de se apontar e buscar culpados.

1.14 DIREITO DE FAMÍLIA E INTERDISCIPLINARIDADE

O Direito de Família sempre buscou ajuda em outros campos do conhecimento para ampliar a compreensão dos fenômenos jurídicos, como na História, Sociologia, Economia, Antropologia, Medicina, e mais recentemente na engenharia genética, proporcionando pelo método em DNA, revelar a paternidade biológica e o surgimento das famílias ectogenéticas (Ver item 1.10.12). É preciso também entender a Arte como uma linguagem que pode ampliar a compreensão de conceitos jurídicos. A filosofia do Direito começou a questionar e repensar a categoria dos sujeitos, a partir de um enfoque interdisciplinar[134]. Da mesma forma, na aplicação prática do Direito de Família, tornou-se necessário pensar em formas alternativas de resolução de conflitos, até como forma de barrar o gozo da litigância judicial. Uma das mais eficazes dessas técnicas tem sido a mediação.

As filosofias pós-modernas lançaram novas luzes sobre a dogmática jurídica e até mesmo sobre a teoria do conhecimento. Foucault[135], Guatári, Derrida[136], e Legendre apontam que aquilo que julgávamos eterno e essencial é fabricado e relativo. O Direito já não pode, como "ciência", desconsiderar a subjetividade que permeia a sua objetividade. Da mesma forma, compreender que o sujeito de direito é também um sujeito desejante, altera toda a compreensão da dogmática jurídica. A Psicanálise já marcou suas influências no mundo com a demonstração da existência e considerações sobre o inconsciente. A partir de Freud, Lacan e do estruturalismo de Levi Strauss, pôde-se aprofundar o conceito de organização familiar, considerando-a para além dos tradicionais conceitos jurídicos que, com o tempo, passaram a ser estigmatizantes e excludentes de várias categorias e sujeitos do laço social. Isto provocou uma desconstrução das velhas fórmulas jurídicas, instalando novo paradigma para compreensão da organização jurídica sobre as famílias.

1.14.1 Direito de Família e Psicanálise

Uma das grandes contribuições da Psicanálise ao pensamento jurídico foi a introdução da noção de sujeito do inconsciente. Isto, além de fazer-nos compreender que o sujeito de direito é também um sujeito desejante, reforçou e consolidou a grande questão da história de todo homem: tornar-se sujeito, tomar as rédeas de seu destino e ser senhor de si. Estas noções interessam ao Direito Civil porque é por meio delas que se tornam possíveis, e se viabilizam, os contratos e negócios jurídicos, transmite-se propriedade, assumem-se, cumprem-se ou descumprem-se obrigações, responde-se por danos causados a outrem, enfim, todos os atos e fatos jurídicos são realizados pelo sujeito que é, ou pelo menos deveria ser, senhor de si entre outros senhores de si.

---

[134] MARQUES NETO, Agostinho Ramalho. Sujeitos coletivos de direito: pode-se considerá-los a partir de uma referência à Psicanálise? Texto apresentado no I Encontro Brasileiro de Direito e Psicanálise, Philippi. O Sujeito do direito: uma abordagem interdisciplinar.

[135] EWALD. *Foucault: a norma e o direito*. Tradução de Antônio Fernando Cascais. Lisboa: Veja, 1993.

[136] DERRIDA. *Force de loi: le fondement mystique de l'autorité*. Paris: Gallilée, 1994.

Esta noção de sujeito interessa particularmente ao Direito de Família, porque é somente na família, ou por meio dela, que um humano pode tornar-se sujeito e humanizar-se. Não é possível existir sujeito sem que se tenha passado por uma família, e sem sujeito não há Direito, por isso a máxima "A família é a base da sociedade". Quando nos referimos à família como núcleo essencial, obviamente que não estamos falando apenas de uma família tal como concebida historicamente pelo Direito até 1988, isto é, patrimonializada, hierarquizada e matrimonializada. Estamos falando da família tal como ela é hoje: plural.

Psicanálise é a expressão criada por Sigmund Freud (1856-1939), médico e professor de Medicina, para designar um método de psicoterapia inventado por ele, a partir da exploração do inconsciente. Foi em seu artigo "A hereditariedade e a etiologia das neuroses", em 1896, que Freud empregou pela primeira vez a expressão *psicanálise*.

Elisabeth Roudinesco em seu "Dicionário amoroso da Psicanálise" bem nos lembra que "*A Psicanálise é uma das aventuras mais fortes do século XX, um novo messianismo nascido em Viena entre 1895 e 1900, no coração da monarquia austro-húngara. Foi inventada por judeus da Haskalá reunidos em torno de Sigmund Freud. Todos estavam em busca de uma nova terra prometida: o inconsciente, a clínica das neuroses e da loucura. Fenômeno urbano, a Psicanálise é uma revolução do íntimo, sem nação nem fronteiras, herdeira ao mesmo tempo das luzes – alemãs e francesas – e do romantismo, buscada na atualização dos grandes mitos greco-romanos. Globalizada desde o nascimento, ela se adaptou tanto ao jacobinismo francês, ao liberalismo inglês e ao individualismo norte-americano, quanto ao multiculturalismo latino-americano e ao familismo japonês*"[137]. A Psicanálise não é propriamente uma ciência. É um campo do conhecimento que, além do estudo do inconsciente, é uma ética do desejo que implica o sujeito com a sua inconsciência e o responsabiliza pelos seus atos. A psicanálise é o fio condutor que conduz a pessoa para fora do labirinto do seu próprio inconsciente.

Para além da clínica terapêutica, a Psicanálise tornou-se um sistema de pensamento a partir da "descoberta" do inconsciente e da compreensão da sexualidade em seu sentido mais amplo e como energia vital. Foi um dos movimentos mais significativos do século XX e que influenciou a estrutura de pensamento e da linguagem do mundo Ocidental, tamanho o seu impacto. É a Psicanálise, associada aos movimentos sociais, que tem ajudado a despatologizar determinadas categorias a partir de uma nova compreensão das sexualidades, que repercutem no Direito, para um melhor sistema de justiça.

Freud construiu sua teoria do complexo de édipo, um dos pilares da Psicanálise, a partir do mito grego de Édipo para falar da proibição do incesto, uma lei universal inscrita em todas as culturas. E aí está o primeiro encontro do Direito com a Psicanálise: a primeira lei de qualquer civilização, o interdito proibitório do incesto, é uma lei de Direito de Família.

A Psicanálise como discurso e como sistema de pensamento desconstruiu fórmulas e dogmas jurídicos a partir da compreensão da sexualidade, do desejo e do inconsciente, que forjam a nossa realidade psíquica e são também os motores e alavancas do Direito de Família. O sujeito do Direito é um sujeito de Desejo, e é esse sujeito desejante que tece as tramas do Direito de Família. Portanto, na objetividade dos atos, fatos e negócios jurídicos permeia uma subjetividade, impulsionada pela sexualidade (libido) e pelo inconsciente, que é o que verdadeiramente faz restabelecer ou romper as relações jurídicas.

Foi a Psicanálise que trouxe para o Direito a compreensão de que maternidade/paternidade são funções exercidas, fazendo surgir daí institutos jurídicos como guarda compartilhada,

---

[137] ROUDINESCO, Elisabeth. *Dicionário amoroso da Psicanálise*. Trad. André Telles. Rio Janeiro: Zahar, 2019, p. 8.

alienação parental, abandono afetivo etc. Foi o discurso psicanalítico, a partir das noções de desejo, inconsciente e responsabilidade que abriu as portas do Direito para introduzir o afeto como valor jurídico, que se tornou o princípio vetor e catalisador do Direito de Família. E a partir daí pôde-se substituir o discurso da culpa, tão paralisante do sujeito, pelo da responsabilidade.

Com a Psicanálise e sua conexão com a antropologia pôde-se entender que a família é um elemento muito mais da cultura do que da natureza. E, assim, pôde-se falar de famílias substitutas, parentalidade socioafetiva, multiparentalidade, famílias homoafetivas etc.

Na década de 1960, o francês Jacques Lacan deu importantes contribuições à Psicanálise, introduzindo novas expressões como lei do pai, (interdição do incesto), sujeito do inconsciente, gozo e várias outras que nos ajudam a compreender os eternos e desgastantes litígios judiciais.

Compreender o funcionamento de nossa estrutura psíquica pode ajudar a diluir o litígio judicial e até mesmo evitar que os restos do amor sejam levados ao Judiciário para que o Estado-Juiz decida sobre a vida dos sujeitos ali envolvidos.

Psicanálise e Direito convergem e divergem em vários aspectos, mas se encontram e se completam em seus opostos. Enquanto a Psicanálise é sistema de pensamento, que tem o desejo e o inconsciente, portanto a subjetividade como pilares, o Direito é um sistema de limites, vínculos de vontade e controle das pulsões que vem trazer a lei jurídica exatamente para quem não tem a lei interna, isto é, quem não contém seus impulsos gozosos.

O grande desafio do profissional do Direito é transformar em objetividade a complexidade das questões subjetivas que permeiam e atravessam as questões jurídicas. Assim, entender alguns conceitos psicanalíticos, que se conectam ao Direito, é dar um passo adiante, ampliar e aprofundar as noções jurídicas sobre este campo do Direito.

1.14.2 Seis conceitos de Psicanálise fundamentais para compreensão do Direito das Famílias

1.14.2.1 Inconsciente

Em linguagem comum é usado também para exprimir aquilo de que não se tem consciência. No sentido psicanalítico, entretanto, é a palavra-chave e um dos pilares sobre a qual a Psicanálise se assenta. Ao revelar ao mundo a descoberta do inconsciente (1878), Freud fundou a Psicanálise, que por sua vez revolucionou o sistema de pensamento contemporâneo e mudou-se a maneira de ver as artes, a literatura, a filosofia e também o pensamento jurídico. O sujeito do inconsciente revela a subjetividade, que por sua vez está presente em todos os atos humanos e, portanto interfere e determina os atos e fatos jurídicos. Nietzsche, muito antes de Freud, já escrevera que grande parte da atividade do espírito humano é inconsciente.

O inconsciente não é uma segunda consciência ou uma desrazão, mas um lugar psíquico particular que tem um sistema próprio de funcionamento com conteúdos e mecanismos específicos. Ele se manifesta em fantasias, histórias imaginárias, lapsos de linguagem, atos falhos, sonhos etc. Em seu texto A interpretação dos sonhos (1900), Freud descreveu os mecanismos (deslocamento, condensação, simbolismo) de representações do inconsciente e sua função de realização do desejo. Revelou que o inconsciente é feito de pensamento, e cuja lógica pode ser apreendida pelo método psicanalítico. Mais tarde, Lacan: o inconsciente é estruturado como uma linguagem.

O inconsciente não conhece presente, passado ou futuro. Ele é atemporal, substitui a realidade externa pela realidade psíquica e obedece a regras próprias e não segue a lógica da consciência. Uma inscrição inconsciente pode se mostrar ativa muito tempo depois de forma travestida e burlar qualquer vigilância de censura.

Com a Psicanálise, o mito da neutralidade dos juízes cai por terra definitivamente. Ao prolatar uma sentença, o magistrado, inconscientemente, insere ali todas as suas concepções particularizadas sobre o caso. Não há como ele se livrar disso pois sua existência e constituição como sujeito significa a soma de sua cadeia de signos e significantes em que registros inconscientes, quer ele queira ou não, aparecem em suas decisões. Por exemplo, um magistrado que teve uma infância pobre e que passou por dificuldades e restrições de bens materiais, certamente fixará o valor de uma pensão alimentícia em patamar muito diferente de um outro, cuja família era mais abastada, ainda que o processo trouxesse a mesma argumentação fática/jurídica e as mesmas provas. No poder discricionário do juiz, aparecem suas convicções pessoais e aí se manifesta o inconsciente, ou seja, a singularidade do sujeito com a sua história particular. Por isso, pode-se dizer que o juiz é imparcial, mas não é neutro, já que o inconsciente se manifesta como linguagem. Por mais objetividade e imparcialidade que se imprima à aplicação das normas, o sujeito do inconsciente estará sempre ali com suas subjetivações. Ao trazermos para o Direito a consciência destas manifestações inconscientes, quebra-se o mito da neutralidade e pode-se constatar que não existe uma verdade absoluta e universal, até porque as verdades são construídas ideologicamente.

A passagem das ciências objetivistas e positivistas para uma ciência mais reflexiva significa apontar uma verdade, que é do sujeito (de desejo) e com ela o conteúdo das idiossincrasias da vida, determinadas também pelo seu inconsciente.

A conscientização de que o sujeito do inconsciente está presente nos atos, fatos e negócios jurídicos, pode ajudar a desvendar muitos porquês das demandas judiciais, que são verdadeiras trajetórias de sofrimentos.

O inconsciente mostra uma "face oculta" e revela os desejos recalcados. Por exemplo, um dos cônjuges, para evitar discussão, ouve do outro na constância do relacionamento, constantemente, sem retrucar, acusações a seu respeito. Embora tenha silenciado durante anos, não significava que concordasse. Esta passividade e aparente concordância muitas vezes emergem tempos depois, provocando o fim do casamento. Em outras palavras, as brigas do casal, que aparentemente estavam resolvidas, na verdade voltam em algum momento em razão do recalque (inconsciente). Assim, a consideração da existência do inconsciente nas relações jurídicas remete-nos a uma compreensão muito mais ampliada sobre a prática do Direito de Família.

A consideração do inconsciente e do desejo nos faz repensar os conceitos de livre arbítrio e acaso. A partir daí não se pode mais atribuir as alegrias, tristezas e mazelas à obra do acaso ou culpar o outro exclusivamente, pelo fim do relacionamento. As nossas escolhas, o que nos faz ter alegria, sofrer, amar, deixar de amar, são governadas por essa força soberana em nós, que é o inconsciente, que é também desejo, já que o desejo é inconsciente.

1.14.2.2   Sexualidade

A sexualidade assumiu papel central na história da humanidade e da civilização. Em torno dela é que se construíram as clássicas distinções de gênero, relações de poder, patologizações etc.

A sexualidade[138] interessa ao Direito de Família na medida em que ela passou a ser compreendida na ordem do desejo. E o desejo é a força motriz do Direito de Família. Embora o Direito Penal tipifique os crimes sexuais, focalizando-os na ordem da genitalidade (Arts. 213 e segs.), a sexualidade se expressa no Direito de várias outras formas.

---

[138]   PEREIRA, Rodrigo da Cunha. *Direito de família: a sexualidade vista pelos tribunais*. Belo Horizonte: Imprenta, Del Rey, 2000, p. 285.

A organização jurídica da família começa e é perpassada pela sexualidade. A primeira lei, o interdito proibitório do incesto, lei básica e estruturadora do sujeito e das relações sociais é de origem sexual.

Sexo, casamento e reprodução são o tripé e esteio do Direito de Família, e é a partir daí que todo o sistema jurídico para a família se estrutura e se organiza. Infidelidade, investigações de paternidade, divórcio, violência doméstica, abuso sexual, novas conjugalidades etc. são os ingredientes do Direito de Família e que têm conteúdo sexual.

Desde que Freud revelou ao mundo a existência do inconsciente, passou-se a compreender a sexualidade na ordem do desejo. Assim, a sexualidade humana foi ressignificada. E é nesta dimensão do desejo que se instalou uma moral-sexual e se organizou juridicamente, misturando-se a preceitos religiosos, à família patriarcal, relações de poder e a dominação de um gênero sobre o outro. O Direito, legitimou ou ilegitimou determinadas categorias de pessoas, inclusive e, principalmente, pelo controle da sexualidade feminina. É assim que o sexo legítimo só era possível dentro do casamento.

Filhos ilegítimos, adulterinos, incestuosos, famílias ilegítimas etc. são expressões que traduzem a moral sexual de uma determinada sociedade e ganham registros nos textos jurídicos. Esta moral sexual condutora da organização jurídica sobre a família é tão forte e imperativa que nem mesmo era possível refletir sobre suas contradições históricas. Por exemplo: o homem sempre foi instigado e estimulado ao sexo, enquanto a mulher era instigada ao pudor. Ora, como poderia o homem praticar o sexo, como era instigado desde a infância, se à mulher eram proibidos o prazer e o sexo fora do casamento? Com quem haveria o homem de se deitar? Só restaria ser com prostituta ou com outros homens. Contudo, tanto a prostituição quanto a homossexualidade sempre foram condenados pela ordem jurídica.

A sexualidade pode ser entendida como a energia libidinal, presente em todo humano e é o que nos faz trabalhar, rir, chorar, ter alegrias e tristezas. Ela tem início com a vida e acaba somente com a morte da pessoa. Para a psicanálise, ela e tudo que nos ata ao corpo, para além da reprodução. Enquanto vida houver, haverá sexualidade, que se manifesta de várias formas, inclusive por meio de relações sexuais. Foi com base no discurso psicanalítico que o Direito pôde compreender melhor e aproximar-se mais do ideal de justiça, na medida em que passou a compreender a sexualidade para além de sua genitalidade. Para começar a compreender esse conceito, é necessário diferenciá-lo da visão mais comum, na qual a sexualidade é definida como um instinto, isto é, um comportamento preformado, característico da espécie, que tem um objeto definido e uma meta, que é a relação sexual. O que Freud observou na clínica e teorizou, modificando, portanto, essa noção, é que, para o ser humano as coisas são bem diferentes. Para começar, o objeto definido (parceiro) não é tão definido assim e a meta para se obter o prazer nem sempre é a relação sexual. A sexualidade humana se apoia no corpo, mas decola, e descola dele[139].

Se a lei básica da família tem sua origem em uma proibição sexual, consequentemente toda a organização jurídica sobre ela gira em torno da sexualidade. O Direito de Família é a tentativa de regulamentação e organização das relações de afeto que são também da ordem da sexualidade.

Portanto, falar de Direito de Família é falar de sexualidade, de afetos e das consequências patrimoniais daí decorrentes. Esse ramo da ciência jurídica pressupõe, principalmente, a tentativa de organização dessas relações e, assim, tornar possível a organização social maior que é o Estado[140].

---

[139] Cf. PEREIRA, Rodrigo da Cunha, Dicionário de Direito de Família e Sucessões – Ilustrado. São Paulo: Saraiva. 2018, p. 706.

[140] PEREIRA, Rodrigo da Cunha. A sexualidade vista pelos tribunais. Belo Horizonte: Del Rey, 2001. p. 3.

1.14.2.3 Desejo

Expressão utilizada pela Filosofia e pela Psicanálise para designar a propensão, anseio, necessidade, apetite. É qualquer forma de movimento em direção a um objeto, cuja atração espiritual ou sexual é sentida pela alma e pelo corpo. Freud emprega essa expressão no contexto da teoria do inconsciente para designar ao mesmo tempo, a propensão e a realização da propensão. Neste sentido, o desejo é a realização de um anseio inconsciente[141]. Embora a expressão no campo jurídico não seja comum, ele é sua força motriz, especialmente no Direito de Família. É ele que faz existir a necessidade de regulamentação das relações de afeto. A toda lei existe um desejo que se lhe contrapõe: não matar, não cobiçar a mulher do próximo etc., são leis para impor limites e contrapor aos desejos preexistentes. O Direito só existe porque existe o torto, e essas noções são interdependentes e complementares (Del Vecchio).

O desejo é a mola propulsora da polaridade amor e ódio e faz movimentar toda a máquina judiciária em torno, principalmente, dos restos do amor e do gozo. As pessoas se casam, descasam, reconhecem a paternidade, negam-se a pagar pensão alimentícia etc., movidas pelo desejo, muitas vezes inconscientes.

O ponto de partida e de chegada, de qualquer conquista, é o desejo.

O desejo é o que dá vida à vida do Direito e em especial ao Direito de Família. E, por mais que o Direito, por meio de seus dispositivos normativos, tente regular para alcançar o justo e o equilíbrio das relações familiares há algo que se lhe escapa, há algo não normatizável, pois essas relações são regidas pelo desejo inconsciente.

O sujeito de Direito é sujeito de desejo, isto é, um sujeito desejante. Todos os atos e fatos jurídicos são determinados, predeterminados, permeados ou perpassados pelo desejo. Em outras palavras, em todas as relações jurídicas o objeto e o sujeito do Direito e de direitos são determinados pelo desejo. *A descoberta do sujeito do inconsciente revela, além de uma realidade psíquica, que o desejo é inconsciente e que o sujeito é também desejo. Desejo, logo existo. Portanto, o sujeito é essencialmente desejo. Freud e Descartes convergem neste aspecto. Descartes parte do pensamento e conclui a existência humana. Freud parte do pensamento inconsciente e chega no desejo*[142].

Se a relação jurídica pressupõe sujeito e objeto, é preciso compreender que aí está presente também o sujeito do inconsciente, o sujeito desejante e que o objeto da relação está também vinculado ao gozo, ou melhor, à faculdade ou possibilidade de se pretender um gozo[143].

Para Lacan, a essência do Direito não é propriamente o gozo, mas a distribuição do gozo. Se a essência do Direito é a distribuição, retribuição e repartição do gozo ele está ligado a um objeto do querer humano, que por sua vez vincula-se à vontade, necessidade e desejo (Seminário "Mais, ainda", livro 20). A necessidade pode e deve ser satisfeita. A vontade, às vezes. O desejo nunca. É impossível satisfazê-lo. Ele sempre demandará outra satisfação. Ele parece acabar ao ser realizado, mas logo reinventa outra demanda. Não é possível satisfazê-lo porque é assim a nossa estrutura psíquica. Nosso destino é querer sempre mais, e às vezes nem sabemos o quê. Paradoxalmente, não ter tudo o que desejamos é exatamente o que nos faz viver.

Portanto, o desejo não tem uma essência, ele se desloca constantemente. O sistema capitalista vive desse deslocamento permanente. Os desejos de consumo também trazem a ilusão de completude, que sempre faz renascer o desejo de satisfação. Se o desejo tivesse um núcleo fixo e permanente o capitalismo acabaria. A nossa incompletude e o inexorável vazio são a nossa

---

[141] PEREIRA. Cf. Citação p. 248.

[142] QUINET, Antônio. A descoberta do inconsciente: do desejo ao sintoma. Rio de Janeiro: Jorge Zahar, 2003. p. 14.

[143] DEL VECCHIO, Georgio. Lições de filosofia do direito. Trad. Marco Antônio J. Brandão. Coimbra: Armênio Amado, 1959. v. II. p. 203.

força motriz. O desejo é assim, estamos sempre tentando satisfazê-lo. Esse é o destino. Desejo é desejo de desejo (Lacan).

A ilusão da completude nos move em direção à realização dos desejos e à procura de objetos que preencham o que falta em nós. O outro pode significar apenas um objeto da nossa ilusão, de tamponamento da incompletude. Por isso se pode dizer que desejo é também falta, isto é, o que falta em nós. Quando a relação acaba, e esses restos do amor vão parar na justiça, o litígio judicial muitas vezes significa apenas uma maneira, ou uma dificuldade de não se deparar com o desamparo.

Nas relações jurídicas e judiciais, o desejo, a vontade e a necessidade se entrelaçam, confundem-se e podem provocar injustiças. Por exemplo, em um pedido de pensão alimentícia a discussão objetiva é a necessidade de quem vai receber e a possibilidade de quem vai pagar. Entretanto, quando a relação entre os sujeitos ali envolvidos está mal resolvida, a objetividade se desvirtua a partir de elementos e registros inconscientes. Quem paga, sempre acha que está pagando muito, e quem recebe sempre acha que está recebendo pouco. Se a necessidade é x, pensa-se que é x + y, como se o y fosse um "mais" para pagar um abandono, um desamor ou uma traição. Do outro lado, paga-se menos que a necessidade como se este menos fosse uma punição pelo fim da conjugalidade. Vê-se aí que o desejo, e o inconsciente, interferem no direito, no dever-ser, ao relativizar a necessidade, ou escamotear a possibilidade, alterando assim o curso de uma discussão que deveria ser apenas no campo da objetividade.

É assim que o Judiciário e os advogados tornam-se instrumentos da busca da realização de um desejo inconsciente, cujo processo vem travestindo uma outra cena, que é da ordem da subjetividade. Compreender esta outra cena é não permitir ser instrumento de satisfação do desejo oculto, é barrar o gozo, o excesso. Afinal, o Direito é um sistema de limites e de vínculos de vontade (DEL VECHIO, Giorgio. Lições de filosofia do direito. Trad. Antonio José Brandão. Coimbra: Arménio Amado, 1959. v. II, p. 275).

Na filosofia, o desejo se apresenta como uma eterna questão: devemos ou não satisfazer nossos desejos? Eles nos aprisionam ou nos mantêm vivos e ativos e nos faz caminhar? Schopenhauer diz que o desejo é sempre falta. Desejamos o que não temos e tendemos a desejar de modo irrefreável, por isso é preciso cerceá-los. Epicuro diz que o importante é distinguir as verdadeiras e falsas necessidades, os desejos que nos libertam e nos aprisionam. Para Heidegger, o desejo é que faz o homem projetar e mirar o futuro, mas nem tudo que desejamos devemos levar em conta. Deleuze e Guattari diz que a sociedade capitalista é uma fábrica de sonhos e desejos: Somos máquinas desejantes. Sempre haverá um impasse entre os desejos e a razão, mas o homem que é só razão não é um homem, é preciso compatibilizar e conciliar paixão e razão[144].

Do nascimento até a morte somos movidos por desejo, de ordem sexual, ética, espiritual, amoroso. Antes mesmo que eles venham à consciência, já estão inscritos na alma e formação do sujeito. Por isso podemos afirmar que não somos seres de razão, somos seres de desejo. O desejo encaminha e também desencaminha o sujeito. Daí a necessidade de uma regulamentação externa (lei jurídica) para funcionar como um sistema de freios e controle das pulsões. O Direito só existe, portanto, para frear os desejos gozosos que ultrapassam e desrespeitam o campo do outro.

O desejo é uma força poderosa em nós. É ele que determina e traça nosso destino.

1.14.2.4   Gozo

A expressão gozo surgiu no século XV para nomear a ação de fazer uso de um bem e retirar dele as satisfações proporcionadas por ele. Foi aí que ele ganhou dimensão jurídica, vinculando-se à noção de usufruto, que é o direito de gozar de um bem. Em 1503, a expressão

---

[144] SCHÖPKE, Regina. Dicionário filosófico: conceitos fundamentais. São Paulo: Martins Fontes, 2010, p. 74.

foi enriquecida, ganhando uma dimensão hedonista, e traduzindo-se a partir de então e também como prazer, alegria, bem-estar e volúpia[145].

Juridicamente, designa o desfrute da coisa ou do bem, mas preservando sua essência. Lacan, partindo da observação de processos judiciais, levou esta expressão para a Psicanálise, aprofundando o seu sentido. Com a ressignificação dada pela Psicanálise ela pôde ser trazida ao Direito de Família para entender a estrutura dos eternos e degradantes processos judiciais litigiosos. Notadamente, nestes processos pode-se compreender o significado mais profundo desta expressão, que envolve uma satisfação pulsional e o seu paradoxo com o prazer e o desprazer.

O litígio é uma forma de não se separar e as partes permanecem unidas pelo ódio, pelo gozo com o sofrimento. O ódio une mais que o amor. Este gozo, por meio do litígio judicial traz consequências nefastas e destrutivas. É neste sentido a afirmação de Lacan "o gozo tem apetite de morte".

Goza-se com o prazer, mas também com o sofrimento. Geralmente este gozo é inconsciente, e na maioria das vezes não se percebe o mal que faz a si mesmo, ao outro cônjuge e aos próprios filhos. Tudo isto em nome da busca por direitos, em que cada uma das partes está sempre convencida de que está com a razão e a outra quer lesá-la em seus direitos. Este "assujeitamento" ao gozo é a alienação do sujeito, cuja teia foi tecida por ele mesmo em sua cadeia de registros inconscientes, ou seja, das tramas do desejo.

Uma das grandes contribuições da Psicanálise à prática jurídica, é que ao nos revelar uma outra realidade, que é psíquica, desvenda uma subjetividade e razões inconscientes (se é que o inconsciente tem alguma razão) que faz quebrar uma máxima jurídica: o que não está nos autos não está no mundo. Embora não esteja ali no mundo objetivo dos autos, as razões inconscientes e o gozo estão presentes, perpassando a cena objetiva do processo e dando ao mundo dos autos um destino muito diferente daquele que ele teria se estivessem presentes apenas os aspectos objetivos. Ao trazer para a consciência do operador do Direito esta outra cena, tem-se a possibilidade de uma conduta mais ética, com o simples fato de não nos permitirmos ser instrumentos do litígio e não contribuirmos para o assujeitamento das partes àquele gozo.

Direito e Psicanálise se encontram na relação do gozo e a lei. Uma das funções do Direito é barrar o gozo, ou seja, colocar limites na tendência do homem a fazer do outro o objeto de suas pulsões destrutivas. Portanto, o Direito lida também com o gozo. Lacan, em seu Seminário 20, faz esta conexão Direito, gozo e Psicanálise: *Esclarecerei com uma palavra a relação do direito com o gozo. O usufruto – é uma noção de direito, não é? reúne numa palavra o que já evoquei em meu seminário sobre a ética, isto é, a diferença que há entre o útil e o gozo (...) O usufruto quer dizer que podemos gozar de nossos meios, mas que não devemos enxovalhá-los. Quando temos o usufruto de uma herança, podemos gozar dela, com a condição de não gastá-la demais. É nisso mesmo que está a essência do direito – repartir, distribuir, retribuir, o que diz respeito ao gozo*[146].

Assim, o gozo, segundo Lacan, engloba uma satisfação pulsional e seu paradoxo de prazer no desprazer. Vê-se isso constantemente na cena jurídica. Os processos judiciais litigiosos são a materialização de uma realidade subjetiva em que as partes, não tendo capacidade para resolverem seus conflitos, transferem a terceiros a responsabilidade de dizer que o outro é o culpado. E é assim que o Judiciário se torna o lugar onde as partes depositam os restos do amor, que deixa sempre a sensação de que alguém foi enganado.

---

[145] ROUDINESCO, Elizabeth; PLON, Michel. *Dicionário de Psicanálise*. Trad. Vera Ribeiro, Lucy Magalhães. Rio de Janeiro: Zahar, 1998, p. 299.

[146] LACAN, Jacques. *O seminário, livro 20 – Mais, ainda*. Rio de Janeiro: Jorge Zahar, 1985. p. 11.

1.14.2.5 Desamparo

É o sentimento de ausência de amparo do humano quando se depara com o seu inexorável vazio existencial. Semelhante à falta de cuidado, abandono. Desamparado é aquele que necessita de amparo. É o vazio existencial.

No Direito de Família, traduz-se no mundo objetivo como abandono material, abandono moral, abandono de família, abandono de idoso e abandono afetivo. É a falta de auxílio e assistência dos pais em relação aos filhos, dos filhos em relação aos pais idosos, submetendo-os a um estado de desamparo. Aquele que tem o dever legal de proteção, auxílio, assistência, manutenção de outrem, mas não o faz, o submete a um estado de desamparo. É dever dos pais garantir aos filhos o mínimo existencial para a mantença de vida digna de um ser humano, como alimentação, vestuário, educação, lazer, saúde etc., além das necessidades afetivas essenciais para cada humano. Desamparar é, assim, privar a pessoa daquilo que lhe é necessário segundo as circunstâncias em que vive.

No aspecto subjetivo, o desamparo é um importante e fundamental componente de nossa estrutura psíquica. Portanto, o desamparo é estrutural do humano. Somos sujeitos de desejo e desejo é falta. Ou seja, está sempre faltando algo em nós, estamos sempre querendo algo mais. Paradoxalmente, é esta falta que nos impulsiona a viver, a querer algo mais. Contudo, é intamponável, isto é, jamais seremos completos. Vivemos eternamente na ilusão da busca de nossa completude. Seja tamponando com objetos de consumo, seja com o encontro de um amor e de uma conjugalidade. Quando ela se esvai, deparamo-nos novamente com o nosso vazio, o nosso desamparo. Por isso, separação de casais é tão sofrida, pois é o momento em que se defronta com a solidão e a constatação de que não temos mais aquele outro que pensávamos nos completar. Para fugir do desamparo tendemos a colocar no outro a culpa pelo fracasso do relacionamento, pois assim nos isentamos da própria responsabilidade pelo fim da relação. Deparar-se com o fim da conjugalidade é deparar-se com o próprio desamparo estrutural.

Uma demanda judicial é também um não querer deparar-se com o real do desamparo estrutural. Enquanto isso, permanece-se unido ao outro pelo litígio. Essas noções trazidas pela Psicanálise emprestam ao campo jurídico, particularmente ao Direito de Família, uma ampliação e compreensão da estrutura do litígio e do funcionamento dos atores e personagens da cena jurídica e judicial. Compreender a estrutura psíquica e o seu funcionamento possibilita uma práxis mais ética dos operadores do Direito.

1.14.2.6 Fetichismo

A expressão *fetichismo* foi criada por volta de 1750 e advém da tradução da palavra portuguesa *feitiço* (do latim *ficticius*), traduzida para o francês como *fetichisme*. Assim, para nós de língua portuguesa, poderíamos entender como feiticismo. Foi o magistrado Charles Brosses (1709-1777), contemporâneo de Voltaire, que, observando os povos selvagens africanos, notou que eles adoravam pequenos objetos que chamavam de "gru-gru", "gri-gri" e os portugueses de "feitiço", quando então traduziu a palavra por "fetiche". Depois, Auguste Comte trouxe para a sociologia esse conceito para designar a forma mais elementar e primária do pensamento humano em relação às coisas, ou para referir-se à fase inicial das formações sociais.

A Psicanálise buscou na antropologia essa expressão, que significa um objeto material venerado como um ídolo. Em 1905, em "Três Ensaios Sobre a Teoria da Sexualidade", Freud atualizou o termo e concebeu-o inicialmente como uma perversão sexual, caracterizada por uma parte do corpo (pé, seio, cabelo etc.) ou um objeto relacionado ao corpo (gravata, calcinha, sutiã, chapéu etc.) ser tido como objeto exclusivo de uma excitação, ou prática perversa de atos sexuais. Depois, em seu texto dedicado a Leonardo da Vinci e Gradiva, no início do século XX, ele identificou a dimensão fetichista de todas as formas de perversão (exibicionismo, voyeurismo, coprofilia), mostrando que o fetichismo é portador de todos os outros objetos. Em 1914, em "Sobre o Narcisismo: uma Introdução", Freud fala da roupa como um fetiche do feminino. Em síntese, o pai da Psicanálise diz que o fetichismo existe em qualquer relação amorosa, e só é patológica quando a fixação do objeto decorre de uma libido infantil.

Jacques Lacan, em seu "Seminário 4", dando alguns passos adiante na teoria freudiana, reinterpretou o fetichismo como o ponto de uma relação em que o sujeito cria um véu imaginário e coloca a pergunta: Por que é ali que o sujeito deve constituir esse mais além? Por que o véu é mais precioso para o homem do que a realidade? Por que a ordem dessa relação ilusória se torna constituinte essencial, necessário, de sua relação com o objeto? Eis a questão levantada pelo fetichismo (LACAN, Jacques. *Seminário 4*. 1995, p. 160). Embora o conceito de fetiche e fetichismo seja anterior à Psicanálise, foi ela, especialmente com Lacan, que realçou sua ideia originária, que nos permite trazer para o Direito a importante reflexão sobre a lei como fetiche.

Se fetiche traz o sentido de objeto ou pessoa a que se venera e se obedece às cegas, como um enfeitiçamento, é necessário tirar a regra jurídica (lei) desse lugar mágico e a que todos devem subserviência às cegas, como se ela tivesse o poder absoluto de tudo determinar e fosse a única ou mais importante fonte do Direito. Interpretar uma lei sem ponderá-la com outras fontes de Direito, como os princípios constitucionais, equidade, doutrina, jurisprudência, e principalmente os costumes, é dar a ela um *status* de fetiche, empobrecê-la.

No Direito de Família, um dos exemplos mais chocantes de fetichismo da lei é o que acontece no sistema de adoção. O artigo 39, § 1º, do ECA (A adoção é medida excepcional e irrevogável, à qual se deve recorrer apenas quando esgotados os recursos de manutenção da criança ou adolescente na família natural ou extensa, na forma do parágrafo único do art. 25 desta lei), estabelece que as crianças e adolescentes só serão adotados depois de esgotadas as possibilidades de serem acolhidas em sua família biológica. Na prática, dificilmente isso acontece, ou seja, raramente a família extensa adota essas crianças depositadas nos abrigos, que passam a vida esperando alguém da família biológica que nunca chega. Enquanto isso, alguns magistrados, membros do Ministério Público, defensores públicos, arraigados aos seus dogmas e convicções religiosas particulares, e acreditando que a família é da natureza e não da cultura, invocam o referido artigo de lei para justificar sua posição. Talvez acreditem na lei como fetiche. E é aí que mora o perigo. Por fetichizarem a lei, milhares de crianças e adolescentes continuam vítimas desse fetichismo, sem voz e sem vez: invisíveis. A lei não pode ser fetichizada, sob pena, nesse caso, de condenar milhares de crianças e adolescentes a serem vítimas desse fetiche. Eis aí o fetichismo da lei como perversão.

Outro bom exemplo de fetichismo da lei, e que reforça o dogmatismo que não deveria mais ter lugar em um ordenamento jurídico que se compreenda o sujeito de direitos como sujeito de desejos, é o artigo 1.727 do CCB: as relações não eventuais entre homem e mulher, impedidos de se casarem, são consideradas concubinato. Isso significa que eventuais direitos daí decorrentes terão que ser extraídos no campo do direito obrigacional. Em outras palavras, não podem ser consideradas famílias. O fetichismo está em considerar que a lei (art. 1.727 CCB) vale mais do que a realidade. Em outras palavras, mesmo comprovando que ali há um núcleo familiar, ainda que simultâneo à outra família, ele tem que ser negado, pois a lei vale mais do que a realidade.

1.14.3 Direito de Família e Arte

Arte, Direito e Psicanálise, são linguagens interpretativas, e tratam de uma mesma humanidade. Trazer para o mundo jurídico a Psicanálise, significa buscar no discurso psicanalítico uma compreensão mais ampliada do sujeito de direitos que é também sujeito de desejos, e que tece as tramas das relações familiares. Os conceitos psicanalíticos, como se demonstrou, nos insere em uma compreensão mais profunda dos mecanismos e sistema do Direito de Família, proporcionando uma melhor e mais eficaz operacionalização do Direito de família. Da mesma forma, a Arte ilumina, aprofunda e nos ajuda a acessar as sutilezas dos vínculos jurídicos. A Arte diz o indizível. Ela vai além do que a linguagem jurídica consegue alcançar, e ajuda a representar o indizível. Ela vai além das palavras, abre espaço para reflexão e é uma maneira mais sublime de perceber o mundo. A arte, muitas vezes, é uma força propulsora de transformação, de mudanças sociais e também de retificações subjetivas em cada um de nós. *A arte não reproduz o visível; ela torna visível* (Paul Klee).

A Arte pode ajudar a traduzir a complexa subjetividade que permeia o mundo jurídico de uma maneira mais sublime, bem como tornar melhor a compreensão de alguns conceitos jurídicos. E quando falamos de arte, estamos falando de todas suas diversas manifestações e linguagens artísticas, como a literatura, poesia, cinema, música, artes plásticas etc. Ela provoca e acessa em nós uma emoção que vai além da trivialidade. Ela chega antes e vai além, diz coisas que só vamos entender muito tempo depois. A literatura e a poesia podem expressar uma realidade muito melhor do que o Direito. Por exemplo, quando ainda discutíamos se havia um culpado pelo fim do casamento, a poesia do curitibano Paulo Leminski já tinha tratado desse assunto de uma forma muito mais elevada e simples: "Amor então também acaba? / Não que eu saiba / O que eu sei é que se transforma / numa matéria prima / Que a vida se encarrega de transformar em raiva / ou em rima". Arte pode nos ajudar a ver o Direito por outras perspectivas.

A civilização é definida pelo Direito e pela Arte. As leis governam o nosso comportamento exterior e a arte exprime nossa alma, diz Camille Paglia, em seu livro "Imagens Cintilantes", ao trazer a polêmica reflexão de que a sobrevivência da arte está em jogo e que a era digital deixa todos cegos. Seja qual for a linguagem artística de sua manifestação, ela provoca inquietações, formula perguntas, nos devolve o mistério e nos põe diante do desconhecido, que é a única forma de nos fazer crescer. A arte impõe subjetividade como caminho para a evolução. O italiano Francisco Carnelluti em seu livro de 1949, A arte do Direito, fez uma análise do Direito a partir da observação das artes plásticas, e foi um dos primeiros a conectar o Direito à Arte.

No campo jurídico ela nos ajuda a traduzir e pensar e repensar conceitos, muitas vezes já estabilizados. Muitos filmes, e em especial a teledramaturgia brasileira, tem ajudado às novas estruturas parentais e conjugais a ganharem "ares de normalidade", na medida em que ela representa uma realidade, que por sua vez passa a ser um costume, que como sabemos é uma das principais fontes do Direito.

O Direito de Família está, e sempre esteve presente no cinema, na literatura, na poesia, artes plásticas. Entender e ver o Direito de Família pela via dessas manifestações artísticas, é trazer para a cena jurídica a ampliação da compreensão de conceitos jurídicos, perceber as sutilezas, o inconsciente, o desejo, o desamparo e o gozo que permeiam todas essas relações familiares. Entender isto é começar a romper as barreiras entre Arte e Direito, como tão bem apregoava o jurista mineiro, João Baptista Villela.

Machado de Assis em seu clássico livro *O Alienista* traz uma importante reflexão sobre curatela, ao questionar a sanidade mental das pessoas à sua volta. A poesia contida na música popular brasileira é rica em expressar aspectos do Direito de família, e que pode nos ajudar a dizer o que o Direito tem dificuldade de expressar, como por exemplo, "A gente não quer só comida/ a gente quer comida/Diversão e arte". Em linguagem jurídica, significa que alimentos não são apenas para as necessidades básicas; isto é, pensão alimentícia deve ser para o corpo e para a alma. Também ajuda a entender melhor o conceito de famílias simultâneas, a música de Marisa Monte *"Amar alguém só pode fazer bem / não há como fazer mal a ninguém / Mesmo quando existe um outro alguém / Mesmo quando isto não convém (...)"*[147]. Um outro bom exemplo de ampliação, e melhor compreensão do conceito jurídico de adoção, uma categoria da parentalidade socioafetiva, que aqui merece transcrição é a literatura de Francisco Azevedo[148]:

> *Família é afinidade, é 'à Moda da Casa'. E cada casa, repito, gosta de preparar a família a seu jeito. Os Alves Machado, por exemplo, nunca puderam ter filhos. Isabel é adotiva. Nenhuma ideia de quem foram os pais verdadeiros. Quero dizer, os pais biológicos. Os pais verdadeiros, a meu ver, são o senhor Avelino e dona Maria Celeste, que a receberam ainda recém-nascida, e que, indiferentes ao sangue que lhe corria nas veias, criaram-na e a educaram. Deram-lhe amor. Isabel soube ser grata. Principalmente, por não lhe terem escondido a verdade. Todos conheciam a história da adoção. Quando começamos a namorar sério, ela tocou no assunto sem nenhum desconforto. Queria que eu tivesse mesmo ciente de que, se viéssemos a casar, nosso filho não saberia, por parte dela, a origem do sangue.*
> *– Se é sangue bom, se é sangue ruim... Não faço ideia, Antonio.*
> *– E daí, minha querida? Que importância tem isso?*
> *Hoje, velhinho, aqui nesta cozinha, acho graça do diálogo que já vai longe. Afluentes de um só rio somos todos, eu disse a ela. Artérias de uma só veia que deságua no coração: a veia artística. Criadores de nós mesmos, nos inventamos e reinventamos sem trégua, diariamente.*

Ao final de cada capítulo, após o resumo, vê-se a indicação de filmes relativos àquele capítulo, que ajudarão a ampliar e aprofundar os conceitos jurídicos aqui trazidos.

1.15 DIREITO DAS FAMÍLIAS SOB A PERSPECTIVA DO GÊNERO

Os ordenamentos jurídicos ocidentais foram estruturados a partir do pressuposto da superioridade do masculino sobre o feminino, da hétero sobre a homoafetividade, da monogamia sobre a não monogamia, da raça branca sobre as outras. Essas supostas superioridades ainda são sustentadas pelo sistema e pela ideologia patriarcal, que estabeleceram hierarquias e, principalmente, dominação de um gênero sobre outro. Este, como todos os preconceitos, tem em sua base um projeto de poder, que é reforçado por lógicas institucionais. A fantasia de um passado perfeito, em que "homem era homem, mulher era mulher, os pobres e os negros sabiam seu lugar, as crianças obedeciam, os professores tinham autoridade, não existia sensibilidade para piadas, a segurança nas ruas era grande e o crime era punido"[149], é o que sustenta esse preconceito. A nostalgia de um passado glorioso remete ao discurso de restauração de uma época da família perfeita. A repressão e o silêncio sobre as famílias patriarcais e hierarquizadas sempre foram cobertos por uma névoa, que escondia as fendas e os sofrimentos da repressão dos desejos contidos. É em nome do bem, da família, de Deus e da pátria que grande parte das violências, em seus vários sentidos, se perpetua e ajuda a sustentar a ideologia patriarcal, além da, consequentemente, manutenção da desigualdade, principalmente, entre os gêneros.

Para que o Direito possa avançar em direção ao seu ideal de justiça, é necessário refletir e entender a força do sistema patriarcal, que autoriza e normaliza essas desigualdades. Por

---

[147] No meu *Dicionário de Família e Sucessões* – Ilustrado (Ed. Saraiva) há mais de cinquenta músicas que se conectam aos respectivos verbetes, assim como diversos outros verbetes o conceito jurídico é ampliado com outras linguagens artísticas como a literatura, poesia e artes plásticas.

[148] AZEVEDO, Francisco. *O Arroz de Palma*. Rio de Janeiro: Record, 2008. p. 124-125.

[149] KARNAL, Leandro; FERNANDES, Luiz Estevam de Oliveira. Preconceito: uma história. São Paulo: Cia. da Letras, 2023. p. 304.

exemplo, um litígio com partilha de bens, decorrente de casamento ou união estável, dura décadas e décadas, é um desequilíbrio na balança da justiça em relação às mulheres.

O patriarcado é um sistema de pensamento baseado e sustentado em leis, crenças, tradições e práticas. Desde que nascemos, nos vemos presos a esse círculo patriarcal e a uma cadeia de significantes, em que a realização dos homens se baseou na exploração e na dominação das mulheres.

O movimento feminista e a Psicanálise, que foram as grandes revoluções do pensamento do século XX, interferiram drasticamente no sistema patriarcal. Fizeram-nos entender que o sujeito de Direito é também um sujeito de desejos. E a mulher é sujeito de desejos tanto quanto o homem. Essa simples, e óbvia, compreensão quebrou paradigmas e estabeleceu na Carta Constitucional a igualdade de direitos entre os homens e a mulheres (art. 5º, I, CR). Foi um passo significativo para corrigir injustiças, que eram sustentadas pela própria regra jurídica, como, por exemplo, o homem ser o chefe da sociedade conjugal, a "mulher desonesta" poder ser deserdada pelo pai, poder haver anulação do casamento em razão da não virgindade da mulher etc. Porém, a igualdade formal estabelecida na lei não tem sido suficiente para cumprir a igualdade de direitos entre os gêneros.

Um julgamento se torna injusto quando não se leva em consideração o contexto histórico de inferioridade da mulher naquela situação concreta e real. Muitas vezes acontece uma verdadeira violência processual. Sabemos todos que o Judiciário, em razão de sua morosidade, naturalmente, beneficia a parte economicamente mais forte. É assim que acontece, por exemplo, com a partilha de bens decorrentes da dissolução da sociedade conjugal e inventários. Eles se eternizam na justiça, em prejuízo da parte economicamente mais fraca. Essa melancólica incapacidade de se fazer justiça pode acabar, ou pelo menos diminuir significativamente, se as decisões judiciais levarem em consideração as desigualdades históricas provocadas pelo sistema patriarcal.

O mundo sempre foi visto pela perspectiva do masculino. Afinal, foram os homens que construíram os prédios, as rodovias, as pontes, os carros, os navios etc. Os homens que fizeram e ainda fazem, gerar a roda da economia, inclusive às custas do trabalho invisível da mulher. Todos esses atos e fatos, que também são símbolos fálicos, fizeram a civilização ocidental acreditar na superioridade do masculino sobre o feminino. A partir dessas premissas, a organização social e, consequentemente, os ordenamentos jurídicos foram estruturados, repita-se.

Com base nessa compreensão e perspectiva, o Conselho Nacional de Justiça – CNJ criou um grupo de trabalho, instituído pela Portaria CNJ nº 27/2021, que se transformou na Recomendação nº 128/2022 e, posteriormente, na Resolução nº 492/2023, *in verbis*:

> No direito de família, a atuação com perspectiva de gênero mostra-se essencial à realização da justiça, ao se considerar que as relações domésticas são marcadas pela naturalização dos deveres de cuidado não remunerados para as mulheres e pela predominante reserva de ocupação dos espaços de poder e serviços remunerados aos homens. (...) Por isso a importância da análise jurídica com perspectiva de gênero, com a finalidade de garantir processo regido com a imparcialidade e equidade, voltado à anulação de discriminações, preconceitos e avaliações baseadas em estereótipos excludentes na sociedade, que contribuem para injustiças e violações de direitos humanos da mulher[150].

Esse ato normativo do CNJ impõe a todos os magistrados que decidam sob essas perspectivas de gênero, o que não significa interferência na imparcialidade do juiz. Ao contrário, o julgador só estará fazendo justiça se levar em consideração o contexto histórico em que a mulher está

---

[150] Texto elaborado pelo grupo de trabalho, que resultou na Resolução nº 492/2023, Parte III, 3.d.

Cap. 1 – DIREITO DAS FAMÍLIAS **75**

inserida. Dentro do poder de arbítrio do julgador, ele faz sua interpretação pessoal do caso e das provas ali apresentadas. Sabemos que o juiz é imparcial, mas não é neutro. Neutralidade é um mito. Exigir neutralidade dos julgadores seria desumanizá-los. Na humanidade de cada sujeito está a sua história pessoal e particular, suas concepções morais, religiosas etc., que determinam sua formação psíquica e os faz tomar decisões desta ou daquela forma.

Quando um juiz profere uma decisão, está ali toda sua carga psíquica, sua singularidade e suas razões inconscientes, que o leva a fazer interpretação dos fatos e das provas, enfim, a sua hermenêutica. E é exatamente nessa hermenêutica que deve entrar a perspectiva de gênero.

Um dos primeiros autores a escrever sobre o assunto, o desembargador do TJPR, Eduardo Cambi, é assertivo em seu livro quando traz:

> Na atividade julgadora, deve prevalecer a lógica humanista e do razoável, que exige prudência e atenção às circunstâncias do caso concreto. O humanismo judiciário é um movimento ético de resistência ao mero tecnicismo, ou à redução do exercício jurisdicional à burocracia indiferente aos resultados (ou afins) a serem socialmente alcançados (...). O poder judiciário tem um papel relevante na proteção dos direitos humanos dos cidadãos (...). A equidade de gênero é um dos objetivos do Desenvolvimento Sustentável da Agenda 2030 da Organização das Nações Unidas[151].

Na objetividade dos atos, fatos jurídicos e processos judiciais, permeia uma subjetividade que está contaminada pela ideologia patriarcal, que naturalizou até mesmo a violência patrimonial. Por isso, o Direito das Famílias quebra a máxima "o que não está nos autos não está no mundo". Os desafios dos profissionais do Direito, a partir a referida Resolução do CNJ, é exatamente levar para esse "mundo dos autos" o contexto histórico de inferioridade e desigualdade da mulher e de repercussões da violência doméstica. Essa contextualização nos faria ressignificar as relações processuais e, assim, tornar mais justo cada julgamento[152]. A exemplo disso, o julgado do TJMG:

> A violência doméstica praticada durante a convivência vicia o consentimento da parte pela coação, o que leva a anulação da partilha. – As diretrizes do Protocolo para Julgamento com Perspectiva de Gênero orientam para a aplicação do direito de forma próxima à realidade analisada, evitando-se a abstração (TJMG, Apelação Cível 50024134820218130123, Rel.ª Des.ª Alice Birchal, D Câmaras Especializadas Cíveis / 4ª Câmara Cível Especializada, publ. 26/04/2024)[153].

---

[151] CAMBI, Eduardo Augusto Salomão. *Direito das Famílias com perspectiva de gênero*: aplicação do protocolo de julgamento do Conselho Nacional de justiça (Recomendação 128/2022 e Resolução 492/2023. Indaiatuba: Foco, 2024. p. 99.

[152] CAMBI, Eduardo Augusto Salomão. *Direitos das Famílias com perspectiva de gênero*: aplicação do protocolo de julgamento do Conselho Nacional de justiça (Recomendação 128/2022 e Resolução 492/2023. Indaiatuba: Foco, 2024. p. 7.

[153] Cf., também, outras decisões sob a perspectiva de gênero: "(...) No direito de família, a atuação com perspectiva de gênero mostra-se essencial à realização da Justiça, ao se considerar que as relações domésticas são marcadas pela naturalização dos deveres de cuidado não remunerados para as mulheres e pela predominante reserva de ocupação dos espaços de poder – e serviços remunerados – aos homens. Não se pode deixar de afirmar, outrossim, que a construção de estereótipos de gênero relacionados a papéis e expectativas sociais reservados às mulheres como integrante da família pode levar à violação estrutural dos direitos da mulher, que, não raras vezes, deixa a relação (matrimônio ou união estável) com perdas financeiras e sobrecarga de obrigações, mormente porque precisa recomeçar a vida laboral e, convivendo com dificuldades financeiras, deve destinar cuidados mais próximos aos filhos, mesmo no caso de guarda compartilhada (...)" (TJMG, Agravo de Instrumento 18547511020248130000 1.0000.23.301735-9/004, Rel. Des. Delvan Barcelos Júnior, 8ª Câmara Cível Especializada, publ. 28/06/2024); e "Fica evidente, pois, a reprodução de estereótipos de gênero ao se atribuir à mulher a incumbência do sustento da prole de forma praticamente exclusiva. No caso em tela,

1.16 DIREITO DAS FAMÍLIAS VISTO SOB A PERSPECTIVA DA RACIALIDADE

As desigualdades estruturais de nossa sociedade desequilibram a balança da justiça, não apenas pelo machismo estrutural, decorrente do sistema patriarcal, mas também pelo racismo estrutural resultante da opressão, da escravização e da exclusão, especialmente de indígenas e negros. É assim que surge a expressão "racialidade", que pode ser definida como um processo político, social e mental. Essas novas expressões como "machismo estrutural" "racismo estrutural" vão ressignificando as relações, apontando as injustiças e criando novos desafios para um ideal de justiça. Com base na evolução desse pensamento, o CNJ criou um grupo de trabalho para tratar dessas questões raciais (Portaria nº 73/2024 do CNJ), gerando a Resolução nº 598/2024 e estabelecendo as diretrizes para adoção de Perspectiva Racial nos julgamentos em todo o Poder Judiciário, contribuindo para o cumprimento das metas da Agenda 2030 da ONU[154]. O objetivo é garantir que todas as pessoas, independentemente de raça, possam ter acesso à justiça e a um tratamento equitativo[155], a partir de uma mudança do Judiciário brasileiro, para aplicar as normas considerando as dinâmicas das relações raciais inscritas na formação social brasileira. Isto acabou gerando, inclusive, um racismo institucional, que é uma forma de operacionalizar o racismo patriarcal e heteronormativo, influenciando tanto as instituições, as ações e as políticas públicas como perpetuando a hierarquia racial, inclusive legitimando práticas de exclusão[156].

O julgamento pela perspectiva racial é aplicável ao Direito das Famílias, em casos, por exemplo, de adoção. Porém, vai muito além disto:

> (...) todos(as) os(as) profissionais da área de direito de família devem se conscientizar de que o letramento racial, a educação antirracista e o constante acompanhamento e aperfeiçoamento das políticas públicas que visam à implementação de igualdade racial, são vetores que jamais poderão ser desprezados, negociados ou negligenciados no cumprimento do preceito constitucional que, como dito no início deste tópico, determina que se promova o bem de todos, sem preconceitos de origem, raça, sexo, cor, idade e quaisquer outras

---

a mãe não apenas é a única responsável pelos cuidados com as duas crianças, ainda na primeira infância, como também ficou responsável por arcar com a maior parte dos gastos financeiros com o sustento delas, sobrecarregando-a em demasia. Com efeito, reforça-se a ideia de que o dever do cuidado em relação aos filhos cabe apenas à mãe, que deve fazer o possível e o impossível para assegurar a subsistência da prole, enquanto o pai pode ter o conforto de não precisar se preocupar com a subsistência ou com a criação dos filhos, limitando-se, quando muito, a conceder um parco auxílio financeiro. 17. O Protocolo para Julgamento com Perspectiva de Gênero, editado pelo Conselho Nacional de Justiça em 2021 e tornado de observância obrigatória em 2023, por meio da Resolução nº 492, de 17 de março de 2023, dispõe que os estereótipos de gênero devem ser evitados na atividade jurisdicional, a fim de não reproduzir diversas formas de violência e de discriminação e, assim, impedir a concretização do princípio da igualdade, constitucionalmente previsto" (TJAL, Apelação Cível 0711031-33.2021.8.02.0058, Arapiraca, Rel. Des. Tutmés Airan de Albuquerque Melo, 1ª Câmara Cível, publ. 19/03/2024).

[154] Convenção Interamericana contra o Racismo, a Discriminação Racial e Formas Correlatas de Intolerância (Decreto nº 10.932/2022).

[155] É imperativo constitucional, por conseguinte, não eclipsar a memória de eventos traumáticos pós-escravidão, ainda não finalizados, contra a população negra no Brasil, reconstituída especialmente com testemunhos oculares de experiências, negações e sobrevivências. Nada obstante, cumpre não olvidar as dificuldades do trabalho da história do tempo presente, conforme retrata Marieta de Moraes (FERREIRA, Marieta de Moraes. Notas iniciais sobre a história do tempo presente e a historiografia no Brasil. *Tempo e Argumento*, Florianópolis, v. 10, n. 23, p. 80-108, jan./mar. 2018. p. 83).

[156] FERREIRA, Marieta de Moraes. *Notas iniciais sobre a história do tempo presente e a historiografia no Brasil*. Tempo e Argumento, Florianópolis, v. 10, n. 23, p. 80-108, jan./mar. 2018. p. 83.

formas de discriminação, a fim de que possamos construir uma sociedade livre, justa e solidária, tendo, como base da sociedade, uma família fundada na igualdade racial[157].

O STF, antes mesmo desse protocolo, já havia incorporado tais espírito, finalidade e objetivos estabelecidos pelo CNJ, como se vê exemplificativamente, a seguir:

> Desse modo, podemos afirmar que a cidadania racial possui uma **dimensão subjetiva** porque ela implica a existência das condições necessárias para o reconhecimento de segmentos minoritários como pessoas que merecem respeito. O respeito é um valor social que permite a construção de forma de sociabilidade que deve estruturar uma sociedade pluralista. A cidadania racial possui então uma dimensão moral relativa à possibilidade das pessoas se reconhecerem como indivíduos que possuem as mesmas condições de paridade de participação dentro de uma sociedade democrática. Segundo Nancy Fraser, isso requer a transformação da cultura das instituições sociais, requisito para que as pessoas possam ser reconhecidas como igualmente dignas. Mas a cidadania racial também possui um **caráter substantivo** ao pressupor a existência de condições necessárias para que os indivíduos possam ter a segurança material necessária para uma vida autônoma. (...) As dimensões subjetiva e objetiva da cidadania racial encontram substrato em uma forma de isonomia que procura afirmar a igual dignidade das pessoas por meio da eliminação de relações arbitrárias de poder entre indivíduos. Neste propósito, celebram-se os 50 anos de promulgação da Convenção Internacional Sobre a Eliminação de Todas as Formas de Discriminação Racial. Sua ratificação expressou condenação e compromisso a adotar políticas de eliminação, em todas as suas formas, da discriminação racial. (...). (STF, HC 154248 DF 0067385-46.2018.1.00.0000, Rel. Edson Fachin, Tribunal Pleno, publ. 23/02/2022, p. 1.080, grifos meus)

A Resolução nº 598/2024, que instituiu o Protocolo de julgamento pela perspectiva racial, além de ser fruto da evolução do pensamento científico, foi também influenciada pelo Estatuto da Igualdade Racial (Lei nº 12.288/10[158]), que ajudou a implementar políticas públicas para eliminação de desigualdades de status econômico, social e jurídico, baseadas na raça. A instituição de ações afirmativas para acesso ao ensino superior e ao serviço público (Lei nº 12.990/14) foi conquista desse período recente. O Brasil ainda se mobilizou para realizar

---

[157] CNJ, Protocolo para julgamento com perspectiva racial, parte IV, 5.1, p. 73. Disponível em: https://www.cnj.jus.br/wp-content/uploads/2024/11/protocolo-para-julgamento-com-perspectiva-racial-1.pdf. Acesso em: jan. 2025.

[158] Art. 1º Esta Lei institui o Estatuto da Igualdade Racial, destinado a garantir à população negra a efetivação da igualdade de oportunidades, a defesa dos direitos étnicos individuais, coletivos e difusos e o combate à discriminação e às demais formas de intolerância étnica. Parágrafo único. Para efeito deste Estatuto, considera-se: I – discriminação racial ou étnico-racial: toda distinção, exclusão, restrição ou preferência baseada em raça, cor, descendência ou origem nacional ou étnica que tenha por objeto anular ou restringir o reconhecimento, gozo ou exercício, em igualdade de condições, de direitos humanos e liberdades fundamentais nos campos político, econômico, social, cultural ou em qualquer outro campo da vida pública ou privada; II – desigualdade racial: toda situação injustificada de diferenciação de acesso e fruição de bens, serviços e oportunidades, nas esferas pública e privada, em virtude de raça, cor, descendência ou origem nacional ou étnica; III – desigualdade de gênero e raça: assimetria existente no âmbito da sociedade que acentua a distância social entre mulheres negras e os demais segmentos sociais; IV – população negra: o conjunto de pessoas que se autodeclaram pretas e pardas, conforme o quesito cor ou raça usado pela Fundação Instituto Brasileiro de Geografia e Estatística (IBGE), ou que adotam autodefinição análoga; V – políticas públicas: as ações, iniciativas e programas adotados pelo Estado no cumprimento de suas atribuições institucionais; VI – ações afirmativas: os programas e medidas especiais adotados pelo Estado e pela iniciativa privada para a correção das desigualdades raciais e para a promoção da igualdade de oportunidades.

atividades programadas para a Década Internacional de Afrodescendentes, proclamada pela Assembleia Geral das Nações Unidas (Resolução nº 68/237).

Os debates sobre justiça e injustiça racial já estão instalados no judiciário brasileiro[159]. Eles contribuem, também, para um letramento racial, que é o entendimento e a habilidade de compreender, analisar e interpretar criticamente questões relacionadas a raça, etnia e diversidade cultural, como se vê, exemplificativamente, no trecho do julgado supra, que sintetizou bem essa realidade histórica e nefasta pela qual vivenciou o chamado racismo brasileiro:

> O racismo no Brasil se caracteriza pela covardia. Ele não se assume e, por isso, não tem culpa nem autocrítica. (Abdias do Nascimento). No caso da reserva de vagas em concursos públicos, a análise da legitimidade da desequiparação instituída em favor dos negros passa pela constatação da existência do chamado "racismo estrutural" (ou institucional) e das consequências que ele produz em nossa sociedade. Esse tipo de racismo não decorre necessariamente da existência de ódio racial ou de um preconceito consciente de brancos em relação aos negros. Ele constitui antes um sistema institucionalizado que, apesar de não ser explicitamente "desenhado" para discriminar, afeta, em múltiplos setores, as condições de vida, as oportunidades, a percepção de mundo e a percepção de si que pessoas, negras e brancas, adquirirão ao longo de suas vidas. Nas palavras de Ivair Augusto Alves dos Santos, "o racismo institucional é revelado através de mecanismos e estratégias presentes nas instituições públicas, explícitos ou não, que dificultam a presença dos negros nesses espaços", de modo que o "acesso é dificultado, não por normas e regras escritas e visíveis, mas por obstáculos formais presentes nas relações sociais que se reproduzem nos espaços institucionais e públicos". (...) No Brasil, é certo, nunca houve um conflito racial aberto ou uma segregação formal. O racismo nesses trópicos é velado, dissimulado, encoberto pelo mito da democracia racial e pela cordialidade do brasileiro. Não é, porém, difícil constatar a sua presença na realidade brasileira. Apesar de o país ser altamente miscigenado, a convivência entre brancos e negros se dá majoritariamente em relações hierarquizadas, de subordinação e subalternidade[160].

A população afro-brasileira é a encarnação da brutalidade do tráfico transatlântico e da escravização colonial do século XVI ao XIX. Tiveram que superar o abandono público, as tentativas de apagamento, a eugenia e a negação da cidadania. O governo brasileiro tem uma dívida histórica com a população afrodescendente. Aplicar o Protocolo de Julgamento pela perspectiva racial é começar essa reparação histórica, inclusive no Direito das Famílias. As milhares de crianças "depositadas" em casas de acolhimento à espera de uma família que nunca chega, seja a biológica ou adotiva, em sua maioria é afrodescendente. A aplicação do Protocolo instituído pela Resolução nº 598/2024, associado a políticas públicas e voltado a essa perspectiva, bem como as novas leis sobre adoção podem ajudar a diminuir essa triste realidade.

1.17 RESUMO

Direito de Família é um conjunto de normas jurídicas (regras e princípios) que organizam as relações familiares, parentais e conjugais. Sua principal fonte são os costumes.

A partir do momento em que as pessoas passaram a se casar por amor, a família deixou de ser essencialmente um núcleo econômico e de reprodução para ser o espaço do amor e do afeto.

---

[159] Cf. STF, HC 154248-DF, 0067385-46.20181000000, Rel. Ministro Edson Fachin, Tribunal Pleno, *DJe* 23/02/2022.
[160] STF, ADC 41 DF 0000833-70.2016.1.00.0000, Rel. Roberto Barroso, Tribunal Pleno, *DJe* 17/08/2017.

Família é o *locus* de formação e estruturação do sujeito.

A primeira lei da civilização é uma lei de Direito de Família: interdito proibitório do incesto, o "não" necessário para que haja civilização e cultura.

A família é da ordem da cultura, e não da natureza, por isso vem sofrendo tantas variações em suas representações sociais ao longo da história.

Novas estruturas parentais e conjugais estão em curso.

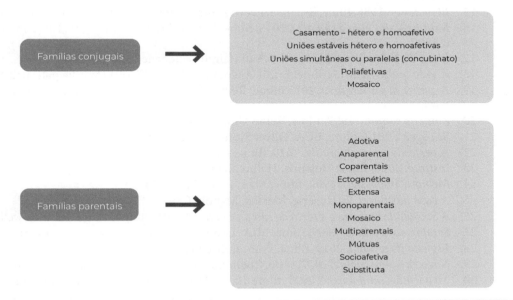

O Direito de Família tem conexões com outros ramos do Direito, tais como: Direito das sucessões, Constitucional, Penal, Empresarial, Tributário, Contratual e Previdenciário.

Boa-fé objetiva, confiança e lealdade são elementos imprescindíveis para o Direito de Família.

O Direito de Família sempre buscou ajuda em outros campos do conhecimento. A interdisciplinaridade tornou-se uma necessidade, especialmente com a Psicanálise, arte e técnica de mediação.

FILMOGRAFIA

1. *The Modern Family*, 2009, série, EUA, Steven Levitan e Christopher Lloyd.
2. *Dieta mediterrânea*, 2008, filme, Espanha, Joaquin Oristrell (união poliafetiva).
3. *Amante do Rei*, 1990, filme, Austrália/França/Itália/Reino Unido da Grã-Bretanha/Irlanda do Norte, Axel Corti (relação extraconjugal).
4. *O banquete do casamento*, 1993, filme, EUA e Taiwan, Ang Lee.
5. *Caráter*, 1997, filme, Holanda/Bélgica, Mike van Diem (família monoparental).
6. *Chegadas e partidas*, 2001, filme, EUA, Lasse Hallström (família monoparental).
7. *Chocolate*, 2001, filme, Reino Unido/EUA, Lasse Hallström (família monoparental).
8. *Clean*, 2004, filme, França/Reino Unido/Canadá, Olivier Assayas (relações familiares).

9. *Coisas de família*, 2005, filme, EUA, Raymond De Felitta (família/ homoafetividade).
10. *Com os olhos fechados*, 1991, filme, Reino Unido, Stephen Poliakoff (relações familiares, casamento, incesto etc.).
11. *Os seus, os meus e os nossos*, 2005, filme, EUA, Raja Gosnell.
12. *Então vem o amor*, 2007, filme, EUA, Richard Schenkman (família ectogenética).
13. *Blue Jasmine*, 2013, filme, EUA, Woody Allen (família anaparental).
14. *Tudo sobre minha mãe*, 1999, filme, Espanha/França, Pedro Almodóvar (relações familiares).
15. *El matador*, 1986, filme, Espanha, Pedro Almodóvar (Direito e Psicanálise – Gozo).
16. *Maudie – sua vida e sua arte*, 2016, filme, Canadá/Irlanda, Aisling Walsh (Direito e Arte).
17. *Plano B*, 2010, filme, EUA, Alan Poul (família ectogenética).
18. *A vida invisível*, 2019, filme, Brasil/Alemanha, Karim Aïnouz (família patriarcal).
19. *A garota dinamarquesa*, 2015, filme, Reino Unido, Tom Hooper (família transafetiva).
20. *Zona de conflito*, 1999, filme, Reino Unido/Itália, Tim Roth.
21. *Selvagens*, 2012, filme, EUA, Oliver Stone (união poliafetiva).
22. *A perfectly normal familly*, 2020, filme, Dinamarca, Malou Reymann.
23. *Instinto*, 2020, filme, Holanda, Halina Reijn.
24. *Melhor é impossível*, 1997, filme, EUA, James L. Brooks.
25. *A casa das flores*, 2021, série, México, Manolo Caro.
26. *A Sociedade literária e a torta de casca de batatas*, 2018, filme, França, Mike Newell.
27. *Sempre ao seu lado*, 2009, filme, EUA, Lasse Hallström (família multiespécie).
28. *Espírito de família*, 2019, filme, França, Éric Besnard.
29. *Novo rico, novo pobre*, 2007, série, Colômbia, Andrés Marroquín (famílias mútuas)
30. *Meu irmão, minha irmã*, 2021, filme, Itália, Roberto Capucci (família anaparental).

2

OS PRINCÍPIOS FUNDAMENTAIS PARA O DIREITO DE FAMÍLIA

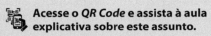

Acesse o *QR Code* e assista à aula explicativa sobre este assunto.

> https://uqr.to/ofpq

2.1 UMA PRINCIPIOLOGIA PARA O DIREITO DE FAMÍLIA

O Direito de Família é um dos ramos do Direito que mais sofreu e vem sofrendo alterações no último século, em todo o mundo ocidental. Essas mudanças estão associadas ao declínio do patriarcalismo que, por sua vez, tem suas raízes históricas na Revolução Industrial e na Revolução Francesa, que marcaram um novo ciclo histórico: a Idade Contemporânea.

Com todas essas mudanças, especialmente nos costumes e na "liberalização sexual", começou-se a pensar que a família entrou em crise, em desordem. É natural que em meio a um processo histórico, e que ainda estamos vivenciando, tenhamos um olhar medroso e pessimista às mudanças. É compreensível que as coisas novas amedrontem, mas o processo é de evolução histórica e não de decadência. As turbulências do caminho são decorrências naturais. Hoje, constatamos que a família, além de plural, está em movimento, desenvolvendo-se para a superação de valores e impasses antigos. Todas as mudanças na estrutura da organização familiar, cujas raízes vinculam-se ao declínio do patriarcalismo, significam, também, o ápice das rupturas de um processo de dissociação iniciado há muitos séculos.

Com a conquista das mulheres de um lugar de "Sujeito de Desejo", o princípio da indissolubilidade do casamento ruiu. A resignação histórica das mulheres é que sustentava os casamentos[1]. O fantasma do fim da conjugalidade foi atravessado por uma realidade social, em que imperava a necessidade de que o sustento do laço conjugal estivesse no amor, no afeto e no companheirismo. Aí reside uma das mudanças paradigmáticas e estruturantes do Direito de Família.

---

[1] Em 2021, o STF afastou por meio da ADPF 779 o argumento da legítima defesa da honra, sob a seguinte ementa: "Legítima defesa da honra" não é, tecnicamente, legítima defesa. A traição se encontra inserida no contexto das relações amorosas. Seu desvalor reside no âmbito ético e moral, não havendo direito subjetivo de contra ela agir com violência. Quem pratica feminicídio ou usa de violência com a justificativa de reprimir um adultério não está a se defender, mas a atacar uma mulher de forma desproporcional, covarde e criminosa. (...). (STF, ADPF 779, Rel Min. Dias Toffoli, Pleno, public. 20/05/2021).

Em outubro de 1988, com a Constituição da República Federativa do Brasil, ficaram consagrados os princípios fundamentais para o ordenamento jurídico brasileiro. Foi uma verdadeira revolução. Foi a partir dessa revolução constitucional que se consolidou toda a evolução do Direito de Família, e que nos autorizamos a estabelecer os princípios fundamentais para a organização jurídica da família.

A partir do "espírito" e dos princípios fundamentais da Constituição da República, entre eles o da cidadania e dignidade da pessoa humana (art. 1º, II e III), é que o Direito de Família teve que romper definitivamente com as velhas concepções: da ilegitimidade dos filhos, já que todas as formas de filiação foram legitimadas pelo Estado; suposta superioridade do homem sobre a mulher nas relações conjugais; o casamento como única forma de se constituir e legitimar a família. As concepções de inclusão e cidadania instalaram-se definitivamente no Direito de Família. Assim, a maioria das grandes discussões deste ramo do Direito tornou-se uma questão de Direitos Humanos, pois a elas está ligada a ideia de inclusão ou exclusão na ordem social e jurídica, enfim, a palavra de ordem da contemporaneidade, ou seja, cidadania.

Para se fazer uma leitura, ou releitura de um Direito que se pretenda traduzir a família contemporânea, ou pós-moderna como dizem alguns, é necessário que as leis estejam em consonância com princípios basilares do Direito de Família. Para se compreender tais princípios, e sustentá-los, é necessário que se adote uma hermenêutica contextualizada numa revolução paradigmática.

Um dos marcos essenciais da revolução paradigmática no Direito Civil, e em especial no Direito de Família, é a introdução e interferência da Psicanálise no discurso jurídico. Desde que Freud revelou ao mundo a "descoberta" do inconsciente, fundando a Psicanálise, o pensamento contemporâneo ocidental tomou outro rumo. A consideração do inconsciente revelou um outro sujeito, um "sujeito de desejo". É que os atos e fatos jurídicos não se realizam apenas na ordem da objetividade. Há uma subjetividade, um sujeito inconsciente, que também tem ação determinante nos negócios jurídicos. Em outras palavras, na objetividade dos atos e fatos jurídicos permeia uma subjetividade que não pode mais ser desconsiderada pelo Direito. É esse sujeito do inconsciente, presente na "cena jurídica", que eterniza uma separação litigiosa como uma forma inconsciente de manter uma relação. Enquanto isso mantém-se ligado pelo ódio que, aliás, sustenta, tanto quanto ou mais que o amor, o vínculo conjugal.

A consideração do sujeito de desejo fez despertar uma nova consciência sob a não obrigatoriedade dos vínculos conjugais. Podemos dizer, inclusive, que essa nova consciência teve como consequência o surgimento das leis de divórcio nos países do mundo ocidental. O discurso psicanalítico introduziu também uma outra noção de sexualidade. Compreendeu-se que ela é muito mais da ordem do desejo que da genitalidade. É aí que se começam a valorizar os vínculos conjugais sustentados no amor e no afeto. Podemos dizer, então, que esse novo discurso sobre a sexualidade, introduzido por Freud, revalorizou o amor e o afeto. Na esteira dessa evolução e compreensão é que o Direito de Família atribuiu ao afeto um valor jurídico. E é este sentimento, agora como um novo valor jurídico, que tem desinstalado velhas concepções e instalado uma nova ordem jurídica para a família.

O princípio da afetividade no Direito de Família, consequência das mudanças paradigmáticas e interferência do discurso psicanalítico, obriga-nos a pensar um ordenamento jurídico para a família que revalorize e redimensione os princípios como uma fonte do Direito realmente eficaz e de aplicação prática. Organizar e enumerar esses princípios específicos e particulares do Direito de Família, além de fazer-nos compreender melhor a base e estrutura deste ramo do Direito, contribuirá para uma hermenêutica que certamente estará aproximando o justo do legal.

Essa fonte do Direito esteve um pouco "esquecida", ou desgastada, no final do século passado, em razão de que ela ocupava um lugar de supletividade de outras fontes, como dizia a

LINDB em seu art. 4º[2] e o CPC/15, art. 140.[3] Norberto Bobbio, em sua "Teoria do ordenamento jurídico", faz uma distinção entre princípios expressos e não expressos. O melhor exemplo de princípios gerais expressos são aqueles do art. 1º da Constituição da República do Brasil – soberania, cidadania, valores sociais do trabalho e da livre iniciativa, pluralismo político e dignidade da pessoa humana. Os princípios não expressos estão inscritos no espírito ético dos ordenamentos jurídicos. Exemplos clássicos de princípios não expressos são o da "moralidade pública", da boa-fé, e no Direito de Família a interdição do incesto, que funciona também como um macroprincípio, ou mais, como um princípio essencial. Sem ele não é possível haver organização social e jurídica. Este princípio se traduz também como regra quando é posto entre os impedimentos para o casamento, mas, independentemente de ser uma regra, ele é, antes de tudo, um princípio universal de qualquer sistema jurídico.

Bobbio é definitivo quando afirma, com sua autoridade, e a partir de Kelsen em sua "Teoria pura do direito", que princípio é norma. Assim, podemos dizer que os princípios são normas generalíssimas do sistema e contêm o espírito que paira sobre todas as leis. Em outras palavras, norma é o gênero que comporta as espécies, princípios e regras. Três outros autores contemporâneos que trouxeram importantes contribuições para o desenvolvimento e compreensão dos princípios são Josef Esser, Ronald Dworkin, Robert Alexy. Foram eles que consolidaram a distinção entre princípios e regras, colocando-os como integrantes de uma mesma categoria normativa como já havia feito Bobbio, bem como as diversas teorias sobre a colisão de princípios, entre elas a teoria da ponderação e a teoria da adequabilidade.

2.2 A QUEBRA DO DOGMATISMO E POSITIVISMO JURÍDICO E A CONTRIBUIÇÃO DA PSICANÁLISE

A compreensão e aplicação de uma principiologia no Direito contemporâneo pressupõe a quebra e mudança de uma concepção jurídica preponderantemente positivista. Ronald Dworkin é um dos autores que mais incitou o debate sobre a questão principiológica e sua incompatibilidade com o positivismo clássico. Muito pertinente seu questionamento, com vistas a apurar se a "justiça requer decisões de acordo com regras preexistentes[4]", ou seja, se estamos atrelados às concepções positivistas, que entendem que o Direito se reduz a um mundo fechado de regras. Em caso afirmativo, tudo o que não está contido nas regras, não existe no Direito.

Marcelo Campos Galuppo[5] fundamenta o positivismo jurídico, amparado no pensamento de Norbert Hoerster, em sua tese da neutralidade e do subjetivismo, que determina que o conceito de direito seja definido dispensando seu conteúdo, além de não pressupor nenhuma valoração. Afirma, também, que

> o direito positivo vale porque e na medida em que foi criado por uma autoridade reconhecida como legítima pelo fato de ser, ela mesma, fundamentada em normas jurídicas positivadas. Assim, o critério para indicação da norma jurídica válida é, sempre e somente, outra norma jurídica válida, substituindo-se então o critério de justiça pelo critério de validade na identificação do direito[6].

---

[2] "Art. 4º Quando a lei for omissa, o juiz decidirá o caso de acordo com a analogia, os costumes e os princípios gerais de direito."

[3] Art. 140, CPC/15 – "O juiz não se exime de decidir sob a alegação de lacuna ou obscuridade do ordenamento jurídico."

[4] Levando os direitos a sério. Trad. Nelson Boeira. São Paulo: Martins Fontes, 2002, p. 11.

[5] O direito civil no contexto da superação do positivismo jurídico: a questão do sistema. In: FIÚZA, Cézar; SÁ, Maria de Fátima Freire; NAVES, Bruno Torquato. Direito civil: atualidades. Belo Horizonte: Del Rey, 2003, p. 160.

[6] Idem, p. 161.

Ronald Dworkin define positivismo como "um modelo de e para um sistema de regras[7]", razão pela qual não considera outros tipos de normas como componentes do Direito. Entretanto, na sociedade contemporânea, pluralista e multicultural, na qual surgem novos interesses e modelos de convivência, faz-se necessária uma reflexão mais cuidadosa pelo intérprete. O que fazer quando o intérprete se encontra perante situações em que o regramento jurídico não oferece respostas? Sabemos que a realidade sempre antecede ao Direito. A jurisdicização de atos e fatos acontece a partir da vida cotidiana do sujeito. Está em franca decadência nos ordenamentos jurídicos contemporâneos a concepção de Direito como estrutura formal, que tinha o sujeito abstrato como ponto de partida, acompanhado dos papéis que desempenhava no trânsito jurídico, apenas como proprietário, marido, testador e contratante. O Direito contemporâneo gira em torno da pessoa humana real e das situações jurídicas, tendo em vista, principalmente, o processo de Constitucionalização do Direito Civil. Em outras palavras, interessa na relação jurídica muito mais o sujeito do que o seu objeto. Este é um imperativo ético que se impõe especialmente com a introdução do discurso psicanalítico da valorização do sujeito, como já havia pronunciado Del Vecchio: *"O único princípio que permite visão recta e adequada do mundo ético é o do caráter absoluto da pessoa, da supremacia do sujeito sobre o objeto"*[8]. Por isso, o sistema de regras tornou-se insuficiente, em face da revolução hermenêutica havida com o *status* que a pessoa humana alcançou, de fundamento da República Federativa do Brasil, por força do art. 1º, III, da CF de 1988.

Com isso, mudaram, também, os parâmetros hermenêuticos que norteiam o intérprete. O positivismo, por conseguinte, tornou-se insuficiente, pois as regras não fizeram frente, de imediato, a tais situações hermenêuticas. Antes da existência da positivação de situações jurídicas novas, a jurisprudência tornou-se relevante fonte do Direito, pois decide fatos que ainda não são contemplados em regras jurídicas.

Mas qual a fundamentação de tais decisões? A fundamentação se baseia em princípios jurídicos, ou em padrões a serem observados, por serem uma exigência de justiça ou equidade, ou de alguma dimensão da moralidade[9]. Por serem padrões de comportamento, compostos por uma densa carga valorativa, sua construção normativa se consubstancia em fator essencial para sua aplicação.

Nas decisões dos tribunais brasileiros vê-se hoje a força dos princípios aplicados aos casos concretos, de modo que os julgadores têm atribuído os parâmetros hermenêuticos e valorativos existentes na sociedade e inscritos na Constituição. É com este rico material que se tornou possível construir o conteúdo normativo dos princípios e, por conseguinte, aplicá-los diretamente às relações interprivadas.

Tais princípios têm seu berço privilegiado na Constituição Federal de 1988, que elegeu valores sociais dominantes como fundamentais[10]. Após um século perpassado por duas grandes guerras mundiais, a pessoa humana passou a ocupar um lugar de destaque na cultura e na ordem jurídica. O patrimônio perdeu seu lugar de realce, pois seu sentido passou a se corporificar

---

[7]   DWORKIN, Ronald. Levando os direitos a sério. Trad. Nelson Boeira. São Paulo: Martins Fontes, 2002, p. 36.

[8]   Del Vecchio, Giorgio. *Lições de filosofia do direito*. Trad. Antônio José Brandão. Coimbra: Arménio Amado, 1959, v. II, p. 364.

[9]   DWORKIN, Ronald. Levando os direitos a sério. Trad. Nelson Boeira. São Paulo: Martins Fontes, 2002, p. 36.

[10]   Arce y Flórez-Valdés anota que a ideia dos princípios "não pode desvincular-se de uma referência à Constituição, por ser a norma jurídica suprema da organização jurídica de uma Nação, não só encerra os princípios gerais do ordenamento e reflete a filosofia da vida jurídica, no dizer de Perlingieri, senão que, ademais, enquanto síntese das aspirações de um povo, na expressão de Battle, é evidente que de alguma maneira consagre os princípios básicos de sua organização" (Los principios generales del derecho y su formulación constitucional. Madrid: Civitas, 1990, p. 13).

apenas se funcionalizado com a realização da dignidade da pessoa humana. Por esse motivo, Gustavo Tepedino, um dos precursores do Direito Civil Constitucional brasileiro, preleciona:

> A interposição de princípios constitucionais nas vicissitudes das situações jurídicas subjetivas está a significar uma alteração valorativa que modifica o próprio conceito de ordem pública, tendo a dignidade da pessoa humana o valor maior, posto no ápice do ordenamento. Se a proteção aos valores existenciais configura momento culminante da nova ordem pública instaurada pela Constituição, não poderá haver situação jurídica subjetiva que não esteja comprometida com a realização do programa constitucional[11].

Diante disso, o papel dos princípios é, também, informar todo o sistema, de modo a viabilizar o alcance da dignidade humana em todas as relações jurídicas, ultrapassando, desta forma, a concepção estritamente positivista, que prega um sistema de regras neutro. Não mais se aceita um Direito adstrito a concepções meramente formais, enclausurado em uma moldura positivista. É necessário ultrapassar esta barreira e visualizar que só é possível a construção de um Direito vivo e em consonância com a realidade se tivermos em mente um Direito principiológico.

2.3 NORMAS E PRINCÍPIOS; KELSEN E COLISÃO DE PRINCÍPIOS

A velha discussão entre os juristas, se princípio é norma jurídica ou não, está ultrapassada depois que Norberto Bobbio, em sua Teoria do ordenamento jurídico, com clareza e autoridade, parece ter dado a última palavra sobre o assunto: *Para sustentar que os princípios gerais são normas, os argumentos são dois e ambos válidos: antes de mais nada, se são normas aquelas das quais os princípios gerais são extraídos, através de um procedimento de generalização sucessiva, não se vê porque não devam ser normas também eles: se abstraio da espécie animal obtenho sempre animais, e não flores ou estrelas. Em segundo lugar, a função para qual são extraídos e empregados é a mesma cumprida por todas as normas, isto é, a função de regular um caso. E com que finalidade são extraídos em caso de lacuna? Para regular um comportamento não regulamentado: mas então servem ao mesmo escopo a que servem as normas expressas. E por que não deveriam ser normas?*[12] Bobbio foi taxativo porque pôde buscar, sobretudo na obra de Kelsen, as concepções mais aprofundadas de norma jurídica e seus problemas conexos com a existência do ordenamento jurídico, uma vez que é o conjunto ou complexo de normas que constitui o ordenamento jurídico. O mérito maior de Kelsen e o que mais lhe deu reconhecimento internacional foi, sem dúvida, no campo da teoria geral do direito, em que ele desenvolveu a Teoria pura do direito. Ao tentar empreender uma teoria sobre os ordenamentos jurídicos, purificada das ideologias políticas, acabou trazendo a melhor concepção de norma, norma fundamental e dinâmica do sistema normativo. Kelsen explica: *Se o Direito é concebido como uma ordem normativa, como um sistema de normas que regulam a conduta dos homens, surge a questão: o que é que fundamenta a unidade de uma pluralidade de normas, por que é que uma norma determinada pertence a uma determinada ordem? E esta questão está intimamente relacionada com esta outra: Por que é que uma norma vale, o que é que constitui o seu fundamento de validade?*[13] *Os princípios são normas muito mais que qualquer outra norma, pois eles traduzem não somente o sentido de um ato de vontade, mas principalmente o "conteúdo de sentido"*[14], *e o espírito da norma.* Pode-se dizer, então, como Bobbio[15], que os princípios são normas generalíssimas,

---

[11]   Editorial. Revista Trimestral de Direito Civil. Rio de Janeiro: Padma, v. 4, p. IV, out./dez. 2000.

[12]   Op. cit., p. 158.

[13]   Teoria pura do direito. Trad. João Baptista Machado. São Paulo: Martins Fontes, 1998, p. 215.

[14]   KELSEN, Hans. Teoria pura do direito, cit., p. 10.

[15]   Op. cit., p. 158.

isto é, são as normas mais gerais do sistema e contêm o espírito que paira sobre todas as leis, cuja origem pode ser identificada, inclusive como uma norma fundamental. Josef Esser, um dos juristas que mais contribuiu para a reconstrução do conceito dos princípios, também é assertivo ao dizer que "no fundo das normas positivas há sempre um princípio latente de direito que, uma vez descoberto, tem em si mesmo o impulso suficiente para ganhar automaticamente um nível igual ao da lei mesma"[16].

Com a evolução e desenvolvimento do direito civil-constitucional, os princípios ganharam uma nova força normativa. Eles deixaram seu caráter supletório para ocupar o lume e o centro da interpretação normativa. Essa força e esse lugar norteador, trazidos pela leitura constitucional, obviamente estão presentes também nos outros ramos do Direito. Mas, é no Direito Civil e em particular no Direito de Família, que eles se apresentam com tal força e necessidade. Para evitar julgamentos moralistas em processos judiciais, escolhi dez princípios que considerei fundamentais e norteadores para o Direito de Família. Esses dez princípios, considero que são essenciais, e sem os quais não é possível que se faça um julgamento justo em Direito de Família.

Em algumas situações, alguns princípios podem colidir, isto é, ficarem "aparentemente" contraditórios entre si, até porque são invocados de acordo com a subjetividade de quem os interpreta. Por exemplo, em um julgamento sobre famílias simultâneas, o julgador que tenha ideias mais conservadoras, não acatará que essas famílias sejam reconhecidas pela ordem jurídica, e fundamentará sua decisão no princípio da monogamia, sem sopesá-lo com outros princípios, como o da dignidade, da reponsabilidade, da pluralidade das formas constituídas de família, da solidariedade, etc. Vê-se aí em típico caso de colisão de princípios. Há duas saídas para o choque de princípios[17]: ponderação ou adequabilidade. A solução mais adequada para a colisão, ou conflitos de princípios, de acordo com Ronald Dworkin é aquela que atende os ditames de justiça, moralidade e equidade, de modo a atribuir legitimidade ao Direito. Mas isto também é uma interpretação subjetiva. O que o intérprete deve buscar é, sempre, a melhor forma de alcançar a dignidade da pessoa humana, ou seja, é ela que deve sempre preponderar. Ainda que alguns autores digam que não há hierarquia entre princípios, o da dignidade da pessoa humana deve sempre preponderar. Afinal se verificarmos a disposição topográfica da Constituição, é ela que está no artigo 1º, III, ao lado dos objetivos da República Federativa do Brasil, que direciona todo o sistema jurídico, o que nos leva uma inevitável hierarquia principiológica, elevando a dignidade à categoria de um macro princípio[18].

---

[16] Princípio e norma en la elaboración jurisprudencial del derecho privado. Barcelona: Bosch, 1961, p. 498.

[17] (...) A chamada colisão de princípios é por demais conhecida pela Filosofia do Direito contemporânea, graças à contribuição do jurista Robert Alexy. Não se fala de invalidação de um princípio por outro, mas de sua prevalência, conforme as circunstâncias e segundo a fórmula-peso (ALEXY, Robert. Theorie der Grundrechte (Teoria dos Direitos Fundamentais). Frankfurt am Main: Suhrkamp, 1986 p. 78-79). A lei de colisão (Kollisionsgesetz) baseia-se no primado de que "as condições sob as quais um princípio precede aos outros, formam o tipo abstrato de uma regra que expressa as consequências jurídicas do princípio precedente" (ALEXY, Robert. Theorie der Grundrechte... p. 79-84). Assim, a ponderação de princípios leva, na prática, à produção de uma norma cuja formulação conduz ao que Robert Alexy chama de fundamentação jurídico-fundamental correta. Como decorrência, não há de se falar em direitos fundamentais absolutos. Como bem salienta Herbert Bethge, "a noção de um direito fundamental ilimitado é impossível na prática e contraditória na teoria" (In. Dieverfassungsrechtliche Problematik der Grundpflichten. Juristische Arbeitsblätter, Heft 5, p. 252, 1985). (...) Toda restrição ao direito fundamental é uma forma de se criar obstáculos à realização plena de um princípio, como adverte Robert Alexy (Op. cit. p. 300-307). (...) (STF, ADI 4451, Rel. Min. Ayres Britto, j. 21/06/2018).

[18] Para maior aprofundamento, ver meu livro Princípios Fundamentais norteadores do Direito de Família. 3ª edição, *passim*.

2.3.1 O princípio da dignidade humana

É um dos esteios de sustentação dos ordenamentos jurídicos contemporâneos e funciona como o vértice do Estado Democrático de Direito. Não é mais possível pensar em direitos desatrelados da ideia e conceito de dignidade. Por isto a dignidade[19] é o pressuposto da ideia de justiça. Embora essa noção esteja vinculada à evolução histórica do Direito Privado, ela tornou-se também um dos pilares do Direito Público, na medida em que é o fundamento primeiro da ordem constitucional e, portanto, é um macroprincípio sob o qual irradiam e estão contidos outros princípios e valores essenciais como a liberdade, autonomia privada, cidadania, igualdade e alteridade. São, portanto, uma coleção de princípios éticos. Isto significa que é contrário a todo nosso Direito qualquer ato que não tenha como fundamento a autonomia, a cidadania, a dignidade da pessoa humana, os valores sociais do trabalho, da livre-iniciativa, e o pluralismo político. Essas inscrições constitucionais são resultado e consequência de lutas e conquistas políticas associadas à evolução do pensamento, desenvolvimento das ciências, das novas tecnologias e da globalização.

É a noção de dignidade e indignidade que possibilitou pensar, organizar e desenvolver os Direitos Humanos. A expressão "dignidade da pessoa humana" é uma criação kantiana do começo do século XIX. Em sua Fundamentação da metafísica dos costumes (1785), ao argumentar que havia em cada homem um mesmo valor por causa da sua razão, empregou a expressão "dignidade da natureza humana", mais apropriada para indicar o que está em questão quando se busca uma compreensão ética – ou seja, da natureza – do ser humano. Kant afirma de forma inovadora que o homem não deve jamais ser transformado num instrumento para a ação de outrem. Embora o mundo prático permita que certas coisas ou certos seres sejam utilizados como meios para a obtenção de determinados fins ou determinadas ações, e embora também não seja incomum historicamente que os próprios seres humanos sejam utilizados como tais meios, a natureza humana é de tal ordem que exige que o homem não se torne instrumento da ação ou da vontade de quem quer que seja. Em outras palavras, embora os homens tendam a fazer dos outros homens instrumento ou meios para suas próprias vontades ou fins, isso é uma afronta ao próprio homem. É que, sendo dotado de consciência moral, tem um valor que o torna sem preço, que o põe acima de qualquer especulação material, isto é, coloca-o acima da condição de coisa. Por conter essa dignidade, esse valor intrínseco, sem preço e acima de qualquer preço, que faz dele pessoa, ou seja, um ser dotado de consciência racional e moral, e por isso mesmo capaz de responsabilidade e liberdade.

As coisas têm preço e as pessoas, dignidade. Isto significa dizer que no reino dos fins tudo tem um preço ou uma dignidade. Quando uma coisa tem um preço, podemos substituí-la por qualquer outra como equivalente; mas o homem, superior à coisa, está acima de todo preço, portanto não permite equivalente, pois ele tem dignidade. O que se relaciona com as inclinações e necessidades gerais do homem tem um preço venal; aquilo que, mesmo sem pressupor uma necessidade, é conforme a um certo gosto, isto é, a uma satisfação no jogo livre e sem finalidade das nossas faculdades anímicas, tem um preço de afeição ou de sentimento; aquilo, porém, que constitui a condição, graças a qual qualquer coisa, pode ser um fim em si mesmo, não tem somente um valor relativo, isto é, um preço, mas um valor íntimo, ou seja, a dignidade.

Essa concepção tem, como tudo em filosofia, antepassados teóricos, dos quais o mais antigo é Pico Della Mirandola, e dois outros mais próximos e relevantes são os ingleses John Locke e David Hume. Contudo, foi Kant quem demonstrou que a dignidade humana decorre da natureza humana e não de variáveis externas. Uma sociedade justa e democrática começa e

---

[19] (...) O princípio da dignidade da pessoa humana busca proteger de forma integral o sujeito na qualidade de pessoa vivente em sua existência concreta. (...). (STF, ADI 5.543/DF 4001360-51.2016.1.00.0000, Relator: Ministro Edson Fachin, Tribunal Pleno, Data de Publicação: 26/08/2020).

DIREITO DAS FAMÍLIAS – *Rodrigo da Cunha Pereira*

termina com a consideração da liberdade e da autonomia privada. Isto significa também que a exclusão de determinadas relações de família do laço social é um desrespeito aos Direitos Humanos, ou melhor, é uma afronta à dignidade da pessoa humana.

O Direito de Família só estará de acordo e em consonância com a dignidade[20] e com os Direitos Humanos a partir do momento em que essas relações interprivadas não estiverem mais à margem, fora do laço social. Os exemplos históricos de indignidade no Direito de Família são muitos: a exclusão da mulher de determinados direitos, colocando-a em posição inferior ao homem; a proibição de registrar o nome do pai nos filhos havidos fora do casamento se o pai fosse casado; o não reconhecimento de outras formas de família que não fosse o casamento entre homem e mulher.

O Direito de Família está intrinsecamente ligado aos "Direitos Humanos" e à dignidade. A compreensão dessas noções, remete ao conceito contemporâneo de cidadania e é o que tem impulsionado a evolução do Direito de Família. Cidadania pressupõe não exclusão. Isto deve significar a legitimação e a inclusão no laço social de todas as formas de família, respeito a todos os vínculos afetivos e a todas as diferenças. Portanto, o princípio da dignidade humana significa para o Direito de Família a consideração e o respeito à autonomia dos sujeitos e à sua liberdade. Significa, em primeira e última análise, uma igual dignidade para todas as entidades familiares. Neste sentido, podemos dizer que é indigno dar tratamento diferenciado às várias formas de filiação ou aos vários tipos de constituição de família. A ordem imperativa deste comando constitucional é despir-se de preconceitos, de modo a se evitar tratar de forma indigna toda e qualquer pessoa humana, principalmente no âmbito do Direito das Famílias, que tem a intimidade, a afetividade e a felicidade como seus principais valores[21].

2.3.2 O princípio da monogamia

É um princípio constitucional não expresso, assim como o é, o interdito proibitório do incesto. Não é necessário estar escrito, expresso no texto da lei, pois ele está inscrito no espírito do ordenamento jurídico brasileiro. Contudo, isto não significa que ele seja um valor ou um princípio jurídico absoluto. Assim como todos os princípios jurídicos, que não funcionam na base do tudo ou nada, ele deve sempre ser ponderado com outros princípios, sempre em direção ao macro princípio da dignidade da pessoa humana.

Embora a monogamia funcione também como um ponto-chave das conexões morais das relações amorosas e conjugais, não é simplesmente uma norma moral ou moralizante. Sua existência nos ordenamentos jurídicos que o adotam, tem a função de um princípio jurídico

---

[20] (...) O artigo 226, § 7º, da CF/88 deu ênfase à família, como forma de garantir a dignidade da pessoa humana. Assim, o direito das famílias está ligado ao princípio da dignidade da pessoa humana de forma molecular. É também com base em tal princípio que se deve solucionar o caso concreto, por ser um supraprincípio constitucional, devendo ele, aliás, ser observado em todas as prestações jurisdicionais de um Estado Democrático de Direito. Dessarte, não se pode descuidar, no direito familiar, de que as estruturas familiares estão em mutação. E, para lidar com essas modificações, não bastam somente as leis. É necessário buscar subsídios em diversas áreas, levando-se em conta aspectos individuais de cada caso. É preciso ter em mente que o Estado deverá cada vez estar mais atento à dignidade da pessoa humana. (...) STJ – REsp: 1448969 SC 2014/0086446-1, Relator: Ministro Moura Ribeiro, 3ª Turma, pub. *DJe* 03/11/2014).

[21] (...) O postulado da dignidade da pessoa humana, que representa – considerada a centralidade desse princípio essencial (CF, Art. 1º, III) – significativo vetor interpretativo, verdadeiro valor-fonte que conforma e inspira todo o ordenamento constitucional vigente em nosso País, traduz, de modo expressivo, um dos fundamentos em que se assenta, entre nós, a ordem republicana e democrática consagrada pelo sistema de direito constitucional positivo. Assiste, por isso mesmo, a todos, sem qualquer exclusão, o direito à busca da felicidade, verdadeiro postulado constitucional implícito, que se qualifica como expressão de uma ideia-força que deriva do princípio da essencial dignidade da pessoa humana (STF, RE 477554 AgR MG, Rel. Min. Celso de Mello. 2ª T., j. 16/08/2011).

organizador das relações jurídicas da família do mundo ocidental. Se fosse mera regra moral teríamos que admitir a imoralidade dos ordenamentos jurídicos do oriente médio, onde vários Estados não adotam a monogamia. Podemos dizer que ela é, hoje, também uma questão filosófica e abrange praticamente tudo o que de fato interessa.

Quando falamos em monogamia estamos nos referindo a um modo de organização da família conjugal. O seu negativo, ou o avesso deste princípio, não significa necessariamente o horror de toda organização social, ou seja, a promiscuidade.

Traição e infidelidade não significam necessariamente a quebra do sistema monogâmico. A caracterização do rompimento do princípio da monogamia não está nas relações extraconjugais, mas na relação extraconjugal em que se estabelece uma família simultânea àquela já existente, seja ela paralela ao casamento, união estável ou a qualquer outro tipo de família conjugal.

O sistema monogâmico, antes de ser um sistema de regras morais, é um sistema organizador das formas de constituição de famílias, que se polariza com o sistema poligâmico. A palavra poligamia tem origem grega e, literalmente, significa a união de uma pessoa com muitos cônjuges ao mesmo tempo, referindo-se tanto ao homem quanto à mulher. Poligamia é o gênero que comporta duas espécies: a poliginia, um homem vivendo com várias mulheres; a poliandria, pluralidade de maridos. Todas as definições encontradas em dicionários, doutrina jurídica, artigos e livros técnicos específicos referem-se sempre a maridos, esposas ou cônjuges, como se o regime monogâmico ou poligâmico se definisse apenas pelo casamento.

Com a evolução dos costumes, e principalmente após a Constituição da República Federativa do Brasil, houve o reconhecimento e a legitimação do Estado a outras formas de constituição de família, e à expressão cônjuge deve ser estendida a compreensão de qualquer outra forma de família conjugal.

A proibição de relações extraconjugais é uma das formas e instrumentos de garantia do sistema monogâmico, e também do poligâmico. No regime monogâmico brasileiro, a infidelidade constituía o tipo penal de adultério, até o ano de 2005; no regime poligâmico, infiel é aquele que mantém relações extraconjugais, com outrem além do número de cônjuges previsto no ordenamento jurídico. Portanto, a variação é sobre a natureza do pacto sociocultural, poli ou monogâmico, mas, de qualquer forma, nesta ou naquela maneira de organização de família, a premissa de fidelidade está sempre presente como uma condenação moral pela infração àquele pacto social.

A infidelidade é um complemento da monogamia. Não há cultura, socialização ou sociabilidade sem que haja proibições e interdições ao desejo. É neste sentido que o Direito funciona como uma sofisticada técnica de controle das pulsões e podemos dizer, então, ou melhor, repetir, que a primeira lei de qualquer agrupamento, tribo ou nação é uma lei de Direito de Família: a lei do pai, ou seja, o interdito proibitório do incesto. É essa lei primeira, presente em todas as sociedades, que possibilita a passagem do estado de natureza para a cultura. O porquê dessa proibição é que há um desejo subjacente a ela. Freud afirma com sua clarividência costumeira que, afinal de contas não há necessidade de se proibir algo que ninguém deseja fazer e uma coisa que é proibida com a maior ênfase deve ser algo que é desejado[22]. Interessante observar que essas proibições, segundo o próprio Freud dirigem-se especialmente em oposição à liberdade do prazer.

A fidelidade só tornou-se lei jurídica, isto é, um dos deveres do casamento, porque o "impulso" da infidelidade existe. Para determinadas pessoas, a fidelidade é intrínseca à sua personalidade e funciona como um pressuposto natural de respeito e para elas não haveria a menor necessidade de colocá-la como um dever, já que ele é inerente a essas pessoas. Para

---

[22] Cf. Totem e tabu. In: Obras psicológicas completas. Trad. Orizon Carneiro Muniz. Rio de Janeiro: Imago, 1995, v. XIII. p. 91.

90 DIREITO DAS FAMÍLIAS – *Rodrigo da Cunha Pereira*

outras, ela torna-se necessária como um dever legal, pois não são naturalmente fiéis ao parceiro, ou têm uma propensão natural à infidelidade e, portanto, precisam sofrer um interdito proibitório, que tem também a função de barrar ou conter os excessos daquilo que extrapola o convencionado no campo social[23].

Este é também um dos sentidos da lei jurídica, ou seja, um interdito proibitório dos impulsos inviabilizadores do convívio social. Para aqueles que não têm determinadas leis internas, a lei externa, ou melhor, a lei jurídica deve existir. Neste encontro, ou desencontro, do desejo e da lei, há uma questão relevante que merece ser formulada. É possível à lei jurídica regular o desejo, ou é o desejo que regula a lei? Em outras palavras, a necessidade da lei moral pressupõe a regulação do desejo, ou é a lei jurídica que institui um desejo de transgressão? Esta questão já havia sido posta por Del Vecchio quando ele disse que a ideia do Direito é concebível apenas se tiver correlação com o seu contrário, da mesma forma que o torto é inconcebível sem a noção do direito. Citando Schopenhauer, mas reconhecendo que ele se excedeu, afirma que a noção verdadeiramente positiva é a de injustiça e a sua negação é que seria a justiça, o Direito: Nenhum esforço de dialética poderá superar esta necessidade lógica que nos impede de antepor a noção do torto à noção do Direito. (...) *É pois absurdo falar de precedências com relação a noções que são por própria natureza correlativas. Na realidade, a determinação do torto e do Direito são concomitantes, pois constituem uma só e a mesma coisa. O mesmo juízo, a mesma linha lógica, leva-nos, pois, a distinguir o Direito do torto e a contrapô-los entre si*[24].

O desejo precisa ser regulado? É possível regulá-lo? Não o regular seria permitir uma degradação da lei moral? Freud, em um de seus mais conhecidos textos, Mal-estar na civilização, diz que a construção cultural pressupõe uma renúncia pulsional, que ele chamou de sublimação dos fins instintivos. É a sublimação, segundo ele, que torna possível as atividades psíquicas superiores, científicas, artísticas ou ideológicas. Portanto, o desenvolvimento da civilização impõe restrições ao instinto e ao desejo, e o Direito deve exigir que ninguém fuja a essas restrições. Não é fácil privar de satisfação um instinto, e não se faz isso impunemente, ou seja, paga-se um alto preço por isso, que é o mal-estar da civilização[25].

O sistema monogâmico surgiu por razões econômicas, e com uma divisão sexual do trabalho que atribuiu ao homem uma preponderância. Este sistema só se sustentou até hoje porque suas regras de fidelidade eram válidas para a parte economicamente mais fraca. A partir do momento em que não houver mais diferenças econômicas entre os gêneros e na medida em que as leis vão proclamando a igualdade, certamente as regras da fidelidade também sofrerão modificações.

O desejo encaminha, às vezes desencaminha ou segue caminhos tortuosos e escapa ao normatizável. Neste sentido, a jurisprudência brasileira vem relativizando o princípio da monogamia, para conjugá-lo com o da dignidade da pessoa humana, da responsabilidade, solidariedade etc.[26]. Por exemplo, uma família constituída paralelamente à outra, seja no casamento ou a uma

---

[23] (...) A relação de convivência não perde o caráter exclusivo frente à existência consensual de uma relação aberta, em que os seus partícipes mantêm, esporadicamente, relações puramente sexuais e despidas da *affectio maritalis* com terceiras pessoas. A fidelidade não se confunde com a lealdade esperada dos conviventes quanto ao trato da relação, nem configura pré-requisito para o reconhecimento da união de fato, conversando, antes, com um dever de conduta esperado de ambos, apenas se não decidiram, livremente, conduzir sua relação de modo diverso. (...). (TJSC, Apelação Cível n. 0026473-62.2010.8.24.0023, Rel. Des. Jorge Luis Costa Beber, 1ª Câmara de Direito Civil, j. 09/11/2017).

[24] DEL VECCHIO, Giorgio. Lições de filosofia do direito. Trad. Antônio José Brandão. Coimbra: Arménio Amado, 1959, v. II. p. 73.

[25] FREUD, Sigmund. O mal-estar na civilização. In: *Obras psicológicas completas*. Trad. José Octavio de A. Abreu. Rio de Janeiro: Imago, v. XXI. p. 111-118).

[26] (...) Dentre as novas formas de famílias hoje existentes, despontam-se as famílias paralelas: aquelas que se formam concomitantemente ao casamento ou à união estável. Se a lei lhe nega proteção, a justiça não pode

Cap. 2 – OS PRINCÍPIOS FUNDAMENTAIS PARA O DIREITO DE FAMÍLIA **91**

união estável, não pode deixar de ter os seus direitos, sob pena de propiciar o favorecimento de uns em detrimentos de outros, além de favorecer quem foi infiel, pois ele teria seus direitos intactos. Em outras palavras, não se pode ignorar, fazer de conta que aquela realidade não existe. Nestes casos, o princípio da dignidade humana deve prevalecer sobre o da monogamia, sob pena de condenar à indignidade e à invisibilidade social e jurídica as milhares de famílias simultâneas existentes no Brasil. Nas relações jurídicas, especialmente nas conjugais, o sujeito deve prevalecer sobre o objeto, ou seja, o Direito deve proteger muito mais a essência do que a forma ou a formalidade da relação jurídica.

2.3.3   O princípio do melhor interesse da criança/adolescente

Este princípio tem suas raízes na mudança da estrutura da família que se deu ao longo do século XX. Ao compreendê-la como um fato da cultura, e não da natureza, e com declínio do patriarcalismo, a família perdeu sua rígida hierarquia, sua preponderância patrimonialista e passou a ser o *locus* do amor, do companheirismo e da afetividade. E assim, as crianças e adolescentes ganharam um lugar de sujeitos, e como pessoas em desenvolvimento passaram a ocupar um lugar especial na ordem jurídica. Se são sujeitos em desenvolvimento, merecem proteção integral[27] e especial e têm absoluta prioridade sobre os outros sujeitos de direitos. Esta ideia aparece pela primeira vez em 1959 na Declaração Universal dos Direitos da Criança, que em seu 2º princípio declarou que "a criança gozará de proteção especial (...) ao promulgar leis com este fim, a consideração fundamental a que atenderá será o interesse superior da criança".

A Constituição da República de 1988, absorvendo este espírito (sim, as leis têm espírito, como dizia Montesquieu em seu célebre tratado de 1747, "Le espirit des lois") expressou por meio dos arts. 227 e 229 o princípio do melhor interesse da criança e adolescente. Ele tornou-se tão fundamental e norteador para toda e qualquer questão relativa à infância e juventude que ele se desdobra e reforça no Princípio da Proteção Integral[28] e da Absoluta Prioridade. Complementando e detalhando tais princípios, vieram várias regras (leis) na esteira da Convenção

---

ficar alheia a esses clamores. As leis, diz Jacques Derrida, em sua obra "Força de lei", não são justas como leis (DERRIDA, Jacques. Força de lei: o fundamento místico da autoridade. São Paulo: WMF Martins Fontes, 2007, p. 21. Quer dizer, o enunciado normativo não encerra, em si, a justiça que se busca. Só a equidade pode adaptar a letra da lei ao caso concreto. Não se pode deixar ao desamparo uma família que se forma ao longo de muitos anos, principalmente quando há filhos do casal. Garantir a proteção a esses grupos familiares não ofende o princípio da monogamia (...). (TJ-MA – APL: 0190482013 MA 0000728-90.2007.8.10.0115, Relator: Lourival De Jesus Serejo Sousa, Data de Julgamento: 29/05/2014, 3ª Câmara Cível, Data de Publicação: 15/07/2014).

27   A Resolução nº 245, de 5 de abril de 2024, do Conanda, dispõe sobre os direitos das crianças e adolescentes em ambiente digital. Estabelece o art. 3º desta resolução que: "A garantia e efetivação dos direitos da criança e do adolescente em ambiente digital é pautada pelos seguintes princípios: I – Não discriminação; II – Prevalência, primazia e precedência do superior interesse e dos direitos da criança e do adolescente; III – Direito à vida, à sobrevivência e ao desenvolvimento físico, mental, moral, espiritual e social; IV – Respeito à liberdade de expressão e de consciência, ao acesso à informação, à autonomia progressiva e à escuta e participação da criança e do adolescente; V – O livre desenvolvimento da personalidade, da dignidade, da honra e da imagem; VI – A promoção de um ambiente digital saudável e seguro, livre de assédio, discriminação e discursos de ódio; VII – O estímulo ao uso consciente e responsável para o exercício da cidadania em ambientes digitais; e VIII – a proteção de dados, a autodeterminação informativa e a privacidade. IX – a proteção contra toda forma de negligência, discriminação, violência, crueldade, opressão e exploração, inclusive contra a exploração comercial. X – a garantia dos direitos das crianças e adolescentes por design dos produtos e serviços em ambientes digitais". Em 12 de dezembro de 2024, o Conanda editou a Resolução nº 257, estabelecendo as diretrizes gerais da Política Nacional de Proteção dos Direitos da Criança e do Adolescente no Ambiente Digital.

28   Resolução nº 256, de 12 de dezembro de 2024, do Conanda estabelece normas gerais e parâmetros para a garantia da proteção integral à criança e ao adolescente na condição de orfandade, decorrente da morte de um ou de ambos os pais ou cuidadores primários.

Internacional dos Direitos da Criança aprovada pela ONU em 20/11/89 (Ratificada pelo Brasil pelo do Decreto nº 99.710/90) em especial a Lei nº 8.069/90, mais conhecida como Estatuto da Criança e do Adolescente[29] – ECA, reconhecido internacionalmente como um dos textos normativos mais avançados do mundo. Em 2022, veio a Lei 14.344, que criou mecanismos para a prevenção e o enfrentamento da violência doméstica e familiar contra a criança e o adolescente, nos termos do § 8º do art. 226 e do § 4º do art. 227 da Constituição Federal e das disposições específicas previstas em tratados, convenções ou acordos internacionais de que o Brasil seja parte. Essa lei ficou conhecida devido ao caso Henry Borel, uma criança de quatro anos que teve sua vida ceifada após indícios de espancamento no apartamento em que morava com a mãe e o padrasto, no Rio de Janeiro. Importante registrar que, pela lei, configura violência doméstica e familiar contra a criança e o adolescente qualquer ação ou omissão que lhe cause morte, lesão, sofrimento físico, sexual, psicológico ou dano patrimonial: I – no âmbito do domicílio ou da residência da criança e do adolescente, compreendida como o espaço de convívio permanente de pessoas, com ou sem vínculo familiar, inclusive as esporadicamente agregadas; II – no âmbito da família, compreendida como a comunidade formada por indivíduos que compõem a família natural, ampliada ou substituta, por laços naturais, por afinidade ou por vontade expressa; III – em qualquer relação doméstica e familiar na qual o agressor conviva ou tenha convivido com a vítima, independentemente de coabitação.

O Princípio do Melhor Interesse[30], que encontra sua melhor tradução na Lei nº 8.069/90, mudou a concepção filosófica sobre os menores de idade, inclusive alterando a expressão "menor" para "crianças e adolescentes", "visita" para "convivência familiar". Tais mudanças têm a intenção de dar outro significante ao significado desta palavra, extraindo a ideia de que "menor" tem direitos menores. E assim, tornou-se politicamente incorreto o uso da expressão "direito dos menores". A partir de 1990 toda ordem jurídica brasileira ficou alterada e contaminada pelas regras da Lei nº 8.069/90 que são o desdobramento do princípio do melhor interesse da criança e do adolescente, conduzindo inclusive à novas políticas públicas, já que tinham mudado as concepções sobre criação e educação de filhos, inclusive provocando o fechamento das conhecidas Fundação Estadual do Bem-Estar do Menor – FEBEM, alterando não apenas a sua nomenclatura, mas também a estrutura das casas de acolhimento de "menores". Embora haja carência de políticas públicas sérias para cuidar de crianças e adolescentes de rua e na rua, pelo menos já se instalou na conduta dos governos as novas concepções do ECA com a criação dos Conselhos Tutelares, Cadastro Nacional de Adoção, Comissão Estadual Judiciária de Adoção – CEJA etc. Paradoxalmente o cadastro nacional de Adoção mostra no final da segunda década do século XXI, que há mais de cinquenta mil crianças em abrigos, ou seja, sem famílias, sem voz, sem vez, invisíveis. Isto significa que as políticas públicas brasileiras, não levam o princípio do melhor interesse da criança e do adolescente a sério.

Foi esta nova concepção sobre crianças e adolescentes que provocou alterações no conteúdo das decisões judiciais sobre guarda de filhos. Sabe-se hoje que uma boa mãe ou um bom pai, pode não ser um bom marido ou boa esposa. Em outras palavras, as funções conjugais são

---

[29]   A Lei 13.431/2017 estabelece o sistema de garantia de direitos da criança e do adolescente vítima ou testemunha de violência e identifica a alienação parental como forma de violência psicológica.

[30]   (...) Em demandas envolvendo interesse de criança ou adolescente, a solução da controvérsia deve sempre observar o princípio do melhor interesse do menor, introduzido em nosso sistema jurídico como corolário da doutrina da proteção integral, consagrada pelo art. 227 da Constituição Federal, o qual deve orientar a atuação tanto do legislador quanto do aplicador da norma jurídica, vinculando-se o ordenamento infraconstitucional aos seus contornos. (...). (STJ, HC 611567/CE 2020/0231933-7, Relator: Ministro Marco Aurélio Bellizze, 3ª Turma, Data de Publicação: 09/02/2021).

Cap. 2 – OS PRINCÍPIOS FUNDAMENTAIS PARA O DIREITO DE FAMÍLIA **93**

diferentes das funções parentais, e devem ser diferenciadas para que se faça um julgamento justo sobre guarda e convivência de filhos. Mudou-se não só os julgamentos, mas também a concepção de guarda de filhos, que deverá ficar com quem atender seu melhor interesse, não necessariamente o pai ou a mãe. E foi exatamente atendendo a este interesse maior que a ideia de guarda única perdeu lugar para a guarda compartilhada (também denominada de guarda conjunta) como regra geral (Lei nº 11.698/08). É também em atendimento ao Princípio do Melhor Interesse da Criança e Adolescente, que surgiram novas concepções e institutos jurídicos.

A paternidade, ou melhor, a parentalidade socioafetiva vem estabelecer que os laços de sangue não devem preponderar sobre os laços afetivos na definição da paternidade e filiação. Embora essa nova concepção de parentalidade tenha ampliado sua força no início da primeira década do século XXI, o ECA já havia estabelecido esta concepção, através da expressão "Família Substituta" (art. 28, Lei nº 8.069/90); o conceito de Alienação Parental, surgido nos EUA na década de 1980, foi desenvolvido no Brasil, e também a partir da primeira década deste século, e traduzida pela Lei nº 12.318/10[31], para atender ao superior interesse de filhos menores de idade. Mas afinal, qual é o melhor interesse da criança/adolescente e como avaliar, por exemplo, se é mais conveniente o filho ficar com qual dos pais, ou com terceiros? O melhor interesse pode entrar em uma relatividade e subjetividade perigosa. Sabe-se que o justo pode ter ângulos de visão diferentes.

O princípio, como norma jurídica, vem exatamente tentar salvar uma decisão judicial do maniqueísmo ou do dogmatismo da regra, que traz sempre consigo a ideia de tudo ou nada. O princípio aceita ponderação, relativização e deve ser compatibilizado com outros princípios. *In casu*, deve ser conjugado com princípio da afetividade, da responsabilidade e dignidade humana. O princípio do melhor interesse é *"um critério significativo na decisão e na aplicação da lei. Isso revela um modelo que, a partir do reconhecimento da diversidade, tutelar os filhos como seres prioritários nas relações paterno-filiais e não apenas a instituição familiar em si mesma[32]"*.

O que interessa na aplicação deste princípio fundamental é que a criança/adolescente, cujos interesses e direitos devem sobrepor-se ao dos adultos, sejam tratados como sujeito de direitos e titulados de uma identidade própria e também uma identidade social. E, somente no caso concreto, isto é, em cada caso especificamente, pode-se verificar o verdadeiro interesse sair da generalidade e abstração da efetivação ao Princípio do Melhor Interesse. Para isso é necessário abandonar preconceitos e concepções morais estigmatizantes. Zelar pelo interesse dos menores de idade é cuidar de sua boa formação moral, social, relacional e psíquica. É preservar sua saúde mental, estrutura emocional e convívio social[33].

2.3.4   O princípio da igualdade e o respeito às diferenças

A igualdade e o respeito às diferenças constituem um dos princípios-chave para as organizações jurídicas e especialmente para o Direito de Família, sem os quais não há dignidade do sujeito de direitos. Consequentemente, não haveria justiça.

---

[31]   A Lei 14.340, de 18.05.2022 modificou a Lei de Alienação Parental (Lei 12.318/2010) e a Lei 8.069/1990 (Estatuto da Criança e do Adolescente), para estabelecer procedimentos adicionais à suspensão do poder familiar.

[32]   FACHIN, Luiz Edson. *Da paternidade: relação biológica e afetiva*. Belo Horizonte: Del Rey, 1996. p. 125.

[33]   (...) referido princípio – do melhor interesse da criança – tornou-se tanto orientador para o legislador, como para o aplicador da norma jurídica, já que estabelece a primazia das necessidades infanto-juvenis como critério de interpretação da norma jurídica e de elaboração da decisão que venha a solucionar demandas na área alcançada pela temática da infância e juventude. (...) (STJ – REsp: 1449560 RJ 2014/0081041-3, Relator: Ministro Marco Buzzi, 4ª Turma, pub. 14/10/2014).

O discurso da igualdade está intrinsecamente vinculado à cidadania, outra categoria da contemporaneidade, que pressupõe também o respeito às diferenças. Se todos são iguais perante a lei, todos devem estar incluídos no laço social[34].

O necessário discurso da igualdade[35] traz consigo um paradoxo: quanto mais se declara a universalidade da igualdade de direitos, mais abstrata se torna a categoria desses direitos. Quanto mais abstrata, mais se ocultam as diferenças geradas pela ordem social. Para se produzir um discurso ético, respeitar a dignidade humana e atribuir cidadania é preciso ir além da igualdade genérica. Para isso, devemos inserir no discurso da igualdade o respeito às diferenças. Necessário desfazer o equívoco de que as diferenças significam necessariamente a hegemonia ou superioridade de um sobre o outro. A construção da verdadeira cidadania só é possível na diversidade. Em outras palavras, a formação e construção das identidades se fazem a partir da existência de um outro, de um diferente. Se fôssemos todos iguais, não seria necessário falar e reivindicar a igualdade.

A Constituição da República de 1988 fez uma grande revolução no Direito de Família a partir de três eixos básicos em que enuncia princípios igualizadores das relações familiares[36]: 1º) homens e mulheres são iguais perante a lei (arts. 5º, I, e 226, § 5º); 2º) proteção a todas as formas de constituição de família (arts. 226, *caput*); 3º) todos os filhos são iguais em direitos, independentemente se havidos de um casamento ou não (art. 227, § 6º). E assim, o princípio da igualdade perpassa todo o conteúdo do Direito de Família, complementando com o direito às diferenças. A inscrição de tal princípio na Carta Magna é fruto de uma evolução histórica que está estreitamente vinculada ao patriarcalismo, aos modos de produção e mais recentemente ao movimento feminista que foi à revolução do século XX, como já disse Norberto Bobbio. Mesmo sendo um imperativo ético, um princípio constitucional, e apesar dos vários textos normativos, particularmente o Código Civil de 2002, a igualização de direitos, dos gêneros, dos filhos e das famílias, ainda não se efetivou. A dificuldade prática está em que a pretensa igualdade é entremeada de uma complexidade que o pensamento jurídico, por si só, não é capaz de responder.

A aplicação do princípio da igualdade dos gêneros pressupõe adentrar um pouco no complexo universo masculino e feminino que, entrelaçados aos fatores culturais e econômicos, construiu uma ideologia autorizadora da desigualdade dos gêneros sustentada em uma suposta superioridade masculina.

---

[34] (...) Pluralidade e igualdade são duas faces da mesma moeda. O respeito à pluralidade não prescinde do respeito ao princípio da igualdade. E na atual quadra histórica, uma leitura focada tão somente em seu aspecto formal não satisfaz a completude que exige o princípio. Assim, a igualdade não se esgota com a previsão normativa de acesso igualitário a bens jurídicos, mas engloba também a previsão normativa de medidas que efetivamente possibilitem tal acesso e sua efetivação concreta. 5. O enclausuramento em face do diferente furta o colorido da vivência cotidiana, privando-nos da estupefação diante do que se coloca como novo, como diferente. 6. É somente com o convívio com a diferença e com o seu necessário acolhimento que pode haver a construção de uma sociedade livre, justa e solidária, em que o bem de todos seja promovido sem preconceitos de origem, raça, sexo, cor, idade e quaisquer outras formas de discriminação (art. 3º, I e IV, CRFB). (...) (STF, MC-Ref ADI 5.357/DF, 0005187-75.2015.1.00.0000, Rel. Ministro Edson Fachin, *DJe*-240 11/11/2016).

[35] "Pessoas transexuais e travestis: direito ao atendimento médico de acordo com as suas necessidades biológicas e direito à correta identificação nas DNVs de seus filhos" (STF, ADPF 787/DF, publ. 17/10/2024). O Ministério da Saúde, em observância aos direitos à dignidade da pessoa humana, à saúde e à igualdade (CF/1988, arts. 1º, III, 3º, IV, 5º, *caput*, e 6º, *caput*), deve garantir atendimento médico a pessoas transexuais e travestis, de acordo com suas necessidades biológicas, e acrescentar termos inclusivos para englobar a população transexual na Declaração de Nascido Vivo (DNV) de seus filhos (Informativo 1155).

[36] A Resolução nº 532/2023 do Conselho Nacional de Justiça determina aos tribunais e magistrados(as) o dever de zelar pelo combate a qualquer forma de discriminação à orientação sexual e à identidade de gênero, ficando vedadas, nos processos de habilitação de pretendentes e nos de adoção de crianças e adolescentes, guarda e tutela, manifestações contrárias aos pedidos pelo fundamento de se tratar de casal ou família monoparental, homoafetivo ou transgênero.

Cap. 2 – OS PRINCÍPIOS FUNDAMENTAIS PARA O DIREITO DE FAMÍLIA **95**

A história da mulher no Direito é de um não lugar, uma história de ausência, já que ela sempre esteve subordinada ao pai ou ao marido, sem autonomia e marcada pelo regime da incapacidade jurídica. Uma nova redivisão sexual do trabalho, alterando a economia doméstica e de mercado, influenciando também as noções e os limites do público e privado, tem, aos poucos, dado à mulher um lugar de cidadã.

A reivindicação da igualização de direitos é a reivindicação de um lugar de sujeito, inclusive de um "lugar social[37]". Foi este assujeitamento histórico da mulher aos homens que levou Lacan a construir um aforismo que até hoje provoca muito incômodo e inquietação: a mulher não existe. A importância desse aforismo de Lacan está em sua provocação, pois foi a partir dele que se começou a pensar que as mulheres não apresentaram ao mundo um discurso feminino, já que todo ele é baseado e identificado com o discurso fálico masculino. Todavia, esta questão não é tão simples e não se tem ainda uma solução. Em meio ao processo histórico de redefinições de papéis e lugares do masculino e feminino, temos mais questões que soluções.

A Psicanálise trouxe uma grande contribuição para a compreensão do princípio da igualdade[38] e, com isto, sua aplicabilidade poderá ser mais efetiva. O seu grande mérito foi apontar para o desconhecido mundo feminino, já que todas as referências de identidades sociais foram feitas a partir do patriarcalismo, ou seja, da cultura falocêntrica. Quando Lacan anuncia seu aforismo, ele parte da teoria freudiana, que revelou o desconhecido mundo feminino. Freud constrói sua teoria da sexualidade dizendo que o feminino é simbolizado como aquele que não tem. Esse não ter, ou melhor, essa falta representada a partir das anatomias do menino e da menina, faz com que a mulher busque se identificar com o outro (homem) que ela pensa que tem. A explicação psicanalítica da construção da identidade feminina vale também para ajudar-nos a compreender como foi possível engendrar e manter, até recentemente, um sistema de dominação de um gênero sobre o outro e como se acreditou na suposta superioridade masculina.

Os fatos geradores do apartheid feminino, hoje muito menos acentuado nas sociedades ocidentais, estão na essência da própria cultura e cuja tradução fazem parte dos ordenamentos jurídicos. A desconstrução da suposta superioridade masculina foi desencadeada principalmente

---

[37]   Mesma ótica adotada quando da procedência da ADI 4275 para dar interpretação conforme a Constituição e o Pacto de São José da Costa Rica ao art. 58 da Lei 6.015/73, de modo a reconhecer aos transgêneros que assim o desejarem, independentemente da cirurgia de transgenitalização, ou da realização de tratamentos hormonais ou patologizantes, o direito à substituição de prenome e sexo diretamente no registro civil. Diante disso, o CNJ expediu Provimento 73/2018 que dispõe sobre a averbação da alteração do prenome e do gênero nos assentos de nascimento e casamento de pessoa transgênero no Registro Civil das Pessoas Naturais (RCPN). Resolução CFM nº 2.265/2019 prevê a ampliação do acesso ao atendimento a essa população na rede pública e estabelece critérios para maior segurança na realização de procedimentos com hormonioterapia e cirurgias de adequação sexual. Em 2023, o CNJ expediu o Provimento 149, alterando o Provimento 73/2018 e dispondo sobre a averbação da alteração do prenome e do gênero nos assentos de nascimento e casamento de pessoa transgênero no Registro Civil das Pessoas Naturais (RCPN).

[38]   (...) O direito à igualdade sem discriminações abrange a identidade ou expressão de gênero e a orientação sexual. 3. À luz dos tratados internacionais de que a República Federativa do Brasil é parte, dessume-se da leitura do texto da Carta de 1988 um mandado constitucional de criminalização no que pertine a toda e qualquer discriminação atentatória dos direitos e liberdades fundamentais. 4. A omissão legislativa em tipificar a discriminação por orientação sexual ou identidade de gênero ofende um sentido mínimo de justiça ao sinalizar que o sofrimento e a violência dirigida a pessoa gay, lésbica, bissexual, transgênera ou intersex é tolerada, como se uma pessoa não fosse digna de viver em igualdade. A Constituição não autoriza tolerar o sofrimento que a discriminação impõe. 5. A discriminação por orientação sexual ou identidade de gênero, tal como qualquer forma de discriminação, é nefasta, porque retira das pessoas a justa expectativa de que tenham igual valor. 6. Mandado de injunção julgado procedente, para (i) reconhecer a mora inconstitucional do Congresso Nacional e; (ii) aplicar, até que o Congresso Nacional venha a legislar a respeito, a Lei 7.716/89 a fim de estender a tipificação prevista para os crimes resultantes de discriminação ou preconceito de raça, cor, etnia, religião ou procedência nacional à discriminação por orientação sexual ou identidade de gênero. (...). (STF, MI: 4733/DF 9942814-37.2012.1.00.0000, Rel. Ministro Edson Fachin, Tribunal Pleno, publ. 29/09/2020).

DIREITO DAS FAMÍLIAS – *Rodrigo da Cunha Pereira*

pelo movimento feminista, que está entrelaçado com os elementos políticos, econômicos, religiosos, éticos e estéticos da sociedade. Essa desconstrução e reconstrução das novas possibilidades de relações pessoais e sociais não é nada simples, pois ela parte de uma ideologia que engendrou e autorizou a desigualdade dos gêneros.

Apesar da proclamação da igualdade pelos organismos internacionais e pelas constituições democráticas do pós-feminismo, a desigualdade dos gêneros não está dissolvida. A mulher continua sendo objeto da igualdade enquanto o homem é o paradigma deste pretenso sistema de igualdade.

A evolução do pensamento jurídico da igualdade continua, mas muitas conquistas já foram alcançadas: a guarda compartilhada é fruto do princípio do melhor interesse da criança, associado à igualdade de direitos entre os pais; a paternidade socioafetiva é consequência da compreensão mais aprofundada sobre paternidade e maternidade, mas também do princípio jurídico da afetividade, conjugado com o princípio da igualdade de todas as formas de filiação; a pensão compensatória só pôde se instalar em nosso ordenamento jurídico em função das discriminações positivas, em prol da igualização de direitos entre homem e mulher; as diversas formas de famílias conjugais já recebem tratamento jurídico casa vez mais igualitário, independentemente de sua forma de constituição.

A Portaria 353/2022 do CNJ revogou a Portaria 27/2021 e instituiu o Grupo de Trabalho para colaborar com a implementação das Políticas Nacionais estabelecidas pelas Resoluções CNJ 254/2020 e 255/2020, relativas, respectivamente, ao Enfrentamento à Violência contra as Mulheres pelo Poder Judiciário e ao Incentivo à Participação Feminina no Poder Judiciário. Em março de 2023, a Resolução 492 do CNJ estabeleceu adoção de Perspectiva de Gênero nos julgamentos em todo o Poder Judiciário, com as diretrizes do protocolo aprovado pelo Grupo de Trabalho constituído pela Portaria CNJ 27/2021. Na mesma esteira de raciocínio, em 22/11/2024, o CNJ editou a Resolução nº 598, estabelecendo as diretrizes para adoção de Perspectiva Racial nos julgamentos em todo o Poder Judiciário.

2.3.5   O princípio da autonomia e da menor intervenção estatal

A dicotomia entre o público e o privado é o que nos remete à importância deste princípio. Com a CR/1988, o Estado deixou de ser protetor-repressor para assumir a postura de Estado protetor-provedor – assistencialista. Assim, a intervenção do Estado deve ser tão somente para tutelar a família e dar-lhe garantias, inclusive de ampla manifestação de vontade, de que seus membros vivam em condições propícias à manutenção do núcleo afetivo. Este princípio tem suas raízes na Declaração Universal dos Direitos dos Homens, aprovada na ONU, em 10/12/1948.

A autonomia da vontade é um elemento ético e intrínseco à dignidade da pessoa humana. É o que sustenta o livre arbítrio e vincula-se diretamente à verdade do sujeito e ao desejo. Autonomia da vontade significa reger a própria vida e ser senhor do próprio desejo e destino.

A liberdade de constituição de família tem estreita consonância com o princípio da autonomia da vontade, pois diz respeito às relações mais íntimas do ser humano, cujo valor supremo é a busca da felicidade.

A Emenda Constitucional nº 66/10 que simplificou o divórcio no Brasil, acabou com prazos desnecessários para o rompimento conjugal, suprimiu o anacrônico instituto da separação judicial e acabou com a discussão da culpa pelo fim do enlace conjugal, incentivando a autonomia da vontade com responsabilidade e liberdade das escolhas amorosas[39]. É o princípio da autonomia da vontade, por exemplo, que autoriza o sujeito a permanecer casado, ou não.

---

[39]   Em 08/11/2023, o STF, por meio do tema 1.053, fixou o entendimento de que, após a promulgação da EC 66/2010, a separação judicial não é mais requisito para o divórcio nem subsiste como figura autônoma no ordenamento jurídico brasileiro, preservando o ato jurídico perfeito e a coisa julgada.

Cap. 2 – OS PRINCÍPIOS FUNDAMENTAIS PARA O DIREITO DE FAMÍLIA **97**

Assim, o princípio da autonomia privada e da menor intervenção estatal no Direito de Família atua como instrumento de freios e contrapesos da intervenção do Estado e funda-se, ainda, no próprio direito à intimidade e liberdade dos sujeitos. O art. 1.513 do Código Civil brasileiro bem traduz o espírito de um Estado laico, isto é, que não deve interferir nestas escolhas privadas e particulares: *É defeso a qualquer pessoa, de direito público ou privado, interferir na comunhão de vida instituída pela família*[40]. Independentemente de o Estado autorizar ou não, e quer gostemos ou não, queiramos ou não, novas estruturas conjugais e parentais continuarão acontecendo. *Em sua nova e moderna perspectiva, o Direito de Família, segundo o princípio da intervenção mínima, desapega-se de amarras anacrônicas do passado, para cunhar um sistema aberto e inclusivo, facilitador do reconhecimento de outras formas de arranjo familiar*[41].

O desafio fundamental para a família e das normas que a disciplinam é conseguir conciliar o direito à autonomia e à liberdade de escolha com os interesses de ordem pública, que se consubstancia na atuação do Estado apenas como protetor. Esta conciliação deve ser feita por meio de uma hermenêutica comprometida com os princípios fundamentais do Direito de Família, especialmente o da autonomia privada, desconsiderando tudo aquilo que põe o sujeito em posição de indignidade e o assujeite ao objeto da relação ou ao gozo de outrem sem o seu consentimento[42].

2.3.6   O princípio da pluralidade de formas de família

O princípio da pluralidade das formas de família, embora seja um preceito ético universal no Brasil, teve seu marco histórico na Constituição da República de 1988, que trouxe inovações ao romper com o modelo familiar fundado unicamente no casamento, ao dispor sobre outras formas de família: união estável e família monoparental.

Alguns doutrinadores defendem que o art. 226[43] da Constituição é uma "norma de clausura", na medida em que elenca as entidades familiares que são objeto da proteção do Estado. Não se afigura adequada tal argumentação, pois várias outras entidades familiares existem além daquelas ali previstas, e independentemente do Direito. A vida como ela é vem antes da lei jurídica. Jacques Lacan, em 1938, demonstrou em seu texto A família (publicado no Brasil com o nome Complexos familiares) a dissociação entre família como fato da natureza e como um fato cultural, concluindo por essa última vertente. E como já se disse, ela não se constitui apenas de pai, mãe e filho, mas é antes uma estruturação psíquica em que cada um de seus membros ocupa um lugar, uma função, sem estarem necessariamente ligados biologicamente. Desfez-se a ideia de que a família se constituiu, unicamente, para fins de reprodução e de legitimidade para o livre exercício da sexualidade.

Paulo Luiz Netto Lôbo, com a autoridade de um dos maiores civilistas brasileiros da atualidade, baseando-se na principiologia constitucional, conclui que *"a exclusão não está na*

---

[40]   (...) Trata-se, em verdade, do reconhecimento da intervenção mínima do Estado na vida privada, com o afastamento de intromissões desinfluentes para dissolução dos laços que podem existir entre duas pessoas, primando-se pela nova visão constitucional de reconstrução principiológica das relações privadas. STJ – REsp: 1558015 PR 2015/0136813-3, Relator: Ministro Luis Felipe Salomão, Data de Julgamento: 12/09/2017, 4ª Turma, pub. 23/10/2017.

[41]   DIAS, Maria Berenice. *Divórcio já!: comentários à emenda constitucional 66 de 13 de julho de 2010*. São Paulo: RT, 2010, p. 38.

[42]   PEREIRA, Rodrigo da Cunha. *Princípios fundamentais norteadores do Direito de Família*. 3ª edição. Saraiva: São Paulo, p. 194.

[43]   Art. 226. A família, base da sociedade, tem especial proteção do Estado. (...) § 3º Para efeito da proteção do Estado, é reconhecida a união estável entre o homem e a mulher como entidade familiar, devendo a lei facilitar sua conversão em casamento. § 4º Entende-se, também, como entidade familiar a comunidade formada por qualquer dos pais e seus descendentes.

Constituição, mas na interpretação"[44]. Ao contrário dos textos constitucionais anteriores, a Carta Magna de 1988, embora não tenha nominado todas as entidades de família existentes (tarefa de difícil execução), chancelou-lhes proteção ao suprimir a locução "constituída pelo casamento", presente nas Constituições de 1967 e de 1969. Portanto, a enumeração é apenas exemplificativa. Basta lembrarmos que irmãos vivendo juntos, avós e netos, constituem uma família e, no entanto, esta forma de família não está ali enumerada.

No mesmo sentido, também a autoridade hermenêutica de outro grande jurista, o carioca Gustavo Tepedino, invocando o macroprincípio da dignidade da pessoa humana, uma vez que tal princípio deve ser o lume das entidades familiares:

> *À família, no direito positivo brasileiro, é atribuída proteção especial na medida em que a Constituição entrevê o seu importantíssimo papel na promoção da dignidade humana. Sua tutela privilegiada, entretanto, é condicionada ao atendimento desta mesma função. Por isso mesmo, o exame da disciplina jurídica das entidades familiares depende da concreta verificação do entendimento desse pressuposto finalístico: merecerá tutela jurídica e especial proteção do Estado, a entidade familiar que* efetivamente promova a dignidade e a realização da personalidade de seus componentes[45].

A família passou a ser, predominantemente, *locus* de afeto, de comunhão do amor, em que toda forma de discriminação afronta o princípio basilar do Direito de Família. Com a personalização dos membros da família eles passaram a ser respeitados em sua esfera mais íntima, na medida em que disto depende a própria sobrevivência da família, que é um "meio para a realização pessoal de seus membros. Um ideal em construção", conforme salienta Rosana Fachin[46]. É na busca da felicidade que o indivíduo viu-se livre dos padrões estáticos para constituir sua família.

É, portanto, da Constituição da República que se extrai o sustentáculo para a aplicabilidade do princípio da pluralidade de família, uma vez que, em seu preâmbulo, além de instituir o Estado Democrático de Direito, estabelece que deve ser assegurado o exercício dos direitos sociais e individuais, bem como a liberdade, o bem-estar, a igualdade e a justiça como valores supremos da sociedade. Sobretudo da garantia da liberdade e da igualdade, sustentadas pelo macroprincípio da dignidade, é que se extrai a aceitação da família plural, que vai além daquelas previstas constitucionalmente e, principalmente, diante da falta de previsão legal. A interpretação dos tribunais brasileiros, em sua maioria, inclusive do STJ e STF, são no sentido de reforçar o poliformismo familiar, como a decisão que se transcreve:

> Inaugura-se com a Constituição Federal de 1988 uma nova fase do direito de família e, consequentemente, do casamento, baseada na adoção de um explícito poliformismo familiar em que arranjos multifacetados são igualmente aptos a constituir esse núcleo doméstico chamado "família", recebendo todos eles a "especial proteção do estado". Assim, é bem de ver que, em 1988, não houve uma recepção constitucional do conceito histórico de casamento, sempre considerado como via única para a constituição de família e, por vezes, um ambiente de subversão dos ora consagrados princípios da igualdade e da dignidade da pessoa humana. Agora, a concepção constitucional do casamento – diferentemente do que ocorria com os diplomas superados – deve ser necessariamente plural, porque

---

[44] Entidades familiares constitucionalizadas: para além do *numerus clausus. Revista Brasileira do Direito de Família*. Porto Alegre: Síntese/IBDFAM, n. 12, p. 44, jan./mar. 2002.

[45] Novas formas de entidades familiares: efeitos do casamento e da família não fundada no matrimônio. *In:* Temas de direito civil. 2. ed. Rio de Janeiro: Renovar, 2001, p. 328-329.

[46] Em busca da família no novo milênio: uma reflexão crítica sobre as origens históricas e as perspectivas do direito de família brasileiro contemporâneo. Rio de Janeiro: Renovar, 2001, p. 147.

Cap. 2 – OS PRINCÍPIOS FUNDAMENTAIS PARA O DIREITO DE FAMÍLIA **99**

plurais também são as famílias e, ademais, não é ele, o casamento, o destinatário final da proteção do estado, mas apenas o intermediário de um propósito maior, que é a proteção da pessoa humana em sua inalienável dignidade. (...) (STJ, REsp 1183378 RS, Rel. Min. Luis Felipe Salomão, 4ª T., publ. 01/02/2012).

A hermenêutica do texto constitucional e, sobretudo, da aplicação do princípio da pluralidade das formas de família, sem o qual se estaria dando um lugar de indignidade aos sujeitos da relação que se pretende seja família, tornou-se imperioso o tratamento tutelar a todo grupamento que, pelo elo do afeto, apresente-se como família, já que ela não é um fato da natureza, mas da cultura, repita-se. Por tratamento tutelar entenda-se o reconhecimento pelo Estado de que tais grupamentos não são ilegítimos e, portanto, não estarão excluídos do laço social.

Um dos assuntos que mais gerou polêmica e inquietação, em razão de seu conteúdo moral-sexual, foi a caracterização da entidade familiar derivada de uma união de pessoas do mesmo sexo, notadamente em razão do crescente contingente de situações que são levadas ao crivo do Estado – por intermédio do Poder Legislativo e, principalmente, do Judiciário – que significam, em síntese, a busca de uma inclusão social. A interpretação do Supremo Tribunal Federal, por unanimidade, em duas Ações de Controle Concentrado de Constitucionalidade ADPF 132 e ADIn 4.277, sob a relatoria do Ministro Ayres Britto, foi pelo reconhecimento das uniões homoafetivas como entidade familiar:

> (...) a família é uma complexa instituição social em sentido subjetivo. Logo, um aparelho, uma entidade, um organismo, uma estrutura das mais permanentes relações intersubjetivas, um aparato de poder, enfim. Poder doméstico, por evidente, mas no sentido de centro subjetivado da mais próxima, íntima, natural, imediata, carinhosa, confiável e prolongada forma de agregação humana. (...) E assim é que, mais uma vez, a Constituição Federal não faz a menor diferenciação entre a família formalmente constituída e aquela existente ao rés dos fatos. Como também não distingue entre a família que se forma por sujeitos heteroafetivos e a que se constitui por pessoas de inclinação homoafetiva. Por isso que, sem nenhuma ginástica mental ou alquimia interpretativa, dá para compreender que a nossa Magna Carta não emprestou ao substantivo "família" nenhum significado ortodoxo ou da própria técnica jurídica[47].

Após o reconhecimento de legitimidade das famílias homoafetivas pelo STF, o Conselho Nacional de Justiça, em 2013, expediu a Resolução 175/2013 dispondo sobre a habilitação, celebração de casamento civil, ou de conversão de união estável em casamento, entre pessoas de mesmo sexo. Essa é a afirmação dos princípios da pluralidade das formas de família, associado ao da afetividade, vedação à discriminação, igualdade, liberdade, busca da felicidade, não intervenção estatal na família e dignidade da pessoa humana.

A importância da aplicação do princípio constitucional da pluralidade de formas de família às uniões de pessoas do mesmo sexo, assim como a qualquer outro vínculo amoroso que tenha estruturação psíquica de família, vai muito além da simples salvaguarda de direitos

---

[47] STF, ADPF 132/ADIn 4.277, Rel. Ministro Ayres Britto, Plenário, j. 05/05/2011. No mesmo julgamento assim se posicionou em seu voto o Ministro Marco Aurélio: "As garantias de liberdade religiosa e do Estado Laico impedem que concepções morais religiosas guiem o tratamento estatal dispensado a direitos fundamentais, tais como o direito à dignidade da pessoa humana, o direito à autodeterminação, o direito à privacidade e o direito à liberdade de orientação sexual. (...) A união de pessoas com o fim de procriação, auxílio mútuo e compartilhamento de destino é um fato da natureza, encontra-se mesmo em outras espécies. A família, por outro lado, é uma construção cultural. (...) Revela-se, então, a modificação paradigmática no direito de família. Este passa a ser o direito 'das famílias', isto é, das famílias plurais, e não somente da família matrimonial, resultante do casamento".

100 DIREITO DAS FAMÍLIAS – *Rodrigo da Cunha Pereira*

patrimoniais, pessoais ou previdenciários. Esta importância está, principalmente, na legitimação e desmarginalização das relações familiares, o que significa, em última análise, o cumprimento da palavra de ordem da contemporaneidade, cidadania, que por sua vez tem o significado de uma regra de juízo universal, ou seja, fazer cumprir também o macroprincípio da dignidade da pessoa humana que dá a base de sustentação aos direitos fundamentais.

2.3.7   O princípio da afetividade

É o balizador e catalizador das relações familiares. Com os princípios da dignidade humana, solidariedade e responsabilidade, constitui a base de sustentação do Direito de Família.

O afeto para o Direito de Família não se traduz apenas como um sentimento, mas como uma ação, uma conduta. É o cuidado, a proteção e a assistência na família parental e conjugal. Ou, como diz o Professor paranaense, Ricardo Calderón:

> O discurso que sustenta a valoração jurídica da afetividade não implica averiguar sentimentos, pois o direito deverá se ater aos fatos que possam indicar a presença ou não de uma manifestação afetiva, de modo que não procurará investigar a presença subjetiva do afeto anímico, mas sim se preocupará com fatos que elege como relevantes[48].

A afetividade é um princípio constitucional da categoria dos princípios não expressos. Ele está implícito e contido nas normas constitucionais, pois aí estão seus fundamentos essenciais e basilares: o princípio da dignidade humana (art. 1º, III), da solidariedade (art. 3º, I), da igualdade entre os filhos, independentemente de sua origem (art. 227, § 6º), a adoção como escolha afetiva (art. 227, §§ 5º e 6º), a proteção à família monoparental, tanto fundada nos laços de sangue quanto por adoção (art. 226, § 4º), a união estável (art. 226, § 3º), a convivência familiar assegurada à criança e ao adolescente, independentemente da origem biológica (art. 227).

O princípio da afetividade ganhou assento no ordenamento jurídico brasileiro a partir do momento em que as pessoas começaram a se casar por amor e a família passou a ser o *locus* do amor e da formação e estruturação do sujeito, do companheirismo e da solidariedade. E, assim, a família perdeu sua função precípua como "instituição". Sua importância está em ser núcleo formador, estruturador e estruturante do sujeito.

Sem afeto não se pode dizer que há família. Ou, onde falta o afeto, a família é uma desordem, ou mesmo uma desestrutura. O afeto ganhou *status* de valor jurídico e, consequentemente, foi elevado à categoria de princípio como resultado de uma construção histórica em que o discurso psicanalítico é um dos principais responsáveis. Afinal, o desejo e o amor são o esteio do laço conjugal e parental.

A entidade familiar deve ser tutelada como meio para a busca da felicidade de cada um de seus indivíduos. Daí a concepção eudemonista de família, na qual o afeto é elo de manutenção entre os casais, homo ou heterossexuais, unidos ou não pelo casamento civil. Quando não há mais comunhão de vida e de afeto, não se justifica a mantença da conjugalidade. Por outro lado, o fim da conjugalidade não significa o fim da família, se desta houver filhos, mas apenas a transformação daquele núcleo familiar em binuclear.

O princípio da afetividade se traduz em regras, como no CCB 2002: O casamento estabelece comunhão plena de vida, com base na igualdade de direitos e deveres dos cônjuges (art. 1.511); O parentesco é natural ou civil, conforme resulte de consanguinidade ou outra origem (art. 1.593); Se o juiz verificar que o filho não deve permanecer sob a guarda do pai ou da mãe, deferirá a guarda à pessoa que revele compatibilidade com a natureza da medida, considerados,

---

48   CALDERON, Ricardo Lucas. *Princípio da afetividade no Direito de Família*. Rio de Janeiro: Forense, 2017, p. 396.

de preferência, o grau de parentesco e as relações de afinidade e afetividade (art. 1.584, § 5º). Também presente em outras normas infraconstitucionais como a Lei Maria da Penha, Lei nº 11.340/06: "Para os efeitos desta Lei, configura violência doméstica e familiar contra a mulher qualquer ação ou omissão baseada no gênero que lhe cause morte, lesão, sofrimento físico, sexual ou psicológico e dano moral ou patrimonial: (...) III – em qualquer relação íntima de afeto, na qual o agressor conviva ou tenha convivido com a ofendida, independentemente de coabitação" (art. 5º, III).

Foi o princípio da afetividade que autorizou e deu sustentação para a criação e a construção da teoria da parentalidade socioafetiva, que faz compreender e considerar a família para muito além dos laços jurídicos e de consanguinidade.

No Brasil, o primeiro autor a traduzir e introduzir esse novo valor jurídico foi o jurista mineiro João Baptista Villela, em seu texto A desbiologização da paternidade que lançou as bases para a compreensão da paternidade socioafetiva. Depois, em Liberdade e família (Revista da Faculdade de Direito da UFMG. Belo Horizonte, 1980) e em vários outros trabalhos, ele consolida essas noções, especialmente com sua frase "O amor está para o Direito de Família, assim como a vontade está para o Direito das Obrigações".

Após a Constituição da República de 1988 surgem os modernos doutrinadores, que vão alargar a trilha aberta por Villela. O primeiro deles foi Luiz Edson Fachin (Da paternidade: relação biológica e afetiva. Belo Horizonte; Del Rey, 1998), que, além de dar passos adiante na concepção da paternidade desbiologizada, deu grande contribuição à evolução do pensamento jurídico para a família (Elementos críticos do direito de família: Curso de direito civil. Rio de Janeiro: Renovar, 1999). Nesta mesma trilha e de igual importância, também ajudaram a constituir e consolidar o afeto como um valor jurídico, Giselda Maria Fernandes Novaes Hironaka (*Família e casamento em evolução*. Revista Brasileira de Direito de Família. Porto Alegre: Síntese: IBDFAM, 1999. p. 7-17), Maria Berenice Dias (*Efeitos patrimoniais das relações de afeto. In:* CUNHA PEREIRA, Rodrigo da (Coord.). Anais do I Congresso Brasileiro de Direito de Família – *Repensando o direito de família*. Belo Horizonte: IBDFAM: OAB-MG, p. 53-58, 1999), Sérgio Resende de Barros (*A ideologia do afeto. Revista Brasileira de Direito de Família*, Porto Alegre: Síntese: IBDFAM, v. 4, n.14, p. 5-10, 2002), entre outros. Contudo foi Paulo Luiz Netto Lôbo (*Princípio jurídico da afetividade na filiação. In:* II Congresso Brasileiro de Direito de Família. Belo Horizonte. Instituto Brasileiro de Direito de Família – IBDFAM, 2000, p. 245-254) quem deu ao afeto o *status* de princípio jurídico, ao utilizar essa expressão pela primeira vez em seu texto sobre filiação, em outubro de 1999, em conferência durante o II Congresso Brasileiro de Direito de Família, promovido pelo Instituto Brasileiro de Direito de Família – IBDFAM.

O afeto e o princípio da afetividade autorizam a legitimação de todas as formas de família[49]. Portanto, hoje, todas as relações e formações de família são legítimas. Somente desta forma pode ser alcançada a cidadania, que tem significado de juízo universal, ou seja, faz cumprir

---

[49] "(...) A atual concepção de família implica um conceito amplo, no qual a afetividade é reconhecidamente fonte de parentesco e sua configuração, a considerar o caráter essencialmente fático, não se restringe ao parentesco em linha reta. É possível, assim, compreender-se que a socioafetividade constitui-se tanto na relação de parentalidade/filiação quanto no âmbito das relações mantidas entre irmãos, associada a outros critérios de determinação de parentesco (de cunho biológico ou presuntivo) ou mesmo de forma individual/ autônoma. 3. Inexiste qualquer vedação legal ao reconhecimento da fraternidade/irmandade socioafetiva, ainda que *post mortem*, pois o pedido veiculado na inicial, declaração da existência de relação de parentesco de segundo grau na linha colateral, é admissível no ordenamento jurídico pátrio, merecendo a apreciação do Poder Judiciário. (...)" (STJ, REsp 1.674.372/SP, Rel. Ministro Marco Buzzi, Quarta Turma, j. 04/10/2022, *DJe* 24/11/2022).

102 DIREITO DAS FAMÍLIAS – *Rodrigo da Cunha Pereira*

também o macroprincípio da dignidade da pessoa humana. Afinal, se a liberdade é a essência dos direitos do homem e de suas manifestações de afeto, a dignidade é a essência da humanidade[50].

2.3.8   O princípio da solidariedade

A solidariedade, antes concebida apenas como dever moral, compaixão ou virtude, passou a ser entendida como princípio jurídico após a Constituição da República de 1988, expressamente disposto no art. 3º, I. Este princípio também está implícito em outros artigos do texto constitucional, ao impor à sociedade, ao Estado e à família (como entidade e na pessoa de cada membro) a proteção da entidade familiar, da criança e do adolescente e ao idoso (arts. 226, 227 e 230, respectivamente). Portanto, advém do dever civil de cuidado ao outro.

O princípio da solidariedade é resultante da superação do individualismo jurídico, como ocorria na sociedade dos primeiros séculos da modernidade e se preocupava predominantemente com os interesses patrimoniais e individuais. No mundo moderno liberal, passou a ser

---

[50] O STF, no julgamento do Recurso Extraordinário (RE) 898060, em 21/09/2016, com repercussão geral e de relatoria do Ministro Luiz Fux, firmou o princípio da afetividade nas relações familiares, consolidando o vínculo socioafetivo como suficiente vínculo parental, aprovando a tese: *"A paternidade socioafetiva, declarada ou não em registro público, não impede o reconhecimento do vínculo de filiação concomitante baseado na origem biológica, com os efeitos jurídicos próprios."* O CNJ, no dia 17/11/2017, publicou o Provimento nº 63, que institui modelos únicos de certidão de nascimento, de casamento e de óbito, a serem adotadas pelos ofícios de registro civil das pessoas naturais. Além disso, o provimento dispõe sobre o reconhecimento voluntário e a averbação da paternidade e maternidade socioafetiva no Livro "A" e sobre o registro de nascimento e emissão da respectiva certidão dos filhos havidos por reprodução assistida. Este provimento sofreu alterações em 2019, por meio do Provimento 83, estipulando idade mínima de 12 anos para se requerer de forma extrajudicial o reconhecimento da filiação socioafetiva, bem como passou a ser obrigatória a participação do Ministério Público. Por uma interpretação lógica sistemática do artigo 14, § 1º, ainda é possível admitir a multiparentalidade nos termos do referido ato normativo, de forma unilateral, senão vejamos: Somente é permitida a inclusão de um ascendente socioafetivo, seja do lado paterno ou do materno. Em 2023, o CNJ expediu o Provimento 149, Instituindo o Código Nacional de Nor-mas da Corregedoria Nacional de Justiça do Conselho Nacional de Justiça – Foro Extrajudi-cial (CNN/CN/CNJ-Extra) e revogando parcialmente os provimentos 63/2017 e 83/2019, prevendo: Art. 507. O reconhecimento da paternidade ou da maternidade socioafetiva será processado perante o oficial de registro civil das pessoas naturais, ainda que diverso daquele em que foi lavrado o assento, mediante a exibição de documento oficial de identificação com foto do requerente e da certidão de nascimento do filho, ambos em original e cópia, sem constar do traslado menção à origem da filiação. § 1º O registrador deverá proceder à minuciosa verificação da identidade do requerente, mediante coleta, em termo próprio, por escrito particular, conforme modelo constante do Anexo VI do Provimento n. 63, de 14 de novembro de 2017, de sua qualificação e assinatura, além de proceder à rigorosa conferência dos documentos pessoais. § 2º O registrador, ao conferir o original, manterá em arquivo cópia de documento de identificação do requerente, junto ao termo assinado. § 3º Constarão do termo, além dos dados do requerente, os dados do campo Filiação e do filho que constam no registro, devendo o registrador colher a assinatura do pai e da mãe do reconhecido, caso este seja menor. § 4º Se o filho for menor de 18 anos de idade, o reconhecimento da paternidade ou da maternidade socioafetiva exigirá o seu consentimento. § 5º A coleta da anuência tanto do pai quanto da mãe e do filho maior de 12 anos de idade deverá ser feita pessoalmente perante o oficial de registro civil das pessoas naturais ou escrevente autorizado. § 6º Na falta da mãe ou do pai do menor, na impossibilidade de manifestação válida destes ou do filho, quando exigido, o caso será apresentado ao juiz competente nos termos da legislação local. § 7º Serão observadas as regras da tomada de decisão apoiada quando o procedimento envolver a participação de pessoa com deficiência (Capítulo III do Título IV do Livro IV do Código Civil). § 8º O reconhecimento da paternidade ou da maternidade socioafetiva poderá ocorrer por meio de documento público ou particular de disposição de última vontade, desde que seguidos os demais trâmites previstos neste Capítulo. § 9º Atendidos os requisitos para o reconhecimento da paternidade ou da maternida-de socioafetiva, o registrador encaminhará o expediente ao representante do Minis-tério Público para parecer: I – o registro da paternidade ou da maternidade socioafetiva será realizado pelo registrador após o parecer favorável do Ministério Público; II – se o parecer for desfavorável, o registrador não procederá o registro da paternidade ou maternidade socioafetiva e comunicará o ocorrido ao requerente, arquivando-se o expediente; e III – eventual dúvida referente ao registro deverá ser remetida ao juízo competente para dirimi-la.

Cap. 2 – OS PRINCÍPIOS FUNDAMENTAIS PARA O DIREITO DE FAMÍLIA **103**

o centro de emanação de direitos, razão pela qual o direito subjetivo assumiu a centralidade jurídica. No mundo contemporâneo, tenta-se alcançar o equilíbrio entre o público e o privado e a interação entre os sujeitos, sendo a solidariedade o fundamento dos direitos subjetivos. O Supremo Tribunal Federal, ao apreciar o preâmbulo constitucional (ADI 2649), ressaltou que o princípio da solidariedade se afirma por meio dos valores contidos nas normas constitucionais vigentes. Portanto, mais que um imperativo axiológico, traduz uma das essências da hermenêutica constitucional. Os valores contidos no preâmbulo devem assegurar o exercício dos direitos sociais e individuais, a liberdade, a segurança, o bem-estar, o desenvolvimento, a igualdade e justiça como valores supremos de uma sociedade fraterna, pluralista e sem preconceitos. A fraternidade está compreendida no contexto da solidariedade e reciprocidade.

Com a evolução dos Direitos Humanos, os direitos individuais passaram a concorrer com os direitos sociais, nos quais se enquadra o Direito de Família. Paulo Luiz Netto Lôbo é quem melhor discorre sobre este valor jurídico, que ganhou força normativa de princípio constitucional: *(...) O princípio da solidariedade, no plano das famílias, apresenta duas dimensões: a primeira, no âmbito interno das relações familiares, em razão do respeito recíproco e dos deveres de cooperação entre seus membros; a segunda, nas relações do grupo familiar com a comunidade, com as demais pessoas e com o meio ambiente que vive (...)*[51].

O Código Civil brasileiro contém normas orientadas pelo princípio da solidariedade familiar, como o art. 1.511, ao dispor que o casamento estabelece comunhão plena de vida; o art. 1.566, III e IV, que estabelece o dever de mútua assistência – material e imaterial – entre cônjuges e o sustento, guarda e educação dos filhos; o art. 1.724, que estabelece os mesmos direitos e deveres aos companheiros e seus filhos; o art. 1.568, ao dispor que os cônjuges são obrigados a concorrer na proporção de seus rendimentos com o sustento da família; os arts. 1.640 e 1.725, que estabelecem que o regime legal de bens vigente no casamento e na união estável é o da comunhão dos bens onerosamente adquiridos durante a união, sem a necessidade de comprovação da participação do outro na aquisição.

Também norteada pelo princípio da solidariedade é a obrigação alimentar, seja entre cônjuges ou parentes, sempre atrelada pelo binômio necessidade/possibilidade (arts. 1.694 e segs., CCB). Da mesma forma, a pensão alimentícia compensatória surge e ganha força no ordenamento jurídico brasileiro em consequência do comando constitucional de reparação das desigualdades entre cônjuges ou companheiros, que antes da ruptura do relacionamento se regiam pela mútua assistência, ao lado de outros deveres morais, tais como fidelidade, convivência e respeito recíproco. Nas palavras de Rolf Madaleno, "é o socorro mútuo que os cônjuges e conviventes devem respeitar e se ajudar reciprocamente, atuando sempre no interesse da família, que segue unida e solidária[52]". O desfazimento de um casamento, especialmente aqueles que se prolongaram no tempo, e tiveram uma história de cumplicidade e cooperação, não pode significar desequilíbrio no modo e padrão de vida pós-divórcio.

A solidariedade e amparo não estão somente no plano do auxílio material, mas também no afetivo, que pode ser imposto como obrigação jurídica em casos de abandono afetivo de pais em relação aos filhos.

O princípio da solidariedade distingue-se do conceito de obrigação solidária em seu sentido estrito. Solidariedade como princípio jurídico norteador do Direito de Família advém da ideia que traduz uma relação de corresponsabilidade entre pessoas unidas, inclusive por um sentimento moral e social de apoio ao outro. Mais que moral, a solidariedade transforma-se em dever ético de relações humanizadoras. Por outro lado, obrigação solidária, em sentido

---

[51] LÔBO, Paulo. *Conferência Magna: Princípio da solidariedade familiar. In*: Anais do VI Congresso Brasileiro de Direito de Família. Belo Horizonte. Rio de Janeiro: IBDFAM/Lumen Juris, 2007. p. 1 e 10.

[52] MADALENO, Rolf. *Curso de direito de família*. 4. ed. Rio de Janeiro: Forense, 2011. p. 955.

104 DIREITO DAS FAMÍLIAS – *Rodrigo da Cunha Pereira*

técnico-jurídico, significa pluralidade de sujeitos ativos ou passivos de uma obrigação, para que se possa cumprir por inteiro ou fracionada, por uma ou mais pessoas. Neste sentido, é que são as regras, sobre as obrigações solidárias, ou seja, quando há pluralidade de credores ou devedores com direito a receber ou a pagar a totalidade da dívida ou fracioná-la (arts. 264 a 285, CCB). Assim, quando se invoca o princípio da solidariedade como fundamentação e justificativa para pagamento de pensão alimentícia ou compensatória, não se está referindo à definição técnica de obrigação solidária ou subsidiária.

O princípio da solidariedade contém, ou se desdobra, no princípio da fraternidade.

2.3.9   O princípio da responsabilidade

Assim como a cidadania, a responsabilidade tornou-se uma palavra de ordem da contemporaneidade. Em tudo e por tudo ela se presentifica. Desde os mais simples atos da vida, começando pela célebre frase de Saint-Exupéry quando o *"Pequeno Príncipe"* diz *"Tu te tornas eternamente responsável por aquilo que cativas"*, até no mais contemporâneo e profundo discurso psicanalítico, nas palavras de Jacques Lacan: Todo sujeito, enquanto sujeito deve ser responsabilizado pelos seus atos.

Os limites da responsabilidade dos sujeitos são objeto de preocupação e regulamentação do Direito Civil, cuja pergunta o acompanha desde a sua origem. Afinal, qual o limite da responsabilidade do sujeito? Desde quando ele passa a ser responsabilizado pelos seus atos? A razão da existência do Direito reside exatamente em colocar limite e responsabilizar os sujeitos para que seja possível o convívio e a organização social.

Mais que um valor jurídico, a responsabilidade é um princípio jurídico fundamental e norteador das relações familiares e que traz uma nova concepção sobre os atos e fatos jurídicos, que está atrelada à liberdade que, por sua vez, encontra sentido na ética da responsabilidade[53].

A ideia de democracia está necessariamente interligada à liberdade e à responsabilidade. Uma não existe sem a outra. Quanto mais liberdade se conquista, com redução consequente do *quantum* despótico, mais responsabilidade se impõe a quem a exerce. Assim, pode-se dizer que se é mais livre na medida em que se é mais responsável pelos atos praticados. Portanto, responsabilidade e liberdade estão no mesmo plano axiológico.

A ideia atual de responsabilidade não busca apenas a reparação para os atos do passado, mas também cumprir os deveres éticos, voltados para o futuro. Nas relações parentais, o princípio da responsabilidade está presente principalmente entre pais e filhos. Os pais são responsáveis pela criação, educação e sustento material e afetiva de seus filhos. Além de princípio, a responsabilidade é também regra jurídica, como se vê no artigo 1.634 do CCB/2002[54].

---

[53]   (...) A responsabilidade da paternidade vai além do meramente material, implicando em procurar moldar no caráter dos filhos os valores e princípios que lhes farão enveredar pela vida, cônscios da necessidade da prática do bem, que norteará sua busca pela felicidade e pautará a conduta dos mesmos nos anos vindouros, seja no lado emocional, seja no lado profissional e igualmente no lado espiritual (...) Abandono afetivo e material configurados. Dano moral comprovado... (TJSP, Apel. Civ. Nº 00057805420108260103, Rel. Des: Ramon Mateo Júnior, 7ª CDP, pub. 16/05/2014).

[54]   Art. 1.634. Compete a ambos os pais, qualquer que seja a sua situação conjugal, o pleno exercício do poder familiar, que consiste em, quanto aos filhos: (Redação dada pela Lei nº 13.058, de 2014) I – dirigir-lhes a criação e a educação; (Redação dada pela Lei nº 13.058, de 2014); II – exercer a guarda unilateral ou compartilhada nos termos do art. 1.584; (Redação dada pela Lei nº 13.058, de 2014); III – conceder-lhes ou negar-lhes consentimento para casarem; (Redação dada pela Lei nº 13.058, de 2014); IV – conceder-lhes ou negar-lhes consentimento para viajarem ao exterior; (Redação dada pela Lei nº 13.058, de 2014); V – conceder-lhes ou negar-lhes consentimento para mudarem sua residência permanente para outro Município; (Redação dada pela Lei nº 13.058, de 2014); VI – nomear-lhes tutor por testamento ou documento autêntico, se o outro dos pais não lhe sobreviver, ou o sobrevivo não puder exercer o poder familiar; (Redação dada pela Lei nº 13.058, de 2014); VII – representá-los judicial e extrajudicialmente até os 16 (dezesseis) anos, nos atos da vida civil,

Cap. 2 – OS PRINCÍPIOS FUNDAMENTAIS PARA O DIREITO DE FAMÍLIA **105**

O princípio da responsabilidade perpassa e se desdobra também no princípio da paternidade responsável (art. 229, CR). Nas relações conjugais, o princípio da responsabilidade é o grande responsável pela compreensão e eliminação da discussão da culpa pelo fim do casamento. O discurso da culpa foi substituído pelo da responsabilidade. É assim que, associado ao princípio da menor intervenção estatal e na reafirmação e consolidação do Estado laico, por proposição do Instituto Brasileiro de Direito de Família – IBDFAM, promulgou-se a Emenda Constitucional nº 66/10.

Esta alteração constitucional reafirma e traz consigo o grande significado e importância do princípio da responsabilidade no ordenamento jurídico brasileiro. É ele que alterou o sistema do divórcio em três aspectos: primeiro, acabou com os prazos para se requerer o divórcio; segundo, acabou com o anacrônico e inútil instituto da separação judicial; terceiro, não há mais a discussão de culpa. Finalmente, o Estado passou a acreditar que o responsável pelo fim das relações conjugais são os próprios sujeitos ali envolvidos, sendo eles os próprios responsáveis e protagonistas de suas escolhas amorosas. Tal concepção esvazia, inclusive, o discurso da responsabilidade civil entre os cônjuges.

2.3.10 O princípio da paternidade responsável

O princípio da paternidade responsável interessa não apenas às relações interprivadas, mas também ao Estado, na medida em que a irresponsabilidade paterna, somada às questões econômicas, tem gerado milhares de crianças de rua e na rua. Portanto, é um princípio que se reveste também de caráter político e social da maior importância. Se os pais não abandonassem seus filhos, ou, se exercessem uma paternidade responsável, certamente o índice de criminalidade seria menor, não haveria tanta gravidez na adolescência etc.

A paternidade responsável[55] tornou-se norma jurídica, traduzida em regras e princípios constitucionais. É um desdobramento dos princípios da dignidade humana, da responsabilidade e da afetividade. Na verdade, ela está contida nestes outros princípios norteadores e a eles se mistura e entrelaça. Merece ser considerada como um princípio destacado e autônomo em razão da importância que a paternidade/maternidade tem na vida das pessoas.

A paternidade é mais que fundamental para cada um de nós. Ela é fundante do sujeito. A estruturação psíquica dos sujeitos se faz e se determina a partir da relação que ele tem com seus pais. Eles devem assumir os ônus e bônus da criação dos filhos, tenham sido planejados ou não. Tais direitos deixaram de ser apenas um conjunto de competências atribuídas aos pais, convertendo-se em um conjunto de deveres para atender ao melhor interesse da criança e do adolescente, principalmente no que tange à convivência familiar. A responsabilização dos pais pela condução da educação e criação de seus filhos também está prevista na legislação infraconstitucional. Independentemente da convivência ou relacionamento entre os pais, a eles cabe a responsabilidade pela criação e educação dos filhos, pois é inconcebível a ideia de que o divórcio ou o término da relação do casal acarrete o fim da convivência entre os filhos e seus pais. E quando nos referimos à paternidade e maternidade não estamos nos referindo apenas à biológica, mas também à socioafetiva.

O princípio jurídico da paternidade responsável não se resume à assistência material. O amor – não apenas um sentimento, mas sim uma conduta, cuidado – é alimento imprescindível

---

e assisti-los, após essa idade, nos atos em que forem partes, suprindo-lhes o consentimento; (Redação dada pela Lei nº 13.058, de 2014); VIII – reclamá-los de quem ilegalmente os detenha; (Incluído pela Lei nº 13.058, de 2014); IX – exigir que lhes prestem obediência, respeito e os serviços próprios de sua idade e condição. (Incluído pela Lei nº 13.058, de 2014).

[55] A Lei nº 14.826/2024 instituiu a parentalidade positiva e o direito ao brincar como estratégias intersetoriais de prevenção à violência contra crianças.

para o corpo e a alma. Embora o Direito não trate dos sentimentos, trata dos efeitos decorrentes destes sentimentos.

O afeto, no sentido de cuidado, ação, não pode faltar para o desenvolvimento de uma criança. Ao agir em conformidade com a função de pai e mãe, está-se trazendo o afeto para a ordem da objetividade e tirando-o do campo da subjetividade apenas. Nessas situações, é possível até presumir a presença do sentimento de afeto. Obviamente que pressupõe, e tem também como elemento intrínseco, a imposição de limites. A ausência deste sentimento não exclui a necessidade e obrigação de condutas paternas/maternas. A assistência moral e afetiva é, portanto, um dever jurídico, não uma faculdade, e o seu descumprimento pode caracterizar-se como um ato ilícito, razão pela qual pode ter como consequência a condenação ao pagamento de indenização decorrente da responsabilidade civil[56].

A indenização não é simplesmente pelas desilusões e desencantos ou decepções com os pais. Não é pelo sofrimento de se constatar que o pai não é como o filho gostaria que ele fosse. Sofrimento faz parte da vida e, inclusive, é o que proporciona reflexões ao sujeito para que ele evolua. Na relação amorosa entre adultos, eles são responsáveis pelos seus encantos e desencantos amorosos. Contudo, na relação parental, os pais são responsáveis pela educação de seus filhos e pressupõe-se aí dar afeto, apoio moral e atenção. O dano não é tanto pelo sofrimento causado, mas pela violação do direito e que tanto sofrimento causa, a ponto de provocar danos à pessoa.

O mal exercício do poder familiar é um dano ao direito da personalidade do filho. Abandonar e rejeitar um filho significa violar direitos. A forma de reparação mais adequada é o restabelecimento do bom exercício da parentalidade. Entretanto, alcançar o status quo ante nestes casos pode ser impossível.

A reparação pecuniária, de caráter compensatório, tem o objetivo de possibilitar ao filho uma reparação pelo dano sofrido, atenuando, em parte, as consequências da lesão. Obviamente que qualquer quantia arbitrada a esse título tem valor simbólico, pois não há dinheiro que pague o abandono afetivo. Trata-se de compensação, não de ressarcimento. Não se quer atribuir um valor ou um conteúdo econômico ao afeto. Por tais razões é que não se está monetarizando o afeto. Ao contrário, admitir que somente o pagamento de pensão alimentícia é o bastante na relação entre pais e filhos é que significa monetarizar tal relação. Não admitir a indenização significa admitir que os pais não são responsáveis pela criação de seus filhos.

O descompromisso de pais com seus filhos, independentemente do divórcio, tem sido tão frequente em nossa realidade brasileira que já se tornou um "sintoma" de nosso tempo. Muitos filhos não tiveram outra alternativa a não ser recorrer aos tribunais para buscar algum amparo ao seu desamparo advindo da ausência voluntária do pai. Nestes casos, recorre-se à justiça não em busca de ajuda material, pois para isto há formas jurídicas mais céleres e mais práticas. Como disse, não é o valor da indenização que irá recompor ou restituir o afeto negado ou omitido aos

---

[56] (...) Não demonstrado pela parte ré o impedimento, por parte do perito judicial, da participação do assistente técnico na elaboração do laudo pericial, bem como a ocorrência de prejuízo dela decorrente, não há que se falar em cerceamento de defesa.3 – A falta da relação paterno-filial, acarreta a violação de direitos próprios da personalidade humana, maculando o princípio da dignidade da pessoa humana – Mostra-se cabível a indenização por danos morais decorrentes da violação dos direitos da criança, decorrente do abandono afetivo. (...) Lado outro, a argumentação de que o ordenamento jurídico brasileiro não prevê qualquer obrigação de amar ou de dedicar afeto a outrem – razão pela qual não é possível converter a ausência do pai em pecúnia – e de que o afeto é sentimento, e não coisa, penso que como coisa se está tratando o afeto se se resumir a obrigação de um pai a pagar alimentos, como se isso suprisse a sua ausência. Com efeito, exatamente em razão de o afeto não ser coisa, mas sentimento, é preciso que um pai saiba que não basta pagar prestação alimentícia para dar como quitada a sua "obrigação". Seu dever de pai vai além disso e o descumprimento desse dever causa dano e dano, que pode ser moral, deve ser reparado, por meio da indenização respectiva. (...) (TJ-MG – AC: 10024143239994001 MG, Relator: Evandro Lopes da Costa Teixeira, Data de Julgamento: 08/08/2019, Data de Publicação: 20/08/2019).

filhos. Certamente, quando esses filhos chegaram às barras dos tribunais, já haviam esgotado todas as formas consensuais de tentativas de aproximação com seus pais.

A quase totalidade desse abandono é por parte do pai. Dificilmente a mãe abandona um filho, a não ser em situações trágicas, ou quando o entrega à adoção, o que pode significar um ato de responsabilidade e atendimento ao princípio da paternidade responsável. Enfim, a responsabilidade é um princípio jurídico e deve ser observada e respeitada em todas as relações jurídicas, especialmente nas relações familiares entre pais e filhos. Pai e mãe não podem se divorciar de seus filhos e devem ser responsabilizados pelo não exercício do dever de criar, colocar limites, enfim dar afeto, não apenas no sentido de sentimento, mas principalmente de uma conduta e uma ação de cuidado, proteção e educação.

2.4 RESUMO

Princípios = Força normativa.

O discurso psicanalítico não apenas influencia o Direito, mas principalmente provoca uma "desconstrução" (Jacques Derrida) do velho discurso jurídico, de fórmulas centenárias e estabilizadas pelo dogmatismo e positivismo jurídico.

Psicanálise é um sistema de pensamento organizado por Freud, a partir da descoberta do inconsciente e da compreensão da sexualidade em seu sentido maior e como energia vital. Ela provocou uma revolução no pensamento contemporâneo, e no Direito de Família trouxe a compreensão da subjetividade na objetividade dos atos e fatos jurídicos.

A subjetividade na objetividade dos atos e fatos jurídicos; o sujeito de direito é também sujeito de desejos.

Dez Princípios Fundamentais Constitucionais do Direito de Família:
1. Da Dignidade Humana – Art. 1º, III, CR;
2. Do Melhor Interesse da Criança e do Adolescente – Art. 227;
3. Da Monogamia – não expresso;
4. Da Igualdade e Respeito às Diferenças – Preâmbulo, Arts. 3º, IV, e 5º, *caput*;
5. Da Autonomia e Melhor Interesse Estatal – Preâmbulo, Arts. 3º, I, 4º, III e IV, e 5º, *caput*;
6. Da Pluralidade das Formas de Família – Art. 226;
7. Da Afetividade – não expresso;
8. Da solidariedade – Preâmbulo, Art. 3º, I;
9. Da Responsabilidade – não expresso;
10. Da Paternidade Responsável – Art. 229.

FILMOGRAFIA

1. *Eu, Tu e Eles*, 2000, filme, Brasil, Andrucha Waddington (princípio pluralidade de família).
2. *Como nossos pais*, 2017, filme, Brasil, Laís Bodanzky (princípio da afetividade).
3. *Chuvas de verão*, 1978, filme, Brasil, Carlos Diegues (princípio da solidariedade).
4. *Transamérica*, 2005, EUA, filme, Duncan Tucker (princípio pluralidade de família).
5. *Vicky Cristina Barcelona*, 2008, filme, EUA, Woody Allen (monogamia).
6. *Bacurau*, 2019, filme, Brasil/França, Kleber Mendonça Filho, Juliano Dornelles (dignidade humana).
7. *A despedida*, 2022, filme, EUA, Roger Michell (eutanásia, dignidade da pessoa humana)

CASAMENTO

 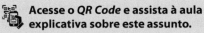

Acesse o *QR Code* e assista à aula explicativa sobre este assunto.

> *https://uqr.to/ofps*

3.1 BREVE HISTÓRICO E CONCEITO

O casamento foi, é e continua sendo uma forma paradigmática de se constituir famílias. Não significa que seja melhor ou superior às outras, embora até a Constituição de 1988 assim era considerado. Além de ser um contrato para regular as relações patrimoniais entre os cônjuges, e estabelecer regras pessoais de convivência como fidelidade e assistência mútua, em razão de seu conteúdo religioso, foi importante instrumento de controle da sexualidade. Por muitos séculos ele tentou aprisionar o desejo, e funcionou como o legitimador das relações sexuais. E assim, toda sexualidade exercida fora do casamento era considerada ilegítima, pecado, sanção moral que se misturava à jurídica. Foi somente com o Código Civil 2002 que se revogou a possibilidade de anular o casamento em razão da não virgindade da mulher. Essa moral religiosa, veiculada nos textos jurídicos, era determinante no Direito de Família e a sua infração significava a exclusão da cidadania, ou condenação à invisibilidade social, como foi por muitos anos com os filhos e famílias havidos fora do casamento, e ainda hoje com as famílias simultâneas. Com o movimento feminista e o pensamento psicanalítico, esta moral sexual aplicada somente às mulheres teve que transitar para outro lugar. E assim, o casamento não é mais o legitimador das relações sexuais e nem a única forma legítima de se constituir famílias.

O casamento é uma das instituições que mais tem regulamentação nos sistemas jurídicos de todo o mundo. Há numerosas definições, mas não há uniformidade para conceituá-lo nos diversos sistemas jurídicos.

No direito romano, embora se possa pensar que ele tinha muito mais um sentido religioso, sua concepção era mais de relação jurídica do que propriamente de uma celebração. Foi o cristianismo que elevou o casamento ao *status* de sacramento: "Homem e mulher selam sua união sob as bênçãos do céu, transformando-se numa só entidade física e espiritual e de maneira indissolúvel". Antes do cristianismo, os romanos usavam a expressão matrimônio como sinônimo de casamento, que por sua vez tornou-se um dos sete sacramentos da igreja católica. Embora originalmente matrimônio não tivesse vinculação com sacramento, com o passar do tempo e a fusão entre casamento e religião, a expressão matrimônio passou a vincular um significante religioso. Mesmo assim a maioria dos autores ainda usa matrimônio como sinônimo de casamento. Pode-se dizer, então, que casamento é a expressão que traduz o sentido laico do casamento, enquanto matrimônio o sentido religioso. Tanto é assim que podemos dizer que o matrimônio enquanto sacramento é indissolúvel e o casamento dissolúvel.

A definição de casamento sempre esteve muito misturada a conceitos religiosos, inclusive regulamentado pelo Direito Canônico. No Brasil foi somente com a separação Igreja/Estado, pela constituição de 1891, primeira da República, com o Decreto 181 de 24/01/1890, que passou a ter o casamento civil. Antes, eram uma coisa só, determinada e controlada pelos cânones da igreja católica. Hoje temos o casamento civil e o casamento religioso, que são duas coisas distintas, embora seja possível celebração religiosa para um casamento civil, conforme dispõe artigos 1.515 e 1.516 do CCB (ver item 3.4.2).

Os juristas clássicos, ainda sob a influência da fusão Igreja/Estado, mesmo que oficialmente separados, definiam o casamento sempre como união indissolúvel, e o seu conceito era também sinônimo de família. Foi somente com a Constituição de 1988 que família e casamento deixaram de ser sinônimo, quando se estabeleceu juridicamente que casamento é apenas uma das formas de constituição de família. Vejamos, exemplificadamente, até para entender sua evolução histórica, algumas definições de casamento dadas pelos grandes juristas do século XIX e XX, que obviamente traduziam as concepções de família daquela época, em seu contexto patriarcal e ainda misturadas a ideia religiosa da indissolubilidade do vínculo conjugal.

O mineiro Lafayette Rodrigues Pereira (1834-1917):

> Casamento é o ato solene pelo qual duas pessoas de sexo diferente se unem para sempre, sob a promessa recíproca de fidelidade no amor e da mais estreita comunhão de vida[1].

O cearense Clovis Beviláqua (1859-1944):

> Casamento é o contrato bilateral e solene, pelo qual um homem e uma mulher se unem indissoluvelmente, legitimando por ele suas relações sexuais, estabelecendo a mais estreita comunhão de vida e de interesses, e comprometendo-se a criar e educar a prole que de ambos nascer[2].

Um conceito que se manteve atualizado até recentemente é o do grande jurista Caio Mário da Silva Pereira:

> Casamento é a união de duas pessoas de sexos diferentes, realizando uma integração fisiopsíquica permanente[3].

Não apenas o conceito de família[4] sofreu modificações ao longo da história mas também o do casamento, que hoje não é apenas entre homem e mulher, mas entre duas pessoas, que podem ser do mesmo sexo ou não. Para Paulo Lôbo "casamento é um ato jurídico negocial

---

[1]   LAFAYETTE. *Direitos de Família*. Rio de Janeiro: Livreiro Editor, 1869, p. 12.

[2]   BEVILÁQUA, Clovis. *Direito de Família*. Rio de Janeiro: Editora Rio, 1976, p. 34.

[3]   PEREIRA, Caio Mário da Silva. *Instituição do Direito Civil*. Rio de Janeiro: Forense, 2001, p. 33.

[4]   (…) Afirmar e impor judicialmente que a lógica natural da vida seria composta por conhecimento, namoro, noivado e casamento é apenas uma visão de mundo, pessoal, parcial e restrita a um determinado círculo de convivência, uma bolha social que jamais poderá pretender modelar generalizadamente a sociedade, estabelecendo um suposto padrão de comportamento, e que jamais poderá condicionar ou influenciar o modo de julgamento de uma questão relativa ao direito das famílias, que, relembre-se, deve-se ater aos fatos e às provas. 8 – O direito das famílias não é forjado pela rigidez e pelo engessamento, eis que os arranjos familiares, sobretudo na sociedade contemporânea, são moldados pela plasticidade, razão pela qual a lógica natural da vida será lógica natural de cada vida individualmente considerada. (STJ, REsp 1.935.910/SP, Relator Ministro Moura Ribeiro, Rel. p/ acórdão Ministra Nancy Andrighi, Terceira Turma, j. 7/11/2023, *DJe* 22/11/2023.)

solene, público e complexo, mediante o qual o casal constitui família, pela livre manifestação de vontade e pelo reconhecimento do Estado".

O CCB-2002, que entrou em vigor em 01/01/2003, em relação ao casamento, nada inovou, como de resto em todo o Direito de Família pouco inovou. Manteve até mesmo a linguagem em desuso do artigo 194 do CCB 1916, reproduzida no artigo 1.535: "(...) de acordo com a vontade que ambos acabais de firmar perante mim, de vos receberdes por marido e mulher, eu, em nome da lei, vos declaro casados".

Até a CR-88 o casamento, como já se disse, era a única forma legítima de família. Fora daí, recebiam o selo da ilegitimidade, de família espúria e não merecia a proteção do Estado. Tradicional ou contemporâneo, com ritos religiosos ou não, o casamento está envolvido em valores sociais, culturais, biológicos, morais, simbólicos e históricos. Do ponto de vista jurídico podemos defini-lo como um contrato *sui generis*, solene e formal, entre pessoas que, por vínculo de afeto, interesses comuns e livre manifestação de vontade, com o reconhecimento do Estado, constituem uma família conjugal, e na maioria das vezes também parental, estabelecendo regras patrimoniais e pessoais, à procura da felicidade.

A lei não define o que é casamento, mas diz que sua finalidade é estabelecer "comunhão plena de vida, com base na igualdade de direitos e deveres dos cônjuges" (art. 1.511, CCB). Embora deva ser perseguido, "comunhão plena", é um objetivo difícil de ser alcançado, e está mais no plano da idealização, já que na vida real a plenitude, assim como o par perfeito, é perfeitamente impossível. Sabemos, depois da psicanálise, que o outro a quem se elege como objeto de amor é uma idealização, e que o amor precisa tamponar os defeitos do outro para que ele sobreviva. E o que a psicanálise ensina é que o grande desafio é amar o outro com os seus defeitos, ou seja, mesmo depois que o véu da paixão já não encobre mais os defeitos do outro. Portanto, não é uma comunhão plena, mas uma comunhão de vidas em que é preciso aprender a conviver com os defeitos do outro para que a conjugalidade seja possível. Mas as pessoas se casam para serem felizes, estabelecem projetos de vida em comum, ou no dizer da lei "comunhão de vida", ou melhor, de afetos, inclusive com a intenção de que seja para sempre, por mais que isto possa ficar no plano apenas do ideal. Todos se casam com a ideia e a intensão de que seja para sempre, mesmo sabendo que o "para sempre", sempre acaba.

Com o casamento, a que se pode chamar também de sociedade conjugal, muda-se do estado civil de solteiro para casado, e estabelece-se o vínculo de parentesco por afinidade com os parentes do outro cônjuge, mesmo que com eles não se tenha nenhuma afinidade. Os pais dos cônjuges tornam-se sogros e os irmãos cunhados. Com o fim do casamento o parentesco em linha reta, ou seja, sogro, sogra, genro e nora, não se dissolve (art. 1.521, II, CCB).

Com o casamento, pode-se alterar o nome, para incorporar o sobrenome do outro cônjuge ao seu. Até o CCB-2002 apenas a mulher poderia fazer tal alteração. E até a Lei 4.121/62 – Estatuto da Mulher Casada, a mulher era obrigada a incorporar ao seu, o sobrenome do marido. Tal tradição advém do Direito Canônico, em que se deveriam fundir os nomes, para se unirem as almas e tornarem um só corpo. Obviamente que no sistema patriarcal somente a mulher é quem se incorporava o nome do homem. Hoje, com a evolução do conhecimento "psy", sabe-se que a possibilidade de um casamento dar certo, é exatamente preservando suas individualidades, ou seja, não misturando suas identidades. E o nome é a maior representação da identidade da pessoa. Daí que o costume da mudança de nome ao se casar tem diminuído cada vez mais, e tende a deixar de ser um costume.

3.2 NATUREZA JURÍDICA

A natureza jurídica do casamento já rendeu longas discussões e polêmicas dos doutrinadores clássicos, brasileiros e estrangeiros. Hoje, na era da família plural e globalizada ela tornou-se inútil e despicienda. O legislador do CCB-2002 já não se preocupou em enfrentar o debate acerca da natureza jurídica do casamento. Mas para não perder a visão histórica, torna-se importante rememorar tais discussões, que podem ser sintetizadas em três correntes doutrinárias: natureza institucional, natureza contratual e natureza mista ou eclética.

A teoria institucionalista, vê o casamento como uma instituição, rejeitando sua natureza negocial, pois aí reside forte carga moral e religiosa. E aí o casamento é verdadeiramente sinônimo de matrimônio, no sentido que este significante traduz, ou seja, intrinsecamente vinculado a um ato sagrado. Para os que veem o casamento como uma "instituição social", suas regras são preestabelecidas pelo legislador com o objetivo de uma organização social, inclusive de união de sexos. Em outras palavras, o casamento é o conjunto de normas imperativas, cujo objetivo é colocar a família como uma organização social e moral. Washington de Barros e Maria Helena Diniz são importantes autores que defendem esta corrente de pensamento, o que conduz o Direito de Família muito mais para uma seara do Direito público do que privado.

A teoria contratual considera o casamento como um contrato de natureza especial e com regras próprias. Como se disse acima, o CCB-2002 não se preocupou em estabelecer a natureza jurídica do casamento, dizendo apenas que ele *estabelece comunhão plena de vida, com base na igualdade de direitos e deveres dos cônjuges*" (art. 1.511). O Código Civil de Portugal, por sua vez o define como um contrato: casamento é o contrato celebrado entre duas pessoas de sexo diferente que pretendem constituir família mediante uma plena comunhão de vida, nos termos da disposição deste código (art. 1.577)[5]. Esta corrente era sustentada por Clóvis Bevilaqua, Silvio Rodrigues, Orlando Gomes e Caio Mário da Silva Pereira que diziam que não há como não sustentar que o casamento tem natureza negocial, pois sua formação está na livre manifestação da vontade.

A concepção contratualista tem sua origem no direito canônico, foi adotada pelo racionalismo jusnaturalista do sec. XVIII, e chegou no Código Civil francês (1804), na escola exegética do século XIX e na doutrina do século XX[6].

A teoria mista ou eclética, defende que o casamento é uma instituição em relação ao seu conteúdo e um contrato especial quanto à sua formação, e que faz uma junção das duas teorias, ao considerar o casamento como um ato complexo pois tem características contratuais e institucionais.

Enfim, podemos dizer que a natureza jurídica do casamento é negocial, ou seja, contratual. Mas vai um pouco além disto, pois há regras no casamento que não podem ser discutidas, ou mudadas, como por exemplo, mudar a forma de celebração ou deixar de atender requisitos da habilitação. Daí a assertiva de Paulo Lôbo de que "*Casamento é um ato jurídico negocial solene, público e complexo, mediante o qual o casal constitui família, pela livre manifestação de vontade e pelo reconhecimento do Estado*[7]. O casamento tem em sua essência natureza contratual, pois é de livre escolha, mas traz consigo também a necessidade do reconhecimento do Estado, pois há regras de ordem pública às quais não se pode negociar, mas apenas aderir. E é neste sentido a afirmação de Maria Berenice de que o casamento é um contrato de adesão[8].

Seja qual for sua natureza jurídica, cuja discussão, como já se disse é estéril, o fato é que no Direito de Família Contemporâneo, o Estado tende a se afastar cada vez mais das questões de foro íntimo e da vida privada, e assim o casamento tende realçar cada vez mais, sua natureza contratualista.

---

[5] O Código português, com alterações da Lei 9-XI/2010 permitiu o casamento entre pessoas do mesmo sexo, alterando os artigos 1577, 1591, e 1690, que passou a ter a seguinte redação:"Artigo 1.577 (...) Casamento é o contrato celebrado entre duas pessoas que pretendem constituir família mediante uma plena comunhão de vida, nos termos das disposições deste Código.

[6] PEREIRA, Caio Mário da Silva, *Instituições de Direito Civil*. Vol. V. Rio de Janeiro: forense, 2004, p. 15.

[7] LÔBO, Paulo. *Direito Civil:* Vol. 5: Famílias, 9ª ed. p. 2019.

[8] DIAS, Maria Berenice. *Manual de Direito das Famílias*, 13ª ed. Salvador. JusPodivm, 2020, p. 463.

3.3 ESPONSAIS (NOIVADO)

Embora não seja requisito obrigatório para o casamento, faz parte da cultura ocidental, por influência do Direito Canônico, as pessoas vivenciarem um período entre namoro e o casamento, a que se chamou de esponsais, ou numa linguagem mais atual, noivado. A expressão esponsais tem o mesmo sentido de noivado, e sua etimologia está no latim *sponsalis*, esposo, e significa contrato ou promessa de casamento. No Direito Romano, era a promessa solene de futuro casamento. Se não cumprida, eram devidas "arras esponsalícias", ou seja, o noivo responsável pelo rompimento perderia o valor das arras ou seria obrigado ao seu pagamento em triplo ou quádruplo. O Código Canônico tratou do assunto no § 2 do Cân. 1.062, dispondo que "da promessa de matrimônio não cabe ação para exigir a celebração do matrimônio, mas cabe ação para reparação de danos, se for devida"[9].

Em Portugal, a Lei nº 9, de 31/05/2010, fez referência aos esponsais, mas apenas para dizer que não é possível exigir a celebração do casamento a título de esponsais, nem reclamar, na falta de cumprimento, indenizações que não sejam as despesas feitas ou as obrigações contraídas na previsão do casamento.

No Brasil, apenas a lei de 6 de outubro de 1784 regulamentou especificamente o assunto, outorgada por D. Maria I, de Portugal, para os domínios portugueses. Os artigos 209 e 210 do projeto do Código Civil de autoria de Clóvis Beviláqua, posteriormente reunidos em um único, tratavam da matéria, mas não usavam a expressão esponsais, mas sim de promessa de casamento: Art. 218. As promessas de casamento não produzem obrigação legal de contrair matrimonio. Si, porém, a parte promitente se arrepender, sem culpa da outra, será obrigada a restituir as prendas recebidas e indenizá-las do que tiver despendido na previsão do casamento[10]. Tal dispositivo não foi incluído no Código Civil de 1916.

Assim, esponsais, ou noivado, é o período que antecede o casamento e tem sentido de promessa de casamento, mas que transita muito mais entre as leis morais do que jurídica, já que não é possível obrigar ninguém a casar. É um período de preparação para o casamento, em que pessoas saem do *status* de namorado e passam a ser noivos, e juntos vão organizando o futuro casamento, preparando enxoval, a moradia, mobiliário para o futuro lar conjugal, enfim sonhando e planejando, e cumprindo um ritual de passagem para a família que constituirão no futuro. Assim como o namoro, o noivado não tem prazo de validade. Pode durar meses, ou anos, de acordo com as dificuldades e particularidades de cada casal. Na tradição judaica cristã,

---

9   Cf. TJ-RJ: (…) o mais recente Código Canônico de 1983, promulgado pelo Papa João Paulo II, publicado pela Constituição Sacrae Disciplinae Leges, de 25 de janeiro de 1983, que entrou em vigor a 27 de novembro de 1983, preceituou no cánon 1.062, parágrafo 1, que a promessa de matrimônio, tanto unilateral como bilateral, denominada esponsais, rege-se pelo direito particular estabelecido pela Conferência dos Bispos, levando-se em conta os costumes e as leis civis, se as houver. E no parágrafo 2, desse cânon, dispõe que da promessa de matrimônio não cabe ação para exigir a celebração do matrimônio, mas cabe ação para reparação dos danos, se for devida. Neste último códice, o absoluto comprometimento dos noivos não é exigível no cumprimento da promessa, como a era por meio da actio matrimonialis no passado, segundo a cânon 1.017, parágrafo 3, do Código canônico de 1917, tendo em vista que a posição da canonística é no sentido de que a realização do casamento válido exige a livre manifestação de vontade de ambos os nubentes de receberem por marido e mulher. (HORTAL, Pe. Jesus. Ob. cit., p. 469; Cabreros de Anita et al. Ob. cit., p. 391) in julg. TJRJ – Apl.: 00156743820138190202 Rel. Des(a). Murilo André Kieling Cardona Pereira.

10 Demonstrado ter a parte autora destinado o numerário recebido em ação trabalhista, na reforma da casa do noivo, bem como na compra de móveis, sob a promessa de que seria coproprietária do imóvel que, posteriormente, restou demonstrado estar gravado de cláusula de inalienabilidade, impenhorabilidade e incomunicabilidade, bem como as ameaças sofridas após o rompimento da relação amorosa, configura dano moral indenizável, nos termos do art. 186, do Código de Processo Civil. (TJ-MG – AC: 10024100733955001 MG, Rel.: Newton Teixeira Carvalho, Public. 15/05/2013).

os noivos celebram o ritual do noivado colocando alianças no dedo direito e ao se casarem a aliança passa para a mão esquerda.

A palavra noivos aparecia uma única vez na lei, no inciso III do art. 217 do CPC de 1973 (Lei 5.869), mesmo assim, em sentido diverso do que exposto, pois refere-se aos três primeiros dias de casamento e, portanto, os noivos aí já não seriam noivos, pois já estariam casados. No CPC-2015, a expressão aparece no art. 244, III, para dizer que não se fará citação de "noivos", nos 3 (três) primeiros dias seguintes ao casamento. O CCB-1916 usou a palavra nubentes e da mesma forma o CCB-2002, ao invés de noivos, para designar aqueles que estão se casando, designando assim este estado intermediário entre namorados e casados, alternando com a expressão contraente (Arts. 1.535, 1.538, 1.540 e segs. CCB).

Como já se disse, não há lei que imponha a obrigação de transformar um noivado em casamento, portanto o seu rompimento não caracteriza um ato ilícito ou qualquer infração à lei jurídica. Tal imposição seria uma afronta à liberdade que deve reger a vontade dos noivos de se casarem. Se o noivado é apenas uma promessa ou uma anunciação de que pretendem se casar, e se as partes, ou apenas uma das partes, não tiverem a liberdade de não se casar, o noivado perderia seu sentido de ser apenas uma preparação para o casamento e se tornaria o próprio casamento. Além disto, considerando que o vínculo do casamento não é mais indissolúvel, a obrigatoriedade da transformação deste compromisso em casamento seria um retrocesso e uma incoerência.

Não é cabível indenização por dano moral decorrente unicamente do rompimento do noivado. Não há direitos e deveres em um noivado. Se o amor e o afeto acabaram antes do casamento, seja lá o motivo que for, o seu rompimento não tem consequências jurídicas. Entretanto, se o rompimento se der de forma humilhante, vexatória, afrontando a dignidade de um dos noivos, como pode ocorrer em qualquer outro tipo de relação, é possível reivindicar danos morais. A ilicitude existirá se a forma que essa quebra se der for abusiva ou desproporcional. Os danos materiais decorrentes dos gastos com festas de casamento que não se realizou, enxoval etc., podem ser pleiteados.

Apesar de toda dor sofrida com o fim do noivado, ele por si só não é conduta ilícita e nem é fonte de obrigação jurídica, repita-se. A não ser que o rompimento tenha se dado de forma tal que tenha causado danos à saúde psíquica e afrontando a dignidade do outro[11].

---

[11] (...) Os esponsais, como espécie de ajuste entre duas pessoas, quando rompido unilateralmente se mostra uma das mais drásticas rupturas contratuais, porquanto para além de considerações materiais, o objeto desta espécie contratual é o próprio coração, o desejo de entregar-se a outrem, o sentimento de amar e perceber-se amado. Isso é agravado porque além da violação desse nobre sentimento no campo da própria alma, vê-se publicada a todos (familiares, amigos e conhecidos em geral) a rejeição, e rejeição qualificada por estar supostamente a relação em fase mais avançada. Sabe-se que os esponsais geram legítimas expectativas e a desistência de uma das partes gera inolvidáveis frustrações na parte contrária. A controvérsia de todo o debate histórico reside, contudo, em considerar a desistência como ato ilícito ou não, bem como em definir o grau de liberdade dos nubentes quanto à efetivação do casamento. Há sempre que se ponderar, contudo, que o amor e a decisão de amar se mostram verdadeiros apenas quando manifestados livremente. Não ama verdadeiramente aquele que foi compelido a isto. Pode-se dizer que o amor não suporta algemas, nem ameaças. Com efeito, o brilho do amor somente pode ser visto, sua companhia mais que agradável só pode ser fruída e suas doces e verdadeiras palavras só podem ser ouvidas quando o amor pulsa vigoroso no cerne do relacionamento. Seu vigor, contudo, depende de ser ele livre. Aliás, é sua existência que depende da liberdade que lhe é dada. Roupas embotadas, companhia enlutada e as amargas palavras, quando contínuos, são evidências de que o sentimento que se chama de amor é nada mais que um impostor, por mais que queria se apresentar perante todos como o mais nobre dos sentimentos. É certo que, mesmo livre, o amor experimenta seus momentos de grande desânimo e frustrações agudas. É no terreno da liberdade, contudo, que, após o inverno da alma, se revigora com a chegada da primavera que encontra as diversas bodas. O enlace das almas outrora prometido é novamente confirmado, mas somente porque o terreno da liberdade é o único hábil a comportar com vida o amor sempre festejado. Não obstante inexista dispositivo específico acerca dos esponsais na legislação pátria, a nossa doutrina não o desconhece, e a jurisprudência o tem apreciado e tutelado em casos tópicos, sob o ângulo da responsabilidade civil. De toda sorte, o instituto

3.4 ESPÉCIES

3.4.1 Casamento civil

O casamento civil é aquele que é celebrado de acordo com as leis civis, perante o oficial do cartório de registro civil. É um contrato *sui generis*, cujos preparativos iniciam-se com a habilitação, proclamas e se concretiza com a celebração perante o Juiz de Paz, instituindo-se aí uma família. Os nubentes devem ser pessoas capazes civilmente, isto é, maiores de 18 anos ou emancipados. As pessoas com 16 anos podem casar, desde que autorizadas por ambos os pais[12], ou seus representantes legais, enquanto não atingida a maioridade civil (art. 1.517, CCB). Na falta de autorização dos pais os nubentes podem pedir outorga judicial. É possível casamento civil por procuração com poderes especiais (art. 1.542, CCB). Pode ser dissolvido pelo divórcio, pela morte de um dos cônjuges ou anulação/nulidade.

O casamento produz efeitos econômicos, como a comunicação de bens de acordo com o regime de bens, e efeitos pessoais tais como ajuda, assistência e fidelidade recíprocas.

3.4.2 Casamento religioso com efeitos civis

É o casamento cuja celebração se faz em cerimônia religiosa. O § 2º do art. 226 da CR refere-se ao casamento religioso, para dizer que ele terá efeitos nos termos da lei civil. E assim, para que ele seja válido como casamento civil, é necessário que os nubentes tenham feito todo o procedimento para o casamento civil comum, ou seja, tenham feito habilitação, proclamas e registrado o ato de celebração no Cartório de Registro Civil. A única diferença com o casamento civil comum é que a celebração não é feita pelo Juiz de Paz, mas pela autoridade religiosa.

Para que ele seja válido deverá ser promovido o seu registro dentro de até noventa dias de sua realização, com a comunicação do celebrante ao ofício competente, ou por iniciativa de qualquer interessado, desde que haja sido homologada previamente a habilitação regulada neste Código. Se este prazo for descumprido, o registro dependerá de nova habilitação (art. 1.516, *caput* e § 1º, CCB).

O casamento religioso, que não for precedido de formalização junto ao Registro Civil, não tem validade como casamento civil. Mas se as partes passarem a viver como se casados fossem, estarão em união estável. Portanto, o casamento religioso que não cumprir as formalidades exigidas pela lei pode ser apenas união estável[13], e não casamento em sentido técnico, ou seja, casamento civil.

---

dos esponsais recebe atenção da doutrina e da jurisprudência, considerando-se que todo casamento é sempre precedido de uma promessa de realização futura. (...) TJ-RJ – APL: 00156743820138190202 Rel. Des(a). Murilo André Kieling Cardona Pereira, 5ª Câmara Cível, J. 14/11/2018.

[12] Cf. Arts. 1.518 e 1.520 (o último com alterações da Lei 13.811/2019) do CCB.

[13] (...) A principal diferença entre o casamento e a união estável diz respeito à formalidade e solenidade do ato jurídico porque, enquanto no primeiro a lei é extremamente rigorosa ao estabelecer uma complexa forma sacramental dotada de alto grau de publicidade, no outro a lei não exige nenhuma formalidade, apenas elencando alguns impedimentos que nem se comparam com aqueles previstos para o casamento (Código Civil, art. 1.723, § 1º). 5. A formalidade e solenidade do casamento produz efeitos intra partes e erga omnes: dentre os primeiros, visa assegurar aos nubentes prova cabal acerca do início da relação jurídica e dos efeitos que lhe são tipicamente previstos na lei; dentre os segundos, a forma sacramental do casamento visa dotar o ato da devida publicidade, de forma a permitir sua oponibilidade a terceiros e evitar a prática de atos inconvenientes ao patrimônio comum. (...) TJ-RJ – APL: 00361660920128190001 RJ 0036166-09.2012.8.19.0001, Relator: Des. Mario Guimaraes Neto: 17/11/2014.

3.4.3 Casamento por procuração

O casamento pode ser realizado mediante procuração, de um ou ambos os cônjuges a terceiro, outorgada por instrumento público, com poderes especiais e validade de 90 (noventa) dias. Não é propriamente uma espécie de casamento, mas um modo de se casar.

É indispensável, nessa situação, que cada nubente seja representado por procurador distinto do outro, não se permitindo a figura do mandatário único. Se o casamento for celebrado por procuração sem que o outro cônjuge ou o procurador tenham conhecimento da revogação do mandato, o casamento é anulável, desde que não haja coabitação após a celebração (art. 1.542, CCB).

Assim como é possível a realização de casamento por procuração, também o é o divórcio, com poderes específicos para tal. A Resolução CNJ 35/2007 dissipou as dúvidas acaso existente sobre divórcio por procuração, ao estabelecer claramente que é possível divórcio extrajudicial ser realizado por mandatário.

Para a revogação do mandato outorgado é necessário que seja também por instrumento público (art. 1.542, § 4º, CCB).

3.4.4 Nuncupativo ou *in articulo mortis* ou *in extremis*

É o casamento realizado em circunstâncias excepcionais[14], sem o cumprimento das formalidades ordinariamente exigidas como o processo de habilitação, a publicação dos proclamas e a presença da autoridade celebrante.

Para que esta modalidade de casamento seja válida é necessário: 1) iminente risco de morte de um dos nubentes; 2) presença de seis testemunhas, que com eles não tenham parentesco em linha reta, ou na colateral, em segundo grau. Feito o casamento, deverão comparecer, dentro em 10 (dez) dias, perante a autoridade judiciária mais próxima, a fim de que sejam reduzidas a termo as declarações (art. 1.541, CCB). Transitada em julgado a sentença, o Juiz mandará registrá-la no Livro de Casamento (art. 76, § 5º, Lei nº 6.015/73).

Todo esse procedimento será dispensável se os nubentes sobreviverem e ratificarem o ato na presença da autoridade competente, ou seja, do oficial de registro civil. Os efeitos do casamento retroagem sempre à data de sua celebração.

O casamento nuncupativo é também conhecido por casamento *in articulo mortis* ou *in extremis*.

---

[14] (...) A inquestionável manifestação da vontade do nubente enfermo, no momento do casamento, fato corroborado pelas 6 testemunhas exigidas por lei, ainda que não realizada de viva voz, supre a exigência legal quanto ao ponto. 4. A discussão relativa à nulidade preconizada pelo art. 1.548 do CC-02, que se reporta aos impedimentos, na espécie, consignados no art. 1.521, IV, do CC-02 (casamento entre colaterais, até o terceiro grau, inclusive) fenece por falta de escopo, tendo em vista que o quase imediato óbito de um dos nubentes não permitiu o concúbito pós-casamento, não havendo que se falar, por conseguinte, em riscos eugênicos, realidade que, na espécie, afasta a impositividade da norma, porquanto lhe retira seu lastro teleológico. 5. Não existem objetivos pré-constituídos para o casamento, que descumpridos, imporiam sua nulidade, mormente naqueles realizados com evidente possibilidade de óbito de um dos nubentes – casamento nuncupativo –, pois esses se afastam tanto do usual que, salvaguardada as situações constantes dos arts. 166 e 167 do CC-02, que tratam das nulidades do negócio jurídico, devem, independentemente do fim perseguido pelos nubentes, serem ratificados judicialmente. 6. E no amplo espectro que se forma com essa assertiva, nada impede que o casamento nuncupativo realizado tenha como motivação central, ou única, a consolidação de meros efeitos sucessórios em favor de um dos nubentes – pois essa circunstância não macula o ato com um dos vícios citados nos arts. 166 e 167 do CC-02: incapacidade; ilicitude do motivo e do objeto; malferimento da forma, fraude ou simulação. Recurso ao qual se nega provimento. (STJ – REsp: 1330023 RN 2012/0032878-2, Relator: Ministra Nancy Andrighi, Data de Julgamento: 05/11/2013, 3 ªTurma, Data de Publicação: DJe 29/11/2013).

3.4.5 Casamento putativo

É o casamento que, embora nulo ou anulável, produz todos os efeitos jurídicos, como se válido fosse – da data da celebração ao trânsito em julgado da sentença que pronuncia a sua desconstituição, em razão de ter sido contraído por cônjuge de boa-fé. Ou seja, que desconhecia qualquer impedimento para o casamento (art. 1.561, CCB), ou das hipóteses de anulabilidade previstas no art. 1.550 do CCB, ou de qualquer enfermidade mental que cause a nulidade do casamento, aproveitando seus efeitos a ele e aos filhos havidos na constância do casamento. Portanto, para o cônjuge de boa-fé a sentença tem efeito *ex nunc* (art. 1.563, CCB). E, para o cônjuge que agiu de má-fé o efeito é *ex tunc*, isto é, retroage à data da celebração, como se o casamento não tivesse existido.

A definição de putatividade vem perdendo sensivelmente interesse prático, quanto aos efeitos pessoais, já que não há mais filhos ilegítimos desde a CR/1988, restando interesses muito mais para efeitos patrimoniais. Mas o interesse nos efeitos da putatividade, aplicável a toda situação de nulidade e anulação, interessa não só aos cônjuges e aos filhos, mas também a terceiros que podem valer-se do caráter putativo do casamento, para exercer direitos que adquiriram na suposição de um casamento válido. Neste caso, aplica-se na verdade, a teoria da aparência.[15]

3.4.6 Casamento avuncular

Casamento avuncular tem sua etimologia no latim *avuncularis, avunculu*, relativo a tio ou tia materna. É o casamento entre tio e sobrinha, tia e sobrinho, ou seja, realizado entre pessoas que têm relação de parentesco entre si, mais especificamente entre tios e sobrinhos. Os ordenamentos jurídicos do mundo ocidental, traduzindo o princípio organizador de toda cultura – o incesto, fizeram regras de proibição de casamento de determinados graus de parentesco. O CCB-2002, repetindo o CCB-1916, estabelece tais proibições: Não podem casar: I – os ascendentes com os descendentes, seja o parentesco natural ou civil; II – os afins em linha reta; III – o adotante com quem foi cônjuge do adotado e o adotado com quem o foi do adotante; IV – os irmãos, unilaterais ou bilaterais, e demais colaterais, até o terceiro grau inclusive; V – o adotado com o filho do adotante; VI – as pessoas casadas; VII – o cônjuge sobrevivente com o condenado por homicídio ou tentativa de homicídio contra o seu consorte (art. 1.521, CCB).

A origem desta proibição está no princípio universal de interdição do incesto, que sofreu variações de acordo com cada cultura. Considerando que uma das razões da proibição é de ordem biológica, no ordenamento jurídico brasileiro, se uma junta médica atentar que em razão daquele parentesco não há risco de se gerar filhos com deficiências genéticas, torna-se possível o casamento entre os colaterais: *Os colaterais do terceiro grau, que pretendam casar-se, ou seus representantes legais, se forem menores, requererão ao juiz competente para a habilitação que nomeie dois médicos de reconhecida capacidade, isentos de suspensão, para examiná-los e atestar-lhes a sanidade, afirmando não haver inconveniente, sob o ponto de vista da sanidade, afirmando não haver inconveniente, sob o ponto de vista da saúde de qualquer deles e da prole, na realização do matrimônio (art. 2º, Decreto-Lei 3.200/41).*

O tema já foi objeto de abordagem por renomados juristas, destacando-se o consenso externado no Enunciado nº 98 do Centro de Estudos Judiciários – CEJ, do Conselho de Justiça Federal – CJF, em sua I Jornada de Direito Civil, *in expressis*: "*98 – Art. 1.521, IV, do novo Código*

---

[15] VENOSA, Sílvio de Salvo. Família Conjugal in *Tratado de Direito das Famílias*, Belo Horizonte: IBDFAM, 2019, p. 191. (...) Nos casamentos, ambos os cônjuges sabem que estão casados e, por alguma circunstância desconhecida de ambos ou de algum deles, o ato formal não teve validade. Por isso, a figura do casamento putativo. O escopo que leva a proteger a boa-fé de quem praticou ato jurídico formal, sem validade por motivo desconhecido do contraente, não pode ser meramente transportado para o âmbito da união estável.

Civil: o inc. IV do art. 1.521 do novo Código Civil deve ser interpretado à luz do Decreto-Lei n. 3.200/41 no que se refere à possibilidade de casamento entre colaterais de 3º grau.[16]

3.4.7 Casamento homoafetivo

É o casamento civil entre pessoas do mesmo sexo[17], e que hoje não tem mais diferença do casamento heteroafetivo. Em outras palavras, o casamento deixou de ser monopólio da heteroafetividade.

Uma das dificuldades da implementação do casamento homoafetivo no Brasil, como em todas os países que o implementaram, reside em razões morais e religiosas. Diferentemente de outros países, no Brasil não há nenhuma lei que o instituiu. Foi necessário, que o Supremo Tribunal Federal (STF) fizesse uma interpretação do artigo 226 da CR/1988 e legitimasse tais uniões. E foi assim que em julgamento do dia 05/05/2011, reconheceu que as uniões homoafetivas, assim como as heteroafetivas, também constituem uma entidade familiar, dando mais um passo importante em direção ao Estado laico, iniciado com a separação oficial Igreja/Estado com a primeira Constituição da República (1891). E assim abriu a possibilidade de se converter a união estável entre pessoas do mesmo sexo em casamento (art. 226, § 3º, da CR 1988), bem como a sua regulamentação pelo CNJ por meio da Resolução 175 de 14/05/2013. Além de histórico e emblemático, julgamentos como estes explicam por que a Constituição de um país recebe também o nome de "Carta Política". Afinal, a Constituição de uma República, que se pretende democrática, deve traduzir juridicamente valores e concepções de dignidade, tolerância e não discriminação, igualdade de direitos, respeito às diferenças etc. Aliás, cidadania e inclusão é a plataforma política e ideológica que dá o comando interpretativo constitucional.

Os argumentos contrários àquele julgamento, apesar de virem travestidos de jurídicos, são todos de ordem moral-religiosa. Dizem que são inconstitucionais as uniões estáveis homoafetivas por não estarem previstas expressamente como forma de constituição de família, como está o casamento, a união estável e as famílias monoparentais. Argumentam também que o texto constitucional diz que união estável é apenas homem e mulher (art. 226). Muitas outras formas de família também não estão ali previstas, e nem por isto deixam de ser família. Por exemplo, ninguém duvida de que irmãos vivendo juntos, netos e avós, apesar de não estarem elencadas constitucionalmente, são núcleos familiares legítimos e verdadeiros. Sob o aspecto jurídico, significa dizer que a enumeração constitucional das famílias não é taxativa. É exemplificativa. Mas, quando se refere às famílias homoafetivas muda-se a lógica jurídica para se adequá-la à moral religiosa. Todas as formas de constituição de família são legítimas e devem ser legitimadas pelo Estado, como reconheceu o STF.

---

[16] Ação declaratória de nulidade de casamento, ajuizada pelo apelante através da qual alegou ter vivido em união estável homoafetiva com o falecido marido da ré que, por seu turno, era sobrinha do de cujus. Requereu, em razão disso, a declaração de nulidade do casamento por infringência de impedimento legal. A existência de união homoafetiva entre o autor e o falecido não guarda relação com o pleito contido neste processo, na medida em que este se trata de ação de nulidade de casamento. A possibilidade de casamento avuncular é descrita pelo art. 1º e regulamentada pelo art. 2º, do Decreto-Lei 3200/41. Tal norma foi editada com o precípuo propósito de proteger a prole, advinda do casamento, de possível malformação genética, afastando-se a possibilidade de defeitos eugênicos dos eventuais descendentes. Assim, diante da constatação de que a ré havia se submetido à histerectomia total antes da boda, a apresentação dos atestados tornou-se despicienda. Recurso desprovido, nos termos do voto do Desembargador Relator." (TJ-RJ – Apl: 00129926320118190208 Rio de Janeiro Meier Regional 1 Vara de Família, Relator: Ricardo Rodrigues Cardozo, Data de Publicação: 18/01/2013).

[17] A Resolução 252/2022 do Conselho Nacional do Ministério Público impede os membros do Ministério Público de se manifestarem contrariamente à habilitação, à celebração de casamento civil ou à conversão de união estável em casamento entre pessoas de mesmo sexo unicamente por essa condição.

A antropologia e a psicanálise já demonstraram ao mundo que família não é um fato da natureza, mas da cultura. A verdadeira razão da homofobia, e o desejo de que tais relações continuem marginalizadas estão diretamente relacionadas aos fantasmas da sexualidade que assombram a todos nós. Alguns têm tanto horror que ao invés de enfrentá-los, ou atravessá-los, preferem impor um discurso civilizatório de exclusão da diferença.

E assim, desde a Resolução do Conselho Nacional de Justiça – CNJ, o casamento pode ser feito entre pessoas do mesmo sexo: É vedada às autoridades competentes a recusa de habilitação, celebração de casamento civil ou de conversão de união estável em casamento entre pessoas de mesmo sexo (art. 1º, Resolução nº 175/2013)[18].

O casamento homoafetivo no Brasil se situa em um contexto sociopolítico e de globalização, em que vários outros países, antes e depois do Brasil, tiveram leis aprovadas autorizando o casamento. O primeiro deles foi na Holanda, em 2001, sucedendo em 2004 – Bélgica, Massachusetts (Estados Unidos); 2005 – Espanha, Canadá; 2006 – África do Sul; 2008 – Connecticut (Estados Unidos); 2009 – Noruega, Suécia, Iowa (Estados Unidos), Vermont (Estados Unidos); 2010 – New Hampshire (Estados Unidos), Washington, D.C. (Estados Unidos), Portugal, Islândia; 2010 – Argentina; 2013 – Brasil (Resolução 175/2013 – CNJ); 2015 – Irlanda; 2016 – Itália; 2017 – Alemanha; 2019 – Equador, Ilhas Cayman e Reino Unido.

3.4.8 Casamento consular

Os brasileiros que residem no exterior, e não quiserem casar de acordo com a lei brasileira, poderão fazê-lo perante autoridade consular daquele país. O casamento celebrado por autoridade estrangeira competente, mesmo que não tenha sido registrado em Repartição consular brasileira e/ou em Cartório no Brasil, é considerado válido para o ordenamento jurídico brasileiro, representando, inclusive, impedimento à celebração de novo casamento, cujas regras

---

[18] Antes da Resolução nº 175/2013, o STJ já havia assim se posicionado: (...) O que importa agora, sob a égide da Carta de 1988, é que essas famílias multiformes recebam efetivamente a "especial proteção do Estado", e é tão somente em razão desse desígnio de especial proteção que a lei deve facilitar a conversão da união estável em casamento, ciente o constituinte que, pelo casamento, o Estado melhor protege esse núcleo doméstico chamado família. 6. Com efeito, se é verdade que o casamento civil é a forma pela qual o Estado melhor protege a família, e sendo múltiplos os "arranjos" familiares reconhecidos pela Carta Magna, não há de ser negada essa via a nenhuma família que por ela optar, independentemente de orientação sexual dos partícipes, uma vez que as famílias constituídas por pares homoafetivos possuem os mesmos núcleos axiológicos daquelas constituídas por casais heteroafetivos, quais sejam, a dignidade das pessoas de seus membros e o afeto. (...) Os arts. 1.514, 1.521, 1.523, 1.535 e 1.565, todos do Código Civil de 2002, não vedam expressamente o casamento entre pessoas do mesmo sexo, e não há como se enxergar uma vedação implícita ao casamento homoafetivo sem afronta a caros princípios constitucionais, como o da igualdade, o da não discriminação, o da dignidade da pessoa humana e os do pluralismo e livre planejamento familiar. 9. Não obstante a omissão legislativa sobre o tema, a maioria, mediante seus representantes eleitos, não poderia mesmo "democraticamente" decretar a perda de direitos civis da minoria pela qual eventualmente nutre alguma aversão. Nesse cenário, em regra é o Poder Judiciário – e não o Legislativo – que exerce um papel contramajoritário e protetivo de especialíssima importância, exatamente por não ser compromissado com as maiorias votantes, mas apenas com a lei e com a Constituição, sempre em vista a proteção dos direitos humanos fundamentais, sejam eles das minorias, sejam das maiorias. Dessa forma, ao contrário do que pensam os críticos, a democracia se fortalece, porquanto esta se reafirma como forma de governo, não das maiorias ocasionais, mas de todos. 10. Enquanto o Congresso Nacional, no caso brasileiro, não assume, explicitamente, sua coparticipação nesse processo constitucional de defesa e proteção dos socialmente vulneráveis, não pode o Poder Judiciário demitir-se desse mister, sob pena de aceitação tácita de um Estado que somente é "democrático" formalmente, sem que tal predicativo resista a uma mínima investigação acerca da universalização dos direitos civis. (STJ, 1183378/RS, Rel. Min. Luis Felipe Salomão, 4ª Turma, pub. 01/02/2012).

estão estabelecidas na Resolução CNJ nº 155/2012[19]. Em 2023, o CNJ expediu o Provimento nº 149 que dispõe sobre a averbação direta por Oficial de Registro Civil das Pessoas Naturais da sentença estrangeira de divórcio consensual simples ou puro, no assento de casamento, independentemente de homologação judicial. Em 26 de setembro de 2024, o Conselho Nacional de Justiça editou a Resolução nº 583/2024, que alterou a Resolução CNJ nº 155/2012 e dispôs sobre traslado de certidões de registro civil de pessoas naturais emitidas no exterior.

O casamento celebrado por autoridade estrangeira é também válido no Brasil. Mas para produzir efeitos jurídicos aqui, deverá ser registrado em Repartição Consular brasileira e, posteriormente, transcrito em Cartório do 1º Ofício do Registro Civil do município do seu domicílio no Brasil ou no Cartório do 1º Ofício do Distrito Federal. A transcrição deve ser efetuada preferencialmente na primeira oportunidade em que um dos cônjuges viaje ao Brasil ou no prazo de 180 dias a contar da data do retorno definitivo ao País. O art. 13 da referida Resolução, além de listar os documentos necessários, estabelece regras e procedimentos para realização do casamento consular[20]. Estas regras vêm ao encontro da Lei de Introdução às Normas do Direito Brasileiro.

---

[19] Dispõe sobre traslado de certidões de registro civil de pessoas naturais emitidas no exterior: (...) Art. 1º O traslado de assentos de nascimento, casamento e óbito de brasileiros em país estrangeiro, tomados por autoridade consular brasileira, nos termos do regulamento consular, ou por autoridade estrangeira competente, a que se refere o *caput* do art. 32 da Lei nº 6.015/1973, será efetuado no Livro "E" do 1º Ofício de Registro Civil de Pessoas Naturais da Comarca do domicílio do interessado ou do 1º Ofício de Registro Civil de Pessoas Naturais do Distrito Federal, sem a necessidade de autorização judicial. Art. 2º Os assentos de nascimento, casamento e óbito de brasileiros lavrados por autoridade estrangeira competente, que não tenham sido previamente registrados em repartição consular brasileira, somente poderão ser trasladados no Brasil se estiverem legalizados por autoridade consular brasileira que tenha jurisdição sobre o local em que foram emitidas. § 1º Antes de serem trasladados, tais assentos também deverão ser traduzidos por tradutor público juramentado, inscrito em junta comercial brasileira. § 2º A legalização efetuada por autoridade consular brasileira consiste no reconhecimento da assinatura de notário/autoridade estrangeira competente aposta em documento original/fotocópia autenticada ou na declaração de autenticidade de documento original não assinado, nos termos do regulamento consular. O reconhecimento, no Brasil, da assinatura da autoridade consular brasileira no documento será dispensado, conforme previsto no art. 2º do Decreto nº 84.451/1980. § 3º Os oficiais de registro civil deverão observar a eventual existência de acordos multilaterais ou bilaterais, de que o Brasil seja parte, que prevejam a dispensa de legalização de documentos públicos originados em um Estado a serem apresentados no território do outro Estado, ou a facilitação dos trâmites para a sua legalização. Art. 3º Sempre que o traslado for indeferido pelo oficial de registro civil, será feita nota com os motivos do indeferimento, cumprindo-se, quando for o caso, o art. 198 c.c. o art. 296 da Lei nº 6.015/1973. Art. 4º O traslado de certidões de assentos de nascimento, casamento e óbito de brasileiros lavrados em país estrangeiro será efetuado mediante apresentação de documentos originais. Parágrafo único. O arquivamento de tais documentos poderá ser feito por cópia reprográfica conferida pelo oficial de registro civil. Art. 5º O oficial de registro civil deverá efetuar o traslado das certidões de assentos de nascimento, casamento e óbito de brasileiros ocorridos em país estrangeiro, ainda que o requerente relate a eventual necessidade de retificação do seu conteúdo. Após a efetivação do traslado, para os erros que não exijam qualquer indagação para a constatação imediata de necessidade de sua correção, o oficial de registro deverá proceder à retificação conforme art. 110 da Lei nº 6.015/1973. Parágrafo único. Para os demais erros, aplica-se o disposto no art. 109 da referida Lei. Art. 6º – As certidões dos traslados de nascimento, de casamento e de óbito, emitidas pelos Cartórios de 1º Ofício de Registro Civil de Pessoas Naturais deverão seguir os padrões e modelos estabelecidos pelo Provimento CN-CNJ nº 63/2017, bem como por outro(s) subsequente(s) que venha(m) a alterá-lo ou complementá-lo, com as adaptações que se fizerem necessárias. (Redação dada pela Resolução nº 419, de 21/09/2021). Art. 6o-A – Poderá ser averbado o número de CPF nos traslados dos assentos de nascimento, casamento e óbito de brasileiros em país estrangeiro, de forma gratuita. (Incluído pela Resolução nº 419, de 21/09/2021).

[20] Entre as alterações promovidas pela Resolução nº 583, o art. 13 passou a vigorar: "Art. 13. (...) § 3º – Faculta-se a averbação do regime de bens posteriormente, sem a necessidade de autorização judicial, mediante apresentação de documentação comprobatória. Para fins de referida averbação complementar, o regime de bens deverá indicar o país cuja legislação se aplica, sendo adotado o respectivo *nomen juris* de origem, o qual será comprovado pela apresentação de documento comprobatório do domicílio dos nubentes, no momento da

Cap. 3 – CASAMENTO **121**

3.4.9 Casamento de estrangeiros

Estrangeiros, ou mesmo brasileiros, que não sejam casados no Brasil, para que seu casamento tenha validade em solo nacional[21], deverão registrá-lo no Brasil, no cartório de Registro Civil de pessoas naturais do 1º Ofício.

A Lei de Introdução às Normas do Direito Brasileiro – LINDB, que se denominava até 2010 Lei de Introdução ao Código Civil, estabelece regras do Direito Internacional Privado (ver capítulo 18) e em seu artigo 7º[22] determina que é a legislação do país onde está domiciliada a pessoa que regerá estas questões. Se os estrangeiros fixarem residência no Brasil, deverão registrar seu casamento no cartório de registro civil da cidade onde estão domiciliados, com a devida tradução juramentada[23].

3.5 CAPACIDADE PARA CASAR; AS PESSOAS COM DEFICIÊNCIA

Nem todas as pessoas têm capacidade para casar, e outras sofrem restrições em sua capacidade para o enlace conjugal, como por exemplo, quem tem mais de 70 anos e menos de 18 anos, ou ainda não partilhou bens de casamento/união estável anterior, só podem casar pelo regime da separação obrigatória de bens (ver item 4.2).

---

celebração do casamento, quando domiciliados no mesmo estado, ou do primeiro domicílio conjugal, após a celebração do casamento mediante ao menos um dos documentos abaixo identificados: a) certificação de 2 (dois) advogados em exercício no país cuja lei seja aplicável, sobre sua vigência e sentido, conforme art. 409 do Código Bustamante (Decreto nº 18.871/1929), devidamente legalizada ou apostilada, traduzida na forma juramentada e registrada perante o Oficial de Registro de Títulos e Documentos nos termos do art. 129, item 6, Lei nº 6.015/1973; b) declaração prestada pela representação consular do país cuja lei é aplicável, na qual seja indicado o regime de bens aplicável, ou as regras acerca da regência patrimonial dos bens adquiridos na constância do casamento; ou c) apresentação da lei aplicável, conforme art. 7º, § 4º, da Lei de Introdução às Normas do Direito Brasileiro (LINDB), à regência patrimonial dos bens adquiridos na vigência do casamento, conforme art. 376 do Código de Processo Civil, devidamente traduzida na forma juramentada por tradutor registrado na Junta Comercial; e d) declaração prestada pela representação consular brasileira no país de origem que especifique o regime de bens aplicável ou as regras acerca da regência patrimonial dos bens adquiridos na constância do casamento. § 3º-A – A omissão do regime de bens na certidão de casamento realizado no exterior, mas regido pelas leis nacionais (na forma do art. 7º § 4º, da LINDB – Decreto-Lei nº 4.657/1942), poderá ser suprida mediante apresentação de requerimento dirigido ao Oficial de Registro Civil de Pessoas Naturais competente, para que se proceda, à margem da transcrição de casamento, após devido procedimento, a averbação do regime de comunhão parcial de bens (se for o caso da aplicação do art. 1.640 do Código Civil – CC) ou regime da separação obrigatória de bens (se aplicável o art. 1.641 do CC), instruindo o pedido com a cópia autenticada da identidade dos cônjuges e certidão atualizada de registro civil do cônjuge brasileiro anterior ao casamento, para verificação das hipóteses previstas no art. 1.523 do CC. § 3º-B – Na hipótese de declaração de inexistência de pacto antenupcial, deve ao menos 1 (um) dos cônjuges firmar declaração, sob pena de responsabilidade, quanto a inexistência de excepcionalidade ao regime de bens aplicável. § 3º-C – Ausente pacto antenupcial, quando a legislação estrangeira remeter a solução do regime de bens à legislação brasileira ou não estabelecer o regime de bens, aplica-se o disposto nos arts. 1.640, *caput*, e 1.641, do Código Civil, observado o procedimento estabelecido nos §§ 3º-A e 3º-B".

21 A Resolução nº 155/2012 do CNJ dispõe sobre traslado de certidões de registro civil de pessoas naturais emitidas no exterior, com alterações promovidas pela Resolução nº 419/2021 e Resolução nº 583/2024.

22 LINDB – Art. 7º A lei do país em que domiciliada a pessoa determina as regras sobre o começo e o fim da personalidade, o nome, a capacidade e os direitos de família. (...) § 3º Tendo os nubentes domicílio diverso, regerá os casos de invalidade do matrimônio a lei do primeiro domicílio conjugal.

23 (…) O processamento e julgamento da ação que visa à dissolução do casamento de brasileiros realizado no estrangeiro, ainda que tenha sido celebrado perante a autoridade consular brasileira, refoge da competência da Justiça Brasileira, no caso em que os cônjuges ainda mantenham domicílio no lugar do matrimônio. – Recurso desprovido. (TJ-MG – AC: 10280130020397001 MG, Relator: Eduardo Andrade, Câmaras Cíveis, 1ª Câmara Cível, Public. 26/02/2014).

A capacidade para casar está estabelecida na lei, e a regra geral é para quem é maior de idade, ou seja, a partir dos 18 anos. Isto a partir de 2003, quando entrou em vigor o CCB/2002, alterando a maioridade de 21 anos para 18 anos. Mas há casos em que se relativiza essa capacidade, ou seja, entre 16 e 18 anos, o que a doutrina passou a chamar de idade núbil[24]. Assim, os relativamente incapazes (art. 4º, CCB/2002) podem se casar com a autorização dos pais (art. 1.634, III). Se um dos pais divergir, será preciso pedir autorização judicial para suprir tal discordância (arts. 1.517, parágrafo único, 1.519 e 1.631, parágrafo único). Em casos de multiparentalidade, se dois ou mais dos pais divergirem sobre o casamento, o Ministério Público é quem pode requerer o suprimento de consentimento (ECA, art. 201, VIII). Em todos os casos de casamento com autorização judicial, o regime de bens será sempre o da separação obrigatória (art. 1.641, III). A autorização pode ser revogada, mas apenas até a data do casamento (art. 1.518, do CCB/2002), pois a menoridade civil cessa com o casamento (art. 5º, parágrafo único, II, do CCB/2002).

Até o advento da Lei 13.811, em 12/03/2019, que alterou o artigo 1.520 do CCB/2002, era admitido em caráter excepcional o casamento de pessoas menores de 16 anos, na maioria das vezes, em razão de gravidez. As razões eram todas de ordem moral da família patriarcal: para evitar imposição de pena criminal (Estupro – art. 213 do Código Penal; violação sexual mediante fraude – art. 215 do Código Penal).

A Lei nº 13.146/2015, que instituiu o Estatuto da Pessoa com Deficiência – EPD, provocou uma revolução paradigmática e alterações na teoria das incapacidades[25] prevista no Código Civil, modificando a redação dos arts. 3º e 4º do Código Civil e o capítulo que trata da curatela, estabelecido pelos arts. 1.767 e seguintes, instituindo a denominada "ação de curatela" e não mais ação de interdição (ver capítulo 15). O art. 6º da referida Lei nº 13.146/2015 preconiza que a deficiência não afeta a plena capacidade civil da pessoa, inclusive para casar e constituir união estável; exercer direitos sexuais e reprodutivos; exercer o direito de decidir sobre o número de filhos e de ter acesso a informações adequadas sobre reprodução e planejamento familiar; conservar sua fertilidade, sendo vedada a esterilização compulsória; exercer o direito à constituir família e à convivência familiar e comunitária; e exercer o direito à guarda, à tutela, à curatela e à adoção, como adotante ou adotando, em igualdade de oportunidades com as demais pessoas. Assim, a partir desta Lei de 2015 somente os menores de 16 anos são considerados absolutamente incapazes para exercerem os atos da vida civil (art. 3º do CC).

Da mesma forma, houve mudanças na lei civil acerca da incapacidade relativa (art. 4º do CC), sendo retiradas as previsões de incapacidade relativa quanto aos que tivessem discernimento reduzido por deficiência mental e quanto aos excepcionais, sem desenvolvimento mental completo. Ou seja, a capacidade para o casamento foi ampliada.

Em síntese, o EPD alterou vários artigos do CCB e restringiu a incapacidade absoluta aos menores de 16 anos; e a incapacidade relativa, para certos atos da vida civil, são para: "(…) II – os ébrios habituais e os viciados em tóxico; III – aqueles que, por causa transitória ou permanente, não puderem exprimir sua vontade; IV – os pródigos". Assim, mesmo os curatelados, não estão impedidos de casar[26] (art. 4º, CCB).

---

[24] O casamento de pessoa que ainda não atingiu a idade núbil, ou seja, menor de 16 (dezesseis) anos, somente pode ser realizado para evitar imposição ou cumprimento de pena criminal, ou em caso de gravidez, nos termos do art. 1.520 do Código Civil. Não comprovadas nenhuma dessas situações de fato no caso concreto, deve ser confirmada a sentença de improcedência da pretensão. (Apelação Cível Nº 70051959690, Sétima Câmara Cível, TJRS, Rel.: Sandra Brisolara Medeiros, Julgamento: 27/02/2013).

[25] A Resolução 487/2023 do CNJ Instituiu a Política Antimanicomial do Poder Judiciário e estabeleceu procedimentos e diretrizes para implementar a Convenção Internacional dos Direitos das Pessoas com Deficiência e a Lei n. 10.216/2001, no âmbito do processo penal e da execução das medidas de segurança.

[26] "(…) Sentença recorrida que foi proferida quando já estava em vigência a Lei nº 13.146/15, que revogou a hipótese de nulidade do casamento de pessoa com deficiência mental, até então prevista no art. 1.548, I, do

Cap. 3 – CASAMENTO **123**

3.6 IMPEDIMENTOS PARA O CASAMENTO, ABSOLUTOS E RELATIVOS

Algumas pessoas têm capacidade civil, mas tem impedimentos para se casar. Impedimentos são proibições impostas ao casamento, cuja inobservância pode gerar sua nulidade, ou alguma penalidade. "*Certas situações resultantes de valores longamente centralizados nas sociedades, são considerados moralmente determinante de posições para o casamento. Sua fonte primária, que está na raiz da constituição de quase todos os povos, é a vedação do incesto, que impede o casamento de pessoas com relações de parentesco próximo, a exemplo de pais e filhos, irmãs, e até mesmo em virtude de parentesco por afinidade em linha reta estabelecido entre sogros e genros e noras*"[27].

O Direito Canônico, cuja influência ainda se vê no Direito de Família, organizou os impedimentos matrimoniais em três classes: os de caráter absoluto, também conhecidos como dirimentes absolutos (do latim *dimere*, terminar) que acarretavam a nulidade do casamento; os de caráter relativo, ou dirimentes relativos, tendo como efeito a anulabilidade do ato; e os proibitivos, também conhecidos como impedientes, que não geravam a nulidade ou anulabilidade do ato, mas sujeitava os infratores a penalidades de natureza econômica (restrição na escolha do regime de bens).

O Código Civil de 2002 alterou a classificação dos impedimentos e as restringiu a apenas duas: **dirimentes absolutos**, agora conhecidos como dirimentes propriamente ditos: No dizer da lei: *Não podem casar: I – os ascendentes com os descendentes, seja o parentesco natural ou civil; II – os afins em linha reta; III – o adotante com quem foi cônjuge do adotado e o adotado com quem o foi do adotante; IV – os irmãos, unilaterais ou bilaterais, e demais colaterais, até o terceiro grau inclusive; V – o adotado com o filho do adotante; VI – as pessoas casadas; VII – o cônjuge sobrevivente com o condenado por homicídio ou tentativa de homicídio contra o seu consorte* (art. 1.521, CCB); e os impedientes, conhecidos como causas suspensivas: *Não devem casar: I – o viúvo ou a viúva que tiver filho do cônjuge falecido, enquanto não fizer inventário dos bens do casal e der partilha aos herdeiros; II – a viúva, ou a mulher cujo casamento se desfez por ser nulo ou ter sido anulado, até dez meses depois do começo da viuvez, ou da dissolução da sociedade conjugal; III – o divorciado, enquanto não houver sido homologada ou decidida a partilha dos bens do casal; IV – o tutor ou o curador e os seus descendentes, ascendentes, irmãos, cunhados ou sobrinhos, com a pessoa tutelada ou curatelada, enquanto não cessar a tutela ou curatela, e não estiverem saldadas as respectivas contas* (art. 1.523, CCB). Os **impedimentos** dirimentes **relativos** passaram a compor as causas da anulação do casamento (art. 1.550, CCB).

Em síntese, os impedimentos para o casamento podem ser absolutos ou relativos. Absoluta é a inaptidão de qualquer pessoa para casar, ou seja, alguém que não pode casar com quem quer que seja, como, por exemplo, as pessoas que já são casadas, o que faz com que o segundo casamento seja nulo. Relativa é a impossibilidade de alguém casar com determinadas pessoas, como ascendente com descendente. Não se trata de incapacidade para o casamento em geral, mas impedimento de casar com determinadas pessoas, mas são livres para casar com outras.

Diferentemente dos negócios jurídicos nulos, o casamento declarado nulo tem eficácia jurídica para o cônjuge de boa-fé, gerando todos os efeitos civis e patrimoniais, até o trânsito em julgado da sentença que o declara nulo. Assim, mesmo nulo, e dispondo a decretação da nulidade de efeito retroativo à data da celebração (art. 1.563, CCB), o casamento produz efeitos até ser desconstituído. Gera efeitos em relação a terceiros, como a presunção de paternidade de filhos havidos na sua constância, e em relação aos próprios cônjuges, como o reconhecimento

---

Código Civil e incluiu expressamente a possibilidade de casamento na hipótese em comento, nos termos do § 2º do art. 1.550. Caso em que é de rigor o deferimento da autorização para o casamento. (...)" (TJ-RS, AC 70070435912/RS, Rel. Rui Portanova, 8ª CC, publ. 18/10/2016).

[27] LÔBO, Paulo. *Famílias*. São Paulo: Saraiva, 2ª edição, 2009, p. 93.

124 DIREITO DAS FAMÍLIAS – *Rodrigo da Cunha Pereira*

do regime da comunhão parcial de bens, presumindo-se que os bens adquiridos decorreram de esforço comum.

3.7 CAUSAS SUSPENSIVAS: NÃO DEVEM CASAR

O descumprimento à recomendação de "não devem casar", isto é, aos impedimentos impedientes ou as causas suspensivas, não torna o casamento nulo e nem anulável, mas impõe restrição de natureza patrimonial, com a imposição do regime legal obrigatório, qual seja, o regime da separação de bens (art. 1.641, I, CCB). Segundo artigo 1.523 do CCB, não deve casar:

I.   O viúvo ou a viúva que tiver filho com o cônjuge falecido, se não ainda não tiver sido feito o inventário e partilha da relação anterior.

II. A viúva, ou quem tiver tido seu casamento nulo ou anulado, até dez meses após o fim da sociedade conjugal.

III. O divorciado, enquanto não houver sido homologado ou decidida a partilha dos bens do casal.

IV. O tutor, curador e os seus descendentes, ascendentes, irmãos, cunhados ou sobrinhos, com a pessoa tutelada ou curatelada, enquanto persistir a tutela ou curatela, e não estiverem saldadas as respectivas contas.

Como se disse, nenhum desses impedimentos impede o casamento, e se desobedecidas não geram nulidade ou anulação do casamento, mas tão somente a imposição do regime de bens. Entretanto, se os nubentes provarem a ausência de prejuízo a terceiros, o juiz pode autorizar o casamento sem aplicar as causas suspensivas (art. 1.523, parágrafo único, CCB)[28]. Além disto, se casarem pelo regime de separação obrigatória, é possível judicialmente mudar o regime quando as causas que motivaram tal regime cessarem[29].

A legitimidade para requerer afastamento das causas suspensivas é apenas dos parentes em linha reta e dos colaterais até segundo grau (Arts. 1.524 e 1.529, CCB).

3.8 PROCESSO DE HABILITAÇÃO; OS PROCLAMAS E SEUS ELEMENTOS FICCIONAIS

O processo de habilitação é uma das etapas do ritual preparatório do casamento, que é permeado de muitas formalidades, especialmente para dar publicidade ao ato. Esta etapa consiste em um procedimento administrativo pelo qual os nubentes apresentam os documentos

---

[28] (...) Excepcionalmente, "é permitido aos nubentes solicitar ao juiz que não lhes sejam aplicadas as causas suspensivas previstas nos incisos I, III e IV deste artigo, provando-se a inexistência de prejuízo, respectivamente, para o herdeiro, para o ex-cônjuge e para a pessoa tutelada ou curatelada [...]" (artigo 1.523, parágrafo único, CC). A sentença aplicou a exceção disposta no parágrafo único do artigo 1.523 do CC, ao concluir que o casamento havido entre o Sr.ª A. M. C. O. e o Sr. I.V.O., por ter sido celebrado no regime de bens da separação obrigatória (certidão de fl. 149), não gerou prejuízos para nenhuma das pessoas indicadas no dispositivo legal referido. (...) TJ-RO – APL: 00012701020138220101 RO 0001270-10.2013.822.0101, Data de Julgamento: 11/09/2019).

[29] Não se olvide que o legislador inovou no novo Código Civil ao inserir o parágrafo único do art. 1.523, trazendo, na prática, a possibilidade de os nubentes solicitarem ao juiz a não aplicação da causa suspensiva, sem que seja apenas via inventário negativo; porém, face a dúvida advinda com a informação constante na certidão de óbito, tem-se como prudente a realização de inventário negativo. (TJ-SC – AC: 78736 SC 2007.007873-6, Relator: Sérgio Izidoro Heil, Data de Julgamento: 11/07/2007, Terceira Câmara de Direito Civil, Data de Publicação: Apelação Cível n. de Chapecó).

ao cartório de registro civil do distrito de sua residência para se habilitarem ao casamento[30]. Se os documentos[31] não apresentarem qualquer irregularidade ou forma de impedimento, o oficial afixava o anúncio do casamento, ou seja, os proclamas em lugar visível de seu cartório, e também os publicava na imprensa local, se houvesse. Em caso de urgência, a publicação podia ser dispensada (art. 1.527, parágrafo único, do CCB/2002). Na era da internet a publicização, inclusive de atos como este, têm muito mais eficácia no cumprimento de seus objetivos do que a imprensa escrita. Daí que muitos cartórios já faziam tal publicidade exigida pela lei, eletronicamente, mesmo antes das modificações da Lei 14.382/2022.

Esta Lei 14.382/2022 fez alterações significativas na Lei de Registros Públicos, visando desburocratização e instituiu o Sistema Eletrônico dos Registros Públicos – SERP[32]. Dentre as principais mudanças no casamento, está a desburocratização da celebração e, principalmente, do procedimento de habilitação para casamento. Não se publica mais o edital de proclamas por 15 dias na sede do Serviço de Registro: faz-se uma publicação em meio eletrônico. Dispensou a manifestação do Ministério Público, a não ser quando houver oposição de impedimentos ou suscitação de dúvida.

---

[30] Artigo 67 da Lei 6.015/73 – Lei de Registros Públicos: Art. 67. Na habilitação para o casamento, os interessados, apresentando os documentos exigidos pela lei civil, requererão ao oficial do registro do distrito de residência de um dos nubentes, que lhes expeça certidão de que se acham habilitados para se casarem. (Renumerado do art. 68, pela Lei nº 6.216, de 1975). § 1º Se estiver em ordem a documentação, o oficial de registro dará publicidade, em meio eletrônico, à habilitação e extrairá, no prazo de até 5 (cinco) dias, o certificado de habilitação, podendo os nubentes contrair matrimônio perante qualquer serventia de registro civil de pessoas naturais, de sua livre escolha, observado o prazo de eficácia do art. 1.532 da Lei nº 10.406, de 10 de janeiro de 2002 (Código Civil). (Redação dada pela Lei nº 14.382, de 2022) § 2º (Revogado). (Redação dada pela Lei nº 14.382, de 2022) § 3º (Revogado). Redação dada pela Lei nº 14.382, de 2022) § 4º (Revogado). (Redação dada pela Lei nº 14.382, de 2022) § 4º-A A identificação das partes e a apresentação dos documentos exigidos pela lei civil para fins de habilitação poderão ser realizadas eletronicamente mediante recepção e comprovação da autoria e da integridade dos documentos. (Incluído pela Lei nº 14.382, de 2022) § 5º Se houver impedimento ou arguição de causa suspensiva, o oficial de registro dará ciência do fato aos nubentes, para que indiquem, em 24 (vinte e quatro) horas, prova que pretendam produzir, e remeterá os autos a juízo, e, produzidas as provas pelo oponente e pelos nubentes, no prazo de 3 (três) dias, com ciência do Ministério Público, e ouvidos os interessados e o órgão do Ministério Público em 5 (cinco) dias, decidirá o juiz em igual prazo. (Redação dada pela Lei nº 14.382, de 2022) § 6º Quando a celebração do casamento ocorrer perante oficial de registro civil de pessoas naturais diverso daquele da habilitação, deverá ser comunicado o oficial de registro em que foi realizada a habilitação, por meio eletrônico, para a devida anotação no procedimento de habilitação. (Redação dada pela Lei nº 14.382, de 2022) § 7º Expedido o certificado de habilitação, celebrar-se-á o casamento, no dia, hora e lugar solicitados pelos nubentes e designados pelo oficial de registro. (Incluído pela Lei nº 14.382, de 2022) § 8º A celebração do casamento poderá ser realizada, a requerimento dos nubentes, em meio eletrônico, por sistema de videoconferência em que se possa verificar a livre manifestação da vontade dos contraentes. (Incluído pela Lei nº 14.382, de 2022).

[31] Os documentos necessários para a habilitação estão elencados no art. 1.525 do CCB: I – Certidão de nascimento ou documento equivalente; II – Autorização por escrito das pessoas sob cuja dependência legal estiverem, ou ato judicial que o supra; III – Declaração de duas testemunhas maiores, parentes ou não, que atestem conhecê-los e firmem não existir impedimento que o iniba de casar; IV – declaração de estado civil, do domicilio e da residência atual dos contraentes e de seus pais, se forem conhecidos; V – Certidão de óbito do cônjuge falecido, de sentença declaratória de nulidade ou anulação de casamento, transitada em julgado, ou do registro de sentença do divórcio.
Acrescente-se a isto o pacto antenupcial, caso os nubentes queiram se casar por um regime diferente do convencional.

[32] O Provimento 149/2023 do CNJ, instituiu o Código Nacional de Normas da Corregedoria Nacional de Justiça do Conselho Nacional de Justiça – Foro Extrajudicial (CNN/CN/CNJ-Extra), que regulamenta os serviços notariais e de registro. Posteriormente com a edição do provimento 153/2023 que alterou o Código Nacional de Normas da Corregedoria Nacional de Justiça do Conselho Nacional de Justiça – Foro Extrajudicial (CNN/CN/CNJ-Extra), instituído pelo Provimento 149, de 30 de agosto de 2023, para dispor sobre o procedimento de alteração extrajudicial do nome perante o Registro Civil das Pessoas Naturais.

126 DIREITO DAS FAMÍLIAS – *Rodrigo da Cunha Pereira*

Esse chamamento a terceiros, via edital (art. 1.527, CCB), para que oponham algum impedimento ao casamento, dificilmente traria algum efeito prático. E mesmo não se conhece ninguém que opôs impedimento a um casamento lendo algum edital (proclamas) em porta de cartório, ou em jornal. Mesmo assim, ele se faz necessário. Assim como os editais para chamar desaparecidos, ou a quem não se sabe o endereço para compor o polo passivo de um processo judicial, são enunciados necessários à operacionalização dos aparelhos do Estado, e sem os quais não haveria formação de um processo, e consequentemente não seria dado o direito a quem alega tê-lo. A prática do Direito não seria possível sem esses enunciados, e acrescente-se a eles o "todos são obrigados a conhecer a lei". São os elementos ficcionais do Direito. É impossível, mesmo aos profissionais do Direito, conhecerem todas as leis. Mas não se pode alegar o seu desconhecimento para justificar o descumprimento dela. Da mesma forma, os editais e proclamas do casamento não têm efeito prático, eles não atingem nem chamam efetivamente ninguém, ou quase ninguém. Entretanto ele se faz necessário, já que compõe uma das formalidades do casamento para que este seja reconhecido pelo Estado. Podemos dizer, então, que os proclamas é um dos elementos ficcionais necessários para a operacionalização do Direito[33].

Antes da Lei nº 14.382/2022, depois de publicado o edital, era necessário decorrer o prazo de quinze dias, e não aparecendo quem oponha impedimento, o oficial do registro entregava aos nubentes certidão de que estão habilitados para se casar dentro do prazo previsto em lei. Com esta alteração na Lei de Registros Públicos, basta a publicação eletrônica. Se houver apresentação de impedimento, o oficial dará ciência do fato aos nubentes, para que indiquem em três dias prova que pretendam produzir, e remeterá os autos a juízo; produzidas as provas pelo oponente e pelos nubentes, no prazo de dez dias, com ciência do Ministério Público, e ouvidos os interessados e o órgão do Ministério Público em cinco dias, decidirá o Juiz em igual prazo (art. 67, § 5º, Lei nº 6.015/73).

No processo de habilitação, desde o CCB-2002, não há mais intervenção judicial. "*A habilitação será feita pessoalmente perante o oficial do Registro Civil, com a audiência do Ministério Público. (art. 1.526 do CCB com Redação dada pela Lei nº 12.133/2009)*". Somente se houver impugnação do oficial, do Ministério Público ou de terceiro, a habilitação será submetida ao juiz.

Apesar da previsão legal dizer que a habilitação[34] deve ser feita pessoalmente, o requerimento pode ser feito por procurador com poderes especiais para isto. E a quem se declarar pobre no sentido legal, a habilitação, o registro e a primeira certidão são isentos de custos (art. 1.512, parágrafo único, CCB). Ultrapassando o prazo de 15 dias do edital, na cidade de residência dos pretendentes a se casarem, e não havendo impedimentos, o casamento pode ser marcado, ou seja, estão habilitados a marcarem a próxima e última etapa dos preparativos do casamento: a celebração.

3.9 CELEBRAÇÃO

A celebração é o último ato do ritual do casamento. É nele que se diz o sim. Ou não. É o momento mais importante para os noivos, e está envolvido em muitas emoções, ainda que se possa enviar um procurador para dizer o sim. Se algum deles disser "não", a celebração é interrompida, e não será possível retratar-se no mesmo dia (art. 1.538, CCB).

O CCB dedicou vários artigos (especificamente os arts. 1.533 a 1.538), descrevendo minuciosamente os detalhes desse ritual. É neste momento, perante o Juiz de Paz, que os nubentes

---

[33] PEREIRA, Rodrigo da Cunha. *Princípios Fundamentais Norteadores do Direito de Família*. São Paulo: Saraiva, 2016, p. 63.

[34] (...) Não configura violação a direito líquido e certo o indeferimento da habilitação para casamento quando a decisão está fulcrada na ausência de preenchimento dos requisitos exigidos pela Lei de Registros Públicos. (TJ-SC – MS: 310596 SC 2011.031059-6, Rel. Jairo Fernandes Gonçalves, 5ª CC, j. 28/07/2011).

dizem o sim e "selam" a união, ou seja, manifestam, na presença da autoridade celebrante de duas testemunhas e do oficial do registro civil, o desejo de se unirem por meio do casamento.

A solenidade, ou seja, a celebração, deve ser na sede do cartório, com a máxima publicidade possível, com as portas abertas, duas testemunhas (parentes ou não). Para que esta celebração seja em outro local, é necessário autorização especial para isto (art. 1.533), inclusive em caso de doença grave (art. 1.539) – (Ver casamento nuncupativo – item 3.4.4). Obviamente que no caso do casamento religioso com efeitos civis, a celebração pela autoridade religiosa celebrante (Padre, Pastor, Pai de Santo etc.) será onde se fizer o ritual religioso (ver item 3.4.2). Seja como for, a autoridade celebrante deve sempre perguntar aos nubentes se reafirmam, ou seja, se querem ou não se casar.

A Lei 14.382/2022 fez duas mudanças em relação à celebração: *a marcação do local e do horário do casamento, que antes era uma prerrogativa do juiz de paz, passou a ser, expressamente, do oficial de registro civil. Existem dúvidas nesse ponto acerca dos casamentos que são realizados no prédio do Fórum, por Juiz de Direito. Nesse caso, dificilmente o oficial de registro civil poderá fazer valer a sua prerrogativa. A menos que o casamento fosse celebrado na própria sede do cartório, tendo o juiz de Direito que se deslocar. Fica mais fácil conseguir certa liberdade para programar a agenda. Outra mudança importante, que provavelmente foi viabilizada pelas necessidades da pandemia, que aceleraram o aprimoramento dos mecanismos tecnológicos, é a celebração por videoconferência*[35].

Após celebrado o casamento, o ato passa a ter assento no livro do registro civil das pessoas naturais do cartório em que se fez a cerimônia e o ato da celebração, podendo extrair-se daí a certidão de casamento (art. 1.536). A partir daí, tem-se um novo estado civil para ambos e, se assim optarem, um novo sobrenome para um ou ambos.

A Lei 14.382/2022[36] facilitou também a alteração do nome, não apenas em razão do casamento e divórcio, mas também, independentemente de alteração do estado civil, passou a ser possível a alteração do nome e prenome da pessoa.

3.10 ESTADO CIVIL

Do latim *status*, estado, posição, modo de ser ou estar. Em uma acepção mais genérica, significa todos os estados da pessoa, isto é, as qualidades que lhe pertencem, que lhe são inerentes, e que a lei toma em consideração para lhe conferir efeitos jurídicos. Tem a finalidade de individualizar uma situação em que a pessoa se encontra e suas condições, usufruindo dos benefícios e das vantagens dela decorrentes e sofrendo os ônus e as obrigações que dela emanam.

Estado civil equipara-se à capacidade civil no sentido de traduzir uma situação jurídica em que se encontra uma pessoa em seu vínculo com a família e a sociedade considerando o seu nascimento, filiação, sexo e sua relação com os diferentes direitos e deveres que os une.

No ambiente forense, é mais comum a expressão ser usada para designar o estado civil particularizado de cada sujeito para informar sua situação civil em relação a uma sociedade conjugal: solteiro, casado, divorciado, viúvo. Até o advento da Emenda Constitucional nº 66/10, que simplificou o divórcio e eliminou o instituto da separação judicial, além destes quatro estados civis, havia o de "separado judicialmente". Obviamente este status não foi eliminado para aquelas pessoas que já o tinham adotado antes da EC/66. E assim, aqueles que já detinham este estado civil têm a opção de transformá-lo em divórcio ou permanecer, isto é, remanescer

---

[35] FIDELIS, Márcia Lima. Lei n. 14.382/2022: primeiras reflexões interdisciplinares do registro civil das pessoas naturais e o Direito das Famílias. *Revista IBDFAM: Famílias e Sucessões*, v. 51 (maio/jun.), Belo Horizonte: IBDFAM, 2022, p. 29 e 30.

[36] Vide Provimento 149/2023 do CNJ, com as alterações promovidas pelo Provimento 153/2023.

neste estado civil já que ele não existe mais para aqueles que desejarem dissolver sua sociedade conjugal após a vigência do preceito constitucional de julho de 2010.

O estado civil é importante para a segurança das relações e negócios jurídicos, pois, dependendo do regime de bens da união estável ou casamento, ele, necessariamente, dependerá da outorga do cônjuge ou companheiro.

Paradoxalmente, as pessoas que vivem em união estável não adquirem formalmente um novo estado civil. Entretanto, é conveniente para a segurança das relações jurídicas informar o estado de convivente, se companheiro ou vivendo em união estável. O CPC/2015, em seu art. 319, II, estabeleceu que as partes indiquem na petição inicial sobre a existência de união estável. E o Provimento 61/2017 do CNJ, reforçou e ampliou essa necessidade quando dispôs sobre a obrigatoriedade de informação do número de Cadastro de Pessoa Física (CPF), do Cadastro Nacional de Pessoa Jurídica (CNPJ), e dos dados necessários à completa qualificação das partes nos feitos distribuídos ao Poder Judiciário, e as serventias extrajudiciais no Brasil, estabelecendo em seu artigo 2o[37], a obrigatoriedade da informação da existência da união estável.

3.11 POSSE DE ESTADO DE CASADO

É a união entre duas pessoas que vivem como se casadas fossem, sem que tenham feito casamento civil. O casamento de fato recebe no moderno Direito de Família a melhor denominação de união estável. Diz-se de fato porque traduz uma realidade fática. Posse de estado de casado[38], consistente em um relacionamento público, notório, duradouro, que configure um núcleo familiar, ainda que seja só uma família conjugal. Deve haver vida em comum, *more uxório*, não necessariamente sob o mesmo teto, mas com sinais claros e induvidosos de que aquele relacionamento é uma família, cercada de afeto e de uso comum do patrimônio, se houver. Esse ânimo de constituir família, a participação de esforços e projetos comuns dos parceiros, bem assim a posse do estado de casados, são rompidos com a separação de fato.

Há situações em que as pessoas são casadas, mas perderam a certidão de casamento e o cartório por algum motivo de força maior, não tem mais os registros de tal casamento. Nestes casos, pode-se provar o casamento por outros meios, inclusive judicialmente, como dispõe o art. 1.545 do CCB: "O casamento de pessoas que, na posse do estado de casadas, não podem manifestar a vontade, ou tenham falecido, não se pode contestar em prejuízo da prole comum, salvo mediante certidão de Registro Civil que prove que já era casada alguma delas, quando contraíram o casamento impugnado". Da mesma forma, pode se dizer que não há "posse de estado de casado", quando há uma separação de fato, permanente e ininterrupta, pois o casamento se tornou mera reminiscência cartorial.

O princípio do *in dubio pro matrimonio* prevalecerá sempre nas decisões judiciais e atos administrativos (art. 1.547, CCB).

---

[37] Art. 2o No pedido inicial formulado ao Poder Judiciário e no requerimento para a prática de atos aos serviços extrajudiciais deverão constar obrigatoriamente, sem prejuízo das exigências legais, as seguintes informações: I – nome completo de todas as partes, vedada a utilização de abreviaturas; II – número do CPF ou número do CNPJ; III – nacionalidade; IV – estado civil, existência de união estável e filiação; V – profissão; VI – domicílio e residência; VII – endereço eletrônico.

[38] Reconhecimento de união – Parcial Procedência – Provas que permitem a conclusão pela existência de vida comum – Requisitos bem delineados pela doutrina – Existência da posse de estado de casado, consistente em relacionamento público, notório, duradouro, que configure um núcleo familiar – Artigo 1.723 do novo Código Civil – Reconhecimento da união estável – Sentença mantida – Recurso desprovido. (TJ-SP – AC: 10034611320178260407 SP 1003461-13.2017.8.26.0407, Relator: Moreira Viegas, Data de Julgamento: 11/09/2019, 5ª Câmara de Direito Privado, Data de Publicação: 11/09/2019).

3.12 EFICÁCIA DO CASAMENTO

A palavra eficácia diz espeito a capacidade de produzir efeitos ou resultados no plano jurídico. Isso quer dizer que se não ocorrer nada que comprometa os caminhos da ilicitude, o casamento será válido, surtindo os efeitos pessoais e patrimoniais, como alimentos (art. 1.694 do CCB/2002), sucessões (art. 1.829, III, do CCB/2002), direito real de habitação (art. 1.831 do CCB/2002), acréscimo do sobrenome (art. 1.565, § 1º, do CCB/2002), estado civil, planejamento familiar (art. 1.565, § 2º, do CCB/2002), efeitos previdenciários, presunção de filiação dos filhos do casal (art. 1.597 do CCB/2002). O cônjuge é o primeiro legitimado a ser curador do outro que se tornou incapaz (art. 1.775, CCB). Nos casos do casamento putativo, em que embora pressuponha um dos impedimentos, surtirá os efeitos jurídicos devido ao princípio da boa-fé com relação ao terceiro envolvido (ver item 3.4.5).

No sistema patriarcal o casamento, que tinha o homem como chefe da sociedade conjugal, trazia consigo uma função mais de procriação e núcleo econômico do que propriamente uma comunhão de afetos. Com o movimento feminista, a grande revolução do século XX, a mulher pôde assenhorar-se de seu desejo, os casamentos passaram a ser muito mais por amor, do que por interesses, na medida em que a mulher passou a ser reconhecida como sujeito de direitos, tanto quanto os homens. Com o Estatuto da mulher casada – Lei 4.121/62 que a mulher passou a ter capacidade plena, pois se casada, estava submetida ao marido. Mas foi somente com a CR-1988 que a desigualdade formal entre marido e mulher, imposta pelo CCB-1916, acabou. A partir daí, pelo menos formalmente, os direitos do homem e da mulher passaram a ser iguais.

O CCB/2002, em seu artigo 1.565[39] e seguintes tratou sobre a eficácia do casamento. Necessário uma releitura constitucional destes artigos, pois já não se trata apenas de homem e mulher assumirem direitos, deveres e obrigações, mas pessoas, de acordo com a Resolução 175/2013 do CNJ que estabeleceu sobre o casamento de pessoas do mesmo sexo.

Outro efeito do casamento, além dos acimas elencados, bem como alterar o estado civil e mudar o nome, é que passa a ser inelegível o cônjuge de ocupar cargos eletivos em todas as esferas dos poderes do Estado (art. 14, § 7º, CR). Obviamente que esta inelegibilidade se estende também aos companheiros[40].

O casamento tem eficácia *erga omnes*, isto é, vai além dos cônjuges, já que irradia direitos pessoais e patrimoniais. Dependendo do regime de bens, para que terceiros tenham seu negócio jurídico eficaz, é preciso a autorização do outro cônjuge (art. 1.647 do CCB/2002).

---

[39] Da Eficácia do Casamento – Art. 1.565. Pelo casamento, homem e mulher assumem mutuamente a condição de consortes, companheiros e responsáveis pelos encargos da família. § 1º Qualquer dos nubentes, querendo, poderá acrescer ao seu o sobrenome do outro. § 2º O planejamento familiar é de livre decisão do casal, competindo ao Estado propiciar recursos educacionais e financeiros para o exercício desse direito, vedado qualquer tipo de coerção por parte de instituições privadas ou públicas. Art. 1.566. São deveres de ambos os cônjuges: I – fidelidade recíproca; II – vida em comum, no domicílio conjugal; III – mútua assistência; IV – sustento, guarda e educação dos filhos; V – respeito e consideração mútuos. Art. 1.567. A direção da sociedade conjugal será exercida, em colaboração, pelo marido e pela mulher, sempre no interesse do casal e dos filhos. Parágrafo único. Havendo divergência, qualquer dos cônjuges poderá recorrer ao juiz, que decidirá tendo em consideração aqueles interesses. Art. 1.568. Os cônjuges são obrigados a concorrer, na proporção de seus bens e dos rendimentos do trabalho, para o sustento da família e a educação dos filhos, qualquer que seja o regime patrimonial. Art. 1.569. O domicílio do casal será escolhido por ambos os cônjuges, mas um e outro podem ausentar-se do domicílio conjugal para atender a encargos públicos, ao exercício de sua profissão, ou a interesses particulares relevantes. Art. 1.570. Se qualquer dos cônjuges estiver em lugar remoto ou não sabido, encarcerado por mais de cento e oitenta dias, interditado judicialmente ou privado, episodicamente, de consciência, em virtude de enfermidade ou de acidente, o outro exercerá com exclusividade a direção da família, cabendo-lhe a administração dos bens.

[40] TSE, REsp Eleitoral 24.564. Rel. Min. Gilmar Mendes. Julg. 01/10/2004.

3.13 DIREITOS E DEVERES DOS CÔNJUGES – FIDELIDADE, INFIDELIDADE E O CÓDIGO PARTICULAR DE CADA CASAL; O FIM DA DISCUSSÃO DA CULPA CONJUGAL

Com o casamento os cônjuges assumem, mutuamente uma série de direitos e deveres, como fidelidade recíproca, vida em comum no domicílio conjugal, mútua assistência, sustento, educação dos filhos, respeito e consideração. É o que está disposto no artigo 1.566 do CCB/2002, que repetiu o artigo 231 do CCB/1916, acrescentando apenas o inciso V que preceitua o respeito e consideração mútuos[41].

A **vida em comum no domicílio conjugal** vem sendo cada vez mais relativizada como obrigação. Seja em razão das circunstâncias de trabalho, por morarem em cidades diferentes, seja por escolha e opção de vida, até mesmo como fórmula de felicidade ou de tornar possível o amor conjugal. Além disto a ideia de abandono do lar perdeu seu sentido como punição para o fim do casamento O CCB-2002 já havia suavizado o conceito de abandono de lar, ao dizer que ele só se caracteriza após um ano contínuo (art. 1.573, CCB), enquanto o CCB-1916 dizia que *a obrigação de sustentar a mulher cessa, para o marido, quando ela abandona sem justo motivo a habitação conjugal, e a esta se recuse voltar.* Entretanto faz sentido falar e caracterizar o abandono do lar, para caracterização da perda de propriedade pelo usucapião familiar, de acordo com a Lei 12.424/2011 (Ver Cap. 8). E aqui não se trata de ressuscitar a discussão de culpa, mas sim, imprimir responsabilidade a quem irresponsavelmente, deixa a família em desamparo e sem dar notícias.

Mútua assistência, respeito e consideração, mais que regras, inserem também na categoria de princípio constitucional de solidariedade. A mútua assistência vai além do sustento, e pensão alimentícia em caso de dissolução de casamento. Significa também atenção, amparo e afeto, e cuidado um com o outro, cujo descumprimento pode ter como consequência uma reparação civil.

Guarda e educação dos filhos é a regra que traduz hoje o princípio constitucional da paternidade responsável, que vai além de uma obrigação decorrente do casamento. Estas regras, associadas ao princípio da dignidade da pessoa humana e da afetividade que embasam o raciocino jurídico de reparação civil por abandono afetivo, além é claro, de traduzir-se também como pensão alimentícia (Ver Cap. 7).

A **fidelidade conjugal** não é apenas afetiva e sexual, mas também econômica e financeira, e que está contida no conceito de lealdade. A traição afetiva e sexual constitui muito mais uma categoria de regra moral e religiosa do que propriamente jurídica. Isto porque a sanção correspondente à sua infração perdeu sentido, especialmente após a Emenda Constitucional nº 66/2010 que eliminou do ordenamento jurídico o instituto da separação judicial[42], em que se podia ficar buscando o culpado pelo fim do casamento[43]. Em 2005, o adultério deixou de ser crime, com as alterações promovidas pela Lei 11.106/2005 no Código Penal.

---

[41] No Código de 1916 o marido era o chefe da sociedade conjugal e era quem representava legalmente a família, administrava o patrimônio e tinha o direito de determinar e fixar o domicílio da família (art. 233).

[42] Em 08/11/2023, o STF fixou o entendimento de que, após a promulgação da Emenda Constitucional 66/2010, a separação judicial não é mais requisito para o divórcio nem subsiste como figura autônoma no ordenamento jurídico brasileiro, preservando o ato jurídico perfeito e a coisa julgada (Tema 1.053).

[43] (...) embora o artigo 1.566 do Código Civil determine que entre as partes casadas deva haver fidelidade e respeito recíproco, descabe ao Poder Judiciário se imiscuir sobre eventual inobservância do citado dispositivo legal por um dos cônjuges, sob pena de violação dos princípios da intimidade e da dignidade da pessoa humana, seja para a decretação do divórcio das partes, seja para fins de indenização por danos morais. E ainda que fosse possível a análise de referida matéria, a complexidade das relações existente entre duas pessoas, e a impossibilidade de uma segura avaliação dos verdadeiros motivos pelos quais um dos cônjuges ingressa em um relacionamento extraconjugal, inviabilizam o reconhecimento da culpa pelo fim do casamento imputada

Mas a eliminação da discussão de culpa, que culminou com a EC 66/2010 teve uma evolução gradativa, até que se chegou à conclusão de que não há culpados e o Estado parou de interferir nesta esfera privada. Afinal, às vezes, nem mesmo os próprios cônjuges, sabem porque o casamento acabou. Às vezes o amor acaba. Ambos são responsáveis pelo fim da conjugalidade. Ficar procurando um culpado em processo judicial era apenas uma forma de sustentar o litigio, uma forma de não se separar, o casal continuava unido pelo processo judicial, unidos pelo ódio.

Infidelidades existem desde que o mundo é mundo, e continuarão existindo, enquanto houver desejo sobre a face da terra. Ela não perdeu sua importância e significado para as relações amorosas e conjugais. Apenas perdeu sua importância jurídica e deixou de ser uma questão de Estado para ser estado da pessoa em relação a si mesmo e ao seu cônjuge/companheiro. Neste sentido, cada casal pode ter o seu código particular e autodeterminar sobre estas condutas. Na maioria das vezes, infidelidade gera sofrimento, mágoas e rancores, mas não constitui por si mesmo, um ilícito civil e, portanto, não é fonte de indenização ou reparação civil.

O poder destruidor das infidelidades é objeto de preocupação e de clássicos da literatura desde sempre: Anna Karenina, de Léon Tolstói; Madame Bovary, de Gustave Flaubert; O primo Basílio, de Eça de Queiroz; Capitu, de Machado de Assis e de vários outros autores. E, no Direito de Família, o infiel era considerado culpado e perdia direitos. Na quase totalidade dos casos, essa culpa recaía sobre as mulheres. A infidelidade masculina no sistema patriarcal era até um enaltecimento da masculinidade.

Monogamia e infidelidade andam juntas e são dois lados da mesma moeda. A infidelidade tem tanto a ver com o drama de contar a verdade como com o drama da sexualidade. Somente por causa da sexualidade é que a verdade entra em cogitação, somente por causa dela é que a honestidade e o afeto entram em conflito.[44]

A infidelidade[45] conjugal não se caracteriza apenas pelo contato sexual com terceiro fora da relação. Para alguns casais isto pode até nem significar infidelidade ou adultério. A infidelidade vincula-se muito mais à deslealdade do que propriamente a uma traição sexual. Muitos casais toleram mais facilmente infidelidades sexuais do que financeiras, que se caracterizam pelo desvio ou ocultação de bens que seriam do casal: "vá o corpo, mas fiquem os anéis". A infidelidade financeira está diretamente vinculada à violência patrimonial descrita na Lei nº 11.340/06 (Maria da Penha) (Ver Cap. 17).

à apelada pelo apelante. Assim, na sociedade contemporânea, a obrigação alimentar em favor do cônjuge deve observar a necessidade de um e a possibilidade do outro, nos termos do art. 1.694 do Código Civil. (...) (TJMG, Ap. Cível nº 1.0145.11.048475-8/001, Rel. Des. Edilson Fernandes, 6ª CC., j. 06/08/2013).

[44] PHILLIPIS, Adam. *Monogamia*. Trad. Carlos Sussekind. São Paulo: Cia. das Letras, 1997. p. 4.

[45] (...) Não há como fechar os olhos à própria lei, quando elenca a fidelidade como dever mútuo dos cônjuges (art. 1.566, I, CC/02) e a lealdade como característica ínsita às relações de convivência (art. 1.724, CC/02), eis que, de ordinário, nas relações afetivas, para ao menos um dos partícipes, os conceitos de fidelidade e lealdade confundem-se com o da exclusividade, de forma que não se admite que o outro se relacione com mais ninguém, ainda que de maneira episódica e puramente sexual. Bem por isso, aliás, é que o Superior Tribunal de Justiça já se posicionou no sentido de que "...Uma sociedade que apresenta como elemento estrutural a monogamia não pode atenuar o dever de fidelidade – que integra o conceito de lealdade e respeito mútuo – para o fim de inserir no âmbito do Direito de Família relações afetivas paralelas e, por consequência, desleais, sem descurar que o núcleo familiar contemporâneo tem como escopo a busca da realização de seus integrantes, vale dizer, a busca da felicidade"(REsp 1.348.458/MG, rel.ª Min.ª Nancy Andrighi, 3ª Turma, j. 08.05.2014). Sucede que a evolução das relações sociais, a multiplicidade e a diversidade dos relacionamentos estabelecidos no seio da sociedade contemporânea determinam que a análise do dever de fidelidade deva se dar à luz das circunstâncias do caso concreto, sempre rememorando a lição traçada no julgamento da ADI 4277/DF, de que a estrutura familiar já não contempla os traços ortodoxos de outrora, nem permite uma interpretação reducionista, meramente gramatical do texto da Constituição. (...) (TJSC, Apelação Cível n. 0026473-62.2010.8.24.0023, Relator: Desembargador Jorge Luís Costa Beber, 1ª Câmara de Direito Civil, j. 09/11/2017).

3.13.1   Infidelidade virtual

Traições e infidelidades interessam somente às partes envolvidas, e nenhum interesse público há na intimidade do casal e, portanto, ao Estado não interessa tais questões, embora até recentemente, a infidelidade era motivo de se estabelecer um culpado pelo fim da conjugalidade, e consequentemente perda de direito do nome, pensão alimentícia e guarda de filho.

Infidelidade virtual é a infidelidade praticada por meio da rede mundial de computadores, isto é, no espaço virtual, na internet. Infidelidade, relações adulterinas e extraconjugais sempre existiram e vão continuar existindo. Segundo Engels ela é um complemento indispensável da monogamia. Neste sentido, pode ter uma função social de manutenção da família conjugal monogâmica. A prática e a forma dessas infidelidades, ao longo do tempo, são variações em torno do mesmo tema: cintos de castidade, excomunhão, sanções civis, penais ou morais e, recentemente, uma nova modalidade, a infidelidade virtual, surgida a partir da realidade cibernética.

As redes sociais virtuais e os aplicativos de encontros, trouxeram uma modificação inevitável nas formas de relacionamentos, principalmente no sexo casual, namoro e infidelidade, fazendo surgir duas modalidades de relações afetivas: o *on-line* e o *off-line*. Aqueles que se conhecem, encontram, namoram ou navegam juntos apenas no ambiente da rede de computadores estariam de fato estabelecendo uma relação? Se um marido descobre que sua mulher tem um "relacionamento amoroso virtual", poder-se-á, do ponto de vista jurídico, caracterizar tal ato como infidelidade, ou seria uma invasão de privacidade? A individualidade e a vida privada, mesmo entre casais, devem ser respeitadas mutuamente. É possível que cada um tenha algum segredo de sua intimidade e que não queira compartilhar, nem mesmo com o seu par conjugal. A não revelação de tal intimidade, por exemplo, de um relacionamento virtual, caracterizaria uma infidelidade ou deslealdade? Quando se está frente à aureola de absoluta privacidade de alguém, e seu agir em nada atinge a dignidade do outro, não se pode falar em adultério ou infidelidade virtual. Se não, em pouco tempo, se estará querendo reconhecer como infringência ao dever de fidelidade o mesmo devaneio, a simples fantasia que empresta tanto sentido à vida. Não há como nominar de infidelidade – e muito menos de adultério – encontros virtuais, sob pena de se ter como reprovável o simples desejo, ou a idealização de um contato com o protagonista de um filme que se esteja assistindo[46].

É preciso compatibilizar o respeito, lealdade, e fidelidade que deve haver entre os casais e seus códigos morais particulares, com o princípio constitucional da inviolabilidade do sigilo de correspondência (art. 5º, XII, CR), e da intimidade e da vida privada (art. 5º, X, CR).

A tendência do Direito de Família é afastar-se cada vez mais dessas questões de fórum íntimo[47]. Traições e infidelidades interessam somente às partes envolvidas, e nenhum interesse público há na intimidade do casal, e, portanto, ao Estado não interessa tais questões, repita-se. Daí a descriminalização do adultério em 2005 com a Lei nº 11.106. No mesmo sentido, a Emenda Constitucional nº 66/2010, ao extinguir o instituto da separação judicial, acabou com a discussão de culpa e, portanto, a investigação da infidelidade perdeu sentido para o Direito de Família.

3.14   INVALIDADE DO CASAMENTO

Validade ou invalidade de atos ou negócios jurídicos, é tratado na parte geral do CCB e está diretamente relacionada à teoria das nulidades. Mas como o casamento é um negócio jurídico "*sui generis*", há regras especiais e específicas para tratar do assunto, que estão nos arts. 1.548

---

[46]   DIAS, Maria Berenice. *Manual de Direito de Família*. Salvador: Ed. JusPodivm, 2020. p. 493.

[47]   A Lei 14.443/2022 diminuiu de 25 para 21 anos a idade para homens e mulheres para realização da esterilização voluntária. Essa Lei também dispensa o aval do cônjuge para o procedimento de laqueadura e vasectomia.

Cap. 3 – CASAMENTO **133**

a 1.564 do CCB. Quando estas regras específicas não forem suficientes, deveremos recorrer à teoria geral das nulidades dispostas na parte geral do CCB.

A validade do casamento depende, primeiro da manifestação da vontade dos noivos e depois da declaração do celebrante de que estão casados. *Na perspectiva dos planos do mundo do direito (existência, validade e eficácia), o plano de validade alcança apenas os atos jurídicos, pois os fatos jurídicos não voluntários não podem ser submetidos ao seu crivo*[48]. Portanto é assim o casamento como ato jurídico, e que tem por objeto situações existenciais, o plano de sua existência e eficácia são diferentes dos negócios judiciais comuns, que têm por objeto questões patrimoniais. Por isto o casamento só é nulo ou anulável nos casos elencados expressamente pela lei civil, e por isto a teoria geral das invalidades só se aplica supletivamente ao casamento.

Após o divórcio no Brasil, 1977, a nulidade e anulação do casamento, perdeu um pouco o seu sentido prático, e têm sido cada vez mais raros os processos para se atingir tal finalidade. Ainda assim, o CCB/2002 regulamentou minuciosamente (Arts. 1.548 a 1.564 CCB) sobre a validade do casamento, repetindo quase integralmente o CCB/1916.

3.14.1   Casamento nulo

É aquele cuja celebração fere normas de ordem pública, isto é, incorre em vícios insanáveis e consequentemente não produz qualquer efeito. É o grau mais grave da esfera das invalidades do ato jurídico. E, como qualquer nulidade, não é automática, depende da decisão judicial. Se a nulidade não for invocada por quem de direito, os efeitos do casamento permanecerão.

As causas de nulidade estavam descritas no art. 1.548 do CCB: *I – Pelo enfermo mental sem o necessário discernimento para os atos da vida civil; II – por infringência de impedimento*. Com a Lei 13.146/2015 – EPD – Estatuto da Pessoa com Deficiência, que fez significativa alteração no regime das incapacidades, o item I do referido artigo ficou automaticamente revogado. Portanto, a única causa da nulidade do casamento é a infração às normas de ordem pública, ou melhor, quando um ou ambos os cônjuges infringirem os impedimentos do casamento descritos em lei.

Só podem invocar a nulidade do casamento, os interessados, isto é, o cônjuge, parentes, ou mesmo um credor que tenha sido prejudicado patrimonialmente, e o Ministério Público, por ele mesmo ou incitado por alguém interessado (art. 1.549 CCB), e o juiz deverá declará-la apenas quando as provas forem claras, o que não pode ser por indícios ou testemunhas, já que se trata de uma infração à normas de ordem pública.

A ação é imprescritível, isto é, pode ser impetrada a qualquer tempo, diferentemente da anulação. Entretanto, se se passarem anos, e o casamento se consolidar com o tempo, é de repensar o sentido de dizer que o casamento juridicamente não existe, se na realidade a sociedade conjugal está ali presente. E, ainda que não se possa nomeá-la de casamento, ela será "subsidiariamente" uma união estável.

A sentença judicial de nulidade do casamento tem efeito retroativo desde a data da celebração. Mas esta retroatividade pode ser relativizada em razão da proteção de terceiros de boa-fé, que tenham feito negócios com os cônjuges desconhecendo a existência dos impedimentos[49].

3.14.2   Casamento anulável

Anulação de casamento é uma das formas de sua invalidação, ou seja, é espécie do gênero invalidade do casamento. Diferentemente do casamento nulo, que produz efeitos retroativos

---

[48]   LÔBO, Paulo. Op. Cit. p. 118.

[49]   (…) Proclamada a nulidade do casamento e reconhecida a má fé de ambos os cônjuges, cada qual se retira com os bens com que entrara para o casal (STJ – AgRg no Ag: 11208 BA 1991/0007994-4, Rel.: Min. Barros Monteiro, Julg.: 09/10/1991, T4 – 4ª Turma, Public.: DJ 25.11.1991.

(*ex tunc*) segundo art. 1.563 do CCB, a anulação do casamento produz efeitos não retroativos (*ex nunc*). Isto porque, também diferentemente do casamento nulo, que podem ser aplicadas subsidiariamente as regras gerais da invalidade dos negócios jurídicos, na anulação do casamento não se aplica o artigo 182 CCB[50]. Não faria sentido retroagir os efeitos, pois significaria a total negação da realidade, como bem diz Paulo Lôbo: *A anulação do casamento não pode ser retro-operante, pois todas as situações jurídicas que dele promanaram, decorrentes do estado de casado e do estado de filiação não se desfazem, porque não se apagam os fatos reais da vida, nem se desconstitui a miríade de relações jurídicas que os cônjuges realizaram ao longo da existência do casamento, o que redundaria em insegurança jurídica de grande intensidade[51].*

As hipóteses de anulação de casamento estão elencadas no artigo 1.550 do CCB, sendo que em nenhuma delas há proibição do casamento que pode ser convalidado com o decurso do tempo e a inércia do interessado[52]. São elas:

I – de quem não completou a idade mínima para casar;

Se um dos cônjuges não tiver atingido a idade núbil, isto é, 16 anos, até a data da celebração, não pode casar. Até 2019, antes da Lei 13.811,[53] de 12/03/19, esta hipótese era relativizada para evitar imposição de pena criminal, como sedução, estupro etc. Todas elas relativas a crimes contra os costumes. A maioria dos casos, de autorização de casamento de menores de 16 anos era em razão de gravidez, que estampava uma sexualidade proibida. E, no imaginário popular, que repercutiu no jurídico até 2019, o casamento recuperaria a honra da mulher que teve sua sexualidade violada, ainda que isto sacrificasse adolescentes que não deveriam se casar. Com o declínio do patriarcalismo e na medida que o casamento deixou de ser legitimador das relações sexuais, ele já não fazia nenhum sentido.

II – do menor em idade núbil, quando não autorizado por seu representante legal;

Os menores de idade, entre 16 e 18 anos, não precisam de autorização judicial, mas tão somente de seus representantes legais. Isto se não for emancipado (art. 5º, CCB). É uma autorização especial, que não se confunde com assistência dos responsáveis para os atos da vida civil aos relativamente capazes (art. 4º, CCB). Na falta dos pais, seja pelo falecimento ou suspensão do poder familiar, o tutor é quem deverá autorizar. Na hipótese de pai ou mãe desconhecido, ou que não tenha registrado o filho, ou que não esteja no exercício do poder familiar/autoridade parental, obviamente que somente a ele caberá tal autorização.

Se negada a autorização, o interessado poderá pedir judicialmente, o suprimento do consentimento. Obviamente que o representante legal será chamado ao processo para explicar o motivo da não autorização, ficando com o ônus da prova do porquê de tal denegação. Na dúvida o juiz deve aplicar o princípio *in dubio pro matrimonio*, ou seja, deve suprir o consentimento e autorizar o casamento.

Se os pais, ou representantes legais tiverem assistido o casamento desses menores, não poderá depois requerer sua anulação (art. 1.555, § 2º, CCB).

---

[50] Art. 182, CCB. Anulado o negócio, restituir-se-ão as partes ao estado em que antes dele se achavam, e não sendo possível restituí-las, serão indenizados como equivalente.

[51] LÔBO, Paulo. *Famílias*. 9ª ed. São Paulo: Saraiva, 2019, p. 122.

[52] LÔBO, Paulo. Op. cit. p. 122.

[53] A Lei 13.811/19 alterou o artigo 1.520 do CCB, que passou a vigorar com a seguinte redação: *Não será permitido, em qualquer caso, o casamento de quem não atingiu a idade núbil, observado o disposto no artigo 1.517 deste Código.*

III – por vício da vontade, nos termos dos arts. 1.556 a 1.558;

Se se demonstrar que a vontade do cônjuge estava viciada, o casamento pode ser anulado. Por viciada a vontade, entende-se especialmente o erro essencial da pessoa do outro cônjuge. Da mesma forma entende-se por vício de vontade a coação, pois ninguém é obrigado a se casar, ainda que tenha prometido fazê-lo.

IV – do incapaz de consentir ou manifestar, de modo inequívoco, o casamento;

Mesmo plenamente capaz, se a vontade do cônjuge tiver sido maculada pelo vício de consentimento, isto é, se a sua vontade tiver contaminada por algum fato psíquico incapacitante, seja a pressão psicológica para casar (ninguém pode ser coagido a casar), embriaguez, uma chantagem que obscureça o seu consentimento, uma vez demonstrado tal vicio de consentimento, o casamento pode ser anulado. Não se trata aqui de alguém que, em dúvida, acabou casando, e depois se arrependeu. É preciso que fique claro na ação de anulação de casamento a inequívoca vontade de ter consentido.

V – realizado pelo mandatário, sem que ele ou o outro contraente soubesse da revogação do mandato, e não sobrevindo coabitação entre os cônjuges;

Se a procuração, com poderes específicos para o casamento, traduz e vincula a vontade do cônjuge, que por algum motivo não poderia comparecer à celebração de seu próprio casamento, tiver sido revogada, obviamente que o mandatário já não poderia dizer o "sim" em nome de quem recebeu o mandato. E se o fez, seja porque não sabia de tal revogação, ou outro motivo qualquer, o casamento pode ser anulado, no prazo de 180 dias contados a partir do momento que o cônjuge que tinha revogado a procuração, soube do casamento (art. 1.560, § 2º, CCB). Flávio Tartuce sintetiza bem a questão: *Por razões obvias, a anulação do casamento cabe somente ao mandante, que detém, a titularidade dessa ação personalíssima. O outro cônjuge não poderá anular o casamento após sua celebração, o que constitui outra aplicação da vedação do comportamento contraditório venire contra factum proprium non potest. Nesse ponto está presente outro exemplo de incidência de boa-fé objetiva em sede de Direito de Família*[54].

Da mesma forma, que nas outras hipóteses de anulação de casamento, neste caso, também se houver coabitação, ou mesmo que não houver coabitação, mas tiver um casamento de fato, ele não poderá ser anulado;

VI – por incompetência da autoridade celebrante.

Autoridade celebrante é o juiz de paz, popularmente conhecido também como juiz de casamento. Juiz de Paz é a pessoa investida de uma função pública, cuja atribuição é celebrar casamento, verificar a lisura do processo de habilitação, além de funções conciliatórias, sem cunho jurisdicional (art. 98, II, CR)[55].

Na vigência da Constituição de 1824, era uma espécie de magistrado escolhido dentre as pessoas do povo, normalmente sem formação acadêmica, a quem se atribuía diversas funções judiciais consideradas como de menor relevância, para resolver contendas por meio de conciliação. Atualmente, não tem mais função de magistrado, exerce apenas funções administrativas.

---

[54] TARTUCE, Flávio. *Direito Civil*. Direito de Família. 13ª ed. Rio de Janeiro: Forense, 2018, p. 101.

[55] Art. 98, II, CR: A União, no Distrito Federal e nos Territórios criarão: (...) II – justiça de paz, remunerada, composta de cidadãos eleitos pelo voto direto, universal e secreto, com mandato de quatro anos e competência para, na forma da lei, celebrar casamentos, verificar, de ofício ou em face de impugnação apresentada, o processo de habilitação e exercer atribuições conciliatórias, sem caráter jurisdicional, além de outras previstas na legislação.

Quando o casamento for celebrado por um juiz de paz que não tenha competência para celebrar o ato, o casamento pode ser anulado, em prazo decadencial de dois anos, contados da data da celebração. O autor da ação só pode ser o cônjuge.

Mesmo se a autoridade celebrante não tenha competência, para o ato, o casamento se consolida se o juiz de casamento exerce notoriamente tal função, e tiver registrado o ato no cartório de Registro Civil (art. 1.555, CCB).

A medida judicial para se intentar a anulação do casamento é a ação anulatória de casamento, cuja natureza é constitutiva negativa. Daí a justificativa dos prazos decadenciais[56]. Antes de mover a Ação de anulação de casamento, ou ao propô-la, pode-se requerer a separação de corpos (art. 1.562, CCB).

Os legitimados a propor a anulação de casamento são os interessados em razão das relações familiares ou representantes legais. A anulação do casamento do cônjuge com menos de 16 anos, na época em que eles podiam casar (antes da Lei 13.811/19), era o próprio cônjuge, já que com o casamento ele ficou emancipado, seus pais e seus representantes legais.

Não há mais invalidade do casamento de pessoa com deficiência mental ou intelectual, já que o EPD – Estatuto da Pessoa com deficiência incluiu o § 2º ao artigo 1.550 do CCB, estabelecendo que eles são capazes para os atos existenciais, dentre eles o casamento.

Os prazos para propositura da ação anulatória, que começam a contar da data da celebração estão presentes no art. 1.560 do CCB e são todos decadenciais. O menor prazo é o de 180 dias, para anular o casamento de menor de 16 anos, o que hoje não faz mais sentido, após a Lei 13.811/19, que proibiu tais casamentos. No mesmo prazo é a hipótese da anulação do casamento de pessoas entre 16 e 18 anos, que se casaram sem a autorização dos pais. Neste caso, a contagem do prazo começa quando cessar a necessidade, se a ação for proposta pelo cônjuge. Se falecido o cônjuge, antes de completar a maioridade, seus herdeiros poderão promover a ação. Mas não cabe anulação se a morte tiver ocorrido depois de ultrapassar os 180 dias do fim da incapacidade.

Também de 180 dias é o prazo decadencial para os casos de anulação do casamento representado por procurador que participou da celebração do casamento com procuração já revogada. Neste caso, o termo inicial é o do conhecimento do casamento pelo mandante. Ainda como regra do inciso I do art. 1.560, ou seja, de 180 dias, é o prazo para anular o casamento de quem não tinha capacidade para consentir, ou manifestar livremente sua vontade.

O prazo será de dois anos (art. 1.560, II) para os casamentos celebrados por autoridades incompetentes, cuja contagem de prazo inicia-se a partir da celebração.

É de três anos o prazo para anular o casamento para quem foi induzido a erro em seu consentimento, ou seja, se houve erro essencial quanto à pessoa do outro cônjuge (art. 1.560, III, CCB), que será abordado no item seguinte.

E, o maior prazo de anulação de casamento, quatro anos, quando o vício de consentimento foi de quem se casou sob coação. Coincidentemente, é o mesmo prazo estabelecido para as anulações dos negócios jurídicos em geral, estabelecidas no art. 178, I, do CCB. Mas o início da contagem do prazo para uma e outra são diferentes. O vício de consentimento pode ser suprido com o tempo, ou seja, se o casamento de fato existir, o que deixará de existir a hipótese de anulação de casamento (art. 1.559, CCB).

3.14.2.1   O erro essencial

Uma das mais invocadas causas de anulação de casamento é o vício de vontade descrito como erro essencial quanto à pessoa do outro.

---

[56]   TARTUCE, Flávio, Op. cit. p. 102.

Erro é a falsa impressão da realidade induzida ou provocada por outrem, que compromete a manifestação volitiva do agente, maculando o negócio jurídico e que se conhecesse a realidade fática, não teria praticado o ato que praticara. Este é o conceito de erro para a prática dos atos e negócios jurídicos em geral. Entretanto para o casamento o erro ganha outra dimensão. Em outras palavras, a teoria do erro para o casamento é diferente da teoria do erro dos negócios em geral.

As hipóteses de configuração de erro essencial[57] sobre a pessoa[58] que torna passível de anulação o casamento estão elencadas no art. 1.557 do CCB:

> I – o que diz respeito à sua identidade, sua honra e boa fama, sendo esse erro tal que o seu conhecimento ulterior torne insuportável a vida em comum ao cônjuge enganado;
>
> II – a ignorância de crime, anterior ao casamento, que, por sua natureza, torne insuportável a vida conjugal;
>
> III – a ignorância, anterior ao casamento, de defeito físico irremediável que não caracterize deficiência ou de moléstia grave e transmissível, por contágio ou por herança, capaz de pôr em risco a saúde do outro cônjuge ou de sua descendência;
>
> IV – (Revogado).

Para que o erro essencial fique caracterizado, é necessário atender a três requisitos: que o fato ou circunstância ignorada pelo cônjuge seja anterior ao casamento; que a revelação do fato gerador da anulabilidade tenha sido descoberto depois do casamento; e por fim que somado esses dois elementos, a vida conjugal seja insuportável.

O CCB de 1916 previa como uma das hipóteses de erro essencial quanto a pessoa, o defloramento da mulher ignorado pelo marido, como causa para anulação de casamento (Arts. 218, 219, IV). Essa realidade ficou sepultada com a ordem constitucional de 1988, que até então era sustentada pela desigualdade conjugal, ou mais, pela superioridade legal do marido.

Para esta hipótese de anulação do casamento, como se disse supra, o prazo decadencial é de três anos, a contar da data da celebração do casamento (art. 1.560, III, CCB 2002). Somente o cônjuge que incidiu em erro, ou sofreu coação, pode requerer a anulação do casamento. Entretanto, a coabitação, havendo ciência do vício, valida o ato, ressalvadas as hipóteses dos incisos III e IV do art. 1.557 (art. 1.559, CCB 2002), ou seja, casos de defeito físico irremediável,

---

[57] (...) Em relação ao erro essencial sobre a pessoa do outro cônjuge, para que se justifique a anulação do casamento com base nesse argumento, necessário que haja a cabal demonstração de três requisitos: a anterioridade da circunstância ignorada pelo cônjuge (defeito físico irremediável ou moléstia grave transmissível), a ignorância de crime que torne a vida em comum insuportável ou, ainda, relevante erro quanto à sua identidade, sua honra e boa fama, com posterior conhecimento do cônjuge enganado. 3. No vertente caso, inexiste a hipótese de anulação, pois se trata de afronta aos deveres do casamento, o que autoriza a sua dissolução, com base no artigo 226, § 6º, da Constituição Federal. (...) (Ap. Cível nº 0165812-13.2009.807.0001 DF, Rel. Des. Flavio Rostirola, 1ª TC – TJDF. j. 16/03/2011).

[58] (...). Admite-se a anulação do casamento por vício de vontade, quando restar caracterizado erro essencial quanto à pessoa do cônjuge, para o que se exige que preexista ao casamento, que a descoberta da verdade se dê após o enlace matrimonial e que tal conhecimento torne intolerável a vida em comum. 3. A doutrina e a jurisprudência entendem que configura hipótese de erro essencial quanto à pessoa a impotência coeundi, revelada apenas após o casamento, e que inviabilize a manutenção da vida conjugal. 4. Não tendo o exame médico constatado qualquer anormalidade irremediável apresentada pelo réu, não há que se falar em anulação do casamento por impotência *coeundi*. 5. Ante a sucumbência recursal, devem os honorários advocatícios ser majorados, nos termos do art. 85, § 11º, do CPC. 6. Recurso conhecido, preliminar rejeitada, e no mérito, improvido. (TJ-DF 07014135320198070007 – 0701413-53.2019.8.07.0007, Rel.: Ana Cantarino, 8ª TC, Public.: Publ. 29/10/2019).

doença transmissível que coloque a vida do outro em risco e doença mental que torne insuportável o casamento.

É muito comum os cônjuges, ou apenas um deles, achar que teve erro quanto à pessoa do outro, que se casou com alguém completamente diferente daquela(e) que conhecia. Isso acontece porque o outro é sempre uma projeção daquilo que se imaginava que fosse. O sujeito real só se mostra tal como ele é, no dia a dia. É na convivência cotidiana que aparecem as mazelas e os defeitos de cada um. Nesse sentido, podemos dizer que quase todos nos enganamos em relação ao outro. Quando o véu da paixão já não encobre mais os defeitos do outro, é que se começa a ver, verdadeiramente a pessoa com quem se casou. Mas não é nesse sentido o erro gerador da anulação do casamento. O erro tem que ser substancial, objetivo e não apenas uma decepção sobre como se mostrava antes e depois do casamento, ou sobre seu caráter. Em outras palavras, o engano ensejador de anulação de casamento deve ser substancial, objetivo, e não apenas uma decepção sobre o outro, que se mostrava de uma determinada maneira antes do casamento e depois do casamento passou a ter outro comportamento, ou sobre o caráter da pessoa.

Os exemplos mais comuns de erro essencial sobre a pessoa na prática são os casos de omissão de fatos como existência de condenação penal, hermafroditismo, desconhecimento de prostituição, doenças sexualmente transmissíveis – DSTs, esquizofrenia, omissão de tráfico de drogas, dupla identidade etc.

3.14.2.2   Impotência sexual e o débito conjugal

A impotência sexual seja a *coeundi,* também conhecida como instrumental (que não tem ereção) ou *generandi* (incapacidade de gerar filhos) não são causas de anulação de casamento, embora no passado fosse comum ser invocado como um defeito físico irremediável. Desde que o casamento deixou de ser o legitimador das relações sexuais, e as pessoas passaram a exercer a sexualidade antes do casamento, esse motivo deixou de ser ensejador de anulação, pois não se pode mais alegar ignorância desse "defeito físico", que aliás nem se pode mais assim ser denominado. Ademais, a maioria das impotências instrumentais, atualmente, pode ser resolvida com pílulas.

A impotência *generandi*, ou seja, a infertilidade, não pode ser motivo para ação anulatória do casamento, pois o objetivo desse instituto não é a procriação. Há casais, inclusive que optam por não terem filhos, formando assim, apenas uma família conjugal.

O art. 1.566, III, do CCB, estabelece como um dos deveres do casamento, a mútua assistência, à qual podemos entender como assistência moral, psicológica, material e sexual, a que a doutrina denominou de *debitum conjugale*.

Embora o sexo possa ser um elemento vitalizador, ou desvitalizador, do casamento, a sua ausência não pode ensejar anulação de casamento. Até porque não há como obrigar alguém a ter relação sexual com outrem. E à mulher, caracterizaria violência doméstica (art. 7º da Lei Maria da Penha)[59].

O débito conjugal é uma expressão que remete à obrigatoriedade do sexo, como um dos deveres do casamento. Entretanto a obrigatoriedade da relação sexual é contrária ao princípio da autonomia da vontade, da dignidade da pessoa humana e a um dos corolários da personalidade jurídica, qual seja, a livre disposição do próprio corpo e da privacidade mais íntima. Além

---

[59]   Art. 7º, III, da Lei 11.340/06 (...) qualquer conduta que a constranja a presenciar, a manter ou participar de relação sexual não desejada, mediante intimidação, ameaça, coação ou uso da força (...).

de contrariar o princípio da menor intervenção estatal, tal obrigação se coloca totalmente na contramão da lei do desejo.

No Direito de Família Contemporâneo, com a contribuição do discurso psicanalítico, introduziu-se outra noção de sexualidade. Compreendeu-se que ela é muito mais da ordem do desejo que da genitalidade. Por exemplo, alguém com impotência *coeundi* não significa que não tenha desejos, e que podem ser satisfeitos com ajuda de outros instrumentos, caso as pílulas anti-impotência não resolvam. E assim começou-se a valorizar os vínculos conjugais sustentados muito mais no amor no afeto do que na patrimonialidade e na genitalidade.

Se a sexualidade é da ordem do desejo não há como estabelecer, dentre os deveres do casamento a obrigatoriedade de relação sexual.

3.15 CASAMENTO INEXISTENTE

É o casamento realizado sem as devidas prescrições legais, isto é, quando faltam os elementos essenciais e indispensáveis para a sua celebração, como a autoridade celebrante competente, consentimento expresso dos nubentes. É o não casamento. Antes de se admitir no ordenamento jurídico brasileiro o casamento entre pessoas do mesmo sexo, tal casamento era tido também como inexistente. Portanto, quando se fala de inexistência de casamento não estamos falando de inexistência material, mas tão somente jurídica. Afinal, é impossível negar a existência do fato de duas pessoas estarem vivendo como se casadas fossem, apesar das "irregularidades" jurídicas. Casamento inexistente é uma categoria próxima do casamento nulo.

A inexistência do casamento é uma das espécies do gênero invalidade, ao lado das espécies nulidade e anulação. *A teoria da inexistência jurídica, que nasceu no âmbito do direito matrimonial, migrou para a teoria geral e passou a ser aplicada também nos atos e negócios jurídicos. Cabe lembrar que, quando se fala em inexistência, não se está falando em inexistência material, mas em inexistência jurídica. É algo que existe faticamente, mas não tem relevância jurídica. Não possuindo conteúdo jurídico, não pode produzir nenhum efeito jurídico*[60].

A teoria do casamento inexistente[61] não tem qualquer utilidade e perdeu sentido para o Direito de Família contemporâneo. É resquício de uma época em que a única forma de se constituir família era pelo casamento, e a união estável não tinha ainda sua legitimidade e reconhecimento pelo Estado, e era impossível e impensável casamento entre pessoas do mesmo sexo. E assim, declarar sua inexistência, era uma maneira de afastar qualquer possibilidade de casamento fora dos padrões morais veiculados pelo Direito Canônico.

---

[60] DIAS, Maria Berenice. *Manual de Direito das Famílias*. Salvador: Ed. JusPodivm, 2020. p. 503.

[61] Ação de suprimento e retificação de Registro Civil de casamento – Pretensão a convalidação da certidão de casamento falsa – Inexistência do casamento das partes perante o Registro Civil competente – Dados anotados na certidão que não existem no Registro Civil das Pessoas Naturais – Convalidação da certidão falsa – Impossibilidade – Casamento é ato solene que demanda observância aos requisitos legais – Possibilidade de conversão da união estável em casamento, pela via judicial, nos termos do art. 1.726 do CC, o que fica observado, ou pela via administrativa, perante o Registro Civil das Pessoas Naturais do domicílio dos cônjuges, nos termos das Normas de Serviço da Corregedoria-Geral de Justiça, Tomo II, item 87 e seguintes – Sentença mantida – Recurso não provido, com observação (TJSP, Apelação Cível 1041799-91.2019.8.26.0114, Rel. Des. Marcia Dalla Déa Barone, 4ª Câmara de Direito Privado, pub. 11/09/2020).

3.16 RESUMO

O casamento foi, é, e continuará sendo o paradigma de constituição de família. Mas não significa que seja superior ou inferior às outras formas de constituição de família.

Não é mais um monopólio da heteroafetividade.

É um contrato *sui generis*, solene, formal entre duas pessoas em que se estabelecem direitos e obrigações.

Dentre suas formalidades inclui-se a habilitação das partes no cartório de registro civil, que culmina com a celebração.

A Lei 14.382/2022 fez alterações significativas na Lei de Registros Públicos e instituiu o Sistema Eletrônico dos Registros Públicos – SERP. Entre as principais mudanças no casamento, está a desburocratização da celebração e, principalmente, do procedimento de habilitação para casamento. Não se publica mais o edital de proclamas por 15 dias na sede do Serviço de Registro. Faz-se uma publicação em meio eletrônico. Permitiu e facilitou a alteração do nome, não apenas em razão do casamento e divórcio, mas também, independentemente de alteração do estado civil, passou a ser possível a alteração do nome e prenome da pessoa.

Nem todas as pessoas podem casar – Art. 1.521, CCB.

Cria-se um novo estado civil da pessoa, que é determinante para as relações patrimoniais.

Pode-se casar por procuração por instrumento público com poderes específicos – Art. 1.542, CCB.

Ambos os nubentes podem alterar/acrescentar o sobrenome do outro – Art. 1.565, CCB.

Casamento *in extremis* ou nuncupativo – Art. 1.540, CCB – Art. 76, Lei 6.015/73.

Casamento avuncular – Realizado entre pessoas que têm relação de parentesco, mais especificamente entre tio (a)/sobrinho(a) – Decreto-Lei 3.200/41 – Art. 2º, que abre exceção ao Art. 1.521, CCB.

Casamento homoafetivo – Resolução 175/2013 do CNJ.

Casamento putativo – Embora nulo ou anulável produz todos os efeitos jurídicos, como se válido fosse – da data da celebração ao trânsito em julgado da sentença que pronuncia a sua desconstituição, em razão de ter sido contraído de boa-fé, pelo menos por uma das partes – Art. 1.561, CCB.

Casamento consular – Resolução CNJ 155/2012 e Resolução 583/2024.

Casamento religioso com efeitos civis – Arts. 1.515 e 1.516, CCB.

Direitos e deveres do casamento: fidelidade recíproca; vida em comum no domicílio conjugal (mas pode ser relativizada); mútua assistência; sustento; guarda e educação dos filhos; respeito e consideração mútuos (art. 1.566, CCB/2002).

Erro essencial quanto à pessoa é uma das mais invocadas causas de anulação de casamento. É engano com relação à pessoa do outro cônjuge no que diz respeito à sua honra e boa fama, que torne insuportável a vida em comum (art. 1.557 do CCB/2002).

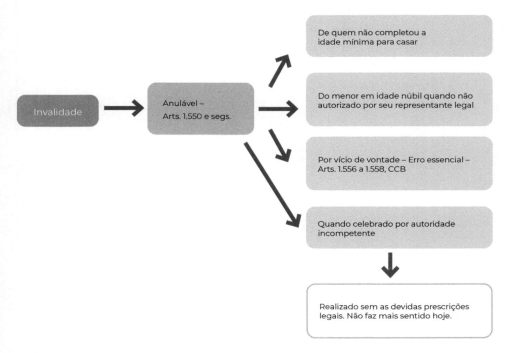

🎬 FILMOGRAFIA

1. *This is us, 2016*, série, EUA, Dan Fogelman.
2. *O passado, 2014*, filme, França, Asghar Farhadi (fim de casamento).
3. *Cenas de um casamento, 1974*, filme, Suécia, Ingmar Bergman.
4. *Separados pelo casamento, 2006*, filme, EUA, Peyton Reed.
5. *Lady Macbeth, 2017*, filme, Reino Unido, William Oldroyd.
6. *Namorados para sempre, 2011*, filme, EUA, Derek Cianfrance.
7. *Scenes from a Marriage, 2021*, série, EUA, Hagai Levi.

4 REGIME DE BENS

 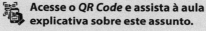

Acesse o *QR Code* e assista à aula explicativa sobre este assunto.

> https://uqr.to/ofpt

4.1 DISPOSIÇÕES GERAIS

Regime de bens é o conjunto de regras que regulamentam as questões relativas ao patrimônio dos cônjuges/companheiros, delimitando as diretrizes que deverão ser seguidas por eles enquanto o casamento existir, ou quando chegar ao seu fim, seja em razão de divórcio, dissolução em vida da união estável ou falecimento de uma ou ambas as partes. Não há casamento sem regime de bens, embora possa-se estabelecer a sua incomunicabilidade. O regime de bens é uma das consequências do casamento.

A escolha do regime de bens é feita antes do casamento, estipulando-se por meio de pacto antenupcial, quando se escolhe um dos regimes preestabelecidos em lei, ou um regime personalizado que melhor atenda às necessidades do casal (art. 1.639 do CCB/2002). Rolf Madaleno classifica os regimes de bens em imperativos, livres e convencionais[1]. Maria Berenice Dias os organiza em duas categorias: os tipos primários, que são quatro regimes previstos na lei; e os tipos secundários, que são os regimes em que se faz pacto antenupcial e aí estabelece-se outras avenças[2]. Paulo Lôbo, citando Pontes de Miranda diz que há duas espécies de regime legal: regime legal dispositivo, que é aquele estabelecido por lei, quando não manifesta a vontade das partes, o que significa conversão tácita; regime legal obrigatório, ou melhor, cogente, quando a lei impõe as normas, ainda que os nubentes queiram escolher outro regime[3].

Até a vigência do CCB/2002 ainda constava no rol dos regimes de bens, o regime dotal, embora já estivesse em desuso há muitas décadas. Era aquele que se fazia por meio de pacto antenupcial, pelo qual a mulher, ou terceiro em nome dela, transferia bens ao marido, na qualidade de dote, de modo que fossem deles retirados frutos e rendimentos em proveito da família. Em caso de dissolução da sociedade conjugal, o patrimônio deveria ser devolvido à mulher.

---

[1] MADALENO, Rolf. *Manual de Direito de Família*. 2ª ed. Rio de Janeiro, 2019, p. 267.
[2] DIAS, Maria Berenice. *Manual de Direito das Famílias*. Salvador: JusPodivm, 2020, p. 661.
[3] LÔBO, Paulo. *Famílias*. São Paulo. Saraiva, 2019, p. 333.

Se não se fizer pacto antenupcial, aplica-se o regime legal supletivo que é o da comunhão parcial de bens. Nos casamentos celebrados na vigência do CCB/1916, sem pacto antenupcial, era adotado o regime da comunhão universal de bens, o regime supletivo da época.

O CCB de 2002 quebrou o princípio da imutabilidade do regime de bens, o que significa que os cônjuges podem alterá-lo na constância do casamento, estabelecendo um novo regime a partir da mudança feita consensualmente e homologada judicialmente. A este novo contrato para o regime de bens dá-se o nome de pacto pós-nupcial.

O regime de bens dos casamentos celebrados na vigência do CCB 1916, isto é, até 12/01/2003, devem observar as regras por ele estabelecida (art. 2.039, CCB – Disposições transitórias).

Casamento é comunhão de vidas, de afetos, de vários interesses, e de patrimônio, se assim quiser o casal, já que no Brasil a liberdade de escolha do regime de bens é ampla. À exceção do casamento pelo regime da separação de bens, o patrimônio adquirido na constância do casamento, por um ou ambos, e que passam a integrar o patrimônio do casal, é chamado de aquestos, ou seja, os bens que integram a meação.

Meação é a metade de alguma coisa, isto é, o direito que se tem à metade de algo, que presume a existência de uma copropriedade entre duas pessoas, como acontece na maioria dos regimes de bens do casamento, e também da união estável. Os bens que integram a meação de cada um, é também chamado de mancomunhão, pois há presunção de esforço comum para sua aquisição. Portanto, somente nos regimes em que há comunhão de patrimônio, é possível falar de mancomunhão. Enquanto não for feita a partilha de bens comuns, eles pertencem a ambos os cônjuges em estado de mancomunhão.

O regime de bens termina com o fim da conjugalidade, seja pela morte, divórcio, dissolução de união estável. Mas se houver separação fática[4] do casal, antes mesmo de sua dissolução formal, o fim do regime de bens se dá, aí assim, como outros direitos e obrigações, que é a tradução verdadeira do fim da relação.

4.2   REGIME DE BENS OBRIGATÓRIO, SUPLETIVO E CONVENCIONAL

Regime de bens **obrigatório** é aquele imposto às pessoas que têm mais de 70 anos de idade, quem ainda não resolveu a partilha de bens do casamento anterior, e também aos que dependerem de autorização judicial para se casar, tal como estabelecido no art. 1.641 do CCB: "É obrigatório o regime da separação de bens no casamento: I – das pessoas que o contraírem com inobservância das causas suspensivas da celebração do casamento; II – da pessoa maior de 70 (setenta) anos; III – de todos os que dependerem, para casar, de suprimento judicial". O inciso II do referido artigo teve sua redação alterada pela Lei nº 12.344/12. Onde se lê 70 (setenta) anos, lia-se 60 anos, e na vigência do CCB 1916 a idade proibitiva era de 50 anos para mulher e 60 para o homem. O fundamento e espírito desta proibição é evitar os chamados popularmente "golpes do baú"[5].

Era inadequada a imposição de limite de idade para escolha do regime de bens do casamento para os maiores de 70 anos. Com esse propósito, o STF em 01/02/2024, apreciando o Tema 1.236 da repercussão geral, fixou a seguinte tese: *"Nos casamentos e uniões estáveis envolvendo pessoa maior de 70 anos, o regime de separação de bens previsto no art. 1.641, II, do Código Civil, pode*

---

[4]   (...) Tanto a separação judicial (negócio jurídico), como a separação de fato (fato jurídico), comprovadas por prazo razoável, produzem o efeito de pôr termo aos deveres de coabitação, de fidelidade recíproca e ao regime matrimonial de bens (elementos objetivos), e revelam a vontade de dar por encerrada a sociedade conjugal (elemento subjetivo). (STJ, REsp 1.660.947/TO, Rel. Ministro Moura Ribeiro, 3ª Turma, julgado em 05/11/2019, DJe 07/11/2019).

[5]   PEREIRA, Rodrigo da Cunha. *Dicionário de Direito de Família e Sucessões ilustrado*. 2ª edição. São Paulo: Saraiva, 2018, p. 394.

ser afastado por expressa manifestação de vontade das partes, mediante escritura pública". Assim, respeitou-se a autonomia da vontade, a dignidade da pessoa idosa e a liberdade patrimonial.

O fato de completar esta idade, por si só, não podia significar incapacidade de escolhas e prática de nenhum ato da vida civil, muito menos o estabelecimento de regras patrimoniais da relação conjugal. Se grande parte dos ocupantes de cargos no Legislativo e Executivo, têm mais de setenta anos, e tomam decisões importantes para a vida política e econômica do país, não há razão de serem impedidos de decidir sobre a economia de sua própria vida. Tal restrição atentava contra a liberdade individual e feria a autonomia e dignidade dos sujeitos (ver capítulo 16 – Direito das Pessoas Idosas).

A Súmula 377 do STF amenizou e relativizou o regime da separação obrigatória ao dispor que os bens adquiridos na constância do casamento, a título oneroso, devem ser partilhados. A obrigatoriedade do regime de separação pode ser relativizado quando o casamento é precedido de união estável, cujo termo inicial é anterior à idade que determinava tal impedimento.

É obrigatório também o regime da separação de bens para as pessoas que se casarem sem observância das causas suspensivas do casamento (art. 1.641, I), elencadas no art. 1.523 do CCB/2002: *Não devem casar: I – o viúvo ou a viúva que tiver filho do cônjuge falecido, enquanto não fizer inventário dos bens do casal e der partilha aos herdeiros; II – a viúva, ou a mulher cujo casamento se desfez por ser nulo ou ter sido anulado, até dez meses depois do começo da viuvez, ou da dissolução da sociedade conjugal; III – o divorciado, enquanto não houver sido homologada ou decidida a partilha dos bens do casal; IV – o tutor ou o curador e os seus descendentes, ascendentes, irmãos, cunhados ou sobrinhos, com a pessoa tutelada ou curatelada, enquanto não cessar a tutela ou curatela, e não estiverem saldadas as respectivas contas.* É permitido aos nubentes solicitar ao juiz que não lhes sejam aplicadas as causas suspensivas previstas nos incisos I, III e IV deste artigo, provando-se a inexistência de prejuízo, respectivamente, para o herdeiro, para o ex-cônjuge e para a pessoa tutelada ou curatelada; no caso do inciso II, a nubente deverá provar nascimento de filho, ou inexistência de gravidez, na fluência do prazo (Parágrafo único, do art. 1.523 do CCB/2002).

Regime de bens supletivo, ou regime legal, é o regime que se aplica nos casos de ausência ou nulidade de pacto antenupcial. Até 1977, com a introdução da Lei do Divórcio no Brasil (Lei nº 6.515/77), como se disse, o regime legal supletivo era o da comunhão universal de bens. A partir daí, passou a vigorar o regime da comunhão parcial de bens.

O **regime legal supletivo** é aplicável também às uniões estáveis que não tenham contrato ou pacto estabelecido. Em, não se fazendo pacto antenupcial ou contrato escrito estabelecendo regime de bens, aplica-se o determinado em lei, ou seja, "automaticamente" o regime da comunhão parcial de bens.

Regime convencional de bens é aquele que se faz por convenção, isto é, quando se estabelece um regime de bens diferente do legal supletivo (comunhão parcial de bens). Pode ser um dos regimes previstos em lei, quais sejam, comunhão universal, separação, participação final nos aquestos, ou mesmo um regime diferente deles, como por exemplo, o regime da comunhão parcial de bens contendo clausulas de outros regimes, ou seja, um regime misto. É lícito aos nubentes, antes de celebrado o casamento, estipular, quanto aos seus bens, o que lhes aprouver (art. 1.639, CCB). Essa regra é válida também para as uniões estáveis. Diferentemente do sistema brasileiro e francês, o alemão não permite escolhas de regime de bens diferentes daquelas previstas em lei, ou seja, não é possível naquele país o regime de bens misto, como usualmente feito por aqui em pactos antenupciais.

O regime convencional de bens do casamento é estabelecido por meio de pacto antenupcial, via escritura pública.

146 DIREITO DAS FAMÍLIAS – *Rodrigo da Cunha Pereira*

4.3 PACTO ANTENUPCIAL E PÓS-NUPCIAL

4.3.1 Disposições gerais

Pacto antenupcial, ou pacto pré-nupcial é o instrumento jurídico confeccionado antes do casamento, por meio do qual as partes convencionam sobre as regras econômicas e patrimoniais, estabelecendo o regime de bens para o casamento, ou fazendo adaptações a um dos regimes de bens previstos no CCB.

No pacto antenupcial, que é um negócio jurídico bilateral, os cônjuges têm a liberdade de estipularem livremente as regras patrimoniais do casamento, salvo as hipóteses da separação obrigatória de bens. Pode-se, por exemplo, optar pela comunhão parcial de bens e excluir a comunicabilidade de determinado patrimônio e/ou quotas sociais. Pode-se fundir um regime com outros ou criar novas modalidades.

Além dos quatro regimes de bens previstos no CCB, os nubentes podem escolher e estabelecer o regime de bens que lhes aprouver (art. 1.639, CCB). No Brasil ainda não é muito comum a prática dos pactos antenupciais, assim como não o é do testamento. É que estes instrumentos jurídicos estão ligados à ideia de morte e à dificuldade de se discutir as regras econômicas do casamento. No imaginário popular, a discussão sobre tais regras traz consigo a ideia de "golpe do baú", seja no sentido de sua aplicação ou evitação. Este preconceito tem diminuído, e a prática aumentado, por força de novas configurações familiares.

Especialmente a partir do segundo casamento, em razão da existência de filhos e de cônjuges ou companheiros, a elaboração de pacto antenupcial tornou-se uma necessidade de proteção patrimonial. Por mais constrangimento que possa trazer aos nubentes, é muito saudável falar sobre as regras econômicas que envolvem a conjugalidade. Deixar claro para ambas as partes tais regras evita futuros mal-entendidos e mal-estar durante o casamento e possibilita até mesmo sua maior durabilidade, uma vez que a relação foi transparente desde o início.

Se não se realizar o casamento o pacto é ineficaz (art. 1.653 do CCB/2002), a não ser que passem a viver em união estável[6]. Neste caso, o estabelecido no pacto antenupcial pode ser aproveitado para determinar as regras do regime de bens neste outro formato de relação conjugal. Mas a lei não estabelece prazo de validade do pacto, como ocorre no processo de habilitação (art. 1.532 do CCB/2002).

O pacto antenupcial só pode ser feito por meio de uma escritura pública[7] em Cartório de Notas[8], que deve ser levada ao Cartório de Registro Civil, onde se realizará o casamento, que se efetiva com a imprescindível manifestação de vontade das partes (art. 1.653 do CCB/2002).

---

[6] (...) O casamento posterior foi celebrado pelo regime da separação obrigatória, em função da idade do varão. É bem de ver, porém, que as partes fizeram escritura pública de pacto antenupcial, na qual acordaram que o regime de bens seria o da separação total. A redação do pacto antenupcial faz concluir que a intenção das partes era de se casarem pelo regime da separação total. E também de fazer valer o regime da separação para a união estável anterior. Nessa hipótese, apesar da idade do varão, tem validade e é eficaz o pacto antenupcial, de forma que tanto o casamento quanto a união estável anterior devem ser regidas pelas disposições da separação total. Precedentes. Por tudo isso, vai afastada a determinação sentencial de partilha em função da dissolução da união estável. (TJRS, Apelação Cível Nº 70060563533, Oitava Câmara Cível, Relator: Rui Portanova, J. 25/09/2014).

[7] (...) Consoante orientação do STJ, o pacto antenupcial por escritura pública, mesmo que não seguido pelo casamento, deve ser tido como um ato celebrado que deve ser aproveitado na sua eficácia como contrato de convivência, devendo, portanto, reger a união estável. (...) (STJ, AgInt no AREsp 2.064.895/RJ, Relator Ministro Raul Araújo, Quarta Turma, j. 27/3/2023, DJe 03/04/2023).

[8] (...) À época casamento dos autores (1979) vigia o art. 258, do CC/16 (com a redação conferida pela Lei nº. 6.515/77), que previa que "não havendo convenção, ou sendo nula, vigorará, quanto aos bens entre os cônjuges, o regime de comunhão parcial". – Ocorre que as partes se casaram e manifestaram o interesse

As convenções ou pactos antenupciais[9] só surtirão efeito perante terceiros depois de registrado no Cartório de Registro dos respectivos imóveis (art. 1.657, CCB). A inobservância da forma pública invalida a menção no regime de bens lançada na respectiva certidão de casamento. Em outras palavras, ainda que se mencione outro regime de bens, diferente do legal supletivo (comunhão parcial), ele não terá valor algum, se não tiver sido feita a escritura pública referente a ele, com a sua devida averbação no Cartório de Registro Civil.

Em relação a seu conteúdo, embora trate principalmente de questões patrimoniais, pode-se estabelecer sobre aspectos extrapatrimoniais de cunho interpessoal ou de responsabilidade paterno-filiais.

A lei traz limitações[10] em relação à possibilidade de escolha de regime de bens para algumas pessoas, quais sejam, aqueles que tiverem mais de 70 anos de idade e os que dependerem, para casar, de suprimento judicial e, portanto, o pacto antenupcial para estes casos, é bastante limitado, mas serve, por exemplo, para afastar os efeitos da Súmula 377[11]. Como já apontado no item 4.2 *supra*, o STF, em 1º/02/2024, estabeleceu que os maiores de 70 anos podem afastar por meio de pacto antenupcial, mediante escritura pública, o regime da separação obrigatória. Ou seja, se fizerem pacto antenupcial, poderão escolher o regime que bem entenderem. Portanto, a regra continua sendo o regime da separação obrigatória para os maiores de 70 anos, mas comporta exceção, para aqueles que assim o desejarem, desde que o digam expressamente em pacto antenupcial.

Pacto pós-nupcial é o estabelecimento de novo regime de bens após o casamento, que se faz judicialmente, com a mudança do regime de bens durante o casamento. O art. 1.639, § 2º, do CCB/2002[12], que entrou em vigor em janeiro de 2003, quebrou o princípio da imutabilidade do regime de bens, tornando-se possível, então, sua alteração na vigência do casamento (ver item 4.11).

---

de adotar o regime de comunhão universal de bens, sendo que, todavia, não apresentaram o pacto antenupcial. Apesar disso, consta da Certidão de Casamento dos autores que eles se casaram sob o regime de comunhão universal. Todavia, o Oficial do Registro Civil se equivocou ao não exigir, na ocasião da habilitação e do casamento, o pacto antenupcial. – Diante da inequívoca manifestação de vontade de adotar o regime de comunhão universal e do reconhecido erro do Oficial do Cartório do Registro Civil quanto à exigência do pacto antenupcial, deve-se oportunizar aos interessados a averbação do pacto antenupcial no assentamento de casamento. (TJ-MG – AC: 10701150297102001 MG, Relator: Dárcio Lopardi Mendes, Data de Julgamento: 23/02/2017, Câmaras Cíveis, 4ª Câmara Cível, pub. 03/03/2017).

[9] O pacto antenupcial celebrado no regime de separação convencional somente dispõe acerca da incomunicabilidade de bens e o seu modo de administração no curso do casamento, não produzindo efeitos após a morte por inexistir no ordenamento pátrio previsão de ultratividade do regime patrimonial apta a emprestar eficácia póstuma ao regime matrimonial.(...) STJ – REsp: 1472945 RJ 2013/0335003-3, Relator: Ministro RICARDO VILLAS BÔAS CUEVA, Data de Julgamento: 23/10/2014, 3ª Turma, public.: DJe 19/11/2014).

[10] Cf. NAHAS, Luciana Faisca. Pacto antenupcial – o que pode e o que não pode constar? Reflexões sobre cláusulas patrimoniais e não patrimoniais. In: famílias e sucessões. Polêmicas, tendências e inovações. Rodrigo de Cunha Pereira e Maria Berenice Dias (coords.). Belo Horizonte: IBDFAM, 2018.

[11] (...) Nas hipóteses em que se impõe o regime de separação obrigatória de bens (art. 1.641 do CC), é dado aos nubentes, por pacto antenupcial, prever a incomunicabilidade absoluta dos aquestos, afastando a incidência da Súmula 377 do Excelso Pretório, desde que mantidas todas as demais regras do regime de separação obrigatória (...) CGJSP, Recurso Administrativo 1065469-74.2017.8.26.0100, parecer de Iberê de Castro Dias, juiz assessor da Corregedoria, aprovado por Manoel de Queiroz Pereira Calças, corregedor-geral da Justiça, em 6 de dezembro de 2017, publicado em 23.01.2018.

[12] Art. 1.639, § 2º É admissível alteração do regime de bens, mediante autorização judicial em pedido motivado de ambos os cônjuges, apurada a procedência das razões invocadas e ressalvados os direitos de terceiros.

4.3.2 O conteúdo patrimonial e pessoal do pacto: o que pode e o que não pode. Os nubentes podem renunciar à herança?

Embora o conteúdo dos pactos antenupciais, em geral, e principalmente, tratem de aspectos patrimoniais, definindo regras econômicas do casamento, criando, mesclando ou fundindo regime de bens, pode-se também estabelecer regras extrapatrimoniais de cunho existencial, desde que o objeto destas estipulações não seja ilícita (art. 1.655 CCB)[13]. Se violar a lei, o pacto será nulo em sua totalidade ou em parte, e o juiz deve declará-la de oficio sempre que conhecer o negócio jurídico, não podendo supri-la[14]. A nulidade pode ser invocada pelo ministério público e, também por qualquer interessado, ou terceiros que tenham sido prejudicados.

Não se pode estabelecer em um pacto antenupcial que ele começará a vigorar somente depois de um determinado período do casamento. Mas pode-se estabelecer que após determinado tempo, um dos cônjuges passa a ter direitos a determinados bens, ou participações societárias. Esta tem sido uma boa solução para aqueles que querem mesclar o regime da separação. Em um casamento sob o regime da separação de bens, quando esta relação se dissolve, a parte economicamente mais fraca cuja participação nesta relação foi criar e educar os filhos, pode ficar em grande desvantagem. Assim, mesclar as regras da comunhão parcial de bens, pode ser a direção de uma situação mais justa. Não se pode também estabelecer cláusulas proibitivas de reinvindicação de direitos ou que sejam abusivas em seu conteúdo, ou que gerem uma opressão à outra parte. Mas pode-se exigir o cumprimento de obrigação de doação feito de uma parte à outra.

Também não tem eficácia, embora possa servir de referencial para eventual dissolução da sociedade conjugal, cláusulas de alimentos e sua renúncia. Isto porque uma das principais características da verba alimentar é a atualidade do binômio necessidade e possibilidade.

Da mesma forma não se pode estabelecer no pacto antenupcial, ou pós-nupcial, a inversão ou alteração da ordem da vocação hereditária. O instrumento jurídico adequado para tratar de direitos sucessórios é o testamento. Entretanto, pode-se estabelecer no pacto antenupcial, pós-nupcial ou contrato de união estável a faculdade de "repudiar" a herança do cônjuge/companheiro[15]. Embora tenhamos a previsão do art. 426 do CCB/2002 que proíbe contratar herança de pessoa viva, os chamados *pacta corvina*, o professor Rolf Madaleno adverte:

> Cônjuges e conviventes podem livremente projetar para o futuro a renúncia de um regime de comunicação de bens, tal qual podem projetar para o futuro a renúncia expressa ao direito concorrencial[16] dos incisos I e II, do art. 1.829 do Código Civil brasileiro, sempre

---

[13] Enunciado 635 das Jornadas do Direito Civil (CJJ/STJ) de 2018: O pacto antenupcial e o contrato de convivência podem conter cláusulas existenciais, desde que estas não violem os princípios da dignidade da pessoa humana, da igualdade entre os cônjuges e da solidariedade familiar.

[14] LÔBO, Paulo. Op. cit., p. 350.

[15] (...) Controvérsia doutrinária acerca da validade da renúncia antecipada ao direito sucessório concorrencial. Validade da renúncia defendida por parte da doutrina, que não vislumbra transgressão a nenhum dispositivo legal (arts. 426, 1.784 e 1.804, parágrafo único, todos do CC). **Distinção entre pacta corvina e renúncia antecipada à herança, que não tem como objeto disposição sobre o patrimônio de pessoa viva.** Discussão sobre a legalidade da renúncia antecipada de herdeiro necessário à legítima, antes da abertura da sucessão, que somente seria possível *de lege ferenda*. (grifamos) (TJSP, Apelação Cível 1000348-35.2024.8.26.0236, Rel. Des. Corregedor-Geral de Justiça Francisco Loureiro, Conselho Superior Tribunal de Justiça, j. 1º/10/2024).

[16] Não se desconhece a controvérsia doutrinária sobre o tema, bem como a existência de alguns julgados em sentido contrário: Registro de imóveis – dúvida julgada procedente – Escritura pública de pacto de convivência em união estável – Regime convencional da separação total de bens – Existência de disposições no pacto estabelecido que, segundo o Oficial, não comportam ingresso no Registro de Imóveis porque ilegais – Renúncia à postulação de comunicação patrimonial, embasada na Súmula 377 do STF, que apenas reforça a incomunicabilidade de bens na vigência da união estável – Nulidade não configurada – Renúncia ao direito real de habitação – Renúncia também ao direito concorrencial pelos conviventes – Artigo 426

que concorram na herança com descendentes ou ascendentes do consorte falecido. A renúncia de direitos hereditários futuros não só não afronta o art. 426 do Código Civil (*pacta corvina*), como diz notório respeito a um mero benefício vidual, passível de plena e prévia abdicação, que, obviamente, em contratos sinalagmáticos precisa ser reciprocamente externada pelo casal, constando como um dos capítulos do pacto antenupcial ou do contrato de convivência, condicionado ao evento futuro da morte de um dos parceiros e da subsistência do relacionamento afetivo por ocasião da morte de um dos consortes e sem precedente separação de fato ou de direito[17].

Assim, validamente renunciável é o direito concorrencial na hipótese em que o cônjuge/companheiro é chamado a suceder em conjunto com descendentes ou ascendentes. Permitir a renúncia ao direito concorrencial não configura ato imoral, assim como não o é renunciar à meação, até mesmo porque se insere no quadro mais amplo da autonomia patrimonial da família, consentânea com a atual realidade social, muito mais complexa e mutável. E isso pode ser feito, ressalte-se, de *lege lata*, ou seja, sem necessidade de alteração legislativa do art. 426 do Código Civil[18]. Priscila M. P. Correa da Fonseca em esclarecedora conclusão adverte:

> É que, embora o art. 426 do Código Civil vede a realização de contrato acerca de herança de pessoa viva, o ato de renúncia ao direito concorrencial não apresenta natureza contratual, na medida em que se trata de manifestação unilateral de vontade, sem que se possa vislumbrar qualquer traço de bilateralidade. Noutras palavras, a renúncia ao direito concorrencial à herança não configura, em hipótese alguma, uma relação bilateral, tratando-se, na realidade, do mero exercício de um direito disponível, inserido dentro do princípio da autonomia da vontade[19].

Precisamos distinguir herança de possibilidade de direito concorrencial[20]. Isso porque a vedação imposta pelo art. 426 do CCB diz respeito à herança, mas não a possibilidade de concorrer a ela, de modo que pode perfeitamente renunciar ao direito concorrencial, por meio de pacto

---

do Código Civil que veda o pacto sucessório – Sistema dos registros públicos em que impera o princípio da legalidade estrita – Título que, tal como se apresenta, não comporta registro – Apelação não provida. (TJ-SP – AC: 10075254220228260132 Catanduva, Relator: Fernando Torres Garcia (Corregedor Geral), Data de Julgamento: 22/09/2023, Conselho Superior da Magistratura, Data de Publicação: 27/09/2023). Além dessa decisão, o Conselho Superior da Magistratura do Tribunal de Justiça de São Paulo – TJSP proibiu a renúncia de herança em pacto antenupcial. Não foi provido o recurso contra a sentença proferida do 10º Oficial de Registro de Imóveis da Comarca da Capital, que manteve a negativa do registro da escritura pública (Apelação 1022765-36.2023.8.26.0100).

[17] MADALENO, Rolf. Renúncia de herança no pacto antenupcial. *Revista IBDFAM*: Famílias Sucessões. v. 27, maio/jun. Belo Horizonte: IBDFAM, 2018.

[18] Cf. Mario Luiz Delgado. "Da renuncia prévia ao direito concorrencial por cônjuges e companheiros", 7 abr. 2019. Disponível em: https://www.conjur.com.br/2019-abr-07/processo-familiar-renuncia-previa-direito--concorrencial-conjuge-companheiro. Acesso em 29 dez. 2023.

[19] FONSECA, Priscila M. P. Côrrea da. *Manual do planejamento patrimonial das relações afetivas e sucessórias*. 3. ed. rev. e atual. São Paulo: Thomson Reuters Brasil, 2022, p. 63.

[20] Normas da Corregedoria Geral da Justiça do Estado do Rio de Janeiro – Parte Extrajudicial, que autorizam expressamente o notário a prever tal cláusula: Art. 390. Da escritura de reconhecimento de união estável, dentre outras, poderão constar cláusulas patrimoniais dispondo sobre o regime de bens, incluindo a existência de bens comuns e de bens particulares de cada um dos conviventes, assim como cláusulas existenciais, desde que não vedadas por lei. (...) *§ 3º. A cláusula de renúncia ao direito concorrencial (art. 1.829, I, do CC) poderá constar do ato a pedido das partes, desde que advertidas quanto à sua controvertida eficácia* (grifamos).

antenupcial[21], sem sequer afrontar os chamados *pacta corvina*. Tudo em prol de uma autonomia da vontade, liberdade patrimonial e não intervenção excessiva na vida privada dos cidadãos.

É possível estabelecer direitos pessoais e existenciais no pacto antenupcial. Podemos exemplificar, o reconhecimento de paternidade/maternidade, que mesmo sendo inválido o pacto, ele surtirá efeitos quanto a este reconhecimento. Pode-se também estabelecer sobre questões domésticas de administração do lar conjugal, sobre dormirem em quartos separados, ou em casa separadas etc. Ainda que seja de difícil exequibilidade, tais regras estabelecem parâmetros que podem tornar o casamento melhor. Obviamente que não se pode estabelecer regras que infrinjam deveres de cuidado e educação dos filhos. Mas pode se estabelecer parâmetros e princípios sobre escolha do nome, educação religiosa, ou não, e todos os assuntos que poderiam gerar desavenças em um casal, como se tem feito nos "contratos de geração de filhos" (ver cap. 10).

Proibir o estabelecimento de cláusulas de conteúdo moral, sobre fidelidade, não proíbe uma relação aberta, práticas sexuais não convencionais, seria interferir na autonomia da vontade dos sujeitos ali envolvidos. Quanto mais claras as regras estabelecidas entre o casal, mais verdadeira será a conjugalidade. Obviamente que a maioria das pessoas prefere guardar em segredo suas fantasias e intimidade e, não as revelar em um pacto antenupcial. Mas se quiserem deixar algumas regras claras nesse sentido, não há impedimento jurídico. Ao Estado, e nem a terceiros, interessam esses conteúdos, pois a eles não traz prejuízo algum, a não ser o incômodo de ver estampada questões da intimidade de um casal, que só a eles interessam. O Código Civil regula e estabelece regras para o casamento, mas o casal pode ter o seu código particular de conteúdo moral sexual, podendo ser previsto em um pacto antenupcial, pois isto nada interfere em direito alheio. Qualquer ato sexual é lícito se for realizado voluntariamente entre adultos, e não causar danos aos protagonistas e nem terceiros[22].

4.3.3 Pactos e contratos paraconjugais

Com a valorização da autonomia da vontade e autonomia privada, o Direito de Família tem se reafirmado cada vez mais pelo princípio da menor intervenção estatal, consequentemente tem ficado cada vez mais contratualizado. Ou seja, é possível que as pessoas estabeleçam os seus códigos particulares para uma boa convivência e assim aumentando as chances de o relacionamento dar certo, e tornando a conjugalidade possível e saudável. É nesse contexto que surgem os contratos paraconjugais.

Sílvia Felipe Marzagão, com propriedade, menciona que há elementos ligados à intimidade da vida do casal que podem não estar suficientemente abarcados pelas regras jurídicas e sociais advindas do casamento, decorrendo daí a paraconjugalidade. Esse fenômeno composto por elementos que, muito embora orbitem o negócio jurídico casamento, não são inerentes a todos eles (nem aplicável, no mesmo formato a todos os casais). Esses elementos representam a parcela autônoma e individual, talhada na autonomia privada, que cada casal acrescerá a si, em verdadeira complementação às regras genéricas aplicáveis a todos os casamentos[23].

O Estado não pode interferir no código particular de cada casal. Quem deve ditar as regras e economia do desejo de cada casal é o próprio casal. Na esfera da intimidade da conjugalidade,

---

[21] Nessa perspectiva, não se pode extrair do artigo 426 qualquer argumento, minimamente defensável, apto a obstar, ao menos, a renúncia dos direitos sucessórios concorrenciais dos cônjuges ou companheiros, em pacto antenupcial ou convivencial, até por se tratar de "um benefício sucessório vidual de conteúdo assistencial. (MADALENO, Rolf. Renúncia de Herança no Pacto Antenupcial. *Revista IBDFAM*, v. 27, maio/jun. 2018, p. 9-58.)

[22] MARINA, José Antônio. *O quebra cabeça da sexualidade*. Trad. Diana Araújo Pereira, Rio de Janeiro: Guarda Chuva, 2018, p. 113.

[23] MARAZAGÃO, Sílvia Felipe. *Contrato paraconjugal*: a modulação da conjugalidade por contrato teoria e prática. Indaiatuba: Foco, 2023, p. 58.

somente, o casal é que deve decidir sobre suas práticas sexuais. Se cabe mais de uma pessoa na relação, se querem ou não fazer sexo apenas para reprodução, ou apenas recreativo, é uma decisão do casal. Fora disso, é moralismo perverso e contraditório. O STJ se posicionou nesse sentido:

> *(…) Afirmar e impor judicialmente que a lógica natural da vida seria composta por conhecimento, namoro, noivado e casamento é apenas uma visão de mundo, pessoal, parcial e restrita a um determinado círculo de convivência, uma bolha social que jamais poderá pretender modelar generalizadamente a sociedade, estabelecendo um suposto padrão de comportamento, e que jamais poderá condicionar ou influenciar o modo de julgamento de uma questão relativa ao direito das famílias, que, relembre-se, deve-se ater aos fatos e às provas. 8 – O direito das famílias não é forjado pela rigidez e pelo engessamento, eis que os arranjos familiares, sobretudo na sociedade contemporânea, são moldados pela plasticidade, razão pela qual a lógica natural da vida será a lógica natural de cada vida individualmente considerada (STJ, REsp 1.935.910/SP, Relator Ministro Moura Ribeiro, Relatora p/ acórdão Ministra Nancy Andrighi, Terceira Turma, j. 7/11/2023, DJe 22/11/2023.)*

A ideia do amor romântico, da alma gêmea, não é mais um ideal seguido por todos. Há quem prefira outras formas e possibilidades. Desde que Freud revelou ao mundo a existência do inconsciente e do desejo, a sexualidade passou a ser vista e trilhada sob os aspectos e espectros bem mais amplos do que pode imaginar nossa vã filosofia. E o Estado não pode proibir ou se intrometer na intimidade do desejo do casal. Deve apenas atribuir responsabilidade àqueles que escolhem seguir caminhos diferentes dos já estabelecidos em lei.

Portanto, é nesse sentido que os casais podem estabelecer contratos particulares sobre sua conjugalidade. São exemplos de contratos paraconjugais, o contrato de fidelidade, a modulação do dever de coabitação e mútua assistência, bem como modulação do dever de sustento, guarda e educação de filhos[24], entre outros.

4.4 REGIME DA COMUNHÃO PARCIAL

É o regime legal supletivo, ou simplesmente regime legal. É aquele aplicável a todos os casamentos[25], cuja celebração tenha se dado sem pacto antenupcial e, também, nos casos de união estável sem contrato estabelecendo regime diverso da comunhão parcial. E é por este regime que a maioria dos brasileiros se casam, seja por dificuldade de falar do assunto, seja por ignorar a importância de estabelecer tais regras. É como se fosse um "regime automático". Os cônjuges passam a ser coproprietários[26], como titulares de partes ideais, que se denomina meação, desde a data da celebração do casamento.

---

[24] Diga-se modulação, vez que, segundo Sílvia Felipe Marzagão, está-se, portanto, diante de elemento da conjugalidade que não comporta negociabilidade para afastamento (tão somente para modulação), o que por óbvio, deve ser preservada a igualdade dos cônjuges e a observância do ponto de vulnerabilidade. Cf. MARAZAGÃO, Sílvia Felipe. *Contrato paraconjugal*: a modulação da conjugalidade por contrato teoria e prática. Indaiatuba: Foco, 2023, p. 75 e s.

[25] A elaboração de pacto antenupcial por meio de escritura pública é condição formal indispensável para a escolha de qualquer regime patrimonial diverso do legal, porquanto condição estabelecida pela lei insubstituível pela certidão de casamento. 3. Na ausência de convenção entre os nubentes, vigorará quanto ao regime de bens, o da comunhão parcial, supletivo por opção legislativa. 4. O regime da comunhão parcial exclui do monte partilhável os bens recebidos a título de herança. 5. Recurso especial não provido. (STJ – REsp: 1608590 ES 2016/0162966-5, Relator: Ministro Ricardo Villas Bôas Cueva, T3 – 20/03/2018).

[26] (...) não obstante o inciso VI do art. 1.659 do Código Civil de 2002 estabeleça que devem ser excluídos da comunhão "os proventos do trabalho pessoal de cada cônjuge", a incomunicabilidade prevista nesse dispositivo legal atinge apenas o direito ao recebimento dos proventos em si. Porém, os bens adquiridos mediante o recebimento desses proventos serão comunicáveis (...). (STJ, REsp 2.106.053/RJ, Relator Ministro Marco Aurélio Bellizze, Terceira Turma, j. 21/11/2023, DJe 28/11/2023).

É possível neste regime de bens, fazer pacto antenupcial para estabelecer complemento ou para se fazer alguma ressalva, como por exemplo sobre a administração de bens, dizer se determinados frutos se comunicam ou não, se fundo de previdência, FGTS e outras rendas se comunicam ou não.

4.4.1 Bens comunicáveis

Entram na comunhão parcial todos os bens móveis e imóveis adquiridos a título oneroso[27], ou seja, com o produto do trabalho de um, ou de ambos (art. 1.660, I, do CCB/2002). Os bens adquiridos por fato eventual (art. 1.660, II) após o casamento, também entram na comunhão parcial de bens, como por exemplo, aluvião, premiações, apostas, loterias etc. Em outras palavras, a sorte é considerada fato eventual, e ela deve ser repartida a ambos os cônjuges.

Também entra na comunhão os direitos autorais e de propriedade intelectual recebidos na constância do casamento, à exceção dos direitos patrimoniais do autor, como disposto no artigo 39 da Lei 9.610/1998[28]. Rolf Madaleno, bem nos lembra, que é necessário diferenciar direitos patrimoniais e direitos morais do autor. Os primeiros referem-se à exploração econômica da obra, e os direitos morais são os direitos de personalidade do autor de acordo com o artigo 24 da Lei 9.610/1998[29], e dessa forma são comunicáveis. Os frutos conferidos durante o casamento, são comunicáveis, mas incomunicáveis os direitos patrimoniais do autor, salvo se estabelecido em pacto antenupcial[30].

Também entra na comunicabilidade deste regime, os bens adquiridos por doação, herança ou legado quando feitos em favor de ambos os cônjuges (art. 1.660, III), seja por via da doação, ou testamento, e as benfeitorias em bens particulares de cada cônjuge (art. 1.660, IV). Não podem ser consideradas benfeitorias os acréscimos de fatos eventuais, como a aluvião, por exemplo. Os casos mais comuns são as edificações em terrenos de bens particulares. Partilha-se tão somente a edificação, e deve-se avaliar separadamente o terreno e o que nele foi construído.

4.4.2 O que são frutos comunicáveis?

Os frutos dos bens comuns, ou dos particulares recebidos na constância do casamento, ou de união estável (art. 1.660, V) também serão partilháveis. O exemplo mais comum de frutos são os aluguéis.

---

[27] (...) Dessa forma, sendo o imóvel adquirido de forma onerosa na constância do casamento sob o regime da comunhão parcial de bens, configura patrimônio comum, independentemente de ter sido adquirido com verba exclusiva do recorrido, devendo, portanto, integrar a partilha. (...). (STJ, REsp 2.106.053/RJ, Rel. Ministro Marco Aurélio Bellizze, Terceira Turma, *DJe* 28/11/2023).

[28] Art. 39. Os direitos patrimoniais do autor, excetuados os rendimentos resultantes de sua exploração, não se comunicam, salvo pacto antenupcial em contrário.

[29] Art. 24. São direitos morais do autor: I – o de reivindicar, a qualquer tempo, a autoria da obra; II – o de ter seu nome, pseudônimo ou sinal convencional indicado ou anunciado, como sendo o do autor, na utilização de sua obra; III – o de conservar a obra inédita; IV – o de assegurar a integridade da obra, opondo-se a quaisquer modificações ou à prática de atos que, de qualquer forma, possam prejudicá-la ou atingi-lo, como autor, em sua reputação ou honra; V – o de modificar a obra, antes ou depois de utilizada; VI – o de retirar de circulação a obra ou de suspender qualquer forma de utilização já autorizada, quando a circulação ou utilização implicarem afronta à sua reputação e imagem; VII – o de ter acesso a exemplar único e raro da obra, quando se encontre legitimamente em poder de outrem, para o fim de, por meio de processo fotográfico ou assemelhado, ou audiovisual, preservar sua memória, de forma que cause o menor inconveniente possível a seu detentor, que, em todo caso, será indenizado de qualquer dano ou prejuízo que lhe seja causado. § 1º Por morte do autor, transmitem-se a seus sucessores os direitos a que se referem os incisos I a IV. § 2º Compete ao Estado a defesa da integridade e autoria da obra caída em domínio público. § 3º Nos casos dos incisos V e VI, ressalvam-se as prévias indenizações a terceiros, quando couberem.

[30] MADALENO, Rolf. *Manual de Direito de Família*. 2ª edição. Rio de Janeiro: Forense, 2019, p. 301.

Cap. 4 – REGIME DE BENS **153**

A expressão frutos, do latim *fructus*, originalmente significava apenas frutos derivados das flores produto da planta ou árvore, o que se chama fruta. Esse primeiro conceito, hoje, é conhecido na terminologia jurídica como frutos naturais, ou seja, uma espécie do gênero frutos. Ampliou-se este sentido para compreendê-lo como todos os produtos naturais da coisa, vindos da terra ou dos animais. Atualmente, os frutos podem ser definidos como tudo aquilo que pode ser produzido ou gerado pela propriedade, sem que isso diminua o seu conteúdo, ou seja, se separados, não determinam a destruição total ou parcial do bem principal. Nas palavras de Ana Florinda Dantas: o conceito de frutos pode ser operacionalizado no Direito de Família como gênero, do qual os rendimentos são espécie, podendo-se concluir que os frutos são os bens produzidos por outro bem preexistente, periodicamente, sem prejuízo de sua substância, assim como as rendas ou interesses que dele provêm diretamente, em consequência de uma relação jurídica[31].

Frutos naturais são aqueles que estritamente advêm na definição romana, *fructus est quidquid ex re nasci et renasci solete* – frutos é tudo aquilo que nasce e renasce sempre, isto é, tudo aquilo que a coisa gera por si mesma, independente do esforço ou do engenho humano. Desenvolvem e se renovam periodicamente, em virtude da força orgânica da própria natureza, como por exemplo as frutas, o leite, as crias dos animais etc.

Frutos industriais são as utilidades que provêm da coisa, porém com a contribuição necessária do trabalho do homem. Ou seja, aparecem pela mão do homem, surgem em razão da atuação ou indústria do homem sobre a natureza, como um bem industrializado.

Frutos civis são os rendimentos periódicos retirados da coisa, decorrente do seu uso e gozo, sem sua alteração ou diminuição. São as vantagens pecuniárias que se retira da coisa em razão de sua utilização. No regime da comunhão parcial de bens, são comunicáveis, e, portanto, partilháveis *os frutos dos bens comuns, ou dos particulares de cada cônjuge, percebidos na constância do casamento, ou pendentes ao tempo de cessar a comunhão (art. 1.660, V, CCB).*

São exemplos de frutos civis, os juros extraídos do capital, mesmo aquele aplicado com a sobra ou excedente do produto do trabalho (art. 1.659, VI, CCB) ou de dinheiro anterior à união ou recebido a título gratuito (herança, doação); os frutos de propriedade particular de cada cônjuge obtidos com a sua locação, portanto os aluguéis; os dividendos recebidos das ações de sociedade anônima, ou seja, o lucro que a assembleia de acionistas distribui; as retiradas dos sócios nas sociedades empresárias por cota de responsabilidade limitada; os lucros que se retira do comércio.

Frutos civis do trabalho é a contraprestação pelo exercício de atividade do trabalho. É a retribuição pelo trabalho prestado de natureza pessoal a que se denomina também de proventos. Estes rendimentos do trabalho pessoal de cada cônjuge, e por analogia dos companheiros, não são comunicáveis (art. 1.659, VI, CCB) mas apenas os seus frutos, ou melhor, o que se economizar dos proventos mensais e for acumulado, transformando-se em patrimônio. *A lei utiliza o termo "proventos" como gênero, do qual são espécies: a) as remunerações do trabalho assalariado público ou privado; b) as remunerações decorrentes do trabalho prestado na condição de empresário; c) as remunerações da aposentadoria, como trabalhador inativo; d) os honorários do profissional liberal; e) o pro labore do serviço prestado. Sua origem etimológica autoriza a abrangência, pois vem do latim proventus, com sentido de ganho, proveito, resultado obtido ou lucro do negócio. No sentido estrito do termo, proventos tem sido empregado para remuneração de aposentadoria.*[32] Assim, nela se inclui não apenas o salário propriamente dito, como todo e qualquer benefício decorrente do exercício do trabalho autônomo ou assalariado, como gratificações espontâneas

---

[31] DANTAS, Ana Florinda. A diversibilidade dos frutos no regime de bens do casamento e na União Estável. O que são frutos? *IN* As famílias nossas de cada dia. Anais do X Congresso Brasileiro de Direito de Família do IBDFAM. Coord. Rodrigo da Cunha Pereira. Belo Horizonte: IBDFAM, 2015, p. 31.

[32] LÔBO, Paulo. *Família*. São Paulo: Saraiva, 2019. p. 359.

do empregador, participações nos lucros, benefícios de natureza social como o FGTS[33], PIS, PASEP, salários extraordinários etc.

No regime da comunhão parcial e comunhão universal de bens, os frutos civis do trabalho são **incomunicáveis** (Arts. 1.659, VI, e 1.668, V, CCB). Todavia, o que efetivamente é excluído da partilha de bens é o direito aos proventos mensais que não se comunica ao fim do casamento em razão de seu caráter personalíssimo. Entretanto, os proventos recebidos por um ou ambos os cônjuges, passa a ser considerado bem comum, ou seja, entra no patrimônio do casal no momento em que esses frutos civis do trabalho ingressarem no mundo financeiro, como por exemplo, se ele ou parte dele, se transforma em aplicações e reservas financeiras, ou se se adquire algum bem móvel ou imóvel. Neste caso, perdem completamente as características originais, transformando-se em bens adquiridos na constância da sociedade conjugal (REsp 861.058).

É possível a cobrança dos frutos dos bens em ação autônoma, aplicando-se analogicamente as regras da instituição do condomínio. *Cada condômino responde aos outros pelos frutos que percebeu da coisa e pelo dano que lhe causou (art. 1.319, CCB).*

4.4.3 Bens incomunicáveis

Não são comunicáveis neste regime legal (supletivo) os bens cuja aquisição tiver sido anterior ao casamento (art. 1.661, CCB), como por exemplo usucapião do bem se não tiver prova do contrário, mesmo se adquirido antes, presume-se comunicáveis (art. 1.662, CCB). Os bens adquiridos por doação ou herança, antes ou depois do casamento, sem cláusula expressa de comunicabilidade, bem como as sub-rogadas. Sub-rogação é a substituição do bem, por outro em seu lugar. No cotidiano forense, o problema está na prova da sub-rogação e na mensuração dos valores sub-rogados. Por exemplo, se um bem particular for vendido por dez dinheiros, e comprado outro na constância do casamento por 30 dinheiros. O que passa a ser comunicável é tão somente a parte adquirida a título oneroso, ou seja, dos trinta dinheiros do valor total do bem, partilhar-se-á tão somente os vinte dinheiros, que significa apenas 2/3 da totalidade do bem. Mas não basta demonstrar a venda do bem particular, já que o produto da venda pode ter sido utilizado para outra finalidade. É necessário demonstrar o emprego do produto da venda do bem particular na aquisição do outro bem (art. 1.659, II).

As obrigações contraídas ilicitamente, a não ser que seja em benefício do casal (art. 1.659, IV).

Os livros e instrumentos para uso profissional, presumem-se particulares de cada cônjuge, assim como as roupas, objetos de uso pessoal como celular, joias, equipamentos de trabalho (art. 1.659, V). Da mesma forma, não se comunica ganhos mensais de cada cônjuge, mas apenas o que se acumular com essas rendas.

No inciso VII do artigo 1.659, em que se inclui as pensões, meio de soldos e outras rendas semelhantes, pode-se entender também como incomunicável as previdências privadas, FGTS e seguros. Mas o assunto não é pacífico na doutrina e jurisprudência, como se verá a seguir.

4.4.4 Previdência Privada, FGTS, verbas rescisórias e outros ativos

O CCB 2002, assim como não define o que são frutos, também não diz expressamente sobre comunicabilidade, ou não do FGTS (Lei nº 8.036/90), PIS, Previdência Privada[34] e outros

---

[33] (...) Há direito à meação dos valores do FGTS auferidos durante a constância do casamento ou união estável, ainda que o saque daqueles valores não seja realizado imediatamente à separação do casal, hipótese em que a CEF deverá ser comunicada para que providencie a reserva do montante referente à meação, para que num momento futuro, quando da realização de qualquer das hipóteses legais de saque, seja possível a retirada do numerário. Precedente. (...) (STJ, REsp 2.062.166/RS, Rel. Min. Nancy Andrighi, 3ª Turma, *DJe* 08/11/2024).

[34] A Lei nº 15.040, de 09/12/2024, denominada Marco Legal dos Seguros, reforça, no art. 116, que o capital segurado devido em razão de morte não é considerado herança para nenhum efeito. Esta Lei entra em vigor após decorrido um ano de sua publicação oficial.

Cap. 4 – REGIME DE BENS **155**

ativos, que não tem sua natureza jurídica bem definida. São criações pós concepção do atual código civil. Embora tenha entrado em vigor em janeiro de 2003, toda a concepção do código civil ainda é de meados do século passado, em que não havia sido colocado em confronto a comunicabilidade destas verbas, especialmente os fundos de previdência privada, que traz uma nova concepção e uma nova questão sobre sua natureza jurídica.

O entendimento do STJ é que se os valores do FGTS forem referentes ao período do casamento ou união estável devem ser partilhados[35]. O informativo 581 de jurisprudência do STJ ajuda a esclarecer a questão, assim sintetizando em julgado de 2016: *"diante do divórcio de cônjuges que viviam sob o regime da comunhão parcial de bens, não deve ser reconhecido o direito à meação dos valores que foram depositados em conta vinculada do FGTS em datas anteriores à constância do casamento e que tenham sido utilizadas para aquisição de imóvel pelo casal durante a vigência da relação conjugal* (STJ, REsp 1399/199 RS Min. Maria Isabel Gallotti. Public. 22/04/2016)". Diferente seria se os valores da conta vinculada do FGTS tiverem sido acumulados na constância da conjugalidade. Em síntese, se os valores do FGTS forem referentes ao período da conjugalidade, eles devem ser partilhados, pois caracterizam-se como frutos civis do trabalho. O cônjuge/companheiro interessado poderá inclusive, pedir o bloqueio da metade do valor da referida conta, junto à CEF – Caixa Econômica Federal, que é gestora desta verba. Esta é a opinião de diversos autores, dentre eles Flávio Tartuce, Maria Berenice Dias, Nelson Rosenvald, Cristiano Chaves, e com os quais concordo.

Para as verbas rescisórias e créditos trabalhistas, o raciocínio é o mesmo, ou seja, são excluídos da comunhão parcial por não se enquadrarem na categoria de fruto civil do trabalho (art. 1.659, VI). Eis aí uma importante conexão do Direito de família com o Direito do Trabalho. Resta saber, então se a natureza jurídica das verbas é indenizatória ou remuneratória. Se o dinheiro advém de verba rescisória de natureza remuneratória, de período relativo à constância de conjugalidade, ele é comunicável, inclusive porque presume-se aí um esforço para a manutenção da família. Se tem natureza indenizatória, não é partilhável[36]. Mas o assunto também

---

[35] A conta vinculada mantida para depósitos mensais do FGTS pelo empregador, constitui um crédito de evolução contínua, que se prolonga no tempo, isto é, ao longo da vida laboral do empregado o fato gerador da referida verba se protrai, não se evidenciando a sua disponibilidade a qualquer momento, mas tão somente nas hipóteses em que a lei permitir. – As verbas de natureza trabalhista nascidas e pleiteadas na constância da união estável comunicam-se entre os companheiros. – Considerando-se que o direito ao depósito mensal do FGTS, na hipótese sob julgamento, teve seu nascedouro em momento anterior à constância da união estável, e que foi sacado durante a convivência por decorrência legal (aposentadoria) e não por mero pleito do recorrido, é de se concluir que apenas o período compreendido entre os anos de 1993 a 1996 é que deve ser contado para fins de partilha. Recurso especial conhecido e provido em parte. (STJ – REsp: 758548 MG 2005/0097055-2, Rel. Min. Nancy Andrighi, T3 – DJ 13.11.2006). "O FGTS é incomunicável na partilha de bens, no regime da comunhão parcial, contudo quando esta verba é utilizada em proveito do casal, como, por exemplo, na aquisição do imóvel da família, os valores correspondentes devem ser partilhados." (TJ-MG – AC: 10701110275008001 MG, Rel.: Versiani Penna, Data de Public.: 26/03/2013). "O saldo de FGTS, quando não sacado e incorporado ao patrimônio do casal, remanesce incomunicável para fins de partilha, por ser verba oriunda do trabalho. 2. Negado provimento ao recurso." (TJ-DF 00014003120158070009 – Segredo de Justiça 0001400-31.2015.8.07.0009, Rel. Leila Arlanch: Publicação: 15/08/2018). "Os valores referentes ao FGTS entram na partilha quando utilizados para a aquisição de bens na constância do casamento, sendo incomunicáveis se sacados posteriormente à separação de fato do casal. 3. As dívidas referentes aos bens adquiridos na constância do casamento devem ser partilhadas, compensando-se na proporção ao que foi pago por cada parte após a separação de fato. 4. Apelação conhecida e desprovida." (TJ-DF 20170110410656 – Segredo de Justiça 0009620-26.2017.8.07.0016, Rel.: Sebastião Coelho, Public. 26/09/2018). "A fim de viabilizar a realização daquele direito reconhecido, nos casos em que ocorrer, a CEF deverá ser comunicada para que providencie a reserva do montante referente à meação, para que num momento futuro, quando da realização de qualquer das hipóteses legais do saque, seja possível a retirada do numerário" (STJ. REsp 1399.199 RS, Rel. Min. Luís Felipe Salomão, DJe 22/04/1916).

[36] A indenização trabalhista recebida por um dos cônjuges, após a dissolução do vínculo conjugal, mas correspondentes a direitos adquiridos na constância do casamento celebrado sob o regime da comunhão parcial

não é pacífico, e vem sendo destrinchado pela doutrina e pela jurisprudência. Por exemplo, o FGTS que pode integrar, ou vir como consequência de verbas rescisórias, não tem sua natureza jurídica muito bem definida. Pelo lado do empregador será uma obrigação, pelo lado do empregado uma forma de salário, e no campo social seria um fundo social. O STF já disse, em discussão sobre a natureza jurídica do FGTS, que não tem natureza tributária, previdenciária ou indenizatória, mas sim de um "pecúlio permanente", que pode ser sacado em determinadas situações (STF, ARE 709.212-DF, DJe 19/02/2015).

Os fundos privados de pensão, que também se denominam previdência privada, como se disse, não estão no rol do artigo 1.659 do CCB que elenca o que deve ser excluído do regime da comunhão parcial, embora possa-se, por analogia interpretar que o inciso VII, ao mencionar "outras rendas", inclui-se aí os fundos de previdência. Mas seria uma renda? A resposta não é simples[37]. Para Rolf Madaleno, *os fundos privados de pensão são benefícios de caráter personalíssimo e visam à subsistência da pessoa em certa passagem de sua vida, eis se tratar de renda pessoal e incomunicável, tal como acontece com os provenientes do trabalho de cada cônjuge, e portanto, nessa linha de pensamento também não comunicam*[38]. Da mesma forma entende Paulo Lôbo, que são excluídas da comunhão os pagamentos feitos a beneficiários dos variados sistemas de previdência social e privada, principalmente as pensões[39].

Para entender melhor a questão da comunicabilidade da previdência privada, é preciso distinguir os diversos tipos de previdência. Obviamente que a previdência social, a cargo do INSS – Instituto Nacional do Seguro Social, não é comunicável quando do fim da conjugalidade, pois ela se constitui tão somente uma renda futura de aposentadoria, o que se assemelharia ao salário e está expressamente excluída da comunicabilidade pelo inciso VII do artigo 1.659. O problema está nos sistemas dos fundos de previdência privada, que podem ser de duas categorias: Previdência Privada e Previdência complementar.

As previdências privadas complementares, são fundos fechados para complementar a aposentadoria, não tem fins lucrativos e disponibilizam tal plano apenas a determinados grupos

---

de bens, integra o patrimônio comum do casal, e portanto, deve ser objeto de partilha (STJ, Ag. Rg. REsp 1.467.151/RS. Rel. Min. Marco Buzzi, DJe 23/04/2015).

[37] (...) Os planos de previdência privada aberta, operados por seguradoras autorizadas pela SUSEP, podem ser objeto de contratação por qualquer pessoa física e jurídica, tratando-se de regime de capitalização no qual cabe ao investidor, com amplíssima liberdade e flexibilidade, deliberar sobre os valores de contribuição, depósitos adicionais, resgates antecipados ou parceladamente até o fim da vida, razão pela qual a sua natureza jurídica ora se assemelha a um seguro previdenciário adicional, ora se assemelha a um investimento ou aplicação financeira. 5 – Considerando que os planos de previdência privada aberta, de que são exemplos o VGBL e o PGBL, não apresentam os mesmos entraves de natureza financeira e atuarial que são verificados nos planos de previdência fechada, a eles não se aplicam os óbices à partilha por ocasião da dissolução do vínculo conjugal apontados em precedente da 3ª Turma desta Corte (REsp 1.477.937/MG). 6 – Embora, de acordo com a SUSEP, o PGBL seja um plano de previdência complementar aberta com cobertura por sobrevivência e o VGBL seja um plano de seguro de pessoa com cobertura por e sobrevivência, a natureza securitária e previdenciária complementar desses contratos é marcante no momento em que o investidor passa a receber, a partir de determinada data futura e em prestações periódicas, os valores que acumulou ao longo da vida, como forma de complementação do valor recebido da previdência pública e com o propósito de manter um determinado padrão de vida. 7 – Todavia, no período que antecede a percepção dos valores, ou seja, durante as contribuições e formação do patrimônio, com múltiplas possibilidades de depósitos, de aportes diferenciados e de retiradas, inclusive antecipadas, a natureza preponderante do contrato de previdência complementar aberta é de investimento, razão pela qual o valor existente em plano de previdência complementar aberta, antes de sua conversão em renda e pensionamento ao titular, possui natureza de aplicação e investimento, devendo ser objeto de partilha por ocasião da dissolução do vínculo conjugal por não estar abrangido pela regra do art. 1.659, VII, do CC/2002. (STJ, REsp 1.698.774/RS, Rel. Ministra Nancy Andrighi, 3ª Turma, julgado em 01/09/2020, DJe 09/09/2020).

[38] MADALENO. Rolf. *Manual de direito de Famílias*. Rio de Janeiro. Forense, 2ª ed., 2019, p. 296.

[39] LÔBO, Paulo. Op. Cit., p. 359.

de empresas ou entidades, como por exemplo OABPREV, planos de previdência complementar de algumas autarquias etc. A ideia, e plano, destes fundos é de previdência complementar, portanto são incomunicáveis (art. 1.659, VII, CCB)[40], especialmente se eles se transformam em recebimentos mensais à época da aposentadoria.

A previdência privada aberta, tem fins lucrativos e seus planos são oferecidos a qualquer pessoa. Os beneficiários podem resgatar valores em determinados momentos, ou recebê-los em forma de prestações em sua "aposentadoria privada". Elas são oferecidas no mercado sob duas formas:

> 1) PGBL – Plano Gerador de Benefício Livre, que tem um caráter mais previdenciário, ou seja, começa-se a receber os benefícios após determinada idade;
>
> 2) VGBL – Vida Gerador de Benefício Livre – é um misto de caráter previdenciário e securitário, que é o pagamento de importância em dinheiro aos beneficiários indicados pelo instituidor. Mas está mais para seguro do que previdência[41].

Esta distinção de fundos previdenciários faz-se necessária para evitar fraudes à meação no regime de comunhão parcial de bens, pois muitos destes fundos constituem muito mais uma aplicação financeira, do que propriamente uma previdência privada. A cautela em sua distinção, caracterização de sua natureza jurídica, se verdadeiramente previdenciário ou não, é que vai determinar sua comunicabilidade. Caso contrário, ficaria muito fácil investir toda a renda recebida durante a conjugalidade em fundo de previdência privada, e ao final da conjugalidade não haveria nada, ou quase nada a partilhar[42].

4.4.5   Cotas e ações das empresas

As cotas sociais e ações das empresas constituídas antes da conjugalidade, obviamente que não são partilháveis no regime da comunhão parcial de bens. No entanto, a sua valorização, o seu crescimento, evolução e variação patrimonial que ocorrem na constância do casamento/união estável estão sujeitas à comunicabilidade. Isto porque o "espírito" da lei, ou mais, de acordo com os princípios constitucionais, especialmente o da solidariedade, há uma presunção do esforço comum para o desenvolvimento das empresas. Se o casamento/união estável é comunhão e afeto, presume-se daí a contribuição de ambos para o crescimento e desenvolvimento das empresas. Enquanto um dos cônjuges/companheiros trabalha em uma determinada atividade, o outro trabalha em outra, seja o que faz o dinheiro aparecer, seja a atividade que não tenha

---

[40]   (...) De acordo com a jurisprudência desta Corte, "O artigo 1.659, inciso VII, do CC/2002 expressamente exclui da comunhão de bens as pensões, meios-soldos, montepios e outras rendas semelhantes, como, por analogia, é o caso da previdência complementar fechada." (REsp n. 1.477.937/MG, Rel. Min. Ricardo Villas Bôas Cueva, 3ª Turma, DJe 20/6/2017). 2. Agravo interno a que se nega provimento. (AgInt no AREsp n. 2.073.495/SP, Rel. Min. Antonio Carlos Ferreira, 4ª Turma, DJe 23/9/2022).

[41]   Foi fixada a seguinte tese: "É inconstitucional a incidência do imposto sobre transmissão causa mortis e doação (ITCMD) sobre o repasse aos beneficiários de valores e direitos relativos ao plano vida gerador de benefício livre (VGBL) ou ao plano gerador de benefício livre (PGBL) na hipótese de morte do titular do plano" (STF, RE 1363013, Plenário, Sessão Virtual de 06/12/2024 a 13/12/2024).

[42]   É descabida a inclusão na partilha do fundo de previdência do varão, pois se trata de contribuição pessoal para o gozo de futura aposentadoria ou complemento de aposentadoria. 3. Não são partilháveis na dissolução de união estável os valores referentes ao FGTS/PIS, pois constituem apenas frutos civis do trabalho, que, no caso, sequer foram recebidos pelo réu, não se integrando evidentemente o patrimônio do casal. Incidência do art. 1.659, inc. VI, do CCB. Recurso desprovido. (TJRS – Apel. Cível Nº 70074298696, Sétima Câmara Cível, Rel.: Sérgio Fernando de Vasconcellos Chaves, Julg. 24/10/2017).

conteúdo econômico[43]. O fato é que isto faz parte, ou é consequência da comunhão de afeto e vida, essência da família conjugal.

A teor do inciso V do artigo 1.660 do CCB, os frutos dos bens comuns particulares de cada cônjuge, ou seja, a valorização das cotas, os dividendos das ações, rendas advindas ou geradas pelas cotas ou ações particulares são comunicáveis. Em uma dissolução da sociedade conjugal, quem não é sócio não recebe as cotas, mas o correspondente à metade de sua valorização, cujo valor deve ser apurado até a data da separação de fato.

4.5 REGIME DA COMUNHÃO UNIVERSAL

O regime da comunhão universal como regime supletivo legal, como já se disse, vigorou no Brasil até a Lei do Divórcio em 1977, data em que o regime da comunhão parcial de bens, passou a ser, e ainda é, o regime supletivo legal, que é como se fosse o regime "oficial", ou um regime automático, pois se não se faz um pacto antenupcial estabelecendo diferente, automaticamente fica sendo o regime supletivo.

É uma das espécies de regime de bens previstas no CCB suscetível de eleição pelos cônjuges ou companheiros, via pacto antenupcial ou contrato de convivência quando se tratar de união estável, cujas regras estão postas nos artigos 1.667 a 1.671 do CCB/2002, que repetiu os artigos 262 a 268 do CCB/1916.

O regime de comunhão universal significa a comunicação de todos os bens presentes e futuros dos cônjuges, ou dos conviventes, e suas dívidas. E assim, os cônjuges ou companheiros deixam de ter patrimônios particulares e passam a ser meeiros de um patrimônio comum. As exceções à comunicabilidade neste regime estão elencadas no artigo 1.668 do CCB/2002:

I – *os bens doados ou herdados com a cláusula de incomunicabilidade e os sub-rogados em seu lugar.* Por óbvio, se não houver cláusula específica, seja no instrumento da doação, ou no testamento, os bens adquiridos a título gratuito, ao contrário do regime da comunhão parcial, passam a integrar o acervo patrimonial de ambos. Se houver cláusula de inalienabilidade, e não tiver expressa o da incomunicabilidade, ainda assim, são incomunicáveis, como já estabelecido na Súmula 49 do STF: *A cláusula de inalienabilidade inclui a incomunicabilidade dos bens,* que reforçou o artigo 1.911 do CCB/2002[44].

4.5.1 Bens incomunicáveis e fideicomisso

Outra exceção de incomunicabilidade trata do fideicomisso, nos termos do artigo 1.668, II do CCB/2002: *II – os bens gravados de fideicomisso e o direito do herdeiro fideicomissário, antes de realizada a condição suspensiva.*

O fideicomisso, do latim *fideicommissium,* pressupõe confiar a alguém, entregar em confiança. É a estipulação testamentária em que o testador constitui alguém como herdeiro ou legatário, impõe-lhe uma obrigação ou condição de transmitir o bem ou direito auferido em favor de alguém, não concebido ao tempo da morte do testador, por ele indicado quando do seu falecimento. Portanto, no fideicomisso há, necessariamente, a indicação de dois herdeiros ou legatários, em que

---

[43] Em sentido contrário dessa concepção: (…) A valorização patrimonial de cotas sociais de sociedade limitada, adquiridas antes do início do período de convivência, decorrente de mero fenômeno econômico, e não do esforço comum dos companheiros, não se comunica (STJ, REsp 1.173.931/RS. Rel. Min. Paulo de Tarso Sanseverino. Julg. 22/10/2013).

[44] Art. 1.911. A cláusula de inalienabilidade, imposta aos bens por ato de liberalidade, implica impenhorabilidade e incomunicabilidade. Parágrafo único. No caso de desapropriação de bens clausulados, ou de sua alienação, por conveniência econômica do donatário ou do herdeiro, mediante autorização judicial, o produto da venda converter-se-á em outros bens, sobre os quais incidirão as restrições apostas aos primeiros.

um sucede o outro. O primeiro herdeiro ou legatário é o fiduciário, vivo ao tempo da abertura da sucessão, e o segundo o fideicomissário, prole eventual a quem o fiduciário deverá transmitir a herança ou legado com advento do termo estipulado pelo testador ou da sua morte.

Embora se assemelhem, fideicomisso e usufruto são institutos diferentes. No fideicomisso, a propriedade é sucessiva e, no usufruto, há simultaneidade de dois titulares de direito, ou seja, o proprietário e o usufrutuário. *Pode o testador instituir herdeiros ou legatários, estabelecendo que, por ocasião de sua morte, a herança ou o legado se transmita ao fiduciário, resolvendo-se o direito deste, por sua morte, a certo tempo ou sob certa condição, em favor de outrem, que se qualifica de fideicomissário* (art. 1.951, CCB).

Caso o fideicomissário já tenha nascido à época da morte do testador, adquirirá a propriedade do bem deixado, porém, caberá ao fiduciário o usufruto o que àquele couber (art. 1.952, parágrafo único, CCB): "III – *as dívidas anteriores ao casamento, salvo se provierem de despesas com seus aprestos, ou reverterem em proveito comum*" (art. 1.668, III, CCB); as dívidas anteriores ao casamento, só se comunicam se demonstrada que foram feitas em proveito da família, como a compra de móveis, utensílios, eletrodomésticos, preparações necessárias para o casamento (aprestos); "*IV – as doações antenupciais feitas por um dos cônjuges ao outro com a cláusula de incomunicabilidade*"; este inciso é o que dá liberdade aos nubentes de estabelecerem doações, um ao outro, e excepcioná-la com cláusula de incomunicabilidade. Não fosse essa exceção, a doação seria só pela metade em razão da comunhão universal; "*V – Os bens referidos nos incisos V a VII do art. 1.659*". Assim, os bens excluídos no regime da comunhão parcial, ou seja, incisos V a VII do artigo 1.659 do CCB/2002, também estão excluídos no regime da comunhão universal, quais sejam: os bens de uso pessoal, os livros e instrumentos de profissão; os proventos do trabalho pessoal de cada cônjuge; e as pensões, meio soldos, montepios e outras rendas semelhantes (ver item 4.4).

É injusta essa exclusão, que aliás repetiu a fórmula do artigo 263 do revogado CCB/1916.

A **administração** dos bens do casal (art. 1.670 do CCB/2002), seguem as mesmas regras do regime da comunhão parcial de bens (arts. 1.663 e 1.664 do CCB/2002), sem esquecer as regras das disposições gerais, sobre regime de bens dispostas nos artigos 1.642 a 1.650 (ver item 4.1). A alienação e a incidência de ônus sobre os comuns dependem da anuência de ambos (art. 1.668, CCB).

Neste regime da comunhão universal os cônjuges/companheiros não podem estabelecer sociedade empresarial[45].

A comunhão universal extingue-se com o divórcio, falecimento de um dos cônjuges, separação de fato, ou quando o regime for alterado, o que só pode ser feito com autorização judicial, com pedido feito por ambos os cônjuges (art. 1.639, § 2º, do CCB/2002).

A responsabilidade dos cônjuges, em relação a terceiros, pelas dívidas contraídas por um, ou ambos, não cessa com a extinção da comunhão. Para isto é necessário que haja a efetiva discussão do ativo e passivo do casal. No divórcio, ao se partilhar os bens, deve se considerar a divisão dos débitos e créditos. Mas pode-se fazer a partilha depois do divórcio, em processo autônomo e posterior. Em outras palavras, pode ser fazer o divórcio sem partilha, mas não se pode fazer a partilha sem divórcio.

Todas estas disposições sobre regime de bens, aplica-se às uniões estáveis.

---

[45] Art. 977 CCB. Faculta-se aos cônjuges contratar sociedade, entre si ou com terceiros, desde que não tenham casado no regime da comunhão universal de bens, ou no da separação obrigatória.

4.6 REGIME DA PARTICIPAÇÃO FINAL NOS AQUESTOS

É uma das modalidades de regime de bens introduzida no ordenamento jurídico brasileiro pelo CCB de 2002, que suprimiu o regime dotal. De influência do Direito europeu teve pouca receptividade e aplicação prática. Assim como o regime da separação e da comunhão total de bens ele deve ser feito por meio de pacto antenupcial. Suas regras estão previstas nos arts. 1.672 a 1.686 do CCB, que estabelece quase uma organização contábil, daí a sua dificuldade de aplicação prática.

A origem deste regime, também é controversa, assim como sua aplicabilidade prática. Paulo Lôbo dá notícia do primeiro país a ser aplicado, que foi com a lei do casamento civil da Hungria em 1824. Depois, Costa Rica em 1888, Colômbia 1932, Uruguai 1946, Chile e França, 1965 e Espanha 1981. Na Alemanha, foi introduzido em 1957 e em 2005 foi estendido às parcerias homoafetivas, com a lei de Parceria Civil Registrada, mas lá recebeu o nome de "comunhão dos aquestos[46]". Aquestos, como se sabe, são os bens adquiridos na constância do casamento, e também da união estável, e que tem um sentido semelhante ao de mancomunhão.

No regime da participação final nos aquestos, cada cônjuge ou convivente tem patrimônio próprio e lhe cabe, à época da dissolução da sociedade conjugal, direito à metade dos bens adquiridos pelo casal, a título oneroso, na constância do casamento ou da união estável.

Neste regime, há formação de massas de bens particulares incomunicáveis durante o casamento. Chama-se de patrimônio próprio os bens particulares de cada um, somados aos adquiridos em seu nome na constância do casamento. Fora disso há os aquestos: os bens próprios de cada um dos cônjuges amealhados durante o casamento e mais os bens que forem adquiridos por eles em conjunto no mesmo período[47].

Assim, entende-se que, durante a constância do casamento ou união estável, cada indivíduo terá livre exercício, no que diz respeito à administração de seus bens privados. Com a dissolução do casamento ou união estável, os cônjuges e companheiros poderão reivindicar sua participação nos ganhos que o outro cônjuge obteve ao longo da relação: Sobrevindo a dissolução da sociedade conjugal, apurar-se-á o montante dos aquestos, excluindo-se da soma dos patrimônios próprios: *I – os bens anteriores ao casamento e os que em seu lugar se sub-rogaram; II – os que sobrevieram a cada cônjuge por sucessão ou liberalidade; III – as dívidas relativas a esses bens* (art. 1.674, CCB).

Embora a maior parte da doutrina, tende a dizer que é um regime híbrido, para Rolf Madaleno o regime da participação final dos aquestos, é na realidade o regime da separação de bens, no qual cada consorte tem a livre e independente administração do seu patrimônio pessoal, dele podendo dispor quando for bem móvel, e necessitando de outorga se imóvel, tenham os cônjuges convencionado a livre disposição dos bens imóveis particulares, por meio de pacto antenupcial (CC, art. 1.656), promovendo a comunicação dos ganhos aquestos, os quais passam a integrar uma massa comum a ser apurada por ocasião da liquidação da sociedade patrimonial[48].

Em alguns aspectos o regime da participação final dos aquestos[49], assemelha-se ao da comunhão parcial de bens. Mas sua maior destinação está no tratamento sobre as dívidas. Na participação final dos aquestos, as dívidas não se comunicam, exceto se reverterem em favor

---

[46] LÔBO, Paulo. *Direito Civil*. Volume 5. Famílias: São Paulo. Saraiva Educação, 2019, p. 372.

[47] DIAS, Maria Berenice. *Manual de direito das famílias*, 9. ed. São Paulo: Revista dos Tribunais, 2013, p. 252.

[48] MADALENO, Rolf. *Manual de Direito de Família*. 2ª edição. Rio de Janeiro: Forense, 2019, p. 327.

[49] Dentre as hipóteses legais que excetuam a comunicabilidade, dispõe o art. 1.674: Sobrevindo a dissolução da sociedade conjugal, apurar-se-á o montante dos aquestos, excluindo-se da soma dos patrimônios próprios: I – os bens anteriores ao casamento e os que em seu lugar se sub-rogaram; II – os que sobrevieram a cada cônjuge por sucessão ou liberalidade; III – as dívidas relativas a esses bens.

do outro (art. 1.677 do CCB/2002). Além disto, o cônjuge que pagou a dívida do outro, terá direito à restituição do valor atualizado, a ser descontado da meação que couber ao outro na dissolução da sociedade conjugal. Em outras palavras, há um acerto de contas entre os cônjuges em relação à dívida, quando do divórcio, quando elas foram pagas com recurso do outro cônjuge (art. 1.678 do CCB/2002).

4.7   REGIME DA SEPARAÇÃO DE BENS

Não há casamento, ou união estável sem regime de bens. Mesmo quando todos os bens são incomunicáveis, repita-se. O regime da separação total de bens significa a incomunicabilidade total do patrimônio. Mas isto não significa que não haja o dever de mútua assistência, inclusive material (art. 1.698 do CCB/2002), podendo os cônjuges estabelecerem em pacto antenupcial quem sustentará o lar conjugal. Aliás, é neste regime que há maior justificativa e incidência de pensão compensatória supletiva.

Para se estabelecer este regime, como qualquer outro que não seja o legal, é necessário que se faça um pacto antenupcial, via escritura pública, que deve ser levado ao cartório de registro civil. De nada adianta constar na certidão de casamento o regime da separação, ou comunhão universal, ou participação nos aquestos, se não tiver escritura pública de pacto antenupcial. E neste caso, o regime fica sendo o legal, ou seja, o da comunhão parcial de bens.

Estabelecendo este regime, todos os bens do passado, presente e futuro, são daquele que o adquiriu e/ou estiver em seu nome e permanecerão de propriedade individual de cada um, estabelecendo-se assim, a completa individualização patrimonial, inclusive em relação às dívidas, exceto se tiverem sido contraídas, na constância da conjugalidade, por um ou por ambos, em razão ou proveito da família. E assim, diferentemente dos outros regimes, os bens podem ser livremente administrados, inclusive alienados, ou gravados com ônus reais (art. 1.687 do CCB/2002).

O regime da separação de bens do casal, quando feita livremente, e por escolha dos nubentes, sem coação, ainda que sutil, é um regime de reafirmação de economias separadas e tem o importante significado da liberdade que deve reger as relações jurídicas. Entretanto ele não é, nada saudável e justo quando o trabalho de um dos cônjuges/companheiros não tenha um conteúdo econômico, como no caso de muitas mulheres, que deixam de produzir dinheiro em nome de criar e educar filhos. Neste caso, o fim do casamento em vida, deixa a parte economicamente mais fraca, ainda mais vulnerável. Se a dissolução se dá em razão da morte, o sobrevivo não é meeiro, mas é herdeiro.

4.8   REGIME DA SEPARAÇÃO OBRIGATÓRIA E A SÚMULA 377 DO STF

Nem todas as pessoas podiam escolher o seu regime de bens, como já dito no item 4.2. Os maiores de 70 anos de idade[50], aqueles que dependerem de autorização para casar este regime é obrigatório (art. 1.641, CCB) e aqueles que ainda não fizerem partilha de bens no casamento anterior, bem como demais incisos do art. 1.523 do CCB:

---

[50]   O STF, em 01/02/2024, apreciando o Tema 1.236 da repercussão geral, fixou a seguinte tese: *"Nos casamentos e uniões estáveis envolvendo pessoa maior de 70 anos, o regime de separação de bens previsto no art. 1.641, II, do Código Civil, pode ser afastado por expressa manifestação de vontade das partes, mediante escritura pública".* De uma forma ou de outra, preservaram-se a autonomia da vontade, a dignidade humana, a vedação à discriminação contra idosos e a liberdade patrimonial.

> *Não devem casar:*
>
> *I – o viúvo ou a viúva que tiver filho do cônjuge falecido, enquanto não fizer inventário dos bens do casal e der partilha aos herdeiros;*
>
> *II – a viúva, ou a mulher cujo casamento se desfez por ser nulo ou ter sido anulado, até dez meses depois do começo da viuvez, ou da dissolução da sociedade conjugal;*
>
> *III – o divorciado, enquanto não houver sido homologada ou decidida a partilha dos bens do casal;*
>
> *IV – o tutor ou o curador e os seus descendentes, ascendentes, irmãos, cunhados ou so-brinhos, com a pessoa tutelada ou curatelada, enquanto não cessar a tutela ou curatela, e não estiverem saldadas as respectivas contas.*

Embora o regime da separação obrigatória de bens, seja no sentido de proteger pessoas vulneráveis, muitas vezes ele provoca injustiças, especialmente nos casos de pessoas que se casaram com idades impostas por esse regime. O CCB/2002 que reproduziu esta concepção do CCB/1916, esquecendo-se que as relações familiares do século XXI estavam muito diferentes das concepções do século anterior, deixando de fazer a necessária adaptação legislativa.

Desde antes do atual Código Civil a doutrina e jurisprudência vem tentando corrigir tais injustiças[51]. E, como a fonte do Direito[52] não é só a lei, mas também os costumes, a doutrina e a jurisprudência foram se encarregando de corrigir esta injustiça, culminando em 08/05/1964, na Súmula 377 do STF:

> *No regime de separação legal de bens, comunicam-se os adquiridos na constância do ca-samento.*

Em outras palavras, a jurisprudência se encarregou de fazer a alteração ao dispositivo, ou pelo menos relativizá-lo, onde se impunha o regime da separação obrigatória, reafirmando o conteúdo da Súmula 377[53]. E foi assim que o STJ fez uma releitura da referida súmula, pois afinal, ela transformava o regime da separação obrigatória de bens em regime de comunhão parcial. Foi neste sentido e na tentativa de evitar isto, ponderou-se que o esforço comum deve ser demonstrado, como se vê no julgado abaixo transcrito:

> No regime de separação legal de bens, comunicam-se os adquiridos na constância do casamento, desde que comprovado o esforço comum para sua aquisição. A Segunda Seção do Superior Tribunal de Justiça uniformizou o entendimento que encontrava dissonância no âmbito da Terceira e da Quarta Turma. De início, cumpre informar que a Súmula 377/

---

[51] (...) Em se tratando de regime de separação obrigatória (Código Civil, art. 258), comunicam-se os bens adquiridos na constância do casamento pelo esforço comum. II – O enunciado nº 377 da súmula STF deve restringir-se aos aqüestos resultantes da conjugação de esforços do casal, em exegese que se afeiçoa à evolução do pensamento jurídico e repudia o enriquecimento sem causa. III – No âmbito do recurso especial não é admissível a apreciação da matéria fática estabelecida nas instâncias locais (REsp 9938/SP, Rel. Ministro Sálvio de Figueiredo Teixeira, DJU 03.08.92)

[52] Para um Direito de Família mais justo, ou que se aproxime mais da ideia e ideal de justiça, é fundamental que o ordenamento jurídico se aproprie de todas as fontes do direito, especialmente porque a mais comum delas, a lei em sentido técnico legislativo, não consegue acompanhar ou traduzir a realidade jurídica, que também deveria traduzir os costumes. PEREIRA, Rodrigo da Cunha. *Dicionário de Direito de Família e sucessões ilustrado*. 2ª edição. São Paulo: Saraiva, 2018, p. 380.

[53] (...) No casamento ou na união estável regidos pelo regime da separação obrigatória de bens, é possível que os nubentes/companheiros, em exercício da autonomia privada, estipulando o que melhor lhes aprouver em relação aos bens futuros, pactuem cláusula mais protetiva ao regime legal, com o afastamento da Súmula n. 377 do STF, impedindo a comunhão dos aquestos. (...) (STJ, REsp n. 1.922.347/PR, Rel. Min. Luis Felipe Salomão, 4ª Turma, DJe 01/02/2022).

STF dispõe que "no regime de separação legal de bens, comunicam-se os adquiridos na constância do casamento". Esse enunciado pode ser interpretado de duas formas: 1) no regime de separação legal de bens, comunicam-se os adquiridos na constância do casamento, sendo presumido o esforço comum na aquisição do acervo; e 2) no regime de separação legal de bens, comunicam-se os adquiridos na constância do casamento, desde que comprovado o esforço comum para sua aquisição. No entanto, a adoção da compreensão de que o esforço comum deve ser presumido (por ser a regra) conduz à ineficácia do regime da separação obrigatória (ou legal) de bens, pois, para afastar a presunção, deverá o interessado fazer prova negativa, comprovar que o ex-cônjuge ou ex-companheiro em nada contribuiu para a aquisição onerosa de determinado bem, conquanto tenha sido a coisa adquirida na constância da união. Torna, portanto, praticamente impossível a separação dos aquestos. Por sua vez, o entendimento de que a comunhão dos bens adquiridos pode ocorrer, desde que comprovado o esforço comum, parece mais consentânea com o sistema legal de regime de bens do casamento, recentemente adotado no Código Civil de 2002, pois prestigia a eficácia do regime de separação legal de bens. Caberá ao interessado comprovar que teve efetiva e relevante (ainda que não financeira) participação no esforço para aquisição onerosa de determinado bem a ser partilhado com a dissolução da união (prova positiva). (EREsp 1.623.858-MG, Rel. Min. Lázaro Guimarães (Desembargador Convocado do TRF 5ª Região), por unanimidade, julgado em 23/05/2018, DJe 30/05/2018).

Como se vê, o motivo da relativização do referido artigo, é que ficaria injusto um casamento em que o esforço comum, ainda que indireto para aquisição patrimonial do casal não fosse considerado. Portanto, o espírito e o ensejo, desta evolução jurisprudencial, é reparar possíveis injustiças decorrentes da não consideração do esforço comum. A questão que gera controvérsia é saber se esse esforço comum, seja indireto ou direto, precisa ser provado? Para essa resposta, o Superior Tribunal de Justiça[54] assim se posicionou:

(...) A controvérsia diz respeito à forma de aplicação da Súmula 377/STF. Com efeito, a jurisprudência desta Corte parece não chegar a um consenso sobre a necessidade ou dispensabilidade de prova de esforço comum para a aquisição dos bens a serem partilhados. Com efeito, os próprios precedentes antes destacados para demonstrar a uniformidade de entendimento quanto à aplicação analógica do regime de separação obrigatória de bens à hipótese como a dos autos, divergem quanto à aplicação da Súmula 377/STF. Para o primeiro (REsp 646.259/RS, Rel. Ministro Luis Felipe Salomão, 4ª T., DJe 24/08/2010) seria necessário que a parte interessada comprovasse o esforço comum para ver partilhados os bens adquiridos com exclusividade pelo consorte no decurso da união estável. No segundo julgado, ao contrário, (REsp 1.090.722/SP, Rel. Ministro Massami Uyeda , 3ª Turma, DJe 30/08/10) consignou-se que os bens deveriam comunicar-se independentemente de prova do esforço comum. Essa divergência reflete, com efeito, uma polarização dos entendimentos perfilhados pelas Turmas da Segunda Seção. Na 4ª Turma, além do precedente já citado, colhem-se outros julgados nos quais também se entendeu exigível a prova de esforço comum para a partilha do patrimônio adquirido no curso do casamento submetido ao regime de separação legal: REsp 442629/RJ, Rel. Ministro Fernando Gonçalves, 4ª T., DJ 17/11/2003; REsp 13.661/RJ, Rel. Ministro Sálvio De Figueiredo Teixeira, 4ª T., DJ 17/12/1992; REsp 9.938/SP, Rel. Ministro Sálvio De Figueiredo Teixeira, 4ª T., DJ 03/08/1992. Em sentido contrário: REsp 154. 896/RJ, Rel. Ministro Fernando Gonçalves, 4ª T., DJ 01/12/2003. A 3ª Turma, pelo que se pode perceber, tem entendido que o esforço comum deve ser presumi-

---

[54] No que diz respeito à união estável, há a súmula 655, que prevê que se aplica à união estável contraída por septuagenário o regime da separação obrigatória de bens, comunicando-se os adquiridos na constância, quando comprovado o esforço comum.

do, dispensando-se a parte de produzir prova nesse sentido. A propósito confira-se, além do precedente já destacado, os seguintes: REsp 736627/PR, Rel. Ministro Carlos Alberto Menezes Direito, 3ª T., DJ 01/08/2006; REsp 208640/RS, Rel. Ministro Carlos Alberto Menezes Direito, 3ª terceira turma, DJ 28/05/2001; AgRg no Ag 1119556/PR, Rel. Min. Paulo Furtado (desembargador convocado do TJ/BA), 3ª T., DJe 28/06/2010; REsp 1.615/GO, Rel. Ministro Eduardo Ribeiro, 3ª T., DJ 12/03/1990. A E. Ministra Nancy Andrighi, no voto vencido que proferiu no julgamento do REsp 736627/PR, assinalou que os precedentes que deram origem à Súmula 377/STF, não teriam dispensado a prova do esforço comum para autorizar a comunhão de bens no regime de separação obrigatória. Cumpre reconhecer, porém, que após a publicação desse enunciado sumular, o próprio Supremo Tribunal Federal já se manifestou em sentido oposto de forma expressa. Confira-se, a propósito o AI 70.303 AgR, Relator (a): Min. Moreira Alves, 2ª T., DJ 13/06/77[55].

Como se pode perceber temos divergência de entendimentos, e muitas vezes, na discussão entre o justo e o legal, devemos optar pelo justo. Em alguns casos, pode ser uma forma de ser evitar possível enriquecimento ilícito[56] que decorreria do trabalho invisível, feito historicamente pelas mulheres. Em outras palavras, é uma forma de se atribuir um conteúdo econômico ao desvalorizado e invisível trabalho doméstico.

4.9 A ADMINISTRAÇÃO DOS BENS COMUNS E PARTICULARES, E REPONSABILIDADE PELAS DÍVIDAS

Diferentemente do Código Civil de 1916 em que as características da família patriarcal eram mais acentuadas e, a mulher, era apenas coadjuvante na cena jurídica, o CCB/2002 sepultou de vez essas desigualdades. Portanto, a administração dos bens comuns é de ambos os cônjuges e os particulares por seu respectivo proprietário, a não ser que se estabeleçam em pacto antenupcial outra manifestação de vontade. Não se pode falar de prestação de conta dos bens enquanto a conjugalidade existir, uma vez que estão em construção de afetos e de bens. Entretanto, se há separação de fato, é natural, até como forma de proteção e preservação do patrimônio que se faça prestação de contas do patrimônio comum e administrado apenas por um deles[57].

---

[55] STJ, REsp 1.171.820 PR 2009/0241311-6, Relator Ministro Sidnei Beneti, T3 ,DJe 27/04/2011.

[56] (...) Ocorre que, nos termos da jurisprudência desta Corte Superior, ainda que somente um dos cônjuges tenha contribuído financeiramente para a aquisição do bem na constância do casamento sob o regime da comunhão parcial, como no caso, este bem passará a integrar o patrimônio do casal, em razão da presunção legal de que sua aquisição foi decorrente do esforço comum dos cônjuges. (...) STJ, REsp 2.106.053/RJ, Relator Ministro Marco Aurélio Bellizze, Terceira Turma, julgado em 21/11/2023, DJe 28/11/2023.

[57] (...) A "prestação de contas é devida por quantos administram bens de terceiros" (REsp nº 327.363-RS e AgRg no Ag nº 45.515/MG, relator Min. Barros Monteiro; AgRg no Ag nº 33.211/SP, relator Ministro Eduardo Ribeiro). 3. Na hipótese dos autos, os bens comuns dos cônjuges casados sob regime de comunhão universal de bens, e separados de fato desde 1º de janeiro de 1990, ficaram sob administração do cônjuge varão, que assumiu "o dever de detalhar e esclarecer os rendimentos advindos das terras arrendadas, bem como prestar as respectivas informações quanto ao patrimônio comum" (fl. 1.486 e-STJ), circunstância que não pode ser revolvida nesta instância especial em razão do óbice constante da Súmula nº 7/STJ. 4. O transcurso de longo lapso temporal entre a separação de fato e a formalização da partilha obriga o gestor dos bens comuns à prestação de contas ao outro consorte, que desconhece o estado dos bens administrados e pode deparar-se com prejuízos irreparáveis.. A gestão de negócio, um dos principais fundamentos do dever de prestar contas, ocorre à revelia do dono, segundo a definição do art. 1.331 do Código Civil, razão pela qual não se pode negar ao comunheiro o direito a exigir contas do consorte que explora com exclusividade os bens comuns a pretexto de inexistência de mandato ou outro negócio jurídico entre os interessados" (Humberto Theodoro Júnior, in Curso de Direito Processual Civil – Procedimentos Especiais, Rio de Janeiro, Editora Forense, 1990, págs. 1.557/1.558, grifou-se). 6. A legitimidade ativa para a ação de prestação de contas decorre excepcionalmente, do direito de um dos consortes obter informações acerca dos bens de sua propriedade, mas administrados

Na administração dos bens do casal não se pode vender, doar, prestar fiança ou aval sem autorização expressa do ouro cônjuge (art. 1.647 do CCB/2002)[58]. Se praticou atos que dependeria da anuência do outro cônjuge, o negócio pode ser anulado no prazo de 2 anos[59] (arts. 1.647, I, e 1.649 do CCB), mas a jurisprudência vem relativizando tal anulação em proteção de terceiro de boa-fé.

O cônjuge/companheiro empresário, qualquer que seja o regime de bens pode dispor dos bens da empresa, de acordo com a regra do art. 978 do CCB, sem necessidade da outorga conjugal. Esta é uma regra que gera uma insegurança jurídica pois pode propiciar desvio de patrimônio conjugal, o que restaria a invocação da desconsideração da personalidade jurídica para salvaguardar o bem pertencente ao casal. Mas obviamente que o prejudicado, demonstrando seu prejuízo, pode pedir apuração de haveres.

Também é necessário a anuência do cônjuge/companheiro para locação de imóvel comum por prazo superior a 10 anos (art. 3º da Lei 8.245/91), para alienação e gravação de ônus real. Este e qualquer outro ato negocial que dependa de outorga conjugal pode ser suprido pelo Juiz, se apresentado justo motivo (art. 1.648 do CCB e art. 74 do CPC). Também a indicação de penhor de bens, ou sua substituição. O cônjuge deve ser chamado a se manifestar, cuja discordância deve ser feita via Embargos de terceiro (art. 674, § 2º, I, do CPC)[60]. O companheiro(a) da igual forma pode exercer esses mesmos direitos, inclusive em execuções fiscais. Se a penhora sobre o bem for indivisível, ela recairá somente sobre a quota parte do cônjuge que deu causa a ela (art. 843 do CPC).

Qualquer que seja o regime de bens, nenhum dos cônjuges, pode prestar *aval* ou *fiança*[61] sem o consentimento do outro, sob pena de anulação e ineficácia do ato (art. 1.649 do CCB),

---

pelo ex-cônjuge (gestor do patrimônio comum), durante o período compreendido entre a separação de fato e a partilha de bens da sociedade conjugal. 7. Recurso especial parcialmente conhecido e, nessa parte, não provido. (STJ, REsp nº 1.300.250 – SP, Rel. Min. Ricardo Villas Bôas Cueva, 3ª Turma, pub. 19/04/2012.

[58] Art. 1.647. Ressalvado o disposto no art. 1.648, nenhum dos cônjuges pode, sem autorização do outro, exceto no regime da separação absoluta: I – alienar ou gravar de ônus real os bens imóveis; II – pleitear, como autor ou réu, acerca desses bens ou direitos; III – prestar fiança ou aval; IV – fazer doação, não sendo remuneratória, de bens comuns, ou dos que possam integrar futura meação.

[59] Até dois anos depois de terminada a sociedade conjugal, a alienação de bens imóveis, quando realizada sem anuência do cônjuge, consoante art. 1.649 do Código Civil. A contagem do prazo decadencial, segundo o art. 178, II, do Código Civil, deve se iniciar do ato cuja anulação se persegue.

[60] Súmula STJ 134 – Embora intimado da penhora em imóvel do casal, o cônjuge do executado pode opor embargos de terceiro para defesa de sua meação. Súmula TFR – 112 – Em execução fiscal, a responsabilidade pessoal do sócio gerente de sociedade por quotas decorrente de violação da lei ou excesso de mandato, não atinge a meação de sua mulher.

[61] Súmula STJ 332 – A fiança prestada sem autorização de um dos cônjuges implica a ineficácia total da garantia. Art. 1.642. Qualquer que seja o regime de bens, tanto o marido quanto a mulher podem livremente:

I – praticar todos os atos de disposição e de administração necessários ao desempenho de sua profissão, com as limitações estabelecida no inciso I do art. 1.647;

II – administrar os bens próprios;

III – desobrigar ou reivindicar os imóveis que tenham sido gravados ou alienados sem o seu consentimento ou sem suprimento judicial;

IV – demandar a rescisão dos contratos de fiança e doação, ou a invalidação do aval, realizados pelo outro cônjuge com infração do disposto nos incisos III e IV do art. 1.647;

V – reivindicar os bens comuns, móveis ou imóveis, doados ou transferidos pelo outro cônjuge ao concubino, desde que provado que os bens não foram adquiridos pelo esforço comum destes, se o casal estiver separado de fato por mais de cinco anos;

VI – praticar todos os atos que não lhes forem vedados expressamente.

Art. 1.643. Podem os cônjuges, independentemente de autorização um do outro:

I – comprar, ainda a crédito, as coisas necessárias à economia doméstica;

II – obter, por empréstimo, as quantias que a aquisição dessas coisas possa exigir.

cujo prazo prescricional é de dois anos. A busca da anulação/ineficácia do ato só pode ser feita pelo cônjuge, ou seus herdeiros, que também tem a opção de validar o ato (art. 1.649, parágrafo único)[62].

As dívidas contraídas pelo administrador presumem-se adquiridas no interesse da família, e até que se demonstre o contrário, de responsabilidade de ambos.

4.10 DOAÇÃO ENTRE CÔNJUGES E A TERCEIROS. PROIBIÇÕES

A doação entre cônjuges é o ato de disposição *inter vivos* em que um transfere ao outro cônjuge, que os aceita, a título gratuito[63], bens ou vantagens integrantes do seu patrimônio. Contudo, tal doação só terá sentido ou eficácia dependendo do regime de bens entre eles.

No regime da comunhão universal tal liberalidade é bastante restrita, pois quase todos os bens já são de ambos, exceto os doados ou herdados com a cláusula de incomunicabilidade e os sub-rogados em seu lugar, gravados em fideicomisso antes de realizada a condição suspensiva (art. 1.668, CCB). No regime de comunhão parcial, da participação final nos aquestos e separação convencional, os bens particulares podem ser objeto de doação. E até mesmo no da separação obrigatória, impor restrição à doação entre os cônjuges seria uma ofensa à liberdade e à dignidade da pessoa humana. Portanto não há nenhuma vedação legal de doação ente cônjuges. Apenas sobre a parte que exceder a legítima, isto é, a parte disponível do doador, caso ele tenha outros herdeiros necessários.

A doação entre companheiros segue o mesmo princípio para as doações entre cônjuges, mas com mais liberdade, considerando que os companheiros, diferentemente dos cônjuges, não são herdeiros necessários[64]. E, portanto, não há que se falar em ultrapassar a parte da legítima.

Como se vê, não há proibição de doação entre cônjuges, ou mesmo ascendentes a descendentes, mas ela significa adiantamento de legítima (art. 544, CCB).

Embora menos comum, mas também com previsão legal, é a doação *Propter nuptias*, isto é, a doação condicionada à realização do casamento, que não terá efeito se o casamento não se concretizar. Tal doação pode ser feita por terceiros a um deles, geralmente os pais dos noivos, ou doação entre si (art. 546, CCB).

A única proibição legal de doação de bens móveis ou imóveis, é do "Cônjuge adúltero ao seu cúmplice". Embora em desuso tal expressão, a proibição continua valendo. A não ser que a doação refira-se, a um bem adquirido após a separação de fato de mais de 5 anos (art. 1.642, V). Se efetivada tal doação, ela pode ser anulada, pelo cônjuge prejudicado, ou seus herdeiros necessários até dois anos depois de dissolvida a sociedade conjugal[65]. Essa proibição de transmis-

---

[62] Art. 1.649. A falta de autorização, não suprida pelo juiz, quando necessária (art. 1.647), tornará anulável o ato praticado, podendo o outro cônjuge pleitear-lhe a anulação, até dois anos depois de terminada a sociedade conjugal. Parágrafo único. A aprovação torna válido o ato, desde que feita por instrumento público, ou particular, autenticado.

[63] (...) A doação feita entre cônjuges na constância do casamento sob o regime da comunhão parcial de bens não configura fato gerador do ITCD. (TJ-DF 07030082520178070018 DF 0703008-25.2017.8.07.0018, Relator: Fernando Habibe, Data de Julgamento: 22/05/2019, 4ª Turma Cível, Data de Publicação: Publicado no DJE: 28/05/2019. Pág.: Sem Página Cadastrada.)

[64] "Na sucessão, a liberdade patrimonial dos conviventes já é assegurada com o não reconhecimento do companheiro como herdeiro necessário, podendo-se afastar os efeitos sucessórios por testamento. Prestigiar a maior liberdade na conjugalidade informal não é atribuir, *a priori*, menos direitos ou direitos diferentes do casamento, mas, sim, oferecer a possibilidade de, voluntariamente, excluir os efeitos sucessórios". (RE 646.724, Ministro Edson Fachin, p. 57).

[65] As doações feitas por homem casado à sua companheira, após a separação de fato de sua esposa, são válidas, porque, nesse momento, o concubinato anterior dá lugar à união estável; a contrário *sensu*, as doações feitas antes disso são nulas. Recurso Especial de Marília Soares de Oliveira conhecido em parte e, nessa

são a alguém com quem mantenha relação extraconjugal estende-se também, às transmissões a título oneroso. Por obvio, pois se poderia simular uma compra e venda, quando na verdade não passa de uma doação disfarçada[66].

Essas transmissões não são anuláveis se a conjugalidade já havia acabado, se havia separação de fato (art. 172, CCB) e o casamento era mera reminiscência cartorial, e o bem transmitido "à outra" tinha sido adquirido após a separação de fato, ainda que menos de cinco anos, mas cuja aquisição não tenha sido quando o casamento de fato existia.

Situação diferente, e que deve ser analisada com os detalhes e peculiaridades do caso concreto, é quando "a outra", vai além de "amante" e constitui, geralmente o homem, uma família simultânea. Neste caso as regras de partilha, pretensas anulações de transmissões recebem nova roupagem, já que os sujeitos das uniões simultâneas não podem ser denominados de concubinos, essa palavra preconceituosa, estigmatizante e que vincula significados e significantes pejorativos[67].

4.11 MUDANÇA DE REGIME DE BENS

4.11.1 Quebra do princípio da imutabilidade

Uma das importantes inovações do CCB 2002 foi a introdução da regra que rompeu o antiquado princípio da imutabilidade do regime de bens no casamento (art. 1.639, § 2º, do CCB). Além de ampliar a liberdade dos cônjuges de estabelecerem, e também restabelecerem, o que lhes aprouver quanto aos seus bens[68], contribuiu para que muitos casais não se divorciassem. É que um dos motivos ensejadores de brigas e divergências entre casais é a questão patrimonial. A maioria das pessoas se casa sem saber ou se preocupar com o significado do regime de bens "escolhido", seja por constrangimento de discutir o assunto, seja por não dar a devida importância a este aspecto no momento do casamento.

Com a quebra do princípio da imutabilidade do regime de bens, introduziu-se no ordenamento jurídico a possibilidade de se fazer não apenas o pacto pré-nupcial ou antenupcial, mas também o pacto pós-nupcial, que é feito no momento da mudança do regime de bens.

---

parte, provido; recurso especial de Françoise Pauline Portalier Tersiguel não conhecido. (STJ – REsp: 408296 RJ 2002/0009520-8, Rel. Min. Ari Pargendler, 3ªTurma, Publicação: DJe 24/06/2009).

[66] Para que fique caracterizada a simulação, o caso concreto deve, indispensavelmente, se enquadrar em alguma das hipóteses previstas no art. 167, § 1º do Código Civil. O art. 550 do CC estabelece que a doação do cônjuge adúltero ao seu cúmplice pode ser anulada pelo outro cônjuge, ou por seus herdeiros necessários, até 2 (dois) anos depois de dissolvida a sociedade conjugal. Restando demonstrada a ocorrência de doação simulada em compra e venda de veículo à concubina, na constância do casamento, impõe-se a anulação do ato. (TJ-MG – AC: 10390120006296001 MG, Rel. Wagner Wilson, 16ª CC, Publicação: 29/07/2016).

[67] STF: (…) Sem essa palavra azeda, feia, discriminadora, preconceituosa, do concubinato. Estou a dizer: não há concubinos para a lei mais alta do nosso país, porém casais em situação de companheirismo (…) Isto é família, pouco importando se um dos parceiros mantém uma concomitante relação sentimental a dois (Voto Min. Ayres Brito no RE 397.7628/BA, Rel. Marco Aurélio, DJe 12/09/2008).

[68] (...) A melhor interpretação que se pode conferir ao § 2º do art. 1.639 do CC é aquela no sentido de não se exigir dos cônjuges justificativas ou provas exageradas, desconectadas da realidade que emerge dos autos, sobretudo diante do fato de a decisão que concede a modificação do regime de bens operar efeitos *ex nunc*. Precedente. 7. Isso porque, na sociedade conjugal contemporânea, estruturada de acordo com os ditames assentados na Constituição de 1988, devem ser observados – seja por particulares, seja pela coletividade, seja pelo Estado – os limites impostos para garantia da dignidade da pessoa humana, dos quais decorrem a proteção da vida privada e da intimidade, sob o risco de, em situações como a que ora se examina, tolher indevidamente a liberdade dos cônjuges no que concerne à faculdade de escolha da melhor forma de condução da vida em comum. (...). (STJ, REsp 1904498/SP 2020/0136460-4, Rel, Min. Nancy Andrighi, 3ª Turma, Publicação: 06/05/2021).

168 DIREITO DAS FAMÍLIAS – *Rodrigo da Cunha Pereira*

A mudança do regime de bens só pode ser feita judicialmente e de forma consensual, em pedido motivado por ambos os cônjuges, apurada a procedência das razões e ressalvados os direitos de terceiros. A tendência doutrinária e jurisprudencial, é relativizar a motivação, já que o Estado tem se afastado cada vez mais destas relações interprivadas. Ademais, o motivo pode ser de ordem subjetiva, ou simplesmente a vontade das partes. Desrespeitar isto é interferir na autonomia da vontade do casal.

A justificativa feita por vários autores que defendiam o princípio da imutabilidade era o de proteção à mulher. Numa época em que a mulher era mais "assujeitada" ao homem, mudar o regime de bens, poderia significar fraudar a sua meação. Com a evolução dos costumes, princípio constitucional da igualdade, globalização e acesso das mulheres ao mercado de trabalho, a ideia dessa fragilidade diminuiu e saiu vitoriosa no CCB/2002, a quebra do princípio da imutabilidade.

Os primeiros processos judiciais de alteração de regime de bens, após vigência do CCB/2002, eram extremamente rígidos, no sentido de medo da fraude a terceiros. Com o tempo e a evolução jurisprudencial[69] chegou-se à conclusão da desnecessidade de uma profunda averiguação da existência de dívidas dos cônjuges, ou seja, da proteção de terceiros, pois a própria regra do Código já estabelecia essa segurança: (...) *2º É admissível alteração do regime de bens, mediante autorização judicial em pedido motivado de ambos os cônjuges, apurada a procedência das razões invocadas e ressalvados os direitos de terceiros (art. 1.639, § 2º, do CCB/2002).*

É necessário dar publicidade à mudança de regime de bens. Não basta a simples averbação no assento de casamento. Os cônjuges devem registrar à margem das matrículas de imóveis e, se existir sociedade comercial, também levar à Junta Comercial ou Cartório de Pessoas Jurídicas. Quanto maior a publicidade deste ato, maior será a segurança jurídica (art. 167 da Lei n. 6.015/73). O ideal é, inclusive, que após autorização judicial os cônjuges façam uma escritura de pacto pós-nupcial[70], e o levem ao cartório de registro civil, à imagem e semelhança do pacto antenupcial.

4.11.2 Efeito *ex tunc* ou *ex nunc*?

Outro ponto que merece destaque na mudança do regime, em razão de controvérsias surgidas, é o efeito gerado pela decisão que modificou o regime de bens. O entendimento

---

[69] (...) O art. 2039 do Código Civil não impede a mudança no regime de bens dos casamentos celebrados na vigência do Código Civil de 1916. Ao dispor que o regime de bens nos casamentos celebrados na vigência do Código Civil anterior (...) é o por ele estabelecido, claramente visa a norma resguardar o direito adquirido e o ato jurídico perfeito. Isso porque ocorreram diversas modificações nas regras próprias de cada um dos regimes de bens normatizados no Código de 2002 em relação aos mesmos regimes no Código de 1916, e, assim, a alteração decorrente de lei posterior viria a malferir esses cânones constitucionais. 2. Mérito. Há de ser deferida a alteração do regime de bens, porquanto estão atendidos os requisitos legais postos no § 2º do art. 1.639 do CCB: (a) consenso entre os requerentes; b) procedimento de autorização judicial; c) indicação dos motivos – que pode ser o interesse pessoal, pois são os postulantes maiores e capazes e d) ressalva do direito de terceiros. 3. Mudança que vigora para os bens que vierem a ser doravante adquiridos, consoante manifestação expressa dos requerentes. (TJ-RS – AC: 70050767839 RS, Relator: Luiz Felipe Brasil Santos, Oitava Câmara Cível, pub. 04/12/2012).

[70] Conflito negativo de competência. Pedido de autorização judicial para lavratura de pacto pós-nupcial. Requerimento de alteração do regime de comunhão parcial para separação de bens. Ação distribuída para a 3ª Vara Cível de Assis. Remessa para a Vara de Família e Sucessões local. Possibilidade. Ação de estado. Inteligência do art. 37, I, a, do Código Judiciário do Estado de São Paulo. Precedente. Competência da Juíza suscitante da Vara de Família e Sucessões de Assis. (TJ-SP, CC 0028718-41.2022.8.26.0000, Relator Beretta da Silveira (Pres. da Seção de Direito Privado), Câmara Especial, DJe 10/11/2022).

Cap. 4 – REGIME DE BENS **169**

sobre este assunto se divide em *ex tunc* e *ex nunc, isto é, tem efeito retroativo*[71] *ou somente dali em diante*[72]. Maria Berenice Dias entende que faculta às partes optar pela amplitude do efeito. Aliás, o próprio texto legislativo conduz à possibilidade da eficácia retroativa ao ressalvar os direitos de terceiros, ressalva essa que só tem cabimento pela possibilidade de retroação.[73] A melhor solução, para não precisar se curvar a qualquer das correntes de pensamento, é proceder à partilha de bens havidos até a efetiva mudança com a sentença homologatória, reorganizando patrimonialmente o casamento[74].

Se na conversão da união estável é possível alterar o regime e colocar efeito retroativo, não há porque não poder fazer o mesmo na modificação do regime. Da mesma forma, na união estável é possível proceder tais modificações sem maiores formalidades.

A Corregedoria de Justiça do Estado do Rio de Janeiro, em dezembro de 2022, publicou alterações no seu Código de Normas – Parte Extrajudicial, que dispõe, no artigo 390, sobre a escritura de reconhecimento de união estável, na qual poderão constar cláusulas patrimoniais dispondo sobre o regime de bens, incluindo a existência de bens comuns e de bens particulares de cada um dos conviventes. Nela, também se admite a estipulação de cláusulas existenciais, desde que não vedadas por lei. De acordo com o § 1°, caso as partes optem pelo regime de separação convencional e absoluta de bens e estabeleça retroagir os seus efeitos à data de início da relação, o tabelião deve adverti-las quanto à possível anulabilidade da cláusula, o que deverá constar expressamente do ato. Já o § 2° determina que, caso as partes optem expressamente por regime de bens específicos, o tabelião deverá adverti-las que prevalecerá o regime da comunhão parcial de bens, orientando-as quanto a seus efeitos jurídicos. No § 3°, está estabelecido que a cláusula de renúncia ao direito concorrencial, previsto no artigo 1.828, inciso I, do Código Civil, poderá constar do ato a pedido das partes, desde que advertidas quanto à sua controvertida eficácia. Trata de um reforço da autonomia da vontade e liberdade patrimonial, preservando a não intervenção estatal na esfera privada das famílias.

Com o tempo, a jurisprudência se encarregou também de esclarecer sobre o termo inicial da mudança do regime de bens. Ou seja, a alteração começaria a valer somente do trânsito em julgado da sentença que autorizou tal alteração, isto teria efeitos *ex nunc*, ou seria *ex tunc*, retroagindo à data do casamento?[75]

Um dos argumentos para que a mudança não tenha efeitos retroativos, é o de que isso pode proporcionar, ou ser um meio de fraudar a comunicabilidade de bens. Fraudes entre cônjuges sempre existiram e continuarão existindo, por mais que a lei crie mecanismos para coibi-la. E é aí que o Direito vai criando regras para estabelecer a máxima segurança possível. Um dos

---

[71] No STF, o Recurso Extraordinário com Agravo (ARE) 1405467, que teve a repercussão geral reconhecida (Tema 1313), analisa se a união estável pode ser convertida retroativamente em casamento.

[72] (...) a eficácia ordinária da modificação de regime de bens é *ex nunc*, valendo apenas para o futuro, permitindo-se a eficácia retroativa (*ex tunc*), a pedido dos interessados, se o novo regime adotado amplia as garantias patrimoniais, consolidando, ainda mais, a sociedade conjugal (STJ, REsp 1.671.422/SP, Relator Ministro Raul Araújo, Quarta Turma, j. 25/4/2023, DJe 30/5/2023).

[73] DIAS, Maria Berenice. *Manual de Direito das Famílias*. Salvador: JusPodivm, 2020, p. 705.

[74] (...) Os fatos anteriores e os efeitos pretéritos do regime anterior permanecem sob a regência da lei antiga. Os fatos posteriores, todavia, serão regulados pelo CC/02, isto é, a partir da alteração do regime de bens, passa o CC/02 a reger a nova relação do casal. Por isso, não há se falar em retroatividade da lei, vedada pelo art. 5°, inc. XXXVI, da CF/88, e sim em aplicação de norma geral com efeitos imediatos. Recurso especial não conhecido (STJ, REsp. 821807/PR, Rel. Min. Nancy Andrighi, public. em 13.11.2006).

[75] (...) Reconhecimento da eficácia "ex nunc" da alteração do regime de bens, tendo por termo inicial a data do trânsito em julgado da decisão judicial que o modificou. Interpretação do art. 1639, § 2°, do CC/2002. (STJ – REsp: 1300036 MT 2011/0295933-5, Relator: Ministro Paulo de Tarso Sanseverino, 3ª Turma, publ. *DJe* 20/05/2014).

DIREITO DAS FAMÍLIAS – *Rodrigo da Cunha Pereira*

pioneiros a escrever sobre a fraude na partilha é o jurista gaúcho Rolf Madaleno, embora neste aspecto tenha opinião diferente da minha. Mas ninguém melhor que ele para falar sobre a fraude na partilha de bens do casamento/união estável:

> *Sob o risco de convalidar a fraude, toda a modificação de um regime econômico de comunicação de bens idealizado para restringir direitos, pressupõe a prévia liquidação do regime anterior e a correlata divisão do patrimônio amealhado e comunicável, pela aplicação automática à união estável do regime da comunhão parcial, quando ausente precedente contrato escrito[76].*

A maioria das decisões dos tribunais vem no sentido da não retroatividade dos pactos, em razão da evitação das fraudes. Mas nada impede, se se demonstrar a boa-fé e que não há intenção de fraude, que se retroaja os efeitos da mudança do regime de bens. Por exemplo, se a mudança é a da separação de bens para o da comunhão parcial ou comunhão universal, nada mais que justo que se retroaja. Aliás, quando se altera o regime para o da comunhão universal, automaticamente ele terá de retroagir seus efeitos, sob pena de perder o sentido dessa mudança, ou mesmo torná-lo impossível, já que neste regime os bens adquiridos passados, presentes ou futuros, adquiridos a qualquer título, oneroso ou gratuito, são comunicáveis.

4.11.3 Procedimento para alteração do regime de bens

A modificação do regime de bens é um procedimento de jurisdição voluntária (art. 719, CPC) e, portanto, não é possível ação litigiosa para tal modificação.

O CPC/2015[77] tratou especificamente da alteração do regime de bens, com o objetivo de aumentar a segurança, assim estabelecendo no artigo 734:

> § 1º Ao receber a petição inicial, o juiz determinará a intimação do Ministério Público e a publicação de edital que divulgue a pretendida alteração de bens, somente podendo decidir depois de decorrido o prazo de 30 (trinta) dias da publicação do edital.
>
> § 2º Os cônjuges, na petição inicial ou em petição avulsa, podem propor ao juiz meio alternativo de divulgação da alteração do regime de bens, a fim de resguardar direitos de terceiros.
>
> § 3º Após o trânsito em julgado da sentença, serão expedidos mandados de averbação aos cartórios de registro civil e de imóveis e, caso qualquer dos cônjuges seja empresário, ao Registro Público de Empresas Mercantis e Atividades Afins.

Em razão do art. 2.039 do CCB 2002, houve uma dificuldade e resistência inicial sobre a aplicabilidade desta norma para casamentos realizados antes da vigência do atual Código. A maioria dos tribunais estaduais, e, por fim, o Superior Tribunal de Justiça sepultaram de vez

---

[76] MADALENO, Rolf. *Manual de Direito de Família*, 2ª edição. Rio de janeiro: Forense, 2019, p. 278/279.

[77] (...) Não há nulidade quando, embora o Ministério Público tenha deixado de intervir no feito originário que envolve direito de menor (filhos do casal), há manifestação da Procuradoria de Justiça, inclusive afastando referido vício. Precedentes. 2.A alteração do regime de bens é possível juridicamente, nos termos do art. 1.639, § 2º, do Código Civil desde que evidenciada a conveniência do casal, que apontou como motivação a autonomia de sua vontade decorrente de um casamento que já dura mais de 20 (vinte) anos. 3. Feita a alteração do regime de bens, deve-se conceder o efeito ex tunc, ressalvados direitos de terceiros. 4. Apelo conhecido para rejeitar a preliminar de nulidade e, no mérito, provido. Unanimidade. (TJ-SE – AC: 00040978520188250084, Relator: Elvira Maria de Almeida Silva, 1ª CC, j. 22/01/2019).

Cap. 4 – REGIME DE BENS **171**

a polêmica autorizando a possibilidade da mudança de regime de bens para os casamentos realizados antes do ano de 2003[78]:

> *Apresenta-se razoável, in casu, não considerar o art. 2.039 do CC/2002 como óbice à aplicação de norma geral, constante do art. 1.639, § 2º, do CC/2002, concernente à alteração incidental de regime de bens nos casamentos ocorridos sob a égide do CC/1916, desde que ressalvados os direitos de terceiros e apuradas as razões invocadas pelos cônjuges para tal pedido, não havendo que se falar em retroatividade legal, vedada nos termos do art. 5º, XXXVI, da CF/88, mas, ao revés, nos termos do art. 2.035 do CC/2002, em aplicação de norma geral com efeitos imediatos. 2 – Recurso conhecido e provido pela alínea a para, admitindo-se a possibilidade de alteração do regime de bens adotado por ocasião de matrimônio realizado sob o pálio do CC/1916, determinar o retorno dos autos às instâncias ordinárias a fim de que procedam à análise do pedido, nos termos do art. 1.639, § 2º, do CC/2002 (STJ, REsp. 730546/MG, Rel. Min. Jorge Scartezzini, public. DJ 03.10.2005, p. 279).*

Alterar o regime de bens na vigência do casamento pode significar que os cônjuges estão salvando a conjugalidade, na medida em que fazem ajustes patrimoniais[79] para adequar uma situação que o casal considera injusta para a realidade daquele momento. E, assim, dissolve-se o incômodo que estava inviabilizando o casamento ao estabelecer novas regras econômicas que é, portanto, um pacto pós-nupcial. Esta prerrogativa já estava presente nos Códigos Civis da Itália (art. 1.395), Portugal (art. 1.105), Espanha (art. 1.319), Argentina (art. 1.219), Uruguai (art. 1.944), México (art. 180), Chile (art. 1.722), Alemanha (art. 1.432), Suíça (arts. 179/180), França (art. 1.395)[80].

4.11.4   Alteração do regime para maiores de 70 anos

O STF, em 01/02/2024, apreciando o Tema 1.236 da repercussão geral, fixou a seguinte tese: *"Nos casamentos e uniões estáveis envolvendo pessoa maior de 70 anos, o regime de separação de bens previsto no art. 1.641, II, do Código Civil, pode ser afastado por expressa manifestação de vontade das partes, mediante escritura pública"*. Embora ainda persistam anacronismos dogmáticos que ferem a esfera individual das pessoas, como a separação obrigatória de bens para maiores de setenta anos[81], pois não houve a declaração de inconstitucionalidade, a faculdade da

---

[78]   (...) É possível a alteração de regime de bens de casamento celebrado sob a égide do CC de 1916, em consonância com a interpretação conjugada dos arts. 1.639, § 2º, 2.035 e 2.039 do Código atual, desde que respeitados os efeitos do ato jurídico perfeito do regime originário. 3. No caso, diante de manifestação expressa dos cônjuges, não há óbice legal que os impeça de partilhar os bens adquiridos no regime anterior, de comunhão parcial, na hipótese de mudança para separação total, desde que não acarrete prejuízo para eles próprios e resguardado o direito de terceiros. Reconhecimento da eficácia ex nunc da alteração do regime de bens que não se mostra incompatível com essa solução. (STJ, REsp 1533179/RS, Rel. Min. Marco Aurélio Bellizze, 3ª Turma, pub. 23/09/2015).

[79]   (...) Isso porque, na sociedade conjugal contemporânea, estruturada de acordo com os ditames assentados na Constituição de 1988, devem ser observados – seja por particulares, seja pela coletividade, seja pelo Estado – os limites impostos para garantia da dignidade da pessoa humana, dos quais decorrem a proteção da vida privada e da intimidade, sob o risco de, em situações como a que ora se examina, tolher indevidamente a liberdade dos cônjuges no que concerne à faculdade de escolha da melhor forma de condução da vida em comum. (...). (STJ, REsp 1904498/SP, Relator: Ministro Nancy Andrighi, 3ª Turma, Data de Publicação: 06/05/2021).

[80]   PEREIRA, Caio Mário da Silva. *Instituições de Direito Civil*. Rio de Janeiro: Forense, 2007.

[81]   O STF, ao analisar o tema 1.236, que trata da imposição do regime da separação obrigatória para as pessoas idosas acima de 70 que optem por casar ou constituir união estável, levou em conta, entre outros pontos, o respeito à autonomia e à dignidade humana, a vedação à discriminação contra idosos e a proteção às uniões estáveis.

mudança do regime de bens do casamento, como se disse, sem dúvida foi uma evolução e também um passo adiante em direção à consolidação do princípio da liberdade e responsabilidade.

Não se pode aplicar, analogicamente aos maiores de setenta anos,[82] a proibição de alteração do regime de bens. Primeiro, porque a regra da proibição é tão somente para adoção do regime de bens. Segundo, porque contraria o princípio da não intervenção do Estado, e também a regra no artigo 1.513[83] do CCB/2002 que proíbe tal interferência. Terceiro, se casais que tenham mais de sessenta anos, ambos os cônjuges ou apenas um deles, entenderem que o melhor é alterar as regras econômicas do casamento, é porque esta, certamente, é a forma que encontraram para a manutenção do vínculo conjugal.

A possibilidade de mudança do regime de bens no casamento, como se disse, vai ao encontro da ampla liberdade da gestão patrimonial, que, inclusive, já era dada às relações conjugais constituídas pela união estável. Esse raciocínio é endossado e reforçado por Maria Berenice Dias:

> Nada justifica sujeitar a vontade dos cônjuges, até porque, na união estável, plena é a liberdade dos companheiros para estabelecerem, em contrato escrito, tudo o que quiserem. Somente no silêncio dos conviventes é que se aplica o regime da comunhão parcial (CC 1.725). No momento em que a Constituição Federal concedeu o mesmo *status* ao casamento e à união estável, não há como dar tratamento mais benéfico a qualquer das entidades familiares. Assim, é necessário reconhecer como inconstitucionais limitações à liberdade de decidir questões patrimoniais no casamento (CC 1.641), sem que exista qualquer restrição na união estável. Não há como chegar à outra conclusão.[84]

Se é permitido aos cônjuges a utilização de mais de um formato de regime de bens, assim como bem estabelecido no *caput* do artigo 1.639 do CCB, ou seja, se podem escolher, ou mesmo construírem um regime de bens para se adaptar à vontade e realidade econômica dos nubentes em pacto pré-nupcial, deve-se também garantir-lhes que estabeleçam novas regras econômicas do casamento em pacto pós-nupcial, atendendo-se ao princípio constitucional da liberdade dos sujeitos e a regra do referido *caput* do artigo 1.694 do CCB/2002.

Para que se efetive a mudança, como já se disse, é necessário que seja por acordo entre as partes e passe pelo crivo do Judiciário. A única justificativa para não se homologar o acordo de alteração do regime de bens é se houver lesão a interesse de terceiros. No mais, se as partes são maiores e capazes, são livres para estabelecerem novas regras econômicas para o casamento. Em muitas situações esse pacto pós-nupcial, geralmente, é a única alternativa que resta ao casal para que continue o casamento. Caso o Judiciário não homologue tal proposição, ainda que haja aparente desequilíbrio, certamente será o fim do casamento, como bem enfatiza Gustavo Tepedino:

> Enquanto parte da jurisprudência sustenta a necessidade de se avaliar, rigidamente, os motivos indicados pelos cônjuges para a alteração do regime, não sendo possível efetuar a mudança com base em razões simplesmente pessoais, outra corrente afirma que a justificativa dos cônjuges não deve constituir objeto de ampla sindicância. Este último

---

[82] A Lei n. 12.344 de 09.12.10 alterou o inciso II do *caput* do artigo 1.64I, II do CCB 2002 passando de 60 para 70 anos a idade do regime de bens da separação obrigatória. O IBDFAM – Instituto Brasileiro de Direito de Família, já se posicionou, por meio da apresentação do PLS 470/2013 – Estatuto das Famílias (atualmente, a proposta legislativa se encontra arquivada), contrário a qualquer limite de idade para escolha do regime de bens, pois isto significa ferir a autonomia privada.

[83] Art. 1.513. É defeso a qualquer pessoa, de direito público ou privado, interferir na comunhão de vida instituída pela família.

[84] DIAS, Maria Berenice. *Manual de Direito das Famílias*, 5. ed., rev., atual. e ampl., São Paulo; Revista dos Tribunais, 2009, p. 206.

entendimento coaduna-se com a liberdade conferida pelo Código aos cônjuges para a escolha do regime de bens.[85]

É inadmissível que o Estado-Juiz interfira na intimidade do jurisdicionado, ao discordar do mérito para a mudança do regime de bens, a não ser que seja proteção às pessoas vulneráveis. Mas será que todas, ou a maioria das pessoas com mais de 70 anos são vulneráveis? O mútuo desejo de felicidade, e o de se manter neste estado de espírito na relação conjugal, por si só, justifica a modificação do regime de bens. Para se chegar a esta opção, às vezes tão limítrofe da separação, os cônjuges certamente discutiram, refletiram e buscaram tal mudança em caráter de solução para a manutenção do casamento, repita-se, às vezes a única solução. A proteção ao interesse de terceiros é exigência normativa aceita e necessária para que não se desnature o instituto, para que casais não violem interesses de credores ao desviar o patrimônio para um dos cônjuges e deixar o outro devedor insolvente.

Enfim, a possibilidade de mudança no regime de bens do casamento consolida os princípios jurídicos da liberdade, responsabilidade e autonomia privada no sistema jurídico brasileiro. A evolução do Direito de Família, e, consequentemente, um país melhor, perde o sentido, ou deixa de ser evolução, se a autonomia privada do sujeito não anda bem. Neste sentido, o amor e a autonomia privada têm sido fonte de ampliação dos horizontes, pois nunca se demonstrou tanta preocupação com o outro e o seu bem-estar como nas sociedades atuais.

4.12 RESUMO

Os nubentes podem escolher o regime de bens que quiserem, inclusive construindo um regime próprio e particular (art. 1.639, CCB), inclusive fazendo pacto pós-nupcial.

Pode ser alterado no curso do casamento, mediante autorização judicial (art. 1.639, § 2º, CCB.

Se não fizerem pacto antenupcial, o regime aplicável ao casamento é o da comunhão parcial de bens (art. 1.640, CCB).

Não podem escolher o regime de bens – Art. 1.640, CCB, e consequentemente o regime será o da separação obrigatória:

- Quem ainda não resolveu a partilha de bens do casamento anterior e não observou as causas suspensivas do Art. 1.523, CCB;

- Quem tem mais de setenta anos;

- Quem depender de autorização judicial para casar.

No regime de separação obrigatória, além de não serem meeiros, os cônjuges não serão herdeiros (art. 1.829, CCB), mas terá direito real de habitação (art. 1.831, CCB).

Comunhão parcial:

- Comunicam-se todos os bens adquiridos na constância do casamento a título oneroso, isto é, com o produto do trabalho de um ou de ambos. Excluem-se os bens adquiridos a título gratuito, ou seja, por herança doação e sub-rogação (Arts. 1.658 e 1.659, CCB).

---

[85] TEPEDINO, Gustavo José Mendes. "Controvérsias sobre o regime de bens no Novo Código Civil". In: *Anais do VI Congresso Brasileiro de Direito de Família – Família e Solidariedade*. Rio de Janeiro: IBDFAM – Lumen Juris, 2008, p. 208.

- Incluem-se os frutos dos bens particulares, as benfeitorias, os adquiridos com cláusula de comunicabilidade e os bens adquiridos por fato eventual (art. 1.680).

Comunhão universal:

- Todos os bens adquiridos antes e durante o casamento: Excluem-se: os bens adquiridos com cláusula de incomunicabilidade, bens gravados em fideicomisso, dividas anteriores ao casamento, exceto se forem em proveito comum, os bens de uso pessoal, os livros e instrumentos de trabalho pessoal (art. 1.668, CCB).

Separação convencional:

- Nada se comunica.

Separação obrigatória:

- Cf. Súmula 377 do STF.
- O STF, em 01/02/2024, apreciando o Tema 1.236 da repercussão geral, fixou a seguinte tese: *"Nos casamentos e uniões estáveis envolvendo pessoa maior de 70 anos, o regime de separação de bens previsto no art. 1.641, II, do Código Civil, pode ser afastado por expressa manifestação de vontade das partes, mediante escritura pública"*.

Participação final dos aquestos:

- Cada cônjuge tem patrimônio próprio e na época da dissolução da sociedade conjugal partilha-se os adquiridos na constância do casamento a título oneroso. Neste regime há formação de massas de bens incomunicáveis (Arts. 1.672 e segs., CCB).

PACTOS NUPCIAIS

Pacto antenupcial:

- É o instrumento jurídico, via escritura pública, em que as partes convencionam o regime de bens que se lhes aprouver (Arts. 1.653 e segs., CCB e Lei 6.015/73, Arts. 70, 244, 245).
- Pode-se fazer pacto antenupcial também no regime convencional legal ou seja, no da comunhão de parcial, para excluir determinados bens e incluir outros. É o regime da comunhão parcial de bens com ressalvas.
- Pode-se estabelecer também cláusulas não patrimoniais, estabelecendo um código particular para o casal.
- Regime de bens convencional sem pacto antenupcial é nulo, assim como o é o pacto antenupcial que não seja por escritura pública (art. 1.653, CCB).

Pacto pós-nupcial:

- É o estabelecimento do novo regime de bens após o casamento, quando se faz a mudança do regime de bens, via judicial (art. 1.639, CCB).

FILMOGRAFIA

1. *Succession*, 2018, série, EUA, Jesse Armstrong.
2. *Dirty John – O Golpe do Amor*, 2018, série, EUA, Alexandra Cunningham.
3. *A economia do amor*, 2016, filme, Bélgica/França, Joachim Lafosse.

5

UNIÃO ESTÁVEL

 Acesse o *QR Code* e assista à aula explicativa sobre este assunto.
> https://uqr.to/ofpu

5.1 ORIGEM E BREVE EVOLUÇÃO HISTÓRICA

A expressão união estável foi utilizada, pela primeira vez no ordenamento jurídico brasileiro, por Moura Bittencourt, que foi também o primeiro autor brasileiro a publicar obra sobre o tema, na década de 1960: "Em poucas palavras, concubinato é a união estável no mesmo ou em teto diferente, do homem com a mulher, que não são ligados entre si por matrimônio".[1]

A união conjugal livre entre pessoas sempre existiu e sempre existirá, enquanto houver desejo[2] sobre a face da Terra. Entende-se aqui por união livre aquela que não se prende às formalidades exigidas pelo Estado, ou seja, uniões não oficializadas pelo casamento[3] civil e com certa durabilidade e estabilidade. Essas uniões, registra a história, às vezes acontecem como relações paralelas às relações oficiais, seja em relação ao casamento ou simultaneamente a outra união estável. Muitas vezes a história destas relações, por muito tempo denominadas concubinato, é contada como história de libertinagem, ligando-se o nome concubina à prostituta, à mulher devassa ou à que se deita com vários homens, ou mesmo à amante, a outra. Em razão disso, a expressão passou a veicular um sentido pejorativo para muito além do seu significado técnico jurídico.

---

[1] BITTENCOURT, Edgar de Moura. *Concubinato*. São Paulo: LEUD, 1975, p. 40.

[2] O desejo é a força motriz do Direito de Família. É o que faz existir a necessidade de regulamentação das relações de afeto. É a mola propulsora da polaridade amor e ódio e faz movimentar toda a máquina judiciária em torno, principalmente, dos restos do amor e do gozo. Por que as pessoas se casam, descasam, reconhecem a paternidade, negam-se a pagar pensão alimentícia etc.? São movidas pelo desejo, muitas vezes inconsciente. O desejo é o que dá vida à vida do Direito e em especial ao Direito de Família. E, por mais que o Direito, por meio de seus dispositivos normativos, tente regular para alcançar o justo e o equilíbrio das relações familiares, há algo que se lhe escapa, há algo não normatizável, pois essas relações são regidas pelo desejo inconsciente (cf. PEREIRA, Rodrigo da Cunha. *Dicionário de Direito de Família e Sucessões ilustrado*. 2ª edição São Paulo: Saraiva, 2018, p. 246).

[3] A Lei nº 13.811, de 12.3.2019 – Publicada no DOU de 13.3.2019 – conferiu nova redação ao art. 1.520 da Lei nº 10.406, de 10 de janeiro de 2002 (Código Civil), para suprimir as exceções legais permissivas do casamento infantil.

Na Idade Contemporânea, começaram a surgir mudanças na concepção do concubinato, a partir da primeira metade do século XIX, quando os tribunais franceses apreciaram e consideraram as pretensões das concubinas. Essa relação passou a ser vista sob dois aspectos: sociedade com caráter nitidamente econômico e como obrigação natural e, quando rompida a relação, deveriam ser concedidas certas promessas e vantagens à ex-concubina. Com base nesses julgados franceses, instalou-se uma nova concepção jurídica para o concubinato, que começou, aos poucos, a deixar de ser tratado no campo do Direito Obrigacional.

Em 16 de novembro de 1912, surge a primeira lei francesa sobre o assunto. Aquilo que era tratado somente pelos tribunais acabou transformando-se em ato legislativo. Pela primeira vez, a expressão concubinato passou a integrar uma lei civil, estabelecendo que "o concubinato notório" era fato gerador de reconhecimento da então denominada paternidade "ilegítima". Essa lei abriu caminho para várias outras e contribuiu decisivamente para a evolução doutrinária e jurisprudencial sobre o concubinato na França e em todo o mundo ocidental. Daí dizer-se que a França foi a pátria do "Direito Concubinário".

O desenvolvimento e a evolução de um "Direito Concubinário" no Brasil são recentes, apesar de sua existência como fato social marcante, desde a colonização portuguesa. As expressões *teúda* e *manteúda*[4] eram usadas para designar um dos sujeitos da relação concubinária. Muitos civilistas omitiram ou excluíram de seus estudos esse assunto, alegando ser juridicamente irrelevante. Outros proclamaram a imoralidade dessas relações e outros simplesmente relegaram-nas ao plano do ilegítimo. Na década de 1960, o Supremo Tribunal Federal fincou o esteio para a evolução da construção jurisprudencial e doutrinária, por meio das Súmulas nº 380[5] e 382.[6]

A grande evolução histórica da união estável no Brasil, então denominada concubinato, tem seu marco mais significativo na Constituição da República de 1988. Ao introduzir a expressão entidades familiares, designou e consagrou o princípio da pluralidade das formas de família, adotando oficialmente a expressão união estável, em substituição à expressão concubinato:

> Art. 226. A família, base da sociedade, tem especial proteção do Estado. (...) § 3º – Para efeito da proteção do Estado, é reconhecida a união estável entre o homem e a mulher como entidade familiar, devendo a lei facilitar sua conversão em casamento.

E assim, o que era tratado exclusivamente no campo do Direito Comercial ou Obrigacional muda os rumos para o Direito de Família. Regulamentando o § 3º do art. 226 da Constituição Federal vieram as Leis nº 8.971, de 29 de dezembro de 1994, tratando do direito dos companheiros a alimentos e sucessões, e a 9.278, de 10 de maio de 1996, abrindo o conceito de união estável, que era mais fechado na lei anterior, quando estabelecia o prazo de cinco anos para a caracterização da união estável. E, por último, a incorporação ao texto do Código Civil de 2002 de um título sobre união estável (arts. 1.723 a 1.727) consolida, de uma vez por todas, a compreensão dessa forma de família em nosso ordenamento jurídico. Absorvendo as novas concepções jurídicas de família, o CCB/2002 utilizou as expressões união estável e concubinato em sentidos diferentes. Caracterizou-se a união estável como relação conjugal não adulterina e o concubinato como relação adulterina, mantendo suas consequências no campo obrigacional.[7]

---

4   Cf. PEREIRA, Rodrigo da Cunha. *Dicionário de Direito de Família e Sucessões ilustrado*. 3 ed. Indaiatuba: Foco, 2023, p. 696.

5   Súmula nº 380: "Comprovada a existência de sociedade de fato entre os concubinos, é cabível a sua dissolução judicial, com a partilha do patrimônio adquirido pelo esforço comum". Sessão Plenária de 03.04.1964.

6   Súmula nº 382: "A vida em comum sob o mesmo teto, 'more uxorio', não é indispensável à caracterização do concubinato". Sessão Plenária de 03.04.1964.

7   Art. 1.727. As relações não eventuais entre o homem e a mulher, impedidos de casar, constituem concubinato.

Em 2011, o Supremo Tribunal Federal, em julgamento das Ações do Controle Concentrado de Constitucionalidade, ampliou o conceito de união estável para estendê-la às uniões entre pessoas do mesmo sexo:

> (...) O Pleno do Supremo Tribunal Federal, no julgamento da ADI 4.277 e da ADPF 132, ambas da Relatoria do Ministro Ayres Britto, Sessão de 05/05/2011, consolidou o entendimento segundo o qual a união entre pessoas do mesmo sexo merece ter a aplicação das mesmas regras e consequências válidas para a união heteroafetiva. 2. Esse entendimento foi formado utilizando-se a técnica de interpretação conforme a Constituição para excluir qualquer significado que impeça o reconhecimento da união contínua, pública e duradoura entre pessoas do mesmo sexo como entidade familiar, entendida esta como sinônimo perfeito de família. Reconhecimento que deve ser feito segundo as mesmas regras e com idênticas consequências da união estável heteroafetiva. (...) (STF – RE: 687432 MG, Rel. Min. Luiz Fux, 1ª Turma, pub. 02.10.2012).

Em 2017, o STF apreciando o Tema 809[8] (RE 878694) da repercussão geral, por maioria, deu provimento ao recurso, para reconhecer de forma incidental a inconstitucionalidade do art. 1.790 do CC/2002 e declarar o direito da recorrente a participar da herança de seu companheiro em conformidade com o regime jurídico estabelecido no art. 1.829 do Código Civil de 2002.

Em que pese a polêmica discussão da igualdade entre essas duas formas de constituição de família e o julgamento pelo STF, equiparando essas duas entidades familiares, é razoável que diferenças existam. Isto não significa a prevalência de uma sobre a outra. O Estado não pode e não deve interferir na liberdade dos sujeitos de viver relações de natureza diferente daquelas por ele instituídas e desejadas. Se em tudo se equipara união estável e casamento, significa que não teremos mais duas formas de constituição de família, mas apenas uma, já que não há mais diferenças. O velho, mas sempre atual, bordão do movimento feminista cai aqui como uma luva: viva a diferença com direitos iguais!

5.2 CONCEITO E PRESSUPOSTOS PARA CARACTERIZAÇÃO DA UNIÃO ESTÁVEL

União estável está intrinsicamente ligada ao conceito de família, já que é uma das formas de constituição de família elencadas, exemplificativamente, no art. 226, § 3º, da Constituição da República, ao lado do casamento e das famílias monoparentais.

A definição de família[9] continua sendo um dos desafios do Direito contemporâneo, já que ela se tornou plural e o Estado reconheceu e legitimou todas as representações sociais de

---

8   No mesmo sentido foi o tema 498 (RE 646721) da repercussão geral. A diferença que nesse processo tratava de união estável homoafetiva. Na verdade, bastava a decisão de um dos processos para se aplicar tanto para relação homoafetiva, quanto para heteroafetiva. Por maioria e nos termos do voto do Ministro Roberto Barroso, deu provimento ao recurso, para reconhecer de forma incidental a inconstitucionalidade do art. 1.790 do CC/2002 e declarar o direito do recorrente de participar da herança de seu companheiro em conformidade com o regime jurídico estabelecido no art. 1.829 do Código Civil de 2002, vencidos os Ministros Marco Aurélio (Relator) e Ricardo Lewandowski. Em seguida, o Tribunal, vencido o Ministro Marco Aurélio (Relator), fixou tese nos seguintes termos: "É inconstitucional a distinção de regimes sucessórios entre cônjuges e companheiros prevista no art. 1.790 do CC/2002, devendo ser aplicado, tanto nas hipóteses de casamento quanto nas de união estável, o regime do art. 1.829 do CC/2002".

9   "(...) E o que é uma família? O que é uma família, no Brasil, quando nós sabemos que a Constituição Federal só consagrou a união estável porque 50% das famílias brasileiras são espontâneas? Nesses lares, nessas casas desse percentual do povo brasileiro, nunca passou um juiz, nunca passou um padre, mas naquela casa há amor, há unidade, há identidade, há propósito de edificação de projetos de vida. Naquela casa, muito embora não tenha passado nenhum padre e nenhum juiz, naquela casa há uma família. E o conceito de

178 DIREITO DAS FAMÍLIAS – *Rodrigo da Cunha Pereira*

família. Para entendê-lo é preciso buscar elementos em outros campos do conhecimento para podermos pensar a família em qualquer tempo e em qualquer espaço geográfico ou cultural, acima de conceitos, muitas vezes estigmatizantes.

A Antropologia estruturalista de Claude Lévi Strauss[10] e a Psicanálise lacaniana já demonstraram ao mundo que a família pode sofrer variações culturais e por isso transcende sua própria historicidade.[11] Em algum momento pode ser mais reduzida ou ampliada, mais patriarcal ou matriarcal, mais democrática ou mais autoritária. Contudo, o que todas têm em comum é que elas serão sempre o núcleo formador e estruturante do sujeito. Daí poder-se dizer que ela é uma estruturação psíquica em que cada membro ocupa um lugar, uma função. O lugar do pai, por exemplo, é essencial na estruturação da formação psíquica dos filhos, para ser um terceiro na relação mãe-filho. É exatamente esse terceiro (um pai) que vem separar a mãe do filho, possibilitando que ele se torne sujeito. Foi essa necessidade, essa essencialidade que Freud demonstrou ao mundo, por meio da lenda grega de Édipo, teorizando o seu Complexo de Édipo, em que o desejo da criança pela mãe deve ser interditado por um outro. É este outro que metaforiza e exerce a função paterna. E, se o pai pode ser uma metáfora, deve-se falar de "um" e não "o" pai, já que, às vezes, o pai não é o genitor. *Na metáfora paterna, o nome do pai aparece com a função de metaforizar o desejo da mãe. Porém, o nome do pai é já a metáfora do pai. Portanto, o nome do pai funciona muito bem na ausência do pai.* Mais ainda, o nome do pai faz da ausência, o pai em si mesmo. Isto forma parte da teoria mais conhecida de *Lacan* – do pai falado pela mãe, ou seja, ser de linguagem.[12]

Mesmo na ausência, o pai pode se fazer presente pelo discurso da mãe. Esta fala da mãe é decisiva para a criança e marca o referencial de "lei", quando fala sobre o pai, nem que seja, como escreve o psicanalista mineiro Célio Garcia: – Quando seu pai chegar, você vai ver!

> Falar em "nome do pai" em vez de o "pai", sugere que a presença física não será considerada o argumento último, como pensavam os orientadores religiosos inspirados numa sociologia também religiosa que pensava assim combater o que chamamos de organização familiar, ou regime de trabalho estafante no mundo da organização industrial responsável pelo afastamento do pai e/ou da mãe do ambiente e do recinto do lar. Tudo isso é verdade, mas temos que repensar esses dados agora, uma vez que a Psicanálise encontra-se implicada na abordagem.[13]

O delineamento do conceito de união estável deve ser feito buscando elementos caracterizadores de um núcleo familiar, e que vem sendo demarcados pela doutrina e pela jurisprudência, especialmente após a Constituição de 1998: durabilidade, estabilidade, convivência sob o mesmo teto, prole, relação de dependência econômica. Mesmo que ausente um desses elementos,[14] ainda assim pode haver caracterização da união estável, trazendo, por conseguin-

---

família no mundo hodierno, diante de uma Constituição pós-positivista, é um conceito de família que só tem validade conquanto privilegie a dignidade das pessoas que a compõem. Assim como, hodiernamente, só há propriedade conquanto ela cumpra sua finalidade social, há família, conquanto ela cumpra sua finalidade social; a família, conquanto ela conceda aos seus integrantes a máxima proteção sob o ângulo da dignidade humana. (...)" (STF – RE: 615941 RJ, Relator: Min. Luiz Fux, publ. 01.12.2011).

[10] STRAUSS, Claude Lévi. *Estruturas elementares do parentesco*. Tradução de Mariano Ferreira. Petrópolis: Vozes, 1982, *passim*.

[11] PEREIRA, Rodrigo da Cunha. *Direito de família*: uma abordagem psicanalítica. 4. ed. São Paulo: Saraiva, 2012, p. 10.

[12] PEREIRA, Rodrigo da Cunha. *Direito de família*: uma abordagem psicanalítica. 4. ed. São Paulo: Saraiva, 2012, p. 132.

[13] GARCIA, Célio. *Paternidade e família*. Texto inédito Belo Horizonte, 1995. (mimeo).

[14] "(...) A lei não define nem imprime à união estável contornos precisos limitando-se a elencar suas características (CC 1.723): convivência pública, contínua e duradoura estabelecida com o objetivo de constituição

Cap. 5 – UNIÃO ESTÁVEL **179**

te, efeitos jurídicos. O essencial é que se tenha formado entre pessoas uma relação afetiva e duradoura, com o objetivo de constituir uma família, ou seja, com o propósito de estabelecer uma vida conjugal em comum. Mesmo que inicialmente o objetivo não fosse o de constituir um núcleo familiar, mas se a realidade vivida pelo casal conduziu a esta realidade, aí também estará caracterizada uma união estável. A decisão abaixo transcrita ilustra bem a evolução do conceito de união estável:

> *(...) Com a evolução do direito para se aproximar dos modelos mais atuais de família, muitos requisitos anteriormente considerados pertinentes para a definição de união estável, passaram a ser considerados destoantes do contexto social. Assim, não se exige mais que ela se dê com a residência de ambos os conviventes no mesmo imóvel, como também inexiste a exigência de um lapso temporal mínimo para que se considere constituída e tampouco há a necessidade de que tenham gerado filhos para que seja considerada entidade familiar a merecer proteção do Estado. A diferença existente entre o namoro qualificado e a união estável é o requisito subjetivo, ou seja, a vontade de constituir família, a qual deverá ser consumada, pois além da existência da afetividade, a mesma se concretiza com a mútua assistência em que o casal seja referência de família no meio social (...) (TJ-AP – APL: 00246076020168030001, Rel. Des. Gilberto Pinheiro, j. 08/11/2018).*

O CCB/2002, repetindo o conteúdo do art. 1º da Lei nº 9.278/1996, definiu a união estável em um conceito mais aberto e sem tempo determinado de 5 anos para sua caracterização, como se fazia até então: "É reconhecida como entidade familiar a união estável entre o homem e a mulher, configurada na convivência pública, contínua e duradoura e estabelecida com o objetivo de constituição de família (art. 1.723 do CCB/2002)".

Não há um conceito preciso e fechado para união estável[15]. A sua configuração está atrelada a elementos subjetivos (vontade de constituir família)' e objetivos (convivência que perdura no tempo e em caráter contínuo). Contudo, a partir da ideia central de que é a relação amorosa, conjugal, podemos apontar como elementos que integram ou que caracterizam a união estável, a durabilidade da relação, a existência de filhos, a construção patrimonial em comum, *affectio societatis*, coabitação, fidelidade, notoriedade, comunhão de vida, enfim, tudo aquilo que faça o relacionamento parecer um casamento, ou melhor, que esteja aí caracterizado um núcleo familiar.

Com a evolução dos costumes, a coabitação perdeu força e importância, pois a ideia de comunhão de vida tem sofrido profundas mudanças na contemporaneidade. A tendência jurisprudencial[16] é dispensar a convivência sob o mesmo teto para a caracterização da união estável, exigindo-se, porém, relações regulares, seguidas, habituais e conhecidas, se não por

---

de família. Preocupa-se em identificar a relação pela presença de elementos de ordem objetiva, ainda que o essencial seja a existência de vínculo de afetividade, ou seja, o desejo de constituir família." (DIAS, Maria Berenice. *Manual de direito das famílias*. 11. ed. rev., atual. e ampl. São Paulo: Revista dos Tribunais, 2016, p. 245).

[15] A Medida Provisória nº 871/2019, que se transformou na Lei 13.846/2019, em descompasso com o ordenamento jurídico, vez que a união estável é uma situação ato fato jurídico, não admitiu prova exclusivamente testemunhal, salvo caso fortuito ou força maior. Não existe hierarquia entre as provas, portanto não se deve priorizar uma prova em detrimento das outras, pois o próprio Poder Judiciário não descarta prova testemunhal para esse reconhecimento. Esta medida provisória alterou o artigo 16 da Lei 8.213, acrescentando o parágrafo 5º prevendo que: *A prova de união estável e de dependência econômica exigem início de prova material contemporânea dos fatos, não admitida a prova exclusivamente testemunhal, exceto na ocorrência de motivo de força maior e ou caso fortuito, conforme disposto no Regulamento. (Incluído pela Lei nº 13.846, de 2019).*

[16] "(...) A coabitação não é elemento essencial à caracterização da união estável. 3. Recurso conhecido e desprovido." (TJ-DF – APC: 20110310359843 DF 0035418-38.2011.8.07.0003, Relator: Sebastião Coelho, 5ª Turma Cível, pub. 17.09.2013).

DIREITO DAS FAMÍLIAS – *Rodrigo da Cunha Pereira*

todo mundo, ao menos por um pequeno círculo.[17] Tem sido comum, hoje, casamentos em que os cônjuges vivem em casas separadas, seja porque trabalham em cidades diferentes ou mesmo como uma fórmula para a durabilidade das relações. A proteção jurídica é a união em que os companheiros vivem em comum por tempo prolongado, sob o mesmo teto ou não, mas com aparência de casamento. Na década de 1960, a Súmula nº 382 do STF já havia se posicionado sobre isso, esclarecendo que a vida em comum sob o mesmo teto, *more uxorio*, não é indispensável à caracterização do concubinato.

Outro elemento caracterizador é o da notoriedade. Neste sentido, já se havia pronunciado Planiol e Ripert: "A convivência deve ser notória, ou seja, o caso não deve ter ficado em segredo".[18] Na década de 1950, o jurista português Cunha Gonçalves também já havia dito que a ligação concubinária, leia-se hoje união estável, há de ser notória, porém, pode ser discreta. Há situações de aparente incompatibilidade, em que conhecimento ou divulgação faz-se dentro de um círculo restrito de amigos e pessoas da íntima relação de ambos.[19] Entretanto, não é também elemento essencial para a caracterização do instituto e poderá, perfeitamente, em caso de necessidade, ser provada a relação por testemunhos de pessoas do círculo mais restrito e íntimo de amizade. Com a evolução doutrinária e jurisprudencial, esse elemento perde o sentido caracterizador e essencial da união estável. Até mesmo relações clandestinas podem se caracterizar como união estável, desde que se tenha autêntico núcleo familiar.

Importante também é o requisito da fidelidade. Contudo, a infidelidade, por si só, não tem o condão de descaracterizar uma união estável. Se assim o fosse, bastaria alguém ser infiel para furtar-se de determinadas obrigações decorrentes da união estável ou fraudar a companheira/convivente. A infidelidade pode até fazer romper um núcleo conjugal, mas não pode descaracterizar a história anterior vivida pelo casal.

O Código Civil de 2002 eliminou a palavra fidelidade, substituindo-a por lealdade. Fidelidade é uma espécie do gênero lealdade. Impõe-se como dever dos companheiros em atendimento ao princípio jurídico da monogamia, que, por sua vez, funciona como um ponto chave das conexões morais. O dever de fidelidade recíproca tem por objetivo a dedicação exclusiva e sincera, de um ao outro e é um ideal que as pessoas se propõem, mas nem sempre conseguem segui-lo. Embora a infidelidade possa causar dor e sofrimento, ela não é descaracterizadora de uma união estável. A decisão abaixo transcrita ilustra bem o raciocínio aqui exposto, até porque cada casal pode ter o seu código particular de convivência conjugal:

> (...) A relação de convivência não perde o caráter exclusivo frente à existência consensual de uma relação aberta, em que os seus partícipes mantêm, esporadicamente, relações puramente sexuais e despidas da affectio maritalis com terceiras pessoas. A fidelidade não se confunde com a lealdade esperada dos conviventes quanto ao trato da relação, nem configura pré-requisito para o reconhecimento da união de fato, conversando, antes, com um dever de conduta esperado de ambos, apenas se não decidiram, livremente, conduzir sua relação de modo diverso. (TJSC, Apelação Cível nº 0026473-62.2010.8.24.0023, Rel. Des. Jorge Luis Costa Beber, 1ª Câmara de Direito Civil. j. 09/11/2017).

---

[17] Em 1913, o francês Albert Wahl já considerava desnecessária a convivência sob o mesmo teto: *Il n'est pas nécessaire que les concubines vivent ensemble, ils peuvent avoir une existence separée et avoir aussi une existence commune qui suffit pour faire appliquer la présomption.* (WAHL, Albert. La recherche de la paternité. *Revue Trimestrielle de Droit Civil*, v. 12, p. 5-105, 1913).

[18] "Le concubinage doit être notoire, c'est-à-dire que la liaison ne doit pas être demeurée secréte". PLANIOL; RIPERT. *Traité pratique de droit civil français*. Paris: LGDJ, 1950, p. 768.

[19] CUNHA GONÇALVES, Luiz da. *Tratado de direito civil*. Coimbra: Coimbra Editora, 1929, p. 310.

Cap. 5 – UNIÃO ESTÁVEL **181**

A lealdade está intrinsecamente atrelada ao respeito, consideração ao companheiro e, principalmente, ao *animus* da preservação da relação conjugal. A razão de se adotar lealdade, em vez de fidelidade, é o intuito de o legislador acatar uma postura mais ampla e mais aberta, não se restringe à questão sexual, pois abrange a exigência de honestidade mútua dos companheiros.

A relação de dependência econômica é um forte elemento caracterizador da união estável. O sustento de um ao outro, certamente, é um robusto sinal de que ali tem-se um núcleo familiar. Contudo, não é um elemento essencial. Há casais que são independentes economicamente e financeiramente.

A existência de filhos é um elemento caracterizador importante, mas também não determinante. Filhos em uma relação podem ser apenas um elemento a mais ou a menos. Se fosse determinante, os casais sem filhos, casados no civil e no religioso, seja porque optaram por não ter filhos ou mesmo não puderam tê-los por razões biológicas ou genéticas, não poderiam ser caracterizados como família.

Não há um prazo[20], com rigor absoluto, para determinar a partir de quando a relação se caracterizaria como união estável. O importante é que se tenha uma certa estabilidade e durabilidade, que não seja efêmero. Em alguns países é calculado em dez anos, outros em dois anos, dependendo da cultura e vários outros fatores. No Brasil, convencionou-se, por muito tempo, que o prazo era de cinco anos. Provavelmente, este entendimento está ligado à regra da Lei 6.515/1977, antes das alterações da Constituição de 1988, em que havia necessidade de separação prévia de fato de cinco anos para a concessão de separação judicial.

Por este ou aquele motivo, o certo é que se sedimentou este lapso de tempo, corroborado ainda pelas normas da Previdência Social, que sempre se referenciou em cinco anos para caracterizar a união estável para os efeitos de seus benefícios. Embora a jurisprudência após a CR/88 começasse a apontar uma outra direção em matéria de tempo para a caracterização do concubinato/união estável, a Lei nº 8.971, de 29 de dezembro de 1994, definiu esse prazo em cinco anos, e, havendo prole, seria menor. Na verdade, o que interessa sobre o tempo é que ele caracterize a estabilidade da relação. Isto pode se definir com menos de dois anos, por exemplo, ou mesmo não acontecer nem com mais de dez anos de relacionamento. Afinal, namorar não tem prazo de validade. Foi nesse sentido que a Lei nº 9.278/1996 veio estabelecer que não há um prazo rígido para a caracterização da união estável.

Mesmo com essa revogação, o costume, já consagrado, servirá como referencial à caracterização dessas uniões, ou seja, o prazo de mais ou menos cinco anos será sempre um referencial, ainda que subjetivo, para a busca do delineamento objetivo de tais uniões. Contudo, tal prazo, como se disse, é apenas uma referência, e não poderá ser jamais elemento determinante.[21] É em

---

[20]   (...) Em relação à exigência de estabilidade para configuração da união estável, apesar de não haver previsão de um prazo mínimo, exige a norma que a convivência seja duradoura, em período suficiente a demonstrar a intenção de constituir família, permitindo que se dividam alegrias e tristezas, que se compartilhem dificuldades e projetos de vida, sendo necessário um tempo razoável de relacionamento. 3. Na hipótese, o relacionamento do casal teve um tempo muito exíguo de duração – apenas dois meses de namoro, sendo duas semanas em coabitação –, que não permite a configuração da estabilidade necessária para o reconhecimento da união estável. Esta nasce de um ato-fato jurídico: a convivência duradoura com intuito de constituir família. Portanto, não há falar em comunhão de vidas entre duas pessoas, no sentido material e imaterial, numa relação de apenas duas semanas. (STJ, REsp 1761887/MS, Rel. Min. Luis Felipe Salomão, 4ª Turma, pub. 24/09/2019).

[21]   A Medida Provisória nº 664/2014, que se tornou a Lei 13.135/2015, com alterações promovidas no artigo 222, VII, b, da Lei nº 8.112/1990, impôs prazo de dois anos, inclusive com período para recebimento de benefício, de acordo com o lapso temporal de convivência, com a seguinte previsão: *o decurso dos seguintes períodos, estabelecidos de acordo com a idade do pensionista na data de óbito do servidor, depois de vertidas 18 (dezoito) contribuições mensais e pelo menos 2 (dois) anos após o início do casamento ou da união estável: 1) 3 (três) anos, com menos de 21 (vinte e um) anos de idade; (Incluído pela Lei nº 13.135, de 2015) 2) 6 (seis) anos, entre 21 (vinte e um) e 26 (vinte e seis) anos de idade; (Incluído pela Lei nº 13.135, de 2015) 3) 10 (dez) anos, entre 27 (vinte e sete)*

DIREITO DAS FAMÍLIAS – *Rodrigo da Cunha Pereira*

adição a outros elementos, como *affectio societatis*, estabilidade, projetos de vida em comum, relação de dependência econômica, e a elementos que cada caso apresenta, que se caracterizará a união estável, a entidade familiar.[22]

A conceituação e a caracterização da união estável passam sempre pela forma paradigmática de constituição de família que é o casamento. Assim, todos os elementos aqui apresentados são como uma espécie de comparação, uma tentativa de se desenhar um casamento, com a diferença de não haver a formalidade, o ato civil. Isso é o que a jurisprudência brasileira tem absorvido e traduzido ao longo de sua história. Com a evolução dos costumes, com a Constituição de 1988 estabelecendo novas concepções para o "Direito Concubinário", mas, principalmente, a partir dessas uniões estáveis, como um fato social marcante em nosso país.

Em síntese, os elementos caracterizadores da união estável são aqueles que vão delineando o conceito de família. Não é a falta de um desses elementos aqui apresentados que descaracteriza ou desvirtua a noção de união estável[23]. O importante, ao analisar cada caso, é saber se ali, na somatória dos elementos, está presente um núcleo familiar, ou, na linguagem do art. 226 da Constituição da República, uma entidade familiar. Se aí estiver presente uma família, terá a proteção do Estado e da ordem jurídica.

5.3 NAMORO, NAMORO QUALIFICADO, NOIVADO, UNIÃO ESTÁVEL E CASAMENTO

Com a evolução dos costumes e a maior liberdade sexual, a linha divisória entre namoro e união estável tornou-se muito tênue. Com isso, grande parte dos processos levados aos tribunais brasileiros que envolvem união estável, o cerne da discussão está na dificuldade de se diferenciar namoro de união estável. Namoro é o relacionamento entre pessoas sem caracterizar uma entidade familiar. Pode ser a preparação para constituição de uma família futura, enquanto na união estável, a família já existe. Assim, o que distingue esses dois institutos é o *animus familiae*, reconhecido pelas partes e pela sociedade (trato e fama). Existem namoros longos que nunca se transformaram em entidade familiar e relacionamentos curtos que logo se caracterizaram como união estável. O mesmo se diga com relação à presença de filhos, que pode se dar tanto no namoro quanto na união estável.

---

e 29 (vinte e nove) anos de idade; (Incluído pela Lei nº 13.135, de 2015) 4) 15 (quinze) anos, entre 30 (trinta) e 40 (quarenta) anos de idade; (Incluído pela Lei nº 13.135, de 2015) 5) 20 (vinte) anos, entre 41 (quarenta e um) e 43 (quarenta e três) anos de idade;(Incluído pela Lei nº 13.135, de 2015) 6) vitalícia, com 44 (quarenta e quatro) ou mais anos de idade.

[22] "(...) Não há critério científico ou consuetudinário que dê legitimidade absoluta a uma ou outra das soluções. Uma união entre homem e mulher pode durar dez ou mais anos e não ser, necessariamente, estável (texto constitucional), como pode durar menos de cinco e atender a este requisito. Qualquer prazo mínimo não deve ser imposto em termos absolutos. Importa, isto sim, a existência de certa continuidade e um entrosamento subjetivo para distingui-la de uma união passageira, descomprometida. Fixar um prazo cronológico mínimo para aferir a existência de uma união estável é correr o risco de detectá-lo onde não existe ou, o que é pior, negá-la onde de fato se afigura. (...)" (TJSC, AI 9812159-0, 2ª Câm. Cív., Rel. Des. Vanderlei Romer, *DJSC* 28.12.1999, p. 9).

[23] (...) Conquanto a união entre pessoas do mesmo sexo não esteja prevista expressamente na Constituição Federal ou na legislação infraconstitucional, é pacífico o entendimento doutrinário e jurisprudencial no sentido de que tal formatação familiar faz jus à tutela jurídica. 4. Diante das particularidades envolvendo as relações homoafetivas, o requisito da publicidade, embora não possa ser desconsiderado da análise, tampouco pode protagonizar a tomada de decisão acerca da existência de união estável – devendo a abordagem de tal pressuposto ser guiada pelos demais elementos probatórios constantes nos autos. Doutrina. Precedentes. (TJDF, 07059129320188070014, Relator: Sandoval Oliveira, 2ª Turma Cível, Data de Publicação: 27/07/2021).

O namoro, por si só, não tem consequências jurídicas.[24] Não acarreta partilha de bens ou qualquer aplicação de regime de bens, fixação de alimentos ou direito sucessório. Por exemplo, se um casal de namorados adquire um veículo, por exemplo, com o fim do relacionamento este bem poderá ser dividido, se não houver contrato escrito entre eles, mas de acordo com as regras do Direito Obrigacional. Neste sentido, pode-se dizer, então, que é possível haver uma "sociedade de fato" dentro de um namoro, sem que isto caracterize uma entidade familiar. Assim, por não se tratar de entidade familiar, as questões jurídicas concernentes ao namoro, como danos causados à pessoa, são discutidas no campo do Direito Comercial ou Obrigacional.

Namoro pode ser indício de prova para algumas situações jurídicas. Por exemplo, somado à negativa de realização de exame em DNA pode acarretar a declaração de suposta paternidade. Além disso, pode indicar o *fumus boni iuris* necessário à antecipação de tutela no pedido de alimentos gravídicos (Lei nº 11.804/2008). A Lei Maria da Penha (Lei nº 11.340/2006) também é aplicável nos casos de namoro.[25]

O namoro não tem prazo de validade. Faz parte do exercício da autonomia privada optar por esta maneira de se relacionar e, da mesma forma, escolher não prosseguir, não constituindo o fim do namoro, por si só, uma ofensa a direito alheio ou configuração de ato ilícito. Zeno Veloso acerca da diferenciação entre namoro e união estável é assertivo:

> *Nem sempre é fácil distinguir essa situação – a união estável – de outra, o namoro, que também se apresenta informalmente no meio social. Numa feição moderna, aberta, liberal,*

---

[24] "(...) Não é qualquer relacionamento amoroso que se caracteriza em união estável, sob pena de banalização e desvirtuamento de um importante instituto jurídico. Se a união estável se difere do casamento civil, em razão da informalidade, a união estável vai diferir do namoro, pelo fato de aquele relacionamento afetivo visar à constituição de família. Assim, um relacionamento afetivo, ainda que público, contínuo e duradouro não será união estável, caso não tenha o objetivo de constituir família. Será apenas e tão apenas um namoro. Este traço distintivo é fundamental dado ao fato de que as formas modernas de relacionamento afetivo envolvem convivência pública, contínua, às vezes duradoura, com os parceiros, muitas vezes, dormindo juntos, mas com projetos paralelos de vida, em que cada uma das partes não abre mão de sua individualidade e liberdade pelo outro. O que há é um EU e um OUTRO e não um NÓS. Não há nesse tipo de relacionamento qualquer objetivo de constituir família, pois para haver família o EU cede espaço para o NÓS. Os projetos pessoais caminham em prol do benefício da união. Os vínculos são mais sólidos, não se limitando a uma questão afetiva ou sexual ou financeira. O que há é um projeto de vida em comum, em que cada um dos parceiros age pensando no proveito da relação. Pode até não dar certo, mas não por falta de vontade. Os namoros, a princípio, não têm isso. Podem até evoluir para uma união estável ou casamento civil, mas, muitas vezes, se estagnam, não passando de um mero relacionamento pessoal, fundados em outros interesses, como sexual, afetivo, pessoal e financeiro. Um supre a carência e o desejo do outro. Na linguagem dos jovens, os parceiros se curtem. (...) Os interesses que os mantiveram unidos foram pessoais e individuais. Não houve cumplicidade, solidariedade e projeto de vida em comum. O vínculo não se convergiu em proveito do Nós mas do Eu." (TJMG, Ap. Cív. 1.0145.05.280647-1/001, 5ª Câm. Cív., Rel. Des. Maria Elza, *DJ* de 21.1.2009).

[25] "(...) O namoro é uma relação íntima de afeto que independe de coabitação; portanto, a agressão do namorado contra a namorada, ainda que tenha cessado o relacionamento, mas que ocorra em decorrência dele, caracteriza violência doméstica" (CC 96.532/MG, Rel. Ministra Jane Silva – Desembargadora Convocada do TJMG, 3ª Seção, julgado em 05.12.2008, *DJe* 19.12.2008). No mesmo sentido: CC 100.654/MG, Rel. Ministra Laurita Vaz, 3ª Seção, julgado em 25.03.2009, *DJe* 13.05.2009; HC 181.217/RS, Rel. Ministro Gilson Dipp, 5ª Turma, julgado em 20.10.2011, *DJe* 04.11.2011; AgRg no AREsp 59.208/DF, Rel. Ministro Jorge Mussi, 5ª Turma, julgado em 26.02.2013, *DJe* 07.03.2013. 3. A situação de vulnerabilidade e fragilidade da mulher, envolvida em relacionamento íntimo de afeto, nas circunstâncias descritas pela lei de regência, se revela *ipso facto*. Com efeito, a presunção de hipossuficiência da mulher, a implicar a necessidade de o Estado oferecer proteção especial para reequilibrar a desproporcionalidade existente, constitui-se em pressuposto de validade da própria lei. Vale ressaltar que, em nenhum momento, o legislador condicionou esse tratamento diferenciado à demonstração dessa presunção, que, aliás, é ínsita à condição da mulher na sociedade hodierna. 4. As denúncias de agressões, em razão do gênero, que porventura ocorram nesse contexto, devem ser processadas e julgadas pelos Juizados de Violência Doméstica e Familiar contra a Mulher, nos termos do art. 14 da Lei nº 11.340/2006. (STJ, REsp 1416580, RJ 2013/0370910-1, Rel. Min. Laurita Vaz, 5ª Turma, pub. 15.04.2014).

> *especialmente se entre pessoas adultas, maduras, que já vêm de relacionamentos anteriores (alguns bem-sucedidos, outros nem tanto), eventualmente com filhos dessas uniões pretéritas, o namoro implica, igualmente, convivência íntima – inclusive, sexual –, os namorados coabitam, frequentam as respectivas casas, comparecem a eventos sociais, viajam juntos, demonstram para os de seu meio social ou profissional que entre os dois há uma afetividade, um relacionamento amoroso. E quanto a esses aspectos, ou elementos externos, objetivos, a situação pode se assemelhar – e muito – a uma união estável. Parece, mas não é! Pois falta um elemento imprescindível da entidade familiar, o elemento interior, anímico, subjetivo: ainda que o relacionamento seja prolongado, consolidado, e por isso tem sido chamado de 'namoro qualificado', os namorados, por mais profundo que seja o envolvimento deles, não desejam e não querem – ou ainda não querem – constituir uma família, estabelecer uma entidade familiar, conviver numa comunhão de vida, no nível do que os antigos chamavam de affectio maritalis. Ao contrário da união estável, tratando-se de namoro – mesmo do tal namoro qualificado –, não há direitos e deveres jurídicos, mormente de ordem patrimonial entre os namorados. Não há, então, que falar-se de regime de bens, alimentos, pensão, partilhas, direitos sucessórios, por exemplo* (VELOSO, Zeno. *Direito Civil: temas*. Belém: ANOREGPA, 2018. p. 313).

Ao Direito de Família interessa delinear um conceito de namoro para distingui-lo da união estável ou "concubinato". Esta confusão de conceitos surge no mundo jurídico a partir da "revolução sexual", na década de 1960, com a liberalização dos costumes. Antes, se o casal não mantinha relação sexual eram apenas namorados, e se mantinham, já se podia dizer que eram "amigados" ou "amasiados". Hoje é comum, natural e saudável que casais de namorados mantenham relacionamento sexual, sem que isto signifique nada além de um namoro, e sem nenhuma consequência jurídica. Assim, o conteúdo sexual de uma relação amorosa que até pouco tempo era caracterizador, ou descaracterizador de um instituto ou outro, não é mais determinante ou definidor deste ou daquele instituto. E, para confundir ainda mais, namorados às vezes têm filhos sem planejar, o que por si só não descaracteriza o namoro e o eleva à categoria de união estável. Nessas relações, vê-se também uma grande diferença entre a forma de se ver ou nomear tal relação. É muito comum os homens enxergarem ou entenderem que se trata apenas de um namoro, enquanto as mulheres, talvez por serem mais comprometidas com o amor, veem como união estável. Esse ângulo de visão diferente, somado à falta de um delineamento mais preciso sobre o namoro e união estável, tem levado os restos deste amor às barras dos tribunais, para que o juiz diga se é uma coisa ou outra. Estas demandas aumentaram, principalmente, após o advento da Lei 9.278/96, que acertadamente abriu o conceito de união estável, isto é, retirou o prazo de cinco anos estabelecido na Lei 8.971/94.

A jurisprudência mais atenta à nova realidade das famílias e às novas estruturas parentais e conjugais tem traduzido esta evolução dos costumes para diferenciar namoro e união estável. Afinal, namorados podem até mesmo morar juntos sem que isto caracterize uma união estável, pois há situações em que eles podem residir sob o mesmo teto por questão de economia, ou qualquer outra circunstância da vida. E foi assim que surgiu a expressão "namoro qualificado", utilizada pela primeira vez, em decisão do STJ, em 2015, no acórdão abaixo transcrito:

> *(...) O propósito de constituir família, alçado pela lei de regência como requisito essencial à constituição da união estável – a distinguir, inclusive, esta entidade familiar do denominado "**namoro qualificado**" –, não consubstancia mera proclamação, para o futuro, da intenção de constituir uma família. É mais abrangente. Esta deve se afigurar presente durante toda a convivência, a partir do efetivo compartilhamento de vidas, com irrestrito apoio moral e material entre os companheiros. É dizer: a família deve, de fato, restar constituída. 2.2. Tampouco a coabitação, por si, evidencia a constituição de uma união estável (ainda que*

possa vir a constituir, no mais das vezes, um relevante indício), especialmente se considerada a particularidade dos autos, em que as partes, por contingências e interesses particulares (ele, a trabalho; ela, pelo estudo) foram, em momentos distintos, para o exterior, e, como namorados que eram, não hesitaram em residir conjuntamente. Este comportamento, é certo, revela-se absolutamente usual nos tempos atuais, impondo-se ao Direito, longe das críticas e dos estigmas, adequar-se à realidade social. (STJ, REsp 1454643/RJ, Rel. Min. Marco Aurélio Bellizze, 3ª Turma, pub. 10.03.2015). (Grifamos.)

O "namoro qualificado" não é o contrário do "namoro desqualificado", como pode parecer à primeira vista. É uma expressão para ajudar a demarcar esta linha tênue entre namoro e união estável, que pressupõe relações sexuais e às vezes até mesmo viver sob o mesmo teto. Mas do ponto de vista jurídico, daí não decorre nenhum direito.

5.3.1   Contratos. Retroatividade. Pessoas com deficiência

É comum também, ainda por influência do Direito Canônico, depois de um curto tempo de namoro, estabelecerem um contrato tácito de noivado, que na linguagem do Direito Canônico denomina-se esponsais. Não gera nenhuma obrigação jurídica. É muito mais um compromisso moral. Como se fosse uma nova etapa do namoro, que estaria entrando na fase de preparação para o casamento, ou seja, para constituir família. Nos processos judiciais, cuja discussão central é saber se aquela relação é namoro ou união estável, as pessoas têm trazido o noivado como se fosse uma prova da união estável. Um equívoco. É justamente o contrário. O noivado significa apenas uma preparação para a constituição de uma família, e, portanto, não é família. E se não teve o casamento, significa que ali não era, ainda, uma família. Se estavam preparando para constituir família e isto não se concretizou, o noivado seria apenas como prova para demonstrar que estavam apenas "ensaiando" constituir família e, portanto, ainda não era uma família (ver item 3.3).

Alguns casais, especialmente aqueles que já constituíram outra família anteriormente, para evitar futuros aborrecimentos ou demandas judiciais, em razão da confusão desses dois conceitos, têm feito contrato de namoro, ou uma "declaração de namoro", dizendo que a relação entre as partes é apenas um namoro e que não têm intenção ou objetivo de constituírem uma família. E, se a realidade da vida descaracterizar o namoro, elevando-o ao *status* de união estável, fica desde já assegurado naquele contrato, ou declaração, qual será o regime de bens entre eles. Embora o contrato de namoro possa parecer o antinamoro, muitos casais, em busca de uma segurança jurídica, e para evitar que a relação equivocadamente seja tida como união estável, desviando assim o *animus* dos namorados, têm optado por imprimir esta formalidade à relação.

O contrato de casamento exige formalidades e solenidades que o torna um contrato *sui generis*. Na união estável, o contrato pode ser tácito ou expresso.[26] Mesmo quando expresso (escrito) não se exige nenhuma formalidade para sua validade, desde que expresse a manifestação de vontade de ambos os companheiros. O Provimento nº 141, de 16/03/2023, que alterou o Provimento nº 37/2014, para atualizá-lo à Lei nº 14.382/2022[27], estabeleceu regras para registro

---

[26]   Art. 104. A validade do negócio jurídico requer:

I – agente capaz;

II – objeto lícito, possível, determinado ou determinável;

III – forma prescrita ou não defesa em lei.

[27]   Dispõe sobre o Sistema Eletrônico dos Registros Públicos (Serp); altera as Leis nº 4.591, de 16 de dezembro de 1964, nº 6.015, de 31 de dezembro de 1973 (Lei de Registros Públicos), nº 6.766, de 19 de dezembro de 1979, nº 8.935, de 18 de novembro de 1994, nº 10.406, de 10 de janeiro de 2002 (Código Civil), nº 11.977, de 7 de julho de 2009, nº 13.097, de 19 de janeiro de 2015, e nº 13.465, de 11 de julho de 2017; e revoga a Lei

da união estável, aumentando, assim, a segurança do acordo de vontades. O Provimento nº 146/2023 do CNJ fez alterações no Provimento nº 37, de 07/07/2014, para esclarecer os limites do termo declaratório formalizado perante o Registro Civil das Pessoas Naturais e para exigir o registro de documento público estrangeiro. **O Provimento nº 149/2023 do CNJ, que institui o Código Nacional de Normas da Corregedoria Nacional de Justiça do Conselho Nacional de Justiça – Foro Extrajudicial (CNN/CN/CNJ-Extra), absorveu todas essas alterações nos arts. 537 a 553.** Este é o paradoxo da união estável: quanto mais regulamenta, mais se aproxima do casamento e, consequentemente, mais se distancia de sua ideia original, que é a liberdade, a informalidade. Com isso, a união estável tem se tornado quase um casamento forçado.

Outra polêmica, e que se estende também ao contrato de casamento, é se pessoas com deficiência podem estabelecer contrato expresso ou tácito de união estável. A consolidação e o reconhecimento do valor e princípio da dignidade da pessoa humana emanado na Lei nº 13.146, de 6 de julho de 2015, em vigor a partir de 3 de janeiro de 2016, que instituiu o Estatuto da Pessoa com Deficiência e ampliou a capacidade das pessoas de estabelecerem união estável. Esta Lei alterou e revogou vários artigos do Código Civil relativos à capacidade da pessoa, traduzindo em seu texto toda a *evolução e noção de inclusão social. Por exemplo, estabelece em seu art. 4º que: Toda pessoa com deficiência tem direito à igualdade de oportunidades com as demais pessoas e não sofrerá nenhuma espécie de discriminação.* E continua, em seu art. 6º:

> Art. 6º A deficiência não afeta a plena capacidade civil da pessoa, inclusive para:
>
> I – casar-se e constituir união estável;
>
> II – exercer direitos sexuais e reprodutivos;
>
> III – exercer o direito de decidir sobre o número de filhos e de ter acesso a informações adequadas sobre reprodução e planejamento familiar;
>
> IV – conservar sua fertilidade, sendo vedada a esterilização compulsória;
>
> V – exercer o direito à família e à convivência familiar e comunitária; e
>
> VI – exercer o direito à guarda, à tutela, à curatela e à adoção, como adotante ou adotando, em igualdade de oportunidades com as demais pessoas.

Esta nova compreensão da capacidade civil[28] é uma boa tradução e incorporação da noção e valorização da dignidade e dignificação do humano e alguns passos adiante da noção original de Immanuel Kant em sua clássica obra *Fundamentação da Metafísica dos Costumes.* Além disso, é a materialização daquilo que Jacques Lacan já havia dito há muitas décadas: "Toda pessoa enquanto sujeito deve se responsabilizar pelos seus atos". Portanto, é possível que pessoas com deficiência, que consigam manifestar sua vontade, possam estabelecer união estável. Podem, inclusive, a

---

nº 9.042, de 9 de maio de 1995, e dispositivos das Leis nº 4.864, de 29 de novembro de 1965, nº 8.212, de 24 de julho de 1991, nº 12.441, de 11 de julho de 2011, nº 12.810, de 15 de maio de 2013, e nº 14.195, de 26 de agosto de 2021.

[28] Lei 13.146/2015, art. 2º Considera-se pessoa com deficiência aquela que tem impedimento de longo prazo de natureza física, mental, intelectual ou sensorial, o qual, em interação com uma ou mais barreiras, pode obstruir sua participação plena e efetiva na sociedade em igualdade de condições com as demais pessoas.
§ 1º A avaliação da deficiência, quando necessária, será biopsicossocial, realizada por equipe multiprofissional e interdisciplinar e considerará:
I – os impedimentos nas funções e nas estruturas do corpo;
II – os fatores socioambientais, psicológicos e pessoais;
III – a limitação no desempenho de atividades; e
IV – a restrição de participação.
§ 2º O Poder Executivo criará instrumentos para avaliação da deficiência.

depender do grau de sua deficiência, fazerem testamento. No contrato de união estável, assim como no casamento, as partes podem estabelecer o regime patrimonial que lhes aprouver. Mas, no caso das pessoas com deficiência, a depender do grau de vulnerabilidade, o cuidado com a escolha do regime de bens deve ser redobrado, a fim de evitar abusos e "golpe do baú".

Na prática, a maioria das pessoas que estabelecem uma união estável não faz um contrato de convivência, embora seja saudável fazê-lo. É que, quando optam por uma união sem a formalidade do casamento civil, estão optando por uma relação sem maiores formalidades e sem a interferência de regras formais. Outras não fazem um pacto escrito de convivência porque essa relação não foi exatamente planejada. Muitas vezes é um namoro que aos poucos foi se transformando em união estável e o seu termo inicial exato não é tão definido ou claro. Na verdade, tanto no casamento como em uma união estável as partes têm constrangimento de discutir previamente as regras da relação para estabelecê-las em um pacto antenupcial ou em um contrato de união estável. Este constrangimento em discutir as regras patrimoniais da relação é um preconceito que pode interferir negativamente na essência do relacionamento. O "não dito" pode emergir mais tarde, provocando um mal-estar ou até mesmo propiciando o fim da conjugalidade.

O contrato de união estável pode ser particular, por escritura pública ou mesmo o registro no Cartório de Registro Civil das Pessoas Naturais – RCP, como estabeleceu o Provimento nº 141, de 16/03/2023, e o Provimento nº 146/2023 (que alteraram o Provimento nº 37/2014). Algumas corregedorias estaduais regulamentaram e depois o CNJ, com o Provimento nº 149/2023, que instituiu o Código Nacional de Normas da Corregedoria Nacional de Justiça do Conselho Nacional de Justiça – Foro Extrajudicial (CNN/CN/CNJ-Extra), regulamentou os serviços notariais e de registro, deixando claro que é facultativo o requerimento do registro do termo declaratório[29].

O contrato de união estável não cria a união estável, como acontece com o contrato de casamento, mas é uma prova fortíssima da existência da união estável. Para invalidá-lo, é necessário que se demonstre a fraude ou simulação do contrato considerando que união estável é ato-fato jurídico, assim como o contrato de trabalho é o contrato realidade.

A polêmica instalada sobre os contratos de união estável é se seus efeitos podem ser retroativos ou não[30]. Os conviventes, como pessoas maiores e capazes, podem estabelecer o que lhes aprouver quanto o regime de bens, inclusive retroagindo. O problema está é quando se faz essa retroatividade para fraudar, como bem nos lembra Rolf Madaleno que apagar acordos tácitos de comunhão parcial justamente quando a lei presume a comunicação dos bens pela inércia contratual dos conviventes, para depois permitir a renúncia patrimonial por mero contrato, seria admitir uma forma ilícita e imoral de empobrecer o outro parceiro[31]. A jurisprudência ficou dividida inicialmente[32], entre aceitar ou não a retroatividade, tendendo exatamente para prevenir fraudes a não aceitar a retroatividade, como já se posicionou o STJ:

---

[29] Art. 537. É facultativo o registro da união estável prevista no art. 1.723 a 1.727 do Código Civil, mantida entre o homem e a mulher, ou entre duas pessoas do mesmo sexo.

[30] Tramita no STF o Recurso Extraordinário com Agravo (ARE) 1.405.467, que teve a repercussão geral reconhecida (Tema nº 1.313), para analisar se união a estável pode ser convertida retroativamente em casamento.

[31] MADALENO, Rolf. Op. cit. p. 473.

[32] (...) Tratando-se de união estável é possível, a qualquer tempo, alterar as disposições de caráter patrimonial, inclusive com efeitos retroativos, em homenagem ao princípio da autonomia da vontade. 4. Ausente arcabouço probatório apto a demonstrar quaisquer máculas nos negócios jurídicos que envolveram a compra e venda dos bens amealhados no transcurso da união estável, a improcedência do pedido é medida impositiva. 5. Recurso desprovido. (TJ-DF 07300769820178070001 DF 0730076-98.2017.8.07.0001, Relator: Mario-Zam Belmiro, 8ª Turma Cível, Data de Publicação: Pub. 13/02/2019).

(...) Não é lícito aos conviventes atribuírem efeitos retroativos ao contrato de união estável, a fim de eleger o regimento de bens aplicável ao período de convivência anterior à sua assinatura. 2. Restando incontroverso

(...) No curso do período de convivência, não é lícito aos conviventes atribuírem por contrato efeitos retroativos à união estável elegendo o regime de bens para a sociedade de fato, pois, assim, se estar-se-ia conferindo mais benefícios à união estável que ao casamento. 9. Recursos especiais não providos (STJ – REsp: 1383624 MG 2013/0146258-6, Relator: Ministro Moura Ribeiro, 3ª Turma, j. 02/06/2015).

No entanto, se se demonstrar que a retroatividade não está imbuída de fraude, e vem verdadeiramente atender a vontade das partes, é perfeitamente possível que seus efeitos alcancem o tempo pretérito (ver item 4.11.2).

Em síntese, união estável e casamento são contratos para regulamentar a relação conjugal. Em ambas as formas de se constituir família, quando não se estabelece disposições em contrário, o regime é o da comunhão parcial de bens.

5.4 RELAÇÃO *SUGAR* E UNIÃO ESTÁVEL

Assim como há um limiar tênue entre namoro e união estável, uma relação *sugar* também pode se confundir com uma união estável. Seu propósito, assim como no namoro, não é constituir família. Essa expressão da língua inglesa, ainda sem correspondente em português, surgiu na Califórnia em 1908 para designar o relacionamento de Alma Bretteville (27) e Adolph Spreeckels (51). Com o tempo, a expressão se consolidou para designar a relação de uma pessoa mais velha com uma mais nova, com interesses claramente baseados em benefícios financeiros, mas que não se caracteriza como prostituição. Já existem plataformas digitais que promovem os relacionamentos *sugar*. Ali, como nos aplicativos de namoros e encontros, cada um coloca seu perfil, deixando claro que querem essas trocas, inscrevendo-se como *sugar baby*, *sugar daddy* ou *sugar mommy*. Essas relações, como tantas outras, podem ser um sistema de trocas, com expectativas atendidas e benefícios recíprocos.

Uma pessoa de 20 ou 30 anos que se casa, ou se relaciona, com outra que tem o dobro da sua idade, por exemplo, é vista como interesseira ou golpista, especialmente se a pessoa mais velha é quem tem dinheiro. Mas não estaria aí um par perfeito? Uma parte tem a maturidade, experiência, segurança e dinheiro. A outra tem a juventude, a alegria e o entusiasmo próprios da idade. A relação, e até mesmo o amor, pode nascer desses interesses. Cada um dá o que tem, e o que se quer do outro pode ser exatamente o que não se tem. Não significa que os relacionamentos fora dos padrões sejam proibidos, ou mesmo que não haja afeto. Com essa clareza e por entender que as relações afetivas podem, sim, ser também um sistema de trocas é que nos últimos anos as expressões *sugar daddy* e *sugar baby* vêm se popularizando. Afinal, toda relação traz consigo algum interesse, nem que seja só o do amor para buscar o tamponamento do inexorável vazio existencial.

Assim como nas uniões poliafetivas, as regras são claras. Nas relações *sugar* também não há enganação. Eu dou o que você não tem, você me dá o que eu não tenho. O problema seria se houvesse engodo, enganação. Nesse caso, assim como em outros menos explícitos, seria um típico "golpe do baú", que traz consigo elementos de fraude, simulação e má-fé. E, para que as regras dessas relações fiquem bem claras, é conveniente que se faça um contrato escrito, particular, ou por escritura pública, assim como se faz em relações de família, contratos, pactos antenupciais e contratos paraconjugais, para deixar claro e explícito as regras e consequências patrimoniais.

---

que a aquisição do bem se deu durante a união estável, revela-se manifesto o direito da ex-companheira na meação. 3. Apelo provido. (TJ-DF 20160910122913 – Segredo de Justiça 0012068-27.2016.8.07.0009, Relator: Arnoldo Camanho, Data de Julgamento: 19/09/2018, 4ª Turma Cível, pub. 24/09/2018).

Um contrato *sugar* se distingue de uma relação de prostituição, pois nesse caso paga-se por um serviço sexual sem outros envolvimentos, e em geral são eventuais. Nos contratos de *sugar*, o sexo pode estar incluído, mas vai além disso. A "contraprestação" central é a companhia, seja para viagens, restaurantes, festas etc. Em outras palavras, nas relações *sugar* o afeto em geral é adicionado como um dos primeiros elementos, e o sexo não está em primeiro plano. Esse contrato é perfeitamente válido, se feito entre pessoas maiores e capazes[33]. As partes estabelecem ali o seu conteúdo, um objeto lícito, cuja obrigação é fazer companhia, frequentar determinados lugares, viajarem juntos, pagar determinadas contas, ou quantia em dinheiro etc. Pode-se estabelecer penalidades pelo descumprimento, e até mesmo multa para determinadas situações, como exposição em redes sociais etc.

Dois dos autores brasileiros que se posicionam favoráveis à licitude do objeto dos contratos *sugar*, Conrado Paulino da Rosa e Vitória Barbosa Sanhudo, são enfáticos ao defenderem a possibilidade desse contrato atípico: "Nas relações *sugar*, há verdadeiramente um negócio entre os envolvidos, vez que é inarredável a exigência da vontade livre e consciente entre ambos e a utilização de sua liberdade e autonomia privada a fim de estipularem e conferirem a esse relacionamento exatamente o sentido e a finalidade pretendidos"[34].

As relações *sugar* podem ser duradouras ou não, e o contrato pode ser por prazo determinado ou indeterminado, pois inserem-se no contexto da autonomia privada e autonomia da vontade, ou melhor, de autodeterminação existencial, como bem definiu o jurista Paulo Lôbo, dando passos significativos na valorização do sujeito de direitos como sujeito desejante[35]. Se essas relações existem, não se deve negar a realidade[36]. É melhor que se fale e se escreva em contratos sobre elas. Assim as partes estarão protegidas em seus direitos e desejos, e principalmente evitando que aquela relação possa se transformar, ou evoluir para uma união estável, já que a união estável é um contrato realidade, ou seja, ato-fato-jurídico. Portanto, é conveniente que conste nesse contrato, como se deve constar no contrato de namoro, que se tal relação se transformar em união estável, o regime de bens será o da separação de bens, ou outro qualquer de livre escolha do casal. Será uma segurança a mais para as partes.

5.5   UNIÃO ESTÁVEL E O PARADOXO DA SUA REGULAMENTAÇÃO

A regulamentação das uniões estáveis esbarra em uma contradição. Será mesmo possível estabelecer as regras para as uniões que têm por natureza e essência exatamente não estar sob a égide das normas do Estado? Ora, se as pessoas não se casam oficialmente é porque não querem as formalidades e as regras impostas pelo Estado. É de se perguntar então: com o estabelecimento de regras para a união estável, praticamente idênticas ao casamento, qual alternativa restará à pessoa que não quiser se casar e preferir viver em regime de união estável?

---

[33]   Art. 104. A validade do negócio jurídico requer: I – agente capaz; II – objeto lícito, possível, determinado ou determinável; III – forma prescrita ou não defesa em lei.

[34]   ROSA, Conrado Paulino da; SANHUDO, Victória Barbosa. Relações *sugar* enquanto meio de realização das relações afetivas: apontamentos à luz dos planos do negócio jurídico. *Revista Brasileira de Direito Contratual*. Lex Magister/IBDCONT, Porto Alegre, v. 5, nº 17, p. 28-45, out./dez. 2023.

[35]   LÔBO, Paulo Luiz Netto. Autodeterminação existencial e autonomia privada em perspectiva. *Revista IBDFAM – Famílias e Sucessões*, ed. 53. set./out. 2022. p. 17-32.

[36]   (...) Silvio tinha prazer em vê-la se vestindo melhor. Era um verdadeiro *sugar daddy*. Gostava de lhe dar presentes. Jamais tiveram relação física de toque ou beijo. Era apenas apoio mútuo. Todas as despesas que constam do processo foram realizadas com a anuência de Silvio, à exceção daquelas feitas na Europa. Na data em que descobertos os fatos, ele já havia quitado as despesas e sabia de seus gastos em Amsterdam. Ele agia como se fosse o seu *sugar daddy* (homem rico que paga uma espécie de mesada para sair com pessoas (geralmente mulheres) mais jovens e bonitas, "in" https://pt.wiktionary.org/wiki/*sugar*_daddy), sustentou a ré. (...). (TJSP, Ação Penal, Procedimento Ordinário 1521656-17.2022.8.26.0050, 5ª Vara Criminal do TJSP).

Certamente nenhuma, pois esses regramentos, em geral, tendem sempre a aproximá-la do casamento e, desta maneira, ainda que não se case, a pessoa estaria em um instituto idêntico ao do casamento, embora com outro nome. Neste raciocínio, regulamentação da união estável seria praticamente acabar com ela, matá-la em sua essência, que é exatamente não estar preso às regras do casamento. A união estável é um instituto em que os sujeitos desejam um espaço onde possam criar as próprias regras da convivência. Daí o nome "união livre", que, por muitos anos, foi sinônimo de união estável, até então denominado concubinato.

A Lei 14.382/2022[37], que dispõe sobre o sistema eletrônico dos registros públicos, deu mais um passo adiante para sintonizar o Direito com a sociedade digital. Além de outras inovações, como desburocratização da realização do casamento, mudança de nome e prenome, entre outras, foi inserido na Lei dos Registros Públicos (Lei 6.015/1973) o art. 94-A[38], autorizando a formalização de termos declaratórios de união estável perante o Registro Civil das Pessoas Naturais (RCPN), simplificando os procedimentos.

A regulamentação da união estável é um paradoxo, pois não o regulamentar pode-se estar protegendo a parte economicamente forte. Por outro lado, regulamentá-lo estar-se-á interferindo na liberdade dos sujeitos de não se casarem oficialmente. Quanto mais se regulamenta e se estabelece regras para a união estável, mais equiparada estará ao casamento. Embora o casamento tenha sido, seja e continue sendo um paradigma de constituição de família, não

---

[37] O Provimento 141/2023 do CNJ, de 16.03.2023, que regulamenta união estável e alteração do regime de bens no registro civil, fez alterações no Provimento 37/2014 Dentre elas, a possibilidade de expedir termo declaratório de reconhecimento e dissolução de união estável, lavrado perante o Registro Civil das Pessoas Naturais, bem como a possibilidade de alteração extrajudicial do regime de bens na união estável, e tratou sobre a conversão da união estável em casamento. O Provimento 146/2023 do CNJ trouxe alterações referentes a dois pontos. O primeiro é a necessidade de lavratura de escritura pública na partilha de bens imóveis de valor superior a 30 salários mínimos. E o segundo é a obrigatoriedade do prévio registo do documento estrangeiro no Serviço de Registro de Títulos e Documentos – RTD, para ingresso no Registro Civil das Pessoas Naturais – RCPN. **O Provimento 149/2023 instituiu o Código Nacional de Normas da Corregedoria Nacional de Justiça do Conselho Nacional de Justiça – Foro Extrajudicial (CNN/CN/CNJ-Extra), que regulamenta os serviços notariais e de registro, absorvendo esses atos normativos, prevendo união estável nos arts. 537 a 553.** Assim, , cada vez mais a união estável se aproxima do casamento, aumentando o paradoxo de sua regulamentação. Quanto mais for regulamentada, para aproximá-la do casamento, mais se afasta de sua ideia original, que é exatamente não se submeter a determinadas regras, tornando-a quase um casamento forçado.

[38] Art. 94-A. Os registros das sentenças declaratórias de reconhecimento e dissolução, bem como dos termos declaratórios formalizados perante o oficial de registro civil e das escrituras públicas declaratórias e dos distratos que envolvam união estável, serão feitos no Livro E do registro civil de pessoas naturais em que os companheiros têm ou tiveram sua última residência, e dele deverão constar: I – data do registro; II – nome, estado civil, data de nascimento, profissão, CPF e residência dos companheiros; III – nome dos pais dos companheiros; IV – data e cartório em que foram registrados os nascimentos das partes, seus casamentos e uniões estáveis anteriores, bem como os óbitos de seus outros cônjuges ou companheiros, quando houver; V – data da sentença, trânsito em julgado da sentença e vara e nome do juiz que a proferiu, quando for o caso; VI – data da escritura pública, mencionados o livro, a página e o tabelionato onde foi lavrado o ato; VII – regime de bens dos companheiros; VIII – nome que os companheiros passam a ter em virtude da união estável. § 1º Não poderá ser promovido o registro, no Livro E, de união estável de pessoas casadas, ainda que separadas de fato, exceto se separadas judicialmente ou extrajudicialmente, ou se a declaração da união estável decorrer de sentença judicial transitada em julgado. § 2º As sentenças estrangeiras de reconhecimento de união estável, os termos extrajudiciais, os instrumentos particulares ou escrituras públicas declaratórias de união estável, bem como os respectivos distratos, lavrados no exterior, nos quais ao menos um dos companheiros seja brasileiro, poderão ser levados a registro no Livro E do registro civil de pessoas naturais em que qualquer dos companheiros tem ou tenha tido sua última residência no território nacional. § 3º Para fins de registro, as sentenças estrangeiras de reconhecimento de união estável, os termos extrajudiciais, os instrumentos particulares ou escrituras públicas declaratórias de união estável, bem como os respectivos distratos, lavrados no exterior, deverão ser devidamente legalizados ou apostilados e acompanhados de tradução juramentada.

significa que seja superior ou inferior, melhor ou pior. Apenas diferente. São diferentes formas e possibilidades de se constituir família.

A título de exemplo deste paradoxo, vejamos o art. 115 da Lei nº 15.040[39], de 09/12/2024, que dispôs sobre as normas de seguro privado. Ele estabelece que, na falta de indicação do beneficiário ou se não prevalecer a indicação feita, o capital segurado será pago ou, se for o caso, será devolvida a reserva matemática por metade ao cônjuge, se houver, e o restante aos demais herdeiros do segurado. O § 2º desse mesmo artigo prevê que, se o segurado for separado, ainda que de fato, caberá ao companheiro a metade que caberia ao cônjuge. Em que pese que se deva respeitar as diferenças entre o casamento e a união estável, pois é o que há de mais saudável para um sistema jurídico, não se pode admitir que o sinônimo de diferenciação seja motivo para redução pela metade da garantia de direitos quando em comparação do casamento com união estável nesses casos. Mesmo porque estaríamos desprezando o princípio da isonomia das entidades familiares, bem como a não hierarquização das formas constituídas de família.

Registre-se, então, e podemos perceber a razão, que todas as tentativas de regulamentação da união estável esbarram em contradições. É que sua essência, seu cerne, é exatamente não querer a intervenção do Estado. Isso é o que acontece na quase totalidade dos países europeus, ou seja, o instituto da união estável escapa e escapará sempre às imposições e às tentativas de regramentos. É o espaço do não institucionalizado e, pela sua natureza, é algo que quer exatamente fugir das regras e escapar dos limites e formalidades do casamento civil. Podemos entender, portanto, que escolher viver em união estável está diretamente ligado à opção do desejo de um outro tipo de conjugalidade, fora daquele tradicionalmente estabelecido pelo Estado.

Não se deve confundir, entretanto, a não regulamentação com a não proteção do Estado e seu reconhecimento enquanto forma de família, que tem consequências jurídicas pessoais e patrimoniais. União estável ou união livre, como o próprio nome indica, é aquela livre de regulamentação, registros e controles oficiais. Regulamentá-la seria quase transformá-la em casamento, nos moldes e termos que o Estado determinar. Essa tendência é, na verdade, uma posição moralista equivocada, pois seria o mesmo que não a aceitar como outra forma de família. É como se fosse para resgatá-la de algo que não é correto, como moralisticamente estabeleceu-se na Constituição da República que o Estado facilitará sua conversão em casamento,[40] como se fosse alçá-la a uma condição mais digna. Era neste sentido também o Provimento nº 37/14 do CNJ (*vide* Provimento 149/2023 do CNJ), que reafirmou que as corregedorias de Justiça de vários estados brasileiros já vinham regulamentando, chegando até mesmo à determinação de se registrar a união estável em cartórios de Registro Civil, como se fosse casamento.

A história e o Direito comparado ensinam que os limites da proteção do Estado sobre este tipo de família vêm-se fazendo por meio da jurisprudência e doutrina que, mais próximos da evolução social e costumes, podem ir demarcando os limites e contornos dessas relações.

O Direito não pode ficar indiferente às novas relações de família, mas também não pode interferir na liberdade dos sujeitos a ponto de presumir suas vontades, equiparando em tudo a união estável ao casamento. É muito saudável que as diferentes formas de constituição de família preservem suas peculiaridades e diferenças, sem que isto signifique a superioridade de uma sobre a outra. A diferença hoje entre o casamento civil e a união estável restou fundamentalmente em que o cônjuge é herdeiro necessário e o companheiro não o é. Em que pese a polêmica discussão da igualdade entre essas duas formas de constituição de família, é muito saudável que tais diferenças permaneçam. Isto não significa a superioridade de uma sobre a

---

[39] Esta lei entrará em vigor após um ano de sua publicação oficial.

[40] Art. 226 da CF/88: "§ 3º Para efeito da proteção do Estado, é reconhecida a união estável entre o homem e a mulher como entidade familiar, devendo a lei facilitar sua conversão em casamento".

outra, insista-se. É exatamente esta diferenciação que dá a possibilidade de escolha ao casal de constituir uma família, sem que o cônjuge seja necessariamente herdeiro. É essa diferença, portanto, que pode garantir a liberdade, um dos pilares de sustentação do Direito Civil[41].

A questão da regulamentação ou não das uniões estáveis não é simples. Pode-se dizer que é mesmo paradoxal:[42] por um lado significa a interferência excessiva no campo do privado, com risco até mesmo de acabar com ela. Por outro lado, a falta de regras jurídicas pode ocasionar injustiças, uma vez que da comunhão de vida entre duas pessoas podem nascer efeitos e consequências que merecem, de uma forma ou de outra, proteção jurídica.

No Brasil, a tendência foi pela regulamentação. Foram vários os projetos de lei apresentados ao Congresso Nacional. Vingaram dois, que se transformaram nas Leis nº 9.278, de 10 de maio de 1996, que em alguns aspectos revoga e em outros complementa a Lei nº 8.971, de 29 de dezembro de 1994. O CCB/2002 incorporou no seu Livro sobre a família um título sobre as uniões estáveis, absorvendo quase todo o conteúdo dessas duas leis:

> Art. 1.723. É reconhecida como entidade familiar a união estável entre o homem e a mulher, configurada na convivência pública, contínua e duradoura e estabelecida com o objetivo de constituição de família.
>
> § 1º A união estável não se constituirá se ocorrerem os impedimentos do art. 1.521; não se aplicando a incidência do inciso VI no caso de a pessoa casada se achar separada de fato ou judicialmente.
>
> § 2º As causas suspensivas do art. 1.523 não impedirão a caracterização da união estável.
>
> Art. 1.724. As relações pessoais entre os companheiros obedecerão aos deveres de lealdade, respeito e assistência, e de guarda, sustento e educação dos filhos.
>
> Art. 1.725. Na união estável, salvo contrato escrito entre os companheiros, aplica-se às relações patrimoniais, no que couber, o regime da comunhão parcial de bens.
>
> Art. 1.726. A união estável poderá converter-se em casamento, mediante pedido dos companheiros ao juiz e assento no Registro Civil.
>
> Art. 1.727. As relações não eventuais entre o homem e a mulher, impedidos de casar, constituem concubinato.

O STF em análise de repercussão geral firmou a tese de que: É inconstitucional a distinção de regimes sucessórios entre cônjuges e companheiros prevista no art. 1.790 do CC/2002, devendo ser aplicado, tanto nas hipóteses de casamento quanto nas de união estável, o regime do art. 1.829 do CC/2002 (STF, REs 878.694 e 646.721, T. Pleno, Rel. Min. Luís Roberto Barroso, j. 10/5/2017). O problema dessa igualização *in totum*, e que vem em nome do discurso da

---

[41] (...) O casamento e a união estável, embora sejam igualmente reconhecidos como núcleos familiares que devem ter especial proteção do Estado, não se equiparam, possuindo assimetrias trazidas pelo próprio texto constitucional. 4 – As diferenças estabelecidas entre os regimes de bens, e os regimes sucessórios deles decorrentes, servem aos mais variados interesses pessoais, os quais são regidos pela autonomia da vontade, garantida no Estado Democrático de Direito. (...) STF, REx. Nº 878.694 – MG, Rel. Min. Roberto Barroso, parecer da PGR, 16/09/2015.

[42] "(...) Pelo Regime da Comunhão Parcial de bens, aplicável à união estável (art. 1.725 do CC), os bens que forem amealhados pelo casal, na constância da referida união, deverão ser partilhados quando de sua dissolução. Ocorre que princípios constitucionais maiores devem sobrepor ao formalismo puro da lei. É um absurdo aplicar a lei, em sua literalidade, para gerar uma injustiça, em confronto com princípios constitucionais como o da solidariedade e da dignidade da pessoa humana. Não se concebe atualmente condenar uma pessoa a ficar sem o mínimo de patrimônio que permita o desenvolvimento de suas atividades e a afirmação de sua personalidade. " (TJMA, Ap. Cív. 9326/2010, 3ª Câm. Cív., Rel. Des. Lourival de Jesus Serejo Sousa, j. em 30.9.2010).

Cap. 5 – UNIÃO ESTÁVEL **193**

igualdade, é que ela provoca uma interferência excessiva do Estado na vida privada do cidadão, acabando via de consequência com a liberdade de não casar. A união estável, que era também chamada de união livre, perdeu sua total liberdade com o referido julgamento do STF, caso se interprete pela equiparação de todos os direitos entre as duas formas de família.

5.6 UNIÃO ESTÁVEL OU CONCUBINATO; CONVIVENTE OU COMPANHEIRO?

A Lei nº 8.971/94 usou a palavra companheiros em vez de concubinos para designar os sujeitos de uma união estável. É como se essa nova expressão viesse expurgar o preconceito[43] e peso que a palavra "concubino" carregava consigo. O CCB/2002 (arts. 1.723 a 1.727) adotou a expressão companheiro, mas mantendo a expressão concubina(ato) para diferenciar as uniões estáveis que acontecem paralelamente a outra relação conjugal. A expressão "companheiros" vem sendo assimilada pelo nosso ordenamento jurídico desde a década de 1970, quando aparece pela primeira vez na Lei nº 6.015/73, em seu art. 57, § 2º[44].

A Lei nº 9.278/96 substituiu a expressão companheiro por convivente. Não há nenhuma razão lógica ou fundamentação para tal mudança. Talvez um simples capricho ou desatenção do legislador. O Código Civil de 2002 usou a expressão companheiro na parte que trata especificamente sobre união estável, mas também usou a expressão convivente na parte que fala sobre alimentos (art. 1.694). Entretanto, a determinação e a nomeação dos sujeitos destas relações serão aquelas que o costume consagrar, como já vinha acontecendo com a expressão companheiro, adotada em vários textos normativos, desde 1975, com a alteração da Lei nº 6.015/73.

Da mesma forma, os textos normativos da Previdência Social, seguidos por todos os outros, como a Lei do Inquilinato, Lei sobre a Impenhorabilidade do Bem de Família, o Estatuto da Criança e do Adolescente, a Lei sobre Imposto de Renda e demais, também a adotaram. Mas, afinal, o que é isso, companheiros? Como se disse e depreende-se dos próprios textos normativos, é a designação para os sujeitos de uma união estável. Ou, nas palavras do revogado Decreto nº 611, de 21 de julho de 1992, que deu nova redação ao Regulamento dos Benefícios da Previdência Social, em seu art. 13, §§ 5º e 6º, e depois pelo Decreto nº 3.048, de 6 de maio de 1999, que manteve a mesma expressão: *Considera-se companheira ou companheiro a pessoa que mantenha união estável com o segurado ou segurada (art. 16, § 5º).*

---

[43] "(...) 'Companheiro' como situação jurídico-ativa de quem mantinha com o segurado falecido uma relação doméstica de franca estabilidade ('união estável'). Sem essa palavra azeda, feia, discriminadora, preconceituosa, do concubinato. Estou a dizer: não há concubinos para a Lei Mais Alta do nosso País, porém casais em situação de companheirismo. Até porque o concubinato implicaria discriminar os eventuais filhos do casal, que passariam a ser rotulados de 'filhos concubinários'. Designação pejorativa, essa, incontornavelmente agressora do enunciado constitucional de que 'os filhos, havidos ou não da relação do casamento, ou por adoção, terão os mesmos direitos e qualificações, proibidas quaisquer designações discriminatórias relativas à filiação'. (...) A concreta disposição do casal para construir um lar com um subjetivo ânimo de permanência que o tempo objetivamente confirma. Isto é família, pouco importando se um dos parceiros mantém uma concomitante relação sentimental a dois. No que andou bem a nossa Lei Maior, ajuízo, pois ao direito não é dado sentir ciúmes pela parte supostamente traída, sabido que esse órgão chamado coração 'é terra que ninguém nunca pisou'. Ele, coração humano, a se integrar num contexto empírico da mais entranhada privacidade, perante o qual o Ordenamento Jurídico somente pode atuar como instância protetiva. Não censora ou por qualquer modo embaraçante (...)." (STF, RE 397.762 – 8/BA, Rel. Min. Marco Aurélio trecho do voto-vista do Min. Carlos Ayres Britto, *DJE* de 12.9.2008).

[44] § 2º A mulher solteira, desquitada ou viúva, que viva com homem solteiro, desquitado ou viúvo, excepcionalmente e havendo motivo ponderável, poderá requerer ao juiz competente que, no registro de nascimento, seja averbado o patronímico de seu companheiro, sem prejuízo dos apelidos próprios, de família, desde que haja impedimento legal para o casamento, decorrente do estado civil de qualquer das partes ou de ambas. (Incluído pela Lei nº 6.216, de 1975).

5.7 A UNIÃO ESTÁVEL COMO ATO – FATO JURÍDICO

A conceituação e a caracterização da união estável passam sempre pela forma paradigmática de constituição de família que é o casamento. Assim, todos os elementos apresentados são como uma espécie de comparação, uma tentativa de se desenhar um casamento, com a diferença de não haver o ato civil. Isso é o que a jurisprudência brasileira tem absorvido e traduzido ao longo de sua história, com a evolução dos costumes, com a Constituição de 1988 estabelecendo novas concepções para o "direito concubinário", mas, principalmente, a partir dessas uniões estáveis, como um fato social marcante em nosso país. A realidade vivida pelo casal é o fato norteador para a incidência dos efeitos jurídicos entre eles. Paulo Lôbo foi um dos primeiros doutrinadores a preconizar essa ideia[45], ao dizer que a união estável não necessita de qualquer manifestação de vontade para que produza seus efeitos jurídicos[46]. Por ser ato-fato jurídico, basta sua configuração fática para que haja incidência das normas constitucionais e legais cogentes e supletivas e a relação fática se converta em relação jurídica[47].

5.8 CONVERSÃO DA UNIÃO ESTÁVEL EM CASAMENTO

A Constituição de 1988 estabelece em seu art. 226, § 3º, que, "para efeito da proteção do Estado, é reconhecida a união estável entre homem e mulher como entidade familiar, devendo a lei facilitar sua conversão em casamento". Não obstante o art. 8º da Lei nº 9.278/96 dispor sobre esse assunto, não há uma compreensão exata do significado e do sentido da expressão conversão em casamento. Foi introduzida pela CF/88, embora já existisse a expressão aproximada de "conversão de separação judicial em divórcio".[48] O Código Civil de 2002, no seu art. 1.726, repetiu a fórmula estabelecida na Lei nº 9.278/96, sem, contudo, acrescentar ou detalhar procedimentos dessa conversão.

Com seu usual olhar crítico, a Profa. Giselda Hironaka, escreveu que "esta é a mais inútil de todas as inutilidades".[49] Tem razão. Falhou o legislador por não estabelecer os critérios, pressupostos, formas e consequências desse pedido, enfim, não explicitou seu conteúdo, deixando aos órgãos judiciais "legislar administrativamente" sobre o assunto. Esta também é a opinião de

---

[45] (...) A união estável é ato-fato jurídico substanciado pela conduta dos conviventes, que passam a se comportar como um verdadeiro núcleo familiar. É reconhecida como entidade familiar, configurada na convivência pública (notória), contínua e duradoura e estabelecida com o objetivo de constituição de família ('animus familiae'). A intenção de constituir família, por sua vez, deve ser analisada diante das provas coligidas aos autos, com a devida observância dos requisitos previstos na lei. (...) (TJ-DF 20130710054965 – Segredo de Justiça 0005369-31.2013.8.07.0007, Relator: Alvaro Ciarlini, Data de Julgamento: 10/10/2018, 3ª Turma Cível, Data de Publicação: Publ. 16/10/2018).

[46] (…) Conquanto não haja a exigência legal de formalização da união estável como pressuposto de sua existência, a ausência dessa formalidade poderá, eventualmente, gerar consequências aos efeitos patrimoniais da relação por eles mantida, sobretudo quanto às matérias que o legislador, subtraindo parte dessa autonomia, entendeu por bem disciplinar. 10 – A regra do art. 1.725 do CC concretiza essa premissa, uma vez que o legislador, como forma de estimular a formalização das relações convivenciais, previu que, embora seja dado aos companheiros o poder de livremente dispor sobre o regime de bens que regerá a união estável, haverá a intervenção estatal impositiva na definição do regime de bens se porventura não houver a disposição, expressa e escrita, dos conviventes acerca da matéria. (…) (STJ, REsp 1.935.910/SP, Rel. Min. Moura Ribeiro, 3ª Turma, publ. 22/11/2023).

[47] LÔBO, Paulo. *Direito civil*: famílias. 9. ed. São Paulo: Saraiva, 2019, p. 169.

[48] A EC nº 66/2010 suprimiu do ordenamento jurídico brasileiro o instituto da separação judicial e, portanto, obviamente, não há mais sua conversão em divórcio.

[49] HIRONAKA, Giselda Maria F. Novaes. *Direito civil*: estudos. Belo Horizonte: Del Rey, 2000, p. 27.

Euclides de Oliveira, ao comentar o art. 8º da Lei nº 9.278/96[50], lembra-nos que tal dispositivo é de pouca serventia e faltou explicitação de seu conteúdo[51].

Qual seria o sentido da conversão da união estável em casamento? Se apenas uma das partes pretende a conversão, tal procedimento teria de ir a juízo[52], e desde já descaracterizado estaria o elemento fundamental para o casamento: a vontade. Se ambos querem a conversão, poderão fazê-la casando-se pelo procedimento comum do casamento. Poderíamos pensar então que em muitos casos é necessário e conveniente que a data do casamento retroaja à data da união estável, e haverá algum sentido. Pode ser, mas, no nosso atual ordenamento jurídico – bem como no anterior (art. 256 do CC/1916) – pelo art. 1.639 do CC/2002, as partes podem estipular o que quiserem em relação aos seus bens. Assim, os efeitos patrimoniais pelo período da união estável antes do casamento poderiam estar resguardados pelo pacto antenupcial, em que as partes teriam ampla liberdade para estabelecer o que lhes aprouvesse. Contudo, também não podemos esquecer que no Brasil a opção pelo pacto antenupcial tem um percentual baixíssimo, e a resposta acima apresentada, embora revele um raciocínio lógico-jurídico, não contemplaria uma realidade que o Direito não pode deixar de lado.

Embora o § 3º do art. 226 da CF/88 tenha sido introduzido muito mais por razões morais e religiosas do que propriamente para assegurar direitos, a regra moralista acabou beneficiando, décadas depois, a constituição de uma outra forma de família que ainda encontrava alguma resistência para seu reconhecimento. Se é possível converter união estável heterossexual em casamento, da mesma forma poder-se-á converter em casamento as uniões homoafetivas. Foi então que o Conselho Nacional de Justiça (CNJ) expediu resolução proibindo que as corregedorias de Justiça estaduais e autoridades competentes negassem o pedido de conversão de união estável ou de habilitação de casamento civil entre pessoas do mesmo sexo (Resolução nº 175/2013). O Provimento 149/2023 prevê:

> Art. 549. No assento de conversão de união estável em casamento, deverá constar os requisitos do art. 70 e art. 70-A, § 4º, da Lei nº 6.015, de 31 de dezembro de 1973, além, se for o caso, destes dados: I – registro anterior da união estável, com especificação dos seus dados de identificação (data, livro, folha e ofício) e a individualização do título que lhe deu origem; II – o regime de bens que vigorava ao tempo da união estável na hipótese de ter havido alteração no momento da conversão em casamento, desde que o referido regime estivesse indicado em anterior registro de união estável ou em um dos títulos admitidos para registro ou averbação na forma deste Capítulo; III – a data de início da união estável, desde que observado o disposto neste Capítulo; e IV – a seguinte advertência no caso de o regime de bens vigente durante a união estável ser diferente do adotado após

---

[50] Art. 8º Os conviventes poderão, de comum acordo e a qualquer tempo, requerer a conversão da união estável em casamento, por requerimento ao Oficial do Registro Civil da Circunscrição de seu domicílio.

[51] OLIVEIRA, Euclides Benedito de. *União estável: comentários às Leis 8.971/94 e 9.278/96*. 5. ed. São Paulo: Paloma, 2000, p. 52.

[52] O STJ a respeito se manifestou: (...) Os arts. 1726, do CC e 8º, da Lei 9278/96 não impõem a obrigatoriedade de que se formule pedido de conversão de união estável em casamento exclusivamente pela via administrativa. A interpretação sistemática dos dispositivos à luz do art. 226 § 3º da Constituição Federal confere a possibilidade de que as partes elejam a via mais conveniente para o pedido de conversão de união estável em casamento. (...)Se a interpretação gramatical dos artigos nos apresenta um caráter não restritivo, a interpretação sistemática não é diferente. Conforme já afirmado, o objetivo delineado pela Constituição Federal é o da facilitação da conversão de União Estável em casamento e, é justamente este o fim alcançado pela conjugação das normas infraconstitucionais, uma vez que estas oferecem um leque de opções.
Ainda, considerando que a Lei 9.278/96 é anterior ao Código Civil de 2002, a única interpretação que permite a coexistência entre as duas normas no sistema jurídica é a de que nenhuma delas impõe procedimento obrigatório. Entendimento contrário levaria à exclusão do art. 8º da Lei 9.278/96 do sistema jurídico, vez que a norma posterior revoga a anterior. (STJ, REsp 1685937/RJ, Rel. Min. Nancy Andrighi, 3ª Turma, publicação: 22/08/2017).

DIREITO DAS FAMÍLIAS – *Rodrigo da Cunha Pereira*

a conversão desta em casamento: "este ato não prejudicará terceiros de boa-fé, inclusive os credores dos companheiros cujos créditos já existiam antes da alteração do regime". Art. 550. O regime de bens na conversão da união estável em casamento observará os preceitos da lei civil, inclusive quanto à forma exigida para a escolha de regime de bens diverso do legal, nos moldes do art. 1.640, parágrafo único, da Lei nº 10.406, de 2002 (Código Civil). § 1º A conversão da união estável em casamento implica a manutenção, para todos os efeitos, do regime de bens que existia no momento dessa conversão, salvo pacto antenupcial em sentido contrário. § 2º Quando na conversão for adotado novo regime, será exigida a apresentação de pacto antenupcial, salvo se o novo regime for o da comunhão parcial de bens, hipótese em que se exigirá declaração expressa e específica dos companheiros nesse sentido. § 3º Não se aplica o regime da separação legal de bens do art. 1.641, inciso II, da Lei nº 10.406, de 2002, se inexistia essa obrigatoriedade na data a ser indicada como início da união estável no assento de conversão de união estável em casamento ou se houver decisão judicial em sentido contrário. § 4º Não se impõe o regime de separação legal de bens, previsto no art. 1.641, inciso I, da Lei nº 10.406, de 2002, se superada a causa suspensiva do casamento quando da conversão. § 5º O regime de bens a ser indicado no assento de conversão de união estável em casamento deverá ser: I – o mesmo do consignado: a) em um dos títulos admitidos para registro ou averbação na forma deste Capítulo, se houver; ou b) no pacto antenupcial ou na declaração de que trata o § 2º deste artigo. II – o regime da comunhão parcial de bens nas demais hipóteses. § 6º Para efeito do art. 1.657 do Código Civil, o título a ser registrado em livro especial no Registro de Imóveis do domicílio do cônjuge será o pacto antenupcial ou, se este não houver na forma do § 1º deste artigo, será um dos títulos admitidos neste Código para registro ou averbação em conjunto com a certidão da conversão da união estável em casamento. Art. 551. A conversão extrajudicial da união estável em casamento é facultativa e não obrigatória, cabendo sempre a via judicial, por exercício da autonomia privada das partes. Art. 552. O falecimento da parte no curso do procedimento de habilitação não impedirá a lavratura do assento de conversão de união estável em casamento, se estiver em termos o pedido (art. 70-A, § 7º, da Lei nº 6.015, de 1973). Parágrafo único. Para efeito deste artigo, considera-se em termos o pedido quando houver pendências não essenciais, assim entendidas aquelas que não elidam a firmeza da vontade dos companheiros quanto à conversão e que possam ser sanadas pelos herdeiros do falecido.

Embora seja mais fácil fazer os procedimentos do casamento e um pacto antenupcial fazendo referência ao período da união estável, há quem queira fazer a conversão da união estável em casamento. Com a evolução doutrinária, jurisprudencial e regras administrativas, podemos resumir os passos do procedimento da seguinte forma: 1) os companheiros, em conjunto, farão o requerimento ao oficial do registro Civil competente (o da circunscrição de seu domicílio), juntamente com os documentos elencados no artigo 1.525 do CCB/2002 e o depoimento de duas testemunhas certificando a existência da união estável; 2) os companheiros que quiserem adotar no casamento um regime de bens diferente do que mantinham na união estável, deverão apresentar pacto antenupcial ou contrato (art. 1.725 do CCB/2002). A conversão não produz efeitos retroativos[53]. Se o regime da união estável e do casamento for o supletivo legal, ou seja, o da comunhão parcial, não é necessário pacto antenupcial.

---

[53]   (...) Convolada em casamento uma união estável ou sociedade de fato, optando o casal por um regime restritivo de compartilhamento do patrimônio individual, devem liquidar o patrimônio até então construído para, após sua partilha, estabelecer novas bases de compartilhamento patrimonial. 5. A não liquidação e partilha do patrimônio adquirido durante o convívio pré-nupcial, caracterizado como sociedade de fato ou união estável, importa na prorrogação da cotitularidade, antes existente, para dentro do casamento, sendo desinfluente, quanto a esse acervo, o regime de bens adotado para viger no casamento. (STJ, REsp 1263234 TO 2011/0108671-0, Rel. Min. Nancy Andrighi, 3ª Turma, publicação: DJe 01/07/2013).

O oficial de registro civil, verificada a regularidade dos documentos apresentados, encaminhará para o Juiz Corregedor o requerimento, e uma vez homologado por ele, fará o assento no respectivo livro[54].

Se os companheiros quiserem, poderão optar por requerer a conversão da união estável em casamento diretamente em juízo, já que a lei não fala que só pode ser por procedimento administrativo[55].

A Lei 14.382/2022, que alterou a Lei de Registros Públicos, supriu a lacuna da falta de previsão expressa da conversão da união estável em casamento, principalmente disciplinando os poucos aspectos procedimentais que a diferem da habilitação do casamento. Deve-se fazer a habilitação informando que se trata de conversão, como previsão do artigo 70-A, da Lei de Registros Públicos: "*Art. 70-A. A conversão da união estável em casamento deverá ser requerida pelos companheiros perante o oficial de registro civil de pessoas naturais de sua residência. § 1º Recebido o requerimento, será iniciado o processo de habilitação sob o mesmo rito previsto para o casamento, e deverá constar dos proclamas que se trata de conversão de união estável em casamento. § 2º Em caso de requerimento de conversão de união estável por mandato, a procuração deverá ser pública e com prazo máximo de 30 (trinta) dias. § 3º Se estiver em termos o pedido, será lavrado o assento da conversão da união estável em casamento, independentemente de autorização judicial, prescindindo o ato da celebração do matrimônio. § 4º O assento da conversão da união estável em casamento será lavrado no Livro B, sem a indicação da data e das testemunhas da celebração, do nome do presidente do ato e das assinaturas dos companheiros e das testemunhas, anotando-se no respectivo termo que se trata de conversão de união estável em casamento. § 5º A conversão da união estável dependerá da superação dos impedimentos legais para o casamento, sujeitando-se à adoção do regime patrimonial de bens, na forma dos preceitos da lei civil. § 6º Não constará do assento de casamento convertido a partir da união estável a data do início ou o período de duração desta, salvo no caso de prévio procedimento de certificação eletrônica de união estável realizado perante oficial de registro civil. § 7º Se estiver em termos o pedido, o falecimento da parte no curso do processo de habilitação não impedirá a lavratura do assento de conversão de união estável em casamento.*"

Questão polêmica que se instala na conversão, ou mesmo em outras situações, é se pessoas maiores de 70 anos, que já viviam em união estável antes desta idade, poderiam se casar ou converter a união estável em casamento, adotando o regime de bens diferente do obrigatório. Considerando que a união estável não é uma conjugalidade inferior à constituída pelo casamento, entendo que essas pessoas têm sim, liberdade na escolha do seu regime de bens, já que a família havia se constituído antes da constituição do impedimento do artigo 1.641, II do CCB/2002[56]. Isto sem contar que a constitucionalidade desta proibição é questionável. O

---

[54] Enunciado IBDFAM nº 31 – A conversão da união estável em casamento é um procedimento consensual, administrativo ou judicial, cujos efeitos serão *ex tunc*, salvo nas hipóteses em que o casal optar pela alteração do regime de bens, o que será feito por meio de pacto antenupcial, ressalvados os direitos de terceiros.

[55] (...) O propósito recursal é reconhecer a existência de interesse de agir para a propositura de ação de conversão de união estável em casamento, considerando a possibilidade de tal procedimento ser efetuado extrajudicialmente. Os arts. 1726, do CC e 8º, da Lei 9278/96 não impõem a obrigatoriedade de que se formule pedido de conversão de união estável em casamento exclusivamente pela via administrativa. A interpretação sistemática dos dispositivos à luz do art. 226 § 3º da Constituição Federal confere a possibilidade de que as partes elejam a via mais conveniente para o pedido de conversão de união estável em casamento. Recurso especial conhecido e provido. (STJ, REsp 1685937 RJ 2016/0264513-2, Rel. Min. Nancy Andrighi, 3ª Turma, publicação: 22/08/2017).

[56] O STF, em 01/02/2024, apreciando o Tema 1.236 da repercussão geral, fixou a seguinte tese: "*Nos casamentos e uniões estáveis envolvendo pessoa maior de 70 anos, o regime de separação de bens previsto no art. 1.641, II, do Código Civil, pode ser afastado por expressa manifestação de vontade das partes, mediante escritura pública*". De uma forma ou de outra, preservaram-se a autonomia da vontade, a dignidade humana, a vedação à discriminação contra idosos e a liberdade patrimonial.

198   DIREITO DAS FAMÍLIAS – *Rodrigo da Cunha Pereira*

Enunciado 261, da III Jornada de Direito Civil, reforça esse entendimento: *A obrigatoriedade do regime da separação de bens não se aplica a pessoa maior de sessenta anos, quando o casamento for precedido de união estável iniciada antes dessa idade.*

5.9   PRAZO PARA SE RECLAMAR EM JUÍZO: PRESCRIÇÃO

A segurança das relações sociais e jurídicas está diretamente relacionada à prescrição. É ela que faz extinguir o direito de uma pessoa a exigir de outra uma prestação, ou seja, provoca a extinção da pretensão, quando não exercido em determinado prazo definido em lei. É a ação do tempo sobre os direitos.

A prescrição no "direito concubinário" e união estável é um tema pouco explorado pela doutrina. Além disso, nenhum texto normativo, nem mesmo o CCB/2002, manifestou-se expressamente sobre o assunto. Diante dessa omissão, os julgadores, nos casos concretos com que se depararam, invocavam o art. 177 do CC/1916,[57] ou o atual art. 205 do CC/2002,[58] aplicando as regras gerais dos prazos prescricionais.

No Direito anterior à Constituição de 1988, em que a base teórica residia no campo do Direito Obrigacional, a unanimidade dos julgados era pelo entendimento da prescrição vintenária. O Código Civil de 2002 reduziu o prazo geral de prescrição para dez (10) anos e, sendo assim, tem incidência a regra de transição posta no art. 2.028 do Código Civil. Ou seja, "serão os da lei anterior os prazos, quando reduzidos por este Código, e se, na data de sua entrada em vigor, já houver transcorrido mais da metade do tempo estabelecido na lei revogada", como já decidiu o STJ:

> (...) A ação de reconhecimento de união estável c/c partilha de bens reveste-se de natureza pessoal, de modo que se aplica o prazo prescricional vintenário, que deve ser contado a partir da ruptura da vida em comum, de acordo com o art. 177 do CC/16, vigente à época da abertura da sucessão. – Quanto ao direito de anular a partilha, verifica-se que o prazo decadencial de um ano previsto no art. 178, § 6º, inc. V, do CC/16, é contado tão-somente a partir do momento em que aquele que pretende a anulação atinge, por decisão transitada em julgado, a condição de herdeiro, legatário ou sucessor do falecido. Recurso especial provido. (STJ, REsp: 1015975 – SP 2007/0295900-6, Relator: Ministra Nancy Andrighi, 3ª Turma, pub. 28.05.2008).

Com relação a pensão por morte de servidores públicos estaduais, é assente a orientação do STJ no sentido de que a prescrição atinge o próprio direito de ação, quando transcorridos mais de 5 (cinco) anos entre a morte do instituidor da pensão, servidor público estadual, e o ajuizamento da ação em que se postula o reconhecimento do benefício da pensão por morte.[59]

Em síntese, os direitos decorrentes da união estável prescrevem em dez anos (artigo 205 do CCB/2002)[60], embora a sua reinvindicação possa se dar a qualquer tempo, simplesmente para reconhecê-la, mesmo que os direitos estejam prescritos.

---

[57]   Art. 177 do CC/1916. As ações pessoais prescrevem ordinariamente em trinta anos, a reais em dez entre presentes e, entre ausentes, em vinte, contados da data em que poderiam ter sido propostas.

[58]   Art. 205 do CC/2002: A prescrição ocorre em dez anos, quando a lei não lhe haja fixado prazo menor.

[59]   (...) Consoante a firme jurisprudência do STJ, nos termos do art. 1º do Decreto 20.910/32, a prescrição atinge o próprio direito de ação, quando transcorridos mais de 5 (cinco) anos entre a morte do instituidor da pensão, servidor público estadual, e o ajuizamento da ação em que se postula o reconhecimento do benefício da pensão por morte. (REsp 1655723/MG Recurso Especial 2017/0037864-9, Rel. Ministro Herman Benjamin, Segunda Turma, DJe 20/06/2017).

[60]   (...) Uma vez iniciada a contagem do prazo prescricional sob a égide do CC/1916 e tendo havido a redução deste pela novel legislação, é o caso de prevalecer o prazo atual na hipótese de haver transcorrido menos da metade do prazo estabelecido na lei revogada. 5. Aplica-se às ações de reconhecimento de união estável

A Lei 14.010/2020, que dispôs sobre o Regime Jurídico Emergencial e Transitório das relações jurídicas de Direito Privado (RJET) no período da pandemia do coronavírus (Covid-19), suspendeu todos os prazos prescricionais. Portanto, ao fazer a contagem do prazo prescricional, cujo período envolveu a pandemia do Coronavírus, é necessário considerar o desconto dado pela referida Lei nº 14.010/2020.

A polêmica da prescrição da partilha de bens decorrentes da união estável e do casamento foi reacendida, em 2024, quando o STJ, assim se manifestou:

> (...) Decretado o divórcio, com a existência de bens, sem a realização da partilha, subsiste um acervo patrimonial indiviso, cuja natureza jurídica é objeto de controverso debate doutrinário e jurisprudencial. De fato, não há uma uniformidade em relação à definição do conjunto de bens integrantes do acervo partilhável após cessada a sociedade conjugal, isto é, se consiste (i) em estado de mancomunhão ou (ii) instauração de um condomínio, nos termos do artigo 1.314 do Código Civil. 2.1 De outro lado, depreende-se consonância quanto ao fato de se tratar de um acervo patrimonial em cotitularidade ou em uma espécie de copropriedade atípica. Nesse contexto, abstraída a controvertida determinação de sua natureza jurídica ou seu nomen iuris, mormente no caso em tela, em que se cuida de um único imóvel, tendo sido o casamento regido pela comunhão universal, forçoso reconhecer a possibilidade de o ex-cônjuge, a qualquer tempo, requerer a sua cessação/extinção por meio da efetivação da partilha. 3. A partilha consubstancia direito potestativo dos ex-cônjuges relativamente à dissolução de uma universalidade de bens, independentemente da conduta ou vontade do outro sujeito integrante desta relação (sujeito passivo). 3.1 Ausente a configuração de prestação imputável a outra parte – dar, fazer, não fazer –, característica dos direitos subjetivos, não há falar em sujeição a prazos de prescrição. 3.2 O direito à partilha é, portanto, expressão do poder de modificar ou extinguir relações jurídicas por meio de uma declaração judicial, obtida a partir de uma ação de natureza constitutiva negativa (desconstitutiva), à qual a legislação pátria não comina prazo decadencial. (...) (STJ, REsp 1.817.812/SP, Rel. Ministro Marco Buzzi, Quarta Turma, j. 03/09/2024, *DJe* 20/09/2024).

O STJ, já havia se posicionado em sentido contrário, no julgado do AgInt no REsp 1.662.716/MG[61], em que estipulou o prazo decenal.

Associado ao instituto da prescrição, está o princípio do *venire contra factum proprium* , ou seja, vedação ao comportamento contraditório (ver item 1.12.4). Se uma pessoa ficou mais de 10 anos comportando-se como se aquela situação tivesse sido encerrada, não pode, após esse período, agir contrariamente ao que se demonstrou. Portanto, o *venire contra factum, proprium*, reforça a possibilidade da prescrição da reivindicação de direitos na união estável e no casamento.

---

o prazo geral de 10 anos, nos termos do art. 205, do Código Civil. (...) (TJ-DF, 07021697520188070014, Rel. Maria de Lourdes Abreu, 3ª TC, publ. 02/07/2020).

[61] (...) O prazo prescricional da ação de sobrepartilha é decenal, contado a partir da homologação da divisão originária (AgInt no AREsp 1.410.926/DF, Rel. Ministro Antonio Carlos Ferreira, Quarta Turma, j. 22/11/2021, *DJe* 26/11/2021). 2. No caso, a homologação do divórcio e da partilha ocorreu em 20/08/2002 e, com o advento do Código Civil de 2002, o prazo passou a ter início a partir de 11/01/2003 e término em 2013, mas a ação somente foi ajuizada após os 10 anos, em 08/05/2013 (STJ, AgInt no REsp 1.662.716/MG, Rel.Ministro Raul Araújo, Quarta Turma, j. 22/08/2022, *DJe* 26/08/2022).

5.10 AS CONSEQUÊNCIAS PESSOAIS NA UNIÃO ESTÁVEL

As consequências pessoais da união estável diferenciam-se do casamento, apenas na mudança do nome[62], que pode ser feita apenas judicialmente na união estável, na presunção de paternidade e no estabelecimento de um estado civil. Mas cabe aqui uma reflexão sobre o porquê as pessoas não se casam formalmente? O que as leva a optar pelo casamento informal, se patrimonialmente, hoje, não há diferença entre um e outro? Não seria mais lógico e mais prático estabelecer previamente as regras de uma convivência mediante um casamento civil? As novas regras sobre Direito Sucessório trazidas pelo CC/2002, ao estabelecer que o cônjuge, diferentemente do companheiro, é herdeiro necessário (mesmo após a decisão no RE 878694, em 10/05/2017, do STF[63]), certamente influenciam nesta opção. Contudo, há outros motivos.

Provavelmente, os motivos pelos quais se opta pelo não casamento transcendem uma simples escolha consciente, se considerarmos os efeitos jurídicos das relações pessoais de união estável. Objetivamente, podemos apontar como principal consequência, ou efeito jurídico desse tipo de conjugalidade, a liberdade de rompimento da relação. A união estável pode ser dissolvida livremente e independentemente de processo judicial. No imaginário popular, o rompimento de uma união livre é mais fácil e mais simples. Contudo, o que está no cerne dessa relação é a comunhão de afetos, e esta não se rompe sem dor, sem sofrimento. É assim nas relações com o selo da oficialidade ou não. Ao contrário do que se imagina, a separação de um casal que não tenha as regras escritas, ou preestabelecidas, é muito mais difícil de se fazer, uma vez que as relações afetivas acabam se misturando muito mais com os aspectos materiais, financeiros e patrimoniais do que aqueles que têm suas regras definidas por um casamento civil.

Se não é pela facilidade de constituir e dissolver a relação, qual seria, então, o verdadeiro motivo pelo qual as pessoas optam pelo não casamento? Seria o desejo de que o Estado não interviesse nessas relações que são de foro mais íntimo? Ou seria o de não querer assumir um compromisso publicamente?

A opção por um ou outro tipo de relacionamento conjugal, matriculado ou não no Registro Civil, está além das razões objetivas. Essa escolha pode ser feita sob a influência de todos os motivos acima mencionados, mas, em seu âmago, a escolha é sempre aquela em que o indivíduo pressupõe que ficará menos "amarrado". Em outras palavras, é uma opção que lhe dá o pressuposto ou a ideia de mais liberdade, enquanto sujeito e cidadão. Discussão outra é se a liberdade está relacionada a casamento civil, união estável ou qualquer outro tipo de relacionamento, ou se isso está ligado à questão da responsabilidade. Muitos casais que optam pela não formalização da relação, pelo casamento civil, nos casos em que não há impedimento legal para tal, estão mesmo ligados ao medo, consciente ou inconsciente, de "comprometer-se", e talvez até com a dificuldade de assumir a responsabilidade do amor e do afeto.

---

[62] A Lei 14.382/2022 possibilitou aos companheiros/conviventes alterarem os nomes. Mas para isto, é necessário que a união estável seja registrada no cartório Registro Civil das Pessoas Naturais, livro E.

[63] Confira-se, a propósito, o seguinte trecho do voto do ministro Edson Fachin: Como oitava premissa, emerge o argumento quanto à existência de desigualdade no elemento subjetivo que conduz alguém a optar pela união estável e não pelo casamento. Sob esse argumento, quem vive em união estável pretenderia maior liberdade. União estável, porém, não é união livre. União estável pressupõe comunhão de vida. Eventual desigualdade quanto à pressuposição de maior liberdade na união estável, por ser união informal, não justifica menor proteção às pessoas em regime de convivência do que àquelas casadas. Se a informalidade da constituição da relação, a qual, repise-se, exige comunhão de vida para ser família, pudesse justificar direitos diferentes ou em menor extensão, também restaria afastada a incidência de regime de comunhão de bens, quanto aos efeitos *inter vivos*. (RE 646.721, Ministro Edson Fachin, p. 57).

5.10.1 Sobrenome, guarda e convivência

Um efeito pessoal e que também se espelha na relação do casamento formal é a possibilidade de os conviventes, com a estabilidade da união, acrescerem, ao seu, o sobrenome[64] do companheiro, como dispõe o art. 57, § 2º, da Lei nº 6.015/1973.

Não se pode ignorar que, em consonância com o Princípio Constitucional da Igualdade (arts. 5º, I, e 226, § 5º), o Código Civil de 2002, em seu art. 1.565, § 1º,[65] estabeleceu que, tanto o homem quanto a mulher, no casamento, podem adotar o patronímico do outro. O mesmo raciocínio, embora de forma implícita, deve ser adotado para a união estável homoafetiva, tendo em vista o alcance do Princípio da Igualdade, já referido. A jurisprudência já vinha se posicionado favoravelmente à alteração do nome do companheiro, como se vê exemplificativamente:

> (...) possível o pleito de adoção do sobrenome dentro de uma união estável, em aplicação analógica do art. 1.565, § 1º, do CC-02, devendo-se, contudo, em atenção às peculiaridades dessa relação familiar, ser feita sua prova documental, por instrumento público, com anuência do companheiro cujo nome será adotado. (...) (STJ, REsp 1206656/GO, Rel. Min. Nancy Andrighi, 3ª Turma, pub. 11.12.2012).

A Lei 14.382/2022 alterou a Lei de Registros Públicos e sepultou a polêmica, autorizando a mudança de sobrenome do companheiro/convivente sem necessidade de intervenção judicial, desde que a união estável seja registrada no cartório de Registro Civil das Pessoas Naturais, livro E: "*A alteração posterior de sobrenomes poderá ser requerida pessoalmente perante o oficial de registro civil, com a apresentação de certidões e de documentos necessários, e será averbada nos assentos de nascimento e casamento, independentemente de autorização judicial, a fim de: I – inclusão de sobrenomes familiares; II – inclusão ou exclusão de sobrenome do cônjuge, na constância do casamento; III – exclusão de sobrenome do ex-cônjuge, após a dissolução da sociedade conjugal, por qualquer de suas causas; IV – inclusão e exclusão de sobrenomes em razão de alteração das relações de filiação, inclusive para os descendentes, cônjuge ou companheiro da pessoa que teve seu estado alterado. § 2º Os conviventes em união estável devidamente registrada no registro civil de pessoas naturais poderão requerer a inclusão de sobrenome de seu companheiro,*

---

[64] O Provimento 82/2019 do CNJ dispõe sobre o procedimento de averbação, no registro de nascimento e no de casamento dos filhos, da alteração do nome do genitor, de forma extrajudicial. Já o Provimento nº 153/2023 do CNJ alterou o Código Nacional de Normas da Corregedoria Nacional de Justiça do Conselho Nacional de Justiça – Foro Extrajudicial (CNN/CN/CNJ-Extra), instituído pelo Provimento 149, de 30 de agosto de 2023, para dispor sobre o procedimento de alteração extrajudicial do nome perante o Registro Civil das Pessoas Naturais. Art. 515-L. A inclusão ou exclusão de sobrenome do outro cônjuge na forma do inciso II do art. 57 da Lei nº 6.015, de 31 de dezembro de 1973, independe da anuência deste. § 1º A inclusão de sobrenome do outro cônjuge na forma do inciso II do art. 57 da Lei nº 6.015, de 31 de dezembro de 1973, autoriza a supressão de sobrenomes originários, desde que remanesça, ao menos, um vinculando a pessoa a uma das suas linhas de ascendência. § 2º A exclusão do sobrenome do cônjuge autoriza o retorno ao nome de solteiro pela pessoa requerente, com resgate de sobrenomes originários eventualmente suprimidos. *§ 3º Aplicam-se aos conviventes em união estável, devidamente registrada em ofício de RCPN, todas as regras de inclusão e exclusão de sobrenome previstas para as pessoas casadas (art. 57, § 2º, da Lei nº 6.015, de 31 de dezembro de 1973).* Art. 515-M. A inclusão do sobrenome do padrasto ou da madrasta na forma do § 8º do art. 55 da Lei nº 6.015, de 31 de dezembro de 1973, depende de: I – motivo justificável, o qual será presumido com a declaração de relação de afetividade decorrente do padrastio ou madrastio, o que, entretanto, não importa em reconhecimento de filiação socioafetiva, embora possa servir de prova desta; II – consentimento, por escrito, de ambos os pais registrais e do padrasto ou madrasta; e III – comprovação da relação de padrastio ou madrastio mediante apresentação de certidão de casamento ou sentença judicial, escritura pública ou termo declaratório que comprove relação de união estável entre um dos pais registrais e o padrasto/madrasta (grifamos).

[65] Art. 1.565. Pelo casamento, homem e mulher assumem mutuamente a condição de consortes, companheiros e responsáveis pelos encargos da família. § 1º Qualquer dos nubentes, querendo, poderá acrescer ao seu o sobrenome do outro.

a qualquer tempo, bem como alterar seus sobrenomes nas mesmas hipóteses previstas para as pessoas casadas – Redação dada pela Lei 14.382/2022, art. 57, § 2º)".

A professora Márcia Fidélis, na Revista IBDFAM nº 51, nos lembra que: *Apesar de não estar expresso no texto da lei, é importante observar casos em que haja alteração de nome e o convivente venha a iniciar outro relacionamento e pretende registrar. Em casos como esses, será necessária prévia dissolução da união estável anterior, com consequente retorno ao nome de solteiro/a ou, ao menos, averbar a alteração de nome a pedido, já que a união estável em si não é obstáculo para novo relacionamento*[66].

A guarda e a convivência familiar[67] decorrem não apenas do poder familiar, mas também da relação de família ampliada, já que guarda e convivência podem ser estendidas e ampliadas aos avós, ou mesmo a terceiros para atender ao princípio do melhor interesse da criança e do adolescente. Portanto, não há diferença neste aspecto para os filhos havidos na união estável ou casamento.[68]

5.10.2 Existe um estado civil para união estável?

O estado civil é determinante de uma situação patrimonial e, portanto, está diretamente relacionado à segurança das relações jurídicas. Aos negócios jurídicos interessa o estado civil dos contratantes, pois é necessário saber se o cônjuge/companheiro está ou não, em razão do regime de bens, envolvido também naquela relação jurídica. Portanto, é conveniente, em nome da segurança jurídica, que os companheiros informem a sua situação conjugal, evitando, assim, possível desfazimento de negócios, já que a união estável não cria oficialmente um novo estado civil.

O CPC/2015, considerando a importância dessa informação, ou seja, da situação de quem vive em união estável, determinou em seu art. 319, II, que as partes indiquem na petição sobre a existência de união estável[69]. O Provimento 61/2017 do CNJ que dispõe sobre a obrigatoriedade de informações do número de Cadastro de Pessoas Físicas – CPF e Cadastro Nacional de Pessoa Jurídica – CNPJ, e dos dados necessários à completa qualificação das partes judicial e extrajudicialmente, reforçou essa segurança, ao estabelecer em seu art. 2º, IV[70] a necessidade de se informar sobre a existência de união estável.

Não se pode deixar de lembrar aqui a polêmica e discussão que se pode abrir, com essa informação, quando a união estável é informal, isto é, sem contrato escrito, e há divergência ou ângulo de visões diferentes entre as partes, se aquela relação é mesmo uma união estável ou apenas um namoro. Eis aí mais um paradoxo da regulamentação da união estável.

---

[66] FIDELIS, Márcia Lima. Lei 14.382/2022 – primeiras reflexões interdisciplinares do registro civil das pessoas naturais e o Direito das Famílias. *Revista IBDFAM: Famílias e Sucessões*, v. 51 (maio/jun.), Belo Horizonte: IBDFAM, 2022, p. 24.

[67] A Lei nº 13.431, de 4.4.2017 estabelece o sistema de garantia de direitos da criança e do adolescente vítima ou testemunha de violência e altera a Lei nº 8.069, de 13 de julho de 1990 (Estatuto da Criança e do Adolescente) e identifica a alienação parental como forma de violência psicológica.

[68] A Lei nº 13.058/2014 estabeleceu a guarda compartilhada obrigatória, mesmo nas hipóteses de litígio.

[69] Art. 319. A petição inicial indicará: (...) II – os nomes, os prenomes, o estado civil, *a existência de união* estável, a profissão, o número de inscrição no Cadastro de Pessoas Físicas ou no Cadastro Nacional da Pessoa Jurídica, o endereço eletrônico, o domicílio e a residência do autor e do réu; (Grifo nosso).

[70] Art. 2º No pedido inicial formulado ao Poder Judiciário e no requerimento para a prática de atos aos serviços extrajudiciais deverão constar obrigatoriamente, sem prejuízo das exigências legais, as seguintes informações: I – nome completo de todas as partes, vedada a utilização de abreviaturas; II – número do CPF ou número do CNPJ; III – nacionalidade; IV – estado civil, existência de união estável e filiação; V – profissão; VI – domicílio e residência; VII – endereço eletrônico.

A informação do estado civil ou de que alguém vive em união estável, como se disse, está diretamente relacionado à segurança das relações jurídicas e à proteção a terceiros de boa-fé. Neste sentido vem se posicionando a jurisprudência dos Tribunais Estaduais e do STJ[71].

5.10.3 Presunção de paternidade

Outro efeito pessoal da união estável, além da suposta maior liberdade de rompimento, é em relação aos filhos havidos na constância da relação. O art. 227, § 6º, da CR/88, extirpando o selo de ilegitimidade de qualquer forma de filiação, os filhos nascidos de uma união estável podem ser registrados em nome de ambos, desde que o pai assim o queira.[72] É que, ao contrário do casamento, daí não decorre a presunção da paternidade, uma vez que não há expressão de lei para isso. Presume-se, nos ordenamentos jurídicos ocidentais, que os filhos havidos em um casamento civil sejam daquele casal, registrando-se no cartório de Registro Civil de pessoas naturais o nascimento do filho, como sendo filho do casal. Entretanto, a união estável tem sido considerada como forte indicativo de prova em uma investigação de paternidade, como se constata na jurisprudência, inclusive do STJ – REsp. nº 1.194.059[73].

5.11 AS CONSEQUÊNCIAS PATRIMONIAIS NA UNIÃO ESTÁVEL

Das relações de afeto podem decorrer consequências patrimoniais. Nas uniões estáveis, ou mesmo no concubinato (famílias simultâneas), com a dissolução da relação, por morte ou em vida, deverão ser partilhados os bens, de acordo com o regime de bens pactuado, e em não havendo pactuação, o regime da comunhão parcial de bens, ou seja, serão partilhados os bens adquiridos a título oneroso na constância da união. As regras e critérios do partilhamento são aqueles estabelecidos na Lei nº 8.971/94,[74] que deverá estar combinado com o art. 1.725 do Código Civil de 2002.

---

[71] (...) Não obstante a necessidade de outorga convivencial, diante das peculiaridades próprias do instituto da união estável, deve-se observar a necessidade de proteção do terceiro de boa-fé, porquanto, ao contrário do que ocorre no regime jurídico do casamento, em que se tem um ato formal (cartorário) e solene, o qual confere ampla publicidade acerca do estado civil dos contratantes, na união estável há preponderantemente uma informalidade no vínculo entre os conviventes, que não exige qualquer documento, caracterizando-se apenas pela convivência pública, contínua e duradoura. 3. Na hipótese dos autos, não havia registro imobiliário em que inscritos os imóveis objetos de alienação em relação à copropriedade ou à existência de união estável, tampouco qualquer prova de má-fé dos adquirentes dos bens, circunstância que impõe o reconhecimento da validade dos negócios jurídicos celebrados, a fim de proteger o terceiro de boa-fé, assegurando-se à autora/recorrente o direito de buscar as perdas e danos na ação de dissolução de união estável c.c partilha, a qual já foi, inclusive, ajuizada. (...) STJ, REsp 1592072/PR, Rel. Min. Marco Aurélio Bellizze, 3ª Turma, pub. 18/12/2017).

[72] A Lei nº 13.112/2015 alterou os itens 1º e 2º do art. 52 da Lei nº 6.015, de 31 de dezembro de 1973, para permitir à mulher, em igualdade de condições, proceder ao registro de nascimento do filho.

[73] (...) Assim, se nosso ordenamento jurídico, notadamente o próprio texto constitucional (art. 226, § 3º), admite a união estável e reconhece nela a existência de entidade familiar, nada mais razoável de se conferir interpretação sistemática ao art. 1.597, II, do Código Civil, para que passe a contemplar, também, a presunção de concepção dos filhos na constância de união estável. V – Na espécie, o companheiro da mãe da menor faleceu 239 (duzentos e trinta e nove) dias antes ao seu nascimento. Portanto, dentro da esfera de proteção conferida pelo inciso II do art. 1.597, do Código Civil, que presume concebidos na constância do casamento os filhos nascidos nos trezentos dias subsequentes, entre outras hipóteses, em razão de sua morte. VI – Dessa forma, em homenagem ao texto constitucional (art. 226, § 3º) e ao Código Civil (art. 1.723), que conferiram ao instituto da união estável a natureza de entidade familiar, aplicam-se as disposições contidas no artigo 1.597, do Código Civil, ao regime de união estável. VII – Recurso especial provido. (STJ, REsp nº 1.194.059 – SP, Rel. Ministro Massami Uyeda, 3ª Turma, j. 06.11.2012).

[74] Esta lei ainda subsiste na parte que confere à companheira o usufruto de bens, bem como o direito real de habitação.

Os efeitos patrimoniais dessas relações foram demarcados, em nosso Direito, principalmente pela jurisprudência. Contudo, por muito tempo foi vacilante em relação à matéria, e no STF teve uma evolução dialética. Inicialmente negavam qualquer direito à concubina, até que se chegou à Súmula 380[75].

O "espírito" jurisprudencial sobre o direito concubinário, para suas consequentes repercussões patrimoniais, teve como esteio, por muito tempo, três súmulas do Supremo Tribunal Federal, que contêm os elementos balizadores e refletem uma evolução que se vem fazendo. São elas:

> Súmula 35. Em caso de acidente de trabalho ou de transporte, a concubina tem direito de ser indenizada pela morte do amásio, se entre eles não havia impedimento para o matrimônio.

> Súmula 380. Comprovada a existência de sociedade de fato entre os concubinos é cabível a sua dissolução judicial com a partilha do patrimônio adquirido pelo esforço comum.

> Súmula 382. A vida em comum sob o mesmo teto *more uxorio* não é indispensável à caracterização do concubinato.

A importância de se reconhecer nos tribunais que o esforço comum para aquisição de patrimônio não precisa ser necessariamente financeiro foi revolucionária[76]. Significou reconhecer e firmar uma posição de mudança em que as uniões estáveis deixaram de ser tratadas como uma sociedade de fato, no sentido comercial, para serem reconhecidas como entidade familiar. O significado e a importância da contribuição indireta estão muito além das relações decorrentes de uma união estável. Este entendimento significa o reconhecimento do necessário suporte doméstico, historicamente dado pelas mulheres[77]. Significa atribuir um conteúdo econômico a esse tão desvalorizado trabalho. A atribuição de um "conteúdo econômico" ao trabalho doméstico significa dar-lhe seu merecido valor. Afinal, sem esse suporte doméstico, não é possível a criação e educação de filhos. A evolução jurisprudencial que revalorizou o trabalho doméstico, considerando a contribuição indireta, foi uma grande revolução no Direito Civil moderno ao dar uma outra dimensão a esse trabalho essencial em qualquer sociedade. Suporte doméstico não significa as tarefas desenvolvidas, muitas vezes, por uma empregada

---

[75]   WALD, Arnoldo. A união estável – evolução jurisprudencial. In: TEIXEIRA, Sálvio de Figueiredo (Org.). Direitos de família e do menor: inovações e tendências. Belo Horizonte: Del Rey, 1993, p. 109.

[76]   Cf. STJ, REsp 2.106.053/RJ, Rel. Min. Marco Aurélio Bellizze, 3ª Turma. DJe 28/11/2023.

[77]   Lei nº 14.620/2023. Dispõe sobre o Programa Minha Casa, Minha Vida (…) Art. 10. Os contratos e os registros efetivados no âmbito do Programa serão formalizados, prioritariamente, no nome da mulher e, na hipótese de ela ser chefe de família, poderão ser firmados independentemente da outorga do cônjuge, afastada a aplicação do disposto nos arts. 1.647, 1.648 e 1.649 da Lei nº 10.406, de 10 de janeiro de 2002 (Código Civil). § 1º O contrato firmado na forma prevista no *caput* será registrado no cartório de registro de imóveis competente, com a exigência de simples declaração da mulher acerca dos dados relativos ao cônjuge ou ao companheiro e ao regime de bens. § 2º Na hipótese de dissolução de união estável, separação ou divórcio, o título de propriedade do imóvel adquirido, construído ou regularizado no âmbito do Programa na constância do casamento ou da união estável será registrado em nome da mulher ou a ela transferido, independentemente do regime de bens aplicável. § 3º Na hipótese de haver filhos do casal e a guarda ser atribuída exclusivamente ao homem, o título da propriedade do imóvel construído ou adquirido será registrado em seu nome ou a ele transferido, revertida a titularidade em favor da mulher caso a guarda dos filhos seja a ela posteriormente atribuída. § 4º O disposto neste artigo não se aplica aos contratos de financiamento firmados com recursos do FGTS. § 5º A mulher vítima de violência doméstica e familiar que esteja sob medida protetiva de urgência está autorizada a realizar o distrato dos contratos de compra e venda antes do prazo final contratual, sendo-lhe permitido ser beneficiada em outra unidade habitacional, independentemente do registro no Cadastro Nacional de Mutuários (Cadmut).

doméstica. É mais que isto, como tem-se encarregado de definir a jurisprudência[78] que exemplificativamente aqui se transcreve:

> (...) A comunicabilidade de bens adquiridos na constância da união estável é regra e, como tal, deve prevalecer sobre as exceções, que merecem interpretação restritiva. – Deve-se reconhecer a contribuição indireta do companheiro, que consiste no apoio, conforto moral e solidariedade para a formação de uma família. Se a participação de um dos companheiros se resume a isto, ao auxílio imaterial, tal fato não pode ser ignorado pelo direito. Recurso parcialmente provido. (STJ, REsp: 915297 MG 2007/0005202-4, Rel. Min. Nancy Andrighi, 3ª Turma, pub. 03.03.2009).

> (...) Ainda que a contribuição da mulher não tenha sido através de aportes de recursos ou de trabalho profissional desenvolvido diretamente na atividade desempenhada pelo companheiro, faz ela jus a parcela do patrimônio adquirido no período em que se deu a união. (TJMG MG 1.0145.06.303995-5/001(1), Rel. Antônio Sérvulo, pub. 26.06.2007).

Diante das dificuldades práticas da mensuração da cota-parte da contribuição de cada um, as Leis nº 8.971/94 e nº 9.278/96, consagrando a Súmula 380 do STF, estabeleceram que a divisão patrimonial será igualitária, meio a meio, diferente do texto da referida súmula, que deixava livre a busca da proporção do esforço de cada um quando da dissolução da sociedade. O Código Civil, também, acabou recepcionando as regras do regime da comunhão parcial para as uniões estáveis. Dessa maneira, podemos avaliar e sintetizar que o mais importante e fundamental na união estável em relação aos bens é aquilo que se pode extrair das decisões de todos os tribunais: que tenha havido, entre os companheiros, não apenas mera história de amor, mas que haja, também, a formação de uma família. Estando presente este requisito, que se faz essencial, haverá o partilhamento do patrimônio adquirido na constância da conjugalidade a título oneroso. Não é mais necessária apuração do esforço comum. Não mais se avalia se houve contribuição direta ou indireta, mas tão somente a presença de uma família ou, mais propriamente, de uma união estável.

E assim, a união estável está cada vez mais assemelhada ao casamento. Isso significa "ir minando" o instituto da união estável, já que em tudo e em quase todos os efeitos ela está se equiparando ao casamento. Estamos em um caminho em que a liberdade de não casar, ou seja, viver em união estável, está cada vez menor, pois as regras da união estável estarão quase idênticas as regras do casamento. É saudável em um ordenamento jurídico que se considerem as diferenças sob pena de cercear a liberdade de escolha. Equiparar em tudo estas duas formas de família significa acabar com a união estável, interferir drasticamente no desejo de as pessoas poderem escolher uma forma de constituir família que não seja o casamento. E, na liberdade de escolha do diferente, está a responsabilidade do sujeito por esta escolha.[79]

---

[78] Cf. REsp 1349788/RS, Rel. Ministra Nancy Andrighi, Terceira Turma, DJE 29/08/2014; REsp 1173931/RS, Rel. Ministro Paulo de Tarso Sanseverino, Terceira Turma, DJe 28/10/2013; Decisões Monocráticas: Ag 1173931/RS, Terceira Turma, Publicado em 31/05/2010; REsp 1357432/SC, Rel. Ministro Antonio Carlos Ferreira, Quarta Turma, , Publicado em 03/08/2015. Acórdãos: REsp 1349788/RS, Rel. Ministra Nancy Andrighi, Terceira Turma, DJE 29/08/2014. Acórdãos: REsp 959213/PR, Rel. Ministro Luis Felipe Salomão, Rel. p/ Acórdão Ministra Maria Isabel Gallotti, Quarta Turma, DJE 10/09/2013; AgRg no REsp 1167829/SC, Rel. Ministro Ricardo Villas Bôas Cueva, Terceira Turma, DJE 06/03/2014.

[79] Cf. TJRS, Agravo de Instrumento nº 70062241070, Rel: Sérgio Fernando de Vasconcellos Chaves, 7ª Câmara Cível, Julgado em 22.10.2014.

206 DIREITO DAS FAMÍLIAS – *Rodrigo da Cunha Pereira*

Uma das diferenças entre união estável e casamento era a possibilidade de demonstração do não esforço comum[80], a ilidir a presunção de partilha prevista no art. 5º da Lei nº 9.278/96[81]. Com a institucionalização de um regime de bens para a união estável, o paradoxo da regulamentação do instituto da união estável está ainda maior. É certo que a intenção do legislador foi boa e visava proteger a parte economicamente mais fraca. No entanto, não se pode olvidar que um instituto que tem como cerne a liberdade na elaboração de suas regras, que podem ser próprias de cada casal, está, paulatinamente, aproximando-se, cada vez mais, da relação do casamento civil, que é exatamente o que não se quer da união estável.

5.11.1 Regime de bens na união estável

O regime de bens da união estável, assim como no casamento, quando as partes não estabelecem regras próprias, é o da comunhão parcial: "Na união estável, salvo contrato escrito entre os companheiros, aplica-se às relações patrimoniais, no que couber, o regime da comunhão parcial de bens" (CCB/2002, art. 1.725). Presume-se que os bens adquiridos na constância da união, a título oneroso, pertencem a ambos, porque se deduz que tenham sido adquiridos pelo esforço comum.

O casamento é o parâmetro usado para regulamentar os efeitos patrimoniais da união estável.[82] Assim, toda a regulamentação da união estável é uma tentativa de aproximação das normas do casamento, embora sejam institutos diferentes. Portanto, caracterizada a união estável, os bens adquiridos na constância da relação, a título oneroso, pertencem a ambos os conviventes, devendo, por isso, serem partilhados, seja pela dissolução por morte ou em vida.

Inicialmente, a divisão de bens adquiridos na constância do então denominado concubinato só era possível porque a teoria do enriquecimento ilícito, vinha em seu socorro. Depois, o sustento teórico para essa divisão foi o da sociedade de fato, no campo obrigacional.

Até o advento das Leis nº 8.971/1994 e nº 9.278/1996, que regulamentaram o artigo 226 da Constituição da República, a jurisprudência já tinha, paulatinamente, dado "vestes familiares" ao instituto do concubinato. Foi aí que a velha concepção de "esforço comum" ganhou nova roupagem, subdividindo-se em contribuição direta e indireta. Na hermenêutica da Súmula nº 380, no conceito de esforço comum, não há necessidade de que a contribuição de uma das

---

[80] A 3ª Turma, no Recurso Especial nº 1.403.419/MG, julgado aos 11/11/014, da relatoria do Ministro Ricardo Villas Bôas Cueva, firmou o entendimento de que a Súmula nº 377 do STF, isoladamente, não confere ao companheiro o direito de meação aos frutos produzidos durante o período de união estável independentemente da demonstração do esforço comum.

[81] (…) Na hipótese em exame, o acórdão recorrido se baseou, equivocadamente, na presunção absoluta de comunicabilidade dos bens que haviam sido adquiridos antes da entrada em vigor da Lei nº 9.278/96 e a parte indica, como única prova do esforço comum, escritura pública de reconhecimento de união estável celebrada em 2012 que declara, com efeitos retroativos, o regime de comunhão parcial de bens desde a constituição da convivência, em 1978. 10 – Na esteira da jurisprudência desta Corte, não é possível a celebração de escritura pública modificativa do regime de bens da união estável com eficácia retroativa, razão pela qual a partilha dos bens adquiridos antes da Lei nº 9.278/96 se submete ao regime da Súmula 380/STF, de modo que, na ausência de prova do esforço comum, os referidos bens são insuscetíveis de partilha. (…) (STJ, REsp 2.104.920/PR, Rel. Ministra Nancy Andrighi, Terceira Turma, *DJe* 15/12/2023).

[82] A Lei nº 12.424/2011 instituiu a modalidade de usucapião familiar, acrescentando o art. 1.240-A no CCB/2002: "Aquele que exercer, por 2 (dois) anos ininterruptamente e sem oposição, posse direta, com exclusividade, sobre imóvel urbano de até 250 m² (duzentos e cinquenta metros quadrados) cuja propriedade divida com ex-cônjuge ou ex-companheiro que abandonou o lar, utilizando-o para sua moradia ou de sua família, adquirir-lhe-á o domínio integral, desde que não seja proprietário de outro imóvel urbano ou rural". Essa nova modalidade preserva a responsabilidade dos cidadãos, visto que aquele que afasta do lar, por esse lapso temporal, deve ser responsabilizado pelos seus atos. Isso não quer dizer a ressurreição da culpa quando da dissolução do vínculo conjugal, seja no casamento ou na união estável. A separação de corpos pode afastar a incidência desta norma.

partes tenha sido financeira. Bastava a demonstração de que ela deu ao(à) companheiro(a), durante a conjugalidade, o suporte doméstico para que ele(a) pudesse adquirir o patrimônio, ou seja, contribuição direta.

Essa concepção inovadora e revolucionária do esforço comum tem grande relevância, não apenas para a união estável, mas, sobretudo, porque significa o reconhecimento e valorização jurídica das atividades domésticas, tradicionalmente exercidas pelas mulheres, tão necessárias para a estruturação e existência de núcleos familiares. Além de atribuir-lhe um cunho axiológico, significa também o reconhecimento de um conteúdo econômico a esse trabalho historicamente não valorizado. Essa mudança de mentalidade é um verdadeiro marco no Direito de Família contemporâneo, que repercute e tem várias outras consequências jurídicas, mas especialmente fundando um novo marco teórico[83].

Suporte doméstico, insista-se, não se limita à execução de atividades do lar, tais como lavar, passar, cozinhar, cuidar dos filhos etc. É muito mais do que isso. É ajudar a proporcionar uma segurança e equilíbrio emocional e psíquico, ser solidário ao parceiro, dar o suporte e tranquilidade para que o outro possa, inclusive, ir em busca do sustento da família.

5.11.2 Os negócios jurídicos na união estável e o terceiro de boa-fé

A falta de um estado civil "oficial" para a união estável pode gerar uma insegurança jurídica nos negócios. Assim, é conveniente que os companheiros, ainda que oficialmente solteiros, viúvos ou divorciados, declarem sempre em seus negócios jurídicos, ou mesmo fichas cadastrais, que vivem em união estável. O CPC 2015, visando a segurança das relações jurídicas, incorporou essa realidade em seu texto, exigindo que tal situação seja sempre declarada na petição inicial (art. 319, II). Reforçou e amplia essa segurança o Provimento 61/2017 do CNJ, que em seu artigo 2º estabeleceu a obrigatoriedade de se informar o estado civil e se as partes vivem em união estável.

Para que os negócios jurídicos sejam válidos e eficazes, quando as partes, ou uma delas, viva em união estável, há necessidade de autorização de ambos os companheiros para a validade da alienação de bens adquiridos no curso da união estável. É consectário do regime da comunhão parcial de bens, estendido à união estável (art. 1.725 do CCB), além do reconhecimento da existência de condomínio natural entre os conviventes sobre os bens adquiridos na constância da união. Obviamente se houver contrato escrito[84] de união estabelecendo regime de separação de bens, ou cláusula que dispense a outorga do companheiro, não haverá necessidade de sua assinatura[85].

---

[83] Cf. REsp 1.124.859-MG, Rel. Min. Luis Felipe Salomão, Rel. Min. Maria Isabel Gallotti, DJe 27/02/2015.

[84] Art. 1.647. Ressalvado o disposto no art. 1.648, nenhum dos cônjuges pode, sem autorização do outro, exceto no regime da separação absoluta:

I – alienar ou gravar de ônus real os bens imóveis;

II – pleitear, como autor ou réu, acerca desses bens ou direitos;

III – prestar fiança ou aval;

IV – fazer doação, não sendo remuneratória, de bens comuns, ou dos que possam integrar futura meação.

Parágrafo único. São válidas as doações nupciais feitas aos filhos quando casarem ou estabelecerem economia separada.

[85] (…) Não obstante a necessidade de outorga convivencial, diante das peculiaridades próprias do instituto da união estável, deve-se observar a necessidade de proteção do terceiro de boa-fé, porquanto, ao contrário do que ocorre no regime jurídico do casamento, em que se tem um ato formal (cartorário) e solene, o qual confere ampla publicidade acerca do estado civil dos contratantes, na união estável há preponderantemente uma informalidade no vínculo entre os conviventes, que não exige qualquer documento, caracterizando-se apenas pela convivência pública, contínua e duradoura. 3. Na hipótese dos autos, não havia registro imobiliário em que inscritos os imóveis objetos de alienação em relação à copropriedade ou à existência de união estável,

208 DIREITO DAS FAMÍLIAS – *Rodrigo da Cunha Pereira*

Deve-se zelar pela aplicação das regras atinentes à comunhão parcial de bens, na forma do art. 1.725 do CCB, entre as quais se insere a do art. 1.647 do Código Civil. Zeno Veloso é enfático ao dizer que:

> Tratando-se de imóvel adquirido por título oneroso na constância da união estável, ainda que só em nome de um dos companheiros, o bem entra na comunhão, é de propriedade de ambos os companheiros, e não bem próprio, privado, exclusivo, particular. Se um dos companheiros vender tal bem, sem a participação no negócio do outro companheiro, estará alienando – pelo menos em parte – coisa alheia, perpetrando uma venda "a non domino", praticando ato ilícito. O companheiro, no caso, terá de assinar o contrato, nem mesmo porque é necessário seu assentimento, mas, sobretudo, pela razão de que é, também, proprietário, dono do imóvel. (VELOSO, Zeno. *Código Civil comentado*. São Paulo: Atlas, 2003, v. 17, p. 144).

A assinatura do companheiro nos negócios jurídicos referentes a bens do casal, como se disse, vem em nome da segurança das relações jurídicas. Contudo, não pode deixar de apontar que este é mais um paradoxo na inevitável comparação entre casamento e união estável[86].

Se um companheiro, cujo regime não é o da separação de bens, e não tenha contrato expresso autorizando alienações, vende bem a terceiro sem que o outro companheiro saiba do negócio, e para que seja caracterizada a boa-fé do terceiro, deve-se levar em conta que ele desconhecia a existência da união estável do vendedor, que em geral pode se qualificar com o seu estado civil oficial de solteiro, viúvo ou divorciado, mas que não traduz o seu verdadeiro *status* conjugal. Somente no caso concreto é que se poderá avaliar a exigência da *outorga uxória*[87] nas uniões estáveis. A carga axiológica a prevalecer diante do caso concreto será mensurada pelo manancial da boa-fé objetiva e na função social dos contratos.[88]

5.11.3 Meação e triação

Meação é a metade de alguma coisa, isto é, o direito que se tem à metade de algo, enquanto outrem é proprietário de outra parte. Assim, é o direito de um companheiro ou cônjuge na relação conjugal de acordo com o regime de bens. Se for o da comunhão universal, o cônjuge/companheiro terá direito à metade de todos os bens, sejam eles adquiridos antes, durante ou

---

tampouco qualquer prova de má-fé dos adquirentes dos bens, circunstância que impõe o reconhecimento da validade dos negócios jurídicos celebrados, a fim de proteger o terceiro de boa-fé, assegurando-se à autora/recorrente o direito de buscar as perdas e danos na ação de dissolução de união estável c.c partilha, a qual já foi, inclusive, ajuizada. 4. Recurso especial desprovido. (STJ, REsp nº 1.592.072 – PR, Rel. Min. Marco Aurélio Bellizze, 3ª Turma, pub. 18/12/2017).

[86] (...) A exigência de outorga uxória a determinados negócios jurídicos transita exatamente por este aspecto em que o tratamento diferenciado entre casamento e união estável é justificável. É por intermédio do ato jurídico cartorário e solene do casamento que se presume a publicidade do estado civil dos contratantes, de modo que, em sendo eles conviventes em união estável, hão de ser dispensadas as vênias conjugais para a concessão de fiança. 5. Desse modo, não é nula nem anulável a fiança prestada por fiador convivente em união estável sem a outorga uxória do outro companheiro. Não incidência da Súmula nº 332/STJ à união estável. 6. Recurso especial provido. (REsp 1.299.866/DF, Rel. Min. Luis Felipe Salomão, 4ª Turma, j. 25.02.2014).

[87] "No caso em que o companheiro venha a vender determinado imóvel a terceiro, sem que sua consorte saiba do negócio, para que seja caracterizada a boa-fé do terceiro, deve-se levar em conta que ele desconhece completamente a existência da união estável que os dois estão vivendo. A boa-fé, nesse caso, presume-se pelo simples fato de o terceiro desconhecer que o companheiro que lhe vender o bem imóvel vivia em união estável com alguém. Desse modo, estando o terceiro de boa-fé, não há como se falar em desfazimento do negócio proferido." (CRISPINO, Nicolau Eládio Bassalo. *A união estável e os negócios entre companheiros e terceiros*. Belo Horizonte, Del Rey, 2009, p. 280).

[88] Cf. STJ, REsp nº 1.424.275 – MT, Rel. Min. Paulo de Tarso Sanseverino, 3ª Turma, pub. 16.12.2014.

depdois da relação conjugal, com as exceções previstas no art. 1.668 do CCB/2002.[89] No regime da comunhão parcial, a meação será somente dos bens adquiridos onerosamente durante a relação (art. 1.660 do CCB/2002),[90] assim como no desusado regime da participação final dos aquestos (art. 1.672 do CCB/2002).[91] Dissolvendo a união estável/casamento, em vida, faz-se a partilha apurando-se a meação de cada um. Dissolvendo pela morte, apura-se a meação do sobrevivo, se houver, e da outra meação apura-se a herança. Pode ser que o sobrevivo tenha direito à meação e direito à herança. Portanto, a meação decorre da existência de comunhão de vida no momento do ingresso na esfera jurídica. Não pode ser confundida com a herança que deriva da situação jurídica própria, enquanto a meação pressupõe colaboração material e moral. Por isso, em certos casos, poderá ficar em patamar difícil e relativamente complexo, dado que se não demonstrar a existência de colaboração não terá assegurado tal direito, e existindo descendentes ou ascendentes, tocar-lhe-á tão somente a sucessão usufrutuária[92].

A base de sustentação para partilha em vida, como já se disse anteriormente, estava na teoria da sociedade de fato. Com a mudança de marco teórico, ou seja, com a compreensão de que as regras aplicáveis não são mais do Direito Obrigacional, mas do Direito de Família após a Constituição da República de 1988, o partilhamento veio disciplinado na Lei nº 8.971/1994 e a seguir, na Lei nº 9.278/1996, e, finalmente no CCB/2002, art. 1.725.

Triação é a expressão utilizada para designar a divisão do patrimônio conjugal em três partes, isto é, triação em vez de meação. Tal divisão pode acontecer quando há uniões simultâneas, ou seja, quando uma pessoa estabeleceu entidade familiar com duas pessoas ao mesmo tempo. Ao dissolvê-la, em vida ou pela morte, os bens adquiridos a título oneroso no período das relações concomitantes podem ser divididos em três partes. É possível, entretanto, que a triação, ou seja, a divisão do patrimônio das duas conjugalidades simultâneas, não seja feita em três partes iguais. Neste caso, divide-se em duas metades, uma para o cônjuge ou companheiro(a) que estabeleceu a conjugalidade primeiro e a outra metade para o outro, que estabeleceu a relação conjugal posteriormente a que ele já tinha. Desta metade é que se partilhará com a(o) companheiro(a) da união paralela. Ou seja, fica 50% para o cônjuge/companheiro e 25% para cada um dos outros dois que mantiveram a união simultânea. Os pioneiros registros da expressão triação, no Direito brasileiro, foi em 2010 no TJRS e depois no TJPE:

---

[89] Art. 1.668. São excluídos da comunhão:
I – os bens doados ou herdados com a cláusula de incomunicabilidade e os sub-rogados em seu lugar;
II – os bens gravados de fideicomisso e o direito do herdeiro fideicomissário, antes de realizada a condição suspensiva;
III – as dívidas anteriores ao casamento, salvo se provierem de despesas com seus aprestos, ou reverterem em proveito comum;
IV – as doações antenupciais feitas por um dos cônjuges ao outro com a cláusula de incomunicabilidade;
V – Os bens referidos nos incisos V a VII do art. 1.659.

[90] Art. 1.660. Entram na comunhão:
I – os bens adquiridos na constância do casamento por título oneroso, ainda que só em nome de um dos cônjuges;
II – os bens adquiridos por fato eventual, com ou sem o concurso de trabalho ou despesa anterior;
III – os bens adquiridos por doação, herança ou legado, em favor de ambos os cônjuges;
IV – as benfeitorias em bens particulares de cada cônjuge;
V – os frutos dos bens comuns, ou dos particulares de cada cônjuge, percebidos na constância do casamento, ou pendentes ao tempo de cessar a comunhão.

[91] Art. 1.672. No regime de participação final nos aquestos, cada cônjuge possui patrimônio próprio, consoante disposto no artigo seguinte, e lhe cabe, à época da dissolução da sociedade conjugal, direito à metade dos bens adquiridos pelo casal, a título oneroso, na constância do casamento.

[92] FACHIN, Luiz Edson. *Elementos críticos do direito de família: curso de direito civil*. Rio de Janeiro: Renovar, 1999, p. 85-86.

210   DIREITO DAS FAMÍLIAS – *Rodrigo da Cunha Pereira*

(...) Em casos de união dúplice, como o presente, a jurisprudência da Corte tem entendido necessário dividir o patrimônio adquirido no período em que as uniões paralelas existiram em 03 partes. É a chamada "triação". (TJRS, Ap. Cível nº 70039274542, Rel. Rui Portanova, 8ª Câmara Cível, j. 23.12.2010).

(...) Numa democracia pluralista, o sistema jurídico-positivo deve acolher as multifárias manifestações familiares cultivadas no meio social, abstendo-se de, pela defesa de um conceito restritivo de família, pretender controlar a conduta dos indivíduos no campo afetivo. 5. Os bens adquiridos na constância da união dúplice são partilhados entre as companheiras e o companheiro. Meação que se transmuda em "triação", pela simultaneidade das relações. 6. Precedentes do TJDF e do TJRS. (TJPE – APL: 2968625, Rel. José Fernandes, 5ª CC, pub. 28.11.2013).

5.11.4   Alimentos na união estável

Foi preciso um longo processo histórico para que a pensão alimentícia fosse concedida à companheira[93]. Inicialmente chamado de concubinato, essa relação era tratada no campo do Direito das Obrigações. E a maneira encontrada, dentro do moralismo vigente, para se corrigir injustiças nos vários casos concretos que se apresentavam ao Judiciário, foi conceder "indenização por serviços prestados"[94]. Não se podia dizer que o concubinato, mesmo o não adulterino, era fonte de obrigação alimentar, como o casamento. Claro que todo moralismo esbarra em suas contradições. Qual serviço prestado? Se serviço doméstico, deveria ser tratado no campo do Direito do Trabalho; se sexuais, proibido pela ordem jurídica. Mas o direito previdenciário, cujo parâmetro para concessão do benefício é a relação de dependência econômica, abriu as portas para o reconhecimento da pensão alimentícia na medida em que já reconhecia pensão previdenciária à concubina.

Ultrapassadas essas questões morais, inclusive com a mudança da expressão concubinato para união estável, a partir da Constituição da República de 1988 (art. 226), a união estável, assim como o concubinato, constitui-se como uma das fontes da obrigação alimentar. Não há mais diferença de direitos nesse sentido entre ambas as conjugalidades. Obviamente que será necessário atender aos requisitos da necessidade/possibilidade (ver Capítulo 7).

Em relação aos filhos advindos de uma união estável, mesmo as simultâneas, não há nenhuma restrição ou impedimento para que se faça reivindicação de pensão alimentícia. Filho é filho, e todos, absolutamente todos, têm os mesmos direitos, independentemente de sua origem, repita-se.

5.11.5   União estável e Previdência Social

Um dos ramos do Direito que mais evoluiu e contribuiu para o estabelecimento de normas sobre o direito concubinário foi o previdenciário. Certamente porque no plano da Previdência Social o conceito de assistência ou de previdência seja mais um conceito econômico que propriamente jurídico, porque representa *quaestio facti*, e não *quaestio juris*.

---

[93]   A obrigação alimentar ou pressupõe a existência de relação de parentesco, como está expresso nos arts. 396 e 397 do CCB, a valorizar o princípio da solidariedade familiar, ou assenta no dever de mútua assistência entre os cônjuges (ver art. 23, III do CCB e art. 19 da Lei de Divórcio). Daí decorre que, *entre concubinos, não há direito à prestação alimentar.* (STF, RE 102.877/SP, 2ª Turma, Rel. Min. Djalci Falcão. DJe 14/09/1984). Grifamos.

[94]   Na existência de patrimônio formada pelo esforço comum, no curso da sociedade concubinária, *devem-se ser indenizados os serviços domésticos prestado pela concubina*, uma vez comprovados. (TJSC – Ap. Civil, Des. Napolião Amarante, DJe 07/01/1985). Grifamos.

Em 1912, o Decreto nº 2.681, que regula a responsabilidade civil das estradas de ferro e que se estendia a toda espécie de transportes, já assegurava à concubina, em seu art. 22, indenização por morte do companheiro. Depois, em 1919, o Decreto nº 3.724, que dispunha sobre acidente de trabalho, da mesma forma assegurava indenização a todas as pessoas que viviam às expensas do falecido. A partir daí, vários outros diplomas legais passaram a estabelecer o direito da concubina de receber pensões e indenizações. Ainda que não dissessem expressamente a palavra concubina ou companheira, ditavam a fórmula "pessoas sob a dependência econômica do associado". Todavia, foi o Decreto nº 20.465, de 1931, que, substituindo as expressões viúva e esposa pela expressão mulher, firmou o entendimento de que a concubina poderia também ser beneficiária da Previdência Social. Seguiu-se a isso o Decreto nº 24.615, de 1932, criando o Instituto dos Bancários, a Lei nº 367, de 1936, criando o Instituto de Aposentadoria e Pensão dos Industriários – IAPI, o Decreto nº 5.493, de 1940, do Instituto dos Comerciários, e vários outros:

> Marco importante na evolução histórica da união estável e Previdência Social foi a Consolidação das Leis Trabalhistas, de 1943, quando disciplinou a declaração e registro dos dependentes. Nessa mesma linha evolutiva veio, em 1945, o Decreto-lei nº 7.526, mais conhecido como "Lei Orgânica dos Serviços Sociais do Brasil", traduzindo em seu art. 2º os princípios sociais de amparo a todos aqueles que dependam economicamente do falecido. Esse decreto foi o primeiro passo para uma tentativa de unificação das normas previdenciárias, mas não chegou a entrar em vigor.[95]

Somente mais tarde, em 26 de agosto de 1960, surge a Lei Orgânica da Previdência Social, que recebeu o nº 3.087. Depois os Decretos-Leis nº 66 e 72, de 21 de novembro de 1966, e a Lei nº 5.890, de 8 de junho de 1973, que alteraram dispositivos da Lei da Previdência e unificaram os institutos de aposentadoria e pensões, criando o Instituto Nacional de Previdência Social (INPS hoje INSS). Foi esta última lei que, rompendo preconceitos, adotou o prazo de cinco anos para que a "companheira", em comunhão de vida e habitação, se tornasse beneficiária da Previdência Social. Ela foi posteriormente regulamentada pelo Decreto nº 72.771, em 6 de setembro de 1973.

Em 23 de janeiro de 1984, o Decreto nº 89.312 alterou profundamente a Consolidação das Leis da Previdência Social – CLPS. Acrescentou, ao assunto que nos interessa, que o prazo de cinco anos para a caracterização e requisito da companheira como beneficiária torna-se desnecessário se daquela relação houver filhos (art. 10, I, §§ 4º e 6º; art. 11, §§ 1º, 2º, 3º e 4º).

É interessante observar como o prazo de cinco anos estipulado pela Previdência foi absorvido e adotado pelos outros ramos do Direito para a caracterização da união como estável. Entretanto, este prazo não era rígido, e podia ser alterado em algumas situações, como, aliás, já o prenunciou, por exemplo, a própria lei acima mencionada, para os casos em que houver filhos daquela relação.

Com a Constituição Federal de 1988, muito se alterou sobre a Previdência Social, exigindo-se nova regulamentação. A Lei nº 8.213, de 24 de julho de 1991, dispôs sobre os Planos de Benefícios da Previdência Social:

> *Art. 16. São beneficiários do Regime Geral de Previdência Social, na condição de dependentes do segurado:*
>
> *I – o cônjuge, a companheira, o companheiro e o filho não emancipado, de qualquer condição, menor de 21 (vinte e um) anos ou inválido ou que tenha deficiência intelectual ou mental ou deficiência grave; (Redação dada pela Lei nº 13.146, de 2015)*
>
> *II – os pais;*

---

[95] BITTENCOURT, Edgar de Moura. *Concubinato*. São Paulo: LEUD, 1975, p. 385.

III – o irmão não emancipado, de qualquer condição, menor de 21 (vinte e um) anos ou inválido ou que tenha deficiência intelectual ou mental ou deficiência grave; (Redação dada pela Lei nº 13.146, de 2015)

§ 1º A existência de dependente de qualquer das classes deste artigo exclui do direito às prestações os das classes seguintes.

§ 2º O enteado e o menor tutelado equiparam-*se a filho mediante declaração do segurado e desde que comprovada a dependência econômica na forma estabelecida no Regulamento. (Redação dada pela Lei nº 9.528, de 1997)*

§ 3º Considera-*se companheira ou companheiro a pessoa que, sem ser casada, mantém união estável com o segurado ou com a segurada, de acordo com o § 3º do art. 226 da* Constituição Federal.

§ 4º A dependência econômica das pessoas indicadas no inciso I é presumida e a das demais deve ser comprovada

§ 5º As provas de união estável e de dependência econômica exigem início de prova material contemporânea dos fatos, produzido em período não superior a 24 (vinte e quatro) meses anterior à data do óbito ou do recolhimento à prisão do segurado, não admitida a prova exclusivamente testemunhal, exceto na ocorrência de motivo de força maior ou caso fortuito, conforme disposto no regulamento. (Incluído pela Lei nº 13.846, de (Incluído pela Lei nº 13.846, de 2019)

§ 6º Na hipótese da alínea *c* do inciso V do § 2º do art. 77 desta Lei, a par da exigência do § 5º deste artigo, deverá ser apresentado, ainda, início de prova material que comprove união estável por pelo menos 2 (dois) anos antes do óbito do segurado. (Incluído pela Lei nº 13.846, de 2019)

§ 7º Será excluído definitivamente da condição de dependente quem tiver sido condenado criminalmente por sentença com trânsito em julgado, como autor, coautor ou partícipe de homicídio doloso, ou de tentativa desse crime, cometido contra a pessoa do segurado, ressalvados os absolutamente incapazes e os inimputáveis. (Incluído pela Lei nº 13.846, de 2019)

A legislação anterior ao CCB/2002, como a Lei nº 8.971/94, somente possibilitava esse reconhecimento de união estável às pessoas casadas, viúvas, divorciadas ou separadas judicialmente,[96] ficando excluídas as pessoas separadas de fato. Em razão de uma compreensão mais ampliada das relações de família, e consequentemente das uniões estáveis, este parágrafo passou a ser interpretado de acordo com o Código Civil de 2002, que incluiu no conceito de união estável os separados de fato. Portanto, essa interpretação apenas confirma o art. 1.723,

---

[96] "Deve-se fazer uma releitura da Constituição Federal pós-EC nº 66/2010 que suprimiu a separação judicial do ordenamento jurídico brasileiro. (...) Com o fim do instituto da separação judicial impõe-se reconhecer a perda da importância da identificação do culpado pelo fim da relação afetiva. Isso porque deixar de amar o cônjuge ou companheiro é circunstância de cunho estritamente pessoal, não configurando o desamor, por si só, um ato ilícito (arts. 186 e 927 do Código Civil de 2002), apto a ensejar indenização. A felicidade não é assegurada de forma estática e permanente a quem quer que seja, mormente quando o amor não pode ser objeto de imposição legal. A dor da separação, inerente à opção de quem assume uma vida em comum, não é apta a ensejar danos morais de forma isolada. Em regra, o desconforto pelo desaparecimento do elo afetivo e consequente fim do convívio amoroso é, em regra, mútuo e recíproco. Ademais, o sofrimento, inerente ao desfazimento dos laços conjugais, antecede o processo judicial. Assim, a frustração da expectativa de felicidade a dois não desafia o dever de ressarcimento por danos morais por sua mera frustração. (...)" (STJ, EDcl no REsp nº 922.462 – SP, Rel. Ministro Ricardo Villas Bôas Cueva, 3ª Turma, pub. 14.04.014).

§ 1º, do CCB/2002[97], que prevê a possibilidade do reconhecimento da união estável, quando da separação fática.

Para o Direito Previdenciário, companheira é aquela que coabita, *more uxorio*, que vive como se casada fosse. Contudo, este conceito de coabitação também tem-se relativizado, assim como a jurisprudência que se formou, principalmente sobre acidente de trabalho e trânsito, prevalecendo a tese da companheira sobre a esposa, em casos de separação de fato desta[98].

Foi a Previdência Social que primeiro reconheceu uniões estáveis entre pessoas do mesmo sexo, atribuindo os mesmos efeitos das uniões estáveis heteroafetivas, ao expedir a Portaria nº 513/2010,[99] antecedendo em muitos aspectos a evolução do Direito das Famílias[100].

5.11.5.1 Reivindicação de pensão previdenciária – foro competente – Justiça estadual ou federal?

Uma dívida frequente que surge na conexão do Direito de Família com o Direito Previdenciário é sobre o foro competente para reivindicar pensão previdenciária, decorrente de falecimento de uma das partes. Se há outros direitos decorrentes da união estável, além da pensão previdenciária, como partilha de bens, por exemplo, o foro competente é o da vara de família. Entretanto, quando a reivindicação é só de natureza previdenciária, o foro competente é o da justiça federal, quando se tratar de pensão junto ao INSS, e das varas especializadas da justiça estadual, quando se tratar de previdência estadual. As decisões, inclusive do STJ, vêm sendo nesse sentido, como se vê exemplificativamente abaixo:

> (...) *A competência para apreciar o reconhecimento da união estável, nas ações em que se busca a concessão de benefício previdenciário, é do Juízo Federal. Em tais hipóteses, a questão acerca da caracterização da união estável é enfrentada como uma prejudicial*

---

[97] § 1º A união estável não se constituirá se ocorrerem os impedimentos do art. 1.521; não se aplicando a incidência do inciso VI no caso de a pessoa casada se achar separada de fato ou judicialmente. Art. 1.521. Não podem casar: (...) VI – as pessoas casadas;

[98] (...) A intenção protetiva das normas previdenciárias privilegia as condições reais ocorridas na vida de relação em detrimento das convenções e formalismos da lei civil, quando se trata de aferir as condições necessárias à percepção de benefício previdenciário, mormente nos casos de pensão por morte. Ainda que, na data do óbito, o segurado ostentasse o estado de casado, a mera separação de fato é hábil a gerar o rompimento do vínculo previdenciário do cônjuge dependente em relação ao segurado, desde que não haja prestação de alimentos deste em favor daquele, situação que caracteriza a exceção prevista no art. 29, § 6º, II, (*a contrario sensu*), da Lei Estadual 285/79. Neste caso, se o segurado, separado de fato há mais de dois anos, vive em união estável com outra mulher, contemporaneamente ao óbito, e não paga alimentos à ex-cônjuge, é a companheira a dependente preferencial a receber o benefício previdenciário (Lei Estadual 285/79, 29, § 5º). Manutenção da sentença. Conhecimento e desprovimento do recurso. (TJRJ – APL: 00070968220078190045 RJ 0007096-82.2007.8.19.0045, Rel. Des. Rogerio De Oliveira Souza, 9ª CC, pub. 24.07.2013).

[99] Portaria Ministro de Estado da Previdência Social – MPS nº 513 de 09.12.2010, *DOU* 10.12.2010 (Dispõe sobre os dispositivos da Lei nº 8.213/91, que tratam de dependentes para fins previdenciários relativamente à união estável entre pessoas do mesmo sexo). O ministro de Estado da Previdência Social, no uso das atribuições constantes do art. 87, parágrafo único, inciso II, da Constituição, tendo em vista o Parecer nº 038/2009/DENOR/CGU/AGU, de 26 de abril de 2009, aprovado pelo Despacho do Consultor-Geral da União nº 843/2010, de 12 de maio de 2010, e pelo despacho do Advogado-Geral da União, de 1º de junho de 2010, nos autos do processo nº 00407.006409/2009-11, Resolve: Art. 1º Estabelecer que, no âmbito do Regime Geral de Previdência Social – RGPS, os dispositivos da Lei nº 8.213, de 24 de julho de 1991, que tratam de dependentes para fins previdenciários devem ser interpretados de forma a abranger a união estável entre pessoas do mesmo sexo. Art. 2º O Instituto Nacional do Seguro Social – INSS adotará as providências necessárias ao cumprimento do disposto nesta portaria. Carlos Eduardo Gabas.

[100] TRF-3 – Ap.: 00179935120164039999 SP, Relator: Desembargadora Federal Tania Marangoni, Data de Julgamento: 11/12/2017, 8ª Turma, Data de Publicação: e-DJF3 Judicial 1 data:19/03/2018).

de mérito, não havendo que se falar em usurpação da competência do Juízo da Vara de Família. Precedentes: RMS 35.018/MG, Rel. Min. Gurgel de Faria, DJe 20.8.2015; REsp 1.501.408/RS, Rel. Min. Humberto Martins, DJe 6.5.2015; CC 126.489/RN, Rel. Min. Humberto Martins, 1ª Seção, DJe 7.6.2013. 2. Agravo Interno do Particular a que se nega provimento. (STJ, AgInt no AREsp: 1.175.146, RJ 2017/0243562-9, Rel. Min. Napoleão Nunes Maia Filho, 1ª Turma, DJe 18/09/2020).

(...) Em ação previdenciária com pedido de pensão por morte movida contra o INSS, a competência do Juízo Estadual do domicílio da parte autora, a do Juízo Federal com jurisdição sobre o seu domicílio e a do Juízo Federal da capital do Estado-membro são concorrentes, devendo prevalecer a opção exercida pelo segurado. 2. Tratando-se de demanda ajuizada na Justiça Estadual, detém o Juízo Singular (no exercício da competência delegada) competência para reconhecer incidenter tantum *a existência ou não de união estável, indispensável para apreciação do direito da parte autora à pensão por morte. 3. O reconhecimento de união estável, visando a implantação de benefício previdenciário de pensão por morte, exige a participação da Autarquia Federal na lide, sem prejuízo de eventuais herdeiros participarem do processo, visando o rateio dos valores do benefício, nos termos do art. 77 da LBPS. Precedentes jurisprudenciais. (TRF-4 – AG: 50183636820184040000 5018363-68.2018.4.04.0000, Rel. Altair Antonio Gregório, 5ª Turma, j. 21/08/2018).*

5.12 UNIÃO ESTÁVEL HOMOAFETIVA E OS FANTASMAS DA SEXUALIDADE

Uma das mais inquietantes questões do Direito de Família, no início do século XXI, foi o reconhecimento das uniões homoafetivas[101] como núcleo familiar, podendo, além de constituir união estável,[102] realizar o casamento civil.[103] O processo histórico de legitimação e reconhecimento das uniões homoafetivas, foi o mesmo pelo qual passou o concubinato/união estável heteroafetiva. Até a Constituição Federal de 1988, a doutrina e a jurisprudência debatiam se tal instituto deveria ser tratado no campo do Direito de Família ou das Obrigações. Esta era a forma conservadora de não se admitir outra possibilidade de constituição de família sem o selo da oficialidade do casamento.

O cerne dessas argumentações é sempre de cunho moral e religioso. É o mesmo discurso que excluía filhos e famílias fora do casamento até 1988, dando-lhes a pecha de ilegítimos. Foi preciso décadas de debates para incluir no laço social os filhos ilegítimos e o concubinato/ união estável heteroafetiva. Não se podia continuar repetindo essa injustiça histórica de não reconhecimento dos núcleos familiares homoafetivos.

Afinal, por que tanta resistência? Por que o medo da homossexualidade? Ela interessa ao Direito, pois é uma questão de justiça social[104]. Devemos "desmisturar" Direito de religião, para que tenhamos um bom Direito e uma boa religião. Devemos distinguir moral de ética para

---

[101] Expressão cunhada por Maria Berenice Dias, Vice-Presidente do Instituto Brasileiro de Direito de Família – IBDFAM, Advogada e Desembargadora aposentada do TJRS.

[102] STF, ADI 4277 e ADPF 132 julgada em 05.05.2011.

[103] Resolução nº 175/2013 do Conselho Nacional de Justiça.

[104] Em se tratando de criminalização da homofobia, o STF, por maioria, julgou procedente o Mandado de Injunção 4733 para (i) reconhecer a mora inconstitucional do Congresso Nacional; e (ii) aplicar, com efeitos prospectivos, até que o Congresso Nacional venha a legislar a respeito, a Lei nº 7.716/89, a fim de estender a tipificação prevista para os crimes resultantes de discriminação ou preconceito de raça, cor, etnia, religião ou procedência nacional à discriminação por orientação sexual ou identidade de gênero, nos termos do voto do Relator, plenário, 13/06/2019.

Cap. 5 – UNIÃO ESTÁVEL **215**

que tenhamos um Direito mais justo. A moral sexual não pode ser o fio condutor do Direito[105]. As escolhas e orientações sexuais dos sujeitos não são determinantes da sua conduta ética.[106] Relações homoafetivas em nada atrapalham o convívio social e não podem ser consideradas anormais, como disse Dráuzio Varella: "Os pastores de alma que se opõem ao casamento entre homossexuais têm o direito de recomendar a seus rebanhos que não o façam, mas não podem ser nazistas a ponto de pretender impor sua vontade aos mais esclarecidos".[107]

Se a família é um fato cultural, e não natural, se a paternidade e a maternidade são funções exercidas, é perfeitamente possível constituir-se uniões conjugais entre pessoas do mesmo sexo,[108] formando-se ali um núcleo familiar. Negar-lhes este inquestionável direito significa expropriação da cidadania e afronta aos mais elementares direitos e garantias fundamentais[109].

O não reconhecimento de união homoafetiva como entidade familiar revela a subjetividade e as concepções morais particularizadas dos julgadores e legisladores. Sabemos todos que os julgadores são imparciais, mas não são neutros. Neutralidade é um mito que caiu por terra, especialmente com o discurso psicanalítico, quando Freud revelou ao mundo a existência do sujeito do inconsciente[110].

Assim como as uniões estáveis heteroafetivas, até pouco tempo atrás as uniões homoafetivas eram tratadas no campo do Direito Obrigacional e, portanto, como sociedade de fato. Com a decisão do Supremo Tribunal Federal, nas ações ADI 4277 e ADPF 132 as uniões homoafetivas passaram a ser tratadas no campo do Direito de Família. E, com isso, o CNJ expediu a Resolução nº 175/2013, autorizando o casamento civil. O Provimento nº 63/2017 do CNJ que revogou o Provimento nº 52/2016 e, considerando a necessidade de uniformização, em todo o território nacional, do registro de nascimento e da emissão da respectiva certidão para filhos havidos por técnica de reprodução assistida de casais homoafetivos e heteroafetivos. O Provimento nº 149/2023 do CNJ absorveu todas essas alterações, instituindo do Código de Normas, prevendo no art. 512, § 2º, que *no caso de filhos de casais homoafetivos, o assento de nascimento deverá*

---

[105] A Resolução 254/2022 do Conselho Nacional do Ministério Público determina que os membros do Ministério Público ficam impedidos de se manifestar contrariamente à habilitação, à celebração de casamento civil ou à conversão de união estável em casamento entre pessoas de mesmo sexo unicamente em razão desta condição.

[106] "(...) o fato de ser uma relação homoafetiva não traz nenhuma influência na opção sexual dessas crianças ou na futura opção sexual desses meninos adotados. (...) vêm com todo esse formalismo e apelo moral mas deixam a criança no abrigo, onde sofre violência. (...) precisamos parar com essa falsidade, quiçá hipocrisia, de que elas podem fazer mal aos meninos. As famílias de pais heteros têm nos dado seguidos exemplos de maus tratos às crianças. (...) não se pode supor que o fato de as adotantes serem duas mulheres ou que vivam uma relação homoafetiva possa causar algum dano." (STJ, REsp. 889.852 – RS, Rel. Min. Luis Felipe Salomão, trecho do voto do Min. João Otávio de Noronha, 4ª turma, publicação: 10/08/2010).

[107] VARELLA, Dráuzio. Violência contra homossexuais. *Folha de S. Paulo*, p. E12, 4 dez. 2010.

[108] "O que deve balizar o conceito de 'família' é, sobretudo, o princípio da afetividade, que "fundamenta o direito de família na estabilidade das relações socioafetivas e na comunhão de vida, com primazia sobre as considerações de caráter patrimonial ou biológico." (STJ, REsp nº 945283/RN, Rel. Ministro Luis Felipe Salomão, 4ª Turma, public. 28.09.2009).

[109] A Resolução 532 de 16/11/2023 do CNJ determina aos tribunais e magistrados(as) o dever de zelar pelo combate a qualquer forma de discriminação à orientação sexual e à identidade de gênero, ficando vedadas, nos processos de habilitação de pretendentes e nos de adoção de crianças e adolescentes, guarda e tutela, manifestações contrárias aos pedidos pelo fundamento de se tratar de casal ou família monoparental, homoafetivo ou transgênero, e dá outras providências.

[110] O médico e escritor Dráuzio Varella traz importante contribuição à reflexão sobre o medo de deparar-se com os fantasmas da sexualidade: Os que se sentem ultrajados pela presença de homossexuais que procurem o âmago das próprias inclinações sexuais as razões para justificar o ultraje. Ao contrário dos conturbados e inseguros, *mulheres e homens em paz com a sexualidade pessoal aceitam a alheia com respeito e naturalidade.* (Grifos nossos). VARELLA, Dráuzio. *Violência contra homossexuais. Folha de S. Paulo*, p. E12, 4 dez. 2010.

216 DIREITO DAS FAMÍLIAS – *Rodrigo da Cunha Pereira*

ser adequado para que constem os nomes dos ascendentes, sem referência a distinção quanto à ascendência paterna ou materna.

5.13 CONCUBINATO OU FAMÍLIAS SIMULTÂNEAS?

O Código Civil de 2002 definiu concubinato como a relação não eventual entre homem e mulher impedidos de casar (art. 1.727). Entretanto, a evolução jurisprudencial e doutrinária tem concedido direitos a essas relações, não apenas no campo obrigacional ou das sociedades de fato, mas no campo do Direito de Família. Daí a expressão família simultânea[111] ou paralela substituir a expressão concubinato, cuja expressão traz consigo um sentido pejorativo e veicula um significante preconceituoso. Com a compreensão da subjetividade na objetividade dos atos e fatos jurídicos, bem como o princípio da dignidade humana, a ordem passa a ser a consideração do sujeito na relação e não mais o objeto da relação. Ademais, essas uniões que acontecem simultaneamente a outra jamais poderiam ser consideradas no âmbito das relações obrigacionais, pois elas não têm fins comerciais. Considerá-las assim seria negar toda a evolução histórica e aplicar a mesma lógica perversa, que no passado concedia indenização à concubina (hoje denominada companheira), para não conceder pensão alimentícia. Isso vinha em nome da moral e dos bons costumes (ver item 1.10.27).

Os tribunais brasileiros, sob a concepção de que o Direito deve proteger a essência mais que a forma, têm aceitado a tese de que a união estável duradoura, com verdadeira comunhão de afetos e interesses, pode sobrepor-se a um casamento desfeito apenas de fato, isto é, quando o casamento tornou-se mera reminiscência cartorial. Assim, seus efeitos patrimoniais terão prevalência sobre a relação que está presa a mera formalidade cartorial, para responder a interesses mais verdadeiros, e fazer a melhor tradução da essência do Direito. O art. 1º da Lei nº 9.278/96 é uma abertura para o entendimento aqui exposto e que já vinha sendo construído pela jurisprudência. É que ele, ao revogar, porque contraria, o art. 1º da Lei nº 8.971/94, alarga o conceito de união estável.

O reconhecimento das uniões estáveis simultâneas, ou concubinato, na expressão do artigo 1.727[112], ainda encontra resistências nos tribunais brasileiros[113], mesmo que os fatos apontem em outra direção. Tal dificuldade advém da interpretação contaminada pela moral religiosa e na tradição da família monogâmica, que no século XXI parece começar a ficar em "xeque"

---

[111] Cf. PEREIRA, Rodrigo da Cunha. *Dicionário de Direito de Família e Sucessões ilustrado*. Indaiatuba: Foco, 2023, p. 315.

[112] (...) Estando demonstrada, no plano dos fatos, a coexistência de duas relações afetivas públicas, duradouras e contínuas, mantidas com a finalidade de constituir família, é devido o seu reconhecimento jurídico à conta de uniões estáveis, sob pena de negar a ambas a proteção do direito. 2. Ausentes os impedimentos previstos no art. 1.521 do Código Civil, a caracterização da união estável paralela como concubinato somente decorreria da aplicação analógica do art. 1.727 da mesma lei, o que implicaria ofensa ao postulado hermenêutico que veda o emprego da analogia para a restrição de direitos. 3. Os princípios do moderno direito de família, alicerçados na Constituição de 1988, consagram uma noção ampliativa e inclusiva da entidade familiar, que se caracteriza, diante do arcabouço normativo constitucional, como o lócus institucional para a concretização de direitos fundamentais. Entendimento do STF na análise das uniões homoafetivas (ADI 4277/DF e ADPF 132/RJ). 4. Numa democracia pluralista, o sistema jurídico-positivo deve acolher as multifárias manifestações familiares cultivadas no meio social, abstendo-se de, pela defesa de um conceito restritivo de família, pretender controlar a conduta dos indivíduos no campo afetivo. 5. Os bens adquiridos na constância da união dúplice são partilhados entre as companheiras e o companheiro. Meação que se transmuda em "triação", pela simultaneidade das relações. 6. Precedentes do TJDF e do TJRS. (TJ-PE – APL: 2968625 PE, Relator: José Fernandes, 5ª Câmara Cível, DJe 28/11/2013).

[113] Não se pode esquecer, nesse contexto, que as alterações jurídicas são, em primeiro lugar, reflexos das alterações sociológicas. E as relações sociológicas, em especial as relações de afeto concretizadas no que as pessoas de fato realizam, são indiferentes ao que desejam legisladores e julgadores. Quando pessoas suficientes se encontrarem nessa situação e o grito delas não puder mais ser contido, a alteração de entendimento não

diante da liberdade das pessoas de estabelecerem vínculos amorosos como lhes aprouver. É inaceitável que em pleno século XXI o Estado ainda queira intervir na economia do desejo das pessoas e dizer se elas podem ou não estabelecer determinadas relações amorosas e constituir suas conjugalidades. Isto em nada interfere no direito de terceiros. A primeira família terá seus direitos patrimoniais preservados, de acordo com o seu regime de bens. A segunda família terá direitos somente da parte do companheiro, ou seja, da sua meação.

Na atribuição e distribuição de direitos em relação às famílias simultâneas é preciso ponderar a monogamia com o macro princípio da dignidade humana, princípio da responsabilidade e autonomia privada[114]. Não fazer isso é repetir injustiças históricas de condenação à invisibilidade jurídica e social de milhares de famílias brasileiras que vivem nesta situação. É preciso entender que o artigo 226 da CR/1988, refere-se também as famílias que vivem nesta situação[115]. É preciso entender que o artigo 226 da CR já estabeleceu que não há famílias ilegítimas, assim como não há filhos ilegítimos. Como bem realça a professora pernambucana Luciana Brasileiro, a discriminação das famílias simultâneas é inconstitucional, porque ela impõe ao Estado a escolha de um arranjo familiar a ser protegido, em detrimento do outro(a), e este critério inevitavelmente conduzirá pessoas para o limbo do não direito, num atentado à dignidade. É necessário afrouxar os nós da interferência moral do Estado para fortalecer a noção de responsabilidade das pessoas que compõem estas famílias simultâneas. Não atribuir direitos a elas, certamente é transformar o segundo lar conjugal em dor, desamparo e estigmatização[116].

A doutrina mais contemporânea[117], a exemplo de Maria Berenice Dias[118], Giselda Hironaka, Zeno Veloso, dentre outros, posicionam-se nesta direção, inclusive proporcionando tal pensamento no Enunciado IBDFAM nº 4[119]. Paulo Lôbo sintetiza bem essa corrente de pensamento que pretende trazer dignidade e direitos às mulheres de famílias invisíveis, que não podem mais ficar à margem do Direito: jogar a união estável concubinária na penumbra do não direito, é dar as costas

---

será mais opcional; o vento da mudança será inexorável. HIRONAKA, Giselda; TARTUCE, Flávio. *Famílias paralelas – visão atualizada*. Revista IBDFAM: Famílias e Sucessões. V. 33. Maio/Junho. Belo Horizonte: IBDFAM, 2019.

[114] (...) Relação de afeto que reclama reconhecimento judicial como forma de respeito ao princípio da dignidade da pessoa humana e aos pluralismos dos núcleos familiares. 3. Não ofende a lei nem a monogamia o reconhecimento de uniões estáveis paralelas que se mantiveram públicas e duradouras por 28 anos consecutivos, com o conhecimento recíproco. Peculiaridade justificada por princípios constitucionais. 4. A Constituição Republicana dispõe, em seu artigo 226: A família, base da sociedade, terá especial proteção do estado. Nessa previsão constitucional não há eleição de uma família especial para merecer proteção legal, nem poderia, diante da opção pluralista do nosso Estado de Direito e por tratar-se de norma inclusiva, com extensão a todas as formas de família. (...) (TJ-MA – APL: 0263562013 MA 0010171-91.2010.8.10.0040, Rel. Des. r: Lourival de Jesus Serejo Sousa, , 3ª CC, DJe: 24/09/2014).

[115] (...) Há, ainda, dificuldade de o Poder Judiciário lidar com a existência de uniões dúplices. Há muito moralismo, conservadorismo e preconceito em matéria de Direito de Família. No caso dos autos, a apelada, além de compartilhar o leito com o apelado, também compartilhou a vida em todos os seus aspectos. Ela não é concubina – palavra preconceituosa – mas companheira. Por tal razão, possui direito a reclamar pelo fim da união estável. Entender o contrário é estabelecer um retrocesso em relação a lentas e sofridas conquistas da mulher para ser tratada como sujeito de igualdade jurídica e de igualdade social. Negar a existência de união estável, quando um dos companheiros é casado, é solução fácil. Mantém-se ao desamparo do Direito, na clandestinidade, o que parte da sociedade prefere esconder. Como se uma suposta invisibilidade fosse capaz de negar a existência de um fato social que sempre aconteceu, acontece e continuará acontecendo. A solução para tais uniões está em reconhecer que ela gera efeitos jurídicos, de forma a evitar irresponsabilidades e o enriquecimento ilícito de um companheiro em desfavor do outro (Apelação Cível nº 1.0017.05.016882-6/001, Cartório da 5ª Câmara Cível, Tribunal de Justiça de Minas Gerais. Relatora: Desembargadora Maria Elza. DJe: 20/11/2008).

[116] BRASILEIRO, Luciana. *As famílias simultâneas e seu regime jurídico*. Belo Horizonte: Fórum, 2019, p. 175 e 181.

[117] Enunciado 04 do IBDFAM – A constituição de entidade familiar paralela pode gerar efeito jurídico.

[118] DIAS, Maria Berenice. Op. cit. p. 630.

[119] A constituição de entidade familiar paralela pode gerar efeito jurídico.

218 DIREITO DAS FAMÍLIAS – *Rodrigo da Cunha Pereira*

à realidade da vida; é desconsiderar a ética da responsabilidade em prol da ética da convicção absoluta[120]. O STF tende a relativizar o conceito de uniões simultâneas, se os agentes estiverem de boa-fé, como se vê no voto do ministro Fachin, no REx nº 1.045.273, de relatoria do ministro Alexandre de Moraes (ver item 1.12.4). O TJPR, lucidamente, assim se posicionou em 2023:

> (...) A realidade das famílias simultâneas reclama uma atenção especial do Poder Judiciário, com um viés mais sensível à dinâmica da sociedade, já que compreensão da pluralidade e da heterogeneidade das famílias se modifica com a complexidade dos fatos sociais, que também possuem força criadora (normativa) de direitos, como emerge da máxima ex factis jus oriutur. Caso contrário, o Direito não se comunicaria com a realidade social, pois as injustiças somente podem ser percebidas no domínio da experiência ordinária da vida, que, além de impregnada de consensos, condiciona o agir social e jurídico. O mundo da vida e a experiência social devem ser percebidos e acolhidos pelo Direito, notadamente pela jurisprudência, que, por ser também fonte jurídica, permite que os fatos relevantes retroalimentem a constante evolução na intepretação e na aplicação do Direito, voltada à construção de uma hermenêutica que consagre o princípio da primazia da realidade, a promoção dos valores éticos e a máxima proteção dos direitos humanos-fundamentais (Virada de Copérnico). Literatura jurídica. (...) (TJPR – 12ª Câmara Cível – 0003076-13.2017.8.16.0035/2, Rel. Des. Eduardo Augusto Salomão Cambi, 12 ª CC, j. 26.04.2023).

5.13.1   União estável putativa

Um dos princípios da organização jurídica das famílias é a monogamia. Embora ele funcione também como um ponto chave das conexões morais das relações amorosas e conjugais, não é simplesmente uma norma moral ou moralizante. Sua existência nos ordenamentos jurídicos que o adotam tem a função de um princípio organizador das relações jurídicas da família do mundo ocidental. Por isso, o ordenamento jurídico não prevê a constituição de duas uniões estáveis simultaneamente, assim como também não prevê dois casamentos simultâneos. Por outro lado, não é possível deixar de ponderar o princípio da monogamia com o da dignidade da pessoa humana, solidariedade e responsabilidade, sob pena de se repetir as injustiças históricas de condenação de ilegitimidade e invisibilidade social e jurídica de quem de fato constitui famílias paralelas ou simultâneas[121].

Portanto a pessoa que mantém duas relações simultâneas e oculta essa realidade de seus parceiros, ou seja, uma família não sabe da existência da outra, é o caso da putatividade, como estabelecido no artigo 1.561 do CCB/2002[122]. Neste caso, deve-se proteger a parte que desconhecia a situação, caracterizando-se como união estável putativa, ou seja, aquele em que um dos sujeitos desconhecia por completo a existência de outra união *more uxorio* – devendo esta produzir os mesmos efeitos previstos, para uma união monogâmica[123].

---

[120]   LÔBO, Paulo. Op. cit. p. 189.

[121]   (...) a união estável putativa nada mais é do que uma interpretação analógica ao casamento putativo, que resguarda os efeitos conferidos a união estável quando um dos companheiros, agindo de boa-fé, acreditava manter um relacionamento livre de quaisquer impedimentos. Ou ainda, é aquela união em que pelo menos um dos companheiros esteja de boa-fé, ou seja, desconheça que exista algum impeditivo legal para sua caracterização. (...) (STJ – REsp: 1741120 RJ 2018/0113348-0, Relator: Ministro Lázaro Guimarães (Desembargador convocado do TRF 5ª Região), Public. DJ 08/08/2018).

[122]   Art. 1.561. Embora anulável ou mesmo nulo, se contraído de boa-fé por ambos os cônjuges, o casamento, em relação a estes como aos filhos, produz todos os efeitos até o dia da sentença anulatória. § 1º Se um dos cônjuges estava de boa-fé ao celebrar o casamento, os seus efeitos civis só a ele e aos filhos aproveitarão. § 2º Se ambos os cônjuges estavam de má-fé ao celebrar o casamento, os seus efeitos civis só aos filhos aproveitarão.

[123]   CAHALI, Francisco José. *União estável e alimentos entre companheiros*. São Paulo: Saraiva, 1996, p. 72.

Considerando que o casamento e os seus ingredientes são um forte paradigma de constituição de família, neste caso deve-se também ser invocado para ser aplicada analogicamente a putatividade. Em outras palavras, se no casamento putativo são concedidos os efeitos para o contraente de boa-fé, aqui também pode ser invocado este princípio,[124] ou seja, a(o) companheira(o), sendo pessoa de boa-fé na relação conjugal, e, pelo menos por parte dela(e), sendo uma relação monogâmica, não há razões para negar a concessão de todos os efeitos da união estável.

5.13.2 Uniões estáveis simultâneas e relações extraconjugais. A outra, o outro: a função social dos amantes

Diferentemente do disposto no art. 1.727 do CCB/2002, há casos em que as relações são paralelas ao casamento ou a uma união estável, mas não constituem nem concubinato e nem união estável. São encontros ou relações que não têm durabilidade ou, mesmo tendo certa estabilidade ou duração, não têm o condão de constituir uma família. São as(os) amantes. A outra o outro. Enquanto houver desejo sobre a face da terra haverá quem queira e quem goste de estabelecer relações furtivas e paralelas. São relações que, muitas vezes, além de furtivas, constituem-se apenas em um contato afetivo-sexual sem que daí decorram direitos e deveres e consequências patrimoniais.[125]

Quando falamos em monogamia estamos nos referindo a um modo de organização da família conjugal. O seu negativo, ou o avesso, não significa necessariamente o horror de toda organização social, ou seja, a promiscuidade. Traição e infidelidade não significam necessariamente a quebra do sistema monogâmico. A caracterização do rompimento do princípio da monogamia não está nas relações extraconjugais, mas na relação extraconjugal em que se estabelece uma família simultânea àquela já existente, seja ela paralela ao casamento, união estável ou a qualquer outro tipo de família conjugal. Tomamos aqui a expressão conjugal para fazer uma diferenciação à família parental. Uma pode conter ou estar contida na outra, mas se diferenciam por ser a família conjugal assentada no amor conjugal, isto é, que pressupõe amor e sexualidade.

E, assim, as relações duradouras que constituam um núcleo familiar, ainda que paralelo ao casamento, deve ser ponderado com o princípio da monogamia,[126] havendo casamento, putativo ou não, separação de fato no casamento ou não, deve ser reconhecida no campo do Direito de Família. É a preponderância do macroprincípio da dignidade humana sobre o da monogamia, sob pena de condenação à invisibilidade jurídica e social estes núcleos familiares[127].

---

[124] (...) A confissão da apelante de que ficou sabendo somente "no processo" que o apelado estava em processo de separação com a esposa do Tocantins, as idas e vindas do réu, a distância entre os estados da federação e o processo de separação do casamento; corroboram a tese de que a apelante não sabia que o réu era casado, vivendo uma "união estável putativa", a qual, em analogia ao "casamento putativo", deve receber as consequências jurídicas similares às da união estável. Precedentes jurisprudenciais. (...) (TJRS, AC 70060165057 RS, Des. Rel. Rui Portanova, 8ª Câmara Cível, pub. 04.11.2014).

[125] "(...) Não se pode confundir o instituto da união estável com um simples namoro ou relação afetiva passageira, sem maiores compromissos. Naquela há a configuração de relação séria, exclusiva, com real objetivo de constituição de família, envolvendo mais do que a coabitação do casal, agasalhando a própria comunhão de vidas, enquanto no namoro ou relação aberta, tem-se um relacionamento descompromissado e inconsequente." (TJSC, Apelação Cível nº 2011.080399-8, de Brusque, rel. Des. Ronei Danielli, j. 23.8.2012).

[126] Cf. SILVA, Marcos Alves da. Da monogamia: sua superação como princípio estruturante do direito de família. Curitiba: Juruá, 2013.

[127] (...) A força dos fatos surge como situações novas que reclamam acolhida jurídica para não ficarem no limbo da exclusão. Dentre esses casos, estão exatamente as famílias paralelas, que vicejam ao lado das famílias matrimonializadas. 3. Para a familiarista Giselda Hironaka, a família paralela não é uma família inventada, nem é família imoral, amoral ou aética, nem ilícita. E continua, com esta lição: Na verdade, são famílias estigmatizadas, socialmente falando. O segundo núcleo ainda hoje é concebido como estritamente adulterino,

5.14 UNIÃO ESTÁVEL E SUCESSÃO HEREDITÁRIA – DIREITO REAL DE HABITAÇÃO E USUFRUTO

O direito sucessório dos companheiros, até o CCB/2002 espelhava-se no direito sucessório entre os cônjuges, como demonstra o art. 2.º da Lei nº 8.971/1994, *in litteris*:

> I – o(a) companheiro(a) sobrevivente terá direito, enquanto não constituir nova união, ao usufruto da quarta parte dos bens do de cujus, se houver filhos, deste ou comuns;
>
> II – o(a) companheiro(a) sobrevivente terá direito, enquanto não constituir nova união, ao usufruto da metade dos bens do de cujus, se não houver filhos, embora sobrevivam ascendentes;
>
> III – na falta de descendentes e de ascendentes, o(a) companheiro(a) sobrevivente terá direito à totalidade da herança.

Com este dispositivo, bastava a prova da relação caracterizando a união estável para que o companheiro supérstite se habilitasse no inventário do *de cujus* ou abrisse o inventário, inclusive ocupando o cargo de inventariante.[128] O companheiro, assim como o cônjuge, estava em terceiro lugar na ordem de vocação hereditária. No CCB/2002, instalaram-se diferenças entre cônjuges e companheiros como se demonstrará adiante. A jurisprudência anterior ao Código não duvidava em relação a esta ordem de vocação hereditária "(...) o companheiro tem direito à meação e à herança, afastando os colaterais. Autoaplicabilidade do parágrafo 3.º do artigo 226 da CF. Retroação dos efeitos da Lei nº 8.971/94".[129]

A Lei nº 8.971/1994 estabeleceu, também, o direito de usufruto aos companheiros,[130] equiparando, de forma significativa, o direito dos cônjuges ao dos companheiros (art. 2º, I, II). Trata-se, portanto, de usufruto legal: não sobrevindo novo casamento ou nova união, o usufruto é vitalício, extinguindo-se somente com a morte do usufrutuário. Ele independe do registro em cartório, uma vez que seu escopo é a proteção da família, mormente do companheiro sobrevivo.

---

e, por isso, de certa forma perigoso, moralmente reprovável e até maligno. A concepção é generalizada e cada caso não é considerado por si só, com suas peculiaridades próprias. É como se todas as situações de simultaneidade fossem iguais, malignas e inseridas num único e exclusivo contexto. O triângulo amoroso sub-reptício, demolidor do relacionamento número um, sólido e perfeito, é o quadro que sempre está à frente do pensamento geral, quando se refere a famílias paralelas. O preconceito – ainda que amenizado nos dias atuais, sem dúvida – ainda existe na roda social, o que também dificulta o seu reconhecimento na roda judicial. 4. Havendo nos autos elementos suficientes ao reconhecimento da existência de união estável entre a apelante e o de cujus, o caso é de procedência do pedido formulado em ação declaratória. 5. Apelação cível provida. (TJMA, Apelação Cível nº 19048/2013 (728-90.2007.8.10.0115), Rel. Des. Lourival Serejo, 3ª Câmara Cível, j. 10.07.2014).

[128] Confirmação pela Lei nº 12.195/2010 que alterou o art. 990 da Lei nº 5.869, de 11 de janeiro de 1973 (Código de Processo Civil), para assegurar ao companheiro sobrevivente o mesmo tratamento legal conferido ao cônjuge supérstite, quanto à nomeação do inventariante. O CPC/2015 prevê a legitimidade concorrente de cônjuge ou companheiro para se requerer o inventário: Art. 616. Têm, contudo, legitimidade concorrente: I – o cônjuge ou companheiro supérstite; (...)

[129] TJRS, 8.ª CC, AC nº 596.179.739, Rel. Des. Ivan Leomar Bruxel, j. 10.04.1997.

[130] O companheiro que tem filhos não pode instituir em favor da companheira usufruto sobre a totalidade do seu patrimônio, mas apenas sobre a parte disponível. Artigo 1576 do CC. A companheira tem, por direito próprio e não decorrente do testamento, o direito de habitação sobre o imóvel destinado à moradia da família, nos termos do artigo 7.º da Lei 9.278/96 (STJ, Ac. unân. da 4.ª Turma, Resp. 175.862-ES, rel. Min. Ruy Rosado, pub. 24.09.2001).

A Lei nº 9.278/1996 estabeleceu o direito real de habitação[131] do imóvel destinado à residência da família[132], em razão da morte de um dos conviventes, enquanto viver ou não constituir nova união ou casamento (art. 7º). Como se vê, a sucessão,[133] de acordo com tais leis, assentava-se no tripé: propriedade, usufruto e habitação, nos moldes do regime jurídico da codificação de 1916. Não há nenhuma proibição da possibilidade de companheiro(a) cumular usufruto e meação, não subsistindo superposição de direitos, tendo em vista que o usufruto incide sobre a herança. Herança é diferente de meação. O usufruto recai sobre a totalidade da herança, e não somente dos bens adquiridos durante a conjugalidade, a título oneroso – mesmo que atinja a legítima dos herdeiros necessários.

O STF apreciando o tema 809[134] (RE 878694) com repercussão geral, por maioria, reconheceu de forma incidental a inconstitucionalidade do art. 1.790 do CC/2002[135] e declarou o direito da recorrente a participar da herança de seu companheiro[136] em conformidade com o

---

[131] Enunciado 56 do IBDFAM – O direito real de habitação não deve ser interpretado de modo absoluto, devendo a decisão que o conceder sopesar os interesses do cônjuge ou companheiro com os interesses de herdeiros incapazes que sejam filhos apenas do falecido, em atenção aos princípios da prioridade absoluta e da supremacia do interesse da criança e do adolescente.

[132] (...) A jurisprudência desta Corte é no sentido de que o cônjuge sobrevivente tem direito real de habitação sobre o imóvel em que residia o casal, desde que seja o único dessa natureza e que integre o patrimônio comum ou particular do cônjuge falecido no momento da abertura da sucessão. 2. A ausência de prequestionamento se evidencia quando o conteúdo normativo contido nos dispositivos supostamente violados não foi objeto de debate pelo Tribunal de origem. Hipótese em que incide o rigor da Súmula nº 211/STJ. 3. Agravo interno desprovido. (STJ – AgInt no AREsp: 1245144 SP 2018/0026637-5, Rel. Min. Marco Aurélio Bellizze, Data de Julgamento: 13/05/2019, 3ª Turma, Data de Publicação: DJe 16/05/2019).

[133] PEREIRA, Rodrigo da Cunha. *Concubinato e união estável*. 8. ed. São Paulo: Saraiva, 2012, p. 151.

[134] No mesmo sentido foi o Tema 498 (RE 646721) com repercussão geral. A diferença que nesse processo tratava de união estável homoafetiva. Na verdade bastava a decisão de um dos processos para se aplicar tanto para relação homoafetiva, quanto para heteroafetiva. Por maioria e nos termos do voto do Ministro Roberto Barroso, que redigirá o acórdão, deu provimento ao recurso, para reconhecer de forma incidental a inconstitucionalidade do art. 1.790 do CC/2002 e declarar o direito do recorrente de participar da herança de seu companheiro em conformidade com o regime jurídico estabelecido no art. 1.829 do Código Civil de 2002, vencidos os Ministros Marco Aurélio (Relator) e Ricardo Lewandowski. Em seguida, o Tribunal, vencido o Ministro Marco Aurélio (Relator), fixou tese nos seguintes termos: "É inconstitucional a distinção de regimes sucessórios entre cônjuges e companheiros prevista no art. 1.790 do CC/2002, devendo ser aplicado, tanto nas hipóteses de casamento quanto nas de união estável, o regime do art. 1.829 do CC/2002".

[135] Não se aplicando à hipótese de acordo firmado pelas partes anteriormente à tese, porém ainda pendente de sentença homologatória.

[136] O STJ interpretando a modulação desses efeitos, seguiu a mesma linha de raciocínio: (...) Considerando que a lei incompatível com o texto constitucional padece do vício de nulidade, a declaração de sua inconstitucionalidade, de regra, produz efeito *ex tunc*, ressalvadas as hipóteses em que, no julgamento pelo Supremo Tribunal Federal, houver a modulação temporal dos efeitos, que é excepcional. 5 – Da excepcionalidade da modulação decorre a necessidade de que o intérprete seja restritivo, a fim de evitar inadequado acréscimo de conteúdo sobre aquilo que o intérprete autêntico pretendeu proteger e salvaguardar. 6 – Ao declarar a inconstitucionalidade do art. 1.790 do CC/2002 (tema 809), o Supremo Tribunal Federal modulou temporalmente a aplicação da tese para apenas "os processos judiciais em que ainda não tenha havido trânsito em julgado da sentença de partilha", de modo a tutelar a confiança e a conferir previsibilidade às relações finalizadas sob as regras antigas (ou seja, às ações de inventário concluídas nas quais foi aplicado o art. 1.790 do CC/2002). 7 – Aplica-se a tese fixada no tema 809/STF às ações de inventário em que ainda não foi proferida a sentença de partilha, ainda que tenha havido, no curso do processo, a prolação de decisão que, aplicando o art. 1.790 do CC/2002, excluiu herdeiro da sucessão e que a ela deverá retornar após a declaração de inconstitucionalidade e a consequente aplicação do art. 1.829 do CC/2002. 8 – Não são equiparáveis, para os fins da aplicação do tema 809/STF, as sentenças de partilha transitadas em julgado e as decisões que, incidentalmente, versam sobre bens pertencentes ao espólio, uma vez que a inconstitucionalidade de lei, enquanto questão de ordem pública, é matéria suscetível de arguição em impugnação ao cumprimento de sentença e que, com muito mais razão, pode ser examinada na fase de conhecimento. (...) (STJ, REsp 1.904.374/DF, Relator: Ministro Nancy Andrighi, 3ª Turma, Publ. 15/04/2021).

DIREITO DAS FAMÍLIAS – *Rodrigo da Cunha Pereira*

regime jurídico estabelecido no art. 1.829 do Código Civil de 2002 (vencidos os Ministros Dias Toffoli, Marco Aurélio e Ricardo Lewandowski, que votaram negando provimento ao recurso). Em seguida, o Tribunal, vencido o Ministro Marco Aurélio, fixou tese nos seguintes termos: "É inconstitucional a distinção de regimes sucessórios entre cônjuges e companheiros prevista no art. 1.790 do CC/2002, devendo ser aplicado, tanto nas hipóteses de casamento quanto nas de união estável, o regime do art. 1.829 do CC/2002".

É salutar que haja as diferenças entre um instituto e outro, para preservar a autonomia da vontade, liberdade e não intervenção estatal. Essas diferenças não significam inconstitucionalidade. Como já se disse, as diferenças são saudáveis e não significa que uma forma de família seja pior ou melhor que a outra. Ainda bem, se em tudo fossem iguais, o Estado estaria retirando a liberdade de escolha das pessoas, em optar por esta ou aquela forma de família.[137]

Esse tratamento que até então era dado pelo Código Civil de 2002 ao casamento e à união estável não significava superioridade de uma sobre a outra entidade familiar. Significava a saudável consideração das diferenças. O passo adiante no discurso da igualdade de direitos é exatamente esta consideração das diferenças. E na liberdade de escolha do diferente está a responsabilidade do sujeito por esta escolha.

Em outras palavras, e parafraseando o psicanalista Jacques Lacan, o sujeito é responsável pelas suas escolhas. Optar por constituir família pelo casamento tem vantagens e desvantagens, assim como optar pela união estável traz vantagens e desvantagens. O que o Direito deve garantir é a liberdade de as pessoas escolherem esta ou aquela forma de constituir família. Se não houver diferenças entre estas duas formas, não haverá a liberdade de escolha.

5.15 UNIÃO ESTÁVEL E PROCESSO JUDICIAL

Processo é o procedimento em contraditório, por exigência constitucional, mediante ampla defesa isonômica. Do ponto de vista jurídico, é o meio pelo qual as partes materializam a busca de seus direitos e trazem para o mundo dos autos a sua versão sobre os fatos. Ali, cada um acredita estar dizendo a verdade e têm ângulos de visões diferentes. Por isso, as versões se tornam "aversões", e se instala o litígio, materializando assim uma realidade subjetiva, transformando-a em objetividade e instrumentalização jurídico-processual.

As partes sempre dizem que só querem os seus direitos, mas têm sempre o sentimento de que foram lesadas e que estão perdendo algo. O processo é utilizado, às vezes inconscientemente, como instrumento de reparação de perdas que aparece em forma de reivindicação de direitos. O processo judicial em Direito de Família, visto pelo ângulo e compreensão da subjetividade, quebra a máxima jurídica: "o que não está nos autos não está no mundo", para repensá-la que o que está no mundo não está nos autos, ou seja, a realidade que move as pessoas a litigarem nem sempre é aquela que aparece nos autos. Portanto, o que não está nos autos, mas está no mundo da subjetividade, é igualmente determinante para o deslinde do processo, pois direta ou indiretamente interfere na objetividade do processo judicial. Em outras palavras:

> (...) É como se ali se projetasse um estacionamento de emoções, à porta de um inferno e também à beira de um convento. É que precisamos de uma ponte, de uma travessia

---

[137] "(...) A opção do legislador em dispensar tratamento díspar para regular a sucessão do companheiro, que está prevista no art. 1.790, CC, não viola a Constituição da República. 2 – Recurso provido." (TJ-MG – AI: 10024121771752001 MG, Relator: Jair Varão, 3ª Câmara Cível, pub. 22.04.2014).

"(...) O tratamento diferenciado entre cônjuge e companheiro encontra guarida na própria Constituição Federal, que distinguiu entre as duas situações jurídicas. Não é inconstitucional o artigo 1.790, III, do Código Civil, que garante ao companheiro sobrevivente, em concurso com outros parentes sucessíveis, o direito a 1/3 da herança dos bens comuns." (TJMG, Arg Inconstitucionalidade 1.0512.06.032213-2/002, Relator (a): Des.(a) Paulo Cézar Dias, Corte Superior, julgamento em 09.11.2011, publicação da Súmula em 01.02.2012).

Cap. 5 – UNIÃO ESTÁVEL **223**

para dizer o que, a rigor, dito já estava. Ao mesmo tempo baixa e sublime é essa travessia (...). O processo, enfim, nesse contexto, se reduz a um istmo artificial entre as formas e o desejo, entre as planícies humanas e os rochedos do ódio, do desamor e da indiferença. É uma geografia cujo mapa constitui um permanente desafio para não sucumbir no embate entre o sublime e a barbárie.[138]

Até o advento da Constituição de 1988, como já se disse, o direito "concubinário" era tratado no campo do Direito das Obrigações. A partir daí, com a declaração expressa de que a união estável é também uma das formas de família, a alteração dos procedimentos judiciais utilizados até então, consequentemente, sofreu reformulações. A Lei nº 9.278/1996, em seu art. 9º, estabeleceu pela primeira vez a competência para apreciação dos casos em que se verifica os efeitos jurídicos da união estável.[139]

Antes desse reconhecimento, a ação mais comum, e à qual mais se recorreu, foi a ação ordinária de dissolução de sociedade de fato, com base no art. 1.366 do CC/1916. Além da discriminação expressa (arts. 248, IV, 1.177, 1.474, 1.719, III, do CC/1916 etc.), sempre se negou proteção aos concubinos/companheiros. Foi necessário que o Direito consuetudinário se impusesse, expressando-se na jurisprudência e culminando na Súmula nº 380 do STF.[140] Tal síntese jurisprudencial passou a ser o suporte jurídico de todas as ações e a orientação para os tribunais de todo País nas questões sobre dissolução da união estável com consequente partilhamento do patrimônio formado com esforço comum e "indenização por serviços domésticos prestados" na constância da união estável. Esta era uma forma "camuflada" de se pagar pensão alimentícia, já que não se podia falar que ali havia uma entidade familiar.

O Código Civil de 2002, em seu art. 1.725, estabeleceu claramente que as regras patrimoniais da união são as mesmas do regime da comunhão parcial. Assim, a ação ordinária, que se nomeava de reconhecimento e dissolução de sociedade de fato, passou a ser de reconhecimento e dissolução de união estável.[141] Esses processos funcionam, atualmente, de maneira muito

---

[138] FACHIN, Luiz Edson. Direito, guerra e paz no campo da família: limites do processo judicial. *In: Anais do VII Congresso Brasileiro de Direito das Famílias*. Belo Horizonte: IBDFAM, 2010.

[139] Art. 9º Toda a matéria relativa à união estável é de competência do juízo da Vara de Família, assegurado o segredo de justiça. CNJ: Recomendação nº 5 de 04.07.2006 – Recomenda o estudo da viabilidade da criação de varas especializadas em direito de família, sucessões, infância e juventude, e de Câmaras ou Turmas com competência exclusiva ou preferencial sobre tais matérias.

[140] Súmula nº 380 do STF: "Comprovada a existência de sociedade de fato entre os concubinos, é cabível a sua dissolução judicial, com a partilha do patrimônio adquirido pelo esforço comum".

[141] CPC/15: Art. 23. Compete à autoridade judiciária brasileira, com exclusão de qualquer outra: (...) III – em divórcio, separação judicial ou dissolução de união estável, proceder à partilha de bens situados no Brasil, ainda que o titular seja de nacionalidade estrangeira ou tenha domicílio fora do território nacional. (...) Art. 53. É competente o foro: I – para a ação de divórcio, separação, anulação de casamento e reconhecimento ou dissolução de união estável: a) de domicílio do guardião de filho incapaz; b) do último domicílio do casal, caso não haja filho incapaz; c) de domicílio do réu, se nenhuma das partes residir no antigo domicílio do casal; (...) Art. 73. O cônjuge necessitará do consentimento do outro para propor ação que verse sobre direito real imobiliário, salvo quando casados sob o regime de separação absoluta de bens. (...) § 3º Aplica-se o disposto neste artigo à união estável comprovada nos autos. Art. 693. As normas deste Capítulo aplicam-se aos processos contenciosos de divórcio, separação, reconhecimento e extinção de união estável, guarda, visitação e filiação. (...) Art. 319. A petição inicial indicará: (...) II – os nomes, os prenomes, o estado civil, a existência de união estável, a profissão, o número de inscrição no Cadastro de Pessoas Físicas ou no Cadastro Nacional da Pessoa Jurídica, o endereço eletrônico, o domicílio e a residência do autor e do réu; Art. 732. As disposições relativas ao processo de homologação judicial de divórcio ou de separação consensuais aplicam-se, no que couber, ao processo de homologação da extinção consensual de união estável. Art. 733. O divórcio consensual, a separação consensual e a extinção consensual de união estável, não havendo nascituro ou filhos incapazes e observados os requisitos legais, poderão ser realizados por escritura pública, da qual constarão as disposições de que trata o art. 731. § 1º A escritura não depende de homologação judicial e constitui título hábil para qualquer ato de registro, bem como para levantamento de importância depositada em instituições financeiras. § 2º O tabelião somente lavrará a escritura se os interessados estiverem assistidos por advogado ou por defensor público, cuja qualificação e assinatura constarão do ato notarial.

semelhante aos processos de divórcio em decorrência do casamento, cabendo aí os pedidos de tutelas antecipadas, ou ações cautelares preparatórias ou incidentais.

Embora pareça uma simples mudança de nome, dissolução de sociedade de fato, para dissolução de união estável, há aí uma grande evolução: aquilo que era tratado como mera relação societária passou a ser visto pelo ângulo do Direito de Família, o que faz mudar radicalmente os fundamentos, pressupostos e provas dessa ação. As ações de dissolução de sociedade de fato continuam a existir, mas para as relações comerciais, em que houve esforço comum e direto para aquisição do patrimônio.

Foi também pela via da ação ordinária que sempre se reivindicou "indenização por serviços prestados". Embora o procedimento seja tecnicamente correto, a polêmica sobre sua natureza, principalmente após 1988, foi grande. O argumento é de que não se pode pedir indenização pelo simples fato de ter havido uma relação amorosa, ainda que duradoura. Ademais, indenização pressupõe dano, e nas relações conjugais não se deve falar em dano. O amor é uma via de mão dupla onde há riscos, medos, dissabores, alegria etc. O pretenso dano causado pelo fim de uma união estável ou casamento, não deve encontrar no Direito guarida indenizatória. Os serviços prestados não podem ser cobrados, pois eles se reverteram, ainda que indiretamente, no patrimônio, e este será partilhado; se não houve patrimônio, já houve o sustento da pessoa durante aquele período. Em contrapartida, há casos de mulheres que passaram a vida apenas como "domésticas" e, após a dissolução da união estável, não teriam como sobreviver, pois não poderiam mais entrar no mercado de trabalho. Falar em indenização por serviços prestados seria o mesmo que admitir cobrar por serviços de natureza amorosa e sexual.

5.15.1   A dissolução da união estável

Como qualquer outra relação amorosa, a união estável pode também ter o seu termo final e, de forma pacífica e madura, demarcar-se consensualmente sobre todos os pontos da separação: bens, guarda/visita de filhos (convivência familiar), alimentos e, até mesmo, o sobrenome da companheira. Consensual ou litigiosamente, os efeitos pessoais e econômicos a serem tratados na dissolução da união estável são os mesmos[142]. Não se discute culpa, nem mesmo com relação aos alimentos[143]:

---

[142]   A Medida Provisória nº 881/2019, convertida na Lei nº 13.874, de 2019 que "instituiu a Declaração de Direitos de Liberdade Econômica, estabeleceu garantias de livre mercado, análise de impacto regulatório, e deu outras providências, dentre outras alterações, alterou o artigo 50 do CCB/2002 que trata da desconsideração da personalidade da pessoa jurídica, impactando diretamente na *disregard* em Direito das Famílias. O artigo 50 do CCB/2002 com as alterações ficou da seguinte forma: "Em caso de abuso da personalidade jurídica, caracterizado pelo desvio de finalidade ou pela confusão patrimonial, pode o juiz, a requerimento da parte, ou do Ministério Público quando lhe couber intervir no processo, desconsiderá-la para que os efeitos de certas e determinadas relações de obrigações sejam estendidos aos bens particulares de administradores ou de sócios da pessoa jurídica beneficiados direta ou indiretamente pelo abuso. § 1º Para fins do disposto neste artigo, desvio de finalidade é a utilização dolosa da pessoa jurídica com o propósito de lesar credores e para a prática de atos ilícitos de qualquer natureza. § 2º Entende-se por confusão patrimonial a ausência de separação de fato entre os patrimônios, caracterizada por: I – cumprimento repetitivo pela sociedade de obrigações do sócio ou do administrador ou vice-versa; II – transferência de ativos ou de passivos sem efetivas contraprestações, exceto o de valor proporcionalmente insignificante; e III – outros atos de descumprimento da autonomia patrimonial. § 3º O disposto no *caput* e nos § 1º e § 2º também se aplica à extensão das obrigações de sócios ou de administradores à pessoa jurídica. § 4º A mera existência de grupo econômico sem a presença dos requisitos de que trata o *caput* não autoriza a desconsideração da personalidade da pessoa jurídica. § 5º Não constitui desvio de finalidade a mera expansão ou a alteração da finalidade original da atividade econômica específica da pessoa jurídica." Passa ser necessário adequação ao artigo 133 do CPC/2015 que trata da desconsideração da personalidade jurídica. Em que pese os pontos positivos e negativos desta Medida Provisória, salienta-se que não se trata de situação de urgência a justificar edição de MP, o que poderia ocasionar uma inconstitucionalidade formal.

[143]   (...) Descabe discutir a culpa na separação, mesmo que seja para fins de fixação de alimentos. O princípio da ruptura se sobrepõe ao princípio da culpa. Mesmo que se quisesse perquirir acerca da culpa pela separação, seria

Embora até 1994 não houvesse lei disciplinando a matéria, a jurisprudência tendia a conceder alimentos nos casos de dissolução de união estável, como demonstra o voto decisivo do Ministro do Superior Tribunal de Justiça Ruy Rosado de Aguiar, reconhecendo os efeitos jurídicos da união estável.[144]

A Lei nº 8.971/1994 foi o primeiro instrumento normativo a disciplinar o direito a alimentos, em decorrência da união estável. Antes, concebiam-se alimentos de forma "camuflada" pela via equivocada da indenização por serviços prestados[145].

Com as Leis nº 8.971/94 e nº 9.278/96 e o CCB/2002, os sujeitos de uma união estável ficaram definitivamente autorizados à utilização do rito especial da Lei nº 5.478/68[146] para reivindicação de verba alimentícia, ou mesmo cautelar, como qualquer reivindicação alimentícia decorrente do parentesco ou casamento. É possível também reivindicar alimentos compensatórios em decorrência da dissolução de união estável nos casos em que se perceba um desequilíbrio econômico advindos dessa dissolução.

As formas de cobrança de pensão alimentícia, obviamente, são as mesmas de qualquer pensão alimentícia, ou seja, execução por penhora e prisão. Na pensão compensatória, há entendimento de que não cabe prisão civil em razão de sua natureza e característica indenizatória.[147] E o que já era autorizado pela jurisprudência, tornou-se regra com o novo CPC/2015, que inseriu o pedido do Instituto Brasileiro de Direito de Família – IBDFAM, a possibilidade de protestar o devedor de alimentos.[148]

---

de rigor a conclusão de que aqui não há elementos suficientes para imputá-la a um ou ao outro cônjuge. Logo, a fixação de alimentos depende da existência de necessidades (possibilidades aqui não estão em discussão). A separanda tem necessidade de receber auxílio alimentar do separando. Durante os mais de 20 anos de casamento ela sempre se dedicou ao lar (...). (TJRS, AI nº 70012948451, Relator: Rui Portanova, 8ª CC, j. 21.09.2005).

[144] A união estável é geradora de direitos e obrigações, como a jurisprudência já reconhecia antes da promulgação da Constituição de 1988 – que veio apenas referendar o sentimento da nação – e que depois se consolidou com o texto da Carta e com a edição das Leis 8.971/94 e 9.278/96. A união duradoura entre homem e mulher, com o propósito de estabelecer uma vida em comum, consolidada pelo tempo e pelo nascimento de filhos, como acontece no caso dos autos, pode determinar a obrigação de alimentar o companheiro necessitado, pois esse dever de solidariedade decorre do laço e não exclusivamente do casamento. (STJ, REsp. 36.040/RJ, Min. Ruy Rosado de Aguiar. No mesmo sentido: REsp. 102.819/RJ).

[145] Art. 1.º A companheira comprovada de um homem solteiro, separado judicialmente, divorciado ou viúvo, que com ele viva há mais de cinco anos, ou dele tenha prole, poderá valer-se do disposto na Lei n.º 5.478, de 25 de julho de 1968, enquanto não constituir nova união e desde que prove a necessidade. Parágrafo único. Igual direito e nas mesmas condições é reconhecido ao companheiro de mulher solteira, separada judicialmente, divorciada ou viúva.

[146] CPC/2015: Art. 693. As normas deste Capítulo aplicam-se aos processos contenciosos de divórcio, separação, reconhecimento e extinção de união estável, guarda, visitação e filiação. Parágrafo único. A ação de alimentos e a que versar sobre interesse de criança ou de adolescente observarão o procedimento previsto em legislação específica, aplicando-se, no que couber, as disposições deste Capítulo.

[147] "Levando-se em conta o caráter compensatório e/ou ressarcitório da verba correspondente à parte dos frutos dos bens comuns, não se afigura possível que a respectiva execução se processe pelo meio coercitivo da prisão, restrita, é certo, à hipótese de inadimplemento de verba alimentar, destinada, efetivamente, à subsistência do alimentando." (STJ, RHC 28853/RS. Ministra Nancy Andrighi. Data de julgamento: 01.12.2011).

[148] CPC/2015: Art. 528. No cumprimento de sentença que condene ao pagamento de prestação alimentícia ou de decisão interlocutória que fixe alimentos, o juiz, a requerimento do exequente, mandará intimar o executado pessoalmente para, em 3 (três) dias, pagar o débito, provar que o fez ou justificar a impossibilidade de efetuá-lo. § 1º Caso o executado, no prazo referido no *caput*, não efetue o pagamento, não prove que o efetuou ou não apresente justificativa da impossibilidade de efetuá-lo, o juiz mandará protestar o pronunciamento judicial, aplicando-se, no que couber, o disposto no art. 517. § 2º Somente a comprovação de fato que gere a impossibilidade absoluta de pagar justificará o inadimplemento. § 3º Se o executado não pagar ou se a justificativa apresentada não for aceita, o juiz, além de mandar protestar o pronunciamento judicial na forma do § 1º, decretar-lhe-á a prisão pelo prazo de 1 (um) a 3 (três) meses.

Em algumas situações, não há interesse ou mesmo necessidade de se fazer a dissolução da união estável, seja porque não há partilha, seja por razões de ordem pessoal. No entanto, pode haver outros interesses que tornem necessária a prova da existência daquela relação, como por exemplo, para surtir efeitos previdenciários, sucessórios, indenizatórios ou mudança de nome.

Assim, uma das partes interessadas da união estável, ou seus herdeiros, pode propor uma ação declaratória,[149] para que seja reconhecida sua existência. Poderá, também, propor uma ação de justificação, que tem servido como prova[150] de existência da união estável especialmente para as questões previdenciárias.

A Resolução nº 571 do Conselho Nacional de Justiça, de 26 de agosto de 2024, alterou a Resolução CNJ nº 35/2007 e disciplinou a lavratura dos atos notariais relacionados a inventário, partilha, separação consensual, divórcio consensual e extinção consensual de união estável por via administrativa. Estabelece o art. 3º que "as escrituras públicas de inventário e partilha, divórcio, declaração de separação de fato e extinção da união estável consensuais não dependem de homologação judicial e são títulos hábeis para o registro civil e o registro imobiliário, para a transferência de bens e direitos, bem como para promoção de todos os atos necessários à materialização das transferências de bens e levantamento de valores (DETRAN, Junta Comercial, Registro Civil das Pessoas Jurídicas, instituições financeiras, companhias telefônicas etc.)". Estabelece o art. 34, § 2º, "que havendo filhos comuns do casal menores ou incapazes, será permitida a lavratura da escritura pública de divórcio, desde que devidamente comprovada a prévia resolução judicial de todas as questões referentes à guarda, visitação e alimentos deles, o que deverá ficar consignado no corpo da escritura".

A separação de corpos,[151] como medida cautelar preparatória ou incidental, é um remédio processual usado, principalmente, para afastar o companheiro violento, na maioria das vezes o

---

[149] O CPC/2015: Art. 19. O interesse do autor pode limitar-se à declaração: I – da existência, da inexistência ou do modo de ser de uma relação jurídica;

[150] CPC/2015: Art. 381. A produção antecipada da prova será admitida nos casos em que: I – haja fundado receio de que venha a tornar-se impossível ou muito difícil a verificação de certos fatos na pendência da ação; II – a prova a ser produzida seja suscetível de viabilizar a autocomposição ou outro meio adequado de solução de conflito; III – o prévio conhecimento dos fatos possa justificar ou evitar o ajuizamento de ação. § 1º O arrolamento de bens observará o disposto nesta Seção quando tiver por finalidade apenas a realização de documentação e não a prática de atos de apreensão. § 2º A produção antecipada da prova é da competência do juízo do foro onde esta deva ser produzida ou do foro de domicílio do réu. § 3º A produção antecipada da prova não previne a competência do juízo para a ação que venha a ser proposta. § 4º O juízo estadual tem competência para produção antecipada de prova requerida em face da União, de entidade autárquica ou de empresa pública federal se, na localidade, não houver vara federal. § 5º Aplica-se o disposto nesta Seção àquele que pretender justificar a existência de algum fato ou relação jurídica para simples documento e sem caráter contencioso, que exporá, em petição circunstanciada, a sua intenção. Art. 382. Na petição, o requerente apresentará as razões que justificam a necessidade de antecipação da prova e mencionará com precisão os fatos sobre os quais a prova há de recair. § 1º O juiz determinará, de ofício ou a requerimento da parte, a citação de interessados na produção da prova ou no fato a ser provado, salvo se inexistente caráter contencioso. § 2º O juiz não se pronunciará sobre a ocorrência ou a inocorrência do fato, nem sobre as respectivas consequências jurídicas. § 3º Os interessados poderão requerer a produção de qualquer prova no mesmo procedimento, desde que relacionada ao mesmo fato, salvo se a sua produção conjunta acarretar excessiva demora. § 4º Neste procedimento, não se admitirá defesa ou recurso, salvo contra decisão que indeferir totalmente a produção da prova pleiteada pelo requerente originário. Art. 383. Os autos permanecerão em cartório durante 1 (um) mês para extração de cópias e certidões pelos interessados. Parágrafo único. Findo o prazo, os autos serão entregues ao promovente da medida. Seção III – Da Ata Notarial. Art. 384. A existência e o modo de existir de algum fato podem ser atestados ou documentados, a requerimento do interessado, mediante ata lavrada por tabelião. Parágrafo único. Dados representados por imagem ou som gravados em arquivos eletrônicos poderão constar da ata notarial.

[151] O CPC/2015: Art. 294. A tutela provisória pode fundamentar-se em urgência ou evidência. Parágrafo único. A tutela provisória de urgência, cautelar ou antecipada, pode ser concedida em caráter antecedente ou incidental. (...) Art. 301. A tutela de urgência de natureza cautelar pode ser efetivada mediante arresto, sequestro, arrolamento

homem, do lar conjugal. Caracterizado o *periculum in mora*, não se pode negar tal medida. A Lei nº 11.340/2006, mais conhecida como Lei Maria da Penha[152], reforçou e sepultou qualquer dúvida, acaso existente, a respeito do cabimento ou não de tal cautela:

> Art. 22. Constatada a prática de violência doméstica e familiar contra a mulher, nos termos desta Lei, o juiz poderá aplicar, de imediato, ao agressor, em conjunto ou separadamente, as seguintes medidas protetivas de urgência, entre outras: (...) II – afastamento do lar, domicílio ou local de convivência com a ofendida.

O objetivo da separação de corpos vai além do afastamento do lar conjugal do companheiro violento. Ela serve também para demarcar limites de aquisição patrimonial. Portanto, e assim como no casamento, promover a separação de corpos consensual ou litigiosamente não é uma antiquada questão moral. A sua eficácia e seus objetivos estendem-se ao estabelecimento de limites de aquisição e fim de direitos e deveres.

Os companheiros podem buscar o reconhecimento desta relação, de forma consensual, por meio de justificação judicial ou ação declaratória, como já se disse, para ver reconhecida a união, durante sua vigência, inclusive promovendo o seu registro conforme previsto no Provimento nº 149/2023 do CNJ:

> Art. 537. É facultativo o registro da união estável prevista no art. 1.723 a 1.727 do Código Civil, mantida entre o homem e a mulher, ou entre duas pessoas do mesmo sexo. § 1º O registro de que trata o *caput* confere efeitos jurídicos à união estável perante terceiros. § 2º Os oficiais deverão manter atualizada a Central de Informações de Registro Civil das Pessoas Naturais (CRC), para fins de busca nacional unificada. § 3.º Os títulos admitidos para registro ou averbação na forma deste Capítulo podem ser: I – sentenças declaratórias do reconhecimento e de dissolução da união estável; II – escrituras públicas declaratórias de reconhecimento da união estável; III – escrituras públicas declaratórias de dissolução da união estável nos termos do art. 733 da Lei nº 13.105, de 16 de março de 2015 (Código de Processo Civil); e IV — termos declaratórios de reconhecimento e de dissolução de união estável formalizados perante o oficial de registro civil das pessoas naturais, exigida a assistência de advogado ou de defensor público no caso de dissolução da união estável nos

---

de bens, registro de protesto contra alienação de bem e qualquer outra medida idônea para asseguração do direito. (...) Art. 303. Nos casos em que a urgência for contemporânea à propositura da ação, a petição inicial pode limitar-se ao requerimento da tutela antecipada e à indicação do pedido de tutela final, com a exposição da lide, do direito que se busca realizar e do perigo de dano ou do risco ao resultado útil do processo.

[152] A Lei 13.505, de 8.11.2017, publicada no DOU de 9.11.2017 acrescentou dispositivos à Lei nº 11.340, de 7 de agosto de 2006 (Lei Maria da Penha), para dispor sobre o direito da mulher em situação de violência doméstica e familiar de ter atendimento policial e pericial especializado, ininterrupto e prestado, preferencialmente, por servidores do sexo feminino. A Lei nº 13.641, de 3.4.2018, publicada no DOU de 4.4.2018, alterou a Lei nº 11.340, de 7 de agosto de 2006 (Lei Maria da Penha), para tipificar o crime de descumprimento de medidas protetivas de urgência. A Lei nº 13.772, de 19.12.2018, publicada no DOU de 20.12.2018 alterou a Lei nº 11.340, de 7 de agosto de 2006 (Lei Maria da Penha), e o Decreto-Lei nº 2.848, de 7 de dezembro de 1940 (Código Penal), para reconhecer que a violação da intimidade da mulher configura violência doméstica e familiar e para criminalizar o registro não autorizado de conteúdo com cena de nudez ou ato sexual ou libidinoso de caráter íntimo e privado. A Lei 13.340/2006 também sofreu recentes alterações pelas Leis 13.871/2019, 13.827/2019, 13.836/2019, 13.880/2019, 13.882/2019, 13.894/2019, 13.984/2020. No Superior Tribunal de Justiça tivemos súmulas acerca da aplicabilidade da Lei Maria da Penha: **Súmula 589** – É inaplicável o princípio da insignificância nos crimes ou contravenções penais praticadas contra a mulher no âmbito das relações domésticas. (Súmula 589, TERCEIRA SEÇÃO, julgado em 13/09/2017, DJe 18/09/2017). **Súmula 588** – A prática de crime ou contravenção penal contra a mulher com violência ou grave ameaça no ambiente doméstico impossibilita a substituição da pena privativa de liberdade por restritiva de direitos. (Súmula 588, 3ª seção, julgado em 13/09/2017, *DJe* 18/09/2017).

termos da aplicação analógica do art. 733 da Lei nº 13.105, de 2015 (Código de Processo Civil) e da Resolução nº 35, de 24 de abril de 2007, do Conselho Nacional de Justiça (CNJ). § 4º O registro de reconhecimento ou de dissolução da união estável somente poderá indicar as datas de início ou de fim da união estável se estas constarem de um dos seguintes meios: I – decisão judicial, respeitado, inclusive, o disposto no § 2º do art. 544 deste Código de Normas; II – procedimento de certificação eletrônica de união estável realizado perante oficial de registro civil na forma deste Capítulo; ou III – escrituras públicas ou termos declaratórios de reconhecimento ou de dissolução de união estável, desde que: a) a data de início ou, se for o caso, do fim da união estável corresponda à data da lavratura do instrumento; e b) os companheiros declarem expressamente esse fato no próprio instrumento ou em declaração escrita feita perante o oficial de registro civil das pessoas naturais quando do requerimento do registro. § 5º Fora das hipóteses do § 4º deste artigo, o campo das datas de início ou, se for o caso, de fim da união estável no registro constará como "não informado". § 6º Havendo nascituro ou filhos incapazes, a dissolução da união estável somente será possível por meio de sentença judicial. § 7º É vedada a representação de qualquer dos companheiros por curador ou tutor, salvo autorização judicial.

Por outro lado, se é possível o ingresso para reconhecimento, é possível também a via inversa, como já decidido pelo STJ, em ação declaratória de inexistência de união estável, promovida pela viúva contra a suposta companheira[153].

O Código de Processo Civil de 2015[154] atribuiu regras de competência[155] para a dissolução de união estável:

Art. 53. É competente o foro:

I – para a ação de divórcio, separação, anulação de casamento e reconhecimento ou *dissolução de união estável*:

a) de domicílio do guardião de filho incapaz;

b) do último domicílio do casal, caso não haja filho incapaz;

c) de domicílio do réu, se nenhuma das partes residir no antigo domicílio do casal;

d) de domicílio da vítima de violência doméstica e familiar, nos termos da Lei nº 11.340, de 7 de agosto de 2006 (Lei Maria da Penha);

II – de domicílio ou residência do alimentando, para a ação em que se pedem alimentos; (Grifo nosso).

---

[153] (...) A viúva tem legitimidade para promover ação declaratória de inexistência de união estável do seu falecido marido com a ré. – A convivência entre duas pessoas é um fato; a união estável é conceito jurídico que pode ou não definir essa relação. Cabe ação declaratória para reconhecer a inexistência da relação jurídica que se conceitua legalmente como união estável. (STJ, REsp 328297/RJ, Rel. Min. Ruy Rosado de Aguiar, 4ª Turma, pub. 18.02.2002).

[154] O STJ ao definir em recurso repetitivo a natureza jurídica do rol do art. 1.015 do CPC/15 e verificar a possibilidade de sua interpretação extensiva, analógica ou exemplificativa, a fim de admitir a interposição de agravo de instrumento contra decisão interlocutória que verse sobre hipóteses não expressamente previstas nos incisos do referido dispositivo legal, nos termos do art. 1.036 e seguintes do CPC/2015, fixou-se a seguinte tese jurídica: O rol do art. 1.015 do CPC é de taxatividade mitigada, por isso admite a interposição de agravo de instrumento quando verificada a urgência decorrente da inutilidade do julgamento da questão no recurso de apelação. (STJ, REsp 1704520/MT, Rel. Min. Nancy Andrighi, Corte Especial, publicação: 19/12/2018).

[155] (...) O Código de Processo Civil de 2015 estabeleceu regulamentação específica para as ações referentes à união estável, conforme dispõe o inciso I do art. 53. Na ausência de filhos incapazes, a competência para processar e julgar ações de reconhecimento de união estável é do juízo correspondente ao último domicílio do casal, nos termos da alínea "b" do referido dispositivo legal. (...) (STJ, REsp 1.909.279/SP, Rel. Ministro Ricardo Villas Bôas Cueva, Terceira Turma, DJe 06/12/2024).

Se da união estável resultarem filhos, indispensável que, na ação de reconhecimento da união estável, sejam apresentadas as questões relativas aos alimentos e à convivência familiar, nos termos do art. 731 do CPC/15.[156] A dissolução da união estável extrajudicialmente, caso não haja filhos menores e desde que seja de forma consensual, de acordo com o CPC/2015:

> Art. 733. O divórcio consensual, a separação consensual e a *extinção consensual de união estável*, não havendo nascituro ou filhos incapazes e observados os requisitos legais, poderão ser realizados por escritura pública, da qual constarão as disposições de que trata o art. 731.
>
> § 1º A escritura não depende de homologação judicial e constitui título hábil para qualquer ato de registro, bem como para levantamento de importância depositada em instituições financeiras. § 2º O tabelião somente lavrará a escritura se os interessados estiverem assistidos por advogado ou por defensor público, cuja qualificação e assinatura constarão do ato notarial. (Grifo nosso).

Outra questão que proporcionou uma mudança paradigmática foi o advento da Lei nº 13.058/2014, que instituiu a possibilidade da aplicabilidade da guarda compartilhada, mesmo nos casos em que houver litígio. A inovação, além do estímulo à convivência familiar, é a possibilidade da prestação de contas, o que até então era rechaçado por parte da doutrina e pela jurisprudência, *ipsis litteris:*[157]

> Art. 1.583. A guarda será unilateral ou compartilhada. (...) § 5º A guarda unilateral obriga o pai ou a mãe que não a detenha a supervisionar os interesses dos filhos, e, para possibilitar tal supervisão, qualquer dos genitores *sempre será parte legítima para solicitar informações e/ou prestação de contas, objetivas ou subjetivas, em assuntos ou situações que direta ou indiretamente afetem a saúde física e psicológica e a educação de seus filhos.* (Grifo nosso).

Quem paga pensão alimentícia[158], em geral, acha que está pagando muito, e quem recebe acha que está recebendo pouco. É que, para além da objetividade aritmética, e da equação

---

[156] CPC/2015: Art. 731. A homologação do divórcio ou da separação consensuais, observados os requisitos legais, poderá ser requerida em petição assinada por ambos os cônjuges, da qual constarão: I – as disposições relativas à descrição e à partilha dos bens comuns; II – as disposições relativas à pensão alimentícia entre os cônjuges; III – o acordo relativo à guarda dos filhos incapazes e ao regime de visitas; e IV – o valor da contribuição para criar e educar os filhos. Parágrafo único. Se os cônjuges não acordarem sobre a partilha dos bens, far-se-á esta depois de homologado o divórcio, na forma estabelecida nos arts. 647 a 658. Art. 732. As disposições relativas ao processo de homologação judicial de divórcio ou de separação consensuais aplicam-se, no que couber, ao processo de homologação da extinção consensual de união estável.

[157] "Apelação cível. Ação de prestação de contas relacionada ao emprego de verba alimentícia recebida por filho menor. Pedido limitado à demonstração de despesas, não havendo utilidade em se apurar eventual saldo credor ou devedor, dada a irrepetibilidade dos alimentos. Possibilidade de o genitor que não exerce a guarda do descendente, fiscalizar o emprego do *quantum* destinado ao sustento do filho em comum. Exegese do art. 1.589 do CC. Satisfatória demonstração, pela administradora dos recursos, das despesas habituais do alimentando, com a efetiva utilização do benefício em proveito da subsistência do menor. Carência de justificativa para a pretendida reforma da decisão de 1º grau, sobretudo quando atingido o objetivo essencial da demanda. Pedido de condenação do recorrente em pena por litigância de má-fé, deduzido pela ex-cônjuge em sede de contrarrazões. Condutas elencadas no art. 17 do CPC não evidenciadas. Pretensão rejeitada. Reclamo conhecido e desprovido." (TJ-SC, AC 20130184382 SC 2013.018438-2 Relator: Luiz Fernando Boller, Data de Julgamento: 19.06.2013, Quarta Câmara de Direito Civil Julgado).

[158] Súmulas do STJ: **Súmula 596** – A obrigação alimentar dos avós tem natureza complementar e subsidiária, somente se configurando no caso de impossibilidade total ou parcial de seu cumprimento pelos pais. (Súmula 596, Segunda Seção, julgado em 08/11/2017, DJe 20/11/2017). **Súmula 621** – Os efeitos da sentença

necessidade *versus* possibilidade, há também uma "demanda de amor". Quando a relação entre alimentante e alimentário não é muito pacífica, fica sempre a desconfiança de que o valor pago a título de pensão não está sendo direcionado apenas para as despesas do alimentário ou que elas ultrapassam a necessidade do credor. Louvável a possibilidade de prestar contas, pois decorre do exercício da boa-fé. Fiscalizar a manutenção e a educação do filho é um dever decorrente do poder familiar. Independentemente de se ter a guarda ou não, cabe ao pai ou à mãe, em nome do menor, buscar o seu melhor interesse e, para isso, em determinados casos, é necessário apurar se os alimentos estipulados estão sendo usados em prol do alimentário, sob pena de privá-lo de necessidades importantes ou até imprescindíveis para sua subsistência, o que vai de encontro a sua boa formação e educação.

Por outro lado, quem move uma ação de prestação de contas corre o risco de, prestadas as contas, ser provado documentalmente que o *quantum* alimentar é insuficiente para arcar com o sustento do alimentário. Neste sentido, a referida ação pode até mesmo servir de ensejo para a propositura de ação revisional de alimentos para majorá-los, embora possa também ter o propósito de ser preparatória para uma diminuição.

5.16 A EQUIPARAÇÃO ENTRE CASAMENTO E UNIÃO ESTÁVEL PELO STF – COMPANHEIRO(A) É HERDEIRO NECESSÁRIO?

Com o entendimento do STF em 10/05/2017, por meio dos REs 646.721 e 878.694 de que o artigo 1.790 é inconstitucional, ou seja, de que a herança do companheiro deve ser igual à do cônjuge, ele acabou com uma das últimas barreiras de diferenciação, e assim encaminha a união estável para um casamento forçado. Ora, se em tudo a união estável se equipara ao casamento, ela deixa de existir como uma outra forma de constituição de família. Respeitar as diferenças entre um instituto e outro é o que há de mais saudável para um sistema jurídico. Um dos pilares de sustentação do Direito Civil é a liberdade, e no Direito de Família, a liberdade de escolher entre uma e outra forma, e para isto é necessário, e saudável, que haja diferenças. E assim, uma das formas de preservar a existência da união estável, e diminuir o paradoxo de sua regulamentação e aproximação do casamento, é considerar que apesar da igualdade na sucessão hereditária legítima, pode haver diferenciação na sucessão testamentária. Em outras palavras, o cônjuge é herdeiro necessário (art. 1.845 do CCB/2002) e o companheiro não o é. Como bem nos lembra Mário Delgado, o artigo 1.845 do CCB/2002 (que estabelece quem são herdeiros necessários, descendentes, ascendentes e cônjuge) é norma restritiva de direito, pois instituiu ao livre exercício da autonomia privada, e não se pode dar interpretação ampliativa à norma restritiva[159].

Assim, não se pode dar interpretação ampliativa ao julgado do STF (RE 898694/ RE 646721, j. 10/05/2017) que declarou inconstitucional o artigo 1.790 do CCB/2002. Ao contrário, e enquanto as manifestações nos votos do referido julgamento foram omissos, dois votos foram explícitos no sentido de dizer que aquele julgamento não atinge o companheiro como herdeiro necessário, como explicitado pelo ministro Dias Toffoli ao dizer que:

---

que reduz, majoram ou exoneram o alimentante do pagamento retroagem à data da citação, vedadas a compensação e a repetibilidade. Súmula 594 – O Ministério Público tem legitimidade ativa para ajuizar ação de alimentos em proveito de criança ou adolescente independentemente do exercício do poder familiar dos pais, ou do fato de o menor se encontrar nas situações de risco descritas no art. 98 do Estatuto da Criança e do Adolescente, ou de quaisquer outros questionamentos acerca da existência ou eficiência da Defensoria Pública na comarca. (Súmula 594, Segunda Seção, julgado em 25/10/2017, DJe 06/11/2017).

[159] MÁRIO, Delgado Luiz. *In: Famílias e Sucessões – Polêmicas, tendências e inovações.* Coord. Rodrigo da Cunha Pereira. Belo Horizonte: IBDFAM, 2018, p. 387.

A restrição imposta pelo Código Civil de 2002 ao direito sucessório na união estável (...) me parece absolutamente legítima – assim como tantas outras restrições e direitos civis que foram estabelecidas pelo novo Código Civil e foram realizadas sob o permissivo constitucional (RE 878.694).

Mais claro e evidente ainda foi o voto do Ministro Edson Fachin, que em sua lucidez de costume, preservou a saudável diferença entre as quais, o companheiro(a) não ser herdeiro necessário, apenas facultativo:

Na sucessão, a liberdade patrimonial dos conviventes já é assegurada com o não reconhecimento do companheiro como herdeiro necessário, podendo-se afastar os efeitos sucessórios por testamento. Prestigiar a maior liberdade na conjugalidade informal não é atribuir, a priori, menos direitos ou direitos diferentes do casamento, mas, sim, oferecer a possibilidade de, voluntariamente, excluir os efeitos sucessórios. (RE 646.721, Ministro Edson Fachin, p. 57).

5.17 TESES DO STJ A PARTIR DE SEUS JULGADOS

UNIÃO ESTÁVEL

Os entendimentos foram extraídos de precedentes publicados até 18 de dezembro de 2015. Edição nº 50, Brasília, 11 de fevereiro de 2016. As teses aqui resumidas foram elaboradas pela Secretaria de Jurisprudência, mediante exaustiva pesquisa na base de jurisprudência do Superior Tribunal de Justiça, não consistindo em repositórios oficiais da jurisprudência deste Tribunal.

1) **Os princípios legais que regem a sucessão e a partilha não se confundem: a sucessão é disciplinada pela lei em vigor na data do óbito; a partilha deve observar o regime de bens e o ordenamento jurídico vigente ao tempo da aquisição de cada bem a partilhar.**

   Precedentes: REsp 1.118.937/DF, Rel. Min. Antonio Carlos Ferreira, 4ª Turma, j. 24/02/2015, DJe 04/03/2015; REsp 1.124.859/MG, Rel. Min. Luis Felipe Salomão, Rel. p/ acórdão Min. Maria Isabel Gallotti, 2ª Seção, j. 26/11/2014, DJe 27/02/2015; AgRg nos EDcl no REsp 1.095.588/MG (decisão monocrática), Rel. Min. Raul Araújo, j. 07/10/2015, DJe 09/11/2015. (Vide Informativo de Jurisprudência nº 556).

2) **A coabitação não é elemento indispensável à caracterização da união estável.**

   Precedentes: AgRg no AREsp 649.786/GO, Rel. Min. Marco Aurélio Bellizze, 3ª Turma, j. 04/08/2015, DJe 18/08/2015; AgRg no AREsp 223.319/RS, Rel. Min. Sidnei Beneti, 3ª Turma, j. 18/12/2012, DJe 04/02/2013; AgRg no AREsp 59.256/SP, Rel. Min. Massami Uyeda, 3ª Turma, j. 18/09/2012, DJe 04/10/2012; AgRg nos EDcl no REsp 805.265/AL, Rel. Min. Vasco Della Giustina (Desembargador convocado do TJ/RS), 3ª turma, j. 14/09/2010, DJe 21/09/2010; REsp 1.096.324/RS, Rel. Min. Honildo Amaral de Mello Castro (Desembargador convocado do TJ/AP), 4ª Turma, j. 02/03/2010, DJe 10/05/2010; REsp 275.839/SP, Rel. Min. Ari Pargendler, Rel. para acórdão Min. Nancy Andrighi, 3ª Turma, j. 02/10/2008, DJe 23/10/2008.

3) **A vara de família é a competente para apreciar e julgar pedido de reconhecimento e dissolução de união estável homoafetiva.**

Precedentes: REsp 1.291.924/RJ, Rel. Min. Nancy Andrighi, 3ª Turma, j. 28/05/2013, DJe 07/06/2013; REsp 964.489/RS, Rel. Min. Antonio Carlos Ferreira, 4ª Turma, j. 12/03/2013, DJe 20/03/2013; REsp 827.962/RS, Rel. Min. João Otávio de Noronha, 4a Turma, j. 21/06/2011, DJe 08/08/2011 (Vide Informativo de Jurisprudência nº 524).

4) **Não é possível o reconhecimento de uniões estáveis simultâneas.**

Precedentes: AgRg no AREsp 609.856/SP, Rel. Min. Raul Araújo, 4ª Turma, j. 28/04/2015, DJe 19/05/2015; AgRg no AREsp 395.983/MS, Rel. Min. Maria Isabel Gallotti, 4ª Turma, j. 23/10/2014, DJe 07/11/2014; REsp 1.348.458/MG, Rel. Min. Nancy Andrighi, 3ª Turma, j. 08/05/2014, DJe 25/06/2014; REsp 912.926/RS, Rel. Min. Luis Felipe Salomão, 4ª Turma, j. 22/02/2011, DJe 07/06/2011; AgRg no Ag 1.130.816/MG, Rel. Min. Vasco Della Giustina (Desembargador convocado do TJ/RS), 3ª Turma, j. 19/08/2010, DJe 27/08/2010 (Vide Informativo de Jurisprudência nº 464).

5) **A existência de casamento válido não obsta o reconhecimento da união estável, desde que haja separação de fato ou judicial entre os casados.**

Precedentes: AgRg nos EDcl no AgRg no AREsp 710.780/RS, Rel. Min. Raul Araújo, 4ª Turma, j. 27/10/2015, DJe 25/11/2015; AgRg no AREsp 494.273/RJ, Rel. Min. Maria Isabel Gallotti, 4ª Turma, j. 10/06/2014, DJe 01/07/2014; AgRg no REsp 1.147.046/RJ, Rel. Min. Sebastião Reis Júnior, 6ª Turma, j. 08/05/2014, DJe 26/05/2014; AgRg no REsp 1.235.648/RS, Rel. Min. Ricardo Villas Bôas Cueva, 3ª Turma, j. 04/02/2014, DJe 14/02/2014; AgRg no AREsp 356.223/GO, Rel. Min. Nancy Andrighi, 3ª Turma, j. 24/09/2013, DJe 27/09/2013; REsp 1.096.539/RS, Rel. Min. Luis Felipe Salomão, 4ª Turma, j. 27/03/2012, DJe 25/04/2012; AgRg no REsp 968.572/RN, Rel. Min. Marco Buzzi, 4ª Turma, j. 07/02/2012, DJe 14/02/2012 (Vide Informativo de Jurisprudência nº 494).

6) **Na união estável de pessoa maior de setenta anos (art. 1.641, II, do CC/02), impõe-se o regime da separação obrigatória, sendo possível a partilha de bens adquiridos na constância da relação, desde que comprovado o esforço comum.**

Precedentes: EREsp 1.171.820/PR, Rel. Min. Raul Araújo, 2ª Seção, j. 26/08/2015, DJe 21/09/2015; AgRg no AREsp 675.912/SC, Rel. Min. Moura Ribeiro, 3ª Turma, j. 02/06/2015, DJe 11/06/2015; REsp 1.403.419/MG, Rel. Min. Ricardo Villas Bôas Cueva, 3ª Turma, j. 11/11/2014, DJe 14/11/2014; REsp 1.369.860/PR, Rel. Min. Sidnei Beneti, Rel. p/ acórdão Min. João Otávio de Noronha, 3ª Turma, j. 19/08/2014, DJe 04/09/2014; REsp 646.259/RS, Rel. Min. Luis Felipe Salomão, 4ª Turma, j. 22/06/2010, DJe 24/08/2010.

7) **São incomunicáveis os bens particulares adquiridos anteriormente à união estável ou ao casamento sob o regime de comunhão parcial, ainda que a transcrição no registro imobiliário ocorra na constância da relação.**

Precedentes: REsp 1.324.222/DF, Rel. Min. Ricardo Villas Bôas Cueva, 3ª Turma, j. 06/10/2015, DJe 14/10/2015; REsp 1.304.116/PR, Rel. Min. Castro Meira, 2ª Turma, j.

25/09/2012, DJe 04/10/2012; REsp 707.092/DF, Rel. Min. Nancy Andrighi, 3ª Turma, j. 28/06/2005, DJ 01/08/2005 (Vide Informativo de Jurisprudência nº 253).

8) **O companheiro sobrevivente tem direito real de habitação sobre o imóvel no qual convivia com o falecido, ainda que silente o art. 1.831 do atual Código Civil.**

Precedentes: REsp 1.203.144/RS, Rel. Min. Luis Felipe Salomão, 4ª Turma, j. 27/05/2014, DJe 15/08/2014; REsp 1.156.744/MG, Rel. Min. Marco Buzzi, 4ª Turma, j. 09/10/2012, DJe 18/10/2012; REsp 1.220.838/PR, Rel. Min. Sidnei Beneti, 3ª Turma, j. 19/06/2012, DJe 27/06/2012.

9) **O direito real de habitação poder ser invocado em demanda possessória pelo companheiro sobrevivente, ainda que não se tenha buscado em ação declaratória própria o reconhecimento de união estável.**

Precedentes: REsp 1.203.144/RS, Rel. Min. Luis Felipe Salomão, 4ª Turma, j. 27/05/2014, DJe 15/08/2014.

10) **Não subsiste o direito real de habitação se houver copropriedade sobre o imóvel antes da abertura da sucessão ou se, àquele tempo, o falecido era mero usufrutuário do bem.**

Precedentes: REsp 1.184.492/SE, Rel. Min. Nancy Andrighi, 3ª Turma, j. 01/04/2014, DJe 07/04/2014; REsp 1.212.121/RJ, Rel. Min. Luis Felipe Salomão, 4ª Turma, j. 03/12/2013, DJe 18/12/2013; REsp 1.273.222/SP, Rel. Min. Paulo de Tarso Sanseverino, 3ª Turma, j. 18/06/2013, DJe 21/06/2013; REsp 826.838/RJ, Rel. Min. Castro Filho, 3ª Turma, j. 25/09/2006, DJ 16/10/2006 (Vide Informativo de Jurisprudência nº 541).

11) **A valorização patrimonial dos imóveis ou das cotas sociais de sociedade limitada, adquiridos antes do início do período de convivência, não se comunica, pois não decorre do esforço comum dos companheiros, mas de mero fator econômico.**

Precedentes: REsp 1.349.788/RS, Rel. Min. Nancy Andrighi, 3ª Turma, j. 26/08/2014, DJe 29/08/2014; REsp 1.173.931/RS, Rel. Min. Paulo de Tarso Sanseverino, 3ª Turma, j. 22/10/2013, DJe 28/10/2013; REsp 1.357.432/SC (decisão monocrática), Rel. Min. Antonio Carlos Ferreira, j. 30/06/2015, DJe 03/08/2015 (Vide Informativo de Jurisprudência nº 533).

12) **A incomunicabilidade do produto dos bens adquiridos anteriormente ao início da união estável (art. 5º, § 1º, da Lei 9.278/1996) não afeta a comunicabilidade dos frutos, conforme previsão do art. 1.660, V, do Código Civil de 2002.**

Precedentes: REsp 1.349.788/RS, Rel. Min. Nancy Andrighi, 3ª Turma, j. 26/08/2014, DJe 29/08/2014.

13) **Comprovada a existência de união homoafetiva, é de se reconhecer o direito do companheiro sobrevivente à meação dos bens adquiridos a título oneroso ao longo do relacionamento.**

Precedentes: EDcl no REsp 633.713/RS, Rel. Min. Ricardo Villas Bôas Cueva, 3ª Turma, j. 11/02/2014, DJe 28/02/2014; REsp 930.460/PR, Rel. Min. Nancy Andrighi, 3ª Turma, j. 19/05/2011, DJe 03/10/2011 (Vide Informativo de Jurisprudência nº 472).

234 DIREITO DAS FAMÍLIAS – Rodrigo da Cunha Pereira

14) **É inviável a concessão de indenização à concubina que mantivera relacionamento com homem casado, uma vez que tal providência daria ao concubinato maior proteção do que aquela conferida ao casamento e à união estável.**

Precedentes: AgRg no AREsp 770.596/SP, Rel. Min. Maria Isabel Gallotti, 4ª Turma, j. 17/11/2015, DJe 23/11/2015; AgRg no AREsp 249.761/RS, Rel. Min. Luis Felipe Salomão, 4ª Turma, j. 28/05/2013, DJe 03/06/2013; REsp 874.443/RS, Rel. Min. Aldir Passarinho Junior, 4ª Turma, j. 24/08/2010, DJe 14/09/2010; EDcl no REsp 872.659/MG, Rel. Min. Nancy Andrighi, 3ª Turma, j. 15/12/2009, DJe 02/02/2010 (Vide Informativo de Jurisprudência nº 404).

15) **Compete à Justiça Federal analisar, incidentalmente e como prejudicial de mérito, o reconhecimento da união estável nas hipóteses em que se pleiteia a concessão de benefício previdenciário.**

Precedentes: RMS 35.018/MG, Rel. Min. Gurgel de Faria, 5ª Turma, j. 04/08/2015, DJe 20/08/2015; CC 126.489/RN, Rel. Min. Humberto Martins, 1ª Seção, j. 10/04/2013, DJe 07/06/2013; CC 131.529/RS (decisão monocrática), Rel. Min. Regina Helena Costa, j. 02/09/2015, DJe 14/09/2015; CC 139.525/RS (decisão monocrática), Rel. Min. Og Fernandes, j. 03/08/2015, DJe 21/08/2015; CC 137.385/GO (decisão monocrática), Rel. Min. Assusete Magalhães, j. 14/04/2015, DJe 23/04/2015; CC 131.792/MG (decisão monocrática), Rel. Min. Benedito Gonçalves, j. 21/11/2014, DJe 02/12/2014; CC 136.831/MG (decisão monocrática), Rel. Min. Mauro Campbell Marques, j. 24/11/2014, DJe 27/11/2014 (Vide Informativo de Jurisprudência nº 517).

16) **A presunção legal de esforço comum quanto aos bens adquiridos onerosamente prevista no art. 5º da Lei 9.278/1996 não se aplica à partilha do patrimônio formado pelos conviventes antes da vigência da referida legislação.**

Precedentes: REsp 959.213/PR, Rel. Min. Luis Felipe Salomão, Rel. p/ acórdão Min. Maria Isabel Gallotti, 4ª Turma, j. 06/06/2013, DJe 10/09/2013; AgRg no REsp 1.167.829/SC, Rel. Min. Ricardo Villas Bôas Cueva, 3ª Turma, julgado em 18/02/2014, DJe 06/03/2014. (Vide Informativo de Jurisprudência nº 556).

5.18 RESUMO

Conceito: é a relação afetivo-amorosa entre duas pessoas, em uma vivência conjugal, sob o mesmo teto, ou não, não incestuosa, com estabilidade, durabilidade, constituindo um núcleo familiar sem o vínculo do casamento civil.

Elementos caracterizadores:

- Convivência more uxório (coabitação)
- Durabilidade e estabilidade
- Relação de dependência econômica
- Fidelidade – lealdade
- Publicidade.

União estável é ato-fato-jurídico.

União estável homoafetiva – A homossexualidade interessa ao Direito, pois a ela está vinculada a ideia de justiça social.

União estável *x* namoro x namoro qualificado:

- Da relação de namoro não decorre direito algum
- Há uma linha tênue entre esses dois tipos de relação afetiva:
  - Namoro não tem prazo de validade
  - Namorados às vezes vivem sob o mesmo teto para dividir despesas (namoro qualificado)
  - Namorados, às vezes, tem filhos sem planejar, e continuam só namorando, ou não.

Contrato de namoro – Embora seja o antinamoro, é possível fazer uma declaração para dizer que não querem constituir família.

Contrato de união estável:

- Particular ou por Escritura Pública
- Provimentos 149/2023 e 150/2023 do CNJ
- Retroatividade: polêmica.

Conversão de União Estável em Casamento – Art. 226, § 3º, da CR. Lei 14.382/2022 – art. 70-A, § 6º.

Semelhanças e diferenças entre Casamento e União Estável:

CASAMENTO	UNIÃO ESTÁVEL
Contrato solene e formal	Contrato pode ser expresso ou tácito – não exige formalidade
Cria estado civil	Não cria estado civil
Direito real de habitação – Art. 1.837, CCB	Direito real de habitação – Art. 7º, Lei 9.278/96
Presunção de paternidade	Não há presunção de paternidade
Herdeiro necessário	Não é herdeiro necessário

Concubinato ou famílias simultâneas – três correntes de pensamento:

1. União ilícita – sem direito algum
2. Sociedade de fato – não comunga do Direito das obrigações – concubinato – Art. 1.727 CCB
3. União Estável como entidade familiar:
   - Quando há separação de fato
   - União Putativa
   - Em todas as situações.

Uniões poliafetivas:

- É a união conjugal formada por mais de duas pessoas convivendo em interação recíproca e afetiva entre si
- Família simultânea: núcleos distintos
- Família poliafetiva: mesmo núcleo.

FILMOGRAFIA

1. *Adeus minha concubina*, 1993, filme, Hong Kong, Chen Kaige.
2. *Amor por contrato*, 2010, filme, EUA, Derrick Borte.
3. *Três é demais*, 1987-1995, série, EUA, Jeff Franklin.
4. *A proposta*, 2009, filme, EUA, Anne Fletcher.
5. *Closer – perto demais*, 2004, filme, EUA, Mike Nichols.
6. *Loucamente apaixonados*, 2011, filme, EUA, Drake Doremus.
7. *Amor por direito*, 2015, filme, EUA, Peter Sollett.
8. *Histórias de amor que não pertencem a este mundo*, 2017, filme, Itália, Francesca Comencini.
9. *Depois do amor*, 2020, filme, Inglaterra/Paquistão, Aleem Khan.
10. *Jules e Jim – uma mulher para dois*, 1962, filme, França, François Truffaut.
11. *Passagens*, 2023, filme, Alemanha/França, Ira Sachs (triângulo amoroso).
12. *Professor Marston e as Mulheres-Maravilhas*, 2017, filme, EUA, Angela Robinson (triângulo amoroso).
13. *Sugar daddy* – Na busca de um patrocínio, filme, 2020, EUA, Kelly McCormack Darren (relação *sugar* e união estável).
14. *Uma linda mulher*, filme, 1990, EUA, Garry Marshall (relações *sugar*).

6
DIVÓRCIO E DISSOLUÇÃO DA SOCIEDADE E DO VÍNCULO CONJUGAL

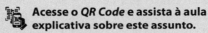

Acesse o *QR Code* e assista à aula explicativa sobre este assunto.

> https://uqr.to/ofpw

6.1 DIVÓRCIO E DISSOLUÇÃO DA UNIÃO ESTÁVEL COMO RITUAL DE PASSAGEM

Divórcio e dissolução de união estável não é nada fácil ou simples, mesmo quando consensual. Envolve sempre sofrimento e dor, ainda que tenha um sentido de libertação. O fim da conjugalidade é um momento em que se depara, novamente, com o desamparo estrutural do ser humano. Depara-se consigo mesmo. E constata-se que aquele(a) que se pensava ser o complemento da vida já não sustenta mais esse lugar de tamponamento. O encantamento acabou. O amor perfeito, ou quase perfeito, era pura ilusão, ou simplesmente acabou. O amor perfeito é perfeitamente impossível.

Quando é consensual é possível colocar um ponto-final àquele amor que "era vidro e se quebrou", sofrer menos e proteger mais os filhos das consequências, às vezes maléficas, da separação. O fim da sociedade e vínculo conjugal não significa o fim da família, nem o fim da felicidade; pelo contrário, separa-se para ser feliz, para melhorar de vida ou pelo menos ser menos infeliz. Na sociedade do consumo, do espetáculo, até o amor se consome mais rápido. O amor está cada vez mais líquido.[1] É certo que os casais com filhos têm uma responsabilidade maior com a manutenção do vínculo conjugal, mas isso não significa que têm de ficar juntos para sempre em razão deles. Se agissem assim fariam mal a todos os envolvidos. Os filhos estarão melhor à medida que os pais estiverem melhor. A ideia de que filhos de pais separados não são felizes, ou serão problemáticos, não é verdadeira. Do ponto de vista social não há mais o peso do preconceito que recaía sobre eles e sobre as mulheres "desquitadas".

Apesar de toda evolução social, da desestigmatização das separações, da revolução dos costumes, da "liquidez" dos laços amorosos e conjugais, a separação, por mais simples que seja, continua sendo um dos momentos de maior dor e sofrimento, pelo menos para uma das

---

[1] ZYGMUNT, Bauman. *Amor líquido: sobre a fragilidade das relações humanas*. Trad. Carlos Alberto Medeiros, Rio de Janeiro: Jorge Zahar, 2004, *passim*.

partes. Embora a separação funcione muitas vezes como um remédio, ela é, antes de tudo, a constatação e o encontro com o desamparo. Afloram-se medos, inseguranças e decepções. São os fantasmas da solidão. Desmonta-se uma estrutura conjugal. É o fim de um sonho. É preciso aprender a se separar sem briga.

O processo judicial litigioso é uma maneira e uma tentativa de não se separar. O casal fica unido pelo litígio em verdadeiras histórias de degradação um do outro. O ódio une mais que o amor. E, assim, permanecem anos e anos utilizando-se do aparelho judiciário para sustentar um "gozo"[2] com o sofrimento. O mais impressionante em um litígio conjugal é que cada parte tem certeza de que está do lado da verdade. Da sua verdade. O litígio, além de ser o sintoma de uma relação mal resolvida, significa também a tentativa, muitas vezes inconsciente, de não perder, embora já tenham perdido: o amor, o respeito e a dignidade. A reivindicação objetiva que surge nos processos litigiosos vem sempre em nome de um direito. Na maioria das vezes isso é uma falácia. É comum o processo judicial ser usado para travestir uma outra cena, que é da ordem da subjetividade. É apenas uma tentativa inconsciente de não se separar. Desta forma, mantém-se o vínculo, até que o Estado-Juiz coloque um ponto-final por meio da sentença que, em última instância, significa: "pare de gozar."

Se o casamento/união estável acabou é preciso vivenciar o processo psíquico da separação e depois o processo em seu sentido objetivo, judicial ou extrajudicial. Processo é um caminho percorrido e a percorrer em que as pessoas ao longo deste caminho vão elaborando suas perdas, suas dores, enfim, fazendo um necessário ritual de passagem.

Todas as sociedades humanas, implícita ou explicitamente, para reafirmarem sua estrutura e organização política, social e jurídica, passam por "processos rituais". Para se fazer uma lei, da mais simples à mais importante – a Constituição –, é preciso passar por um processo, um caminho percorrido e a percorrer. Mas não são só as proposições políticas e sociais que têm seus processos e ritos. As pessoas, individualmente, e para se tornarem sujeitos, estão em permanente processo de crescimento e amadurecimento. Primeiro, o nascimento, um processo muitas vezes acompanhado de dor; depois, o separar-se da mãe e do pai e se tornar adulto.

Toda a nossa vida está entremeada de rituais – aniversários, formaturas, velórios etc. Na religião cristã, o batismo, a crisma e o matrimônio introduzem o sujeito cristão em uma outra fase de sua vida. Como na linguagem e no simbolismo dos mitos, os rituais nos ajudam a representar o indizível.

Os rituais nos ajudam a suportar melhor a passagem de um estado de ser para o outro, introduzindo-nos em uma nova fase, posição social, lugar, idade etc. Para se passar do estado civil de solteiro ao de casado, é necessário o ato do casamento, portanto, um ritual de passagem. O casamento requer toda uma preparação ritualística, tanto no civil como no religioso: papéis, proclamas, celebração e, muitas vezes, os festejos. Os rituais de passagem são transposições de uma borda a outra, ou seja, de uma posição para outra; significam também um momento da decisão. Decidir pressupõe responsabilidade e, também, ter de deixar algo para trás. Por isso, muitas vezes esses rituais e essas decisões vêm acompanhados de sofrimento. Por um lado, significa perder; por outro, ganhar.

Na linguagem jurídica, os ritos se traduzem como um processo. Podemos dizer, então, que o processo judicial é um ritual sob o comando do Juiz, o qual ocupa a importante função de representante da lei e simbolicamente também de "um pai", que vem, principalmente, fazer um corte, pôr fim (sentença) a uma demanda, amigável ou litigiosa, instalando uma nova fase na vida das pessoas. Muitas vezes vem também, no litígio conjugal, barrar o desejo desenfreado, o excesso, colocando fim a uma relação doentia, sustentada principalmente pelo ódio.

---

[2] PEREIRA, Rodrigo da Cunha. *Dicionário de Direito de Família e Sucessões ilustrado*. São Paulo: Saraiva, 2015, p. 355.

Um dos mais sofridos e traumáticos ritos de passagem em nossa vida é o da separação conjugal. Alguns não conseguem transpor este ritual e viver o luto necessário. Se o casamento adoeceu é necessário fazer alguma coisa por ele e pelos sujeitos ali envolvidos. Muitos não conseguem fazer um "passe" e percorrer, às vezes, o necessário ritual da separação, entregando-se a uma eterna lamentação e sofrimento. Freud, em sua obra *Luto e melancolia* (1917),[3] ao fazer uma importante diferenciação entre luto e melancolia nos ajuda a compreender melhor o luto como um estado transitório. Segundo ele, os traços da melancolia são um desânimo profundamente penoso, a cessação de interesse pelo mundo externo, a perda da capacidade de amar, a diminuição dos sentimentos de autoestima e o empobrecimento de seu ego, que pode se apresentar também como uma forma de mania. O luto, genericamente, é a reação à perda de um ente querido, é o mundo que se torna vazio e pode ser visto também como um ritual ou processo de passagem necessário à compreensão da perda. Por isso, é importante enterrar nossos mortos e fazer os rituais necessários (velório, enterro, cremação, cultos religiosos etc.). O processo judicial de inventário, por exemplo, tem também essa função simbólica: ajudar na elaboração da morte e na passagem pelo luto. É muito comum algumas pessoas não conseguirem dar andamento ou terminar esses processos judiciais, tamanha a dificuldade de lidar com esse luto. Há sempre uma desculpa: não têm tempo, custa caro, falta documento etc., mas, inconscientemente, isso significa mesmo a dificuldade na aceitação da perda.

Cumprir rituais, sair de uma posição de sofrimento, elaborar o luto, significa tomar as rédeas do próprio destino. É uma decisão entre ser sujeito ou permitir-se ser objeto do desejo. Por isso, os rituais exigem preparação, discernimento e coragem. Mas, ao final, além de fazer uma passagem, uma transposição, podem também servir de elevação da alma, apesar da dor que, muitas vezes, os acompanha. O ritual do divórcio conjugal (ou da extinta separação judicial) que fará a passagem de um estado civil para o outro, apesar do sofrimento, traz consigo o mesmo sentido do casamento, ou seja, as pessoas se casam para serem felizes, e se separam, também, à procura da felicidade.

6.2 BREVE HISTÓRICO DO DIVÓRCIO NO BRASIL E A MORAL RELIGIOSA

Após muita resistência e várias derrotas legislativas, a Emenda Constitucional do então senador Nelson Carneiro foi aprovada no Congresso Nacional, em 28.06.1977. Sem dúvida alguma, a introdução do divórcio no Brasil foi fruto da sua incansável luta, assim como a Emenda Constitucional nº 66/2010 é fruto do esforço e articulação do Instituto Brasileiro de Direito de Família – IBDFAM com o então deputado federal Sérgio Barradas Carneiro (PT/BA). O presidente do Brasil daquela época, Ernesto Geisel, deu sua contribuição. Ele não era católico e, certamente, não simpatizava com as forças católicas contrárias ao divórcio. Para que fosse aprovada a Lei nº 6.515, em 26.12.1977, foi necessário fazer algumas concessões, e o divórcio foi dificultado ao máximo: só era possível se divorciar uma única vez, era necessário o prazo de cinco anos de separação de fato para o divórcio direto e três anos para o indireto (ou por conversão). O desquite, embora tivesse mudado o nome para separação judicial, continuaria existindo; afinal, os católicos não deveriam se divorciar. E assim foi mantido o esdrúxulo e inútil instituto da separação judicial. A Constituição da República de 1988, art. 226, § 6º, reproduzindo o sistema dual de dissolução do casamento, repetiu a velha fórmula. Apenas reduziu os prazos para dois anos para a concessão do divórcio direto e de um ano para a conversão da separação judicial em divórcio.

As forças antidivorcistas apregoaram o fim dos casamentos e das famílias com a nova Lei nº 6.515/1977. Como todo moralismo, preferiam manter a hipocrisia a ver a realidade à volta.

---

[3] FREUD, Sigmund. *Luto e melancolia*. Obras Psicológicas Completas. Trad. Themira O. Britto, Paulo H. Britto e Cristiano M. Oiticica, Rio de Janeiro: Imago, 1974, v. XIV, p. 276.

240 DIREITO DAS FAMÍLIAS – *Rodrigo da Cunha Pereira*

A resignação histórica das mulheres já não sustentaria mais os casamentos; afinal, deixaram de ser sujeitadas ao marido para serem donas da própria vida, na medida em que se apropriaram do próprio desejo E começaram a ter acesso ao mercado de trabalho. Compreendeu-se, então, que os casamentos só se sustentam se houver afeto e o desejo em mantê-los, não mais sendo mantidos pelo "sagrado" princípio da indissolubilidade do vínculo conjugal.

Após mais de três décadas de divórcio no Brasil, pode-se constatar que a família não foi destruída e não piorou em razão dele, mesmo com a elasticização de algumas regras, tais como a possibilidade de se divorciar várias vezes e a diminuição dos seus prazos. Ao contrário, as pessoas estão mais livres e mais autênticas para estabelecerem seus vínculos amorosos e conjugais. A família mudou, o que é certo e visível, mas não está em desordem, muito menos o divórcio é culpado ou responsável por essas transformações.

O divórcio foi introduzido no Brasil em um contexto histórico-político-social em que a liberdade dos sujeitos é a expressão que deve dar o comando, já que a família se despatrimonializou, perdeu sua rígida hierarquia e deixou de ser essencialmente um núcleo econômico e de reprodução. Na verdade, ela ganhou vida, autenticidade, desprendeu-se mais do Estado, e as suas essências reguladoras passaram a ser, principalmente, o amor e o afeto.[4]

É esta evolução histórica, social e política que possibilitou e viabilizou a aprovação da Emenda Constitucional nº 66/2010, facilitando e simplificando o divórcio de casais. Ela é fruto do amadurecimento da sociedade e da evolução do pensamento jurídico. Em outras palavras, significa menor intervenção do Estado na vida privada das pessoas.[5] Afinal, por que o Estado deve estabelecer regras e prazos para o fim do casamento? Embora ele tenha se separado da Igreja pela Constituição de 1891, a dificultação do divórcio era resquício da interferência desta moral religiosa. O Estado precisa estar dissociado das religiões, para que se possa ter boas religiões e liberdade de crer ou não crer e um bom Estado Democrático de Direito.

A luta pelo divórcio no Brasil remonta há quase dois séculos. Ela está inserida no contexto do Estado Democrático de Direito, das garantias dos direitos individuais e da autonomia privada. Por isso pode-se dizer que a Emenda Constitucional nº 66/2010 é o coroamento desta histórica luta. Para se ter uma ideia melhor desta evolução, veja abaixo a cronologia e a trajetória político-social do divórcio no Brasil:

1827 – Com a proclamação da Independência e a instauração da Monarquia (1822-1899), o Brasil permaneceu sob influência direta e incisiva da Igreja, em matéria de casamento. O Decreto de 03.11.1827 firmava a obrigatoriedade das disposições do Concílio de Trento e da Constituição do Arcebispado da Bahia, consolidando a jurisdição eclesiástica nas questões matrimoniais.

1861 – O Decreto nº 1.144, de 11.09.1861 regulou o casamento entre pessoas de seitas dissidentes, de acordo com as prescrições da respectiva religião. A inovação foi passar para a autoridade civil a faculdade de dispensar os impedimentos e a de julgar a nulidade do casamento. No entanto, admitia-se apenas a separação pessoal. Esta foi a primeira flexibilidade da Igreja Católica.

1890 – Decreto 181 – Usou a expressão divórcio, mas não tinha o sentido que tem hoje: Art. 80 – A Ação de divórcio só compete aos cônjuges e extingue-se pela morte de qualquer deles.

---

4   PEREIRA, Rodrigo da Cunha. *Princípios fundamentais norteadores do direito de família*, 2. ed., São Paulo: Saraiva, 2012, p. 210.

5   (...) Os arranjos familiares, concernentes à intimidade e à vida privada do casal, não devem ser esquadrinhados pelo Direito, em hipóteses não contempladas pelas exceções legais, o que violaria direitos fundamentais enfeixados no art. 5º inc. X, da CF/88 – o direito à reserva da intimidade assim como o da vida privada –, no intuito de impedir que se torne de conhecimento geral a esfera mais interna, de âmbito intangível da liberdade humana, nesta delicada área de manifestação existencial do ser humano (STJ, REsp 1107192/PR, Rel. Min. Massami Uyeda, 3ª Turma, public. 27.5.2010).

Cap. 6 – DIVÓRCIO E DISSOLUÇÃO DA SOCIEDADE E DO VÍNCULO CONJUGAL **241**

(...) Art. 88 – O divórcio não dissolve o vínculo conjugal, mas autoriza a separação indefinida dos corpos e faz cessar o regime de bens, como se o casamento fosse dissolvido.

Como se vê, era o equivalente ao desquite, cuja expressão aparece pela primeira vez em 1916 no CCB, em substituição à expressão divórcio.

1891 – Primeira Constituição da República. Separação Igreja/Estado. Diante da persistência da realização exclusiva do casamento católico, já havia sido expedido o Decreto nº 521, em 26 de junho de 1890, dispondo que o casamento civil deveria preceder às cerimônias religiosas de qualquer culto. Foi disciplinada a separação de corpos, sendo indicadas as causas aceitáveis: adultério; sevícia ou injúria grave; abandono voluntário do domicílio conjugal por dois anos contínuos e mútuo consentimento dos cônjuges, se fossem casados há mais de dois anos.

1893 – O Deputado Érico Marinho (RJ) apresentou ao Parlamento a primeira proposição divorcista.

1900 – O deputado provincial Martinho Garcez (SE) ofereceu no Senado projeto de divórcio vincular. A proposição foi repelida.

1901 – O jurista Clóvis Beviláqua apresentou, após seis meses de trabalho, seu projeto de Código Civil. Duramente criticado pelo então senador Rui Barbosa e por vários juristas, seu projeto sofreu várias alterações até sua aprovação em 1916. Tal como no direito anterior, permitia-se o término da sociedade conjugal somente por via do desquite, amigável ou litigioso. A sentença do desquite apenas autorizava a separação dos cônjuges, pondo termo ao regime de bens. No entanto, permanecia o vínculo matrimonial. A enumeração taxativa das causas de desquite foi repetida: adultério, tentativa de morte, sevícia ou injúria grave e abandono voluntário do lar conjugal (art. 317). Foi mantido o desquite por mútuo consentimento (art. 318). A legislação civil inseriu a palavra "desquite" para identificar e diferenciar da simples separação de corpos.

1934 – Segunda Constituição da República: a indissolubilidade do casamento tornou-se preceito constitucional.

1937 – A 3a Constituição da República reiterou que a família é constituída pelo casamento indissolúvel, sem se referir à sua forma (art. 124). O mesmo preceito foi repetido nas Constituições de 1946 e de 1967.

1946 – Ainda na vigência da Constituição de 1946, várias tentativas foram feitas no sentido da introdução do divórcio no Brasil, ainda que de modo indireto. Seria acrescentada uma 5a causa de anulação do casamento por erro essencial, consistente na incompatibilidade entre os cônjuges, com prova de que, decorridos cinco anos da decretação ou homologação do desquite, o casal não restabeleceria a vida conjugal. Foi proposta também emenda constitucional visando suprimir da Constituição a expressão "de vínculo indissolúvel" do casamento civil.

1969 – Na Carta Magna outorgada pelos chefes militares (Emenda Constitucional nº 1/69), qualquer projeto de divórcio somente seria possível com a aprovação de emenda constitucional por dois terços de senadores (44) e de deputados (207).

1975 – Apresentada emenda à Constituição de 1969 (EC nº 5, de 12.03.1975), permitindo a dissolução do vínculo matrimonial após cinco anos de desquite ou sete de separação de fato. Em sessão de 8 de maio de 1975, a emenda obteria maioria de votos (222 contra 149), porém insuficientes para atingir o *quorum* exigido de dois terços.

1977 – O divórcio foi instituído oficialmente com a emenda constitucional número 9, de 28 de junho de 1977, regulamentada pela Lei nº 6.515, de 26 de dezembro do mesmo ano.

1989 – A Lei nº 7.841, de 17.10.1989, revogou o art. 38 da Lei do Divórcio (1977), eliminando a restrição à possibilidade de divórcios sucessivos.

2007 – A Lei nº 11.441, de 4 de janeiro de 2007, estabeleceu que o divórcio e a separação consensuais podem ser requeridos por via administrativa, dispensando a necessidade de

DIREITO DAS FAMÍLIAS – *Rodrigo da Cunha Pereira*

intervenção judicial e do Ministério Público, bastando que as partes compareçam aos cartórios de notas, assistidas por um advogado ou defensor público se o casal não tem filhos menores de idade ou incapazes.

2009 – A Lei nº 12.036, de 01 de outubro de 2009, alterou o Decreto-Lei nº 4.657, de 4 de setembro de 1942 – Lei de Introdução às normas do Direito Brasileiro, para adequá-lo à Constituição Federal em vigor. A respectiva proposição adequou os prazos na Lei de Introdução às normas do Direito Brasileiro, quando do reconhecimento do Divórcio realizado no estrangeiro, passando de 3 anos para 1 ano da data da sentença, salvo se houver sido antecedida de separação judicial por igual prazo.

2010 – Promulgada em 13.07.2010 a Emenda Constitucional nº 66, proposta pelo Instituto Brasileiro de Direito de Família (IBDFAM), apresentada pelo Deputado Sérgio Barradas Carneiro (PT/BA), que dá nova redação ao § 6º do art. 226 da Constituição Federal. O casamento civil pode ser dissolvido pelo divórcio, sendo suprimido o requisito de prévia separação judicial por mais de um ano ou de comprovada separação de fato por mais de dois anos, extirpando o anacrônico instituto da separação judicial, bem como eliminando a discussão de culpa pelo fim do casamento.

6.3 SEMELHANÇAS, DIFERENÇAS E INUTILIDADES ENTRE SEPARAÇÃO JUDICIAL E DIVÓRCIO

O artigo 2º da Lei nº 6.515/1977 foi reproduzido pelo art. 1.571 do Código Civil de 2002, que assim dispõe:

> Art. 1.571. A sociedade conjugal termina:
>
> I – pela morte de um dos cônjuges;
>
> II – pela nulidade ou anulação do casamento;
>
> III – pela separação judicial;
>
> IV – pelo divórcio.
>
> § 1º O casamento válido só se dissolve pela morte de um dos cônjuges ou pelo divórcio, aplicando-se a presunção estabelecida neste Código quanto ao ausente.
>
> § 2º Dissolvido o casamento pelo divórcio direto ou por conversão, o cônjuge poderá manter o nome de casado; salvo, no segundo caso, dispondo em contrário a sentença de separação judicial.

Desde a Lei nº 6.515/1977 fazia-se a distinção entre "terminar" e "dissolver" o casamento. Foi necessário este "jogo" de palavras para dar alguma coerência ao incoerente e inútil instituto da separação judicial. Como já dito, ele veio substituir o desquite para satisfazer àqueles cuja religião não permite o divórcio. Dissolver ou terminar um casamento tem o mesmo sentido: o casamento acabou. A diferença essencial é que não se pode casar quem apenas se separou judicialmente, enquanto com o divórcio é possível casar novamente. Maria Berenice Dias é enfática ao dizer:

> (...) É um instituto que traz em suas entranhas a marca de conservadorismo atualmente injustificável. É quase um limbo: a pessoa não está mais casada, mas não pode casar de novo. Se, em um primeiro momento, para facilitar a aprovação da Lei do Divórcio, foi útil e, quiçá, necessária, hoje inexiste razão para mantê-la (...). Portanto, de todo o inútil, desgastante e oneroso, tanto para o casal, como para o próprio poder Judiciário,

Cap. 6 – DIVÓRCIO E DISSOLUÇÃO DA SOCIEDADE E DO VÍNCULO CONJUGAL **243**

impor uma duplicidade de procedimentos para manter, durante o breve período de um ano, uma união que não mais existe, uma sociedade conjugal "finda", mas não "extinta"[6].

Há outras pequenas diferenças: se o cônjuge separado judicialmente morre, o estado civil do cônjuge é viúvo, ao passo que o divorciado continua sendo divorciado; pela Lei nº 6.515/77 não era possível divorciar sem fazer a partilha dos bens, equívoco já corrigido pelo artigo 1.581 do CCB/2002; se os divorciados pretendem reatar o casamento, terão de fazer novo processo de habilitação para o casamento, como se estivessem casando pela primeira vez, enquanto os separados judicialmente podem voltar ao estado civil anterior por meio de uma simples petição ao juiz, conforme dispunha o artigo 1.577 do CCB/2002.

Os prazos para a separação judicial já haviam sofrido algumas alterações com o CCB 2002. Era necessário o prazo de mais de 1 ano de casamento para requerer uma separação judicial consensual (art. 1.574 do CCB/2002). Obviamente não havia necessidade de nenhum lapso temporal se a separação fosse litigiosa. Os prazos para o divórcio estavam estabelecidos na Constituição, art. 226, § 6º, e reproduzidos no artigo 1.580 do CCB/2002. Para o divórcio direto era necessária uma separação de fato por mais de dois anos. Para o divórcio indireto, isto é, por conversão, o prazo era de um ano, contado do trânsito em julgado da sentença que decreta a separação judicial ou da data da decisão liminar que houver concedido a separação judicial de corpos. A Emenda Constitucional nº 66/2010, ao dar nova redação ao artigo 226, § 6º, eliminou o requisito do lapso temporal para se requerer divórcio, seja na forma litigiosa ou consensual, além de ter extirpado o requisito da prévia separação judicial para o divórcio e a discussão de culpa[7].

6.4 SEPARAÇÃO JUDICIAL/ADMINISTRATIVA AINDA VIGORA NO BRASIL? A EMENDA CONSTITUCIONAL Nº 66/2010

O sistema dual para romper o vínculo legal do casamento, como já se disse, tem suas raízes e justificativas principalmente em uma moral religiosa. Não se justifica mais em um Estado laico manter esta duplicidade de tratamento legal[8]. A tendência evolutiva dos ordenamentos

---

[6] DIAS, Maria Berenice. *Manual de direito das famílias*. 5. ed. revista e atualizada. São Paulo: Revista dos Tribunais, 2009. p. 274.

[7] (...) Com a edição da EC 66/2010, a nova redação do art. 226, § 6º, da CF – que dispõe que o casamento civil pode ser dissolvido pelo divórcio – eliminou os prazos à concessão do divórcio e afastou a necessidade de arguição de culpa, presente na separação, não mais adentrando nas causas do fim da união, deixando de expor desnecessária e vexatoriamente a intimidade do casal, persistindo essa questão apenas na esfera patrimonial quando da quantificação dos alimentos. Criou-se, dessa forma, nova figura totalmente dissociada do divórcio anterior. (...) Isso porque, consoante a nova redação, o divórcio passou a ser efetivamente direto. A novel figura passa ser voltada para o futuro. Passa a ter vez no Direito de Família a figura da intervenção mínima do Estado, como deve ser. Vale relembrar que, na ação de divórcio consensual direto, não há causa de pedir, inexiste necessidade de os autores declinarem o fundamento do pedido, cuidando-se de simples exercício de um direito potestativo. (...) Entretanto, a interpretação de todos esses dispositivos infraconstitucionais deverá observar a nova ordem constitucional e a ela se adequar, seja por meio de declaração de inconstitucionalidade parcial sem redução de texto, seja como da interpretação conforme a constituição ou, como no caso em comento, pela interpretação sistemática dos artigos. STJ, REsp 1.483.841-RS, Rel. Min. Moura Ribeiro, j. 17/3/2015, DJe 27/3/2015.

[8] (...) Se, de um lado, a Constituição, ao consagrar a laicidade, impede que o Estado intervenha em assuntos religiosos, seja como árbitro, seja como censor, seja como defensor, de outro, a garantia do Estado laico obsta que dogmas da fé determinem o conteúdo de atos estatais. Vale dizer: concepções morais religiosas, quer unânimes, quer majoritárias, quer minoritárias, não podem guiar as decisões estatais, devendo ficar circunscritas à esfera privada. A crença religiosa e espiritual – ou a ausência dela, o ateísmo – serve precipuamente para ditar a conduta e a vida privada do indivíduo que a possui ou não a possui. Paixões religiosas de toda ordem hão de ser colocadas à parte na condução do Estado. Não podem a fé e as orientações morais dela

244 DIREITO DAS FAMÍLIAS – *Rodrigo da Cunha Pereira*

jurídicos ocidentais é que o Estado interfira cada vez menos na vida privada e na intimidade dos cidadãos. Se não há intervenção do Estado na forma e no modo de as pessoas se casarem, por que ele há de interferir quando o casamento termina? Os ordenamentos jurídicos de países cuja interferência religiosa é menor não tem em seu corpo normativo a previsão deste sistema dual.

A moral condutora da manutenção deste arcaico sistema, assim como a da não facilitação do divórcio, é a preservação da família. Pensa-se que se o Estado dificultar ou colocar empecilhos, os cônjuges poderão repensar e não se divorciarem; ou, se apenas se separarem, poderão se arrepender e restabelecerem o vínculo conjugal. Em 1977, o argumento usado para se manter na lei o instituto da separação judicial como alternativa ao divórcio era puramente religioso. Tinha-se a esperança de que os católicos não se divorciariam, apenas se separariam judicialmente. A realidade, diferente do que se temia, foi outra: católicos se divorciam, não houve uma "avalancha" de divórcios, e as famílias não se desestruturaram por isso. Ao contrário, as pessoas passaram a ter mais liberdade e conquistaram o direito de não ficarem casadas. Ora, o verdadeiro sustento do laço conjugal não são as fórmulas jurídicas. O que garante a existência dos vínculos conjugais é o desejo e o amor.

É preciso separar o "joio do trigo", para usar uma linguagem bíblica, isto é, se separarmos as razões jurídicas das razões e motivações religiosas, veremos claramente que não faz sentido a manutenção do instituto de separação judicial em nosso ordenamento jurídico. Ele significa mais gastos financeiros, mais desgastes emocionais e contribui para o emperramento do Judiciário, na medida em que significa mais processos desnecessários. Um dos maiores juristas brasileiros, o alagoano Paulo Lôbo, mesmo antes da aprovação da referida Emenda Constitucional, já era enfático quanto à insustentabilidade dessa duplicidade de tratamento legal, ou seja:

> (...) A superação do dualismo legal repercute os valores da sociedade brasileira atual, evitando que a intimidade e a vida privada dos cônjuges e de suas famílias sejam reveladas e trazidas ao espaço público dos tribunais, com todo o caudal de constrangimento que provocam, contribuindo para o agravamento de suas crises e dificultando o entendimento necessário para a melhor solução dos problemas decorrentes da separação.[9]

Os professores Cristiano Chaves de Faria e Nelson Rosenvald, em livro escrito a quatro mãos, também já faziam ferrenha crítica ao sistema binário de dissolução do casamento. Exemplificando com os ordenamentos jurídicos da Áustria, Grã-Bretanha e Alemanha, que adotam apenas o divórcio, realçam que é totalmente ilógica a manutenção da separação judicial, *até porque não faz sentido terminar e não dissolver um casamento. Escapa à razoabilidade e viola a própria operabilidade do sistema jurídico.*[10]

Realmente não faz sentido a manutenção do instituto da Separação Judicial. E essa foi a conclusão do STF, que, em apreciação ao Tema 1.053, fixou o entendimento de que, após a promulgação da EC 66/2010, a separação judicial não é mais requisito para o divórcio nem subsiste como figura autônoma no ordenamento jurídico brasileiro, sendo preservado o ato jurídico perfeito e a coisa julgada. Foi com este intuito que o Instituto Brasileiro de Direito de Família – IBDFAM, apresentou Proposta de Emenda Constitucional – PEC, através do seu

---

decorrentes ser impostas a quem quer que seja e por quem quer que seja. Caso contrário, de uma democracia laica com liberdade religiosa não se tratará, ante a ausência de respeito àqueles que não professem o credo inspirador da decisão oficial ou àqueles que um dia desejem rever a posição até então assumida. (STF, ADPF nº 54, Rel. Min. Marco Aurélio, j. 12/04/2012).

9   LÔBO, Paulo. *Direito Civil – Famílias*, São Paulo: Saraiva, 2009, p. 127.

10 FARIAS, Cristiano Chaves de; ROSENVALD, Nelson. *Direito das famílias*, Rio de Janeiro: Lumen Juris, 2008, p. 282.

Cap. 6 – DIVÓRCIO E DISSOLUÇÃO DA SOCIEDADE E DO VÍNCULO CONJUGAL **245**

sócio, o deputado federal Sérgio Barradas Carneiro (PT/BA), para dar nova redação ao § 6º do artigo 226, que em 13 de julho de 2010 se transformou na Emenda Constitucional nº 66, que diz:

> § 6º O casamento civil pode ser dissolvido pelo divórcio.

E assim foi abolido o texto:

> (...) após prévia separação judicial por mais de um ano nos casos expressos em lei, ou comprovada separação de fato por mais de dois anos.

Portanto, o novo texto constitucional suprimiu a prévia separação como requisito para o divórcio, bem como eliminou qualquer prazo para se propor o divórcio, seja judicial seja administrativo (Lei nº 11.441/07). Tendo suprimido tais prazos e o requisito da prévia separação para o divórcio, a Constituição joga por terra aquilo que a melhor doutrina e a mais consistente jurisprudência já vinham reafirmando há muitos anos, a discussão da culpa pelo fim do casamento, aliás, um grande sinal de atraso do ordenamento jurídico brasileiro.

O Conselho Nacional de Justiça editou a Resolução nº 571/2024 e alterou a Resolução CNJ nº 35/2007, disciplinado a lavratura dos atos notariais relacionados a inventário, partilha, separação consensual, divórcio consensual e extinção consensual de união estável por via administrativa, ainda que tenha filhos incapazes, desde que consensual. Estabelece o art. 34, § 2º, que, havendo filhos comuns do casal menores ou incapazes, será permitida a lavratura da escritura pública de divórcio, desde que devidamente comprovada a prévia resolução judicial de todas as questões referentes a guarda, visitação e alimentos deles, o que deverá ficar consignado no corpo da escritura[11].

Em que pese teve havido resistência antes da análise pelo STF, do Tema 1.053, em novembro de 2023, que eliminou o instituto da separação judicial, basta lembrar os mais elementares preceitos que sustentam a ciência jurídica: a interpretação da norma deve estar contextualizada, inclusive historicamente. O argumento finalístico é que a Constituição da República extirpou totalmente de seu corpo normativo a única referência que se fazia à separação judicial. Portanto, ela não apenas retirou os prazos, mas também o requisito obrigatório ou voluntário da prévia separação judicial ao divórcio por conversão. Qual seria o objetivo de se manter vigente a separação judicial se ela não pode mais ser convertida em divórcio? Não há nenhuma razão prática e lógica para sua manutenção. Se alguém insistir em se separar judicialmente, após a Emenda Constitucional nº 66/2010, não poderá transformar mais tal separação em divórcio, se o quiser, terá de propor o divórcio direto. Não podemos perder o contexto, a história e o fim social da anterior redação do § 6º do artigo 226: converter em divórcio a separação judicial. E, se não se pode mais convertê-la em divórcio, ela perde sua razão lógica de existência. O sentido jurídico da manutenção da separação judicial era convertê-la em divórcio, repita-se. Paulo Lôbo, em assertivo e conclusivo texto para a *Revista Brasileira de Direito das Famílias e Sucessões*, não deixa sombra de dúvidas sobre a extinção do antiquado instituto da separação judicial e das normas infraconstitucionais que a regulavam:

> (...) a Constituição deixou de tutelar a separação judicial. A consequência da extinção da separação judicial é que concomitantemente desapareceu a dissolução da sociedade conjugal, que era a única possível, sem dissolução do vínculo conjugal, até 1977. Com o

---

[11] O CNMP editou a Resolução nº 301/2024, disciplinando a atuação do Ministério Público em procedimentos oriundos de serventias extrajudiciais prestadoras de serviços notariais ou de registros públicos. O membro do Ministério Público terá o prazo de 15 dias para solicitar a apresentação de documentação complementar, manifestar-se favoravelmente à lavratura do ato ou impugná-lo.

advento do divórcio, a partir dessa data e até 2009, a dissolução da sociedade conjugal passou a conviver com a dissolução do vínculo conjugal, porque ambas recebiam tutela constitucional explícita. Portanto, não sobrevive qualquer norma infraconstitucional que trate da dissolução da sociedade conjugal isoladamente, por absoluta incompatibilidade com a Constituição, de acordo com a redação atribuída pela PEC do Divórcio. A nova redação do § 6º do art. 226 da Constituição apenas admite a dissolução do vínculo conjugal.[12]

As outras possíveis argumentações eram apenas de ordem moral e religiosa. Deve-se respeitar a religião, a crença e as convicções morais. Elas mais que fazem sentido, dão sentido à vida, ajudam a colocar limites, direcionam valores, alimentam esperanças e fé. Entretanto, não podemos misturar Direito com valores morais particulares e religiosos. A história do Direito de Família já nos mostrou todas as injustiças provocadas por esses valores, tais como a exclusão de determinadas categorias do laço social, ilegitimando filhos, famílias, em nome de uma moral sexual civilizatória. Não podemos continuar repetindo essas injustiças. E é, principalmente por isso que os argumentos de ordem moral-religiosa não podem prescrever as regras jurídicas.

O Direito Civil Constitucional tão bem sustentado pelos juristas Luiz Edson Fachin, Gustavo Tepedino, Paulo Lôbo, Maria Celina Bodin de Moraes, Rolf Madaleno, Flávio Tartuce, Dimas Messias de Carvalho, dentre outros, vem exatamente na direção que aqui se argumenta, ou seja, a legislação infraconstitucional não pode ter uma força normativa maior que a própria Constituição. Em outras palavras, se o novo texto do § 6º do artigo 226 retirou de seu corpo a expressão "separação judicial", como mantê-la na legislação infraconstitucional? É necessário que se compreenda, de uma vez por todas, que a hermenêutica Constitucional tem de ser colocada em prática, e isso compreende suas contextualizações política e histórica[13].

A interpretação das normas secundárias, ou seja, da legislação infraconstitucional, deve ser compatível com o comando maior da Carta Política. O conflito com o texto constitucional atua no campo da não recepção. Essa é a posição de nossa Corte Constitucional, em julgamento de 2007, que traduz exatamente essa assertiva: "*O conflito de norma com preceito constitucional superveniente resolve-se no campo da não recepção*".[14] Vê-se, portanto, mais uma razão da desnecessidade de se manter o instituto da separação judicial, pois, ainda que se admitisse a sua sobrevivência, a norma constitucional permite que os cônjuges atinjam seu objetivo com muito mais simplicidade e vantagem. Ademais, em uma interpretação sistemática não se pode estender o que o comando constitucional restringiu. Toda legislação infraconstitucional deve

---

[12] LÔBO, Paulo. "A PEC do Divórcio: consequências jurídicas imediatas". In: *Revista Brasileira de Direito das Famílias e Sucessões*, vol. 11, p. 05-17, Porto Alegre: Magister; Belo Horizonte: IBDFAM, p. 8, ago./set. 2009.

[13] Rolf Madaleno, com propriedade e citando Paulo Lôbo conclui: Com a aprovação da PEC nº 28/2009 a gerar a Emenda Constitucional nº 66/2010 pela Câmara dos Deputados e no Senado Federal, a precedente separação oficial de um casal deixou de ser requisito para o divórcio, pois, definitivamente abolida a separação judicial da Constituição Federal, ainda que nenhuma alteração tivesse ocorrido diretamente nos artigos do Código Civil que ainda tratam da separação judicial consensual ou litigiosa, e tampouco na Lei nº 11.441/2007, que aborda a separação consensual extrajudicial. Não haveria como pretender a manutenção da separação judicial ou extrajudicial, porque não teria sido revogada a legislação infraconstitucional, pois, como bem observa Paulo Luiz Netto Lôbo, "não se pode interpretar e aplicar a norma desligando-a de seu contexto normativo", e supor pudesse sobreviver a separação judicial ou extrajudicial seria "inverter a hierarquia normativa, quando se pretende que o Código Civil valha mais que a Constituição e que não tenha força revocatória suficiente. MADALENO, Rolf. *Tratado de Direito das Famílias. In: Separações anulações – Culpa e Responsabilidade*. (org.). Rodrigo da Cunha pereira. Belo Horizonte: IBDFAM, 2015, p. 607, apud LÔBO, Paulo Luiz Netto. Direito civil – Famílias. 3. ed. São Paulo: Saraiva, 2010, p. 426.

[14] STF, RE 387.271, Rel. Min. Marco Aurélio, j. em 08.08.2007, *DJE* 01.02.2008.

Cap. 6 – DIVÓRCIO E DISSOLUÇÃO DA SOCIEDADE E DO VÍNCULO CONJUGAL 247

apresentar compatibilidade e nunca conflito com o texto constitucional. Assim, estão automaticamente revogados os artigos 1.571, III, 1.572, 1.573, 1.574, 1.575, 1.576, 1.577 e 1.578 do Código Civil. Da mesma forma, e pelo mesmo motivo, os artigos da Lei nº 6.015/73 (Lei de Registros Públicos) e da Lei nº 11.441/2007 (Divórcio por Escritura Pública) e CPC/2015, bem como os artigos adiante mencionados deverão ser lidos desconsiderando-se a expressão "separação judicial", à exceção daqueles que já detinham este estado civil anteriormente a EC nº 66/2010, mantendo seus efeitos para os demais aspectos: arts. 10, I, 25, 27, I, 792, 793, 980, 1.562, 1.571, § 2º, 1.580, 1.583, 1.683, 1.775 e 1.831.

Como se não bastassem todos os princípios jurídicos e argumentativos da extirpação da anacrônica separação judicial, é necessário considerar a pretensão do legislador e o "espírito das leis", como dizia Montesquieu. Isso pode ser constatado na exposição de motivos da referida Emenda Constitucional, que se vê abaixo, *ipsis literis*, que contextualiza e traduz o real e verdadeiro sentido do novo comando constitucional.

> Como corolário do sistema jurídico vigente, constata-se que o instituto da separação judicial perdeu muito da sua relevância, pois deixou de ser a antecâmara e o prelúdio necessário para a sua conversão em divórcio; a opção pelo divórcio direto possível revela-se natural para os cônjuges desavindos, inclusive sob o aspecto econômico, na medida em que lhes resolve em definitivo a sociedade e o vínculo conjugal.
>
> (...)
>
> Com efeito, se é verdade que não se sustenta a diferenciação, quanto aos prazos, entre a separação judicial e a separação de fato, tendo em vista a obtenção do divórcio, é verdade ainda mais cristalina que o próprio instituto da separação não se sustenta mais no ordenamento jurídico pátrio.
>
> De fato, deve-se ter em mente que o antigo desquite, hoje separação judicial, foi mantido no direito brasileiro possível a adoção do divórcio entre nós. Tratou-se de uma fórmula que agradasse àqueles frontalmente contrários à dissolução do vínculo matrimonial, e que, portanto, contentavam-se com a possibilidade de pôr termo, apenas e tão somente, à sociedade conjugal.
>
> Hoje, contudo, resta claro que a necessidade da separação dos cônjuges, seja judicial ou de fato, como pressuposto para o divórcio apenas protrai a solução definitiva de um casamento malsucedido.
>
> Deve-se sublinhar que a necessidade de dois processos judiciais distintos apenas redunda em gastos maiores e também em maiores dissabores para os envolvidos, obrigados que se veem a conviver por mais tempo com o assunto penoso da separação – penoso, inclusive, para toda a família, principalmente para os filhos.
>
> Não menos importante é a constatação prática de que apenas uma parcela realmente ínfima das separações reverte para a reconciliação do casal.
>
> (...)
>
> Para esta relatoria, salta aos olhos que os representantes da advocacia, do Poder Judiciário e do Ministério Público foram unânimes em afirmar que *o instituto da separação judicial deve ser suprimido do direito brasileiro*.[15] (Grifo nosso.)

---

[15] Parecer da Comissão Especial quando da análise da PEC 413/2005 e 33/2007 ministrado na Câmara dos Deputados, Diário da Câmara dos Deputados, 29.11.2007.

248 DIREITO DAS FAMÍLIAS – *Rodrigo da Cunha Pereira*

Afinal, qual era o sentido de se chegar ao objetivo de se pôr fim ao casamento passando antes por uma separação judicial/administrativa? Se o motivo era a convicção religiosa, ou mesmo dificuldade de ordem emocional e psíquica, bastava que se faça uma separação de corpos, que também pode ser judicial ou administrativa.

Os tribunais brasileiros, mesmo antes da decisão do STF, se posicionavam pela interpretação sistemática, teológica e histórica da Emenda Constitucional nº 66/2010, pela extinção da separação[16], embora houvesse decisões que entendiam pela sua manutenção[17].

O Tribunal de Justiça da Bahia foi o primeiro a estabelecer ato normativo para adequação à EC 66/2010. Por meio do Provimento nº CCI-06/2010 com reedição, alterações ao Provimento nº 04/2007, atualizou e introduziu capítulo de regras para a lavratura de escritura pública de declaração de convivência de união homoafetiva, e, (...) adequou suas disposições à redação dada pela Emenda Constitucional nº 66/10 ao art. 226, § 6º da Constituição Federal, visando sua aplicação no âmbito dos cartórios de serviços notariais das comarcas do interior do Estado da Bahia. Nessa adequação temos: (...) Art. 2º – Suprimir a previsão, no Provimento nº 04/07, de diretrizes, orientações e procedimentos pertinentes à Separação Judicial e ao Restabelecimento da Sociedade Conjugal, conferindo-lhe, para o devido cumprimento pelos Tabelionatos de Notas das comarcas do interior, a redação instituída por este Provimento. (...) Art. 15 – Excepcionadas as hipóteses remanescentes de conversão da Separação em Divórcio, não será admitida a lavratura de escritura pública cujo objeto seja, exclusivamente, a Separação Consensual.

6.4.1 A inconstitucionalidade do CPC/2015 diante da previsão da separação judicial

Em narrativa histórica, a Lei 13.105/2015 (CPC), durante sua tramitação no Congresso Nacional e pelo texto aprovado do Senado Federal (PLS 166/2010) e no relatório preliminar

---

16 (...) Com o fim do instituto da separação judicial impõe-se reconhecer a perda da importância da identificação do culpado pelo fim da relação afetiva. Isso porque deixar de amar o cônjuge ou companheiro é circunstância de cunho estritamente pessoal, não configurando o desamor, por si só, um ato ilícito (arts 186 e 927 do Código Civil de 2002), apto a ensejar indenização. (...) STJ, EDcl no Recurso Especial nº 922.462 – SP, Rel. Ministro Ricardo Villas Bôas Cueva, 3ª Turma, pub. 14/04/2014).

(...) com efeito, com a superveniência da Emenda Constitucional nº 66/2010, colocou-se fim ao sistema dualista da extinção do matrimônio em duas etapas: separação judicial para extinguir a sociedade conjugal e, conversão em divórcio que extinguia o vínculo matrimonial, possível, de ofício, a decretação do divórcio do casal, uma vez que **desapareceu de nosso ordenamento jurídico a figura da separação judicial.** (...) (TJSP, Agravo de Instrumento nº 2071543-78.2013.8.26.0000, Rel. Des. Egídio Giacoia, 3ª Câmara de Direito Privado, j. 01/04/2014) Grifo nosso.

(...) Dessa forma, doutrina e jurisprudência, defendem, em sua maioria, o fim do instituto da separação como meio de dissolução do matrimônio, estando excluída, por consequência, a necessidade de comprovação de prazos ou de causas para o fim do vínculo conjugal. (...) TJSP, Apelação nº 0006479 – 91.2012.8.26.0453, Relª. Desª. Ana Lucia Romanhole Matucci, 6ª Câmara Cível, j. 27/02/2014) Grifo nosso.

(...) com o advento da Emenda Constitucional nº 66 de 2010 o conteúdo do instituto da separação judicial foi esvaziado, não restando margem para sua utilização. Decisão reformada. Recurso provido, para que se dê seguimento ao trâmite da ação de divórcio direto. (TJSP – Agravo de Instrumento nº 0152614-10.2011.8.26.0000 – Barueri – 5ª Câmara de Direito Privado – Rel. Des. James Siano – DJ 05.09.2011).

(...) A nova ordem constitucional extinguiu a separação judicial do ordenamento jurídico brasileiro, assim como qualquer controvérsia havida entre as partes acerca da culpa pelo desfazimento do matrimônio para fins de decretação do divórcio. (...) TJMG, Apelação Cível nº 1.0701.07.204997-9/001, Relª. Desª. Teresa Cristina da Cunha Peixoto, 8ª Câmara Cível, pub. 14/09/2011).

17 (...) São institutos diversos, com consequências e regramentos jurídicos distintos. 2. A Emenda Constitucional nº 66/2010 não revogou os artigos do Código Civil que tratam da separação judicial. 3. Recurso especial provido. (STJ – REsp: 1247098 MS 2011/0074787-0, Rel. Min. Maria Isabel Gallotti, Data de Julgamento: 14/03/2017, 4ª Turma, Data de Publicação: DJe 16/05/2017).

Cap. 6 – DIVÓRCIO E DISSOLUÇÃO DA SOCIEDADE E DO VÍNCULO CONJUGAL **249**

da Câmara dos Deputados (PL 8.046/2010), havia optado pela supressão da separação judicial, para ficar de acordo com a EC 66/2010 (Divórcio Direto), pois não havia menção à figura da separação judicial, tão somente ao divórcio e dissolução de união estável. Entretanto, na tramitação final da Câmara dos Deputados, manobras das forças mais conservadoras 'ressuscitaram' o anacrônico instituto da separação judicial.

A era da constitucionalização do Direito veio pelo STF, no Tema 1.053, exatamente na direção que aqui se argumenta, ou seja, a legislação infraconstitucional não pode ter uma força normativa maior que a própria Constituição, seja por não recepção, ou de uma possível inconstitucionalidade superveniente, das posteriormente sancionadas, como é o caso da Lei 13.105/2015 (CPC), como já prescrito pela corte constitucional, como se fez no AI 851849 –RS de relatoria do Min. Luiz Fux, em julgamento no dia 23/04/2013.

Em outras palavras, se o novo texto do § 6º do artigo 226 retirou de seu corpo a expressão "separação judicial", como mantê-la na legislação infraconstitucional, ou até mesmo reproduzi--la no CPC 2015? É necessário que se compreenda, de uma vez por todas, que a hermenêutica Constitucional tem de ser colocada em prática, e isso compreende suas contextualizações política e histórica. Aliás, conforme orientação emanada do próprio Supremo Tribunal Federal[18], a inconstitucionalidade, seja ela material, seja formal, deve ser averiguada frente à Constituição que estava em vigor no momento da elaboração e edição dessa norma jurídica. Logo, sob o prisma da Constituição de 1988, o CPC/2015 traz consigo uma inconstitucionalidade, por ressuscitar o anacrônico e antiquado instituto da separação judicial. O Superior Tribunal de Justiça, já se posicionou sobre isto no REsp nº 1.483.841 de Relatoria do Ministro Moura Ribeiro, publicação: 27/03/2015[19].

A interpretação das normas secundárias, ou seja, da legislação infraconstitucional, seja antecedente a Constituição vigente, ou posterior a ela, devem ser compatíveis com o comando maior da Carta Política. Além disto, vê-se mais uma razão da desnecessidade de se manter o instituto da separação judicial, pois, ainda que se admitisse a sua sobrevivência, a norma constitucional permite que os cônjuges atinjam seu objetivo com muito mais simplicidade e vantagem. Ademais, em uma interpretação sistemática não se pode estender o que o comando constitucional restringiu. Toda legislação infraconstitucional deve apresentar compatibilidade e nunca conflito com o texto constitucional.

Em síntese, necessário que o CPC/2015 seja adequado aos critérios adotados pelo Tema 1.053 do STF, pois ainda consta a expressão "separação", nos artigos 53, I[20], 189, II, § 2º[21], 693[22],

---

[18]   STF, RE 338431 – AM, j. 21/08/2012.

[19]   (...) A PEC do Divórcio alterou o art. 226 da CF/88, instituindo efetivamente a figura do divórcio direto, sem entraves ou empecilhos a sua concessão. Esta foi a visão do legislador: simplificar a ruptura do vínculo matrimonial. Ainda que a CF/88, na redação original do art. 226, tenha mantido em seu texto as figuras anteriores do divórcio e da separação, e o CPC tenha regulamentado tal figura, com a nova redação do art. 226 da CF/88, modificada pela EC 66/2010, deverá também haver nova interpretação do art. 1.122 que não mais poderá ficar à margem da substancial alteração. (...) trata-se, em verdade, de nova interpretação sistemática, em que não pode prevalecer normas infraconstitucionais do Código Civil ou de outro diploma, que regulamentavam o que previsto de modo expresso na Constituição e que esta excluiu posteriormente, como no presente caso. (...) (STJ, REsp nº º 1.483.841 – RS, Rel. Min. Moura, 3ª Turma, pub. 27/03/2015).

[20]   Art. 53. É competente o foro: I – para a ação de divórcio, separação, anulação de casamento e reconhecimento ou dissolução de união estável:

[21]   Art. 189. Os atos processuais são públicos, todavia tramitam em segredo de justiça os processos: (...) II – que versem sobre casamento, separação de corpos, divórcio, separação, união estável, filiação, alimentos e guarda de crianças e adolescentes;(...) § 2º O terceiro que demonstrar interesse jurídico pode requerer ao juiz certidão do dispositivo da sentença, bem como de inventário e de partilha resultantes de divórcio ou separação.

[22]   Art. 693. As normas deste Capítulo aplicam-se aos processos contenciosos de divórcio, separação, reconhecimento e extinção de união estável, guarda, visitação e filiação.

250 DIREITO DAS FAMÍLIAS – *Rodrigo da Cunha Pereira*

731[23], 732[24] e 733[25] devendo ser entendida como separação de fato ou de corpos. Já o artigo 23, III do CPC/2015[26], que faz alusão à separação judicial, no campo do direito internacional privado, ou de conflito de leis, pode referir-se ao ato jurídico perfeito, ou seja, a separação judicial concretizada antes da promulgação da EC nº 66/2010 e que não teve sua conversão ao divórcio. Do contrário, o CPC/2015 estaria incompatível com a ordem constitucional neste ponto, segundo a interpretação dada pelo STF no Tema 1.053, devendo ser preservado o ato jurídico perfeito e a coisa julgada. *(...) o CPC de 2015 não recriou ou restaurou a separação judicial, nem prévia nem autônoma. As alusões que faz a "separação" e "separação convencional" devem ser entendidas como referentes à separação de fato. Em uma de suas peças mais hilariantes, cujo título é "Muito barulho por nada", Shakespeare desenvolve uma trama em torno do casal de apaixonados, vítimas de armação de um malvado que beija outra mulher para confundir o namorado, induzindo-a a acreditar que era sua namorada. No final, tudo se esclarece e os namorados se casam. Lembramo-nos dessa peça quando assistimos a votação final e lemos o texto do novo CPC, aprovado pelo Senado Federal. Muito barulho por nada*[27].

Enfim, essa discussão foi sepultada em 2023, com o julgamento pelo STF do Tema 1.053, que entendeu ser inconstitucional o instituto da separação judicial.

6.5   SEPARAÇÃO DE FATO E SEUS EFEITOS JURÍDICOS

O Código Civil de 2002, parafraseando a Lei do Divórcio de 1977, estabelece que o casamento acaba pela morte de um dos cônjuges, pela nulidade ou anulação, pela separação judicial e pelo divórcio. Em cada uma destas modalidades técnicas está presente o elemento real que verdadeiramente põe fim ao casamento: a separação fática[28] do casal. Se esta realidade fática realmente faz o casamento acabar, não é possível, e muito menos razoável, que ela não seja considerada também, e por si só, como uma realidade jurídica.

De fato, o casamento acaba quando já não há mais comunhão de vida, isto é, o casal já não comunga da mesma cama, da mesma mesa e já tem vidas separadas. Quando o casamento torna-se mera reminiscência cartorial, já não há mais casamento. E, se já não há mais casamento, já não há mais comunhão patrimonial.

---

[23]   Art. 731. A homologação do divórcio ou da separação consensuais, observados os requisitos legais, poderá ser requerida em petição assinada por ambos os cônjuges, da qual constarão:

[24]   Art. 732. As disposições relativas ao processo de homologação judicial de divórcio ou de separação consensuais aplicam-se, no que couber, ao processo de homologação da extinção consensual de união estável.

[25]   Art. 733. O divórcio consensual, a separação consensual e a extinção consensual de união estável, não havendo nascituro ou filhos incapazes e observados os requisitos legais, poderão ser realizados por escritura pública, da qual constarão as disposições de que trata o art. 731.

[26]   Art. 23. Compete à autoridade judiciária brasileira, com exclusão de qualquer outra: (...) III – em divórcio, separação judicial ou dissolução de união estável, proceder à partilha de bens situados no Brasil, ainda que o titular seja de nacionalidade estrangeira ou tenha domicílio fora do território nacional.

[27]   LÔBO, Paulo. *Revista IBDFAM* – Famílias e Sucessões. In: Divórcio e os modelos de separação entre o Código Civil e o Código de Processo Civil de 2015. V. 13 (Janeiro/fevereiro). Belo Horizonte, 2016. p. 25-35.

[28]   (...) Na linha da doutrina especializada, razões de ordem moral ensejam o impedimento da fluência do curso do prazo prescricional na vigência da sociedade conjugal (art. 197, I, do CC/02 (...) Tanto a separação judicial (negócio jurídico), como a separação de fato (fato jurídico), comprovadas por prazo razoável, produzem o efeito de pôr termo aos deveres de coabitação, de fidelidade recíproca e ao regime matrimonial de bens (elementos objetivos), e revelam a vontade de dar por encerrada a sociedade conjugal (elemento subjetivo). 3.1. Não subsistindo a finalidade de preservação da entidade familiar e do respectivo patrimônio comum, não há óbice em considerar passível de término a sociedade de fato e a sociedade conjugal. Por conseguinte, não há empecilho à fluência da prescrição nas relações com tais coloridos jurídicos. 4. Por isso, a pretensão de partilha de bem comum após mais de 30 (trinta) anos da separação de fato e da partilha amigável dos bens comuns do ex-casal está fulminada pela prescrição. (...) (STJ, REsp 1660947/TO, Rel. Min. Moura Ribeiro, 3ª Turma, pub. 07/11/2019).

O Conselho Nacional de Justiça, por meio da Resolução nº 571/2024 – que fez alterações na Resolução nº 35/2007 –, prevê a escritura de declaração de separação de fato consensual, que deve se ater exclusivamente ao fato de que cessou a comunhão plena de vida entre o casal. Estabelece os arts. 52 e seguintes que:

> Art. 52-A. A escritura pública de declaração de separação de fato consensual deverá se ater exclusivamente ao fato de que cessou a comunhão plena de vida entre o casal.
>
> Art. 52-B. Para a lavratura da escritura pública de declaração de separação de fato consensual, deverão ser apresentados: a) certidão de casamento; b) documento de identidade oficial e CPF/MF; c) manifestação de vontade espontânea e isenta de vícios de não mais manter a convivência marital e de desejar a separação de fato; d)pacto antenupcial, se houver; e) certidão de nascimento ou outro documento de identidade oficial dos filhos, se houver; f) certidão de propriedade de bens imóveis e direitos a eles relativos. g) documentos necessários à comprovação da titularidade dos bens móveis e direitos, se houver; h) inexistência de gravidez do cônjuge virago ou desconhecimento acerca desta circunstância.
>
> Art. 52-C. O restabelecimento da comunhão plena de vida entre o casal pode ser feito por escritura pública, ainda que a separação de fato tenha sido judicial.
>
> Art. 52-D. Na escritura pública de restabelecimento da comunhão plena de vida entre o casal, o tabelião deve: a) anotar o restabelecimento à margem da escritura pública de separação de fato consensual, quando esta for de sua serventia, ou, quando de outra, comunicar o restabelecimento, para a anotação necessária na serventia competente; e b) comunicar o restabelecimento ao juízo da separação de fato judicial, se for o caso.
>
> Art. 52-E. O retorno da comunhão plena de vida entre o casal não altera os termos da sociedade conjugal, que se reestabelece sem modificações. (NR)

Mesmo na vigência do Código Civil de 1916, a doutrina mais abalizada já tinha o entendimento de que a separação de fato significa o fim do casamento, rompendo, consequentemente, com direitos e obrigações, inclusive com o dever de fidelidade[29].

O Código Civil de 2002 ao estabelecer as regras para o regime da participação final dos aquestos menciona expressamente a separação fática como termo final da comunhão patrimonial:

> Art. 1.683. Na dissolução do regime de bens por separação judicial ou por divórcio, verificar-se-á o montante dos aquestos à data em que cessou a convivência (Grifo nosso.).

Da mesma forma, o artigo 1.830 do mencionado CCB refere-se à separação fática como elemento exterminativo do direito à herança:

> Art. 1.830. Somente é reconhecido direito sucessório ao cônjuge sobrevivente se, ao tempo da morte do outro, não estavam separados judicialmente, nem separados de fato há mais de dois anos, salvo prova, neste caso, de que essa convivência se tornara impossível sem culpa do sobrevivente.

---

[29] É interrompida a convivência conjugal, já impregnada pela certeza de a separação do casal ser irreversível, retroagem no tempo os efeitos econômicos de seu casamento, pois a falta de unidade associativa faz adquirir eloquente sentido de que nesta nova ordem de princípios e de ideias, cada qual dos consortes volta a ter livre administração e disposição de seus bens e que o outro par já não guarda qualquer interesse que possa ser atribuído de eficácia judicial adesiva. (...) MADALENO, Rolf. Novas perspectivas no Direito de Família, Porto Alegre: Livraria do Advogado, 2000, p. 104.

252 DIREITO DAS FAMÍLIAS – *Rodrigo da Cunha Pereira*

Os nossos tribunais, antes e depois do CCB/2002, sempre se posicionaram corroborando e reafirmando a doutrina no sentido de que a separação fática[30] do casal produz efeitos jurídicos geradores de um termo final da comunhão ou participação patrimonial[31].

Enfim, "a vida como ela é", isto é, a realidade dos fatos é determinante nas relações jurídicas. É a separação de fato que rompe, necessariamente, o casamento, inclusive o regime de bens. Por isso, ela é o marco que finaliza, definitivamente, o estatuto patrimonial, não tendo nenhuma relevância se é prolongada ou não. O mais importante é a certeza do rompimento e não propriamente o prolongamento temporal. A partir daí, portanto, a separação de fato produz efeitos jurídicos, ou seja, com a separação de fato definitiva, seja por decisão conjunta do casal ou mesmo unilateralmente, já não há mais comunhão de afeto e de bens.

Mas não é a simples cessação da coabitação, seja por escolha de morarem em tetos separados, seja por viagens prolongadas, seja por razões profissionais que caracteriza a separação de fato determinante de uma nova relação jurídica. O fato deve ter um estado continuativo e definido na intenção de "oficializarem" o divórcio ou a extinta separação judicial, ainda que depois voltem atrás nesta intenção.

6.6 DISSOLUÇÃO PELA MORTE, SOBRENOME DA VIÚVA E MORTE PRESUMIDA

A morte de um dos cônjuges, segundo dispõe o artigo 1.571 do Código Civil de 2002, repetindo o disposto na Lei do Divórcio (Lei nº 6.515/77), é uma das causas de extinção do vínculo conjugal. Embora isso seja óbvio e natural, faz parte da necessidade de um raciocínio jurídico: do estado civil de casado ao estado de viuvez.

Quando nos referimos à morte, estendemos o raciocínio e a compreensão também para a morte presumida (arts. 6º e 7º do CCB) e a ausência declarada[32] (arts. 22 a 29 do CCB).

---

[30] Finda a convivência, não mais se pode pressupor que o patrimônio adquirido exclusivamente por um dos ex-cônjuges pertence a ambos. Ou é isso, ou simplesmente se estaria chancelando o enriquecimento injustificado de um do par, que faria jus aos bens adquiridos pelo outro depois do fim da vida em comum. Rompido o convívio, nada justifica manter a titularidade do patrimônio em "mão comum", ou seja, em estado de mancomunhão. O pressuposto para o reconhecimento da copropriedade é a presunção do esforço mútuo na constituição e preservação dos bens adquiridos durante o período de convívio. Ora, com o fim da convivência, não há motivo para pressupor o estado condominial (DIAS, Maria Berenice. Casados até depois da morte? Considerações acerca dos efeitos jurídicos da separação de fato no ordenamento jurídico – Acórdão do Superior Tribunal de Justiça (AgRg nos EDcl no REsp nº 1.333.425/SP). *Revista IBDFAM – Famílias e Sucessões*, Belo Horizonte: IBDFAM, v. 44, mar.-abr. 2021, Bimestral, p. 193. Aliás, o enunciado do IBDFAM nº 2 prevê que "A separação de fato põe fim ao regime de bens e importa extinção dos deveres entre cônjuges e entre companheiros".

[31] (...) tratando-se de aquisição após a separação de fato, à conta de um só dos cônjuges, que tinha vida em comum com outra mulher, o bem adquirido não se comunica ao outro cônjuge, ainda quando se trate de casamento sob o regime da comunhão universal. Precedentes do STJ: por todos, o REsp. 140.694, *DJ* de 15.12.97. Recurso especial não conhecido (STJ, REsp. 67678/RS Rel. Min. Nilson Naves, public. *DJ* 14.08.2000, p. 163). O conjunto de bens adquiridos por um dos cônjuges, após a separação de fato, não se comunica ao outro, não podendo, por isso, ser partilhado. Precedentes. Agravo regimental não provido (STJ, Ag. Rg. no Ag. 682230/SP, Rel. Min. Vasco Della Giustina (Desembargador convocado do TJ/RS), public. *DJ* de 24.06.2009).

[32] O CPC/2015: Art. 49. A ação em que o ausente for réu será proposta no foro de seu último domicílio, também competente para a arrecadação, o inventário, a partilha e o cumprimento de disposições testamentárias. (...) Art. 744. Declarada a ausência nos casos previstos em lei, o juiz mandará arrecadar os bens do ausente e nomear-lhes-á curador na forma estabelecida na Seção VI, observando-se o disposto em lei. Art. 745. Feita a arrecadação, o juiz mandará publicar editais na rede mundial de computadores, no sítio do tribunal a que estiver vinculado e na plataforma de editais do Conselho Nacional de Justiça, onde permanecerá por 1 (um) ano, ou, não havendo sítio, no órgão oficial e na imprensa da comarca, durante 1 (um) ano, reproduzida de 2 (dois) em 2 (dois) meses, anunciando a arrecadação e chamando o ausente a entrar na posse de seus bens. § 1º Findo o prazo previsto no edital, poderão os interessados requerer a abertura da sucessão provisória,

Ambos os institutos devem ser declarados judicialmente para que tenham a força e a eficácia em dissolver o vínculo do casamento. Entretanto, como direitos e garantias individuais não possuem caráter absoluto.[33] Em situações especiais, a morte presumida pode ocorrer com a respectiva dispensabilidade da decretação de ausência, desde que seja extremamente provável a morte de quem esteja em perigo de vida, ou se alguém, desaparecido em campanha ou feito prisioneiro, não seja encontrado até dois anos após o término da guerra. Obviamente, depois de esgotadas todas as buscas e averiguações, a sentença deve fixar a data da provável morte, conforme dispõe o parágrafo único do artigo 7º do referido diploma legal[34].

Se houver novo casamento não poderá ser tido por inexistente ou nulo, acaso o ausente apareça. Razão plenamente justificável pelo princípio da legalidade previsto em nosso ordenamento jurídico, concretizando que, em matéria de casamento não há nulidade sem previsão legal.

Logo, nessa hipótese, dissolvido estará o casamento anterior.[35] Aliás, em consonância com a autonomia privada e, sobretudo, com a não intervenção estatal na vida privada, acaso o desaparecido juntamente com sua ex-esposa desejarem reatar, basta que ela se divorcie do cônjuge atual.

O estado civil é determinante de uma situação patrimonial e, portanto, está diretamente relacionado à segurança das relações jurídicas. Aos negócios jurídicos interessa o estado civil dos contratantes, pois é necessário saber se o cônjuge está ou não, em razão do regime de bens, envolvido também naquela relação jurídica. O estado civil de viuvez, portanto, pode alterar, consequentemente, as relações patrimoniais.

Se o estado civil é da mulher, e se ela adotava os "apelidos" do marido falecido, continuará com o sobrenome dele. Entretanto, há muitas situações em que não interessa mais à mulher continuar com aquele sobrenome. Mais que o significado, o nome do ex-marido ou do falecido marido traz consigo um significante.[36] Para se entender melhor o sentido dessas palavras, basta imaginarmos, por exemplo, uma mulher que tenha se casado três vezes, após ter ficado viúva nos dois casamentos anteriores, e ter levado consigo, até o terceiro casamento o sobrenome dos

---

    observando-se o disposto em lei. § 2º O interessado, ao requerer a abertura da sucessão provisória, pedirá a citação pessoal dos herdeiros presentes e do curador e, por editais, a dos ausentes para requererem habilitação, na forma dos arts. 689 a 692. § 3º Presentes os requisitos legais, poderá ser requerida a conversão da sucessão provisória em definitiva. § 4º Regressando o ausente ou algum de seus descendentes ou ascendentes para requerer ao juiz a entrega de bens, serão citados para contestar o pedido os sucessores provisórios ou definitivos, o Ministério Público e o representante da Fazenda Pública, seguindo-se o procedimento comum.

[33]   Os direitos e garantias individuais não têm caráter absoluto. Não há, no sistema constitucional brasileiro, direitos ou garantias que se revistam de caráter absoluto, mesmo porque razões de relevante interesse público ou exigências derivadas do princípio de convivência das liberdades legitimam, ainda que excepcionalmente, a adoção, por parte dos órgãos estatais, de medidas restritivas das prerrogativas individuais ou coletivas, desde que respeitados os termos estabelecidos pela própria Constituição. O estatuto constitucional das liberdades públicas, ao delinear o regime jurídico a que estas estão sujeitas – e considerado o substrato ético que as informa –, permite que sobre elas incidam limitações de ordem jurídica, destinadas, de um lado, a proteger a integridade do interesse social e, de outro, a assegurar a coexistência harmoniosa das liberdades, pois nenhum direito ou garantia pode ser exercido em detrimento da ordem pública ou com desrespeito aos direitos e garantias de terceiros (STF, MS 23.452, Rel. Min. Celso de Mello, julgamento em 16.09.1999, *DJ* de 12.05.2000).

[34]   Em face do silêncio da lei, tem-se questionado o que ocorre se o desaparecido aparece. A doutrina diverge, mas, afirmando a lei que a morte presumida do ausente dissolve o vínculo matrimonial (CC, 1.571, § 1º), não há falar em bigamia. O novo casamento do cônjuge do ausente não poderá ser tido por inexistente ou nulo, pois, em matéria de casamento, não há nulidade sem expressa previsão legal (...) DIAS, Maria Berenice. *Manual de direito das famílias*, 5. ed., revisada e ampliada, São Paulo: Editora Revista dos Tribunais, 2009, p. 279.

[35]   Nesse sentido, ZENO, Veloso. "Novo casamento do cônjuge do ausente", *Revista Brasileira de Direito de Família*, Porto Alegre: IBDFAM/Síntese, nº 23, p. 53, abr.-maio 2004.

[36]   Na linguagem psicanalítica, significante é representação psíquica do som, tal como é percebida pelos nossos sentidos. Para Lacan, o significante vai consistir na estrutura sincrônica da linguagem, ao passo que o significado o rege historicamente. In: *Dicionário enciclopédico de psicanálise*. Trad. Vera Ribeiro Maria L. X. de A. Borges, Rio de Janeiro: Jorge Zahar Ed., 1996, p. 472.

DIREITO DAS FAMÍLIAS – *Rodrigo da Cunha Pereira*

maridos anteriores. Embora os nomes dos ex-maridos possam ter um sentido histórico, não faz nenhum sentido prático, jurídico, e psiquicamente remete o atrelamento e à conservação dos três maridos. Por essa e outras razões, ou mesmo que seja pelo simples querer, a doutrina e a jurisprudência têm autorizado à viúva, até por analogia ao artigo 1.578 do CCB/2002, a retirada do nome do falecido marido[37].

O Conselho Nacional de Justiça, em 03/07/2019, expediu Provimento 82/2019[38] simplificando e resolvendo essa polêmica, dispondo obre o procedimento de averbação, no registro de nascimento e no de casamento dos filhos, da alteração do nome do genitor.

O cônjuge sobrevivo poderá abrir o inventário, ser inventariante, e além da possível meação, dependendo do regime do casamento, será herdeiro dos bens particulares (artigo 1.829 do CCB/2002) e terá direito real de habitação.[39]

Se ao tempo da morte havia processo de separação judicial ou divórcio, consensual ou litigioso, de acordo com o artigo 485, IV do CPC/2015 (antigo 267, IV, do Código de Processo Civil de 1973), tais ações perdem automaticamente seu objeto, e o estado civil passa a ser o de viuvez. Se separados judicialmente, com a morte do ex-cônjuge, o estado civil do sobrevivo é viúvo. Caso assim não fosse, ele estaria sendo condenado a não poder se casar novamente.

Se o cônjuge supérstite for a mulher, ela só poderá se casar novamente após dez meses da morte do ex-cônjuge, conforme dispõe o artigo 1.523, II, combinado com o artigo 1.597 do CCB/2002.

Da mesma forma, há impedimentos para a viúva ou o viúvo se casarem novamente até que se faça inventário de seus bens deixados pelo falecido, de acordo com o artigo 1.523, I. Caso haja casamento, este será obrigatoriamente pelo regime da separação de bens, pelo menos até que se resolva a questão patrimonial do casamento anterior.

6.7 DIVÓRCIO JUDICIAL CONSENSUAL

O divórcio, diferentemente da morte, é um meio voluntário de dissolução do casamento. A Emenda Constitucional nº 66/2010, seguindo uma tendência evolutiva dos ordenamentos jurídicos mais modernos, acabou com o divórcio indireto, ou seja, não há mais conversão da separação judicial em divórcio, como dizia o suprimido texto constitucional em seu artigo 226, § 6º.[40] O CPC/2015 prevê um somatório de esforços para solução consensual das controvérsias em matéria de família[41].

---

[37] Não é irrenunciável o direito ao uso dos apelidos do marido, sendo possível juridicamente o pedido de restabelecimento do nome de solteira, presentes circunstâncias próprias que justifiquem a alteração do registro Recurso especial conhecido e provido (STJ, REsp. 363794/DF, Rel. Min. Carlos Alberto Menezes Direito, public. DJ de 30.09.2002, p. 256).

[38] Cf. Provimento 153/2023 do CNJ que alterou o Código Nacional de Normas da Corregedoria Nacional de Justiça do Conselho Nacional de Justiça – Foro Extrajudicial (CNN/CN/CNJ-Extra), instituído pelo Provimento 149, de 30 de agosto de 2023, para dispor sobre o procedimento de alteração extrajudicial do nome perante o Registro Civil das Pessoas Naturais.

[39] Segundo o artigo 1.831 do Código Civil de 2002, o cônjuge sobrevivente tem direito real de habitação sobre o imóvel em que residia o casal, desde que seja o único dessa natureza que integre o patrimônio comum ou particular do cônjuge falecido. Recurso não conhecido, com ressalva quanto à terminologia (STJ, REsp. 826838/RJ, Rel. Min. Castro Filho, public. *DJ* 16.10.2006, p. 373). A Lei nº 12.195/2010 alterou o artigo 990 do CPC para assegurar ao companheiro sobrevivo o mesmo tratamento conferido ao cônjuge supérstite quanto à nomeação do inventariante.

[40] Art. 226, CRFB/1988 – § 6º O casamento civil pode ser dissolvido pelo divórcio, após prévia separação judicial por mais de um ano nos casos expressos em lei, ou comprovada separação de fato por mais de dois anos.

[41] TARTUCE, Fernanda. *Revista IBDFAM* – Famílias e Sucessões. In: Encaminhamento consensual adequado das ações de família no regime do novo código de processo civil. V. 13 (Janeiro/fevereiro). Belo Horizonte, 2016. p. 97-106.

Cap. 6 – DIVÓRCIO E DISSOLUÇÃO DA SOCIEDADE E DO VÍNCULO CONJUGAL **255**

Portanto, para se requerer o divórcio, consensual ou litigioso, não é mais necessário passar pelo "purgatório"[42] da separação judicial. Nosso ordenamento jurídico a partir da referida Emenda Constitucional só admite o divórcio direto. Outra inovação importante trazida pelo novo texto constitucional é que o divórcio pode ser requerido a qualquer tempo. Não é mais necessário que o casamento complete um ano de vida para que se requeira o seu término, como dizia o artigo 1.574[43] do CCB-2002, tacitamente revogado pela referida Emenda Constitucional, e nenhum prazo de separação fática se exige.

A extinção de prazo para se requerer o divórcio foi precedida de muita discussão e controvérsia. Venceu o argumento de que se o Estado não interfere quando as pessoas vão se casar, não pode colocar restrições e dificuldades para quem quer descasar. O argumento contrário, e que dava suporte à sustentação dos prazos, é que eles servem para que os cônjuges reflitam e repensem a decisão da separação, e com isso o Estado estaria protegendo as famílias. Em síntese, o legislador acatou o princípio da menor intervenção estatal, da autonomia privada, da liberdade e da responsabilidade dos sujeitos por suas escolhas. A eliminação dos referidos prazos não acabou com a necessidade e a possibilidade de os casais refletirem esta importante decisão em seus valores. Ao contrário, imprimiu-lhes mais responsabilidade sobre a decisão de pôr fim ao casamento, uma vez que podem fazê-lo a qualquer tempo, e não apenas nos prazos ditados pelo Estado. Caso ocorra o arrependimento e desejarem reconstruir a conjugalidade, basta que os divorciados se casem novamente.

Seja qual for a forma jurídica pela qual o casamento acaba, isto é, pelo divórcio consensual ou litigioso, as cláusulas a serem discutidas e estabelecidas são as mesmas. Para melhor entendimento, classificamos estas cláusulas sob dois aspectos: pessoais e econômicos. Nos aspectos pessoais temos a cláusula relativa à mudança de nome, guarda e convivência familiar; nos aspectos econômicos, a de pensão alimentícia e partilha de bens. Cada uma destas cláusulas pode desdobrar-se e derivar outras, como se verá adiante.

Para que seja possível estabelecer uma discussão saudável em um divórcio consensual é necessário "desmisturar" os elementos subjetivos que permeiam a objetividade destas cláusulas. Na maioria das vezes, o litígio se instala em razão da incapacidade de as partes não separarem uma coisa da outra. Do ponto de vista jurídico, divorciar é simples, é raciocínio objetivo e aritmético. Mas, na prática, isso nem sempre acontece. É que as questões de amor e ódio, quando mal resolvidas, atravessam constantemente os elementos objetivos e impedem, ou dificultam, que se estabeleçam cláusulas estritamente dentro de uma objetividade. Além disso, ou talvez até por isso, a concepção de justo e justiça podem ter ângulos de visão diferentes para cada uma das partes.

A ação de divórcio consensual só pode ser proposta em pedido formulado por ambos os cônjuges, mas em caso de incapacidade, pelo curador, ascendente ou irmão (art. 1.582, CCB-2002[44]), e enquadra-se na seção IV, do CPC/2015[45]. Esclareça-se que, embora o novo texto

---

[42] Purgatório é o mesmo que purificatório. Na linguagem católica significa lugar de purificação das almas dos justos antes de serem admitidas na bem-aventurança (*Novo dicionário aureliano da língua portuguesa/Aurélio Buarque de Holanda Ferreira*, 3. ed., Curitiba: Positivo, 2004).

[43] Art. 1.574, CCB-2002 – Dar-se-á a separação judicial por mútuo consentimento dos cônjuges se forem casados por mais de um ano e o manifestarem perante o juiz, sendo por ele devidamente homologada a convenção.

[44] CCB-2002 – Art. 1.582. O pedido de divórcio somente competirá aos cônjuges.

Parágrafo único. Se o cônjuge for incapaz para propor a ação ou defender-se, poderá fazê-lo o curador, o ascendente ou o irmão.

[45] CPC/2015: Art. 733. O divórcio consensual, a separação consensual e a extinção consensual de união estável, não havendo nascituro ou filhos incapazes e observados os requisitos legais, poderão ser realizados por escritura pública, da qual constarão as disposições de que trata o art. 731. § 1º A escritura não depende de homologação judicial e constitui título hábil para qualquer ato de registro, bem como para levantamento de importância depositada em instituições financeiras. § 2º O tabelião somente lavrará a escritura se os

DIREITO DAS FAMÍLIAS – *Rodrigo da Cunha Pereira*

constitucional tenha revogado tacitamente os artigos do CCB-2002 sobre separação judicial, já que o sistema dual de dissolução do vínculo do casamento não persiste mais entre nós, as regras processuais para o divórcio ainda são as mesmas elencadas para a separação judicial. É que a lei do divórcio não foi revogada expressamente pelo CCB-2002, mas apenas naquilo que o contraria. Assim, o § 2º do artigo 40 das disposições transitórias da Lei nº 6.515/77 determina que o procedimento adotado para o divórcio consensual é o previsto nos referidos artigos 733 e 734 do CPC/2015.

Na petição, não precisa e não devem constar os motivos do divórcio. É necessário estar acompanhada da certidão de casamento e do pacto antenupcial se houver, da certidão de nascimento dos filhos e obrigatoriamente deve constar o acordo relativo à guarda dos filhos e ao regime de visitas,[46] bem como o valor da pensão alimentícia aos filhos e aos cônjuges, ainda que seja para dizer que houve dispensa entre eles (art. 731 do CPC/2015). A partilha não é requisito obrigatório do divórcio (parágrafo único do art. 731 do CPC/2015). O divórcio consensual pode ser realizado, inclusive por escritura pública, conforme dispõem a Lei nº 11.441/07 e o art. 733[47] do CPC/2015 (ver item 6.9)[48].

A audiência de ratificação de divórcio, especialmente quando não há filhos, é dispensável de acordo com entendimento jurisprudencial, pós EC nº 66/2010[49].

Se uma das partes falecer, após a sentença, e não tiverem pedido a dispensa do prazo recursal, e ainda não tiver decorrido o trânsito em julgado, o cônjuge sobrevivo continuará com seu estado civil anterior, ou seja, casado. É que as sentenças de natureza desconstitutiva produzem seus efeitos com o trânsito em julgado.[50] Mas em determinados casos é possível não aplicar esta regra, como se verá no item a seguir.

---

interessados estiverem assistidos por advogado ou por defensor público, cuja qualificação e assinatura constarão do ato notarial. Art. 734. A alteração do regime de bens do casamento, observados os requisitos legais, poderá ser requerida, motivadamente, em petição assinada por ambos os cônjuges, na qual serão expostas as razões que justificam a alteração, ressalvados os direitos de terceiros. § 1º Ao receber a petição inicial, o juiz determinará a intimação do Ministério Público e a publicação de edital que divulgue a pretendida alteração de bens, somente podendo decidir depois de decorrido o prazo de 30 (trinta) dias da publicação do edital. § 2º Os cônjuges, na petição inicial ou em petição avulsa, podem propor ao juiz meio alternativo de divulgação da alteração do regime de bens, a fim de resguardar direitos de terceiros. § 3º Após o trânsito em julgado da sentença, serão expedidos mandados de averbação aos cartórios de registro civil e de imóveis e, caso qualquer dos cônjuges seja empresário, ao Registro Público de Empresas Mercantis e Atividades Afins.

[46] Devemos usar a expressão "convivência familiar" ao invés de "visita". A CRFB/1988 previu em seu artigo 227, através do princípio da absoluta prioridade, a expressão "convivência Familiar" que traduz melhor o sentido técnico jurídico da palavra visita. A Lei nº 8.069/1990, mais conhecida como Estatuto da Criança e do Adolescente-ECA, também utiliza tal expressão ao invés de visita. A Lei 13.058/2014 tornou a convivência familiar compartilhada como regra, se ambos os genitores estiverem aptos a exercer o poder familiar, salvo se um deles declarar ao magistrado que não deseja a guarda do menor.

[47] Art. 733. O divórcio consensual, a separação consensual e a extinção consensual de união estável, não havendo nascituro ou filhos incapazes e observados os requisitos legais, poderão ser realizados por escritura pública, da qual constarão as disposições de que trata o art. 731.

[48] Resolução nº 571/2024 do CNJ: Art. 34 (...) § 2º Havendo filhos comuns do casal menores ou incapazes, será permitida a lavratura da escritura pública de divórcio, desde que devidamente comprovada a prévia resolução judicial de todas as questões referentes à guarda, visitação e alimentos deles, o que deverá ficar consignado no corpo da escritura. § 3º Na dúvida quanto às questões de interesse do menor ou do incapaz, o tabelião submeterá a questão à apreciação do juiz prolator da decisão. (Resolução nº 571/2024 do CNJ).

[49] (...) A audiência de conciliação ou ratificação passou a ter apenas cunho eminentemente formal, sem nada produzir, e não havendo nenhuma questão relevante de direito a se decidir, nada justifica na sua ausência, a anulação do processo. (STJ, REsp 1483841/RS, Rel. Min. Moura Ribeiro, 3ª Turma, pub. 27/03/2015).

[50] Falecendo o varão, antes de transitada em julgado a decisão que concedeu o divórcio, embora em execução provisória, porque pendente o julgamento de recursos contra os despachos que não admitiram os especiais, o estado civil do cônjuge sobrevivente é de viúva, não de divorciada. Recurso especial conhecido e provido (STJ, REsp. 239195, Rel. Min. Carlos Alberto Menezes Direito, *DJ* de 05.11.2001).

6.8 DIVÓRCIO NUNCUPATIVO

É o divórcio realizado em circunstâncias excepcionais, sem o cumprimento das formalidades ordinariamente exigidas, quando um deles – ou ambos – estiverem diante de iminente risco de morte. Como não se tem previsão expressa desse procedimento, por analogia aplicam-se os mesmos critérios em similitude com o casamento nuncupativo, isto é, em iminente risco de morte de um dos cônjuges.

Se o divórcio é um direito potestativo, e tem sido concedido liminarmente, em tutela de evidência e de urgência (art. 311, CPC/2015), é possível que ele seja concedido a uma pessoa, especialmente se ela já estiver separada de fato, que manifeste firme e inequivocamente o seu desejo de romper oficialmente o vínculo conjugal, e não dá tempo, em razão da morte iminente, ir ao Judiciário fazer tal pedido. Neste caso, deverão ser seguidas de regras do casamento nuncupativo:[51] presença de seis testemunhas, que com eles não tenham parentesco em linha reta, ou na colateral, em segundo grau. Feito o divórcio, deverão comparecer, dentro de 5 (cinco) dias, perante a autoridade judiciária mais próxima, a fim de que sejam reduzidas a termo as declarações (art. 1.541, CCB). Transitada em julgado a sentença, o Juiz mandará expedir o mandado de averbação. Se a doutrina e a jurisprudência admitem divórcio *post mortem*, da mesma forma é possível divórcio nuncupativo.

6.9 DIVÓRCIO *POST MORTEM*

Se uma das partes falecer após a sentença de divórcio, e não tiverem pedido de dispensa do prazo recursal, e ainda não tiver transitado em julgado, o cônjuge sobrevivo, continuará com o seu estado civil anterior, casado, que obviamente se transformará em viúvo(a). É que as sentenças de natureza constitutiva têm seu efeito com o trânsito em julgado. Da mesma forma que em um divórcio litigioso, se uma das partes falecer no curso do processo, mesmo se já tiver uma separação fática do casal, o estado civil do sobrevivo mudará de casado(a) para viúvo(a).

Entretanto, em alguns casos, especialmente naqueles em que as partes no curso do processo já tiverem manifestado o interesse e intenção do divórcio, que só não se concretizou em razão do trâmite do processo, é possível flexibilizar, a regra das sentenças constitutivas, para decretar o divórcio mesmo após a morte de uma das partes. Assim como a separação de fato marca o fim da conjugalidade para efeitos patrimoniais, inclusive, ela pode determinar o divórcio *post mortem* por uma interpretação principiológica, afinal, princípios são normas jurídicas, assim como regras (leis). Se há adoção *post mortem*, cujo desejo não se concretiza em vida, ele poderá ser feito após a morte. O mesmo raciocínio se aplica ao divórcio. Deixar de se decretar o divórcio, quando uma, ou mesmo ambas as partes falecem no curso do processo, seja consensual ou litigioso é fazer da lei (regra jurídica) um fetiche[52], é inverter a relação sujeito/objeto, e apegar-se excessivamente à formalidade jurídica em detrimento de sua essência. Afinal, se o casamento já havia acabado, os

---

[51] O STJ relativizou o prazo em um de seus julgados: (...) O casamento nuncupativo, também denominado de *in articulo mortis* ou *in extremis*, é uma figura de raríssima incidência prática, cuja particularidade é a postergação das formalidades legais indispensáveis à celebração do casamento em virtude da presença de circunstâncias muito excepcionais. (...) A observância do prazo de 10 dias para que as testemunhas compareçam à autoridade judicial, conquanto diga respeito à formalidade do ato, não trata de sua essência e de sua substância e, consequentemente, não está associado à sua existência, validade ou eficácia, razão pela qual se trata, em tese, de formalidade suscetível de flexibilização, especialmente quando constatada a ausência de má-fé. (...) (STJ, REsp nº 1.978.121/RJ, Rel. Min. Nancy Andrighi, 3ª Turma, DJe 25/3/2022).

[52] Um dos primeiros juristas a falar e denunciar o fetichismo da lei foi o francês Francois Geny (1861-1959), que se tornou conhecido pela sua severa crítica ao método de interpretação baseado na exegese de textos legais, valorizando especialmente o costume como força criativa do Direito. Essas noções lançadas pro Geny, têm o grande mérito de apontar o perverso sistema de interpretação das leis. A expressão fetichismo foi criada por volta de 1750, e advém da tradução da palavra português feitiço, e que muito mais tarde, em 1905, Freud de a ela um sentido psicanalítico em seu texto Três ensaios sobre a teoria da sexualidade.

seus efeitos jurídicos devem se dar à partir da separação de fato do casal, associado a intenção de não mais voltarem ao casamento. Após a EC nº 66/2010, o único requisito para o divórcio é a vontade das partes, ou de apenas uma das partes. Atribuir o estado civil de viuvez a quem já tinha se manifestado, e até tentando concretizar o divórcio pela via judicial é perverter o espírito maior da lei, que deve sempre ser interpretada em consonância com outras fontes do Direito. O TJMG foi o primeiro[53] a se manifestar neste sentido, cuja decisão corrobora e complementa o raciocínio aqui exposto. Pelo seu pioneirismo e lucidez, merece ser transcrita:

> *"(...) É potestativo o direito do cônjuge ao divórcio. 2. A morte do cônjuge no curso na ação não acarreta a perda do objeto da ação se já manifesta a vontade dos cônjuges de se divorciarem, pendente apenas a homologação, em omissão do juízo". (...) Por certo, tanto a morte quanto o divórcio são causas de dissolução do casamento válido (art. 1.571, §1º, do Código Civil – CC), de modo que, ocorrendo uma delas, não haveria interesse processual na extinção da sociedade conjugal por outra causa. No caso, porém, a controvérsia reside justamente em dizer qual desses motivos ocorreu primeiro, se prevalece ou não a manifestação de vontade das partes de se divorciarem, ainda sem a chancela judicial. E tal importa porque a dissolução do casamento por uma ou outra causa surte efeitos jurídicos próprios e distintos, sendo a morte do cônjuge, por exemplo, fato gerador de direitos sucessórios e previdenciários, e o divórcio, de direitos à partilha de bens e pensão alimentícia. (TJMG, Apel. Cível 1.0000.17.071266-5/001, Rel. Des. Oliveira Firmo, 7ª Câmara Cível, j. 29/05/2018).*

Em 2023, a decretação do divórcio após a morte de uma das partes[54], ou mesmo de ambas as partes, depois de ter se consolidado em diversos tribunais estaduais, solidificou-se ainda mais, quando o STJ[55] assim se posicionou:

---

[53] (...) Nos casos em que já exista manifestação de vontade de ambos os cônjuges de se divorciarem, a superveniência da morte de um dos cônjuges no curso do processo ação não acarreta a perda de seu objeto. A superveniência da morte de um dos cônjuges, não é suficiente para superar ou suplantar o acordo de vontades anteriormente manifestado, o qual possui valor jurídico e deve ser respeitado, mediante a atribuição de efeitos retroativos à decisão judicial que decreta o divórcio do casal. (...) (TJ-MG, AI 10000200777423004/MG, Rel. Des. Dárcio Lopardi Mendes, 4ª CC, Data de Publicação: 06/08/2021).

(...) A morte de um dos cônjuges no curso da ação não acarreta a perda de seu objeto se já manifesta a vontade de um dos cônjuges de se divorciar. Direito potestativo ao qual a parte contrária não pode opor qualquer resistência. Possibilidade de decreto do divórcio post mortem, com efeitos retroativos à data do ajuizamento da ação, de forma excepcional. Precedente. Ação procedente. Recurso provido. (TJ-SP, AC 10002887020208260311/SP 1000288-70.2020.8.26.0311, Rel. Des. Mary Grün, 7ª Câmara de Direito Privado, Data de Publicação: 02/10/2020).

Divórcio litigioso. Falecimento do cônjuge no curso da ação. Sentença de extinção sem julgamento do mérito. Inconformismo. Acolhimento. A morte de um dos cônjuges no decorrer da demanda não acarreta a perda de seu objeto, vez que já manifesta a vontade de um dos cônjuges de se divorciar. Divórcio no direito positivo-constitucional que verte, após a Emenda Constitucional nº 66/2010, em direito potestativo e incondicional de cada qual dos cônjuges. Inteligência da nova redação dada ao artigo 226, § 6º, da Constituição Federal, com supressão do requisito temporal e causal. Princípio da ruptura do afeto. Direito cujo exercício somente depende da manifestação de vontade de qualquer interessado. Hipótese constitucional de uma rara verdade jurídico-absoluta, a qual materializa o direito civil-constitucional, que, em última reflexão, firma o divórcio liminar. Particularidade que suprime a possibilidade de oposição de qualquer tese de defesa, salvo a inexistência do casamento, fato incogitável. Detalhe que excepciona, inclusive, a necessidade de contraditório formal. Possibilidade de decreto do divórcio *post mortem*, com efeitos retroativos à data do ajuizamento da ação, de forma excepcional. Precedentes. Ação procedente. Recurso provido. (TJ-SP, AC 10325357420208260224/SP 1032535-74.2020.8.26.0224, Rel. Des. Rômolo Russo, 7ª Câmara de Direito Privado, Data de Publicação: 28/07/2021).

[54] O Projeto de Reforma do Código Civil, PL nº 04/2025, prevê no seu art. 1.571, § 4º, que: "O falecimento de um dos cônjuges ou de um dos conviventes, depois da propositura da ação de divórcio ou de dissolução da união estável, não enseja a extinção do processo, podendo os herdeiros prosseguir com a demanda, retroagindo os efeitos da sentença à data estabelecida na sentença como aquela do final do convívio".

[55] No mesmo sentido: "(...) A caracterização do divórcio como um direito potestativo ou formativo, compreendido como o direito a uma modificação jurídica, implica reconhecer que o seu exercício ocorre de maneira

Cap. 6 – DIVÓRCIO E DISSOLUÇÃO DA SOCIEDADE E DO VÍNCULO CONJUGAL **259**

(…) tornou imperiosa a decretação do divórcio quando formada a relação processual por versar direito potestativo e incondicional de cada cônjuge individualmente considerado (…) Por sua vez, também se afere do art. 1.582 do Código Civil, ser suficiente a formalização dessa vontade por quaisquer dos cônjuges, ou por ambos, como na situação ora analisada, para a concretização do direito. Desse modo, o reconhecimento do divórcio independe de qualquer prestação do sujeito passivo ou até mesmo de motivação das partes. Portanto, o direito ao divórcio se exaure com o seu exercício. Tal premissa realiza o livre planejamento familiar e o protagonismo das partes em conduzir suas vidas privadas de forma autônoma, sempre com a mínima participação estatal, o que protege a soberania da vontade, a autodeterminação do indivíduo e o protagonismo das relações familiares, pilares da dignidade da pessoa humana. No caso concreto, o divórcio e a separação de fato foram pleiteados pelos ex-cônjuges em momentos distintos, levando à conclusão de que o casamento findara de há muito tempo por vontade unívoca dos ex-cônjuges. Desse modo, o divórcio já poderia e até mesmo deveria ter sido homologado em juízo, tendo remanescido apenas a partilha diferida para posterior julgamento no inventário. (…) (STJ, REsp 2.007.285/MG, Rel Min. Ricardo Villas Bôas Cueva, decisão monocrática j. 24/03/2023).

6.10 DIVÓRCIO ADMINISTRATIVO OU EXTRAJUDICIAL – LEI Nº 11.441/2007

O princípio da menor intervenção estatal na esfera da vida privada e intimidade dos cidadãos ganhou novas regras com a Lei nº 11.441/2007, que veio facilitar e simplificar a dissolução do casamento, inventário e partilha de bens, possibilitando que sejam feitos por meio de escritura pública se forem consensuais. Inicialmente, era necessário mesmo que não tivesse filhos menores ou incapazes. A Resolução nº 571/2024 do CNJ, interpretando a evolução jurisprudencial, passou a autorizar o divórcio extrajudicial, com filhos menores e incapazes[56]. O CPC/2015 incorporou essas disposições em seu artigo 733, o espírito da Lei 11.441/2007[57]. A Resolução CNJ nº 220/2016 alterou dispositivos da Resolução CNJ n. 35, de 24 de abril de 2007, para contemplar expressamente a hipótese de o cônjuge virago se encontrar em estado gravídico, proibindo divórcio extrajudicial nesses casos. Na verdade, o CPC/15, como se percebe previu nascituro, incorporando essa pretensão.

---

unilateral pela manifestação de vontade de um dos cônjuges, gerando um estado de sujeição do outro cônjuge. 5. Hipótese em que, após o ajuizamento da ação de divórcio o cônjuge requerido manifestou-se indubitavelmente no sentido de aquiescer ao pedido que fora formulado em seu desfavor e formulou pedido reconvencional, requerendo o julgamento antecipado e parcial do mérito quanto ao divórcio. 6. É possível o reconhecimento e validação da vontade do titular do direito mesmo após sua morte, conferindo especial atenção ao desejo de ver dissolvido o casamento, uma vez que houve manifestação de vontade indubitável no sentido do divórcio proclamada em vida e no bojo da ação de divórcio. Não se está a reconhecer a transmissibilidade do direito potestativo ao divórcio; o direito já foi exercido e cuida-se de preservar os efeitos que lhe foram atribuídos pela lei e pela declaração de vontade do cônjuge falecido. (...)" (STJ, REsp 2.022.649/MA, Rel. Ministro Antonio Carlos Ferreira, Quarta Turma, j. 16/05/2024, DJe 21/05/2024).

[56] "Art. 34 (...) § 2º Havendo filhos comuns do casal menores ou incapazes, será permitida a lavratura da escritura pública de divórcio, desde que devidamente comprovada a prévia resolução judicial de todas as questões referentes à guarda, visitação e alimentos deles, o que deverá ficar consignado no corpo da escritura. § 3º Na dúvida quanto às questões de interesse do menor ou do incapaz, o tabelião submeterá a questão à apreciação do juiz prolator da decisão" (Resolução nº 571/2024 do CNJ).

[57] O divórcio consensual, a separação consensual e a extinção consensual de união estável, não havendo nascituro ou filhos incapazes e observados os requisitos legais, poderão ser realizados por escritura pública, da qual constarão as disposições de que trata o art. 731. § 1º A escritura não depende de homologação judicial e constitui título hábil para qualquer ato de registro, bem como para levantamento de importância depositada em instituições financeiras. § 2º O tabelião somente lavrará a escritura se os interessados estiverem assistidos por advogado ou por defensor público, cuja qualificação e assinatura constarão do ato notarial.

DIREITO DAS FAMÍLIAS – *Rodrigo da Cunha Pereira*

Com a Emenda Constitucional nº 66/2010, os artigos da referida lei foram parcialmente revogados, assim como já nasceu inconstitucional o artigo 23, III do CPC/2015[58], que se referem a separação judicial. Portanto, o artigo 733 do CPC/2015 deve ser compreendido com as novas disposições constitucionais, ou seja, o instituto da separação judicial e administrativa não têm mais lugar em nosso ordenamento jurídico, já que a nova redação do § 6º do artigo 226 da Constituição acabou com a prévia separação ao divórcio, a conversão da separação judicial (e obviamente a administrativa) e com todo e qualquer prazo como requisito para se requerer e ser concedido o divórcio.

Embora o divórcio administrativo (Cartório de Notas) em sua essência guarde estreita similitude com o judicial, é necessário descrever suas peculiaridades, diferenças e características, vantagens e desvantagens em relação à via judicial. Como já se disse acima, o divórcio administrativo, diferentemente do judicial, é de livre escolha das partes e só pode ser feito se for consensual. No caso de filhos menores e incapazes, desde que devidamente comprovada a prévia resolução judicial de todas as questões referentes a guarda, visitação e alimentos deles, o que deverá ficar consignado no corpo da escritura. O Ato Administrativo do divórcio altera o estado civil das pessoas, mas não há intervenção do Ministério Público e não é sigiloso, embora devesse sê-lo[59]. É necessária a presença de Advogado ou Advogado-Defensor Público.[60]

Uma das primeiras polêmicas surgidas com a Lei nº 11.441/07 foi o nome a ser dado ao estado civil dos separados em cartório de notas, pois, obviamente, não passariam a ser separados judicialmente. Seria "separado juridicamente", "separado extrajudicialmente", "separado administrativamente" ou outra denominação qualquer? Mesmo tratando-se de questão transitória, pois a categoria e o estado civil de separado em cartório ou judicialmente tende a desaparecer com o passar do tempo, em razão da referida Emenda Constitucional, permanecendo apenas aqueles que a figura da separação seja antes da EC nº 66/2010, é necessário que receba uma nomeação. O estado civil é determinante de uma situação patrimonial e é indicativo de segurança das relações jurídicas. Entendo mais adequado a nomenclatura "separado administrativamente", que distingue perfeitamente da forma feita no poder judiciário e informa que foi feita pela administração do cartório de notas. A expressão "separado juridicamente" não traduz tão bem esse estado civil na medida em que se pode entender que a separação de fato e corpos do casal, embora não gere um novo estado civil, estabelece uma nova situação jurídica para os cônjuges, inclusive rompendo os deveres conjugais e relação patrimonial.

As regras, os documentos e o conteúdo do texto do divórcio extrajudicial são praticamente os mesmos do feito pela via judiciária. Em razão das divergências e polêmicas surgidas com a aplicação da Lei nº 11.441/2007, o Conselho Nacional da Justiça – CNJ após ouvir o Conselho Federal da Ordem dos Advogados do Brasil – OAB, Associação dos Notários e Registradores do Brasil – ANOREG e Instituto Brasileiro de Direito de Família – IBDFAM expediu em 24.04.2007 a Resolução nº 35 disciplinando e dando melhor direção ao inventário, partilha, separação e divórcio. Em consequência da Emenda Constitucional nº 66/2010, o CNJ publicou no DJe em

---

[58] Art. 23. Compete à autoridade judiciária brasileira, com exclusão de qualquer outra: (...) III – em divórcio, separação judicial ou dissolução de união estável, proceder à partilha de bens situados no Brasil, ainda que o titular seja de nacionalidade estrangeira ou tenha domicílio fora do território nacional.

[59] Resolução nº 35/2007 do CNJ: "Art. 42. Não há sigilo na escritura pública de divórcio consensual. (Redação dada pela Resolução nº 571, de 26/08/2024)".

[60] O CPC/2015 prevê no seu artigo 610, §§ 1º e 2º: § 1º Se todos forem capazes e concordes, o inventário e a partilha poderão ser feitos por escritura pública, a qual constituirá documento hábil para qualquer ato de registro, bem como para levantamento de importância depositada em instituições financeiras. § 2º O tabelião somente lavrará a escritura pública se todas as partes interessadas estiverem assistidas por advogado ou por defensor público, cuja qualificação e assinatura constarão do ato notarial.

06.10.10 a Resolução nº 120 fazendo adaptações ao texto da Resolução nº 35/2007, para ficar consonante e entoado com a revogação da separação prévia ao divórcio, eliminação de prazos como pré-requisito para divórcio. Aquele Conselho entendeu, entretanto, que não é competente para se posicionar sobre a extinção ou não da separação judicial. A escritura pública do divórcio, bem como todos os atos notariais previstos na Lei nº 11.441/2007 podem ser feitos em qualquer tabelião de notas e não seguem as regras de competência do Código de Processo Civil (art. 1º da Resolução 35 CNJ). Para a sua lavratura basta que se apresente a certidão de casamento e o pacto antenupcial, se houver, documento que identifique os divorciandos, o número do CPF, a certidão de nascimento ou qualquer documento que comprove a existência de filhos maiores[61] e capazes (para capacidade basta declaração), documentos relativos à comprovação da titularidade dos bens móveis e imóveis (art. 33). Se os divorciandos não puderem comparecer, poderão se fazer representar por mandatário especialmente constituído para aquele fim através de instrumento público em que se tenha a descrição das cláusulas essenciais, cujo prazo de validade é de trinta dias (art. 36). Se houver bens, e os divorciandos quiserem partilhá-los, seguirão as regras da partilha em inventário extrajudicial dispostas nos artigos 11 a 32, da referida Resolução nº 35/2007 CNJ.

O artigo 46 da Resolução 35/2007 trouxe para a via administrativa as disposições contidas no artigo 1.574, parágrafo único, do CCB 2002 e do artigo 34, § 2º, da Lei do Divórcio:

> Art. 34. A separação judicial consensual se fará pelo procedimento previsto nos arts. 1.120 e 1.124 do Código de Processo Civil, e as demais pelo procedimento ordinário.
>
> § 1º A petição será também assinada pelos advogados das partes ou pelo advogado escolhido de comum acordo.
>
> § 2º O juiz pode recusar a homologação e não decretar a separação judicial[62], se comprovar que a convenção não preserva suficientemente os interesses dos filhos ou de um dos cônjuges.
>
> Art. 1.574. Dar-se-á a separação judicial por mútuo consentimento dos cônjuges se forem casados por mais de um ano e o manifestarem perante o juiz, sendo por ele devidamente homologada a convenção.
>
> Parágrafo único. O juiz pode recusar a homologação e não decretar a separação judicial se apurar que a convenção não preserva suficientemente os interesses dos filhos ou de um dos cônjuges.

Se já era questionável a validade desta regra e sua aplicação na via judicial, por atentar contra os princípios da autonomia privada, muito mais o é na via administrativa. Cristiano Chaves e Nelson Rosenvald, em "Direito das Famílias", são enfáticos quanto ao atentado desta regra à liberdade das partes e enfatiza que tais atos, ou seja, a separação e o divórcio são negócios jurídicos bilaterais e decorrendo da autonomia privada, não podem ser questionados pelo Estado:

> (...) o próprio comando legal (art. 1.124-A, em § 1º) é de clareza solar ao estabelecer que a escritura pública, independe de homologação judicial para que tenha valor de título

---

[61] O Provimento nº 42/2019 da Corregedoria-Geral de Justiça do Estado de Goiás (CGJ-GO) prevê a lavratura de divórcio consensual nos cartórios para casais que tenham filhos menores, com ou sem partilha de bens. Já em Santa Catarina, temos o Provimento 09/2015 com a mesma pretensão.

[62] Cf. Tema 1.053 do STF, sendo necessário releitura constitucional pela inconstitucionalidade da permanência da separação judicial nos textos normativos.

executivo. Com muito mais razão, pois descabe ao tabelião imiscuir-se na vontade das partes, recusando-se a promover o registro, sob qualquer alegação.[63]

É inquestionável a intervenção excessiva da regra do art. 46[64] da mencionada resolução do CNJ. Se as partes são maiores e capazes, são responsáveis e devem ser responsabilizadas pelas suas escolhas e as consequências delas decorrentes. É até possível que um cônjuge, principalmente quando o amor acaba, queira enganar o outro. Mas até que ponto o Estado pode ou deve intervir nesta relação? Esta intervenção, a que atribuo excessiva, acaba funcionando e imprimindo uma desresponsabilização aos sujeitos, na medida em que o Estado (cartório) fique tutelando sua vida e suas escolhas.

A via administrativa do divórcio, a exemplo de outros países, foi bem recepcionada pela maioria dos doutrinadores, embora tenha se formado uma corrente de pensamento sustentando que a via extrajudicial pode propiciar a fraude a terceiros, ou mesmo à parte economicamente mais fraca. Esta é a opinião do jurista gaúcho, Rolf Madaleno:

> Assim fica a critério dos contraentes a escolha de qualquer notário público de todo território brasileiro, e cessar a procura se ausente qualquer óbice para as condições ajustadas para a escritura pública de separação ou divórcios extrajudiciais, transitando os contratantes em um terreno perigoso de inevitável fraude aos direitos incidentes sobre alimentos e meação dos cônjuges. Há igualmente sério risco de fraude com relação aos direitos de terceiros contratantes com os consortes, diante da possibilidade de existirem separações ou divórcios de pura fachada, expediente de gaveta, utilizado por casais devedores, que para consumo externo pactuaram a sua separação na defesa dos bens comuns contra credores e execuções, embora continuem convivendo como marido e mulher.[65]

Em que pese a abalizada opinião do competente e experiente Advogado e doutrinador, não podemos concordar. Fraudes e simulações continuarão existindo, independentemente da forma jurídica que se faça o divórcio. Não se pode tolher a liberdade e o avanço legislativo que vem coroar o princípio da menor intervenção estatal em nome de se proteger eventuais fragilidades de uma das partes ou possível fraude a credores. A liberdade estabelecida com a Lei nº 11.441/2007 de se fazer o divórcio em cartório é um facilitador da vida das pessoas e pode ajudar a desafogar o excessivo volume de processos do judiciário, mesmo que em reduzidos números. Maior liberdade pressupõe também maior e mais responsabilidade com a própria autonomia privada. Se houver fraude, erro, inconformismo ou uma enganação qualquer de uma parte à outra, ou das partes a terceiros, o acordo pode ser objeto de questionamento através de Ação Anulatória[66], conforme dispõem as regras dos artigos 211 e 219 do Código de Processo Civil.[67] Embora o juízo competente

---

[63] FARIAS, Cristiano Chaves de; ROSENVALD, Nelson. *Direito das Famílias*, Rio de Janeiro: Lumen Juris, 2008, p. 317-318.

[64] "Art. 46. O tabelião poderá se negar a lavrar a escritura de divórcio se houver fundados indícios de prejuízo a um dos cônjuges ou em caso de dúvidas sobre a declaração de vontade, fundamentando a recusa por escrito. (Redação dada pela Resolução nº 571, de 26/08/2024). Art. 46-A. As disposições desta Seção aplicam-se, no que couber, à extinção consensual da união estável. (Incluído pela Resolução nº 571, de 26/08/2024)".

[65] MADALENO, Rolf. *Curso de Direito de Família*, 1. ed., Rio de Janeiro: Forense, 2008, p. 250.

[66] CPC/2015 Art. 657. A partilha amigável, lavrada em instrumento público, reduzida a termo nos autos do inventário ou constante de escrito particular homologado pelo juiz, pode ser anulada por dolo, coação, erro essencial ou intervenção de incapaz, observado o disposto no § 4º do art. 966. Parágrafo único. O direito à anulação de partilha amigável extingue-se em 1 (um) ano, contado esse prazo: I – no caso de coação, do dia em que ela cessou; II – no caso de erro ou dolo, do dia em que se realizou o ato; III – quanto ao incapaz, do dia em que cessar a incapacidade.

[67] CPC/2015: Art. 211. Não se admitem nos atos e termos processuais espaços em branco, salvo os que forem inutilizados, assim como entrelinhas, emendas ou rasuras, exceto quando expressamente ressalvadas. CPC/2015:

Cap. 6 – DIVÓRCIO E DISSOLUÇÃO DA SOCIEDADE E DO VÍNCULO CONJUGAL 263

"natural" para questionamentos a respeito de atos notariais seja o de registros públicos, devemos considerar que o objeto do questionamento tem todos os seus atos reflexos no estado civil e na partilha de bens. Portanto, o juízo competente deve ser o da família.[68]

Após quase três anos de discussão e amadurecimento do assunto, cercando-se de todas as seguranças jurídicas, corroborado pela necessidade advinda da pandemia do coronavírus que assolou o mundo, o Conselho Nacional de Justiça – CNJ expediu o Provimento nº 100, de 26/05/2020, dispondo e autorizando a prática de atos notariais eletrônicos utilizando o sistema e-Notariado, facilitando assim os divórcios que passaram, então, a ser feitos eletronicamente e por videoconferência. Foi um passo importante e significativo para que o Direito comece a acertar o passo com a sociedade digital[69].

6.11 DIVÓRCIO JUDICIAL LITIGIOSO

O novo texto constitucional de 2010, como já se disse, alterou substancialmente as regras e os princípios jurídicos para dissolução do casamento. Não há mais prazo para se colocar fim ao casamento. Não há mais prazos para pleitear o divórcio, seja o consensual seja o litigioso. Basta o elemento volitivo, ou melhor, a vontade e o desejo. Quando o fim do casamento é decisão de ambos os cônjuges, temos aí o divórcio consensual, que pode ser judicial ou administrativo se não tiverem filhos menores.

O divórcio litigioso[70] ocorre, obviamente, quando a decisão e a iniciativa são unilaterais[71]. Mesmo antes do novo texto constitucional já não se discutia a culpa, e o único requisito para

---

Art. 219. Na contagem de prazo em dias, estabelecido por lei ou pelo juiz, computar-se-ão somente os dias úteis. Parágrafo único. O disposto neste artigo aplica-se somente aos prazos processuais.

[68] PÓVOA, Maria Luiza. *Separação, Divórcio e inventário por via administrativa*. Belo Horizonte: Del Rey, 2009, p. 15.

[69] RESOLUÇÃO 345/2020 DO CNJ: Dispõe sobre o "Juízo 100% Digital" e dá outras providências. No seu artigo 2º, parágrafo único, temos a seguinte previsão: No ato do ajuizamento do feito, a parte e seu advogado deverão fornecer endereço eletrônico e linha telefônica móvel celular, sendo admitida a citação, a notificação e a intimação por qualquer meio eletrônico, nos termos dos arts. 193 e 246, V, do Código de Processo Civil.

[70] CPC/2015: Art. 693. As normas deste Capítulo aplicam-se aos processos contenciosos de divórcio, separação, reconhecimento e extinção de união estável, guarda, visitação e filiação. Parágrafo único. A ação de alimentos e a que versar sobre interesse de criança ou de adolescente observarão o procedimento previsto em legislação específica, aplicando-se, no que couber, as disposições deste Capítulo.

Art. 694. Nas ações de família, todos os esforços serão empreendidos para a solução consensual da controvérsia, devendo o juiz dispor do auxílio de profissionais de outras áreas de conhecimento para a mediação e conciliação. Parágrafo único. A requerimento das partes, o juiz pode determinar a suspensão do processo enquanto os litigantes se submetem a mediação extrajudicial ou ao atendimento multidisciplinar.

Art. 695. Recebida a petição inicial e, se for o caso, tomadas as providências referentes à tutela provisória, o juiz ordenará a citação do réu para comparecer à audiência de mediação e conciliação, observado o disposto no art. 694. § 1º O mandado de citação conterá apenas os dados necessários à audiência e deverá estar desacompanhado de cópia da petição inicial, assegurado ao réu o direito de examinar seu conteúdo a qualquer tempo. § 2º A citação ocorrerá com antecedência mínima de 15 (quinze) dias da data designada para a audiência. § 3º A citação será feita na pessoa do réu. § 4º Na audiência, as partes deverão estar acompanhadas de seus advogados ou de defensores públicos.

Art. 696. A audiência de mediação e conciliação poderá dividir-se em tantas sessões quantas sejam necessárias para viabilizar a solução consensual, sem prejuízo de providências jurisdicionais para evitar o perecimento do direito.

Art. 697. Não realizado o acordo, passarão a incidir, a partir de então, as normas do procedimento comum, observado o art. 335.

Art. 698. Nas ações de família, o Ministério Público somente intervirá quando houver interesse de incapaz e deverá ser ouvido previamente à homologação de acordo.

Art. 699. Quando o processo envolver discussão sobre fato relacionado a abuso ou a alienação parental, o juiz, ao tomar o depoimento do incapaz, deverá estar acompanhado por especialista.

[71] O PL 3457/2019 permite que um dos cônjuges requeira a averbação de divórcio no cartório de registro civil mesmo que o outro cônjuge não concorde com a separação. "Art. 1º Acrescente-se o art. 733-A à Lei nº. 13.105,

o divórcio era o lapso temporal. Provada a separação fática há mais de dois anos, ou um ano da separação judicial, o divórcio era decretado. Se o espírito e o propósito da Emenda Constitucional nº 66/2010 é a simplificação, facilitação, menor intervenção estatal, liberdade e maior autonomia privada, agora, além de não se discutir a culpa, não há mais prazos como requisitos para decretação do divórcio. Basta que um dos cônjuges o requeira, através da ação ordinária, onde nenhuma causa poderá ser invocada. E, assim, ficou para trás um dos grandes sinais de atraso do ordenamento jurídico brasileiro: a busca de um culpado pelo fim da conjugalidade.

O processo litigioso pode envolver outras questões, pessoais e patrimoniais, ou seja, uso do nome de casado (cf. item 6.11.1); guarda e convivência familiar (cf. capítulo 12); pensão alimentícia (cf. capítulo 7); e partilha de bens (cf. capítulo 8). Entretanto, a discussão processual dessas decorrências ou consequências do fim do casamento pode desatrelar-se da discussão sobre o vínculo conjugal. Assim, tais questões, caso o autor prefira, ao invés de trazê-las todas para o mesmo procedimento ordinário previsto no artigo 40, § 3º, da Lei nº 6.515/77, poderá fazê-lo em processos autônomos. Por exemplo, alimentos podem ser discutidos em processo sob o rito especial previsto na conhecida Lei de Alimentos nº 5.478/1968 que tem também a vantagem da citação pelo correio; partilha de bens em processo autônomo, como geralmente já se fazia anteriormente (art. 1.581, CCB-2002). Em síntese, instrução probatória em processo de divórcio, se houver, será apenas e tão somente para se demonstrar o *quantum* alimentar, (isto se não optar pela Ação Autônoma do rito especial), sobre quem melhor poderá cuidar do filho e a convivência familiar ou sobre a guarda e partilha de bens. Com a simplificação imposta pelo novo comando constitucional, qualquer ato atentatório contra tal dispositivo que signifique ou implique protelação processual pode ser caracterizado como má-fé em razão da apresentação injustificada ao andamento processual.

O divórcio litigioso pode ser precedido de Ação de Separação de corpos (art. 1.562 do CCB-2002) ou mesmo ser intentada incidentalmente no curso do processo, de acordo com as regras do CPC[72]. O objetivo desta ação, diferentemente dos propósitos anteriores à reformulação do divórcio pela EC nº 66/2010 é o afastamento de um dos cônjuges do lar conjugal, desde que preencha os requisitos para tal (cf. item 8.9.1).

Caso o cônjuge tenha sido lesado em seus direitos e quiser discutir, por exemplo, se houve atos de indignidade[73] (cf. item 7.9) do outro cônjuge que repercutam e tenham efeitos e interferência na verba alimentar, deve fazê-lo em ação própria, já que na discussão da dissolução do vínculo conjugal pelo divórcio não cabe nenhuma alegação de culpa ou responsabilidade. O jurista Paulo Lôbo é enfático e conclusivo ao dizer que o uso da justiça para punir o outro cônjuge não atende aos fins sociais, nem ao bem comum que devem iluminar a decisão judicial e que o Direito de Família realmente deixou para trás essa decepcionante, degradante e inútil discussão de culpa:[74]

> A nova redação da norma constitucional tem a virtude de pôr cobro às exigências de comprovação da culpa do outro cônjuge e de tempo mínimo. O divórcio, em que se convertia a separação judicial litigiosa, contaminava-se dos azedumes e dos ressentimentos

---

de 16 de março de 2015 – Código de Processo Civil, passando a vigorar com a seguinte redação: 'Art. 733-A. Na falta de anuência de um dos cônjuges, poderá o outro requerer a averbação do divórcio no Cartório do Registro Civil em que lançado o assento de casamento, quando não houver nascituro ou filhos incapazes e observados os demais requisitos legais.'"

[72] TEIXEIRA, Newton de Carvalho. *Revista IBDFAM – Famílias e Sucessões. In: as medidas de urgência no novo Código de Processo Civil.* V. 13 (Janeiro/fevereiro). Belo Horizonte, 2016. p. 25 a 35. p. 139.

[73] A Lei nº 14.661/2023 promoveu mudanças no Código Civil, ao determinar a perda automática do direito de herança nos casos de indignidade, após o trânsito em julgado da sentença penal condenatória do herdeiro indigno.

[74] LÔBO, Paulo. "PEC do Divórcio: Consequências jurídicas imediatas". In: *Revista Brasileira de Direito das Famílias e Sucessões*, vol. 11, p. 5-17, Porto Alegre: Magister; Belo Horizonte: IBDFAM, 2009, p. 9, ago./set. 2009.

Cap. 6 – DIVÓRCIO E DISSOLUÇÃO DA SOCIEDADE E DO VÍNCULO CONJUGAL **265**

decorrentes da imputação de culpa ao outro cônjuge, o que comprometia inevitavelmente o relacionamento pós-conjugal, em detrimento, sobretudo, da formação dos filhos comuns. O princípio do melhor interesse da criança e do adolescente, incorporado ao ordenamento jurídico brasileiro, como "absoluta prioridade" (art. 227 da Constituição), dificilmente consegue ser observado, quando a arena da disputa é alimentada pelas acusações recíprocas, que o regime de imputação de culpa propicia.[75]

6.11.1   O amor acaba, existem culpados? Os restos do amor

O sistema jurídico brasileiro, pelo menos até o advento da Emenda Constitucional nº 66/2010, ajudava a instigar e a sustentar os litígios conjugais, na medida em que se buscava um culpado ou inocente pelo fim do casamento. Brigas e desentendimentos de casal sempre existiram e continuarão existindo. Amor e ódio andam juntos, sustentados pelo desejo. Mas não é necessário que as versões de cada parte sobre o fim do casamento sejam levadas ao judiciário, transformando a história amorosa do ex-casal em histórias de degradação. É muito mais fácil e cômodo atribuir ao outro a culpa pelo fracasso da conjugalidade, pois, assim, o sujeito não se responsabiliza pelos seus atos. O inferno é sempre o outro. Se a vida era a dois, ambos são responsáveis pela manutenção ou pelo fim do relacionamento.

O litígio conjugal é a falência do diálogo e uma forma, às vezes, inconsciente, de sua manutenção. Cada um acredita estar dizendo a verdade e quer que o Estado-Juiz diga quem é o certo ou errado, isto é, quem é culpado e quem é inocente. Anula-se na consciência tudo de bom que houve entre eles, e emergem predominantemente os rancores e as mágoas. O ódio prevalece sobre o amor, e as pessoas ficam cegas por uma razão, em nome de se buscar direitos. O final é sempre trágico. Não há ganhadores ou perdedores em uma disputa em que se busca um culpado e se perdem a referência e a noção do mal e das marcas indeléveis que o litígio deixa, principalmente nos filhos. Mesmo antes da abolição da culpa pela referida Emenda Constitucional, a melhor doutrina e jurisprudência já tinham entendido a sua inutilidade e que tais discussões além de fomentar o ódio, não devem ter interferência ou chancela do Estado, afinal não há interesse público em se investigar a intimidade de um casal e encontrar culpados ou inocentes. A eliminação da discussão da culpa pelo fim da conjugalidade teve uma evolução gradativa na doutrina e jurisprudência. Até recentemente alguns tribunais chegavam ao cúmulo de não decretar a separação do casal se não se provasse o motivo, e obviamente a culpa.[76] Depois, começou-se a atribuir culpa recíproca.[77] Embora alguns doutrinadores ainda

---

[75]   LÔBO, Paulo. "PEC do Divórcio: Consequências jurídicas imediatas". In: *Revista Brasileira de Direito das Famílias e Sucessões*, vol. 11, p. 5-17, Porto Alegre: Magister; Belo Horizonte: IBDFAM, 2009, p. 9, ago./set. 2009.

[76]   Ação de separação judicial. Alegação de culpa pelo varão. Ausência de prova. Sentença de improcedência confirmada. Apelo não provido. (...) No entanto, a prova dos autos não é firme o suficiente para decretar a separação do casal (TJSP, Apelação Cível nº 3340794500, 7ª Câmara de Direito Privado. Rel. Des. Américo Izidoro Angélico, j. 09.08.2006).

Separação judicial. Culpa do varão. Conduta desonrosa e grave violação dos deveres conjugais. Prova insuficiente. Sentença de improcedência confirmada. Apelo desprovido. (...) A prova dos autos não demonstra a ocorrência nem de conduta desonrosa nem de grave violação dos deveres conjugais, na medida em que as alegadas agressões físicas não foram suficientemente demonstradas, o mesmo se podendo dizer da suposta incompatibilidade de gênios (TJSP, Apelação Cível nº 6694054200, 6ª Câmara de Direito Privado. Rel. Percival Nogueira, j. 15.10.2009).

[77]   Família. Separação judicial litigiosa. Ausência de prova de culpa. Reconhecimento da culpa recíproca. (...) Nas hipóteses em que o material probatório produzido nos autos não permitir o delineamento da culpa atribuível a cada cônjuge, pela separação, deve ser reconhecida a culpa recíproca pela inviabilidade da manutenção da vida em comum, decretando-se a separação com fincas na norma do art. 1.573, parágrafo único, do novo Código Civil. (...) Deram parcial provimento (TJMG, Apelação Cível nº 1.0024.05.686849-0/001, Rel. Antônio Sérvulo, public. 15.07.2008).

insistissem na necessidade de tal discussão, a jurisprudência mais arejada já vinha evoluindo no sentido da eliminação total da culpa, uma vez que ela para nada servia, a não ser sustentar o ódio, que é também um elemento de união do casal. Aliás, une mais que o amor. Já se chegou à conclusão que as funções parentais e funções conjugais não estão, necessariamente, atreladas uma à outra. Em outras palavras, uma boa esposa pode não ser boa mãe e vice-versa, portanto, demonstrar que um dos cônjuges é culpado, foi infiel, deu causa à separação em nada, absolutamente nada, resolve ou melhora a vida do ex-casal. A pensão alimentícia não pode estar vinculada à culpa, sob pena de se condenar alguém a passar fome ou extrema necessidade. Por exemplo, uma mulher que passou 30 anos dedicando-se inteiramente aos filhos e ao marido, e quando o casamento já estava ruim, teve um relacionamento extraconjugal eventual e não tem como se sustentar, não pode deixar de ter pensionamento se o fato da relação extraconjugal for invocado pelo marido para atribuir a ela a culpa pelo fim do casamento. Se este casamento acabou, não foi por culpa desta relação extraconjugal. Aquilo que o Direito alega como causa, na verdade, pode ser a consequência. Veja abaixo, exemplificativamente, duas decisões que bem ilustram a evolução do pensamento que culminou na Emenda Constitucional nº 66/2010:

> *(...) A aferição da culpa pela dissolução da sociedade conjugal visando determinados efeitos pessoais ou patrimoniais, como, in casu, a pretensa desoneração da obrigação alimentar do apelante, afigura-se descompassada com os novos paradigmas do Direito de Família, em sua perspectiva constitucional, sobretudo quando se constata que o desenlace decorreu de falência afetiva da relação (TJ-MA – AC: 00000805320088100058 MA 0022202015, Relator: Angela Maria Moraes Salazar, Data de Julgamento: 11/05/2017, 1ª câmara Cível, Data de Publicação: 19/05/2017).*

O amor acaba[78]. Talvez o desejo não seja mesmo para sempre em alguns relacionamentos. A efetivação de separação pela via do divórcio é um remédio e um ritual necessário. Às vezes, o divórcio é uma necessidade, às vezes, apenas um desejo. Seja lá como for, não há culpado ou inocente, vilão ou herói. O jurista mineiro João Batista Villela, desde a década de 1970 já tinha essa percepção:

> *Vício seríssimo brasileiro é o de ainda se estruturar sobre o velho e decadente princípio da culpa. De um lado, não cabe ao Estado intervir na intimidade do casal para investigar quem é culpado e quem é inocente nesta ou naquela dificuldade supostamente invencível. (...) Dizer quem é culpado e quem não o é, quando se trata de um relacionamento personalíssimo, íntimo e fortemente interativo como é o conjugal, chegaria a ser pedante, se antes disso não fosse sumariamente ridículo. Nem os cônjuges, eles próprios, terão muitas vezes a consciência precisa de onde reside a causa de seu malogro, quase sempre envolta da obscuridade que, em maior ou menor grau, impregna todas as relações humanas.*[79]

Substituir o discurso da culpa pelo discurso da responsabilidade significa a possibilidade do sujeito deparar-se consigo mesmo e entender o próprio desamparo, que é natural de cada ser humano.[80] O amor acaba, mas não precisamos materializá-lo em litígio através de processos judiciais.

A nova redação do artigo 226, § 6º, da Constituição da República, consolidando a evolução doutrinária e jurisprudencial ao eliminar a possibilidade da discussão da culpa pelo fim de

---

[78] CAMPOS, Paulo Mendes. *O amor acaba*, Rio de Janeiro: Civilização Brasileira, 1999.

[79] VILELLA, João Batista. *Separação, Divórcio e Concubinato*, Rio de Janeiro: Arquivos do Ministério da Justiça, 1979, p. 189.

[80] PEREIRA, Rodrigo da Cunha. *A sexualidade vista pelos Tribunais*, Belo Horizonte: Del Rey, 2001, p. 35.

Cap. 6 – DIVÓRCIO E DISSOLUÇÃO DA SOCIEDADE E DO VÍNCULO CONJUGAL

um casamento, instala um novo ciclo na história do direito de família no Brasil e propicia a compreensão de que não é necessário fazer do fim do amor uma tragédia, ou pelo menos uma tragédia judicial[81]. A linguagem poética, que está muito mais próxima das "razões" inconscientes e dos verdadeiros motivos do fim da conjugalidade, pode nos aproximar e inspirar melhor esta compreensão, inclusive para evitar as degradantes "estórias" dos restos do amor levados ao judiciário, como na poesia de Paulo Leminski:

> O amor, então, também acaba?
>
> Não que eu saiba
>
> O que sei é que se transforma numa matéria-prima
>
> Que a vida se encarrega de transformar em raiva.
>
> Ou em rima.[82]

O divórcio e a dissolução da união estável homoafetiva seguem as mesmas regras do heteroafetivo. O substrato humano que faz nascer e morrer o amor, a conjugalidade é o mesmo para as relações hetero e homoafetivas. Em ambas as relações a humanidade é a mesma.

6.12 OS EFEITOS E ASPECTOS PESSOAIS DO DIVÓRCIO E UNIÃO ESTÁVEL

Para melhor compreensão e organização do raciocínio jurídico, podemos classificar em duas vertentes os efeitos do fim da conjugalidade, seja pela antiga separação judicial/administrativa, seja pelos divórcios judicial ou administrativo, na dissolução de união estável: pessoais e patrimoniais.

Os efeitos pessoais, que tanto decorrem do divórcio consensual e litigioso, são aqueles que não se revestem ou não têm caráter ou conteúdo econômico. É a discussão do uso do nome de casado, que até pode ter como consequência um caráter econômico, se a perda do direito de usar o nome do marido afetar suas relações profissionais, mas o seu conteúdo é de ordem pessoal, pois está diretamente vinculado aos direitos da personalidade.

A guarda e a convivência familiar, que decorrem não apenas do poder familiar, mas da relação de família ampliada, e do princípio do melhor interesse da criança, já que guarda e convivência podem ser estendidas e ampliadas aos avós, ou mesmo a terceiros para atender o princípio do melhor interesse da criança e do adolescente. E é também com base neste princípio consolidado pela Lei nº 8.069/90, Estatuto da Criança e do Adolescente – ECA, associado ao princípio da dignidade humana e ao mais novo princípio jurídico norteador do Direito de Família, a afetividade, é que surgiram novas categorias jurídicas, como a alienação parental e a responsabilidade civil pelo descumprimento de um dos deveres essenciais da relação paterno--materno/filial, insculpido no artigo 1.634, I, do CCB, que tem como conteúdo a afetividade.

Certamente a mais importante decorrência do divórcio e da dissolução da união estável, é a guarda e a nova forma de convivência com os filhos, após a ruptura conjugal. Mas como guarda e convivência não decorre somente de vínculos conjugais, tratarei do assunto em capítulo separado.

---

[81] A Lei 12.424, de 16 de junho de 2011, instituiu o 'usucapião familiar', estabelecendo a perda da propriedade ao cônjuge que abandonar o lar por mais de 2 anos consecutivos, no caso de imóvel urbano de até 250 m². Este abandono tem o sentido de responsabilizar e não propriamente culpar quem abandona a família. O Instituto da separação de corpos poderá ser utilizado para afastar a incidência da norma.

[82] A arte em suas diversas linguagens pode ser um recurso importante a ser usado em diversas situações jurídicas, cf. *Dicionário de Direito de Família e sucessões ilustrado*, 2ª edição. Saraiva: São Paulo, 2018.

6.12.1 Uso do nome de casado: resgate da identidade ou incorporação do nome do outro à própria personalidade

Mesmo depois que o uso do nome do marido deixou de ser obrigatório com a Lei nº 6.515/1977 – Lei do Divórcio –, muitas mulheres continuaram escolhendo acrescentar ao seu sobrenome, o nome do marido. Embora este costume estivesse cada vez mais em desuso, o CCB/2002, em seu art. 1.565, § 1º, ampliou a possibilidade de o marido também acrescentar ao seu patronímico o da esposa[83]. A razão e a explicação para esta regra é que no casamento os dois se unem para tornarem uma só pessoa: "uma só carne e um só espírito", servindo a mudança do nome como um ato simbólico dessa fusão de almas.

A mudança do nome em decorrência do casamento tem diminuído cada vez mais. Talvez porque os casais tenham começado a entender a importância da manutenção de suas identidades[84]. Uma das condições para que seja possível um amor conjugal, nestes tempos em que a mulher, sujeito do próprio desejo, e, portanto, não mais assujeitada ao marido, é exatamente o contrário: é necessário que se mantenha e se conserve as individualidades. Misturar os nomes pode significar mesclar e confundir as identidades. O nome é um dos principais identificadores do sujeito e a maior representação de sua identidade e constitui, por isso mesmo, um dos direitos essenciais da personalidade. Misturá-los significa não preservar a singularidade. Neste sentido, e, na esteira do pensamento psicanalítico, a preservação das individualidades é a primeira regra para a possibilidade do amor conjugal, estando o disposto no artigo 1.565, § 1º,[85] na contramão da história e dos interesses do casamento.

Por outro lado, não se pode negar que fazia parte da cultura brasileira, como em todo o Ocidente, e, de certa forma, ainda faz, embora com menor frequência, a alteração do nome da mulher, de modo que, em grande parte das separações e dos divórcios, esta questão existencial esteve e, ainda, está presente.

Nos divórcios consensuais, pode-se optar por retirar ou manter o patronímico acrescido. Aquelas pessoas que resolvem voltar ao nome de solteira argumentam que isso significa um resgate da individualidade e identidade, servindo também como um marco simbólico do fim do laço conjugal, ajudando a romper aquele vínculo. As que decidem pela conservação do nome, especialmente quando o casamento foi mais duradouro, argumentam que tal sobrenome foi incorporado à sua personalidade, servindo como elemento identificador da própria pessoa, sem necessariamente relacioná-lo a sua origem, estando, inclusive, estampado na certidão de nascimento e em outros documentos dos descendentes, podendo gerar inúmeros transtornos e constrangimentos, sobretudo em relação aos filhos menores. É que neste aspecto é muito comum esquecerem de averbar a mudança de nome, também, na certidão de nascimento dos filhos[86].

---

[83] VELOSO, Zeno. Tratado de Direito das Famílias. *In: Nome Civil da pessoa natural.* (org.) Rodrigo da Cunha pereira. Belo Horizonte: IBDFAM, 2015, p. 44.

[84] A Lei 14.382/2022 alterou a Lei de Registros Públicos, facilitando e ampliando as possibilidades de alteração do nome, sobrenome e até mesmo prenome.

[85] Art. 1.565. Pelo casamento, homem e mulher assumem mutuamente a condição de consortes, companheiros e responsáveis pelos encargos da família.

§ 1º Qualquer dos nubentes, querendo, poderá acrescer ao seu o sobrenome do outro.

[86] (...) Excepcionalmente, desde que preservados os interesses de terceiro e demonstrado justo motivo, é possível a supressão do patronímico materno por ocasião do casamento. 2. A supressão devidamente justificada de um patronímico em virtude do casamento realiza importante direito da personalidade, desde que não prejudique a plena ancestralidade nem a sociedade. 3. Preservação da autonomia de vontade e da integridade psicológica perante a unidade familiar no caso concreto. 4. Recurso especial não provido. (STJ, REsp 1433187/SC, Rel. Min. Ricardo Villas Bôas Cueva, 3ª Turma, pub. 22/06/2015). No mesmo sentido: (...) É direito subjetivo da pessoa retificar seu patronímico no registro de nascimento de seus filhos após divórcio. 2. A averbação do patronímico no registro de nascimento do filho em decorrência do casamento atrai, à luz do princípio da simetria, a aplicação da mesma norma à hipótese inversa, qual seja, em decorrência do divórcio, um dos

Cap. 6 – DIVÓRCIO E DISSOLUÇÃO DA SOCIEDADE E DO VÍNCULO CONJUGAL **269**

Antes da EC nº 66/2010, era possível discutir sobre a mudança do nome em dois momentos distintos: por ocasião da separação judicial e, posteriormente, na sua conversão em divórcio.[87] Assim, se os cônjuges, ao se separarem, optassem por não alterar o sobrenome, não haveria óbice que o fizessem ao se divorciar.

Não mais existindo o sistema binário de dissolução conjugal, a ação de divórcio será o momento adequado para a definição desse aspecto pessoal do rompimento conjugal. Entretanto, é possível, mesmo após o divórcio, voltar a mulher a usar o nome de solteira.[88]

A EC nº 66/2010 também extirpou do ordenamento jurídico a possibilidade de se discutir a culpa pelo fim do casamento, o que, nos últimos anos já vinha sendo refutado pelos tribunais brasileiros. Assim, se antes, era facultado ao cônjuge "inocente" requerer que o "culpado" perdesse o direito de usar o seu sobrenome – o que era deferido se não se enquadrasse nas hipóteses elencadas no artigo 1.578 do Código Civil, agora, não mais poderá se valer de tal culpabilidade.

Com o casamento, o cônjuge não "empresta" simplesmente o seu nome ao outro que o acresce, de modo a se poder exigir que aquele que teve o nome modificado pelo enlace conjugal o altere novamente por ocasião do divórcio. Se assim fosse, estaríamos retrocedendo ao tempo em que a mulher era assujeitada, tida como propriedade masculina, ficando à mercê dos mandos e desmandos do marido. Aquele que optou por incorporar o sobrenome do cônjuge ao seu, terá, ao se divorciar, a opção de decidir se com ele permanece ou dele se desfaz[89], já que o nome, à luz da psicanálise, retrata não só a identidade social, mas, principalmente, a subjetiva, permitindo que nos reconheçamos enquanto sujeitos e nos identifiquemos jurídica e socialmente[90].

Decidindo-se pela volta do uso do nome de solteira, tal pedido pode ser feito nos próprios autos do divórcio para que se expeça o competente mandado de averbação do nome da mãe e/ou do pai ou de ambos junto ao assento de nascimento dos filhos, conforme já havia decidido o Superior Tribunal de Justiça, em 2008:

---

genitores deixa de utilizar o nome de casado (art. 3º, parágrafo único, da Lei nº 8.560/1992). 3. Em razão do princípio da segurança jurídica e da necessidade de preservação dos atos jurídicos até então praticados, o nome de casada não deve ser suprimido dos assentamentos, procedendo-se, tão somente, a averbação da alteração requerida após o divórcio. 4. Recurso especial provido. (STJ, REsp 1279952/MG, Rel. Min. Ricardo Villas Bôas Cueva, 3ª Turma, pub. 12/02/2015).

[87] Sobrevindo a conversão da separação em divórcio, reabre-se a questão do nome da mulher, sendo regra a volta ao nome de solteira, mesmo que não tenha sido culpada pela separação, salvo em casos excepcionais de comprovado prejuízo processual. OLIVEIRA, Euclides de. "Quais as causas que podem justificar a separação", p. 77-108. In: *Casamento, separação, viuvez*. Coord. Carla Leonel, São Paulo: Ed. CIP, 1999, p. 99.

[88] Art. 1.578. O cônjuge declarado culpado na ação de separação judicial perde o direito de usar o sobrenome do outro, desde que expressamente requerido pelo cônjuge inocente e se a alteração não acarretar:
I – evidente prejuízo para a sua identificação;
II – manifesta distinção entre o seu nome de família e o dos filhos havidos da união dissolvida;
III – dano grave reconhecido na decisão judicial.
§ 1º O cônjuge inocente na ação de separação judicial poderá renunciar, a qualquer momento, ao direito de usar o sobrenome do outro.
§ 2º Nos demais casos caberá a opção pela conservação do nome de casado.

[89] Independentemente de o nome ser o da família em que foi registrada ou o que optou por usar em decorrência do casamento, o fato é que o nome é dela e somente a ela pertence. A partir da alteração operada por ocasião do casamento, só a própria mulher poderá dispor do nome, que não identifica mais o patronímico do marido, identifica o nome da mulher, seu nome, sua identidade, que é atributo da personalidade (...) Acórdão da 7ª Câmara Cível do Tribunal de Justiça do Rio Grande do Sul. Des. Relatora Maria Berenice Dias, em apelação cível nº 599.400.298, julgada em 08.09.1999, publicado em 1.10.1999 (Revista Brasileira de Direito de Família, vol. 1, nº 3, p. 130, out./dez. 1999).

[90] MORAES, Maria Celina Bodin de. "Sobre o nome da pessoa humana". *In: Revista Brasileira de Direito de Família. Porto Alegre:* Síntese, IBDFAM, vol. 2, nº 7, out./dez., p. 51, 2000.

270 DIREITO DAS FAMÍLIAS – *Rodrigo da Cunha Pereira*

Não há como negar a uma criança o direito de ter alterado seu registro de nascimento para que dele conste o mais fiel retrato da sua identidade, sem descurar que uma das expressões concretas do princípio fundamental da dignidade da pessoa humana é justamente ter direito ao nome, nele compreendido o prenome e o nome patronímico.

É conferido ao menor o direito a que seja acrescido ao seu nome o patronímico da genitora se, quando do registro do nascimento, apenas o sobrenome do pai havia sido registrado.

É admissível a alteração no registro de nascimento do filho para a averbação do nome de sua mãe que, após a separação judicial, voltou a usar o nome de solteira; para tanto, devem ser preenchidos dois requisitos: (i) justo motivo; (ii) inexistência de prejuízos para terceiros.[91]

Tal diligência se mostra prudente, já que a documentação pessoal se presta a viabilizar a identificação dos cidadãos e refletir fielmente a realidade, pois o nome e a filiação estão intrinsecamente atrelados à personalidade, constituindo e desconstituindo direitos e deveres.

Em 03/07/2019, o CNJ ao expedir o Provimento 82/2019[92], sepultou a polêmica, e simplificou a vida de quem voltava a usar o nome de solteira para averbá-lo também na certidão de nascimento dos filhos. Não é mais necessária a ordem judicial, ou processo de retificação de nome na seara de Registros Públicos, quando o juiz da vara de família negava tal procedimento. Basta dirigir-se diretamente ao cartório de registro civil, com a comprovação de que o cônjuge voltou a usar o nome de solteiro(a), ou seja, decisão judicial que assim estabeleceu, e fazer tal averbação. Isto vale também para quem ficou viúvo e pretende voltar a usar o nome de solteiro[93].

---

[91] STJ, Recurso especial nº 1.069.864/DF, 3ª T., Rel. Min. Nancy Andrighi, pub. em 08.12.2008. No mesmo sentido: STJ, Recurso especial nº 1.041.751-DF (2008/0062175-8), 3ª T., Rel. Min. Sidnei Beneti, pub. em 03.09.2009.

[92] Cf. Provimento 153/2023 do CNJ, que alterou o Código Nacional de Normas da Corregedoria Nacional de Justiça do Conselho Nacional de Justiça – Foro Extrajudicial (CNN/CN/CNJ-Extra), instituído pelo Provimento 149, de 30 de agosto de 2023, para dispor sobre o procedimento de alteração extrajudicial do nome perante o Registro Civil das Pessoas Naturais: Art. 515-L. A inclusão ou exclusão de sobrenome do outro cônjuge na forma do inciso II do art. 57 da Lei nº 6.015, de 31 de dezembro de 1973, independe da anuência deste. § 1º A inclusão de sobrenome do outro cônjuge na forma do inciso II do art. 57 da Lei nº 6.015, de 31 de dezembro de 1973, autoriza a supressão de sobrenomes originários, desde que remanesça, ao menos, um vinculando a pessoa a uma das suas linhas de ascendência. § 2º A exclusão do sobrenome do cônjuge autoriza o retorno ao nome de solteiro pela pessoa requerente, com resgate de sobrenomes originários eventualmente suprimidos. § 3º Aplicam-se aos conviventes em união estável, devidamente registrada em ofício de RCPN, todas as regras de inclusão e exclusão de sobrenome previstas para as pessoas casadas (art. 57, § 2º, da Lei nº 6.015, de 31 de dezembro de 1973).

[93] Provimento 82/2019: Art. 1º. Poderá ser requerida, perante o Oficial de Registro Civil competente, a averbação no registro de nascimento e no de casamento das alterações de patronímico dos genitores em decorrência de casamento, separação e divórcio, mediante a apresentação da certidão respectiva. § 1º. O procedimento administrativo previsto no *caput* deste artigo não depende de autorização judicial. § 2º. A certidão de nascimento e a de casamento serão emitidas com o nome mais atual, sem fazer menção sobre a alteração ou o seu motivo, devendo fazer referência no campo 'observações' ao parágrafo único art. 21 da Lei 6.015, de 31 de dezembro de 1973. § 3º. Por ocasião do óbito do(a) cônjuge, poderá o(a) viúvo(a) requerer averbação para eventual retorno ao nome de solteiro(a). Art. 2º. Poderá ser requerido, perante o Oficial de Registro Civil competente, a averbação do acréscimo do patronímico de genitor ao nome do filho menor de idade, quando: I – Houver alteração do nome do genitor em decorrência de separação, divórcio ou viuvez; II – O filho tiver sido registrado apenas com o patronímico do outro genitor. § 1º. O procedimento administrativo previsto no *caput* deste artigo não depende de autorização judicial. § 2º. Se o filho for maior de dezesseis anos, o acréscimo do patronímico exigirá o seu consentimento. § 3º. Somente será averbado o acréscimo do patronímico ao nome do filho menor de idade, quando o nome do genitor for alterado no registro de nascimento, nos termos do art. 1º, deste Provimento. § 4º. A certidão de nascimento será emitida com o acréscimo do patronímico do genitor ao nome do filho no respectivo campo, sem fazer menção expressa sobre a alteração ou seu motivo, devendo fazer referência no campo 'observações' ao parágrafo único do art.

6.12.2 Mudança do nome dentro do casamento

Embora seja possível também ao homem adotar o sobrenome da mulher, desde o CCB/2002, como já se disse, na prática, são as mulheres que fazem essa alteração. Mas cada vez menos. E muitas o fazem sem entender direito o significado e a importância do ato, simplesmente porque estão inseridas no contexto patriarcal e seu consequente machismo estrutural.

Em muitas situações, mesmo alterando oficialmente as mulheres, de fato acabam não incorporando o sobrenome do marido. E outras se arrependem, o que as leva a um constrangimento e incômodo tão grande, que não conseguem conviver com tal situação.

Mesmo antes da Lei nº 14.382/2022, bem como da normatização concretizada pelo CNJ[94], a volta ao nome de solteira dentro do casamento, a principiologia do Direito das Famílias assim o autorizava. Fere o princípio da dignidade e de igualdade dos gêneros a mantença do nome do outro quando isso traz grande incômodo, que pode, inclusive, levar ao fim do casamento. A doutrina de Paulo Lôbo, Maria Berenice Dias, Flávio Tartuce e Rolf Madaleno nesse sentido, da mesma forma que a jurisprudência, como se vê exemplificativamente:

> (...) O direito ao nome é um dos elementos estruturantes dos direitos da personalidade e da dignidade da pessoa humana, pois diz respeito à própria identidade pessoal do indivíduo, não apenas em relação a si, como também em ambiente familiar e perante a sociedade. 5 – Conquanto a modificação do nome civil seja qualificada como excepcional e as hipóteses em que se admite a alteração sejam restritivas, esta Corte tem reiteradamente flexibilizado essas regras, interpretando-as de modo histórico-evolutivo para que se amoldem a atual realidade social em que o tema se encontra mais no âmbito da autonomia privada, permitindo-se a modificação se não houver risco à segurança jurídica e a terceiros. Precedentes. 6 – Na hipótese, a parte, que havia substituído um de seus patronímicos pelo de seu cônjuge por ocasião do matrimônio, fundamentou a sua pretensão de retomada do nome de solteira, ainda na constância do vínculo conjugal, em virtude do sobrenome adotado ter se tornado o protagonista de seu nome civil em detrimento do sobrenome familiar, o que lhe causa dificuldades de adaptação, bem como no fato de a modificação ter lhe causado problemas psicológicos e emocionais, pois sempre foi socialmente conhecida pelo sobrenome do pai e porque os únicos familiares que ainda carregam o patronímico familiar se encontram em grave situação de saúde. 7 – Dado que as justificativas apresentadas pela parte não são frívolas, mas, ao revés, demonstram a irresignação de quem vê no horizonte a iminente perda dos seus entes próximos sem que lhe sobre uma das mais palpáveis e significativas recordações – o sobrenome –, deve ser preservada a intimidade, a autonomia da vontade, a vida privada, os valores e as crenças das pessoas, bem como a manutenção e perpetuação da herança familiar, especialmente na hipótese em que a sentença reconheceu a viabilidade, segurança e idoneidade da pretensão mediante exame de fatos e provas não infirmados pelo acórdão recorrido (...).[95]

A Lei 14.382/2022 que alterou a Lei de Registros Públicos, veio corroborar e ampliar a possibilidade da mudança, não apenas em relação ao nome de casada, mas também do nome e do sobrenome, independentemente do estado civil, inclusive na união estável.

Esta facilitação de alteração dos nomes advém da segurança que o Cadastro de Pessoa Física – CPF adquiriu, tendo se tornado o mais importante identificador da pessoa, consolidada pela

---

21 da Lei 6.015, de 31 de dezembro de 1973. Essa possibilidade de alteração por meio extrajudicial facilita a vida dos jurisdicionados, além de desafogar o Poder Judiciário, outorgando a solução ao oficial de Registro Civil.

94 Provimento 153/2023.

95 STJ, REsp 1873918/SP, Rel. Ministra Nancy Andrighi, 3ª Turma, DJe 04/03/2021.

Lei 14.534, de 11.01.2023[96]. Ao nascer, a criança é registrada e recebe sua principal identificação, o CPF, que a identificará por toda a vida e em qualquer circunstância, independentemente das variações do seu nome e do seu estado civil.

O artigo 57, da Lei de Registros Públicos, alterado pela Lei 14.382/2022, ampliou as possibilidades de alteração dos nomes, já que isto não gera mais insegurança jurídica. Portanto, os cônjuges podem alterar seus nomes, antes, durante ou depois do casamento.

6.13   OS EFEITOS E ASPECTOS PATRIMONIAIS DO DIVÓRCIO E UNIÃO ESTÁVEL

Questões patrimoniais e econômicas geralmente estão presentes no fim do casamento. A exceção fica por conta dos casais cujo regime é o da separação de bens não obrigatória ou sem bens a partilhar, independentemente do regime de bens; e quando as partes, não tendo filhos menores ou que não necessitam de pensão, têm independência financeira, não há que se falar de pensão alimentícia nem mesmo a compensatória. Em síntese, as consequências econômicas do divórcio são: pensão alimentícia e partilha de bens.

A pensão alimentícia é devida aos filhos, se ainda necessitarem, e ao cônjuge, se o contexto histórico e econômico das partes assim autorizar. A história das pensões alimentícias é conhecida dos profissionais do Direito: quem paga sempre acha que está pagando muito, e quem recebe acha que está recebendo pouco. É que estas questões materiais, muitas vezes, vêm encobrir e tamponar reivindicações inconscientes. Se se considerar a pensão alimentícia apenas no plano jurídico e objetivo, ela seria muito simples, isto é, trata-se apenas da discussão objetiva do valor da necessidade, conjugada com a possibilidade de quem paga. Tal discussão, aparentemente objetiva, vai muito além, pois o que geralmente se demanda através do valor da pensão alimentar é uma compensação das perdas imateriais sofridas com o fim do casamento. O desamparo de uma das partes, ou de ambas, vem travestido de reivindicações objetivas, e, na verdade, é apenas uma demanda de amor. E para isso não poupam os filhos e não veem o mal que fazem a eles, colocando-os no centro da "cena jurídica" e aparentemente como reivindicação de um direito, quando estão sendo muitas vezes objetos de uso e moeda de troca do fim da conjugalidade (ver capítulo 13).

A partilha de bens, que também deveria ser simples e objetiva, pois bastaria que se cumprissem os ditames do regime de bens estabelecido entre as partes, nem sempre se restringe aos aspectos objetivos. É que nesta objetividade permeia também uma subjetividade que determina as relações jurídicas e faz o justo tornar-se relativo de acordo com o ângulo de visão e as "razões inconscientes", se é que se pode falar de razão para o sujeito do inconsciente. Por estes motivos, principalmente, é que o ângulo de visão de cada uma das partes faz com que tenham versões diferentes sobre o mesmo fato e encontrem razões até mesmo para esconder dados e informações em nome do justo. Surgem assim novas discussões e categorias jurídicas e o confronto de regras do Direito empresarial com o Direito de Família, em que se torna necessária a desconsideração da pessoa jurídica para evitar possíveis fraudes, o que denominamos, por influência da língua inglesa, de *disregard*.

6.14   TESES DO STJ A PARTIR DE SEUS JULGADOS

As teses aqui resumidas foram elaboradas pela Secretaria de Jurisprudência do STJ, em sua base de dados, com julgados publicados até 05/10/2018.

---

[96]   Alterou as Leis 7.116, de 29 de agosto de 1983, 9.454, de 7 de abril de 1997, 13.444, de 11 de maio de 2017, e 13.460, de 26 de junho de 2017, para adotar número único para os documentos que especifica e para estabelecer o Cadastro de Pessoas Físicas (CPF) como número suficiente para identificação do cidadão nos bancos de dados de serviços públicos.

Cap. 6 – DIVÓRCIO E DISSOLUÇÃO DA SOCIEDADE E DO VÍNCULO CONJUGAL **273**

DA DISSOLUÇÃO DA SOCIEDADE CONJUGAL E DA UNIÃO ESTÁVEL – I

1) **O divórcio direto pode ser concedido sem que haja prévia partilha dos bens. (Súmula nº 197/STJ)**

Julgados: REsp 1.522.142/PR, Rel. Min. Marco Aurélio Bellizze, 3ª Turma, j. 13/06/2017, DJe 22/06/2017; SEC 61.42/EX, Rel. Min. Maria Thereza de Assis Moura, Corte especial, j. 05/11/2014, DJe 17/11/2014; AgRg no REsp 1.327.644/RS, Rel. Min. Ricardo Villas Bôas Cueva, 3ª Turma, j. 13/05/2014, DJe 22/05/2014; SEC 8.714/EX, Rel. Min. João Otávio de Noronha, Corte especial, j. 19/03/2014, DJe 26/03/2014; REsp 1.281.236/SP, Rel. Min. Nancy Andrighi, 3ª Turma, j. 19/03/2013, DJe 26/03/2013; AgRg no REsp 1.213.977/PI, Rel. Min. Maria Isabel Gallotti, 4ª Turma, j. 28/08/2012, DJe 04/09/2012 (vide Informativo de Jurisprudência nº 518; vide Súmula anotada nº 197/STJ).

2) **É de quatro anos o prazo decadencial para anular partilha de bens em dissolução de sociedade conjugal ou de união estável, nos termos do art. 178 do Código Civil.**

Julgados: AgInt no REsp 1.546.979/SP, Rel. Min. Maria Isabel Gallotti, 4ª Turma, j. 10/04/2018, DJe 16/04/2018; REsp 1.621.610/SP, Rel. Ministro Luis Felipe Salomão, 4ª Turma, julgado em 07/02/2017, DJe 20/03/2017; REsp 141.470/PR, Rel. Min. Castro Filho, 3ª Turma, j. 21/03/2002, DJ 22/04/2002, p. 200; AREsp 1.258.960/SP (decisão monocrática), Rel. Min. Ricardo Villas Bôas Cueva, 3ª Turma, j. 14/03/2018, publicação: 27/03/2018; REsp 1.677.422/SP (decisão monocrática), Rel. Min. Paulo de Tarso Sanseverino, 3ª Turma, j. 16/08/2017, publicação: 22/08/2017 (vide Informativo de Jurisprudência nº 600).

3) **As verbas de natureza trabalhista nascidas e pleiteadas na constância da união estável ou do casamento celebrado sob o regime da comunhão parcial ou universal de bens integram o patrimônio comum do casal e, portanto, devem ser objeto da partilha no momento da separação.**

Julgados: AgInt no REsp 1.696.458/RS, Rel. Min. Luis Felipe Salomão, 4ª Turma, j. 22/05/2018, DJe 29/05/2018; EDcl no AgRg no REsp 1.568.650/RS, Rel. Min. Marco Aurélio Bellizze, 3ª Turma, j. 20/02/2018, DJe 01/03/2018; AgRg no REsp 1.313.857/RJ, Rel. Min. Antonio Carlos Ferreira, 4ª Turma, j. 03/10/2017, DJe 09/10/2017; REsp 1.537.739/PR, Rel. Min. Moura Ribeiro, 3ª Turma, j. 12/09/2017, DJe 26/09/2017; REsp 1.543.932/RS, Rel. Min. Maria Isabel Gallotti, 4ª Turma, j. 20/10/2016, DJe 30/11/2016; AgInt no AREsp 604.725/SP, Rel. Min. Marco Buzzi, 4ª Turma, j. 01/09/2016, DJe 08/09/2016 (vide Informativo de Jurisprudência nº 430).

4) **Deve ser reconhecido o direito à meação dos valores depositados em conta vinculada ao Fundo de Garantia de Tempo de Serviço – FGTS auferidos durante a constância da união estável ou do casamento celebrado sob o regime da comunhão parcial ou universal de bens, ainda que não sejam sacados imediatamente após a separação do casal ou que tenham sido utilizados para aquisição de imóvel pelo casal durante a vigência da relação.**

Julgados: AgInt no AREsp 331.533/SP, Rel. Min. Antonio Carlos Ferreira, 4ª Turma, j. 10/04/2018, DJe 17/04/2018; AgInt no REsp 1.575.242/MG, Rel. Min. Ricardo Villas Bôas Cueva, 3ª Turma, j. 06/03/2018, DJe 12/03/2018; AgInt no REsp 1.647.001/PR, Rel. Min. Nancy Andrighi, 3ª Turma, j. 24/10/2017, DJe 07/11/2017; REsp 1.399.199/RS, Rel. Min. Maria Isabel Gallotti, Rel. p/ acórdão Ministro Luis Felipe Salomão, 2ª Seção, j. 09/03/2016, DJe 22/04/2016; AgRg no AREsp 525.523/SP, Rel. Min. Maria Isabel Gallotti, 4ª Turma, j. 14/10/2014, DJe 29/10/2014; AgRg no AREsp 111.248/MG, Rel. Min.

João Otávio de Noronha, 3ª Turma, j. 23/09/2014, DJe 02/10/2014; REsp 1.266.527/RS, Rel. Min. Raul Araújo, 4ª Turma, j. 03/09/2013, DJe 29/04/2014 (vide Informativo de Jurisprudência nº 581).

5) **A valorização patrimonial dos imóveis ou das cotas sociais de sociedade limitada, adquiridos antes do casamento ou da união estável, não deve integrar o patrimônio comum a ser partilhado quando do término do relacionamento, visto que essa valorização é decorrência de um fenômeno econômico que dispensa a comunhão de esforços do casal.**

Julgados: AgInt no AREsp 297.242/RS, Rel. Min. Lázaro Guimarães (Desembargador convocado do TRF 5ª Região), 4ª Turma, j. 07/11/2017, DJe 13/11/2017; REsp 1.595.775/AP, Rel. Min. Ricardo Villas Bôas Cueva, 3ª Turma, j. 09/08/2016, DJe 16/08/2016; REsp 1.349.788/RS, Rel. Min. Nancy Andrighi, 3ª Turma, j. 26/08/2014, DJe 29/08/2014; REsp 1.173.931/RS , Rel. Min. Paulo de Tarso Sanseverino, 3ª Turma, j. 22/10/2013, DJe 28/10/2013; AREsp 496.237/SP (decisão monocrática), Rel. Min. Antonio Carlos Ferreira, 4ª Turma, publicação: 22/08/2018; AREsp 236.955/RS (decisão monocrática), Rel. Min. Raul Araújo, 4ª Turma, j. 28/08/2017, publicação: 04/09/2017 (vide Informativo de Jurisprudência nº 533). (Vide Jurisprudência em teses nº 50 – Tese 11).

6) **Os valores investidos em previdência privada fechada se inserem, por analogia, na exceção prevista no art. 1.659, VII, do Código Civil de 2002, e consequentemente não integram o patrimônio comum do casal. Portanto, não devem ser objeto da partilha.**

Julgados: AgInt no AREsp 1.205.416/SP, Rel. Min. Marco Aurélio Bellizze, 3ª Turma, j. 12/06/2018, DJe 22/06/2018; REsp 1.477.937/MG, Rel. Min. Ricardo Villas Bôas Cueva, 3ª Turma, j. 27/04/2017, DJe 20/06/2017; REsp 1.528.026/DF (decisão monocrática), Rel. Min. Lázaro Guimarães (Desembargador convocado do TRF 5ª Região), 4ª Turma, julgado em 14/05/2018, publicado em 16/05/2018 (Vide Informativo de Jurisprudência nº 606).

7) **Após a separação de fato ou de corpos, o cônjuge que estiver na posse ou na administração do patrimônio partilhável – seja na condição de administrador provisório, seja na de inventariante – terá o dever de prestar contas ao ex-consorte enquanto perdurar o estado de mancomunhão.**

Julgados: REsp 1.274.639/SP, Rel. Min. Luis Felipe Salomão, 4ª Turma, j. 12/09/2017, DJe 23/10/2017; REsp 1.470.906/SP, Rel. Min. Ricardo Villas Bôas Cueva, 3ª Turma, j. 06/10/2015, DJe 15/10/2015; REsp 1.728.628/SP (decisão monocrática), Rel. Min. Paulo de Tarso Sanseverino, 3ª Turma, j. 20/03/2018, publicação: 05/04/2018; AREsp 1.201.050/SP (decisão monocrática), Rel. Min. Maria Isabel Gallotti, 4ª Turma, j. 12/12/2017, publicação: 19/12/2017; AREsp 141.805/SP (decisão monocrática), Rel. Min. João Otávio de Noronha, 3ª Turma, j. 12/02/2016, publicação: 29/02/2016.

8) **Na separação e no divórcio, o fato de certo bem ainda pertencer indistintamente aos ex-cônjuges, por ausência de formalização da partilha, não representa automático empecilho ao pagamento de indenização pelo uso exclusivo do bem por um deles, desde que a parte que toca a cada um tenha sido definida por qualquer meio inequívoco, visto que medida diversa poderia importar enriquecimento sem causa.**

Julgados: AgInt nos EDcl no REsp 1.683.573/PR, Rel. Min. Antonio Carlos Ferreira, 4ª Turma, j. 24/04/2018, DJe 02/05/2018; REsp 1.327.652/RS, Rel. Min. Luis Felipe Salomão,

4ª Turma, j. 10/10/2017, DJe 22/11/2017; REsp 1.688.619/MG, Rel. Min. Ricardo Villas Bôas Cueva, 3ª Turma, j. 26/09/2017, DJe 02/10/2017; REsp 1.375.271/SP, Rel. Min. Nancy Andrighi, 3ª Turma, j. 21/09/2017, DJe 02/10/2017; AgRg no REsp 1.456.716/DF, Rel. Min. Raul Araújo, 4ª Turma, j. 18/04/2017, DJe 10/05/2017; REsp 330.182/P, Rel. Min. Maria Isabel Gallotti, 4ª Turma, j. 14/12/2010, DJe 04/02/2011 (Vide Informativo de Jurisprudência n° 598; vide Pesquisa Pronta).

9) **Admite – se o arbitramento de aluguel a um dos cônjuges por uso exclusivo de bem imóvel comum do casal somente na hipótese em que, efetuada a partilha do bem, um dos cônjuges permaneça residindo no imóvel.**

Julgados: REsp 1.375.271/SP, Rel. Min. Nancy Andrighi, 3ª Turma, j. 21/09/2017, DJe 02/10/2017; REsp 1.470.906/SP, Rel. Min. Ricardo Villas Bôas Cueva, 3ª Turma, j. 06/10/2015, DJe 15/10/2015; AgRg no REsp 1.377.665/PR, Rel. Min. Marco Buzzi, 4ª Turma, j. 21/05/2015, DJe 28/05/2015; EDcl no Ag 1.424.011/BA, Rel. Min. João Otávio de Noronha, 3ª Turma, j. 10/09/2013, DJe 16/09/2013; AgRg no REsp 1.278.071/MG, Rel. Min. Antonio Carlos Ferreira, 4ª Turma, j. 11/06/2013, DJe 21/06/2013; AgRg no Ag 1.212.247/SP, Rel. Min. Sidnei Beneti, 3ª Turma, j. 27/04/2010, DJe 12/05/2010 (Vide Pesquisa Pronta).

10) **Na ação de divórcio, a audiência de ratificação prevista no art. 1.122 do Código de Processo Civil de 1973 não é obrigatória, cabendo ao juiz decidir pela oportunidade de realizá-la, não sendo, portanto, causa de anulação do processo.**

Julgados: REsp 1.756.100/DF, Rel. Min. Marco Aurélio Bellizze, 3ª Turma, j. 02/10/2018, DJe 11/10/2018; AgInt no REsp 1.660.819/MG, Rel. Min. Maria Isabel Gallotti, 4ª Turma, j. 22/03/2018, DJe 04/04/2018; REsp 1.554.316/MG, Rel. Min. Marco Buzzi, 4ª Turma, j. 15/03/2016, DJe 21/03/2016; REsp 1.483.841/RS, Rel. Min. Moura Ribeiro, 3ª Turma, j. 17/03/2015, DJe 27/03/2015; REsp 1.258.419/MG (decisão monocrática), Rel. Min. Ricardo Villas Bôas Cueva, 3ª Turma, j. 25/11/2015, publicação: 07/12/2015 (Vide Informativo de Jurisprudência n° 558).

11) **Comprovada a separação de fato ou judicial entre os casados, a existência de casamento válido não obsta o reconhecimento da união estável.**

Julgados: AgInt no REsp 1.725.214/RS, Rel. Min. Mauro Campbell Marques, 2ª Turma, j. 25/09/2018, DJe 03/10/2018; AREsp 1.182.397/RJ, Rel. Min. Herman Benjamin, 2ª Turma, j. 21/11/2017, DJe 19/12/2017; AgInt no REsp 1.531.839/DF, Rel. Min. Lázaro Guimarães (Desembargador convocado do TRF 5ª Região), 4ª Turma, j. 14/11/2017, DJe 21/11/2017; REsp 1.628.701/BA, Rel. Min. Ricardo Villas Bôas Cueva, 3ª Turma, j. 07/11/2017, DJe 17/11/2017; AgInt no AREsp 951.338/PI, Rel. Min. Francisco Falcão, 2ª Turma, j. 19/09/2017, DJe 25/09/2017; AgInt no AREsp 999.189/MS, Rel. Min. Antonio Carlos Ferreira, 4ª Turma, julgado em 16/05/2017, DJe 23/05/2017; AgInt no AREsp 953.128/BA, Rel. Min. Marco Buzzi, 4ª Turma, j. 21/02/2017, DJe 03/03/2017. (Vide informativo de jurisprudência n° 494) (Vide Jurisprudência em Teses n° 50 – Tese 5).

6.15 RESUMO

Breve histórico do divórcio no Brasil:

- Constituição da República – 1881 – Separação Igreja/Estado
- Emenda Constitucional n.º 9 de 28/06/1977 – Institui o divórcio no Brasil

- Lei 6.515 de 26/12/1977 – Lei do Divórcio – Manteve o instituto da separação judicial que substituiu a expressão desquite: um "limbo" entre o casamento e o divórcio. Como se fosse um purgatório
- Lei 7.841, de 17/10/1989 – Revogou art. 38 da Lei do Divórcio, eliminando a restrição do divórcio a uma só vez
- Lei 11.441, de 04/01/2007 – Estabelece o divórcio administrativo quando consensual e não há filhos menores de idade
- Emenda Constitucional 66, de 13/07/2010 – Simplificou o divórcio, eliminando prazos para se requerê-lo, acabou com a discussão de culpa e com a separação judicial – Vitória do princípio da autonomia privada, da liberdade, da responsabilidade e do Estado laico.

Por que um casamento/união estável acaba?
- Substituição da culpa pelo discurso da responsabilidade
- O sustento do laço conjugal está no desejo e não no elo jurídico.

Não existe culpado pelo fim da conjugalidade:
- O litígio conjugal é uma forma de não separar: o ex-casal permanece unido pelo ódio
- O discurso da culpa ajudava a sustentar os desgastantes processos judiciais litigiosos
- Atribuir ao outro a culpa é uma forma de tamponar o desamparo estrutural e evitar deparar-se com o próprio desamparo.

A difícil arte de divorciar/separar:
- Divórcio/separação é um ritual de passagem
- Casa-se para ser feliz e separa-se também para ser feliz
- O fim do casamento/união estável não é o fim da família que se transforma em família binuclear.

A estrutura do divórcio/dissolução de união estável e suas consequências:
- Aspectos pessoais
  - Nome de casado(a) – Provimentos CNJ 82/2019 e 153/2023 do CNJ e Lei 14.382/2022
  - Guarda de filhos
  - Convivência familiar
- Aspectos econômicos
  - Pensão alimentícia
  - Partilha de bens.

Divórcio nuncupativo – À semelhança do casamento nuncupativo é possível o divórcio *in extremis*.

Divórcio *post mortem* – É possível a decretação do divórcio mesmo depois da morte, se uma das partes ou ambas morrerem no curso do processo, com manifesta e inequívoco interesse de divórcio.

FILMOGRAFIA

1. *Divórcio*, 2017, filme, Brasil, Pedro Amorim.
2. *O que os homens falam*, 2014, filme, Espanha, Cesc Gay.
3. *Alma silenciosa*, 1997, filme, Austrália/França/Itália, Rolf de Heer.
4. *Amor a toda prova*, 2011, filme, EUA, John Requa e Glenn Ficarra.
5. *A lula e a baleia*, 2006, filme, EUA, Noah Baumbach.
6. *Simplesmente complicado*, 2009, filme, EUA, Nancy Meyers.
7. *Foi apenas um sonho*, 2008, filme, EUA, Sam Mendes.
8. *A esposa*, 2017, filme, Suécia/EUA, Björn Runge.
9. *Sem amor*, 2017, filme, Rússia/França/Bélgica/Alemanha, Andrey Zvyagintsev.
10. *Amor, casamento e divórcio*, 2021, série, Coreia do Sul, Im Sung-han.
11. *Toscana*, 2022, filme, Dinamarca, Melody Araz.
12. *Dirty John*, 2018, série, O golpe do amor, EUA, Jeffrey Reiner.

7

ALIMENTOS

  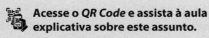

Acesse o *QR Code* e assista à aula explicativa sobre este assunto.
> https://uqr.to/ofpy

7.1 PENSÃO ALIMENTÍCIA

O instituto jurídico dos alimentos[1] decorre de valores humanitários e dos princípios da solidariedade e dignidade humana, e destina-se àqueles que não podem arcar com a própria subsistência. É a ordem jurídica com base em uma principiologia norteadora do Direito de Família que estabelece as regras de quem deve receber e de quem deve pagar. Seu conteúdo está diretamente atrelado à tutela da pessoa e à satisfação de suas necessidades fundamentais. A Emenda Constitucional n. 64, de 2010[2], alterou o artigo 6º da Constituição da República para introduzir a alimentação como um direito social, o que reforça a sua amplitude e importância como direito essencial e atributo da dignidade da pessoa humana.

O Supremo Tribunal Federal – STF afastou a incidência do Imposto de Renda em pensões alimentícias, pelo julgamento da ADI 5.422, movida pelo Instituto Brasileiro de Direito de Família – IBDFAM. Alimentos ou pensão alimentícia oriundos do direito de família não se configuram

---

[1] (...) Os alimentos incidem sobre verbas pagas em caráter habitual, aquelas incluídas permanentemente no salário do empregado, ou seja, sobre vencimentos, salários ou proventos, valores auferidos pelo devedor no desempenho de sua função ou de suas atividades empregatícias, decorrentes dos rendimentos ordinários do devedor. 3. A parcela denominada participação nos lucros (PLR) tem natureza indenizatória e está excluída do desconto para fins de pensão alimentícia, porquanto verba transitória e desvinculada da remuneração habitualmente recebida submetida ao cumprimento de metas e produtividade estabelecidas pelo empregador. (STJ, REsp 1719372/SP, Rel. Min. Ricardo Villas Bôas Cueva, 3ª Turma, pub. 01/03/2019).

No mais, como já decidido pelo STJ, se antes do falecimento do autor da herança não tiver sido proposta a ação de alimentos contra o suposto devedor, não há falar em imputação desse ônus ao Espólio, por versar obrigação *intuitu personae*, assim, intransmissível. Na ausência de encargo previamente constituído, seja por convenção, seja por decisão judicial, o alimentando deve buscar os alimentos dos seus parentes mais próximos, à luz do princípio da solidariedade, previsto nos artigos já mencionados, recaindo a obrigação nos mais próximos em grau, uns em falta de outros.

[2] Posteriormente, com alterações na redação dada pela EC nº 90/2015 com a seguinte redação: "Art. 6º São direitos sociais a educação, a saúde, a alimentação, o trabalho, a moradia, o transporte, o lazer, a segurança, a previdência social, a proteção à maternidade e à infância, a assistência aos desamparados, na forma desta Constituição".

DIREITO DAS FAMÍLIAS – *Rodrigo da Cunha Pereira*

como renda nem proventos de qualquer natureza do credor dos alimentos, mas montante retirado dos acréscimos patrimoniais recebidos pelo alimentante para ser dado ao alimentado. A percepção desses valores pelo alimentado não representa riqueza nova, estando fora, portanto, da hipótese de incidência do imposto (STF, ADI 5.422, Rel. Min. Dias Toffoli, j. 06/06/2022).

As fontes mais comuns da obrigação alimentar[3] são o parentesco, a união estável e o casamento. Mas não se pode deixar de mencionar também a vontade e o ato ilícito. É possível criar a obrigação alimentar através do negócio jurídico bilateral ou mesmo unilateral (testamento). A prática do ato ilícito pode também gerar fixação de alimentos, conforme dispõe o artigo 948,[4] II, CCB 2002.[5] É um instituto que desperta o interesse público, pois tem estreita ligação com a vida, isto é, está diretamente relacionado à sobrevivência da pessoa. Arnaldo Rizzardo conceitua os alimentos como "tudo quanto é indispensável às necessidades da vida, como vestimentas, alimentação, moradia, atendimento médico-hospitalar, instrução etc."[6] Em apertada síntese, Yussef Said Cahali define alimentos como "prestações devidas, feitas para que aquele que as recebe possa subsistir, isto é, manter a sua existência, realizar o direito à vida, tanto física (sustento do corpo) como intelectual e moral (cultivo e educação do espírito do ser racional).[7]

Com o Código Civil de 2002, o instituto recebeu uma nova roupagem e trouxe novos pressupostos. Ainda que parcialmente, abandonou o ultrapassado fundamento da culpa como requisito para seu recebimento. O caráter de mútua assistência e de solidariedade fortaleceu-se, principalmente, nos casos decorrentes do casamento e união estável, pois foi estabelecido que o cônjuge pode fazer *jus* a alimentos "naturais" ou "necessários", ainda que fosse culpado pelo fim do casamento.

A Emenda Constitucional n. 66/2010, ao eliminar prazos para se requerer a oficialização do fim do casamento, e deixar para trás a prévia separação judicial ao divórcio, deu passos definitivos para eliminar a discussão de culpa no ordenamento jurídico brasileiro, deixando que a discussão alimentar fique centrada apenas em seus pressupostos autênticos e essenciais: necessidade de quem recebe e possibilidade de quem paga.

Antes de tratarmos especificamente sobre alimentos aos filhos e aos cônjuges em seus aspectos práticos, é necessário estabelecer alguns limites e contornos teóricos para uma melhor aplicação deste conteúdo econômico do divórcio.

7.2 OBRIGAÇÃO ALIMENTAR E DEVER DE SUSTENTO

Os alimentos decorrem do dever de sustento dos filhos menores (art. 1.566, IV, CCB 2002), para os cônjuges (art. 1.694, CCB 2002) ou da obrigação alimentar. Seja qual for a sua origem o *quantum* deve ser estabelecido em atendimento ao binômio necessidade/possibilidade, compatibilizando com o padrão de vida e a condição social das partes envolvidas (art. 1.694, CCB/2002).

Na prática, as expressões "obrigação alimentar" e "dever de sustento" são constantemente confundidas, o que torna necessário fazer tal distinção. Nem tanto pelo seu conceito, pois são

---

[3] Enunciado 48 do IBDFAM: Das decisões que fixarem alimentos provisórios e nas execuções de alimentos, os mandados deverão ser cumpridos inclusive no plantão judicial.

[4] Art. 948. No caso de homicídio, a indenização consiste, sem excluir outras reparações: (...)

II – na prestação de alimentos às pessoas a quem o morto os devia, levando-se em conta a duração provável da vida da vítima.

[5] ANDRADE NETO, Carlos Gonçalves de. "Alimentos por ato ilícito e a possibilidade de prisão do devedor por seu inadimplemento". In: *Revista Brasileira de Direito das Famílias e Sucessões*, Porto Alegre: Magister; Belo Horizonte: IBDFAM bimestral, vol. 8, p. 19-27, fev./mar. 2009.

[6] RIZZARDO, Arnaldo. *Direito de Família*, Rio de Janeiro: Forense, 2004, p. 717.

[7] CAHALI, Yussef Said. *Dos alimentos*, São Paulo: Revista dos Tribunais, 2009, p. 16.

muito próximos, mas muito mais pelos fatos e consequências em um processo judicial, pois tal distinção acarretará a maior ou a menor necessidade de dilação probatória.

O dever ou a obrigação de sustento advém do poder familiar, conforme disposto pelos artigos 229[8] da Constituição Federal, 1.566, IV, do CCB/2002,[9] e 22 do Estatuto da Criança e do Adolescente,[10] ou seja, é a forma que o filho menor tem de ter suprido seu sustento até que este complete a maioridade ou que seja emancipado. Neste caso, a necessidade do alimentário é presumida, devendo o valor final dos alimentos ser adequado à possibilidade do pai ou da mãe obrigados. O seu descumprimento pode acarretar, inclusive, a destituição do poder familiar e a caracterização de crime de abandono (art. 244, CP). Contudo, a destituição do poder familiar não exime o genitor do dever de sustento, o que serviria somente de prêmio a ele. Com a maioridade, e, portanto, extinto o poder familiar, consequentemente, extinto também o dever de sustento, persiste, entretanto, a obrigação alimentar.

A obrigação alimentar decorre dos demais vínculos de parentesco distintos do decorrente do poder familiar, qual seja, dos filhos maiores, entre descendentes e ascendentes, irmãos, cônjuges e companheiros. Diferentemente do sustento entres pais e filhos menores, esta obrigação não é presumida e depende de dilação probatória no binômio necessidade *versus* possibilidade. O fundamento desta obrigação está no artigo 1.694 do CCB/2002, que contém a regra geral de alimentos atribuídos àqueles que não podem arcar com a própria subsistência. A obrigação e sustento distinguem-se quanto à estrutura e função[11]. O dever de sustento decorre do poder familiar e a obrigação alimentar do parentesco.

Outra diferença entre um instituto e outro é que não há reciprocidade entre credor e devedor de alimentos, enquanto esta obrigação se der em decorrência do poder familiar, e, portanto, os devedores são apenas os pais.

Em Portugal este dever de sustento se estende aos padrastos e madrastas, conforme dispõe o artigo 2.009º, 1, *f*, do Código Civil português[12].

7.2.1 Sinais exteriores de riqueza e a teoria da aparência para a fixação do *quantum* alimentar

Uma das grandes dificuldades de se fixar a verba alimentar, reside no fato da ocultação dos verdadeiros ganhos de quem deve pagar os alimentos, quando se trata de empresário e/ou profissional autônomo. Nem sempre esse profissional apresenta sua renda corretamente, distorcendo sua realidade no preenchimento da sua declaração do imposto de renda. Ou até mesmo utiliza de interposta pessoa em total prejuízo ao credor de alimentos.

É comum o devedor de alimentos esconder sua renda verdadeira, declarando-a bem menor do que a realidade, e, no entanto, ostentar um padrão de vida incompatível com tal rendimento. Ou seja, exterioriza sinais e aparência de riqueza, embora afirme ter baixa renda. Esses sinais

---

[8] Art. 229. Os pais têm o dever de assistir, criar e educar os filhos menores, e os filhos maiores têm o dever de ajudar e amparar os pais na velhice, carência ou enfermidade.

[9] Art. 1.566. São deveres de ambos os cônjuges: (...) IV – sustento, guarda e educação dos filhos.

[10] Art. 22. Aos pais incumbe o dever de sustento, guarda e educação dos filhos menores, cabendo-lhes, ainda, no interesse destes, a obrigação de cumprir e fazer cumprir as determinações judiciais.

[11] FARIAS, Cristiano Chaves de e ROSENVALD, Nelson. *Direito das famílias*, Rio de Janeiro: Editora Lumen Juris, 2008, p. 610.

[12] Art. 2.009º Pessoas obrigadas a alimentos

(...)

f) o padastro e a madrasta, relativamente a enteados menores que estejam, ou estivessem no momento da morte do cônjuge, a cargo deste.

282 DIREITO DAS FAMÍLIAS – *Rodrigo da Cunha Pereira*

não exteriorizados, muitas vezes em carros de luxo, moradia incompatível com sua renda, postagens em redes sociais etc. Como bem diz o mineiro Ronner Botelho:

> *Essas manobras e subterfúgios promovidos pelo devedor de alimentos carregam uma realidade fantasiosa apresentada aos autos do processo, distorcendo a verdade real, fazendo com que a impressão seja de que aquele devedor de alimentos não aparente ter condições necessárias para cumprir com suas obrigações nos limites da lei, segundo os critérios da proporcionalidade e razoabilidade. Em contrapartida, nos bastidores da vida e longe do cenário jurídico, muitos devedores de alimentos ostentam padrões de luxo e riqueza. Para tentar combater essa realidade com a roupagem ética e a essência da boa-fé objetiva surge a "teoria da aparência", que é justamente uma teoria usada para tentar afastar essa distorção apresentada no processo, que prejudica o credor de alimentos, por justamente fazer com que receba um valor inferior daquilo que lhe é devido[13].*

7.3 PRINCÍPIOS E CARACTERÍSTICAS DOS ALIMENTOS

São vários os princípios e características consagrados em nosso Direito. Apenas alguns deles vêm recebendo novas interpretações. A maioria continua com a mesma roupagem recebida pela tradicional doutrina. Dentre as características deste instituto, que não são *numerus clausus*, optamos por aquelas que consideramos mais relevantes. Vejamos, então, os princípios dos alimentos e vetores exegéticos dos alimentos e que se presentificam, ora em uma, ora em outra forma alimentar, ou seja, nos alimentos decorrentes do parentesco ou do vínculo conjugal.

7.3.1 Direito personalíssimo

O direito de receber alimentos é personalíssimo. Sua titularidade não pode ser transferida a outrem, pois é destinado a preservar a sobrevivência de quem os recebe, assegurando a existência e a integridade física e psíquica do indivíduo que não pode manter-se sozinho.

Não persistindo mais a necessidade daquele que faz *jus* aos alimentos, não pode ser transferido a outrem, até porque a fixação dos alimentos leva em conta as peculiaridades do caso concreto. O fato de os alimentos serem fixados levando-se em conta as peculiaridades da situação do credor e do devedor, consideradas as suas circunstâncias pessoais[14], é prova cabal dessa natureza personalíssima.[15]

---

[13] SOARES, Ronner Botelho. Direito de Família conforme interpretação do STJ. Alimentos: aspectos processuais. *In*: CALMON, Rafael; PORTANOVA, Rui; D'ALESSANDRO, Gustavo (coord.). *A teoria da aparência nas ações de alimentos*. Indaiatuba: Foco, 2024, p. 189-190.

[14] FARIAS, Cristiano Chaves de e ROSENVALD, Nelson. Op. cit., p. 589.

[15] (...) quando dissolvido o casamento válido pelo divórcio, tem-se a consequente extinção do dever de mútua assistência, não remanescendo qualquer vínculo entre os divorciados, tanto que desimpedidos de contrair novas núpcias. Dá-se, portanto, incontornável ruptura a quaisquer deveres e obrigações inerentes ao matrimônio cujo divórcio impôs definitivo termo. Por força dos usualmente reconhecidos efeitos patrimoniais do matrimônio e também com vistas a não tolerar a perpetuação de injustas situações que reclamem solução no sentido de perenizar a assistência, optou-se por traçar limites para que a obrigação de prestar alimentos não seja utilizada *ad aeternum* em hipóteses que não demandem efetiva necessidade de quem os pleiteia. Dessa forma, em paralelo ao raciocínio de que a decretação do divórcio cortaria toda e qualquer possibilidade de se postular alimentos, admite-se a possibilidade de prestação do encargo sob as diretrizes consignadas nos arts. 1.694 e ss. do CC/02, o que implica a decomposição do conceito de necessidade, à luz do disposto no art. 1.695 do CC/02, do qual é possível colher os seguintes requisitos caracterizadores: (i) a ausência de bens suficientes para a manutenção daquele que pretende alimentos e (ii) a incapacidade do pretenso alimentando de prover, pelo seu trabalho, à própria mantença. (...) (STJ, REsp. 933355/SP, Rel. Min. Nancy Andrighi, public. DJe 11.04.2008).

Cap. 7 – ALIMENTOS **283**

7.3.2 Irrenunciabilidade dos alimentos

O Código Civil de 2002 ratificou a impossibilidade de renúncia de alimentos, retomando-se a discussão sobre a matéria em relação aos cônjuges.

Apesar de o Código Civil de 1916 vedar a renúncia aos alimentos, o entendimento da jurisprudência durante a vigência daquele código era de que esse dispositivo não tinha validade quanto aos cônjuges, com o que concordamos e melhor abordarei no item 7.8. Portanto, não é possível a renúncia entre pais e filhos menores, mas o é entre cônjuges e companheiros.[16]

7.3.3 Intransmissibilidade dos alimentos

O Código Civil de 1916, em seu artigo 402, dispunha que o encargo alimentar era intransmissível. O artigo 23 da Lei n. 6.515/77 estabelecia que a obrigação alimentar entre cônjuges se transmitia aos herdeiros do devedor. Mas a jurisprudência entendia, de forma pacífica, que somente a dívida pretérita dos alimentos era transmissível, em respeito ao artigo 1.796[17] do CCB/1916. A obrigação alimentar se extinguia com a morte, sendo, portanto, intransmissível. Esta era também a opinião de Yussef Said Cahali,[18] em função do caráter personalíssimo do direito aos alimentos. Falecido o alimentante, a pretensão alimentícia contra os seus sucessores somente poderia ser exercida por direito próprio, novo, verificados os pressupostos previstos em lei.

O CCB/2002, em seu artigo 1.700, estabeleceu que "a obrigação de prestar alimentos transmite-se aos herdeiros do devedor, na forma do artigo 1.694." Assim, preservado está o caráter personalíssimo do instituto, vez que este dispositivo determina que apenas o dever de cumprir a obrigação de prestar alimentos se transmite aos herdeiros do devedor, não sendo transferido o direito a alimentos e a obrigação em si, que é pessoal. Portanto, ocorre uma sub-rogação limitada – sempre de acordo com as forças da herança – do dever de cumprir a prestação alimentícia.

O patrimônio particular do herdeiro não responde pela dívida, mas somente o deixado pelo devedor. Se persistem bens, a sua morte não extingue, automaticamente, a obrigação alimentar.

A transmissibilidade dos alimentos advém do comando constitucional de promoção da dignidade humana e da solidariedade familiar. Com isso, os alimentos passaram a ter força de direito fundamental, pois servem para assegurar uma vida digna àqueles que não têm condições de arcar com o próprio sustento.

Entretanto, é necessário fazer uma interpretação extensiva deste dispositivo em conformidade com o artigo 1.997[19] do CCB, pois não cabe impor aos herdeiros do devedor o mesmo

---

[16] Note-se que a pensão alimentícia devida pelos pais aos seus filhos provém de obrigação inerente ao poder familiar, o que não ocorre entre os cônjuges, cujo liame não decorre em razão do parentesco, ou seja, relação *iure sanguines*, que é permanente, e os direitos inerentes a esta relação nem sempre podem ser mitigados por acordo ou convenção. Dessa feita, reputa-se plenamente válido a renúncia aos alimentos quando da separação, posto que a prestação de alimentos entre os cônjuges decorre da obrigação de mútua assistência, nos termos do artigo 1.566, inciso III, do Código Civil. Nesse sentido, leciona Sílvio de Salvo Venosa, *verbis*: "Sob o aspecto técnico, não há dúvida que a renúncia aos alimentos pelo cônjuge é manifestação de vontade válida, pois apenas os alimentos derivados do parentesco são irrenunciáveis. O dever de mútua assistência entre os cônjuges rompe-se quando é desfeito o casamento. Ademais, o acordo firmado na separação por mútuo consentimento é negócio jurídico bilateral com plenitude de efeitos. Se as vontades manifestam-se livremente, não há aspecto de ordem pública a ser preservado na renúncia aos alimentos" (TJDF, Apelação Cível n. 2005 01 1 049358-2, Primeira Turma Cível, comarca de Brasília, Des. Rel. Flavio Rostirola. Data da decisão: 24.10.2005).

[17] Art. 1.796. A herança responde pelo pagamento das dívidas do falecido; mas, feita a partilha, só respondem os herdeiros, cada qual em proporção da parte, que na herança lhe coube.

[18] CAHALI, Yussef Said. *Dos alimentos*, 6. ed. rev., ampl. e atual., São Paulo: Editora Revista dos Tribunais, 2009, p. 54-55.

[19] Art. 1.997. A herança responde pelo pagamento das dívidas do falecido; mas, feita a partilha, só respondem os herdeiros, cada qual em proporção da parte que na herança lhe coube.

DIREITO DAS FAMÍLIAS – *Rodrigo da Cunha Pereira*

valor que o *de cujus* pagava a título de alimentos, sem o devido processo legal e sem investigar a possibilidade financeira do espólio, que, necessariamente, não tem a mesma possibilidade financeira que o falecido. Isto seria o mesmo que impor a um terceiro a obrigação que não se sabe se tem condições de adimplir. A possibilidade a ser verificada é a da massa sucessória, nunca os recursos pessoais do herdeiro. Tomemos como exemplo um profissional liberal que, em razão de seus bons rendimentos, era obrigado a arcar com o pagamento de determinado *quantum* alimentar, mas que, apesar de auferir bons ganhos, não deixou patrimônio compatível com o pagamento fixado. Os seus sucessores não podem ser obrigados a arcar com o pagamento de igual montante. Sobre esse valor alimentar, Yussef Said Cahali em sua obra, edição de 1999, portanto, antes da vigência do novo CCB, já trazia a seguinte reflexão:

> Cuidando-se, aqui, de uma obrigação pecuniária, embora ligada à liquidação da sucessão, o *quantum* devido deve ser calculado sobre a massa sucessória estimada no dia da morte do *de cujus*, e não sobre os recursos pessoais dos herdeiros, não podendo ser agravado mesmo se as necessidades do alimentante se agravarem; embora teoricamente possa diminuir.[20]

Além disso, é necessário observar que o pagamento de pensão alimentícia pode acarretar o desequilíbrio na divisão da herança, vez que, caso um herdeiro receba alimentos e outro não, o segundo, certamente, terá a sua quota-parte diminuída em razão do pagamento ao primeiro.

Não há dúvidas quanto à transmissibilidade dos alimentos estabelecidos em razão da vontade tanto *inter vivos*, através do direito das obrigações, a exemplo do disposto no artigo 557, IV, do CCB/2002,[21] quanto *mortis causa*, regida pelo direito das sucessões, a exemplo do artigo 1.920[22] do CCB/2002.

A obrigação alimentar anteriormente fixada é transmitida, desde que o falecido tenha deixado patrimônio suficiente. Contudo, o direito de receber alimentos não se transmite. Falecido o alimentário, extinta está a obrigação alimentícia, persistindo somente o débito existente, se existente, até a data da morte[23].

A obrigação que se transmite não tem, necessariamente, que ter sido por fixação judicial antes, até porque durante a convivência familiar não se cogita de fixação de alimentos, por ser esta sua decorrência lógica,[24] ou porque o alimentante viesse cumprindo a sua obrigação voluntariamente.[25]

Pode ser que o pagamento já existisse em decorrência do dever legal de assistência, conforme disposto no artigo 1.694 do CCB, cumprida voluntariamente pelo devedor. O que se transmite é a obrigação alimentar. Apesar da lei falar em transmissão aos herdeiros, a obrigação ocorre

---

[20] CAHALI, Yussef Said. *Dos alimentos*, 3. ed., São Paulo: Revista dos Tribunais, 1999, p. 98.

[21] Art. 557. Podem ser revogadas por ingratidão as doações: (...)

IV – se, podendo ministrá-los, recusou ao doador os alimentos de que este necessitava.

[22] Art. 1.920. O legado de alimentos abrange o sustento, a cura, o vestuário e a casa, enquanto o legatário viver, além da educação, se ele for menor.

[23] Falecendo o alimentando, seu direito não se transmite aos herdeiros, porque os alimentos tinham por finalidade manter aquele, e tal finalidade deixou de existir. Mas as prestações alimentícias anteriores ao falecimento do alimentando e que lhe não foram adimplidas transmitem-se aos herdeiros, porque já tinham se convertido em direito integrante de seu patrimônio. LÔBO, Paulo. 2. *Direito civil: famílias*, 9. ed., São Paulo: Saraiva, 2019, p. 385.

[24] Durante a convivência familiar não se cogita de obrigação de alimentos. Há direito ao sustento do filho, correlativo ao dever dos pais, consectário do poder familiar. LÔBO, Paulo. 2. *Direito civil: famílias*, 2. ed., São Paulo: Saraiva, 2009, p. 347.

[25] DIAS, Maria Berenice. *Manual de direito das famílias*, 11 ed. rev., atual. e ampl., São Paulo: Editora Revista dos Tribunais, 2016, p. 561.

em relação ao espólio. E, não tendo bens suficientes para suportar o pagamento não há como responsabilizar pessoalmente os herdeiros pela manutenção do encargo. Feita a partilha, não se pode falar em sucessores, os quais não respondem com o seu patrimônio particular pelo pagamento de obrigação alimentar do devedor falecido[26].

Enfim, limitar a prestação alimentar à morte do alimentante é negar a natureza jurídica do instituto dos alimentos, que serve para garantir a sobrevivência digna daquele que, sem estes, não conseguiria arcar com o próprio sustento. Mas as regras sobre essa transmissibilidade devem ser equacionadas em conjunto com as regras do direito sucessório. A limitação à transmissibilidade da obrigação de arcar com o pagamento dos alimentos é a impossibilidade material decorrente da ausência de patrimônio do espólio ou a cessação da necessidade do alimentário.

Se as forças da herança do falecido devedor não podem suprir a obrigação alimentar do falecido devedor, pode se pleitear alimentos aos parentes, que a obrigação de outra origem e em outra ação judicial, já que os alimentos decorrem do dever de solidariedade entre parentes (art. 1.694 do CCB/2002).

7.3.4 Incedibilidade, impenhorabilidade e incompensabilidade dos alimentos

Em decorrência do caráter personalíssimo dos alimentos, eles não podem ser cedidos, penhorados ou compensados, conforme dispõem os artigos 1.707 e 373, II, do CCB/2002.

A vedação da cessão de alimentos a título oneroso ou gratuito justifica-se em razão das peculiaridades de cada caso concreto presentes na fixação do valor da pensão alimentícia.

A vedação da impenhorabilidade justifica-se porque os alimentos são para garantir a subsistência do alimentário, razão pela qual inadmissível que credores privem o necessitado do valor que assegura sua própria sobrevivência. Admite-se exceções, quais sejam, a penhora dos bens adquiridos com o valor da pensão alimentícia e a penhora de parte deles, desde que preservados os alimentos naturais, tendo em vista que estaria inserido no valor total da pensão alimentícia uma parcela que não é destinada à sobrevivência.[27] Assim, estaria assegurada a subsistência do alimentário, mas não o padrão social ostentado. Além destas, é possível penhorar valores acumulados, isto é, de prestações vencidas e não pagas que tenham perdido o caráter de sobrevivência, transformando-se em crédito comum. E, por último, o artigo 13 do Estatuto do Idoso dispõe que "as transações relativas a alimentos poderão ser celebradas perante o Promotor de Justiça ou Defensor Público, que as referendará, e passarão a ter efeito de título executivo extrajudicial nos termos da lei processual civil".[28]

A proibição da compensação dos alimentos justifica-se pelos mesmos motivos da impenhorabilidade, ou seja, porque os alimentos são pagos para a preservação do sustento e preservação da vida do alimentário. Portanto, não pode haver a compensação do crédito alimentar em razão de dívidas como acontece tratando-se de dívida comum.[29] A vedação da compensação dos

---

[26] DIAS, Maria Berenice. *Manual de direito das famílias*, 11. ed. rev., atual. e ampl., São Paulo: Editora Revista dos Tribunais, 2016, p. 561 a 562.

[27] GOMES, Orlando *apud* CAHALI, Yussef Said. *Dos alimentos*, 4. ed. rev., ampl. e atual. de acordo com o novo Código Civil, São Paulo: Revista dos Tribunais, 2002, p. 102.

[28] LÔBO, Paulo. 2. *Direito civil: famílias*, 9. ed., São Paulo: Saraiva, 2019, p. 388.

[29] 1. É inviável, em sede de recurso especial, o exame de matéria não prequestionada, conforme Súmulas ns. 282 e 356 do STF. (...) Vigora, em nossa legislação civil, o princípio da não compensação dos valores referentes à pensão alimentícia, como forma de evitar a frustração da finalidade primordial desses créditos: a subsistência dos alimentários. 3. Todavia, em situações excepcionalíssimas, essa regra deve ser flexibilizada, mormente em casos de flagrante enriquecimento sem causa dos alimentandos, como na espécie. 4. Recurso especial não conhecido (STJ, REsp. 982857/RJ, Rel. Min. Massami Uyeda, Public. *DJe* 03.10.2008).

286 DIREITO DAS FAMÍLIAS – *Rodrigo da Cunha Pereira*

alimentos não atinge o que foi pago *in natura*, ou seja, o pagamento de despesas diretamente pelo alimentante, por exemplo, moradia.[30]

7.3.5   Irrepetibilidade dos alimentos

O princípio da irrepetibilidade significa que não pode haver devolução de valores pagos a título de alimentos, ou seja, se constatado, posteriormente, em ação revisional ou exoneratória de alimentos, por exemplo, que o pagamento da pensão alimentícia não era devido, não há que se falar em restituição. Em outras palavras, o alimentante não pode pedir restituição[31], isto é, pedir de volta os alimentos, se indevidamente pagou.

A irrepetibilidade dos alimentos pode ser excepcionada[32], inclusive sob a argumentação de se evitar enriquecimento ilícito.[33] Saliente-se que para haver enriquecimento ilícito do alimentário não é preciso que haja necessariamente o empobrecimento do devedor. Tem sido comum o credor de alimentos abusar deste conhecido princípio para protelar o processo judicial de Revisão de alimentos ou Exoneração de Alimentos, conseguindo, assim, garantir o recebimento do valor fixado anteriormente por um tempo maior, até que seja proferida a sentença. Um dos primeiros doutrinadores brasileiros a defender esta excepcionalidade foi o advogado e doutrinador gaúcho Rolf Madaleno, que muito bem ponderou:

> Soa sobremaneira injusto não restituir alimentos claramente indevidos neste estágio de independência do credor, em notória infração ao princípio do "não enriquecimento sem causa"...
>
> O enriquecimento ilícito gera obrigação de restituir o acréscimo patrimonial indevido no acervo de alguém à custa do sacrifício de outrem. Decorre o dever de restituir àquele que recebeu o que não lhe era devido, ou se existente a dívida, esta se tornou extinta (...)
>
> Penso que no encalço da verdadeira solução processual capaz de impedir lesões pecuniárias do devedor ou do credor alimentar em ação exoneratória de alimentos, enquanto o decisor apura onde reside o direito, está na proposição de uma ação de exoneração cumulada com pedido expresso de restituição das pensões pagas a contar da citação, com fulcro no enriquecimento sem causa.[34]

---

[30]   LÔBO, Paulo. 2. *Direito civil: famílias*, 2. ed., São Paulo: Saraiva, 2009, p. 352.

[31]   (...) Com efeito, os alimentos pagos presumem-se consumidos, motivo pelo qual não podem ser restituídos, tratando-se de princípio de observância obrigatória e que deve orientar e preceder a análise dos efeitos das sentenças proferidas nas ações de revisão de verbas alimentares. Ademais, convém apontar que o ajuizamento de ação pleiteando exoneração/revisão de alimentos não exime o devedor de continuar a prestá-los até o trânsito em julgado da decisão que modifica o valor da prestação alimentar ou exonerá-lo do encargo alimentar (art. 13, § 3º, da Lei 5.478/1968). Da sentença revisional/exoneratória caberá apelação com efeito suspensivo e, ainda que a referida decisão seja confirmada em segundo grau, não haverá liberação da prestação alimentar se for interposto recurso de natureza extraordinária. (RHC 58.090-RS, Primeira Turma, DJ 10.10.1980; e RE 86.064/MG, Primeira Turma, DJ 25.5.1979). Precedentes citados: REsp 172.526-RS, Quarta Turma, DJ 15/3/1999; e REsp 967.168-SP, 3ª Turma, DJe 28/5/2008. EREsp 1.181.119-RJ, Rel. originário Min. Luis Felipe Salomão, Rel. para acórdão Min. Maria Isabel Gallotti, j. 27/11/2013.

[32]   A segunda seção do STJ, consolidou a Súmula 621: *Os efeitos da sentença que reduz, majora ou exonera o alimentante do pagamento retroagem à data da citação, vedadas a compensação e a repetibilidade.*

[33]   Se os alimentos fixados ou alterados retroagem à data da citação da respectiva ação, consoante o parágrafo 2º da Lei n. 5.478, também em caso de exoneração retroagem àquele momento. Entendimento contrário seria uma afronta ao princípio do enriquecimento sem causa, sobretudo considerando-se a irrepetibilidade e a irrestituibilidade do *quantum* alimentar (TJRS, Ac. 7ª CC, Agravo de Instrumento n. 597.028.406, Des. Rel. Eliseu Gomes Torres).

[34]   MADALENO, Rolf. *Direito de família*: aspectos polêmicos, 2. ed., Porto Alegre: Livraria do Advogado, 1999, p. 56-59.

Maria Berenice Dias, reforçando este novo entendimento, defende que a restituição é devida somente quando há comprovada má-fé ou postura maliciosa do autor, quando a irrepetibilidade seria relativizada.[35]

Yussef Said Cahali[36] cita como exemplos de má-fé o fato de a divorciada ocultar dolosamente novo casamento, beneficiando-se de montante pago por ex-marido, mesmo após constituição de outro casamento. O mesmo acontece se o alimentário constitui outra família, através da união estável. Ambos acarretam a devolução dos alimentos pagos.

Para Belmiro Pedro Welter, são irrepetíveis apenas os alimentos pagos em decorrência do dever de sustento, ou seja, pagos a menores ou incapazes. As pensões alimentícias pagas a filhos maiores e capazes, cônjuges ou companheiros devem ser devolvidas, ou até compensadas nas prestações vincendas, para evitar o enriquecimento ilícito do credor.[37]

Enfim, são restituíveis os alimentos pagos por quem não tinha a obrigação de quitá-los. Contudo, deve haver a prova de que esse pagamento cabia a terceiro, que fará a restituição, não ficando a cargo do alimentário fazer a devolução, pois esse beneficiou-se do montante pago, não havendo que se falar em enriquecimento ilícito por sua parte.[38] Caso fique provado que o alimentário recebeu os alimentos do parente que legalmente os devia, inclusive os atrasados, a pensão alimentícia paga por aquele que não estava obrigado a pagar deve ser repetida a ele pelo próprio alimentário.

7.3.6 Alternatividade da prestação alimentar ou pensão de forma mista e os indexadores

O art. 1.701[39] do CCB é o dispositivo que autoriza o pagamento da pensão alimentícia *in natura*[40], ou seja, o pagamento das despesas do alimentário diretamente aos credores.

Essa forma de pagamento pode permitir que o devedor tenha maior garantia de que as despesas do alimentário estão sendo pagas, além de lhe proporcionar uma melhor noção das reais necessidades do credor, pois ele terá contato direto com os valores despendidos. Isto sem contar que diminui a carga tributária que, injustamente incide sobre pensões alimentícias[41].

---

[35] DIAS, Maria Berenice. *Manual de direito das famílias*, 11 ed. rev., atual. e ampl., São Paulo: Editora Revista dos Tribunais, 2016, p. 557.

[36] CAHALI, Yussef Said. *Dos alimentos*, 6. ed. rev., atual. e ampl., São Paulo: Editora dos Tribunais, 2009, p. 106-107.

[37] WELTER, Belmiro Pedro. *Alimentos no Código Civil*, Porto Alegre: Síntese, 2003, p. 37.

[38] Parece-nos, porém, que, mesmo recebidos por erro na forma assim pretendida, não caberia a restituição pelo alimentário, eis que faltou o pressuposto do enriquecimento sem causa; e quanto à pretendida sub-rogação do terceiro prestante em erro, no direito do alimentário contra o obrigado, a tese apresenta-se discutível. CAHALI, Yussef Said. *Op. cit.*, p. 108.

[39] Art. 1.701. A pessoa obrigada a suprir alimentos poderá pensionar o alimentando, ou dar-lhe hospedagem e sustento, sem prejuízo do dever de prestar o necessário à sua educação, quando menor.

[40] "(...) o entendimento de que é devida a indenização ao ex-cônjuge pela fruição exclusiva do imóvel comum pelo outro ex-cônjuge, não se aplica à hipótese em que a fruição do imóvel comum é da ex-cônjuge em companhia de prole comum, quer seja porque o uso deixa de ser exclusivo, mas sim compartilhado, quer seja porque esse uso compartilhado implicará inegáveis e severas repercussões no dever de prover moradia, alimentos a serem prestados e possibilidade de substituição dos alimentos em pecúnia por alimentos *in natura* (...)" (STJ, REsp 2.082.584/SP, Rel. Ministra Nancy Andrighi, Terceira Turma, DJe 30/10/2023).

[41] Tramita no STF, a ADI 5422, distribuída pelo IBDFAM para afastar a incidência de IR em verbas alimentares. No entendimento do IBDFAM não é justo, e muito menos constitucional cobrar imposto sobre as verbas alimentares. Isto é uma afronta à dignidade do alimentário e penalização à parte hipossuficiente. Primeiro, porque pensão não pode ser considerada renda e muito menos acréscimo patrimonial como previsto no Código Tributário Nacional. A incidência de IR em pensões alimentícias está dissociada do fato gerador da incidência tributária. Segundo, se o fato gerador do imposto de renda é o aumento do patrimônio do

É comum os juízos de família negarem a homologação de acordo em que se estabelece a pensão mista, ou seja, *in natura* e em espécie, sob o argumento de que tal disposição dificultaria, ou mesmo inviabilizaria, possível execução. Embora bem-intencionado, tal argumento, além de contrariar o melhor interesse dos pensionários, demonstra excessivo apego às formalidades procedimentais e se revela em grande equívoco. É muito salutar o estabelecimento de pensão alimentar de forma mista. A possível execução de alimentos *in natura* poderia ser processada em forma de obrigação de fazer, com estipulação de pena pecuniária, conforme dispõe o art. 497 do CPC de 2015.[42] Caso a dificuldade ou o empecilho seja o temor à execução "ilíquida", as partes em acordo podem estabelecer que na fixação de alimentos *in natura* fosse estipulado o *quantum* em dinheiro equivalente àquelas despesas pagas diretamente para efeito de liquidez de execução. Na prática forense, na maioria dos divórcios e separações consensuais em que há estipulação de pensão, as partes preferem estabelecê-la de forma mista. Estabelece-se o pagamento direto de itens, como educação e saúde, e um valor fixo para as demais despesas. Em processos litigiosos, os julgadores, apesar da previsão do referido artigo 1.701, têm resistido à fixação do pensionamento de forma mista, geralmente sob a argumentação de que tal modelo só funcionaria em casos de consenso.[43]

A pensão alimentícia deve ter sempre um indexador econômico para evitar que o valor não fique defasado ao longo do tempo, a não ser que a pensão incida sobre percentual da remuneração do alimentante, quando for caso de relação empregatícia. O mais comum dos indexadores é o salário mínimo. Apesar da proibição constitucional de vinculação ao salário mínimo para qualquer fim (art. 7º, IV, CFB/1988), a jurisprudência, inclusive do STJ e STF, vem contrariando tal dispositivo quando o assunto é pensão alimentícia.[44] Entendemos ser possível a indexação

---

contribuinte, nada justifica a tributação em pensão alimentícia, que é verba de subsistência, e cuja renda já foi devidamente tributada quando ingressou no acervo do devedor de alimentos.

[42] Art. 497. Na ação que tenha por objeto a prestação de fazer ou de não fazer, o juiz, se procedente o pedido, concederá a tutela específica ou determinará providências que assegurem a obtenção de tutela pelo resultado prático equivalente. Parágrafo único. Para a concessão da tutela específica destinada a inibir a prática, a reiteração ou a continuação de um ilícito, ou a sua remoção, é irrelevante a demonstração da ocorrência de dano ou da existência de culpa ou dolo.

[43] Quanto ao mérito, vê-se que o apelante funda sua pretensão de pagar "**alimentos mistos**" alegando, de forma não expressa, mau uso da verba alimentar pela apelante, na condição de alimentanda e guardiã das filhas menores também alimentandas. No entanto, a tese recursal é desacompanhada de qualquer prova, pelo que não há de ser acolhida. Ademais, o valor fixado (30% da renda líquida do alimentante destinados à mulher e as duas filhas adolescentes) atende bem à situação fática demonstrada nos autos e está de acordo com o que tem indicado a jurisprudência. Assim, dou parcial provimento ao apelo para, apenas, corrigir o erro material contido na r. sentença apelada, conforme acima explicitado (TJMG, Apelação Cível n. 1.000.178.125-1/00. 3ª CC. Des. Rel. Aloysio Nogueira. Comarca de Belo Horizonte. *DJ* 23.03.2001).

[44] Ação de alimentos. Fixação de pensão alimentícia com base em salário mínimo. Alegação de maus-tratos ao artigo 7º, inciso IV, da Constituição Federal. A fixação de pensão alimentícia tem por finalidade garantir aos beneficiários as mesmas necessidades básicas asseguradas aos trabalhadores em geral pelo texto constitucional. De considerar-se afastada, por isso, relativamente a essa hipótese, a proibição da vinculação ao salário mínimo, prevista no inciso IV do artigo 7º da Carta Federal. Recurso Extraordinário não conhecido (STF, RE 134567/PR, 1ª T., Rel. Min. Ilmar Galvão, julgamento em 19.11.1991).

Agravo regimental em agravo de instrumento – Civil – Família – Separação judicial – Alimentos – Fixação em salário mínimo – Possibilidade – Recurso improvido. (...) É admissível a fixação de pensão alimentícia com base no salário mínimo. Agravo regimental improvido (STJ, Ag.Rg. no Agravo de Instrumento n. 861.075 – RJ (2007/0021136-0), 3ª T., Rel. Min. Massami Uyeda, DJ 19.5.2009).

Civil e processual. Ação revisional de alimentos. Acordo de separação. Condição. Interpretação. Matéria de fato. Recurso especial. Súmulas ns. 5 e 7 – STJ. Julgamento extra petita. Inocorrência. Juros moratórios. Correção monetária. Parcelas vencidas. Quantitativo de salários mínimos. Possibilidade. (...) A pensão pode ser fixada em número de salários mínimos, por se cuidar de verba de cunho alimentar, e também em razão de perceber o autor remuneração variável em sua atividade empresarial (STJ, REsp 343517/PR, 4ª T., Rel. Min. Aldir Passarinho Junior, DJ de 2.9.2002, p. 194).

da pensão alimentícia ao salário mínimo, inclusive quando fixados alimentos *in natura* ou de forma mista, pois nestes casos poderá haver a estipulação de um valor correspondente a estes em dinheiro para efeito de execução.

7.3.7 Imprescritibilidade dos alimentos

O direito aos alimentos é imprescritível, mas não o é o direito de cobrar as prestações vencidas e não pagas. O CCB/2002 em seu artigo 206, § 2º, diminuiu tal prescrição, de cinco anos estabelecido no CCB/1916, para dois anos, a partir da data em que vencerem. Não é demais lembrar que contra menores não corre prescrição.[45]

7.3.8 Indivisibilidade e obrigação solidária

Embora a obrigação alimentícia esteja vinculada ao princípio e dever de solidariedade humana, não se trata de uma obrigação solidária em seu sentido estritamente jurídico, isto é, quando há vários devedores, mas sim conjunta e divisível.[46] É preciso verificar a possibilidade financeira de cada coobrigado separadamente. Por exemplo, se os alimentantes são os quatro avós, o *quantum* alimentar não tem, necessariamente, que ser dividido igualmente pelos quatro, devendo ser individualizado de acordo com a possibilidade de cada um.

Além disso, na constituição da obrigação alimentar, o grau mais próximo exclui o mais remoto, ou seja, primeiro os ascendentes (pais, ou na falta/impossibilidade destes, avós, ou na falta/impossibilidade destes, bisavós); depois e da mesma forma os descendentes (filhos, netos, bisnetos); por último, irmãos.

A obrigação solidária não se presume,[47] mas pode ser estabelecida em acordo entre as partes ou por lei, como fez o Estatuto do Idoso (Lei n. 10.741/2003), em seu artigo 12,[48] que trouxe importante excepcionalidade, autorizando o idoso a optar entre os prestadores.

7.4 DA CONDIÇÃO OU TERMO DOS ALIMENTOS: PENSÃO TRANSITÓRIA

Em determinados casos específicos é possível estabelecer uma condição ou um termo final para o pagamento da pensão alimentícia, por exemplo: até que se conclua a partilha de bens; ou quando se completar determinada idade; ou até que a pessoa arrume um emprego ou por determinados meses. Atingida a referida condição ou alcançado o termo estabelecido em sentença ou acordo, automaticamente, estará extinta a obrigação alimentar, independentemente de interposição de ação exoneratória ou de revisão de alimentos, podendo a parte requerer ao juízo a extinção do desconto dos alimentos, caso estes se deem diretamente em

---

(...) Não mais existindo o salário mínimo de referência, prevalece o salário mínimo, fixado em lei, como critério norteador dos alimentos, a que deram parcial provimento. (6 fls.) – Segredo de Justiça (TJRS, Apelação Cível n. 70003394137, 8ª CC. Rel. Rui Porta Nova, j. 13.12.2001).

(...) O salário mínimo, fixado em lei, veio a substituir o salário mínimo de referência, extinto nos termos do artigo 5º da Lei n. 7.789/89. Desta forma, os alimentos que antes eram atrelados do salário mínimo de referência, hoje, seguem o salário mínimo. Agravo desprovido (TJRS, Agravo de Instrumento n. 70010565026, 8ª CC, Des. Rel. Antonio Carlos Stangler Pereira, j. 2.6.2005).

45 Art. 198. Também não corre a prescrição: I – contra incapazes de que trata o art. 3º. A Lei 13.146/2015 (Estatuto da pessoa com deficiência) revogou o artigo 3º, trazendo nova compreensão com relação à capacidade.

46 Art. 264, CCB/2002. Há solidariedade, quando na mesma obrigação concorre mais de um credor, ou mais de um devedor, cada um com direito, ou obrigado, à dívida toda.

47 Art. 265, CCB/2002. A solidariedade não se presume; resulta da lei ou da vontade das partes.

48 Art. 12. A obrigação alimentar é solidária, podendo o idoso optar entre os prestadores.

DIREITO DAS FAMÍLIAS – *Rodrigo da Cunha Pereira*

folha e continuem ocorrendo após o termo. É o caso dos alimentos transitórios[49] que, apesar de não haver previsão expressa em lei, já vêm sendo aplicados na doutrina e jurisprudência, e, em muitas situações, tornam-se o mais adequado[50].

O estabelecimento de alimentos transitórios[51] serve, inclusive, para evitar o enriquecimento ilícito do alimentário que, muitas vezes, aproveita-se da situação que ensejou a necessidade de fixação de pensão alimentícia para prolongar o seu recebimento. É o caso, por exemplo, do cônjuge ou companheiro que chegou ao fim do relacionamento[52] sem investir no lado profissional ou que precisa de tempo para organizar a vida financeira, os bens que couberam na partilha etc. Sabendo que o *quantum* alimentar é devido somente por determinado tempo, o beneficiário ficará impossibilitado de se aproveitar ou de se acomodar para continuar recebendo alimentos[53].

Embora o casamento seja uma das fontes da obrigação alimentar, é preciso considerar em cada caso o contexto histórico, econômico e social do casal. O ideal é que cada cônjuge possa se autossustentar, mas nem sempre isso é viável ou possível, pelo menos logo após o término

---

[49] (...) A obrigação de prestar alimentos transitórios – a tempo certo – é cabível, em regra, quando o alimentando é pessoa com idade, condições e formação profissional compatíveis com uma provável inserção no mercado de trabalho, necessitando dos alimentos apenas até que atinja sua autonomia financeira, momento em que se emancipar a da tutela do alimentante – outrora provedor do lar –, que será então liberado da obrigação, a qual se extinguirá automaticamente (STJ, REsp. n. 1025769-MG, Rel. Min. Nancy Andrighi, 3ª Turma, public. 01/09/2010).

[50] LÔBO, Paulo. 2. *Direito civil: famílias*, 2. ed., São Paulo: Saraiva, 2019, p. 388.

[51] (...) Dessa forma, tem os alimentos transitórios natureza jurídica própria, pois são estabelecidos em razão de uma causa temporária e específica. Se assim o é, porque dotados de caráter efêmero, os alimentos transitórios, ou mais precisamente, a obrigação à sua prestação, imprescindivelmente devem estar acompanhados de instrumentos suficientemente eficazes à sua consecução prática, evitando que uma necessidade específica e temporária se transfigure em uma demanda perene e duradoura ou, ainda, em um benefício que sequer o alimentando queira dele usufruir, tendo em vista seu anseio pela preservação da independência pessoal, da autossuficiência. Nesse contexto, a pretensão da pessoa que demanda pela partilha do patrimônio que lhe é devido deve ser albergada não por altruísmo ou outro sentimento de benevolência qualquer, mas sim pelo fato de ser ela também proprietária do que construiu em igualdade de forças com o ex-cônjuge. Vale lembrar que os alimentos transitórios, quando fixados, têm também função pedagógica, pois, como medida sui generis que é, se destinam à extinção definitiva do vínculo que ainda liga, involuntária e apenas patrimonialmente, os litigantes. Assim, deve-se concluir que, sem prejuízo ao disposto na Súmula 309 do STJ ("O débito alimentar que autoriza a prisão civil do alimentante é o que compreende as três prestações anteriores ao ajuizamento da execução e as que se vencerem no curso do processo"), o rito da execução de alimentos com a possibilidade de prisão do alimentante (art. 733 do CPC) é o adequado para garantir a plena eficácia de decisão que confira, em razão de desarrazoada demora na partilha dos bens do casal litigante, alimentos transitórios. REsp 1.362.113-MG, Rel. Min. Nancy Andrighi, j. 18/2/2014.

[52] (...) "É assente neste Superior Tribunal de Justiça o entendimento de que os alimentos devidos entre ex-cônjuges têm caráter excepcional e transitório, salvo quando presentes particularidades que justifiquem a prorrogação da obrigação, tais como a incapacidade laborativa, a impossibilidade de inserção no mercado de trabalho ou de adquirir autonomia financeira" (AgInt no AREsp n. 1.306.626/SP, Relator Min. Marco Buzzi, 4ª Turma, j. 13/12/2018, DJe 19/12/2018). (STJ, AgInt no AREsp 1.553.782/MS, Rel. Min. Antonio Carlos Ferreira, 4ª Turma, j. 14/9/2020, DJe 22/9/2020).

[53] (...) Estou batizando de alimentos transitórios, que seriam alimentos a serem pagos durante um período fixado, nos casos em que, em princípio, não seria de haver alimentos, mas que, emergencialmente, eles se tornaram necessários (...) O fato é que a lei não proíbe que isso ocorra. Em muitos casos, é imprescindível. O exemplo mais característico é o de uma moça que se casasse com 18 anos e se separasse com 19 anos. Ninguém cogitaria de que ela devesse ter direito a alimentos, porque ela viveria dos 18 aos 90 anos, sendo sustentada pelo marido! Claro que ela tem de ir trabalhar para se sustentar. Só que ela não vai conseguir emprego em uma semana, nem em um mês. Haveria de se conceder um prazo, por exemplo, de seis meses, dentro do qual o emprego pudesse ser conseguido, e os alimentos seriam pagos só durante esse período (...). TJRS, Ag. Reg. 596028183, Rel. Sérgio Gischkow Pereira, DJ de 14.3.96.

do casamento, por razões particulares ou peculiares daquele casal. E, neste sentido, justifica-se transitoriamente uma pensão ao cônjuge em desvantagem econômico-financeira[54].

O termo final ou a extinção dos alimentos aos filhos maiores deve observar o disposto na Súmula 358/2008[55] do STJ, que proíbe o cancelamento automático do pagamento de alimentos aos filhos que completarem a maioridade, sendo necessário o ingresso da competente ação exoneratória[56].

7.5 REVISÃO E EXONERAÇÃO

O *quantum* alimentar estipulado deve atender ao trinômio necessidade/possibilidade/proporcionalidade, conforme dispõem os artigos 1.694[57] e 1.703[58] do CCB/2002, podendo ser alterado a qualquer tempo, desde que tenha havido mudança na realidade das partes, conforme disposto no artigo 1.699[59] do CCB/2002. Não há coisa julgada na fixação e na extinção dos alimentos; a decisão de prestá-los é que se reveste da coisa julgada.[60]

Alterada a circunstância na qual foram fixados os alimentos ou surgidos fatos novos que justifiquem uma ação revisional, nada impede que haja o ingresso desta ação, tanto para majorar quanto para minorar o montante anteriormente estipulado, mesmo que ainda na pendência de uma ação revisional anterior. O mesmo acontece, caso surja necessidade de requerer a exoneração dos alimentos fixados, quando está em curso uma ação revisional. Neste caso, não há que se falar em litispendência, pois os pedidos são diferentes. É que, em determinadas situações, após o ingresso de uma ação revisional de alimentos, o alimentante se vê obrigado a requerer a exoneração diante de fatos novos ocorridos após o ingresso da primeira modalidade de ação.

A constituição de nova família, por si só, necessariamente, não é motivo que justifique a revisão/exoneração dos alimentos, embora isso interfira no raciocínio aritmético do pensionamento.

Além disso, cessa a obrigação alimentar para com o ex-cônjuge quando este estabelece novo casamento ou união estável, conforme disposto no artigo 1.708 do CCB, ou tem procedimento indigno.

A exoneração dos alimentos devidos aos filhos deve observar o disposto na Súmula 358[61] do STJ, que proíbe o cancelamento automático do pagamento de alimentos daqueles que completarem a maioridade. Portanto, é necessária a propositura de ação exoneratória, na qual deverá ficar provado que o alimentário não tem mais necessidade de ser pensionado, pois pode arcar com a própria subsistência, ou mesmo porque a pensão tem sido fonte e incentivo ao ócio.

---

[54] BUZZI, Marco Aurélio Gastaldi. *Alimentos transitórios: uma obrigação por tempo certo*, Curitiba: Juruá, 2003, p. 128-129.

[55] Súmula 358, STJ. O cancelamento de pensão alimentícia de filho que atingiu a maioridade está sujeito à decisão judicial, mediante contraditório, ainda que nos próprios autos.

[56] STJ, REsp 1362113/MG, Rel. Min. Nancy Andrighi, 3ª Turma, publicação: 06/03/2014.

[57] Art. 1.694. Podem os parentes, cônjuges ou companheiros pedir uns aos outros os alimentos de que necessitem para viver de modo compatível com a sua condição social, inclusive para atender às necessidades de sua educação.

[58] Art. 1.703. Para a manutenção dos filhos, os cônjuges separados judicialmente contribuirão na proporção de seus recursos.

[59] Art. 1.699. Se, fixados os alimentos, sobrevier mudança na situação financeira de quem os supre, ou na de quem os recebe, poderá o interessado reclamar ao juiz, conforme as circunstâncias, exoneração, redução ou majoração do encargo.

[60] LÔBO, Paulo. 2. *Direito civil: famílias*, 2. ed., São Paulo: Saraiva, 2019, p. 403.

[61] Súmula 358, STJ. O cancelamento de pensão alimentícia de filho que atingiu a maioridade está sujeito à decisão judicial, mediante contraditório, ainda que nos próprios autos.

Enfim, os alimentos serão extintos, quando não mais há necessidade de quem os recebe ou não há mais a possibilidade econômico-financeira de quem os paga. Além disso, com a morte do alimentante ou do alimentário, os alimentos serão exonerados, ressalvadas as hipóteses de transmissibilidade.

Em síntese, a pensão pode ser exonerada, ou mesmo modificada, pode aumentar ou diminuir, se se demonstrar que houve mudança econômica – financeira na realidade das partes[62].

7.6 PENSÃO ENTRE EX-CÔNJUGES

Assim como o parentesco, o casamento e a união estável como uma das fontes de obrigação alimentar, advém do dever de mútua assistência, assegurado pelo artigo 1.566, III,[63] do Código Civil. Mas isso não significa que obrigatoriamente haverá pensão entre os ex-cônjuges. É necessário que se preencham outros requisitos, ou seja, que haja necessidade de recebê-la e a possibilidade de quem pretende receber.

Quando o fim da conjugalidade é consensual, o *quantum* alimentar será estabelecido em comum acordo entre as partes para suprir as necessidades do dia a dia, como educação, saúde, alimentação, vestuário, moradia, lazer etc. Como dito anteriormente, a busca pelo valor da pensão alimentícia deveria ser uma simples aritmética e contabilidade doméstica, mas, comumente, é o aspecto mais polêmico da separação ou divórcio. É que na objetividade aritmética a que se deveria restringir o cálculo de uma pensão alimentícia estão misturados a dor da separação, o desamparo e uma subjetividade que geralmente deixa uma das partes com sentimento de que foi enganada. As partes sempre dizem aos profissionais de Direito que "só querem os seus direitos", ou "não quero prejudicá-la(o)", mas, mesmo assim, estão sempre com a sensação de que saíram perdendo e que ficaram em desvantagem. O valor da pensão alimentícia, muitas vezes, fica a serviço de tamponar as perdas imateriais. É como se um dos cônjuges tivesse de pagar para separar, ou dar um valor a mais do que o necessário e com isso tamponasse a perda e a dor do fim da conjugalidade. Da mesma forma é comum que o cônjuge/companheiro queira pagar um valor menor para punir aquele que quis se separar. Enfim, a discussão do valor da pensão alimentícia deixa de ser simples, já que nas objetividades numérica e contábil das despesas permeia uma subjetividade que interfere, consciente ou inconscientemente, no estabelecimento da cláusula pensionária.

Separação é perda e, portanto, é natural que o padrão de vida do ex-casal seja alterado. A família nuclear passa a ser binuclear, e, consequentemente, os rendimentos do casal que eram destinados para manter apenas uma casa, agora, têm de ser divididos entre duas residências.

---

[62] (...) Nos termos do artigo 1.699 do Código Civil, se, fixados os alimentos, sobrevier mudança na situação financeira de quem os supre, ou na de quem os recebe, poderá o interessado ajuizar ação revisional, pleiteando a exoneração, redução, ou majoração dos alimentos. 2. Havendo a comprovada redução na capacidade financeira do Alimentante, impõe-se a redução dos alimentos, visando ao acompanhamento da realidade financeira deste. (TJ-GO – APL: 00555785920178090087, Relator: Francisco Vildon Jose Valente, Data de Julgamento: 09/02/2019, 5ª Câmara Cível, Data de Publicação: DJ de 09/02/2019).

(...) A fixação dos alimentos estabelece-se pela necessidade do alimentando e pela possibilidade do alimentante e, nos termos do artigo 1.699 do Código de Processo Civil, a pensão alimentícia pode sofrer revisão quando houver mudança na situação financeira do pagador, do beneficiário ou de ambos. 2. Restando evidenciada a diminuição das condições financeiras do alimentante, mister se faz readequar os alimentos para a nova realidade fática. 3. Recurso desprovido. (TJ-DF 07011830520198070009 – Segredo de Justiça 0701183-05.2019.8.07.0009, Relator: Leila Arlanch, Data de Julgamento: 04/09/2019, 7ª Turma Cível, Data de Publicação: Publicado no PJe: 12/09/2019).

[63] Art. 1.566. São deveres de ambos os cônjuges: (...)
III – mútua assistência.

Em relação à aplicação, ou não, da teoria da culpa pelo fim do casamento, embora o CCB/2002 não tenha abolido totalmente essa discussão, o parágrafo único[64] do artigo 1.704 abrandou os seus efeitos, garantindo ao culpado o indispensável para sua sobrevivência. Este dispositivo acarreta a distinção entre alimentos naturais (destinados a cobrir as despesas estritamente necessárias para a sobrevivência) e alimentos civis (destinados a manter o padrão e a qualidade de vida do alimentário, observando-se o binômio possibilidade x necessidade). Entretanto, a verificação da culpa pelo fim do desenlace conjugal vem cedendo lugar ao exclusivo fato de haver a impossibilidade da manutenção da vida em comum, apesar de o Código Civil não ter alcançado este grau de civilidade e respeito à dignidade humana. Aos alimentos deveriam ser aplicados os mesmos fundamentos que os usados para deixar de ser relevante a culpa na definição da guarda/convivência dos filhos, assim como nunca influenciou na partilha de bens.[65]

Assim, os critérios para a estipulação da pensão alimentícia devem ser tão somente os princípios norteadores do Direito de Família, em especial o da solidariedade, e o trinômio necessidade/possibilidade/proporcionalidade. Com a Emenda Constitucional n. 66/2010, que eliminou prazos para se requerer o divórcio, acabando com a prévia separação judicial, a discussão de culpa perdeu sentido no ordenamento jurídico brasileiro, deixando que a questão alimentar fique centrada apenas em seus pressupostos autênticos e essenciais, quais sejam: necessidade e possibilidade. Além disso, embora o divórcio dissolva inteiramente o casamento, não restando qualquer vínculo ou dever de assistência entre os cônjuges, o ordenamento brasileiro já admitia a continuidade do direito a alimentos após o seu decreto, em respeito ao princípio da solidariedade,[66] o que persiste com a Emenda Constitucional n. 66/2010.

Com o acesso da mulher ao mercado de trabalho e a igualização de direitos entre homens e mulheres consolidada na Constituição Federal de 1988 e, consequentemente, entre os cônjuges, a estipulação de pensão alimentícia entre eles é cada vez menos frequente e está vinculada, exclusivamente, à necessidade de quem a pleiteia, não mais se presumindo a necessidade da esposa, como previsto na Lei n. 5.478/68. O casamento não pode ser visto como uma "previdência social", nem um estímulo ao ócio. Nas palavras de Paulo Lôbo: "O direito aos alimentos não tutela os que voluntariamente optaram pela ociosidade".[67] Os alimentos ficaram restritos aos casos específicos de real necessidade, e esta obrigação é recíproca entre os cônjuges. A presunção somente se aplica em favor dos filhos menores e incapazes.

Há que se levar em conta a organização familiar e as funções atribuídas a cada cônjuge, independentemente de ser ele o homem ou a mulher. Apesar da igualdade entre os gêneros, ainda é comum que os cuidados com os filhos, especialmente quando pequenos, fiquem a cargo da mãe.[68] A pensão alimentícia deve ser fixada em favor daquele que não tem condições financeiras ou patrimônio[69] rentável nem possibilidade de exercer uma profissão, seja em razão da idade, da falta de experiência ou de qualificação profissional.

---

[64] Art. 1.704, parágrafo único. Se o cônjuge declarado culpado vier a necessitar de alimentos e não tiver parentes em condição de prestá-los, nem aptidão para o trabalho, o outro cônjuge será obrigado a assegurá-los, fixando o juiz o valor indispensável à sobrevivência.

[65] MADALENO, Rolf. *Curso de direito de família*, Rio de Janeiro: Forense, 2009, p. 706-707, *apud* REINA, Victor. Culpabilidad conyugal y separación, divorcio o nulidad. Barcelona: Ariel, 1984, p. 56-57, apud MADALENO, Rolf. Op. cit., p. 707.

[66] LÔBO, Paulo. 2. *Direito civil: famílias*, 9ª. ed., São Paulo: Saraiva, 2019, p. 399.

[67] LÔBO, Paulo. *Op. cit.*, p. 400.

[68] A igualdade constitucional não está inteiramente consolidada no plano da existência, e por conta desta realidade ainda é grande o número de ações de alimentos propostas pelas esposas e companheiras. MADALENO, Rolf. *Curso de direito de família*, Rio de Janeiro: Forense, 2009, p. 708.

[69] Wlademir Paes de Lira em importante artigo publicado na *Revista IBDFAM* conclui: Portanto, quando se trata de alimentos entre cônjuges, a regra geral é que só são devidos os alimentos, quando o que postula

7.7 ALIMENTOS GRAVÍDICOS

São os alimentos, ou pensão alimentícia, para cobrir as despesas da gestante no período de gravidez e parto, inclusive às referentes à alimentação especial, a assistência médica e psicológica, exames complementares, internação, parto, medicamentos, e demais prescrições preventivas e indispensáveis, a juízo médico, além de outros que a situação particular de cada caso exigir[70].

Essa verba alimentar refere-se à parte das despesas que deverá ser custeada pelo futuro pai registral, considerando a contribuição que também deverá ser dada pela mulher grávida, na proporção dos recursos de ambos.

Os alimentos gravídicos foram introduzidos no Brasil pela Lei 11.804/2008, embora antes da lei já houvesse reinvindicação e possibilidade de se concedê-lo[71].

O IBDFAM – Instituto Brasileiro de Direito de Família – apresentou, e o Presidente da República acatou, o veto que continha a previsão de responsabilidade objetiva da mãe pelos danos materiais e morais causados pelo resultado negativo do exame de paternidade. A Lei n. 11.804/2008 acolheu a teoria concepcionista, reconhecendo o direito "alimentar" do nascituro, desde a sua concepção, não condicionado ao nascimento com vida, consolidando uma situação jurisprudencial e doutrinária já existente anteriormente.

Se a gravidez decorre do casamento, mesmo que seja por inseminação artificial homóloga ou inseminação artificial heteróloga com prévia autorização do marido, a ele é atribuída a paternidade por presunção (art. 1.597, CCB). Independentemente da presunção decorrente do vínculo do casamento, para fixação destes alimentos é suficiente a presença de indícios da paternidade. É possível o requerimento dos alimentos gravídicos, inclusive, aos avós paternos se houver a presunção de paternidade ou a prova desta. Não havendo divergência quanto ao vínculo biológico, a resolução do caso será mais célere. De qualquer forma este tipo de ação é sempre urgente, sob pena de perecimento do direito com o nascimento, quando os alimentos, obviamente, não mais se destinarão à gestante, mas sim ao filho recém-nascido.

A fixação do *quantum* segue os mesmos ditames do Código Civil para fixação da pensão alimentícia comum, devendo ser observado o binômio necessidade x possibilidade,[72] como já exposto. Os alimentos gravídicos permanecerão até o nascimento da criança. Se este se der com

---

comprova cabalmente que não tem condições de prover seu próprio sustento com o fruto de seu trabalho ou com seu patrimônio, já que estão relacionados com as "prestações vitais de quem não pode provê-las por si", provando também, que o cônjuge a quem se pede, tem condições de fornecer os alimentos sem o prejuízo de seu próprio sustento (PAES, Wlademir de Lira. Alimentos entre cônjuges e divórcio liminar. *Revista IBDFAM – Famílias e Sucessões*. v. 61, jan./fev., Belo Horizonte: IBDFAM, 2024).

[70] Lei 11.804/2008: Art. 2º Os alimentos de que trata esta Lei compreenderão os valores suficientes para cobrir as despesas adicionais do período de gravidez e que sejam dela decorrentes, da concepção ao parto, inclusive as referentes a alimentação especial, assistência médica e psicológica, exames complementares, internações, parto, medicamentos e demais prescrições preventivas e terapêuticas indispensáveis, a juízo do médico, além de outras que o juiz considere pertinentes.

[71] Se antes as disposições concernentes à concessão de alimentos exigiam prova de parentesco ou da obrigação, atualmente, com o advento da Lei n. 11.804/2008, especificamente das disposições contidas em seu artigo 6º, para a concessão de alimentos gravídicos, basta a existência de indícios da paternidade. Presumindo-se que a autora ainda está grávida, a situação é atual, pelo que a lei nova não estará retroagindo, não havendo, portanto, falar-se em impossibilidade jurídica do pedido, pelo único motivo de a ação ter sido ajuizada antes de a vigência da Lei n. 11.804/2008. A moderna concepção de processo, sustentada pelos princípios da economia, instrumentalidade e celeridade processual, determina o aproveitamento máximo dos atos processuais, principalmente quando se trata de ação de cunho alimentar e quando não há prejuízo para a defesa das partes (TJMG, Apelação Cível n. 1.0702.08.501783-9/001, 4ª CC, Des. Rel. Dárcio Lopardi Mendes, DJ, 23.03.2009, DP 17.04.2009).

[72] Lei 11.804/2008 (Lei de Alimentos Gravídicos), Art. 2º, parágrafo único. Os alimentos de que trata este artigo referem-se à parte das despesas que deverá ser custeada pelo futuro pai, considerando-se a contribuição que também deverá ser dada pela mulher grávida, na proporção dos recursos de ambos.

vida, ficam convertidos em pensão alimentícia em favor do menor até que uma das partes solicite a sua revisão ou exoneração em razão do resultado da ação de investigação de paternidade[73].

As despesas com doula e consultora de amamentação podem ser objeto de alimentos gravídicos, observado o trinômio da necessidade, possibilidade e proporcionalidade para a sua fixação (Enunciado 675, IX Jornada de Direito Civil).

Embora não seja muito comum, é possível que o casal divorciando/separando esteja grávido, daí após o nascimento com vida, os alimentos gravídicos ficam convertidos em pensão alimentícia em favor do menor até que uma das partes solicite a sua revisão, conforme disposto no artigo 6º, parágrafo único,[74] da referida Lei.

7.8 DISPENSA E RENÚNCIA DOS ALIMENTOS

Dentre as cláusulas obrigatórias do divórcio, tal como estabelecido no artigo 731 do CPC/2015, está a necessidade de se mencionar a obrigação alimentar, ainda que seja apenas dizer que não há tal obrigação ou necessidade. Se houver, obviamente deverá se estabelecer o *quantum*. O CPC de 2015 prevê pensão entre cônjuges (art. 731, II), corrigindo a previsão do CPC de 1973 de pensão alimentícia do marido à mulher (art. 1.121, IV). Evidente que se aplica nos casos de união estável. E, quando os cônjuges não desejam pensionamento entre si, a expressão para registrar tal desnecessidade é dispensa ou renúncia. Dispensa é provisória, e renúncia é para sempre, como assentado pela doutrina.

O artigo 1.707 do CCB/2002[75] reacendeu a polêmica sobre esta questão ao dizer que o credor pode não exercer o seu direito, isto é, pode dispensar, mas não pode renunciá-lo. Note-se que esta regra está inserida no Subtítulo III, que trata da parte geral dos alimentos, ou seja, refere-se a todas as fontes de obrigação alimentar, parentesco, casamento e união estável.

Embora o Código Civil de 1916 vedasse a renúncia alimentar, o entendimento da jurisprudência durante a vigência daquele código era de que esse dispositivo não tinha validade quanto aos cônjuges. Apesar da Súmula 379[76] do STF, de 08.05.64, as decisões dos tribunais eram no sentido de possibilitar a renúncia.[77] Em 2005, o Superior Tribunal de Justiça assim se posicionou, endossando esse entendimento:

---

[73]   (...) Os alimentos gravídicos, previstos na Lei n. 11.804/2008, visam a auxiliar a mulher gestante nas despesas decorrentes da gravidez, da concepção ao parto, sendo, pois, a gestante a beneficiária direta dos alimentos gravídicos, ficando, por via de consequência, resguardados os direitos do próprio nascituro. 2. Com o nascimento com vida da criança, os alimentos gravídicos concedidos à gestante serão convertidos automaticamente em pensão alimentícia em favor do recém-nascido, com mudança, assim, da titularidade dos alimentos, sem que, para tanto, seja necessário pronunciamento judicial ou pedido expresso da parte, nos termos do parágrafo único do art. 6º da Lei n. 11.804/2008. 3. Em regra, a ação de alimentos gravídicos não se extingue ou perde seu objeto com o nascimento da criança, pois os referidos alimentos ficam convertidos em pensão alimentícia até eventual ação revisional em que se solicite a exoneração, redução ou majoração do valor dos alimentos ou até mesmo eventual resultado em ação de investigação ou negatória de paternidade. 4. Recurso especial improvido. (STJ, REsp 1629423/SP, Rel. Min. Marco Aurélio Bellizze, 3a Turma, j. 06/06/2017, DJe 22/06/2017).

[74]   Art. 6º, parágrafo único. Após o nascimento com vida, os alimentos gravídicos ficam convertidos em pensão alimentícia em favor do menor até que uma das partes solicite a sua revisão.

[75]   Art. 1.707. Pode o credor não exercer, porém lhe é vedado renunciar o direito a alimentos, sendo o respectivo crédito insuscetível de cessão, compensação ou penhora.

[76]   Súmula 379, STF. No acordo de desquite não se admite renúncia aos alimentos, que poderão ser pleiteados ulteriormente, verificados os pressupostos legais.

[77]   O direito a alimentos entre cônjuges é passível de renúncia, por não decorrer de relação de parentesco de que cuidam o art. 404 do Código Civil e a Súmula 379 do STF. Renunciando o cônjuge a alimentos, por acordo na separação, não lhe é dado vir posteriormente a juízo para reclamá-los. Marido e mulher não são parentes,

296 DIREITO DAS FAMÍLIAS – *Rodrigo da Cunha Pereira*

A cláusula de renúncia a alimentos, constante em acordo de separação devidamente homologado, é válida e eficaz, não permitindo ao ex-cônjuge que renunciou a pretensão de ser pensionado voltar a pleitear o encargo.

Deve ser reconhecida a carência da ação, por ilegitimidade ativa do ex-cônjuge para postular em juízo o que anteriormente renunciara expressamente. Recurso especial conhecido e provido. (STJ, REsp. 701902/SP, Rel. Min. Nancy Andrighi, *DJ* 03/10/2005, p. 249.)

Entendo ser possível a renúncia aos alimentos[78] entre cônjuges e companheiros, mas não o é entre pais e filhos menores.[79] Isso porque em Ações de Divórcio ou de Reconhecimento e Dissolução de União Estável estão envolvidas partes maiores e capazes, que têm plenas condições de se autodeterminar, devendo preponderar os princípios da liberdade das partes, da autonomia e da menor intervenção estatal.[80] Ademais, a inserção da cláusula de renúncia entre cônjuges ou companheiros pode ter se dado em razão de negociação entre as partes, levando-se em consideração uma contrapartida através da partilha, ou seja, fez-se um acordo global no qual constou, inclusive, a renúncia, considerando-se outras disposições patrimoniais. Contestar, ou

---

e sim cônjuges, sendo que a irrenunciabilidade de alimentos só abrange os parentes e são-lhes devidos *ex disposiciones juris* (TJMG, Apelação Cível n. 1.000.207.328-6/000. 4ª CC. Des. Rel. Hyparco Immesi. Comarca de Belo Horizonte. Publicação: 23.10.2001).

Os **alimentos** para os filhos menores advêm da paternidade e são irrenunciáveis. Os **alimentos** entre os **cônjuges** podem ser dispensados ou renunciados, pois advêm do direito das obrigações, em razão da celebração do casamento, que não deixa de ser contratual; disto decorre que a dispensa dos **alimentos** resulta no mesmo que dizer "hoje não preciso, mas, se amanhã precisar, terei o direito"; por sua vez, a **renúncia**, ainda mais homologada, como se vê à fl. 11, originária do Direito das Obrigações (direito de **alimentos** dos **cônjuges**), é como "pá de cal". Se não, o que seria das renúncias de serventia, passagem etc.? (TJMG, Apelação Cível n. 1.000.182.363-2/00. Comarca de Contagem. 2ª CC. Des. Rel. Abreu Leite. DJ 06/10/2000).

Também descabe a revisão ou reconsideração da renúncia referida, em se tratando de ato jurídico perfeito e acabado, anotado que o disposto no art. 404 do CC tem aplicação somente em havendo efetivo parentesco, o que não ocorre na espécie.

E não se invoque a Súmula 379 do STF, que não foi recepcionada pela Constituição Federal em vigor. (TJSP, Apelação Cível n. 70.118.4/0. Comarca de São Paulo. 5ª Câmara de Direito Privado. Des. Rel. Ivan Sartori. Data de registro: 27.10.1999).

78   Por outro lado, o Superior Tribunal de Justiça já se manifestou no sentido de que a renúncia aos alimentos, quando do divórcio, não é óbice para a concessão de pensão por morte, uma vez devidamente comprovada a necessidade. Precedentes: AgRg no REsp 1015252/RS, Rel. Min. Napoleão Nunes Maia Filho, 5ª Turma, j. 12/04/2011, DJe 25/04/2011; AgRg no REsp 881.085/SP, Rel. Min. Maria Thereza de Assis Moura, 6ª Turma, j. 04/05/2010, DJe 24/05/2010; REsp 472.742/RJ, Rel. Min. José Arnaldo da Fonseca, 5ª Turma, j. 06/03/2003, DJ 31/03/2003, p. 259.

79   Este é um dos aspectos do PL n. 504/07 (atualmente esta proposição legislativa se encontra arquivada), que dispõe sobre a prestação de alimentos na separação, no divórcio e na dissolução de união estável independentemente da culpa e sobre a impossibilidade de renúncia quando a obrigação for oriunda de relação de parentesco.

80   (...) Quanto aos demais aspectos, esta Corte tem entendimento pacífico no sentido *de "ser admissível a renúncia ou dispensa de alimentos por parte da mulher se esta possuir bens ou rendas que lhe garantam a subsistência, até porque alimentos irrenunciáveis, assim o são em razão do parentesco* (iure sanguinis) *que é qualificação permanente e os direitos que dela resultam nem sempre podem ser afastados por convenção ou acordo"* (v.g., REsp. 95.267/DF, Rel. Min. Waldemar Zveiter, *DJ* de 25.02.1998). Destarte, nenhum reparo merece o acórdão impugnado, mesmo porque em conformidade com a jurisprudência desta Corte. 5 – Quanto ao último aspecto – violação à Súmula 379 do STF –, insta salientar que verbetes ou enunciados de Tribunais não equivalem à dispositivo de lei federal para fins de interposição de recurso especial. 6 – Recurso não conhecido (STJ, REsp. 578511/SP, Rel. Min. Jorge Scartezzini, public. *DJ* 18.04.2005, p. 340). (Grifo nosso)

não cumprir essa cláusula, pode acarretar a rediscussão do pacto[81] como um todo e incentivar o litígio entre as partes.

Ênio Santarelli Zuliani[82] acrescenta que a fixação de alimentos após a renúncia pelo cônjuge ou companheiro não tem o condão de restabelecer, mas, sim, de criar uma situação irreal do relacionamento anterior. Isso porque, se o alimentário renunciou ou dispensou o *quantum* alimentar quando do encerramento da convivência, não havia dependência econômica entre ele e o ex-cônjuge ou ex-companheiro, encerrando-se neste momento tal vínculo. Posterior perda da condição de sustento próprio, independentemente do motivo, não relaciona o ex-cônjuge ou ex-companheiro ao fato subsequente, não havendo que se falar em retroagir a necessidade para se restabelecer uma dependência econômica que não existia antes.

7.9 A INDIGNIDADE COMO CAUSA DA EXTINÇÃO DA OBRIGAÇÃO ALIMENTAR

O Código Civil de 2002 ao elencar as hipóteses em que essa obrigação alimentar não existirá ou não persistirá, tais como as previstas nos artigos 1.699[83] e 1.708, *caput*,[84] inovou ao dizer expressamente sobre a indignidade do alimentário. Neste caso, mesmo existindo o binômio necessidade × possibilidade, extingue-se, e não apenas suspende, a obrigação de pagar alimentos[85]. Este é o significado da regra do artigo 1.708, parágrafo único: *Com relação ao credor cessa, também, o direito a alimentos, se tiver procedimento indigno[86] em relação ao devedor[87]*.

---

[81] Nesse sentido, continuam atuais os ensinamentos de Silvio Rodrigues sobre o tema ainda na vigência do Código anterior, adequando-se somente no que tange à igualdade entre homem e mulher e no fato de não haver mais que se falar em desquite, apenas em divórcio: *Em primeiro lugar, há que se ter em vista que o acordo havido em processo de desquite por mútuo consentimento é negócio jurídico bilateral, que se aperfeiçoa pela conjunção da vontade livre e consciente de duas pessoas maiores. Se as partes são maiores, se foi obedecida a forma prescrita em lei e não foi demonstrada a existência de vício de vontade, aquele negócio deve gerar todos os efeitos almejados pelas partes, valendo, assim, a renúncia aos alimentos por parte da mulher. Ademais, o acordo no desquite se apresenta como um todo, em que cada cônjuge dá sua concordância, tendo em vista as cláusulas básicas que o compõem.* RODRIGUES, Silvio. *Direito civil*, vol. VI, 18. ed., São Paulo: Saraiva, 1993, p. 228.

[82] ZULIANI, Ênio Santarelli. *In* COLTRO, Antônio Carlos Mathias (Coord.). *Estudos jurídicos em homenagem ao centenário de Edgard de Moura Bittencourt: a revisão do direito de família*. Rio de Janeiro: GZ Ed., 2009, p. 236.

[83] Art. 1.699. Se, fixados os alimentos, sobrevier mudança na situação financeira de quem os supre, ou na de quem os recebe, poderá o interessado reclamar ao juiz, conforme as circunstâncias, exoneração, redução ou majoração do encargo.

[84] Art. 1.708. Com o casamento, a união estável ou o concubinato do credor, cessa o dever de prestar alimentos. Parágrafo único. Com relação ao credor cessa, também, o direito a alimentos, se tiver procedimento indigno em relação ao devedor.

[85] A Lei 13.532, de 7 de dezembro de 2017, confere legitimidade ao Ministério Público para promover ação visando à declaração de indignidade de herdeiro ou legatário, na hipótese que menciona.

[86] A Lei 14.661/2023 acrescentou o art. 1.815-A à Lei nº 10.406, de 10 de janeiro de 2002 (Código Civil), para determinar, nos casos de indignidade, que o trânsito em julgado da sentença penal condenatória acarretará a exclusão imediata do herdeiro ou legatário indigno.

[87] (...) Situação distinta é a prevista no art. 1.708, parágrafo único, do CC, segundo o qual: "com relação ao credor cessa, também, o direito a alimentos, se tiver procedimento indigno em relação ao devedor". Não se trata da mesma declaração de indignidade prevista no direito sucessório. 4. Embora as hipóteses previstas para exclusão por indignidade e deserdação possam ser utilizadas por analogia, o procedimento indigno que influencia na obrigação alimentar é mais abrangente – cláusula aberta – a ser analisada casuisticamente. A lei não exige procedimento autônomo e prévio de declaração de indignidade para que, posteriormente, o devedor possa pleitear a redução ou exoneração da obrigação alimentar. O procedimento indigno deve ser analisado na ação em que se debate a prestação de alimentos (TJDF 07052509420208070003 1417766, Rel. Leonardo Roscoe Bessa, 6ª Turma Cível, DJe 09/05/2022).

DIREITO DAS FAMÍLIAS – *Rodrigo da Cunha Pereira*

Independentemente de uma regra expressa sobre a cessação da obrigação alimentar em razão da indignidade, um dos maiores juristas brasileiros, Caio Mário da Silva Pereira, já trazia esta questão para nossas reflexões:

> *Quid juris,* entretanto, se o alimentado tentar contra a vida do alimentante, ou ofender a sua integridade moral? Embora não se cogite expressamente da espécie, não é razoável que o devedor de alimentos continue a supri-los depois de haver o alimentário tentado contra sua própria vida, ou incorrido em crime de calúnia ou de injúria contra ele. Há um pressuposto moral que não pode faltar nas relações jurídicas, e que há de presidir à subsistência da obrigação de alimentos.[88]

A professora e doutrinadora paulista Giselda Hironaka foi uma das primeiras a escrever especificamente sobre este instigante e inovador assunto, que aparece positivado apenas no Código Civil de 2002, embora em relação às sucessões, artigos 1.814, 1.961, 1.962 e 1.963 do CCB/2002,[89] já houvesse previsão de deserdação por indignidade:

> (...) é o procedimento indigno um dos únicos casos em que, independentemente de haver real situação de dependência econômica ou afetiva do credor ou alimentando, seu direito a alimentos – tão sacrossantamente defendido a partir de abordagens inspiradas na dignidade humana – pode simplesmente ser extinto.[90]

Mesmo antes da transformação em regra pelo Código Civil da indignidade como causa da exclusão da obrigação alimentar, a jurisprudência já aplicava os princípios jurídicos para extinguir o pensionamento de quem não tinha "merecimento", a exemplo do Tribunal de Justiça de Pernambuco, em decisão de outubro de 2002:

---

[88] PEREIRA, Caio Mário da Silva. *Instituições de direito civil*, Rio de Janeiro: Forense, 2004, vol. V, p. 343.

[89] Art. 1.814. São excluídos da sucessão os herdeiros ou legatários:

I – que houverem sido autores, coautores ou partícipes de homicídio doloso, ou tentativa deste, contra a pessoa de cuja sucessão se tratar, seu cônjuge, companheiro, ascendente ou descendente;

II – que houverem acusado caluniosamente em juízo o autor da herança ou incorrerem em crime contra a sua honra, ou de seu cônjuge ou companheiro;

III – que, por violência ou meios fraudulentos, inibirem ou obstarem o autor da herança de dispor livremente de seus bens por ato de última vontade.

Art. 1.961. Os herdeiros necessários podem ser privados de sua legítima, ou deserdados, em todos os casos em que podem ser excluídos da sucessão.

Art. 1.962. Além das causas mencionadas no art. 1.814, autorizam a deserdação dos descendentes por seus ascendentes:

I – ofensa física;

II – injúria grave;

III – relações ilícitas com a madrasta ou com o padrasto;

IV – desamparo do ascendente em alienação mental ou grave enfermidade.

Art. 1.963. Além das causas enumeradas no art. 1.814, autorizam a deserdação dos ascendentes pelos descendentes:

I – ofensa física;

II – injúria grave;

III – relações ilícitas com a mulher ou companheira do filho ou a do neto, ou com o marido ou companheiro da filha ou neta;

IV – desamparo do filho ou neto com deficiência mental ou grave enfermidade.

[90] HIRONAKA, Giselda Maria Fernandes Novaes. "A indignidade como causa de escusabilidade do dever de alimentar". In: *Anais do VI Congresso Brasileiro de Direito de Família*, Belo Horizonte, IBDFAM, 2008, p. 158.

1. Modernamente, entende-se que, além de a obrigação de pensionar se encontrar desvinculada da perquirição de culpa, a pensão alimentar é antes uma prestação compensatória pelos prejuízos causados pela perda do sustento do que propriamente o prolongamento, em quaisquer circunstâncias, do dever de sustento do ex-consorte economicamente mais fraco, com características de reparação irrenunciável. 2. Para a subsistência da prestação alimentar ressurge preponderante a questão do merecimento do ex-cônjuge, seu beneficiário, expressa não só pelo estado de miserabilidade a que se veria reduzido caso contasse apenas com suas próprias economias para sobreviver, como, também, por sua conduta de permanente recato social, apropriada a quem pode desfrutar de regalias de consumo e de lazer graças ao comprometimento de recursos financeiros de outrem. 3. Não merece reforma sentença que, ante o estabelecimento de relação concubinária pela pensionada e seu comportamento indigno, este caracterizado por sua cumplicidade com o amante para a comprovada prática de delito criminal, exonera o ex-cônjuge da obrigação de prestar alimentos.[91]

Ainda não há um conceito pronto e acabado para a indignidade com vistas à sua aplicação no Direito de Família, em especial sobre a questão alimentar. Mas devemos partir da premissa essencial de que a dignidade é um valor intrínseco à pessoa humana. As coisas têm preço, e as pessoas, dignidade, como dizia Kant.[92] Onde há conduta indigna, a dignidade do devedor de alimentos somente será respeitada se a indignidade do credor for considerada[93].

A indignidade para efeitos da desobrigação alimentar é uma conduta, uma prática, enquanto a dignidade é um valor, razão pela qual não há que se falar que uma é contrária à outra, pois se trata de gêneros distintos, a primeira afronta a segunda. Há procedimento indigno quando se afronta a dignidade da pessoa humana.

Embora o conceito de dignidade humana seja amplo, é necessário trazê-lo para os limites do Direito de Família com a finalidade de lhe imprimir praticidade e demarcação do conceito. Considerando que a família é a célula básica da sociedade e que as relações entre seus membros devem ser guiadas pelo afeto, respeito e limites de civilidade, aquele que afrontar o outro, violentando-o no sentido de destruí-lo ou enfraquecê-lo, não necessariamente usando a força física, mas desmerecendo-o psiquicamente e denegrindo sua honra e sua imagem, estará praticando uma conduta indigna. Exemplo claro de indignidade é a Alienação Parental, cujo conceito está bem definido na Lei n. 12.318, de 26 de agosto de 2010.

A indignidade autorizadora de exoneração do devedor da obrigação alimentar, ou, até mesmo, apta a impedir a fixação de alimentos nas hipóteses de divórcio, caracteriza-se quando a prática de atos voltados a atingir a honra, a respeitabilidade, a decência e o amor próprio do provedor acarreta prejuízo de ordem moral, ou mesmo material, enfim, violentando direitos da personalidade.

Especificamente sobre as relações entre cônjuges, com o desuso da separação judicial e o fim da discussão sobre culpa, houve uma transição de paradigmas. Não se trata de substituir a culpa pela indignidade, pois imputava-se culpa quando a responsabilidade pelo fim do casamento era atribuída exclusivamente ao outro, o que não cabe mais alegar. Isso porque a grande diferença é que a indignidade não é a causa do fim do casamento, mas sim a causa da extinção da obrigação alimentar. Por não haver mais qualquer requisito para o decreto do

---

[91] TJPE, AC n. 86312-3, 1ª CC, Rel. Des. Fernando Ferreira, j. em 29.10.2002, *DJPE* 28/01/2003.

[92] KANT, Immanuel. *Fundamentação da metafísica dos costumes*, São Paulo: Abril Cultural, 1980, vol. 1, p. 140 (Coleção Os Pensadores).

[93] "(...) a indignidade não é um valor, mas uma certa prática – e especificamente uma prática violenta – cuja natureza é de atentar contra a integridade física ou moral da pessoa que lhe presta os alimentos ou assistência: procedimento indigno, portanto, é violência" (HIRONAKA, Giselda Maria Fernandes Novaes. Op. cit., p. 160).

divórcio, bastando, somente, a informação de que o relacionamento chegou ao seu final, pelo menos para um dos cônjuges, a indignidade pode ser discutida em uma ação autônoma, não interferindo em nada na decretação do divórcio.

Quando o amor acaba, e a vida comum torna-se insuportável e impossível a manutenção do casamento, não há impedimento para a existência da obrigação alimentar entre os cônjuges, bastando a discussão do binômio necessidade e possibilidade. Por outro lado, uma traição descoberta posteriormente à separação do casal e que não foi a causa ensejadora do rompimento do casamento pode ser a causa da extinção da obrigação alimentar. "Traição", no sentido que se traz aqui, exemplificativamente, não é a mera relação extraconjugal. Mesmo se entendida e invocada como tal, ela por si só não cabe mais em nosso ordenamento jurídico e não é determinante da indignidade. Se atingir ou infringir o código moral do casal, esta moralidade deve restringir-se àquela intimidade. Portanto, a traição não é aquela que traz consigo a carga de valores morais e singulares do casal, mas aquela que denota engodo, enganação, desrespeito e fere a honra e a imagem do "traído" perante terceiros, deixando-o em situação vexatória. A prática de relações extraconjugais pode, inclusive, não se caracterizar como traição. O engodo, a má-fé e a simulação em um casamento visando apenas a interesses financeiros (golpe do baú) podem ser uma traição muito maior que uma relação extraconjugal. Traição e infidelidade podem se caracterizar, também, pelos maus-tratos, pela não assistência moral e à saúde do cônjuge. Enfim, uma gama enorme de situações que não se exaure e não é *numerus clausus*, mas que deve ser examinada em cada caso concreto, onde se avaliará objetivamente o desrespeito tal que se possa caracterizar como indignidade, isto é, como violação à dignidade do alimentante.[94]

A indignidade como causa da extinção da obrigação alimentar não é somente nas relações conjugais. O parentesco como fonte de obrigação alimentar, embora mais raro, enquadra-se também no comando do parágrafo único do artigo 1.708 do CCB/2002. Os exemplos mais comuns guardam semelhança com as disposições do artigo 557 do CCB/2002, que estabelece as regras para revogação da doação por ingratidão, bem como da sucessão hereditária descritas nos artigos 1.814 e 1.961 a 1.963 do CCB/2002. Um filho que atente contra a vida do pai ou lhe negue socorro, assistência e cuidados em momentos de grande desamparo do alimentante não é digno de receber sustento material daquele a quem ele se negou a amparar emocional ou psiquicamente. Mas não se pode restringir as causas, ou caracterização, da indignidade apenas àqueles elencados pelo direito das sucessões, como pretendem alguns autores.[95] A indignidade para o Direito de Família vai muito além, e, ademais, o conceito de dignidade se desenvolveu muito após a Constituição de 1988 e está diretamente relacionado à regra e ao espírito do parágrafo único do artigo 1.708 do CCB/2002.

Todos esses pressupostos, além de valores, são práticas recíprocas que devem ocorrer nas relações familiares a fim de se evitar o procedimento indigno. Assim, não se pode obrigar

---

[94] "(...) Na presente ação, pretende o recorrente se ver exonerado de prestar os alimentos fixados na sentença proferida nos autos da separação judicial a sua ex-esposa, argumentando, para tanto, que a esta não mais assiste este direito, na medida em que teve comportamento indigno para com o alimentante-recorrente. (...) De acordo com o preconizado no art. 1.708, parágrafo único, CC atual, o direito a alimentos cessa, também, relativamente ao credor, "se tiver procedimento indigno em relação ao devedor", e, no caso, não se pode negar que o nascimento de A. L. M. F. na constância do casamento comprova um procedimento indigno da requerida-apelada para com o recorrente, ao passo que, não sendo esta filha dele, por óbvio que a recorrida manteve relação com outro homem, o que não se admite como correto na sociedade em que vivemos" (TJMG, Apelação Cível n. 1.0261.07.052539-7/001, 7ª Câmara Cível, Des. Rel. Edivaldo George dos Santos, j. 26.2.2008, publicado em *DJMG* 11/03/2008).

[95] COLTRO, Antonio Carlos Mathias e TELES, Marília Campos Oliveira. "A indignidade sob a perspectiva da obrigação alimentar no direito civil brasileiro". In: MADALENO, Rolf e PEREIRA, Rodrigo da Cunha. *Direito de Família – processo, teoria e prática*, Rio de Janeiro: Forense, 2008, p. 69-70.

Cap. 7 – ALIMENTOS **301**

alguém a arcar com o pagamento de alimentos a quem não agiu de forma digna e solidária com ele, mesmo persistindo o binômio necessidade × possibilidade.[96]

É preciso inserir as novas concepções, o novo vocabulário de Direito de Família e Sucessões, e assim fazer uma releitura do rol de indignidade prevista em Lei. Por exemplo, alienação parental, violência doméstica e abandono afetivo certamente caracterizam atos de indignidade e, no entanto, à época da elaboração do CCB/2002, ainda não havia sido construído ou elaborado esses novos institutos. O STJ já tem essa interpretação extensiva e ampliativa do rol da indignidade, como se vê exemplificativamente a seguir:

> (...) O fato de o rol do art. 1.814 do CC/2002 ser taxativo não induz à necessidade de interpretação literal de seu conteúdo e alcance, uma vez que a taxatividade do rol é compatível com as interpretações lógica, histórico-evolutiva, sistemática, teleológica e sociológica das hipóteses taxativamente listadas. 5 – A diferenciação entre o texto de lei, enquanto proposição física, textual e escrita de um dispositivo emanado do Poder Legislativo, e a norma jurídica, enquanto produto da indispensável atividade interpretativa por meio da qual se atribui significado ao texto, conduz à conclusão de que a interpretação literal é uma das formas, mas não a única forma, de obtenção da norma jurídica que se encontra descrita no art. 1.814, I, do CC/2002. (...) (STJ – REsp: 1.943.848/PR 2021/0179087-7, Rel. Min. Nancy Andrighi, 3ª Turma, DJe 18/02/2022).

A indignidade, como causa excludente da obrigação alimentar, não está necessariamente ligada ao dever de fidelidade, assim como o pensionante não pode se tornar um fiscal da vida sexual do alimentário. A indignidade não está atrelada simplesmente ao conteúdo de uma moral sexual, até porque ela é variável e relativizável, sob pena de se repetir as injustiças históricas que tanto excluíram pessoas do laço social, como foi com a ilegitimidade de determinadas categorias de filhos. A caracterização de atos de indignidade relaciona-se muito mais à ética do que à moral. O Direito de Família vem superando os conceitos morais estigmatizantes e excludentes, tais como o de "mulher desonesta" (art. 1.744, III, CCB/1916) como indicativo de indignidade, ou de capacidade para se ter ou não a guarda dos filhos etc. Se tratarmos a dignidade ou indignidade no campo da moral, incorreremos no risco de cair no moralismo particularizado e nos afastarmos da ética. É preciso demarcar o conceito de indignidade no campo da ética, e não no da moral, insista-se. Não é ético, por exemplo, que uma pessoa receba pensão do ex-cônjuge ou companheiro e ao mesmo tempo impeça, injustificadamente, que ele conviva com os filhos comuns, ou pratique atos de alienação parental. O genitor digno estimula os filhos a conviverem com o pai apesar das divergências entre eles.

Assim, indignidade é um comportamento, uma conduta ou uma ação que deteriora ou destrói o outro, agindo diretamente contra a preservação de sua integridade psicofísica e a preservação de sua dignidade, desconfigurando a sua essência, a sua natureza enquanto pessoa humana e ente ocupante daquela determinada função – pai ou mãe, filho ou filha, cônjuge, companheiro etc. É um comportamento não ético, pois ética é a conduta guiada necessariamente por uma avaliação racional das questões morais. E essa é a grande diferença entre ética e moral que deve ser observada, para que o Direito de Família não volte a cometer graves injustiças que acarretaram tanta exclusão social. Quando alguém é tratado de uma forma indigna, incompatível com a sua dignidade, é tratado como se fosse um objeto e não um sujeito. Em outras palavras, quando há uma objetificação do sujeito pelo outro, significa que foi retirado dele a dignidade, ou seja, houve aí a prática de atos de indignidade. Um ato violento, por exemplo, é algo contrário à natureza de uma pessoa por uma razão ética, não porque seja imoral, pois há

---

[96] HIRONAKA, Giselda Maria Fernandes Novaes. "A indignidade como causa de escusabilidade do dever de alimentar". In: *Anais do VI Congresso Brasileiro de Direito de Família*, Belo Horizonte, IBDFAM, 2008, p. 164.

302 DIREITO DAS FAMÍLIAS – Rodrigo da Cunha Pereira

quem ache que é moral tratar outrem com violência em determinados casos, desconsiderando que a estrutura física e mental de uma pessoa é tal que, diante de qualquer ato violento, sente dor, perturba-se, deteriora-se.[97]

A indignidade também se relaciona diretamente com o oposto da boa-fé[98], isto é, os atos de indignidade fazem laço e deixam lastro na má-fé. Por exemplo, alguém que se casou apenas por interesses financeiros, em nítida caracterização do popularmente conhecido "golpe do baú". Tem-se aí a má-fé atrelada diretamente à indignidade.

7.10 APLICAÇÃO DA TEORIA DA *DISREGARD* NA APURAÇÃO DO *QUANTUM* ALIMENTAR E O CPC

Uma das grandes dificuldades de se estabelecer o *quantum* alimentar de forma justa está na dificuldade de se mensurar a possibilidade do alimentante. Além de omitir informações, é comum esconder-se "atrás" de pessoa jurídica[99], fazendo uma verdadeira "blindagem" de seu patrimônio de forma a falsear sua realidade econômico-financeira. Um dos remédios utilizados para se chegar até a verdadeira realidade econômica é a aplicação da teoria da *disregard*, ou teoria da desconsideração da personalidade jurídica, criada para alcançar o patrimônio dos sócios que maliciosamente se utilizam da autonomia gerencial e adMin.tiva das sociedades para fraudar credores. Ela tem ampla aplicação no Direito de Família, não apenas para apuração de partilha de bens, mas também para se apurar os rendimentos reais do empresário que deve pagar alimentos.

Sabe-se que o patrimônio do sócio não se mistura com o patrimônio da empresa[100]. Entretanto, em algumas situações de confusão patrimonial e desvio de finalidade, pode ocorrer a desconsideração da personalidade da pessoa jurídica, como bem estabelece o artigo 50 do CCB/2002, alterado pela Lei 13.874/2019:

> Art. 50. Em caso de abuso da personalidade jurídica, caracterizado pelo desvio de finalidade ou pela confusão patrimonial, pode o juiz, a requerimento da parte, ou do Ministério Público quando lhe couber intervir no processo, desconsiderá-la para que

---

[97] (...) No caso em debate, como se encontra devidamente demonstrada a participação do agravado no ato que resultou a morte da genitora dos agravantes, não pode o mesmo receber sua parte nos valores a título de pensão, podendo perfeitamente ser atingido pelos efeitos da indignidade, pois demonstrado de forma analítica a identidade fática entre a decisão analisada e confrontada. (...) (STJ, Ag. Rg. no Recurso Especial n. 943.605-SP (2007/0085781-1), Rel. Min. Ari Pargendler, 3ª T., pub. 3.11.2008, *DJ*). (TJSP, Apelação Cível n. 538.837.4/2-00, 10ª Câmara de Direito Privado, Comarca de São Paulo, j. em 31.3.2009).

[98] (...) Além disso, o fato da alimentada ter induzido em erro o alimentante, ao dizer que estava grávida de um filho seu e, em razão disso, ensejado que ele contraísse casamento com ela, omitindo durante mais três décadas a verdadeira paternidade do filho mais velho, *constitui comportamento indigno em relação ao alimentante*, tendo violado o dever de lealdade e boa-fé, ferindo a dignidade (honra subjetiva) do varão, e configura, com todas as letras a hipótese de cessação do dever de prestar alimentos de que trata o art. 1.708, parágrafo único, do CCB. Recurso desprovido. (TJRS, Apelação Cível Nº 70067426395, Sétima Câmara Cível, Tribunal de Justiça do RS, Relator: Sérgio Fernando de Vasconcellos Chaves, J. 13/01/2016).

[99] Desconsideração inversa da personalidade jurídica. Decisão que acolhe o incidente. Manutenção. Incidente de desconsideração instaurado a fim de viabilizar o exercício do contraditório e pleno esclarecimento dos fatos. Inteligência dos artigos 133 a 137 do CPC/2015. Preenchidos os requisitos indispensáveis para autorizar o processamento do incidente. Aplicação da Teoria Maior. Presença dos requisitos aptos a determinar a desconsideração, conforme orientação fixada pelo STJ. Devedor de alimentos que se utiliza de pessoa jurídica para proveito pessoal, como forma de frustrar a solução do crédito alimentar. Desvio de finalidade da pessoa jurídica. Empresa registrada na JUCESP em nome da esposa, mas com diversos elementos indicando que, na verdade, quem exerce poderes de administração é também o devedor de alimentos. Demais circunstâncias do caso concreto evidenciam confusão patrimonial. Recurso desprovido (TJSP, AI 20140578620238260000/SP Rel. Francisco Loureiro, 1ª Câmara de Direito Privado, publ. 24/02/2023).

[100] STJ, EREsp. 1.306.553/SC, Rel. Min. Maria Isabel Gallotti, Segunda Seção, j. 10/12/14, DJe 12/12/14.

os efeitos de certas e determinadas relações de obrigações sejam estendidos aos bens particulares de adMin.dores ou de sócios da pessoa jurídica beneficiados direta ou indiretamente pelo abuso. (Redação dada pela Lei nº 13.874, de 2019)

§ 1º Para os fins do disposto neste artigo, desvio de finalidade é a utilização da pessoa jurídica com o propósito de lesar credores e para a prática de atos ilícitos de qualquer natureza. (Incluído pela Lei nº 13.874, de 2019)

§ 2º Entende-se por confusão patrimonial a ausência de separação de fato entre os patrimônios, caracterizada por: (Incluído pela Lei nº 13.874, de 2019)

I – cumprimento repetitivo pela sociedade de obrigações do sócio ou do administrador ou vice-versa; (Incluído pela Lei nº 13.874, de 2019)

II – transferência de ativos ou de passivos sem efetivas contraprestações, exceto os de valor proporcionalmente insignificante; e (Incluído pela Lei nº 13.874, de 2019)

III – outros atos de descumprimento da autonomia patrimonial. (Incluído pela Lei nº 13.874, de 2019)

§ 3º O disposto no caput e nos §§ 1º e 2º deste artigo também se aplica à extensão das obrigações de sócios ou de administradores à pessoa jurídica. (Incluído pela Lei nº 13.874, de 2019)

§ 4º A mera existência de grupo econômico sem a presença dos requisitos de que trata o *caput* deste artigo não autoriza a desconsideração da personalidade da pessoa jurídica. (Incluído pela Lei nº 13.874, de 2019)

§ 5º Não constitui desvio de finalidade a mera expansão ou a alteração da finalidade original da atividade econômica específica da pessoa jurídica. (Incluído pela Lei nº 13.874, de 2019)

O artigo 50 do CCB/2002 e os artigos 133 a 137 do CPC/2015 tornaram-se um importante instrumento de luta e combate a fraude contra credores e ao abuso de direito, não apenas para o Direito Empresarial, mas também para o Direito de Família, em uma variante a que se pode denominar de desconsideração inversa da personalidade jurídica de acordo com o § 2º do artigo 133 do CPC/2015. O professor gaúcho adverte:

> Da teoria para a realidade, a expressa redação contida no artigo 50 do Código Civil tornou-se uma bandeira de luta eficaz no combate da fraude contra credores, e no confronto contra o abuso do direito. E foi exatamente para combater a fraude e o abuso de direito usados de forma revoltante e ousada, com o recurso evasivo da pessoa jurídica, que justamente surgiu na Alemanha a doutrina da desconsideração ou do superamento da personalidade jurídica na voz doutrinária de Rolf Serick e hoje, definitivamente incorporada ao Direito brasileiro a partir do artigo 50 do Código Civil de 2002 e, melhor do que isso, definitivamente consolidada, ampliada e simplificada por meio dos artigos 133 a 137 do Código de Processo Civil de 2015, que finalmente materializaram em texto de lei a sua versão menos comum para o direito empresarial, contudo, amplamente útil e utilizada nos processos de família e de sucessões, relativamente à sua variante denominada de desconsideração inversa da personalidade jurídica, conforme § 2º, do artigo 133[101] do CPC de 2015[102].

---

[101] Artigo 133 (...) § 2º do CPC/2015 Aplica-se o disposto neste Capítulo à hipótese de desconsideração inversa da personalidade jurídica.

[102] MADALENO, Rolf. *Revista IBDFAM – Famílias e sucessões. In: A desconsideração inversa da personalidade jurídica no Direito de Família e no novo CPC*. V 13 (Jan./Fev.) Belo Horizonte: IBDFAM, 2016, p. 37 a 45.

304 DIREITO DAS FAMÍLIAS – *Rodrigo da Cunha Pereira*

Para fixação da pensão alimentícia, além do trinômio necessidade x possibilidade x proporcionalidade, há de ser considerado o padrão de vida,[103] nem sempre compatível com o acervo probatório apresentado pelo alimentante, que, em razão de melindrosa engenharia contábil-financeira, consegue, habilmente, manipular seus lucros, dividendos e retiradas *pro-labore*. Ante os indícios que apontam uma possibilidade maior do que a documentada, a jurisprudência[104] e a doutrina têm relativizado a personalidade jurídica da sociedade envolvida para adentrar na sua esfera patrimonial e melhor aquilatar o *quantum* devido por aquele que se esconde por trás do véu societário:

> O direito não cria realidade, o direito, em verdade, serve à realidade e se esta aponta para a existência de estratagemas onde certa pessoa física foge de suas obrigações e busca guarida sob manto de uma pessoa jurídica é imprescindível que se supere a existência da personalidade jurídica, aos efeitos de assegurar a justa aplicação do direito contra a pessoa física que procura se valer da condição, por exemplo, de sócio (inclusive oculto) determinada empresa. É, pois, dever do profissional jurídico usar meios necessários para a satisfação do direito violado ou ameaçado e, dentre estes meios, evidentemente que uma arma eficaz contra a burla da realidade é exatamente a possibilidade da incidência da teoria da desconsideração da personalidade jurídica.[105]

A aplicação da *disregard*[106] para apuração dos ganhos reais do devedor é balizada pela teoria da aparência ou dos sinais exteriores de riqueza e encontra respaldo legal na Lei de Alimentos,[107] que dispensa a apresentação de documentos para o pedido inaugural. Isso se deve, também, ao

---

[103] Art. 1.694. Podem os parentes, os cônjuges ou companheiros pedir uns aos outros os alimentos de que necessitem para viver de modo compatível com a sua condição social, inclusive para atender às necessidades de sua educação.

[104] Alimentos provisórios devidos à menor impúbere. Incidência de descontos sobre pagamento efetuado por empresa à outra. Alimentante que é proprietário da empresa que recebe o pagamento, em virtude de prestação de serviços. Descontos incidentes sobre a contraprestação. Confirmação da decisão. Possibilidade de desconsideração da personalidade jurídica, para fins de se dar efetividade ao cumprimento obrigacional (TJMG, AI 1.0000.00.354133-1/000(1), Rel. Des. Brandão Teixeira, public. 20.02.2004, *DJ*).

[105] LOUZADA, Ana Maria Gonçalves. *Alimentos: doutrina e jurisprudência*. Belo Horizonte: Del Rey, 2008, p. 204.

[106] O CPC/2015 prevê nos artigos 133 a 137: Art. 133. O incidente de desconsideração da personalidade jurídica será instaurado a pedido da parte ou do Ministério Público, quando lhe couber intervir no processo. § 1º O pedido de desconsideração da personalidade jurídica observará os pressupostos previstos em lei. § 2º Aplica-se o disposto neste Capítulo à hipótese de desconsideração inversa da personalidade jurídica. Art. 134. O incidente de desconsideração é cabível em todas as fases do processo de conhecimento, no cumprimento de sentença e na execução fundada em título executivo extrajudicial. § 1º A instauração do incidente será imediatamente comunicada ao distribuidor para as anotações devidas. § 2º Dispensa-se a instauração do incidente se a desconsideração da personalidade jurídica for requerida na petição inicial, hipótese em que será citado o sócio ou a pessoa jurídica. § 3º A instauração do incidente suspenderá o processo, salvo na hipótese do § 2º. § 4º O requerimento deve demonstrar o preenchimento dos pressupostos legais específicos para desconsideração da personalidade jurídica. Art. 135. Instaurado o incidente, o sócio ou a pessoa jurídica será citado para manifestar-se e requerer as provas cabíveis no prazo de 15 (quinze) dias. Art. 136. Concluída a instrução, se necessária, o incidente será resolvido por decisão interlocutória. Parágrafo único. Se a decisão for proferida pelo relator, cabe agravo interno. Art. 137. Acolhido o pedido de desconsideração, a alienação ou a oneração de bens, havida em fraude de execução, será ineficaz em relação ao requerente.

[107] Art. 2º O credor, pessoalmente, ou por intermédio de advogado, dirigir-se-á ao juiz competente, qualificando-se, e exporá suas necessidades, provando, apenas, o parentesco ou a obrigação de alimentar do devedor, indicando seu nome e sobrenome, residência ou local de trabalho, profissão e naturalidade, quanto ganha aproximadamente ou os recursos de que dispõe.

§ 1º Dispensar-se-á a produção inicial de documentos probatórios;

I – quando existente em notas, registros, repartições ou estabelecimentos públicos e ocorrer impedimento ou demora em extrair certidões.

Cap. 7 – ALIMENTOS 305

fato de que, no caso de empresários, a documentação que comprova a possibilidade não é de fácil acesso, visto tratar-se de documentos particulares, que, como dito anteriormente, podem ser facilmente manipulados. Portanto, a aplicação da teoria da desconsideração da personalidade jurídica, aliada aos sinais exteriores de riqueza, tem sido uma importante fonte e subsídio teórico para se levar à prática da necessária apuração da possibilidade econômico-financeira do alimentante.

7.11 PENSÃO ALIMENTÍCIA COMPENSATÓRIA. O CONTEÚDO ECONÔMICO INVISÍVEL DO TRABALHO DOMÉSTICO

A pensão alimentícia compensatória surge e ganha força no ordenamento jurídico brasileiro em consequência do comando constitucional de reparação das desigualdades entre cônjuges ou companheiros, sob o manto de uma necessária principiologia para o Direito de Família. O desfazimento de um casamento ou união estável[108], especialmente aqueles que se prolongaram no tempo, e tiveram uma história de cumplicidade e cooperação, não pode significar desequilíbrio no modo e padrão de vida pós-divórcio[109]. A pensão compensatória, ou compensação econômica tem como propósito a indenização por algum tempo, ou não, o desequilíbrio econômico do ex-casal[110].

Com a evolução do direito civil-constitucional, os princípios ganharam maior força normativa e, consequentemente, perderam seu caráter de mera supletividade e significam o alicerce, os pontos básicos e vitais para a sustentação do Direito. São eles que traçam os preceitos, para toda espécie de operação jurídica, e têm um sentido mais relevante que a própria regra jurídica. Constituem os fundamentos da ciência jurídica e contêm as noções em que se estrutura o próprio Direito. Reveste-se, atualmente, de força normativa imprescindível para a aproximação do ideal de Justiça.

Para que se possa pensar e viver em um Estado Democrático de Direito, é necessário que essa democracia comece na célula básica da sociedade, isto é, na família. E para que se possa ter uma família democrática é necessário que se igualizem os direitos entre homens e mulheres e para isso é também necessário que se façam compensações.[111]

II – quando estiverem em poder do obrigado, as prestações alimentícias ou de terceiro residente em lugar incerto ou não sabido.

[108] (...) Se os documentos juntados com a petição inicial parecem, efetivamente, indicar que as partes conviveram em regime de união estável e **que pode haver efetivo desequilíbrio na partilha do patrimônio, isso é suficiente para dar suporte ao pedido de fixação de alimentos que a doutrina vem chamando de "compensatórios",** que visam à correção do desequilíbrio existente no momento da separação, quando o juiz compara o *status* econômico de ambos os cônjuges e o empobrecimento de um deles em razão da dissolução da sociedade conjugal. (...) (TJDF, AI n. 20110020035193, Rel. Des. Arnoldo Camanho de Assis, 4ª Turma Cível, j. 25.05.2011). (Grifamos.)

[109] (...) Os chamados alimentos compensatórios, ou prestação compensatória, não têm por finalidade suprir as necessidades de subsistência do credor, tal como ocorre com a pensão alimentícia regulada pelo art. 1.694 do CC/2002, senão corrigir ou atenuar grave desequilíbrio econômico-financeiro ou abrupta alteração do padrão de vida do cônjuge desprovido de bens e de meação. (STJ, REsp 1290313/AL, Rel. Min. Antonio Carlos Ferreira, 4ª Turma, pub. 07/11/2014).

[110] MADALENO, Rolf. Tratado de Direito das Famílias. *In: Alimentos compensatórios*. Rodrigo da Cunha Pereira (organizador). Belo Horizonte: IBDFAM, 2015, p. 578.

[111] Embora a modernidade tenha nascido sob a promessa de uma esfera privada como espaço de satisfação e de cuidados emocionais, esta só começou realmente a ser cumprida recentemente, quando o modelo tradicional foi posto por terra. (...) Esse processo foi acompanhado de perto pela legislação e pela jurisprudência brasileiras que tiveram nas duas últimas décadas, inegavelmente, um papel promocional na construção do novo modelo familiar. Tal modelo vem sendo chamado, por alguns especialistas em sociologia, de "democrático", correspondente, em termos históricos, a uma significativa novidade, em decorrência da inserção, no ambiente familiar, de princípios tais como a igualdade e a liberdade. MORAES, Maria Celina Bodin de. "A família democrática". *In: Anais do V Congresso Brasileiro de Direito de Família*, Belo Horizonte: Del Rey, 2006, p. 615.

Uma das formas de compensar o desequilíbrio econômico-financeiro entre os divorciados[112], independentemente do regime de bens entre eles, é estabelecer uma pensão alimentícia compensatória. Tal forma de pensionamento não está atrelada, obrigatoriamente, à clássica equação aritmética necessidade/possibilidade. O *quantum* alimentar e a natureza da pensão compensatória é aquele que proporcione e equipare o mesmo padrão socioeconômico a ambos os divorciados. O caso clássico a justificar este tipo de pensionamento é o do cônjuge, historicamente a mulher, parte economicamente mais fraca, que, por acordo ainda que tácito, passou sua vida dando o suporte doméstico para a educação e criação dos filhos, com isso possibilitando que o outro cônjuge se desenvolvesse profissionalmente. Este tipo de pensão é também uma forma de se atribuir um conteúdo econômico ao "desvalorizado" trabalho doméstico.

As normas jurídicas que dão suporte e autorizam a pensão compensatória, após o fim do casamento ou união estável, advêm dos princípios constitucionais da igualdade, solidariedade, responsabilidade e dignidade humanas. As normas infraconstitucionais, mais especificamente o artigo 1.694 do CCB de 2002, bem como a melhor jurisprudência e o direito comparado, apresentam-se também como fontes obrigatórias para a compreensão e desenvolvimento do raciocínio jurídico desta modalidade de pensamento.

Os alimentos compensatórios têm sido também entendidos como uma forma de compensar a não partilha de bens e o não repasse dos frutos comuns do casal ao cônjuge/companheiro que não teve acesso a esses frutos. Assim, podemos dizer que temos duas modalidades dessa compensação: 1) enquanto não se partilha os bens, independentemente se caiu ou não o padrão de vida de quem se separou[113]; 2) queda brusca no padrão de vida após a separação, independentemente do regime de bens e sua partilha de bens[114]. Rolf Madaleno classifica tais alimentos compensatórios em patrimoniais e ressarcitórios (até que partilhe os bens) e humanitários, que têm caráter indenizatório.

Em determinadas situações, pode ser mais compensatório e célere, para reparar injustiças desse desequilíbrio econômico pós-separação, propor ação de cobrança dos frutos da propriedade, conforme dispõe o art. 4º, parágrafo único, da Lei 5.478/68 – Lei de Alimentos:

---

[112] (...) Os alimentos compensatórios têm cunho exclusivamente indenizatório e possuem como principal objetivo o restabelecimento do equilíbrio financeiro entre as partes rompido com a separação, diante da pendência da partilha e da posse privativa de um dos ex-cônjuges sobre o patrimônio comum, do qual desfruta com exclusividade dos frutos. (...) e a verba consagrada a agravada a título de alimentos compensatórios deve ser adequada à metade dos frutos amealhados com exclusividade por um só dos ex-cônjuges, antes da partilha do patrimônio comum (TJMG, AI 07495828520238130000, Rel. Des. Francisco Ricardo Sales Costa, publ. 05/09/2023).

[113] (...) Embora o Juízo de origem tenha deferido o pleito de alimentos provisórios, verifica-se que a causa de pedir dos alimentos é a posse e administração do demandado sobre todos os bens sujeitos à partilha, o que se amolda ao conceito de alimentos compensatórios. Apesar de não serem expressamente previstos na legislação pátria, os alimentos compensatórios são admitidos pela doutrina e pela jurisprudência com o objetivo de equilibrar o padrão de vida do casal, compensando o eventual desequilíbrio gerado pelo rompimento da relação na hipótese de apenas um dos cônjuges/companheiros usufruir dos frutos advindos de negócios constituídos na constância do casamento/união estável ou de imóveis adquiridos neste período, sobre os quais incida direito de meação. (TJ-RS – AI 70078428596 RS, Relator: Luiz Felipe Brasil Santos, j. 28/2/2019, 8ª Câmara Cível, DJ 11/3/2019).

[114] Os chamados alimentos compensatórios, ou prestação compensatória, não têm por finalidade suprir as necessidades de subsistência do credor, tal como ocorre com a pensão alimentícia regulada pelo art. 1.694 do CC/2002, senão corrigir ou atenuar grave desequilíbrio econômico-financeiro ou abrupta alteração do padrão de vida do cônjuge desprovido de bens e de meação (STJ, REsp 1.290.313/AL, Rel. Min. Antonio Carlos Ferreira, j. 12/11/2013). (TJ-SC – AI 50183890720208240000 – 5018389-07.2020.8.24.0000, Relator: Fernando Carioni, 3ª Câmara de Direito Civil, j. 22/9/2020).

Cap. 7 – ALIMENTOS **307**

Se se tratar de alimentos provisórios pedidos pelo cônjuge, casado pelo regime da comunhão universal de bens, o juiz determinará igualmente que seja entregue ao credor, mensalmente, parte da renda líquida dos bens comuns, administrados pelo devedor.

Não se pode esquecer que essa Lei 5.478/1968 é anterior à Lei do Divórcio, época em que o regime legal era o da comunhão universal. Traduzindo para época atual, deve ser lido como regime da comunhão parcial. Na verdade, o que interessa é se os frutos são dos bens comuns do casal ou do ex-casal, para requerê-los, e nem tanto o regime de bens.

7.11.1 Princípios constitucionais da pensão compensatória: dignidade, solidariedade e responsabilidade

O princípio da solidariedade previsto na Constituição da República[115] advém do dever civil de cuidado ao outro, dever este que deve ser incrementado principalmente nas relações familiares. O dever conjugal de mútua assistência (art. 1.566, III, CCB/02) dá corolário normativo à pensão alimentícia convencional, e aliado ao princípio da solidariedade, dignidade, responsabilidade e igualdade gera a consequência lógica para a concessão dos alimentos compensatórios, pois cria a obrigação de o cônjuge afortunado solidarizar-se com aquele em desvantagem financeira.[116]

O princípio da solidariedade distingue-se do conceito de obrigação solidária em seu sentido estrito. Solidariedade como princípio jurídico norteador do Direito de Família advém da ideia que traduz uma relação de corresponsabilidade entre pessoas unidas, inclusive, por um sentimento moral e social de apoio ao outro. Mais que moral, a solidariedade (do latim *sollicitador, sollitare*) transforma-se em dever ético de relações humanizadoras. Por outro lado, obrigação solidária, em sentido técnico-jurídico, é quando há pluralidade de sujeitos ativos ou passivos de uma obrigação, para que se possa cumprir por inteiro ou *in solidum*. Tecnicamente, portanto, designa uma obrigação que se deve cumprir por inteiro, ou fracionada por uma ou mais pessoas. Neste sentido é que são as regras dos artigos 264 a 285 do CCB/2002, sobre as obrigações solidárias, ou seja, quando há pluralidade de credores ou devedores com direito a receber ou a pagar a totalidade da dívida ou fracioná-la. Assim, quando se invoca o princípio da solidariedade como fundamentação e justificativa para pagamento de pensão compensatória, não nos referimos à definição técnica de obrigação solidária ou subsidiária.

O princípio da responsabilidade é outro esteio de sustentação jurídica para fixação de pensão compensatória. A responsabilidade é um dos mais importantes valores e princípios jurídicos contemporâneos. Deve-se compreendê-la em relação a si mesmo, pois toda pessoa enquanto sujeito deve responsabilizar-se pelos seus atos, como já disse Jacques Lacan, e também em relação ao outro.

Os cônjuges ou ex-cônjuges são responsáveis pelas suas escolhas, mas a parte economicamente mais forte tem uma responsabilidade maior pela manutenção do *status* socioeconômico do outro cônjuge divorciando. A responsabilidade extrai sua força imperativa do acordo do qual ela é criatura, e não do valor intrínseco de seu objetivo,[117] ou seja, há aí uma responsabilidade que nasce da relação contratual do casamento.

---

[115] Art. 3º, I. Constituem objetivos fundamentais de República Federativa do Brasil.

I – Construir uma sociedade livre, justa e solidária; (Grifo nosso.)

[116] LÔBO, Paulo. "Princípio da solidariedade familiar". In: *Revista Brasileira de Direito das Famílias e Sucessões*, Porto Alegre: Magister; Belo Horizonte: IBDFAM, p. 144, out.-nov. 2007.

[117] JONAS, Hans. *O princípio da responsabilidade – Ensaio de uma ética para a civilização tecnológica*. Trad. Marijane Lisboa e Luiz Barros Montez. Rio de Janeiro: Contraponto, Ed. PUC-Rio, 2006, p. 170.

DIREITO DAS FAMÍLIAS – *Rodrigo da Cunha Pereira*

E, parafraseando o jurista Paulo Lôbo, sem responsabilidade não se pode assegurar a realização da dignidade da pessoa humana e da solidariedade, e, portanto, os três princípios são interdependentes.

O **princípio da dignidade** é um dos esteios da sustentação dos ordenamentos jurídicos contemporâneos. Para o direito público é o vértice do Estado democrático de Direito. No direito privado é um macroprincípio, que por sua vez contém e se desdobra em outros princípios e valores essenciais, como a liberdade, cidadania, alteridade e igualdade. O ajuste compensatório entre as partes é questão inerente a este princípio, pois não se pode admitir que os cônjuges que foram casados por longos anos e tiveram uma história de cumplicidade e solidariedade tenham formas e padrões socioeconômicos tão diferentes. Não é digno, por exemplo, que um dos cônjuges, geralmente a mulher, após um longo casamento tenha seu padrão de vida diminuído drasticamente após o divórcio e o marido continue com elevado *status* econômico. A dignidade neste caso não está relacionada apenas à sobrevivência, mas, principalmente, à manutenção do padrão de vida compatível com sua história e seu merecimento[118]. Afinal, "nem só de pão vive o homem".

7.11.2 Princípios, a jurisprudência e a regra da igualdade. O conteúdo econômico do trabalho doméstico

A igualdade entre homens e mulheres é um dos princípios-chave para as organizações jurídicas, em particular para o Direito de Família. Sem ele não há dignidade do sujeito de direito, e, consequentemente, não há justiça. Teoricamente a desigualdade dos gêneros está superada no Direito brasileiro, tal como prescrito na Constituição da República.[119] Mas a igualdade que está resolvida é apenas a formal, que constitui um passo importante para a continuação da dialética dos gêneros e das fundamentais diferenças dos mundos masculino e feminino. E um passo adiante no discurso da igualdade é a consideração e concessão de pensão alimentícia que compense as desigualdades históricas dos gêneros. Apesar do acesso da mulher ao mercado de trabalho, ainda persiste uma realidade socioeconômica e cultural em que elas têm na relação conjugal um papel e função de suporte ao marido. Mesmo que tenham atividade remunerada, o seu maior valor ainda não está aí, mas na tradicional função cotidiana de criar e educar filhos, gerenciar o lar, enfim, dar todo o suporte e aporte psíquico, psicológico, lógico e emocional ao

---

[118] (...) O pedido de revisão formulado pela segunda apelante se justifica pela manifesta necessidade – e porque não dizer direito – que ela possui de manter um padrão econômico que lhe permita viver num nível igual ao do apelado ou idêntico ao período em que estava casada. Sua pretensão encontra respaldo nos princípios da igualdade material e da dignidade da pessoa humana, que, quando aplicados ao Direito de Família, evitam a ocorrência de injustiças e de desigualdades decorrentes do modelo de família patriarcal, em que ao homem tudo e a mulher nada. Tal modelo de família é cruel com a mulher, pois a trata de maneira humilhante e degradante. O homem como" cabeça da família "pode ter todas as suas necessidades (sexuais, afetivas e econômicas) satisfeitas, já a mulher não! Afinal, o papel que lhe é reservado, na esfera familiar, é de cuidar da casa, dos filhos e, principalmente, do marido. Cuidar dela? É claro que não! Na família patriarcal, seus sonhos, desejos e necessidades se resumem a ter uma família saudável e feliz. Para que desejar algo mais? Seria um absurdo, para não dizer uma ingratidão, afinal de que mais a mulher precisa para ser feliz. Ter uma roupa nova, cuidar da beleza, do corpo e da mente, para quê? Sair, divertir-se, passear, ir ao cinema ou ao teatro, freqüentar bons restaurantes para quê? A mulher não tem a necessidade disso, pois o que o marido lhe dá já basta. Nesta família patriarcal, a mulher, com o passar do tempo, anula-se e se transforma num nada, contentando-se com migalhas de afeto, de dinheiro, de lazer, sexo, respeito e dignidade. Ora, quem é migalha, nunca passa de resto. Transformar a mulher em resto é algo que maltrata o valor maior da nossa Constituição, que é a dignidade da pessoa humana. É desprezar o modelo de família afetiva, igualitária, democrática e solidária que a Constituição consagra. (...). (TJ-MG 106720412952500021 MG 1.0672.04.129525-0/002(1), Relator: José Francisco Bueno, pub. 17/02/2006).

[119] CUNHA PEREIRA, Rodrigo da. *Princípios fundamentais norteadores do Direito de Família*, 2. ed., São Paulo: Saraiva, 2012, p. 164.

marido, proporcionando que ele possa crescer cada vez mais em sua profissão. Tudo isso em nome do casal e da família. Quando o amor acaba, e o amor às vezes acaba, a ideia de justo e de justiça têm ângulos e olhares diferentes entre marido e mulher. Pensa-se que o trabalho doméstico desenvolvido não tem valor, e não foi significativo, para o crescimento e aquisição patrimonial. É preciso revalorizarmos o trabalho doméstico. Sem ele não haveria família e filhos psiquicamente saudáveis, nem mesmo produção e desenvolvimento econômico e reprodução. Considerando os valores da sociedade do capital e do consumo, para que se dê o justo valor ao histórico trabalho feito pelas mulheres, é preciso atribuir-lhe um conteúdo econômico. Isto não significa, de maneira alguma, pagar à mulher determinado salário como se paga a uma empregada doméstica, mas criar mecanismos de compensação e amparo ao cônjuge que proporcionou ao outro, direta ou indiretamente, aquisição patrimonial. Nesse sentido, para equilibrar a balança da justiça, o CNJ expediu a Resolução nº 492/2023, estabelecendo o protocolo de julgamento pela perspectiva de gênero[120]. John Rawls propõe que a melhor maneira de reparar a longa injustiça histórica para com as mulheres, que suportaram e continuam suportando uma parcela injusta na tarefa de criar e cuidar dos filhos, não é através da filosofia política, mas através de mecanismos de compensação:

> Parece intoleravelmente injusto que um marido possa deixar a família, levando consigo o seu poder de ganhar dinheiro, deixando esposa e filhos em situação bem menos vantajosa que antes. Forçados a lutar por si mesmos, sua posição econômica é muitas vezes precária. Uma sociedade que permite isso não se importa com as mulheres, muito menos com sua igualdade ou mesmo com seus filhos, que serão o futuro dela.[121]

Não são apenas os princípios constitucionais que sustentam a fundamentação jurídica para a fixação de uma pensão compensatória. A legislação infraconstitucional, embora não utilize exatamente esta expressão, também estabeleceu regras, traduzidas pelo artigo 1.694 do CCB 2002.[122] Ao estabelecer que os cônjuges ou companheiros podem pedir alimentos para "viver de modo compatível com a sua condição social", está exatamente prescrevendo que o padrão social deve ser mantido através do pensionamento. Embora este artigo refira-se a pensão alimentícia, podemos interpretá-lo, ou complementá-lo, como alimentícia compensatória.

A Lei de Alimentos nº 5.478/68, em seu art. 4º, parágrafo único, já previa que além dos alimentos convencionais, o cônjuge (entende-se também companheiro/convivente) deveria repassar ao alimentário também os frutos da propriedade comum. Ou seja, o espírito desta lei é o de evitar queda no padrão de vida. Veja-se:

---

[120] "(...) No direito de família, a atuação com perspectiva de gênero mostra-se essencial à realização da Justiça, ao se considerar que as relações domésticas são marcadas pela naturalização dos deveres de cuidado não remunerados para as mulheres e pela predominante reserva de ocupação dos espaços de poder – e serviços remunerados – aos homens. Não se pode deixar de afirmar, outrossim, que a construção de estereótipos de gênero relacionados aos papéis e expectativas sociais reservados às mulheres como integrante da família pode levar à violação estrutural dos direitos da mulher que, não raras vezes, deixa a relação (matrimônio ou união estável) com perdas financeiras e sobrecarga de obrigações, mormente porque precisa recomeçar a vida laboral e, convivendo com dificuldades financeiras, deve destinar cuidados mais próximos aos filhos, mesmo no caso de guarda compartilhada. (...)" (TJ-MG, Agravo de Instrumento 18547511020248130000 1.0000.23.301735-9/004, Rel. Des. Delvan Barcelos Júnior, j. 27/06/2024, 8ª Câmara Cível Especializada, publ. 28/06/2024).

[121] RAWLS, John. *O direito dos povos*. Trad. Luís Carlos Borges. São Paulo: Martins Fontes, p. 214.

[122] Art. 1.694. Podem os parentes, os *cônjuges ou companheiros* pedir uns aos outros os alimentos de que necessitem *para viver de modo compatível com a sua condição social*, inclusive para atender às necessidades de sua educação. (Grifo nosso.)

> *Se se tratar de alimentos provisórios pedidos pelo cônjuge, casado pelo regime da comunhão universal de bens, o juiz determinará igualmente que seja entregue ao credor, mensalmente, parte da renda líquida dos bens comuns, administrados pelo devedor.*

Baseado nos princípios e regras aqui referidos, a jurisprudência brasileira vem se posicionando sobre esta espécie de pensão alimentícia, como se vê, exemplificativamente, nos julgados a seguir:

> *(...) Alimentos compensatórios são pagos por um cônjuge ao outro, por ocasião da ruptura do vínculo conjugal. Servem para amenizar o desequilíbrio econômico, no padrão de vida de um dos cônjuges, por ocasião do fim do casamento. Agravo não provido. TJDFT – AI 20090020030046. 6ª T. Cível. Rel. Des. Jair Soares. DJ 17.6.09.*

> *(...) Os chamados alimentos compensatórios, ou prestação compensatória, não têm por finalidade suprir as necessidades de subsistência do credor, tal como ocorre com a pensão alimentícia regulada pelo art. 1.694 do CC/2002, senão corrigir ou atenuar grave desequilíbrio econômico-financeiro ou abrupta alteração do padrão de vida do cônjuge desprovido de bens e de meação. (...) STJ – REsp: 1290313 AL 2011/0236970-2, Relator: Min. Antonio Carlos Ferreira, Data de Julgamento: 12/11/2013, 4ª Turma, Data de Publicação: DJe 07/11/2014).*

> *(...) Apesar de não serem expressamente previstos na legislação pátria, os alimentos compensatórios são admitidos pela doutrina e pela jurisprudência com o objetivo de equilibrar o padrão de vida do casal, compensando o eventual desequilíbrio gerado pelo rompimento da relação na hipótese de apenas um dos cônjuges/companheiros usufruir dos frutos advindos de negócios constituídos na constância do casamento/união estável ou de imóveis adquiridos neste período, sobre os quais incida direito de meação. (...) (TJRS, Agravo de Instrumento Nº 70078428596, Oitava Câmara Cível, Relator: Luiz Felipe Brasil Santos, J. 28/02/2019).*

7.11.3 Alimentos compensatórios e regime de bens

O fim do casamento não tem, necessariamente, que impor o fim do *status* em que se vivia, ainda que o credor alimentar tenha rendas e não tenha uma necessidade alimentar no sentido assistencial. O que se deve preservar são as relações de dependência no que se refere ao uso dos frutos do patrimônio que atendia às partes. Também não se pode confundir frutos da propriedade ou empresas com os alimentos compensatórios, porque o segundo tem o intuito de apenas manter o direito do *status* vivido à época do casamento, tanto que, se houver um melhoramento no *modus vivendi* atual do cônjuge alimentante, o alimentário não terá direito ao aumento, se ele não o usufruía à época do relacionamento.

Os alimentos compensatórios, como se disse, não se vinculam, necessariamente, ao regime de bens. O patrimônio havido na constância da conjugalidade é apenas elemento de prova e demonstração para aferição da possibilidade de quem o detém e, consequentemente, da apuração do *quantum* alimentar compensatório. Não se trata de cobrança de frutos ou antecipação de partilha, mas sim de cumprir regras e princípios da isonomia conjugal, como dispõe o art. 226, § 5º, da Constituição da República[123]. Não se pode confundir alimentos compensatórios com indenização pela posse ou administração de bens comuns[124].

---

[123] Art. 226. A família, base da sociedade, tem especial proteção do Estado.

(...)

§ 5º Os direitos e deveres referentes à sociedade conjugal são exercidos igualmente pelo homem e pela mulher.

[124] MADALENO, Rolf. Revista IBDFAM – Famílias e sucessões. *In: Decisão comentada – Alimentos compensatórios.* V. 10 (Jul./Agosto.) Belo Horizonte: IBDFAM, 2015, p. 105 a 117.

A pensão compensatória também se fundamenta na diferenciação de oportunidades vividas em conjunto, mas de forma diferenciada em relação ao outro cônjuge. Ela não guarda uma função permanente e vitalícia de manutenção. Sua natureza é a de reparar o desequilíbrio entre as partes até que se dissolvam as desvantagens sociais instaladas em razão do divórcio. Os alimentos compensatórios não deixam de ser uma "ação afirmativa", e entra na compreensão e no espectro do julgamento sob a perspectiva de gênero, como já se decidiu o TJMS:

> (...) Os alimentos compensatório se destinam a corrigir ou atenuar grave desequilíbrio econômico-financeiro ou abrupta alteração do padrão de vida do cônjuge desprovido de bens e de meação. Precedentes do STJ. Devem ser mantidos os alimentos fixados em primeiro grau, porquanto visam a garantir o equilíbrio financeiro das partes e a manutenção da subsistência da Requerida/Agravada no mesmo padrão anterior. Julgamento realizado à luz do Protocolo para Julgamento com Perspectiva de Gênero, conforme Recomendação n. 128/2022 e Ato Normativo n. 0001071-61.2023.2.00.0000 do CNJ (...) (TJMS, Agravo de Instrumento nº 1420812-68.2023.8.12.0000, Relª Desª Jaceguara Dantas da Silva, 5ª Câmara Cível, public. 20/12/2023).

A união conjugal presume a elaboração de um pacto de vida, no qual um dos cônjuges abdica um pouco mais que o outro em relação aos seus sonhos pessoais, com a finalidade de construir uma sólida estrutura familiar. Enquanto um cresce profissionalmente, o outro se estagna em nome da família. E, como disse, tal estagnação não é reconhecida ao fim da conjugalidade sob o prisma econômico.[125]

7.11.4 Natureza jurídica e meios de execução

A pensão alimentícia compensatória tem dupla natureza, como o próprio nome indica. Há quem entenda ser apenas compensatória ou indenizatória. No entanto, o seu caráter se demonstra também na necessidade alimentar propriamente dita, e indenizatória pelo seu objetivo de equiparação de padrões financeiros. O fato de se revestir de caráter e cunho indenizatórios não significa que esteja atrelada à antiquada discussão de culpa.[126]

Identificar a natureza heterogênea desta modalidade de pensionamento traz importante reflexo na execução da pensão alimentícia compensatória. Sendo de dupla natureza é possível requerer a execução sob o rito da prisão civil. Caso contrário, somente será exigível o rito de execução para pagamento de quantia certa, dado o caráter indenizatório, não alimentício[127].

---

[125] ASPIRI, Jorge O. *Régimen de bienes en el matrimonio*. Buenos Aires: Hammurabi, 2007, p. 28.

[126] (...) Surge, assim, verdadeiro vínculo de solidariedade (CC 265), devendo o cônjuge mais afortunado garantir ao ex-consorte alimentos compensatórios, visando ajustar o desequilíbrio econômico e a reequilibrar suas condições sociais. Dispõem, assim, os alimentos compensatórios de nítido caráter indenizatório, não se sujeitando a variações. Como não tem conteúdo alimentar, o encargo não se submete às vicissitudes do trinômio proporcionalidade-possibilidade-necessidade. Dessa forma, mesmo que o beneficiário venha a obter meios de prover a sua própria subsistência, tal não dispensa o devedor de continuar alcançando-lhe alimentos. DIAS, Maria Berenice. *Manual de Direito das Famílias*, São Paulo: Revista dos Tribunais, 2009, p. 479.

[127] (...) O presente recurso tem por objetivo a reforma da decisão que, nos autos da ação de execução de alimentos, decretou a prisão civil do agravante. Para tanto, o recorrente sustentou a impossibilidade da execução pelo rito previsto no art. 528, do CPC, pois a verba não possui natureza alimentar, vez que fixada apenas como um aluguel ou uma ajuda de custo enquanto as partes não partilham o patrimônio comum do casal. Com efeito, tais verbas tratam-se de espécie de alimentos compensatórios, que não comportam o rito de prisão civil, por não terem caráter alimentar, mas natureza indenizatória. Assim, sua eventual inadimplência não sujeita o devedor à coerção pessoal, devendo, nestes casos, ser aplicado o rito da constrição patrimonial. Recurso provido. (TJ-RS – AI: 70078720984 RS, Rel. José Antônio Daltoe Cezar, 8ª CC., Data de Publicação: Diário da Justiça do dia 19/10/2018).

312 DIREITO DAS FAMÍLIAS – *Rodrigo da Cunha Pereira*

Outro fundamento que reforça o caráter de duplicidade da pensão compensatória advém dos próprios princípios nos quais ela se alicerça, em especial o da igualdade. Afinal, se há a necessidade de propor ação de execução, já houve quebra de padrões, violação de princípios, e o alimentário está hipossuficiente, e dependente do pagamento pontual para restaurar o *status quo ante*. Entendimento diverso seria premiar, mais uma vez, o economicamente mais forte.

7.11.5 Os sujeitos da pensão compensatória

Qualquer pessoa, sendo descasada, ex-convivente decorrente da união estável ou homoafetiva, pode requerer a pensão alimentícia compensatória. Dois requisitos são fundamentais e não estão dissociados do formato da relação de afeto: estar separado de fato ou divorciado e demonstrar a discrepância de padrões entre o ex-casal, salientando que tal padrão derivou da própria conjugalidade. Esta última observação exclui as relações nas quais as partes, antes de manterem o relacionamento, já viviam em realidades financeiras diversas e que não houve acréscimo em sua constância.

7.11.6 Termo inicial de vigência e termo final da obrigação compensatória

A vigência da pensão compensatória se dá a partir do dia do seu deferimento, independente do dia da citação ou intimação do alimentante.[128]

A obrigação alimentar compensatória se extingue com a morte do alimentário ou com a ausência de necessidade compensatória, seja em razão de abrupta queda da possibilidade do alimentante, seja pelo repasse integral de numerário, tornando-se isonômicas as realidades, ou mesmo pela desnecessidade do alimentário decorrente de fator superveniente ao padrão posto em análise no momento da fixação.

7.11.7 Possibilidade de cobrança *post mortem*

Havendo patrimônio ainda não partilhado entre os ex-cônjuges que gerava renda ao alimentante e, agora ao espólio, é plenamente possível a fixação ou a manutenção da pensão compensatória, até o efetivo repasse da meação alimentária. Nas hipóteses de pensão compensatória que não tem liame com a partilha de bens do casal, apenas eventual dívida alimentar se transmitirá aos herdeiros, obviamente respeitando-se os limites do acervo hereditário. Caso contrário, salvaguardadas as exceções ora apontadas, tal obrigação será personalíssima, como muito bem esclarecido no direito espanhol:

> *Esta instransmisibilidad del derecho de alimentos es de aplicación a todas las operaciones equivalentes. En tal sentido, se pretende que el alimentista no solo no despoje de su derecho sin obtener una compensación, sino, más aun, se pretende que no pueda sustituir en si patrimonio el crédito alimentario legal por otro objeto.[129]*

7.11.8 No direito comparado

Na Espanha, o artigo 97 do Código Civil prevê que o cônjuge para o qual a separação ou divórcio produza desequilíbrio econômico em relação à situação do outro, implicando uma

---

[128] LOUZADA. Ana Maria. "Alimentos". Belo Horizonte: Del Rey, 2008, p. 288 (Encarte *Alimentos Gravídicos. Alimentos Compensatórios*, 2009).

[129] COBACHO GÓMEZ, J. A. *La deuda alimentícia*, Madrid, 1990, p. 28, *op. cit.*, ALBERDI, Beatriz Saura. *La pensión compensatoria; criterios delimitadores de su importe y extensión*, p. 75, Valencia: Tirant monografias, 2004, p. 102.

piora em sua situação anterior ao matrimônio, tem direito a uma pensão, que se fixará na decisão judicial, tendo em conta dentre outras as seguintes circunstâncias: 1 – Os acordos que houverem chegado os cônjuges. 2 – A idade e o estado de saúde. 3 – A qualificação profissional e as probabilidades de acesso a um emprego. 4 – A dedicação passada e futura à família. 5 – A colaboração com seu trabalho nas atividades mercantis, industriais ou profissionais do outro cônjuge. 6 – A duração do matrimônio e da convivência conjugal. 7 – A perda eventual de um direito de pensão. 8 – O patrimônio e os meios econômicos e as necessidades de um e do outro cônjuge. Na decisão judicial se fixarão as bases para atualizar a pensão e as garantias para sua efetividade.[130] Nestes alimentos compensatórios não está inserido como pressuposto de concessão a culpa pelo fim da conjugalidade, mas sim a análise do desfavorecimento econômico de um em relação ao outro.

Na França, o artigo 270 do Código Civil preceitua que "um dos cônjuges pode ser obrigado a pagar ao outro uma prestação compensatória destinada a compensar, tanto quanto possível, a disparidade que a ruptura do casamento cria dentro das condições de vida respectivas." E determina critérios para a fixação com base no binômio alimentar no artigo 271: "A prestação compensatória é fixada de acordo com as necessidades do cônjuge a quem ela é paga, e dos recursos do outro, tendo em conta a situação no momento do divórcio e a evolução da mesma num futuro previsível."[131]

Os franceses admitem o pagamento da pensão compensatória em pagamento único ou em parcelas predeterminadas, o que explicita ainda mais o caráter indenizatório aliado ao assistencial.

Na Argentina, o Código Civil, em seu artigo 207, estabelece que o cônjuge que tenha dado motivo à separação, nas hipóteses do artigo 202º, deve ajudar o outro – caso este não tenha, também, dado causa à separação – para manter o nível econômico de que desfrutavam durante a sua convivência, levando-se em conta os recursos de ambos para o estabelecimento de tais alimentos. Além disso, a idade e o estado de saúde dos cônjuges, a dedicação do genitor guardião ao cuidado e educação dos filhos, a capacitação profissional e a probabilidade de acesso ao emprego do alimentando são elementos levados em consideração para a avaliação e fixação de uma pensão compensatória. Rolf Madaleno, citando o jurista argentino Jorge Azpiri, esclarece as razões e o sentido dos alimentos compensatórios naquele país:

> Um dos cônjuges pode ser obrigado a abonar o outro com uma prestação destinada a compensar, até onde for possível, a disparidade material causada pela ruptura do relacionamento, o que neste sentido difere sensivelmente da pensão transitória, esta última com larga aplicação nas dissensões conjugais, mesmo sem expressa previsão legal, por considerar a necessidade passageira do alimentando. Outro é o propósito da pensão compensatória que equilibra o padrão econômico-financeiro, servindo quase para indenizar a perda do padrão social causada pela separação ou divórcio.[132]

Os alimentos compensatórios na Argentina pecam no seu pressuposto de concessão ao vincular a fixação ao critério de culpa, o que está na contramão da tendência dos ordenamentos jurídicos mais contemporâneos. Isto gera um pressuposto autorizativo para referendar e legitimar a dor sofrida no casamento, o que, definitivamente, não pode ser incumbência do Estado-Juiz.

---

[130] LASARTE, Carlos. "A pensão derivada da separação ou do divórcio na experiência Espanhola". In: *Anais do IV Congresso Brasileiro de Direito de Família*, Del Rey: Belo Horizonte, 2004, p. 98.

[131] Art. 270. *Sauf là où on lui accorde au sol de la panne de la vie de la communauté, le divorce met un terme au devoir de l'appui prévu par Article 212 du code civil; mais un des conjoints peut être obligé de payer à l'autre une indemnité prévue pour compenser, aussi loin que possible, la disparité que la panne du mariage crée des manières respectives la vie.*

[132] MADALENO, Rolf. *Curso de Direito de Família*. Rio de Janeiro, 2008, p. 276.

DIREITO DAS FAMÍLIAS – *Rodrigo da Cunha Pereira*

Na Alemanha, o BGB estabelece a pensão compensatória apenas quando a parte, por motivos graves, não pode trabalhar, como cláusula agravante positiva prevista no § 1.576.[133] Já o suporte doméstico do cônjuge hipossuficiente lhe garante o direito de pensão previdenciária compensatória (§§ 1.587-1.58-p BGB).[134]

7.12 ALIMENTOS NA GUARDA COMPARTILHADA

Com a separação do casal, ou mesmo se são pais sem ter sido casal, a obrigação de alimentos aos filhos é de ambas as partes, na proporção de seus ganhos. Esta é a regra geral das pensões alimentícias. Isto vale para qualquer situação de guarda. Ou seja, o formato de guarda, em princípio, em nada modifica o valor da pensão.

Entretanto, dependendo de como se pratica a guarda compartilhada, o raciocínio da pensão alimentícia pode sofrer interferência[135]. Na guarda unilateral, ou mesmo na tradicional guarda compartilhada em que a criança tem apenas uma residência, o cálculo para o binômio necessidade x possibilidade é o de sempre. Entretanto, com a verdadeira implementação da cultura guarda compartilhada, em que a divisão igualitária de tempo, e a concepção de que duas casas é melhor do que uma, salvo exceções, significa que os filhos terão despesas com duas moradias. Assim, uma simples lógica nos conduz a entender que as despesas que são exclusivas do filho, tais como educação e saúde, serão divididas entre os pais, na proporção de seus ganhos. E as despesas que são exclusivas, como por exemplo moradia, cada um dos pais pagará a sua. Se um dos pais, não tem renda suficiente para isto, obviamente que quem a tem deveria pagar. Ou seja, quem ganha mais, paga mais[136].

7.13 ALIMENTOS AVOENGOS

É a pensão alimentícia, ou alimentos, estabelecida aos avós em favor dos netos. Decorre do princípio da solidariedade e responsabilidade em contribuir com o sustento dos netos, seja quando demonstrado que os pais não reúnem condições de prover a subsistência do filho, seja quando comprovado que os alimentos prestados pelos genitores não satisfazem às reais necessidades dos filhos. Frustrada a obrigação alimentar principal, de responsabilidade dos pais, a obrigação subsidiária deve ser diluída entre os avós paternos e maternos. O direito à prestação de alimentos é recíproco entre pais e filhos, e extensivo a todos os ascendentes,

---

[133] Art. 1.576 BGB no original – *Ein geschiedener Ehegatte kann von dem anderen Unterhalt verlangen, soweit und solange von ihm aus sonstigen schwerwiegenden Gründen eine Erwerbstätigkeit nicht erwartet werden kann und die Versagung von Unterhalt unter Berücksichtigung der Belange beider Ehegatten grob unbillig wäre. Schwerwiegende Gründe dürfen nicht allein deswegen berücksichtigt werden, weil sie zum Scheitern der Ehe geführt haben.*

[134] Art. 1.587 BGB no original – *Nach Maßgabe des Versorgungsausgleichsgesetzes findet zwischen den geschiedenen Ehegatten ein Ausgleich von im In – oder Ausland bestehenden Anrechten statt, insbesondere aus der gesetzlichen Rentenversicherung, aus anderen Regelsicherungssystemen wie der Beamtenversorgung oder der berufsständischen Versorgung, aus der betrieblichen Altersversorgung oder aus der privaten Alters – und Invaliditätsvorsorge.*

[135] (...) A guarda compartilhada em nada impede a fixação de pensão alimentícia, vez que ela decorre do dever de sustento de ambos os pais. Dessa forma, havendo necessidade do filho e possibilidade do pai, independente da modalidade de guarda, é possível a fixação proporcional dos alimentos – Mesmo na guarda compartilhada, em que o menor tem um lar de referência junto a um dos genitores, é de se reconhecer que existem despesas maiores com o seu sustento, englobando não apenas os gêneros alimentícios, mas também os gastos com moradia, água, luz, limpeza, manutenção da casa, etc. (...) (TJMG, AC: 00356242720188130460, Rel. Des. Paulo Rogério de Souza Abrantes (JD Convocado), publ. 31/07/2023).

[136] (...) Quanto aos alimentos, mesmo que estabelecida a guarda compartilhada, cabe ao genitor contribuir com o sustento da criança. Aos pais incumbe o dever de sustento, guarda e educação dos filhos decorrentes do poder familiar. (TJRS, Agravo de Instrumento Nº 70077039337, 7ª CC., Relator: Liselena Schifino Robles Ribeiro, J. 30/05/2018).

Cap. 7 – ALIMENTOS **315**

recaindo a obrigação nos mais próximos em grau, uns em falta de outros (art. 1.696, CCB). Além disso, se o parente, que deve alimentos em primeiro lugar, não estiver em condições de suportar totalmente o encargo, serão chamados a concorrer os de grau imediato; sendo várias as pessoas obrigadas a prestar alimentos, todas devem concorrer na proporção dos respectivos recursos, e, intentada ação contra uma delas, poderão as demais ser chamadas a integrar a lide (art. 1.698, CCB)[137].

A obrigação dos avós prestarem alimentos aos netos é subsidiária e complementar[138], conforme entendimento sumulado do Superior Tribunal de Justiça: *"A obrigação alimentar dos avós tem natureza complementar e subsidiária, somente se configurando no caso da impossibilidade total ou parcial de seu cumprimento pelos pais"* (Súmula 596). E, obviamente, os avós substituem, suplementam ou complementam a parte correspondente à que seu filho, ou filha deveria pagar e não o faz. Portanto, não são todos os avós, paternos e maternos, que deverão ser chamados, mas tão somente os avós em substituição/complementação à parte que seu filho(a) deveria fazê-lo e não o faz[139].

7.14 ALIMENTOS *INTUITU FAMILIAE* E *INTUITU PERSONAE*

É a pensão alimentícia arbitrada ou estabelecida de forma global, ou seja, para o grupo familiar sem identificar a quota de cada integrante do núcleo familiar.

A pensão *intuitu familiae* é estabelecida em prol de toda a família, sendo assim, quando um deles deixar de fazer jus ao benefício, poderá ocorrer uma pequena redução da pensão, mas não uma divisão proporcional ao número de beneficiários. O propósito da fixação *intuitu familiae* é exatamente no sentido de ser mantido o valor original da pensão, cujo montante é acrescido ao dos demais credores dos alimentos remanescentes, mostrando-se descabida a redução proporcional da pensão alimentícia, como se a verba fosse estabelecida *intuitu personae*, ou seja, arbitrada para cada um dos alimentandos[140]. Nesse caso de ser *intuitu personae*,

---

[137] "Quando os avós forem convocados para substituírem os progenitores insolventes, os netos devem provar que seus pais não estão em condições de cumprir com o dever alimentar derivado do poder familiar. O Superior Tribunal de Justiça considerou no REsp. n. 579.385, j. 26 de agosto de 2004 pela Min. Nancy Andrighi, que a falta de condições dos pais pode ser interpretada pelas seguintes hipóteses: 'a) ausência propriamente dita (aquela judicialmente declarada, a decorrente de desaparecimento do genitor e o seu falecimento; b) incapacidade de exercício de atividade remunerada pelo pai e c) insuficiência de recursos necessários para suprir as necessidades do filho'" ("Curso de Direito de Família", 5ª Ed., Rio de Janeiro: Forense, 2013, p. 963-964).

[138] Alimentos avoengos. Sentença de improcedência do pedido. Aplicação do art. 1698 do CC. Alimentos avoengos que constituem obrigação subsidiária e complementar, nascida quando provada impossibilidade dos pais proverem o sustento dos filhos. Súmula 596 do STJ. Prova da relação de parentesco entre as partes. Autor com onze anos, dependente dos familiares para a subsistência. Pai da criança em local incerto e não sabido, tendo deixado o lar após ser acusado da prática de abuso sexual contra a prole. Mãe do alimentando que não apresenta condições de suplantar, sozinha, as necessidades do filho, afastada do mercado de trabalho durante os 28 anos de casamento. Obrigação do avô paterno contribuir para a subsistência do neto. Prestação alimentar fixada em 10% dos rendimentos líquidos do alimentante, em atenção ao binômio necessidade-possibilidade. Sentença reformada. Recurso parcialmente provido. (TJ-SP – AC: 10014993020188260306 SP 1001499-30.2018.8.26.0306, Relator: J.B. Paula Lima, Data de Julgamento: 25/10/2019, 10ª Câmara de Direito Privado, Data de Publicação: 25/10/2019).

[139] Nesse sentido: – (...) A obrigação dos avós de prestar alimentos aos netos é subsidiária e complementar, sendo pressuposto para a sua constituição a ausência ou impossibilidade dos pais, aspectos que demandam dilação probatória. – O litisconsórcio passivo entre avós paternos e maternos em ação de alimentos movida por neto não é necessário, mas facultativo, haja vista a parte final do art. 1.698 do CC, que estabelece mera possibilidade de ulterior integração à lide dos coobrigados a prestar alimentos. – Pela própria natureza dos alimentos avoengos, mormente tendo em vista seu caráter subsidiário, não há que se falar na inclusão dos avós maternos como litisconsortes, vez que a genitora está adimplente com a obrigação de sustento da infante. (...) (TJMG, AI 10000211042320001/MG, Rel. Belizário de Lacerda, 7ª CC, publ. 21/09/2021).

[140] MADALENO, Rolf. *Curso de direito de família*. 5. ed. Rio de Janeiro: Forense, 2013. p. 989.

316 DIREITO DAS FAMÍLIAS – Rodrigo da Cunha Pereira

pode se dizer que são os alimentos fixados em benefício de um alimentário determinado, ou seja, arbitrado para uma pessoa em quotas ou valores específicos. Diferentemente é a pensão *intuitu familiae*, que é estabelecida sem individualização para todos os alimentários de um determinado núcleo familiar.

7.15 ALIMENTOS EM DECORRÊNCIA DE ATO ILÍCITO

É a obrigação alimentar proveniente da prática de um ato tido como ilícito: No caso de homicídio, a indenização consiste, sem excluir outras reparações: (...) *II – na prestação de alimentos às pessoas a quem o morto os devia, levando-se em conta a duração provável da vida da vítima* (art. 948, II, CCB). Este pensionamento tem por objetivo suprir as necessidades das pessoas que dependiam financeiramente da vítima falecida ou que tenha ficado incapacitado para o trabalho, e que ficaram privados de uma sobrevivência similar àquela que dispunham antes do acidente, para restabelecer o *status quo ante*.

Os alimentos podem ser caracterizados como ressarcitórios ou indenizatórios, quando resultam de uma sentença condenatória em matéria de Responsabilidade Civil. O juiz fixa a reparação do dano sob a forma de prestações periódicas, com natureza alimentar.

Nos alimentos provenientes do ato ilícito não há discussão do binômio necessidade/possibilidade como acontece com as pensões decorrentes da relação de parentesco ou conjugalidade (casamento/união estável). Analisa-se apenas a necessidade, ou seja, qual era a renda de quem está impossibilitado de continuar a tê-la em razão do ato ilícito que impossibilitou o provedor continuar sustentando sua família. Diferencia-se também pelo não cabimento de prisão pelo inadimplemento da pensão.

O CPC/2015 tornou possível a prisão civil, nos casos de alimentos decorrentes de atos ilícitos[141], em decorrência de inadimplemento. O art. 533 do CPC/2015, que trata de alimentos *in espécie*, está inserido no capítulo que trata de cumprimento de sentença que reconhece a exigibilidade da obrigação alimentar, prevendo no art. 528, § 3º, do CPC/2015 a prisão civil em caso de alimentos familiares. Isso porque o CPC/15 dispõe no inciso IV do artigo 139 no sentido de assegurar o cumprimento da ordem judicial inclusive nas ações que têm por objeto prestação pecuniária, vejamos: *Art. 139. O juiz dirigirá o processo conforme as disposições deste Código, incumbindo-lhe: (...) IV – determinar todas as medidas indutivas, coercitivas, mandamentais ou sub-rogatórias necessárias para assegurar o cumprimento de ordem judicial, inclusive nas ações que tenham por objeto prestação pecuniária (...).*

Somado a isso, o artigo 528 do ordenamento processual vigente estabelece o rito para cumprimento de sentença decorrente da exigibilidade de obrigação de prestar alimentos, sem fazer diferença entre alimentos decorrentes de direito de família ou de ato ilícito, sendo possível a pretensão da prisão[142].

---

[141] Agravo de instrumento. Responsabilidade civil em acidente de trânsito. Execução de alimentos. Prisão civil. Ato ilícito. Possibilidade, sob a égide do Código de Processo Civil de 2015, de determinar a prisão civil do executado por débitos alimentares decorrentes de ato ilícito. Precedente desta Câmara Cível. Inteligência do artigo 5º, LXVII, da Constituição Federal e dos artigos 139, IV e 528 do CPC. AGRAVO DE INSTRUMENTO PROVIDO. UNÂNIME. (Agravo de Instrumento nº 70076942838, Décima Primeira Câmara Cível, Tribunal de Justiça do RS, Relator: Antônio Maria Rodrigues de Freitas Iserhard, J. 27/06/2018).

[142] (...) O CPC/2015 não faz diferença pela origem da obrigação alimentar, se derivados do direito de família (legítimos) ou decorrentes do ato ilícito (indenizativos), tratando de forma genérica o procedimento do "cumprimento da sentença que reconheça a exigibilidade de obrigação de prestar alimentos"no Capítulo IV do Título II, Livro I da Parte Especial do Código, porque os alimentos são valores que se destinam a fazer frente às necessidades cotidianas da vida, e o que é decisivo para sua fixação é a necessidade do alimentado. CF/88, em seu artigo 5º, LXVII, também não faz diferenciação entre as fontes da obrigação alimentar, utilizando a expressão «prestação alimentícia», que compreende ambas. De igual forma, não há qualquer vedação

Cap. 7 – ALIMENTOS **317**

A Constituição Federal de 1988 excepcionalmente admite a prisão civil por dívida nas hipóteses de inadimplemento alimentar (art. 5º, inc. LXVII), todavia, tais exceções são interpretadas de forma restritiva. Por outro lado, é preciso ter em mente que cada caso é um caso. Existem situações em que esses alimentos decorrentes de atos ilícitos garantem a subsistência de toda a família, sendo a prisão o meio eficaz que assegura a efetividade e o adimplemento.

7.16 ALIMENTOS DECORRENTES DA LEI MARIA DA PENHA

O inciso V do art. 22 da Lei nº 11.340/2006 estabelece que, constatada a prática de violência doméstica e familiar contra a mulher, nos termos dessa lei, o juiz poderá aplicar, de imediato, ao agressor, em conjunto ou separadamente, as seguintes medidas protetivas de urgência, entre outras, prestação de alimentos provisionais ou provisórios. A par da fixação desses alimentos, destinados a garantir a subsistência da mulher em situação de hipervulnerabilidade, deve ser assegurada a efetividade da proteção efetiva da mulher. O STJ já decidiu que caberia, inclusive a possibilidade de prisão civil[143] por descumprimento dessa imposição alimentar. Vejamos exemplificativamente uma decisão que sintetiza a questão e corrobora a doutrina:

> (...) O inciso V do art. 22 da Lei n. 11.340/2006 faz menção a alimentos provisórios ou provisionais, termos que são utilizados, no mais das vezes, como sinônimos. Embora não o sejam tecnicamente, a diferença é apenas terminológica e procedimental, guardando entre si, na substância, inequívoca identidade, destinando-se a garantir à alimentanda, temporariamente, os meios necessários à sua subsistência, do que ressai a sua natureza eminentemente satisfativa, notadamente porque a correspondente verba alimentar não comporta repetição. (...) O dever de prestar alimentos, seja em relação à mulher, como decorrência do dever de mútua assistência, seja em relação aos filhos, como corolário do dever de sustento, afigura-se sensivelmente agravado nos casos de violência doméstica e familiar contra a mulher. Nesse contexto de violência, a mulher encontra-se em situação de hipervulnerabilidade, na medida em que, não raras as vezes, por manter dependência econômica com o seu agressor se não por si, mas, principalmente, pelos filhos em comum, a sua subsistência, assim como a de seus filhos, apresenta-se gravemente comprometida e ameaçada. 5.2 A par da fixação de alimentos, destinados a garantir a subsistência da mulher em situação de hipervulnerabilidade, o magistrado deve, impreterivelmente, determinar outras medidas protetivas destinadas justamente a cessar, de modo eficaz, a situação de violência doméstica imposta à mulher. Compreender que a interrupção das agressões, por intermédio da intervenção judicial, seria suficiente para findar o dever de prestação de alimentos (a essa altura, se reconhecido, sem nenhum efeito prático) equivaleria a reconhecer

---

à prisão civil do devedor de alimentos indenizatórios no Pacto de San José da Costa Rica. A classificação jurídico-doutrinária dos alimentos não pode restringir direito fundamental. Além disso, o novo CPC, no art. 139, IV, prevê expressamente que ao juiz cabe a direção do processo, incumbindo-lhe "determinar todas as medidas indutivas, coercitivas, mandamentais ou sub-rogatórias necessárias para assegurar o cumprimento da ordem judicial", não excluindo a possibilidade de decretação da prisão civil por inadimplemento de obrigação alimentícia, independentemente da origem, desde que respeitado o rito e exigências dos arts. 528 a 533 do CPC/2015. Aplicação do princípio da proporcionalidade. Não é razoável tratamento diferenciado ao credor de alimentos indenizatórios, tolhendo-lhe um meio executório (coerção pessoal) que via de regra se mostra efetivo. Possibilidade de execução de alimentos indenizatórios pela sistemática da coerção pessoal, na forma do art. 528, §§ 3º a 7º do NCPC. Doutrina a respeito. Agravo de instrumento provido. (Agravo de Instrumento nº 70071134027, Décima Primeira Câmara Cível, Tribunal de Justiça do RS, Relator: Luiz Roberto Imperatore de Assis Brasil, J. 26/04/2017).

[143] (...) A decisão proferida em processo penal que fixa alimentos provisórios ou provisionais em favor da companheira e da filha, em razão da prática de violência doméstica, constitui título hábil para imediata cobrança e, em caso de inadimplemento, passível de decretação de prisão civil. (STJ, 3ª Turma. RHC 100.446-MG, Rel. Min. Marco Aurélio Bellizze, j. 27/11/2018, Info 640).

a sua própria dispensabilidade, ou mesmo inutilidade, o que, a toda evidência, não é o propósito da lei. A cessação da situação de violência não importa, necessariamente, o fim da situação de hipervulnerabilidade em que a mulher se encontra submetida, a qual os alimentos provisórios ou provisionais visam, efetivamente, contemporizar. 5.3 A revogação da decisão que fixa a medida protetiva de alimentos depende de decisão judicial que reconheça a cessação de tal situação, cabendo, pois, ao devedor de alimentos promover as providências judiciais para tal propósito, sem o que não há falar em exaurimento da obrigação alimentar. 6. Recurso ordinário não conhecido, inexistindo qualquer ilegalidade do decreto prisional impugnado que autorize a concessão da ordem de habeas corpus, de ofício (RHC 100.446/MG, Rel. Min. Marco Aurélio Bellizze, 3ª Turma, DJe 05/12/2018).

Essa prestação de alimentos provisionais ou provisórios prevista na Lei nº 11.340/2006, é uma das diversas medidas protetivas de urgência, para proteção das mulheres, que obrigam o ofensor o seu cumprimento. Tem viés protetivo e assistencial, cujo norte é a aplicabilidade da Lei nº 5.478/1968 (Lei de Alimentos). Em seu art. 4º dispõe que ao despachar o pedido, o juiz fixará – dever – desde logo alimentos provisórios a serem pagos pelo devedor, salvo se o credor expressamente declarar que deles não necessita.

O descumprimento inescusável e voluntário, dessa obrigação, pode caracterizar também delito de abandono material, como previsto no art. 244 do Código Penal. Além disso, imediata execução no próprio juizado da mulher, de acordo com o art. 14 da Lei nº 11.340/2006:

(...) O art. 14 da Lei nº 11.340/2006 preconiza a competência cumulativa (criminal e civil) da Vara Especializada da Violência Doméstica e Familiar contra a Mulher para o julgamento e execução das causas advindas do constrangimento físico ou moral suportado pela mulher no âmbito doméstico e familiar. 1.1 A amplitude da competência conferida pela Lei nº 11.340/2006 à Vara Especializada tem por propósito justamente permitir ao mesmo magistrado o conhecimento da situação de violência doméstica e familiar contra a mulher, permitindo-lhe bem sopesar as repercussões jurídicas nas diversas ações civis e criminais advindas direta e indiretamente desse fato. Providência que a um só tempo facilita o acesso da mulher, vítima de violência familiar e doméstica, ao Poder Judiciário, e confere-lhe real proteção. (...) (STJ,REsp 1.550.166/DF 2015/0204694-8, Rel. Min. Marco Aurélio Bellizze, 3ª Turma, DJe 18/12/2017).

Além das questões supracitadas, o art. 24-A da Lei Maria da Penha prevê que:

Art. 24-A. Descumprir decisão judicial que defere medidas protetivas de urgência previstas nesta Lei: Pena – reclusão, de 2 (dois) a 5 (cinco) anos, e multa. (Redação dada pela Lei nº 14.994, de 2024) § 1º A configuração do crime independe da competência civil ou criminal do juiz que deferiu as medidas. § 2º Na hipótese de prisão em flagrante, apenas a autoridade judicial poderá conceder fiança. § 3º O disposto neste artigo não exclui a aplicação de outras sanções cabíveis.

7.17 PENSÃO ALIMENTÍCIA DE PESSOAS RESIDENTES EM PAÍSES DIFERENTES

No mundo globalizado, as relações familiares estão cada vez mais internacionalizadas. Os conflitos familiares entre pessoas de nacionalidades diferentes, ou com a mesma nacionalidade, mas residindo em países diferentes, seguem as normas do Direito Internacional Privado – DIP e das Convenções e Tratados internacionais de cooperação internacionais, cujos países envolvidos devem ser signatários. Especificamente em relação aos alimentos, seja para sua fixação ou cobrança,

Cap. 7 – ALIMENTOS **319**

os tratados, dos quais o Brasil é signatário e que regem a matéria, são: Convenção de Nova York, Convenção Interamericana (1977) e Convenção sobre Cobrança Internacional de Alimentos (2007).

A convenção de Nova York, que é de 1958, foi promulgada pelo Decreto 56.826/1965[144], data que entrou em vigor no Brasil, e foi o primeiro instrumento de cooperação internacional sobre prestação alimentar. Ela proporcionou que a fixação e a cobrança dos alimentos possam ser feitas envolvendo outro país além dos países do domicílio do alimentante e do alimentário.

Somando-se à convenção de Nova York, temos a Convenção Interamericana sobre obrigação alimentar de 05/07/89, em vigor no Brasil pelo Decreto 2.428 de 17/12/97. Os países signatários são Argentina, Belize, Bolívia, Brasil, Colômbia, Costa Rica, Espanha, Guatemala, México, Panamá, Paraguai, Peru e Uruguai. A professora carioca Nádia de Araújo explica que esta convenção adotou em seu texto aspectos mais específicos de caráter alimentar, em relação às outras:

> *Possui uma norma de caráter material, verdadeira regra de* ius cogens, *que estabelece o dever dos Estados de reconhecer, de forma universal, o direito aos alimentos (art. 4º). Outra norma de caráter material é a que cuida da proporcionalidade da fixação dos alimentos, aliás, em total consonância com o binômio necessidade* versus *possibilidade que orienta o direito brasileiro. Seu campo de aplicação, mais restrita que a Convenção de Haia, restringe-se às obrigações alimentares dos menores e aquelas decorrentes do casamento ou do divórcio.*[145]

Embora menos aplicada que a Convenção de Nova York, incialmente por ser menos conhecida e, em seguida, por ter a adesão de menor número de países, ambas as normas foram pensadas com o mesmo propósito: garantir e facilitar que a obrigação alimentar seja fixada e cumprida independentemente do país de residência das partes envolvidas.

Com esse mesmo objetivo, temos também a Convenção sobre Cobrança Internacional de Alimentos de 23/11/2007, ratificada pelo Decreto 9.176/2017. Esta convenção melhorou e acelerou a eficácia do recebimento de alimentos, inclusive com a possibilidade de tramitação eletrônica.

Assim, os alimentos que envolvem países diferentes serão reivindicados, ou executados, de acordo com as convenções supramencionadas[146], bem como os arts. 22 e 53, II, do Código de Processo Civil (ver item 18.7).

---

[144] (...) Nos termos do Artigo I, da Convenção sobre Prestação de Alimentos no Estrangeiro, promulgada pelo Decreto nº 56.826, de 02.09.1965, "a presente Convenção tem como objeto facilitar a uma pessoa, doravante designada como demandante, que se encontra no território de uma das Partes Contratantes, a obtenção de alimentos aos quais pretende ter direito por parte de outra pessoa, doravante designada como demandado, que se encontra sob jurisdição de outra Parte Contratante." 3. De acordo com a natureza jurídica dos alimentos provisórios, não é possível sua revogação, no curso da ação de alimentos, sendo devidos até o trânsito em julgado da sentença, inclusive do recurso extraordinário porventura interposto, na forma do § 3º do art. 13 da Lei nº 5.478/68, embora o seu *quantum* possa ser modificado, se verificadas as alterações supervenientes na situação econômica das partes – se reduzida a necessidade dos alimentandos ou a possibilidade do alimentante. (...) TRF-2, AC 200102010046495 RJ, Rel. Des. Guilherme Calmon Nogueira da Gama, 6ª Turma, j. 12/08/2009).

[145] ARAUJO, Nadia de. *Direito Internacional Privado*: teoria e prática brasileira. 9. ed. São Paulo: Thomson Reuters, 2020, p. 340.

[146] Embora o foro compete, ainda de acordo com o STJ, passa a ser o domicílio do alimentando. (...) *compete à Justiça Comum estadual processar e julgar ação de alimentos contra devedor domiciliado no exterior. 2. A situação do paciente submetido à jurisdição nacional se subsume inclui-se na regra ordinária, segundo a qual as ações de alimentos e as respectivas execuções devem ser processadas e cumpridas no foro do domicílio do alimentando. 3. O habeas corpus não é admitido como sucedâneo ou substitutivo de recurso ordinário 4. Agravo interno não provido.* (STJ – AgInt no HC: 369.350/SP, Rel. Min. Ricardo Villas Bôas Cueva, 3ª Turma, DJe 20/02/2017).

320 DIREITO DAS FAMÍLIAS – *Rodrigo da Cunha Pereira*

7.18 TESES DO STJ A PARTIR DE SEUS JULGADOS

As teses aqui resumidas foram elaboradas pela Secretaria de Jurisprudência do STJ, em sua base de dados, com julgados publicados até 24/06/2016.

ALIMENTOS

1) **Os créditos resultantes de honorários advocatícios têm natureza alimentar e equiparam-se aos trabalhistas para efeito de habilitação em falência, recuperação judicial e privilégio geral em concurso de credores nas execuções fiscais. (Tese julgada sob o rito do art. 543-C do CPC – Tema 637)**

    Acórdãos

    AgRg no REsp 1.539.760/PR, Rel. Min. Herman Benjamin, 2ª Turma, j. 22/09/2015, DJe 11/11/2015.

    AgRg no AREsp 309.330/RJ, Rel. Min. Paulo de Tarso Sanseverino, 3ª Turma, j. 06/08/2015, DJe 20/08/2015.

    EDcl nos EREsp 1.351.256/PR, Rel. Min. Mauro Campbell Marques, Corte Especial, j. 04/03/2015, DJe 20/03/2015.

    EDcl no AgRg no REsp 1.204.096/MG, Rel. Min. João Otávio de Noronha, 3ª Turma, j. 10/06/2014, DJe 18/06/2014.

    REsp 1.152.218/RS, Rel. Min. Luis Felipe Salomão, Corte Especial, j. 07/05/2014, DJe 09/10/2014.

    REsp 1.377.764/MS, Rel. Min. Nancy Andrighi, 3ª Turma, j. 20/08/2013, DJe 29/08/2013.

    Veja também os periódicos (atualizados até a data de publicação).

    Jurisprudência em Teses – Edição n. 37, publicado em 24 de junho de 2015.

    Informativo de Jurisprudência n. 540, publicado em 28 de maio de 2014.

2) **Na execução de alimentos, é possível o protesto (art. 526, § 3º do NCPC) e a inscrição do nome do devedor nos cadastros de proteção ao crédito.**

    Acórdãos

    REsp 1.469.102/SP, Rel. Min. Ricardo Villas Bôas Cueva, 3ª Turma, j. 08/03/2016, DJe 15/03/2016.

    REsp 1.533.206/MG, Rel. Min. Luis Felipe Salomão, 4ª Turma, j. 17/11/2015, DJe 01/02/2016.

    Decisões Monocráticas

    REsp 1.537.549/SP, Rel. Min. Paulo de Tarso Sanseverino, 3ª Turma, j. 01/06/2016, publicação: 03/06/2016.

    REsp 1.543.050/MG, Rel. Min. Moura Ribeiro, 3ª Turma, j. 29/04/2016, publicação: 05/05/2016.

    AREsp 843.654/MT, Rel. Min. Raul Araújo, 4ª Turma, j. 28/04/2016, publicação: 10/05/2016.

    Veja também os periódicos (atualizados até a data de publicação).

    Jurisprudência em Teses – Edição n. 59, publicado em 08/06/2016.

    Informativo de Jurisprudência n. 579, publicado em 19/04/2016.

Cap. 7 – ALIMENTOS **321**

3) **O Ministério Público tem legitimidade ativa para ajuizar ação/execução de alimentos em favor de criança ou adolescente, nos termos do art. 201, III, da Lei 8.069/90. (Tese julgada sob o rito do art. 543-C do CPC/1973 – Tema 717)**

Acórdãos

REsp 1.327.471/MT, Rel. Min. Luis Felipe Salomão, 2ª Seção, j. 14/05/2014, DJe 04/09/2014.

AgRg nos EDcl no REsp 1.262.864/BA, Rel. Min. Paulo de Tarso Sanseverino, 3ª Turma, j. 13/05/2014, DJe 22/05/2014.

REsp 1.269.299/BA, Rel. Min. Nancy Andrighi, 3ª Turma, j. 15/10/2013, DJe 21/10/2013.

AgRg no REsp 1.245.127/BA, Rel. Min. Sidnei Beneti, 3ª Turma, j. 08/11/2011, DJe 07/12/2011.

Decisões Monocráticas

REsp 1.415.375/BA, Rel. Min. João Otávio de Noronha, 3ª Turma, j. 24/02/2016, publicado em 08/03/2016.

REsp 1.257.915/BA, Rel. Min. Maria Isabel Gallotti, 4ª Turma, j. 15/02/2016, publicado em 18/02/2016.

Saiba mais:

Pesquisa Pronta

Veja também os periódicos (atualizados até a data de publicação).

Informativo de Jurisprudência n. 541, publicado em 11 de junho de 2014.

4) **É devido alimentos ao filho maior quando comprovada a frequência em curso universitário ou técnico, por força da obrigação parental de promover adequada formação profissional.**

Acórdãos

AgRg nos EDcl no AREsp 791.322/SP, Rel. Min. Marco Aurélio Bellizze, 3ª Turma, j. 19/05/2016, DJe 01/06/2016.

REsp 1.587.280/RS, Rel. Min. Ricardo Villas Bôas Cueva, 3ª Turma, j. 05/05/2016, DJe 13/05/2016.

REsp 1.292.537/MG, Rel. Min. João Otávio de Noronha, 3ª Turma, j. 03/03/2016, DJe 10/03/2016.

REsp 1312706/AL, Rel. Min. Luis Felipe Salomão, 4ª Turma, j. 21/02/2013, DJe 12/04/2013.

AgRg no AREsp 013460/RJ, Rel. Min. Raul Araújo, 4ª Turma, j. 19/02/2013, DJe 14/03/2013.

REsp 1218510/SP, Rel. Min. Nancy Andrighi, 3ª Turma, j. 27/09/2011, DJe 03/10/2011.

Veja também os periódicos (atualizados até a data de publicação)

Informativo de Jurisprudência n. 484, publicado em 07 de outubro de 2011.

5) **O débito alimentar que autoriza a prisão civil do alimentante é o que compreende as três prestações anteriores ao ajuizamento da execução e as que se vencerem no curso do processo. (Súmula n. 309/STJ) (art. 528, § 7º, do NCPC)**

Acórdãos

HC 312.551/SP, Rel. Min. Raul Araújo, Rel. p/ acórdão Min. Luis Felipe Salomão, 4ª Turma, j. 12/04/2016, DJe 11/05/2016.

AgRg no HC 340.232/MG, Rel. Min. João Otávio de Noronha, 3ª Turma, j. 15/03/2016, DJe 28/03/2016.

RHC 067.645/MG, Rel. Min. Moura Ribeiro, 3ª Turma, j. 23/02/2016, DJe 29/02/2016.

AgRg no AREsp 561.453/SC, Rel. Min. Maria Isabel Gallotti, 4ª Turma, j. 20/10/2015, DJe 27/10/2015.

AgRg no RHC 056.799/RJ, Rel. Min. Ricardo Villas Bôas Cueva, 3ª Turma, j. 16/06/2015, DJe 25/06/2015.

HC 296.694/MG, Rel. Min. Paulo de Tarso Sanseverino, 3ª Turma, j. 14/10/2014, DJe 20/10/2014.

Saiba mais:

Súmula Anotada n. 309.

Veja também os periódicos (atualizados até a data de publicação).

Informativo de Jurisprudência n. 504, publicado em 19 de setembro de 2012.

6) **O atraso de uma só prestação alimentícia, compreendida entre as três últimas atuais devidas, já é hábil a autorizar o pedido de prisão do devedor, nos termos do artigo 528, § 3º, do NCPC (art. 733, § 1º do CPC/1973).**

Acórdãos

AgRg no AREsp 561.453/SC, Rel. Min. Maria Isabel Gallotti, 4ª Turma, j. 20/10/2015, DJe 27/10/2015.

RHC 056.773/PE, Rel. Min. João Otávio de Noronha, 3ª Turma, j. 06/08/2015, DJe 10/08/2015.

REsp 141.950/PR, Rel. Min. Barros Monteiro, 4ª Turma, j. 16/12/2003, DJ 12/04/2004.

Decisões Monocráticas

HC 324.868/DF, Rel. Min. Luis Felipe Salomão, 4ª Turma, j. 29/05/2015, publicado em 08/06/2015.

7) **É possível a modificação da forma da prestação alimentar (em espécie ou *in natura*), desde que demonstrada a razão pela qual a modalidade anterior não mais atende à finalidade da obrigação, ainda que não haja alteração na condição financeira das partes nem pretensão de modificação do valor da pensão.**

Acórdãos

REsp 1.505.030/MG, Rel. Min. Raul Araújo, 4ª Turma, j. 06/08/2015, DJe 17/08/2015.

REsp 1.284.177/DF, Rel. Min. Nancy Andrighi, 3ª Turma, j. 04/10/2011, DJe 24/10/2011.

Veja também os periódicos (atualizados até a data de publicação).

Informativo de Jurisprudência n. 567, publicado em 23 de setembro de 2015.

8) **O cancelamento de pensão alimentícia de filho que atingiu a maioridade está sujeito à decisão judicial, mediante contraditório, ainda que nos próprios autos (Súmula n. 358/STJ)**

Acórdãos

REsp 1.587.280/RS, Rel. Min. Ricardo Villas Bôas Cueva, 3ª Turma, j. 05/05/2016, DJe 13/05/2016.

REsp 1.292.537/MG, Rel. Min. João Otávio de Noronha, 3ª Turma, j. 03/03/2016, DJe 10/03/2016.

AgRg nos EDcl no AREsp 398.208/RJ, Rel. Min. Luis Felipe Salomão, 4ª Turma, j. 07/11/2013, DJe 19/11/2013.

AgRg no AREsp 061.358/SP, Rel. Min. Antonio Carlos Ferreira, 4ª Turma, j. 28/05/2013, DJe 04/06/2013.

HC 253.860/SP, Rel. Min. Paulo de Tarso Sanseverino, 3ª Turma, j. 05/03/2013, DJe 26/03/2013.

RHC 033.931/SP, Rel. Min. Sidnei Beneti, 3ª Turma, j. 19/02/2013, DJe 22/02/2013.

Saiba mais:

Súmula Anotada n. 328.

Veja também os periódicos (atualizados até a data de publicação).

Informativo de Jurisprudência n. 323, publicado em 15 de junho de 2007.

9) **O pagamento parcial da obrigação alimentar não impede a prisão civil do devedor.**

Acórdãos

HC 350.101/MS, Rel. Min. Paulo de Tarso Sanseverino, 3ª Turma, j. 14/06/2016, DJe 17/06/2016.

HC 312.551/SP, Rel. Min. Raul Araújo, Rel. p/ acórdão Min. Luis Felipe Salomão, 4ª Turma, j. 12/04/2016, DJe 11/05/2016.

RHC 067.645/MG, Rel. Min. Moura Ribeiro, 3ª Turma, j. 23/02/2016, DJe 29/02/2016.

HC 297.951/SP, Rel. Min. Maria Isabel Gallotti, 4ª Turma, j. 23/09/2014, DJe 29/09/2014.

HC 293.356/SP, Rel. Min. João Otávio de Noronha, 3ª Turma, j. 12/08/2014, DJe 21/08/2014.

RHC 047.041/RJ, Rel. Min. Nancy Andrighi, 3ª Turma, j. 27/05/2014, DJe 02/06/2014.

Veja também os periódicos (atualizados até a data de publicação).

Informativo de Jurisprudência n. 504, publicado em 19 de setembro de 2012.

10) **A base de cálculo da pensão alimentícia fixada sobre o percentual do vencimento do alimentante abrange o décimo terceiro salário e o terço constitucional de férias, salvo disposição expressa em contrário. (Tese julgada sob o rito do art. 543-C do CPC/73 – Tema 192)**

Acórdãos

AgRg no AREsp 642.022/RS, Rel. Min. Ricardo Villas Bôas Cueva, 3ª Turma, j. 15/10/2015, DJe 20/10/2015.

REsp 1.332.808/SC, Rel. Min. Luis Felipe Salomão, 4ª Turma, j. 18/12/2014, DJe 24/02/2015.

AgRg no AREsp 027.556/DF, Rel. Min. Marco Buzzi, 4ª Turma, j. 16/08/2012, DJe 24/08/2012.

AgRg no REsp 1.152.681/MG, Rel. Min. Vasco Della Giustina (Desembargador convocado do TJ/RS), 3ª Turma, j. 24/08/2010, DJe 01/09/2010.

REsp 1.106.654/RJ, Rel. Min. Paulo Furtado (Desembargador convocado do TJ/BA), 2ª Seção, j. 25/11/2009, DJe 16/12/2009.

REsp 686.642/RS, Rel. Min. Castro Filho, 3ª Turma, j. 16/02/2006, DJ 10/04/2006.

Saiba mais:

Pesquisa Pronta

Veja também os periódicos (atualizados até a data de publicação).

Informativo de Jurisprudência n. 417, publicado em 27 de novembro de 2009.

11) Cabe ao credor de prestação alimentícia a escolha pelo rito processual de execução a ser seguido.

Acórdãos

REsp 1.219.522/MG, Rel. Min. Luis Felipe Salomão, 4ª Turma, j. 08/09/2015, DJe 21/10/2015.

RHC 030.172/RJ, Rel. Min. Marco Buzzi, 4ª Turma, j. 15/12/2011, DJe 06/02/2012.

HC 188.630/RS, Rel. Min. Nancy Andrighi, 3ª Turma, j. 08/02/2011, DJe 11/02/2011.

RHC 027.936/RJ, Rel. Min. Paulo de Tarso Sanseverino, 3ª Turma, j. 16/09/2010, DJe 28/09/2010.

HC 128.229/SP, Rel. Min. Massami Uyeda, 3ª Turma, j. 23/04/2009, DJe 06/05/2009.

RHC 014.993/CE, Rel. Min. Castro Filho, 3ª Turma, j. 05/02/2004, DJ 25/02/2004.

12) A real capacidade econômico-financeira do alimentante não pode ser aferida por meio de *habeas corpus*.

Acórdãos

HC 312.551/SP, Rel. Min. Raul Araújo, Rel. p/ acórdão Min. Luis Felipe Salomão, 4ª Turma, j. 12/04/2016, DJe 11/05/2016.

AgRg no HC 340.232/MG, Rel. Min. João Otávio de Noronha, 3ª Turma, j. 15/03/2016, DJe 28/03/2016.

HC 327.445/SP, Rel. Min. Paulo de Tarso Sanseverino, 3ª Turma, j. 17/12/2015, DJe 03/02/2016.

HC 333.214/SP, Rel. Min. Moura Ribeiro, 3ª Turma, j. 03/12/2015, DJe 10/12/2015.

AgRg no RHC 056.799/RJ, Rel. Min. Ricardo Villas Bôas Cueva, 3ª Turma, j. 16/06/2015, DJe 25/06/2015.

HC 312.800/SP, Rel. Min. Raul Araújo, 4ª Turma, j. 02/06/2015, DJe 19/06/2015.

13) A constituição de nova família pelo alimentante não acarreta a revisão automática da quantia estabelecida em favor dos filhos advindos de união anterior.

Acórdãos

AgRg no AREsp 452.248/SP, Rel. Min. Raul Araújo, 4ª Turma, j. 16/06/2015, DJe 03/08/2015.

REsp 1.496.948/SP, Rel. Min. Moura Ribeiro, 3ª Turma, j. 03/03/2015, DJe 12/03/2015.

REsp 1.027.930/RJ, Rel. Min. Nancy Andrighi, 3ª Turma, j. 03/03/2009, DJe 16/03/2009.

REsp 703.318/PR, Rel. Min. Jorge Scartezzini, 4ª Turma, j. 21/06/2005, DJ 01/08/2005.

REsp 244.015/SC, Rel. Min. Castro Filho, 3ª Turma, j. 19/04/2005, DJ 05/09/2005.

Veja também os periódicos (atualizados até a data de publicação).

Informativo de Jurisprudência n. 557, publicado em 18 de março de 2015.

Cap. 7 – ALIMENTOS **325**

14) Os alimentos devidos entre ex-cônjuges devem ter caráter excepcional, transitório e devem ser fixados por prazo determinado, exceto quando um dos cônjuges não possua mais condições de reinserção no mercado do trabalho ou de readquirir sua autonomia financeira.

Acórdãos

REsp 1.370.778/MG, Rel. Min. Marco Buzzi, 4ª Turma, j. 10/03/2016, DJe 04/04/2016.

AgRg no AREsp 725.002/SP, Rel. Min. Raul Araújo, 4ª Turma, j. 08/09/2015, DJe 01/10/2015.

AgRg no REsp 1.537.060/DF, Rel. Min. Maria Isabel Gallotti, 4ª Turma, j. 01/09/2015, DJe 09/09/2015.

REsp 1.454.263/CE, Rel. Min. Luis Felipe Salomão, 4ª Turma, j. 16/04/2015, DJe 08/05/2015.

REsp 1.496.948/SP, Rel. Min. Moura Ribeiro, 3ª Turma, j. 03/03/2015, DJe 12/03/2015.

REsp 1.396.957/PR, Rel. Min. Nancy Andrighi, 3ª Turma, j. 03/06/2014, DJe 20/06/2014.

REsp 1.290.313/AL, Rel. Min. Antonio Carlos Ferreira, 4ª Turma, j. 12/11/2013, DJe 07/11/2014.

Veja também os periódicos (atualizados até a data de publicação).

Informativo de Jurisprudência n. 557, publicado em 18 de março de 2015.

15) A responsabilidade dos avós de prestar alimentos aos netos apresenta natureza complementar e subsidiária, somente se configurando quando demonstrada a insuficiência de recursos do genitor.

Acórdãos

AgRg no REsp 1.358.420/SP, Rel. Min. Luis Felipe Salomão, 4ª Turma, j. 15/03/2016, DJe 21/03/2016.

REsp 1.415.753/MS, Rel. Min. Paulo de Tarso Sanseverino, 3ª Turma, j. 24/11/2015, DJe 27/11/2015.

AgRg no AREsp 367.646/DF, Rel. Min. Ricardo Villas Bôas Cueva, 3ª Turma, j. 08/05/2014, DJe 19/05/2014.

AgRg no AREsp 390.510/MS, Rel. Min. Raul Araújo, 4ª Turma, j. 17/12/2013, DJe 04/02/2014.

AgRg no AREsp 138.218/MS, Rel. Min. Massami Uyeda, 3ª Turma, j. 28/08/2012, DJe 04/09/2012.

REsp 831.497/MG, Rel. Min. João Otávio de Noronha, 4ª Turma, j. 04/02/2010, DJe 11/02/2010.

Saiba mais:

Pesquisa Pronta

16) Não é possível a compensação dos alimentos fixados em pecúnia com parcelas pagas *in natura*.

Acórdãos

AgRg no AREsp 586.516/SP, Rel. Min. Marco Buzzi, 4ª Turma, j. 17/03/2016, DJe 31/03/2016.

AgRg no REsp 1.257.779/MG, Rel. Min. Antonio Carlos Ferreira, 4ª Turma, j. 04/11/2014, DJe 12/11/2014.

HC 297.951/SP, Rel. Min. Maria Isabel Gallotti, 4ª Turma, j. 23/09/2014, DJe 29/09/2014.

HC 109.416/RS, Rel. Min. Massami Uyeda, 3ª Turma, j. 05/02/2009, DJe 18/02/2009.

Saiba mais:

Pesquisa Pronta

As teses aqui resumidas foram elaboradas pela Secretaria de Jurisprudência do STJ, em sua base de dados, com julgados publicados até 17/02/2017.

ALIMENTOS – II

17) Os efeitos da sentença proferida em ação de revisão de alimentos – seja em caso de redução, majoração ou exoneração – retroagem à data da citação (Lei 5.478/1968, art. 13, § 2º), ressalvada a irrepetibilidade dos valores adimplidos e a impossibilidade de compensação do excesso pago com prestações vincendas.

Julgados: AgRg nos EREsp 1.256.881/SP, Rel. Min. Maria Isabel Gallotti, 2ª Seção, j. 25/11/2015, DJe 03/12/2015; REsp 1.219.522/MG, Rel. Min. Luis Felipe Salomão, 4ª Turma, j. 08/09/2015, DJe 21/10/2015; AgRg no AREsp 713.267/RS, Rel. Min. Marco Aurélio Bellizze, 3ª Turma, j. 04/08/2015, DJe 17/08/2015; RHC 46.510/MG, Rel. Min. João Otávio de Noronha, 3ª Turma, j. 05/08/2014, DJe 12/08/2014 (Vide Informativo de Jurisprudência n. 543).

18) A pretensão creditícia ao reembolso de despesas alimentícias efetuadas por terceiro, no lugar de quem tinha a obrigação de prestar alimentos, por equiparar-se à gestão de negócios, é de direito comum e prescreve em 10 anos.

Julgados: REsp 1.453.838/SP, Rel. Min. Luis Felipe Salomão, 4ª Turma, j. 24/11/2015, DJe 07/12/2015; REsp 1.197.778/SP, Rel. Min. João Otávio de Noronha, 3ª Turma, j. 25/03/2014, DJe 01/04/2014; REsp 859.970/SP, Rel. Min. Nancy Andrighi, 3ª Turma, j. 13/03/2007, DJ 26/03/2007 pg: 00241; EDcl no REsp 982.379/SP (decisão monocrática), Rel. Min. Maria Isabel Gallotti, j. 19/10/2015, DJe 26/10/2015; REsp 1.307.282/RS (decisão monocrática), Rel. Min. Marco Buzzi, j. 22/09/2015, DJe 29/09/2015 (Vide Informativo de Jurisprudência n. 574).

19) O descumprimento de acordo celebrado em ação de execução de prestação alimentícia pode ensejar o decreto de prisão civil do devedor.

Julgados: HC 350.101/MS, Rel. Min. Paulo de Tarso Sanseverino, 3ª Turma, j. 14/06/2016, DJe 17/06/2016; AgRg no REsp 1.379.236/MG, Rel. Min. Raul Araújo, 4ª Turma, j. 12/02/2015, DJe 05/03/2015; RHC 37.365/SP, Rel. Min. Marco Buzzi, 4ª Turma, j. 25/06/2013, DJe 06/08/2013; HC 249.079/RJ, Rel. Min. Antonio Carlos Ferreira, 4ª Turma, j. 06/11/2012, DJe 22/05/2013; RHC 29.250/MT, Rel. Min. Maria Isabel Gallotti, 4ª Turma, j. 14/02/2012, DJe 28/02/2012; HC 155.823/RJ, Rel. Min. Vasco Della Giustina (Desembargador convocado do TJ/RS), 3ª Turma, j. 27/04/2010, DJe 07/05/2010 (Vide Informativo de Jurisprudência n. 128).

20) O cumprimento da prisão civil em regime semiaberto ou em prisão domiciliar é excepcionalmente autorizado quando demonstrada a idade avançada do devedor de alimentos ou a fragilidade de sua saúde.

Julgados: HC 327.445/SP, Rel. Min. Paulo de Tarso Sanseverino, 3ª Turma, j. 17/12/2015, DJe 03/02/2016; HC 320.216/RS, Rel. Min. Moura Ribeiro, 3ª Turma, j. 18/06/2015,

DJe 01/07/2015; HC 312.800/SP, Rel. Min. Raul Araújo, 4ª Turma, j. 02/06/2015, DJe 19/06/2015; RHC 40.309/SC, Rel. Min. Antonio Carlos Ferreira, 4ª Turma, j. 11/11/2014, DJe 16/12/2014; RHC 38.824/SP, Rel. Min. Nancy Andrighi, 3ª Turma, j. 17/10/2013, DJe 24/10/2013; HC 178.652/SP, Rel. Min. Vasco Della Giustina (Desembargador convocado do TJ/RS), 3ª Turma, j. 07/12/2010, DJe 16/12/2010.

21) **O advogado que tenha contra si decretada prisão civil por inadimplemento de obrigação alimentícia não tem direito de cumprir a restrição em sala de Estado Maior ou em prisão domiciliar.**

Julgados: HC 305.805/GO, Rel. Min. Paulo de Tarso Sanseverino, 3ª Turma, j. 23/10/2014, DJe 31/10/2014; HC 303.905/RS, Rel. Min. Moura Ribeiro, 3ª Turma, j. 02/10/2014, DJe 29/10/2014; HC 181.231/RO, Rel. Min. Vasco Della Giustina (Desembargador convocado do TJ/RS), 3ª Turma, j. 05/04/2011, DJe 14/04/2011; RHC 071.613/SP (decisão monocrática), Rel. Min. Marco Buzzi, j. 29/09/2016, DJe 04/10/2016; HC 366.404/SP (decisão monocrática), Rel. Min. Luis Felipe Salomão, j. 01/08/2016, DJe 09/08/2016 (Vide Informativo de Jurisprudência n. 551).

22) **Não cabe prisão civil do inventariante em virtude do descumprimento pelo espólio do dever de prestar alimentos.**

Julgados: HC 268.517/MT, Rel. Min. Maria Isabel Gallotti, 4ª Turma, j. 10/12/2013, DJe 03/02/2014; HC 256.793/RN, Rel. Min. Luis Felipe Salomão, 4ª Turma, j. 01/10/2013, DJe 15/10/2013 (Vide Informativo de Jurisprudência n. 531).

23) **A obrigação de prestar alimentos é personalíssima, intransmissível e extingue-se com o óbito do alimentante, cabendo ao espólio saldar, tão somente, os débitos alimentares preestabelecidos mediante acordo ou sentença não adimplidos pelo devedor em vida, ressalvados os casos em que o alimentado seja herdeiro, hipóteses nas quais a prestação perdurará ao longo do inventário.**

Julgados: REsp 1.249.133/SC, Rel. Min. Antonio Carlos Ferreira, Rel. para acórdão Min. Raul Araújo, 4ª Turma, j. 16/06/2016, DJe 02/08/2016; REsp 1.320.244/DF, Rel. Min. João Otávio de Noronha, 3ª Turma, j. 17/03/2016, DJe 14/04/2016; AgRg no AREsp 583.816/GO, Rel. Min. Luis Felipe Salomão, 4ª Turma, j. 19/05/2015, DJe 27/05/2015; REsp 1.354.693/SP, Rel. Min. Maria Isabel Gallotti, Rel. para acórdão Min. Antonio Carlos Ferreira, 2ª Seção, j. 26/11/2014, DJe 20/02/2015; AgRg no AREsp 271.410/SP, Rel. Min. Sidnei Beneti, 3ª Turma, julgado em 23/04/2013, DJe 07/05/2013; REsp 1.603.376/RO (decisão monocrática), Rel. Min. Nancy Andrighi, j. 28/09/2016, DJe 05/10/2016 (Vide Informativo de Jurisprudência n. 555).

24) **Ante a natureza alimentar do salário e o princípio da razoabilidade, os empréstimos com desconto em folha de pagamento (consignação facultativa/voluntária) devem limitar-se a 30% (trinta por cento) dos vencimentos do trabalhador.**

Julgados: AgInt no REsp 1.565.533/PR, Rel. Min. Maria Isabel Gallotti, 4ª Turma, j. 23/08/2016, DJe 31/08/2016; AgRg no REsp 1.322.186/PA, Rel. Min. Napoleão Nunes Maia Filho, 1ª Turma, j. 17/03/2016, DJe 01/04/2016; AgRg no REsp 1.084.997/RS, Rel. Min. Assusete Magalhães, 2ª Turma, j. 18/02/2016, DJe 01/03/2016; AgRg nos EDcl no REsp 929.439/PE, Rel. Min. Nefi Cordeiro, 6ª Turma, j. 17/09/2015, DJe 08/10/2015; REsp 1.521.393/RJ, Rel. Min. Mauro Campbell Marques, 2ª Turma, j. 05/05/2015, DJe

328   DIREITO DAS FAMÍLIAS – *Rodrigo da Cunha Pereira*

12/05/2015; AgRg no AREsp 638.591/RJ, Rel. Min. Marco Aurélio Bellizze, 3ª Turma, j. 24/03/2015, DJe 07/04/2015 (vide Informativo de Jurisprudência n. 459) (Vide Jurisprudência em teses n. 48).

25) **Excepcionalmente, é possível penhorar parte dos honorários advocatícios – contratuais ou sucumbenciais – quando a verba devida ao advogado ultrapassar o razoável para o seu sustento e o de sua família.**

Julgados: EREsp 1.264.358/SC, Rel. Min. Felix Fischer, Corte especial, j. 18/05/2016, DJe 02/06/2016; AgRg no REsp 1.557.137/SC, Rel. Min. Mauro Campbell Marques, 2ª Turma, j. 27/10/2015, DJe 09/11/2015; REsp 1.264.358/SC, Rel. Min. Humberto Martins, 2ª Turma, j. 25/11/2014, DJe 05/12/2014; REsp 1.356.404/DF, Rel. Min. Raul Araújo, 4ª Turma, j. 04/06/2013, DJe 23/08/2013; AREsp 950.841/RS (decisão monocrática), Rel. Min. Moura Ribeiro, j. 01/02/2017, DJe 10/02/2017 (Vide Informativo de Jurisprudência n. 553).

26) **Os honorários advocatícios – contratuais ou sucumbenciais – têm natureza alimentícia, razão pela qual é possível a penhora de verba salarial para seu pagamento.**

Julgados: REsp 1.440.495/DF, Rel. Min. Nancy Andrighi, 3ª Turma, j. 02/02/2017, DJe 06/02/2017; AgRg no AREsp 201.290/MG, Rel. Min. Marco Buzzi, 4ª Turma, j. 04/02/2016, DJe 16/02/2016; AgRg no AREsp 634.032/MG, Rel. Min. Moura Ribeiro, 3ª Turma, j. 20/08/2015, DJe 31/08/2015; AgRg no AREsp 632.356/RS, Rel. Min. Luis Felipe Salomão, 4ª Turma, j. 03/03/2015, DJe 13/03/2015; EDcl nos EAREsp 387.601/RS, Rel. Min. Benedito Gonçalves, Corte especial, j. 26/02/2015, DJe 04/03/2015; AgRg no AREsp 311.093/SP, Rel. Min. Antonio Carlos Ferreira, 4ª Turma, j. 05/02/2015, DJe 19/02/2015.

27) **As parcelas percebidas a título de participação nos lucros e resultados das empresas integram a base de cálculo da pensão alimentícia quando esta é fixada em percentual sobre os rendimentos, desde que não haja disposição transacional ou judicial em sentido contrário.**

Julgados: REsp 1.208.948/SP, Rel. Min. Luis Felipe Salomão, Rel. p/ acórdão Min. Raul Araújo, 4ª Turma, j. 18/12/2014, DJe 14/12/2015; REsp 1.332.808/SC, Rel. Min. Luis Felipe Salomão, 4ª Turma, j. 18/12/2014, DJe 24/02/2015; EDcl no Ag 1.214.097/RJ, Rel. Min. Marco Buzzi, 4ª Turma, j. 08/11/2011, DJe 21/11/2011; REsp 1.618.254/SP (decisão monocrática), Rel. Min. Nancy Andrighi, 06/12/2016; AREsp 995.474/RJ (decisão monocrática), Rel. Min. Marco Aurélio Bellizze, j. 19/10/2016, DJe 11/11/2016; AREsp 661.544/RJ (decisão monocrática), Rel. Min. Paulo de Tarso Sanseverino, j. 10/10/2016, DJe 14/10/2016 (Vide Informativo de Jurisprudência n. 553).

28) **Admite-se, na execução de alimentos, a penhora de valores decorrentes do Fundo de Garantia por Tempo de Serviço – FGTS, bem como do Programa de Integração Social – PIS.**

Julgados: AgRg no REsp 1.570.755/PR, Rel. Min. Napoleão Nunes Maia Filho, 1ª Turma, j. 03/05/2016, DJe 18/05/2016; AgRg no REsp 1.427.836/SP, Rel. Min. Luis Felipe Salomão, 4ª Turma, j. 24/04/2014, DJe 29/04/2014; RMS 36.105/SP, Rel. Min. João Otávio de Noronha, 3ª Turma, j. 14/05/2013, DJe 24/05/2013; RMS 35.826/SP, Rel. Min. Nancy Andrighi, 3ª Turma, j. 10/04/2012, DJe 23/04/2012; AgRg no RMS 34.440/SP, Rel. Min. Ricardo Villas Bôas Cueva, 3ª Turma, j. 17/11/2011, DJe 23/11/2011; AgRg no RMS 34.708/

SP, Rel. Min. Paulo de Tarso Sanseverino, 3ª Turma, j. 11/10/2011, DJe 19/10/2011 (Vide Informativo de Jurisprudência n. 495).

29) Os valores pagos a título de alimentos são insuscetíveis de compensação, salvo quando configurado o enriquecimento sem causa do alimentando.

Julgados: REsp 1.332.808/SC, Rel. Min. Luis Felipe Salomão, 4ª Turma, j. 18/12/2014, DJe 24/02/2015; REsp 1.440.777/SP, Rel. Min. Nancy Andrighi, 3ª Turma, j. 26/08/2014, DJe 04/09/2014; REsp 1.287.950/RJ, Rel. Min. Raul Araújo, 4ª Turma, j. 06/05/2014, DJe 19/05/2014; REsp 982.857/RJ, Rel. Min. Massami Uyeda, 3ª Turma, j. 18/09/2008, DJe 03/10/2008; REsp 202.179/GO, Rel. Min. Nilson Naves, 3ª Turma, j. 10/12/1999, DJ 08/05/2000, p. 90; REsp 25.730/SP, Rel. Min. Waldemar Zveiter, 3ª Turma, j. 15/12/1992, DJ 01/03/1993, p. 2510 (Vide Informativo de Jurisprudência n. 368).

30) Julgada procedente a investigação de paternidade, os alimentos são devidos a partir da citação. (Súmula 277/STJ)

Julgados: REsp 1.401.297/RS, Rel. Min. Ricardo Villas Bôas Cueva, 3ª Turma, j. 03/12/2015, DJe 14/12/2015; AgRg no AREsp 457.640/SP, Rel. Min. Raul Araújo, 4ª Turma, j. 27/03/2014, DJe 14/05/2014; REsp 1.349.252/SP, Rel. Min. Sidnei Beneti, 3ª Turma, j. 24/09/2013, DJe 02/10/2013; REsp 717.068/RS, Rel. Min. Cesar Asfor Rocha, 4ª Turma, j. 13/02/2007, DJe 17/03/2008; AgRg no REsp 605.236/DF, Rel. Min. Barros Monteiro, 4ª Turma, j. 02/02/2006, DJ 20/03/2006, p. 280 (Vide Súmulas anotadas).

31) A natureza do crédito alimentar não se altera com o mero decurso do tempo.

Julgados: AgRg no AREsp 608.695/RS, Rel. Min. Paulo de Tarso Sanseverino, 3ª Turma, j. 01/12/2016, DJe 06/12/2016; AgRg no AREsp 409.389/SP, Rel. Min. Raul Araújo, 4ª Turma, j. 28/04/2015, DJe 20/05/2015; REsp 1.139.401/RS, Rel. Min. Nancy Andrighi, 3ª Turma, j. 18/09/2012, DJe 05/12/2012; RHC 9.718/MG, Rel. Min. Cesar Asfor Rocha, 4ª Turma, j. 27/06/2000, DJ 18/09/2000, pg: 00129; AREsp 977.638/SP (decisão monocrática), Rel. Min. Moura Ribeiro, j. 16/12/2016, DJe 02/02/2017; REsp 1.594.633/MG (decisão monocrática), Rel. Min. Maria Isabel Gallotti, j. 26/09/2016, DJe 07/10/2016.

7.19 RESUMO

Pensão Alimentícia:

- Discussão do trinômio necessidade/possibilidade/proporcionalidade – Arts. 1.694 e segs. CCB.
- Fontes da obrigação:
    - parentesco;
    - conjugalidade;
    - ato ilícito;
    - revisão/exoneração – sempre que houver mudança na realidade das partes.
- Para os filhos:
    - enquanto tiverem necessidade;

- até os 18 anos – dever de sustento;
- após 18 anos – obrigação alimentar.

- Entre cônjuges/companheiros:
  - renúncia/dispensa;
  - compensatória;
  - transitória;
  - a indignidade como causa da extinção da obrigação alimentar – Art. 1.708, parágrafo único, CCB;
  - características: direito personalíssimo, intransmissível, irrenunciável, incompensável, impenhorável, irrepetíveis.
- Alimentos gravídicos – Lei 11.804/2008:
  - alimentos avoengos.
- Alimentos em decorrência do ato ilícito:
  - alimentos *intuitu personae;*
  - alimentos internacionais.

FILMOGRAFIA

1. *Abandono do lar*, 1995, filme, EUA, Joseph Dougherty.
2. *Acorda Raimundo*, 1990, filme, Brasil, Alfredo Alves (pensão compensatória).
3. *O doce amanhã*, 1997, filme, Canadá, Atom Egoyan.
4. *A qualquer preço*, 1998, filme, EUA, Steven Zaillian.
5. *Doula*, 2022, filme, EUA, Cheryl Nichols.

8

PARTILHA DE BENS, ALIMENTOS E PROCESSO JUDICIAL

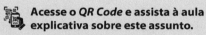

Acesse o *QR Code* e assista à aula explicativa sobre este assunto.

> https://uqr.to/ofq2

8.1 ASPECTOS GERAIS DA PARTILHA DE BENS

O fim do casamento, na maioria das vezes, significa também o fim da sociedade patrimonial. À efetiva repartição dos bens, seja judicial ou administrativa, dá-se o nome de partilha e importa no rateamento do patrimônio amealhado[1] pelo casal em obediência ao regime de bens por eles adotado quando da habilitação para o casamento ou pacto pós-nupcial, a não ser que as partes, de comum acordo, estabeleçam diferente. É possível, no entanto, dissolver a sociedade conjugal sem que haja dissolução da sociedade patrimonial, mas não é possível dissolver a sociedade patrimonial sem dissolver a sociedade conjugal. A exceção, neste caso, fica por conta da mudança de regime de bens (cf. capítulo 4, item 11). Para apuração do quinhão cabível a cada cônjuge, a partilha dos bens alcança o ativo e o passivo, ressalvados financiamentos com parcelas futuras a vencer e resguardo do direito de terceiros.

Se consensual a partilha, as partes podem estabelecer livremente o que quiserem (art. 1.575, parágrafo único, CCB/2002). Há casais que preferem deixar o patrimônio em condomínio e, para isso, é conveniente estabelecer as regras dessa sociedade condominial, já que não há mais

---

[1] (...) Não apenas as propriedades formalmente constituídas compõem o rol de bens adquiridos pelos cônjuges na constância do vínculo conjugal, mas, ao revés, existem bens e direitos com indiscutível expressão econômica que, por vícios de diferentes naturezas, não se encontram legalmente regularizados ou formalmente constituídos sob a titularidade do casal, como, por exemplo, as edificações realizadas em lotes irregulares sobre os quais os cônjuges adquiriram direitos possessórios. 5 – Dada a autonomia existente entre o direito de propriedade e o direito possessório, a existência de expressão econômica do direito possessório como objeto de partilha e a existência de parcela significativa de bens que se encontram em situação de irregularidade por motivo distinto da má-fé dos possuidores, é possível a partilha de direitos possessórios sobre bem edificado em loteamento irregular, quando ausente a má-fé, resolvendo, em caráter particular, a questão que decorre da dissolução do vínculo conjugal, e relegando a segundo momento a discussão acerca da regularidade e formalização da propriedade sobre o bem imóvel. 6 – Recurso especial conhecido e provido. (REsp 1.739.042/SP, Rel. Ministra Nancy Andrighi, 3ª Turma, DJe 16/9/2020).

uma sociedade conjugal. A qualquer tempo podem dissolvê-la como se dissolve uma sociedade patrimonial ou condomínio, seja por consenso ou unilateralmente.

Se as partes não chegam a um acordo especificamente sobre a partilha, é comum, e conveniente, deixá-la relegada a um momento futuro, para que não seja um entrave às outras questões. Assim, resolve-se os outros aspectos pessoais e econômicos (guarda e convivência familiar, nome de casada, alimentos para os filhos e cônjuge, se houver) e deixa-se a divisão dos bens para depois. Nesses casos, é recomendável o arrolamento, ou pelo menos a descrição dos bens partilháveis para delimitar a controvérsia e impedir a dilapidação do patrimônio pelo cônjuge que se encontra na sua posse, bem como para evitar discussões sobre aquisições futuras de qualquer dos ex-cônjuges[2].

A partilha litigiosa segue as regras do inventário e partilha, cujo rito procedimental é estabelecido pelos artigos 610[3] e ss. do CPC/2015.

Até a efetiva divisão[4], desde que não haja a opção pelo estado condominial do patrimô-nio, os bens que integram o monte comum permanecem em estado de mancomunhão (mão comum), que é diferente do condomínio, que é a situação em que o poder de disposição sobre a coisa, pode estar nas mãos de várias pessoas.[5]

A permanência do patrimônio em estado de mancomunhão pode significar uma situação de desigualdade, pois é certo que, estando o casal divergindo sobre a divisão dos bens, não se pode pensar que chegarão a um consenso quanto à sua administração, que ficará adstrita, na maioria dos casos, somente a um deles. Para resguardar o direito de uso, gozo e fruição do

---

[2] "(...) Decretado o divórcio, com a existência de bens, sem a realização da partilha, subsiste um acervo patri-monial indiviso, cuja natureza jurídica é objeto de controverso debate doutrinário e jurisprudencial. De fato, não há uma uniformidade em relação à definição do conjunto de bens integrantes do acervo partilhável após cessada a sociedade conjugal, isto é, se consiste (i) em estado de mancomunhão ou (ii) instauração de um condomínio, nos termos do artigo 1.314 do Código Civil. 2.1 De outro lado, depreende-se consonância quanto ao fato de se tratar de um acervo patrimonial em cotitularidade ou em uma espécie de coproprieda-de atípica. Nesse contexto, abstraída a controvertida determinação de sua natureza jurídica ou seu nomen iuris, mormente no caso em tela, em que se cuida de um único imóvel, tendo sido o casamento regido pela comunhão universal, forçoso reconhecer a possibilidade de o ex-cônjuge, a qualquer tempo, requerer a sua cessação/extinção por meio da efetivação da partilha. (...) O direito à partilha é, portanto, expressão do poder de modificar ou extinguir relações jurídicas por meio de uma declaração judicial, obtida a partir de uma ação de natureza constitutiva negativa (desconstitutiva), à qual a legislação pátria não comina prazo decadencial. 3.3 Na hipótese, inexistentes limites temporais (prescrição ou decadência), afigura-se correto o afastamento da prejudicial de mérito, com a determinação do regular prosseguimento do feito no primeiro grau de jurisdição, âmbito no qual serão analisadas as demais teses defensivas. (...)" (STJ, Resp 1.817.812/SP, Rel. Ministro Marco Buzzi, Quarta Turma, j. 03/09/2024).

[3] Art. 610. Havendo testamento ou interessado incapaz, proceder-se-á ao inventário judicial.

[4] A Lei 14.620/2023 que dispõe sobre o Programa Minha Casa, Minha Vida, prevê no artigo 10 que: Os con-tratos e os registros efetivados no âmbito do Programa serão formalizados, prioritariamente, no nome da mulher e, na hipótese de ela ser chefe de família, poderão ser firmados independentemente da outorga do cônjuge, afastada a aplicação do disposto nos arts. 1.647, 1.648 e 1.649 da Lei nº 10.406, de 10 de janeiro de 2002 (Código Civil). § 1º O contrato firmado na forma prevista no caput será registrado no cartório de registro de imóveis competente, com a exigência de simples declaração da mulher acerca dos dados rela-tivos ao cônjuge ou ao companheiro e ao regime de bens. § 2º Na hipótese de dissolução de união estável, separação ou divórcio, o título de propriedade do imóvel adquirido, construído ou regularizado no âmbito do Programa na constância do casamento ou da união estável será registrado em nome da mulher ou a ela transferido, independentemente do regime de bens aplicável. § 3º Na hipótese de haver filhos do casal e a guarda ser atribuída exclusivamente ao homem, o título da propriedade do imóvel construído ou adquirido será registrado em seu nome ou a ele transferido, revertida a titularidade em favor da mulher caso a guarda dos filhos seja a ela posteriormente atribuída. § 4º O disposto neste artigo não se aplica aos contratos de financiamento firmados com recursos do FGTS.

[5] DIAS, Maria Berenice. Manual de direito das famílias. 11 ed. São Paulo, RT, 2016, p. 337.

Cap. 8 – PARTILHA DE BENS, ALIMENTOS E PROCESSO JUDICIAL **333**

cônjuge afastado da gerência do patrimônio há alternativas para equilibrar a situação. É o caso da propositura de Ação de Cobrança de Frutos por uso exclusivo de bem(ns) comum(ns), na qual se pretende o recebimento de 50%, ou a quota-parte proporcional à renda gerada pela propriedade comum, bem como a Ação de Alimentos Compensatórios, que tem por objetivo equalizar o padrão de vida das partes com a fixação de uma pensão que viabilize ao cônjuge, que não está na posse do patrimônio conjugal, usufruir dos mesmos benefícios do cônjuge gestor. O termo final, tanto dos frutos quanto da pensão compensatória, pode se dar com a efetiva partilha dos bens. É possível também propor ação judicial para prestação de contas da administração dos bens comuns[6] (art. 550 e seguintes do CPC/2015 – ver item 8.12).

8.2 A FRAUDE NA PARTILHA DE BENS

A ideia e o propósito de se conceder às pessoas jurídicas independência, distinguindo-a da pessoa física, também tem sido objeto de uso indevido pelo cônjuge economicamente mais forte e muitas vezes mal-intencionado. É praxe corriqueira dos cônjuges e companheiros empresários não só a transferência de parte do acervo de bens do casal para a sociedade comercial, como também a aquisição de patrimônio em nome dela.

É que ao se constituir uma pessoa jurídica, seja ela civil ou empresarial, confere-se a ela capacidade e autonomia, cuja função primordial é distanciar a pessoa do sócio, ou sócios, das atividades por ela desenvolvidas, não obstante seja(m) ele(s) os responsáveis por sua capitalização. Rolf Madaleno, o primeiro doutrinador brasileiro a trazer a *disregard* para o Direito de Família, é enfático ao dizer que a finalidade prática da personificação da sociedade é a de estabelecer a separação do patrimônio dos sócios em relação ao seu patrimônio.[7]

A sociedade torna-se responsável pelos atos por ela praticados e pode funcionar como uma desresponsabilização do cônjuge, pois ela serve de uma espécie de "blindagem" na medida em que acaba tornando confuso e difuso o patrimônio do cônjuge ao torná-lo duas pessoas diferentes: física e jurídica.

Em decorrência dessa autonomia, gerencial e patrimonial, desvirtua-se a finalidade da pessoa jurídica para fins escusos, uma vez que a má gestão dos administradores, sócios ou não, responde limitadamente à esfera patrimonial da sociedade, ensejando a fraude a credores.

---

6   (...) Havendo, porém, um interregno entre a dissolução da sociedade conjugal e a partilha, aquele que conservar a posse dos bens do casal estará sujeito a prestação de contas como qualquer consorte de comunhão ordinária. *In casu*, não é preciso demonstrar a existência de autorização ou mandato entre os ex-cônjuges em torno da administração do patrimônio comum para justificar o pleito judicial de acerto de contas. É que a ação de prestação de contas não se subordina sempre e invariavelmente a um mandato entre as partes. Ao contrário, o princípio universal que domina a matéria é que 'todos aqueles que administram, ou têm sob sua guarda, bens alheios devem prestar contas'. Daí que basta o fato de um bem achar-se, temporariamente, sob administração de outrem que não o dono, para que esse detentor tenha que dar contas da gestão eventualmente desempenhada, ainda que não precedida de acordo ou autorização por parte do proprietário. A gestão de negócio, um dos principais fundamentos do dever de prestar contas, ocorre à revelia do dono, segundo a definição do art. 1.331 do Código Civil, razão pela qual não se pode negar ao comunheiro o direito a exigir contas do consorte que explora com exclusividade os bens comuns a pretexto de inexistência de mandato ou outro negócio jurídico entre os interessados"(Humberto Theodoro Júnior, in Curso de Direito Processual Civil – Procedimentos Especiais, Rio de Janeiro, Editora Forense, 1990, págs. 1.557/1.558, grifou-se). (...) 7. Recurso especial parcialmente conhecido e, nessa parte, não provido. (REsp 1300250/SP, Rel. Min. Ricardo Villas Bôas Cueva, 3ª Turma, DJe 19/04/2012).

7   MADALENO, Rolf. *A desconsideração judicial da pessoa jurídica e da interposta pessoa física no direito de família e no direito das sucessões*, 1. ed., Rio de Janeiro: Forense, 2009, p. 14.

O mau uso da figura societária fez surgir a necessidade de relativizar sua autonomia, dando origem à teoria da desconsideração da pessoa jurídica, ou *disregard*. Fruto da doutrina e jurisprudência,[8] a *disregard*, que se desenvolveu primeiro nos Estados Unidos, na Inglaterra e na Alemanha, consiste em autorizar o Judiciário, em casos de fraude, a ultrapassar os limites da personalidade jurídica das sociedades para alcançar o patrimônio dos sócios.

O ordenamento jurídico brasileiro prevê a desconsideração da personalidade jurídica no artigo 50 do Código Civil,[9] artigo 28 do Código de Defesa do Consumidor,[10] artigo 18 da Lei Antitruste[11] e artigo 4º da Lei nº 9.605/1998, que regula os crimes contra o meio ambiente.[12] O CPC/2015 tem previsão expressa nos procedimentos, que dá o roteiro completo. daí a necessidade de sua transcrição:

> Art. 133. O incidente de desconsideração da personalidade jurídica será instaurado a pedido da parte ou do Ministério Público, quando lhe couber intervir no processo. § 1º O pedido de desconsideração da personalidade jurídica observará os pressupostos previstos em lei. § 2º Aplica-se o disposto neste Capítulo à hipótese de desconsideração inversa da personalidade jurídica. Art. 134. O incidente de desconsideração é cabível em todas as fases do processo de conhecimento, no cumprimento de sentença e na execução fundada em título executivo extrajudicial. § 1º A instauração do incidente será imediatamente

---

8   Demonstrado que o varão, 04 (quatro) meses antes da separação fática do casal, retirou-se da sociedade com o único objetivo de impedir a comunicação patrimonial da sua participação societária, deve ser aplicada a teoria do *disregard doctrine*, comunicando-se a participação social verificada no período do casamento (TJRS. Apelação Cível nº 70017433640. Rel. Claudir Fidelis Faccenda, 8ª Câmara Cível, j. em 30.11.2006. Data da publicação 07.12.2006).

    Partilha de bens. Disregard. Demonstrada nos autos a alienação fraudulenta de quotas sociais na vigência do casamento, é de ser aplicado o instituto da disregard, a fim de salvaguardar a meação do consorte prejudicado (TJRS. Apelação Cível nº 70016529604. Rel. Desª Maria Berenice Dias, 7ª Câmara Cível, data do julgamento: 20.12.2006).

9   Art. 50. Em caso de abuso da personalidade jurídica, caracterizado pelo desvio de finalidade ou pela confusão patrimonial, pode o juiz, a requerimento da parte, ou do Ministério Público quando lhe couber intervir no processo, desconsiderá-la para que os efeitos de certas e determinadas relações de obrigações sejam estendidos aos bens particulares de administradores ou de sócios da pessoa jurídica beneficiados direta ou indiretamente pelo abuso. (Redação dada pela Lei nº 13.874, de 2019) § 1º Para os fins do disposto neste artigo, desvio de finalidade é a utilização da pessoa jurídica com o propósito de lesar credores e para a prática de atos ilícitos de qualquer natureza. (Incluído pela Lei nº 13.874, de 2019) § 2º Entende-se por confusão patrimonial a ausência de separação de fato entre os patrimônios, caracterizada por: (Incluído pela Lei nº 13.874, de 2019) I – cumprimento repetitivo pela sociedade de obrigações do sócio ou do administrador ou vice-versa; (Incluído pela Lei nº 13.874, de 2019) II – transferência de ativos ou de passivos sem efetivas contraprestações, exceto os de valor proporcionalmente insignificante; e (Incluído pela Lei nº 13.874, de 2019) III – outros atos de descumprimento da autonomia patrimonial. (Incluído pela Lei nº 13.874, de 2019) § 3º O disposto no *caput* e nos §§ 1º e 2º deste artigo também se aplica à extensão das obrigações de sócios ou de administradores à pessoa jurídica. (Incluído pela Lei nº 13.874, de 2019) § 4º A mera existência de grupo econômico sem a presença dos requisitos de que trata o *caput* deste artigo não autoriza a desconsideração da personalidade da pessoa jurídica. (Incluído pela Lei nº 13.874, de 2019) § 5º Não constitui desvio de finalidade a mera expansão ou a alteração da finalidade original da atividade econômica específica da pessoa jurídica. (Incluído pela Lei nº 13.874, de 2019).

10 Art. 28. O juiz poderá desconsiderar a personalidade jurídica da sociedade quando, em detrimento do consumidor, houver abuso de direito, excesso de poder, infração da lei, fato ou ato ilícito ou violação dos estatutos ou contrato social. A desconsideração também será efetivada quando houver falência, estado de insolvência, encerramento ou inatividade da pessoa jurídica provocados por má administração.

11 Art. 18. A personalidade jurídica do responsável por infração da ordem econômica poderá ser desconsiderada quando houver da parte deste abuso de direito, excesso de poder, infração da lei, fato ou ato ilícito ou violação dos estatutos ou contrato social. A desconsideração também será efetivada quando houver falência, estado de insolvência, encerramento ou inatividade da pessoa jurídica provocados por má administração.

12 Art. 4º Poderá ser desconsiderada a pessoa jurídica, sempre que sua personalidade for obstáculo ao ressarcimento de prejuízos causados à qualidade do meio ambiente.

comunicada ao distribuidor para as anotações devidas. § 2º Dispensa-se a instauração do incidente se a desconsideração da personalidade jurídica for requerida na petição inicial, hipótese em que será citado o sócio ou a pessoa jurídica. § 3º A instauração do incidente suspenderá o processo, salvo na hipótese do § 2º. § 4º O requerimento deve demonstrar o preenchimento dos pressupostos legais específicos para desconsideração da personalidade jurídica. Art. 135. Instaurado o incidente, o sócio ou a pessoa jurídica será citado para manifestar-se e requerer as provas cabíveis no prazo de 15 (quinze) dias. Art. 136. Concluída a instrução, se necessária, o incidente será resolvido por decisão interlocutória. Parágrafo único. Se a decisão for proferida pelo relator, cabe agravo interno. Art. 137. Acolhido o pedido de desconsideração, a alienação ou a oneração de bens, havida em fraude de execução, será ineficaz em relação ao requerente.

Com o objetivo de "blindar" o patrimônio, com a facilidade conferida pelo véu societário, o cônjuge que visa a vantagem patrimonial esvazia ou desvia o patrimônio conjugal para "capitalização" do patrimônio societário, em detrimento do regime de bens adotado pelo casal, configurando fraude à meação, e atraindo a incidência da *disregard*[13]. Nesses casos, a *disregard* atua de forma invertida, ou seja, a relativização da personalidade jurídica alcança o patrimônio da sociedade, usualmente chamada de desconsideração inversa:

> *Essa técnica jurídica de responsabilizar a sociedade empresária por ato abusivo de seus sócios ou administradores é chamada de desconsideração inversa, só se legitimando quando a sociedade se tornou mera extensão da pessoa física do sócio, como pode acontecer quando um cônjuge transfere maliciosamente os bens do casamento para a empresa da qual é sócio, entre tantas outras previsíveis situações de fraude a direitos e obrigações de ordem civil, especialmente familiar.*[14]

A utilização indevida da personalidade jurídica pode compreender tanto a hipótese de o sócio esvaziar o patrimônio da pessoa jurídica para fraudar terceiros, ou o próprio cônjuge, quanto esvaziar seu patrimônio pessoal em nome de pessoa física, integralizando-o na pessoa jurídica, e ocultando de terceiros tais bens, ou fraudando o regime do casamento. Foi com essa interpretação que o Superior Tribunal de Justiça – STJ aplicou a desconsideração inversa de personalidade jurídica[15], alertando sobre os princípios éticos e jurídicos da própria *disregard doctrine*, que dentre outras premissas veda o abuso de direito e a fraude contra credores e cônjuge.[16]

---

[13] O STJ absorvendo a doutrina da *disregard* conjugou impenhorabilidade e proteção à família (...) A desconsideração da personalidade jurídica, por si só, não afasta a impenhorabilidade do bem de família, salvo se os atos que ensejaram a disregard também se ajustarem às exceções legais. Essas devem ser interpretadas restritivamente, não se podendo, por analogia ou esforço hermenêutico, apanhar situações não previstas em lei, de modo a superar a proteção conferida à entidade familiar. 3. A arrecadação, no caso, atingiu imóvel adquirido pelo recorrente em 1989, a quebra da empresa foi decretada em 1999, a *disregard* aplicada em 2005, e levou em consideração apontado desfalque patrimonial tido, no âmbito penal, como insignificante. Portanto, não pode prevalecer a arrecadação, devendo ser protegido o bem de família. (STJ, REsp 1433636/SP, Rel. Min. Luis Felipe Salomão, 4ª Turma, publ. 15/10/2014).

[14] MADALENO, Rolf. *Op. cit.*, p. 80.

[15] (...) Na desconsideração inversa da personalidade jurídica de empresa comercial, afasta-se o princípio da autonomia patrimonial da pessoa jurídica, responsabilizando-se a sociedade por obrigação pessoal do sócio. Tal somente é admitido, entretanto, quando comprovado suficientemente ter havido desvio de bens, com o devedor transferindo seus bens à empresa da qual detém controle absoluto, continuando, todavia, deles a usufruir integralmente, conquanto não façam parte o seu patrimônio particular, porquanto integrados ao patrimônio da pessoa jurídica controlada (TJSC, AI nº 2000.018889-1, Rel. Des. Trindade dos Santos, j. em de 25.01.02).

[16] A desconsideração da personalidade jurídica pode ser entendida como o afastamento episódico da autonomia patrimonial da pessoa jurídica com o intuito de, mediante a constrição do patrimônio de seus

336 DIREITO DAS FAMÍLIAS – *Rodrigo da Cunha Pereira*

O CPC/2015 que tratou do incidente da desconsideração da personalidade jurídica (art. 133) ajudou a solidificar a sua ampla aplicação no campo do Direito de Família e Sucessões, em sua forma inversa, *onde em que os bens desaparecem da sociedade ou o sócio se retira ou reduz suas quotas sociais, no Direito de Família o cônjuge sócio desvia os bens matrimoniais para dentro da sociedade da qual ele seria sócio e se retira ou diminui suas quotas desta mesma entidade empresarial, sem nenhuma outra necessidade para esse gesto, que não o recurso por ele utilizado de retirar do casamento a parcela mais representativa dos bens conjugais, enquanto segue no domínio único dos bens que deveriam ser comuns, e usufrui isoladamente desses bens, que agora se encontram em nome da sociedade empresária que está sobre o seu controle direto ou indireto*[17].

Verificando-se o propósito lesivo do ato, este será declarado ineficaz em face do cônjuge prejudicado, sendo esta aplicação restrita ao caso concreto *sub judice*. A *disregard* não se presta à desconstituição do ato fraudulento, pois não apura os requisitos/pressupostos de existência e validade; está adstrita à eficácia do ato. Nesta aplicação episódica da *disregard* não é anulada nem descartada a personalidade jurídica, apenas desconsiderada, no caso concreto, a eficácia do ato fraudulento perpetrado em nome da pessoa jurídica.[18]

8.3 COBRANÇA DE FRUTOS DO PATRIMÔNIO CONJUGAL E A APURAÇÃO DE HAVERES

É comum o casal dissolver a sociedade conjugal e não dissolver a sociedade patrimonial. Enquanto não se partilha os bens, é comum também que o patrimônio, ou pelo menos a maior parte dele, fique sob a administração e domínio de apenas um dos ex-cônjuges. Neste caso, se não houver o acordo sobre a relação condominial que se estabeleceu pós dissolução do vínculo conjugal, e até que se efetive a partilha, já que esta costuma significar anos e anos de litígio, é possível que se faça a cobrança dos frutos das propriedades comuns de acordo com o regime de bens.

Para a doutrina civil, como se viu no capítulo 4, frutos são os proventos gerados pela coisa, sem que isso diminua o seu conteúdo. Dentre suas várias classificações, os frutos se subdividem em a) frutos naturais, aqueles que estritamente se contêm na definição romana,[19] isto é, tudo aquilo que a coisa era por si mesma, independentemente do esforço ou do engenho humano (...); b) frutos industriais são as utilidades que provêm da coisa, porém com a contribuição necessária do trabalho do homem e c) frutos civis são, por uma extensão gerada pela capacidade humana de abstração, os rendimentos e benefícios que alguém tira de uma coisa utilizada por

---

sócios ou administradores, possibilitar o adimplemento de dívidas assumidas pela sociedade. A teoria da desconsideração da personalidade jurídica, originária do direito anglo-saxão, surgiu como uma forma de flexibilização da distinção entre a responsabilidade do ente societário e seus integrantes (*societas distat a singulus*), a qual tem servido para acobertar comportamentos fraudulentos e abuso de direito, como nos casos em que credores de boa-fé veem seus direitos e expectativas frustrados por uma sociedade em bancarrota, cujos sócios permanecem abastados. (...) A insurgência do recorrente decorre da aplicação, na hipótese dos autos, da chamada desconsideração da personalidade jurídica em sua forma inversa. (...) Conquanto a consequência de sua aplicação seja inversa, sua razão de ser é a mesma da desconsideração da personalidade jurídica propriamente dita: combater a utilização indevida do ente societário por seus sócios. Em sua forma inversa, mostra-se como um instrumento hábil para combater a prática de transferência de bens para a pessoa jurídica sobre o qual o devedor detém controle, evitando com isso a excussão de seu patrimônio pessoal (STJ, REsp. nº 948.117 – MS. Rel. Ministra Nancy Andrighi, 3ª turma, j. 22.06.2010).

17 MADALENO, Rolf. *Revista IBDFAM*. Famílias e sucessões. In: A desconsideração inversa da personalidade jurídica no Direito de Família e no novo CPC. V 13 (Jan./Fev.) Belo Horizonte: IBDFAM, 2016, p. 37 a 45.

18 DIAS, Maria Berenice. *Manual de direito das famílias*. 5. ed., rev., atual. e ampl. São Paulo: Editora Revista dos Tribunais, 2009, p 306.

19 *Fructus est quidquid ex re nasci et renasci solete.*

outrem.[20] O Código Civil de 2002 seguiu a mesma linha de raciocínio do Código de 1916, ou seja, manteve praticamente as mesmas disposições quanto aos frutos da propriedade, tal como se vê exemplificativamente nos artigos 629, 878, 1.215, 1.319, 1.326, 1.398, 1.506, 1.507 e 1.923.

A administração dos bens dos cônjuges, sejam eles comuns ou particulares, pode gerar frutos civis, que se incorporam ao monte, sendo passíveis de partilhamento.[21] Instaurado o litígio conjugal, o estado beligerante do casal divorciando, inevitavelmente, afasta um dos cônjuges da gerência do patrimônio, o que não impede o recebimento de "renda" oriunda das relações jurídicas, contratuais ou não, envolvendo seus bens.

Para garantir igualdade aos divorciandos, evitando o favorecimento do possuidor ou administrador, em detrimento daquele que não goza, usa e frui dos bens, é possível a cobrança dos frutos dos bens em Ação autônoma, inclusive sob o fundamento da equalização entre os cônjuges, e também da disciplina contida no próprio Código Substantivo, analogicamente interpretada no que tange à instituição do condomínio.[22]

O pedido de pagamento dos frutos correspondente à quota-parte relativa ao regime de bens reside no fato de afastar as inúmeras situações de "injustiças" que se insurgem com o fim do casamento. Cite-se como exemplo o pagamento de "aluguel" ao cônjuge que deixa o lar conjugal[23], não obstante seja este o único bem do casal, ou mesmo permitir que aquele que não tem a posse do patrimônio usufrua de padrão de vida equivalente ao que mantinha à época do casamento. A causa de pedir é a mancomunhão (condomínio) instituída sobre o(s) imóvel(is) usufruído(s) exclusivamente pelo cônjuge possuidor. Como se vê nos julgados abaixo, trazidos exemplificativamente de variados tribunais, os frutos da propriedade comum devem ser repassados ao cônjuge, seja em forma de aluguel, taxa de ocupação, indenização, ou qualquer expressão que traduza a concepção clássica de "frutos da propriedade". Veja:

> (...) a circunstância de ter permanecido o imóvel comum na posse exclusiva da varoa, mesmo após a separação judicial e a partilha de bens, possibilita o ajuizamento de ação de arbitramento de aluguel pelo cônjuge afastado do lar conjugal e coproprietário do imóvel, visando à percepção de aluguéis do outro consorte, que serão devidos a partir da citação (STJ, REsp. 673.118RS, Rel. Min. Jorge Scartezzini, 4ª T., publ. 06.12.2004).

> (...) Nos termos do art. 1.667 do Código Civil, no regime da comunhão universal de bens, comunicam-se indistintamente todos os bens móveis e imóveis que cada um dos cônjuges traz individualmente para o casamento, bem como aqueles adquiridos na constância do casamento, constituindo-se um acervo patrimonial comum, sendo cada

---

[20] PEREIRA, Caio Mário da Silva. *Instituições de direito civil*, 23. ed., Rio de Janeiro: Editora Forense, 2009, p. 375.

[21] Art. 1.660. Entram na comunhão: (...) V – os frutos dos bens comuns, ou dos particulares de cada cônjuge, percebidos na constância do casamento, ou pendentes ao tempo de cessar a comunhão.

[22] Art. 1.319. Cada condômino responde aos outros pelos frutos que percebeu da coisa e pelo dano que lhe causou.

[23] Cada situação deve ser analisada. Por exemplo, nos casos de residir com o filho melhor. O STJ assim se posicionou: "Recurso especial. Ação de arbitramento de aluguel. Ex-cônjuge que reside no imóvel comum com a filha do ex-casal, provendo o seu sustento. Uso exclusivo e enriquecimento sem causa. Não caracterização. (...) Como fundamento secundário, o fato de o imóvel comum também servir de moradia para a filha do ex-casal tem a possibilidade de converter a 'indenização proporcional devida pelo uso exclusivo do bem' em 'parcela *in natura* da prestação de alimentos' (sob a forma de habitação), que deverá ser somada aos alimentos *in pecunia* a serem pagos pelo ex-cônjuge que não usufrui do bem – o que poderá ser apurado em ação própria –, sendo certo que tal exegese tem o condão de afastar o enriquecimento sem causa de qualquer uma das partes. 9. Ademais, o exame do pedido de arbitramento de verba compensatória pelo uso exclusivo de imóvel comum por ex-cônjuge não pode olvidar a situação de maior vulnerabilidade que acomete o genitor encarregado do cuidado dos filhos financeiramente dependentes, cujas despesas lhe são, em maior parte, atribuídas. (...)" (STJ, REsp 1699013/DF, Rel. Min. Luis Felipe Salomão, 4ª Turma, Data de Publicação: 04/06/2021).

cônjuge meeiro em todos os bens do casal. Com a dissolução da sociedade conjugal e a liquidação da comunhão, dá-se a partilha e a atribuição a cada cônjuge do bem ou dos bens que comportam na sua meação. – A separação de fato causa a ruptura da vida em comum do casal, não podendo os bens adquiridos após essa separação estar sujeitos à meação. – Assim, a verba recebida por um dos cônjuges a título de indenização por danos morais, oriunda de ação judicial ajuizada anteriormente à separação do casal, ou seja, proveniente de direitos adquiridos durante a constância do casamento, está sujeita à meação (TJMG, Apel. Cível nº 1.0027.06.097394-1/001, Rel. Dárcio Lopardi Mendes, publ. 26.06.2008).

Agravo de instrumento – partilha de bens após divórcio decretado – rito de inventário – compensação pelo recebimento de aluguéis por um dos ex-cônjuges – produção de provas (TJMG, AI nº 1.0702.05.230121-6/007, Des. Maurício Barros, publ. 14.04.2009).

Condomínio – separação judicial – fruição por apenas um dos ex-cônjuges de imóvel comum – arbitramento de aluguel – possibilidade – carência da ação não caracterizada – extinção do processo afastada – recurso provido (TJSP, Apel. Cível 2181254000, Rel. Elliot Akel, publ. 23.09.2009).

Quando se tratar de sociedade empresária, em que um ou ambos os cônjuges/companheiro sejam sócios, até que partilhe as cotas, cuja data de referência é a separação de fato, além da cobrança de frutos daí advindas, um deles pode, também pedir dissolução parcial da empresa, mediante apuração de haveres (arts. 599 e 600 do CPC). Haveres sociais, na linguagem do Direito Empresarial, é o dinheiro havido da participação individual do sócio, na situação líquida do patrimônio da sociedade.

8.4 PARTILHA DE BENS DIGITAIS

O Direito ainda precisa acertar o passo com a sociedade digital. É necessário para incorporar, definitivamente, os instrumentos tecnológicos existentes para facilitar o convívio de pais separados, e que vivem em locais distantes. Além disso, facilitar a citação, fazendo-a de forma eletrônica, bem como compreender que há uma nova categoria de bens jurídicos, que estão sujeitos à sucessão hereditária e partilha, e que obedecem uma lógica diferente da tradicional concepção jurídica.

No mundo globalizado e virtualizado, em que as pessoas têm cada vez mais hábitos digitais, essa nova categoria de bens tem se mostrado mais presente na vida contemporânea. A alta demanda das ferramentas digitais e do mundo virtual, de forma indissociável, faz surgir uma nova gama de ativos jurídicos: avatares, perfis, criptomoedas, arte digital, créditos e ativos em games e plataformas virtuais, que são bens incorpóreos de caráter patrimonial[24]. Há também os direitos de natureza existencial, como direitos de imagem, que podem se transformar em direitos patrimoniais quando se atribui conteúdo econômico a eles, como já se fazia no mundo não virtual com os direitos do autor.

Bens digitais é o gênero de várias espécies de conteúdos postados ou compartilhados no ambiente virtual. São também denominados de ativos digitais (*digital assets ou digital property*). Um dos primeiros autores a escrever sobre o assunto, o professor mineiro Bruno Zampier, traz um conceito que nos ajuda a entender melhor essa nova concepção patrimonial, sujeita à partilha:

---

[24] SANCHES, Patrícia Corrêa. Direito das famílias e sucessões na era digital. In: SANCHES, Patrícia Corrêa (coord.); PEREIRA, Rodrigo da Cunha; DIAS, Maria Berenice (orgs.). *A tecnologia no direito das famílias e no direito sucessório*. Belo Horizonte: Editora IBDFAM, 2021, p. 6.

Bens digitais seriam aqueles bens incorpóreos, os quais são progressivamente inseridos na internet, por um usuário, consistindo em informações de caráter pessoal que trazem alguma utilidade àquele, tenha ou não conteúdo econômico[25].

Rafael Calmon, em capítulo publicado no livro coordenado por Patrícia Sanches Corrêa, complementa esse raciocínio: "Ao analisar mais de perto os bens digitais a gente chega a uma interessante conclusão: existem bens digitais em que predomina o viés estritamente patrimonial, como as criptomoedas e as milhas aéreas; existem bens digitais em que prevalece o caráter existencial, como contas de e-mails e perfis em redes sociais utilizados unicamente para diversão e sem qualquer pretensão de monetização, e; existem bens digitais em que acontece uma espécie de mistura entre interesses puramente existenciais e patrimoniais"[26].

Não há legislação brasileira sobre esses bens. Assim, devemos nos valer, além da principiologia do Direito de Família, do direito comparado, que é também importante fonte do Direito. O marco civil da internet (Lei nº 12.695/2014), talvez por ser de 2014, mas gerado bem antes disso, não acrescenta nada no que se poderia chamar de propriedade digital. A Lei de Direitos Autorais (Lei nº 9.610/1998) e a Lei de *Software* (Lei nº 9.609/1998), mesmo tendo sido feitas em um período em que essas novas concepções ainda não existiam, podem trazer alguma luz. Por analogia[27], às obras intelectuais protegidas poderíamos invocar um amparo legal, como se vê no art. 7º da Lei nº 9.610/1998:

Art. 7º São obras intelectuais protegidas as criações do espírito, expressas por qualquer meio ou fixadas em qualquer suporte, tangível ou intangível, conhecido ou que se invente no futuro, tais como: I – os textos de obras literárias, artísticas ou científicas; II – as conferências, alocuções, sermões e outras obras da mesma natureza; III – as obras dramáticas e dramático-musicais; IV – as obras coreográficas e pantomímicas, cuja execução cênica se fixe por escrito ou por outra qualquer forma; V – as composições musicais, tenham ou não letra; VI – as obras audiovisuais, sonorizadas ou não, inclusive as cinematográficas; VII – as obras fotográficas e as produzidas por qualquer processo análogo ao da fotografia; VIII – as obras de desenho, pintura, gravura, escultura, litografia e arte cinética; IX – as ilustrações, cartas geográficas e outras obras da mesma natureza; X – os projetos, esboços e obras plásticas concernentes à geografia, engenharia, topografia, arquitetura, paisagismo, cenografia e ciência; XI – as adaptações, traduções e outras transformações de obras originais, apresentadas como criação intelectual nova; XII – os programas de computador; XIII – as coletâneas ou compilações, antologias, enciclopédias, dicionários, bases de dados e outras obras, que, por sua seleção, organização ou disposição de seu conteúdo, constituam uma criação intelectual.

Um dos desafios da partilha dos bens digitais é atribuir a eles um conteúdo econômico. O Instagram monetizado, *biticoins, digital influencer*, em geral não são declarados no imposto de renda, que dificulta mais sua aferição. Por exemplo, se o casal tem um Instagram que é monetizado, qual dos dois ficaria com aquela conta?

---

[25] ZAMPIER, Bruno. *Bens digitais*. 2. ed. Indaiatuba: Foco, 2021, p. 63.

[26] CALMON, Rafael. Direito das famílias e sucessões na era digital. In: SANCHES, Patrícia Corrêa (coord.); PEREIRA, Rodrigo da Cunha; DIAS, Maria Berenice (orgs.). *Partilha e sucessão hereditária de bens digitais*: muito mais perguntas que respostas. Belo Horizonte: Editora IBDFAM, 2021, p. 583.

[27] ZAMPIER, Bruno. *Bens digitais*. 2. ed. Indaiatuba: Foco, 2021, p. 64.

340 DIREITO DAS FAMÍLIAS – Rodrigo da Cunha Pereira

Embora ainda não se tenha regras aplicáveis para a partilha dos bens digitais, não significa que eles não possam, ou não devam, entrar na partilha de bens do ex-casal. De qualquer forma, a base de sua compreensão estará sempre na escolha do regime de bens do casal. As dúvidas e polêmicas em torno do assunto são semelhantes às questões definidoras no regime da comunhão parcial de bens, como acontece com a eterna polêmica sobre os frutos civis do trabalho. Até que se tenha uma regulamentação específica, teremos que nos socorrer de outras fontes do Direito, para além das regras jurídicas[28].

8.5 PERDA DA MEAÇÃO PELO USUCAPIÃO FAMILIAR: REFLEXOS DA LEI Nº 12.424/2011

Se um dos cônjuges deixar o lar conjugal por dois anos ininterruptos, caracterizando abandono da família, perde o seu direito de propriedade sobre o bem que era residência do casal. A Lei nº 12.424/2011, acrescentou ao CCB o artigo 1.240-A:

> Art. 1.240-A. Aquele que exercer, por 2 (dois) anos ininterruptamente e sem oposição, posse direta, com exclusividade, sobre imóvel urbano de até 250m² (duzentos e cinquenta metros quadrados) cuja propriedade divida com ex-cônjuge ou ex-companheiro que abandonou o lar, utilizando-o para sua moradia ou de sua família, adquirir-lhe-á o domínio integral, desde que não seja proprietário de outro imóvel urbano ou rural.

Apesar de aparentemente fazer ressurgir a discussão de culpa pelo fim da conjugalidade, a lei não tem essa intenção, não diz isto e não deve ser interpretada assim. Quando ela menciona abandono do lar, quer dizer simplesmente que o conjugue não se responsabilizou pela família. E se assim o fez, deve responder na vida pela sua irresponsabilidade, com a perda da propriedade. É justo. Isto não significa discutir culpa, até porque após a EC 66/10 ela ficou extirpada do nosso ordenamento jurídico.

Os limites da responsabilidade do sujeito é objeto central de preocupação e regulamentação de todos os ordenamentos jurídicos. Afinal, qual é o limite da responsabilidade de cada um? Desde quando, e até quando o sujeito deve ser responsabilizado pelos seus atos? A razão da existência do Direito reside exatamente em colocar limite e atribuir responsabilidade às pessoas, possibilitando assim que haja convívio e organização social. Mais que um valor jurídico, a responsabilidade é um princípio jurídico fundamental e norteador das relações familiares e traz uma nova concepção sobre os atos e fatos jurídicos. O cônjuge ou companheiro que desapareceu, deixou de dar assistência à família, merece sofrer sanção pelo seu descompromisso e irresponsabilidade[29].

---

[28] A série de Black Mirror retrata bem essa realidade e pode ajudar a entender melhor essa necessária realidade jurídica.

[29] "(...) O prazo aquisitivo bienal da usucapião familiar (art. 1.240-A do CC/02) flui a partir da vigência do novo instituto, introduzida pela Lei 12.424/2011 (16/06/2011), para não incorrer em vedada retroatividade da norma e surpreender o ex-cônjuge ou ex-companheiro com a perda da sua parte ideal sobre o imóvel comum. 2. O requisito de abandono do lar do art. 1.240-A do CC/02 insere-se no âmbito patrimonial, no sentido do não exercício de atos possessórios (uso, gozo, disposição ou reivindicação) sobre determinado bem. Não basta a saída de um dos cônjuges do ambiente físico familiar, pela inviabilidade de convivência sob mesmo teto, nem alheamento afetivo. Com a abolição do conceito de culpa no âmbito do Direito de Família, pelo advento da EC nº 66/2010 que deu nova redação ao art. 226 da CF/88, o pressuposto da usucapião familiar não se confunde com o abandono voluntário do lar conjugal do art. 1.573, IV, do CC, causa de infração de dever matrimonial e consequente culpabilidade pelo fim do casamento. 3. Apelo desprovido" (TJDF, APC 20130910222452, Rel. Des. Maria de Lourdes Abreu, Quinta Turma, Cível, j. 18/06/2015). Da mesma forma, nos processos de inventário: "(...) O condômino tem legitimidade para usucapir em nome próprio, desde que

Cap. 8 – PARTILHA DE BENS, ALIMENTOS E PROCESSO JUDICIAL **341**

Por outro lado, aquele que não desejar mais ficar casado, ou manter a união estável, e quiser sair de casa, deve fazê-lo com responsabilidade. O abandono do lar pode ser facilmente descaracterizado com algum registro, formal ou informal, desta intenção ou desejo do fim da conjugalidade. Uma simples separação de corpos, por exemplo, pode afastar a incidência da regra do artigo 1.240-A da referida Lei[30].

8.6 O PROCESSO JUDICIAL DE DIVÓRCIO E DISSOLUÇÃO DE UNIÃO ESTÁVEL

Processo é o procedimento em contraditório, por exigência constitucional, através da ampla defesa isonômica. Metaforicamente, para o Direito de Família, é um caminho percorrido e a percorrer, no qual as partes vão depositando suas angústias, insatisfações, frustrações, enfim os restos do amor e também a sensação de que foi enganado, para que o Judiciário retifique e repare o erro do outro e diga quem tem razão no fim do casamento. Do ponto de vista jurídico, é o meio através do qual as partes materializam a busca de seus direitos e trazem para o mundo dos autos a sua versão sobre os fatos. Ali, cada um acredita estar dizendo a verdade e tem ângulos de visões diferentes sobre o fim do amor e do relacionamento. Por isso as versões se tornam "a-versões", e se instala o litígio, materializando assim uma realidade subjetiva, transformando-a em objetividade e instrumentalização jurídico-processual.

As partes sempre dizem que só querem os seus direitos, mas têm sempre o sentimento de que foram lesadas e que estão perdendo algo. O processo é utilizado, muitas vezes inconscientemente, como instrumento de reparação de perdas que se traduzem e aparecem em forma de reivindicação de guarda de filhos, pensão alimentícia etc. Na verdade, o que se perdeu, e o que ficou para trás, é o sonho, a estrutura conjugal, que serve, inclusive, para tamponar a falta e o desamparo estrutural do ser humano.

O processo judicial em Direito de Família visto pelo ângulo e compreensão da subjetividade quebra a máxima jurídica: "o que não está nos autos não está no mundo", para repensá-la que o que está no mundo não está nos autos, ou seja, a realidade que move as pessoas a litigarem nem sempre é aquela que aparece nos autos. O que faz com que se instalem longos e tenebrosos processos judiciais, em que se denigre e degrada a imagem do outro, não são apenas as razões objetivas que estão nos autos. Portanto, o que não está nos autos, mas está no mundo da subjetividade, é igualmente determinante para o deslinde do processo, pois direta ou indiretamente interfere na objetividade do processo judicial. Em outras palavras:

---

exerça a posse por si mesmo, ou seja, desde que comprovados os requisitos legais atinentes à usucapião, bem como tenha sido exercida posse exclusiva com efetivo animus domini pelo prazo determinado em lei, sem qualquer oposição dos demais proprietários. 7. Sob essa ótica, tem-se, assim, que é possível à recorrente pleitear a declaração da prescrição aquisitiva em desfavor de seu irmão – o outro herdeiro/condômino –, desde que, obviamente, observados os requisitos para a configuração da usucapião extraordinária, previstos no art. 1.238 do CC/02, quais sejam, lapso temporal de 15 (quinze) anos cumulado com a posse exclusiva, ininterrupta e sem oposição do bem. (...)" (STJ, REsp 1.631.859/SP 2016/0072937-5, Rel. Ministra Nancy Andrighi, j. 22/05/2018, Terceira Turma, DJe 29/05/2018).

[30] (...) Sabe-se que o usucapião familiar encontra amparo no artigo 1.240-A do Código Civil. Para o reconhecimento da usucapião familiar, mostra-se necessária a comprovação de diversos requisitos, entre eles que a propriedade objeto de discussão era dividida com ex-cônjuge ou ex-companheiro que abandonou o lar. Por demandar a análise da existência do abandono do lar pelo ex-cônjuge ou ex-companheiro, a separação de fato, bem como a existência ou não de bem comum, é do Juízo da Vara de Família a competência para julgamento da Ação de Usucapião Familiar. Conflito acolhido, para declarar a competência do MM. Juiz de Direito da 1ª Vara de Família e Sucessões da Comarca de Uberlândia. (TJ-MG – CC 10000200831444000 MG, Rel. Fábio Torres de Sousa (JD Convocado), 8ª Câmara Cível, j. 30/7/2020, *DJ* 10/8/2020).

(...) É como se ali se projetasse um estacionamento de emoções, à porta de um inferno e também à beira de um convento. É que precisamos de uma ponte, de uma travessia para dizer o que, a rigor, dito já estava. Ao mesmo tempo baixa e sublime é essa travessia (...). O processo, enfim, nesse contexto, se reduz a um istmo artificial entre as formas e o desejo, entre as planícies humanas e os rochedos do ódio, do desamor e da indiferença. É uma geografia cujo mapa constitui um permanente desafio para não sucumbir no embate entre o sublime e a barbárie.[31]

A alteração do § 6º do art. 226 da Constituição Federal[32] veio para facilitar, simplificar e com o objetivo de diminuir a litigiosidade na dissolução do vínculo conjugal, repercutindo, inclusive, nos aspectos processuais e procedimentais, com maior rapidez e efetividade na aplicação do direito material para a entrega da prestação jurisdicional. Afinal, o princípio da celeridade,[33] recepcionado pela ordem constitucional com o advento da EC nº 45/2004, não deve ser visto somente como exortação moral, mas sim como objetivo a ser perseguido e alcançado para tutelar os interesses do Estado Democrático de Direito.[34] Por se tratar de direitos e garantias fundamentais, a brevidade da prestação jurisdicional,[35] sem prejuízo do contraditório, é medida que se impõe com aplicabilidade imediata,[36] conforme o comando maior da Carta Magna. O CPC/2015 traz em seu espírito a cultura da não litigiosidade, especialmente para o Direito de Família[37].

As reflexões trazidas neste capítulo sobre processo e procedimento no divórcio e dissolução de união estável não têm a pretensão de esgotar e elucidar todas as questões técnico-processuais, até porque isso já vem sendo feito pelos processualistas brasileiros, e não é o objetivo central deste livro. O que se pretende aqui é tão somente registrar e transcrever um pouco além da teoria, isto é, imprimir alguns elementos da prática e do cotidiano forense para os divórcios, consensuais (procedimento) ou litigiosos (processo).

---

[31] FACHIN, Luiz Edson. "Direito, guerra e paz no campo da família: limites do processo judicial". In: *Anais do VII Congresso Brasileiro de Direito das Famílias*, Belo Horizonte: IBDFAM, 2010.

[32] Cf. Tema 1.053 do STF.

[33] Art. 5º, LXXVIII, da CRFB/1988: A todos, no âmbito judicial e administrativo, são assegurados a razoável duração do processo e os meios que garantam a celeridade de sua tramitação. (Incluído pela Emenda Constitucional nº 45, de 2004.)

[34] O excesso de prazo, quando exclusivamente imputável ao aparelho judiciário – não derivando, portanto, de qualquer fato procrastinatório causalmente atribuível ao réu –, traduz situação anômala que compromete a efetividade do processo (...) frustra um direito básico que assiste a qualquer pessoa: o direito à resolução do litígio, sem dilações indevidas (CF, art. 5º, LXXVIII) e com todas as garantias reconhecidas pelo ordenamento constitucional (...) (STF HC 85.237, Rel. Min. Celso de Mello, julgamento em 17.03.2005, *DJ* de 29.04.2005). No mesmo sentido: HC 95.634, Rel. Min. Ellen Gracie, julgamento em 02.06.2009, 2ª Turma, *DJE* de 19.06.2009; HC 95.492, Rel. Min. Cezar Peluso, julgamento em 10.03.2009, 2ª Turma, *DJE* de 8.05.2009; HC 87.164, Rel. Min. Gilmar Mendes, julgamento em 4.04.2006, *DJ* de 29.09.2006.

[35] Resolução conjunta nº 1, de 04.08.2009, do Conselho Nacional de Justiça: Dispõe sobre a adoção de medidas destinadas à redução da taxa de congestionamento nos órgãos judiciários de primeiro e segundo graus, especialmente no que se refere ao cumprimento da Meta de Nivelamento nº 2, estabelecida no II Encontro Nacional do Judiciário (Publicada no *DOU*, Seção 1, em 5.08.2009, p. 66, e no *DJ*-e nº 132/2009, em 5.08.2009, p. 2).

[36] Art. 5º, § 1º. As normas definidoras dos direitos e garantias fundamentais têm aplicação imediata.

[37] Art. 694. Nas ações de família, todos os esforços serão empreendidos para a solução consensual da controvérsia, devendo o juiz dispor do auxílio de profissionais de outras áreas de conhecimento para a mediação e conciliação. Parágrafo único. A requerimento das partes, o juiz pode determinar a suspensão do processo enquanto os litigantes se submetem a mediação extrajudicial ou a atendimento multidisciplinar.

Cap. 8 – PARTILHA DE BENS, ALIMENTOS E PROCESSO JUDICIAL   **343**

8.7   DIVÓRCIO E DISSOLUÇÃO DE UNIÃO ESTÁVEL JUDICIAL CONSENSUAL

O rito procedimental do divórcio consensual é o mesmo das normas de jurisdição voluntária, ordenado no CPC 2015 em seus artigos 731 a 733, por força do § 2º do art. 40 da Lei nº 6.515, de 1977, excluindo-se os incisos I (que trata da comprovação da separação de fato) e parte do III, sobre a produção de prova testemunhal, uma vez que não há mais a discussão de culpa ou do lapso temporal. É desnecessária a audiência de ratificação, e participação do Ministério Público, inexistindo menores e incapazes, a exemplo dos comandos da Lei nº 11.441/2007[38], como bem já decidiu o STJ na vigência do CPC/1973, mas aplicável perfeitamente ao CPC/2015:

> *(...) A audiência de conciliação ou ratificação passou a ter apenas cunho eminentemente formal, sem nada produzir, e não havendo nenhuma questão relevante de direito a se decidir, nada justifica na sua ausência, a anulação do processo. 4. Ainda que a CF/88, na redação original do art. 226, tenha mantido em seu texto as figuras anteriores do divórcio e da separação e o CPC tenha regulamentado tal estrutura, com a nova redação do art. 226 da CF/88, modificada pela EC 66/2010, deverá também haver nova interpretação dos arts. 1.122 do CPC e 40 da Lei do Divórcio, que não mais poderá ficar à margem da substancial alteração. Há que se observar e relembrar que a nova ordem constitucional prevista no art. 226 da Carta Maior alterou os requisitos necessários à concessão do Divórcio Consensual Direto. (STJ, REsp 1483841/RS, Rel. Min. Moura Ribeiro, 3ª Turma, publ. 27/03/2015)*

O CPC/2015, no parágrafo único do artigo 731, prevê que: *Se os cônjuges não acordarem sobre a partilha dos bens, far-se-á esta depois de homologado o divórcio, na forma estabelecida nos arts. 647 a 658*[39]. Este artigo reforçou o que já estava estabelecido no artigo 1.581 do CCB/2002 e Súmula 197 do STJ.

Além da possibilidade de reconciliação, a audiência de ratificação do divórcio, existindo menores ou incapazes, com a presença do Juiz e do Ministério Público, não significa um atraso no procedimento, mas sim uma forma de materializar e dar concretude e efetividade ao fim do casamento. Para as partes este ritual é importante, evita as banalizações e tem também um sentido simbólico e psíquico. É o momento em que o sujeito passa de uma borda à outra, isto é, cumpre o rito processual, que, neste caso, funciona também como um importante "ritual de passagem". Obviamente que este raciocínio, assim como o dos itens seguintes, aplica-se também às uniões estáveis.

---

[38]   A Resolução nº 571/2024 do CNJ prevê, no art. 34, § 2º, que, havendo filhos comuns do casal menores ou incapazes, será permitida a lavratura da escritura pública de divórcio, desde que devidamente comprovada a prévia resolução judicial de todas as questões referentes a guarda, visitação e alimentos deles, o que deverá ficar consignado no corpo da escritura. O CNMP editou a Resolução nº 301/2024 disciplinando a atuação do Ministério Público em procedimentos oriundos de serventias extrajudiciais prestadoras de serviços notariais ou de registros públicos. O membro do Ministério Público terá o prazo de 15 dias para solicitar a apresentação de documentação complementar, manifestar-se favoravelmente à lavratura do ato ou impugná-lo.

[39]   Art. 647. Cumprido o disposto no art. 642, § 3º, o juiz facultará às partes que, no prazo comum de 15 (quinze) dias, formulem o pedido de quinhão e, em seguida, proferirá a decisão de deliberação da partilha, resolvendo os pedidos das partes e designando os bens que devam constituir quinhão de cada herdeiro e legatário. Parágrafo único. O juiz poderá, em decisão fundamentada, deferir antecipadamente a qualquer dos herdeiros o exercício dos direitos de usar e de fruir de determinado bem, com a condição de que, ao término do inventário, tal bem integre a cota desse herdeiro, cabendo a este, desde o deferimento, todos os ônus e bônus decorrentes do exercício daqueles direitos. Art. 648. Na partilha, serão observadas as seguintes regras: I – a máxima igualdade possível quanto ao valor, à natureza e à qualidade dos bens; II – a prevenção de litígios futuros; III – a máxima comodidade dos coerdeiros, do cônjuge ou do companheiro, se for o caso.

344 DIREITO DAS FAMÍLIAS – *Rodrigo da Cunha Pereira*

Aqueles que desejarem somente separar, em vez de divorciar, poderão valer-se do procedimento de jurisdição voluntária para estabelecerem a separação de corpos judicial, apenas não alterando o estado civil.

8.8 DIVÓRCIO E DISSOLUÇÃO DE UNIÃO ESTÁVEL LITIGIOSO

O divórcio judicial litigioso segue o procedimento ordinário, de acordo com o comando do § 3º do art. 40 da Lei nº 6.515, de 1977, não revogados pelo CPC/2015[40].

Na demanda litigiosa, a partir da EC nº 66/2010 não é mais necessária a discussão de culpa e culpados. Portanto, havendo tão somente o pedido de dissolução do vínculo conjugal, cabe ao réu, em sua contestação, apenas confirmar o pedido do autor, desde que não haja algum impedimento para responder à ação, por exemplo, uma incapacidade mental que dependerá de curador, sob pena de responder pelas custas processuais em face da resistência procrastinatória.

O CPC/2015[41] exige que, além dos nomes, os prenomes, profissão, o estado civil, o domicílio e a residência do autor e do réu, conste também da petição inicial se as partes convivem em união estável, além do número de inscrição delas no cadastro nacional de pessoa jurídica e o endereço eletrônico.

O magistrado, recebendo a petição da ação de divórcio litigioso deve determinar a citação do réu ao processo[42], para confirmar o pedido de divórcio ou contestar o motivo da impossibilidade de efetivação do ato. Não é possível a discussão acerca da negativa do divórcio por questões fáticas. A Emenda Constitucional nº 66/2010 eliminou a possibilidade de processamento e julgamento de fatos que causaram o fim do casamento. Nenhuma das partes precisa mais abrir sua intimidade ao Estado ou esperar um ou dois anos para requerer o divórcio. As possibilidades procrastinatórias eram tantas que serviam de uso para castigar aquele que pediu o fim da relação. O novo texto constitucional, portanto, trouxe simplificação ao direito processual.

Com relação aos critérios de competência para ação de divórcio, priorizou a proteção aos vulneráveis, como se verifica no artigo 53 do CPC/15:

> *É competente o foro: I – para a ação de divórcio, separação, anulação de casamento e reconhecimento ou dissolução de união estável: a) de domicílio do guardião de filho incapaz;*

---

[40] CPC/2015, art. 693. As normas deste Capítulo aplicam-se aos processos contenciosos de divórcio, separação, reconhecimento e extinção de união estável, guarda, visitação e filiação. Parágrafo único. A ação de alimentos e a que versar sobre interesse de criança ou de adolescente observarão o procedimento previsto em legislação específica, aplicando-se, no que couber, as disposições deste Capítulo.

[41] CPC/2015, art. 319. A petição inicial indicará: I – o juízo a que é dirigida; II – os nomes, os prenomes, o estado civil, a existência de união estável, a profissão, o número de inscrição no Cadastro de Pessoas Físicas ou no Cadastro Nacional da Pessoa Jurídica, o endereço eletrônico, o domicílio e a residência do autor e do réu; III – o fato e os fundamentos jurídicos do pedido; IV – o pedido com as suas especificações; V – o valor da causa; VI – as provas com que o autor pretende demonstrar a verdade dos fatos alegados; VII – a opção do autor pela realização ou não de audiência de conciliação ou de mediação. § 1º Caso não disponha das informações previstas no inciso II, poderá o autor, na petição inicial, requerer ao juiz diligências necessárias a sua obtenção. § 2º A petição inicial não será indeferida se, a despeito da falta de informações a que se refere o inciso II, for possível a citação do réu. § 3º A petição inicial não será indeferida pelo não atendimento ao disposto no inciso II deste artigo se a obtenção de tais informações tornar impossível ou excessivamente oneroso o acesso à justiça.

[42] CPC/2015: Art. 695. Recebida a petição inicial e, se for o caso, tomadas as providências referentes à tutela provisória, o juiz ordenará a citação do réu para comparecer à audiência de mediação e conciliação, observado o disposto no art. 694. § 1º O mandado de citação conterá apenas os dados necessários à audiência e deverá estar desacompanhado de cópia da petição inicial, assegurado ao réu o direito de examinar seu conteúdo a qualquer tempo. § 2º A citação ocorrerá com antecedência mínima de 15 (quinze) dias da data designada para a audiência. § 3º A citação será feita na pessoa do réu. § 4º Na audiência, as partes deverão estar acompanhadas de seus advogados ou de defensores públicos.

Cap. 8 – PARTILHA DE BENS, ALIMENTOS E PROCESSO JUDICIAL **345**

b) do último domicílio do casal, caso não haja filho incapaz; c) de domicílio do réu, se nenhuma das partes residir no antigo domicílio do casal; d) de domicílio da vítima de violência doméstica e familiar, nos termos da Lei nº 11.340, de 7 de agosto de 2006 (Lei Maria da Penha); II – de domicílio ou residência do alimentando, para a ação em que se pedem alimentos;

Não há mais a tarefa judicial de acolher ou rejeitar o mérito, uma vez que a Constituição não estabelece nenhuma condição para pedir o divórcio. O magistrado está exonerado de apontar quem está com a razão; afinal, nenhum interesse público há nisso, e o réu tem pleno direito de reconhecer o pedido do autor, livrando-se assim do pagamento de possível sucumbência.

A resistência do réu será mais de ordem processual, se ausentes os pressupostos de desenvolvimento válido e regular do processo ou as condições de ação,[43] apontando irregularidades da relação de constituição do procedimento. São as ditas "defesas processuais",[44] que trazem consigo a possibilidade de postergar o processo até a regularização do feito em hipótese de sua extinção, em face de tamanha irregularidade formal apresentada na petição inicial, por exemplo, o pedido de divórcio em uma relação de união estável.

Por meio do processo as partes materializam suas vontades nos limites da lei por atos e do procedimento em contraditório. Com o fim da discussão da culpa, e como já dito, não há mais a possibilidade de resistência da ação do pedido nas questões meritórias, mas tão somente a confirmação do pedido ou das defesas formais processuais.

A necessidade do processo como procedimento em contraditório, e da formação do polo triangular da ação (autor/juiz/réu), além de legitimar e gerar os efeitos da sentença, tem como objetivo verificar a regularidade formal do procedimento, tal como a confirmação do casamento com a apresentação da certidão, capacidade civil etc.

O novo texto constitucional nasceu, inclusive, da necessidade de não se alongar questões que não levariam à melhor solução do conflito. A espera de um lapso temporal e a declaração de culpa não são fatores que cumprem o papel pacificador das situações levadas da Justiça. Assim, seguindo a mesma esteira constitucional, o rito procedimental processual para o alcance do divórcio não pode ser usado para procrastinar e evitar a solução do caso com o alcance da prestação jurisdicional, que é a concessão do divórcio de forma simplificada e em virtude de um dos cônjuges não mais desejar o vínculo conjugal. Com relação a discussão da ultrapassada culpa, admite-se a possibilidade, caso seja invocada, de se apurar litigância de má-fé, por ser incompatível com a ordem constitucional.[45]

---

[43] O abuso do direito de recorrer – por se qualificar como prática incompatível com o postulado ético-jurídico da lealdade processual – constitui ato de litigância maliciosa repelido pelo ordenamento positivo, especialmente nos casos em que a parte interpõe recurso com intuito evidentemente protelatório, hipótese em que se legitima a imposição de multa. A multa a que se refere o art. 538, parágrafo único, do CPC, possui função inibitória, pois visa impedir o exercício abusivo do direito de recorrer e a obstar a indevida utilização do processo como instrumento de retardamento da solução jurisdicional do conflito de interesses" (STF, AI 664.123-AgR-ED-ED, Rel. Min. Celso de Mello, julgamento em 26.08.2008, 2ª Turma, *DJE* de 3.10.2008).

[44] "... diz-se, quanto às defesas processuais ou formais, que elas são 'dilatórias' (quando acolhidas, postergam a relação processual sem extingui-la) e 'peremptórias' (quando acolhidas implicam a extinção terminativa do feito". Como bem pontuado por Luiz Fux, em sua obra *Curso de Direito Processual Civil*, Rio de Janeiro: Forense, 2001, p. 544.

[45] CPC/2015: Art. 80. Considera-se litigante de má-fé aquele que: I – deduzir pretensão ou defesa contra texto expresso de lei ou fato incontroverso; II – alterar a verdade dos fatos; III – usar do processo para conseguir objetivo ilegal; IV – opuser resistência injustificada ao andamento do processo; V – proceder de modo temerário em qualquer incidente ou ato do processo; VI – provocar incidente manifestamente infundado; VII – interpuser recurso com intuito manifestamente protelatório.

346 DIREITO DAS FAMÍLIAS – *Rodrigo da Cunha Pereira*

O divórcio ficou tão simplificado com a EC nº 66/2010, que se tornou potestativo[46]. Não cabe mais discussão sobre o divórcio. Ele deve ser decretado, querendo ou não a parte contrária. Daí pode-se decretar liminarmente o divórcio[47].

8.8.1 Revelia

Na ação de divórcio litigioso e também de dissolução de união estável, os efeitos da revelia serão os apontados nos artigos 344 e seguintes do CPC/2015[48], da mesma forma que acontecia no CPC/1973. Mas a revelia[49] não significa que o autor obterá a concessão do divórcio mais rapidamente, pois não significará que o juiz julgará antecipadamente o feito, embora devesse fazê-lo, já que mesmo se comparecesse o divórcio seria decretado.

Entretanto, com os anseios da sociedade pela rápida solução da demanda, é necessário passarmos a admitir a antecipação do julgamento da lide, caso não haja contestação, eis que a ausência da defesa também é concordância implícita da parte ré com o pedido. Se ao final do processamento do feito chegar-se-á à mesma conclusão, ou seja, decretar-se-á o divórcio pela ausência do réu no processo, qual a utilidade de se postergar e arrastar tal feito, se já se sabe a resposta e o resultado final, que necessariamente será a decretação do divórcio? O processo e procedimento não podem ser um fim em si mesmos, mas tão somente um meio para se atingir

---

[46] Cf. Projeto de Lei nº 3457, de 2019: Acrescenta o art. 733-A no CPC/2015 instituindo o divórcio unilateral.

[47] (...) Inconformismo contra decisão que indeferiu a tutela de urgência requerida – Possibilidade de decretação de divórcio em sede liminar – Direito potestativo – Tutela de urgência versus tutela de evidência – Decisão reformada – Recurso provido. (...) Em que pese ao posicionamento adotado pelo i. Magistrado a quo, registro ser possível a decretação liminar de divórcio, não por meio de pedido de tutela de urgência, mas sim de tutela de evidência, prevista no inciso IV, do art. 311, do CPC, uma vez que inexiste, no caso em tela, perigo de dano ou risco ao resultado útil do processo (em que pese à agravante afirmar que o 'risco' se encontra no fato de não poder contrair novo matrimônio em curto período de tempo). 7. Ressalta-se, ademais, quanto ao Divórcio em se tratando de direito potestativo não há que se falar em oposição ou necessidade de contraditório. 8. Assim, de rigor, pois, a decretação, em sede liminar, do divórcio das partes, devendo prosseguir a ação em relação aos demais pontos (alimentos em favor da filha menor). (TJ-SP 21097082420188260000 SP 2109708-24.2018.8.26.0000, Rel. José Carlos Ferreira Alves, Data de Julgamento: 09/08/2018, 2ª Câmara de Direito Privado, Data de Publicação: 09/08/2018).

[48] CPC/2015, Art. 344. Se o réu não contestar a ação, será considerado revel e presumir-se-ão verdadeiras as alegações de fato formuladas pelo autor. Art. 345. A revelia não produz o efeito mencionado no art. 344 se: I – havendo pluralidade de réus, algum deles contestar a ação; II – o litígio versar sobre direitos indisponíveis; III – a petição inicial não estiver acompanhada de instrumento que a lei considere indispensável à prova do ato; IV – as alegações de fato formuladas pelo autor forem inverossímeis ou estiverem em contradição com prova constante dos autos. Art. 346. Os prazos contra o revel que não tenha patrono nos autos fluirão da data de publicação do ato decisório no órgão oficial. Parágrafo único. O revel poderá intervir no processo em qualquer fase, recebendo-o no estado em que se encontrar.

[49] (...) O propósito recursal é definir se a revelia da ex-cônjuge na ação de divórcio em que se pleiteia, também, a exclusão do patronímico por ela adotado por ocasião do casamento pode ser interpretada como anuência à retomada do nome de solteira. 3 – A decretação da revelia do réu não resulta, necessariamente, em procedência do pedido deduzido pelo autor, sobretudo quando ausente a prova dos fatos constitutivos alegados na petição inicial. Precedentes. 4 – O fato de a ré ter sido revel em ação de divórcio em que se pretende, também, a exclusão do patronímico adotado por ocasião do casamento não significa concordância tácita com a modificação de seu nome civil, quer seja porque o retorno ao nome de solteira após a dissolução do vínculo conjugal exige manifestação expressa nesse sentido, quer seja o efeito da presunção de veracidade decorrente da revelia apenas atinge às questões de fato, quer seja ainda porque os direitos indisponíveis não se submetem ao efeito da presunção da veracidade dos fatos. 5 – A pretensão de alteração do nome civil para exclusão do patronímico adotado por cônjuge por ocasião do casamento, por envolver modificação substancial em um direito da personalidade, é inadmissível quando ausentes quaisquer circunstâncias que justifiquem a alteração, especialmente quando o sobrenome se encontra incorporado e consolidado em virtude do uso contínuo do patronímico pela ex-cônjuge por quase 35 anos. 6 – Recurso especial conhecido e desprovido. (STJ – REsp: 1732807 RJ 2018/0072748-9, Rel. Min. Nancy Andrighi, 3ª Turma, publ. 17/08/2018).

a finalidade. Pensar e proceder diferentemente desta assertiva significam desvirtuar a essência e a razão de existir das normas processuais[50].

8.8.2   Reconvenção

Para que haja reconvenção é preciso que a pretensão seja conexa com a ação principal, conforme dispõe o artigo 343 do CPC/2015[51].

Contudo, se o pedido do autor é apenas a concessão do divórcio, assim como a pretensão do reconvinte/réu, estamos diante do reconhecimento do réu quanto ao pedido do autor. Neste caso não há interesse de agir para o reconvinte no divórcio, em questões relativas ao mérito do fim da relação conjugal. Basta que ele concorde com o pedido, e, não havendo resistência, não haverá ônus sucumbenciais.

A reconvenção pode, eventualmente, ser um instrumento salvador do divórcio quando a petição inicial apresentar-se formalmente irregular e a peça reconvinte for válida.

O CPC/2015, adotou a linha de simplificação de procedimentos a celeridade e economia processual. Para tanto, a reconvenção que é o pedido contraposto do réu, deve ser apresentada na própria contestação, abrangendo pretensão própria e conexa com a ação principal ou com o fundamento da defesa (art. 343, *caput*). Já o § 6º do artigo 343 autoriza *o réu propor reconvenção independentemente de oferecer contestação.*

É possível, entretanto, a reconvenção quando houver a cumulação de pedidos conexos entre o autor e o réu, por exemplo, se o reconvinte quiser partilhar bens, fixar alimentos e regulamentar a guarda de filhos. Na verdade, a conexão exigida pelo Direito Processual é com relação à causa remota, que, na ação do divórcio, é o casamento, como bem esclarece os processualistas Nelson Nery Júnior e Rosa Maria de Andrade Nery, mesmo quando se referia ao CPC/1973, mas aplicáveis ao CPC/2015:

> A reconvenção é um modo de exercício do direito de ação, sob a forma de contra-ataque do réu contra o autor, dentro do processo já iniciado, ensejando processamento simultâneo com a ação principal (*simultaneus processus*), a fim de que o juiz resolva as duas ações na mesma sentença[52].

É comum haver a conexão dos pedidos e causa de pedir nos processos de família. Assim, torna-se possível haver a reconvenção no divórcio com pedidos diferentes do proposto pelo autor, desde que haja a conexão. O magistrado não está adstrito a julgar o pedido de divórcio

---

[50]   (...) Em relação ao pedido de divórcio isoladamente considerado, resta claro que a Emenda nº 66/2010 tornou vazia a previsão de não incidência de efeitos da revelia: como não há mais requisitos nem fatos a serem provados pela parte autora (que tem direito de se divorciar sem precisar explicar suas razões), não há sobre o que produzir prova, não havendo também sobre o que incidir qualquer efeito da revelia em caso de divorciando ausente. A única questão que não deve deixar de ser comprovada é, evidentemente, a existência de casamento anterior. TARTUCE, Fernanda. *Processo civil aplicado ao direito de família*. São Paulo: Método, 2012, p. 243.

[51]   Art. 343. Na contestação, é lícito ao réu propor reconvenção para manifestar pretensão própria, conexa com a ação principal ou com o fundamento da defesa. § 1º Proposta a reconvenção, o autor será intimado, na pessoa de seu advogado, para apresentar resposta no prazo de 15 (quinze) dias. § 2º A desistência da ação ou a ocorrência de causa extintiva que impeça o exame de seu mérito não obsta ao prosseguimento do processo quanto à reconvenção. § 3º A reconvenção pode ser proposta contra o autor e terceiro. § 4º A reconvenção pode ser proposta pelo réu em litisconsórcio com terceiro. § 5º Se o autor for substituto processual, o reconvinte deverá afirmar ser titular de direito em face do substituído, e a reconvenção deverá ser proposta em face do autor, também na qualidade de substituto processual. § 6º O réu pode propor reconvenção independentemente de oferecer contestação.

[52]   NERY JÚNIOR, Nelson e Andrade Nery, Rosa Maria. *Código de Processo Civil Comentado*, São Paulo: RT, 2007, p. 584.

348 DIREITO DAS FAMÍLIAS – *Rodrigo da Cunha Pereira*

apenas em conjunto com a reconvenção, uma vez que o artigo 503 do CPC/2015[53] permite o julgamento parcial do processo: *A sentença, que julgar total ou parcialmente a lide, tem força de lei nos limites da lide e das questões decididas.*

8.8.3 Cumulação de pedidos dentro da ação de divórcio

É perfeitamente possível a cumulação de ações no processo de divórcio. Mas, na prática forense e na vigência do CPC/1973, muitas vezes, o melhor caminho era a propositura de ações separadas com a causa de pedir e o pedido específico para cada tipo de tutela jurisdicional. Em determinados casos, a cumulação de diversos pedidos em uma única ação gerava o atraso na solução de questões menos contraditórias, como o simples pedido de divórcio. Mesmo na vigência do CPC/2015, uma ação de divórcio cumulada com pedido de alimentos e guarda de menor, pode não ser a melhor opção. Nesse caso, o Juiz fatalmente transformará o rito especial dos alimentos em ordinário, o que prejudicaria a parte alimentária, uma vez que a celeridade do rito alimentar é muito mais benéfica. No pedido de divórcio, após a citação, pode ser requerida a antecipação parcial do julgamento, de acordo com o artigo 503 do CPC/2015. Por fim, o pedido de guarda, se for urgente, pode ser requerido por meio de tutela provisória[54] (arts. 300 a 310 do CPC/2015) Como se vê, a mistura de diversos pedidos e ritos em um mesmo processo, dependendo da posição do juízo em que se pleiteia a tutela, pode causar uma confusão natural na solução do conflito e retardar a prestação jurisdicional, embora o CPC/2015 tenha tentado simplificar para facilitar os vários pedidos em um só processo.

Não se pode esquecer ainda que há possibilidade de surgimento dos recursos, como agravo de instrumento para a concessão de algum efeito suspensivo, o que abre uma possibilidade ainda maior para reter as demais questões do processo de origem. O CPC/2015 fez modificações com relação ao Agravo de Instrumento, como previsto nos artigos 994, II e 1.015 a 1020.[55] Na teoria, uma ação cumulada não poderia aguardar os efeitos de outra, mas a praxe forense demonstra exatamente o contrário em Direito de Família. Com o CPC/2015 a tendência é cada vez mais a cumulação de pedidos em um só processo, diferentemente do que acontecia na vigência do CPC/1973. Um país com dimensões continentais como é o Brasil, repleto de costumes e hábitos próprios de cada região, é realmente difícil uniformizar uma prática forense mais célere, mas é importante que busquemos, de uma forma ou de outra, a habitualidade dos procedimentos da forma mais simples e menos demorada. Afinal, processo não é um fim em si mesmo, mas tão somente um meio, um instrumento para se atingir a finalidade, insista-se. É neste sentido que se deve compreender o significado de jurisdição que, nos dizeres da processualista Ada Pellegrini Grinover, é uma das funções do Estado, mediante a qual este se substitui aos titulares

---

[53] Art. 503. A decisão que julgar total ou parcialmente o mérito tem força de lei nos limites da questão principal expressamente decidida. § 1º O disposto no *caput* aplica-se à resolução de questão prejudicial, decidida expressa e incidentemente no processo, se: I – dessa resolução depender o julgamento do mérito; II – a seu respeito tiver havido contraditório prévio e efetivo, não se aplicando no caso de revelia; III – o juízo tiver competência em razão da matéria e da pessoa para resolvê-la como questão principal. § 2º A hipótese do § 1º não se aplica se no processo houver restrições probatórias ou limitações à cognição que impeçam o aprofundamento da análise da questão prejudicial.

[54] CPC/2015, Art. 294. A tutela provisória pode fundamentar-se em urgência ou evidência.

[55] Art. 1.015. Cabe agravo de instrumento contra as decisões interlocutórias que versarem sobre: I – tutelas provisórias; II – mérito do processo; III – rejeição da alegação de convenção de arbitragem; IV – incidente de desconsideração da personalidade jurídica; V – rejeição do pedido de gratuidade da justiça ou acolhimento do pedido de sua revogação; VI – exibição ou posse de documento ou coisa; VII – exclusão de litisconsorte; VIII – rejeição do pedido de limitação do litisconsórcio; IX – admissão ou inadmissão de intervenção de terceiros; X – concessão, modificação ou revogação do efeito suspensivo aos embargos à execução; XI – redistribuição do ônus da prova nos termos do art. 373, § 1º; XII – (VETADO); XIII – outros casos expressamente referidos em lei. Parágrafo único. Também caberá agravo de instrumento contra decisões interlocutórias proferidas na fase de liquidação de sentença ou de cumprimento de sentença, no processo de execução e no processo de inventário.

dos interesses em conflito, para imparcialmente buscar a pacificação do conflito que os envolve, com justiça. Em síntese, além da finalidade atingida, é um instrumento de pacificação social. Essa, por sua vez, somente poderá ser alcançada com a brevidade na prestação jurisdicional.

O artigo 327 do CPC/2015[56] prevê a cumulação de pedidos, e o seu julgamento não precisa, necessariamente, ser na mesma sentença. O magistrado pode sentenciar cada pedido no momento em que a causa de pedir se mostrar atendida através dos elementos probatórios e processuais do momento. Os artigos 355[57] e 503 e 356 do CPC/2015[58] prescrevem a possibilidade de antecipar e fracionar os julgamentos, respeitadas cada particularidade, como muito bem já lecionava o processualista Luiz Fux, mesmo na vigência do CPC/1973:

> Importante observar, no fenômeno da cumulação, que o "mesmo processo" comporta as várias ações, não havendo correspondência quantitativa exata entre estas e o número de processos. Como consequência, o juiz pode julgar, na mesma sentença, várias ações cumuladas. Contudo, se assim não o fizer e, no curso do processo, repelir alguma delas prosseguindo quanto às demais, não se poderá afirmar que houve extinção do processo, porque o mesmo prossegue em relação às ações remanescentes[59].

A exigência legal para a cumulação dos pedidos, no caso específico do divórcio, deve atender ao comando do artigo 327 do CPC/2015, mas é preciso também que haja uma compatibilidade lógica para que não se burocratize ainda mais o processo. Caso haja uma incoerência explícita na cumulação de pedidos, o magistrado deve atender às tutelas permissivas postas no pedido inicial, e, após a apreciação, intimar o autor nos termos do artigo 284 do CPC para regularizar o feito. Havendo impossibilidade de cumprir a formalidade, o processo deve prosseguir no que puder ser aproveitado e extinto apenas na cumulação inválida.

8.9 TUTELA PROVISÓRIA DE URGÊNCIA E EVIDÊNCIA; DIVÓRCIO LIMINAR

O processo de família, salvo raras exceções, é sempre urgente[60]. Essa é uma premissa real do cotidiano forense. As relações de afeto quando transformadas em desafetos trazem consigo uma forte carga emocional, e com isso os problemas parecem muito maior do que realmente são. A angústia, o medo, o desamparo, a dilapidação patrimonial, a alienação parental, as violências física e psíquica são questões atormentadoras para as partes, que muitas vezes as remetem a

---

[56] Art. 327. É lícita a cumulação, em um único processo, contra o mesmo réu, de vários pedidos, ainda que entre eles não haja conexão. § 1º São requisitos de admissibilidade da cumulação que: I – os pedidos sejam compatíveis entre si; II – seja competente para conhecer deles o mesmo juízo; III – seja adequado para todos os pedidos o tipo de procedimento. § 2º Quando, para cada pedido, corresponder tipo diverso de procedimento, será admitida a cumulação se o autor empregar o procedimento comum, sem prejuízo do emprego das técnicas processuais diferenciadas previstas nos procedimentos especiais a que se sujeitam um ou mais pedidos cumulados, que não forem incompatíveis com as disposições sobre o procedimento comum. § 3º O inciso I do § 1º não se aplica às cumulações de pedidos de que trata o art. 326.

[57] Art. 355. O juiz julgará antecipadamente o pedido, proferindo sentença com resolução de mérito, quando: I – não houver necessidade de produção de outras provas; II – o réu for revel, ocorrer o efeito previsto no art. 344 e não houver requerimento de prova, na forma do art. 349.

[58] Art. 503. A decisão que julgar total ou parcialmente o mérito tem força de lei nos limites da questão principal expressamente decidida. § 1º O disposto no *caput* aplica-se à resolução de questão prejudicial, decidida expressa e incidentemente no processo, se: I – dessa resolução depender o julgamento do mérito; II – a seu respeito tiver havido contraditório prévio e efetivo, não se aplicando no caso de revelia; III – o juízo tiver competência em razão da matéria e da pessoa para resolvê-la como questão principal. § 2º A hipótese do § 1º não se aplica se no processo houver restrições probatórias ou limitações à cognição que impeçam o aprofundamento da análise da questão prejudicial.

[59] FUX, Luiz. *Curso de Direito Processual Civil*, Rio de Janeiro: Forense, 2001, p. 197.

[60] CPC/2015: Art. 294. A tutela provisória pode fundamentar-se em urgência ou evidência.

uma situação de vulnerabilidade e impotência perante a própria vida. O processo judicial se torna, então, a materialização desta realidade subjetiva. Estes fatores, somados a tantos outros, levam à necessidade de o Judiciário atuar de forma rápida e funcional.

O divórcio, em seu procedimento comum[61], admite as medidas de urgências para atender às tutelas cumulativas, como pedido de alimentos provisórios, regulamentação de guarda, convivência filial, arrolamento de bens[62], concessão da separação de corpos etc., que também podem se estender a dissoluções de união estável.

É possível a concessão liminar do divórcio para dissolver o casamento[63], já que o divórcio é um direito potestativo[64], e não há possibilidade jurídica de o pedido ser julgado improcedente. O CPC de 2015 promoveu mudanças no término dos relacionamentos. É o que prevê o artigo 731, parágrafo único, reforçando a possibilidade da celeridade para as ações de dissolução do vínculo conjugal, evidenciando que a antecipação do divórcio é importante para a realização da felicidade afetiva dos interessados, de modo a reduzir o nível de litigiosidade a ser instalada no processo, evitando a manutenção dos vínculos com a eternização dos procedimentos nas prateleiras dos cartórios judiciais. Essa mudança de ordem processual, está prevista a possibilidade de antecipação provisória da tutela, com o caráter de evidência e firmando a certeza potestativa de sua existência. Nesses casos, pode o juiz decidir quanto ao divórcio, determinando o desfazimento da relação conjugal, permanecendo em debate processual sobre a partilha de bens, pensão de alimentos, convivência de filhos.

A tutela de evidência[65] fundamenta-se no art. 311, IV do CPC/2015, estabelecendo que ela será concedida independentemente da demonstração de dano ou risco ao resultado útil do pro-

---

[61] Art. 318. Aplica-se a todas as causas o procedimento comum, salvo disposição em contrário deste Código ou de lei. Parágrafo único. O procedimento comum aplica-se subsidiariamente aos demais procedimentos especiais e ao processo de execução.

[62] CPC/2015, Art. 301. A tutela de urgência de natureza cautelar pode ser efetivada mediante arresto, sequestro, arrolamento de bens, registro de protesto contra alienação de bem e qualquer outra medida idônea para asseguração do direito.

[63] (...) Em que pese ao posicionamento adotado pelo i. Magistrado a quo, registro ser possível a decretação liminar de divórcio, não por meio de pedido de tutela de urgência, mas sim de tutela de evidência, prevista no inciso IV, do art. 311, do CPC, uma vez que inexiste, no caso em tela, perigo de dano ou risco ao resultado útil do processo (em que pese à agravante afirmar que o 'risco' se encontra no fato de não poder contrair novo matrimônio em curto período de tempo). 7. Ressalta-se, ademais, quanto ao Divórcio em se tratando de direito potestativo não há que se falar em oposição ou necessidade de contraditório. 8. Assim, de rigor, pois, a decretação, em sede liminar, do divórcio das partes, devendo prosseguir a ação em relação aos demais pontos (alimentos em favor da filha menor). (TJ-SP 21097082420188260000 SP, Rel. José Carlos Ferreira Alves, , 2ª Câmara de Direito Privado, Dje: 09/08/2018).Cf tb. TJSP – AI 2118388-90.2021.8.26.000, publicação: 31/05/2021, e TJMT 1006153-88.2019.8.11.0000, DJe 08/11/2019.

[64] (...) Possibilidade de decretação de divórcio em sede liminar – Direito potestativo – Decisão reformada, sendo possível a decretação, em sede liminar, do divórcio das partes, devendo prosseguir a ação para efetivar a regular triangularização processual – Recurso provido (TJSP, AI 21359590620238260000, Santa Bárbara D Oeste, Rel. José Carlos Ferreira Alves, 2ª Câmara de Direito Privado, publ. 19/06/2023).

[65] (...) Divórcio que constitui direito potestativo e incondicional, por depender somente da vontade daquele que não mais deseja permanecer casado, cabendo ao outro a simples aceitação da manifestação de vontade. 5. Inobstante a tutela de evidência de forma liminar seja cabível somente nas hipóteses dos incisos II e III, do artigo 311, do Código de Processo Civil, nos termos do seu parágrafo único, por se tratar de direito potestativo, não se vislumbra a possibilidade de a parte contrária impedir, modificar ou extinguir a pretensão autoral, motivo pelo qual deve ser admitida a decretação, in limine litis, do divórcio, ainda que a parte contrária não tenha sido previamente ouvida. Precedentes: 0029377-45.2022.8.19.0000, – Agravo de Instrumento – Des (a). Luiz Fernando de Andrade Pinto – Julgamento: 22/09/2022 – Vigésima Quinta Câmara Cível/0062102-87.2022.8.19.0000 – Agravo de Instrumento – Des (a). Marco Aurélio Bezerra de Melo – Julgamento: 27/06/2023 – Décima Sexta Câmara Cível/0054188-69.2022.8.19.0000 – Agravo de Instrumento – Des (a). Carlos Santos De Oliveira – Julgamento: 15/08/2022 – Terceira Câmara Cível. 6. Presentes os requisitos autorizadores à concessão da tutela de evidência, a decisão agravada merece ser reformada, para que seja

cesso, e quando a petição for instruída com prova documental suficiente dos fatos constitutivos do direito do autor, ao que o réu não oponha prova capaz de gerar dúvida razoável. Em outras palavras, se houver interesse expresso pela decretação do divórcio na petição inicial, não há razão para postergar esse desejo, que de uma forma ou de outra acontecerá. Afinal, um não querendo, dois não ficam casados.

Em relação à tutela provisória fundada na evidência tem-se na *"possibilidade de antecipação dos efeitos finais da decisão, satisfazendo-se desde logo o provável direito do autor, mesmo nas situações em que não exista a urgência"*[66]. Nesta esteira, o legislador infraconstitucional anotou que a concessão da tutela da evidência independe do *periculum in mora*, ou seja, da demonstração de perigo de dano ou de risco ao resultado útil do processo (CPC/15, art. 311), elemento este que a distingue da tutela de urgência. Em sede de tutela da evidência o julgador deve observar apenas se o requerente da medida tem o direito mais provável que a parte contrária, ou seja, se o direito invocado por ele já se revela plausível em sede de cognição sumária. Dito de outro modo, *o julgador deve tão somente perquirir se as afirmações de fato e de direito do requerente recomendam a tutela jurisdicional, consoante o seu grau de juridicidade*[67].

A tutela antecipada, ou imediata, está prevista no ordenamento jurídico brasileiro, dentro do espírito evolutivo de uma processualística mais célere e de uma economia processual. Tais antecipações de tutela devem ser vistas também como uma adequação principiológica constitucional, como muito bem lembrado e delimitado por um dos mestres do moderno processo civil brasileiro, Luiz Fux, que já tinha esse entendimento mesmo antes da vigência do CPC/2015, já que a base dessa concepção está em princípios constitucionais:

> *Toda análise da Constituição Federal é principiológica. A interpretação de toda e qualquer norma jurídica começa pela declaração fundamental dos direitos do Homem, passa pelas garantias fundamentais da Constituição para, depois, ser esmiuçada nos demais artigos da Constituição e, por último, na legislação ordinária que complementa essa ordem maior. Evidentemente que, em primeiro lugar, a tutela de urgência reclama como um pressuposto inafastável o perigo da demora, o periculum in mora, porque do contrário a parte pode aguardar o cumprimento das solenidades até que advenha a resposta final. O pressuposto fundamental da tutela de urgência é uma situação de perigo; entretanto, o legislador brasileiro verificou que, além das situações de perigo a demandar uma resposta imediata sob o nome iuris de tutela de urgência, também se fazia mister o surgimento de instrumentos capazes de agilizar a prestação judicial, porquanto a parte que ingressa em juízo e exibe um direito líquido e certo merece também uma proteção imediata que até pode se denominar, também pela sua agilidade, de tutela imediata. Com isso o legislador brasileiro fez inserir um novo elemento no campo dessa tutela de urgência, qual seja, a possibilidade de uma prestação de justiça imediata não só diante dos casos de periculum in mora, mas também diante de casos em que a parte exiba em juízo um direito líquido e certo.*[68]

Os processos cautelares típicos, que eram previstos no CPC/1973, como a separação de corpos e o arrolamento de bens, podem ser requeridos no processo comum de divórcio sob a roupagem dos artigos 294 e ss. do CPC/2015, uma vez que a liminar para se conceder a separação

---

decretado o divórcio das partes. 7. Recurso conhecido e provido, na forma do artigo 932, II, do CPC/15, para reformar a decisão recorrida e conceder a tutela de evidência, com a decretação liminar do divórcio das partes e sua averbação no Registro Civil competente (TJRJ, AI 00632483220238190000 202300288347, Rel.ª Des.ª Marianna Fux, 19ª Câmara de Direito Privado, publi.17/08/2023).

[66] DOTTI, 2015, p. 521.

[67] Conforme lição de BUENO (2016, 267-270).

[68] FUX, Luiz. "A tutela de urgência na jurisdição de família: cautelares, tutela antecipada". In: *Revista da EMERJ*, Rio de Janeiro, vol. 4, n 14, p. 51-61, 2001.

352 DIREITO DAS FAMÍLIAS – *Rodrigo da Cunha Pereira*

de corpos[69] é satisfativa, o mesmo valendo para o bloqueio dos bens. Com isso, estará a Justiça imbuindo-se da essência da simplificação imposta pela Emenda Constitucional nº 66/2010[70].

No CPC de 1973, não se podia dogmatizar a medida cautelar e a tutela antecipatória porque a verdadeira missão de quem aplicava a lei era combater os efeitos deletérios do tempo em questões que envolviam perigo de dano grave e de difícil reparação. Tais instrumentos não se repeliam; ao contrário, aproximavam-se um do outro. Havia o caráter da fungibilidade, já consolidado pelo Superior Tribunal de Justiça, que mesmo antes da vigência do CPC/2015, já continham o seu espírito ao referirem e compararem as medidas cautelares e as tutelas antecipadas[71].

O CPC/2015 procurou acabar com essa discussão doutrinária e jurisprudencial, até então existente na vigência do código de 1973, no que dizia respeito à fungibilidade recursal de medida cautelar e tutela antecipada[72]. Adaptando-se à nova nomenclatura do CPC/2015 e ao mesmo tempo esclarecendo que não há mais um processo cautelar independente, ou seja, apartado de um principal. A tutela provisória é de urgência, como bem explica o desembargador mineiro Newton Teixeira:

> *O novo Código de Processo Civil trata da tutela provisória de urgência ou de evidência. As tutelas provisórias de urgência são as medidas cautelares e as antecipações de tutelas. As de evidência têm por escopo evitar abuso de direito de defesa ou manifesto propósito protelatório, quando o direito da outra parte já estiver cabalmente demonstrado. Não há mais um processo cautelar autônomo. As medidas cautelares, requeridas em caráter antecedente, nos próprios autos em que será ofertada a ação principal, é a antiga ação cautelar. Assim e no prazo de 30 (trinta) dias, a contar da efetivação da medida deferida, o autor, nestes mesmos autos em que requerida a medida cautelar, entranhará a petição da ação principal, sem recolhimento de novas custas. Não sendo caso de requerimento de medida cautelar antecedente, no curso do processo principal, se necessário, poderá, por petição também a ser entranhada nos autos da ação em andamento, ser requerida tutela cautelar. Com relação à tutela antecipada, o advogado poderá limitar-se, na inicial, ao requerimento desta tutela, hipótese em que, se deferida e se o réu não a contestar, tornar-se estável, levando à extinção do processo. Para rever, reformar ou invalidar a tutela antecipada estabilizada, deverá ser ofertada ação própria. Entretanto e*

---

[69] MADALENO, Rolf. *Tratado de Direito das Famílias*. Rodrigo da Cunha Pereira (org.). In: Separação de fato e corpos. Belo Horizonte: IBDFAM, 2015 p. 603.

[70] Entrementes, o Código de Processo Civil de 2015 não repete a medida cautelar de afastamento de um dos cônjuges da morada do casal, considerando inclusive, que as demandadas cautelares foram suprimidas pelas tutelas provisórias de urgência constantes nos artigos 294 e seguintes. MADALENO, Rolf. *Tratado de Direito das Famílias*. Rodrigo da Cunha Pereira (org.). In: Separação de fato e corpos. Belo Horizonte: IBDFAM, 2015 p. 603.

[71] (...) Esta Corte Superior já se manifestou no sentido da admissão da fungibilidade entre os institutos da medida cautelar e da tutela antecipada, desde que presentes os pressupostos da medida que vier a ser concedida (STJ, REsp. 889886/RJ, Rel. Humberto Martins, DJ 17.08.2007 p. 413). (...) O princípio da fungibilidade entre as medidas cautelares e as antecipatórias dos efeitos da tutela confere interesse processual para se pleitear providência de natureza cautelar, a título de antecipação dos efeitos da tutela. Recurso especial não conhecido (STJ, REsp. 653.381/RJ, Rel. Min. Nancy Andrighi, *DJ* 20.3.2006, p. 268).

[72] Os requisitos das medidas de urgência cautelares e satisfativas também foram unificados, de forma que se torna desnecessária qualquer discussão sobre a fungibilidade entre as medidas: os requisitos para a concessão de qualquer tutela de urgência passaram a ser a existência de "elementos que evidenciem a probabilidade do direito e o perigo de dano ou o risco ao resultado útil do processo" (art. 300). Trata-se de requisitos mais fluidos e abertos à interpretação judicial do que aqueles previstos no CPC/73 para a tutela antecipada (prova inequívoca convincente da verossimilhança das alegações e fundado receio de dano irreparável/de difícil reparação ou abuso de direito de defesa ou manifesto propósito protelatório do réu – art. 273) e para a tutela cautelar (exposição sumária do direito ameaçado e receio de lesão – art. 801, IV). (TARTUCE. Fernanda. Tratado de Direito das Famílias. *In: Processos judiciais e administrativos em Direito de Família*. Rodrigo da Cunha Pereira (Organizador). Belo Horizonte: IBDFAM, 2015, p. 945.

para evitar esta possível estabilização, necessário ajuizar ação principal e, na petição inicial desta ação, requerer antecipação de tutela, como um capítulo daquela peça[73].

8.10 OS PROCEDIMENTOS DE URGÊNCIA NO DIREITO DAS FAMÍLIAS E O CPC/2015

O Código procedimental de 1973 previa as tutelas de urgência, ora como procedimentos especiais com liminares, ou nas medidas de urgência que se dividiam em "tutela antecipada" (arts. 273 e 461) e "medida cautelar" (artigos 796 e seguintes). Já o CPC/2015 criou o livro V "Da tutela provisória". O diploma processualista de 2015, diferenciou as tutelas provisórias tidas por urgência, ou por evidência[74] (artigo 294). O parágrafo único deste mesmo artigo estabelece que: *A tutela provisória de urgência, cautelar ou antecipada, pode ser concedida em caráter antecedente ou incidental.* Por essa nova sistematização as tutelas provisórias de urgência, são gênero das antigas medidas cautelares e antecipação de tutela. Essa novidade procedimental evidencia que não há mais um processo cautelar autônomo, como ajuda a esclarecer Marinoni:

> *O novo Código não está organizado do ponto de vista estrutural como o Código Buzaid – no que agora interessa, não prevê um processo cautelar, isto é, um processo destinado a prestar tão somente tutela cautelar (ou, pelo menos, tutela tida como cautelar). No novo Código, o procedimento comum e os procedimentos diferenciados podem viabilizar tanto a prestação de tutela satisfativa como de tutela cautelar de maneira antecedente ou incidental (art. 294, parágrafo único, CPC).*[75]

A concessão de qualquer tutela de urgência, será concedida quando houver elementos que evidenciem a probabilidade do direito e o perigo de dano ou o risco ao resultado útil do processo (artigo 300). Além disso, *para a concessão da tutela de urgência, o juiz pode, conforme o caso, exigir caução real ou fidejussória idônea para ressarcir os danos que a outra parte possa vir a sofrer, podendo a caução ser dispensada se a parte economicamente hipossuficiente não puder oferecê-la (§ 1º do artigo 300).* O magistrado pode conceder a tutela de urgência liminarmente ou após justificação prévia (§ 2º do artigo 300). Havendo perigo de irreversibilidade dos efeitos da decisão, a tutela de urgência antecipada não será concedida (§ 3º do artigo 300). Independentemente da reparação por dano processual, a parte responde pelo prejuízo que a efetivação da tutela de urgência causar à parte adversa, se: a sentença lhe for desfavorável; obtida liminarmente a tutela em caráter antecedente, não fornecer os meios necessários para a citação do requerido no prazo de 5 (cinco) dias; ocorrer a cessação da eficácia da medida em qualquer hipótese legal; o juiz acolher a alegação de decadência ou prescrição da pretensão do autor. (Artigo 302, I, II, III e IV). A indenização será liquidada nos autos em que a medida tiver sido concedida, sempre que possível (artigo 302, parágrafo único).

---

[73] TEIXEIRA, Newton Carvalho. *Revista IBDFAM* – Famílias e Sucessões. *In As medidas de urgência no novo Código de Processo Civil.* V. 13 (jan./fev.). Belo Horizonte: IBDFAM, 2016, p. 137 a 150.

[74] Art. 311. A tutela da evidência será concedida, independentemente da demonstração de perigo de dano ou de risco ao resultado útil do processo, quando: I – ficar caracterizado o abuso do direito de defesa ou o manifesto propósito protelatório da parte; II – as alegações de fato puderem ser comprovadas apenas documentalmente e houver tese firmada em julgamento de casos repetitivos ou em súmula vinculante; III – se tratar de pedido reipersecutório fundado em prova documental adequada do contrato de depósito, caso em que será decretada a ordem de entrega do objeto custodiado, sob cominação de multa; IV – a petição inicial for instruída com prova documental suficiente dos fatos constitutivos do direito do autor, a que o réu não oponha prova capaz de gerar dúvida razoável. Parágrafo único. Nas hipóteses dos incisos II e III, o juiz poderá decidir liminarmente.

[75] MARINONI, Luiz Guilherme. *In:* MARINONI, Luiz Guilherme; ARENHART, Sérgio Cruz; MITIDIERO, Daniel. *Novo Código de Processo Civil Comentado.* São Paulo: Revista dos Tribunais, 2015, p. 306.

354 DIREITO DAS FAMÍLIAS – *Rodrigo da Cunha Pereira*

Deferindo a tutela provisória[76], o magistrado poderá determinar medidas que considerar adequadas para garantir que a medida seja efetivada, sendo aplicada as normas referentes ao cumprimento provisório da sentença (arts. 520 a 522[77]), no que couber, conforme determinado pelo artigo 297 e respectivo parágrafo único[78] do CPC/2015.

Das decisões deferindo ou indeferindo tutelas provisórias, a adequação recursal a ser ofertada no prazo de 15 (quinze) dias úteis (arts. 1.003, § 5º), será o agravo de instrumento, conforme previsão do art. 1.015, I[79] do CPC/2015.

O CPC/2015 apesar de constar como taxativo as hipóteses de interposição de agravo de instrumento, o STJ[80] firmou tese em repetitivo que *"o rol do artigo 1.015 do CPC é de taxatividade mitigada, por isso admite a interposição de agravo de instrumento quando verificada a urgência decorrente da inutilidade do julgamento da questão no recurso de apelação".*

8.10.1   Separação de corpos

Com o desuso da separação judicial em razão da EC 66/2010, a separação de corpos, seja como medida de cautela ou jurisdição voluntária, ganha força e vigor, pois ela preenche a

---

[76]   CPC/2015: Art. 297. O juiz poderá determinar as medidas que considerar adequadas para efetivação da tutela provisória. Parágrafo único. A efetivação da tutela provisória observará as normas referentes ao cumprimento provisório da sentença, no que couber.

[77]   Art. 520. O cumprimento provisório da sentença impugnada por recurso desprovido de efeito suspensivo será realizado da mesma forma que o cumprimento definitivo, sujeitando-se ao seguinte regime: I – corre por iniciativa e responsabilidade do exequente, que se obriga, se a sentença for reformada, a reparar os danos que o executado haja sofrido; II – fica sem efeito, sobrevindo decisão que modifique ou anule a sentença objeto da execução, restituindo-se as partes ao estado anterior e liquidando-se eventuais prejuízos nos mesmos autos; III – se a sentença objeto de cumprimento provisório for modificada ou anulada apenas em parte, somente nesta ficará sem efeito a execução; IV – o levantamento de depósito em dinheiro e a prática de atos que importem transferência de posse ou alienação de propriedade ou de outro direito real, ou dos quais possa resultar grave dano ao executado, dependem de caução suficiente e idônea, arbitrada de plano pelo juiz e prestada nos próprios autos. § 1º No cumprimento provisório da sentença, o executado poderá apresentar impugnação, se quiser, nos termos do art. 525. § 2º A multa e os honorários a que se refere o § 1º do art. 523 são devidos no cumprimento provisório de sentença condenatória ao pagamento de quantia certa. § 3º Se o executado comparecer tempestivamente e depositar o valor, com a finalidade de isentar-se da multa, o ato não será havido como incompatível com o recurso por ele interposto. § 4º A restituição ao estado anterior a que se refere o inciso II não implica o desfazimento da transferência de posse ou da alienação de propriedade ou de outro direito real eventualmente já realizada, ressalvado, sempre, o direito à reparação dos prejuízos causados ao executado. § 5º Ao cumprimento provisório de sentença que reconheça obrigação de fazer, de não fazer ou de dar coisa aplica-se, no que couber, o disposto neste Capítulo. Art. 521. A caução prevista no inciso IV do art. 520 poderá ser dispensada nos casos em que: I – o crédito for de natureza alimentar, independentemente de sua origem; II – o credor demonstrar situação de necessidade; (...) III – pender o agravo do art. 1.042; (Redação dada pela Lei nº 13.256, de 2016); IV – a sentença a ser provisoriamente cumprida estiver em consonância com súmula da jurisprudência do Supremo Tribunal Federal ou do Superior Tribunal de Justiça ou em conformidade com acórdão proferido no julgamento de casos repetitivos. Parágrafo único. A exigência de caução será mantida quando da dispensa possa resultar manifesto risco de grave dano de difícil ou incerta reparação. Art. 522. O cumprimento provisório da sentença será requerido por petição dirigida ao juízo competente. Parágrafo único. Não sendo eletrônicos os autos, a petição será acompanhada de cópias das seguintes peças do processo, cuja autenticidade poderá ser certificada pelo próprio advogado, sob sua responsabilidade pessoal: I – decisão exequenda; II – certidão de interposição do recurso não dotado de efeito suspensivo; III – procurações outorgadas pelas partes; IV – decisão de habilitação, se for o caso; V – facultativamente, outras peças processuais consideradas necessárias para demonstrar a existência do crédito.

[78]   Art. 297. O juiz poderá determinar as medidas que considerar adequadas para efetivação da tutela provisória. Parágrafo único. A efetivação da tutela provisória observará as normas referentes ao cumprimento provisório da sentença, no que couber.

[79]   Art. 1.015. Cabe agravo de instrumento contra as decisões interlocutórias que versarem sobre: I – tutelas provisórias;

[80]   REsp 1.696.396; REsp 1.704.520.

lacuna e cumpre funções semelhantes da antiquada separação judicial, inclusive para aqueles que em razão de suas convicções íntimas não quiserem se divorciar. É muito utilizada para requerer o afastamento de um dos cônjuges do lar conjugal, seja como procedimento preliminar e preparatório ou o mesmo incidentalmente. Diferentemente do CPC/1973 que tinha um livro próprio para o processo cautelar, o CPC/2015 tratou as cautelares como tutelas de urgência, como exposto acima, que devem ser pleiteadas nos mesmos autos da Ação principal (artigo 308), sem pagamento de novas custas processuais. Em todas as tutelas de urgência, precisam ser apurados os pressupostos do artigo 798 do CPC/1973, que foi transmudado para o atual artigo 300 e seguintes do CPC, ou seja, quando houver elementos que evidenciem a probabilidade do direito e o perigo de dano ou o risco ao resultado útil do processo. A prova da alegação prefacial deve ser inequívoca e de fundado receio de dano irreparável. De uma forma ou de outra, o CPC/2015 prevê que Independentemente da reparação por dano processual, a parte responde pelo prejuízo que a efetivação da tutela de urgência causar à parte adversa, se: a sentença lhe for desfavorável; obtida liminarmente a tutela em caráter antecedente, não fornecer os meios necessários para a citação do requerido no prazo de 5 (cinco) dias; ocorrer a cessação da eficácia da medida em qualquer hipótese legal; o juiz acolher a alegação de decadência ou prescrição da pretensão do autor (artigo 302, I, II, III e IV). A indenização será liquidada nos autos em que a medida tiver sido concedida, sempre que possível (artigo 302, parágrafo único). Embora o CPC/2015 não previu expressamente, como fazia do CPC/1973 a separação de corpos, nem por isso ela deixou de existir, como medida de cautela e está prevista no artigo 1.562 do CCB/2002: *Antes de mover a ação de nulidade do casamento, a de anulação, a de separação judicial, a de divórcio direto ou a de dissolução de união estável, poderá requerer a parte, comprovando sua necessidade, a separação de corpos, que será concedida pelo juiz com a possível brevidade.*

A sua concessão está ligada ao risco de desentendimentos graves, geradores de violência ou com possibilidade de agressões físicas ou mesmo morais, quando os cônjuges ainda estão sob o mesmo teto e a situação torna-se insustentável, inclusive em razão de atos de indignidade praticados por uma das partes. Tais situações legitimam a imediata concessão da tutela cautelar de urgência para determinar a retirada de um dos cônjuges do lar conjugal. A tutela visa proteger não só um dos cônjuges, como também os filhos, tanto física como psicologicamente.[81] A separação de corpos, como se disse, não reside apenas em torno de violência física/psicológica ou ameaça concreta que gerem terror ao lar conjugal. Ela se faz necessária, na maioria das vezes, por violência e pressões psicológicas entre pessoas que coabitam a contragosto. Pode ser feito também de comum acordo entre as partes, judicialmente ou não.

Antes da EC 66/2010, a concessão da liminar acarretava para os cônjuges a cessação do dever de coabitação e se iniciava o prazo de trinta dias para a propositura da ação de separação, começando a fluir daí o prazo de um ano para a propositura da ação de divórcio, o que não faz mais sentido. Sendo assim, a decisão que defere a tutela provisória de separação de corpos tem atualmente a principal função de afastar um dos cônjuges da residência do casal e com isso evitar possíveis agressões e desentendimentos, além, é claro, de demarcar limites de aquisição patrimonial, em razão dos efeitos jurídicos produzidos pela separação de corpos, que faz cessar o regime de bens entre o casal que está afastado um do outro.

8.10.2 Sequestro de bens

O sequestro de bens, como medida cautelar específica, tal como previsto no CPC/1973 (arts. 822 a 825), não teve correspondentes exatos no CPC/2015. Mas o que foi construído a

---

[81] A concessão da tutela jurisdicional cautelar justifica-se para evitar o acirramento dos ânimos em virtude da convivência diária, colocando em risco a segurança físico-psíquica dos envolvidos, recomendando os elementos e circunstâncias dos autos o afastamento do cônjuge varão do lar conjugal (TJMG, 05.02.2009, AI nº 1.0479.08.150526-1/002, Rel. Nepomuceno Silva, publ. 05.02.2009).

356 DIREITO DAS FAMÍLIAS – *Rodrigo da Cunha Pereira*

seu respeito, doutrinária e jurisprudencialmente, deve ser entendido como meio de efetivação da tutela cautelar de urgência, como previsto no artigo 301:

> Art. 301. A tutela de urgência de natureza cautelar pode ser efetivada mediante arresto, sequestro, arrolamento de bens, registro de protesto contra alienação de bem e qualquer outra medida idônea para asseguração do direito.

O sequestro, como medida cautelar, visa assegurar uma ação futura, que consiste na preservação da existência de determinado bem,[82] objeto da ação principal, entregando-o a depositário que pode ser um terceiro ou o próprio requerente. O *fumus boni iuris* está presente no interesse do requerente em preservar o bem em litígio, e o *periculum in mora* está em evitar a perda do bem, seja pela sua deterioração ou alienação, até que seja decidida a ação principal. Nos termos dos artigos 294 e ss. do CPC/2015. Para que seja possível a utilização da medida cautelar do sequestro, é necessária a demonstração *initio littis* do temor do dano jurídico iminente, bem como o interesse *na preservação da situação de fato, enquanto não advém a solução de mérito, o que corresponde ao* fumus boni iuris, *segundo a doutrina clássica*.[83] Muitas vezes a demonstração da necessidade *initio littis*, e o fundado receio estão na simples razão e lógica do próprio litígio. No CPC/2015, essa interpretação se dá quando houver elementos que evidenciem a probabilidade do direito e o perigo de dano ou o risco ao resultado útil do processo.

8.10.3 Arrolamento, bloqueio, indisponibilidade e descrição de bens do casal e as ferramentas eletrônicas

O arrolamento de bens do casal é uma tutela provisória que se aplica em situações em que há fundado receio de extravio ou dissipação de bens. É feita a apuração, ou, melhor, o arrolamento de todo o patrimônio do casal, com a apresentação de documentos, perícia, ou até mesmo por constatação do oficial de justiça. Assim como o sequestro, essa medida não está prevista especificamente, como estava no CPC/1973, nos artigos 855 a 860. Mas tem previsão semelhante no artigo 301:

> Art. 301. A tutela de urgência de natureza cautelar pode ser efetivada mediante arresto, sequestro, arrolamento de bens, registro de protesto contra alienação de bem e qualquer outra medida idônea para asseguração do direito.

É importante não confundir medida de arrolamento de bens com determinação judicial de indisponibilidade do patrimônio. Isso porque pelo procedimento de arrolamento de bens pressupõe a nomeação de um depositário. Já a indisponibilidade diz respeito à possibilidade de a pessoa dispor de seu patrimônio, ou então evidencia que os bens perdem o viés da disponibilidade, chegando a aproximá-los da inalienabilidade. Para estas medidas, claro que quando houver elementos que evidenciem a probabilidade do direito e o perigo de dano ou o risco ao resultado útil do processo[84].

---

[82] "Assim como o marido, a mulher casada pode ser nomeada depositária dos bens sequestrados, possível ainda na hipótese do art. 233, II, do CC/16, que determinava ao homem a administração dos bens comuns, sem artigo correspondente no atual Código" (RIBEIRO, Benedito Silvério. *Cautelares em Família e Sucessões*. São Paulo: Editora RT, 2009).

[83] THEODORO JÚNIOR, Humberto. *Curso de Direito Processual Civil*, 32. ed., Rio de Janeiro, Forense, 2001, vol. II, p. 415-441.

[84] Cf. TARTUCE. Fernanda. Tratado de Direito das Famílias. In: *Processos judiciais e administrativos em Direito de Família*. Rodrigo da Cunha Pereira (Organizador). 3ª edição. Belo Horizonte: IBDFAM, 2019, p. 1.114.

Tal medida é necessária sempre que o requerente não tem como comprovar, ou tem dificuldade na comprovação da existência de todos os bens do casal, devendo o requerente demonstrar com documentos, ou até testemunhas, em audiência de justificação, que existe, efetivamente, o risco de perda patrimonial. Esta medida é muito utilizada especialmente para bloquear valores que se encontram em conta bancária do outro cônjuge, e a simples possibilidade do litígio põe em risco a retirada e desvio de tais valores. Este bloqueio pode ser materializado utilizando-se o sistema SISBAJUD (substituiu o BACENJUD), de forma eletrônica, permitindo-se ainda a requisição de informações bancárias e instituições financeiras, para eventual arrolamento e bloqueio de bens. Também podem ser usadas outras ferramentas eletrônicas para ajudar a viabilizar a busca de tais direitos, como por exemplo o INFOJUD – Sistema de Informações ao Judiciário, oferecido unicamente aos magistrados e servidores por eles autorizados), que tem como objetivo atender às solicitações feitas pelo Poder Judiciário à Receita Federal; RENAJUD – Restrições judiciais sobre veículos automotores; e SNIPER – Sistema Nacional de Investigação Patrimonial e Recuperação de Ativos. O SNIPER é uma ferramenta criada pelo CNJ que identifica em minutos os vínculos patrimoniais, societários e financeiros entre pessoas físicas e jurídicas[85]. O objetivo do arrolamento é descrever e demonstrar a existência e o estado dos bens para garantir futura partilha. Também pode ser concedidos se houver elementos que evidenciem a probabilidade de dissipação dos bens e via de consequência prejuízo na partilha. Diferencia-se do sequestro.

> (...) a medida não se confunde com o sequestro por pressupor o desconhecimento ou a dúvida prévia sobre os bens que se pretende conservar, buscando, em primeiro lugar, identificá-los no patrimônio do réu para só depois conservá-los[86].

O Superior Tribunal de Justiça na vigência do CPC de 1973 e enfrentando questões intertemporais acerca da aplicabilidade da Lei 11.382/06, concluiu que a realização da penhora *on-line* de dinheiro depositado ou aplicado em instituição bancária antes da entrada em vigor da legislação supracitada era medida excepcional, tendo em vista que a sua efetivação estava condicionada à comprovação de que o credor tinha tomado todas as diligências no sentido de localizar bens livres e desembaraçados de titularidade do devedor. Com a vigência da referida lei, surgiu uma nova orientação jurisprudencial, no sentido de não existir mais a exigência de prova, por parte do credor, de esgotamento de vias extrajudiciais na busca de bens a serem penhorados, preservando a efetividade das medidas executórias e propiciando a satisfação do credor em prol do devedor que muitas vezes se esquiva das obrigações executórias. O entendimento foi pacificado pela Corte Especial do Superior Tribunal de Justiça (STJ) utilizando o rito do recurso repetitivo, vinculando as demais instâncias da justiça brasileira (STJ, REsp. nº 1112943, Rel. Nancy Andrighi, Corte especial; j. 15/09/2010). Esse entendimento permanece na vigência do CPC/2015.

A liminar de bloqueio e constrição de bens, desde que demonstrado o *periculum in mora* ou o *fumus boni iuris*, deve ser concedida em ato inicial e de forma *inaudita altera parte*. Não é razoável o argumento de que poderá trazer danos irreparáveis ao patrimônio constrito, uma vez que tal bloqueio pode ser revogado a qualquer instante, desde que provada a desnecessidade do arrolamento. O dano irreparável ocorre, na maioria das vezes, contra quem pede o bloqueio, quando os magistrados agem com excesso de cautela no momento do bloqueio. Muitas vezes as decisões escondem-se atrás da impossibilidade jurídica de bloquear o patrimônio de

---

[85] (...) – É pacífico o entendimento no Superior Tribunal de Justiça segundo o qual o bloqueio dos ativos financeiros do executado, por meio do sistema BACENJUD, é possível quando, validamente citado, ele não pagar nem nomear bens à penhora, sob pena de violação ao princípio do devido processo legal. (...) (STJ – AgInt no REsp: 1635728 PE 2016/0285978-0, Rel. Min. Regina Helena Costa, 1ª Turma, DJe 29/03/2017).

[86] BUENO, Cássio Scarpinella. *Curso sistematizado de direito processual civil*. São Paulo: Saraiva, 2009, v. 4, p. 296.

358 DIREITO DAS FAMÍLIAS – Rodrigo da Cunha Pereira

pessoas jurídicas. Em alguns tribunais a *disregard* ainda não é uma prática usual no cotidiano jurídico (conferir item 7.10), mas o CPC/2015, ao prever o incidente de desconsideração da personalidade jurídica (arts. 133 a 137), deve proporcionar a diminuição de fraudes advindas da "blindagem" patrimonial que se faz usando a pessoa jurídica.

O bloqueio dos bens, concedido liminarmente, traz mais efeitos positivos para a solução da demanda do que negativos. É bom sempre lembrar e insistir que a constrição patrimonial serve tão somente para impedir a dilapidação maldosa do patrimônio. Caso haja necessidade de negociar o referido patrimônio bloqueado, basta que o réu apresente o destino do produto da venda de forma clara para evitar um prejuízo para o autor.

E se tratando de bens imóveis, não há preocupação, ou salvo exceções motivos para bloqueia-los, já que dependendo do regime de bens, não é possível ser alienado apenas pro um dos cônjuges[87]. Situação diferente é quando se trata de uma união estável, já que ela não cria oficialmente ume estado civil, e o companheiro (a) assim poderá, facilmente, alienar bens.

8.10.4   Busca e apreensão

A busca e apreensão pode ser de pessoas ou coisas, após avaliada a possibilidade da ilegalidade da posse, risco à incolumidade física ou moral de pessoas, geralmente menores ou incapazes, ou ainda indefinição do direito à posse de bens, direitos ou objetos.

No processo de divórcio a busca e apreensão na maioria das vezes é utilizada quando há menores,[88] discussão de guarda, visitas/convivência familiar ou destituição do poder familiar. Exemplo mais comum é quando o menor deveria ser entregue a um dos pais em determinado dia e horário, mas isso não ocorre por impedimento injustificado de quem o detém. Diante do imbróglio, o remédio processual é a busca e apreensão. No CPC/1973 havia previsão expressa para busca e apreensão de menores de idade (art. 839). No CPC/2015 esse remédio está previsto no art. 536[89], na modalidade de dar cumprimento às obrigações de fazer ou entregar a coisa (art. 538[90]). Mas nada impede que se faça a busca e apreensão de filhos, quando detidos ilegal ou irregularmente, com pedido de tutela de urgência, como revisto no artigo 301:

---

[87]   A Lei 13.144/2015 alterou o inciso III do art. 3º da Lei nº 8.009, de 29 de março de 1990, que disciplina o instituto do bem de família, para assegurar proteção ao patrimônio do novo cônjuge ou companheiro do devedor de pensão alimentícia.

[88]   (...) Deve-se levar em consideração, em processos de busca e apreensão de menor, a condição peculiar da criança como pessoa em desenvolvimento, sob os contornos constitucionais, no sentido de que os interesses e direitos do menor devem sobrepor-se a qualquer outro bem ou interesse juridicamente tutelado. (...) (STJ, REsp. 900262/RJ, Rel. Nancy Andrighi, publ. *DJ* de 08.11.2007, p. 226).

[89]   Art. 536. No cumprimento de sentença que reconheça a exigibilidade de obrigação de fazer ou de não fazer, o juiz poderá, de ofício ou a requerimento, para a efetivação da tutela específica ou a obtenção de tutela pelo resultado prático equivalente, determinar as medidas necessárias à satisfação do exequente. § 1º Para atender ao disposto no *caput*, o juiz poderá determinar, entre outras medidas, a imposição de multa, a busca e apreensão, a remoção de pessoas e coisas, o desfazimento de obras e o impedimento de atividade nociva, podendo, caso necessário, requisitar o auxílio de força policial. § 2º O mandado de busca e apreensão de pessoas e coisas será cumprido por 2 (dois) oficiais de justiça, observando-se o disposto no art. 846, §§ 1º a 4º, se houver necessidade de arrombamento. § 3º O executado incidirá nas penas de litigância de má-fé quando injustificadamente descumprir a ordem judicial, sem prejuízo de sua responsabilização por crime de desobediência. § 4º No cumprimento de sentença que reconheça a exigibilidade de obrigação de fazer ou de não fazer, aplica-se o art. 525, no que couber. § 5º O disposto neste artigo aplica-se, no que couber, ao cumprimento de sentença que reconheça deveres de fazer e de não fazer de natureza não obrigacional.

[90]   Art. 538. Não cumprida a obrigação de entregar coisa no prazo estabelecido na sentença, será expedido mandado de busca e apreensão ou de imissão na posse em favor do credor, conforme se tratar de coisa móvel ou imóvel. § 1º A existência de benfeitorias deve ser alegada na fase de conhecimento, em contestação, de forma discriminada e com atribuição, sempre que possível e justificadamente, do respectivo valor. § 2º O direito de retenção por benfeitorias deve ser exercido na contestação, na fase de conhecimento. § 3º

Art. 301. A tutela de urgência de natureza cautelar pode ser efetivada mediante arresto, sequestro, arrolamento de bens, registro de protesto contra alienação de bem *e qualquer outra medida idônea para asseguração do direito.* (Grifamos)

A busca e apreensão de filhos deveria ser tomada apenas como uma medida extrema. Um menor buscado por um oficial de justiça, muitas vezes acompanhado com um reforço policial, certamente ficará com as marcas psíquicas de litígio e que deveriam ser evitadas. Por outro lado, não tomar tal atitude pode significar, ou ser entendido, como um consentimento tácito ou mesmo desinteresse pelo filho.

8.10.5 Exibição judicial

A medida cautelar de exibição judicial, que era prevista no art. 844 do CPC/1973, não foi prevista expressamente no CPC/2015[91]. Mas nem por isso, ela deixou de existir. Ela tem como objeto a exibição de documentos pela parte que os detém, por exemplo, documentos que tratam dos interesses do casal ou filhos, relativos a estado civil, filiação, disposições testamentárias, movimentações financeiras etc.

Este procedimento reveste-se de muita importância nas questões patrimoniais quando surgem os conhecidos "negócios ocultos". Inúmeras vezes, um dos cônjuges pratica atos negociais de forma livre com o patrimônio do casal. E, no momento da separação, não raramente, o cônjuge que não participou do negócio fica à deriva em relação ao ato praticado. Assim, o remédio processual é a tutela de urgência de natureza cautelar (art. 301) de exibição judicial contra a parte que adquiriu o patrimônio que antes pertencia ao casal para apresentar de forma documental todos os detalhes do negócio.

Esta cautelar satisfativa não necessita de um processo principal para a sua manutenção, embora, na prática, seja comum apresentar-se como preparatória ou incidental, e que no CPC/2015 deve ser feita nos mesmos autos (art. 308[92]). Com a apresentação dos documentos requeridos, ela atinge sua função e não mantém mais nenhuma razão para sua existência, em face da satisfação da pretensão autoral.

A resistência do réu contra esta ação deve pautar-se na ausência do referido ato negocial. Inexistindo tal argumento, não há como privar a exibição do documento ao cônjuge requerente, mesmo havendo cláusula de confidencialidade. Aliás, esta cláusula somente poderá ser exigida se houver a aceitação de ambos os cônjuges no momento do ato, o que seria óbvio, pois, assim, ambos saberiam de todas as cláusulas do negócio e não haveria razão para a exibição documental.

Aplicam-se ao procedimento previsto neste artigo, no que couber, as disposições sobre o cumprimento de obrigação de fazer ou de não fazer.

[91] (...) O Código de Processo Civil de 2015 buscou reproduzir, em seus termos, compreensão há muito difundida entre os processualistas de que a prova, na verdade, tem como destinatário imediato não apenas o juiz, mas também, diretamente, as partes envolvidas no litígio.(...) . Reconhece-se, assim, que a ação de exibição de documentos subjacente, promovida pelo rito comum, denota, por parte do demandante, a existência de interesse de agir, inclusive sob a vertente adequação e utilidade da via eleita. 6. Registre-se que o cabimento da ação de exibição de documentos não impede o ajuizamento de ação de produção de antecipação de provas. (STJ, REsp nº 1.803.251 – SC, Rel. Min. Marco Aurélio Bellizze, 3ª Turma, publ. 08/11/2019.

[92] Art. 308. Efetivada a tutela cautelar, o pedido principal terá de ser formulado pelo autor no prazo de 30 (trinta) dias, caso em que será apresentado nos mesmos autos em que deduzido o pedido de tutela cautelar, não dependendo do adiantamento de novas custas processuais. § 1º O pedido principal pode ser formulado conjuntamente com o pedido de tutela cautelar. § 2º A causa de pedir poderá ser aditada no momento de formulação do pedido principal. § 3º Apresentado o pedido principal, as partes serão intimadas para a audiência de conciliação ou de mediação, na forma do art. 334, por seus advogados ou pessoalmente, sem necessidade de nova citação do réu. § 4º Não havendo autocomposição, o prazo para contestação será contado na forma do art. 335.

8.10.6 Oferta de alimentos

O mais comum no cotidiano forense é fazer uma reivindicação judicial de alimentos, ou seja, o alimentário propor ação de alimentos quando não se estabelece a pensão em acordo. Mas há situações em que o alimentante, por via das dúvidas e para evitar abusos, pode ir a juízo oferecer a pensão alimentícia. Assim, oferta de alimentos é o procedimento judicial pelo qual aquele que tem o dever de prestar alimentos, em decorrência de parentesco, do casamento ou união estável, faz em juízo proposta de fixação do *quantum* da obrigação com base nos rendimentos por ele apresentado: A parte responsável pelo sustento da família, e que deixar a residência comum por motivo que não necessitará declarar, poderá tomar a iniciativa de comunicar ao juízo os rendimentos de que dispõe e de pedir a citação do credor, para comparecer à audiência de conciliação e julgamento destinada à fixação dos alimentos a que está obrigado (art. 24, Lei nº 5.478/68). Assemelha-se a uma ação de consignação em pagamento, e tem entre os seus objetivos, impedir ou evitar uma possível ação de alimentos com pedido abusivo e que os alimentos sejam fixados dentro de sua possibilidade. Contudo, o juiz não está adstrito ao valor aí oferecido, pois deve sempre atentar para o trinômio necessidade/possibilidade/proporcionalidade.

A ação de oferta de alimentos deve ser proposta no foro de domicílio do alimentário, de acordo com o disposto no art. 53, II, do CPC, e pode ser proposta pelo rito especial da Lei de Alimentos (Lei 5.478/68), ou pelo procedimento comum do artigo 318 do CPC/2015. É possível, também, oferta de alimentos gravídicos.

8.10.7 Alimentos provisionais ou provisórios?

O procedimento para se buscar alimentos admite o rito especial da Lei de Alimentos 5.478/68, e também como medida cautelar atípica (art. 301). Como não há o requisito da prova pré-constituída, os alimentos provisionais se submetem aos requisitos gerais das cautelares, quais sejam, elementos que evidenciem a probabilidade do direito e o perigo de dano ou o risco ao resultado útil do processo. No CPC/1973 havia previsão expressa no art. 852 de ação cautelar de alimentos provisionais. O CPC/2015 não revogou toda a Lei 5.478/68, mas tão somente os seus artigos arts. 16 a 18[93] da Lei nº 5.478[94], de 25 de julho de 1968, mantendo assim o rito especial da Lei de Alimentos. Mas é possível também buscar alimentos pelo rito comum, com pedido antecedente cautelar (art. 301[95]). Apesar dessas várias possibilidades, o melhor, e o mais recomendável, continua sendo o rito especial, pois permite a solução do litígio de uma forma mais célere, com menos embaraços processuais, inclusive sem pagamento de custas iniciais, como disposto no artigo 1º: *A ação de alimentos é de rito especial, independente de prévia distribuição e de anterior concessão do benefício de gratuidade.* Além disto, pode se

---

[93] Art. 16. Na execução da sentença ou do acordo nas ações de alimentos será observado o disposto no artigo 734 e seu parágrafo único do Código de Processo Civil. (Redação dada pela Lei nº 6.014, de 27/12/73) (Revogado pela Lei nº 13.105, de 2015). Art. 17. Quando não for possível a efetivação executiva da sentença ou do acordo mediante desconto em folha, poderão ser as prestações cobradas de alugueres de prédios ou de quaisquer outros rendimentos do devedor, que serão recebidos diretamente pelo alimentando ou por depositário nomeado pelo juiz. (Revogado pela Lei nº 13.105, de 2015). Art. 18. Se, ainda assim, não for possível a satisfação do débito, poderá o credor requerer a execução da sentença na forma dos artigos 732, 733 e 735 do Código de Processo Civil. (Redação dada pela Lei nº 6.014, de 27/12/73) (Revogado pela Lei nº 13.105, de 2015).

[94] CPC/2015, art. 1.072, V.

[95] Art. 301. A tutela de urgência de natureza cautelar pode ser efetivada mediante arresto, sequestro, arrolamento de bens, registro de protesto contra alienação de bem *e qualquer outra medida idônea para asseguração do direito*. Grifamos.

Cap. 8 – PARTILHA DE BENS, ALIMENTOS E PROCESSO JUDICIAL **361**

realizar a citação pelo correio (CPC 274[96]) ou por meio eletrônico (CPC, art. 270[97]), desde que dirigida, naturalmente ao citando, um grande facilitador para o processo.

Alimentos provisionais, como se vê, é a expressão utilizada pelo CPC/1973 para designar alimentos fixados no rito das cautelares para provisionar de imediato as necessidades urgentes do alimentário, mas não foi utilizada no CPC/2015. E alimentos provisórios[98] é a expressão utilizada pela Lei 5.478/1968. Na verdade são expressões semelhantes para dizer a mesma coisa, ou seja, alimentos fixados liminarmente[99].

Antes ou enquanto tramita o processo de divórcio e dissolução de união estável, poderão ser deferidos os alimentos à parte que deles necessitar. Para que o pedido de alimentos possa ser deferido, é imprescindível que o requerente demonstre ao juiz, preferencialmente por meio de documentos, a possibilidade de o requerido prestá-los e a necessidade do requerente em recebê-los. O juiz deve fixar liminarmente a verba alimentar e determinar a citação do réu para que apresente defesa nos termos do artigo 303, II[100], diferentemente do rito especial de alimentos (Lei nº 5.478/68), cuja defesa e instrução é feita em uma única audiência, mas que na prática forense, dificilmente acontece.

O processo cautelar de alimentos no momento do divórcio e dissolução de união estável, é uma maneira de apresentar a urgência da pretensão alimentar sem interferir na solução do divórcio. Apesar de a concessão do divórcio colocar o termo final no casamento, a obrigação alimentar perdura enquanto houver necessidade e possibilidade entre os cônjuges.

Mesmo havendo a possibilidade legal para a propositura da ação de alimentos em sede de tutela provisória de urgência, não nos parece que seja o melhor caminho para alcançar a fixação alimentar. A mencionada tutela necessita da propositura da ação comum de alimentos, enquanto o pedido de pensão elaborado por meio do rito especial da Lei nº 5.478/68 se mostra mais célebre e ainda acentua o princípio da economia processual, evitando a demasia de repetições de atos processuais, enquanto no procedimento especial permite-se a citação via correio, repita-se.

---

[96] Art. 274. Não dispondo a lei de outro modo, as intimações serão feitas às partes, aos seus representantes legais, aos advogados e aos demais sujeitos do processo pelo correio ou, se presentes em cartório, diretamente pelo escrivão ou chefe de secretaria. Parágrafo único. Presumem-se válidas as intimações dirigidas ao endereço constante dos autos, ainda que não recebidas pessoalmente pelo interessado, se a modificação temporária ou definitiva não tiver sido devidamente comunicada ao juízo, fluindo os prazos a partir da juntada aos autos do comprovante de entrega da correspondência no primitivo endereço.

[97] Art. 270. As intimações realizam-se, sempre que possível, por meio eletrônico, na forma da lei. Parágrafo único. Aplica-se ao Ministério Público, à Defensoria Pública e à Advocacia Pública o disposto no § 1º do art. 246.

[98] CPC/2015 Art. 531. O disposto neste Capítulo aplica-se aos alimentos definitivos ou provisórios. § 1º A execução dos alimentos provisórios, bem como a dos alimentos fixados em sentença ainda não transitada em julgado, se processa em autos apartados. § 2º O cumprimento definitivo da obrigação de prestar alimentos será processado nos mesmos autos em que tenha sido proferida a sentença.

[99] PEREIRA, Rodrigo da Cunha. *Dicionário de Direito de família e sucessões ilustrado*. 2ª edição. São Paulo: Saraiva, 2018, p. 99.

[100] Art. 303. Nos casos em que a urgência for contemporânea à propositura da ação, a petição inicial pode limitar-se ao requerimento da tutela antecipada e à indicação do pedido de tutela final, com a exposição da lide, do direito que se busca realizar e do perigo de dano ou do risco ao resultado útil do processo. (...) II – o réu será citado e intimado para a audiência de conciliação ou de mediação na forma do art. 334; (...) Art. 334. Se a petição inicial preencher os requisitos essenciais e não for o caso de improcedência liminar do pedido, o juiz designará audiência de conciliação ou de mediação com antecedência mínima de 30 (trinta) dias, devendo ser citado o réu com pelo menos 20 (vinte) dias de antecedência. (...).

8.11 EXECUÇÃO DE ALIMENTOS

Caso haja a cumulação de pedido de alimentos[101] com divórcio e dissolução de união estável no mesmo processo, tornar-se-á também permissiva a cobrança da pensão[102] dentro dos autos, como previsto no CPC/2015 e bem realçado por Maria Berenice Dias:

> A execução de alimentos mediante coação pessoal (CPC 528 § 3º e 911 parágrafo único) é a única das hipóteses de prisão por dívida admitida pela Constituição Federal que subsiste (CF 5.º LXVII). A jurisprudência acabou com a possibilidade da prisão do depositário infiel. Pela nova sistemática é possível buscar a cobrança de alimentos por meio de quatro procedimentos: a) de título executivo extrajudicial, mediante ação judicial visando a cobrança pelo rito da prisão (CPC 911); b) de título executivo extrajudicial, pelo rito da expropriação (CPC 913); c) cumprimento de sentença ou decisão interlocutória para a cobrança de alimentos pelo rito da prisão (CPC 928); d) cumprimento de sentença ou decisão interlocutória para a cobrança dos alimentos pelo rito da expropriação (CPC 530). A eleição da modalidade de cobrança depende tanto da sede em que os alimentos estão estabelecidos (título judicial ou extrajudicial) como do período que está sendo cobrado (se superior ou inferior a três meses).[103]

Apesar de o procedimento executório não permitir a discussão de mérito, na prática forense a cobrança dos alimentos é uma "tortura" inimaginável para os credores[104]. Apesar do dito popular de que "neste país somente é preso o devedor de pensão alimentícia"[105], para se alcançar este objetivo o caminho processual não é tão simples, ao contrário, um verdadeiro "calvário", como bem expressou Rolf Madaleno, e que continua se aplicando também para as execuções de alimentos no CPC/2015:

> Processos lentos e insolúveis têm desacreditado leis e desmentido advogados, juízes e promotores, pois a estes que operam o Direito, tem sido delegado o inglorioso esforço de buscar amenizar as angústias e de aparar os deletérios efeitos psicológicos causados sobre

---

[101] Enunciado 51 do IBDFAM: Nas ações em que se busca fixação ou revisão dos alimentos para filhos menores ou incapazes, a dilação probatória deve abranger a situação financeira de ambos os genitores, independente deles serem ou não parte no processo.

[102] Súmulas STJ: Súmula 594 – O Ministério Público tem legitimidade ativa para ajuizar ação de alimentos em proveito de criança ou adolescente independentemente do exercício do poder familiar dos pais, ou do fato de o menor se encontrar nas situações de risco descritas no art. 98 do Estatuto da Criança e do Adolescente, ou de quaisquer outros questionamentos acerca da existência ou eficiência da Defensoria Pública na comarca. (julgado em 25/10/2017, DJe 06/11/2017).

[103] DIAS, Maria Berenice. *Revista IBDFAM – Famílias e Sucessões*. In A cobrança dos alimentos no novo CPC. V. 13 (jan./fev.). Belo Horizonte: IBDFAM, 2016, p. 47 a 54.

[104] (...) "Os efeitos da sentença que reduz, majora ou exonera o alimentando do pagamento retroagem à data da citação, vedadas a compensação e a repetibilidade." (Súmula nº 621/STJ).(...) . (STJ, AgInt no REsp 1911598/ SP 2020/0328921-2, Rel. Min. Antonio Carlos Ferreira, 4ª Turma, publicação: 13/08/2021).

[105] A Lei nº 14.010/2020 e a Recomendação nº 62 do CNJ, em razão da pandemia do Coronavírus, relativizaram a prisão civil nos casos de dívida alimentar, admitindo a prisão domiciliar das pessoas presas em virtude do inadimplemento, com vistas à redução dos riscos epidemiológicos e em observância ao contexto local de disseminação do coronavírus. A Terceira Turma do Superior Tribunal de Justiça (STJ) estabeleceu que, enquanto durar a impossibilidade de prisão civil do devedor, em razão da pandemia da Covid-19, é possível determinar a penhora de seus bens sem que haja a conversão do rito processual da prisão civil para o da constrição patrimonial. (REsp 1914052/DF, Rel. Min. Marco Aurélio Bellizze, 3ª Turma, DJe 28/06/2021).

o credor de alimentos sempre quando constata e assimila que a realidade das demandas de execução alimentícia, no atual estágio processual em que se apresentam, mais tem servido ao renitente devedor do que ao desesperado credor. Meios executivos estéreis têm levado credores ao calvário, ao inenarrável sentimento de impotência que amargam ao constatar que a sua digna existência já não encontra caminho eficaz na busca executiva de seus alimentos. Enfrentam o martírio que tem sido encontrar fórmulas processuais capazes de aproximar, no tempo certo, prestação jurisdicional efetiva, em execução célere e eficaz, pronta e pontual e, consequentemente, permitir suprir a fome sem mais sequelas de um tormentoso e angustiante processo judicial.[106]

Com a Lei nº 11.232/05, que alterou o CPC/1973 percebia-se a boa intenção do legislador em imprimir uma celeridade maior ao rito executório, mas não obteve seu intento. O CPC/2015 teve esta mesma intenção. Mesmo com esta regra, a lentidão para aplicar e dar eficácia à ordem jurídica é fato corriqueiro no cotidiano dos credores alimentícios. A lei está muito clara em seu comando e não permite interpretações contrárias ao óbvio, que é o pagamento do débito. O grande problema é que os profissionais do Direito criam invenções procedimentais para retardar o cumprimento da regra.

A justificativa da impossibilidade não pode ser transformada em uma discussão de mérito. Mas, sob o fundamento do amplo direito de defesa, na maioria das vezes, o magistrado permite o embate acerca da razão pela falta de pagamento, embora não seja esta a essência da execução alimentar.

Apresentada a justificativa de inadimplência, não cabe ao julgador estender os atos processuais da execução, por exemplo, a designação de perícias, audiências, oitivas de testemunhas e, em alguns casos, até abertura de prazo para memoriais. O comando e a intenção da lei é que, no momento da justificativa de débito, o juiz decida se aceita ou não a razão da inadimplência. Se tal procedimento fosse cumprido, o prazo das cobranças alimentares cairia drasticamente.

Uma evolução na execução de alimentos, antes mesmo do CPC/2015[107], eram as permissões, por meio de Provimentos estaduais[108] para que o devedor alimentar fosse inscrito nos órgãos de proteção de crédito.[109] Tal medida incentiva de forma coercitiva o devedor a cumprir

---

[106] MADALENO, Rolf. "O Calvário da Execução de Alimentos". *In: Revista Brasileira de Direito de Família*, nº 1, Porto Alegre/RS, Ed. Síntese em parceria com IBDFAM, 1999, p. 32.

[107] (...) É plenamente possível que o magistrado, no âmbito da execução de alimentos, venha a adotar, em razão da urgência de que se reveste o referido crédito e sua relevância social, as medidas executivas do protesto e da inscrição do nome do devedor de alimentos nos cadastros de restrição ao crédito, caso se revelem como meio eficaz para a sua obtenção, garantindo à parte o acesso à tutela jurisdicional efetiva. 6. Isso porque: i) o segredo de justiça não se sobrepõe, numa ponderação de valores, ao direito à sobrevivência e dignidade do menor; ii) o rito da execução de alimentos prevê medida mais gravosa, que é a prisão do devedor, não havendo justificativa para impedir meio menos oneroso de coerção; iii) a medida, até o momento, só é admitida mediante ordem judicial; e iv) não deve haver divulgação de dados do processo ou do alimentando envolvido, devendo o registro se dar de forma sucinta, com a publicação ao comércio e afins apenas que o genitor é devedor numa execução em curso. (STJ, REsp 1533206/MG, Rel Min. Luis Felipe Salomão, 4ª Turma, publ. 01/02/2016).

[108] Provimento nº 08/2009 do TJGO.

[109] Provimento nº 03, de 11/09/2008, do TJPE.

sua obrigação alimentar[110], uma vez que a inscrição do seu nome em instituições de crédito[111] vincular-se-á como restrição para diversas atividades comerciais[112].

O CPC/2015 foi tímido em relação ao protesto do devedor de alimentos. Poderia ter tratado de forma diferenciada a cobrança de alimentos, pois há situações drásticas em que a fome realmente não pode esperar. Poderia ter inserido como desdobramentos dessas ações, outras medidas como fez, por exemplo, a Lei 13.074, da Província de Buenos Aires, que estabeleceu um Registro de devedores morosos, cuja finalidade é inscrever, por ordem judicial, o nome do devedor de alimentos (cinco pensões alternadas ou três sucessivas). E as consequências derivadas dessa referida inscrição são: impossibilidade de abrir contas correntes e obter cartões de crédito; Impossibilidade de obter licença, permissão, concessão e habilitações que dependam do Governo (por exemplo, não poderá obter ou renovar a licença para conduzir veículos ou alvará para abrir um comércio); (...) Impossibilidade de exercer cargos eletivos, judiciais ou hierárquicos no Governo etc.[113] Assim como as corregedorias estaduais e a jurisprudência já tinham feito antes da previsão do CPC/2015, poderão agora estabelecer critérios e regras de negativação do devedor de alimentos, o que pode ser até mais eficaz que expropriação de bens para satisfação do crédito. O CPC/2015, em seu artigo 528, prevê:

> Art. 528. No cumprimento de sentença que condene ao pagamento de prestação alimentícia ou de decisão interlocutória que fixe alimentos, o juiz, a requerimento do exequente, mandará intimar o executado pessoalmente para, em 3 (três) dias, pagar o débito, provar que o fez ou justificar a impossibilidade de efetuá-lo. § 1º Caso o executado, no prazo referido no caput, não efetue o pagamento, não prove que o efetuou ou não apresente justificativa da impossibilidade de efetuá-lo, o juiz mandará protestar o pronunciamento judicial, aplicando-se, no que couber, o disposto no art. 517. § 2º Somente a comprovação de fato que gere a impossibilidade absoluta de pagar justificará o inadimplemento. § 3º Se o executado não pagar ou se a justificativa apresentada não for aceita, o juiz, além de mandar protestar o pronunciamento judicial na forma do § 1º, decretar-lhe-á a prisão pelo prazo de 1 (um) a 3 (três) meses.

As formas de cobrança de pensão alimentícia no CPC/2015 são as mesmas do CPC/1973, com exceção da inclusão do protesto, como se disse acima, ou seja, execução por penhora[114]

---

[110] Agravo de Instrumento. Execução de alimentos pelo art. 732 do CPC. Indeferimento da inscrição do nome do devedor de alimentos nos órgãos de cadastros de inadimplentes. Decisão que deve ser revogada. Tentativas de penhora *on-line* e busca de bens penhoráveis infrutíferas. Razoabilidade do pedido, pois é uma medida coercitiva para evitar a inadimplência. Necessária efetividade da prestação jurisdicional. Expedição de ofícios pela primeira instância. Recurso provido, por maioria (Voto 23314) (TJSP, Agravo de Instrumento 0226743-83.2011.8.26.0000, Rel. Des. Ribeiro da Silva, 8ª Câmara de Direito Privado, j. 11/04/2012).

[111] Provimento 52 do TJMS: Provimento nº 52, de 16 de dezembro de 2010: Altera o título do Capítulo XII e acrescenta os artigos 495-B, 495-C ao Código de Normas da Corregedoria-Geral de justiça, que dispõe sobre o protesto de sentença proferida em ação de alimentos.

[112] O CPC/2015, absorvendo essa tendência, previu em seu artigo 528, §1º, por sugestão do Instituto Brasileiro de Direito de Família-IBDFAM a possibilidade de protesto de crédito: *Art. 528. No cumprimento de sentença que condene ao pagamento de prestação alimentícia ou de decisão interlocutória que fixe alimentos, o juiz, a requerimento do exequente, mandará intimar o executado pessoalmente para, em 3 (três) dias, pagar o débito, provar que o fez ou justificar a impossibilidade de efetuá-lo. § 1º Caso o executado, no prazo referido no caput, não efetue o pagamento, não prove que o efetuou ou não apresente justificativa da impossibilidade de efetuá-lo, o juiz mandará protestar o pronunciamento judicial, aplicando-se, no que couber, o disposto no art. 517.*

[113] Cf. LOUZADA. Ana Maria Gonçalves. *Alimentos:* Doutrina e Jurisprudência. Belo Horizonte, Del Rey, 2008, p. 181-183.

[114] Art. 833. São impenhoráveis: (...) IV – os vencimentos, os subsídios, os soldos, os salários, as remunerações, os proventos de aposentadoria, as pensões, os pecúlios e os montepios, bem como as quantias recebidas

e prisão, como previsto no artigo 528 e seguintes, execução de título extrajudicial alimentar nos artigos 911 a 913. Em relação à prisão[115], foi absorvido o que a jurisprudência já havia consagrado, isto é, a prisão só se pode dar em razão de prestações vencidas nos últimos meses, como estabelecido, nos §§ 3º e 7º do artigo 528 do CPC:

> (...) § 3º Se o executado não pagar ou se a justificativa apresentada não for aceita, o juiz, além de mandar protestar o pronunciamento judicial na forma do § 1º, decretar-lhe-á a prisão pelo prazo de 1 (um) a 3 (três) meses.
>
> (...) § 7º O débito alimentar que autoriza a prisão civil do alimentante é o que compreende até as 3 (três) prestações anteriores ao ajuizamento da execução e as que se vencerem no curso do processo.

Inclui-se aqui também a possibilidade da prisão em casos de dívida da execução alimentar, em título executivo extrajudicial:

> CPC/2015, art. 911. Na execução fundada em título executivo extrajudicial que contenha obrigação alimentar, o juiz mandará citar o executado para, em 3 (três) dias, efetuar o pagamento das parcelas anteriores ao início da execução e das que se vencerem no seu curso, provar que o fez ou justificar a impossibilidade de fazê-lo. Parágrafo único. Aplicam-se, no que couber, os §§ 2º a 7º do art. 528.
>
> Art. 912. Quando o executado for funcionário público, militar, diretor ou gerente de empresa, bem como empregado sujeito à legislação do trabalho, o exequente poderá requerer o desconto em folha de pagamento de pessoal da importância da prestação alimentícia.

---

por liberalidade de terceiro e destinadas ao sustento do devedor e de sua família, os ganhos de trabalhador autônomo e os honorários de profissional liberal, ressalvado o § 2º; (...) X – a quantia depositada em caderneta de poupança, até o limite de 40 (quarenta) salários mínimos; (...) § 2º O disposto nos incisos IV e X do *caput* não se aplica à hipótese de penhora para pagamento de prestação alimentícia, independentemente de sua origem, bem como às importâncias excedentes a 50 (cinquenta) salários mínimos mensais, devendo a constrição observar o disposto no art. 528, § 8º, e no art. 529, § 3º.

[115] A Lei 14.010/2020 flexibilizou regras para as relações de Direito Privado durante a pandemia. Provavelmente, foi a aprovação pelo Congresso de um projeto de lei mais rápida da história. E é assim que deve funcionar o Direito em tempos de "regime de exceção". A mudança mais significativa e impactante foi a determinação da prisão domiciliar, para os casos de devedores de pensão alimentícia. Nesse sentido: "(...) O propósito recursal consiste em definir se o inadimplemento de obrigação alimentícia devida a ex-cônjuge, de natureza indenizatória e/ou compensatória, justifica a execução sob o rito da prisão civil preconizado no art. 528, § 3º, do CPC/2015. 2. A prisão por dívida de alimentos, por se revelar medida drástica e excepcional, só se admite quando imprescindível à subsistência do alimentando, sobretudo no tocante às verbas arbitradas com base no binômio necessidade-possibilidade, a evidenciar o caráter estritamente alimentar do débito exequendo. 3. O inadimplemento dos alimentos compensatórios (destinados à manutenção do padrão de vida do ex-cônjuge que sofreu drástica redução em razão da ruptura da sociedade conjugal) e dos alimentos que possuem por escopo a remuneração mensal do ex-cônjuge credor pelos frutos oriundos do patrimônio comum do casal administrado pelo ex-consorte devedor não enseja a execução mediante o rito da prisão positivado no art. 528, § 3º, do CPC/2015, dada a natureza indenizatória e reparatória dessas verbas, e não propriamente alimentar. 4. Na hipótese dos autos, a obrigação alimentícia foi fixada, visando indenizar a ex-esposa do recorrente pelos frutos advindos do patrimônio comum do casal, que se encontra sob a administração do ora recorrente, bem como a fim de manter o padrão de vida da alimentanda, revelando-se ilegal a prisão do recorrente/alimentante, a demandar a suspensão do decreto prisional, enquanto perdurar essa crise proveniente da pandemia causada por Covid-19, sem prejuízo de nova análise da ordem de prisão, de forma definitiva, oportunamente, após restaurada a situação normalidade. 5. Recurso ordinário em *habeas corpus* provido" (STJ, RHC 117996/RS, Rel. Min. Marco Aurélio Bellizze, 3ª Turma, publ. 08/06/2020).

§ 1º *Ao despachar a inicial, o juiz oficiará à autoridade, à empresa ou ao empregador, determinando, sob pena de crime de desobediência, o desconto a partir da primeira remuneração posterior do executado, a contar do protocolo do ofício.*

§ 2º O ofício conterá os nomes e o número de inscrição no Cadastro de Pessoas Físicas do exequente e do executado, a importância a ser descontada mensalmente, a conta na qual deve ser feito o depósito e, se for o caso, o tempo de sua duração.

Art. 913. Não requerida a execução nos termos deste Capítulo, observar-se-á o disposto no art. 824 e seguintes, com a ressalva de que, recaindo a penhora em dinheiro, a concessão de efeito suspensivo aos embargos à execução não obsta a que o exequente levante mensalmente a importância da prestação.

Em relação ao período da prisão estabelecida no referido § 3º, do artigo 528, deve ser compatibilizado com o artigo 19 da Lei de Alimentos (5.478/1968), já que o art. 1.072, do CPC, revogou apenas os artigos 16, 17 e 18. Portanto, permanece o artigo 19[116] da referida lei[117].

O Código de Processo Civil de 2015 prevê ser possível ao magistrado "determinar todas as medidas indutivas, coercitivas, mandamentais ou sub-rogatórias necessárias para assegurar o cumprimento de ordem judicial, inclusive nas ações que tenham por objeto prestação pecuniária" (art. 139, IV[118]).

O Superior Tribunal de Justiça entende ser possível a cumulação de técnicas executivas, no mesmo processo, de cumprimento de sentença quanto aos alimentos pretéritos, submetidos à técnica da penhora e à expropriação, e quanto aos alimentos atuais, submetidos à técnica da coerção pessoal. Não se afigura razoável e adequado impor ao credor, obrigatoriamente, a cisão da fase de cumprimento da sentença na hipótese em que pretenda a satisfação de alimentos pretéritos e atuais, exigindo-lhe a instauração de dois incidentes processuais, ambos com a necessidade de intimação pessoal do devedor, quando a satisfação do crédito é perfeitamente possível no mesmo processo (STJ, REsp nº 2.004.516/RO, Rel. Min. Nancy Andrighi, 3ª Turma, DJe de 21/10/2022).

Dessa forma, criou-se uma regra geral de efetivação das decisões, permitindo a utilização de formas atípicas de coerção, inclusive sem a necessidade de provocação específica pela parte e para garantir o cumprimento de veredictos proferidos em demandas relacionadas com prestações pecuniárias. Com relação a suspensão do direito de dirigir, não há qualquer ofensa ao direito de ir e vir. Todavia, com relação à retenção do passaporte, o STJ colocou limitações, entretanto não referia a ação de alimentos[119].

---

[116] (...) O art. 19, *caput*, parte final, da Lei nº 5.478/1968 foi tacitamente revogado pelo art. 528, § 3º, do CPC/2015, prevalecendo no ordenamento jurídico pátrio o prazo máximo de prisão civil de 3 (três) meses proveniente de cumprimento de sentença de prestação alimentícia, definitiva ou provisória, em observância ao critério cronológico de solução de conflito aparente de normas previsto no art. 2º, § 1º, da LINDB, dada a superveniência da lei processual e a incompatibilidade entre os dispositivos legais coexistentes. (...) (STJ, HC 808.009/PB, Rel. Min. Marco Aurélio Bellizze, 3ª Turma, DJe 28/4/2023).

[117] Art. 19. O juiz, para instrução da causa ou na execução da sentença ou do acordo, poderá tomar todas as providências necessárias para seu esclarecimento ou para o cumprimento do julgado ou do acordo, inclusive a decretação de prisão do devedor até 60 (sessenta) dias.

[118] Sobre o tema, Nelson Nery Junior e Rosa Maria de Andrade Nery lecionam: "Para tanto, o texto normativo no-lo diz, pode o juiz exercer o poder procedendo por raciocínio indutivo, obrigar as partes e os sujeitos da relação processual aos comandos que irradiam de sua autoridade, mesmo que seja provisoriamente no exercício do poder, por ter assumido o lugar de outra autoridade de igual poder. O desvio que macularia o poder de mando é a arrogância, que pode tornar abusivo o mando, pois o poder da autoridade não é absoluto" (*Comentários ao Código de Processo Civil*. 2ª tir. São Paulo: Revista dos Tribunais, 2015. p. 583-584).

[119] (...) A jurisprudência desta Corte Superior é no sentido de que a suspensão da Carteira Nacional de Habilitação não configura ameaça ao direito de ir e vir do titular, sendo, assim, inadequada a utilização do habeas corpus,

8.12 AÇÃO DE REEMBOLSO

A ação de reembolso é uma ação ordinária para pedir o reembolso das despesas que foram pagas no lugar de quem deveria fazê-lo, por obrigação moral ou jurídica, e não o fez[120]. Pode ser chamada também de ação de ressarcimento. O caso mais comum, e autorizador, de tal ressarcimento é quando a mãe paga todas as despesas do filho, e o pai, que deveria fazê-lo, se omite, como, por exemplo, nas seguintes situações: fixados os alimentos judicialmente, eles nascem da data da citação. No período anterior, o pai tinha a obrigação moral de contribuir para o sustento e não o faz. E não há como executá-lo por este período anterior. A quantia buscada na ação de reembolso se encontra no passado, tendo, por isso, seu limite na prescrição ou na data em que tinham sido feitas as primeiras despesas com o filho, ao passo que a quantia perseguida na ação de alimentos se encontra no futuro, não tendo, por isso, limite pré-definido, pois os alimentos não cessam automaticamente com a maioridade, especialmente quando a necessidade do alimentando persistir em decorrência da impossibilidade de provar seu próprio sustento (CC art. 1.694. STJ, Súmula 358)[121]. Outra situação, que também foge ao escopo das tradicionais ações de alimentos e sua execução, são as despesas extras necessárias não previstas na verba de alimentos fixada. Por exemplo, despesas com intercâmbio cultural estudantil, tratamentos médicos e odontológicos etc. Da mesma forma, podem ser objetos de reembolso os valores de uma execução de alimentos em que o filho, atingindo a maioridade, abre mão, ou dá quitação aos valores cobrados pela mãe quando ela ainda o representava/assistia.

A base jurídica que sustenta tal pretensão é que uma das partes, o pai ou a mãe, outro parente, ou mesmo um terceiro pagou as despesas no lugar do genitor omisso. É essa omissão paterna ou materna que deve/pode ser "reparada" com tal ação ressarcitória ou de reembolso. Em outras palavras, é como se o genitor provedor tivesse feito uma "gestão de negócios" do genitor omisso relativamente a tudo que ele tenha fornecido ao filho em seu lugar, como bem estabelece o art. 871 do CCB: quando alguém, na ausência do indivíduo obrigado a alimentos, por ele os prestar a quem se devem, poder-lhes-á reaver do devedor a importância, ainda que este não ratifique o ato.

Da mesma forma o art. 305 do CCB autoriza que se proponha ação de ressarcimento ou reembolso: o terceiro não interessado, que paga a dívida em seu próprio nome, tem direito de

---

impedindo seu conhecimento. É fato que a retenção desse documento tem potencial para causar embaraços consideráveis a qualquer pessoa e, a alguns determinados grupos, ainda de forma mais drástica, caso de profissionais, que tem na condução de veículos, a fonte de sustento. É fato também que, se detectada esta condição particular, no entanto, a possibilidade de impugnação da decisão é certa, todavia por via diversa do habeas corpus, porque sua razão não será a coação ilegal ou arbitrária ao direito de locomoção, mas inadequação de outra natureza. 12. Recurso ordinário parcialmente conhecido" (RHC 97.876/SP, Min. Luis Felipe Salomão).

[120] (...) a recorrente ajuizou ação de cobrança pleiteando o reembolso dos valores despendidos para o custeio de despesas de primeira necessidade de seus filhos – plano de saúde, despesas dentárias, mensalidades e materiais escolares –, que eram de inteira responsabilidade do pai, conforme sentença revisional de alimentos. Reconhecida a incidência da gestão de negócios, deve-se ter, com relação ao reembolso de valores, o tratamento conferido ao terceiro não interessado, notadamente por não haver sub-rogação, nos termos do art. 305 do CC. 4. Assim, tendo-se em conta que a pretensão do terceiro ao reembolso de seu crédito tem natureza pessoal (não se situando no âmbito do direito de família), de que se trata de terceiro não interessado – gestor de negócios *sui generis* –, bem como afastados eventuais argumentos de exoneração do devedor que poderiam elidir a pretensão material originária, não se tem como reconhecer a prescrição no presente caso. 5. Isso porque a prescrição a incidir na espécie não é a prevista no art. 206, § 2º, do Código Civil – 2 (dois) anos para a pretensão de cobrança de prestações alimentares –, mas a regra geral prevista no *caput* do dispositivo, segundo a qual a prescrição ocorre em 10 (dez) anos quando a lei não lhe haja fixado prazo menor. 6. Recurso especial provido. (REsp 1.453.838/SP, Rel. Min. Luis Felipe Salomão, 4ª Turma, DJe 07/12/2015).

[121] CALMON, Rafael. *Manual de Direito processual das famílias*. 2. ed. São Paulo: Saraiva Jur, 2021, p. 465.

DIREITO DAS FAMÍLIAS – *Rodrigo da Cunha Pereira*

reembolsar-se do que pagar; mas não se sub-roga nos direitos do credor. Parágrafo único. Se pagar antes de vencida a dívida, só terá direito ao reembolso no vencimento.

A competência para processamento e julgamento de tal ação é da vara de família. E como sua natureza é condenatória/indenizatória, o prazo prescricional, diferentemente das ações de alimentos que são imprescritíveis, é de dez anos (art. 205 CCB). O rito é o especial das Ações de Família (CPC 693 e segs.) e, diferentemente das ações de alimentos de menores de idade, em que as despesas são presumidas, os valores reembolsáveis devem ser demonstrados e provados. Não é necessária a intervenção do Ministério Público, como acontece nas Ações de Alimentos.

8.13 AÇÃO DE PRESTAÇÃO DE CONTAS DE ALIMENTOS

Quem paga pensão alimentícia, em geral, acha que está pagando muito, e quem recebe acha que está recebendo pouco. É que, para além da objetividade aritmética, e da equação necessidade *versus* possibilidade, há também uma "demanda de amor". Quando a relação entre alimentante e alimentário não é muito pacífica, fica sempre a desconfiança de que o valor pago a título de pensão não está sendo direcionado apenas para as despesas do alimentário ou que elas ultrapassam a necessidade do credor. Louvável a possibilidade de prestar contas, pois decorre do exercício da boa-fé[122]. Fiscalizar a manutenção e a educação do filho é um dever decorrente do poder familiar[123]. Independentemente de se ter a guarda ou não, cabe ao pai ou à mãe, em nome do menor, buscar o seu melhor interesse e, para isso, em determinados casos, é necessário apurar se os alimentos estipulados estão sendo usados em prol do alimentário, sob pena de privá-lo de necessidades importantes ou até imprescindíveis para sua subsistência, o que vai de encontro a sua boa formação e educação.

Por outro lado, quem move uma ação de prestação de contas corre o risco de, prestadas as contas, ser provado documentalmente que o *quantum* alimentar é insuficiente para arcar com o sustento do alimentário. Neste sentido, a referida ação pode até mesmo servir de ensejo para a propositura de ação revisional de alimentos para majorá-los, embora possa também ter o propósito de ser preparatória para uma diminuição.

Embora não tenha previsão expressa no CPC/2015 e houvesse resistência de alguns, com ação de prestação de contas, ela pode ser uma medida eficaz e importante para quem paga alimentos[124]. E foi assim que a Lei 13.058/2014 estabeleceu a guarda compartilhada e instituiu expressamente a ação de prestação de contas:

---

[122] (...) À luz do disposto no § 5º do artigo 1.583 do Código Civil incluído pela Lei 13.058/2014, "a guarda unilateral obriga o pai ou a mãe que não a detenha a supervisionar os interesses dos filhos, e, para possibilitar tal supervisão, qualquer dos genitores sempre será parte legítima para solicitar informações e/ou prestação de contas, objetivas ou subjetivas, em assuntos ou situações que direta ou indiretamente afetem a saúde física e psicológica e a educação de seus filhos (STJ, AgInt nos EDcl no REsp 1857050/SP, Rel. Ministro Luis Felipe Salomão, 4ª Turma, *DJe* 26/08/2021).

[123] (...) Na perspectiva do princípio da proteção integral e do melhor interesse da criança e do adolescente e do legítimo exercício da autoridade parental, em determinadas hipóteses, é juridicamente viável a ação de exigir contas ajuizada por genitor(a) alimentante contra a(o) guardiã(o) e representante legal de alimentado incapaz, na medida em que tal pretensão, no mínimo, indiretamente, está relacionada com a saúde física e também psicológica do menor, lembrando que a lei não traz palavras inúteis. (...) (STJ, REsp 1.814.639/RS, Rel. Ministro Paulo de Tarso Sanseverino, Rel. p/ Acórdão Ministro Moura Ribeiro, 3ª Turma, j. 26/5/2020, *DJe* 9/6/2020).

[124] "Apelação cível. Ação de prestação de contas relacionada ao emprego de verba alimentícia recebida por filho menor. Pedido limitado à demonstração de despesas, não havendo utilidade em se apurar eventual saldo credor ou devedor, dada a irrepetibilidade dos alimentos. Possibilidade de o genitor que não exerce a guarda do descendente, fiscalizar o emprego do quantum destinado ao sustento do filho em comum. Exegese do art. 1.589 do CC. Satisfatória demonstração, pela administradora dos recursos, das despesas habituais do alimentando, com a efetiva utilização do benefício em proveito da subsistência do menor. Carência de

Art. 1.583. A guarda será unilateral ou compartilhada. (...) § 5º A guarda unilateral obriga o pai ou a mãe que não a detenha a supervisionar os interesses dos filhos, e, para possibilitar tal supervisão, qualquer dos genitores *sempre será parte legítima para solicitar informações e/ou prestação de contas, objetivas ou subjetivas, em assuntos ou situações que direta ou indiretamente afetem a saúde física e psicológica e a educação de seus filhos.* (Grifo nosso).

O STJ firmou entendimento pela possibilidade em hipóteses excepcionais que é possível, sim, que o guardião e alimentante busque saber onde está sendo investida a verba alimentar paga:

(...) não há apenas interesse jurídico, mas também o dever legal, por força do § 5º do art. 1.538 do CC/02, do genitor alimentante de acompanhar os gastos com o filho alimentado que não se encontra sob a sua guarda, fiscalizando o atendimento integral de suas necessidades materiais e imateriais essenciais ao seu desenvolvimento físico e também psicológico, aferindo o real destino do emprego da verba alimentar que paga mensalmente, pois ela é voltada para esse fim. 3.1. O que justifica o legítimo interesse processual em ação dessa natureza é só e exclusivamente a finalidade protetiva da criança ou do adolescente beneficiário dos alimentos, diante da sua possível malversação, e não o eventual acertamento de contas, perseguições ou picuinhas com a(o) guardiã(ao), devendo ela ser dosada, ficando vedada a possibilidade de apuração de créditos ou preparação de revisional pois os alimentos são irrepetíveis. (...)[125]

8.14 AÇÃO DE PRESTAÇÃO DE CONTAS DA ADMINISTRAÇÃO DE BENS

A ação de prestação de contas da administração de bens do casal divorciando ou divorciado, ou em dissolução de união estável, é uma salutar medida judicial, para ajudar a impedir abusos e desvio dos frutos dos bens do casal. É uma medida de pouco uso no cotidiano forense em face da sensação de segurança oferecida pelas ações de constrição patrimonial. Os profissionais do Direito e as partes costumam dar-se por satisfeitos com os bloqueios e sequestros dos bens e acabam esquecendo-se da administração dos referidos bens, que, apesar de impedidos de venda, estão livres para a gestão.

Não raramente nos deparamos com empresas que antes do divórcio eram saudáveis, auferiam bons lucros, mas após a sua constrição passaram a ter um verdadeiro declínio econômico. As alegações dos depositários são sempre as mesmas, que uma crise as afetou, um negócio não foi tão lucrativo, despesas elevadas, enfim, a história se repete, e aquele bem rentável passou a ser deficitário[126].

---

justificativa para a pretendida reforma da decisão de 1º grau, sobretudo quando atingido o objetivo essencial da demanda. Pedido de condenação do recorrente em pena por litigância de má-fé, deduzido pela ex-cônjuge em sede de contrarrazões. Condutas elencadas no art. 17 do CPC não evidenciadas. Pretensão rejeitada. Reclamo conhecido e desprovido." (TJ-SC, AC 20130184382 SC 2013.018438-2 Rel. Luiz Fernando Boller, 4ª Câmara, Data de Julgamento: 19.06.2013).

[125] STJ, AgInt no REsp nº 1.924.422/SP, Rel. Min. Moura Ribeiro, 3a Turma, j. 14/2/2022, DJe 16/2/2022.

[126] Ação de prestação de contas. Separação de fato. Permanência dos bens comuns sob a administração do ex--marido. Obrigação de prestar contas. Ocorrida a separação de fato do casal há mais de dois anos e estando em tramitação a ação de separação judicial, o ex-marido, que assumiu a administração dos bens destinados, em partilha, à ex-mulher, deve prestar contas de sua administração desde a data da separação de fato e enquanto continuarem em seu poder. O ajuizamento da ação de prestação de contas compete a quem tiver o direito de exigi-las ou a obrigação de prestá-las (art. 914, CPC) (TJMG, Rel. Wander Marotta, Apelação Cível nº 1.0525.06.095473-8/001, j. 31.3.2009.).

370 DIREITO DAS FAMÍLIAS – *Rodrigo da Cunha Pereira*

Assim, é importante que essa ação de prestação de contas seja instaurada com o propósito de preservação de uma boa gestão, caso não esteja havendo uma administração saudável destes bens[127].

Este procedimento, além de outras vantagens e garantias, serve também de preparação para a modificação do depositário ou gestor, ou mesmo para o sequestro do bem que foi mal gerido.

O CPC/2015 não tratou especificamente sobre a prestação de contas da administração do casal, mas tal ação pode enquadrar-se nos procedimentos especiais presentes no Capítulo II – Da ação de exigir contas, prevista nos artigos 550 e seguintes[128].

8.15 A FLEXIBILIZAÇÃO DA PROVA NOS PROCESSOS DE FAMÍLIA

Aplicabilidade do direito processual civil no Direito de Família é *sui generis*. E não é por acaso. As questões mais relevantes da esfera privada merecem guarita diferenciada do Estado, seja porque se descortinam na intimidade do sujeito, requerendo um direito probatório amplo, seja porque a Constituição da República, em seu art. 226, concedeu proteção especial à família.

Para tanto, os tribunais têm firmado entendimento do direito à quebra de sigilos bancário, telefônico e fiscal nos litígios do Direito de Família. Em alguns casos, e apenas desta forma, garante-se a quantificação de direito de partilha, e/ou a demonstração da possibilidade alimentar.

---

[127] (...) Uma vez dissolvida a sociedade conjugal, desaparece a comunhão universal e os bens comuns devem ser partilhados como em qualquer comunhão que se extingue. Havendo, porém, um interregno entre a dissolução da sociedade conjugal e a partilha, aquele que conservar a posse dos bens do casal estará sujeito a prestação de contas como qualquer consorte de comunhão ordinária. *In casu*, não é preciso demonstrar a existência de autorização ou mandato entre os ex-cônjuges em torno da administração do patrimônio comum para justificar o pleito judicial de acerto de contas. É que a ação de prestação de contas não se subordina sempre e invariavelmente a um mandato entre as partes. Ao contrário, o princípio universal que domina a matéria é que 'todos aqueles que administram, ou têm sob sua guarda, bens alheios devem prestar contas'. Daí que basta o fato de um bem achar-se, temporariamente, sob administração de outrem que não o dono, para que esse detentor tenha que dar contas da gestão eventualmente desempenhada, ainda que não precedida de acordo ou autorização por parte do proprietário. (STJ, REsp nº 1.300-250-SP, Rel. Min. Ricardo Villas Bôas Cueva, 3ª turma, publ. 19/04/2012).

[128] Art. 550. Aquele que afirmar ser titular do direito de exigir contas requererá a citação do réu para que as preste ou ofereça contestação no prazo de 15 (quinze) dias. § 1º Na petição inicial, o autor especificará, detalhadamente, as razões pelas quais exige as contas, instruindo-a com documentos comprobatórios dessa necessidade, se existirem. § 2º Prestadas as contas, o autor terá 15 (quinze) dias para se manifestar, prosseguindo-se o processo na forma do Capítulo X do Título I deste Livro. § 3º A impugnação das contas apresentadas pelo réu deverá ser fundamentada e específica, com referência expressa ao lançamento questionado. § 4º Se o réu não contestar o pedido, observar-se-á o disposto no art. 355. § 5º A decisão que julgar procedente o pedido condenará o réu a prestar as contas no prazo de 15 (quinze) dias, sob pena de não lhe ser lícito impugnar as que o autor apresentar. § 6º Se o réu apresentar as contas no prazo previsto no § 5º, seguir-se-á o procedimento do § 2º, caso contrário, o autor apresentá-las-á no prazo de 15 (quinze) dias, podendo o juiz determinar a realização de exame pericial, se necessário. Art. 551. As contas do réu serão apresentadas na forma adequada, especificando-se as receitas, a aplicação das despesas e os investimentos, se houver. § 1º Havendo impugnação específica e fundamentada pelo autor, o juiz estabelecerá prazo razoável para que o réu apresente os documentos justificativos dos lançamentos individualmente impugnados. § 2º As contas do autor, para os fins do art. 550, § 5º, serão apresentadas na forma adequada, já instruídas com os documentos justificativos, especificando-se as receitas, a aplicação das despesas e os investimentos, se houver, bem como o respectivo saldo. Art. 552. A sentença apurará o saldo e constituirá título executivo judicial. Art. 553. As contas do inventariante, do tutor, do curador, do depositário e de qualquer outro administrador serão prestadas em apenso aos autos do processo em que tiver sido nomeado. Parágrafo único. Se qualquer dos referidos no *caput* for condenado a pagar o saldo e não o fizer no prazo legal, o juiz poderá destituí-lo, sequestrar os bens sob sua guarda, glosar o prêmio ou a gratificação a que teria direito e determinar as medidas executivas necessárias à recomposição do prejuízo.

Cap. 8 – PARTILHA DE BENS, ALIMENTOS E PROCESSO JUDICIAL **371**

É um engano não permitir o acesso a informações das empresas nas quais o cônjuge é sócio. Neste ramo do Direito, muitas vezes, a pessoa jurídica é utilizada para fraudar meações e ocultar direitos partilháveis.

Outra regra processual que tem sido flexibilizada nos juízos de família é a oitiva de parentes e amigos das partes. É que os fatos relevantes às demandas de família, na maioria das vezes, foram testemunhados apenas pelos parentes ou amigos muito próximos. Assim, compete ao juiz definir se serão ou não informantes ou testemunhas. Afinal, grande parte dos fatos que têm relevância para o deslinde da causa acontece no ambiente e na intimidade da família. Ainda que sejam ouvidas apenas como informantes, a audição é válida, ainda que tenha peso menor, em razão das regras processuais vigentes. Mesmo assim, são depoimentos/informações significativas. Como na maioria das vezes, somente pessoas muito próximas da família é que sabem dos fatos, já que se está falando de questões tão íntimas.

8.16 RESUMO

Partilha de bens:

- De acordo com o regime de bens;
- Pode haver divórcio sem partilha, mas não há partilha sem divórcio. A não ser quando se faz modificação do regime de bens;
- Pode-se perder a meação/propriedade por usucapião familiar – Lei 12.424/2011;
- Fraude na partilha – Art. 50 do CCB/2002; CPC/2015 arts. 133 e ss.;
- É possível cobrança de frutos do patrimônio comum do casal (aluguéis) até que efetive a partilha dos bens comuns.

Processo judicial de divórcio e dissolução de união estável:

- Judicial consensual;
- Administrativo (cartório);
- Judicial litigioso.

É possível cumulação de pedidos dentro da ação e divórcio.

Tutela de urgência e evidência são, muitas vezes, necessárias no processo de divórcio e dissolução de união estável.

Separação de corpos de fato e/ou judicialmente, demarca o fim da relação conjugal e consequentemente os limites de aquisição patrimonial.

Arrolamento e bloqueio de bens do casal, muitas vezes são medidas preventivas necessárias para assegurar direitos.

Ação de alimentos pode ser pelo rito especial da Lei de Alimentos n.º 5.478/68, que tem mais vantagens sobre o rito comum ou cautelar.

As execuções de alimentos podem ser feitas com pedido de penhora e/ou de prisão. É possível também outras medidas de coerção como protesto do nome do devedor etc.

Ação de prestação e contas de alimentos, da administração dos bens do casal, cobrança de frutos da propriedade são medidas assecuratórias até que se faça a partilha de bens.

FILMOGRAFIA

1. *A partilha*, 2001, filme, Brasil, Daniel Filho.
2. *A guerra dos Roses*, 1989, filme, EUA, Danny DeVito.
3. *O sucessor*, 2018, série, Espanha, Marc Vigil, Miguel Ángel Vivas e Oskar Santos.
4. *Black Mirror*, 2011, série, Reino Unido, Charlie Brooker.
5. *Belas Famílias*, 2015, filme, França, Jean Paul Rappeneau.

9

BEM DE FAMÍLIA

Acesse o *QR Code* e assista à aula explicativa sobre este assunto.

> https://uqr.to/ofq4

9.1 CONCEITO

Bem de família[1] é a propriedade, urbana ou rural, destinada à residência e moradia da família, com suas pertenças e acessórios, que recebe o benefício da impenhorabilidade. E assim não responde por dívidas contraídas pelos cônjuges, ou pelos pais ou filhos, que sejam seus proprietários e nele residam. Portanto, o direito à moradia, sobrepõe-se aos direitos dos credores.

O instituto bem de família teve sua origem na República do Texas – Estados Unidos, que em publicação de 1839 do *Homestead Exemption Act* declarou isentos de execução judicial por dívidas as sortes de terras até 200 acres, ou terrenos urbanos, incluindo-se, aí, os utensílios domésticos que não excedessem 200 dólares (Sec. 22, Digest of the laws of Texas, 1850).

O bem de família foi instituído no Brasil no CCB/1916, inserido na Parte Geral, no livro dos bens (arts. 70 a 73), com tantas restrições e exigências que na prática não atingiu seu objetivo de proteção à família[2]. E foi assim, para ampliar e dar mais aplicabilidade prática, que veio a Lei 8.009/1990[3], fazendo surgir, então, duas formas de bem de família, como se detalhará adiante: o legal, e o convencional/voluntário. Ao instituir a impenhorabilidade do bem de família, essa lei buscou proteger a família ou a entidade familiar, de modo a tutelar o direito constitucional

---

[1] (...) A jurisprudência desta Corte reconhece que a proteção legal conferida ao bem de família pela Lei 8.009/90 não pode ser afastada por renúncia do devedor ao privilégio, pois é princípio de ordem pública, prevalente sobre a vontade manifestada. 4. A regra de impenhorabilidade aplica-se às situações de uso regular do direito. O abuso do direito de propriedade, a fraude e a má-fé do proprietário devem ser reprimidos, tornando ineficaz a norma protetiva, que não pode tolerar e premiar a atuação do agente em desconformidade com o ordenamento jurídico (...) (STJ, REsp nº 1.559.348 – DF, Rel. Min. Luis Felipe Salomão, 47ª Turma, publ. 05/08/2019).

[2] LÔBO, Paulo. Op. Cit. p. 45.

[3] Art. 1º O imóvel residencial próprio do casal, ou da entidade familiar, é impenhorável e não responderá por qualquer tipo de dívida civil, comercial, fiscal, previdenciária ou de outra natureza, contraída pelos cônjuges ou pelos pais ou filhos que sejam seus proprietários e nele residam, salvo nas hipóteses previstas nesta lei. Parágrafo único. A impenhorabilidade compreende o imóvel sobre o qual se assentam a construção, as plantações, as benfeitorias de qualquer natureza e todos os equipamentos, inclusive os de uso profissional, ou móveis que guarnecem a casa, desde que quitados.

fundamental da moradia e assegurar um teto mínimo para uma vida digna dos seus integrantes. Assim, quando um imóvel[4] é qualificado como bem de família, o Estado reconhece que ele, em regra, não precisa suportar constrição por dívidas. É uma espécie de garantia a um estatuto mínimo de dignidade da pessoa e de sua família.

O CCB/2002 manteve o bem de família mas levando-o para a parte de Direito de Família, regulamentando-o nos artigos 1.711[5] a 1722, com expectativa e amplitude bem maior do que o Código anterior.

A proteção conferida ao bem de família é uma questão constitucional. O art. 1.º, III, estabelece como princípio fundamental da República Federativa do Brasil a dignidade da pessoa humana; O Art. 6º[6] confere à moradia qualidade de direito social, tornando de maior valor a moradia, em comparação com o direito de propriedade; e o art. 226 declara que a família é base da sociedade e tem especial proteção do Estado. Desde sua origem, a finalidade do instituto é, efetivamente, proteger a moradia da entidade familiar, sem maiores requisitos para a configuração do bem de família. Afinal, um teto para se viver é um mínimo existencial, e está diretamente ligado à dignidade da pessoa humana.

CR/1988 prevê, também, em seu art. 5º, XXVI, que a pequena propriedade rural, assim definida em lei, desde que trabalhada pela família, não será objeto de penhora para pagamento de débitos decorrentes de sua atividade produtiva, dispondo a lei sobre os meios de financiar o seu desenvolvimento.

O Superior Tribunal de Justiça em um de seus julgados reafirma que o bem de família voluntário e o bem de família legal coexistem sob o Código de Processo Civil de 2015:

> (…) Civil. Processual civil. Execução fiscal. Revogação tácita da Lei 8.009/1990 pelo Código de Processo Civil. Não ocorrência. Bem de família legal e voluntário. Coexistência. Recurso provido. 1. O Código de Processo Civil declara não sujeitos à execução os bens arrolados em seu art. 833 e, na forma do art. 832, aqueles que a lei considera impenhoráveis ou inalienáveis. Assim como ocorreu sob a legislação processual passada, as hipóteses de impenhorabilidade previstas no atual Código de Processo Civil coexistem com a regulamentação do bem de família, que, segundo a tradição brasileira, é dada por outros diplomas legais, como o Código Civil de 1916, o Código Civil de 2002 e a Lei 8.009/1990. 2. O fato do Código de Processo Civil afirmar em seu art. 833, I, que são impenhoráveis os bens "declarados, por ato voluntário, não sujeitos à execução" não implica a revogação tácita da Lei 8.009/1990, assim como não o fez o art. 1.711 do Código Civil, ao tratar do bem de família voluntário. Como já se decidiu no STJ, "O bem de família legal (Lei nº 8.009/1990) e o convencional (Código Civil) coexistem no ordenamento jurídico,

---

4 Flávio Tartuce reforça: Aponte-se que a proteção do bem de família legal, constante na Lei 8.009/1990 nada mais é que a proteção do direito à moradia (art. 6º da CF/1988) e da dignidade da pessoa humana, seguindo a tendência de valorização da pessoa, bem como a solidariedade estampada no art. 3º, I, da CF/1988. Falar em dignidade humana nas relações privadas significa discutir o direito à moradia, ou, muito mais do que isso, o direito à casa própria. (...) (*Direito Civil*, v. 1: Lei de Introdução e Parte Geral. 12. Ed. Rio de Janeiro: Forense, 2016, p. 299/301).

5 Art. 1.711. Podem os cônjuges, ou a entidade familiar, mediante escritura pública ou testamento, destinar parte de seu patrimônio para instituir bem de família, desde que não ultrapasse um terço do patrimônio líquido existente ao tempo da instituição, mantidas as regras sobre a impenhorabilidade do imóvel residencial estabelecida em lei especial. Parágrafo único. O terceiro poderá igualmente instituir bem de família por testamento ou doação, dependendo a eficácia do ato da aceitação expressa de ambos os cônjuges beneficiados ou da entidade familiar beneficiada.

6 Art. 6º São direitos sociais a educação, a saúde, a alimentação, o trabalho, a moradia, o transporte, o lazer, a segurança, a previdência social, a proteção à maternidade e à infância, a assistência aos desamparados, na forma desta Constituição (Redação dada pela Emenda Constitucional nº 90, de 2015).

harmoniosamente" (REsp 1.792.265/SP, Rel. Ministro Luis Felipe Salomão, Quarta Turma, DJe 14/03/2022). 3. Conforme a jurisprudência do STJ, para o reconhecimento da proteção da Lei 8.009/1990 não é necessária a prova de que o imóvel onde reside seja o único de sua propriedade. 4. Recurso especial provido (...)" (STJ, REsp 2133984/RJ, Rel. Min. Paulo Sérgio Domingues, 1ª Turma, j. 25/10/2024).

9.2 O ESTATUTO JURÍDICO DO PATRIMÔNIO MÍNIMO – BEM DE MORADIA

Fere a dignidade da pessoa humana deixar alguém sem o mínimo para sobrevivência, e neste mínimo inclui um lugar para se morar melhor, um teto para alojar-se. Esse mínimo existencial vai além da moradia, pois não se esgota nessa garantia. Nesse sentido que, na tentativa de ampliação da proteção da impenhorabilidade, a doutrina e a jurisprudência passaram a denominar de "famílias unipessoais", para dar proteção às pessoas que vivem sozinhas. Este foi o primeiro passo para ampliar o chamado bem de família. Melhor seria denominá-lo de bem de moradia, pois este é o objetivo do instituto, como bem defende Maria Berenice Dias: garantir ao indivíduo um teto onde morar. E soa no mínimo estranho considerar que uma pessoa é uma família exclusivamente para o reconhecimento de fazer jus ao bem de família. O fato é que ninguém tem o direito de jogar, quem quer que seja na rua para satisfazer um crédito. Por isto o imóvel residencial é considerado impenhorável[7].

Foi nesse sentido, inclusive, que o jurista e professor paranaense Luiz Edson Fachin, justificando a repersonalização do Direito Civil, em que o sujeito precisa de um mínimo existencial para a garantia e preservação de sua dignidade (art. 1º, III, CR) criou a teoria do Estatuto Jurídico do Patrimônio Mínimo, que legitima a intervenção estatal nas relações jurídicas privadas para assegurar aos indivíduos – inclusive aos devedores – um mínimo de patrimônio que lhe permita sobreviver com dignidade. É nesse sentido que o Estado deve intervir, como por exemplo, garantindo a impenhorabilidade do bem de família. Em certa medida, a elevação protetiva conferida pela Constituição à propriedade privada pode, também, comportar tutela do patrimônio mínimo, vale dizer, sendo regra de base desse sistema, a garantia ao direito de propriedade não é incoerente, pois, que nele se garanta um mínimo patrimonial. Sob o estatuto da propriedade agasalha-se, também, a defesa dos bens indispensáveis à subsistência[8].

9.3 BEM DE FAMÍLIA LEGAL

Bem de família legal é aquele que a lei determina automaticamente, ou seja, o simples fato de ser a casa da família, por si só e naturalmente, passa ser bem de família. Decorre, portanto da vontade do Estado de proteger a família, e está disciplinado na Lei 8.009/1990. O bem de família voluntário, decorre da vontade do seu instituidor, objetivando a proteção do seu patrimônio.

É a casa, a residência, ou moradia onde vive o núcleo familiar, que goza do benefício da impenhorabilidade, independentemente de sua inscrição no cartório de registro imobiliário.

A casa, além de asilo inviolável, integra o mínimo existencial ou "Patrimônio Mínimo", que não pode ser retirada do núcleo familiar para pagamento de dívida, pois contraria o macroprincípio da Dignidade da Pessoa Humana. Assim, a propriedade residencial do casal, ou da entidade familiar, não responderá por dívida civil, comercial, fiscal, previdenciária ou de outra natureza, contraída pelos cônjuges ou pelos pais ou filhos que sejam seus proprietários e nele residam. Não estão incluídos nesta impenhorabilidade a posse e os direitos reais sobre imóvel alheio como o usufruto, servidões, uso e direito real de habitação. Mas inclui o condomínio,

---

[7]   DIAS, Maria Berenice. *Manual de Direito das Famílias*. Juspodvim, 2020, p. 750.

[8]   FACHIN, Luiz Édson. *Estatuto jurídico do patrimônio mínimo*. Rio de Janeiro: Renovar, 2001, p. 232.

DIREITO DAS FAMÍLIAS – *Rodrigo da Cunha Pereira*

ou seja, se a família tiver apenas parte do imóvel, esta sua fração não poderá ser penhorada, mas tão somente as partes de outros condôminos.

A impenhorabilidade compreende o imóvel sobre o qual se assentam a construção, as plantações, as benfeitorias de qualquer natureza e todos os equipamentos, inclusive os de uso profissional, ou móveis que guarnecem a casa, desde que quitados (art. 1º, Lei nº 8.009/90). Para que haja o benefício da impenhorabilidade é necessário que a família ali resida, ou depende do seu aluguel para sobrevivência[9]. Em se tratando de imóvel rural, considera-se o seu entorno, correspondente ao módulo rural daquela região, para atender o que a Constituição denomina-se de pequena propriedade rural (art. 5º, XXVI).

O conceito de bem de família vem sendo ampliado, inclusive pela jurisprudência do Superior Tribunal de Justiça[10], para incorporar tal benefício às pessoas que vivem sozinhas – *Single-person family* (Súmula 364 do STJ)[11], às moradias das famílias binucleares, isto é, a duas moradias do ex-casal e seus filhos, independentemente da guarda ser compartilhada e as famílias anaparentais (ver cap. 1, item 10.7), isto é, de irmãos que vivem naquele imóvel[12].

No bem de família legal inclui-se os móveis que guarnecem a casa, os equipamentos como computador, geladeira, televisão, micro-ondas, pois além de muitas vezes serem usadas como instrumentos profissionais, integram aquele lar.

Diferentemente do bem de família voluntário, o legal, até mesmo por não depender da vontade dos beneficiários, sua extinção só acontece, quando o imóvel for alienado e a renda revertida em outra destinação que não seja outro imóvel, que por sua vez, também se transforma automaticamente em bem de família. Até que isto aconteça, enquanto tiver algum membro da família morando ali, ele continuará impenhorável.

9.3.1   As exceções do bem de família legal

Estão excluídos da impenhorabilidade, ou seja, são penhoráveis alguns bens, que se assemelham ao bem de família, ou com ele tenham alguma conexão. Podemos exemplificar os automóveis, motos, bicicletas, obras de arte e objetos suntuosos que compõem a decoração da casa, desde que não estejam incorporadas ao imóvel, e cuja retirada de tais objetos podem danificar, ou desvalorizar o imóvel.

---

[9]   Súmula 486 do STJ: É impenhorável o único imóvel residencial do devedor que esteja locado a terceiros, desde que a renda obtida com a locação seja revertida para a subsistência ou a moradia da sua família.

[10]   (...) A proteção conferida ao instituto de bem de família é princípio concernente às questões de ordem pública, não se admitindo nem mesmo a renúncia por seu titular do benefício conferido pela lei, sendo possível, inclusive, a desconstituição de penhora anteriormente feita.

2. A jurisprudência do STJ tem, de forma reiterada e inequívoca, pontuado que o benefício conferido pela Lei 8.009/90 trata-se de norma cogente, que contém princípio de ordem pública, e sua incidência somente é afastada se caracterizada alguma hipótese descrita no art. 3º da Lei 8.009/90, o que não é o caso dos autos.

3. A finalidade da Lei 8.009/90 não é proteger o devedor contra suas dívidas, mas visa à proteção da entidade familiar no seu conceito mais amplo, motivo pelo qual as hipóteses de exceção à impenhorabilidade do bem de família, em virtude do seu caráter excepcional, devem receber interpretação restritiva.

4. Agravo regimental não provido. (AgRg no AREsp 537.034/MS, Rel. Min. Raul Araújo, 4ª Turma, j. 26/08/2014, *DJe* 01/10/2014).

[11]   STJ: Súmula 364: O conceito de impenhorabilidade de bem de família abrange também o imóvel pertencente a pessoas solteiras, separadas e viúvas.

[12]   "Os irmãos solteiros que residem no imóvel comum, constituem uma entidade familiar e, por isso, o apartamento onde moram goza de proteção de impenhorabilidade, presente na lei 8.009/1990, não podendo ser penhorado na execução de dívida assumida por um deles. STJ – REsp: 159851 SP 1997/0092092-5, Relator: Min. Ruy Rosado de Aguiar, Data de Julgamento: 19/03/1998, 4ª Turma, publ. *DJ* 22.06.1998.

Cap. 9 – BEM DE FAMÍLIA **377**

A Lei 8.009/1990, com suas modificações posteriores[13], abre exceções para penhora do bem de família, são elas:

a) · pelo titular de crédito de financiamento para aquisição ou construção do imóvel;
b) pelo credor de pensão alimentícia, resguardados os direitos da copropriedade, ou seja, de eventual cônjuge e companheiro;
c) para hipoteca sobre o imóvel, se ela foi oferecida como garantia real pela entidade familiar;
d) para pagamento de tributos e condomínio relativos ao próprio prédio oferecido como bem de família;
e) por obrigação decorrente de fiança em contrato de locação[14];
f) se o imóvel tiver sido adquirido como produto e crime ou para execução de sentença penal condenatória;
g) a vaga de garagem que tem matrícula própria no registro de imóveis não constitui bem de família para efeito de penhora (Súmula 449 do STJ[15]). A fração de imóvel indivisível pertencente ao executado, protegida pela impenhorabilidade do bem de família, da mesma forma como aquela parte pertencente ao coproprietário não atingido pela execução, não pode ser penhorada sob pena de desvirtuamento da proteção erigida pela Lei 8.009/1990[16].

9.4 BEM DE FAMÍLIA VOLUNTÁRIO OU CONVENCIONAL

É a propriedade que voluntariamente se convenciona, é escolhida para ser a residência e moradia da família, e assim recebe o benefício da impenhorabilidade previsto na Lei nº 8.009/90, mediante ato unilateral de vontade (art. 1.711 e seguintes do CCB/2002), e cuja escritura pública instituída deve ser levada ao registro de imóveis, para que surtam seus efeitos (art. 1.714 do CCB/2002).

Diferentemente do bem de família legal, em que a moradia da família é naturalmente bem de família, é reconhecido com o intuito de imunizar o patrimônio de penhora por dívida já constituída, o bem de família voluntário oferece proteção apenas contra dívidas futuras.

São três as formas de instituição do bem de família voluntário: 1) Por liberalidade, via escritura pública de doação ou testamento, com anuência do cônjuge ou do beneficiário e respectivo cônjuge/companheiro, se o regime não for o da separação de bens); 2) Por escritura pública, instituindo-se também os móveis, com aquiescência do cônjuge ou companheiro (a),

---

[13] A Lei 8.009/1990 foi alterada pelas Leis 8.245/91, lei 13.144/2015. E a Lei Complementar 150/2015, que revogou o inciso I do artigo 3º que previa como exceção o crédito trabalhista da própria residência.

[14] (...) É impenhorável o bem de família do fiador em contrato de locação de imóvel comercial, dada a necessidade de observância ao princípio da dignidade da pessoa humana (art. 1º, III, da CF), ao direito fundamental à moradia (art. 6º da CF) e à preservação da unidade familiar (art. 226 da CF). II – A orientação firmada no Tema 295 da Repercussão Geral (RE 612.360-RG/SP) não se aplica aos casos em que se discute a penhorabilidade de bem de família do fiador em contrato de locação comercial. III – Agravo regimental a que se nega provimento. (STF, RE 1296251/SP 2164455-84.2019.8.26.0000, Rel. Min. Ricardo Lewandowski, 2ª Turma, *DJe* 10/05/2021).

[15] (...) A jurisprudência desta Corte já decidiu que as vagas de garagem, desde que tenham matrícula e registro próprios, como no caso em exame, são penhoráveis, independentemente de estarem relacionadas a imóvel considerado bem de família. Incidência da Súmula 449 do STJ. 2. Agravo interno não provido. (STJ – AgInt no AREsp 1259988 SP 2018/0053973-3, Relator: Min. Luis Felipe Salomão, Data de Julgamento: 29/04/2019, 4ª Turma, *DJe* 02/05/2019).

[16] Precedentes: AgInt no AREsp nº 573.226/SP, Rel. Min. Raul Araújo, Quarta Turma, j. 2/2/2017, *DJe* 10/2/2017; e REsp nº 1.227.366-RS, Rel. Min. Luis Felipe Salomão, *DJe* de 17/11/2014.

DIREITO DAS FAMÍLIAS – *Rodrigo da Cunha Pereira*

se o regime de bens não for o da separação de bens, ou o bem não for particular; 3) Por testamento. Mas o herdeiro/legatário destinatário de tal bem, terá que aceitá-lo.[17]

Ao instituir um bem de família voluntário é necessário observar a exigência trazida pelo Código Civil que limita a escolha do imóvel: *Podem os cônjuges, ou a entidade familiar, mediante escritura pública ou testamento, destinar parte de seu patrimônio para instituir bem de família, desde que não ultrapasse um terço do patrimônio líquido existente ao tempo da instituição, mantidas as regras sobre a impenhorabilidade do imóvel residencial estabelecida em lei especial (art. 1.711, CCB).* Para que seja possível gravar um imóvel como bem de família voluntário, o interessado precisa declarar que é titular de outros bens imóveis ou móveis que correspondem a, no mínimo, dois terços de seu patrimônio. Caso seja comprovado em juízo, a requerimento dos credores, a falsidade dessa declaração, o juiz pode declarar sem efeitos a instituição do bem, permitindo, assim, a sua penhora, em eventual ação de anulação de negócio jurídico, como se demonstrará adiante.

Quando feita mediante testamento ou doação, devem ser observados os limites da sucessão legítima e as regras de colação.

Diferentemente do bem de família legal, o convencional é uma opção do seu instituidor. Se não fizer essa escolha naturalmente, a propriedade de sua moradia será um bem de família legal. Mas uma vez instituído o bem de família voluntário, o núcleo familiar não mais pode alegar em seu benefício a garantia do bem de família legal.

Embora a Lei 8.009/1990 exclua expressamente da impenhorabilidade os veículos e obras de arte, tal exclusão serve apenas para o bem de família legal, pois no voluntário, esses e outros bens, podem entrar no rol das pertenças.

O imóvel rural também pode ser destinado a ser bem de família. Não apenas a casa de moradia, mas toda a extensão da respectiva propriedade, independentemente de ser produtiva. O requisito essencial é que não ultrapasse o limite de um terço do patrimônio líquido do seu instituidor, que é o saldo positivo entre crédito e débito do beneficiário do bem de família voluntário.

Diferentemente do bem de família legal, o voluntário pode ter dívidas penhoradas se elas forem anteriores à instituição do bem de família voluntário. Excetua-se também a impenhorabilidade neste modelo de bem de família, as dívidas relativas aos empregados, contribuições previdenciárias, impostos e condomínio relativos ao próprio bem destinado como bem de família voluntário. Da mesma, pode ser penhorado para pagar as dívidas de pensão alimentícia e exercício de hipoteca sobre o imóvel, ou se o bem tiver sido adquirido ilicitamente, ou com produto de crime.

9.4.1 Extinção do bem de família voluntário

Diferentemente do bem de família legal em que sua natureza decorre da simples condição de morada do casal, o bem de família voluntário, traz mais "amarras" ao bem. Por exemplo, o prédio e os valores mobiliários destinados a esse fim, só pode ser alienado com o consentimento dos interessados e seus representantes legais (art. 1.717 CCB/2002), ouvido o Ministério Público, se envolver pessoas incapazes (art. 178, II, CPC/2015). Uma vez vendido o bem, a cláusula de impenhorabilidade deve ser mantida (STJ, AgInt. no REsp nº 1719551, *DJe* 30/05/2019).

Também pode ser extinto o bem de família convencional, se demonstrar que a sua manutenção tornou-se inviável nas condições em que foi instituído. Neste caso, os interessados

---

[17] LÔBO, Paulo. *Famílias*. 9. ed. São Paulo: Saraiva, 2019. p. 381.

poderão requerer ao juiz a sua extinção, ou autorizar a sub-rogação dos bens que constituem (art. 1.719, CCB/2002).

A isenção da impenhorabilidade permanecerá ainda que não haja mais a família conjugal (art. 1.716 do CCB/2002). Se houver filhos, isto é, permanecendo a família parental, o benefício da impenhorabilidade continuará. Neste caso, a administração passará para um dos filhos maiores de idade se houver. Se os filhos forem menores, o seu tutor (art. 1.720, parágrafo único).

O cônjuge ou companheiro sobrevivo, pode pedir a extinção do bem de família convencional, se ele for o único bem do ex-casal (art. 1.721, parágrafo único, do CCB/2002). Mas se tiverem filhos menores envolvidos, o juiz deverá ponderar sobre sua viabilidade. Na eventualidade de extinção da benesse instituída por terceiros, ainda que nada refira a lei, deve-se reconhecer que retorna ao instituidor a posse plena e a propriedade livre e desembraçada do bem, assim como suas pertenças e rendas[18].

9.4.2 Bem de família e fraude

A concepção e "espírito" do bem de família é proteger a entidade familiar contra a penhora que recaia sobre a propriedade que é o lar ali estabelecido. Mas é preciso que tal caracterização não esteja envolvida em má-fé, isto é, que o devedor não use e abuse dessa prerrogativa para fraudar credores.

Em caso de caracterização de má-fé do devedor, com atos lesivos ao credor, o negócio feito nesta intenção é anulável[19]. Neste caso o credor pode propor ação judicial para que, anulando o negócio jurídico, o negócio volte a situação anterior.

O caso mais comum de fraude referente ao bem de família é quando o proprietário, já sabendo-se devedor, vende todos os bens para transformá-los em apenas um, que transformará no bem de família. Esta é uma forma dele burlar o pagamento das dívidas, cujo outros bens poderiam responder pelas dívidas.

Seja qual for a forma como se faça de manejo ou remanejo dos bens, para caracterizá-lo como bem de família, e receber os benefícios da impenhorabilidade, o que vai determinar a caracterização da fraude, é se houve má-fé ou boa-fé, como deve ser em todas as relações negociais. E neste sentido que tem sido a orientação do STJ, inclusive socorrendo-se ao abuso de direito de propriedade e a vedação ao comportamento contraditório como a decisão abaixo transcrita:

> A questão da proteção indiscriminada do bem de família ganha novas luzes quando confrontada com condutas que vão de encontro à própria ética e à boa-fé, que devem permear todas as relações negociais.
>
> Afinal, não se pode olvidar da máxima de que a nenhum é dado beneficiar-se de sua própria torpeza, isto é, não pode o devedor ofertar bem em garantia que é sabidamente residência familiar para, posteriormente, vir a informar que tal garantia não encontra respaldo legal, pugnando pela sua exclusão.
>
> A corroborar com tal raciocínio, tem-se também a vedação ao comportamento contraditório (venire contra factum proprium).

---

[18] DIAS, Maria Berenice. *Manual de Direito das Famílias*. Salvador: JusPodivm, 2020, p. 752.

[19] CCB/2002: Art. 158. Os negócios de transmissão gratuita de bens ou remissão de dívida, se os praticar o devedor já insolvente, ou por eles reduzido à insolvência, ainda quando o ignore, poderão ser anulados pelos credores quirografários, como lesivos dos seus direitos. § 1º Igual direito assiste aos credores cuja garantia se tornar insuficiente. § 2º Só os credores que já o eram ao tempo daqueles atos podem pleitear a anulação deles.

380 DIREITO DAS FAMÍLIAS – Rodrigo da Cunha Pereira

Este entendimento conduz à conclusão de que, mesmo sendo impenhorável o bem de família, ainda que indicado à penhora pelo próprio devedor, não há que ser a mesma anulada em caso de má-fé calcada em comportamentos contraditórios deste[20].

9.5 TESES DO STJ A PARTIR DE SEUS JULGADOS

As teses aqui resumidas foram elaboradas pela secretaria de jurisprudência do STJ, em sua base de dados, com julgados publicados até 28/10/2015.

BEM DE FAMÍLIA I

1) **A impenhorabilidade do bem de família prevista no art. 3º, III, da Lei 8.009/1990 não pode ser oposta ao credor de pensão alimentícia decorrente de vínculo familiar ou de ato ilícito.**

   Precedentes: AgRg no AREsp 516.272/SP, Rel. Min. Luis Felipe Salomão, 4ª Turma, j. 03/06/2014, DJe 13/06/2014; AgRg no REsp 1.210.101/SP, Rel. Min. Paulo de Tarso Sanseverino, 3ª Turma, j. 20/09/2012, DJe 26/09/2012; REsp 1.186.225/RS, Rel. Min. Massami Uyeda, 3ª Turma, j. 04/09/2012, DJe 13/09/2012; EREsp 679.456/SP, Rel. Min. Sidnei Beneti, 2ª Seção, j. 08/06/2011, DJe 16/06/2011; REsp 1.305.090/MT (decisão monocrática), Rel. Min. Ricardo Villas Bôas Cueva, j. 28/08/2015, DJe 15/09/2015; REsp 1.097.965/RS (decisão monocrática), Rel. Min. Maria Isabel Gallotti, j. 13/08/2015, DJe 21/08/2015; AREsp 656.178/MG (decisão monocrática), Rel. Min. João Otávio de Noronha, j. 29/04/2015, DJe 05/05/2015; AREsp 562.460/SP (decisão monocrática), Rel. Min. Antonio Carlos Ferreira, j. 08/10/2014, DJe 31/10/2014; REsp 1.243.722/SP (decisão monocrática), Rel. Min. Nancy Andrighi, j. 31/10/2012, DJe 09/11/2012 (Vide Informativo de Jurisprudência nº 503).

2) **Os integrantes da entidade familiar residentes no imóvel protegido pela Lei 8.009/1990 possuem legitimidade para se insurgirem contra a penhora do bem de família.**

   Precedentes: EDcl no REsp 1.084.059/SP, Rel. Min. Maria Isabel Gallotti, 4ª Turma, j. 11/04/2013, DJe 23/04/2013; AgRg no Ag 1.249.531/DF, Rel. Min. Sidnei Beneti, 3ª Turma, j. 23/11/2010, DJe 07/12/2010; REsp 473.984/MG, Rel. Min. Paulo de Tarso Sanseverino, 3ª Turma, j. 26/10/2010, DJe 08/11/2010; REsp 971.926/ SP, Rel. Min. Og Fernandes, 6ª Turma, j. 02/02/2010, DJe 22/02/2010; REsp 1.004.908/SC, Rel. Min. José Delgado, 1ª Turma, j. 22/04/2008, DJe 21/05/2008; REsp 931.196/RJ, Rel. Min. Ari Pargendler, 3ª Turma, j. 08/04/2008, DJe 16/05/2008; REsp 511.023/PA, Rel. Min. Jorge Scartezzini, 4ª Turma, j. 18/08/2005, DJe 12/09/2005; REsp 436.194/MG, Rel. Min. Barros Monteiro, 4ª Turma, j. 05/04/2005, DJ 30/05/2005; REsp 1.377.344/RS (decisão monocrática), Rel. Min. Ricardo Villas Bôas Cueva, j. 26/02/2015, DJe 08/04/2015; AgRg no REsp 1.485.397/SP (decisão monocrática), Rel. Min. Marco Aurélio Bellizze, j. 05/03/2015, DJe 27/03/2015 (Vide Informativo de Jurisprudência nº 449).

---

[20] STJ, REsp 1677015 SP 2015/0055834-7, Rel. Min. Paulo de Tarso Sanseverino, j. 28/08/2018, 3ª Turma, DJe 6/9/2018). Nesse mesmo sentido de se evitar deturpação do benefício legal da lei 8.009/1990, vários outros julgados do STJ: REsp 1.200.112, 2ª Turma, DJe 21/8/2012; REsp 1.575.243/DF, 3ª Turma, DJe 2/4/2018).

Cap. 9 – BEM DE FAMÍLIA **381**

3) **A proteção contida na Lei 8.009/1990 alcança não apenas o imóvel da família, mas também os bens móveis indispensáveis à habitabilidade de uma residência e os usualmente mantidos em um lar comum.**

Precedentes: AgRg no REsp 606.301/RJ, Rel. Min. Raul Araújo, 4ª Turma, j. 27/08/2013, DJe 19/09/2013; REsp 875.687/RS, Rel. Min. Luis Felipe Salomão, 4ª Turma, j. 09/08/2011, DJe 22/08/2011; Rcl 4.374/MS, Rel. Min. Sidnei Beneti, 2ª Seção, j. 23/02/2011, DJe 20/05/2011; REsp 836.576/MS, Rel. Min. Luiz Fux, 1ª Turma, j. 20/11/2007, DJ 03/12/2007; REsp 831.157/SP, Rel. Min. Aldir Passarinho Junior, 4ª Turma, j. 03/05/2007, DJe 18/06/2007; AgRg no Ag 822.465/RJ, Rel. Min. José Delgado, 1ª Turma, j. 17/04/2007, DJe 10/05/2007; REsp 488.820/SP, Rel. Min. Denise Arruda, 1ª Turma, j. 08/11/2005, DJ 28/11/2005; REsp 589.849/RJ, Rel. Min. Jorge Scartezzini, 4ª Turma, j. 28/06/2005, DJe 22/08/2005; AREsp 568.373/RJ (decisão monocrática), Rel. Min. Benedito Gonçalves, j. 02/02/2015, DJe 10/02/2015; REsp 1.476.258/DF (decisão monocrática), Rel. Min. Isabel Gallotti, j. 21/11/2014, DJe 27/11/2014.

4) **É impenhorável o único imóvel residencial do devedor que esteja locado a terceiros, desde que a renda obtida com a locação seja revertida para a subsistência ou a moradia da sua família (Súmula 486/STJ).**

Precedentes: AgRg no AREsp 422.729/SP, Rel. Min. João Otávio de Noronha, 3ª Turma, j. 21/08/2014, DJe 04/09/2014; REsp 1.367.538/DF, Rel. Min. Paulo de Tarso Sanseverino, 3ª Turma, j. 26/11/2013, DJe 12/03/2014; AgRg no AREsp 215.854/SP, Rel. Min. Antonio Carlos Ferreira, 4ª Turma, j. 04/10/2012, DJe 16/10/2012; REsp 714.515/SP, Rel. Min. Aldir Passarinho Junior, 4ª Turma, j. 10/11/2009, DJe 07/12/2009; REsp 1.095.611/SP, Rel. Min. Francisco Falcão, 1ª Turma, j. 17/03/2009, DJe 01/04/2009; AREsp 483.631/RJ (decisão monocrática), Rel. Min. Olindo Menezes (Desembargador convocado do TRF 1ª Região), j. 16/07/2015, DJe 06/08/2015; ARE – SP 620.598/SP (decisão monocrática), Rel. Min. Marco Buzzi, j. 30/06/2015, DJe 03/08/2015; AREsp 509.528/RS (decisão monocrática), Rel. Min. Assusete Magalhães, j. 30/03/2015, DJe 14/04/2015; AREsp 593.650/SP (decisão monocrática), Rel. Min. Raul Araújo, j. 13/02/2014, DJe 03/03/2015 (Vide Súmulas anotadas).

5) **A vaga de garagem que possui matrícula própria no registro de imóveis não constitui bem de família para efeito de penhora. (Súmula 449/STJ)**

Precedentes: AgRg no REsp 1.487.718/PR, Rel. Min. Regina Helena Costa, 1ª Turma, j. 23/06/2015, DJe 04/08/2015; AgRg no AREsp 683.843/MS, Rel. Min. Luis Felipe Salomão, 4ª Turma, j. 21/05/2015, DJe 27/05/2015; AgRg nos EDcl no AREsp 563.900/RS, Rel. Min. Humberto Martins, 2ª Turma, j. 16/10/2014, DJe 28/10/2014; AgRg no REsp 1.305.389/RS, Rel. Min. Ricardo Villas Bôas Cueva, 3ª Turma, j. 20/03/2014, DJe 27/03/2014; EDcl no Ag 1.179.583/PR, Rel. Min. Maria Isabel Gallotti, 4ª Turma, j. 15/05/2012, DJe 24/05/2012; AREsp 698.780/SP (decisão monocrática), Rel. Min. Moura Ribeiro, j. 14/08/2015, DJe 28/08/2015; AREsp 709.829/RS (decisão monocrática), Rel. Min. Marco Buzzi, j. 29/05/2015, DJe 05/06/2015; AREsp 397.000/RS (decisão monocrática), Rel. Min. Raul Araújo, j. 22/05/2015, DJe 28/05/2015; AREsp 607.732/GO (decisão monocrática), Rel. Min. Marco Aurélio Bellizze, j. 18/11/2014, DJe 02/12/2014 (Vide Súmulas anotadas).

6) **O conceito de impenhorabilidade de bem de família abrange também o imóvel pertencente a pessoas solteiras, separadas e viúvas. (Súmula 364/STJ)**

Precedentes: AgRg no REsp 1.341.070/MG, Rel. Min. Mauro Campbell Marques, 2ª Turma, j. 03/09/2013, DJe 11/09/2013; AgRg no AREsp 301.580/RJ, Rel. Min. Sidnei Beneti, 3ª Turma, j. 28/05/2013, DJe 18/06/2013; EDcl no REsp 1.084.059/SP, Rel. Min. Maria Isabel Gallotti, 4ª Turma, j. 11/04/2013, DJe 23/04/2013; REsp 1.126.173/MG, Rel. Min. Ricardo Villas Bôas Cueva, 3ª Turma, j. 09/04/2013, DJe 12/04/2013; REsp 950.663/SC, Rel. Ministro Luis Felipe Salomão, 4ª Turma, j. 10/04/2012, DJe 23/04/2012; EDcl no Ag 1.180.270/SP, Rel. Min. João Otávio de Noronha, 4ª Turma, j. 10/05/2011, DJe 19/05/2011; AREsp 707.510/RS (decisão monocrática), Rel. Min. Sérgio Kukina, j. 29/05/2015, DJe 09/06/2015. (Vide informativo de jurisprudência nº 543) (Vide Súmulas anotadas).

7) **A impenhorabilidade do bem de família é oponível às execuções de sentenças cíveis decorrentes de atos ilícitos, exceto nas hipóteses em que houve o prévio reconhecimento do ato na esfera penal.**

Precedentes: REsp 1.021.440/SP, Rel. Min. Luis Felipe Salomão, 4ª Turma, j. 02/05/2013, DJe 20/05/2013; AgRg no Ag 1.185.028/SP, Rel. Min. Aldir Passarinho Junior, 4ª Turma, j. 01/06/2010, DJe 30/06/2010; REsp 1.036.376/MG, Rel. Min. Massami Uyeda, 3ª Turma, j. 10/11/2009, DJe 23/11/2009; REsp 790.608/SP, Rel. Min. José Delgado, 1ª Turma, j. 07/02/2006, DJ 27/03/2006, REPDJ 11/05/2006; REsp 1.327.853/RS (decisão monocrática), Rel. Min. Raul Araújo, j. 27/08/2014, DJe 04/09/2014 (Vide Informativo de Jurisprudência nº 524).

8) **A exceção à impenhorabilidade prevista no art. 3º, II, da Lei 8.009/90, abrange o imóvel objeto do contrato de promessa de compra e venda inadimplido.**

Precedentes: REsp 1.440.786/SP, Rel. Min. Nancy Andrighi, 3ª Turma, j. 27/05/2014, DJe 27/06/2014; AgRg no AREsp 91.178/RJ, Rel. Min. Sidnei Beneti, 3ª Turma, j. 21/08/2012, DJe 05/09/2012; AgRg no Ag 1.176.507/SP, Rel. Min. Raul Araújo, 4ª Turma, j. 01/03/2011, DJe 21/03/2011; AgRg no Ag 1.254.681/MS, Rel. Min. Aldir Passarinho Junior, 4ª Turma, j. 05/10/2010, DJe 18/10/2010; ARESP 710.721/SC (decisão monocrática), Rel. Min. Maria Isabel Gallotti, j. 19/06/2015, DJe 24/06/2015; RESP 1.521.389/MG (decisão monocrática), Rel. Min. Moura Ribeiro, j. 31/03/2015, DJe 10/04/2015; ARESP 652.420/SP (decisão monocrática), Rel. Min. Ricardo Villas Bôas Cueva, j. 02/03/2015, DJe 25/03/2015.

9) **É possível a penhora do bem de família para assegurar o pagamento de dívidas oriundas de despesas condominiais do próprio bem.**

Precedentes: REsp 1.401.815/ES, Rel. Min. Nancy Andrighi, 3ª Turma, j. 03/12/2013, DJe 13/12/2013; AgRg no AgRg no AREsp 198.372/SP, Rel. Min. Raul Araújo, 4ª Turma, j. 19/11/2013, DJe 18/12/2013; AgRg no REsp 1.196.942/MG, Rel. Min. Ricardo Villas Bôas Cueva, 3ª Turma, j. 12/11/2013, DJe 21/11/2013; EDcl no Ag 1.384.275/SP, Rel. Min. Paulo de Tarso Sanseverino, 3ª Turma, j. 13/03/2012, DJe 20/03/2012; AgRg no Ag 1.041.751/DF, Rel. Min. João Otávio de Noronha, 4ª Turma, j. 06/04/2010, DJe 19/04/2010; AgRg no Ag 1.164.999/SP, Rel. Min. Sidnei Beneti, 3ª Turma, j. 06/10/2009, DJe 16/10/2009; AREsp 579.772/SP (decisão monocrática), Rel. Min. Marco Buzzi, j. 30/03/2015, DJe 07/04/2015; AREsp 568.361/SP (decisão monocrática), Rel. Min. Maria Isabel Gallotti, j. 04/12/2014, DJe 10/12/2014; AREsp 163.741/SP (decisão monocrática), Rel. Min. Antonio Carlos Ferreira, j. 14/12/2012, DJe 01/02/2013; Ag 1.076.532/SP (decisão monocrática), Rel. Min. Luis Felipe Salomão, j. 28/03/2012, DJe 11/04/2012.

Cap. 9 – BEM DE FAMÍLIA 383

10) O fato de o terreno encontrar-se desocupado ou não edificado são circunstâncias que sozinhas não obstam a qualificação do imóvel como bem de família, devendo ser perquirida, caso a caso, a finalidade a este atribuída.

Precedentes: REsp 1.417.629/SP, Rel. Min. Nancy Andrighi, 3ª Turma, j. 10/12/2013, DJe 19/12/2013; AgRg no Ag 1.348.859/PR, Rel. Min. Massami Uyeda, 3ª Turma, j. 16/08/2012, DJe 24/08/2012; REsp 825.660/SP, Rel. Min. João Otávio de Noronha, 4ª Turma, j. 01/12/2009, DJe 14/12/2009; REsp 1.087.727/GO, Rel. Min. Aldir Passarinho Junior, 4ª Turma, j. 06/10/2009, DJe 16/11/2009; AREsp 53.812/RS (decisão monocrática), Rel. Min. Marco Buzzi, j. 30/04/2015, DJe 05/05/2015; AgRg no AREsp 624.734/SP (decisão monocrática), Rel. Min. Luis Felipe Salomão, j. 31/03/2015, DJe 07/04/2015; REsp 1.410.593/PR (decisão monocrática), Rel. Min. Humberto Martins, j. 02/02/2015, DJe 06/02/2015 (Vide Informativo de Jurisprudência nº 453).

11) Afasta-se a proteção conferida pela Lei 8.009/1990 ao bem de família, quando caracterizado abuso do direito de propriedade, violação da boa-fé objetiva e fraude à execução.

Precedentes: AgRg no AREsp 689.609/PR, Rel. Min. João Otávio de Noronha, 4ª Turma, j. 09/06/2015, DJe 12/06/2015; REsp 1.364.509/RS, Rel. Min. Nancy Andrighi, 3ª Turma, j. 10/06/2014, DJe 17/06/2014; AgRg no AREsp 334.975/SP, Rel. Min. Maria Isabel Gallotti, 4ª Turma, j. 07/11/2013, DJe 20/11/2013; REsp 1.200.112/RJ, Rel. Min. Castro Meira, 2ª Turma, j. 07/08/2012, DJe 21/08/2012; REsp 772.829/RS, Rel. Min. Mauro Campbell Marques, 2ª Turma, j. 16/12/2010, DJe 10/02/2011; AgRg no REsp 1.085.381/SP, Rel. Min. Paulo Gallotti, 6ª Turma, j. 10/03/2009, DJe 30/03/2009; REsp 1.494.394/SP (decisão monocrática), Rel. Min. Marco Aurélio Bellizze, j. 13/08/2015, DJe 28/08/2015; AREsp 550.245/RS (decisão monocrática), Rel. Min. Luis Felipe Salomão, j. 14/08/2014, DJe 20/08/2014 (Vide Informativo de Jurisprudência nº 545).

12) A impenhorabilidade do bem de família hipotecado não pode ser oposta nos casos em que a dívida garantida se reverteu em proveito da entidade familiar.

Precedentes: AgRg nos EDcl no REsp 1.463.694/MS, Rel. Min. João Otávio de Noronha, 3ª Turma, j. 06/08/2015, DJe 13/08/2015; AgRg no Ag 1.355.749/SP, Rel. Min. Marco Buzzi, 4ª Turma, j. 26/05/2015, DJe 01/06/2015; AgRg no REsp 1.462.993/SE, Rel. Min. Maria Isabel Gallotti, 4ª Turma, j. 19/05/2015, DJe 01/06/2015;

AgRg no AREsp 439.788/PR, Rel. Min. Raul Araújo, 4ª Turma, j. 05/05/2015, DJe 25/05/2015; AgRg no AREsp 654.284/RJ, Rel. Min. Marco Aurélio Bellizze, 3ª Turma, j. 28/04/2015, DJe 01/06/2015; AgRg no REsp 1.292.098/SP, Rel. Min. Paulo de Tarso Sanseverino, 3ª Turma, j. 14/10/2014, DJe 20/10/2014; AREsp 296.696/SP (decisão monocrática), Rel. Min. Antonio Carlos Ferreira, j. 15/06/2015, DJe 03/08/2015 (Vide Informativo de Jurisprudência nº 493).

13) A impenhorabilidade do bem de família não impede seu arrolamento fiscal.

Precedentes: AgRg no REsp 1.492.211/PR, Rel. Min. Humberto Martins, 2ª Turma, j. 18/12/2014, DJe 03/02/2015; AgRg no REsp 1.496.213/RS, Rel. Min. Mauro Campbell Marques, 2ª Turma, j. 18/12/2014, DJe 19/12/2014; REsp 1.382.985/SC, Rel. Min. Eliana Calmon, 2ª Turma, j. 15/08/2013, DJe 22/08/2013; AgRg no REsp 1.127.686/PR, Rel. Min.

Arnaldo Esteves Lima, 1ª Turma, j. 21/06/2011, DJe 27/06/2011 (vide Jurisprudência em teses nº 40).

14) A preclusão consumativa atinge a alegação de impenhorabilidade do bem de família quando houver decisão anterior acerca do tema.

Precedentes: AgRg no AREsp 635.815/SP, Rel. Min. Marco Buzzi, 4ª Turma, j. 19/05/2015, DJe 27/05/2015; AgRg no AgRg no REsp 991.501/MS, Rel. Min. Maria Isabel Gallotti, 4ª Turma, j. 24/02/2015, DJe 27/02/2015; AgRg no AREsp 607.413/RJ, Rel. Min. Luis Felipe Salomão, 4ª Turma, j. 16/12/2014, DJe 19/12/2014; AgRg no AREsp 70.180/RS, Rel. Min. Sidnei Beneti, 3ª Turma, j. 25/06/2013, DJe 01/08/2013; AgRg no REsp 1.049.716/DF, Rel. Min. Massami Uyeda, 3ª Turma, j. 15/10/2009, DJe 30/11/2009; REsp 880.844/SP, Rel. Min. Nancy Andrighi, 3ª Turma, j. 16/09/2008, DJe 08/10/2008; AREsp 726.235/RS (decisão monocrática), Rel. Min. Marco Aurélio Bellizze, j. 25/06/2015, DJe 04/08/2015; AREsp 622.692/SP (decisão monocrática), Rel. Min. Herman Benjamin, j. 11/06/2015, DJe 30/06/2015 (Vide Informativo de jurisprudência nº 501).

15) É legítima a penhora de apontado bem de família pertencente a fiador de contrato de locação, ante o que dispõe o art. 3º, inciso VII, da Lei 8.009/1990 (Tese julgada sob o rito do art. 543-C do CPC – Tema 708). (Súmula 549/STJ).

Precedentes: AgRg no REsp 1.364.512/SP, Rel. Min. Moura Ribeiro, 3ª Turma, j. 07/04/2015, DJe 15/04/2015; AgRg no AREsp 624.111/SP, Rel. Min. Marco Aurélio Bellizze, 3ª Turma, j. 10/03/2015, DJe 18/03/2015; AgRg no Ag 928.463/SP, Rel. Min. Rogerio Schietti Cruz, 6ª Turma, j. 11/11/2014, DJe 01/12/2014; REsp 1.363.368/MS, Rel. Min. Luis Felipe Salomão, 2ª Seção, j. 12/11/2014, DJe 21/11/2014; AgRg no REsp 1.347.068/SP, Rel. Min. Ricardo Villas Bôas Cueva, 3ª Turma, j. 09/09/2014, DJe 15/09/2014; AgRg no RMS 24.658/RJ, Rel. Min. Nefi Cordeiro, 6ª Turma, j. 03/06/2014, DJe 20/06/2014; REsp 1.410.965/SP, Rel. Min. Sidnei Beneti, 3ª Turma, j. 22/05/2014, DJe 13/06/2014; REsp 1.393.889/PE (decisão monocrática), Rel. Min. Marco Buzzi, j. 28/09/2015, DJe 06/10/2015; ARESP 325.417/RS (decisão monocrática), Rel. Min. Antonio Carlos Ferreira, j. 31/08/2015, DJe 09/09/2015 AREsp 111.014/RS (decisão monocrática), Rel. Min. Maria Isabel Gallotti, j. 24/03/2015, DJe 07/04/2015 (Vide Informativo de Jurisprudência nº 552) (Vide repercussão geral no RE 612.360 RG/SP – Tema 295/STF).

16) É possível a penhora do bem de família de fiador de contrato de locação, mesmo quando pactuado antes da vigência da Lei 8.245/1991, que acrescentou o inciso VII ao art. 3º da Lei 8.009/1990.

Precedentes: AgRg nos EDcl nos EDcl no AgRg nos EDcl no REsp 771.700/RJ, Rel. Min. Vasco Della Giustina (Desembargador convocado do TJ/RS), 6ª Turma, j. 28/02/2012, DJe 26/03/2012; AgRg no REsp 1.025.168/SP, Rel. Min. Og Fernandes, 6ª Turma, j. 14/06/2011, DJe 01/07/2011; AgRg no REsp 853.038/SP, Rel. Min. Celso Limongi (Desembargador convocado do TJ/SP), 6ª Turma, j. 26/04/2011, DJe 18/05/2011; REsp 111.0453/RN, Rel. Min. Arnaldo Esteves Lima, 5ª Turma, j. 18/02/2010, DJe 15/03/2010; AgRg no REsp 876.938/SP, Rel. Min. Laurita Vaz, 5ª Turma, j. 14/10/2008, DJe 03/11/2008; AgRg no REsp 1.049.425/RJ, Rel. Min. Hamilton Carvalhido, 6ª Turma, julgado em 10/06/2008, DJe 29/09/2008; EDcl nos EDcl no AgRg no REsp 700.527/SP, Rel. Min. Maria Thereza de Assis Moura, 6ª Turma, j. 26/05/2008, DJe 16/06/2008; AREsp 325.417/RS (decisão monocrática), Rel. Min. Antonio Carlos Ferreira, j. 31/08/2015, DJe 09/09/2015; MC

Cap. 9 – BEM DE FAMÍLIA **385**

23.847/SP (decisão monocrática), Rel. Min. Marco Aurélio Bellizze, j. 04/02/2015, DJe 11/02/2015; AREsp 493.103/SP (decisão monocrática), Rel. Min. Maria Isabel Gallotti, j. 07/04/2014, DJe 11/04/2014.

17) A impenhorabilidade do bem de família é questão de ordem pública, razão pela qual não admite renúncia pelo titular.

Precedentes: AgRg nos EDcl no REsp 1.463.694/MS, Rel. Min. João Otávio de Noronha, 3ª Turma, j. 06/08/2015, DJe 13/08/2015; AgRg no AREsp 537.034/MS, Rel. Min. Raul Araújo, 4ª Turma, j. 26/08/2014, DJe 01/10/2014; REsp 1.365.418/SP, Rel. Min. Marco Buzzi, 4ª Turma, j. 04/04/2013, DJe 16/04/2013; AgRg no AREsp 264.431/SE, Rel. Min. Luis Felipe Salomão, 4ª Turma, j. 05/03/2013, DJe 11/03/2013; REsp 1.200.112/RJ, Rel. Min. Castro Meira, 2ª Turma, j. 07/08/2012, DJe 21/08/2012; REsp 1.115.265/RS, Rel. Min. Sidnei Beneti, 3ª Turma, j. 24/04/2012, DJe 10/05/2012; AgRg no REsp 1.187.442/SC, Rel. Min. Aldir Passarinho Junior, 4ª Turma, j. 03/02/2011, DJe 17/02/2011 (Vide Informativo de Jurisprudência nº 316).

18) A impenhorabilidade do bem de família pode ser alegada em qualquer momento processual até a sua arrematação, ainda que por meio de simples petição nos autos.

Precedentes: AgRg no AREsp 595.374/SP, Rel. Min. João Otávio de Noronha, 3ª Turma, j. 25/08/2015, DJe 01/09/2015; AgRg no AREsp 276.014/RS, Rel. Min. Antonio Carlos Ferreira, 4ª Turma, j. 16/12/2014, DJe 19/12/2014; REsp 1.313.053/DF, Rel. Min. Luis Felipe Salomão, 4ª Turma, j. 04/12/2012, DJe 15/03/2013; REsp 1.345.483/SP, Rel. Min. Ricardo Villas Bôas Cueva, 3ª Turma, j. 09/10/2012, DJe 16/10/2012; AgRg no REsp 1.076.317/PR, Rel. Min. Maria Isabel Gallotti, 4ª Turma, j. 05/04/2011, DJe 11/04/2011; AgRg no Ag 697.227/SP, Rel. Min. Sidnei Beneti, 3ª Turma, j. 18/09/2008, DJe 08/10/2008; AgRg no REsp 853.296/GO, Rel. Min. Humberto Gomes de Barros, 3ª Turma, j. 14/11/2007, DJ 28/11/2007; RMS 11.874/DF, Rel. Min. Aldir Passarinho Junior, 4ª Turma, j. 17/10/2006, DJe 13/11/2006; REsp 640.703/PR, Rel. Min. Teori Albino Zavascki, 1ª Turma, j. 15/09/2005, DJ 26/09/2005 (Vide Informativo de Jurisprudência nº 501).

19) A Lei 8.009/1990 aplica-se à penhora realizada antes de sua vigência. (Súmula 205/STJ).

Precedentes: AgRg no REsp 240.934/ES, Rel. Min. Paulo de Tarso Sanseverino, 3ª Turma, j. 21/10/2010, DJe 19/11/2010; REsp 434.856/PR, Rel. Min. Barros Monteiro, 4ª Turma, j. 22/10/2002, DJ 24/02/2003; AgRg no REsp 287.157/GO, Rel. Min. Nancy Andrighi, 3ª Turma, j. 27/06/2002, DJ 09/09/2002; REsp 256.085/SP, Rel. Min. Ari Pargendler, 3ª Turma, j. 02/05/2002, DJ 05/08/2002; REsp 63.866/SP, Rel. Min. Vicente Leal, 6ª Turma, j. 17/05/2001, DJ 18/06/2001; REsp 156.412/MG, Rel. Min. Milton Luiz Pereira, 1ª Turma, j. 15/02/2001, DJ 28/05/2001; REsp 167.488/SP, Rel. Min. Aldir Passarinho Junior, 4ª Turma, j. 10/10/2000, DJ 12/02/2001 (vide Súmulas anotadas).

BEM DE FAMÍLIA II

As teses aqui resumidas foram elaboradas pela secretaria de jurisprudência do STJ, em sua base de dados, com julgados publicados até 16/09/2022.

20) Os bens de família legal (Lei 8.009/1990) e voluntário/convencional (arts. 1.711 a 1.722 do Código Civil) coexistem de forma harmônica no ordenamento jurídico; o primeiro tem como instituidor o próprio Estado e volta-se para o sujeito de direito (entidade familiar) com o propósito de resguardar-lhe a dignidade por meio da proteção do imóvel que lhe sirva de residência; já o segundo decorre da vontade de seu instituidor (titular da propriedade) e objetiva a proteção do patrimônio eleito contra eventual execução forçada de dívidas do proprietário do bem.

Julgados: AgInt no AREsp 2.010.681/PE, Rel. Min. Luis Felipe Salomão, 4ª Turma, j. 25/04/2022, DJe 27/04/2022 REsp 1.940.043/SP (decisão monocrática), Rel. Min. Paulo de Tarso Sanseverino, 3ª Turma, j. 07/04/2022, publicção: 11/04/2022.

21) O bem de família legal dispensa a realização de ato jurídico para sua formalização, basta que o imóvel se destine à residência familiar; o voluntário, ao contrário, condiciona a validade da escolha do imóvel à formalização por escritura pública ou por testamento.

Referência legislativa: Bem de família legal: Lei 8.009/1990. Bem de família convencional: arts. 1.711 a 1.722 do CC/2002.

Julgados: AgInt no AREsp 2.010.681/PE, Rel. Min. Luis Felipe Salomão, 4ª Turma, j. 25/04/2022, DJe 27/04/2022.

22) A impenhorabilidade conferida ao bem de família legal alcança todas as obrigações do devedor indistintamente, ainda que o imóvel tenha sido adquirido no curso de demanda executiva, diversamente, no bem de família convencional, a impenhorabilidade é relativa, visto que o imóvel apenas estará protegido da execução por dívidas subsequentes à sua constituição. Art. 1° da Lei 8.009/1990 e art. 1.715 do CC.

Julgados: AgInt no AREsp 2.010.681/PE, Rel. Min. Luis Felipe Salomão, 4ª Turma, j. 25/04/2022, DJe 27/04/2022 (Vide Informativo de Jurisprudência nº 723).

23) Nas situações em que o devedor possua vários imóveis utilizados como residência, a impenhorabilidade poderá incidir sobre imóvel de maior valor caso tenha sido instituído, formalmente, como bem de família, no Registro de Imóveis (art. 1.711 do CC/2002) ou na ausência de instituição voluntária. Automaticamente, a impenhorabilidade recairá sobre o imóvel de menor valor (art. 5°, parágrafo único, da Lei 8.009/1990).

Julgados: REsp 1.792.265/SP, Rel. Min. Luis Felipe Salomão, 4ª Turma, j. 14/12/2021, DJe 14/03/2022. (Vide legislação aplicada Lei 8.009/1990 – Impenhorabilidade do bem de família – art. 5º).

24) É possível a penhora de fração ideal de bem protegido pela Lei 8.009/1990, desde que o desmembramento não descaracterize o imóvel.

Julgados: AgInt no AREsp 1.984.493/ES, Rel. Min. Raul Araújo, 4ª Turma, j. 16/05/2022, DJe 20/06/2022; AgInt no AREsp 1.970.573/PR, Rel. Min. Gurgel de Faria, 1ª Turma, j. 09/05/2022, DJe 12/05/2022; AgInt no REsp 1.932.595/RN, Rel. Min. Herman Benjamin, 2ª Turma, j. 30/08/2021, DJe 13/10/2021; AgInt no AREsp 1.655.356/SP, Rel. Min.

Ricardo Villas Bôas Cueva, 3ª Turma, j. 19/04/2021, DJe 26/04/2021; AgInt no AREsp 1.679.373/SP, Rel. Min. Marco Buzzi, 4ª Turma, j. 30/11/2020, DJe 04/12/2020; AgInt no AREsp 1.554.084/PR, Rel. Min. Antonio Carlos Ferreira, 4ª Turma, j. 19/10/2020, DJe 26/10/2020 (Vide Pesquisa Pronta).

25) É possível mitigar a proteção legal conferida ao bem de família quando o imóvel possuir frações com destinações distintas e separadas uma da outra, permitida a penhora da fração de uso comercial.

Julgados: AgInt no AREsp 1.591.574/MS, Rel. Min. Luis Felipe Salomão, 4ª Turma, j. 21/02/2022, DJe 25/02/2022; AgInt no REsp 1.932.595/RN, Rel. Min. Herman Benjamin, 2ª Turma, j. 30/08/2021, DJe 13/10/2021; REsp 1.331.813/RS, Rel. Min. Gurgel de Faria, 1ª Turma, j. 07/05/2019, DJe 24/05/2019; AgInt no AREsp 573.226/SP, Rel. Min. Raul Araújo, 4ª Turma, j. 02/02/2017, DJe 10/02/2017; REsp 1.150.957/RS, Rel. Min. Sidnei Beneti, 3ª Turma, j. 27/09/2011, DJe 05/10/2011; REsp 968.907/RS, Rel. Min. Nancy Andrighi, 3ª Turma, j. 19/03/2009, DJe 01/04/2009 (Vide informativo de jurisprudência nº 387).

26) É possível a penhora de imóvel contíguo ao bem de família, que possua matrícula própria no Registro de Imóveis, sem que se viole o parágrafo único do art. 1º da Lei do Bem de Família.

Julgados: AgInt no AREsp 1.759.520/RS, Rel. Min. Raul Araújo, 4ª Turma, j. 15/03/2021, DJe 07/04/2021; AgInt no AREsp 1.223.067/SP, Rel. Min. Luis Felipe Salomão, 4ª Turma, j. 09/04/2019, DJe 16/04/2019; AgRg no REsp 1.084.683/MS, Rel. Min. Sidnei Beneti, 3ª Turma, j. 18/12/2008, DJe 11/02/2009; REsp 624.355/SC, Rel. Min. Humberto Gomes de Barros, 3ª Turma, j. 07/05/2007, DJ 28/05/2007 p. 322; AgRg no Ag 679.395/RS, Rel. Min. Hélio Quaglia Barbosa, 4ª Turma, j. 27/03/2007, DJ 23/04/2007 p. 272; AREsp 1.354.498/SP (decisão monocrática), Rel. Min. Moura Ribeiro, 3ª Turma, j. 17/09/2018, publicado em 19/09/2018. (Vide informativo de jurisprudência nº 337). (Vide legislação aplicada – Lei 8.009/1990 – impenhorabilidade do bem de família – art. 1º).

27) É válido acordo judicial homologado no qual devedor oferta bem de família como garantia de dívida, portanto a posterior alegação de impenhorabilidade do imóvel prevista na Lei 8.009/1990 contraria a boa-fé e a eticidade.

Julgados: AgInt no AREsp 1.886.576/SP, Rel. Min. Ricardo Villas Bôas Cueva, 3ª Turma, j. 29/11/2021, DJe 03/12/2021; AgInt no AREsp 1.522.859/MG, Rel. Min. Raul Araújo, 4ª Turma, j. 11/10/2021, DJe 17/11/2021; REsp 1.782.227/PR, Rel. Min. Nancy Andrighi, 3ª Turma, j. 27/08/2019, DJe 29/08/2019; REsp 1.461.301/MT, Rel. Min. João Otávio de Noronha, 3ª Turma, j. 05/03/2015, DJe 23/03/2015; AREsp 1.443.538/SP (decisão monocrática), Rel. Min. Marco Buzzi, 4ª Turma, j. 20/08/2019, publicado em 23/08/2019; REsp 1.264.114/SP (decisão monocrática), Rel. Min. Luis Felipe Salomão, 4ª Turma, j. 23/08/2016, publicado em 06/09/2016. (Vide informativo de jurisprudência nº 558). (Vide jurisprudência em teses nº 44 – Tema 11).

28) São taxativas as hipóteses de exceção à regra da impenhorabilidade do bem de família previstas na Lei 8.009/1990, logo não comportam interpretação extensiva.

Julgados: AgInt no AREsp 2.028.415/RS, Rel. Min. Antonio Carlos Ferreira, 4ª Turma, j. 15/08/2022, DJe 18/08/2022; REsp 1.888.863/SP, Rel. Min. Ricardo Villas Bôas Cueva,

Rel. p/ acórdão Min. Nancy Andrighi, 3ª Turma, j. 10/05/2022, DJe 20/05/2022; REsp 1.935.563/SP, Rel. Min. Ricardo Villas Bôas Cueva, 3ª Turma, j. 03/05/2022, DJe 11/05/2022; REsp 1.789.505/SP, Rel. Min. Marco Buzzi, 4ª Turma, j. 22/03/2022, DJe 07/04/2022; AgInt nos EDcl no REsp 1.934.700/SP, Rel. Min. Maria Isabel Gallotti, 4ª Turma, j. 21/02/2022, DJe 25/02/2022; REsp 1.604.422/MG, Rel. Min. Paulo de Tarso Sanseverino, 3ª Turma, j. 24/08/2021, DJe 27/08/2021.

29) É inviável a interpretação extensiva do art. 5º da Lei 8.009/1990 para abrigar bem que não ostenta característica de "moradia permanente", pois o propósito da lei é evitar a blindagem de imóveis de uso eventual ou recreativo, não afetado à subsistência da entidade familiar.

Julgados: AgInt no REsp 1.745.395/RS, Rel. Min. Og Fernandes, 2ª Turma, j. 13/11/2018, DJe 22/11/2018; REsp 1.400.342/RJ, Rel. Min. Nancy Andrighi, 3ª Turma, j. 08/10/2013, DJe 15/10/2013.

BEM DE FAMÍLIA III

As teses aqui resumidas foram elaboradas pela secretaria de jurisprudência do STJ, em sua base de dados, com julgados publicados até 23/09/2022.

30) É válida a penhora do bem de família de fiador apontado em contrato de locação de imóvel, seja residencial, seja comercial, nos termos do inciso VII do art. 3º da Lei 8.009/1990. (Tese julgada sob o rito do art. 1.036 do CPC/2015 – Tema 1.091).

Julgados: AgInt no REsp 1.992.920/SP, Rel. Min. Marco Aurélio Bellizze, 3ª Turma, j. 22/08/2022, DJe 24/08/2022; REsp 1.822.033/PR (recurso repetitivo), Rel. Min. Luis Felipe Salomão, 2ª Seção, j. 08/06/2022, DJe 01/08/2022; REsp 1.822.040/PR (recurso repetitivo), Rel. Min. Luis Felipe Salomão, 2ª Seção, j. 08/06/2022, DJe 01/08/2022; AgInt no REsp 1.848.625/RS, Rel. Min. Raul Araújo, 4ª Turma, j. 30/05/2022, DJe 29/06/2022; AgInt no AgInt no AREsp 1.788.698/SC, Rel. Min. Nancy Andrighi, 3ª Turma, j. 10/05/2021, DJe 12/05/2021; AgInt no REsp 1.881.570/RS, Rel. Min. Antonio Carlos Ferreira, 4ª Turma, j. 19/04/2021, DJe 23/04/2021. (Vide Súmula anotada nº 549/STJ) (Vide Pesquisa Pronta). (Vide jurisprudência em teses nº 44 – Tema 15, nº 44 – Tema 16, nº 44, nº 101 – Tema 5, nº 53 e nº 53 – Tema 7). (Vide Repetitivos organizados por assunto; vide Repercussão geral – Tema 1.127). (Vide Repercussão geral – Tema 295; vide Repetitivos – Tema 1.091).

31) É impenhorável o bem de família oferecido como caução em contrato de locação de imóvel residencial ou comercial.

Julgados: AgInt no REsp 1.970.700/SP, Rel. Min. Luis Felipe Salomão, 4ª Turma, j. 27/06/2022, DJe 01/07/2022; REsp 1.935.563/SP, Rel. Min. Ricardo Villas Bôas Cueva, 3ª Turma, j. 03/05/2022, DJe 11/05/2022; AgInt no REsp 1.810.159/SP, Rel. Min. Paulo de Tarso Sanseverino, 3ª Turma, j. 11/04/2022, DJe 19/04/2022; REsp 1.789.505/SP, Rel. Min. Marco Buzzi, 4ª Turma, j. 22/03/2022, DJe 07/04/2022; AgInt nos EDcl no REsp 1.934.700/SP, Rel. Min. Maria Isabel Gallotti, 4ª Turma, j. 21/02/2022, DJe 25/02/2022; AgInt no AREsp 1.605.913/PR, Rel. Min. Raul Araújo, 4ª Turma, j. 20/09/2021, DJe 15/10/2021 (vide Informativo de Jurisprudência nº 732; vide Pesquisa Pronta).

Cap. 9 – BEM DE FAMÍLIA **389**

32) **É impenhorável o bem de família pertencente a sociedade empresária de pequeno porte oferecido como caução em contrato de locação e utilizado como moradia de sócio ou de sua família.**

Julgados: REsp 1.935.563/SP, Rel. Min. Ricardo Villas Bôas Cueva, 3ª Turma, j. 03/05/2022, DJe 11/05/2022 (Vide Informativo de jurisprudência nº 735). (Vide Pesquisa Pronta).

33) **É penhorável o bem de família quando os únicos sócios da empresa devedora são os titulares do imóvel hipotecado, logo cabe aos proprietários o ônus de demonstrar que a família não se beneficiou dos valores auferidos.**

Julgados: AgInt no REsp 1.872.720/PR, Rel. Min. Moura Ribeiro, 3ª Turma, j. 15/08/2022, DJe 17/08/2022; AgInt no AREsp 2.092.356/BA, Rel. Min. Luis Felipe Salomão, 4ª Turma, j. 09/08/2022, DJe 16/08/2022; AgInt no AREsp 1.800.606/SC, Rel. Min. Maria Isabel Gallotti, 4ª Turma, j. 21/02/2022, DJe 25/02/2022; AgInt no AREsp 1.042.143/RS, Rel. Min. Antonio Carlos Ferreira, 4ª Turma, j. 16/03/2020, DJe 19/03/2020; AgInt no REsp 1.718.322/SP, Rel. Min. Raul Araújo, 4ª Turma, j. 07/11/2019, DJe 03/12/2019; AgInt no AREsp 1.447.561/GO, Rel. Min. Marco Aurélio Bellizze, 3ª Turma, j. 19/08/2019, DJe 22/08/2019 (Vide Informativo de Jurisprudência nº 627).

34) **É impenhorável o bem de família dado em garantia real por um dos sócios da pessoa jurídica devedora, cabe ao credor o ônus de provar que o proveito se reverteu à entidade familiar.**

Julgados: AgInt no REsp 1.872.720/PR, Rel. Min. Moura Ribeiro, 3ª Turma, j. 15/08/2022, DJe 17/08/2022; AgInt no AREsp 2.092.356/BA, Rel. Min. Luis Felipe Salomão, 4ª Turma, j. 09/08/2022, DJe 16/08/2022; AgInt no REsp 1.944.573/SP, Rel. Min. Raul Araújo, 4ª Turma, j. 09/05/2022, DJe 10/06/2022; AgInt no AgInt no AREsp 1.992.247/PR, Rel. Min. Antonio Carlos Ferreira, 4ª Turma, j. 25/04/2022, DJe 28/04/2022; AgInt no AgInt no AREsp 1.155.639/SP, Rel. Min. Marco Aurélio Bellizze, 3ª Turma, j. 23/08/2021, DJe 25/08/2021; AgInt no AREsp 1.598.292/SC, Rel. Min. Marco Buzzi, 4ª Turma, j. 30/03/2020, DJe 01/04/2020 (Vide Informativo de Jurisprudência nº 627; vide Pesquisa Pronta).

35) **A desconsideração da personalidade jurídica, por si só, não afasta a impenhorabilidade do bem de família, ressalvadas as exceções previstas na Lei 8.009/1990.**

Julgados: AgInt no AREsp 935.235/RJ, Rel. Min. Marco Buzzi, 4ª Turma, j. 01/06/2020, DJe 10/06/2020; AgInt no REsp 1.669.123/RS, Rel. Min. Lázaro Guimarães (Desembargador convocado do TRF 5ª Região), 4ª Turma, j. 15/03/2018, DJe 03/04/2018; REsp 1.433.636/SP, Rel. Min. Luis Felipe Salomão, 4ª Turma, j. 02/10/2014, DJe 15/10/2014; AREsp 840.515/SP (decisão monocrática), Rel. Min. Paulo de Tarso Sanseverino, 3ª Turma, j. 06/03/2017, publicado em 10/03/2017. (Vide informativo de jurisprudência nº 549).

36) **É impenhorável o bem de família para o pagamento de honorários advocatícios ou de profissionais liberais, pois não se assemelham à pensão alimentícia para efeito da exceção do art. 3º, III, da Lei 8.009/1990.**

Julgados: AgInt no REsp 1.838.453/DF, Rel. Min. Paulo de Tarso Sanseverino, 3ª Turma, j. 21/02/2022, DJe 24/02/2022; AgInt no AREsp 1.794.215/SP, Rel. Min. Nancy Andrighi, 3ª Turma, j. 01/06/2021, DJe 07/06/2021; AgInt no AREsp 1.246.675/ES, Rel. Min. Luis Felipe Salomão, 4ª Turma, j. 16/10/2018, DJe 22/10/2018; REsp 1.361.473/DF, Rel. Min. Luis Felipe Salomão, Rel. p/ acórdão Min. Raul Araújo, 4ª Turma, j. 09/05/2017,

DJe 01/08/2017; REsp 1.182.108/MS, Rel. Min. Aldir Passarinho Junior, 4ª Turma, j. 12/04/2011, DJe 25/04/2011; AgRg no Ag 1.220.965/SP, Rel. Min. Massami Uyeda, 3ª Turma, j. 03/08/2010, DJe 18/08/2010 (Vide Informativo de Jurisprudência nº 469; vide legislação aplicada – Lei 8.009/1990 – impenhorabilidade do bem de família – art. 3º).

37) **É possível a penhora do bem de família em favor do credor de pensão alimentícia, ainda que se trate de bem indivisível, desde que respeitada a quota-parte do co-proprietário não devedor da prestação.**

Julgados: AgInt no AREsp 2.030.654/RS, Rel. Min. Marco Aurélio Bellizze, 3ª Turma, j. 08/08/2022, DJe 10/08/2022; AgInt no REsp 1.960.419/DF, Rel. Min. Nancy Andrighi, 3ª Turma, j. 14/03/2022, DJe 18/03/2022 (Vide Informativo de Jurisprudência nº 252). (Vide Jurisprudência em teses nº 44 – Tema 1).

38) **Para a incidência da exceção à impenhorabilidade do bem de família, prevista no inciso VI do art. 3º da Lei 8.009/1990, é imprescindível a existência de sentença penal condenatória transitada em julgado.**

Julgados: REsp 1.823.159/SP, Rel. Min. Nancy Andrighi, 3ª Turma, j. 13/10/2020, DJe 19/10/2020 (Vide Informativo de Jurisprudência nº 681).

39) **A exceção à impenhorabilidade contida na 1ª parte do inciso VI do art. 3º da Lei 8.009/1990: bem imóvel "adquirido com produto de crime" não pressupõe a existência de sentença penal condenatória, assim é suficiente a prática de conduta definida como crime e que o bem tenha sido adquirido com produto da ação criminosa.**

Julgados: REsp 1.091.236/RJ, Rel. Min. Marco Buzzi, 4ª Turma, j. 15/12/2015, DJe 01/02/2016; REsp 163.786/SP, Rel. Min. Ruy Rosado de Aguiar, 4ª Turma, j. 19/05/1998, DJ 29/06/1998 (Vide Informativo de jurisprudência nº 575).

BEM DE FAMÍLIA IV

As teses aqui resumidas foram elaboradas pela secretaria de jurisprudência do STJ, em sua base de dados, com julgados publicados até 23/09/2022.

40) **A impenhorabilidade do bem de família não pode ser afastada em cobrança de dívida fundada em contribuições criadas por associações de moradores, por se tratar de obrigação de direito pessoal, não equiparada a despesas condominiais. Art. 3º, IV, da Lei 8.009/1990.**

Julgados: AgInt no REsp 1.862.558/DF, Rel. Min. Luis Felipe Salomão, 4ª Turma, j. 10/08/2020, DJe 18/08/2020; AgInt no AREsp 951.884/SP, Rel. Min. Antonio Carlos Ferreira, 4ª Turma, j. 29/06/2020, DJe 01/07/2020; AgInt nos EDcl no REsp 1.822.925/SP, Rel. Min. Marco Aurélio Bellizze, 3ª Turma, j. 25/05/2020, DJe 28/05/2020; AgInt no REsp 1.688.721/DF, Rel. Min. Ricardo Villas Bôas Cueva, 3ª Turma, j. 20/02/2018, DJe 26/02/2018; AgInt no REsp 1.321.446/SP, Rel. Min. Maria Isabel Gallotti, 4ª Turma, j. 13/09/2016, DJe 11/10/2016; AgRg no REsp 1.374.805/SP, Rel. Min. Sidnei Beneti, 3ª Turma, j. 25/06/2013, DJe 01/08/2013 (Vide Informativo de Jurisprudência nº 510; vide Pesquisa Pronta).

41) A obrigação do coproprietário de pagar alugueres por uso exclusivo de imóvel comum, que utiliza como moradia, tem fundamento no direito real e possui natureza de obrigação propter rem, de modo a afastar a impenhorabilidade do bem de família. Art. 3º, IV, da Lei 8.009/1990.

Julgados: REsp 1.888.863/SP, Rel. Min. Ricardo Villas Bôas Cueva, Rel. p/ acórdão Min. Nancy Andrighi, 3ª Turma, j. 10/05/2022, DJe 20/05/2022 (Vide Informativo de Jurisprudência nº 748).

42) A proteção conferida ao bem de família não implica inalienabilidade do imóvel, de forma que é possível sua disposição pelo proprietário no âmbito de alienação fiduciária.

Julgados: AgInt nos EAREsp 1.775.731/DF, Rel. Min. Moura Ribeiro, 2ª Seção, j. 16/08/2022, DJe 18/08/2022; AgInt no AREsp 2.071.640/ES, Rel. Min. Marco Aurélio Bellizze, 3ª Turma, j. 08/08/2022, DJe 10/08/2022; AgInt nos EDcl no AREsp 1.719.444/SC, Rel. Min. Ricardo Villas Bôas Cueva, 3ª Turma, j. 09/08/2021, DJe 17/08/2021; REsp 1.595.832/SC, Rel. Min. Luis Felipe Salomão, 4ª Turma, j. 29/10/2019, DJe 04/02/2020; REsp 1.560.562/SC, Rel. Min. Nancy Andrighi, 3ª Turma, j. 02/04/2019, DJe 04/04/2019 (Vide Informativo de Jurisprudência nº 664).

43) O bem de família alienado fiduciariamente não pode ser penhorado em execução promovida por terceiro contra o devedor fiduciante, pois o imóvel pertence ao credor fiduciário.

Julgados: AgInt no REsp 1.992.074/SP, Rel. Min. Luis Felipe Salomão, 4ª Turma, j. 08/08/2022, DJe 15/08/2022; REsp 1.677.079/SP, Rel. Min. Ricardo Villas Bôas Cueva, 3ª Turma, j. 25/09/2018, DJe 01/10/2018.

44) É possível a penhora dos direitos decorrentes do contrato de alienação fiduciária de bem de família, pois possuem expressão econômica.

Julgados: AgInt no REsp 1.992.074/SP, Rel. Min. Luis Felipe Salomão, 4ª Turma, j. 08/08/2022, DJe 15/08/2022; AgInt no AREsp 1.370.727/SP, Rel. Min. Marco Aurélio Bellizze, 3ª Turma, j. 25/03/2019, DJe 28/03/2019.

45) Os direitos do devedor fiduciante decorrentes do contrato de alienação fiduciária de imóvel dado em garantia são impenhoráveis, quando afetados à aquisição do bem de família e se tratar de único imóvel utilizado por ele ou por sua família para moradia. Art. 1º da Lei 8.009/1990.

Julgados: AgInt no AREsp 1.768.295/PR, Rel. Min. Antonio Carlos Ferreira, 4ª Turma, j. 24/05/2021, DJe 28/05/2021; AgInt no AREsp 1.719.749/SP, Rel. Min. Luis Felipe Salomão, 4ª Turma, j. 23/11/2020, DJe 01/12/2020; REsp 1.726.733/SP, Rel. Min. Marco Aurélio Bellizze, 3ª Turma, j. 13/10/2020, DJe 16/10/2020; REsp 1.821.115/PI, Rel. Min. Herman Benjamin, 2ª Turma, j. 20/02/2020, DJe 18/05/2020; REsp 1.629.861/DF, Rel. Min. Nancy Andrighi, 3ª Turma, j. 06/08/2019, DJe 08/08/2019; REsp 1.677.079/SP, Rel. Min. Ricardo Villas Bôas Cueva, 3ª Turma, j. 25/09/2018, DJe 01/10/2018.

DIREITO DAS FAMÍLIAS – *Rodrigo da Cunha Pereira*

46) **A penhora de direitos do devedor fiduciante decorrentes do contrato de alienação fiduciária sobre o bem de família prescinde de anuência do credor fiduciário.**

Julgados: REsp 1.821.115/PI, Rel. Min. Herman Benjamin, 2ª Turma, j. 20/02/2020, DJe 18/05/2020.

47) **É possível penhorar bem de família para saldar débito originado de contrato de empreitada global que viabilizou a construção do imóvel. Art. 3º, II, da Lei 8.009/1990.**

Julgados: REsp 1.976.743/SC, Rel. Min. Nancy Andrighi, 3ª Turma, j. 08/03/2022, DJe 11/03/2022 (vide Informativo de Jurisprudência nº 728).

48) **A dívida contraída em razão da compra de material destinado à construção de bem de família, por si só, não afasta a impenhorabilidade do imóvel, pois as exceções estão limitadas às hipóteses do inciso II do art. 3º da Lei 8.009/1990.**

Julgados: AgInt no AREsp 2.028.415/RS, Rel. Min. Antonio Carlos Ferreira, 4ª Turma, j. 15/08/2022, DJe 18/08/2022; AgRg no Ag 888.313/RS, Rel. Min. Aldir Passarinho Junior, 4ª Turma, j. 24/06/2008, DJe 08/09/2008 AREsp 900.141/SC (decisão monocrática), Rel. Min. Marco Buzzi, 4ª Turma, j. 31/05/2016, publicado em 06/06/2016 (vide Informativo de Jurisprudência nº 361).

49) **A exceção à impenhorabilidade do bem de família prevista para o crédito decorrente de financiamento destinado à construção ou à aquisição do imóvel se estende ao novo imóvel adquirido com os recursos oriundos da venda do bem primitivo penhorável. Art. 3º, II, da Lei 8.009/1990.**

Julgados: REsp 1.935.842/PR, Rel. Min. Nancy Andrighi, 3ª Turma, j. 22/06/2021, DJe 25/06/2021 (Vide Informativo de Jurisprudência nº 702).

BEM DE FAMÍLIA V

As teses aqui resumidas foram elaboradas pela secretaria de jurisprudência do STJ, em sua base de dados, com julgados publicados até 21/10/2022.

50) **Para se reconhecer a impenhorabilidade do bem de família não é exigido que o devedor prove que o imóvel onde reside é o único de sua propriedade.**

Julgados: AgInt no AREsp 1.719.457/SP, Rel. Min. Nancy Andrighi, 3ª Turma, j. 08/02/2021, DJe 11/02/2021; AgInt no AREsp 1.558.073/SP, Rel. Min. Raul Araújo, 4ª Turma, j. 18/02/2020, DJe 12/03/2020; AgInt no AREsp 909.458/SP, Rel. Min. Antonio Carlos Ferreira, 4ª Turma, j. 30/05/2019, DJe 04/06/2019; REsp 1.685.402/PE, Rel. Min. Herman Benjamin, 2ª Turma, j. 03/10/2017, DJe 16/10/2017; AgRg nos EDcl no AREsp 794.318/RS, Rel. Min. Marco Aurélio Bellizze, 3ª Turma, j. 23/02/2016, DJe 07/03/2016 AREsp 2.088.444/SP (decisão monocrática), Rel. Min. Marco Buzzi, 4ª Turma, j. 15/09/2022, publicação: 20/09/2022.

51) **É impenhorável o bem de família de devedor que sirva de residência para os seus familiares, ainda que aquele habite em outro imóvel.**

Julgados: AgInt na TutPrv no AREsp 2.046.365/SP, Rel. Min. Marco Aurélio Bellizze, 3ª Turma, j. 15/08/2022, DJe 17/08/2022; AgInt no REsp 1.889.399/PE, Rel. Min. Benedito

Gonçalves, 1ª Turma, j. 16/05/2022, DJe 19/05/2022; AgInt no REsp 1.801.059/SE, Rel. Min. Og Fernandes, 2ª Turma, j. 11/06/2019, DJe 18/06/2019; EREsp 1.216.187/SC, Rel. Min. Arnaldo Esteves Lima, 1ª Seção, j. 14/05/2014, DJe 30/05/2014; REsp 1.126.173/MG, Rel. Min. Ricardo Villas Bôas Cueva, 3ª Turma, j. 09/04/2013, DJe 12/04/2013; REsp 831.553/RS, Rel. Min. Luis Felipe Salomão, 4ª Turma, j. 19/05/2011, DJe 26/05/2011 (Vide Informativo de Jurisprudência nº 543).

52) É possível atribuir o benefício da impenhorabilidade a mais de um imóvel do devedor, desde que pertencentes a cada uma das entidades familiares formadas após a dissolução da união estável, da separação ou do divórcio.

Julgados: AgInt no REsp 1.835.498/SP, Rel. Min. Marco Aurélio Bellizze, 3ª Turma, j. 20/04/2020, DJe 24/04/2020 AgInt no REsp 1.801.059/SE, Rel. Min. Og Fernandes, 2ª Turma, j. 11/06/2019, DJe 18/06/2019; AgInt no AREsp 1.158.338/SP, Rel. Min. Lázaro Guimarães (Desembargador convocado do TRF 5ª Região), 4ª Turma, j. 14/08/2018, DJe 22/08/2018; REsp 1.126.173/MG, Rel. Min. Ricardo Villas Bôas Cueva, 3ª Turma, j. 09/04/2013, DJe 12/04/2013; REsp 859.937/SP, Rel. Min. Luiz Fux, 1ª Turma, j. 04/12/2007, DJ 28/02/2008; REsp 1.789.150/RS (decisão monocrática), Rel. Min. Antonio Carlos Ferreira, 4ª Turma, j. 03/08/2020, publicado em 05/08/2020 (Vide Informativo de Jurisprudência nº 352).

53) A impenhorabilidade do bem de família da Lei 8.009/1990 remanesce, ainda que se trate de imóvel de alto padrão ou de luxo, independentemente do seu valor econômico.

Julgados: AgInt no REsp 1.965.350/MT, Rel. Min. Luis Felipe Salomão, 4ª Turma, j. 26/04/2022, DJe 29/04/2022; REsp 1.726.733/SP, Rel. Min. Marco Aurélio Bellizze, 3ª Turma, j. 13/10/2020, DJe 16/10/2020; AgInt no AREsp 1.146.607/SP, Rel. Min. Moura Ribeiro, 3ª Turma, j. 04/05/2020, DJe 07/05/2020; AgInt no REsp 1.806.654/SP, Rel. Min. Antonio Carlos Ferreira, 4ª Turma, j. 09/12/2019, DJe 13/12/2019; AgInt no REsp 1.656.079/RS, Rel. Min. Ricardo Villas Bôas Cueva, 3ª Turma, j. 03/12/2018, DJe 06/12/2018; AgInt no REsp 1.669.123/RS, Rel. Min. Lázaro Guimarães (desembargador convocado do TRF 5ª Região), 4ª Turma, j. 15/03/2018, DJe 03/04/2018 (Vide Informativo de Jurisprudência nº 456). (Vide Pesquisa Pronta).

54) A pequena propriedade rural trabalhada pela entidade familiar é impenhorável, ainda que oferecida em garantia hipotecária pelos respectivos proprietários. Art. 4º, § 2º, da Lei 8.009/1990.

Julgados: AgInt no AREsp 2.106.993/RS, Rel. Min. Raul Araújo, 4ª Turma, j. 03/10/2022, DJe 21/10/2022; AgInt no AREsp 1.999.952/PR, Rel. Min. Nancy Andrighi, 3ª Turma, j. 20/06/2022, DJe 22/06/2022; AgInt no AREsp 1.968.844/SC, Rel. Min. Marco Buzzi, 4ª Turma, j. 21/03/2022, DJe 24/03/2022; AgInt no REsp 1.810.055/SC, Rel. Min. Ricardo Villas Bôas Cueva, 3ª Turma, j. 14/02/2022, DJe 22/02/2022; AgInt no AREsp 1.838.004/RS, Rel. Min. Moura Ribeiro, 3ª Turma, j. 16/08/2021, DJe 19/08/2021 AgInt no AREsp 1.607.609/SC, Rel. Min. Luis Felipe Salomão, 4ª Turma, j. 15/03/2021, DJe 23/03/2021 (Vide Informativo de Jurisprudência nº 689). (Vide Pesquisa Pronta). (Vide legislação aplicada – Lei 8.009/1990 – impenhorabilidade do bem de família – art. 4º, § 2º).

55) **O falecimento do devedor não faz cessar automaticamente a impenhorabilidade do imóvel caracterizado como bem de família, pois a proteção legal deve ser estendida em favor da entidade familiar.**

Julgados: AgInt no REsp 1.669.123/RS, Rel. Min. Lázaro Guimarães (Desembargador convocado do TRF 5ª Região), 4ª Turma, j. 15/03/2018, DJe 03/04/2018; AgInt no AREsp 1.130.591/RS, Rel. Min. Marco Aurélio Bellizze, 3ª Turma, j. 05/12/2017, DJe 15/12/2017; REsp 1.271.277/MG, Rel. Min. Ricardo Villas Bôas Cueva, 3ª Turma, j. 15/03/2016, DJe 28/03/2016; EDcl no REsp 1822604/SP (decisão monocrática), Rel. Min. Antonio Carlos Ferreira, 4ª Turma, j. 01/09/2020, publicação: 09/09/2020; REsp 1.759.991/SC (decisão monocrática), Rel. Min. Moura Ribeiro, 3ª Turma, publicação: 05/09/2019; AREsp 1.199.556/PR (decisão monocrática), Rel. Min. Marco Aurélio Bellizze, 3ª Turma, j. 12/03/2018, publicação: 27/03/2018.

56) **A proteção instituída pela Lei 8.009/1990 impede a penhora de direitos hereditários no rosto do inventário do único bem de família que compõe o acervo sucessório.**

Julgados: REsp 1.271.277/MG, Rel. Min. Ricardo Villas Bôas Cueva, 3ª Turma, j. 15/03/2016, DJe 28/03/2016; AREsp 1.199.556/PR (decisão monocrática), Rel. Min. Marco Aurélio Bellizze, 3ª Turma, j. 12/03/2018, publicação: 27/03/2018.

57) **É penhorável o bem de família ofertado como garantia para ingresso no Programa de Recuperação Fiscal – REFIS quando o devedor atua de maneira fraudulenta, com abuso do direito de propriedade e manifesta violação à boa-fé objetiva.**

Julgados: REsp 1.200.112/RJ, Rel. Min. Castro Meira, 2ª Turma, j. 07/08/2012, DJe 21/08/2012. (Vide Jurisprudência em teses nº 44 – Tema 11).

58) **Os bens móveis que guarnecem o bem de família são impenhoráveis, excetuados aqueles em duplicidade, por não se tratar de utensílios necessários à manutenção básica da unidade familiar. Art. 1º, parágrafo único, e art. 2º, *caput*, da Lei 8.009/1990.**

Julgados: AgRg no REsp 606.301/RJ, Rel. Min. Raul Araújo, 4ª Turma, j. 27/08/2013, DJe 19/09/2013; AgRg no Ag 821.452/PR, Rel. Min. Sidnei Beneti, 3ª Turma, j. 18/11/2008, DJe 12/12/2008; REsp 533.388/RS, Rel. Min. Teori Albino Zavascki, 1ª Turma, j. 04/11/2004, DJ 29/11/2004 AREsp 2.095.571/SP (decisão monocrática), Rel. Min. Nancy Andrighi, 3ª Turma, j. 29/08/2022, publicado em 31/08/2022; AgInt no REsp 1.728.512/SP (decisão monocrática), Rel. Min. Moura Ribeiro, 3ª Turma, j. 20/11/2020, publicado em 01/12/2020; AREsp 1.481.413/SP (decisão monocrática), Rel. Min. Antonio Carlos Ferreira, 4ª Turma, j. 15/08/2019, publicado em 19/08/2019 (Vide Legislação aplicada – Lei 8.009/1990 – impenhorabilidade do bem de família – art. 2º).

59) **Os bens móveis que guarnecem a residência do devedor, enquanto não quitados, não se integram ao bem de família protegido pela Lei 8.009/1990, logo são passíveis de penhora. Parágrafo único do art. 1º da Lei 8.009/1990.**

Julgados: REsp 554.768/RS, Rel. Min. Humberto Gomes de Barros, 3ª Turma, j. 13/03/2007, DJe 04/08/2009 REsp 1.408.918/SC (decisão monocrática), Rel. Min. Paulo de Tarso Sanseverino, 3ª Turma, j. 11/05/2015, publicado em 13/05/2015 (Vide Jurisprudência em teses nº 44 – Tema 3).

BEM DE FAMÍLIA VI

As teses aqui resumidas foram elaboradas pela secretaria de jurisprudência do STJ, em sua base de dados, com julgados publicados até 04/11/2022.

60) Não é possível que medida cautelar fiscal de indisponibilidade de bens recaia sobre bem de família, em razão da proteção contida no art. 1º da Lei 8.009/1990. Art. 185-A do CTN e art. 4º da Lei 8.397/1992.

Julgados: AgInt no REsp 1.966.111/PR, Rel. Min. Mauro Campbell Marques, 2ª Turma, j. 25/04/2022, DJe 28/04/2022; AgInt no AREsp 1.066.929/RS, Rel. Min. Gurgel de Faria, 1ª Turma, j. 23/03/2020, DJe 31/03/2020; AgRg no REsp 1.393.814/RS, Rel. Min. Napoleão Nunes Maia Filho, 1ª Turma, j. 12/11/2013, DJe 06/12/2013; AgRg no AgRg no Ag 1.312.872/RS, Rel. Min. Eliana Calmon, 2ª Turma, j. 06/06/2013, DJe 13/06/2013; AgRg no REsp 1.200.145/RS, Rel. Min. Arnaldo Esteves Lima, 1ª Turma, j. 15/12/2011, DJe 02/02/2012; REsp 890.163/DF, Rel. Min. Castro Meira, 2ª Turma, j. 10/04/2007, DJ 23/04/2007.

61) Decidida a questão da impenhorabilidade do bem de família nos termos da Lei 8.009/1990, não é permitido ao Judiciário, ao seu arbítrio, em razão da preclusão consumativa, proferir novo pronunciamento sobre a mesma matéria.

Julgados: REsp 976.566/RS, Rel. Min. Luis Felipe Salomão, 4ª Turma, j. 20/04/2010, DJe 04/05/2010. (Vide Informativo de Jurisprudência nº 425).

62) O protesto contra alienação do bem de família não possui o objetivo de obstar ou anular o negócio jurídico de venda do imóvel impenhorável, mas tão somente de informar terceiros de boa-fé a respeito da pretensão do credor de penhora do bem. Art. 301 do CPC.

Julgados: REsp 1.236.057/SP, Rel. Min. Antonio Carlos Ferreira, 4ª Turma, j. 06/04/2021, DJe 28/04/2021 (Vide Informativo de Jurisprudência nº 692).

63) A ausência de averbação da hipoteca no cartório de registros de imóveis, por si só, não afasta a exceção à regra de impenhorabilidade prevista no art. 3º, V, da Lei 8.009/1990.

Julgados: AgInt no AREsp 1.401.722/SP, Rel. Min. Marco Buzzi, 4ª Turma, j. 04/05/2020, DJe 08/05/2020; REsp 1.455.554/RN, Rel. Min. João Otávio de Noronha, 3ª Turma, j. 14/06/2016, DJe 16/06/2016 AREsp 703.635/RJ (decisão monocrática), Rel. Min. Lázaro Guimarães (Desembargador convocado do TRF 5ª Região), 4ª Turma, j. 22/08/2018, publicado em 24/08/2018 (vide Informativo de Jurisprudência nº 585).

64) Tratando-se de execução proposta por credor diverso daquele em favor do qual fora outorgada a hipoteca, é inadmissível a penhora do bem imóvel destinado à residência do devedor e de sua família, pois não incide a regra excepcional do art. 3º, V, da Lei 8.009/1990.

Julgados: REsp 1.604.422/MG, Rel. Min. Paulo de Tarso Sanseverino, 3ª Turma, j. 24/08/2021, DJe 27/08/2021; AgRg nos EDcl no Ag 1.347.597/MS, Rel. Min. Nancy Andrighi, 3ª Turma, j. 07/04/2011, DJe 13/04/2011 REsp 1.926.559/SP (decisão monocrática), Rel. Min. Luis Felipe Salomão, 4ª Turma, j. 01/02/2022, publicação: 08/02/2022 (vide Informativo de Jurisprudência nº 3 – edição especial).

65) **Para aplicar a exceção à impenhorabilidade do bem de família prevista no art. 3º, IV, da Lei 8.009/1990 é preciso que o débito de natureza tributária seja proveniente do próprio imóvel que se pretende penhorar.**

Julgados: REsp 1.332.071/SP, Rel. Min. Marco Aurélio Bellizze, 3ª Turma, j. 18/02/2020, DJe 20/02/2020 (vide Informativo de Jurisprudência nº 665).

66) **A alienação, pelo executado, de imóvel considerado bem de família, após a constituição do crédito tributário, não caracteriza fraude à execução fiscal, pois a transferência do imóvel não afasta a cláusula de impenhorabilidade do bem. Art. 3º, IV, da Lei 8.009/1990.**

Julgados: AgInt no AREsp 1.563.408/RS, Rel. Min. Gurgel de Faria, 1ª Turma, j. 16/08/2021, DJe 20/08/2021; AgInt no REsp 1.719.551/RS, Rel. Min. Og Fernandes, 2ª Turma, j. 21/05/2019, DJe 30/05/2019; AgInt no AREsp 1.190.588/RS, Rel. Min. Napoleão Nunes Maia Filho, 1ª Turma, j. 18/03/2019, DJe 26/03/2019; REsp 846.897/RS, Rel. Min. Castro Meira, 2ª Turma, j. 15/03/2007, DJ 23/03/2007 (vide Legislação aplicada – Lei 8.009/1990 – Impenhorabilidade do bem de família – art. 3º).

67) **A impenhorabilidade do bem de família não pode ser arguida, em ação anulatória da arrematação, após o encerramento da execução.**

Julgados: AgInt no REsp 1.699.511/SP, Rel. Min. Marco Buzzi, 4ª Turma, j. 13/05/2019, DJe 17/05/2019; AgInt no AREsp 1.227.203/SP, Rel. Min. Antonio Carlos Ferreira, 4ª Turma, j. 13/12/2018, DJe 19/12/2018; AR 4.525/SP, Rel. Min. Maria Isabel Gallotti, 2ª Seção, j. 13/12/2017, DJe 18/12/2017; AgRg no REsp 853.296/GO, Rel. Min. Humberto Gomes de Barros, 3ª Turma, j. 14/11/2007, DJ 28/11/2007 (vide Pesquisa Pronta; vide Jurisprudência em teses nº 44 – Tema 18).

68) **O afastamento da exceção à impenhorabilidade prevista no art. 3º da Lei 8.009/1990 não se estende ao saldo remanescente do produto da arrematação, de forma que, quitada a dívida, o crédito excedente não perde seu caráter de bem de família.**

Julgados: AgRg no AgRg no Ag 1.094.203/SP, Rel. Min. Raul Araújo, 4ª Turma, j. 26/04/2011, DJe 10/05/2011 AREsp 2.181.455/PR (decisão monocrática), Rel. Min. Ricardo Villas Bôas Cueva, 3ª Turma, j. 15/10/2022, publicado em 24/10/2022; AREsp 1.477.639/SP (decisão monocrática), Rel. Min. Antonio Carlos Ferreira, 4ª Turma, j. 05/02/2021, publicação: 09/02/2021; REsp 1.803.643/SP (decisão monocrática), Rel. Min. Maria Isabel Gallotti, 4ª Turma, j. 24/11/2020, publicação: 02/12/2020 (Vide Informativo de Jurisprudência nº 470).

69) **É possível a penhora do bem de família de condômino, na proporção de sua fração ideal, na hipótese de inexistir patrimônio próprio do condomínio para responder por dívida decorrente de danos a terceiros.**

Julgados: REsp 1.473.484/RS, Rel. Min. Luis Felipe Salomão, 4ª Turma, j. 21/06/2018, DJe 23/08/2018 (Vide Informativo de Jurisprudência nº 631).

Cap. 9 – BEM DE FAMÍLIA

70) A instituição do imóvel como bem de família não constitui motivo impeditivo ao aperfeiçoamento da usucapião, na hipótese de mudança ou abandono.

Julgados: REsp 174.108/SP, Rel. Min. Barros Monteiro, 4ª Turma, j. 15/09/2005, DJ 24/10/2005 (Vide Informativo de Jurisprudência nº 260).

9.6 RESUMO

Bem de Família é o imóvel que ganha *status* de impenhorabilidade, em razão da proteção dada à entidade familiar. Pode ser prédio residencial urbano ou rural com suas pertenças e acessórios – Art. 1.711, CCB.

A teoria do Estatuto do Patrimônio Mínimo dá também sustentação a impenhorabilidade da casa de família, indo um pouco além para garantir um mínimo existencial, não apenas para a entidade familiar, mas à pessoa, no sentido de sua dignidade.

A jurisprudência já consolidou entendimento no sentido de estender tal garantia às famílias binucleares, "unipessoais" e anaparentais.

O bem de família pode ser voluntário ou legal e está regulado nos artigos 1.711 e seguintes do CCB/2002 e pela Lei 8.009/90 com as modificações posteriores pela Lei 8.245/91, Lei 13.144/15 e LC 150/2015.

Há exceções para impenhorabilidade do bem de família, ou seja, pode recair penhora:

- No legal – dos tributos e condomínios relativos ao próprio imóvel, pensão alimentícia e demais exceções descritas no artigo 3º da Lei 8.009/1990, com suas modificações posteriores.

- O art. 3º, VI, da Lei 8.009/1990 expressamente afastou a impenhorabilidade quando o bem imóvel é adquirido com produto de crime ou para execução de sentença penal condenatória a ressarcimento, indenização ou perdimento de bens.[21]

- No voluntário – dívidas anteriores à sua instituição como bem de família e as dívidas de impostos, e condomínio no respectivo prédio.

Não há exigência legal de que o instituído no imóvel seja destinado ao bem de família.

FILMOGRAFIA

1. *Assunto de família*, 2019, filme, Japão, Hirokazu Kore-eda.
2. *Era o hotel Cambridge*, 2016, filme, Brasil, Eliane Caffé.

---

[21] STJ, Resp nº 1.823.159 – SP , Rel. Min. Nancy Andrighi, 3ª Turma, publicação: 19/10/2020.

10
PARENTALIDADES

 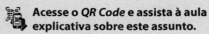

Acesse o *QR Code* e assista à aula explicativa sobre este assunto.

> https://uqr.to/ofq6

10.1 DAS RELAÇÕES DE PARENTESCO E SUA CLASSIFICAÇÃO

Do latim *parentatus*, de pares. É a relação que se estabelece entre pessoas unidas pelos laços de família[1]. Para o Direito de Família e Sucessões é a ligação consanguínea ou jurídica que une as pessoas pelo fato natural do nascimento ou por um fato jurídico como o casamento, a adoção e a socioafetividade. O parentesco é natural ou civil, conforme resulte da consanguinidade ou outra origem (art. 1.593, CCB). Originariamente, considerava-se parente apenas descendentes do mesmo tronco ancestral, ou seja, que compartilham um ascendente consanguíneo.

O parentesco é determinado em linhas, reta e colateral, e em graus. Contam-se, na linha reta, os graus de parentesco pelo número de gerações, e, na colateral, também pelo número delas, subindo de um dos parentes até ao ascendente comum, e descendo até encontrar o outro parente (art. 1.594, CCB). Só se considera parentes os colaterais até o 4º grau (art. 1.592, CCB), inclusive para efeitos sucessórios (art. 1.839, CCB), mas o parentesco em linha reta não há limite.

A averiguação do grau de parentesco é necessária, inclusive para fins de constatar impedimentos para o casamento e para prestar testemunho, pois são impedidos para tais atos os parentes até o 3º grau.

Para determinar o grau de parentesco basta encontrar o ancestral comum na linha reta ascendente e em seguida descer a linha colateral até o parâmetro desejado, contabilizando cada salto como um grau de parentesco.

---

[1] O Decreto nº 10.570/2021 institui a Estratégia Nacional de Fortalecimento dos Vínculos Familiares e o seu Comitê Interministerial.

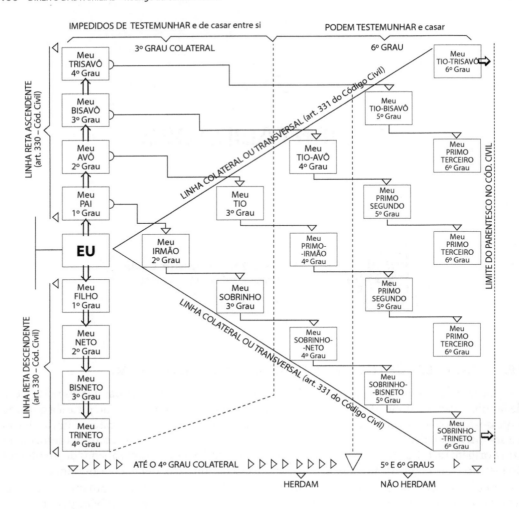

10.1.1 Natural e civil

O parentesco consanguíneo é também denominado de parentesco natural. É o vínculo existente entre as pessoas que compartilham de um mesmo ancestral comum, isto é, descendem de um mesmo tronco e têm a mesma descendência biológica.

O parentesco consanguíneo é o parentesco em seu sentido original, que era visto como a única relação de parentesco existente. Atualmente, a relação de parentesco, diante das diversas modalidades e estruturas de família, tem sentido mais amplo. Não deriva apenas da relação consanguínea, mas também da relação socioafetiva e da relação civil.

O parentesco civil é o vínculo decorrente de uma relação que se estabeleceu judicialmente. Tradicionalmente, a adoção era o único parentesco civil.

A partir da compreensão do afeto como valor e princípio jurídico, o CCB de 2002 estabeleceu que há outras possibilidades de se criar vínculos de parentesco: O parentesco é natural ou civil, conforme resulte de consanguinidade ou outra origem (art. 1.593, CCB). E assim, além da adoção, o parentesco socioafetivo é também um parentesco civil, e tal como a adoção ele deve ser declarado judicialmente.

10.1.2 Parentesco em linha reta

É o vínculo natural ou jurídico entre pessoas que descendem umas das outras diretamente (art. 1.591, CCB). São os ascendentes e descendentes. É contado pelo número de geração e cada geração representa um grau. Na linha reta, o parentesco é infinito. Também conhecido como parentesco em linha direta.

10.1.3 Parentesco em linha colateral

É o vínculo natural ou jurídico entre pessoas que compartilham um ascendente comum, mas não descendem umas das outras diretamente, ou seja, provêm do mesmo tronco ancestral e se estendem lateralmente. Diferencia-se do parentesco em linha reta, que é quando as pessoas descendem umas das outras diretamente: filho, neto, bisneto etc.

Os parentes colaterais não descendem uns dos outros, mas têm um ancestral em comum: irmão, tio, sobrinho, primo. Contam-se, na linha reta, os graus de parentesco pelo número de gerações, e, na colateral, também pelo número delas, subindo de um dos parentes até ao ascendente comum, e descendo até encontrar o outro parente (art. 1.594, CCB). Diz-se, também, parentesco em linha transversal.

10.1.4 Parentesco por afinidade

É o vínculo jurídico que se estabelece com os parentes do cônjuge ou companheiro. Essa vinculação se limita aos parentes ascendentes, descendentes e aos colaterais do cônjuge ou companheiro, restringindo-se em linha reta ao genro e à nora, ao sogro e à sogra, ao enteado e à enteada, à madrasta e ao padrasto, e, na linha transversal, ao cunhado e à cunhada.

Diferentemente do parentesco consanguíneo, não há contagem de grau no parentesco por afinidade, isso porque não descendem um do outro e tão pouco vêm de um mesmo tronco.

O parentesco por afinidade tem sua origem na relação dos cônjuges ou companheiros, e, com exceção do parentesco por afinidade em linha transversal, não se extingue com a dissolução do casamento ou da união estável que lhe deu origem.

O parentesco afim em linha reta extingue-se apenas com a morte. Sendo assim, tendo em vista os impedimentos absolutos para o casamento, proibido o casamento de ex-cônjuge com qualquer um dos seus parentes afins em linha reta, mesmo que dissolvida a família conjugal.

Na linguagem do art. 1.593 cada cônjuge ou companheiro é aliado aos parentes do outro pelo vínculo da afinidade. O parentesco por afinidade limita-se aos ascendentes, aos descendentes e aos irmãos do cônjuge ou companheiro. Na linha reta, a afinidade não se extingue com a dissolução do casamento ou da união estável.

Não há regra expressa de obrigação alimentar no parentesco por afinidade, ou seja, entre sogro, sogra e enteados.[2]

O Código Civil português admite a prestação de alimentos do padrasto e da madrasta em relação aos seus enteados (art. 2009, 1, f), assim como o Código Civil Francês prevê alimentos dos genros e noras, aos sogros e sogras, embora cessem com a dissolução da sociedade conjugal que gerou o parentesco.[3]

---

[2] Apelação cível. Autorização para casamento. Óbice legal. Parentesco por afinidade em linha reta. Inteligência do art. 1.595, II, do CCB. Pedido impossível. Sentença de indeferimento da inicial confirmada. Decisão por ato da relatora (art. 557 do CPC). Apelo desprovido. (TJRS, Apelação Cível nº 70060926581, Sétima Câmara Cível, Tribunal de Justiça do RS, Rel. Sandra Brisolara Medeiros, j. 07/11/2014).

[3] LÔBO, Paulo. *Direito Civil* – Famílias. Vol. 5, 9ª edição. São Paulo: Saraiva, 2019, p. 217.

10.1.5 Parentesco decorrente de outras origens

Com a mudança das relações familiares, ampliou-se o leque de possibilidades das relações conjugais, e também das relações parentais. Se antes a conjugalidade legítima era apenas a do casamento, desde a CR de 1988 passou a ser possível também às uniões estáveis. No campo das famílias parentais, também em consequência do afeto[4], e da afetividade como princípio catalisador de todas as relações conjugais, surgiram outras possibilidades de parentesco, já que se tornou possível outras possibilidades de formação de famílias parentais, como as ectogenéticas coparentais (ver item 1.10.12), que são resultado da evolução da engenharia genética, mas também da compreensão da socioafetividade.

O arti. 1.593 do CCB, diz expressamente que o parentesco pode ser por consanguinidade, civil ou outra origem. Neste conceito aberto, inclui-se o parentesco decorrente dos laços de afeto, que passam a chamar de socioafetivo[5]. Como decorrência natural da socioafetividade, surgiu a multiparentalidade[6], que vem instalar mais paradigmas para a paternidade e maternidade, ou seja, mais laços de parentesco.

10.2 DA FILIAÇÃO

10.2.1 Breve visão histórica

É importante não perder o fio da história sobre a paternidade jurídica no Brasil, para compreender melhor sua evolução e o confronto, ou encontro, dos textos normativos com o discurso psicanalítico, na medida em que tais textos jurídicos eram sustentados por uma moral sexual excludente. Mesmo que o homem casado quisesse reconhecer o filho havido fora do casamento, não podia. É como se aquele filho não tivesse pai e era condenado à invisibilidade social, ocupava um "não lugar". A distinção feita pelo Direito sobre filhos legítimos e ilegítimos chegava ao ponto de negar a existência da relação de paternidade.

O (mau) espírito da lei era o de proteger a família legítima (casamento), mesmo que tivesse que desconsiderar aquela outra paternidade. Em 1941, o Decreto-Lei nº 3.200 deu o primeiro passo em direção ao reconhecimento de filhos naturais, quando determinou que não se fizesse menção nas certidões de registro civil sobre a forma da filiação. Em 1942, o Decreto-Lei nº 4.737 estabeleceu que o filho havido pelo cônjuge fora do casamento pode, depois do desquite, ser reconhecido ou demandar que se declare sua filiação. Esse decreto, de autoria do então Presidente Getúlio Vargas, embora fosse para atender aos interesses particulares do amigo Assis Chateaubriand, que queria registrar sua filha Teresa, abrandou o rigor do art. 358 do CCB 1916. Não satisfeito, Chateaubriand conseguiu, em 1943, que o Presidente lhe beneficiasse

---

4   "Reconhecimento de paternidade socioafetiva. Relação avoenga de parentesco. Neto maior de idade. Possibilidade jurídica do pedido verificada. Vedação do art. 42, § 1º, do ECA. Ausência de aplicação analógica. Reconhecimento de filiação socioafetiva e não de adoção" (STJ, Informativo 834, 26/11/2024).

5   O STF em análise do RE 898.060, com repercussão geral reconhecida firmou a tese: *A paternidade socioafetiva, declarada ou não em registro público, não impede o reconhecimento do vínculo de filiação concomitante baseado na origem biológica, com os efeitos jurídicos próprios.*

6   (...) Cabível o reconhecimento da multiparentalidade se demonstrada a existência simultânea de vínculo biológico e socioafetivo. O fato de os pais registrais não aceitarem a inclusão do pai biológico no assento de nascimento do menino não é fundamento, por si só, para negar a pretensão do autor, que se escora em direito personalíssimo relativo ao exercício da paternidade. Acerca do tema, assentou o Supremo Tribunal Federal, em repercussão geral, que a paternidade socioafetiva, declarada ou não em registro público, não impede o reconhecimento do vínculo de filiação concomitante baseado na origem biológica, com os efeitos jurídicos próprios (RE nº 898.060, Min. Luiz Fux, julgado em 21/09/2016, Tribunal Pleno). (TJRS, Apelação Cível Nº 70079349171, Sétima Câmara Cível, Tribunal de Justiça do RS, Relator: Sandra Brisolara Medeiros, Julgado em 24/04/2019).

novamente, pois tinha interesse também em ter a guarda da filha Teresa. Em 21 de janeiro desse mesmo ano, foi assinado o Decreto-Lei nº 5.213, que modificava o Decreto-Lei nº 3.200/41, possibilitando que o pai ficasse com a guarda do filho natural, se assim o tivesse reconhecido.

Em 21 de outubro de 1949, a Lei nº 883 permitiu que os filhos havidos fora do casamento pudessem ser reconhecidos, depois do desquite. O art. 4º dessa lei permitia ainda que se pudesse investigar a paternidade extraconjugal, mas só para fins de alimentos e em segredo de justiça, ou seja, o pai tinha o dever de pagar alimentos, mas não podia registrar o filho.

Em 1977, a Lei nº 6.515, mais conhecida como Lei do Divórcio (art. 51), modificou a Lei nº 883, permitindo o reconhecimento da paternidade ainda na constância do casamento, desde que em testamento cerrado.

Em 1984, a Lei nº 7.250 permitiu o reconhecimento de filho adulterino, se o pai estivesse separado de fato de seu cônjuge por mais de cinco anos.

Em 1989, a Lei nº 7.841 revogou expressamente o art. 358 do CCB 1916, embora ele já estivesse tacitamente revogado por força da Constituição de 1988.

Em 1992, a Lei nº 8.560 regulou a investigação de paternidade dos filhos havidos fora do casamento. Em 2009, a Lei nº 12.004, preservando o princípio da paternidade responsável, previu que a recusa do réu em se submeter ao exame de código genético – DNA pode gerar presunção da paternidade[7].

E assim, como resultado de uma evolução histórica, do movimento feminista e influência do pensamento psicanalítico, que mudou as concepções sobre sexualidade, pôde-se instalar definitivamente o princípio do melhor interesse da criança, traduzido no art. 227, § 6º, da Constituição da República de 1988: *Os filhos, havidos ou não da relação do casamento, ou por adoção, terão os mesmos direitos e qualificações, proibidas quaisquer designações discriminatórias relativas à filiação.*

Filhos ilegítimos, espúrios, bastardos, naturais e adulterinos, e outras designações discriminatórias, são proibidas pela Constituição da República. Filho é filho independentemente de sua origem. Não há filhos ilegítimos. Todos são legítimos.

10.2.2 Filiação e investigação de parentalidade

A filiação designa a relação de parentesco[8] na linha reta e em primeiro grau, do filho em relação aos pais. Sob a ótica do pai, dá-se o nome de paternidade; sob a ótica da mãe, maternidade. O CCB de 1916 classificava os filhos de maneira discriminatória, diferenciando-os em legítimos, ilegítimos que por usa vez se dividiam em naturais e espúrios. Os espúrios eram os incestuosos ou adulterinos.

A lei reconhecia e dava proteção somente àqueles gerados na constância do casamento, os chamados filhos legítimos. A desigualdade entre os filhos se amparava na proteção da instituição

---

[7]   Lei nº 14.138, de 16/04/2021 – Acrescenta o § 2º ao art. 2º-A da Lei nº 8.560, de 29 de dezembro de 1992, para permitir, em sede de ação de investigação de paternidade, a realização do exame de pareamento do código genético (DNA) em parentes do suposto pai, nos casos em que especifica.

[8]   (...) Os irmãos unilaterais possuem legitimidade ativa para propor ação declaratória de reconhecimento de parentesco natural com irmã pré-morta, ainda que a relação paterno-filial com o pai comum, também pré-morto, não tenha sido reconhecida em vida, pois a ação veicula alegado direito próprio, autônomo e personalíssimo em ver reconhecida a existência da relação jurídica familiar e, eventualmente, concorrer na sucessão da irmã falecida. (...) Não há, no ordenamento jurídico brasileiro, vedação expressa ou implícita à pretensão de direito autônomo à declaração de existência de relação de parentesco natural entre pessoas supostamente pertencentes à mesma família, calcada nos direitos personalíssimos de investigar a origem genética e biológica e a ancestralidade (corolários da dignidade da pessoa humana) e do qual pode eventualmente decorrer direito de natureza sucessória, não se aplicando à hipótese a regra do art. 1.614 do CC/2002. (...) (STJ, REsp 1892941/SP, Rel. Min. Nancy, Andrighi, 3ª T., Publ. 08/06/2021).

do casamento, cujos interesses prevaleciam sobre as demais entidades familiares que, à época, sequer eram reconhecidas. Em nome de uma moral sexual religiosa, protegiam-se os direitos, inclusive os sucessórios, apenas dos filhos considerados legítimos, ou seja, do casamento.

Há filhos, cujos pais não os "adotam", ou seja, há genitores que não reconhecem juridicamente seus filhos. Quando isso acontece, isto é, quando o pai não reconhece voluntariamente seu filho, deve-se buscar tal reconhecimento em ação judicial em que se procura declarar a paternidade[9], que pode ser biológica ou socioafetiva. As investigações de paternidade, até a possibilidade de sua revelação pelos exames em DNA, em meados da década de 1980, sempre estiveram envolvidas pela moral sexual que permeia todo o Direito de Família. Até então, as provas levadas ao processo judicial eram documentos que demonstravam alguma relação da mãe com o suposto pai, exame de sangue em que se aproximava ou excluía os tipos sanguíneos, mas principalmente testemunhal. Os depoimentos giravam em torno de se demonstrar o *exceptio plurium concubentium*, isto é, se a mãe tivesse mais de um relacionamento no período da concepção, o investigado era excluído da paternidade. Neste sentido, a prova pericial de exame em DNA deslocou o eixo da discussão, que era na verdade uma investigação moral da vida da mãe, para uma prova científica. Esta foi a primeira revolução nas investigações de paternidade. Obviamente, que a prova da paternidade não é apenas o exame em DNA, mas é a mais importante, e as outras, tais como testemunhas e documentos, ganharam um lugar subsidiário e complementar.

Aquele que se recusa a submeter-se ao exame de DNA, a lei considera que ele "tem culpa no cartório", isto é, pode significar a presunção da paternidade[10] (Lei 8.560/1992 – Regula a investigação de paternidade[11] dos filhos havidos fora do casamento, bem como os arts. 231 e 232, CCB).

A Lei 14.138/2021 acrescentou o § 2º ao art. 2º-A da Lei nº 8.560, de 29 de dezembro de 1992, para permitir, em sede de ação de investigação de paternidade, a realização do exame de pareamento do código genético (DNA) em parentes do suposto pai. Assim, a recusa à perícia médica ordenada pelo juiz poderá suprir a prova que se pretendia obter com o exame, da mesma

---

[9] (...) A averbação de sentença transitada em julgado, a qual declara ou reconhece determinado estado de filiação – como se dá nas ações negatórias de maternidade/paternidade, em caso de procedência –, constitui consequência legal obrigatória do que restou declarado e reconhecido judicialmente, o que se dá, ordinariamente, de ofício. Nos termos do art. 10, inciso II, do Código Civil, far-se-á a averbação de registro público dos atos judiciais e extrajudiciais que declararem ou reconhecerem a filiação. Assim, a averbação constitui ato acessório destinado a modificar o teor constante do registro, em virtude de determinação judicial, conferindo-lhe, em atenção ao princípio da veracidade, que rege o registro público, publicidade e segurança jurídica. Não existe nenhuma faculdade conferida às partes envolvidas a respeito de proceder ou não à referida averbação, como se tal providência constituísse, em si, um direito personalíssimo delas. Não há, pois, como confundir o exercício do direito subjetivo de ação de caráter personalíssimo, como o é a pretensão de desconstituir estado de filiação, cuja prerrogativa é exclusiva das pessoas insertas nesse vínculo jurídico (pai/mãe e filho), com o ato acessório da averbação da sentença de procedência transitada em julgado, que se afigura como mera consequência legal obrigatória. Na eventualidade de tal proceder não ser observado – o que, no caso, deu-se em virtude de falha do serviço judiciário (houve expedição, mas não houve o encaminhamento do mandado de averbação ao Ofício do Registro Civil das Pessoas Naturais) –, não se impõe à parte interessada o manejo de específica ação para esse propósito. A providência de averbação da sentença, por essa razão, não se submete a qualquer prazo, seja ele decadencial ou prescricional. (RMS 56.941-DF, Rel. Min. Marco Aurélio Bellizze, 3.ª Turma, por unanimidade, j. 19/5/2020, DJe 27/5/2020).

[10] Súmula 301 do STJ: *Em ação investigatória, a recusa do suposto pai a submeter-se ao exame de. DNA induz presunção juris tantum de paternidade.*

[11] A Lei nº 14.138, de 16/04/2021, acrescentou o § 2º ao art. 2º-A da Lei nº 8.560, de 29 de dezembro de 1992, para permitir, em sede de ação de investigação de paternidade, a realização do exame de pareamento do código genético (DNA) em parentes do suposto pai, nos casos em que especifica.

Cap. 10 – PARENTALIDADES **405**

forma em ação investigatória, a recusa do suposto pai em se submeter ao exame de DNA induz presunção de paternidade (art. 2º-A, § 1º). O Poder Judiciário já admitia essa possibilidade, mesmo antes dessa lei.

Com a compreensão psicanalítica de que a paternidade e maternidade são funções exercidas, além do conceito jurídico de posse de estado de filho, surge o conceito de paternidade socioafetiva, que evoluiu para parentalidade socioafetiva, que fez a segunda revolução nos processos de investigação de paternidade. Isto porque a investigação pode recair sobre o verdadeiro pai, que não necessariamente é o pai biológico. Pai e genitor podem ser categorias jurídicas distintas. E assim, em um processo de investigação de paternidade, o exame em DNA pode revelar que o investigado é o genitor, mas nem sempre é o verdadeiro pai. Às vezes tal processo pode ser apenas para investigação da origem genética.

O histórico legislativo das investigatórias de paternidade revela que elas sempre foram determinadas por uma moral sexual estigmatizante e excludente. Pela Lei nº 883/49, com as alterações promovidas em 1977, era permitida a propositura da ação de investigação de paternidade somente após dissolvida a sociedade conjugal. Na constância, apenas se houvesse testamento. Em 1984, a Lei nº 7.200 começou a autorizar essa busca nos casos de separação de fato. Muito embora existissem direitos sucessórios, eles estavam condicionados à metade da herança com relação aos filhos havidos fora do casamento e reconhecidos pela investigatória de paternidade. Com o avanço social solidificado com a ordem constitucional de 1988, bem como a edição da Lei nº 8.560/92, instalou-se a isonomia em relação à filiação, bem como o reconhecimento e propositura da investigatória de paternidade tornaram-se possíveis, independentemente da configuração familiar. Filho é filho, independentemente de sua origem genética, e merece tratamento igualitário.

O reconhecimento do estado de filiação é um direito personalíssimo, indisponível e imprescritível (art. 27 da Lei nº 8.069/90).

O procedimento para ação de investigação de maternidade é o mesmo para ações de investigação de paternidade.

Antes da ação de investigação de paternidade judicial, que é procedimento judicial, com princípio do contraditório, a lei faculta para facilitar e tentar agilizar a busca de um pai para os filhos que não o têm em seu registro de nascimento, que se faça essa "averiguação."

Averiguação da paternidade é o procedimento administrativo, iniciado pelo oficial de Registro Civil[12] das Pessoas Naturais ao enviar informações ao juiz sobre a falta do nome do pai nos registros de nascimento: Em registro de nascimento de menor apenas com a maternidade estabelecida, o oficial remeterá ao juiz certidão integral do registro e o nome e prenome, profissão, identidade e residência do suposto pai, a fim de ser averiguada oficiosamente a procedência da alegação (art. 2º, Lei nº 8.560/92). Recebida tal informação, o juiz deve, após ouvir a mãe, notificar o suposto pai sobre a alegada paternidade. Se ele confirmar a paternidade, lavra-se o termo de reconhecimento e remete ao oficial de registro para a devida averbação. "O reconhecimento dos filhos havidos fora do casamento é irrevogável e será feito: I – no registro do nascimento; II – por escritura pública ou escrito particular, a ser arquivado em cartório; III – por testamento, ainda que incidentalmente manifestado; IV – por manifestação direta e expressa perante o juiz, ainda que o reconhecimento não haja sido o objeto único e principal do ato que o contém" (art. 1.609, CCB; art. 1º da Lei nº 8.560/92). Se o suposto pai não atender à notificação judicial em 30 dias, ou negar a paternidade, o juiz remete os autos para o

---

12 O Projeto de Reforma do Código Civil, PL nº 04/2025, prevê no seu art. 1.609-A, que: "Promovido o registro de nascimento pela mãe e indicado o genitor do seu filho, o oficial do Registro Civil deve notificá-lo pessoalmente para que faça o registro da criança ou realize o exame de DNA. § 1º Em caso de negativa do indicado como genitor de reconhecer a paternidade, bem como de se submeter ao exame do DNA, o oficial deverá incluir o seu nome no registro, encaminhando a ele cópia da certidão".

DIREITO DAS FAMÍLIAS – *Rodrigo da Cunha Pereira*

Ministério Público para que ele entre com a Ação de Investigação de Paternidade, se houver elementos suficientes para isso.

A averiguação de paternidade, ou averiguação oficiosa, é uma louvável disposição da Lei nº 8.560/92, que regulamentou as investigações de paternidade dos filhos havidos fora do casamento, e integra uma das importantes políticas públicas de se buscar a paternidade para as milhares de crianças que são registradas apenas com o nome da mãe. O CNJ – Conselho Nacional de Justiça estabeleceu diversos atos normativos, instalando louváveis políticas públicas de busca de um pai para as milhares de crianças brasileiras que vivem esta realidade. Dentre eles o Provimento-CNJ nº 12/2010 instalou o Programa Pai Presente. Por sua vez, o Provimento-CNJ nº 16/2012 dispõe a respeito da recepção, pelos Oficiais de Registro Civil das Pessoas Naturais, de indicações de supostos pais de pessoas que já se acharem registradas sem paternidade estabelecida, bem como sobre o reconhecimento espontâneo de filhos perante os referidos registradores. O revogado Provimento nº 19/2012 do CNJ assegurava aos comprovadamente pobres a gratuidade da averbação do reconhecimento de paternidade e da respectiva certidão. Contudo, o Conselho Nacional de Justiça determinou que a averbação do reconhecimento de paternidade em cartórios e a emissão de certidão devem ser gratuitas, mesmo se o pai tiver condições de pagar pelo serviço. A Lei 13.257/2016 determinou que os registros e as certidões necessários à inclusão, a qualquer tempo, do nome do pai no assento de nascimento são isentos de multas, custas e emolumentos, com absoluta prioridade e gratuidade. Com isso, há um reforço ao que já dizia a Lei nº 8.560/92 e o art. 1.609 do CCB no sentido de incentivar os registros de paternidade.

Por outro lado, tem-se o procedimento judicial para impugnar o reconhecimento voluntário da paternidade. É direito personalíssimo, exclusivo do filho, ou seja, ele é o único legitimado para impugnar a paternidade reconhecida: O filho maior não pode ser reconhecido sem o seu consentimento, e o menor pode impugnar o reconhecimento, nos quatro anos que se seguirem à maioridade, ou à emancipação (art. 1.614, CCB).

A ação de impugnação de paternidade é proposta contra aquele que reconheceu voluntariamente a paternidade.

O fato de ter havido o reconhecimento voluntário da paternidade não pode afetar o direito de buscar a verdade biológica. Não há por que limitar o direito de investigar a paternidade ao exíguo prazo da impugnação da filiação. Modernamente, não se pode admitir prazo para uma ação que é tão imprescritível quanto o é a negatória de paternidade (art. 1.601, CCB). O lapso decadencial não se amolda ao novo direito de filiação e não pode substituir. Como a pretensão investigatória é imprescritível, o eventual registro da paternidade não deve obstaculizar o seu exercício[13].

10.2.3   Investigação de origem genética

É a busca, por meio de ação judicial, para se saber a ascendência biológica. A identidade genética corresponde ao genoma de cada ser humano e as bases biológicas de sua identidade, ou seja, a identidade genética da pessoa humana é um bem jurídico tutelado, e é uma das manifestações essenciais da personalidade humana. Daí tratar-se de um direito da personalidade, direito fundamental, vertente do princípio da dignidade da pessoa humana.

Pode diferenciar-se da ação de investigação de paternidade/maternidade, que busca o reconhecimento do estado de filiação e parentalidade e os seus respectivos efeitos. O estado

---

[13]   DIAS, Maria Berenice. *Manual de direito das famílias*. 11 ed. São Paulo: Revista dos Tribunais, 20116. p. 394.

de filiação e a parentalidade não supõem, necessariamente, vínculo biológico, podendo ser determinado com base em critérios socioafetivos[14].

Conhecer a origem genética é direito fundamental do sujeito e reveste-se de importância simbólica, histórica e também direito à saúde. A informação do histórico genético familiar, em muitas situações, pode significar garantias de saúde. O desenvolvimento da engenharia genética muito tem contribuído para a descoberta de novas técnicas terapêuticas, e garantir ao indivíduo conhecer sua genética é de suma importância para os novos tratamentos, pelos quais é possível prevenir várias enfermidades, inclusive para as gerações futuras.

A ação de investigação de origem genética não tem necessariamente efeitos patrimoniais, como o direito à herança ou a alimentos, e nem sempre interferirá ou alterará o vínculo parental já existente.

10.2.4 Presunção de paternidade

É a paternidade pressuposta, isto é, aquela que é aceita como verdadeira por disposição legal até que se prove o contrário. É a presunção *juris tantum* ou relativa. O marido é o pai do filho advindo do casamento, por presunção legal (Arts. 1.523, II e 1.597, CCB). Se houver dúvida desta paternidade, ela pode ser questionada em Ação Negatória de Paternidade.

Na ação de investigação de paternidade, a recusa do investigado em submeter-se ao exame em DNA também gera presunção da paternidade relativa (arts. 231 e 232 CCB/2002; Lei 8.560/92). Apesar da máxima de que ninguém é obrigado a produzir provas contra si mesmo, tendo em vista os valores envolvidos e a antinomia principiológica, a opção é sempre pelo melhor interesse da criança e adolescente, que se apoia no princípio da paternidade responsável, absoluta prioridade, dignidade da pessoa humana e personalidade. Pela expressão latina *presunção pater is est* abreviando *pater is est quem justae nuptiae demonstrant*, ou seja, é a presunção da paternidade do marido em relação aos filhos gerados na constância do casamento, pela mulher com quem é casado: *Presumem-se concebidos na constância do casamento os filhos: I – nascidos cento e oitenta dias, pelo menos, depois de estabelecida a convivência conjugal; II – nascidos nos trezentos dias subsequentes à dissolução da sociedade conjugal, por morte, separação judicial, nulidade e anulação do casamento; III – havidos por fecundação artificial homóloga, mesmo que falecido o marido; IV – havidos, a qualquer tempo, quando se tratar de embriões excedentários, decorrentes de concepção artificial homóloga; V – havidos por inseminação artificial heteróloga, desde que tenha prévia autorização do marido (art. 1.597, CCB).* É uma presunção relativa, ou presunção *juris tantum*, portanto admite-se prova em contrário.

10.2.5 Planejamento familiar

O planejamento familiar é uma das políticas públicas brasileira, cuja implementação deve respeitar os direitos individuais e o desejo das pessoas de constituírem famílias, conjugais e parentais, ter filhos ou não.

---

[14] (...) O Supremo Tribunal Federal, ao julgar o Recurso Extraordinário nº 898.060, com repercussão geral reconhecida, admitiu a coexistência entre as paternidades biológica e a socioafetiva, afastando qualquer interpretação apta a ensejar a hierarquização dos vínculos. 3. A existência de vínculo com o pai registral não é obstáculo ao exercício do direito de busca da origem genética ou de reconhecimento de paternidade biológica. Os direitos à ancestralidade, à origem genética e ao afeto são, portanto, compatíveis. 4. O reconhecimento do estado de filiação configura direito personalíssimo, indisponível e imprescritível, que pode ser exercido, portanto, sem nenhuma restrição, contra os pais ou seus herdeiros. 5. Diversas responsabilidades, de ordem moral ou patrimonial, são inerentes à paternidade, devendo ser assegurados os direitos hereditários decorrentes da comprovação do estado de filiação. 6. Recurso especial provido. (STJ – REsp: 1618230 RS 2016/0204124-4, Relator: Ministro Ricardo Villas Bôas Cueva, Data de Julgamento: 28/03/2017, 3ª turma, pub. 10/05/2017).

É o conjunto de ações de regulação da fecundidade que garante direitos iguais de constituição, limitação ou aumento da prole pela mulher, pelo homem ou pelo casal (art. 2º, Lei nº 9.263/96). Daí poder dizer que é também um direito protegido constitucionalmente: Fundado nos princípios da dignidade da pessoa humana e da paternidade responsável, o planejamento familiar[15] é livre decisão do casal, competindo ao Estado propiciar recursos educacionais e científicos para o exercício desse direito, vedada qualquer forma coercitiva por parte de instituições oficiais ou privadas (art. 227, § 7º, CR).

Tal princípio constitucional desdobra-se em regras, traduzidas pela Lei nº 9.263/96: Para o exercício do direito ao planejamento familiar, serão oferecidos todos os métodos e técnicas de concepção e contracepção cientificamente aceitos e que não coloquem em risco a vida e a saúde das pessoas, garantida a liberdade de opção (art. 9º). Este princípio que autoriza mulheres e homens escolherem a forma de constituição de famílias, com filhos ou sem filhos, de acordo com suas necessidades e desejos.

O Estado, por meio dos Serviços de Saúde Pública, deve garantir a cada indivíduo o exercício desse direito, ou seja, deve assegurar que as pessoas tenham acesso a informação, a métodos de contracepção eficazes e seguros, a serviços de saúde que contribuem para a vivência da sexualidade de forma segura e saudável, tais como a pílula, preservativo masculino e feminino, dispositivo intrauterino (DIU), diafragma, espermicidas etc.

A lei do planejamento familiar, que era objeto de críticas e questionamentos judiciais de sua inconstitucionalidade (ADI 5097[16] e ADI 5911), especialmente o § 5º do art. 10, foi alterada pela Lei 14.443/2022. E assim diminuiu a idade de 25 para 21 anos a idade para a esterilização voluntária, para homens e mulheres. E dispensou autorização do outro cônjuge/companheiro para o procedimento de laqueadura e vasectomia.

No texto constitucional, está prevista a liberdade do casal, no que concerne ao planejamento familiar, com fundamento nos princípios da dignidade da pessoa humana e da paternidade responsável. As alterações trazidas pela Lei 14.443/2022 vêm atender o princípio da menor intervenção estatal, o regramento do Código Civil que recepciona a autonomia privada como princípio fundamental do Direito de Família: "*Art. 1.513. É defeso a qualquer pessoa, de direito público ou privado, interferir na comunhão de vida instituída pela família*". Era contraditório o mesmo Estado, que dizia ser proibida tal intervenção, exigir o consentimento para esse tipo de procedimento. Era uma afronta ao princípio da legalidade do mandamento constitucional.

A intervenção estatal justifica-se apenas como uma função instrumental para constituir meio garantidor de realização pessoal de seus membros, e para proteger pessoas vulneráveis. No entanto, pode-se detectar nas legislações que regem e dispõem sobre as relações familiares inúmeras situações contrapostas, em que ora é respeitado o limite protecionista, ora ele é ultrapassado para atingir o princípio da autonomia privada aplicável a tais relações. E é exatamente nesse contexto que a Lei nº 9.263/1996 maculava o princípio da autonomia privada. Daí sua alteração pela referida Lei 14.443/2022.

O Estado não pode ditar normas e dispor sobre a vida íntima e sexual do casal, afastando a livre manifestação de vontade de pessoas capazes. A quem interessa a "prestação sexual" além dos próprios cônjuges? A aplicabilidade do princípio da autonomia privada da família como instrumento de freios e contrapesos da intervenção do Estado funda-se, ainda, no próprio

---

[15] A Lei 14.443/2022 diminuiu de 25 para 21 anos a idade para homens e mulheres para realização da esterilização voluntária. Essa Lei também dispensa o aval do cônjuge para o procedimento de laqueadura e vasectomia.

[16] O dispositivo impugnado (Lei nº 9.263/1996, art. 10, § 5º) nesta ADI foi expressamente revogado pela Lei nº 14.443, de 2 de setembro de 2022, fazendo com que perdesse o objeto. A jurisprudência do Supremo é firme no sentido de que a extinção da vigência da norma atacada em processo objetivo implica a perda superveniente do objeto (ADI 1.094, Min. Celso de Mello, DJe de 19 de outubro de 2020; ADI 4.213, Ministro Ricardo Lewandowski, DJe de 2 de outubro de 2020; e ADI 5.053, Min. Roberto Barroso, DJe de 3 de dezembro de 2020).

direito à intimidade e liberdade dos sujeitos que a compõem, que resulta também da personificação do indivíduo[17].

O desafio fundamental para a família, e das normas que a disciplinam, é conseguir conciliar o direito à autonomia e à liberdade de escolha com os interesses de ordem pública, que se consubstancia na atuação do Estado apenas como protetor. Esta conciliação deve ser feita por meio de uma hermenêutica comprometida com os princípios fundamentais do Direito de Família, especialmente o da autonomia privada, desconsiderando tudo aquilo que põe o sujeito em posição de indignidade e o assujeite ao objeto da relação ou ao gozo de outrem sem o seu consentimento[18].

10.2.6 Reprodução assistida heteróloga e homóloga

Reprodução assistida heteróloga é aquela que utiliza o material genético de alguém de fora da relação conjugal, geralmente de doador anônimo, para a fecundação ou inseminação artificial[19].

Para que o procedimento seja autorizado, desnecessária a comprovação de esterilidade do marido ou qualquer tipo de incapacidade psíquica ou física de procriar. O requisito para utilização de material genético de terceiro é apenas o consentimento prévio de um dos parceiros da relação conjugal. Tal autorização não precisa ser necessariamente escrita, apenas prévia, podendo até ser feita oralmente. Se a mulher for casada, o marido, por presunção legal, será o pai, não podendo ele negar a paternidade em razão da origem genética, ou interpor ação de investigação de paternidade, com idêntico fundamento, caso tenha consentido o procedimento.

O doador de sêmen ou óvulo não é considerado, para efeitos jurídicos, parente da criança concebida mediante concepção assistida.

---

[17] No direito americano, a concepção de privacidade como direito fundamental, no âmbito da família, culminou com a decisão Griswold em 1963, da Suprema Corte. Nela declara-se o casamento como associação que promove um modo de vida, não a causa; uma harmonia de existência, não fatos políticos; uma lealdade bilateral, não projetos comerciais ou sociais. São situações cobertas pelo direito à privacidade, que não admite a interferência do Estado ou de terceiros. LÔBO, Paulo. *A repersonalização das relações de família*. *Revista Brasileira de Direito de Família*. Porto Alegre: Síntese/IBDFAM, v. 6, nº 24, p. 142, jun./jul. 2004.

[18] [...] o planejamento familiar de origem governamental é dotado de natureza promocional, não coercitiva, orientado por ações preventivas e educativas e por garantia de acesso igualitário a informações, meios métodos e técnicas disponíveis para a regulação da fecundidade. (...) DIAS, Maria Berenice. *Manual de direito das famílias*. 11. Ed., São Paulo: RT, 2016, p. 387.

[19] "(...) 'A adoção e a reprodução assistida heteróloga atribuem a condição de filho ao adotado e à criança resultante de técnica conceptiva heteróloga; porém, enquanto na adoção haverá o desligamento dos vínculos entre o adotado e seus parentes consanguíneos, na reprodução assistida heteróloga sequer será estabelecido o vínculo de parentesco entre a criança e o doador do material fecundante' (Enunciado nº 111 da Primeira Jornada de Direito Civil). 3. A doadora do material genético, no caso, não estabeleceu qualquer vínculo com a criança, tendo expressamente renunciado ao poder familiar. 4. Inocorrência de hipótese de adoção, pois não se pretende o desligamento do vínculo com o pai biológico, que reconheceu a paternidade no registro civil de nascimento da criança. 5. A reprodução assistida e a paternidade socioafetiva constituem nova base fática para incidência do preceito 'ou outra origem' do art. 1.593 do Código Civil. 6. Os conceitos legais de parentesco e filiação exigem uma nova interpretação, atualizada à nova dinâmica social, para atendimento do princípio fundamental de preservação do melhor interesse da criança. 7. O Supremo Tribunal Federal, no julgamento RE 898.060/SC, enfrentou, em sede de repercussão geral, os efeitos da paternidade socioafetiva, declarada ou não em registro, permitindo implicitamente o reconhecimento do vínculo de filiação concomitante baseada na origem biológica. 8. O Conselho Nacional de Justiça, mediante o Provimento nº 63, de novembro de 2017, alinhado ao precedente vinculante da Suprema Corte, estabeleceu previsões normativas que tornariam desnecessário o presente litígio. 9. Reconhecimento expresso pelo acórdão recorrido de que o melhor interesse da criança foi assegurado. 10 (STJ – REsp: 1608005 SC 2016/0160766-4, Rel. Ministro Paulo De Tarso Sanseverino, 3ª Turma, publ. 21/05/2019).

DIREITO DAS FAMÍLIAS – *Rodrigo da Cunha Pereira*

Reprodução assistida homóloga é aquela que utiliza técnicas de reprodução assistida com material genético coletado do próprio casal, ou seja, o sêmen do marido/companheiro e o óvulo da mulher/companheira, diante da impossibilidade ou dificuldade, por si mesmos engravidarem, optando pela inseminação ou fecundação artificial.

É possível a fertilização *in vitro post mortem*[20] nos casos em que houver consentimento expresso do cônjuge ou companheiro neste sentido.

O Código Civil faz referência à reprodução assistida homóloga *post mortem*: Presumem-se concebidos na constância do casamento os filhos: "III – havidos por fecundação artificial homóloga, mesmo que falecido o marido" (art. 1.597, CCB). Como não há lei específica que regulamenta esta matéria, regras relativas ao assunto, são o Provimento 63/2017 (modificações Provimento 83/2019) do CNJ[21], bem como a Resolução do CFM – 2.320/2022, que adota as normas éticas para a utilização das técnicas de reprodução que ajudam a trazer maior segurança e eficácia a tratamentos e procedimentos médicos, tornando-se o dispositivo deontológico a ser seguido pelos médicos brasileiros, e na falta de uma legislação específica sobre o tema, tem servido de referência para o Direito de Família.

---

[20] (...) A decisão de autorizar a utilização de embriões consiste em disposição *post mortem*, que, para além dos efeitos patrimoniais, sucessórios, relaciona-se intrinsecamente à personalidade e dignidade dos seres humanos envolvidos, genitor e os que seriam concebidos, atraindo, portanto, a imperativa obediência à forma expressa e incontestável, alcançada por meio do testamento ou instrumento que o valha em formalidade e garantia. 13. A declaração posta em contrato padrão de prestação de serviços de reprodução humana é instrumento absolutamente inadequado para legitimar a implantação *post mortem* de embriões excedentários, cuja autorização, expressa e específica, haverá de ser efetivada por testamento ou por documento análogo. (STJ, REsp 1918421/SP, Rel. Min. Marco Buzzi, 4ª Turma, Publ. 26/08/2021).

[21] O CNJ, em 2023 expediu o Provimento 149, instituindo o Código Nacional de Normas da Corregedoria Nacional de Justiça do Conselho Nacional de Justiça – Foro Extrajudicial (CNN/CN/CNJ-Extra), e revogando parcialmente os Provimentos 63/2017 e 83/2019: Art. 512. O assento de nascimento de filho havido por técnicas de reprodução assistida será inscrito no Livro A, independentemente de prévia autorização judicial e observada a legislação em vigor no que for pertinente, mediante o comparecimento de ambos os pais, munidos de documentação exigida por este Capítulo. § 1º Se os pais forem casados ou conviverem em união estável, poderá somente um deles comparecer ao ato de registro, desde que apresente a documentação exigida neste Capítulo. § 2º No caso de filhos de casais homoafetivos, o assento de nascimento deverá ser adequado para que constem os nomes dos ascendentes, sem referência a distinção quanto à ascendência paterna ou materna. Art. 513. Será indispensável, para fins de registro e de emissão da certidão de nascimento, a apresentação dos seguintes documentos: I – declaração de nascido vivo (DNV); II – declaração, com firma reconhecida, do diretor técnico da clínica, centro ou serviço de reprodução humana em que foi realizada a reprodução assistida, indicando que a criança foi gerada por reprodução assistida heteróloga, assim como o nome dos beneficiários; III – certidão de casamento, certidão de conversão de união estável em casamento, escritura pública de união estável ou sentença em que foi reconhecida a união estável do casal. § 1º Na hipótese de gestação por substituição, não constará do registro o nome da parturiente, informado na declaração de nascido vivo, devendo ser apresentado termo de compromisso firmado pela doadora temporária do útero, esclarecendo a questão da filiação. § 2º Nas hipóteses de reprodução assistida post mortem, além dos documentos elencados nos incisos do caput deste artigo, conforme o caso, deverá ser apresentado termo de autorização prévia específica do falecido ou falecida para uso do material biológico preservado, lavrado por instrumento público ou particular com firma reconhecida. § 3º O conhecimento da ascendência biológica não importará no reconhecimento do vínculo de parentesco e dos respectivos efeitos jurídicos entre o doador ou a doadora e o filho gerado por meio da reprodução assistida. Art. 514. Será vedada aos oficiais registradores a recusa ao registro de nascimento e à emissão da respectiva certidão de filhos havidos por técnica de reprodução assistida, nos termos deste Capítulo. § 1º A recusa prevista no caput deverá ser comunicada ao juiz competente nos termos da legislação local, para as providências disciplinares cabíveis. § 2º Todos os documentos apresentados na forma deste Capítulo deverão permanecer arquivados no ofício em que foi lavrado o registro civil. Art. 515. Os registradores, para os fins do presente Capítulo, deverão observar as normas legais referentes à gratuidade de atos.

10.2.7 Reprodução assistida caseira – autoinseminação

A reprodução está cada vez mais desatrelada da sexualidade. Hoje é possível gerar filhos, isto é, constituir uma família parental, sem necessariamente ter relação sexual, seja pelas modernas técnicas da reprodução assistida, que possibilitam as "barrigas de aluguel" (útero de substituição) ou simplesmente em uma parceria de paternidade, que pode se dar em uma relação sexual eventual ou por meio de técnicas de reprodução assistida. O cuidado de se buscar o parceiro certo para um contrato de geração de filhos envolve riscos, assim como no casamento ou em qualquer outra relação. São as chamadas famílias ectogenéticas e famílias coparentais (ver item 1.10.12 e 1.10.15).

As técnicas de reprodução por inseminação não naturais começaram a se desenvolver na década de 1970 (cf. filmografia deste capítulo Joy: o nascimento da Fiv) e atualmente chegou em um estágio de evolução e popularização em que muitas pessoas têm feito tais inseminações por conta própria, sem a intervenção de um laboratório ou clínicas médicas. Tem sido conhecida como inseminação artificial caseira ou autoinseminação.

A inseminação artificial caseira, portanto, é um tipo de inseminação intrauterina realizada fora de clínicas especializadas e sem a supervisão de profissionais da saúde. Geralmente, ela é feita com o uso de instrumentos simples, como seringas e cateteres, que podem ser comprados até em farmácias comuns. O problema jurídico que surge daí é o registro de nascimento da criança nascida de tais inseminações, uma vez que não se tem os protocolos, como se faz nas clínicas e laboratórios especializados.

O Provimento nº 149/2023 do CNJ, que instituiu o Código de Normas da Corregedoria Nacional de Justiça do Conselho Nacional de Justiça, permite, expressamente, o registro de criança havida por técnica de reprodução assistida por casal homoafetivo, conforme dispõe o art. 512, § 2º. Entretanto, no art. 513, II, deste provimento, para o registro e a emissão da certidão de nascimento de criança havida por técnica de reprodução assistida, condiciona a necessidade de apresentação de declaração, com firma reconhecida, de diretor técnico de clínica, centro ou serviço de reprodução humana assistida em que foi realizada a inseminação artificial. Essa situação compromete o livre exercício da cidadania, em total desprestígio ao livre planejamento familiar, nas situações em que as pessoas optarem pela inseminação artificial caseira. A argumentação dos médicos e das clínicas especializadas é que a inseminação artificial caseira não é segura e traz riscos à saúde da mulher.

O Superior Tribunal de Justiça, em um de seus julgados, entendeu que não se verifica, no ordenamento jurídico brasileiro, vedação explícita ao registro de filiação realizada por meio de procedimento sem acompanhamento médico, chamada inseminação artificial "caseira", ou "autoinseminação", *in verbis*:

> (...) *Verificada a concepção de filho no curso de convivência pública, contínua e duradoura, com intenção de constituição de família, viável a aplicação análoga do disposto no art. 1.597, do Código Civil, às uniões estáveis hétero e homoafetivas, em atenção à equiparação promovida pelo julgamento conjunto da ADI 4.277 e ADPF 132 pelo Supremo Tribunal Federal. 6. Conquanto o acompanhamento médico e de clínicas especializadas seja de extrema relevância para o planejamento da concepção por meio de técnicas de reprodução assistida, não há, no ordenamento jurídico brasileiro, vedação explícita ao registro de filiação realizada por meio de inseminação artificial "caseira", também denominada "autoinseminação". Ao contrário, a interpretação do art. 1.597, V, do CC/2002, à luz dos princípios que norteiam o livre planejamento familiar e o melhor interesse da criança, indica que a inseminação artificial "caseira" é protegida pelo ordenamento jurídico brasileiro. (...) (STJ, REsp 2.137.415/SP, Rel. Ministra Nancy Andrighi, 3ª turma,* DJe *17/10/2024).*

10.2.8 Gestação compartilhada ou útero de substituição (barriga de aluguel); contrato de geração de filhos

A evolução tecnológica e a engenharia genética tem provocado fortes mudanças no Direito. Esses avanços interferem diretamente na formação das famílias, e consequentemente somos obrigados a repensar constantemente sua organização e proteção, sob pena de o Direito perder o seu sentido. Na década de 1980, o método em DNA desviou o eixo da investigação de paternidade, que era na verdade uma inquisição sobre a moral sexual da mãe, para uma questão científica. A biotecnologia abriu a possibilidade de inseminações artificiais homólogas e heterólogas, constituindo assim as chamadas famílias ectogenéticas (ver capítulo 1, item 10.12).

Todas essas tecnologias e avanços, associados ao discurso psicanalítico, filosófico e jurídico, nos remetem hoje à compreensão de que filiação, paternidade e maternidade são funções exercidas, ou seja, a família é muito mais da ordem da cultura do que da natureza. Em outras palavras, não interessa tanto quem gerou ou forneceu o material genético. Prova isso o milenar instituto da adoção — pai e mãe é quem cria. Daí a expressão criada pelo Instituto Brasileiro de Direito de Família (IBDFAM) e já absorvida pelo ordenamento jurídico brasileiro: parentalidade socioafetiva, que pode ser geradora de direitos e obrigações, se declarada judicialmente, ou com o registro espontâneo de acordo com o Provimento 83/2019 do CNJ.

Muitas questões decorrentes da fertilização *in vitro* ou reprodução assistida (RA), que é a tecnologia de implantação artificial de espermatozoides ou embriões humanos no aparelho reprodutor de mulheres receptoras, continuam sem uma resposta objetiva no ordenamento jurídico brasileiro. Por exemplo, o que fazer com os embriões excedentes? Pode-se descartá-los? Eles podem ser implantados mesmo depois da morte de seus doadores? Tais questões têm interferido negativamente no avanço do Direito e principalmente em pesquisas que poderiam melhorar a vida e a saúde de muitas pessoas.

Uma das situações sobre a qual paira muito preconceito e impede a evolução jurídica é a possibilidade de homens e mulheres tornarem-se pais por meio da gravidez por útero de substituição, ou gestação compartilhada, conhecida popularmente como barriga de aluguel. O método consiste em uma mulher gerar em seu útero filho de outra ou para outra.

A questão sobre a qual se deve refletir é: por que não se pode remunerar uma mulher pelo "aluguel" de seu útero? Sabe-se que no Brasil acontece na clandestinidade o que já é lei em vários países, a exemplo de Estados Unidos, Israel, Austrália, Bélgica, Dinamarca, Grã-Bretanha, Grécia, Holanda, Índia, Rússia e Ucrânia. É como o aborto no Brasil: não existe para mulheres pobres.

O corpo é um capital físico, simbólico e econômico. Os valores atribuídos a ele são ligados a questões morais, religiosas, filosóficas e econômicas. Se a gravidez ocorresse no corpo dos homens, certamente o aluguel da barriga já seria um mercado regulamentado. Não seria a mesma lógica que permite remunerar o empregado no fim do mês pela sua força de trabalho, despendida muitas vezes em condições insalubres ou perigosas, e considerado normal? O que se estaria comprando ou alugando não é o bebê, mas o espaço (útero) para que ele seja gerado. Portanto, não há aí uma coisificação da criança ou objetificação do sujeito. E não se trata de compra e venda, como permitido antes nas sociedades escravocratas e endossado pela moral religiosa. Para se avançar, é preciso deixar hipocrisias de lado e aprender com a História para não se repetir injustiças. É preciso distinguir o tormentoso e difícil caminho entre ética e moral.

A regulamentação ou a licitude de um contrato de pagamento pelo "aluguel", ou melhor, pela cessão temporária de um útero, não elimina o espírito altruísta exigido pelos atos normativos do Conselho Federal de Medicina. Ao contrário, evitaria extorsões e clandestinidade. Afinal, quem não tem útero capaz de gerar um filho não deveria ter a oportunidade de poder buscá-lo em outra mulher? Por que a mulher portadora, que passará por todos os riscos e dificuldades de

Cap. 10 – PARENTALIDADES **413**

uma gravidez, não pode receber por essa trabalheira toda? Hoje as religiões já reconhecem que os bebês nascidos de proveta têm alma tanto quanto os nascidos por inseminação artificial. Já foi um avanço. Quem sabe no futuro próximo, nesta mesma esteira da evolução do pensamento, alugar um útero para gerar o próprio filho, para aqueles que não querem adotar, ou porque o processo judicial de adoção é emperrado e caótico, passará da clandestinidade para uma realidade jurídica? Eis aí uma ética que se deve distinguir da moral estigmatizante e excludente de direitos.

A gestação compartilhada, ou barriga de aluguel, é um contrato de geração de filhos, que pode ser tácito ou expresso. Na maioria das vezes, ele é tácito, ou seja, não se fazem regras escritas, pois, dentro da legalidade brasileira, ele pode acontecer apensas entre parentes até o quarto grau (primeiro grau – mãe/filha; segundo grau – avó/irmã; terceiro grau – tia/sobrinha; quarto grau – prima). Demais casos estão sujeitos à autorização do Conselho Federal de Medicina. Deve ser sem pretensão remuneratória, tal como estabelecido **na Resolução do CFM nº 2.320/2022**[22].

10.2.9 Filiação socioafetiva e multiparentalidade

Filiação socioafetiva é a filiação decorrente do afeto, ou seja, aquela que não resulta necessariamente do vínculo genético, mas principalmente de um forte vínculo afetivo. Pai é quem cria e não necessariamente quem procria.

A filiação socioafetiva tem raízes na antiga expressão jurídica "posse de estado de filho". O jurista mineiro João Baptista Villela, em seu texto "A desbiologização da paternidade", publicado pela Revista da Faculdade de Direito da UFMG, v. 21, em 1979, foi quem lançou as bases para o desenvolvimento e melhor compreensão da teoria jurídica da filiação socioafetiva. Em 1989, Paulo Lôbo, em seu texto "Repersonalização das relações familiares", foi assertivo ao dizer que a função afetiva da família esteve reprimida por séculos, mas emergiu com força para substituir as tradicionais funções econômica, política e procracional da família patriarcal. E foi assim que a afetividade ganhou seu lugar máximo na Constituição de 1988[23]. Em 1996, Luiz Edson Fachin, em sua tese de doutoramento, que resultou em livro[24], foi o primeiro a usar a expressão socioafetividade.

Filiação, paternidade, maternidade, enfim, toda a parentalidade, além de biológica pode ter também sua origem na socioafetividade, como já anunciado pela doutrina e jurisprudência, pelos princípios constitucionais e pela regra do art. 1.593 do CCB: O parentesco é natural ou civil, conforme resulte de consanguinidade ou outra origem. Além deste artigo, vários outros realçam a importância da posse de estado de pai e de filho ao impedir a alteração do registro civil em determinadas situações. Em outras palavras, o art. 1.597, IV e seguintes do CCB, vêm dizer que a verdade biológica não é mais importante que o registro de nascimento, que é a prova do vínculo de filiação.

Multiparentalidade é o parentesco constituído por múltiplos pais, isto é, quando um filho estabelece uma relação de paternidade/maternidade com mais de um pai, ou mais de uma mãe[25]. Os casos mais comuns são padrastos e madrastas que também se tornam pais/mães pelo

---

22 A cessão temporária do útero não pode ter caráter lucrativo ou comercial e a clínica de reprodução não pode intermediar a escolha da cedente. IV – 1. A doação não pode ter caráter lucrativo ou comercial.

23 LÔBO, Paulo Luiz Netto. A repersonalização das relações familiares. *O Direito de Família na Constituição de 1988*. Calos Alberto Bittar (Coord.). São Paulo: Saraiva, 1989. p. 53-82 .

24 FACHIN, Luiz Edson. *Da paternidade:* relação biológica e afetiva. Belo Horizonte: Del Rey, 1996, *passim*.

25 (…) A multiparentalidade não impede a fixação de pensão simultânea. Prevalência do superior interesse do incapaz. Conexão. Inexistência. Necessidade do menor que é presumida. Fixação das pensões, todavia, que também deve levar em consideração as capacidades financeiras dos alimentantes, pai biológico e socioafetivo, que não se confundem. Intervenção de terceiros. Inadmissibilidade. Instauração de lide paralela com

exercício das funções paternas/maternas, ou em substituição a eles, embora haja uma linha tênue entre padrasto/madrasta e pai/mãe socioafetiva (ver item 1.10.9).

A multiparentalidade pode decorrer da somatória de um vínculo registral, biológico ou não, e de um ou mais vínculos socioafetivos.

A socioafetividade e a multiparentalidade quebraram o paradigma jurídico de que só pode ter um pai e uma mãe. Há pessoas que tem mais de um pai e/ou mais de uma mãe, o que consequentemente aumenta direitos e proteção à filiação. A construção do conceito de socioafetividade e multiparentalidade veio de construção doutrinária, a partir da observação dos costumes, que é a principal fonte do Direito, abraçado pela jurisprudência, que culminou no STF, em repercussão geral, fixando a seguinte tese: *A paternidade socioafetiva, declarada ou não em registro público, não impede o reconhecimento do vínculo de filiação concomitante baseado na origem biológica, com efeitos jurídicos próprio*[26]. E, uma vez estabelecida a multiparentalidade, ou melhor, declarada, os direitos e deveres de todos os pais são os mesmos que decorrem do poder familiar.

A paternidade/maternidade socioafetiva e a multiparentalidade para que surta efeitos jurídicos deve ser declarada judicialmente, ou em alguns casos apenas administrativamente, como previsto no Provimento 149/2023:

> Art. 507. O reconhecimento da paternidade ou da maternidade socioafetiva será processado perante o oficial de registro civil das pessoas naturais, ainda que diverso daquele em que foi lavrado o assento, mediante a exibição de documento oficial de identificação com foto do requerente e da certidão de nascimento do filho, ambos em original e cópia, sem constar do traslado menção à origem da filiação. § 1º O registrador deverá proceder à minuciosa verificação da identidade do requerente, mediante coleta, em termo próprio, por escrito particular, conforme modelo constante do Anexo VI do Provimento nº 63, de 14 de novembro de 2017, de sua qualificação e assinatura, além de proceder à rigorosa conferência dos documentos pessoais. § 2º O registrador, ao conferir o original, manterá em arquivo cópia de documento de identificação do requerente, junto ao termo assinado. § 3º Constarão do termo, além dos dados do requerente, os dados do campo FILIAÇÃO e do filho que constam no registro, devendo o registrador colher a assinatura do pai e da mãe do reconhecido, caso este seja menor. § 4º Se o filho for menor de 18 anos de idade, o reconhecimento da paternidade ou da maternidade socioafetiva exigirá o seu consentimento. § 5º A coleta da anuência tanto do pai quanto da mãe e do filho maior de 12 anos de idade deverá ser feita pessoalmente perante o oficial de registro civil das pessoas naturais ou escrevente autorizado. § 6º Na falta da mãe ou do pai do menor, na impossibilidade de manifestação válida destes ou do filho, quando exigido, o caso será apresentado ao juiz competente nos termos da legislação local. § 7º Serão observadas as regras da tomada de decisão apoiada quando o procedimento envolver a participação de pessoa com deficiência (Capítulo III do Título IV do Livro IV do Código Civil). § 8º O reconhecimento da paternidade ou da maternidade socioafetiva poderá ocorrer por meio de documento público ou particular de disposição de última vontade, desde que seguidos os demais trâmites previstos neste Capítulo. § 9º Atendidos os requisitos para o reconhecimento da paternidade ou da maternidade socioafetiva, o registrador encaminhará o expediente ao representante do Ministério Público para parecer: I – o registro da paternidade ou da maternidade socioafetiva será realizado pelo registrador após o parecer favorável do Ministério Público; II – se o parecer for desfavorável, o

---

prejuízo dos interesses do menor. Decisão mantida. Recurso a que se nega provimento (TJSP, AI 2246243-18.2022.8.26.0000, Rel. Maurício Campos da Silva Velho, 4ª Câmara de Direito Privado, public. 03/03/2023).

[26]   STF, REx nº 898060, Rel. Min. Luiz Fux, j. 24/08/2017.

Cap. 10 – PARENTALIDADES **415**

registrador não procederá o registro da paternidade ou maternidade socioafetiva e comunicará o ocorrido ao requerente, arquivando-se o expediente; e III – eventual dúvida referente ao registro deverá ser remetida ao juízo competente para dirimi-la.

10.2.10 O limite tênue entre pai/mãe socioafetivo e padrasto/madrasta

Assim como há uma linha tênue entre namoro e união estável (ver item 5.3), há também um limiar perigoso entre pai/mãe socioafetivo e padrasto/madrasta. São as consequências da evolução dos costumes e do afeto ter se tornado um valor jurídico.

Diante das novas configurações familiares, tem sido muito comum que as pessoas estabeleçam mais de uma conjugalidade sucessiva, e tenham filhos comuns ao lado dos filhos de relações anteriores, formando as famílias mosaicos: "os seus, os meus e os nossos". A relação do novo cônjuge/companheiro com os filhos trazidos da relação anterior é de padrastio e madrastio.

Padrastos e madrastas já não são mais como aqueles retratados nos contos de fadas, embora exista relações ruins entre enteados e padrastos. Para o Direito de Família, aqueles que têm uma boa relação com seus enteados, permeada de afeto e cuidado, como deveriam ser estas relações, acabam se confundindo com a relação de pai/mãe socioafetivo, especialmente depois que o nosso sistema jurídico reconheceu a possibilidade do registro de mais de um pai/mãe na certidão de nascimento. Grande parte dos julgados de reconhecimento da multiparentalidade nasce de uma história muito comum e conhecida de todos: a mãe, viúva, casa novamente, ou passa a viver em união estável. Seu segundo marido/companheiro cria e educa o filho dela desde tenra idade[27]. Quando adulto, esse filho criado pelo padrasto reivindica sua paternidade registral, já que ele exerceu a função de pai. A paternidade/maternidade socioafetiva nasce dessa relação fática em que os sujeitos vão ocupando lugares de pai, mãe, filhos, ainda que não sejam os genitores.

É muito comum e desejável que enteados tenham boas relações com seus padrastos, inclusive afinidades. Há aqueles que cuidam dos enteados, desenvolvem relações de afeto e chegam a estabelecer vínculos que permaneçam mesmo depois do fim da conjugalidade. Entretanto, isto não significa que tenham estabelecido uma relação de parentalidade socioafetiva, geradora de direitos. É importante que padrasto e madrasta deixem claro se estas relações com seus enteados será apenas de padrasto e madrasta, ou se ultrapassa esse limite. Obviamente que não é uma relação unilateral, ou seja, o desejo deve ser também dos enteados. Por isto tem sido comum e conveniente, ao se fazer testamentos ou contratos e pactos ante e pós-nupciais, a menção da existência, ou não, de filhos socioafetivos, ainda que a socioafetividade possa ser um ato-fato jurídico.

Se a relação de padrasto/madrasta evoluir consensualmente para uma paternidade/maternidade socioafetiva, e desejarem que ela se torne também registral, e o enteado/filho tem mais de 12 anos, poderão fazê-lo diretamente no cartório de acordo com o Provimento CNJ

---

[27] (...) Estudo que demonstrou a existência de afetividade entre o menor e o padrasto, que o educa e o auxilia desde os 06 meses de idade. Infante que, atualmente, possui 10 anos de idade, reconhece o coautor, também, como pai e manifesta o desejo de ter o sobrenome dos irmãos, para se sentir mais integrado à família. Desejo mútuo do menor, padrasto e genitora. Criança que tem conhecimento sobre o pai biológico – que está preso, apesar de nunca o ter conhecido. Necessidade de observância dos princípios do melhor interesse da criança, da convivência familiar e da proteção integral. Reconhecimento da dupla paternidade que é de rigor, com a determinação de retificação de registro do coautor/menor, para inclusão do padrasto como pai socioafetivo, com as anotações quanto aos nomes dos respectivos ascendentes, bem como para retificar o nome do infante, para incluir o sobrenome do pai socioafetivo. Sentença reformada. (TJ-SP, AC 10040222720178260281 SP 1004022-27.2017.8.26.0281, Rel. Des. Ana Maria Baldy, 6ª CC, publicação: 16/09/2020).

416 DIREITO DAS FAMÍLIAS – *Rodrigo da Cunha Pereira*

83/2019, que alterou o Provimento CNJ 63/2017[28]. Se o enteado tem menos de 12 anos, deverá buscar autorização judicial[29].

Independentemente do reconhecimento da paternidade/maternidade, o enteado poderá adotar o sobrenome do padrasto/madrasta conforme dispõe art. 57, § 8º, da Lei de Registros Públicos alterada pela Lei 11.924/2009:

> *O enteado ou a enteada, havendo motivo ponderável e na forma dos §§ 2º e 7º deste artigo, poderá requerer ao juiz competente que, no registro do nascimento, seja averbado o nome da família de seu padrasto ou de sua madrasta, desde que haja concordância destes, sem prejuízo de seus apelidos de família.*

A Lei 14.382 de 27/06/2022, que fez alterações significativas na Lei de Registros Públicos, Lei 6.015/1973, suprimiu a exigência de se levar ao judiciário a alteração do nome[30]. Portanto, enteados que desejarem colocar o nome de seus padrastos poderão fazê-lo diretamente no Cartório de Registro Civil, desde que tenham mais de 12 anos de idade, de acordo com o Provimento CNJ 83/2019.

Essa prerrogativa de acréscimo do sobrenome do padrasto/madrasta, por si só, não significa filiação socioafetiva[31], mas tão somente a marca e o registro de um vínculo de afinidade. Em geral, essa motivação advém da vontade de que "os meus, os seus e os nossos" tenham um sobrenome comum identificador daquele núcleo. Isto era muito justificável quando a mulher adotava o sobrenome do marido. Com esse costume em queda, o acréscimo do nome do padrasto/madrasta perde um pouco o sentido. Daí a importância de se deixar bem claras as razões

---

[28] O Provimento 149/2023 do CNJ revogou parcialmente este provimento: Art. 505. O reconhecimento voluntário da paternidade ou da maternidade socioafetiva de pessoas acima de 12 anos de idade será autorizado perante os oficiais de registro civil das pessoas naturais. § 1º O reconhecimento voluntário da paternidade ou da maternidade será irrevogável, somente podendo ser desconstituído pela via judicial, nas hipóteses de vício de vontade, fraude ou simulação. § 2º Poderão requerer o reconhecimento da paternidade ou da maternidade socioafetiva de filho os maiores de 18 anos de idade, independentemente do estado civil. § 3º Não poderão reconhecer a paternidade ou a maternidade socioafetiva os irmãos entre si nem os ascendentes. § 4º O pretenso pai ou mãe será pelo menos 16 anos mais velho que o filho a ser reconhecido.

[29] Provimento CNJ 83 – Art. 10-A. A paternidade ou a maternidade socioafetiva deve ser estável e deve estar exteriorizada socialmente. § 1º O registrador deverá atestar a existência do vínculo afetivo da paternidade ou maternidade socioafetiva mediante apuração objetiva por intermédio da verificação de elementos concretos. § 2º O requerente demonstrará a afetividade por todos os meios em direito admitidos, bem como por documentos, tais como apontamento escolar como responsável ou representante do aluno; inscrição do pretenso filho em plano de saúde ou em órgão de previdência; registro oficial de que residem na mesma unidade domiciliar; vínculo de conjugalidade – casamento ou união estável – com o ascendente biológico; inscrição como dependente do requerente em entidades associativas; fotografias em celebrações relevantes; declaração de testemunhas com firma reconhecida. § 3º A ausência destes documentos não impede o registro, desde que justificada a impossibilidade. No entanto, o registrador deverá atestar como apurou o vínculo socioafetivo.

[30] O CNJ por meio do Provimento 153/2023 alterou o Código Nacional de Normas da Corregedoria Nacional de Justiça do Conselho Nacional de Justiça – Foro Extrajudicial (CNN/CN/CNJ-Extra), instituído pelo Provimento 149, de 30 de agosto de 2023, para dispor sobre o procedimento de alteração extrajudicial do nome perante o Registro Civil das Pessoas Naturais.

[31] O Provimento 153/2023 prevê: Art. 515-M. A inclusão do sobrenome do padrasto ou da madrasta na forma do § 8º do art. 55 da Lei nº 6.015, de 31 de dezembro de 1973, depende de: I – motivo justificável, o qual será presumido com a declaração de relação de afetividade decorrente do *padrastio* ou *madrastio*, o que, entretanto, não importa em reconhecimento de filiação socioafetiva, embora possa servir de prova desta; II – consentimento, por escrito, de ambos os pais registrais e do padrasto ou madrasta; e III – comprovação da relação de *padrastio* ou *madrastio* mediante apresentação de certidão de casamento ou sentença judicial, escritura pública ou termo declaratório que comprove relação de união estável entre um dos pais registrais e o padrasto/madrasta.

dessa alteração de nome. Assim, ela não se torna um elemento definidor e /ou caracterizador de uma paternidade/maternidade socioafetiva.

Márcia Fidelis aponta uma importante omissão da lei que autoriza o nome dos padrastos/madrastas, mas ao mesmo tempo ela traz a resposta:

> (...) seria possível acrescer o sobrenome de duas pessoas, tendo em vista as novas conjugalidades de ambos os pais ou mães registrados? Por exemplo: seria possível que se incluísse o sobrenome da nova esposa do pai e também o sobrenome do novo marido da mãe, havendo consenso de todos? A nova redação, como também a redação (da lei) anterior, não vedam essa possibilidade[32].

Amar, cuidar, ajudar a criar o enteado e ter afinidades com ele não caracteriza, necessariamente, uma relação de paternidade/maternidade socioafetiva. Por mais que possa assim parecer, ou se assemelhar, é preciso separar o joio do trigo e extrair de cada caso concreto os elementos caracterizadores e descaracterizadores. Na essência de tudo, o que vai determinar se ali realmente está presente uma maternidade/paternidade socioafetiva, é se naquele núcleo está presente uma estruturação psíquica em que cada um dos sujeitos ali envolvidos exerceu e ocupou os lugares estruturantes de pai, mãe e filho (ver item 1.9), formando-se, assim, uma família parental juntamente com a família conjugal.

10.3 RESUMO

Parentesco pode ser natural, civil ou de outra origem – Art. 1.593, CCB.

Parentesco em linha reta: ascendentes e descendentes.

Parentesco em linha colateral – Quando se tem um ancestral comum: irmão, tio sobrinho, primo.

O grau de parentesco conta-se:

- na linha reta pelo número de gerações;
- na linha colateral, pelo número de gerações subindo de um dos parentes até o ascendente comum e descendo até encontrar o outro parente (art. 1.594, CCB).

Parentesco por afinidade – É o parentesco que se estabelece com os parentes do cônjuge/companheiro.

Parentesco por outra origem – socioafetivo/multiparental.

Não há mais filhos ilegítimos. Todos são legítimos. Filho é filho e estão proibidas todas as designações discriminatórias – Art. 227, § 6º, da CR.

Filiação hibrida – É a coexistência de filhos comuns dos cônjuges com filhos exclusivos de apenas um deles.

---

[32] Fidelis, Márcia Lima. Lei 14.382/2022 – Primeiras reflexões interdisciplinares do registro civil das pessoas naturais e Direito das Famílias. *Revista IBDFAM*: Famílias e Sucessões. V. 51 (maio/jun). Belo Horizonte: IBDFAM 2022, p. 25.

Visão histórica da filiação:

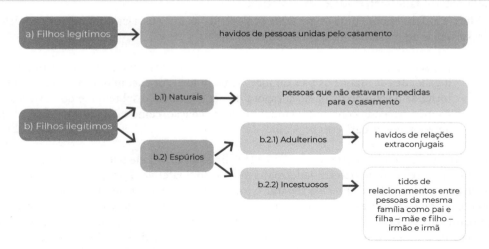

Presume-se, sempre, que o marido é o pai do filho de sua "esposa".

A gestação compartilhada (barriga de aluguel) é um dos tipos de contrato de geração de filhos, assim como o é a coparentalidade – Res. CFM 2.320/2022.

Planejamento familiar é de livre escolha do casal, ou mesmo se não for casal, e o Estado não pode interferir nesta intimidade – Art. 226, § 7º, CR.

FILMOGRAFIA

1. *Férias frustradas*, 1983, filme, EUA, Harold Ramis, Amy Heckerling.
2. *Segredos e mentiras*, 1996, filme, França/Reino Unido, Mike Leigh.
3. *O filho do outro*, 2013, filme, França, Lorraine Levy. (Famílias mútuas)
4. *Pais e filhos*, 2013, Japão, filme, Hirokazu Kore-eda. (Famílias mútuas)
5. *Minhas mães e meu pai*, 2010, filme, EUA, Lisa Cholodenko.
6. *Pais e filhos*, 2013, filme, EUA, Hirokazu Koreeda (socioafetividade).
7. *Pai em dobro*, 2021, filme, Brasil, Cris D'Amato.
8. *Paternidade*, 2021, filme, EUA, Paul Weitz.
9. *Laços maternos*, 2023, série, México, Aída Guajardo.
10. *Laços de afeto*, 2022, filme, Itália, Marco Simon Puccioni.
11. *Pai nosso?*, 2022, documentário, EUA, Leonice Jouran (famílias ectogenéticas).
12. *Madres paralelas*, 2021, filme, Espanha, Pedro Almodóvar.
13. *Joy*, 2024, filme, Reino Unido, Ben Taylor (famílias ectogenéticas).

11

DO EXERCÍCIO DA AUTORIDADE PARENTAL E ABANDONO AFETIVO

11.1 CONCEITO E BREVE HISTÓRICO

A autoridade parental é a expressão que melhor exprime e deveria substituir a nomenclatura Poder Familiar, ainda utilizado pelo Código Civil Brasileiro (arts. 1.630 e seguintes). Significa o exercício das funções dos pais em relação aos filhos[1] menores. É um conjunto de deveres e direitos que se traduz no dever de criar, educar, cuidar, dar assistência material e psíquica, enfim, proporcionar saúde física e mental ao filho para que ele tenha autonomia e possa ser sujeito da própria vida. Essa nova visão das relações de parentesco abandona aquela ideia apresentada pelo Direito Romano que firmava o homem como o chefe natural tanto da mulher como da família.

A expressão autoridade parental, diferente do pátrio poder e do poder familiar, incorpora muito mais o espírito e princípios constitucionais (Arts. 226, § 7º e 227, CR) e do Estatuto da Criança e do Adolescente (Lei nº 8.069/90), em que os filhos receberam um lugar de sujeitos de direitos. A expressão poder familiar foi introduzida pelo CCB de 2002 em substituição à expressão pátrio poder, utilizada pelo CCB de 1916. É o conjunto de deveres/direitos dos pais em relação aos seus filhos menores. É uma atribuição natural a ambos os pais, independentemente de relação conjugal, para criar, educar, proteger, cuidar, colocar limites, enfim dar-lhes o suporte necessário para sua formação moral, psíquica para que adquiram responsabilidade e autonomia.

O poder familiar está diretamente vinculado à guarda, embora a guarda não necessariamente vincule-se ao poder familiar.

Estão sujeitos ao poder familiar os filhos oriundos ou não do casamento, tanto biológicos quanto adotivos e socioafetivos, enquanto menores de dezoito anos ou enquanto não emancipados.

---

[1] O Decreto nº 10.701/2021 instituiu o Programa Nacional de Enfrentamento da Violência contra Crianças e Adolescentes e a Comissão Intersetorial de Enfrentamento à Violência contra Crianças e Adolescentes.

O divórcio dos pais não altera o poder familiar, que é, em verdade, o poder/dever do pai e da mãe de proteção e direção da vida e formação educacional dos filhos.

No Direito Romano, a autoridade sobre os filhos e até sobre a esposa e os escravos cabia ao *pater familiae*, inclusive, o direito de matar os filhos (*jus vitae et necis*), o que se estendeu até o período da República em Roma. Para suprir dificuldades financeiras, o chefe da família também podia vender o filho por até cinco anos e, depois, recuperá-lo. O direito de venda do filho (*ius vendendi*) era também a *noxae deditio*, ocasião em que este era entregue à vítima de um dano por ele causado para prestação de serviços que serviriam como compensação do prejuízo. O *pater familiae* tinha a faculdade de abandonar o filho recém-nascido (*ius exponendi*), como forma de seleção eugênica, isto é, quando nascia com debilidade física e/ou mental. Apenas no século II, com a influência de Justiniano, essa autoridade do chefe da família foi transformada em direito de correção dos atos da prole. Com o advento do cristianismo, e que se tornou a religião oficial do Estado Romano, foi proibida a venda, a morte e a entrega do filho ao credor.

No Brasil colônia, sob as Ordenações e Leis de Portugal, como no Direito Romano, o pai tinha um domínio quase absoluto sobre os filhos, a esposa e os escravos. No art. 1.518, do esboço do Código Civil de Teixeira de Freitas, editado entre 1860 e 1865, o *pater familiae* podia corrigir e castigar moderadamente seus filhos, podendo requerer autorização ao Juiz dos Órfãos para a detenção dos filhos até quatro meses na casa correcional, sem o direito a recurso.

No Código Civil de 1916, o poder familiar então denominado pátrio poder, ratificou a supremacia da autoridade do pai e marido sobre os filhos e a esposa. Com o Estatuto da Mulher Casada, Lei nº 4.121/62, a mulher passou a ajudar o marido no exercício do pátrio poder. Contudo, se houvesse divergência entre eles, a vontade do pai prevaleceria, ou seja, a mulher era mera colaboradora.

A evolução da denominação dessa expressão para poder familiar traduziu a mudança de autoridade para ambos os pais na condução da criação dos filhos, o que apenas foi possível com a modificação ocorrida na Constituição da República de 1988 (art. 226, § 5º) e da legislação infraconstitucional, instalando e atendendo ao princípio do melhor interesse da criança e do adolescente.

Poder familiar não é a expressão mais apropriada. A palavra poder não expressa a verdadeira intenção de atender ao princípio do melhor interesse da criança e do adolescente, mas sim o sentido de posse. Familiar remeteria também à ideia de que os avós e irmãos estariam revestidos dessa função. A expressão mais adequada para a família atual, que é fundada na igualdade de gêneros e é democrática, seria autoridade parental, a qual exterioriza a ideia de compromisso de ambos os pais com as necessidades dos filhos, de cuidar[2], proteger, educar, dar assistência e colocar limites.

O CCB de 2002 assim traduziu o exercício do poder familiar: Compete aos pais, quanto à pessoa dos filhos menores: *I – dirigir-lhes a criação e a educação; II – exercer a guarda unilateral ou compartilhada[3] nos termos do art. 1.584; III – conceder-lhes ou negar-lhes consentimento para casarem; IV – conceder-lhes ou negar-lhes consentimento para viajarem ao exterior; V – conceder-lhes ou negar-lhes consentimento para mudarem sua residência permanente para outro Município; VI – nomear-lhes tutor por testamento ou documento autêntico, se o outro dos pais não lhe sobreviver, ou o sobrevivo não puder exercer o poder familiar; VII – representá-los judicial e extrajudicialmente até os 16 (dezesseis) anos, nos atos da vida civil, e assisti-los, após essa*

---

[2] Art. 244-C. Deixar o pai, a mãe ou o responsável legal, de forma dolosa, de comunicar à autoridade pública o desaparecimento de criança ou adolescente: (Incluído pela Lei nº 14.811, de 2024) Pena – reclusão, de 2 (dois) a 4 (quatro) anos, e multa. (Incluído pela Lei nº 14.811, de 2024)

[3] Enunciado 53 do IBDFAM: Em face do princípio da parentalidade responsável e por não se admitir recusa injustificada ao exercício de qualquer função parental, a manifestação contrária ao compartilhamento da guarda, de que trata o § 2º do art. 1.584, do Código Civil, deve ser motivada, cabendo ao juiz apurar a procedência das razões invocadas em preservação do superior interesse da criança e do adolescente.

Cap. 11 – DO EXERCÍCIO DA AUTORIDADE PARENTAL E ABANDONO AFETIVO

idade, nos atos em que forem partes, suprindo-lhes o consentimento; VIII – reclamá-los de quem ilegalmente os detenha; IX – exigir que lhes prestem obediência, respeito e os serviços próprios de sua idade e condição (art. 1.634 do CCB/2002).

11.2 PERDA, SUSPENSÃO E EXTINÇÃO

Os pais que deixarem de cumprir suas funções, ou cumpri-las inadequadamente, podem ser destituídos de seu lugar de pais, se assim se atender o princípio do melhor interesse da criança e adolescente[4]. O mau exercício do poder familiar, além de causar danos psíquicos aos filhos, caracteriza-se também como dano aos direitos da personalidade.

A perda e a suspensão do poder familiar devem ser decretadas judicialmente, em procedimento contraditório, nos casos previstos na legislação civil, bem como na hipótese de descumprimento injustificado dos deveres e obrigações (...) (art. 24 da Lei nº 8.069/90).

A Lei nº 14.340/2022[5] modificou a Lei de Alienação Parental (Lei nº 12.318/2010) e a Lei nº 8.069/1990 (Estatuto da Criança e do Adolescente), para estabelecer procedimentos adicionais à suspensão do poder familiar[6]. Entre as modificações, estabelece o parágrafo único do artigo 4º que será assegurado à criança ou ao adolescente e ao genitor garantia mínima de visitação assistida no fórum em que tramita a ação ou em entidades conveniadas com a Justiça, ressalvados os casos em que há iminente risco de prejuízo à integridade física ou psicológica da criança ou do adolescente, atestado por profissional eventualmente designado pelo juiz para acompanhamento das visitas. Melhor seria se a lei tivesse usado a expressão convivência familiar, ao invés de "visita", que traz consigo um significante de frieza e formalidade. Além disso prevê sempre que necessário o depoimento ou a oitiva de crianças e de adolescentes em casos de alienação parental, que serão realizados obrigatoriamente nos termos da Lei nº 13.431, de 4 de abril de 2017, sob pena de nulidade processual (art. 8º-A).

Extinção é a interrupção definitiva do poder familiar e suspensão pode ser revista quando e se as causas que a geraram tiverem sido superadas.

Se apenas um dos pais perde a autoridade parental (poder familiar), a autoridade fica concentrada no outro, salvo se incapaz ou falecido, o que então gerará nomeação do tutor.

O poder familiar se extingue quando os filhos atingem a maioridade ou são emancipados, ou pela adoção (ver item 14.4), pela morte dos pais ou do filho (art. 1.635 do CCB/2002). Pode também extinguir ou ser suspenso por decisão judicial se os pais não exercerem adequadamente este poder/dever, tais como: *I – castigar imoderadamente o filho; II – deixar o filho em abandono; III – praticar atos contrários à moral e aos bons costumes; IV – incidir, reiteradamente, nas faltas previstas no artigo antecedente (art. 1.638, CCB); V – entregar de forma irregular o filho a terceiros para fins de adoção. (Incluído pela Lei nº 13.509, de 2017) Parágrafo único. Perderá também por*

---

[4] (...) Mesmo quando houver a destituição do poder familiar, não há correlatamente a desobrigação de prestação de assistência material ao filho, uma vez que a destituição do poder familiar apenas retira dos pais o poder que lhes é conferido para gerir a vida da prole, mas, ao revés, não rompe o vínculo de parentesco. (STJ, REsp 1698728/MS, Rel. Min. Moura Ribeiro, 3ª Turma, Publ. 13/05/2021).

[5] Entre as mudanças, revogou o inciso VII, do art. 6º, da Lei nº 12.318/2010 que previa a declaração da suspensão do Poder Familiar, como uma das ações dos magistrados, nos casos de atos típicos de alienação parental ou qualquer conduta que dificultasse a convivência de criança ou adolescente com genitor.

[6] Alterações na Lei 8.069/1990: Art. 157. Havendo motivo grave, poderá a autoridade judiciária, ouvido o Ministério Público, decretar a suspensão do poder familiar, liminar ou incidentalmente, até o julgamento definitivo da causa, ficando a criança ou adolescente confiado a pessoa idônea, mediante termo de responsabilidade. (Expressão substituída pela Lei nº 12.010, de 2009 (...) § 3º A concessão da liminar será, preferencialmente, precedida de entrevista da criança ou do adolescente perante equipe multidisciplinar e de oitiva da outra parte, nos termos da Lei nº 13.431, de 4 de abril de 2017. (Incluído pela Lei nº 14.340, de 2022). § 4º Se houver indícios de ato de violação de direitos de criança ou de adolescente, o juiz comunicará o fato ao Ministério Público e encaminhará os documentos pertinentes. (Incluído pela Lei nº 14.340, de 2022).

ato judicial o poder familiar aquele que: (Incluído pela Lei nº 13.715, de 2018) I – praticar contra outrem igualmente titular do mesmo poder familiar: (Incluído pela Lei nº 13.715, de 2018) a) homicídio, feminicídio ou lesão corporal de natureza grave ou seguida de morte, quando se tratar de crime doloso envolvendo violência doméstica e familiar ou menosprezo ou discriminação à condição de mulher; (Incluído pela Lei nº 13.715, de 2018) b) estupro ou outro crime contra a dignidade sexual sujeito à pena de reclusão; (Incluído pela Lei nº 13.715, de 2018) II – praticar contra filho, filha ou outro descendente: (Incluído pela Lei nº 13.715, de 2018) a) homicídio, feminicídio ou lesão corporal de natureza grave ou seguida de morte, quando se tratar de crime doloso envolvendo violência doméstica e familiar ou menosprezo ou discriminação à condição de mulher; (Incluído pela Lei nº 13.715, de 2018) b) estupro, estupro de vulnerável ou outro crime contra a dignidade sexual sujeito à pena de reclusão. (Incluído pela Lei nº 13.715, de 2018).

O pai ou a mãe, também perderá o poder familiar, se abusar de sua autoridade, não cumprir seus deveres, arruinar os bens dos filhos, e praticar atos que sejam incompatíveis com o exercício do poder familiar (art. 1.637 do CCB/2002).

O Estatuto da Criança e do Adolescente prevê em duas ocasiões: a) no capítulo dedicado ao direito à convivência familiar e comunitária, arts. 21 a 24; b) no capítulo dedicado aos procedimentos, relativamente à perda e à suspensão do pátrio poder, arts. 155 a 163, com regras próprias, vez que o CPC aplica-se de forma supletiva.

São legitimados a propor ação de perda ou suspensão do poder familiar, o Ministério Público ou quem tenha legítimo interesse. Poderá ser decretada de forma liminar ou incidental a perda ou suspensão do poder familiar[7].

A sentença que decretar a perda ou suspensão será registrada à margem do registro de nascimento do menor (art. 163, parágrafo único[8]).

Para além das consequências civis, o abuso de autoridade parental, pode ser levada à esfera criminal, é o que estabelece o artigo 232 do ECA, com punição de detenção de seus meses a dois anos, de acordo com a gravidade do ato que ensejou a perda da autoridade parental.

11.3 EMANCIPAÇÃO

É o ato de tornar livre; conferir independência a alguém. No âmbito jurídico é o ato pelo do qual se concede capacidade civil[9] plena ao menor com idade entre 16 e 18 anos, isto é, confere-lhe aptidão para praticar os atos da vida civil como se maior fosse.

---

[7] ECA: Art. 157. Havendo motivo grave, poderá a autoridade judiciária, ouvido o Ministério Público, decretar a suspensão do poder familiar, liminar ou incidentalmente, até o julgamento definitivo da causa, ficando a criança ou adolescente confiado a pessoa idônea, mediante termo de responsabilidade. (Expressão substituída pela Lei nº 12.010, de 2009)
§ 1º Recebida a petição inicial, a autoridade judiciária determinará, concomitantemente ao despacho de citação e independentemente de requerimento do interessado, a realização de estudo social ou perícia por equipe interprofissional ou multidisciplinar para comprovar a presença de uma das causas de suspensão ou destituição do poder familiar, ressalvado o disposto no § 10 do art. 101 desta Lei, e observada a Lei nº 13.431, de 4 de abril de 2017. (Incluído pela Lei nº 13.509, de 2017) § 2º Em sendo os pais oriundos de comunidades indígenas, é ainda obrigatória a intervenção, junto à equipe interprofissional ou multidisciplinar referida no § 1º deste artigo, de representantes do órgão federal responsável pela política indigenista, observado o disposto no § 6º do art. 28 desta Lei. (Incluído pela Lei nº 13.509, de 2017)

[8] ECA, Art. 163. O prazo máximo para conclusão do procedimento será de 120 (cento e vinte) dias, e caberá ao juiz, no caso de notória inviabilidade de manutenção do poder familiar, dirigir esforços para preparar a criança ou o adolescente com vistas à colocação em família substituta. (Redação dada pela Lei nº 13.509, de 2017) Parágrafo único A sentença que decretar a perda ou a suspensão do poder familiar será averbada à margem do registro de nascimento da criança ou do adolescente. (Incluído pela Lei nº 12.010, de 2009)

[9] Lei 13.811/2019 – Conferiu nova redação ao art. 1.520 da Lei nº 10.406, de 10 de janeiro de 2002 (Código Civil), para suprimir as exceções legais permissivas do casamento infantil, proibindo o casamento de quem não atingiu a idade núbil (16 anos), observado o disposto no art. 1.517 do CCB. (NR)

A emancipação pode ser voluntária, judicial ou legal. A voluntária é aquela concedida pelos pais ou por apenas um deles na falta do outro – ato irrevogável – por instrumento público e não depende da homologação pelo Judiciário.

A emancipação judicial é a que recai sobre os tutelados. Neste caso, os menores são emancipados pelo juiz de Direito, após a oitiva obrigatória do tutor, uma vez que o Ministério Público pode entender que o menor deve ser emancipado, ainda que não seja a vontade do tutor.

Emancipação legal é a que se dá pelo casamento, pelo exercício de emprego público efetivo, pela colação de grau em ensino superior e também em razão do estabelecimento civil, comercial ou pela relação de emprego que lhe confira a independência econômica (art. 5º, parágrafo único, CCB).

O CCB 1916 estabelecia que somente as mulheres com idade entre 16 e 18 anos poderiam ser emancipadas em razão do casamento. Com o CCB 2002, ambos os sexos podem ser emancipados pelo casamento desde que maiores de 16 anos (art. 5º, II). Há duas situações excepcionais em que os menores de 16 anos podem ser emancipados pelo casamento: *para evitar imposição ou cumprimento de pena criminal ou em casso de gravidez* (art. 1.520[10], CCB).

11.4 ABANDONO AFETIVO DOS PAIS

O abandono afetivo é uma expressão usada pelo Direito de Família para designar o abandono de quem tem a responsabilidade e o dever de cuidado para com um outro parente. É o descuido, a conduta omissiva, especialmente dos pais em relação aos filhos menores, e também dos filhos maiores em relação aos pais. É o não exercício da função de pai ou mãe ou de filho em relação a seus pais. Tal assistência para com o outro é uma imposição jurídica e o seu descumprimento caracteriza um ato ilícito, podendo ser fato gerador de reparação civil.

Os princípios constitucionais da dignidade humana[11], da solidariedade, da paternidade responsável e, obviamente, o do melhor interesse da criança e adolescente asseguram direitos às crianças, adolescentes, idosos e curatelados. Também o Código Civil estabelece obrigação de cuidado entre pais e filhos (art. 1.634, CCB), assim como o Estatuto do Idoso (Lei nº 10.741/03) prevê que nenhum idoso será objeto de qualquer tipo de negligência, discriminação, violência, crueldade ou opressão, e todo atentado aos seus direitos, por ação ou omissão, será punido na forma da lei (art. 4º). No Direito Penal, abandonar pessoa que está sob seu cuidado, guarda, vigilância ou autoridade, e, por qualquer motivo, incapaz de defender-se dos riscos resultantes do abandono (art. 133, CP) é crime, com pena de prisão que varia de seis meses a três anos, dependendo da gravidade dos delitos praticados. O abandono, seja material ou afetivo, é uma das formas de violência contra as crianças e adolescentes[12].

---

[10] De acordo com as alterações promovidas pela Lei 13.811/2019, que proibiu, em qualquer caso, o casamento de quem não atingiu a idade núbil, observado o disposto no art. 1.517 do CCB.

[11] Aproximar o modelo jurídico do dano moral com o princípio da dignidade da pessoa humana é um exercício indispensável para todos que verdadeiramente queiram construir um direito civil constitucional. A dignidade é um valor ético, parte da própria essência do ser humano, Por isso, ela antecede e fundamenta a ordem política, inserindo a pessoa como protagonista do sistema jurídico em duas dimensões: uma negativa, no sentido de evitar qualquer atentado à necessária estima e respeito à inerente dignidade de cada ser humano; uma positiva, determinando que o ordenamento propicie um ambiente de liberdades com a concessão de um mínimo invulnerável para que todos possam desenvolver as suas aptidões e exercitar os seus fins de acordo com condições verdadeiramente humanas. A expressão dignidade da pessoa humana não é supérflua, tampouco redundante (ROSENVALD, Nelson; BRAGA, Felipe Netto. *Responsabilidade Civil*: teoria geral. Indaiatuba: Foco, 2024, p. 686-687.

[12] A Lei nº 14.344, de 24/5/2022, criou mecanismos para a prevenção e o enfrentamento da violência doméstica e familiar contra a criança e o adolescente, nos termos do § 8º do art. 226 e do § 4º do art. 227 da Constituição Federal e das disposições específicas previstas em tratados, convenções ou acordos internacionais de que o Brasil seja parte.

Qualquer pessoa, da infância à velhice, para estruturar-se como sujeito e ter um desenvolvimento saudável, necessita de alimentos para o corpo e para a alma. O alimento imprescindível para a alma é o amor, o afeto, no sentido de cuidado, conduta. Ao agir em conformidade com a sua função, está-se objetivando o afeto e tirando-o do campo da subjetividade apenas. A ausência deste sentimento não exclui a necessidade e obrigação dos pais com o cuidado e a educação, a responsabilidade e até mesmo a presença e a imposição de limites. O que vale também para os filhos maiores em relação aos pais.

A discussão do abandono afetivo transcende os seus aspectos jurídicos e éticos para atingir uma dimensão política e social. As milhares de crianças de rua e na rua estão diretamente relacionadas ao abandono paterno ou materno e, não, apenas à omissão do Estado em suas políticas públicas. Se os pais fossem mais presentes na vida de seus filhos e não os abandonassem afetivamente, isto é, se efetivamente criassem e educassem seus filhos, cumprindo os princípios e regras jurídicas, não haveria tantas crianças e adolescentes com sintomas de desestruturação familiar. É mais cômodo, diante do contexto histórico do declínio do patriarcalismo e da sociedade do consumo, justificar na teoria político-econômica o porquê de tantas crianças abandonadas, da criminalidade juvenil ou até mesmo enveredar em uma visão moralista e pensar que todos esses sinais de violência começaram após 1977, com o divórcio no Brasil, e, consequentemente, um aumento crescente de separação de casais e de novas formas de constituição de famílias. Todavia, a verdade é que todos estes sinais de desestruturação familiar estão intimamente relacionados ao abandono paterno/materno, seja ele visível ou não.

No campo jurídico, o afeto é mais que um sentimento. É uma ação, uma conduta, presente ou não o sentimento. Portanto, está na categoria dos deveres que podem ser impostos como regra jurídica[13]. E, a toda lei deve corresponder uma sanção, sob pena de se tornar mera regra ou princípio moral. Por isso é necessária a responsabilização, principalmente dos pais em relação aos filhos menores e dos filhos em relação aos pais idosos, que têm especial proteção da Constituição da República. A responsabilidade é da essência do afeto e do cuidado, como competente e sabiamente já escreveu Kant:

> *Aquilo que eu reconheço imediatamente como lei para mim, reconheço com um sentimento de respeito que não significa senão a consciência da subordinação da minha vontade a uma lei, sem intervenção de outras influências sobre a minha sensibilidade. (...) Uma vez que despojei a vontade de todos os estímulos que lhe poderiam advir da obediência a qualquer lei, nada mais resta do que a conformidade a uma lei universal das ações em geral que possa servir de único princípio à vontade, isto é: devo proceder sempre de maneira que eu possa querer também que a minha máxima se torne uma lei universal[14].*

---

[13] (...) Lado outro, retornando à argumentação da sentença – obviamente encampada pela parte apelada – de que o ordenamento jurídico brasileiro não prevê qualquer obrigação de amar ou de dedicar afeto a outrem – razão pela qual não é possível converter a ausência do pai em pecúnia – e de que o afeto é sentimento, e não coisa, penso que como coisa se está tratando o afeto se se resumir a obrigação de um pai a pagar alimentos, como se isso suprisse a sua ausência. Com efeito, exatamente em razão de o afeto não ser coisa, mas sentimento, é preciso que um pai saiba que não basta pagar prestação alimentícia para dar como quitada a sua "obrigação". Seu dever de pai vai além disso e o descumprimento desse dever causa dano e dano, que pode ser moral, deve ser reparado, por meio da indenização respectiva. TJ-MG – AC: 10236140037581001 MG, Rel. Des. Evandro Lopes da Costa Teixeira, pub: 18/06/2019).

[14] KANT, Immanuel. *Fundamentação da metafísica dos costumes*. Trad. Paulo Quintela. São Paulo: Edições 70, 2007, p. 32-33. (Coleção Textos Filosóficos).

Cap. 11 – DO EXERCÍCIO DA AUTORIDADE PARENTAL E ABANDONO AFETIVO   425

Não se pode obrigar ninguém a amar outrem, mas a relação parental está para além do sentimento, exige compromisso, responsabilidade, e por isso é fonte de obrigação jurídica. A afetividade geradora de direitos e deveres é a que depende da conduta, da assistência. E isto é facilmente detectável na relação pais/filhos. Ausente e abandônico é também aquele que dá apenas o sustento material. Com o fim da conjugalidade (ou mesmo se não houve conjugalidade), é comum que o genitor não guardião fique somente com o pagamento de alimentos, ficando o outro sobrecarregado para cumprir as funções de pai e mãe, cobrindo a ausência daquele que não está cumprindo o exercício do poder familiar. O abandono parental deve ser entendido como lesão a um interesse jurídico tutelado, extrapatrimonial, causado por omissão do pai ou da mãe no cumprimento do exercício e das funções parentais.

11.4.1 Paternidade e maternidade como função e o exercício da autoridade parental

As transformações sociais, econômicas e culturais pelas quais passou a família fizeram com que ela deixasse de ser patriarcal, hierarquizada e constituída apenas pelo casamento para se basear essencialmente no respeito às diferenças, no companheirismo e no afeto. Maria Berenice Dias, com sua lucidez, clarividência e percepção afinada com o presente e futuro, sintetiza bem esta evolução histórica:

> A ideia de família formal, cujo comprometimento mútuo decorre do casamento, vem cedendo lugar à certeza de que é o envolvimento afetivo que garante um espaço de individualidade e assegura uma auréola de privacidade indispensável ao pleno desenvolvimento do ser humano. Cada vez mais se reconhece que é no âmbito das relações afetivas que se estrutura a personalidade da pessoa. É a afetividade, e não a vontade, o elemento constitutivo dos vínculos interpessoais: o afeto entre as pessoas organiza e orienta o seu desenvolvimento. A busca da felicidade, a supremacia do **amor**, a vitória da **solidariedade** ensejam o reconhecimento do afeto como único modo eficaz de definição da família e de preservação da vida. Esse, dos novos vértices sociais, é o mais inovador.[15]

É nesta busca pela felicidade que os cônjuges se divorciam. Afinal, casa-se para ser feliz e se separa também em busca da felicidade. A dissolução do vínculo conjugal não pode, nem deve significar o rompimento ou alteração do vínculo parental. Aliás, a regra de ouro de uma separação é a instalação de um campo neutro para os filhos, cuja relação com os pais deveria ficar intacta e preservada. Mas nem sempre é o que acontece no fim de um casamento. É que os laços de sangue não são suficientes para garantir a maternidade e a paternidade, que é muito mais um exercício diário no convívio, na cumplicidade, no estabelecimento de regras e limites, no companheirismo e no amor. É assim que se estabelecem os mais sólidos e profundos vínculos, invisíveis aos olhos da genética. Em outras palavras, paternidade e maternidade são funções exercidas. Neste sentido é que podemos afirmar que a verdadeira paternidade e maternidade é adotiva, isto é, o pai ou a mãe que não "adotam" o seu filho, mesmo biológico, jamais serão pais em seu sentido verdadeiro.

O papel psicossocial do pai e da mãe deve ser compreendido separadamente do vínculo conjugal, transcendendo também o vínculo biológico. Os pais são muito mais importantes como função e serviço. O vínculo genético tem um papel secundário. A paternidade/maternidade fundada no afeto, caracterizada pelo seu verdadeiro exercício, é a socioafetiva, que deve ser

---

[15]   DIAS, Maria Berenice. *Manual de direito das famílias*, 3. ed. rev., atual. e ampl., São Paulo: Revista dos Tribunais, 2006, p. 45.

construída dia a dia, independente da situação jurídica em que os pais se encontram: solteiros, casados ou divorciados.

O livre desenvolvimento da personalidade, principalmente da criança e do adolescente, é um bem jurídico e uma tutela protegida de forma especial pela Constituição Federal. O exercício da paternidade e da maternidade – e, por conseguinte, do estado de filiação – é um bem indisponível para o Direito de Família, cuja ausência proposital tem repercussões e consequências psíquicas sérias, e a ordem legal/constitucional deve amparo, inclusive, com imposição de sanções, sob pena de termos um Direito acéfalo e inexigível.

É ausente o pai e a mãe que acredita que somente o sustento material é o suficiente para a criação de filhos. Com o fim da conjugalidade (ou mesmo se não houve conjugalidade), é comum que o genitor não guardião fique somente com o pagamento de alimentos, ficando o outro sobrecarregado para cumprir as funções de pai e mãe, cobrindo a ausência daquele que não está cumprindo o exercício do poder familiar.

11.4.2 As normas jurídicas do compromisso do amor paterno/materno-filial

A afetividade geradora de direitos e deveres "é a que depende mais do braço, do ombro e da razão do que do coração."[16] A Constituição da República dá o comando desta responsabilidade e obrigação através do princípio da dignidade humana, do princípio da solidariedade, do princípio da paternidade responsável e, obviamente, do princípio do melhor interesse da criança e do adolescente, repita-se.

O princípio da dignidade da pessoa humana, esculpido no artigo 1º, III, da Constituição Federal é um dos esteios de sustentação do Estado democrático de Direito. É impossível pensar em direitos desatrelados da ideia de dignidade, que é inerente à vida, ao ser humano, independentemente de merecimento pessoal ou social, ou seja, não é preciso que se faça por merecê-la para ser um sujeito digno de direitos.[17] É a dignidade do valor intrínseco ao homem que o diferencia da coisa, do objeto, tornando-o sem preço e acima de qualquer especulação material. Assim, por conter esse valor intrínseco, sem preço e superior à ordem da natureza e das coisas, que é considerado uma pessoa, um ser dotado de consciência racional e moral e por isso mesmo capaz de responsabilidade e liberdade.[18]

A dignidade é um macroprincípio sob o qual pairam outros princípios e valores essenciais, como liberdade, responsabilidade, autonomia privada, cidadania, igualdade, alteridade e solidariedade. É a base e sustentação para o desenvolvimento dos direitos humanos e a certeza de que determinadas necessidades humanas devem ser atribuídas às pessoas por uma mesma causa universal e acima de qualquer arbítrio humano, que nenhum Estado tem o poder de modificar, por exemplo, o direito à saúde e à educação.

O Direito de Família somente estará em consonância com a dignidade se determinadas relações familiares, como a relação entre pais e filhos, não forem desconsideradas ou excluídas. Assim, podem ser evitadas graves injustiças sociais, como aconteceu com os filhos havidos fora do casamento e que eram ilegitimados pelo próprio Estado. Esse entendimento nos remete ao conceito contemporâneo de cidadania, que, por sua vez, pressupõe inclusão, ou seja, não

---

[16] OLIVEIRA, Catarina Almeida de. In: ALBUQUERQUE, Fabíola Santos; EHRHARDT JR., Marcos e OLIVEIRA, Catarina Almeida. (Coord.). *Famílias no direito contemporâneo: estudos em homenagem a Paulo Luiz Netto Lôbo*, Bahia: JusPodivm, 2010, p. 65.

[17] ANTUNES ROCHA, Carmem Lúcia. "O princípio da dignidade da pessoa humana e a exclusão social". In: *Anais do XVVI Conferência Nacional dos Advogados – Justiça: realidade e utopia*, Brasília: OAB, Conselho Federal, p. 72, vol. I, 2006.

[18] KANT, Immanuel. *Fundamentação da metafísica dos costumes*. São Paulo: Abril Cultural, 1980, vol. I, p. 139-140. (Coleção Os Pensadores.)

exclusão de nenhum tipo de família e, consequentemente, de nenhum membro da família, especialmente quando se trata de criança ou adolescente. Em outras palavras, afronta o princípio da dignidade humana o pai ou a mãe, que abandona seu filho psiquicamente, isto é, deixa voluntariamente de conviver com ele.

Maria Celina Bodin de Moraes bem atrelou a configuração do dano moral à ofensa da dignidade humana.[19] A dignidade como um macroprincípio se subdivide em quatro outros princípios que devem ser ponderados à luz de cada caso concreto. São eles: Liberdade, Solidariedade, Integridade psicofísica e Igualdade. Havendo ofensa a um desses princípios, está configurado o dano moral.

> Nesta hipótese, a realização do princípio da dignidade humana se dá a partir da integralização do princípio da solidariedade familiar que contém, em si, como característica essencial e definidora da assistência moral dos pais em relação aos filhos menores. A Constituição e a lei obrigam os genitores a cuidar dos filhos menores. Em ausência deste cuidado, com prejuízos necessários à integridade das pessoas a que o legislador atribui prioridade absoluta, pode haver dano moral a ser reparado.[20]

O **princípio da solidariedade** está esculpido no artigo 3º, I, da Constituição Federal[21] e é garantidor da assistência não somente material, mas também moral, dos pais aos filhos menores, assegurando-lhes o cuidado necessário para o seu desenvolvimento. O alagoano Paulo Lôbo, com autoridade de jurista contemporâneo demarca:

> A solidariedade em relação aos filhos responde à exigência da pessoa de ser cuidada até atingir a idade adulta, isto é, de ser mantida, instruída e educada para sua plena formação social.[22]

O **princípio da paternidade responsável**[23] é norma de comando dos artigos 226, § 7º, e 229 da Constituição da República, que dão jurisdicidade ao dever de cuidado recíproco entre pais e filhos:

> Art. 226, § 7º. Fundado nos princípios da dignidade da pessoa humana e da *paternidade responsável*, o planejamento familiar é de livre decisão do casal, competindo ao Estado propiciar recursos educacionais e científicos para o exercício desse direito, vedada qualquer forma coercitiva por parte de instituições oficiais ou privadas. (Grifo nosso.)
>
> Art. 229. Os pais têm o dever de assistir, criar e educar os filhos menores, e os filhos maiores têm o dever de ajudar e amparar os pais na velhice, carência ou enfermidade.

A paternidade responsável é um desdobramento do princípio da responsabilidade. Significa que os pais devem arcar com o ônus e o bônus da criação dos filhos, tenham sido planejados ou não.

---

[19] MORAES, Maria Celina Bodin de. *Danos à pessoa humana: uma leitura civil-constitucional dos danos morais.* Rio de Janeiro: Renovar, 2003.

[20] MORAES, Maria Celina Bodin de. Danos morais em família? Conjugalidade, parentalidade e responsabilidade civil. In: PEREIRA, Rodrigo da Cunha; PEREIRA, Tânia da Silva (Coord.). *A ética da convivência familiar: sua efetividade no cotidiano dos tribunais.* Rio de Janeiro: Forense, 2005, p. 196.

[21] Art. 3º Constituem objetivos fundamentais da República Federativa do Brasil: I – construir uma sociedade livre, justa e solidária.

[22] LÔBO, Paulo Luiz Netto. Conferência Magna – Princípio da Solidariedade Familiar. In: *Anais do VI Congresso Brasileiro de Direito de Família.* Rio de Janeiro: IBDFAM – Lumen Juris, 2008, p. 7.

[23] A Lei nº 14.623/2023 instituiu o Dia Nacional de Conscientização sobre a Paternidade Responsável, a ser comemorado, anualmente, em 14 de agosto.

428 DIREITO DAS FAMÍLIAS – *Rodrigo da Cunha Pereira*

O princípio do melhor interesse da criança e do adolescente está estampado no comando do artigo 227 da Constituição da República, que sintetiza, complementa e reforça todo o conteúdo dos direitos fundamentais dos menores, inclusive como prioridade absoluta:

> É dever da família, da sociedade e do Estado assegurar à criança e ao adolescente, com absoluta prioridade, o direito à vida, à saúde, à alimentação, à educação, ao lazer, à profissionalização, à cultura, à dignidade, ao respeito, à liberdade e à convivência familiar e comunitária, além de colocá-*los a salvo de toda forma de negligência, discriminação, exploração, violência, crueldade e opressão.*

A Constituição Federal de 1988 abarcou valores e inaugurou uma principiologia que fez instalar um novo tempo para o Direito de Família brasileiro. Diante da valorização da pessoa humana, inclusive no núcleo familiar, o objetivo passou a ser promover sua realização enquanto tal, especialmente, no que tange àqueles que se encontram em situação de fragilidade e em processo de formação da personalidade como é o caso da criança e do adolescente. Assim, a solução de todos os conflitos envolvendo menores e adolescentes deve ser orientada pelo Princípio do Melhor Interesse da Criança e do Adolescente. Assegurado tal princípio, é consolidada a base estrutural dos direitos que tem a criança e o adolescente, na qualidade de pessoa em desenvolvimento, até que consigam se autogovernar. Em uma interpretação lógico-sistemática, toda forma de negligência deve ser entendida em seu sentido patrimonial e também não material.

A paternidade/maternidade deixou de ser apenas um conjunto de competências atribuídas aos pais, convertendo-se em um conjunto de deveres para atender ao melhor interesse do filho, principalmente, no que tange à convivência familiar, que deve ser vista de forma independente da existência ou não do tipo de relacionamento entre os pais. O Princípio do Melhor Interesse da Criança e do Adolescente, por si só, deveria ser o suficiente para que o ordenamento jurídico brasileiro garantisse o convívio do(s) filhos(s) com ambos os pais e a assistência de ordem não material aos filhos, ou seja, participar, interferir, colocar limites, enfim, educar. São direitos fundamentais dos menores e deveres fundamentais dos pais, que não se rompem com o fim da conjugalidade.

A responsabilização dos pais pela condução da educação e criação de seus filhos também está prevista na legislação infraconstitucional. O Código Civil dispõe nos artigos 1.634, inciso II,[24] e 1.566, inciso IV[25], que os pais são responsáveis pela criação e educação dos filhos. Também o Estatuto da Criança e do Adolescente traduz em regras e desdobra os princípios constitucionais dessa responsabilidade em seus artigos 3º,[26] 4º,[27] 22[28] e 33.[29]

---

[24] Art. 1.634. Compete a ambos os pais, qualquer que seja a sua situação conjugal, o pleno exercício do poder familiar, que consiste em, quanto aos filhos: (Redação dada pela Lei nº 13.058, de 2014) dirigir-lhes a criação e a educação; (Redação dada pela Lei nº 13.058, de 2014) II – exercer a guarda unilateral ou compartilhada nos termos do art. 1.584; (Redação dada pela Lei nº 13.058, de 2014)

[25] Art. 1.566. São deveres de ambos os cônjuges: (...) IV – sustento, guarda e educação dos filhos.

[26] Art. 3º A criança e o adolescente gozam de todos os direitos fundamentais inerentes à pessoa humana, sem prejuízo da proteção integral de que trata esta Lei, assegurando-lhes, por lei ou por outros meios, todas as oportunidades e facilidades, a fim de lhes facultar o desenvolvimento físico, mental, moral, espiritual e social, em condições de liberdade e dignidade.

[27] Art. 4º É dever da família, da comunidade, da sociedade em geral e do Poder Público assegurar, com absoluta prioridade, a efetivação dos direitos referentes à profissionalização, à cultura, à dignidade, ao respeito, à liberdade e à convivência familiar e comunitária.

[28] Art. 22. Aos pais incumbe o dever de sustento, guarda e educação dos filhos menores, cabendo-lhes ainda, no interesse destes, a obrigação de cumprir e fazer cumprir as determinações judiciais.

[29] Art. 33. A guarda obriga à prestação de assistência material, moral e educacional à criança ou adolescente, conferindo a seu detentor o direito de opor-se a terceiros, inclusive aos pais.

11.4.3 Indenização pelo abandono afetivo filial e a tríade indenizatória. Prescrição

Os caracteres punitivo e o preventivo, aliados a uma necessidade pedagógica, da sanção civil, podem significar um freio ao ato danoso. O filho não escolheu nascer, mas os pais, ao contrário, são responsáveis e devem ser responsabilizados pelo seu nascimento. Poderiam ter evitado, e se não o fizeram, assumiram o risco da provável concepção. Uma vez nascido o filho, tenha sido ele planejado ou não, desejado ou não, os pais devem cumprir a obrigação jurídica de criá-los e educá-los.

E é assim que a paternidade e maternidade estão intrinsecamente vinculada à noção da responsabilidade, como bem lembrado pela jurista carioca, Maria Celina Bodin de Moraes:

> (...) Essa palavra, responsabilidade, é o que hoje melhor define a relação parental. Trata-se de uma relação assimétrica, entre pessoas que estão em posições diferentes, sendo uma delas dotada de particular vulnerabilidade. Além disso, a relação é, ao menos tendencialmente, permanente, sendo custoso e excepcional o seu término: de fato, a perda ou a suspensão do poder familiar só ocorre em casos de risco elevado ou de abuso (Código Civil, arts. 1.637 e 1.638). Assim, como a autoridade parental raramente cessa, a responsabilidade não pode, evidentemente, evanescer-se por simples ato de autonomia. Em virtude da imprescindibilidade (rectius, exigibilidade) de tutela por parte dos pais e da dependência e vulnerabilidade dos filhos, a solidariedade familiar alcança aqui o seu grau de intensidade máxima. Em caso de abandono moral ou material, são lesados os direitos implícitos na condição jurídica de filho e de menor, cujo respeito, por parte dos genitores, é pressuposto para o sadio e equilibrado crescimento da criança, além de condição para a sua adequada inserção na sociedade. Ou seja, os prejuízos causados são de grande monta[30].

Enfim, a responsabilidade é um princípio jurídico e deve ser observada e respeitada em todas as relações jurídicas, especialmente, nas relações familiares entre pais e filhos. O princípio jurídico da paternidade responsável não pode se resumir à assistência material. O cumprimento do dever de assistência moral é dever jurídico, cujo descumprimento pode ter como consequência a pretensão indenizatória.[31] Pai e mãe não podem se divorciar de seus filhos.[32] O enunciado IBDFAM nº 8, aprovado no X Congresso Brasileiro de Direito de Família e Sucessões, em 2015 sintetiza: *O abandono afetivo pode gerar direito à reparação pelo dano causado.*

A busca pela reparação civil pelo abandono afetivo é imprescritível. Embora haja decisões dizendo de sua prescritibilidade[33], a evolução doutrinária tem caminhado nesta direção. Isto porque tem se entendido que o dano decorrente do abandono afetivo é um dano existencial,

---

[30] BODIN. Maria Celina de Moraes. Tratado de Direito das Famílias. In: *A responsabilidade e a reparação civil no Direito de Família.* 3ª edição. Belo Horizonte: IBDFAM, 2019, p. 951-952.

[31] LÔBO, Paulo. 2. *Direito civil: famílias,* 9. ed., São Pulo: Saraiva, 2019 p. 399.

[32] Art. 1.579. O divórcio não modificará os direitos dos pais em relação aos filhos. Parágrafo único. Novo casamento de qualquer dos pais, ou de ambos, não poderá importar restrição aos direitos e deveres previstos neste artigo.
Art. 1.632. A separação judicial, o divórcio e a dissolução da união estável não alteram as relações entre pais e filhos senão quando ao direito, que aos primeiros cabe, de terem em sua companhia os segundos.

[33] "(...) A ação de indenização decorrente de abandono afetivo prescreve no prazo de três anos (Código Civil, art. 206, § 3º, V)" (STJ, REsp 1.579.021/RS, Rel. Ministra Maria Isabel Gallotti, Quarta Turma, *DJe* 29/11/2017).
"(...) O prazo prescricional a ser observado para o ajuizamento da demanda reparatória, consubstanciada no suposto abandono afetivo da autora pelo requerido, é de 3 anos, conforme previsto no art. 206, § 3º, V, do Código Civil, iniciando-se a sua contagem a partir da data em que atingiu a maioridade civil, portanto, cessado o poder parental" (TJ-MG, AC 10570150007385001/Salinas, Rel. Cláudia Maia, 14ª Câmara cível, publ. 19/03/2021).

430 DIREITO DAS FAMÍLIAS – *Rodrigo da Cunha Pereira*

e não moral. Sendo assim, há grave violação a direitos fundamentais a justificar a imprescritibilidade. O STJ, em situações de violações graves aos direitos fundamentais, em similitude ao teor da Súmula 647, prevê a imprescritibilidade das ações indenizatórias por danos morais e materiais decorrentes de atos de perseguição política com violação de direitos fundamentais ocorridos durante o regime militar.

O dano moral, em seu sentido estrito, vem experimentando progressiva decantação e pode se exprimir em muitas situações apenas como um dano psíquico.

O dano causado pelo abandono afetivo é mais que um dano moral. Ele entra no guarda-chuva dos danos extrapatrimoniais, para além do dano moral, embora possa ser, também, puramente psíquico. Ele é um dano permanente e provoca alteração no modo de vida cotidiano da pessoa. Enquanto o dano moral é inerente a condição humana, o dano existencial está representado, entre outras coisas, pelo perturbamento da vida cotidiana e suas múltiplas teias relacionais e intersubjetivas34.

Um pai que abandona um filho pode provocar lesão à integridade psíquica, que é um direito fundamental e, portanto, esbarra na possibilidade da imprescritibilidade, pois é um dano continuado. O respeito à vida, à saúde e à dignidade da pessoa humana é, sim, o principal direito fundamental, do qual emanam todos os outros, sendo daqueles consectários (arts. 1º, III, 5º, *caput*, ambos da Constituição Federal). Como tais, esses direitos trazem a marca da imprescritibilidade, de modo que o não exercício da busca de direitos não implica perdimento da pretensão judicial de defendê-lo. Pablo Stolze Gagliano e Rodolfo Pamplona Filho são assertivos: *"A imprescritibilidade dos direitos de personalidade[35] deve ser entendida no sentido de que inexiste um prazo para o seu exercício, não se extinguindo pelo não uso. Ademais, não se deve condicionar a sua aquisição ao decurso de tempo, uma vez que, segundo a melhor doutrina, são inatos, ou seja, nascem com o próprio homem"[36].*

11.4.4 Monetarizando o afeto?

A configuração da conduta abandônica pelos pais e a ofensa direta aos princípios constitucionalmente assegurados, como o da Dignidade da Pessoa Humana, Paternidade Responsável, Solidariedade Familiar, Intimidade, Integridade Psicofísica, Convivência Familiar, Assistência, Criação e Educação, deve acarretar uma reparação ao filho, pois a reparação civil ou a indenização vem exatamente contemplar aquilo que não se pode obrigar. Não se trata de atribuir um valor ou um conteúdo econômico ao afeto. Admitir que somente o pagamento de pensão alimentícia é o bastante na relação entre pais e filhos é que significa monetarizar tal relação. O abandono paterno/materno não tem preço e não há valor financeiro que pague tal falta. Como se disse, o valor da indenização é simbólico, mas pode funcionar como um lenitivo e um conforto para a alma.[37] É que não se pode deixar de atribuir uma sanção às regras jurídicas. E, exatamente, por não ter como obrigar um pai ou uma mãe a amar seu filho é que se deve impor a sanção

---

[34] ROSENVALD, Nelson; BRAGA, Felipe. *Responsabilidade civil*. Teoria geral. Indaiatuba: Ed. Foco, 2023.

[35] São direitos de personalidade, na classificação de Pontes de Miranda: "o direito de personalidade como tal, o direito à vida, o direito à integridade física, o direito à integridade psíquica, o direito à liberdade, o direito à verdade (o direito a *exceptio veritatis*), o direito à honra, o direito à própria imagem, o direito à igualdade, o direito ao nome, o direito à intimidade e o direito autoral de personalidade" (*Tratado de direito privado*. Rio de Janeiro: Borsoi, 1955. v. 7, p. 6. Grifamos).

[36] STOLZE, Pablo; PAMPLONA, Rodolfo. *Novo curso de direito civil*: parte geral. São Paulo: Saraiva, 2006. p. 166-167.

[37] "O problema mais difícil hoje se refere, sem qualquer dúvida, à avaliação ou quantificação da reparação nos inúmeros tipos de dano moral. Se, como de fato, trata-se de situações existenciais, haverá alguma possível fórmula pela qual, com justiça, se indenizará pecuniariamente os danos causados às pessoas? Assemelha-se esta situação à regra lógica primária da impossibilidade de se somarem 'bananas' e 'maçãs'; contudo, aqui é imperioso que se chegue a algum resultado, para que a vítima não fique irressarcida.

reparatória para a ausência de afeto, entendido como ação, cuidado, repita-se. Não admitir tal raciocínio significa admitir que os pais não são responsáveis pela criação de seus filhos. Neste sentido, vários outros doutrinadores, como Paulo Luiz Netto Lôbo,[38] Maria Berenice Dias,[39] Maria Celina Bodin de Moraes,[40] Rolf Madaleno[41] e Giselda Hironaka.[42]

Com a igualdade de direitos entre homens e mulheres, pai e mãe passaram a dividir a educação e a criação dos filhos, separando conjugalidade de parentalidade. Não se admite mais a ideia de que filhos de pais divorciados ou solteiros sejam isentos de conviver, receber carinho, afeto, amor e educação de ambos os pais.

11.4.5   O abandono afetivo nos tribunais: Pai, por que me abandonastes?

O descompromisso de pais com seus filhos, independentemente do divórcio, tem sido tão frequente em nossa realidade brasileira, que já se tornou um "sintoma" de nosso tempo. Muitos filhos não tiveram outra alternativa a não ser recorrer aos tribunais para buscar algum amparo ao seu desamparo[43] advindo da ausência voluntária do pai. Nestes casos, recorre-se à justiça não em busca de ajuda material, pois para isso há formas jurídicas mais céleres e mais práticas. Como disse, não é o valor da indenização que vai recompor ou restituir o afeto negado ou omitido aos filhos. Certamente, quando esses filhos chegaram às barras dos tribunais, já haviam esgotado todas as formas consensuais de tentativas de aproximação com seus pais. A quase totalidade desse abandono é por parte do pai. Dificilmente a mãe abandona um filho após o nascimento, a não ser em situações trágicas, ou quando o entrega à adoção, o que pode significar um ato de responsabilidade.

Os casos que chegaram à justiça nos remetem a uma importante reflexão sobre a importância da função paterna para a constituição do sujeito, simboliza e representa a necessidade

---

E foi justamente a consciência desta injustiça – isto é, embora o dano moral não possa ter seu equivalente em dinheiro, há que se buscar repará-lo – que se viria a ser decisiva no sentido de que o dinheiro poderá trazer, senão prazer, algum conforto, servindo como lenitivo para os males da alma." MORAES, Maria Celina Bodin de. Op. cit., p. 55.

[38]   LÔBO, Paulo. 2. *Direito civil: famílias*, 9.. ed., São Paulo: Saraiva, 2019, p. 318/320.

[39]   A lei obriga e responsabiliza os pais no que toca aos cuidados com os filhos. A ausência desses cuidados, o abandono moral, viola a integridade psicofísica dos filhos, bem como o princípio da solidariedade familiar, valores protegidos constitucionalmente. Esse tipo de violação configura dano moral. Quem causa dano é obrigado a indenizar. DIAS, Maria Berenice. Manual de direito das famílias, 11 ed. ver., atual. e ampl., São Paulo: Revista dos Tribunais, 2016, p. 100.

[40]   Os dois tipos de relação conjugal e filial se diferenciam em muito, tanto estrutural quanto funcionalmente, donde será mais trivial encontrar fundamentos de responsabilização por dano moral neste segundo caso. Onde um tem seus fundamentos, como analisei na liberdade e na igualdade, o outro se fundamenta justamente na responsabilidade. BODIN, Maria Celina Moraes. *Anais do IV Congresso de Direito de Família*, IBDFAM, 2004, p. 414.

[41]   Ao filho choca ter transitado pela vida, em tempo mais curto ou mais longo, sem a devida participação do pai em sua história pessoal e na formação moral e psíquica, desconsiderando o descendente no âmbito de suas relações, causando-lhe irrecuperáveis prejuízos que ficarão indelevelmente marcados por toda a existência do descendente socialmente execrado pelo genitor, suscitando insegurança, sobressaltos e um profundo sentimento de insuperável rejeição, e que o ressarcimento pecuniário não terá a função de compensar, mas cuidará apenas de certificar no tempo, a nefasta existência desse imoral e covarde abandono do pai. MADALENO, Rolf. *Curso de Direito de Família*, Rio de Janeiro: Forense, 2008, p. 320.

[42]   A indenização por abandono afetivo poderá converter-se em instrumento de extrema relevância e importância para a configuração de um direito das famílias mais consentâneo com a contemporaneidade, podendo desempenhar papel mais **pedagógico** no seio das relações familiares. HIRONAKA, Giselda Maria Fernandes. *Direito civil – estudos*, Belo Horizonte: Del Rey, p. 148.

[43]   Cf. PEREIRA, Rodrigo da Cunha. Desamparo. *Dicionário de Direito de Família e Sucessões ilustrado*. São Paulo: Saraiva, 2018, p. 243.

432 DIREITO DAS FAMÍLIAS – *Rodrigo da Cunha Pereira*

da intervenção judicial. Para além do caráter reparatório, cada caso traz consigo o seu efeito didático, e consequentemente político, no sentido de se saber e reafirmar a norma jurídica de que os pais têm obrigações, são responsáveis e devem ser responsabilizados pelo descumprimento da norma, isto é, pelo abandono afetivo em relação aos seus filhos. Aliás, esse foi o posicionamento do STJ, como se vê exemplificativamente:

> (...) É juridicamente possível a reparação de danos pleiteada pelo filho em face dos pais que tenha como fundamento o abandono afetivo, tendo em vista que não há restrição legal para que se apliquem as regras da responsabilidade civil no âmbito das relações familiares e que os arts. 186 e 927, ambos do CC/2002, tratam da matéria de forma ampla e irrestrita. Precedentes específicos da 3ª Turma. 4 – **A possibilidade de os pais serem condenados a reparar os danos morais causados pelo abandono afetivo do filho, ainda que em caráter excepcional, decorre do fato de essa espécie de condenação não ser afastada pela obrigação de prestar alimentos e nem tampouco pela perda do poder familiar, na medida em que essa reparação possui fundamento jurídico próprio, bem como causa específica e autônoma, que é o descumprimento, pelos pais, do dever jurídico de exercer a parentalidade de maneira responsável.** 5 – O dever jurídico de exercer a parentalidade de modo responsável compreende a obrigação de conferir ao filho uma firme referência parental, de modo a propiciar o seu adequado desenvolvimento mental, psíquico e de personalidade, sempre com vistas a não apenas observar, mas efetivamente concretizar os princípios do melhor interesse da criança e do adolescente e da dignidade da pessoa humana, de modo que, se de sua inobservância, resultarem traumas, lesões ou prejuízos perceptíveis na criança ou adolescente, não haverá óbice para que os pais sejam condenados a reparar os danos experimentados pelo filho.[44]

O primeiro julgamento sobre abandono afetivo foi o do Tribunal de Justiça de Minas Gerais, cuja fundamentação esteiou-se no princípio constitucional da dignidade: "a dor sofrida pelo filho, em virtude do abandono paterno, que o privou do direito à convivência, ao amparo afetivo, moral e psíquico, deve ser indenizável, com fulcro no princípio da dignidade da pessoa humana."[45]

Esta decisão foi cassada pelo Superior Tribunal de Justiça – STJ, sob a equivocada argumentação de que a "punição" para o pai que abandona um filho é a destituição do poder familiar.[46] A imputação da perda do poder familiar como pena para aquele que abandona seu filho serviria somente como prêmio para o genitor abandônico, ou mesmo de estímulo para aqueles que não querem ser responsabilizados pelo ato de gerar um filho, planejado ou não. De qualquer forma, a 4ª Turma do Superior Tribunal de Justiça, em 24/04/2012, trouxe outra posição da Corte Superior, sob a relatoria da Ministra Nancy Andrighi, em que demonstra entender e traduzir melhor os novos valores e paradigmas do Direito de Família contemporâneo. Certamente um

---

44 STJ, REsp 1887697 / RJ, Rel. Min. Nancy Andrighi, 3ª Turma, pub. 23/09/2021, grifos nossos.

45 TAMG, Apelação cível nº 408.550-5, 7ª CC, Des. Rel. Unias Silva, *DJ* de 29.4.2004.

46 O Tribunal de Alçada de Minas Gerais condenou o réu a pagar 44 mil reais por entender configurado nos autos o dano sofrido pelo autor em sua dignidade, bem como por reconhecer a conduta ilícita do genitor ao deixar de cumprir seu dever familiar de convívio e afeto com o filho, deixando assim de preservar os laços da paternidade. Esses fatos são incontroversos. Penso que daí decorre uma conduta ilícita da parte do genitor que, ao lado do dever de assistência material, tem o dever de dar assistência moral ao filho, de conviver com ele, de acompanhá-lo e de dar-lhe o necessário afeto. (...) Penso também, que a destituição do poder familiar, que é uma sanção do Direito de Família, não interfere na indenização por dano moral, ou seja, a indenização é devida além dessa outra sanção prevista não só no Estatuto da Criança e do Adolescente, como também no Código Civil anterior e no atual. (Voto do Min. Barros Monteiro – vencido) STJ, Recurso Especial nº 757.411 – MG (2005/0085464-3), 4ª T., Rel. Fernando Gonçalves, *DJ* de 27.3.2006.

Cap. 11 – DO EXERCÍCIO DA AUTORIDADE PARENTAL E ABANDONO AFETIVO **433**

filho que precisou recorrer à justiça para pedir ao Estado-Juiz uma reparação civil, já sabe que se antes já não tinha seu pai por perto, com a condenação ele se afastará ainda mais. Entretanto, quando se busca tal reparação, certamente já passou toda sua vida mendigando o amor deste pai. Nesta referida decisão, o STJ colocou em seu devido lugar o afeto como valor jurídico, no sentido em que ele se traduz como ações e omissões:

> (...) O cuidado como valor jurídico objetivo está incorporado no ordenamento jurídico brasileiro não com essa expressão, mas com locuções e termos que manifestam suas diversas desinências, como se observa do art. 227 da CF/88. 3. Comprovar que a imposição legal de cuidar da prole foi descumprida implica em se reconhecer a ocorrência de ilicitude civil, sob a forma de omissão. Isso porque o *non facere*, que atinge um bem juridicamente tutelado, leia-se, o necessário dever de criação, educação e companhia – de cuidado – importa em vulneração da imposição legal, exsurgindo, daí, a possibilidade de se pleitear compensação por danos morais por abandono psicológico. 4. Apesar das inúmeras hipóteses que minimizam a possibilidade de pleno cuidado de um dos genitores em relação à sua prole, existe um núcleo mínimo de cuidados parentais que, para além do mero cumprimento da lei, garantam aos filhos, ao menos quanto à afetividade, condições para uma adequada formação psicológica e inserção social. 5. A caracterização do abandono afetivo, a existência de excludentes ou, ainda, fatores atenuantes – por demandarem revolvimento de matéria fática – não podem ser objeto de reavaliação na estreita via do recurso especial. 6. A alteração do valor fixado a título de compensação por danos morais é possível, em recurso especial, nas hipóteses em que a quantia estipulada pelo Tribunal de origem revela-se irrisória ou exagerada (STJ, REsp nº 1.159. 242, Rel. Min. Nancy Andrighi, 3ª Turma, pub. 10/05/2012).

Uma decisão de primeira instância, da segunda vara da Comarca de Capão da Canoa, Rio Grande do Sul, traduziu muito bem o espírito e a necessidade da reparação civil. Condenou o pai ao pagamento de quarenta e oito mil reais por ter abandonado afetivamente a filha, ressaltando a importância da presença paterna do desenvolvimento de uma criança, e que tal ausência viola a honra e a imagem do filho. Além disso, chamou atenção para o fato de que a grande maioria de jovens drogados e de criminosos são filhos de pais que não lhes dedicaram amor e carinho. Neste caso, o pai também não cumpria com o dever material fixado, mas ficou expresso na sentença que a ausência do pagamento de alimentos deveria ser suprida mediante ação de execução.[47]

---

[47] A educação abrange não somente a escolaridade, mas também a convivência familiar, o afeto, amor, carinho, ir ao parque, jogar futebol, brincar, passear, visitar, estabelecer paradigmas, criar condições para que a criança se autoafirme. Desnecessário discorrer acerca da presença do pai no desenvolvimento da criança. A ausência, o descaso e a rejeição do pai em relação ao filho recém-nascido ou em desenvolvimento violam a sua honra e a sua imagem. Basta atentar para os jovens drogados e ver-se-á que grande parte deles derivam de pais que não lhe dedicaram amor e carinho; assim também em relação aos criminosos. (...) Por óbvio que o Poder Judiciário não pode obrigar ninguém a ser pai. No entanto, aquele que optou por ser pai – e é o caso do autor – deve desincumbir-se de sua função, sob pena de reparar os danos causados aos filhos. Nunca é demais salientar os inúmeros recursos para evitar a paternidade (vasectomia, preservativos etc.). Ou seja, aquele que não quer ser pai deve precaver-se. (...) Assim, não estamos diante de amores platônicos, mas sim de amor indispensável ao desenvolvimento da criança. (...) A função paterna abrange amar os filhos. Portanto, não basta ser pai biológico ou prestar alimentos ao filho. O sustento é apenas uma das parcelas da paternidade. É preciso ser pai na amplitude legal (sustento, guarda e educação). Quando o legislador atribui aos pais a função de educar os filhos, resta evidente que aos pais incumbe amar os filhos. Pai que não ama filho está não apenas desrespeitando função de ordem moral mas, principalmente, de ordem legal, pois não está bem educando seu filho. (Ação de Indenização nº 141/1030012032-0, 2ª Vara da Comarca de Capão da Canoa/RS, julgado em 15.9.2003, *in Revista Brasileira de Direito de Família*, Porto Alegre: Síntese, IBDFAM, vol. 25, p. 149, ago./set. 2004.)

O Tribunal de Justiça de São Paulo foi um dos primeiros a se manifestar favoravelmente à indenização pelo abandono afetivo. Em um dos casos, o pai, após separar-se da mãe da autora, constituiu nova família da qual advieram três filhos. A autora, o pai e os irmãos eram membros da mesma colônia judaica, razão pela qual se encontravam frequentemente. Apesar disso, o pai fingia não conhecer a filha. Essa situação perdurou durante anos, sentindo-se a filha humilhada, rejeitada, estigmatizada, com complexos de culpa e inferioridade, que lhe acarretaram problemas psicológicos e despesas médicas. O pai foi condenado ao pagamento de cinquenta mil reais e ao custeio do tratamento psicológico da filha.[48] No segundo julgado, cuja relatoria a cargo do Desembargador Caetano Lagrasta, a indenização fundamenta-se, dentre outras razões, na proibição da discriminação entre os filhos e que alimentos devem ser para o corpo e para a alma, sob pena de deformação da família.[49]

As duas câmaras especializadas em Direito de Família do Tribunal de Justiça do Rio Grande do Sul também já se posicionaram sobre o cabimento de indenização pelo abandono afetivo por ser a conduta abandônica um ato ilícito,[50] além de ressaltar a sua função pedagógica e compensatória.[51] Nesse mesmo sentido, o Tribunal de Justiça de Santa Catarina:

---

[48] A indenização do dano moral é sempre o sucedâneo de algo que a rigor não tem valor patrimonial, inclusive e notadamente porque o valor do bem ofendido não se compra com dinheiro. Não se pode rejeitar a possibilidade de pagamento de indenização do dano decorrente da falta de afeto simplesmente pela consideração de que o verdadeiro afeto não tem preço, porque também não tem sentido sustentar que a vida de um ente querido, a honra, a imagem e a dignidade de um ser humano tenham preço, e nem por isso se nega o direito à obtenção de um benefício econômico em contraposição à ofensa praticada contra esses bens. A paternidade provoca o surgimento de deveres. Examinando-se o Código Civil vigente à época dos fatos, verifica-se que a lei atribuía aos pais o dever de direção da criação e educação dos filhos, e de tê-los não somente sob sua guarda, mas também sob sua companhia (art. 384, I e II). Há, portanto, fundamento estritamente normativo para que se conclua que a paternidade não gera apenas deveres de assistência material e que, além da guarda, portanto independentemente dela, existe um dever, a cargo do pai, de ter o filho em sua companhia. Além disso, o abandono era previsto como causa de perda do pátrio poder (art. 395, II), sendo cediço que não se pode restringir a figura do abandono apenas à dimensão material. Regras no mesmo sentido estão presentes também no Código Civil vigente (arts. 1.634, I e II, e 1.638, II). TJSP, auto nº 01.036747-0, julgado em 5.6.2004, in *Revista Brasileira de Direito de Família*, Porto Alegre: Síntese, IBDFAM, vol. 25, p. 152-153, ago./set. 2004.

[49] Responsabilidade civil. Dano moral. Autor abandonado pelo pai desde a gravidez da sua genitora e reconhecido como filho somente após propositura de ação judicial. Discriminação em face de irmãos. Abandono moral e material caracterizados. Abalo psíquico. Indenização devida. Sentença reformada. Recurso provido para este fim. (...) O pai teve oportunidades reiteradas de aproximação, inclusive quando da mudança do filho para aquela Comarca, ou mesmo, o que seria de se esperar, quando do nascimento do neto, em condição de saúde abalada definitivamente. Omitiu-se de forma consciente à responsabilidade, nada obstante tenha sofrido declaração judicial e, hoje, comprovada cientificamente, através do exame que, durante anos se negou a submeter. (...) Se o pai não alimenta, não dá mor, é previsível a deformação da prole. Isso pode acontecer, e acontece, com famílias regularmente constituídas. (...) o afastamento, o desamparo, com reflexos na constituição de abalo psíquico, é que merecem ressarcidos, diante do surgimento do nexo de causalidade. TJSP. Apelação Cível nº 511.903-4/7-00. Des. Relator Caetano Lagrasta. 8ª Câmara de Direito Privado. Comarca de Marília. Data de julgamento 12.3.2008. Data do registro: 17.3.2008.

[50] A responsabilidade civil, no Direito de Família, é subjetiva. O dever de indenizar decorre do agir doloso ou culposo do agente. No caso, restando caracterizada a conduta ilícita do pai em relação ao filho, bem como o nexo de causalidade e o dano, cabe indenização por danos materiais e morais. TJRS. Apelação Cível nº 70021427695. Des. Relator Claudir Fidelis Faccenda. 8ª Câmara Cível. Comarca de São Gabriel. Data de julgamento: 29.11.2007. *Diário de Justiça* 7.12.2007.

[51] A fixação do quantum indenizatório requer prudência, pois, além de se valer para recuperar – quando é possível – o *status quo ante*, tem função pedagógica e compensatória, com o intuito de amenizar a dor do ofendido. TJRS. Apelação Cível nº 70021592407. Des. Rel. Ricardo Raup. Ruschel. 7ª Câmara Cível. Comarca de São Leopoldo. Data de julgamento: 14.5.2008. *Diário de Justiça*: 23.5.2008.

Cap. 11 – DO EXERCÍCIO DA AUTORIDADE PARENTAL E ABANDONO AFETIVO **435**

> (...) Ora, julgar-se inexistente ilícito quando um ou ambos os pais, comprovadamente e de forma omissiva, deixam seus filhos em abandono moral e material é não garantir a eficácia do próprio direito no ordenamento jurídico, o que levaria ao ceticismo jurídico, incluindo-se aí a ceticemia, consistente na doença moral que corrói todo o sistema jurídico que nos envolve.
>
> Para que não haja essa ceticemia jurídica decorrente de ofensas (positivas ou negativas) à lei, ao direito e à justiça, tenho necessidade de entender que o abandono afetivo é ilícito capaz de gerar danos morais e ensejar a sua reparação.
>
> Nesse diapasão, indispensável afirmar-se que a responsabilidade civil do requerido está patenteada não somente contra a pessoa do seu filho, mas também contra a requerente, por via reflexa, pelo que desnecessária é a perquirição sobre o elemento subjetivo da culpa, por ser esta presumida às escâncaras.(...) (TJSC, Apelação Cível nº 2006.015053-0, Relator Designado: Des. Monteiro Rocha, 2ª Câmara de Direito Civil, j. 10/12/2008).

Além dessas decisões, o Tribunal de Justiça do Paraná, fazendo referência à Constituição colombiana, concluiu:

> Apelação cível. Ação de indenização por danos morais decorrentes de abandono afetivo. (...) III – Ato ilícito caracterizado. Direito da criança e do adolescente à convivência familiar. Art. 227 da Constituição Federal. Princípio (...). **A Constituição colombiana, em seu art. 44, garante aos filhos o direito fundamental ao amor, o que se pode extrair, implicitamente, também da nossa, eis que os direitos fundamentais são cláusulas abertas e decorrem não só do texto constitucional, também dos princípios constitucionais explícitos ou implícitos.** (...) o desprezo do pai por uma filha, desde sua tenra idade, fere claramente o princípio fundamental da dignidade da pessoa humana (...) (TJPR, Apelação Cível nº 768.524-9, Relator Designado: Des. Jorge de Oliveira Vargas, 8ª Câmara Cível, j. 26/1/2012).

No STJ, além de alguns julgados favoráveis, também temos em sentido contrário[52].

11.5 ABANDONO MATERIAL

É o abandono de menores, idosos ou incapazes pelos pais, tutores, curadores, ou de quem tenha a guarda dos filhos, ou responsável por sustentá-los materialmente, deixando de prestar alimentos. O abandono material, além de caracterizar atos que autorizem mudança de guarda, restrição de visitas/convivência familiar e até mesmo a destituição do poder familiar, é um tipo penal inscrito no art. 244 do Código Penal: *Deixar, sem justa causa, de prover a subsistência do cônjuge, ou de filho menor de 18 (dezoito) anos ou inapto para o trabalho, ou de ascendente inválido ou maior de 60 (sessenta) anos, não lhes proporcionando os recursos necessários ou faltando ao pagamento de pensão alimentícia judicialmente acordada, fixada ou majorada; deixar, sem justa causa, de socorrer descendentes ou ascendentes, gravemente enfermo.*

---

[52] Desse modo, julgando "alegada ocorrência de abandono afetivo antes do reconhecimento da paternidade. Não caracterização de ilícito. Precedentes" (STJ, AREsp 1.071.160/SP, Terceira Turma, Rel. Min. Moura Ribeiro, DJE 19/06/2017). Ou, ainda, "a Terceira Turma já proclamou que antes do reconhecimento da paternidade, não há se falar em responsabilidade por abandono afetivo" (STJ, Agravo Regimental no AREsp nº 766.159/MS, Terceira Turma, Rel. Min. Moura Ribeiro, DJE 09/06/2016).

436 DIREITO DAS FAMÍLIAS – *Rodrigo da Cunha Pereira*

Diferentemente do abandono moral ou intelectual, significa deixar de dar assistência, ou recusa a prestar auxílio material a quem é seu dependente, ou a quem devia pagar alimentos, seja parente, cônjuge ou companheiro. O abandono material, para configuração do tipo penal, deve apresentar três pressupostos: o objetivo, que é a omissão/negligência de sustento de dependente do agente; o subjetivo, ou seja, o dolo movido pela intenção de negligenciar o sustento; e, por fim, o normativo, que é a ausência de justa causa sobre a ação contrária ao ordenamento jurídico. A tipicidade pode ser afastada se provada a concreta impossibilidade econômica de contribuir para o sustento da vítima. Na esfera cível, o não pagamento de pensão alimentícia fixada, judicialmente, pode incidir em prisão civil, pelo período de até 90 dias.

Na esfera penal, deve ficar demonstrada a intenção de negligenciar a prestação alimentar sem justa causa, ou seja, a vontade livre e egoísta de deixar de prover a subsistência de seus dependentes, pois o mero inadimplemento da verba alimentar, sem demonstração desses pressupostos, não configura o tipo[53]. Ao revés, demonstrando poderá haver condenação[54].

11.6 RESUMO

Autoridade parental é a expressão para designar o que o CCB/2002 denominou de poder familiar, que por sua vez substituiu a expressão pátrio poder, utilizada pelo CCB 1916.

Autoridade parental traduz melhor do que poder familiar, o espírito e princípios constitucionais (Arts. 226, § 7º, e 227, CR) e do ECA – Estatuto da Criança e do Adolescente.

Estão sujeitos ao poder familiar/autoridade parental todos os filhos menores de 18 anos. No CCB 1916, que vigorou até a entrada do CCB/2002, a maioridade se dava aos 21 anos.

Quem tem autoridade parental/poder familiar tem o dever de educar, criar, dar assistência material e imaterial aos filhos, bem como representá-los legalmente. Os filhos, sob a autoridade parental devem obediência aos pais (art. 1.634, CCB).

O poder familiar/autoridade parental extingue-se quando os filhos atingem a maioridade, pela emancipação, pela morte dos pais ou dos filhos (art. 1.635, CCB).

Também extingue-se, ou suspende-se o poder familiar/autoridade parental, quando os pais castigarem imoderadamente os filhos, abandoná-los e/ou praticar atos incompatíveis com as funções de pai/mãe – Art. 1.637, CCB.

Emancipação é o ato pelo qual se concede capacidade civil plena ao menor de idade entre 16 e 18 anos. Pode ser voluntária, judicial ou legal.

Abandono afetivo dos pais:

- Quem põe filho no mundo, desejado ou não, planejado ou não, deve se responsabilizar por eles, não apenas materialmente;

---

[53] Abandono material Falta de pagamento de pensão alimentícia – Ausência de dolo Absolvição – Impossibilidade – Não ficou comprovado que o apelante justificadamente deixou de arcar com os pagamentos Sentença mantida – Apelação do réu não provida. (TJ-SP – APL: 1850520068260624 SP 0000185-05.2006.8.26.0624, Relator: Pedro Menin, Data de Julgamento: 22/11/2011, 16ª Câmara de Direito Criminal, Data de Publicação: 22/11/2011).

[54] Ameaça – Violência doméstica – Promessa de mal injusto e grave para ex-esposa – Princípio da insignificância – Não cabimento – Súmula nº 589, do Superior Tribunal de Justiça – Ameaça que foi apta a gerar temor – Condenação mantida. Abandono material – Falta de pagamento de pensão alimentícia acordada judicialmente – Prova segura – Acusado que poderia facilmente demonstrar a quitação, ou impossibilidade de fazê-lo – Condenação mantida – Princípio da intervenção mínima – Não cabimento – Condenação mantida – Recurso provido em parte para afastar a indenização civil, que não foi requerida. (TJ-SP 30030742820138260625 SP 3003074-28.2013.8.26.0625, Relator: Alexandre Almeida, Data de Julgamento: 06/04/2018, 11ª Câmara Criminal Extraordinária, Data de Publicação: 09/04/2018).

- Os pais têm o dever de dar afeto aos filhos, que na ordem jurídica se traduz objetivamente com a assistência e cuidados;
- Os princípios constitucionais da paternidade responsável (Arts. 226, § 7º, e 229, CR), da dignidade humana (art. 1º, III, CR) da solidariedade (art. 3º, I, CR), do Melhor interesse da criança/adolescente (art. 227, CR) e os Arts. 1.566, IV e 1.634, II, bem como os arts. 3º, 4º, 22 e 33 do ECA são as normas jurídicas autorizadoras e determinantes da afetividade geradora da obrigação que vai além do sustento material;
- É possível reparação civil ao filho abandonado pelo pai/mãe. O valor da indenização é simbólico;
- Não há dinheiro no mundo que pague o abandono de filhos e uma ação judicial, em geral, não fará com que o pai/mãe retome o contato com seu filho. Mas pelo menos o filho estará suavizando sua dor ao dizer publicamente como Cristo disse em seu momento de maior agonia: Pai, por que me abandonaste?

Abandono material

- É o abandono de menores, idosos ou incapazes pelos pais, tutores, curadores, ou de quem tenha a guarda destas pessoas vulneráveis;
- Além das sanções civis, como perda de guarda, poder familiar/autoridade parental etc. é crime previsto no Código Penal, Art. 244.

FILMOGRAFIA

1. *Projeto Flórida*, 2018, filme, EUA, Sean Baker (destituição do poder familiar/autoridade parental).
2. *Lola pater*, 2017, filme, França/Bélgica, Nadir Moknèche.
3. *Todos nós cinco milhões*, 2017, documentário, Brasil, Alexandre Mortágua (abandono parental).
4. *Central do Brasil*, 1998, filme, Brasil/França, Walter Salles.
5. *O despertar de um homem*, 1993, filme, EUA, Michael Caton-Jones.
6. *Mistérios da carne*, 2004, filme, EUA, Gregg Araki.
7. *Crianças invisíveis*, 2005, filme, França/Itália, Ridley Scott, John Woo e Jordan Scott.
8. *O vazio do domingo*, 2018, filme, Espanha, Ramón Salazar.
9. *A fuga*, 2017, filme, Reino Unido, Dominic Savage.
10. *Meus 533 filhos*, 2013, filme, Canadá, Ken Scott.
11. *Palmer*, 2021, filme, EUA, Fisher Stevens.
12. *Filhos de Istambul*, 2021, filme, Can Ukay, Turquia.
13. *Minha Fortaleza*, os filhos de fulano, 2019, documentário, Brasil, Tatiana Lohmann.
14. *Bar doce lar*, filme, 2021, EUA, George Clooney.
15. *Um filho*, filme, 2022, EUA, Florian Zeller.
16. *O festival dos trovadores*, filme, 2022, Turquia, Ozcan Alper.
17. *Sonata de outono*, filme, 1978, Suécia, Ingmar Bergman (abandono afetivo).
18. *A boa mãe*, filme, 2021, França, Hafsia Herzi.
19. *Meus 18 anos*, documentário, 2017, Brasil, Mayra Dormia.
20. *Querido mesmo*, filme, 2018, Bélgica, Felix Van Groeningen.

12

GUARDA E CONVIVÊNCIA

 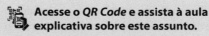

Acesse o *QR Code* e assista à aula explicativa sobre este assunto.

> https://uqr.to/ofqa

12.1 GUARDA DOS FILHOS E CONVIVÊNCIA FAMILIAR

No Direito Civil e Comercial, guarda significa a obrigação imposta a alguém de ter vigilância e zelo pela conservação do bem de coisa ou pessoas que estão sob sua responsabilidade. No Direito de Família, a guarda refere-se aos filhos menores de 18 anos e significa o poder dever dos pais de ter seus filhos em sua companhia[1] para educá-los e criá-los. Até 2003, enquanto vigia o CCB/1916, maioridade era aos 21 anos. Como a expressão guarda carrega consigo um significante de objeto, ela tende a desaparecer e ficar somente a expressão convivência familiar.

A convivência dos filhos[2] com seus pais é um direito "sagrado" que decorre desses vínculos familiares. Independentemente da conjugalidade dos pais, deve ser assegurado aos filhos, o maior convívio com ambos os pais, ou com todos os pais, se tiverem mais de dois pais, como é o caso da multiparentalidade. Embora guarda e convivência não estejam, necessariamente vinculados à conjugalidade, a maior parte das desavenças e disputas decorre do fim da conjugalidade.

Nosso sistema jurídico determina que a ruptura da conjugalidade não pode significar também ruptura dos vínculos entre a criança ou o adolescente e seus pais. O menor deve ser tratado como pessoa em formação, sujeito de direito e não um objeto de negociação. A Constituição da República estabeleceu uma série de deveres para a família, principalmente no tocante às responsabilidades dos pais, visando à guarda e proteção desses menores, a fim de lhes proporcionar as necessárias condições de sua formação e desenvolvimento biopsíquico. Afinal, a família é o eixo de realização pessoal e afetiva de seus integrantes, e é neste *locus* que o sujeito se forma, estrutura-se psiquicamente, enfim, humaniza-se. O término de uma relação conjugal em nada deve mudar essa concepção. É preciso entender que a família não

---

[1] Enunciado 50 do IBDFAM: A restrição ou limitação à convivência paterna ou materna em razão da violência doméstica contra a criança ou adolescente não deve ser indiscriminadamente extensiva aos demais familiares vinculados ao agressor, respeitado sempre o superior interesse e vontade da criança ou adolescente.

[2] Enunciado 47 do IBDFAM: Constatada a ocorrência de violência doméstica, a decisão que fixar o regime de convivência entre os pais e seus filhos deve considerar o impacto sobre a segurança, bem-estar e desenvolvimento saudável das crianças e adolescentes envolvidos, sopesando o risco de exposição destes a novas formas de violência.

440 DIREITO DAS FAMÍLIAS – *Rodrigo da Cunha Pereira*

se dissolveu, mas tão somente a conjugalidade, isto é, a família nuclear passou a ser binuclear. Foi com esse propósito, a Lei 13.058/2014 que instituiu a guarda compartilhada como regra, mesmo na hipótese de dissenso entre os genitores. A exceção é quando há declaração de um dos genitores ao magistrado que não deseja a guarda do menor, ou inaptidão para exercer a autoridade parental.

O divórcio dos pais, inevitavelmente, vai acarretar a separação residencial de um dos genitores de seus filhos. Apesar disso, é imperativa a manutenção da convivência com ambos os pais, garantindo a proteção dos respectivos direitos das crianças e dos adolescentes. Esse é o exercício da autoridade parental (poder familiar), que não é, e nem deve ser, atribuído apenas ao guardião, se esta for exclusiva, pois os deveres e os direitos inerentes ao instituto, relativamente aos filhos, não se extinguem com o divórcio do casal.

Os pais, independentemente da condição ou *status* que os une, são detentores conjuntamente desta autoridade, como prescrevem diversos dispositivos do Código Civil de 2002,[3] e como já era previsto pelo Estatuto da Criança e do Adolescente:

> Art. 21. O poder familiar será exercido, em igualdade de condições, pelo pai e pela mãe, na forma do que dispuser a legislação civil, assegurando a qualquer deles o direito de, em caso de discordância, recorrer à autoridade judiciária competente para a solução da divergência[4].

Além da caracterização acima explanada, a titularidade da autoridade parental é um encargo intransferível, por se tratar de um poder-dever. Sua razão de ser decorre da menoridade dos filhos, e, como já dito, é consequência da parentalidade, seja de que forma ela for estabelecida. Portanto, não há qualquer diminuição do alcance do poder familiar em razão da não convivência conjugal dos pais ou do divórcio[5].

No Código Civil de 2002, em seu artigo 1.634, cuja redação foi alterada pela Lei 13.058/2014, encontramos as atribuições basilares da autoridade parental, sem qualquer ressalva de que tais imputações não caberiam a ambos os pais, sem qualquer distinção e independente da situação jurídica e/ou fática existente entre os pais: *Art. 1.634. Compete a ambos os pais, qualquer que seja a sua situação conjugal, o pleno exercício do poder familiar, que consiste em, quanto aos filhos: I – dirigir-lhes a criação e a educação; II – exercer a guarda unilateral ou compartilhada nos termos do art. 1.584; III – conceder-lhes ou negar-lhes consentimento para casarem; IV – conceder-lhes ou negar-lhes consentimento para viajarem ao exterior; V – conceder-lhes ou negar-lhes consentimento para mudarem sua residência permanente para outro Município; VI – nomear-lhes tutor por testamento ou documento autêntico, se o outro dos pais não lhe sobreviver, ou o sobrevivo*

---

3 Art. 1.579. O divórcio não modificará os direitos e deveres dos pais em relação aos filhos.
   Art. 1.588. O pai ou a mãe que contrair novas núpcias não perde o direito de ter consigo os filhos, que só poderão ser retirados por mandado judicial, provado que não são tratados convenientemente.
   Art. 1.632. A separação judicial, o divórcio e a dissolução da união estável não alteram as relações entre pais e filhos senão quanto ao direito, que aos primeiros cabe, de terem em sua companhia os segundos.
   Art. 1.636. O pai ou mãe que contrai novas núpcias, ou estabelece união estável, não perde, quantos aos filhos do relacionamento anterior, os direitos ao poder familiar, exercendo-os sem qualquer interferência do novo cônjuge ou companheiro.

4 Foi somente em 2009 que a expressão foi substituída no ECA, apesar de constar no CCB/2002 já poder familiar.

5 (...) Na sociedade em que vivemos pai e mãe podem separar-se um do outro quando decidirem, mas devem ser inseparáveis dos filhos, sendo dever do Judiciário assegurar que esta será a realidade. Fixar a guarda compartilhada é regulamentar que ambos os genitores são responsáveis em todos os sentidos por seus filhos, têm voz nas decisões e, portanto, participam ativamente das suas formações. Assim, e não havendo negativa expressada por um dos genitores ou nenhuma outra conduta que deva ser especialmente avaliada, a guarda é compartilhada. (...) (TJRS, Agravo de Instrumento nº 70064923386, Relator: Alzir Felippe Schmitz, 8ª Câmara Cível, Julgado em 16/07/2015).

Cap. 12 – GUARDA E CONVIVÊNCIA **441**

não puder exercer o poder familiar; VII – representá-los judicial e extrajudicialmente até os 16 (dezesseis) anos, nos atos da vida civil, e assisti-los, após essa idade, nos atos em que forem partes, suprindo-lhes o consentimento; VIII – reclamá-los de quem ilegalmente os detenha; IX – exigir que lhes prestem obediência, respeito e os serviços próprios de sua idade e condição.

A substância da autoridade parental difere do instituto da guarda. Esta compõe a estrutura daquela. Ambas têm a mesma função, mas o exercício da função difere na intensidade, na quantidade e na qualidade. As atribuições inerentes à autoridade parental costumam ser confundidas com o exercício da guarda compartilhada, já que a participação de ambos os pais na vida de seus filhos é um mandamento legal (art. 1.632 do CCB/2002). É disciplina jurídica a determinação de que as relações entre pais e filhos não se modificam em casos de divórcio ou dissolução de união estável dos pais. Diante da inexistência de sociedade conjugal entre os pais do menor, permanecerão intactos tanto a autoridade parental quanto a chamada *guarda jurídica*,[6] constante no art. 1.589 do Código Civil,[7] que prevê a continuação do poder de vigilância e de coparticipação dos pais na vida dos filhos.[8]

A guarda é atributo do poder familiar, mas não se restringe a ele. Sua existência não está vinculada ou desvinculada da conjugalidade existente entre os pais. Sendo a guarda componente da estrutura da autoridade parental, e, não se operando modificação no exercício do poder familiar na ausência de convivência conjugal entre os pais, tais obrigações não são inerentes apenas ao detentor da função guardiã. Ou seja, independentemente do divórcio, a função parental e a guarda jurídica persistem para ambos os pais.

Não há uma definição legal para a "guarda de filhos" e a Lei nº 8.069/90, Estatuto da Criança e do Adolescente – ECA, apenas define as atribuições conferidas ao guardião, como lembra Tarcísio José Martins Costa.[9] Guilherme Gonçalves Strenger a define como o poder-dever, submetido a um regime jurídico-legal, de modo a facultar a quem de direito, prerrogativas para o exercício da proteção e amparo daquele que a lei considerar, nessa condição.[10] A principal função desse instituto é cumprir o dever de assistência e cuidado, provimento material e moral e, sobretudo, a atuação direta e fundamental no processo de formação dos filhos, ou seja, uma verdadeira função protetiva e promocional, em todos os aspectos.

Como reiteradamente vimos afirmando, não só ao genitor guardião caberá a função de executar e dar continuidade às atribuições do poder familiar. Tal incumbência permanece também com o genitor não guardião que, além de suas obrigações, passa a exercer seu direito de "visita", convivendo e acompanhando seus filhos em suas atividades, participando da sua rotina e de seu cotidiano, e isso melhor se define como um direito à convivência familiar (que, certamente, não se restringe apenas aos pais, devendo se efetivar em todo o âmbito familiar, juntamente com todos os integrantes da família, como avós, tios e primos), fundamental não só para o genitor não guardião, mas, principalmente, para os filhos.

---

6   DIAS, Maria Berenice. *Manual de Direito das Famílias*, 5. ed. rev., atual. e amp., São Paulo: *Revista dos Tribunais*, 2009, p. 387.

7   Art. 1.589. O pai ou a mãe, em cuja guarda não estejam os filhos, poderá visitá-los e tê-los em sua companhia, segundo o que acordar com o outro cônjuge, ou for fixado pelo juiz, bem como fiscalizar sua manutenção e educação.

8   Neste sentido, foi aprovada a Lei nº 12.013, de 6 de agosto de 2009, que alterou o art. 12 da Lei nº 9.394/96 – Lei de Diretrizes e Bases da Educação Nacional, determinando às instituições de ensino obrigatoriedade no envio de informações escolares aos pais, conviventes ou não com seus filhos: Art. 12. Os estabelecimentos de ensino, respeitadas as normas comuns e as do seu sistema de ensino, terão a incumbência de: (...) VII – informar pai e mãe, conviventes ou não com seus filhos, e, se for o caso, os responsáveis legais, sobre a frequência e rendimento dos alunos, bem como sobre a execução da proposta pedagógica da escola.

9   COSTA, Tarcísio José Martins. *Estatuto da Criança e do Adolescente Comentado*, Belo Horizonte: Del Rey, 2004, p. 58.

10 STRENGER, Guilherme Gonçalves. *Guarda de filhos*, São Paulo: *Revista dos Tribunais*, 1991, p. 22.

442 DIREITO DAS FAMÍLIAS – *Rodrigo da Cunha Pereira*

O ideal é que os ex-cônjuges mantenham um bom relacionamento, garantindo a continuidade do exercício conjunto de todas as atribuições da autoridade parental e, por consequência, também da guarda. Mas o ideal às vezes é só um ideal, embora deva permanecer como ideal a ser seguido.

O conteúdo da guarda, como se pode perceber, vai além do aspecto obrigacional ou dever de cuidado e proteção dos pais para com seus filhos impostos pela lei: são relações de sentimentos que envolvem os integrantes de uma família, mesmo que não se encontrem residindo no mesmo lar. Essas relações, que têm a finalidade de cuidar do melhor interesse da criança e do adolescente, indispensáveis para um regular e saudável crescimento moral dos filhos e, sobretudo, visando atender aos seus direitos fundamentais.

A "regra de ouro" de uma separação/divórcio deveria ser a instalação de um "campo neutro" para a discussão de guarda e convivência dos filhos. Se os pais pensassem, verdadeiramente, no bem-estar e melhor interesse dos filhos, não deixariam que eles fossem objeto de disputa. É inacreditável como o pai ou a mãe não veem o mal que estão fazendo ao(s) filho(s) com um litígio judicial, embora acreditem defender os interesses dele(s). Se não é possível evitar o litígio no aspecto econômico, pelo menos em relação aos aspectos pessoais, isto é, guarda e convivência familiar deveriam estabelecer, na disputa conjugal uma trégua neste aspecto.

12.2 GUARDA COMPARTILHADA OU CONJUNTA

A legislação brasileira prevê três modelos para o exercício da guarda de filhos: compartilhada, unilateral e a que pode ser deferida a terceiros. Além destas expressamente previstas, a doutrina brasileira e o direito comparado mencionam também a guarda alternada e a nidal, como se verá adiante. Contudo, em vista da nossa atual perspectiva fática e jurídica sobre as questões que envolvem a discussão da guarda de filhos, tem-se por imprescindível partir em defesa do que doutrinariamente já se defendia, e agora é definido pelas Leis nº 11.698/2008 e nº 13.058/2014, que alteraram o Código Civil para estabelecer as regras sobre a guarda compartilhada[11].

Esse "modelo" de guarda nada mais é do que a aplicação da regra prevista no já citado art. 1.632 do Código Civil, que se encaixa perfeitamente aos princípios esculpidos pela nova ordem constitucional.

A guarda, no direito brasileiro, é o *munus* atribuído aos pais para cuidar dos filhos, e, na ausência deles ou impossibilidade, outros parentes, ou mesmo terceiros, atendendo assim o

---

[11] Art. 1.583. A guarda será unilateral ou compartilhada. (Redação dada pela Lei nº 11.698, de 2008). § 1º Compreende-se por guarda unilateral a atribuída a um só dos genitores ou a alguém que o substitua (art. 1.584, § 5º) e, por guarda compartilhada a responsabilização conjunta e o exercício de direitos e deveres do pai e da mãe que não vivam sob o mesmo teto, concernentes ao poder familiar dos filhos comuns. (Incluído pela Lei nº 11.698, de 2008).

§ 2º Na guarda compartilhada, o tempo de convívio com os filhos deve ser dividido de forma equilibrada com a mãe e com o pai, sempre tendo em vista as condições fáticas e os interesses dos filhos. (Redação dada pela Lei nº 13.058, de 2014) (...)

§ 3º Na guarda compartilhada, a cidade considerada base de moradia dos filhos será aquela que melhor atender aos interesses dos filhos. (Redação dada pela Lei nº 13.058, de 2014) (...) Art. 1.584. A guarda, unilateral ou compartilhada, poderá ser: (Redação dada pela Lei nº 11.698, de 2008). (...) § 2º Quando não houver acordo entre a mãe e o pai quanto à guarda do filho, encontrando-se ambos os genitores aptos a exercer o poder familiar, será aplicada a guarda compartilhada, salvo se um dos genitores declarar ao magistrado que não deseja a guarda do menor. (Redação dada pela Lei nº 13.058, de 2014) (...)

Cap. 12 – GUARDA E CONVIVÊNCIA **443**

princípio do melhor interesse da criança e do adolescente. A guarda compartilhada implica uma equilibrada participação dos pais na vida deles[12].

Em nome do princípio do melhor interesse das crianças e adolescentes, a guarda compartilhada passou a ser regra imposta pelo nosso ordenamento jurídico, embora, sob o aspecto constitucional já pudesse ser aplicada. Deve ser empregada até mesmo de ofício pelos juízes em caso de não acordo entre os pais (art. 1.584, II, § 2º). Apesar de grande dificuldade de aplicação prática – em razão da ausência de preocupação dos pais com essa situação diante do término da conjugalidade –, é justamente esse modelo que vai se adequar às questões discutidas sobre a continuidade do integral e efetivo exercício do poder familiar quando da separação fática ou divórcio dos pais.

Na guarda compartilhada não há necessidade da definição se o filho vai residir com qualquer dos pais ou mães, até porque isto contraria o espírito da guarda compartilhada. A definição de uma ou outra residência advém da dificuldade da implementação da verdadeira guarda compartilhada. Estabelecer um lar de referência é somente nos casos excepcionais da guarda unilateral. Em outras palavras, fixar uma das casas como referência é a guarda unilateral disfarçada de guarda compartilhada. Não há na lei essa exigência. Essa prática perversa com as crianças advém da contaminação do sistema patriarcal, que ainda acredita que a criação e a educação de filhos deve ser feita dentro de padrões estabelecidos com a crença de que dois lares são prejudiciais às crianças.

Se o casal consegue separar funções conjugais das parentais, certamente vai querer continuar compartilhando o cotidiano dos filhos, e foi para isso que surgiu o instituto da guarda compartilhada. Na prática, e historicamente, as mães sempre compartilharam a guarda e a criação dos filhos com os vizinhos, creches, avós etc. Não querer compartilhar a guarda com o ex-cônjuge ou o ex-companheiro pode ser apenas uma questão de poder, ou mesmo de uma sutil e grave manifestação de alienação parental (cf. capítulo 13 – Alienação parental).

Muitos casais, ou pelo menos uma das partes, misturando subjetividade com objetividade, inconscientemente ou não, acabam usando o filho como instrumento de poder. Aliás, a guarda única e o medo e resistência da guarda compartilhada estão diretamente relacionados à ideia de poder. É assim que o(s) filho(s) muitas vezes se torna(m) "moeda de troca" no fim da conjugalidade.

Guarda compartilhada é, segundo definição legal, "a responsabilização conjunta e o exercício de direitos e deveres do pai e da mãe que não vivam sob o mesmo teto, concernentes ao poder familiar dos filhos comuns (§ 1º do art. 1.583 do Código Civil de 2002, alterado pela Lei nº 11.698/2008). Esta Lei de 2008, consolidou novos paradigmas jurídicos sob a concepção do exercício do poder familiar, traz consigo o espírito do melhor interesse da criança e do adolescente: a separação é do casal, não dos filhos. Foi necessário uma oura lei para implementar de vez a "cultura" da guarda compartilhada. E foi assim que a Lei 13.058/2014 tornou obrigatória a guarda compartilhada no Brasil, já que antes era "sempre que possível". Mesmo antes dessa

---

[12] Guarda conjunta ou compartilhada significa mais prerrogativas aos pais, fazendo com que estejam presentes de forma mais intensa na vida dos filhos. A participação no processo de desenvolvimento integral dos filhos leva à pluralização das responsabilidades, estabelecendo verdadeira democratização de sentimentos. A proposta é manter os laços de afetividade, minorando os efeitos que a separação sempre acarreta nos filhos e conferindo aos pais o exercício da função parental de forma igualitária. A finalidade é consagrar o direito da criança e de seus dois genitores, colocando um freio na irresponsabilidade provocada pela guarda individual. Para isso, é necessária a mudança de alguns paradigmas, levando em conta a necessidade de compartilhamento entre os genitores da responsabilidade parental e das atividades cotidianas de cuidado, afeto e normas que ela implica. DIAS, Maria Berenice. *Manual de Direito das Famílias*, 5. ed., rev., atual. e ampl., São Paulo: Revista dos Tribunais, 2009, p. 401.

444 DIREITO DAS FAMÍLIAS – Rodrigo da Cunha Pereira

obrigatoriedade, o STJ já havia assim se posicionado no REsp nº 1428596/RS[13], Rel. Min. Nancy Andrighi.

Na prática, a guarda compartilhada quebra uma estrutura de poder contida na guarda unilateral. Além disto, promove a igualdade entre os genitores, não fazendo nenhum tipo de distinção, menos ainda sobre quem teria melhores condições para o exercício da guarda, pois, presumidamente, ambos os pais as têm. Assim, outro tipo de guarda só deverá ser instituído em casos excepcionais. O Superior Tribunal de Justiça vem reiterando sua posição e ajudando a implementar a cultura da guarda compartilhada, mesmo quando os pais vivem em países diferentes, como se vê no julgado a seguir transcrito:

> (...) É admissível a fixação da guarda compartilhada na hipótese em que os genitores residem em cidades, estados ou, até mesmo, em países diferentes, especialmente porque, com o avanço tecnológico, é plenamente possível que, à distância, os pais compartilhem a responsabilidade sobre a prole, participando ativamente das decisões acerca da vida dos filhos. (STJ, REsp nº 2.038.760/RJ, Rel. Min. Andrighi, 3ª Turma, DJe 9/12/2022).

Independente do nome que se dê à guarda do(s) filho(s), compartilhada, única, nidal ou alternada, o importante é preservar e garantir a convivência do(s) filho(s) com os pais. Não há nenhuma razão lógica e objetiva para que isso não aconteça. Este é o melhor interesse das crianças e dos adolescentes, já que conjunta é a prática do poder familiar, e não necessariamente a divisão do tempo dos filhos. Os operadores do Direito não podem se deixar levar pelo discurso fácil e cômodo de que um casal que não se entende não tem condições de exercer a guarda compartilhada.[14] Ora, filhos de pais que mantém o diálogo e se entendem bem nem precisam de regras e princípios sobre guarda compartilhada, pois, naturalmente, compartilham o cotidiano dos filhos. A lei jurídica é exatamente para quem não consegue estabelecer um diálogo, ou seja, para aqueles que não se entendem sobre a guarda dos próprios filhos.

Oportuna mudança da Lei 13.058/2014, se considerar que esta modalidade de guarda atinge somente os casais que se entendem, não haveria necessidade da lei e toda a luta das organizações de pais que reivindicaram tal regra terá sido em vão[15]. Quando os profissionais do

---

[13]   (...) A guarda compartilhada busca a plena proteção do melhor interesse dos filhos, pois reflete, com muito mais acuidade, a realidade da organização social atual que caminha para o fim das rígidas divisões de papéis sociais definidas pelo gênero dos pais. 2. A guarda compartilhada é o ideal a ser buscado no exercício do Poder Familiar entre pais separados, mesmo que demandem deles reestruturações, concessões e adequações diversas, para que seus filhos possam usufruir, durante sua formação, do ideal psicológico de duplo referencial. 3. Apesar de a separação ou do divórcio usualmente coincidirem com o ápice do distanciamento do antigo casal e com a maior evidenciação das diferenças existentes, o melhor interesse do menor, ainda assim, dita a aplicação da guarda compartilhada como regra, mesmo na hipótese de ausência de consenso. 4. A inviabilidade da guarda compartilhada, por ausência de consenso, faria prevalecer o exercício de uma potestade inexistente por um dos pais. E diz-se inexistente, porque contrária ao escopo do Poder Familiar que existe para a proteção da prole. 5. **A imposição judicial das atribuições de cada um dos pais, e o período de convivência da criança sob guarda compartilhada, quando não houver consenso, é medida extrema, porém necessária à implementação dessa nova visão, para que não se faça do texto legal, letra morta.** 6. A guarda compartilhada deve ser tida como regra, e a custódia física conjunta – sempre que possível – como sua efetiva expressão. 7. Recurso especial provido. (STJ, REsp 1428596/RS, Rel. Min. Nancy Andrighi, 3ª Turma, pub. 25/06/2014) Grifamos.

[14]   MARINHO PAULO, Beatrice. *Como o leão da montanha*, Belo Horizonte: IBDFAM, 24 de novembro de 2009, Disponível em: <http://www.ibdfam.org.br/?artigos&artigo=567>. Acesso em: 16 dez. 2009.

[15]   (...) A guarda unilateral, por sua vez, somente será fixada se um dos genitores declarar que não deseja a guarda do menor ou se o Juiz entender que um deles não está apto a exercer o poder familiar, nos termos do que dispõe o art. 1.584, § 2º, do Código Civil, sem contar, também, com a possibilidade de afastar a guarda compartilhada diante de situações excepcionais, em observância ao princípio do melhor interesse da criança e do adolescente. 4. Nos termos do que dispõem os arts. 344 e 345, inciso II, do Código de Processo Civil de

Cap. 12 – GUARDA E CONVIVÊNCIA **445**

Direito se deixam levar por esse discurso fácil, de que tais regras só se aplicam àqueles casais que não divergem quanto à conduta e educação dos filhos, na verdade estão se acovardando e deixando de enfrentar o problema das crianças e dos adolescentes, pois o seu saudável desenvolvimento e educação pressupõe que eles desejam e necessitam conviver com ambos os pais em seu cotidiano. É de se indagar: *esses pais não têm condições de exercer a guarda compartilhada, teriam condições de exercer a exclusiva? É óbvio que não! Se não são capazes nem de dialogar, como farão para, com a guarda exclusiva estipulada, assegurar a ampla convivência daquele filho ou filha com ambos os genitores? Além do mais, a estipulação deste tipo de guarda, nesse caso, não facilitaria– e tornaria extremamente provável, a execução da alienação parental pelo genitor detentor da guarda.*[16]

12.2.1 Guarda compartilhada com residência alternada ou dupla residência

O ideal para as crianças e adolescentes de pais separados é que eles convivam o máximo possível com ambos os pais e mantenham uma rotina semelhante à da época em que os pais viviam na mesma casa. A única diferença é que agora os pais têm cada um à sua casa.

Os filhos podem ter duas casas, e isso faz bem a eles[17]. Crianças são adaptáveis e maleáveis e se ajustam a novos horários, desde que não sejam disputadas continuamente e privadas de seus pais. O discurso de que as crianças/adolescentes ficam sem referência, se tiverem duas casas, precisa ser revisto, assim como as mães deveriam deixar de se expressarem que "deixam" o pai ver e conviver com o filho. Ao contrário do discurso psicologizante estabelecido no meio jurídico, e que reforça a supremacia materna, o fato de a criança ter dois lares[18] pode ajudá-la a entender que a separação dos pais não tem nada a ver com ela. As crianças são perfeitamente adaptáveis a essa situação, a uma nova rotina de duas casas, e sabem perceber as diferenças de comportamento de cada um dos pais, e isso afasta o medo de exclusão que poderia sentir por um deles. Se se pensar, verdadeiramente, em uma boa criação e educação, os pais compartilharão o cotidiano dos filhos e os farão perceber e sentir que dois lares são melhores do que um. É o que se vê, exemplificativamente, nos julgados abaixo, que recepcionam esta ideia:

2015 (correspondentes aos arts. 319 e 320, II, do CPC/1973), se o réu não contestar a ação, será considerado revel e presumir-se-ão verdadeiras as alegações de fato formuladas pelo autor, salvo se o litígio versar sobre direitos indisponíveis. 5. Sendo o direito de guarda dos filhos indisponível, não obstante admita transação a respeito de seu exercício, não há que se falar em presunção de veracidade dos fatos oriunda da revelia. Em outras palavras, a revelia na ação que envolve guarda de filho, por si só, não implica em renúncia tácita do requerido em relação à guarda compartilhada, por se tratar de direito indisponível. (STJ, REsp 1773290/MT, Rel. Min. Marco Aurélio Bellizze, 3ª Turma, pub. 24/05/2019).

[16] MARINHO PAULO, Beatrice. *Op. cit.*

[17] Apelação cível. Ação de alimentos, julgada improcedente, apreciada conjuntamente com ação de regulamentação de guarda compartilhada, com residência alternada, que restou acolhida. Decisão proferida em julgamento antecipado da lide. Inadmissibilidade. Resguardo dos melhores interesses da criança, que impõe a realização de instrução probatória, para a devida apreciação de todos os elementos necessários a uma adequada tomada de decisão acerca da guarda da criança e da eventual cominação do dever de prestar alimentos. Sentença anulada. Recurso provido. (TJ-SP, AC 10003757620218260477/SP 1000375-76.2021.8.26.0477, Rel. Des. Márcio Boscaro, 10ª Câmara de Direito Privado, DJe 20/07/2021).

[18] "(...) O regime de convivência mediante 'residência alternada', que não se confunde com 'guarda alternada', é perfeitamente compatível com a guarda compartilhada e pode ser utilizado quando se revela apropriado aos interesses do filho, à luz do que dispõem os artigos 1.583, § 2º, e 1.584, § 3º, do Código Civil. IV. Caracterizada a sucumbência recíproca, os honorários advocatícios devem ser distribuídos proporcionalmente, conforme o disposto no artigo 86, *caput*, do Código de Processo Civil. V. Recursos providos parcialmente" (TJ-DF, 00030892420128070007, Segredo de Justiça 0003089-24.2012.8.07.0007, Rel. James Eduardo Oliveira, 4ª Turma Cível, publ. 07/10/2021).

DIREITO DAS FAMÍLIAS – *Rodrigo da Cunha Pereira*

(...) Embora a doutrina e a jurisprudência tenham alguma resistência em deferir pedido de guarda alternada, alegando que o modelo acarreta instabilidade ao equilíbrio psicológico da criança, no caso, essa modalidade de guarda é que vem atendendo ao melhor interesse do menor, como insiste a embargante, estando adaptado e tranquilo nesta rotina. Mantida a sentença. (...) (TJRS, Embargos de Declaração nº 70077311645, 7ª CC., Relatora Desª: Liselena Schifino Robles Ribeiro, Julg. em 25.04.2018).

(...) Nos moldes em que pleiteada a convivência com o filho pelo agravante, está-se diante de um típico molde de guarda alternada, com divisão exata de períodos iguais de convivência, alternadamente na casa de ambos os genitores. E em que pese a doutrina e a jurisprudência tenham alguma resistência em deferir pedidos de guarda alternada, alegando que o modelo acarreta instabilidade ao equilíbrio psicológico das crianças, no concreto desse caso, não vislumbro razão para indeferimento do pleito do agravante. Inexiste qualquer elemento nos autos a indicar que esse molde de convivência com o pai poderá ser prejudicial ao infante. Aliás, sequer foram feitas, até o momento, quaisquer avaliações psicológicos e/ou estudos sociais, os quais poderiam contraindicar esse molde de guarda. A convivência com ambos os pais é direito do filho, de modo que não havendo notícia de que o infante possa estar sujeito a algum risco em companhia do genitor, e estando presente o interesse do pai de conviver amplamente com o filho, não há motivo para que não seja aplicada a guarda alternada, mesmo em sede liminar da ação originária. Caso em que a guarda alternada vai regulamentada, a fim de que o menor possa ficar na companhia de seu pai em finais de semana alternados, de domingo às 19h até o próximo domingo, no mesmo horário. (TJRS, AI 70067596213, Des. Rel.: Rui Portanova, 8ª CC., j. 28/4/2016).

As dificuldades e resistências com o compartilhamento da guarda, especialmente o de aceitar que o filho pode ter dois lares, advêm, geralmente, de uma relação mal resolvida entre o ex-casal e do medo de "perder" o filho para o outro pai/mãe. Muitas mulheres têm medo de que o compartilhamento interfira na pensão alimentícia, o que não é verdade. Ou seja, guarda de filhos é uma questão, também, de poder.

Assim como o patriarcalismo se estruturou na suposta superioridade masculina para engendrar as estruturas de poder, a guarda de filhos está calcada na suposta superioridade da mulher para criar filhos, advinda do mito do amor materno. O movimento feminista já quebrou a suposta superioridade masculina, a mulher teve acesso ao mercado de trabalho (embora ainda com certas desvantagens), e já se sabe que homens e mulheres têm a mesma capacidade para criar e educar filhos[19].

As resistências à aplicação da verdadeira guarda compartilhada, e de uma convivência igualitária dos filhos com ambos os pais, que pressupõe duas casas para os filhos[20], advêm

---

[19] (...) Embora o modelo de guarda compartilhada comumente aplicado eleger apenas um dos lares como o de referência, nada impede que, na análise do caso concreto, tal dinâmica seja modificada, a fim de possibilitar a alternância de residências e, por conseguinte, ampliar a convivência do menor com ambos os genitores e suas respectivas famílias. 3. O estudo psicossocial configura uma importante prova técnica apta, em regra, a fundamentar o convencimento do julgador a respeito da lide posta em debate. 4. Em razão da sucumbência recursal, a verba honorária fixada anteriormente deverá ser majorada, na forma do artigo 85, § 11, do CPC. 5. Apelação cível conhecida e não provida. (TJ-DF 20160710075144 – Segredo de Justiça 0007244-31.2016.8.07.0007, Relator: Simone Lucindo, j. 21/2/2018, 1ª Turma Cível, DJE 27/2/2018, p. 429-438).

[20] (...) Apenas duas condições podem impedir a aplicação obrigatória da guarda compartilhada, a saber: a) a inexistência de interesse de um dos cônjuges; e b) a incapacidade de um dos genitores de exercer o poder familiar. 5 – Os únicos mecanismos admitidos em lei para se afastar a imposição da guarda compartilhada são a suspensão ou a perda do poder familiar, situações que evidenciam a absoluta inaptidão para o exercício da guarda e que exigem, pela relevância da posição jurídica atingida, prévia decretação judicial. 6 – A guarda

Cap. 12 – GUARDA E CONVIVÊNCIA **447**

de um discurso inicial, hoje já superado em alguns países, de que duas residências gerariam instabilidade emocional pelo suposto sentimento de não pertencimento permanente a um contexto físico e familiar. Contudo, esta é uma perspectiva de lugar dos adultos para a realidade das crianças/adolescentes. O lugar das crianças e adolescentes é ao lado de suas referências principais, ou seja, do pai e da mãe. Eles não terão falta de rotina. Sua rotina será esta de duas casas. Quando isto estiver implementado na maioria das guardas e convivência, estará implementada a verdadeira cultura da guarda compartilhada.

12.2.2 Guarda compartilhada e violência doméstica

Uma questão palpitante e que pode interferir, drasticamente, no sistema de guarda e consequentemente da convivência é quando há violência doméstica. Foi nesse sentido que a Lei nº 14.713, de 30 de outubro de 2023 fez alteração no sistema de cuidados com os filhos. Assim o art. 1.584 do Código Civil, passou a vigorar com a seguinte redação:

> § 2º Quando não houver acordo entre a mãe e o pai quanto à guarda do filho, encontrando-se ambos os genitores aptos a exercer o poder familiar, será aplicada a guarda compartilhada, salvo se um dos genitores declarar ao magistrado que não deseja a guarda da criança ou do adolescente, *ou quando houver elementos que evidenciem a probabilidade de risco de violência doméstica ou familiar* (grifamos).

A Lei Maria da Penha é um instrumento importantíssimo no combate à violência doméstica e vem sendo aprimorada, constantemente, no sentido de melhorias, inclusive, para as políticas públicas nesse sentido. A violência contra as mulheres é uma realidade cruel, e precisamos todos, homens e mulheres, reconhecer e enfrentar os vários tipos de violência, não somente física, mas também, a psicológica e a patrimonial. A igualdade de direitos entre homens e mulheres só será efetivada a partir do reconhecimento das diferenças, químicas, físicas e biológicas, e que há um invisível trabalho doméstico, o qual é necessário ser revalorizado. É preciso entender isso para avançar e efetivar o princípio constitucional da igualdade.

A referida Lei nº 14.713/2023 também alterou o Código de Processo Civil, introduzindo a cautela do convívio quando houver violência doméstica. *In verbis*:

> Art. 699-A. Nas ações de guarda, antes de iniciada a audiência de mediação e conciliação de que trata o art. 695 deste código, o juiz indagará às partes e ao Ministério *Público se há risco de violência doméstica ou familiar, fixando o prazo de 5(cinco) dias para apresentação de prova ou de indícios pertinentes* (grifamos).

Esta lei, nos remete a reflexões importantes: o pai, agressor da mãe, pode continuar convivendo com o(s) filho(s)em regime de guarda compartilhada? Depende do caso. Obviamente que nos casos mais drásticos, como os de feminicídio poderá até mesmo ser destituído do poder familiar. O pai que agride a mãe na frente do(s) filho(s) pode continuar convivendo com o(s) filho(s)?

---

compartilhada não se confunde com a guarda alternada e não demanda custódia física conjunta, tampouco tempo de convívio igualitário dos filhos com os pais, sendo certo, ademais, que, dada sua flexibilidade, esta modalidade de guarda comporta as fórmulas mais diversas para sua implementação concreta, notadamente para o regime de convivência ou de visitas, a serem fixadas pelo juiz ou por acordo entre as partes em atenção às circunstâncias fáticas de cada família individualmente considerada. 7 – É admissível a fixação da guarda compartilhada na hipótese em que os genitores residem em cidades, estados, ou, até mesmo, países diferentes, máxime tendo em vista que, com o avanço tecnológico, é plenamente possível que, à distância, os pais compartilhem a responsabilidade sobre a prole, participando ativamente das decisões acerca da vida dos filhos. 8 – Recurso especial provido. (STJ, REsp 1878041/SP 2020/0021208-9, Rel. Min. Nancy Andrighi, 3ª T., *DJe* 31/05/2021).

Embora a Lei Maria da Penha seja aplicável somente quando a vítima é a mulher, é comum também mulheres agredirem o marido/companheiro, inclusive na frente do(s) filho(s). Nesse caso, as mulheres deveriam sofrer restrição no convívio com o(s) filho(s)? O potencial de maldade e agressividade humana não tem gênero. Mas cerca de 90% da violência física é praticada por homens (Cf. cap. 17). Nada justifica a violência. Por isso, o Direito deve interferir para "barrar os excessos gozosos", ou seja, colocar limites externos em quem não os tem internamente. Eis aí a importante função do Direito, que é conter as pulsões inviabilizadoras do convívio familiar e social.

A importância desta lei é inegável na valorização do combate à violência doméstica. Entretanto, ela traz consigo o paradoxo de impedir ou restringir o pai de conviver com seu(s) filhos(s) no exercício da guarda compartilhada. Já vivemos essa história antes. Até a década de 1990, a mulher perdia a guarda de seu filho se tivesse traído o marido. Viu-se, depois, que ela poderia até não ser uma "boa" esposa no sentido moral, mas, poderia ser uma ótima mãe. Foi assim que começou a se distinguir a família conjugal da família parental.

Na violência doméstica, também, é preciso separar agressões à mãe e agressões ao(s) filhos(s). O homem pode ser um péssimo marido/companheiro e, no entanto, ser um bom pai. Assim como há casos em que ele pode ser um ótimo marido/companheiro e não ser um bom pai. Certamente, há casos em que o agressor da mãe é, também, agressor do(s) filho(s) na medida em que desrespeita a mãe, principalmente na frente do filho. É preciso separar o joio do trigo, ou seja, conjugalidade de parentalidade, sob pena de trazer graves prejuízos aos filhos, ou mesmo usar a lei como instrumento de vingança, quando, na verdade, o seu espirito é o de proteção às pessoas vulneráveis. Portanto, não é qualquer indício de violência contra a mãe que autoriza a guarda unilateral. A referida lei alterou o Código Civil, não a Lei Maria da Penha. Ou seja, a caracterização da violência, para efeitos desta lei deve ser em relação a criança e adolescente.

Estabelecer a guarda unilateral e restringir o convívio do pai com o filho é uma medida extrema, que deve ser feita excepcionalmente, com a maior cautela, até porque há casos de abuso e uso indevido de invocação da Lei Maria da Penha. De qualquer forma, o norte para a aplicação da Lei nº 14.713/2023 será sempre a busca do princípio constitucional do melhor interesse da criança e do adolescente, que é também a pergunta que deve nos guiar sempre para o estabelecimento e a reflexão de proteção às pessoas vulneráveis. Ver a família sob a perspectiva da conjugalidade, separadamente da parentalidade, é um importante ponto de partida, e de chegada, para interpretação da Lei nº 14.713/2023 e proteção e atendimento do princípio do superior interesse desses sujeitos em desenvolvimento.

12.2.3 Guarda compartilhada no Direito comparado

No **Direito americano**, o compartilhamento da guarda é uma realidade bastante solidificada, como aponta a doutrina:

> *Comentando a experiência americana de joint legal custody e residential joint custody, esclarece Henry S. Gornbein que o primeiro "se refere a tomar decisões em conjunto; o que implica deixar claro que mesmo em situações de divórcio, a criança tem dois pais e a comunicação entre eles deve ser encorajada no que concerne a assuntos relacionados com os seus filhos. Neste caso, a(s) criança(s) mora(m) primariamente com um dos pais". Já a segunda " é um arranjo para que ambos os pais possam estar o maior tempo possível com seus filhos[21]. (...)*

---

[21] Citado por Nick, Sérgio Eduardo. Guarda Compartilhada: um novo enfoque no cuidado dos filhos de pais separados ou divorciados. In: *A nova família: problemas e perspectivas*. BARRETO, Vicente (Org.) Rio de Janeiro: Renovar, 1997, p. 135. *Apud* LÔBO, Paulo Luiz Netto. *Direito Civil-Famílias*, 3. ed., São Paulo: Saraiva, 2010, p. 199.

No Direito espanhol há o estabelecimento preferencial pela guarda compartilhada e a regulação da residência alternada, segundo periodicidade acordada entre os pais separados ou fixada pelo juiz. O direito de visita para um e a guarda exclusiva para outro foram consideradas noções obsoletas e reducionistas[22]. Na Holanda, a legislação e a jurisprudência atribuíram preferência para a guarda compartilhada, segundo o princípio da continuidade mesmo após o divórcio dos pais[23]. Na Alemanha, o § 1.626-a, I, do Código Civil, após a reforma de 1998, estabelece que os pais não casados têm guarda compartilhada se eles fizerem declaração conjunta nesse sentido[24].

O Código Civil **argentino** (Lei nº 26.994/2014), com vigência em 2016, fez mudanças significativas em relação à guarda de filhos, como se percebe em seu artigo 650:

> *ARTÍCULO 650. – Modalidades del cuidado personal compartido. El cuidado personal compartido puede ser alternado o indistinto. En el cuidado alternado, el hijo pasa períodos de tiempo con cada uno de los progenitores, según la organización y posibilidades de la familia. En el indistinto, el hijo reside de manera principal en el domicilio de uno de los progenitores, pero ambos comparten las decisiones y se distribuyen de modo equitativo las labores atinentes a su cuidado.*[25]

Como se vê, na **Argentina**, o instituto da guarda compartilhada comporta o gênero da guarda alternada e guarda indistinta, sendo que nesta última modalidade se aproxima o modelo instituído no Brasil. Se por um lado ocorre a alternância de residência dos filhos, por outro, pode ocorrer a mudança de residência dos pais. Neste caso, os filhos ficam na residência e são os genitores que se revezam. Esta modalidade, também chamada de nidação ou aninhamento, parece afastar, via de consequência, o referencial de moradia, que muitas vezes vira argumento para os que não defendem a guarda alternada (ver item 12.3). Da mesma forma, esta modalidade visa resguardar o superior interesse da criança e do adolescente, preservando com isso a igualdade do equilíbrio parental.

Em **Portugal,** a discussão sobre guarda compartilhada e convivência igualitária e duas casas já vem ganhando amplitude muito antes do Brasil, como constata Joaquim Manuel da Silva:

> (...) Assumimos hoje que o processo de regulação das responsabilidades parentais não é mais do que a reconstrução da família da criança, onde há sempre um caminho a percorrer, essencialmente conciliatório, mediador e com posturas comportamentais do casal parental a alterar, encontrando para aqueles pais e criança(s) o melhor dos regimes, mantendo ou alterando os quadros de vinculação, se não estiverem seguros, só possível com uma relação respeitosa, serena, emocionalmente gratificante entre os próprios progenitores, *na qual a residência alternada se mostra uma das respostas possíveis, sendo no entanto, a que melhor responde aos objetivos estatuídos no artigo 1906º, ao superior interesse da criança* (...) (Grifo nosso).[26]

---

[22] LIENHARD, Claude. *Les nouveaux droits du père*. Paris: Delmas, 2002, p. 53. *Apud* LÔBO, Paulo Luiz Netto. *Direito Civil-Famílias*, 3. ed. São Paulo: Saraiva, 2010, p. 200.

[23] CURRY-SUMMER, I., FORDER, C. *The dutch family law chronicles*: continued parenthood notwithstanding divorce. p. 267-270. *Apud* LÔBO, Paulo Luiz Netto. *Direito Civil-Famílias*. 3. ed. São Paulo: Saraiva, 2010, p. 200.

[24] LÔBO, Paulo Luiz Netto. *Direito Civil-Famílias*, 3. ed., São Paulo: Saraiva, 2010, p. 200.

[25] Tradução livre: "Artigo 650. As modalidades de cuidados pessoais compartilhados. Partilha de cuidados pessoais podem ser alternados ou indistinta. Cuidado alternativo, a criança passa longos períodos de tempo com cada um dos pais, de acordo com a organização e as possibilidades da família. No indistinto, o filho reside principalmente na casa de um dos pais, mas ambos compartilham as decisões e são distribuídos de forma equitativa os trabalhos relativos ao seu cuidado".

[26] MANUEL, Joaquim da Silva. Da residência exclusiva à alternada, um percurso jurisprudencial em Portugal. *Revista IBDFAM – Famílias e Sucessões*. Belo Horizonte: IBDFAM, v. 9, p. 179-202, maio/jun. 2015.

450 DIREITO DAS FAMÍLIAS – Rodrigo da Cunha Pereira

A jurisprudência portuguesa, acompanhando a doutrina, também vem-se posicionando neste sentido desde 2012:

> (...) A vulgarmente denominada "guarda alternada" significa que "cada um dos pais detém a guarda da criança alternadamente", exercendo, no período de tempo em que detém aquela guarda, "a totalidade dos poderes-deveres integrados no conteúdo do poder paternal, enquanto o outro beneficia de um direito de visita e de vigilância. II – O artigo 1906º do Código Civil não veda a hipótese de guarda alternada, não existindo, outrossim, impedimento à existência de dois domicílios do menor, assim como sucede com qualquer pessoa que resida alternadamente em diversos lugares (artigo 82º, nº 1, do Código Civil). III – Mas ainda que se entenda que o tribunal tem de determinar uma única residência do filho, enquanto "ponto de referência da vida jurídica da criança", com consequências que se não compadecem com alterações periódicas, não há incompatibilidade entre essa determinação e uma situação de estadias alternadas. (Tribunal da Relação de Lisboa, Processo: 2526/11.1TBBRR.L1-1, Rel. Graça Araújo, Data do Acórdão 19.06.2012).

Na lei **portuguesa**[27] nº 61/2008, de 31.10.2008, que introduziu a última reforma ao Código Civil em matéria de Direito da Família, destaca-se dois avanços fundamentais, em relação à guarda e convivência: a) A substituição da expressão "poder paternal" pela designação "responsabilidade parental", como forma de sublinhar a prevalência dos "deveres" atribuídos aos titulares, em detrimento dos "poderes" que também lhe são conferidos; b) O regime de igualdade de que gozam os progenitores no exercício comum das responsabilidades parentais, sendo regra a guarda conjunta, e exceção o regime da guarda única (art. 1906.º do Código Civil). Por modalidade, vê-se que a guarda conjunta pode coexistir com uma residência alternada do menor.

Em 04/11/2020, a Lei nº 65 alterou o Código Civil, para esclarecer de vez a possibilidade da alternância de residência, passando a vigorar com a seguinte redação:

> Art. 1.906, § 6º: (...) 6 — Quando corresponder ao superior interesse da criança e ponderadas todas as circunstâncias relevantes, o tribunal pode determinar a residência alternada do filho com cada um dos progenitores, independentemente de mútuo acordo nesse sentido e sem prejuízo da fixação da prestação de alimentos.

Na **França**, o Código Civil, com a reforma de 2002, previu a possibilidade de alternância de residência:

> *Art. 373-2-9 (introduzido pela Lei nº 2002-305 de 4 de Março de 2002. 5. V Jornal Oficial de 5 de março de 2002) sobre a aplicação dos dois artigos anteriores, a criança pode ter fixada residência no domicílio de cada um dos pais, com carácter alternativo, ou na casa de um deles. Se um dos pais, ou em caso de desacordo entre ambos no que diz respeito ao modo de residência da criança, o juiz pode ordenar a título provisório uma alternância de residência por um período de tempo. No final deste período, o juiz emitirá uma decisão final sobre a alternância de residência da criança no domicílio de cada um dos pais ou de residência na casa de um deles* (tradução livre).[28]

---

[27] VASCONCELOS, Ana. Do cérebro à empatia. Do divórcio à Guarda Partilhada com Residência Alternada. In: A Tutela Cível do Superior Interesse da Criança, t. I, julho 2014, Ebook CEJ, p. 10. Disponível em: <http://www.cej.mj.pt/cej/recursos/ebooks/familia/Tutela_Cível_Superior_Interesse_Criança_Tomol.pdf>. Acesso em: 16/11/2019.

[28] *"L'article 373-2-9 (introduzido pour là Ley Non. 2002-305 de 4 de marzo d'art de 2002. 5 Agenda (Journal) Officiel V de 5 de marzo de 2002) En aplicaci ó N de los des articles de précédent, là résidence del ni ñ O podr á fijarse en el à la maison de chacun de prêtres los, duperie alternant carácter, en el à la maison d'un d'ellos. Lui-même un*

12.3 GUARDA ALTERNADA

A guarda alternada não se confunde com a compartilhada ou conjunta. Aquela confere de maneira exclusiva a cada genitor a guarda no período em que estiver com seu filho. Costuma-se dividir o tempo da criança, de forma igualitária, entre cada um dos pais. Por exemplo: a criança habita um mês ou uma semana, na casa de cada um dos pais, alternadamente. Durante esse tempo, o filho reside com apenas um e visita o outro. O genitor responsável naquele período seria o único detentor da autoridade parental. Na guarda compartilhada, ambos compartilham a rotina e o cotidiano dos filhos permanentemente.

Apesar de criticado pelos especialistas e sem regra expressa em nosso ordenamento jurídico, é possível encontrar casos que a guarda alternada pode ser adequada. Este modelo, da mesma forma que a guarda unilateral, na maioria das vezes, parece não atender ao melhor interesse da criança e vem encontrando resistências em nossos tribunais. O assunto é polêmico, e um dos argumentos contrários a este tipo de guarda é a criança não ter definido um lar, horários e rotinas adequadas. Waldyr Grisard Filho[29], um dos primeiros autores brasileiros a escrever sobre guarda compartilhada, pontua que as desvantagens desses arranjos é o grande número de mudanças e isto pode gerar alguma instabilidade emocional.

Arnaldo Rizzardo,[30] um dos juristas contrários à alternância da guarda, ressalta que todo cidadão tem como necessidade básica um lar ou moradia fixa, sob pena de terem aumentadas a insegurança e a instabilidade. Caetano Lagrasta Neto compartilha do mesmo entendimento e acrescenta que não existe autoridade alternada[31].

É comum esta modalidade de guarda ser confundida com a compartilhada. Enquanto na compartilhada os pais dividem o cotidiano e a rotina da criança; na guarda alternada procede-se à divisão do tempo da criança entre seus pais em períodos determinados, repita-se. Uma das argumentações favoráveis à guarda alternada é que a criança pode se adaptar à nova rotina de alternância, sem que isso lhe traga transtornos. Assim como a criança arruma sua mochila para ir à escola todos os dias, ela pode se adaptar para levar e a trazer seus objetos pessoais e roupas de uma residência à outra, já que sua realidade é ter duas casas, e isso não é necessariamente ruim. Na guarda compartilhada é comum que os filhos tenham duas casas, e na maioria das vezes isto é muito saudável.

Uma das exceções em que se recomenda a guarda alternada é para as situações em que os pais residem em países diferentes, ou lugares cuja distância torna-se impedimento para a convivência cotidiana, e não há outra forma de garantir a convivência do(s) filho(s) com ambos os pais. A alternância, obviamente sempre atendendo ao princípio do melhor interesse das crianças/adolescentes, na maioria dos casos, faz-se a cada ano, compatibilizando-a com os ciclos escolares.

---

d'ancêtres los Lo il/elle demande, en au cas(à la caisse) de desacuerdo entre les deux respecto del la résidence la façon(le chemin) del ni ñ O, el juez podr á d'ordonner(de commander) la duperie carácter provisoire(provisionnel) cela unit l'alternance de résidence pendant certain plazo de l'ONU. La fin Al-de ce plazo, el juez émettra fallo définitif de l'ONU sur là l'alternance de résidence del ni ñ O en el à la maison de chacun de prêtres los là la résidence en el à la maison d'un d'ellos".

[29] FILHO, Waldyr Grisard. *Guarda Compartilhada*: um novo modelo de responsabilidade parental, 4. ed., rev., atual. e ampl., São Paulo: Revista dos Tribunais, 2009, p. 126.

[30] RIZZARDO, Arnaldo. *Direito de família*, 2. ed., Rio de Janeiro: Forense, 2004, p. 266.

[31] LAGRASTA NETO, Caetano. *Direito de família*: a família brasileira no final do século XX. São Paulo: Malheiros, 2000, p. 128.

12.4 GUARDA NIDAL

A expressão "nidal" vem do latim *nidus*, que significa ninho, nido ou nidi. Traz consigo o sentido de que os filhos permanecerão no "ninho", e os pais é quem se revezarão, isto é, a cada período, um dos pais ficará com os filhos na residência original do casal. Em razão da alternância dos pais na residência que ficou para os filhos, esta modalidade de guarda costuma ser confundida com a guarda alternada. Entretanto, na alternada, são os filhos que mudam de casa. Não há nenhuma proibição para este tipo de guarda no ordenamento jurídico brasileiro, mas, em função dos aspectos práticos para os pais, ela é pouco utilizada.

Um dos ordenamentos jurídicos mais avançados, o alemão, tem em suas previsões legais e doutrinárias esta modalidade de guarda, conforme nos relata a doutrinadora Nina Dethloff, em seu tradicional "Manual" de Direito de Família, em que atualizou a obra do jurista Alexander Lüderitz:[32] (...) guarda nidal é aquela em que a criança permanece em uma só casa, e os pais que se revezam (tradução livre).[33]

12.5 GUARDA UNILATERAL

Guarda unilateral ou guarda exclusiva é aquela atribuída a um dos genitores, seja por consenso dos pais, seja por decisão judicial. Em qualquer dos casos, e não havendo possibilidade ou não sendo viável a compartilhada, a guarda unilateral deve ser outorgada àquele que reunir melhores condições para exercê-la. Embora não seja a mais recomendável, era a mais usual, até o advento da lei que tornou obrigatória a guarda compartilhada. Pode ainda ser denominada como guarda uniparental. Ao contrário do experimentado no direito da década de 1960, a culpa de um dos cônjuges pelo fracasso do casamento, não interfere na determinação da guarda[34].

Se houver fracasso do diálogo dos pais sobre a definição da guarda e levarem para que o judiciário decida quem tem melhores condições de ser o guardião, a discussão deve centrar-se no melhor interesse da criança e do adolescente, ficando o interesse dos pais em segundo plano. Tal disputa, nada saudável para os filhos, envolve elementos objetivos e subjetivos, isto é, os critérios devem passar pela análise fática do ambiente físico ao ambiente psíquico e comportamental dos pais. A não ser que o caso concreto traga elementos grosseiramente visíveis sobre um ambiente inadequado de um dos pais que pretenda a guarda, a tarefa de definir quem é o mais adequado não é nada simples. Mesmo com a ajuda, análise e suporte de equipe interdisciplinar, como atualmente acontece na maioria dos juízos de família no Brasil, com a emissão de laudos psicossociais, a questão é tormentosa. Afinal, o que é ser uma boa mãe, ou um bom pai? Adentra-se aí em conceitos e indagações subjetivas e relativas. Por exemplo, tem melhores condições de ter a guarda o pai que é mais rígido com a educação dos filhos, ou a mãe que educa de forma menos rígida? Não há garantias de que o melhor guardião será a mãe que não trabalha fora e tem mais tempo para os filhos, ou o pai que conduz o cotidiano dos filhos com rigidez militar. A boa educação e criação dos filhos passa por tantos critérios e elementos particularizados de cada caso, que a tarefa de definir e decidir com absoluta segurança quem é o melhor guardião é trabalho quase impossível para o juízo de família. Felizmente, os critérios sobre a decisão do melhor guardião já não estão mais atrelados à conduta e à moral sexual dos pais. Afinal, o exercício da paternidade e da maternidade não está, necessariamente, vinculado à conduta e à moral sexual. O termômetro que melhor servirá de avaliação é a medida do afeto, isto é, o zelo, o cuidado, a dedicação e o serviço dedicado aos filhos.

---

[32] LÜDERITZ, Alexander; DETHLOFF, Nina. *Familienrecht*, München: Verlag C. H. Beck, 2007, p. 361.

[33] "Nestmodell, bei dem ein dem Kind gewidmeter Haushalt geführt wird und beide Elternteile abwechselnd zu dem Kind ziehen."

[34] MADALENO, Rolf Hanssen. A Criança no novo Direito de Família. Direitos Fundamentais do Direito de Família. Coord. WELTER, Belmiro Pedro; MADALENO, Rolf Hanssen, Porto Alegre: Livraria do Advogado, 2004, p. 343.

12.6 GUARDA DEFERIDA A TERCEIROS

Se se verificar que a guarda com um ou ambos os pais não atende ao melhor interesse do(s) filho(s), ela pode ser deferida a terceiros. Desde a Lei nº 8.069/90 – ECA, que se instalou definitivamente a concepção filosófica e os princípios constitucionais da prioridade absoluta das crianças e dos adolescentes, e se relegou a segundo plano o interesse dos pais. O Estatuto da Criança e do Adolescente, em seu art. 19, é taxativo:

> Art. 19. É direito da criança e do adolescente ser criado e educado no seio de sua família e, excepcionalmente, em família substituta, assegurada a convivência familiar e comunitária, em ambiente que garanta seu desenvolvimento integral. (Redação dada pela Lei nº 13.257, de 2016)

Este dispositivo conjugado com o artigo 33 do ECA, informam que a guarda não se configura como um instituto restrito aos pais, pois se estes não puderem exercê-la, será deferida a terceiros mesmo que não sejam da relação parental[35].

Demonstrada a inviabilidade da manutenção da criança em seu núcleo familiar, sob a guarda de um ou de ambos os genitores, ela poderá ser entregue aos cuidados de outrem[36], passando a viver em família substituta, de modo que cresça e se desenvolva de forma adequada, suprindo as suas necessidades afetivas, existenciais e materiais. Nesses termos, o artigo 1.584 do CCB/02, em seu § 5º, autoriza o juiz a deferir a guarda àquela pessoa que revele compatibilidade com o exercício da medida e seus atributos, devendo atentar-se para o grau de parentesco, afinidade e afetividade existentes entre o terceiro e o menor.[37] Se não houver tais pessoas, ou não tiverem disponibilidade ou condições de se responsabilizarem por esse *munus*, a criança deve ser encaminhada a uma instituição ou abrigo que a receba. Ou seja, em última análise e hipótese, o Estado é também responsável por guardar e abrigar crianças e adolescentes que não tenham a estrutura familiar original ou substituta.

---

[35] SPENGLER, Fabiana Marion; SPENGLER NETO Theobaldo. *Inovações em direito e processo de família*. Porto Alegre: Livraria do Advogado, 2004, p. 86-87.

[36] Civil e Processual. Pedido de guarda compartilhada de menor por tio e avó paternos. Pedido juridicamente possível. Situação que melhor atende ao interesse da criança. Situação fática já existente. Concordância da criança e seus genitores. Parecer favorável do Ministério Público estadual. Recurso conhecido e provido. I. A peculiaridade da situação dos autos, que retrata a longa co-habitação do menor com a avó e o tio paternos, desde os quatro meses de idade, os bons cuidados àquele dispensados, e a anuência dos genitores quanto à pretensão dos recorrentes, também endossada pelo Ministério Público Estadual, é recomendável, em benefício da criança, a concessão da guarda compartilhada (STJ, REsp nº 1147138/SP, Rel. Min. Aldir Passarinho Junior, 4ª Turma, pub. 27/05/2010).

[37] Sob a tônica da prevalência dos interesses da pessoa em condição peculiar de desenvolvimento, deve-se observar a existência da excepcionalidade a autorizar o deferimento da guarda para atender situação peculiar, fora dos casos de tutela e adoção, na previsão do art. 33, § 2º, do ECA. A avó busca resguardar situação fática já existente, por exercer a posse de fato da criança desde o nascimento, com o consentimento dos próprios pais, no intuito de preservar o bem-estar da criança, o que se coaduna com o disposto no art. 33, § 1º, do ECA. Dar-se-á preferência a alguém pertencente ao grupo familiar – na hipótese a avó – para que seja preservada a identidade da criança, bem como seu vínculo com os pais biológicos, significa resguardar ainda mais o interesse do menor, que poderá ser acompanhado de perto pelos genitores e ter a continuidade do afeto e a proximidade da avó materna, sua guardiã desde tenra idade, que sempre lhe destinou todos os cuidados, atenção, carinhos e provê suas assistências moral, educacional e material. Se restou amplamente demonstrado que os interesses da criança estarão melhor preservados com o exercício da guarda pela avó, a procedência do pedido de guarda é medida que se impõe. Recurso Especial provido (REsp. nº 993.458/MA, 3ª T., Rel. Min. Nancy Andrighi, julgado em 07.10.2008). Nas decisões sobre a guarda de menores, deve ser preservado o interesse da criança, e sua manutenção em ambiente capaz de assegurar seu bem-estar, físico e moral, sob a guarda dos pais ou de terceiros. Recurso Especial provido (REsp. nº 686.709/PI, 3ª T., Rel. Min. Humberto Gomes de Barros, julgado em 28.06.2006).

12.7 REGULAMENTAÇÃO DA CONVIVÊNCIA FAMILIAR

O Código Civil de 2002, felizmente não estabelece especificamente como deve ser regulamentada a convivência familiar. O ideal é que, independentemente da modalidade da guarda, estabeleça-se a máxima amplitude dessa convivência/visitação, com ambos os pais, compartilhado ou não, avós maternos e paternos, além de qualquer parente que tenha estabelecido laços afetivos importantes e significativos com a criança. Prescreve o artigo 1.589 do CCB 2002, que o pai ou a mãe em cuja guarda não esteja o filho poderá visitá-lo e o ter em sua companhia segundo o acordado com o outro cônjuge, ou o que for fixado pelo juiz.[38]

O CCB/2002 e o CPC/2015 (arts. 693 e 731, III) continuou usando a expressão "visita", em vez de "convivência familiar", como adotado desde 1990 pelo Estatuto da Criança e do Adolescente. Embora tenham significados semelhantes e queiram dizer a mesma coisa, essas expressões trazem consigo significantes diferentes.[39] É neste sentido e por esta razão que a prática jurídica e judicial deveria adotar a expressão "convivência", já que "visita" traz um sentido de frieza, oposto ao que deve ser a convivência familiar.

O Código de Processo Civil prescreve, em casos de dissolução consensual do casamento, que na petição conjunta deve obrigatoriamente constar o acordo relativo à guarda dos filhos e ao regime de "visitas"[40].

No divórcio, necessariamente, deve-se estabelecer o regime de convivência familiar. Ninguém melhor do que os próprios pais para saber o que é melhor para os seus filhos. Alguns casais preferem deixar livre tal convivência, possibilitando a mais ampla forma de participação e presença de ambos na vida dos filhos, demonstrando, também, maturidade na condução da separação.

Entretanto, e considerando que as situações podem mudar, e novos vínculos se formarem, interferências de outras pessoas e de outros relacionamentos, é sempre conveniente deixar estabelecidas algumas regras de convivência familiar, ainda que, na prática e enquanto houver diálogo, façam a rotina que lhes convier.

Normalmente, costuma-se utilizar uma "fórmula" de maneira a se regulamentar o mínimo de convivência: fins de semana alternados para cada genitor, assim como os feriados prolongados e datas festivas, e férias escolares dos menores divididas entre os pais. Tudo isso delimitando horários para busca e devolução dos filhos na residência deles. Do acordo celebrado, o Ministério Público deve emitir seu parecer antes da homologação pelo juiz. Esta intervenção ministerial, na maioria das vezes, revela-se como uma intromissão excessiva na vida dos pais. Ora, ninguém melhor do que os próprios pais para demarcar o campo da convivência com os filhos.

Não sendo possível o consenso, isto é, na falência do diálogo do ex-casal ou quando não for possível o uso das técnicas de mediação, o juízo determinará, atendendo-se sempre e

---

[38] Artigo 1.589 do Código Civil Brasileiro: O pai ou a mãe, em cuja guarda não estejam os filhos, poderá visitá-los e tê-los em sua companhia, segundo o que acordar com o outro cônjuge, ou for fixado pelo juiz, bem como fiscalizar sua manutenção e educação.

[39] KAUFMANN, Pierre. *Dicionário enciclopédico de psicanálise: o legado de Freud e Lacan*. Trad. Vera Ribeiro, Maria Luíza de A. Borges. Rio de Janeiro: Jorge Zahar, 1996, p. 472. *O significante, para Saussure, é a representação psíquica do som tal como nossos sentidos o percebem, ao passo que o significado é o conceito a que ele corresponde.*

[40] CPC/2015: Art. 731. A homologação do divórcio ou da separação consensuais, observados os requisitos legais, poderá ser requerida em petição assinada por ambos os cônjuges, da qual constarão: I – as disposições relativas à descrição e à partilha dos bens comuns; II – as disposições relativas à pensão alimentícia entre os cônjuges; III – o acordo relativo à guarda dos filhos incapazes e ao regime de visitas; e IV – o valor da contribuição para criar e educar os filhos. Parágrafo único. Se os cônjuges não acordarem sobre a partilha dos bens, far-se-á esta depois de homologado o divórcio, na forma estabelecida nos arts. 647 a 658.

Cap. 12 – GUARDA E CONVIVÊNCIA **455**

prioritariamente o interesse do menor, a regulamentação das visitas/convivência familiar. A maioria dos juízos de família no Brasil tem embasado suas decisões em laudos emitidos pelo estudo psicossocial. O importante a ser considerado nesta seara é a determinação que a regra do Código Civil de 2002, com o advento da Lei nº 11.698/2008 e Lei nº 13.058/2015, estabeleceu-se, ou seja, a guarda compartilhada é o regime que deve ser aplicado como regra, independentemente se houver litígio, sendo a exceção a guarda unilateral. Não há uma regra absoluta para a delimitação e estabelecimento da guarda e convivência familiar. O norte é sempre o melhor interesse da criança/adolescente que, sem dúvida alguma, a não ser em casos excepcionais, devem conviver o máximo possível com ambos os pais e seus demais familiares. Mas cada caso é um caso. Por isso, em vez de regras, devemos sempre nos guiar por princípios. Assim, estaremos garantindo a continuidade da convivência familiar, que é um direito fundamental dos filhos e um dever fundamental dos pais. A convivência vai muito além do simples conviver. Significa também participar, interferir, colocar limites, enfim, educar. Este é um atributo inerente ao poder familiar. Em síntese, é o princípio do melhor interesse da criança e do adolescente que deve reger toda e qualquer ação ou decisão, nesta matéria, com prevalência sobre qualquer regra de direito adjetivo ou substantivo.[41]

12.8 CONVIVÊNCIA COM OS AVÓS

A Constituição da República, em seu artigo 227,[42] assegura, com prioridade absoluta, a convivência familiar. Regulamentando esse princípio, o ECA vem destacar a importância da vida em família como ambiente natural e cultural para o desenvolvimento daqueles que ainda não atingiram a vida adulta. Mais do que um direito da criança, constitucionalmente garantido, a convivência familiar mostra-se como verdadeira exteriorização da valorização do afeto, tão invocado no atual sistema jurídico brasileiro e fundamental para a boa estrutura psíquica de qualquer sujeito, especialmente crianças e adolescentes.

É no núcleo familiar que os menores receberão os cuidados necessários ao seu crescimento e desenvolvimento como cidadãos. Essa atmosfera deve ser protegida de forma a sempre propiciar as melhores condições para a formação biopsíquica dos menores, garantindo-lhes o cumprimento e a aplicação dos direitos fundamentais a eles conferidos. Toda criança e adolescente tem o direito à ampla convivência familiar – incluindo todos os parentes, principalmente, seus avós maternos e paternos. A Lei nº 12.398, de 28/3/2011, acrescentou parágrafo único ao art. 1.589 da Lei nº 10.406, de 10 de janeiro de 2002 – Código Civil para estender aos avós o direito de "visita", ou melhor, convivência com os netos.

A integração familiar possibilita o desenvolvimento da criança, seu bem-estar, além de sua inserção social. Por isso, é fundamental a presença do afeto nestas relações, também e fortemente propiciado pelos avós. Esse afeto é reforçado quando se trata de pessoas significativas para a vida de uma criança, como, em geral, são os avós. Eles constituem um elo fundamental para a transmissão do sentido histórico da família.[43]

O direito a conviver com os avós é uma via de mão dupla, isto é, é direito das crianças e dos adolescentes e, também, direito dos avós, mas o mais relevante é o direito da criança

---

[41] CUNHA PEREIRA, Rodrigo da. *Princípios fundamentais norteadores do direito de família*, São Paulo: Saraiva, 2012, p. 148.

[42] "É dever da família, da sociedade e do Estado assegurar à criança e ao adolescente, com absoluta prioridade, o direito à vida, à saúde, à alimentação, à educação, ao lazer, à profissionalização, à cultura, à dignidade, ao respeito, à liberdade e à convivência familiar e comunitária, além de colocá-los a salvo de toda forma de negligência, discriminação, exploração, violência, crueldade e opressão."

[43] Affonso Romano de Sant'Anna, que em seu texto *Antes que elas cresçam* coloca de maneira poética a importância dos netos na vida dos avós e diz que avós são a reedição do afeto e, por isso, são tão desmesurados.

aos laços familiares, às suas raízes, com aqueles que lhes são significativos, que também lhes proporcionam amor e carinho. É necessário reconhecer-se a dimensão afetiva da criança e dos avós, como "sujeitos de necessidades".[44]

Os laços de afetividade são alimentados pelo convívio. Assim, ganhando a convivência familiar *status* de fundamentalidade, de componente básico e intrínseco da dignidade humana, não pode ser esquecido por quem quer que seja, sendo oponível, inclusive aos pais, que não podem resistir ao exercício de um direito fundamental garantido ao seu filho, mesmo que ele seja absolutamente incapaz.

Além do elo afetivo estreito existente entre os avós e os netos, o direito à convivência entre eles é ainda uma contrapartida das obrigações, oriundas do parentesco, determinadas aos avós pelo Código Civil vigente, como bem escreve Tânia da Silva Pereira:

> Convém salientar que, na maior parte das vezes, a intenção principal dos ascendentes em relação ao direito de visita é ter a oportunidade de permanecer um período ao lado de seus descendentes de forma a participar e presenciar o seu crescimento e amadure-cimento, e não causar discórdia na família.
>
> A conotação do direito de visita conferido aos avós foi ampliada, de modo a incluir nele o direito de hospedagem, bem como o de correspondência, donde se conclui que, atualmente, eles têm a faculdade de usufruir da companhia dos netos em outro lugar que não a sua casa, podendo até tê-los por um pernoite, por exemplo.[45]

Nossos tribunais já se posicionaram sobre essa necessidade e direito à convivência familiar, isso porque, além da Constituição da República, o Estatuto da Criança e do Adolescente também assegura aos menores o direito de serem visitados, ou melhor, de conviverem com seus familia-res ou pessoas significativas em sua vida. Os avós representam uma referência importante para a criança, pois significam um fortalecimento dos vínculos familiares e sociais relevantes ao seu crescimento e seu desenvolvimento como sujeito da própria vida e como cidadão. Os pais, di-vorciados ou não, têm o dever de respeitar o direito de seus filhos de conviverem com pessoas da família ampliada, ou mesmo com terceiros, que tenham estabelecido laços afetivos importantes e que possam contribuir para a sua boa formação e o seu bom desenvolvimento biopsíquico.[46]

O direito de convivência de criança e adolescentes é com toda família, portanto pode ir além, dos avós, à quem tem laços de afeto mais próximos como tios[47] e até mesmo ex-padrastos e ex-madrastas.

---

[44] FACHIN, Luiz Edson e RUZYK, Carlos Eduardo P. "Direitos fundamentais, dignidade da pessoa humana e o novo Código Civil: uma análise crítica". In: SARLET, Ingo Wolfgang (org.). *Constituição, direitos fundamentais e direito provado*, Porto Alegre: Livraria do Advogado, 2003, p. 88.

[45] PEREIRA, Tânia da Silva. *Op. cit.*, p. 160.

[46] (...) Mantém-se a regulamentação de visitas anteriormente estipulada em acordo firmado em outro processo, pois desentendimentos entre pai e avó materna não podem impedir o convívio da criança com a família da mãe, quando não há qualquer indicativo de que o regime de convivência esteja lhe causando algum prejuízo. 2.Negou-se provimento ao apelo. (TJ-DF 20140110268704 – Segredo de Justiça 0007078-40.2014.8.07.0016, Rel. Sérgio Rocha, 4ª Turma Cível, DJE: 18/12/2018).

[47] (...) Pertinente a manutenção da guarda unilateral dos menores em favor dos tios paternos, em razão do falecimento dos seus genitores, quando comprovado que estes dispõem de boas condições para criação dos menores, em ambiente saudável e com vínculo de afetividade forte, atendendo ao princípio do melhor interesse das crianças. (TJ-SC – AC: 03014144720178240057 Santo Amaro da Imperatriz 0301414-47.2017.8.24.0057, Relator: João Batista Góes Ulysséa, Data de Julgamento: 12/09/2019, Segunda Câmara de Direito Civil).

12.9 MULTA PELO DESCUMPRIMENTO DO DEVER DE CONVIVÊNCIA

O direito de convívio é muito mais do filho do que dos pais, que por sua vez têm o dever/direito de cuidar dois filhos. Dentre esses deveres de cuidado é que está o dever de conviver. Conviver é cuidar dos filhos. Entende-se por convivência, o que alguns textos jurídicos ainda denominam de visitas[48].

Quando um pai ou mãe descumpre a obrigação de convívio com seus filhos, é possível "cobrar" tal convívio em execução para adimplemento desta obrigação[49]. Obviamente que não há como obrigar alguém a conviver com outro alguém, mas impor uma sanção pecuniária – *astreintes,* aplicação de multa certamente funcionará como um instrumento de pressão, que chamará à responsabilidade aquele pai/mãe aos seus deveres e funções. Esta é a função do Direito: colocar limites externos a quem não os tem internamente.

Da mesma forma pode ser aplicada sanção pecuniária ao guardião, ou a quem detiver o filho e não o entrega, ou entregar em dias e horários estabelecidos[50]. Tal requerimento pode ser feito nos próprios autos em que se estabeleceu a convivência. Não há necessidade de propor nova ação de execução de obrigação de fazer ou não fazer.

É conveniente que nos acordos sobre a convivência, já fique estabelecido multa pelo descumprimento, pois serve como uma orientação para as partes, mas o juiz pode fixá-la de ofício. Tais ações encontram guarida também nos artigos 208, § 1º,[51] e 213[52] do ECA.

O valor da multa fica a cargo do juiz, embora o autor possa também fazer o pedido incluindo o valor. Como a natureza da multa é inibitória, o valor deve ser significativo, pois quanto o maior valor, mais pressionado ficará o "devedor" do convívio.

Pai/mãe que descumpre a convivência com outro pai/mãe, impedindo, dificultando ou boicotando o convívio, além de sanção pecuniária, esse ato pode ser caracterizado como alienação

---

[48] As palavras têm força e poder. É assim que o significante que elas trazem consigo, vão além do seu significado. No caso da expressão visita, ela traz um significante de frieza e formalidade, o que não deve haver entre pais e filhos. Assim, devemos evitar a palavra visita, substituindo por convivência, ressignificando essas relações.

[49] (...) É cabível e conta com amparo legal a fixação de multa por descumprimento do dever de visitas, nos dias e horários aprazados. 3. Apelo não provido. Sentença mantida. (TJ-DF – APC: 20140110171334 DF 0004593-67.2014.8.07.0016, Relator: Arnoldo Camanho de Assis, 4ª Turma, pub. 30/03/2015. Pág.: 250).

[50] (...). O direito de visitação deve ser entendido com uma obrigação de fazer da guardiã de facilitar, assegurar e garantir, a convivência da filha com o não guardião, de modo que ele possa se encontrar com ela, manter e fortalecer os laços afetivos, e, assim, atender suas necessidades imateriais, dando cumprimento ao preceito constitucional. 5. A transação ou conciliação homologada judicialmente equipara-se ao julgamento de mérito da lide e tem valor de sentença, dando lugar, em caso de descumprimento, à execução de obrigação, podendo o juiz aplicar multa na recalcitrância emulativa. Precedente. 6. A aplicação das astreintes em hipótese de descumprimento do regime de visitas por parte do genitor, detentor da guarda da criança, se mostra um instrumento eficiente, e, também, menos drástico para o bom desenvolvimento da personalidade da criança, que merece proteção integral e sem limitações. 7. Prevalência do direito de toda criança à convivência familiar. 8. Recurso especial não provido. (STJ – REsp: 1481531 SP 2014/0186906-4, Relator: Ministro Moura Ribeiro, 3ª Turma,: DJe 07/03/2017).

[51] Art. 208. Regem-se pelas disposições desta Lei as ações de responsabilidade por ofensa aos direitos assegurados à criança e ao adolescente, referentes ao não oferecimento ou oferta irregular: (...) § 1º As hipóteses previstas neste artigo não excluem da proteção judicial outros interesses individuais, difusos ou coletivos, próprios da infância e da adolescência, protegidos pela Constituição e pela Lei. (Renumerado do Parágrafo único pela Lei nº 11.259, de 2005).

[52] Art. 213. Na ação que tenha por objeto o cumprimento de obrigação de fazer ou não fazer, o juiz concederá a tutela específica da obrigação ou determinará providências que assegurem o resultado prático equivalente ao do adimplemento. § 1º Sendo relevante o fundamento da demanda e havendo justificado receio de ineficácia do provimento final, é lícito ao juiz conceder a tutela liminarmente ou após justificação prévia, citando o réu. § 2º O juiz poderá, na hipótese do parágrafo anterior ou na sentença, impor multa diária ao réu, independentemente de pedido do autor, se for suficiente ou compatível com a obrigação, fixando prazo razoável para o cumprimento do preceito.

parental, o que pode trazer implicação presente na lei de alienação parental, tais como restrição de convívio, ou mesmo inversão de guarda, ou determiná-la unilateral.

12.10 AUTORIZAÇÃO DE VIAGENS DE CRIANÇAS E ADOLESCENTES

Autorização é a permissão ou consentimento dado pelos pais, tutores ou responsáveis legais dos menores de idade, por meio de documento hábil, para que eles possam viajar, dentro ou fora do país, em companhia de apenas um de seus pais, de terceiros ou mesmo sozinhos. Essa autorização pode ser via instrumento particular com firma reconhecida, escritura pública ou judicial.

Para fora do território nacional, na companhia apenas de um dos pais, basta que o outro faça a autorização particular com firma reconhecida em cartório. Do mesmo modo, pode ser feita a autorização por ambos os pais, com firma reconhecida em cartório, para a criança ou adolescente viajar na companhia de terceiro maior e capaz ou sozinho. Se um dos pais se opuser, a autorização poderá ser suprida pelo juízo da infância e juventude, se ficar demonstrado o superior interesse da criança e do adolescente.

As autorizações exaradas na presença da autoridade consular não precisam ser reconhecidas em cartório, desde que a assinatura dessa autoridade também conste no referido documento. Todas as autorizações precisam ter data de validade e, não havendo, o prazo estipulado em lei é de 2 (dois) anos. Os guardiões por prazo indeterminado, desde que nomeados por termo de compromisso, podem autorizar a viagem da criança ou adolescente sob seus cuidados, como se pais fossem.

Nos casos de dissenso dos pais, guardiães ou tutores, a decisão caberá ao Judiciário, geralmente o juiz titular da Vara da Infância e Juventude. Sendo a viagem dentro do território nacional, é necessária autorização apenas pelos pais, guardiães ou tutores, quando se tratar de menor de 12 anos na companhia de terceiro, que não seja irmão, avós ou tio. Ou seja, quando a criança viajar na companhia de um irmão, de avós ou tio, todos maiores e capazes, a autorização é dispensável, desde que estejam munidos da certidão de nascimento que comprove o parentesco. Os menores com idade entre 12 e 18 anos não precisam de autorização para viagem nacional. Basta portarem o documento de identidade.

A Resolução 295/2019 do CNJ, em seu artigo 2º, detalha os procedimentos a serem adotados: Art. 2º A autorização para viagens de criança ou adolescente menor de 16 anos dentro do território nacional não será exigida quando: I – tratar-se de comarca contígua à da residência da criança ou do adolescente menor de 16 anos, se na mesma unidade federativa ou incluída na mesma região metropolitana; e II – a criança ou o adolescente menor de 16 anos estiver acompanhado: a) de ascendente ou colateral maior, até o terceiro grau, comprovado documentalmente o parentesco; e b) de pessoa maior, expressamente autorizada por mãe, pai, ou responsável, por meio de escritura pública ou de documento particular com firma reconhecida por semelhança ou autenticidade. III – a criança ou o adolescente menor de 16 anos viajar desacompanhado expressamente autorizado por qualquer de seus genitores ou responsável legal, por meio de escritura pública ou de documento particular com firma reconhecida por semelhança ou autenticidade; e IV – a criança ou adolescente menor de 16 anos apresentar passaporte válido e que conste expressa autorização para que viajem desacompanhados ao exterior. Com relação à validade, o art. 3º da precitada resolução prevê que os documentos de autorizações dadas por genitores ou responsáveis legais deverão discriminar o prazo de validade, compreendendo-se, em caso de omissão, que a autorização é válida por dois anos.

O Provimento 103/2020 do CNJ instituiu autorização eletrônica de viagem – AEV nacionais e internacionais de crianças e adolescentes, até 16 anos desacompanhados de ambos, ou de um dos pais. E a partir de 2021, por meio de uma simples videoconferência do pai e da mãe com o cartório, tornou-se possível emitir documento eletrônico com um QR Code a ser usado no embarque nos aeroportos de todo o país. A única exigência é a utilização de certificado digital para fazer a assinatura eletrônica do documento. Tal mudança foi autorizada por meio do Provimento nº 120/2021 da Corregedoria Nacional de Justiça e vale para os casos em que não é necessária a autorização judicial.

12.11 RESUMO

Guarda significa a obrigação imposta a alguém de ter vigilância e zelo pela conservação do bem de coisa ou pessoas que estão sob sua responsabilidade.

No Direito de Família, a guarda refere-se aos filhos menores de 18 anos e significa o poder dever dos pais de ter seus filhos em sua companhia para educá-los e criá-los.

A convivência dos filhos com seus pais é um direito "sagrado" que decorre desses vínculos familiares. Independentemente da conjugalidade dos pais, deve ser assegurado aos filhos, o maior convívio com ambos os pais.

A guarda é atributo do poder familiar, mas não se restringe a ele. Sua existência não está vinculada ou desvinculada da conjugalidade existente entre os pais.

Os filhos podem ter duas casas. Crianças são adaptáveis e maleáveis e se ajustam a novos horários, desde que não sejam disputadas continuamente e privadas de seus pais.

A expressão visita traz um significante de frieza e formalidade, o que não deve haver entre pais e filhos. Assim, devemos evitar a palavra visita, substituindo por convivência, ressignificando essas relações.

- Guarda de filhos:
    - Unilateral;
    - Alternada;
    - Nidal;
    - Compartilhada:
    - É a regra – Lei 13.058/2014 – Alterou o art. 1.583, CCB;
    - Quebra uma estrutura de poder contida na unilateral: o filho não é seu, nem meu: é nosso;
    - O tempo de convívio com os filhos deve ser dividido de forma equilibrada entre os pais (art. 1.584, § 3º).

Lei nº 14.713/2023: impede a guarda compartilhada de filhos quando há risco de algum tipo de violência doméstica ou familiar praticado por um dos pais.

Quando um pai ou mãe descumpre a obrigação de convívio com seus filhos, é possível "cobrar" tal convívio em execução para adimplemento desta obrigação.

Viagem de crianças e adolescentes para fora do País precisa de autorização de ambos os pais.

O Provimento 103/2020 do CNJ instituiu a autorização eletrônica de viagem – AEV nacionais e internacionais.

FILMOGRAFIA

1. *Custódia*, 2018, filme, França, Xavier Legrand.
2. *História de um casamento*, 2019, filme, EUA, Noah Baumbach.
3. *Kramer Vs. Kramer*, 1979, filme, EUA, Robert Benton.
4. *Sobre meninos e lobos*, 2003, filme, EUA, Clint Eastwood.
5. *Minha filha*, 2018, filme, Itália/Suíça/Alemanha, Laura Bispuri.
6. *Barrage*, 2017, filme, Luxemburgo/Bélgica/França, Laura Schroeder.
7. *Não aceitamos devoluções*, 2013, filme, México, Eugenio Derbez.
8. *Maid*, 2021, série, EUA, Molly Smith Metzler.
9. *A lula e a baleia*, filme, 2005, EUA, Noah Baumach.
10. *Que família é esta?*, 2016, filme, França, Gabriel Julien Laferriere.
11. *Tudo ou nada*, 2023, filme, França, Delphine Deloget.

13

ALIENAÇÃO PARENTAL – PARENTIFICAÇÃO – ABUSO SEXUAL – ESCUTA ESPECIALIZADA DE CRIANÇAS E ADOLESCENTES

 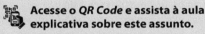

Acesse o *QR Code* e assista à aula explicativa sobre este assunto.

> https://uqr.to/ofqb

13.1 CONCEITO. UMA RELAÇÃO SUJEITO E OBJETO E O MITO DE MEDEIA

Uma das mais importantes e recentes evoluções do Direito de Família foi o estabelecimento de um conceito para a criação de um instituto jurídico para um velho problema, que se tem denominado como Alienação Parental[1], expressão cunhada pelo psiquiatra norte-americano Richard Gardner, em meados da década de 1980, como Síndrome da Alienação Parental – SAP. Na verdade, a síndrome pode ser a consequência da alienação parental, quando atingida em um grau mais elevado. Rolf Madaleno, na Revista do IBDFAM, alerta que o fato de a alienação parental ser ou não considerada uma síndrome não tem nenhuma relevância, porque o ato existe como incontestável fenômeno social, mas, como concluiu a justiça mexicana, o seu reconhecimento não pode condicionar "ao exercício da pátria potestade", pois essa é uma sanção que vulnera o direito do menor e ocasiona um desprezo ao seu desenvolvimento, e ao seu livre direito de conviver com seus progenitores, cujos direitos restam vulnerados, uma vez que o ato da alienação parental, quando praticado por um dos genitores, implicaria, segundo a legislação mexicana, a radical suspensão do pátrio poder do alienador do menor, passando de imediato, ao outro progenitor, a guarda e custódia do filho no caso de alienação leve ou moderada. Na hipótese de se tratar de alienação parental em seu grau severo, sob forma alguma o filho permaneceria sob os cuidados do progenitor alienador ou de sua família, e seria suspenso todo o contato com o ascendente alienador, sendo o menor submetido a tratamento indicado pelo especialista que tivesse diagnosticado dito transtorno. Acaso constatado ser prejudicial ao bem-estar do menor, em razão da sua idade, que o filho alienado convivesse com o outro

---

[1] Cf. o documentário "A morte inventada".

462 DIREITO DAS FAMÍLIAS – *Rodrigo da Cunha Pereira*

progenitor, o departamento de psicologia do Tribunal Superior de Justiça do Distrito Federal do México avaliaria os parentes mais próximos do infante, para determinar qual pessoa ficaria encarregada de seus cuidados, enquanto recebesse o tratamento respectivo que viabilizasse a convivência com o progenitor alienado[2].

A partir do momento que se pôde nomear, isto é, dar nome a uma sutil maldade humana praticada pelos pais que não se entendem mais, e usam os filhos como vingança de suas frustrações, disfarçada de amor e cuidado, tornou-se possível protegê-los da desavença dos pais. Essa nomeação inaugura o tempo da consciência de um abuso de crianças e adolescentes. Alienar é implantar na *psiqué* e memória do filho uma imago negativa do outro genitor, de forma tal que ele seja alijado e alienado da vida daquele pai ou mãe. Alienação Parental é uma forma de abuso que põe em risco a saúde emocional e psíquica de uma criança/adolescente. Embora não esteja ainda reconhecida no Código Internacional de Doenças (CID), a alienação parental aparece no CID 11, em subcategoria mais ampla: QE52 – Problemas associados com as interações interpessoais na infância[3].

A Lei nº 12.318, de 26/08/2010, que dispõe especificamente sobre a Alienação Parental, introduziu com clareza as definições e consequências deste novo instituto jurídico: *Considera-se ato de alienação parental a interferência na formação psicológica da criança ou do adolescente promovida ou induzida por um dos genitores, pelos avós ou pelos que tenham a criança ou adolescente sob a sua autoridade, guarda ou vigilância para que repudie genitor ou que cause prejuízo ao estabelecimento ou à manutenção de vínculos com este (art. 2º). E o parágrafo único deste mesmo artigo exemplifica atos de alienação parental, além de outros que podem ser declarados pelo juiz, se constatados por perícia ou por outros meios de prova: I – realizar campanha de desqualificação da conduta do genitor no exercício da paternidade ou maternidade; II – dificultar o exercício da autoridade parental; III – dificultar contato de criança ou adolescente com genitor; IV – dificultar o exercício do direito regulamentado de convivência familiar; V – omitir deliberadamente a genitor informações pessoais relevantes sobre a criança ou adolescente, inclusive escolares, médicas e alterações de endereço; VI – apresentar falsa denúncia contra genitor, contra familiares deste ou contra avós, para obstar ou dificultar sua convivência com a criança ou adolescente; VII – mudar o domicílio para local distante, sem justificativa, visando dificultar a convivência da criança ou adolescente com o outro genitor, com familiares deste ou com avós.*

A Lei nº 14.340/2022, de 18.05.2022, modificou a Lei de Alienação Parental (Lei nº 12.318/2010) e a Lei nº 8.069/1990 (Estatuto da Criança e do Adolescente), para estabelecer procedimentos adicionais à suspensão do poder familiar[4]. Entre as modificações, estabelece o parágrafo único do art. 4º, que será assegurado à criança ou ao adolescente e ao genitor garantia mínima de visitação assistida no fórum em que tramita a ação ou em entidades conveniadas com a Justiça, ressalvados os casos em que há iminente risco de prejuízo à integridade física ou psicológica da criança ou do adolescente, atestado por profissional eventualmente designado pelo juiz para acompanhamento das visitas. Melhor seria se a lei tivesse usado a expressão convivência familiar, em vez de "visita", que traz consigo um significante de frieza e formalidade.

---

[2]   MADALENO, Rolf. A revogação da Lei da Alienação Parental no Brasil e no exterior. *Revista IBDFAM – Famílias e Sucessões*, Belo Horizonte: IBDFAM, v. 45, maio-jun. 2021. p. 24.

[3]   DIAS, Maria Berenice. *Manual de direito das famílias*. 16. ed. São Paulo: Juspodivm, 2023, p. 400.

[4]   Alterações na Lei nº 8.069/1990: Art. 157. Havendo motivo grave, poderá a autoridade judiciária, ouvido o Ministério Público, decretar a suspensão do poder familiar, liminar ou incidentalmente, até o julgamento definitivo da causa, ficando a criança ou adolescente confiado a pessoa idônea, mediante termo de responsabilidade. (Expressão substituída pela Lei nº 12.010, de 2009 (...) § 3º A concessão da liminar será, preferencialmente, precedida de entrevista da criança ou do adolescente perante equipe multidisciplinar e de oitiva da outra parte, nos termos da Lei nº 13.431, de 4 de abril de 2017. (Incluído pela Lei nº 14.340, de 2022). § 4º Se houver indícios de ato de violação de direitos de criança ou de adolescente, o juiz comunicará o fato ao Ministério Público e encaminhará os documentos pertinentes. (Incluído pela Lei nº 14.340, de 2022).

Além disso, prevê sempre que necessário o depoimento ou a oitiva de crianças e de adolescentes em casos de alienação parental, que serão realizados obrigatoriamente nos termos da Lei nº 13.431, de 4 de abril de 2017[5], que estabeleceu o sistema de escuta especializada e depoimento especial, sob pena de nulidade processual (artigo 8º-A).

A alienação parental é o outro lado da moeda do abandono afetivo, que é a irresponsabilidade do abandono de quem tem o dever de cuidado com a criança/adolescente. Na alienação parental, a convivência se vê obstaculizada por ação/omissão/negligência do alienador, com implantação de falsas memórias, repudiando e afastando do convívio familiar o outro genitor não detentor de guarda. Neste sentido, a guarda compartilhada funciona como um antídoto da alienação parental.

Na alienação parental, o filho é deslocado do lugar de sujeito de direito e desejo, e passa a ser objeto de desejo e satisfação do desejo de vingança do outro genitor. É, portanto, a objetificação do sujeito para transformá-lo em veículo de ódio, que tem sua principal fonte em uma relação conjugal mal resolvida.

O alienador não se reconhece como alienador, e assim sempre nega que é alienador. E isso significa, também, o mau exercício do poder familiar, que sem dúvida causa danos psíquicos e ao direito da personalidade. Assim como todo abusador é um usurpador da infância, que se utiliza da ingenuidade e inocência das crianças e adolescentes para aplicar o seu golpe, às vezes mais sutil, mais requintado, às vezes mais explícito e mais visível, e o filho acaba por apagar as memórias de convivência e de boa vivência que teve com o genitor alienado. Embora o alvo da vingança e rancor seja o outro genitor, a vítima maior é sempre a criança ou o adolescente, programado para odiar o pai ou a mãe, ou qualquer pessoa que possa influir na manutenção de seu bem-estar, o que significa violação também dos princípios constitucionais da dignidade humana (art. 1º, III, CR), do melhor interesse da criança e do adolescente (art. 227, *caput*, CR) e da paternidade responsável (art. 226, § 7º, CR).

Na base da alienação parental, há sempre um ressentimento, que reside, em geral, em uma ferida narcísica. O ressentimento é o subproduto da mágoa. Se não sublimado, ele se transforma em mágoa. Para Nietzsche, é uma força reativa, pois o ressentido canaliza seu ódio para dentro, para si mesmo, construindo uma vingança imaginária, às vezes inconsciente. Heráclito de Éfeso (540 a.C.) já realçava o perigo do ressentido, quando dizia que há que mostrar maior rapidez em aclamar um ressentimento do que apagar um incêndio, pois as consequências do primeiro são infinitamente mais perigosas do que os resultados do último.

É uma forma de violência às crianças e/ou adolescentes, e pode ter variações ou estágio, como se verá adiante. As consequências dessa gravíssima forma de abuso e violência contra os filhos são devastadoras, às vezes irreversíveis. Caracterizada e demonstrada a alienação, em ação judicial declaratória, ou mesmo nos autos em que se discute a guarda e convivência familiar, o alienador pode ser responsabilizado por seus atos com a perda da guarda, limitação da convivência familiar, a reparação civil e perda do direito de receber pensão alimentícia em razão da indignidade da prática deste ato (art. 1.708, parágrafo único, CCB).

Dentre os avanços promovidos pelo CPC/2015, está o artigo 699, prevendo que quando o processo envolver discussão sobre fato relacionado a abuso ou a alienação parental, o juiz, ao tomar o depoimento do incapaz, deverá estar acompanhado por especialista. O Conselho Nacional do Ministério Público expediu a Recomendação 32/2016, dispondo sobre a necessidade dos membros do Ministério Público atuarem veementemente no combate à alienação parental. Dentre as recomendações, todas elas inseridas no contexto de políticas públicas e ações afirmativas para evitar e combater a prática da alienação parental, está a de que as

---

[5]   O Decreto nº 11.533/2023 instituiu a Comissão Intersetorial de Enfrentamento da Violência Sexual contra Crianças e Adolescentes.

DIREITO DAS FAMÍLIAS – *Rodrigo da Cunha Pereira*

Procuradorias-Gerais de Justiça e os Centros de Estudo e Aperfeiçoamento funcional insiram o tema nos cursos de formação e atualização dos membros dos Ministérios Públicos estaduais e a priorização do tema em seu planejamento estratégico (artigo 1º); que empreendam esforços administrativos e funcionais para dar apoio ao combate à alienação parental (artigo 2º); que façam ações coordenadas para a conscientização dos pais sobre os prejuízos da alienação parental e da eficácia da guarda compartilhada e que busquem meios eficazes para resolver os problemas atinentes a esse tema (artigo 3º)[6].

A Lei nº 13.431/2017 que estabelece o sistema de garantia de direitos da criança e do adolescente vítima ou testemunha de violência e alterou a Lei nº 8.069, de 13 de julho de 1990 (Estatuto da Criança e do Adolescente), veio reforçar a Alienação Parental como forma de violência psicológica. Estabelece o artigo 4º que são formas de violência: (...) II – violência psicológica: (...) b) o ato de alienação parental, assim entendido como a interferência na formação psicológica da criança ou do adolescente, promovida ou induzida por um dos genitores, pelos avós ou por quem os tenha sob sua autoridade, guarda ou vigilância, que leve ao repúdio de genitor ou que cause prejuízo ao estabelecimento ou à manutenção de vínculo com este.

Alienação parental sempre existiu, desde os primórdios da civilização. Pode-se constatar isto no mito da Medeia, que é a história da mulher que mata os próprios filhos para se vingar do marido, Jasão, que se apaixonou pela princesa de Corinto[7]. O que tem de novo é tão somente a nomeação desta prática. E isto não é pouco. A partir do momento em que se dá nome à determinada prática, fica mais fácil desenvolver estudos, torná-lo um instituto jurídico, e consequentemente proteger as vítimas, em sua grande parte, crianças e adolescentes (ver tb. item 13.5 – Alienação de idosos).

Uma das melhores maneiras de se evitar a prática de atos de alienação parental é proporcionar aos filhos conviverem o máximo possível com ambos os pais. E, para isto, nada melhor do que o exercício da guarda compartilhada. Na verdadeira guarda compartilhada, os filhos terão sempre a sensação da dupla parentalidade, com divisão de tempo equilibrado com ambos os pais. Isto certamente pode funcionar como um antídoto da alienação parental.

13.2 ABANDONO AFETIVO, O OUTRO LADO DA MOEDA DA ALIENAÇÃO PARENTAL

Abandono afetivo é a expressão usada pelo Direito de Família para designar o abandono de quem tem a responsabilidade e o dever de cuidado para com um outro parente. É o descuido, a conduta omissiva, especialmente dos pais em relação aos filhos menores e também dos filhos maiores em relação aos pais, idosos. O abandono afetivo infringe princípios constitucionais da dignidade humana, da solidariedade, da paternidade responsável e obviamente o do melhor interesse da criança e adolescente.

Além de princípios, o abandono infringe também regras. O artigo 1.634[8] do Código Civil estabelece obrigação de cuidado entre pais e filhos, assim como o artigo 4º do Estatuto do Idoso

---

[6] Enunciado IBDFAM nº 27 – No caso de comunicação de atos de alienação parental nas ações de família, o seu reconhecimento poderá ocorrer na própria demanda, sendo desnecessária medida judicial específica para tanto.

[7] (...) O homem, dono do lar, sai para distrair-se de seu tédio junto de algum amigo ou de pessoas de sua idade; mas nós, é preciso não termos olhos a não ser para eles (...) (EURÍPIDES, 1980, p. 171). EURÍPIDES. Medeia. In: ÉSQUILO; SÓFOCLES; EURÍPIDES. Prometeu acorrentado; Édipo Rei; Medeia. São Paulo: Abril Cultural, 1980.

[8] Art. 1.634. Compete a ambos os pais, qualquer que seja a sua situação conjugal, o pleno exercício do poder familiar, que consiste em, quanto aos filhos: (Redação dada pela Lei nº 13.058, de 2014) I – dirigir-lhes a criação e a educação; (Redação dada pela Lei nº 13.058, de 2014) II – exercer a guarda unilateral ou compartilhada nos termos do art. 1.584; (Redação dada pela Lei nº 13.058, de 2014) III – conceder-lhes ou negar-lhes consentimento para casarem; (Redação dada pela Lei nº 13.058, de 2014) IV – conceder-lhes ou negar-lhes

(Lei nº 10.741/2003), prevê que "nenhum idoso será objeto de qualquer tipo de negligência, discriminação, violência, crueldade ou opressão, e todo atentado aos seus direitos, por ação ou omissão, será punido na forma da lei". O Abandono afetivo é o não exercício da função de pai ou mãe, ou de filho em relação a seus pais idosos. O exercício deste dever de assistência para com o outro é uma imposição jurídica e o seu descumprimento caracteriza um ato ilícito, podendo ser fato gerador de reparação civil[9].

No Direito Penal, "abandonar pessoa que está sob seu cuidado, guarda, negligência ou autoridade, e, por qualquer motivo, incapaz de defender-se dos riscos resultantes do abandono" (art. 133, CP) é crime com pena de prisão que varia de seis meses a doze anos.

Qualquer pessoa, qualquer criança, para estruturar-se como sujeito e ter um desenvolvimento saudável necessita de alimentos para o corpo e para a alma. O alimento imprescindível para a alma é o amor, o afeto, no sentido de cuidado, conduta. Ao agir em conformidade com a sua função, está-se objetivando o afeto e tirando-o do campo da subjetividade apenas. Nessas situações, é possível até presumir a presença do sentimento de afeto.

A ausência deste sentimento não exclui a necessidade e obrigação de conduta dos pais com o cuidado e a educação, a responsabilidade e a presença e imposição de limites. A discussão do abandono afetivo transcende os seus aspectos jurídicos e éticos para atingir uma dimensão política e social. São milhares de crianças de rua, e na rua, estão diretamente relacionadas ao abandono paterno ou materno, e não apenas à omissão do Estado em suas políticas públicas. Se os pais fossem mais presentes na vida de seus filhos e não os abandonassem afetivamente, isto é, se efetivamente criassem e educassem seus filhos, cumprindo os princípios e regras jurídicas, não haveria tantas crianças e adolescentes com sintomas de desestruturação familiar.

Ausente e "abandônico" é também aquele dá apenas o sustento material[10]. Com o fim da conjugalidade (ou mesmo se não houve conjugalidade), é comum que ao genitor não guardião caiba somente o pagamento de alimentos, ficando o outro sobrecarregado com as funções de pai e mãe, cobrindo a ausência daquele que não está cumprindo o exercício do poder familiar. O abandono parental deve ser entendido como lesão a um interesse jurídico tutelado, extrapatrimonial, causado por omissão do pai ou da mãe no cumprimento do exercício e das funções parentais.

---

consentimento para viajarem ao exterior; (Redação dada pela Lei nº 13.058, de 2014) V – conceder-lhes ou negar-lhes consentimento para mudarem sua residência permanente para outro Município; (Redação dada pela Lei nº 13.058, de 2014) VI – nomear-lhes tutor por testamento ou documento autêntico, se o outro dos pais não lhe sobreviver, ou o sobrevivo não puder exercer o poder familiar; (Redação dada pela Lei nº 13.058, de 2014) VII – representá-los judicial e extrajudicialmente até os 16 (dezesseis) anos, nos atos da vida civil, e assisti-los, após essa idade, nos atos em que forem partes, suprindo-lhes o consentimento; (Redação dada pela Lei nº 13.058, de 2014) VIII – reclamá-los de quem ilegalmente os detenha; (Incluído pela Lei nº 13.058, de 2014) IX – exigir que lhes prestem obediência, respeito e os serviços próprios de sua idade e condição. (Incluído pela Lei nº 13.058, de 2014).

[9] (...) O presente caso traz como tema central o chamado "abandono afetivo", instituto que vem sendo reconhecido na jurisprudência como desdobramento da própria dignidade da pessoa humana e que decorre, em síntese, da recusa de convívio e cuidado mínimos do genitor com seu filho, deveres inerentes à própria relação de paternidade. A possibilidade de reparação por danos morais decorrentes de abandono afetivo é aceita perante nossos Tribunais, condicionada à prova efetiva de dano causado pela omissão do genitor. (TJSP, Apelação nº 0072742-77.2010.8.26.0000, Rela. Desa. Christine Santini, 1ª Câmara de Direito Privado, j. 17/12/2013).

[10] (...) Cediço é que a paternidade não se resume ao dever de prestar assistência material, mas também assistência moral, psíquica e afetiva. Por óbvio que a falta de cumprimento de quaisquer desses deveres geram transtornos na vida da criança, mas, em especial, o dever de assistência afetiva é, a meu ver, o mais doloroso e talvez seja o que mais traga prejuízos psicológicos para o menor. A rejeição e a indiferença são um dos piores sentimentos que um indivíduo pode sofrer, quanto mais uma crianças. Sendo assim, não há dúvida de que essa forma de violência e agressão moral é danosa para o filho, na medida em que lhe causa angústia, insegurança, tristeza, ou seja, transtornos psicológicos de toda ordem que poderão refletir por toda a sua vida. Assim, penso que a reparação moral ora pretendida afigura-se legítima, porquanto presentes de encontram os seus requisitos. (TJMG, Apelação Cível nº 1.0145.07.411698-2/001, Rel. Des. Barros Levenhagen, 5ª Câmara Cível, publ. 23/01/2014).

466 DIREITO DAS FAMÍLIAS – Rodrigo da Cunha Pereira

Se por um lado temos o abandono de quem tem a responsabilidade e o dever de cuidado com a criança e ao adolescente, por outro temos a busca da convivência familiar de quem tem responsabilidade, porém obstada por ação/omissão/negligência do alienador com implantação de falsas memórias, repudiando e afastando da convivência familiar o outro genitor não detentor da guarda. Portanto, a alienação parental é o outro lado da moeda do abandono afetivo.

13.3 CONSEQUÊNCIAS E ESTÁGIOS DA ALIENAÇÃO PARENTAL; UMA SÍNDROME?

A violação das normas constitucionais pelo alienador é flagrante: princípio do melhor interesse da criança (art. 227), princípio da dignidade humana (art. 1º, III) e princípio da paternidade responsável (arts. 226, § 7º, e 229). A legislação infraconstitucional, especialmente o Estatuto da Criança e do Adolescente, Lei nº 8.069/90, determina que nenhuma criança poderá ser objeto de qualquer forma de negligência, violência ou crueldade[11].

A prática de atos de alienação parental, além de afrontar direitos fundamentais da criança e do adolescente, significa também violação do exercício do poder familiar, tal como estabelecido no artigo 1.634, I, do CCB 2002.[12]

A Lei nº 13.431/2017 veio reforçar a Alienação Parental como forma de violência psicológica. Uma das etapas do processo de implementação da alienação a criança/adolescente passa a ser atingida por um conflito de lealdade em que ela se vê obrigada a escolher um dos pais, já que lhe foi induzido pensar que um dos genitores é totalmente bom e o outro totalmente mau, o que reforça o intuito da alienação, pois uma escolha forçada, segundo Lacan (seminário 11) implica necessariamente uma alienação[13].

As consequências desta gravíssima forma de abuso e violência contra os filhos são devastadoras. Tal perversidade não pode passar despercebida pelos operadores do Direito, que ao detectarem os elementos indicadores da Alienação parental devem buscar, inclusive na interdisciplinaridade, reportar a violência sofrida pelos filhos.

Uma das maiores dificuldades encontradas para aplicação prática dos atos de alienação parental, tão bem delineados na própria Lei nº 12.318/2010, é a sua demonstração probatória. A dificuldade está na sutileza da artimanha que se prepara para alienar um genitor da vida do outro. Às vezes tal maldade é até mesmo inconsciente e, às vezes, o próprio alienador acaba acreditando na versão por ele programada e implantada em seu filho, mas que não se justifica e deve ser rechaçada pelos sistemas jurídicos.

É uma crueldade que não deixa marcas no corpo e não é de fácil detecção jurídica, mas é possível trazer tal realidade subjetiva para o "mundo dos autos", a exemplo dos primeiros julgados sobre o assunto, mesmo antes da Lei nº 12.318, de 26.08.2010, como os do TJRS em

---

[11] Art. 5º Nenhuma criança ou adolescente será objeto de qualquer forma de negligência, discriminação, exploração, violência, crueldade e opressão, punido na forma da lei qualquer atentado, por ação ou omissão, aos seus direitos fundamentais.

[12] Art. 1.634. Compete aos pais quanto à pessoa dos filhos menores:
I – dirigir-lhes a criação e a educação.

[13] (...) profissionais mais gabaritados tem insistentemente alertado par os malefícios do que se convencionou chamar **alienação parental**, importância para o desenvolvimento psicossocial, emocional e psicológico das crianças o partilhar da convivência com ambos os pais. (STJ, Medida Cautelar nº 18.538, Rel. Min. Napoleão Nunes Maia Filho, Pub.26.03.2012).

Cap. 13 – ALIENAÇÃO PARENTAL **467**

decisões de 2006 e 2007, nas apelações n°s 70016276735[14] e 70017390972[15] e do TJMG no AI 1.0702.09.554305-5/001, em que o estudo psicossocial realizado entre as partes envolvidas demonstrou claros sinais de alienação parental.

A comprovação dos atos de alienação parental, geralmente se fazem por meio de perícia psicológica ou psiquiátrica onde os profissionais podem, através de laudos e testes, constatar que o filho foi "alienado" da vida de um dos pais, e cuja responsabilidade por tal alienação recai sobre o outro genitor. É comum também que bilhetes, cartas, e-mails demonstrem essa prática, assim como testemunhos de pessoas que ouvem ou assistem à prática continuada de se denegrir a imagem do outro genitor. A declaração de atos de alienação parental pode ser feita nos próprios autos em que se discute a guarda e convivência familiar, ou em Ação autônoma ou incidental[16], repita-se.

Uma vez comprovados os atos de alienação parental, além das sanções previstas pela Lei n° 12.318/2010, como inversão de guarda, restrição de convivência com o alienador, e até mesmo destituição do poder familiar (art. 1.638 do CCB/2002), o alienador perde também a pensão alimentícia, uma vez que tais atos se caracterizam como procedimento indigno, previsto no artigo 1.708, parágrafo único, do CCB/2002.

O criador da expressão Alienação Parental, Richard Gardner[17], por entendê-la como uma síndrome e, portanto, no campo das ciências médicas, classificou-a em três níveis ou estágios. Além disto, lembra Gardner, que a criança ao estreitar os laços de dependência com o alienador, ela mesma passa a contribuir para a campanha de desmoralização do genitor alienado, começando a odiar e ter repulsa àquele que até há pouco tempo era incentivado a amar e respeitar, bem como toda a sua família e amigos. No primeiro estágio, o leve, é quando a campanha de desmoralização é discreta e rara; no médio, os filhos sabem o que o alienador quer escutar e colaboram com a campanha de denegrir a imagem do alienado; grave, quando os filhos já entram em pânico por terem que conviver com o outro genitor e evitam qualquer contato.

Embora no Brasil, inicialmente, tenha sido chamada de síndrome da Alienação Parental – SAP, a Lei n° 12.318/2010, assim não a considerou. Ainda bem. Pode até, em alguns casos, chegar a se ter uma síndrome. Mas na maioria das vezes, não se trata de síndrome, apenas prática de atos que caracterizam como alienação parental.

---

[14] Evidenciada o elevadíssimo grau de beligerância existente entre os pais que não conseguem superar suas dificuldades sem envolver os filhos, bem como a existência de graves acusações perpetradas contra o genitor que se encontra afastado da prole há bastante tempo, revela-se mais adequada a realização das visitas em ambiente terapêutico. Tal forma de visitação também se recomenda por haver a possibilidade de se estar diante de quadro de alienação parental. Apelo provido em parte (Apel. Cível n° 70016276735, 7ª CC, Tribunal de Justiça do RS, Relatora Maria Berenice Dias, Julgado em 18.10.2006).

[15] Não merece reparos a sentença que, após o falecimento da mãe, deferiu a guarda da criança ao pai, que demonstra reunir todas as condições necessárias para proporcionar a filha um ambiente familiar com amor e limites, necessários ao seu saudável crescimento. 2. A tentativa de invalidar a figura paterna, geradora da alienação parental, só milita em desfavor da criança e pode ensejar, caso persista, suspensão das visitas aos avós, a ser postulada em processo próprio. Negaram provimento. Unânime (TJRS, Apel. Cível n° 70017390972, 7ª CC, TJRS, Rel. Luiz Felipe Brasil Santos, Julgado em 13.06.2007).

[16] (...) De igual modo, nos casos de **alienação parental**, resguarda-se o maior interesse da menor ao se permitir que ela esteja em convívio com a sua avó materna, o que se recomenda, inclusive, em razão de inexistirem elementos que desautorizem a subsistência do relacionamento. (TJMG, AI n° 1.0241.11.001272-1/001, Rel. Des. Armando Freire, 1ª Câmara cível, publ. 03/02/2012) Grifamos.

[17] Cf. Richard A. Gardner (Março de 1998). *A síndrome de alienação parental: um guia para a saúde mental e profissionais da área jurídica*. Therapeutics criativas.

13.4 RESPONSABILIDADE CIVIL E ATOS DE INDIGNIDADE

A prática de atos de alienação parental fere direito fundamental das crianças e adolescentes de convivência familiar saudável, interfere nas relações de afeto com os pais e seus familiares e constitui abuso moral contra esses sujeitos em desenvolvimento. Não há dúvida de que além das consequências para o poder familiar, como restrição da convivência, inversão da guarda etc., como previsto no artigo 6o[18], ela pode gerar responsabilidade civil do alienador,[19] por abuso de direito. Além de reparação civil[20], a alienação parental pode ser causa de extinção da obrigação alimentar na relação conjugal. Assim, o ex-cônjuge/companheiro que praticou alienação parental, praticou também, consequentemente atos de indignidade. E, como tal, enquadra-se no artigo 1.708, parágrafo único, do CC/2002: *Com relação ao credor cessa, também, o direito a alimentos, se tiver procedimento indigno*[21] *em relação ao devedor.*

A teoria da responsabilidade civil[22] baseia-se na presença de três elementos fundamentais: a culpa, de forma que só o fato lesivo intencional ou imputável ao agente deve autorizar a reparação; o dano, com lesão provocada ao patrimônio da vítima, e o nexo de causalidade entre o dano e o efetivo comportamento censurável do agente, como bem demarcou Caio Mário da Silva Pereira:

> *Deste conceito extraem-se os requisitos essenciais: a) em primeiro lugar, a verificação de uma conduta antijurídica, que abrange comportamento contrário ao direito, por comissão ou omissão, sem necessidade de indagar se houve ou não propósito de malfazer; b) em segundo lugar, a existência de dano, tomada a expressão no sentido de a lesão a um bem jurídico, seja este de ordem material ou imaterial, de natureza patrimonial ou não-patrimonial; c) e em terceiro lugar, o estabelecimento de um nexo de causalidade entre uma e outro, de forma a precisar-se que o dano decorre da conduta antijurídica, ou, em termos negativos, que sem a verificação do comportamento contrário ao direito não teria havido o atentado a bem jurídico*[23].

A alienação parental é uma conduta antijurídica e afronta o princípio do melhor interesse da criança/adolescente. O seu dano, passível de reparação está na esfera imaterial, ou não patrimonial, pois afeta o aparelho psíquico dos filhos. Por fim, o nexo de causalidade entre a conduta do alienante e o abalo psicológico sofrido em virtude dessa ação. Quanto aos preceitos da culpa, tem-se a intenção do alienante em lesionar o genitor alienado. Mas a reparação civil decorrente da alienação parental é independente de culpa.

---

[18] Art. 6o Caracterizados atos típicos de alienação parental ou qualquer conduta que dificulte a convivência de criança ou adolescente com genitor, em ação autônoma ou incidental, o juiz poderá, cumulativamente ou não, sem prejuízo da decorrente responsabilidade civil ou criminal e da ampla utilização de instrumentos processuais aptos a inibir ou atenuar seus efeitos, segundo a gravidade do caso (...).

[19] (...) A custódia física conjunta é o ideal a ser buscado na fixação da guarda compartilhada, porque sua implementação quebra a monoparentalidade na criação dos filhos, fato corriqueiro na guarda unilateral, que é substituída pela implementação de condições propícias à continuidade da existência de fontes bifrontais de exercício do Poder Familiar. (...) STJ, REsp 1251000/MG, Rel. Min. Nancy Andrighi, 3ª turma, publ. 31/08/2011.

[20] TARTUCE, Flávio. *Manual de Direito Civil*-Volume único. 2ª edição. Rio de Janeiro: Forense; São Paulo: Método, 2012, p. 1.198.

[21] A Lei nº 13.532/2017 alterou a redação do art. 1.815 do CCB/2002 para promover ação visando à declaração de indignidade de herdeiro ou legatário.

[22] Arts. 186 c/c 927 do Código Civil que: Art. 186 Aquele que, por ação ou omissão voluntária, negligência ou imprudência, violar direito e causar dano a outrem, ainda que exclusivamente moral, comete ato ilícito. Art. 927 Aquele que, por ato ilícito (arts. 186 e 187), causar dano a outrem, fica obrigado a repará-lo.

[23] PEREIRA, Caio Mário da Silva. *Instituições de direito civil*. Volume 5. 11ª edição. Rio de Janeiro: Forense, 1997, página 457.

Não há como negar aplicação do dano moral, sob a esfera do artigo 6º da Lei nº 12.318/2010, podendo cumular tal pedido na ação que se declarará a alienação parental[24].

13.5 ALIENAÇÃO PARENTAL DE OUTROS SUJEITOS VULNERÁVEIS

Embora a expressão alienação parental tenha surgido em razão de estudos desenvolvidos nas relações de pais e filhos, ela pode ser compreendida também em toda a sua extensão da parentalidade. Em outras palavras, não é apenas o pai ou a mãe que aliena crianças/adolescentes. Esse fenômeno é comum também em sua relação inversa, ou seja, os filhos alienar os pais idosos de outros filhos, seus irmãos[25]. Mas não apenas filhos em relação a pais e vice versa. A alienação parental pode dar em toda família extensa com avós, tios etc.

No cerne da concepção da alienação parental está a vulnerabilidade do sujeito. Crianças e adolescentes estão vulneráveis a isto. Mas os idosos também, as pessoas com deficiência, especialmente os curateláveis.

É no contexto da vulnerabilidade que a alienação parental surge a atua. Portanto, é perfeitamente possível que haja alienação parental com adultos vulneráveis. A vulnerabilidade dos idosos é um terreno fértil para alienação parental, cujas motivações vão desde interesses financeiros simplesmente à transformação do outro em objeto de vingança ou rancor. É muito comum que a nova esposa/companheira aliene seu marido/companheiro dos filhos da conjugalidade anterior. Os ingredientes para esse afastamento são sempre os mesmos: vingança, intenção de proteger, incapacidade de não aceitação da nova relação conjugal do pai/mãe, medo de perder o marido/companheiro.

O Estatuto da Pessoa Idosa – Lei nº 10.741/2003 – estabelece que nenhuma pessoa idosa será objeto de negligência, discriminação, violência, crueldade ou opressão, e que isto viola seus direitos, seja por ação ou omissão. E, a alienação parental é uma forma de violência e crueldade (art. 4º). Além disto, prevê também que todo idoso tem direito à convivência familiar[26] (art. 3º). Portanto, a alienação parental é aplicada aos idosos, analogicamente, ainda que que isto não esteja expressamente previsto em lei.

Também é possível aplicação analogicamente à lei da alienação parental, a outros adultos, como as pessoas com deficiência, especialmente aquelas curateláveis. Isto porque eles por se encaixarem no conceito das vulnerabilidades podem assim serem protegidos. O Estatuto da Pessoa com Deficiência – EPD (Lei nº 13.146/2015), deixa claro que a deficiência não afeta a plena capacidade civil, inclusive para o exercício da convivência familiar (art. 6º). E assim como a guarda compartilhada é um antídoto da alienação parental, a curatela compartilhada

---

24 FIGUEIREDO, Jones. Alienação parental. Ilicitude civil. *In: Revista informativa do IBDFAM*. Edição 32, maio 2019, p. 13.

25 "(...) Ocorrendo o encerramento prematuro da instrução processual, mostra-se configurado cerceamento de defesa, devendo os autos retornarem ao juízo a quo, com a consequente realização da prova testemunhal, **a fim de comprovar a apontada 'alienação parental inversa' vivenciada pelo testador no momento da lavratura do Testamento Público**" (TJ-MG, Apelação Cível 5001619-35.2022.8.13.0012 1.0000.23.195992-5/002, Rel. Des. Ivone Campos Guilarducci Cerqueira (JD Convocado), Câmara especializada, publ. 22/05/2024).

26 (...) O idoso goza de todos os direitos fundamentais inerentes à pessoa humana, sendo obrigação da família assegurar, com absoluta prioridade, a efetivação do direito à vida, à saúde, à alimentação, à educação, à cultura, ao lazer, à liberdade, à dignidade, ao respeito e à convivência familiar e comunitária, colocando-o a salvo de qualquer tratamento desumano, violento, aterrorizante, vexatório ou constrangedor. A convivência entre mãe idosa e filha que lhe presta todos os cuidados necessários, jamais deverá ser obstada por desentendimentos familiares que influenciam na saúde da genitora, especialmente quando esta reside na casa de propriedade de uma das filhas, residente em outro Estado da Federação, que proíbe a irmã de adentrar em sua residência. (TJ-SC, Rel.: João Batista Góes Ulysséa, Julg.: 25/06/2014, Segunda Câmara de Direito Civil).

DIREITO DAS FAMÍLIAS – *Rodrigo da Cunha Pereira*

também pode funcionar como uma evitação da alienação parental da pessoa com deficiência (art. 1.775-A, introduzido ao CCB pelo EPD – Lei nº 13.146/2015).

13.6 AUTOALIENAÇÃO OU ALIENAÇÃO AUTOINFLIGIDA

Na evolução do pensamento do sistema de proteção às crianças e adolescentes, e como um desdobramento da alienação parental, surge uma nova expressão, que pode ajudar a entender melhor o afastamento, ou melhor, a rejeição dos filhos a seus pais: alienação autoinfligida ou autoalienação.

Este fenômeno se dá quando o próprio pai/mãe é o agente alienador ou melhor, quando o alienado é quem provocou tal alienação. Os casos mais comuns que ocasionam autoalienação podem ser aqui exemplificados: passar muito tempo sem ver/conviver com seu(s) filho(s), causando mágoas, e consequentemente rupturas psíquicas na relação; maus tratos ao(s) filho(s), fazendo com que eles se afastem como forma de se defender; impor aos filhos de forma abrupta, sem respeitar o tempo da criança/adolescente a convivência com seu novo relacionamento amoroso, especialmente quando este relacionamento aparece como um dos motivos ensejadores da separação dos pais. Rolf Madaleno e Ana Carolina elucidam:

> *a alienação parental também pode ser causada pelo progenitor destituído da guarda dos filhos, gerada pelo comportamento disfuncional de um pai que pode muito bem não ter conseguido superar a ruptura do seu casamento, pretendendo, por exemplo, manter a relação por meio do conflito ou simplesmente porque mantém desejos de vingança e considera a ex-mulher culpada pela separação, ou simplesmente porque tem medo de perder seus filhos. Pais podem estar tão obcecados interpretando como ato de deslealdade do outro genitor o fato de as coisas não estarem funcionando da forma por ele desejada, mas sendo incapazes de observar que sua prole está passando por situações por eles mesmos insidiosamente provocadas, mediante a alienação de si próprio (autoalienação), causando o próprio afastamento de seus filhos e contribuindo com seu agir de rebeldia para se fazer uma pessoa que a criança até ama, mas a quem acaba evitando[27].*

Um dos primeiros julgados a usar a expressão alienação autoinfligida foi o TJRS, ainda que tenha sido para negá-la, como se vê a seguir:

> *o direito à visitação não é prerrogativa única do genitor que não detém a guarda, mas sim dos filhos, que devem ter garantido o convívio tanto com a mãe quanto com o pai. Infelizmente, e não raramente, há contratempos por parte de um dos genitores no tocante ao convívio dos filhos com o outro genitor, servindo tal circunstância para fomentar desentendimentos. Na hipótese, a partir de prova pré-constituída acostada aos autos, não se verifica a situação fática narrada pela agravante, em especial a alegada situação de risco a que estaria sendo submetida a infante com o deferimento da visitação paterna. Vale dizer: forçoso reconhecer que a declaração firmada pelo fotógrafo contratado na formatura da infante, narrando que o agravado negou-se a tirar fotos com esta, é insuficiente para aquilatar um quadro de "alienação parental auto-infligida". A propósito, destaca-se que a mídia de fl. 65, na qual supostamente estaria registrada a má-conduta paterna, não possui conteúdo gravado[28].*

Mesmo antes da nomeação desta prática de alienação parental invertida, ou seja, provocada pelo próprio alienado, já se percebia que nem sempre o alienado era também vítima, mas o próprio algoz, como se demonstra na decisão de 2013, transcrita:

---

[27]   MADALENO, Ana Carolina Carpes; MADALENO, Rolf. *Síndrome da Alienação Parental: importância da detecção – aspectos legais e processuais* 4. ed. rev. e atual. Rio de Janeiro: Forense, 2017, p. 160.

[28]   TJ-RS – AI: 70065427221 RS, Relator: Jorge Luís Dall'Agnol, Data de Julgamento: 08/09/2015, Sétima Câmara Cível, publ. 14/09/2015.

(...) Apreendido do contexto probatório que, ao invés de a genitora ter intercedido na formação da filha menor que ficara sob sua guarda com o propósito deliberado de nela ensejar a germinação de sentimentos de indiferença ou repulsa em relação ao genitor, a indiferença nutrida atualmente pela menor, já entrada na adolescência, em relação ao pai derivara precipuamente da conduta por ele assumida, pois sempre fora ausente dos eventos da vida da filha, transmudando o relacionamento entre pai e filha num fomento de litígios judiciais estabelecidos entre os genitores, torna-se materialmente inviável o reconhecimento de fatos aptos a ensejarem o reconhecimento da alienação parental ou síndrome da imputação de falsa memória. 4. O amor inerente à relação entre pai e filhos deve ser cultivado com carinho, afeição, presença, cumplicidade, aceitação e compreensão, que, aliados aos predicados da autoridade paterna, que compreendem a educação e correção, devem nortear o relacionamento familiar, desvanecendo a vã ilusão de que pode ser preservado mediante atitudes que o afetam e o minam, como indiferença, arrogância e distanciamento, derivando que, não cultivado o afeto filial, não pode o desamor ser debitado à culpa da genitora que, acolhendo a filha, suprira suas necessidades afetivas.[29]

13.7 PARENTIFICAÇÃO

A parentificação é a antecipação forçada da vida adulta, em uma inversão de papéis, geralmente entre pais e filhos. A parentificação, ou parentalização, é uma expressão criada pelo psiquiatra e terapeuta de família, húngaro, Ivan Boszormenyi-Nagy, em 1973, após o terapeuta argentino Minuchin, ter usado a expressão "criança parental", em 1967. É uma inversão de papéis na família parental, ou seja, quando filhos e filhas assumem a função de pais, sejam elas físicas, mentais ou emocionais, numa distorção subjetiva na relação. É a delegação da responsabilidade adulta à criança parental. Isto se dá de maneira implícita ou explícita. É comum ouvir de uma mãe ou um pai: "agora você é o homenzinho da casa". Na parentificação, o pai ou a mãe coloca o filho no lugar de um adulto, como se fosse um igual do ponto de vista geracional.

A parentificação é uma violência contra a criança ou o adolescente[30], que deixa marcas e sintomas para a vida adulta. Geralmente, acontece quando os pais se separaram, ou pela morte de um deles ou adoecimento, ou famílias em que há um grande número de irmãos etc. A criança adultificada, ou seja, parentalizada ou parentificada, se torna vulnerável a uma série de sintomas e problemas, como, por exemplo, ansiedade, depressão, perturbações alimentares etc. Certamente, ela terá dificuldades em estabelecer relações conjugais saudáveis quando atingir a vida adulta.

A parentificação pode ser emocional ou física. A primeira é quando a criança ou o adolescente se torna uma fonte constante de apoio emocional e cuidado aos pais e/ou irmãos, tornando-se um confidente deles, ouvindo suas preocupações e problemas, mesmo que não estejam preparados psiquicamente para ouvir. A parentificação física é quando a criança ou o adolescente assume tarefas reais do trabalho físico doméstico, ou mesmo fora de casa. A parentificação pode ocorrer quando o casal vive junto, mas, na maioria das vezes, é quando a mãe ou o pai mora sozinho com o(s) filho(os). Não há previsão legal expressa que caracterize, defina ou impeça a parentificação; porém, uma vez caracterizada, pode ser motivo para perda de guarda ou a sua inversão a restrição de convivência familiar.

---

[29] TJ-DF – APC: 20100111881655 DF 0060804-13.2010.8.07.0001, Rel.: Teófilo Caetano, 1ª Turma Cível, publ. 29/11/2013.

[30] "(...) é função do pai e da mãe dispensar o afeto, o cuidado, a proteção e o acolhimento ás necessidades do adolescente e o exercício da parentalidade deve se sobrepor ás disputas do ex-casal, inclusive esses devem se atentar para que não haja uma parentificação nessas relações, pois não cabe ao filho ser garantidor do bem-estar emocional dos pais. (...)" (TJ-MG – Apelação Cível 50046667520178130114, Rel. Des. Francisco Ricardo Sales Costa (JD Convocado), Câmara Especializada, publ. 23/08/2024. Grifamos).

13.8 ABUSO SEXUAL

A Medicina Legal define o abuso sexual infantil como "toda e qualquer exploração do menor pelo adulto que tenha por finalidade direta ou indireta a obtenção do prazer lascivo"[31]. Nesse sentido, não há meio-termo. O adulto que explora um menor com a finalidade de obter prazer sexual, direto ou indireto, pratica ato abusivo. Nesse ponto, é importante ressaltar que o abuso sexual contra o público infantojuvenil é uma realidade que insiste em perdurar ao longo do tempo. A grande dificuldade desse problema, porém, é dimensioná-lo, pois uma parte considerável dos delitos "ocorrem no interior dos lares, que permanecem recobertos pelo silêncio das vítimas". Além do natural medo de contar para os pais (quando estes não são os próprios agressores), não raro essas vítimas sequer "possuem a compreensão adequada da anormalidade da situação vivenciada"[32].

Podemos definir como abordagem sexual de quem usa crianças e adolescentes para prática de atos sexuais. A Terceira Seção do Superior Tribunal de Justiça, no julgamento do Tema Repetitivo nº 1.121, fixou a tese de que, presente o dolo específico de satisfazer à lascívia, própria ou de terceiros, a prática de ato libidinoso com menor de 14 anos configura o crime de estupro de vulnerável (art. 217-A do CP), independentemente da ligeireza ou da superficialidade da conduta, não sendo possível a desclassificação para o delito de importunação sexual (art. 215-A do CP).

Os abusos de crianças ou adolescentes, geralmente, ocorrem com abuso de confiança com membros da família, quem na verdade deveria cuidar e proteger, mas violenta. O ato libidinoso, atualmente descrito nos arts. 213[33] e 217-A[34] do Código Penal, não é só o coito anal ou o sexo oral, mas pode ser caracterizado mediante toques, beijo lascivo, contatos voluptuosos, contemplação lasciva, outros. Isto porque o legislador, com a alteração trazida pela Lei nº 12.015/2009, optou por consagrar que, no delito de estupro, a prática de conjunção carnal ou outro ato libidinoso, não havendo rol taxativo ou exemplificativo acerca de quais atos seriam considerados libidinosos.[35]

O abuso sexual de crianças e adolescentes é uma das maiores violações de direitos fundamentais. Não tem relativização. Não é simplesmente o rompimento de uma regra moral. Especialmente quando praticada por um dos pais, rompe-se uma lei universal, que é o interdito proibitório do incesto, o que deixa marcas indeléveis por quem passou por situações de abuso. Por outro lado, não podemos desconsiderar que pode acontecer falsas acusações. Seja por ter interpretado equivocadamente determinada situação, seja por má-fé, vingança etc. Seja lá o motivo da denúncia, que depois se constatou falsa, o acusador incorre em denunciação caluniosa passível de pena criminal. Essa situação também é uma violência psicológica que atinge a

---

[31]   FRANÇA, Genival Veloso. Medicina legal. 11ª. ed. Rio de Janeiro: Guanabara Koogan, 2017. p. 250.

[32]   BIANCHINI, A.; MARQUES, I. L.; ROSSATO, L. A.; SILVA, L. P. E.; GOMES, L. F.; LÉPORE, P. E.; CUNHA, R. S. *Pedofilia e abuso sexual de crianças e adolescentes*. São Paulo: Saraiva, 2013, e-book, Introdução, cap. 1.

[33]   Estupro – Art. 213. Constranger alguém, mediante violência ou grave ameaça, a ter conjunção carnal ou a praticar ou permitir que com ele se pratique outro ato libidinoso: (Redação dada pela Lei nº 12.015, de 2009) Pena – reclusão, de 6 (seis) a 10 (dez) anos. § 1º Se da conduta resulta lesão corporal de natureza grave ou se a vítima é menor de 18 (dezoito) ou maior de 14 (catorze) anos: Pena – reclusão, de 8 (oito) a 12 (doze) anos. § 2º Se da conduta resulta morte: Pena – reclusão, de 12 (doze) a 30 (trinta) anos.

[34]   Estupro de vulnerável (Incluído pela Lei nº 12.015, de 2009). Art. 217-A. Ter conjunção carnal ou praticar outro ato libidinoso com menor de 14 (catorze) anos: Pena – reclusão, de 8 (oito) a 15 (quinze) anos. § 1º Incorre na mesma pena quem pratica as ações descritas no *caput* com alguém que, por enfermidade ou deficiência mental, não tem o necessário discernimento para a prática do ato, ou que, por qualquer outra causa, não pode oferecer resistência. § 2º (VETADO). § 3º Se da conduta resulta lesão corporal de natureza grave: Pena – reclusão, de 10 (dez) a 20 (vinte) anos. § 4º Se da conduta resulta morte: Pena – reclusão, de 12 (doze) a 30 (trinta) anos. § 5º As penas previstas no caput e nos §§ 1º, 3º e 4º deste artigo aplicam-se independentemente do consentimento da vítima ou do fato de ela ter mantido relações sexuais anteriormente ao crime.

[35]   STJ, AgRg nos EDcl no REsp 1922807/ES, Rel. Ministro Felix Fischer, Quinta turma, DJe 30/03/2021.

criança e o adolescente. O crime de denunciação caluniosa consiste em dar causa à instauração de inquérito policial, de procedimento investigatório criminal, de processo judicial, de processo administrativo disciplinar, de inquérito civil ou de ação de improbidade administrativa contra alguém, imputando-lhe crime, infração ético-disciplinar ou ato ímprobo de que o sabe inocente.

O Superior Tribunal de Justiça tem firmado o entendimento de que, para configuração do crime de denunciação caluniosa, é imprescindível o dolo direto e específico de induzir em erro o julgador, prejudicando a administração da justiça ao fazer a imputação falsa de crime contra alguém que se sabe ser inocente[36]. O simples fato de o agente provocar a investigação ou o procedimento administrativo ou penal contra a suposta vítima e, eventualmente, recorrer das respectivas decisões de arquivamento de suas iniciativas, obviamente, não caracteriza o delito de denunciação caluniosa.

O abuso sexual de crianças e adolescentes deve ser investigado com todo o rigor necessário que tais crimes exigem. É uma das situações mais difíceis de se provar, pois entram aí fantasias, manipulações e subterfúgios. Em geral, a prova é feita por uma perícia interdisciplinar, em que a escuta da criança ou do adolescente é feita com métodos e testes psicológicos, além de uma "escuta especializada ", como se demonstrará adiante.

Na filmografia deste capítulo, há vários filmes e séries que nos conduzem a importantes reflexões sobre o perigo e o cuidado que todos devemos ter ao analisar e tratar desse assunto, a exemplo do Em silêncio, Acusação e O Caso Outreau: Um Pesadelo Francês.

13.9 ESCUTA ESPECIALIZADA DE CRIANÇAS E ADOLESCENTES

A escuta de crianças e adolescentes em juízo não deve ser feita da mesma forma que se escuta um adulto. Além de intimidação e traumas, crianças fantasiam e repetem o discurso de adultos. Por isso, criou-se um método diferente e menos violento para ouvi-las. Tal método, idealizado e criado por Daltoé Cezar, desembargador do TJRS, foi inicialmente denominado "depoimento sem dano". É um método acolhedor, humanizado e leva em consideração as características e peculiaridades da infância e da adolescência. Nele, servidores e servidoras da Justiça conversam com as crianças e os adolescentes em um ambiente reservado e lúdico. A conversa é gravada e assistida ao vivo, na sala de audiência, pelo juiz e pelas demais partes do processo – com a ciência deles, informação que é transmitida de acordo com a capacidade de compreensão.

O procedimento evita a revitimização, proporcionando à vítima uma condição mais segura para depor. Desde que foi aplicado no Juizado da Infância e Juventude de Porto Alegre, em 2003, o Depoimento Especial tornou-se regra no país todo por meio da Lei nº 13.431/2017, de autoria da deputada Maria do Rosário (PT-RS), que estabelece o sistema de garantia de direitos da criança e do adolescente vítima ou testemunha de violência. Em 2019, o CNJ editou a Resolução nº 299[37], que normatizou, no âmbito do Poder Judiciário, como prevenir a violência institucional.

Glícia Brazil,[38] em seu livro Escuta de Crianças pelo tribunal, sintetiza que o depoimento especial de crianças e adolescente é a mais recente forma de ouvir as crianças em tribunal sobre situações de violência, na qualidade de vítima ou de testemunha, a criança será ouvida na forma de escuta especializada e depoimento especial. Nasceu fruto da necessidade de conciliar a doutrina da proteção integral, com o sistema de valoração da prova, em que fosse assegurado

---

[36] STJ, APn 831/DF, Rel. Ministro Luis Felipe Salomão, Corte Especial , DJe 22/11/2019.

[37] Dispõe sobre o sistema de garantia de direitos da criança e do adolescente vítima ou testemunha de violência, de que trata a Lei nº13.431, de 4 de abril de 2017.

[38] BRAZIL, Glícia Barbosa de Mattos. *Formas de escuta de crianças pelo tribunal*. Indaiatuba: Foco, 2023. p. 11.

à criança a oportunidade de fazer o testemunho em relação a uma vivência de violência, ao proteger a criança do constrangimento (retirando ela da sala de audiências tradicionais e, por isso, evitando o contato com o réu) e, ao mesmo tempo, preservando a prova, evitando as oitivas sucessivas passíveis de contaminação no relato e perda do momento adequado do jus puniendi estatal.

Dando passos adiante, em 2024, o CNJ criou o Protocolo de Escuta Especializada de Crianças e Adolescentes[39] em ações de família nas quais se discute alienação parental. O protocolo é resultado do Grupo de Trabalho instituído pela Portaria nº 359/2022, destinado à elaboração de diretrizes para a escuta especializada e o depoimento especial. Isto resultou na Recomendação nº 157/2024, que estabelece a adoção do "Protocolo para a escuta especializada e depoimento especial de crianças e adolescentes nas ações de família em que se discuta alienação parental", no âmbito do Poder Judiciário brasileiro.

13.10 RESUMO

Alienação parental é um nome novo para uma maldade antiga. Pais sempre falaram mal um do outro para o filho, sem terem noção do mal que fazem ao próprio filho.

O mito grego de Medeia é a comprovação da alienação parental como uma prática antiga: Medeia mata os próprios filhos para se vingar do marido, Jasão, que se apaixonou pela princesa de Corinto.

É uma forma de violência às crianças e adolescentes que tem consequências gravíssimas e devastadoras na relação familiar.

O filho é deslocado do lugar de sujeito de direito e desejos, para ser objeto de desejo e satisfação de desejo de vingança do outro genitor.

Um dos maiores avanços legislativos do início do século XXI é a Lei nº 12.318, de 26/08/10, alterada pela Lei nº 14.340/2022, e que definiu o que é alienação parental e as consequências jurídicas. Uma vez caracterizada a sanção, pode-se chegar à perda do poder familiar.

A guarda compartilhada, verdadeiramente praticada, pode ser o antídoto da alienação parental.

O abandono afetivo é o outro lado da moeda da alienação parental.

A alienação parental não acontece de repente. Ela é constituída no dia a dia com atos sutis de denegrir a imagem do outro genitor e segundo o criador desta expressão, o médico americano, Richard Gardner, ela tem 3 estágios:

- Leve – quando a campanha de desmoralização é discreta e rara;

---

[39] Entre os objetivos deste protocolo está a contribuição para que o Princípio do Superior Interesse da Criança e do Adolescente seja concretizado especialmente no âmbito dos litígios que tomam lugar nas Varas de Família, em que a titularização dos polos da ação pelos adultos pode invisibilizar o real sentido de proteção da criança ou do adolescente envolvido. O compromisso dessas Diretrizes é de fornecer elementos seguros, científicos e humanitários para amparar autoridades judiciárias e auxiliares da Justiça na missão de reconhecer e garantir a condição de sujeito de direitos das crianças e dos adolescentes, permitindo-lhes o direito à oitiva obrigatória e à participação nas ações de família, não para que sobre seus ombros pese a obrigação de produzir provas, mas para que possam contribuir com a elucidação dos fatos, com a manifestação da sua opinião e com a oportunidade de pedir ajuda quando necessário. Disponível em: https://www.cnj.jus.br/wp-content/uploads/2024/04/minuta-protocolo-escuta-especializada-consulta-publica-v25-4.pdf. Acesso em: 04/12/2024.

- Média – os filhos sabem que o alienador quer escutar e começam, inconscientemente, a colaborar com a campanha de denegrir a imagem do alienado;
- Grave – Os filhos começam a entrar em pânico por terem de conviver com o outro genitor e evitam contato.

A alienação parental pode, também, acontecer com outros sujeitos vulneráveis, como idosos e pessoas com deficiência.

É possível reparação civil em razão da prática de atos de alienação parental.

Alienação parental caracteriza-se também como um ato de indignidade, descrito no art. 1.708, parágrafo único, do CCB, autorizador da cessação da obrigação alimentar.

A comprovação dos atos de alienação parental, em geral, se faz por meio de perícia psicológica ou psiquiátrica. Mas é comum também que bilhetes, cartas, e-mails e testemunhas possam demonstrar tal prática.

A declaração de atos de alienação parental pode ser feita nos próprios autos em que se discute a guarda e convivência familiar, ou em ação autônoma ou incidental.

A parentificação é a antecipação forçada da vida adulta, em uma inversão de papéis, geralmente entre pais e filhos.

Abuso sexual é toda e qualquer exploração do menor pelo adulto que tenha por finalidade direta ou indireta a obtenção do prazer lascivo.

Denunciação caluniosa consiste em dar causa a instauração de inquérito policial, de procedimento investigatório criminal, de processo judicial, de processo administrativo disciplinar, de inquérito civil ou de ação de improbidade administrativa contra alguém, imputando-lhe crime, infração ético-disciplinar ou ato ímprobo de que o sabe inocente.

O depoimento especial de crianças e adolescente é a mais recente forma de ouvi-los em tribunal sobre situações de violência, na qualidade de vítima ou de testemunha.

FILMOGRAFIA

1. *Pelos olhos de Maisie – What Maisie Knew*, 2013, filme, EUA, Scott McGehee e David Siegel.
2. *A garota do livro*, 2016, filme, EUA, Marya Cohn.
3. *Acusação*, 1995, filme, EUA, Mick Jackson.
4. *O filho protegido*, 2019, filme, Argentina, Sebastián Schindel.
5. *A morte inventada*, 2009, filme, Brasil, Alan Minas.
6. *O vencedor*, 2010, filme, EUA, David O. Russell.
7. *O quarto de Jack*, 2015, filme, EUA, Lenny Abrahamson.
8. *A caça*, 2013, filme, Dinamarca, Thomas Vinterberg.
9. *Custódia*, 2017, filme, França, Xavier Legrand.
10. *A baleia*, 2022, filme, EUA, Darren Aronofsky (alienação e autoalienação).
11. *O caso Outreau: um pesadelo francês*, 2024, minissérie.
12. *Em silêncio*, 2011, filme, Coreia do Sul, Hwang Dong-hyuk (abuso sexual de crianças).

14
DA ADOÇÃO

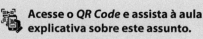

14.1 BREVE HISTÓRICO E CONCEITO

A prática da adoção encontra raízes no berço da civilização da humanidade, na Grécia antiga, assim como em Roma (os imperadores Tibério, Calígula, Nero, Trajano e outros eram filhos adotivos), e existe na maioria dos países do mundo. No primeiro Código Civil da França, 1804, também conhecido por Código de Napoleão, e que instalou no mundo ocidental o sistema de codificação, a adoção foi tratada como uma filiação igual à filiação oriunda do casamento. Isto porque Napoleão Bonaparte, cuja esposa Josefina, em razão de sua esterilidade, não podia dar-lhe um herdeiro, procurou garantir, pelo Código Civil, todos os direitos aos filhos adotivos, inclusive os de sucessão, na esperança de dar uma continuidade ao seu império. No Brasil, desde a Colônia até o Império, o instituto da adoção foi regulamentado pelo Direito português. Diferentemente do ordenamento francês, eram diversas referências à adoção nas chamadas Ordenações Filipinas (século XVI) e posteriores, Manuelinas e Afonsinas, mas nada efetivo – não havia sequer a transferência do pátrio poder ao adotante, salvo nos casos em que o adotado perdesse o pai natural e, mesmo assim, se fosse autorizado por um decreto real.

Até a CR/88, que equiparou todas as formas de filiação, discutia-se a natureza jurídica do instituto da adoção: como ficção jurídica, como ato bilateral (contrato), como instituição etc. Com o Código Civil de 1916, a adoção ganhou as primeiras regras formais no país e previa como elemento essencial o consentimento de ambas as partes para o ato (art. 372, CCB 1916). O único ponto em que todas as doutrinas convergiam era a necessidade do consenso como elemento constitutivo da adoção.

Até o advento da Lei nº 4.655/65, que introduziu no Brasil a "Legitimação Adotiva", o processo de adoção era visto como um simples ato bilateral. Bastava a manifestação de vontade do adotante e adotado – se capaz, ou de seu representante legal, se incapaz ou nascituro –, para que se efetivasse a adoção. Era feito mediante escritura pública (art. 375, CCB 1916), instituindo o parentesco apenas entre o adotante e o adotado, sem a necessidade de intervenção judicial. Era, ainda, dado ao adotado o direito de desligar-se da Adoção ao cessar a menoridade ou a interdição, admitindo a dissolução do vínculo de Adoção por acordo e nos casos em que era admitida a deserdação[1]. A adoção legítima, por outro lado, deveria, necessariamente, ser feita via processo judicial, com a presença do Ministério Público e a sentença definitiva era averbada no registro de nascimento da criança, limitado apenas ao nome do adotante ou adotantes, isso porque o parentesco ainda não se estendia ao restante da família. Com a Lei nº 6.697/79, mais conhecida como Código de Menores, a Adoção Simples do Código Civil de 1916 foi revogada, passando a vigorar no Brasil, até a entrada em vigor da CR/88, apenas, duas formas: Adoção Plena, que observava o procedimento da adoção legítima e ainda estendia o parentesco a toda família do adotante; e a Adoção Simples, regida pelo Código de Menores (Lei nº 6.697/79), que alterou o art. 327 do CCB 1916.

Foi somente em 1990, com a entrada em vigor do Estatuto da Criança e do Adolescente (Lei nº 8.069/90), que a adoção passou a ser medida irrevogável, e concluída mediante sentença judicial, que desvincula o adotado da família biológica para todos os efeitos, exceto no que diz respeito aos impedimentos para o casamento, devendo constar em seu registro de nascimento o nome do(s) adotante(s) e dos avós do adotado, ou seja, estabelecendo relação de parentesco com toda a família adotiva.

O milenar instituto da adoção[2] é a primeira e maior evidência e demonstração de que a família é uma estruturação psíquica, em que cada membro ocupa lugares determinantes, de pais e filhos. A Psicanálise lacaniana e a Antropologia estruturalista de Claude Lévi-Strauss já demonstraram que família é muito mais um elemento da cultura que da natureza, por isto ela vem se reinventando, e novas estruturas parentais e conjugais estão sempre em curso. A legislação brasileira reconhece igual direito aos adotantes solteiros, casados e aqueles que vivem em união estável ou casamento hetero, homoafetivo ou transafetivo.

A Lei nº 12.010/09[3] que modificou o Estatuto da Criança e do Adolescente, e dispõe sobre a adoção[4], a considera medida excepcional. Preceitua que deve ser concedida após esgotadas todas as possibilidades de manter a criança/adolescente na família biológica. Vê-se aí um equívoco conceitual e principiológico, vez que, ao priorizar a família biológica à afetiva, ignora toda a evolução do pensamento psicanalítico e antropológico de que a família é muito mais um fato da cultura do que da natureza[5]. E assim, a própria lei da adoção acaba não atingindo a sua finalidade de viabilizar a adoção e assegurar o melhor interesse da criança/adolescente, pois nem sempre o melhor para eles é permanecer no núcleo familiar biológico. Ao insistir em sua permanência na família natural, e que muitas vezes nenhum vínculo tem com eles, especialmente quando recém-nascidos, retarda-se a sua colocação em família adotiva, ficando a criança/adolescente acolhidos por longo período, situação não recomendável, fazendo com que, dificilmente, sejam adotados, já que a maioria dos candidatos à adoção se interessa por crianças de tenra idade.

---

[1] PEREIRA, Tânia da Silva. *Vicissitudes e certezas que envolvem a adoção consentida*. Anais do VIII Congresso Brasileiro de Direito de Família – IBDFAM. Família entre o Público e o Privado, Porto Alegre: 2012, p. 339.

[2] A Lei nº 14.387/2022 alterou a Lei nº 10.447, de 9 de maio de 2002, para instituir a Semana Nacional da Adoção, a ser celebrada, anualmente, na semana que antecede o Dia Nacional da Adoção.

[3] A Lei nº 12.010/2009, mais conhecida como a Lei da Adoção alterou as Leis nºs 8.069, de 13 de julho de 1990 – Estatuto da Criança e do Adolescente, 8.560, de 29 de dezembro de 1992; revogou dispositivos da Lei nº 10.406, de 10 de janeiro de 2002 – Código Civil, e da Consolidação das Leis do Trabalho – CLT, aprovada pelo Decreto-Lei nº 5.452, de 1º de maio de 1943.

[4] Resolução 534 do CNJ, de 01 novembro de 2023, alterou o inciso I do art. 2º da Resolução CNJ nº 321/2020, que dispõe sobre a concessão de licença-paternidade, licença à gestante e de licença à adotante para magistrados e servidores do Poder Judiciário brasileiro.

[5] A Resolução nº 556/2024 altera a Resolução CNJ nº 321/2020, para assegurar a pais ou mães, genitores monoparentais, e casais em união estável homoafetiva, o direito a usufruírem das licenças-maternidade e paternidade; e a Resolução CNJ nº 343/2020, para ampliar as hipóteses de concessão de condições especiais de trabalho.

O sistema de adoção no Brasil, apesar da tentativa de alguns grupos de melhorar sua efetivação, ainda é muito perversa com as crianças e adolescentes. Continua sendo regido pelo ECA, que foi alterado pela Lei nº 12.010/09 e modificações posteriores. Em razão disto, em suas instituições de acolhimento (antigos orfanatos) e casas de reinserção, estão dezenas de milhares de crianças e adolescentes à espera de uma família que nunca chega.

A raiz do problema está, inclusive, em uma interpretação equivocada e preconceituosa da lei, no sentido de que se deve buscar a qualquer custo que a criança seja reinserida na família extensa, ou seja, pelos seus parentes, esquecendo que para isso é necessário que com eles mantenha, obrigatoriamente, vínculo de afetividade e afinidade[6]. Um verdadeiro culto ao biologismo, incentivado equivocadamente, inclusive, por dogmas religiosos. Esta procura pelo adotante "preferencial" costuma durar anos e, quando é encontrado, na maioria das vezes o parente assume a guarda não por amor, mas por culpa. O consagrado princípio constitucional do melhor interesse da criança fica longe do que seria realmente melhor para ela.

Em 2017, veio uma boa e bem-intencionada Lei nº 13.509[7] que alterou a Lei nº 8.069, de 13 de julho de 1990 (Estatuto da Criança e do Adolescente), visando agilizar o procedimento de adoção, mas adiantou pouco. Apesar de ter incluído e reduzido prazos por tempo de permanência[8], não alcançou o objetivo final.

Seria irresponsabilidade fazer um processo de adoção em apenas um ou dois meses. Mas, demorar anos, como tem acontecido na maioria deles, é compactuar com o sistema que mais violenta essas crianças e esses adolescentes do que os protege. O sistema de adoção no Brasil, tal como ele está, apesar de boas intenções, tem sido cruel com os sujeitos de direitos que passam sua infância e juventude na invisibilidade de abrigos/casa de acolhimento[9], à espera de uma família, que nunca chega para maioria delas, repita-se[10].

---

[6] Enunciado IBDFAM nº 05 – Na adoção, o princípio do superior interesse da criança e do adolescente deve prevalecer sobre a família extensa.

[7] (...) Em que pese o procedimento de renovação trienal de habilitação dos adotantes no Cadastro Nacional de Adoção (CNA) instaurado nos termos da Portaria nº 53/2018-TJGO, depois de acrescentado o art. 197-E, § 2º do ECA pela Lei nº 13.509/2017; para aqueles já cadastrados anteriormente, a renovação só pode ser exigida após 3 (três) anos de vigência da nova lei. 2. Em comparação ao prazo de 120 (cento e vinte) dias previstos no art. 197-F do ECA para apresentação da documentação exigida para a inscrição no CNA, o prazo de 30 (trinta) dias para a juntada de documentação similiar previsto na Portaria nº 53/2018-TJGO se mostra desproporcional e irrazoável. 3. *In casu*, nota-se que a apelante já estava habilitada no CNA desde 25/11/2010, foi intimada do procedimento de renovação em 03/09/2018, sendo a sentença que determinou sua inativação de 31/10/2018. Assim, não foi respeitado o triênio legal acima mencionado, tampouco o prazo em dobro conferido à defensoria pública para apresentação dos documentos no prazo de 30 (trinta) dias, mesmo que se entendesse pela razoabilidade desta previsão legal. (TJ-GO – Apelação (CPC): 02797515520188090051, Relator: Marcus da Costa Ferreira, Data de Julgamento: 09/05/2019, 5ª Câmara Cível, Data de Publicação: DJ de 09/05/2019).

[8] "Art. 19. (...) § 1º (VETADO). § 1º Toda criança ou adolescente que estiver inserido em programa de acolhimento familiar ou institucional terá sua situação reavaliada, no máximo, a cada 3 (três) meses, devendo a autoridade judiciária competente, com base em relatório elaborado por equipe interprofissional ou multidisciplinar, decidir de forma fundamentada pela possibilidade de reintegração familiar ou pela colocação em família substituta, em quaisquer das modalidades previstas no art. 28 desta Lei. (Promulgação de partes vetadas) § 2º A permanência da criança e do adolescente em programa de acolhimento institucional não se prolongará por mais de 18 (dezoito meses), salvo comprovada necessidade que atenda ao seu superior interesse, devidamente fundamentada pela autoridade judiciária.

[9] Recomendação Conjunta CNJ-CNMP – Governo Federal nº 1/2020 – Dispõe sobre cuidados a crianças e adolescentes com medida protetiva de acolhimento, no contexto de transmissão comunitária do novo Coronavírus (Covid-19), em todo o território nacional e dá outras providências.

[10] O Instituto Brasileiro de Direito de Família – IBDFAM, com o objetivo de melhorar o sistema de adoção no Brasil, elaborou o Estatuto da Adoção, e o apresentou ao Senado, por intermédio do Senador Randolfe Rodrigues (Rede/Ap), que tramita sob o número – PLs 394/2017 – dispondo sobre o Estatuto da Adoção de crianças e adolescentes.

480 DIREITO DAS FAMÍLIAS – *Rodrigo da Cunha Pereira*

Antes da Lei nº 13.509/2017, o prazo máximo de permanência da criança e do adolescente em programa de acolhimento institucional era de 2 anos, salvo comprovada necessidade que atenda ao seu superior interesse, devidamente fundamentada. Com essa Lei, o prazo máximo de permanência da criança e do adolescente em programa de acolhimento institucional é de 18 meses, a não ser que haja justificativa comprovada para estender esse prazo. Essa lei fez uma significativa alteração no ECA para assegurar prioridade no cadastro, às pessoas com deficiência, com necessidades específicas de saúde, ou quando forem grupos de irmãos (art. 50, § 15, do ECA).

Em 12/10/2019 foi criado o SNA – Sistema Nacional de Adoção e Acolhimento, que nasceu da união do cadastro nacional de crianças e adolescentes acolhidos (CNCA), instituído pela Portaria 11/2018 do CNJ e do Cadastro Nacional de Adoção (CNA). O SNA é regulamentado pela Resolução do CNJ nº 289/2019. Foi criado com o objetivo de subsidiar e monitorar políticas públicas sobre o tema e funciona também como um sistema de alerta para milhares de crianças e adolescentes que aguardam o desenrolar de sua realidade familiar, seja pelo retorno às suas famílias de origem, ou pela consolidação da adoção. Por meio do SNA, juízes, corregedorias, Ministério Público e até mesmo os adotantes habilitados poderão acompanhar todos esses processos, e o objetivo é dar maior agilidade e eficiência à sua conclusão.

A Lei nº 14.457/2022 instituiu o Programa Emprega + Mulheres. Em seu artigo 8º, trouxe a flexibilização da jornada de trabalho aos empregados e às empregadas que tenham filho, enteado ou pessoa sob sua guarda com até 6 (seis) anos de idade ou com deficiência, com vistas a promover a conciliação entre o trabalho e a parentalidade, o que beneficia notadamente aqueles que estejam em processo de adoção ou guarda judicial.

14.2 OS VÁRIOS TIPOS DE ADOÇÃO

14.2.1 Adoção "à brasileira"

É uma expressão popular para designar a perfilhação feita sem o devido processo legal e judicial. A adoção à brasileira insere-se no contexto da filiação socioafetiva. É o reconhecimento voluntário da maternidade/paternidade, por meio do qual não foram cumpridas as exigências legais pertinentes ao procedimento de adoção. O(s) adotante(s) simplesmente registra(m) perante o cartório de Registro Civil a criança ou o adolescente como se filho biológico fosse. Tal ato constitui um ilícito civil e penal.

Apesar da "adoção à brasileira"[11] ser reputada pelo ordenamento jurídico como ilegal e, eventualmente até mesmo criminoso (artigo 242 do Código Penal), não podemos ignorar o fato de que este ato gera efeitos decisivos na vida da pessoa adotada. Contudo, a jurisprudência tem entendido que quando o registro tenha sido realizado nos moldes da chamada adoção à brasileira, o vínculo socioafetivo é suficiente para afastar o rigor necessário dos procedimentos públicos registrais, permitindo a alteração ou inclusão da filiação oriunda desse tipo de assento.

---

[11] (...) É pacífico o entendimento desta Corte no sentido de permitir, em situações excepcionais, a superação do óbice da Súmula 691 do STF em casos de flagrante ilegalidade ou quando indispensável para garantir a efetividade da prestação jurisdicional. (...) Esta Corte Superior tem entendimento assente de que, salvo evidente risco à integridade física ou psíquica do menor, não é de seu melhor interesse o acolhimento institucional em detrimento do familiar. 4. Nessa senda, o afastamento da medida protetiva de busca e apreensão atende ao princípio do melhor interesse da criança, porquanto, neste momento, o maior benefício à menor é mantê-la com os pais registrais, até ulterior julgamento definitivo da ação principal. 5. Ordem de habeas corpus concedida, com liminar confirmada. (STJ, HC 597554/PR 2020/0174678-7, Rel. Min. Raul Araújo, 4ª T., *DJe* 02/12/2020).

A ilegalidade da denominada "adoção à brasileira" pode ser mitigada, validando-se o registro civil, quando demonstrado o vínculo socioafetivo entre os pais e filhos registrais[12]. O parágrafo único do artigo 242 do Código Penal prevê que se o crime é praticado por motivo de reconhecida nobreza, pode o juiz deixar de aplicar a pena.

14.2.2 Adoção consentida ou *intuitu personae*

É a adoção pela qual os pais biológicos, escolhem os adotantes e manifestam expressamente, perante a autoridade judiciária, o desejo de entregar o filho em adoção a determinada pessoa ou casal. *Intuitu personae*[13] é uma expressão em latim que se traduz como "em consideração à pessoa". É o mesmo que adoção consensual, adoção consentida[14], adoção dirigida ou adoção pronta. Pressupõe que exista uma relação de confiança entre os pais biológicos da criança e os pretendentes à adoção.

As adoções em geral, e em particular a adoção consentida, estão envolvidas em preconceitos que impedem ou atrapalham que se cumpra o princípio da prioridade[15] e do melhor interesse da criança e do adolescente. Tal preconceito está no próprio ECA, e leis posteriores que o modificou, que estimula esgotar a qualquer custo o interesse da família extensa (biológica) pela adoção. E isto nem sempre é bom para as crianças/adolescentes, pois na maioria das vezes, quando alguém da família aceita a guarda, o faz, movido por um sentimento de culpa, e não por amor e desejo, como acontece com os pretensos pais adotivos fora da relação biológica. Este malefício da lei de adoção advém de seu equívoco conceitual por não ter apreendido a

---

[12] (...) A ilegalidade da denominada "adoção à brasileira" pode ser mitigada, validando-se o registro civil, quando demonstrado o vínculo socioafetivo entre os pais registrais e a filha hoje já adolescente, mormente quando já se passaram muitos anos e a adolescente manifesta interesse inconteste nesse sentido – 2) Não há como manter a parte da sentença que determina a inclusão dos nomes da mãe biológica e dos avós maternos no registro de nascimento e, muito menos, assegura o direito de visita daquela, se isso sequer consta do pedido inicial e se, de outro lado, resta nos autos evidenciada a ausência de afinidade e até mesmo se constata o clima de animosidade entre mãe e filha adolescente, inclusive com negativa expressa desta quanto aos referidos pontos – 3) Sendo extra petita a sentença, decota-se o que excedeu – 4) Apelo desprovido, e, de ofício, exclui-se do dispositivo da sentença os itens C e E, decotando-os inteiramente. (TJ-AP – APL: 0005328852016803002 AP, Relator: Desembargadora Sueli Pereira Pini, Data de Julgamento: 06/06/2019).

[13] (...) o afastamento liminar da determinação de acolhimento institucional aparenta melhor atender ao princípio da prevalência do interesse da criança, porquanto, neste momento, o estado de saúde do menor inspira cuidados e mantê-lo sob as atenções e desvelos personalizados e individualizados proporcionados pela família substituta se mostra preferível, ao menos até o julgamento definitivo da ação principal, diante da necessidade de acompanhamento médico constante, de duvidoso alcance na via institucional. 3. Medida liminar deferida. (STJ, HC 683962/SP 2021/0243462-1, Rel. Min. Raul Araújo, 4ª T., DJe 18/08/2021).

[14] (...) Controvérsia a respeito do acolhimento institucional de criança supostamente entregue à adoção *intuitu personae*. 2. Hipótese em que a criança foi retirada do ambiente familiar quando contava com aproximadamente um ano e três meses e colocada em instituição de acolhimento, com fundamento na burla ao Cadastro Nacional de Adoção e fraude registral. 3. Inexistência, nos autos, de indício de fatos que desabonem o ambiente familiar em que a criança se encontrava. 4. Nos termos do art. 34, § 1º, do ECA: "A inclusão da criança ou adolescente em programas de acolhimento familiar terá preferência a seu acolhimento institucional, observado, em qualquer caso, o caráter temporário e excepcional da medida, nos termos desta Lei". 5. Primazia do acolhimento familiar em detrimento do acolhimento institucional, com a preservação de vínculos afetivos estabelecidos durante significativo período. Precedentes desta Corte Superior. 6. Existência de flagrante ilegalidade no ato coator a justificar a concessão da ordem de ofício. 7. Ordem de *habeas corpus* concedida de ofício. (STJ – HC 575883/SP 2020/0094887-0, Relator: Ministro Paulo de Tarso Sanseverino, 3ª Turma, j. 4/8/2020, DJe 20/8/2020).

[15] A Resolução nº 256, de 12 de dezembro de 2024, do Conanda, estabelece normas gerais e parâmetros para a garantia da proteção integral à criança e ao adolescente na condição de orfandade, decorrente da morte de um ou de ambos os pais ou cuidadores primários.

evolução e compreensão da psicanálise e antropologia de que a família não é um fato da natureza, mas da cultura.

Na adoção consentida, o preconceito advém, principalmente, do temor de possíveis ilegalidades nos processos de adoção, tendo em vista que o adotante, não necessariamente, passaria pelo cadastro de adoção, o que poderia significar desrespeito em relação aos candidatos já cadastrados que aguardam a oportunidade para adotarem. Além disso, há um temor em relação à "compra e venda" de crianças, entre outras ilegalidades derivadas de fraude e simulações voltadas para obtenção de vantagens econômicas. Por outro lado, negar a adoção consentida significa virar as costas para fatos e manifestações legítimas de prevalência do melhor interesse da criança, pelo que interpretar a norma como proibitiva implicará aumento de situações irregulares, tais como guarda fática e "adoções à brasileira", relegando a assistência do Poder Público e dificultando as ações fiscalizadoras e protetivas. Admitir a Adoção Consentida autoriza procedimentos mais céleres, o que permite guarnecer os direitos e os interesses da criança em razão da participação ativa, ao menos da mãe biológica[16]. Ao impedir essa forma de adoção, o Estado-Juiz pressupõe a má-fé dos envolvidos, e ignora o desejo dos pais biológicos de escolherem o que consideram melhor para o filho. Há muitas situações em que a mãe só se dispõe a entregar o filho para uma adoção se for para alguém de sua confiança[17].

Na adoção consentida, como nas demais, é importante que o julgador averigue a relação existente entre o(s) genitor(es) e adotante(s), a fim de compreender se as razões que motivaram a entrega dirigida da criança/adolescente são pautadas pela boa-fé, se o requerimento confere reais vantagens ao adotando (art. 43, ECA), fundado no Princípio do Melhor Interesse da Criança e do Adolescente. Também é imprescindível que o juiz verifique se os pais adotivos são adequados, dentro dos padrões da lei, assim como deve acontecer com as adoções em geral[18].

A regra é que todos aqueles que desejam adotar sigam adequadamente os trâmites previstos no procedimento de habilitação e inserção no SNA. Entretanto, a omissão do legislador em tratar expressamente da adoção *intuitu personae* não significa que ela seja proibida ou que não exista tal possibilidade[19]. Se a lei assegura aos pais o direito de nomear tutor (art. 1.729, CCB)

---

[16] PEREIRA, Tânia da Silva. *Vicissitudes e certezas que envolvem a adoção consentida. In: Anais do VIII Congresso Brasileiro de Direito de Família – IBDFAM*. Família entre o Público e o Privado. Porto Alegre, 2012. p. 342.

[17] (...) a massiva jurisprudência entende que, havendo constituição de laços afetivos, é perfeitamente possível reconhecer e aceitar a adoção consentida, em que a mãe biológica escolhe para quem irá confiar seu filho; (15) H. está sendo privada de estar no seio de uma família; (16) é primordial observar que a vontade da mãe biológica e o seu desejo em escolher os pais/adotantes do seu filho é objeto de projeto de lei em tramitação (PLS 369/2016). TJ-RS – AC: 70078138856 RS, Relator: Luiz Felipe Brasil Santos, 8ª Câmara Cível, publ. 08/10/2018).

[18] Apelação cível. ECA. Destituição do poder familiar e adoção *intuitu personae*. Concessão excepcional. Prevalência do interesse da menor. Verificação de abandono desde tenra idade. Situação de fato consolidada. Não mantido vínculo de afeto entre os pais biológicos e o menino, que desenvolveu plenamente referência parental com os apelados. Adoção *intuitu personae* autorizada excepcionalmente, em preservação do status quo. Recurso desprovido. (TJRS, Apelação Cível Nº 70075812974, Sétima Câmara Cível, Tribunal de Justiça do RS, Relator: Liselena Schifino Robles Ribeiro, Julgado em 28/02/2018). (...) A caracterização do interesse jurídico na ação de adoção intuitu personae apenas é aferível à luz do princípio do melhor interesse da criança, vez que ele relativiza o rigor das normas que regulam os processos de adoção, conforme precedentes da Corte da Cidadania. II – De acordo com o STJ, em se tratando de ações que objetivam a adoção de menores, nas quais há a primazia do interesse destes, os efeitos de uma decisão judicial possuem o potencial de consolidar uma situação jurídica, muitas vezes, incontornável, tal como o estabelecimento de vínculo afetivo. III – Patenteado o convívio diário da menor com os adotantes, durante mais de quatro anos, e confirmado, por estudo psicossocial, o estreitamento da relação de maternidade e de paternidade, além do vínculo de afetividade, é imperiosa a manutenção da sentença que destituiu o poder familiar e deferiu o pedido de adoção. Recurso não provido. (TJBA, APL. 0009652-74.2012.8.05.0141, Relator(a): Adriana Sales Braga, 4ª Turma Cível, publ. 22/02/2017).

[19] Enunciado IBDFAM nº 13 – Na hipótese de adoção *intuitu personae* da criança e adolescente, os pais biológicos podem eleger os adotantes.

Cap. 14 – DA ADOÇÃO **483**

ao seu filho, ou seja, se há possibilidade de escolher quem vai ficar com o filho após a morte, não há porque não permitir que se escolha quem vai adotá-lo. Se a lei excepciona situações em que não há necessidade de inscrição no Cadastro Nacional de Adoção, como nas adoções unilaterais, por parentes que já mantinham vínculo de afinidade e afetividade (art. 50, § 13, ECA), significa que o cadastro de adoção não pode ter uma rigidez absoluta, especialmente se for para atender ao superior interesse da criança[20]. Ademais, os genitores devem ter assegurados seu direito de escolha, para entrega voluntária[21], a quem bem entenderem, que atenderão ao princípio do melhor interesse da criança/adolescente.

14.2.3 Adoção de maiores

É a adoção de pessoas maiores de idade, isto é, a partir de 18 anos[22]. Na vigência do Código Civil de 1916, cuja maioridade atingia-se aos 21 anos, a adoção de maiores era feita por simples escritura pública. Com o advento da Lei nº 8.069/90, Estatuto da Criança e do Adolescente – ECA, passou-se a exigir que tais adoções fossem feitas por meio de processo judicial. Da mesma forma, o CCB que entrou em vigor em 2003, em seu art. 1.619, assim estabelece: A adoção de maiores de 18 (dezoito) anos dependerá da assistência efetiva do poder público e de sentença constitutiva. É permitida a adoção, em favor do maior, com mais de 18 (dezoito) anos, quando à época em que completou essa idade, se achava sob a guarda dos requerentes (art. 40, ECA). E como todas as outras adoções o adotante deve ter 16 anos a mais que o adotado (art. 42, § 3º, ECA). Essa é o procedimento. Mas, como toda regra tem exceção, é possível, na análise do caso concreto, a relativização, como se vê exemplificativamente, na decisão abaixo transcrita, em que se tratava de adoção unilateral:

> (...) Nos termos do § 1º do artigo 41 do ECA, o padrasto (ou a madrasta) pode adotar o enteado durante a constância do casamento ou da união estável (ou até mesmo após), uma vez demonstrada a existência de liame socioafetivo consubstanciador de relação parental concretamente vivenciada pelas partes envolvidas, de forma pública, contínua, estável e duradoura. 2. Hipótese em que o padrasto (nascido em 20.3.1980) requer a adoção de sua enteada (nascida em 3.9.1992, contando, atualmente, com vinte e sete anos de idade), alegando exercer a paternidade afetiva desde os treze anos da adotanda, momento em que iniciada a união estável com sua mãe biológica (2.9.2006), pleito que se enquadra, portanto, na norma especial supracitada. (...) Entre os requisitos pessoais, insere-se a exigência de o adotante ser, pelo menos, dezesseis anos mais velho que o adotando (§ 3º do artigo 42 do ECA). 4. A ratio essendi da referida imposição legal tem por base o princípio de que a adoção deve imitar a natureza (adoptio natura imitatur). Ou seja: a diferença de idade na adoção tem por escopo, principalmente, assegurar a semelhança com a filiação biológica, viabilizando o pleno desenvolvimento do afeto estritamente maternal ou paternal e, de outro lado, dificultando a

---

20 (...) nada, absolutamente nada impede que a mãe escolha quem sejam os pais de seu filho. Às vezes é a patroa, às vezes uma vizinha, em outros casos um casal de amigos que têm uma maneira de ver a vida, uma retidão de caráter que a mãe acha que seriam os pais ideais para o seu filho. É o que se chama de adoção *intuitu personae*, que não está prevista na lei, mas também não é vedada. (...) (Ap. Civil nº 0006371-74.2009.8.19.0061 RJ, Rel. Des. Nagib Slaibi, 6ª CC – TJRJ. j. 05/05/2010). Ver tb. Nesse sentido: STJ – RHC 106091/GO. Rel. Min. Moura Ribeiro, publ. 29/04/2019.

21 A Resolução nº 485/2023 do CNJ dispõe sobre o adequado atendimento de gestante ou parturiente que manifeste desejo de entregar o filho para adoção e a proteção integral da criança.

22 (...) 2. A diferença etária mínima de 16 (dezesseis) anos entre adotante e adotado é requisito legal para a adoção (art. 42, § 3º, do ECA), parâmetro legal que pode ser flexibilizado à luz do princípio da socioafetividade. 3. O reconhecimento de relação filial por meio da adoção pressupõe a maturidade emocional para a assunção do poder familiar, a ser avaliada no caso concreto. 4. Recurso especial provido. (STJ, REsp 1.785.754/RS, Rel. Ministro Ricardo Villas Bôas Cueva, 3ª Turma, j. 8/10/2019, *DJe* 11/10/2019).

utilização do instituto para motivos escusos, a exemplo da dissimulação de interesse sexual por menor de idade. 5. Extraindo-se o citado conteúdo social da norma e tendo em vista as peculiaridades do caso concreto, revela-se possível mitigar o requisito de diferença etária entre adotante e adotanda maior de idade, que defendem a existência de vínculo de paternidade socioafetiva consolidado há anos entre ambos, em decorrência de união estável estabelecida entre o autor e a mãe biológica, que inclusive concorda com a adoção unilateral. (...) 7. À luz da causa de pedir deduzida na inicial de adoção, não se constata o objetivo de se instituir uma família artificial – mediante o desvirtuamento da ordem natural das coisas –, tampouco de se criar situação jurídica capaz de causar prejuízo psicológico à adotanda, mas sim o intuito de tornar oficial a filiação baseada no afeto emanado da convivência familiar estável e qualificada. 8. Nesse quadro, uma vez concebido o afeto como o elemento relevante para o estabelecimento da parentalidade e à luz das especificidades narradas na exordial, o pedido de adoção deduzido pelo padrasto – com o consentimento da adotanda e de sua mãe biológica (atualmente, esposa do autor) – não poderia ter sido indeferido sem a devida instrução probatória (voltada à demonstração da existência ou não de relação paterno-filial socioafetiva no caso), revelando-se cabível, portanto, a mitigação do requisito de diferença mínima de idade previsto no § 3º do artigo 42 do ECA. 9. Recurso especial provido[23].

A polêmica que se instala é se é necessário ou não, a anuência dos genitores para tal adoção[24]. Para Maria Berenice Dias é dispensável, principalmente quando já existe vínculo socioafetivo. Mas é necessário o chamamento deles ao processo como litisconsortes necessário (CPC art. 114), pois a sentença fará intervenção na vida deles, afinal fará cessar o vínculo parental[25].

14.2.4 Adoção do nascituro

A adoção de nascituro, ou seja, daquele que já foi concebido, mas ainda não nasceu, não tem previsão expressa em nossa lei, como acontecia na vigência do CCB 1916, que em seu art. 372, assim determinava: Não se pode adotar sem o consentimento do adotado ou de seu representante legal, se for incapaz ou nascituro. O ECA foi omisso sobre a possibilidade da adoção do nascituro, trazendo tão somente que a adoção depende do consentimento dos pais ou do consentimento legal do adotando (Arts. 45 e 166, § 6º). O CCB 2002, bem como a Lei nº 12.010/09, que regulamenta a adoção, também foram omissos.

Diante desta omissão, a doutrina formou duas correntes contrárias. A primeira: é um contrassenso do ponto de vista humano e legal, pois o nascituro não pode ser considerado pessoa, porque a personalidade civil do homem só começa com o nascimento com vida. Depois, porque não há como adotar uma criatura que ainda não nasceu, e que não se sabe se irá nascer com vida. Tal posicionamento busca guarida também na Convenção de Haia, de 29/05/1993, em seu art. 4º, o qual prevê que as autoridades competentes do Estado de origem devem se assegurar de que o consentimento da mãe, quando exigido, tenha sido manifestado após o nascimento da criança. A segunda, em sentido favorável à adoção dos nascituros os argumentos são mais consistentes: 1º) o nascituro pode receber doação (art. 542, CCB); 2º) o nascituro pode ser reconhecido (art. 1.609, parágrafo único, CCB); 3º) o nascituro pode receber herança (art.

---

23   STJ, REsp 1717167/DF 2017/0274343-9, Rel. Min. Luis Felipe Salomão, 4ª T., *DJe* 10/09/2020.

24   (...) A falta de citação, na origem, do pai biológico do adotando, cujo paradeiro era até então desconhecido, não obsta a homologação da Sentença de adoção de pessoa maior, pois, citado pessoalmente, o genitor biológico, no presente pedido de homologação, demonstrou o seu total desinteresse na manutenção do vínculo familiar, evidenciando concordância com a adoção. 2. – Sentença estrangeira homologada. (STJ – SEC: 7690 EX 2013/0145534-4, Relator: Ministro Sidnei Beneti, Data de Julgamento: 16/09/2013, Corte Especial, Data de Publicação: *DJe* 23/09/2013).

25   DIAS, Maria Berenice. *Manual de Direito das Famílias*. Salvador: JusPodivm, 2020, p. 356.

Cap. 14 – DA ADOÇÃO **485**

1.798, CCB); 4º) o nascituro, representado por sua mãe pode ajuizar ação de investigação de paternidade e de alimentos; 5º) não é razoável que a dignidade humana não atinja os nascituros, como se não fossem seres humanos[26]; 6º) a Lei nº 11.804/08 prevê alimentos gravídicos, portanto, reconhece o direito de alimentos indiretamente ao nascituro.

Não é razoável impedir a adoção de nascituro, se ela vem em seu benefício. E o ECA deixa em aberto, ou pelo menos não proíbe tal adoção, quando prevê:

> Art. 19-A. A gestante ou mãe que manifeste interesse em entregar seu filho para adoção, antes ou logo após o nascimento, será encaminhada à Justiça da Infância e da Juventude. (Incluído pela Lei nº 13.509, de 2017). § 1º A gestante ou mãe será ouvida pela equipe interprofissional da Justiça da Infância e da Juventude, que apresentará relatório à autoridade judiciária, considerando inclusive os eventuais efeitos do estado gestacional e puerperal. (Incluído pela Lei nº 13.509, de 2017)

14.2.5 Adoção de embrião

O Direito brasileiro não proíbe a doação de embriões com o objetivo de procriação assistida. Ao contrário a lei de biossegurança (Lei nº 11.105/2005) estabelece que qualquer embrião pode ser encaminhado para doação. Se tem a opção de descarte de embriões, ou doá-los para pesquisa científica, pode-se, portanto, dar um destino até "mais nobre" que é proporcionar que eles se desenvolvam em uma família ectogenética, e em forma de adoção.

Do direito espanhol, a Lei nº 35 de 22/11/1988, que trata de técnicas de reprodução assistida, fala expressamente sobre a doação de embriões a casais que queiram estabelecer vínculos de filiação. Rolf Madaleno[27] invocando Miguel Angel Soto Lamadrid, e outros autores, posiciona-se favoravelmente a adoção de embriões, cuja prática encontra respaldo na Resolução 2168/2017[28] do Conselho Federal de Medicina.

14.2.6 Adoção homoparental

É a adoção por casal de pessoas do mesmo sexo[29]. Nunca houve proibição legal expressa para tais adoções no ordenamento jurídico brasileiro, apenas interpretações contrárias ou favoráveis, de acordo com a concepção moral particular dos envolvidos em tais processos. A adoção se condiciona tão somente às exigências previstas no Estatuto da Criança e do Adolescente (Arts. 42 e 43), que traduz o Princípio do Melhor Interesse da Criança. Necessária, então, a comprovação de que a nova filiação apresenta reais vantagens ao adotado, observando-se a idade do adotante – que deve ser superior a 18 anos e pelo menos 16 anos mais velho que o adotado –, sendo irrelevante o estado civil.

---

[26] PEREIRA, Sérgio Gischkow. *Direito de Família, aspectos do casamento, sua eficácia, separação, divórcio, parentesco, filiação, regime de bens, alimentos, bem de família, união estável, tutela e curatela*. Porto Alegre: Livraria do Advogado. 2007. p. 121.

[27] MADALENO, Rolf. *Manual de Direito de Família*, 2ª edição. Rio de Janeiro: Forense, 2019, p. 237.

[28] II – PACIENTES DAS TÉCNICAS DE RA (...) 3. É permitida a gestação compartilhada em união homoafetiva feminina em que não exista infertilidade. Considera-se gestação compartilhada a situação em que o embrião obtido a partir da fecundação do(s) oócito(s) de uma mulher é transferido para o útero de sua parceira.

[29] Resolução 532 do CNJ, de 16/11/2023 determina aos tribunais e magistrados(as) o dever de zelar pelo combate a qualquer forma de discriminação à orientação sexual e à identidade de gênero, ficando vedadas, nos processos de habilitação de pretendentes e nos de adoção de crianças e adolescentes, guarda e tutela, manifestações contrárias aos pedidos pelo fundamento de se tratar de casal ou família monoparental, homoafetivo ou transgênero, e dá outras providências.

486 DIREITO DAS FAMÍLIAS – *Rodrigo da Cunha Pereira*

Após o reconhecimento das famílias homoafetivas pelo STF, em 05/05/2011 (Ação Direta de Inconstitucionalidade, ADI 4277 e a Arguição de Descumprimento de Preceito Fundamental, ADPF 132), a resistência e dificuldades das adoções por casais homossexuais tornaram-se menores. São bem mais amplas as configurações familiares e essas não se resumem ao modelo clássico do pai e mãe no casamento, pois no tocante à prole, sabiamente não mais deriva unicamente da relação sexual[30]. Os casais homossexuais interessados em adotar, assim como qualquer casal, devem comprovar que estão casados ou vivendo em união estável, e demonstrarem a estabilidade e boa estrutura do núcleo familiar.

O primeiro Ato Normativo regulamentando o registro de nascimento e adoção homoparental no Brasil foi expedido pela Corregedoria-Geral do Estado do Mato Grosso (Provimento nº 54/14), fundamentando que atende aos princípios da dignidade humana, cidadania, direitos fundamentais à igualdade, liberdade, intimidade e proibição de discriminação: O assento de nascimento decorrente da homoparentalidade, biológica ou por adoção, será inscrito no Livro A, observada a legislação vigente, no que for pertinente, com a adequação para que constem os nomes dos pais ou das mães, bem como de seus respectivos avós, sem distinção se paternos ou maternos, sem descurar dos seguintes documentos fundamentais: I – declaração de nascido vivo – DNV; II – certidão de casamento, de conversão de união estável em casamento ou escritura pública de união estável (art. 1º, Provimento nº 54/2014, CNJ-MT).

O Provimento 63/2017[31] (com alterações Provimento 83/2019) do CNJ que instituiu modelos únicos de certidão de nascimento, de casamento e de óbito, a serem adotadas pelos ofícios de registro civil das pessoas naturais, e dispõe sobre o reconhecimento voluntário e a averbação da paternidade e maternidade socioafetiva no Livro "A" e sobre o registro de nascimento e emissão da respectiva certidão dos filhos havidos por reprodução assistida, além dos avanços promovidos, buscou a necessidade de uniformização, em todo o território nacional,

---

[30] MADALENO, Rolf. *Curso de direito de família*. Rio de Janeiro: Forense, 2013. p. 667.

[31] O Provimento 149/2023, do CNJ revogou parcialmente os Provimentos 63/17 e 83/19, prevendo: Art. 512. O assento de nascimento de filho havido por técnicas de reprodução assistida será inscrito no Livro A, independentemente de prévia autorização judicial e observada a legislação em vigor no que for pertinente, mediante o comparecimento de ambos os pais, munidos de documentação exigida por este Capítulo. § 1º Se os pais forem casados ou conviverem em união estável, poderá somente um deles comparecer ao ato de registro, desde que apresente a documentação exigida neste Capítulo. § 2º No caso de filhos de casais homoafetivos, o assento de nascimento deverá ser adequado para que constem os nomes dos ascendentes, sem referência a distinção quanto à ascendência paterna ou materna. Art. 513. Será indispensável, para fins de registro e de emissão da certidão de nascimento, a apresentação dos seguintes documentos: I – declaração de nascido vivo (DNV); II – declaração, com firma reconhecida, do diretor técnico da clínica, centro ou serviço de reprodução humana em que foi realizada a reprodução assistida, indicando que a criança foi gerada por reprodução assistida heteróloga, assim como o nome dos beneficiários; III – certidão de casamento, certidão de conversão de união estável em casamento, escritura pública de união estável ou sentença em que foi reconhecida a união estável do casal. § 1º Na hipótese de gestação por substituição, não constará do registro o nome da parturiente, informado na declaração de nascido vivo, devendo ser apresentado termo de compromisso firmado pela doadora temporária do útero, esclarecendo a questão da filiação. § 2º Nas hipóteses de reprodução assistida post mortem, além dos documentos elencados nos incisos do caput deste artigo, conforme o caso, deverá ser apresentado termo de autorização prévia específica do falecido ou falecida para uso do material biológico preservado, lavrado por instrumento público ou particular com firma reconhecida. § 3º O conhecimento da ascendência biológica não importará no reconhecimento do vínculo de parentesco e dos respectivos efeitos jurídicos entre o doador ou a doadora e o filho gerado por meio da reprodução assistida. Art. 514. Será vedada aos oficiais registradores a recusa ao registro de nascimento e à emissão da respectiva certidão de filhos havidos por técnica de reprodução assistida, nos termos deste Capítulo. § 1º A recusa prevista no caput deverá ser comunicada ao juiz competente nos termos da legislação local, para as providências disciplinares cabíveis. § 2º Todos os documentos apresentados na forma deste Capítulo deverão permanecer arquivados no ofício em que foi lavrado o registro civil. Art. 515. Os registradores, para os fins do presente Capítulo, deverão observar as normas legais referentes à gratuidade de atos.

do registro de nascimento e da emissão da respectiva certidão para filhos havidos por técnica de reprodução assistida de casais homoafetivos e heteroafetivos.

14.2.7 Adoção internacional

É a modalidade de adoção na qual a pessoa ou casal postulante, nacional ou estrangeiro, é residente ou domiciliado em país diverso do adotado. Assim, configura adoção internacional[32] quando uma criança com residência habitual em um Estado Contratante (o Estado de origem) tiver sido, for, ou deva ser deslocada para outro Estado Contratante (o Estado de acolhida), quer após sua adoção no Estado de origem por cônjuges ou por uma pessoa residente habitualmente no Estado de acolhida (art. 2º da Convenção relativa à proteção das Crianças e à Cooperação em Matéria de Adoção Internacional, promulgada pelo Decreto nº 3.087/99). A Lei nº 13.509/2017, com alterações no artigo 51 do ECA, estabelece como ocorre a adoção internacional: *Considera-se adoção internacional aquela na qual o pretendente possui residência habitual em país-parte da Convenção de Haia, de 29 de maio de 1993, Relativa à Proteção das Crianças e à Cooperação em Matéria de Adoção Internacional, promulgada pelo Decreto nº 3.087, de 21 junho de 1999, e deseja adotar criança em outro país-parte da Convenção. Além disto, trouxe em seu parágrafo 1º: I – que a colocação em família adotiva é a solução adequada ao caso concreto; II – que foram esgotadas todas as possibilidades de colocação da criança ou adolescente em família adotiva brasileira, com a comprovação, certificada nos autos, da inexistência de adotantes habilitados residentes no Brasil com perfil compatível com a criança ou adolescente, após consulta aos cadastros mencionados nesta Lei.*

No Brasil, aquele que não reside em território nacional, brasileiro e estrangeiro, que deseje adotar um nacional, deve observar o rito da Lei nº 12.010/09 e Lei nº 13.509/2017 que introduziu/modificou os arts. 51 a 52-D ao Estatuto da Criança e do Adolescente – ECA.

A adoção internacional no Brasil ainda é vista como um "desenraizamento" cultural e social de uma criança, ficando em segundo plano em vista do "princípio da subsidiariedade", posicionamento muitas vezes contrário ao princípio do melhor interesse da criança. Caso o estrangeiro seja domiciliado no país, com comprovado ânimo de permanência, a ele aplica-se o procedimento próprio de adoção brasileira, inclusive em razão ao tratamento constitucional de não distinção entre estrangeiros e nacionais residentes e domiciliados no Brasil (art. 5º, *caput*, CR).

Pela determinação legal, foram criadas CEJA ou CEJAIS, que é a sigla de Comissão Estadual Judiciária de Adoção, que, em alguns tribunais já incluiu a palavra internacional, que é uma Autoridade Central Estadual em matéria de adoção internacional. As principais atribuições são: *a) cadastramento de crianças e adolescentes no Estado, em condições jurídicas para uma adoção por brasileiros ou estrangeiros residentes no Exterior; b) habilitação de pessoas residentes no Exterior que desejam adotar uma criança brasileira no Estado; c) Atuação técnica na área psicossocial, nas tentativas e nos casos de adoção internacional; d) expedição de documentos protocolares previsto na Convenção de Haia, relativos a adoção internacional.*

Os estrangeiros ou brasileiros não residentes neste país que queiram adotar crianças/adolescentes no Brasil, depois de feita sua inscrição para habilitação, devem formular o pedido, perante a autoridade central no país onde residem (art. 52, I, ECA). Faz parte do procedimento da adoção internacional, que o casal estrangeiro ou brasileiro domiciliado fora do Brasil, cumpra o estágio de convivência de no mínimo 30 e no máximo 45 dias aqui no Brasil, prorrogável por igual período se houver motivo (art. 46, § 3º, ECA). Nesse estágio "probatório" adotantes e

---

[32] O Dec. 10.064, de 14 de outubro de 2019, instituiu o Conselho das Autoridades Centrais Brasileiras para Adoção Internacional de Crianças e Adolescentes.

488 DIREITO DAS FAMÍLIAS – *Rodrigo da Cunha Pereira*

adotados ficam sob avaliação de equipe multidisciplinar que emitirá laudo de avaliação sobre o melhor interesse da criança/adolescente.

14.2.8 Adoção plena

Expressão utilizada pelo revogado Código de Menores (Lei nº 6.697/70), que por sua vez tinha revogado a Lei nº 4.655/65, substituindo a expressão "Legitimação Adotiva" por "Adoção Plena", que estendeu à família dos adotantes o vínculo de parentesco com o adotado. E assim passou a constar no registro de nascimento dos adotados o nome dos ascendentes, sem a necessidade de consentimento dos avós. Não se pode falar mais em adoção plena, que se contrapunha à adoção simples. Todas as adoções são plenas, isto é, uma vez ocorrida a adoção, ela se torna plena, no sentido de totalidade do exercício das funções paternas e maternas. Da mesma forma que não se pode dizer paternidade simples ou plena. Paternidade é paternidade, assim como adoção é adoção e não comporta mais no atual sistema jurídico brasileiro tais designações.

14.2.9 Adoção por testamento

É a adoção que se faz via testamento. No Direito brasileiro, o instituto da adoção ganhou suas primeiras regras formais com o Código Civil de 1916, que regulou apenas a adoção simples. Nesse sistema a adoção se dava por meio de escritura pública, sem interferência judicial, até o advento da Lei nº 4.655/65. O ordenamento brasileiro nunca permitiu a adoção diretamente por testamento. Todavia, é possível que em testamento se estabeleça declaração de reconhecimento de paternidade socioafetiva, que não deixa de ser uma forma de manifestação de adoção. A disposição de última vontade que reconheceu o filho como seu, mesmo não biológico, é prova suficiente para que se busque em juízo a declaração da relação de adoção ou declaratória de paternidade/maternidade socioafetiva.

A adoção testamentária era muito comum no Direito Romano, cujo adotante falecido, que não tinha herdeiros necessários, transmitia seus bens ao adotado, na condição dele concordar em cultuar o falecido ou sua família. Em geral, funcionava como uma simples instituição de herdeiro, em que ele se obrigava à assunção do nome do testador. Consistia em propiciar descendência a quem faltasse a natural. Para efetivá-la, eram necessárias as seguintes condições: idade mínima do adotante de 60 anos e ter 18 anos mais que o adotado, não ter filhos naturais (legítimos ou ilegítimos); o consentimento dos dois *pater familiae*, o pai natural do adotado e o adotante; e, por fim, que esta fosse feita diante de autoridade competente. Os efeitos da adoção por testamento dependiam da morte do adotante, permanecendo suspensos até que ela se verificasse.

14.2.10 Adoção póstuma

É o mesmo que adoção post mortem. É aquela cuja concessão se dá após a morte do adotante, produzindo efeitos retroativos à data do óbito. É imprescindível que a pessoa falecida tenha demonstrado, em vida, desejo evidente de adotar e laço de afetividade com o adotando. Embora a legislação exija a preexistência de processo de adoção à época do óbito para que se conceda post mortem, esse requisito pode ser relativizado nos casos em que restar comprovado, de maneira inequívoca, o desejo do falecido em adotar, bem como uma relação socioafetiva entre eles.

A importância desta modalidade é efetivar a vontade do adotante e tornar jurídica uma relação fática, isto é, a posse do estado de filho. Ou seja, quando o óbito do pretenso pai ocorre antes do ajuizamento da ação, há que se avaliar a questão sob a ótica da relação socioafetiva, na medida em que a posse de estado de filho revela não somente o desejo de adotar, mas a existência, em vida, de verdadeiro vínculo afetivo, devendo o desejo daquele que faleceu ser respeitado. O

Cap. 14 – DA ADOÇÃO **489**

desejo de adotar, ou o reconhecimento de uma paternidade/maternidade socioafetiva, pode ser manifestado também em testamento, ou mesmo por atitudes durante a vida que caracterizem atos e exercício de paternidade e maternidade.

14.2.11 Adoção tardia

Expressão utilizada para designar a adoção de criança que tenha mais de sete anos[33] de idade. Inicialmente, adoção tardia era considerada a partir dos 2 anos, e hoje a partir dos 7 anos. Mas essa expressão tende a desaparecer. Para Silvana do Monte Moreira, tal vocábulo veicula um significante de esquecimento, que foi tardiamente achado. E isto reforça o preconceito e a vida invisível desses sujeitos "sem família", cuja história é marcada pelo sofrimento e abandono.

Essas crianças são chamadas de "idosas" para a adoção, motivo pelo qual necessitam de atenção especial durante o processo de transição. Bem da verdade o perfil das crianças e adolescentes segundo busca nos cadastros, contribui sobremaneira para delonga nas instituições de acolhimento, desses sujeitos em total invisibilidade jurídica.

Não é incomum nas adoções tardias, especialmente de crianças com mais de sete anos de idade, que os adotantes no cotidiano com o adotado, depararem-se com uma realidade que torne incompatível o exercício do poder familiar, gerando um arrependimento[34], e consequentemente devolvendo-a de onde veio. Como qualquer outro filho, não é possível deixar de ser pai/mãe.

---

[33] Autoras como Vargas (1998) e Weber (1998) consideram tardias as adoções de crianças com idade superior a dois anos. VARGAS, M. M. Adoção tardia: da família sonhada à família possível. São Paulo: Casa do Psicólogo, 1998. WEBER, L. N. D. Famílias adotivas e mitos sobre o laço de sangue. Jornal Contato. CRP – 08. nº 79, 1996, p.15. Segundo Vargas (1998, p. 35) *ou foram abandonadas tardiamente pelas mães, que por circunstâncias pessoais ou socioeconômicas, não puderam continuar se encarregando delas ou foram retiradas dos pais pelo poder judiciário, que os julgou incapazes de mantê-las em seu pátrio poder, ou, ainda, foram 'esquecidas' pelo Estado desde muito pequenas em 'orfanatos' que, na realidade, abrigam uma minoria de órfãos (...).*

[34] (...) Agravo de instrumento contra decisão que, em demanda indenizatória, deferiu tutela antecipada, para que os agravantes paguem tratamento psicológico e/ou psiquiátrico em favor de menor, bem como alimentos até ela completar dezoito anos ou vinte e quatro, se ela vier a cursar o ensino superior, em patamar de 20% (vinte por cento) dos rendimentos brutos dos réus/agravantes, ressalvados apenas os descontos legais, ou no valor de três salários mínimos na hipótese de inexistência de vínculo empregatício. 2. Agravantes que propuseram ação de adoção de menor e, após a sentença de procedência, informaram ao Juízo de 1º grau não possuírem mais interesse na adoção, promovendo o retorno da criança para uma instituição de acolhimento, mediante alegações de que a mesma seria portadora de transtorno de conduta análoga à psicopatia. 3. Tais fatos deram ensejo à propositura da ação indenizatória movida pelo Ministério Público, na qual foi deferida a antecipação de tutela contra a qual insurgem-se os ora agravantes. 4. Em tese, os agravantes já tinham ciência das dificuldades da adoção tardia da menor, que além de ser portadora do vírus HIV, vem de longo acolhimento institucional. 5. Não resta especificado a duração do convívio da menor com a família adotiva até a desistência da adoção, mas deduz-se da narrativa dos autos que as partes conviveram por mais de um ano. 6. De acordo com o relatório da instituição de acolhimento, os agravantes não informaram à menina que não tinham mais interesse na adoção, bem como promoveram abruptamente o retorno da menor ao abrigo. Ou seja, aparentemente, houve quebra da confiança depositada pela menor nos adotantes, além do que frustrou-se a justa expectativa de ter encontrado família substituta. 7. Art. 187, CC. Adotando-se o critério objetivo, a responsabilidade civil pelo abuso de direito independe de culpa, mas decorre da quebra da confiança e da frustração de legítimas expectativas, independentemente de qualquer propósito de prejudicar, ou seja, ainda que nobres fossem as intenções dos agravantes. 8. Embora haja controverso diagnóstico da menor que demanda dilação probatória, deve-se, em juízo de cognição sumária, anterior à realização da perícia médica deferida nos autos da ação de adoção (AC 0388093-43.2009.8.19.0001), minorar o pensionamento fixado a patamares compatíveis com a situação fática aduzida aos autos pelos agravantes. 9. Trinômio Necessidade Possibilidade e Proporcionalidade. Pensionamento que deve ser revisto, a fim de ser fixado no patamar de 10% sobre os ganhos dos agravantes ou em 1,5 salários mínimos para o caso de inexistência de vínculo empregatício. (TJ-RJ – AI: 00167851820128190000, Relator: Marcelo Lima Buhatem, 4ª Turma, publ. 25/10/2012).

14.2.12 Adoção unilateral

É a modalidade de adoção pela qual o novo cônjuge ou companheiro adota filho do outro, formando-se, consequentemente, um novo vínculo jurídico familiar. Assim, estabelece-se uma biparentalidade fática do filho com o parceiro do genitor. Trata-se de forma especial de adoção, que tem caráter híbrido, pois permite a substituição de somente um dos genitores e respectiva ascendência[35].

A adoção unilateral ocorre: a) quando consta no registro de nascimento do adotando o nome de apenas um dos pais, competindo a ele autorização da adoção pelo novo cônjuge/companheiro, ou mesmo se desta relação do adotante não for cônjuge/companheiro, já que a parentalidade pode estar dissociada da conjugalidade; b) quando, não obstante o adotando tenha sido registrado por ambos os pais, um deles decai do poder familiar; c) no caso de falecimento de um dos pais do adotando, o companheiro/cônjuge do genitor sobrevivo pode adotar o filho.

Para o adotado subsistem impedimentos matrimoniais, tanto com relação à família de sangue (art. 1.521, I, II e IV, CCB), como com relação à adotiva (art. 1.521, III e V, CCB). Um dos problemas da adoção unilateral é a eliminação da ancestralidade, ou seja, os avós biológicos paternos, ou maternos, serem excluídos da certidão de nascimento do adotado, especialmente se eles ainda forem vivos e tiverem interesse em continuar sendo avós. Uma das formas de se evitar isto é a multiparentalidade, isto é, colocar o nome do pai/mãe adotivo juntamente com o do genitor falecido, preservando sua ancestralidade[36].

14.3 ENTREGA VOLUNTÁRIA

A entrega voluntária para adoção não é crime[37]. Ao contrário, pode significar um ato de responsabilidade e de amor, na medida em que a entrega é o reconhecimento de que não tem condições de criar e educar o filho gerado em seu ventre. Quando se entrega uma criança para que outra pessoa possa criar e educar, está-se cumprindo o princípio do melhor interesse da criança/adolescente. E vem neste sentido a Lei nº 13.509/2017, que fez alterações ao Estatuto da Criança e do Adolescente – ECA e incluiu a chamada "entrega voluntária", que consiste na possibilidade de uma gestante ou mãe entregar seu filho, recém-nascido ou não, para adoção em um procedimento assistido pela Justiça da Infância e da Juventude. Esse ato de entregar diverge da situação de desamparo, ou exposição de perigo, o que nesses casos configurará crime de abandono de incapaz. Para que se afaste a incidência do crime, necessário seguir o comando do artigo 19-A do ECA:

---

[35] DIAS, Maria Berenice. *Manual de direito das famílias*. 9. ed. São Paulo: Revista dos Tribunais, 2013. p. 503.

[36] O STF ao analisar o RE 898.060 fixou a tese: "A paternidade socioafetiva, declarada ou não em registro público, não impede o reconhecimento do vínculo de filiação concomitante baseado na origem biológica, com os efeitos jurídicos próprios".

[37] "(...) O direito ao sigilo previsto nos §§ 5º e 9º do art. 19-A do Estatuto da Criança e do Adolescente é de suma importância, pois resguarda e protege a mulher gestante ou parturiente de pré-julgamentos, preconceitos, constrangimentos e cobranças por parte de quem quer seja em nível familiar ou social, bem como garante que o procedimento de **entrega** voluntária do filho à **adoção** ocorra de forma tranquila e humanizada, preservando-se até mesmo os superiores interesses da criança. 3. O procedimento de **entrega** voluntária de recém-nascido para **adoção** tem como escopo principal a proteção da genitora e do bebê, afastando ou coibindo a possibilidade de aborto clandestino, **adoção** irregular e abandono em vias públicas, não a responsabilizando civil ou criminalmente pelo ato. 4. Nos termos da Resolução nº 458, de 18 de Janeiro de 2023, do Conselho Nacional de Justiça (CNJ), a gestante ou parturiente deve ser informada, pela equipe técnica ou por servidor designado pelo Judiciário, sobre o direito ao sigilo do seu nascimento, inclusive em relação aos membros da família extensa ou pai indicado, observando-se eventuais justificativas apresentadas, respeitada sempre sua manifestação de vontade e esclarecendo-se sobre o direito da criança ao conhecimento da origem biológica (ECA, art. 48). (...)" (STJ, REsp 2.086.404/MG, Rel. Ministro Moura Ribeiro, Terceira Turma, *DJe* 07/10/2024).

Art. 19-A. A gestante ou mãe que manifeste interesse em entregar seu filho para adoção, antes ou logo após o nascimento, será encaminhada à Justiça da Infância e da Juventude. (Incluído pela Lei nº 13.509, de 2017).

§ 1º A gestante ou mãe será ouvida pela equipe interprofissional da Justiça da Infância e da Juventude, que apresentará relatório à autoridade judiciária, considerando inclusive os eventuais efeitos do estado gestacional e puerperal. (Incluído pela Lei nº 13.509, de 2017).

§ 2º De posse do relatório, a autoridade judiciária poderá determinar o encaminhamento da gestante ou mãe, mediante sua expressa concordância, à rede pública de saúde e assistência social para atendimento especializado. (Incluído pela Lei nº 13.509, de 2017).

§ 3º A busca à família extensa, conforme definida nos termos do parágrafo único do art. 25 desta Lei, respeitará o prazo máximo de 90 (noventa) dias, prorrogável por igual período. (Incluído pela Lei nº 13.509, de 2017).

§ 4º Na hipótese de não haver a indicação do genitor e de não existir outro representante da família extensa apto a receber a guarda, a autoridade judiciária competente deverá decretar a extinção do poder familiar e determinar a colocação da criança sob a guarda provisória de quem estiver habilitado a adotá-la ou de entidade que desenvolva programa de acolhimento familiar ou institucional. (Incluído pela Lei nº 13.509, de 2017).

§ 5º Após o nascimento da criança, a vontade da mãe ou de ambos os genitores, se houver pai registral ou pai indicado, deve ser manifestada na audiência a que se refere o § 1º do art. 166 desta Lei, garantido o sigilo sobre a entrega. (Incluído pela Lei nº 13.509, de 2017).

§ 6º Na hipótese de não comparecerem à audiência nem o genitor nem representante da família extensa para confirmar a intenção de exercer o poder familiar ou a guarda, a autoridade judiciária suspenderá o poder familiar da mãe, e a criança será colocada sob a guarda provisória de quem esteja habilitado a adotá-la. (Incluído pela Lei nº 13.509, de 2017).

§ 7º Os detentores da guarda possuem o prazo de 15 (quinze) dias para propor a ação de adoção, contado do dia seguinte à data do término do estágio de convivência. (Incluído pela Lei nº 13.509, de 2017).

§ 8º Na hipótese de desistência pelos genitores – manifestada em audiência ou perante a equipe interprofissional – da entrega da criança após o nascimento, a criança será mantida com os genitores, e será determinado pela Justiça da Infância e da Juventude o acompanhamento familiar pelo prazo de 180 (cento e oitenta) dias. (Incluído pela Lei nº 13.509, de 2017).

§ 9º É garantido à mãe o direito ao sigilo sobre o nascimento, respeitado o disposto no art. 48 desta Lei. (Incluído pela Lei nº 13.509, de 2017).

§ 10. Serão cadastrados para adoção recém-nascidos e crianças acolhidas não procuradas por suas famílias no prazo de 30 (trinta) dias, contado a partir do dia do acolhimento. (Incluído pela Lei nº 13.509, de 2017).

O CNJ no pedido de providência 0006474-79.2021.2.00.0000, aprovou proposta de Resolução[38] a ser utilizada como padrão pelo Poder Judiciário, no que diz respeito a entrega voluntária e às políticas de proteção à mulher e às crianças, de forma a fortalecer a cultura da adoção legal[39].

---

[38] Resolução do CNJ nº 485/2023 que dispõe sobre o adequado atendimento de gestante ou parturiente que manifeste desejo de entregar o filho para adoção e a proteção integral da criança.

[39] Pedido de providências. Conversão em ato normativo. Resolução. Entrega de crianças para fins de adoção no âmbito dos tribunais de justiça. Uniformização do procedimento previsto no art. 19-A do ECA. Art. 21, "a" da Convenção Internacional sobre os direitos da criança. Direito à convivência familiar e comunitária. Arts. 227

Entre as previsões na minuta normativa, consta que:

> Art. 2º Gestante ou parturiente que, antes ou logo após o nascimento, perante hospitais, maternidades, unidades de saúde, conselhos tutelares, Centros de Referência de Assistência Social (CRAS), Centros de Referência Especializada de Assistência Social (CREAS), instituições de ensino ou demais órgãos do Sistema de Garantia de Direitos, manifeste interesse em entregar seu filho à adoção, antes ou logo após o nascimento, será encaminhada, sem constrangimento, à Vara da Infância e Juventude, a fim de que seja formalizado o procedimento judicial e seja designado atendimento pela equipe interprofissional. § 1º A pessoa gestante ou parturiente deverá ser acolhida por equipe interprofissional do Poder Judiciário. § 2º Enquanto não houver equipe interprofissional, poderá a autoridade judiciária, de forma excepcional e provisória, designar servidor qualificado da Vara com competência da Infância e Juventude, em data próxima ao atendimento referido no caput, em espaço que resguarde sua privacidade, oportunidade em que será colhida sua qualificação – identificação, endereço, contatos e data provável do parto – e assinatura, e será orientada sobre a entrega voluntária, sem constrangimentos e sem pré-julgamentos (ECA, art. 151). § 3º Na ausência ou insuficiência de equipe técnica interprofissional do Poder Judiciário, em caráter excepcional e provisório, poderão os tribunais: I – firmar convênios e parcerias com entes públicos e privados para atender aos fins desta Resolução; II – proceder à nomeação de perito, na forma do art. 151, parágrafo único, do ECA.

Não há dúvidas de que iniciativas como essa devem ser estimuladas, em especial pela conclusão do supracitado acórdão que julgou procedente a necessidade de aprovação do ato normativo:

> (...) o Poder Judiciário precisa estar aparelhado normativamente para processar os interesses vindicados na perspectiva da entrega protegida, bem assim para proporcionar a construção de um fluxo junto ao Sistema de Garantia de Direitos da Criança e do Adolescente local, notadamente em comarcas menores cuja competência da seara infantoadolescente esteja inserta em varas com competência mista ou única. Não há dúvidas de que muitos tribunais de justiça já possuem projetos que proporcionam essa orientação aos magistrados, tais como os Projetos "Acolher" do TJPB, "Acolhendo Vidas" do TJAM, "Entrega Responsável" do TJRS, "Dar à Luz" do TJMS, "Entregar de forma legal é proteger" do TJRJ, dentre tantos outros, inclusive com elaboração de cartilhas. (CNJ. Pedido de providência 0006474-79.2021.2.00.0000, j. 16/12/2022).

Esta alteração do ECA, feita pela Lei nº 13.509/2017, além de trazer um sentido prático, tem também o simbólico, na medida em que os genitores, tendo o apoio da lei, podem se sentir menos culpados. Por mais responsáveis ou irresponsáveis que sejam os atos de entrega, não são atos banais e, certamente, trazem consigo o sentimento de culpa. Muitas mulheres gostariam de entregar o filho à adoção e não o fazem por se sentirem culpadas por isto. De qualquer forma, esta entrega ocorre sem qualquer tipo de julgamento moral ou coação a respeito de sua decisão. Como bem realça o magistrado e professor Fernando Moreira:

---

da CF e 5º da Lei nº 13.257/2016. Proteção da mulher, gestante e puérpera. Obrigatoriedade de encaminhamento à justiça da infância e da juventude das gestantes ou mães que manifestem interesse em entregar seus filhos para adoção. Art. 13, § 1º, do ECA. Protocolos que humanizam os acolhimentos da genitora ou gestantes e da criança. Resolução Conanda nº 113/2006. Recomendação nº 8/2012, da Corregedoria Nacional de Justiça. Ato aprovado (CNJ, pedido de providência 0006474-79.2021.2.00.0000, j. 16/12/2022).

Cap. 14 – DA ADOÇÃO **493**

Aos poucos, busca-se superar o mito cultural da maternidade, em que se punia a genitora que não deseja ter um filho, incentivando, agora, que ela o faça se qualquer reprimenda estatal em benefício dela e no interesse superior da criança[40].

14.4 PROCEDIMENTOS PARA ADOÇÃO; HABILITAÇÃO

A adoção está condicionada ao cadastro prévio dos interessados, ressalvando algumas exceções (art. 50, § 13, ECA[41]). Cada comarca deve manter duas listas cadastrais: uma de crianças e adolescentes em busca de uma família e a outra de candidatos a se tornarem pais. Além das listagens locais, há o cadastramento estadual e o nacional, regulamentado pelo Conselho Nacional de Justiça – CNJ, possibilitando que uma criança ou adolescente de um Estado seja adotado por alguém domiciliado em outro. Ao se habilitar à adoção (procedimento de jurisdição voluntária que independe da constituição de advogado), o interessado fica sujeito a um procedimento por meio do qual precisa comprovar que reúne os requisitos exigidos para a adoção. Cumpridas tais exigências, estará apto a receber uma criança ou adolescente, devendo aguardar na fila a sua convocação. Os cadastros têm como objetivo favorecer a adoção. Sob essa ótica, e em nome do princípio do melhor interesse da criança e/ou adolescente, é possível relativizar a ordem deste cadastro, tanto ao se considerar as características da criança desejadas pelos adotantes quanto permitindo que pessoas não cadastradas adotem uma criança e/ou adolescente por quem já nutrem um forte laço afetivo, desde que a adoção confira reais vantagens ao adotando (art. 43, ECA). Uma vez convocado a receber o adotando, o candidato deve passar pelo estágio de convivência e, em seguida, confirmar o seu desejo de adotá-lo, quando passará a exercer a guarda provisória, iniciando-se, então, o processo judicial de adoção.

14.5 DESTITUIÇÃO DO PODER FAMILIAR/AUTORIDADE PARENTAL

Para que se faça a adoção, é necessário que os pais biológicos sejam destituídos de seu lugar jurídico de pais. Em outras palavras, para que novo pai/mãe entre na certidão de nascimento do adotando, é necessário que os genitores sejam retirados do lugar de pais registrais, ou seja, sejam destituídos de sua autoridade parental, que a lei chama de poder familiar (art. 155 a 163 do ECA). Esta é a visão mais comum e tradicional sobre a adoção. Entretanto, com as novas concepções de que paternidade e maternidade podem ser conjuntas, ou seja, é possível que alguém tenha mais de um pai, mais de uma mãe, o que tem se chamado de multiparentalidade, ou pluriparentalidade. Neste caso é possível a adoção sem a destituição do poder familiar, quando há consenso entre os pais biológicos e pais adotantes, como se se vê exemplificativamente na decisão abaixo transcrita:

> *(...) A paternidade biológica declarada em registro público não impede o reconhecimento do vínculo de filiação concomitante baseado na origem socioafetiva, com os efeitos jurídicos próprios, como desdobramento do sobreprincípio da dignidade humana, na sua dimensão*

---

[40] SILVA, Fernando Moreira Freitas da. *Adoção*: um diálogo entre os direitos fundamentais e a realidade dos acolhimentos institucionais. Londrina, PR: Thoth, 2022, p. 215.

[41] § 13. Somente poderá ser deferida adoção em favor de candidato domiciliado no Brasil não cadastrado previamente nos termos desta Lei quando: (Incluído pela Lei nº 12.010, de 2009); I – se tratar de pedido de adoção unilateral; (Incluído pela Lei nº 12.010, de 2009); II – for formulada por parente com o qual a criança ou adolescente mantenha vínculos de afinidade e afetividade; (Incluído pela Lei nº 12.010, de 2009); III – oriundo o pedido de quem detém a tutela ou guarda legal de criança maior de 3 (três) anos ou adolescente, desde que o lapso de tempo de convivência comprove a fixação de laços de afinidade e afetividade, e não seja constatada a ocorrência de má-fé ou qualquer das situações previstas nos arts. 237 ou 238 desta Lei. (Incluído pela Lei nº 12.010, de 2009).

DIREITO DAS FAMÍLIAS – *Rodrigo da Cunha Pereira*

de tutela da felicidade e realização pessoal dos indivíduos a partir de suas próprias confi-gurações existenciais. 2. "A omissão do legislador brasileiro quanto ao reconhecimento dos mais diversos arranjos familiares não pode servir de escusa para a negativa de proteção a situações de pluriparentalidade." (TJ-DF 20161410019827 – Segredo de Justiça 0001877-05.2016.8.07.0014, Rel. Getúlio de Moraes Oliveira, 7ª T.C. publ. 24/01/2017).

A destituição do poder familiar[42] é a sanção mais grave imposta aos pais, e os seus motivos estão elencados no art. 1.638 do CCB/2002: *Perderá por ato judicial o poder familiar o pai ou a mãe que: I – castigar imoderadamente o filho[43]; II – deixar o filho em abandono; III – praticar atos contrários à moral e aos bons costumes; IV – incidir, reiteradamente, nas faltas previstas no artigo antecedente*. Além disso, a Lei nº 13.509/2017, que dentre as modificações, prevê que perderá por ato judicial o poder familiar o pai ou a mãe que entregar de forma irregular o filho a terceiros para fins de adoção. Certamente este artigo vem como uma punição a quem pretende adoção *intuitu personae*.

A Lei nº 13.715/2018, que alterou o Código Penal, o ECA e o CCB/2002, passou também a dispor sobre hipóteses de perda do poder familiar pelo autor de determinados crimes contra outrem igualmente titular do mesmo poder familiar ou contra filho, filha ou outro descendente[44].

O processo de adoção envolve, além do Juiz, uma equipe multidisciplinar, Defensores Públicos, Advogados, e obviamente o Ministério Público, que tem prazo de 15 dias para ajuizar ação de destituição do poder familiar, após recebido o relatório do processo. Isto se não precisar de estudos complementares ou outras providências que entender necessárias e indispensáveis para a propositura da referida ação de destituição do poder familiar. Antes da Lei nº 13.509/2017[45], esse prazo era de 30 dias. A competência para o ajuizamento da referida ação, não é exclusiva do Ministério Público. Advogados e defensores públicos que atuarem na causa, poderão propô-las também.

---

[42]   STJ, REsp 1698728/MS, Rel. Ministro Moura Ribeiro, Rel. p/ acórdão Ministra Nancy Andrighi, 3ª Turma, j. em 04/05/2021, *DJe* 13/05/2021.

[43]   A Lei nº 14.344/2022 criou mecanismo para prevenção e enfrentamento da violência doméstica familiar contra a criança e o adolescente. Configura violência doméstica e familiar contra a criança e o adolescente qualquer ação ou omissão que lhe cause morte, lesão, sofrimento físico, sexual, psicológico ou dano patrimonial.

[44]   Foi incluído parágrafo único no artigo 1.638 prevendo que: *Parágrafo único. Perderá também por ato judicial o poder familiar aquele que: (Incluído pela Lei nº 13.715, de 2018) I – praticar contra outrem igualmente titular do mesmo poder familiar: (Incluído pela Lei nº 13.715, de 2018) a) homicídio, feminicídio ou lesão corporal de natureza grave ou seguida de morte, quando se tratar de crime doloso envolvendo violência doméstica e familiar ou menosprezo ou discriminação à condição de mulher; (Incluído pela Lei nº 13.715, de 2018) b) estupro ou outro crime contra a dignidade sexual sujeito à pena de reclusão; (Incluído pela Lei nº 13.715, de 2018) II – praticar contra filho, filha ou outro descendente: (Incluído pela Lei nº 13.715, de 2018) a) homicídio, feminicídio ou lesão corporal de natureza grave ou seguida de morte, quando se tratar de crime doloso envolvendo violência doméstica e familiar ou menosprezo ou discriminação à condição de mulher; (Incluído pela Lei nº 13.715, de 2018) b) estupro, estupro de vulnerável ou outro crime contra a dignidade sexual sujeito à pena de reclusão.(Incluído pela Lei nº 13.715, de 2018).*

[45]   (...) A Lei nº 13.509/17 alterou dispositivos do Estatuto da Criança e do Adolescente para normatizar os procedimentos de entrega voluntária, destituição do poder familiar, acolhimento, apadrinhamento, guarda e adoção de crianças e adolescentes. 2. O § 4º do art. 19 do ECA estabelece que na hipótese de não haver a indicação do genitor e de não existir outro representante da família extensa apto a receber a guarda, a autoridade judiciária competente deverá decretar a extinção do poder familiar e determinar a colocação da criança sob a guarda provisória de quem estiver habilitado a adotá-la ou de entidade que desenvolva programa de acolhimento familiar ou institucional. 3. É pacificado o entendimento de que a ausência de participação ministerial não acarreta nulidade dos atos se observados os interesses da criança. 4. Recurso desprovido. (TJ-DF 00029198720198070013 – Segredo de Justiça 0002919-87.2019.8.07.0013, Relator: Mario-Zam Belmiro, Data de Julgamento: 17/10/2019, 8ª Turma Cível, Data de Publicação: Publicado no PJe: 21/10/2019. Pág.: Sem Página Cadastrada.)

Cap. 14 – DA ADOÇÃO **495**

14.6 AÇÃO DE ADOÇÃO

O ECA, e leis que o atualizaram determinou que, recebida a petição inicial, a autoridade judiciária deverá determinar, concomitantemente ao despacho de citação e independentemente de requerimento do interessado, a realização de estudo social ou perícia por equipe interprofissional ou multidisciplinar para comprovar a presença de uma das causas de suspensão ou destituição do poder familiar, caso ainda não tenha sido realizado (§ 1º do art. 157 do ECA).

Esta referida lei, também acrescentou um parágrafo ao art. 158 prevendo a possibilidade de citação por hora certa na ação de perda ou suspensão do poder familiar[46].

Além disto, acrescentou um parágrafo prevendo a possibilidade de citação por edital[47]. Também acrescentou mais um parágrafo ao art. 47 do ECA prevendo prazo máximo de duração da ação de adoção por 120 dias, prorrogável uma única vez pelo mesmo período, em decisão fundamentada pelo juiz. Na prática esses prazos são sempre extrapolados e devido o emperramento da máquina judiciária, os processos de adoção, na maioria das comarcas, costumam durar anos.

O CPC/2015 apresentou dentre outras inovações, a contagem dos prazos em dias úteis (art. 219). Além disso, o Código previu expressamente prazo em dobro para a Fazenda Pública (art. 183) e para o MP (art. 180). Mas essas regras de contagem do prazo do CPC/2015 não se aplicam aos procedimentos do ECA. Isso porque a Lei nº 13.509/2017 acrescentou um dispositivo ao ECA prevendo expressamente que os prazos são contados em dias corridos e que não há prazo em dobro para a Fazenda Pública e o MP[48].

14.7 NOME AFETIVO

É o nome utilizado pelo adotando que se encontra sob a guarda provisória. Seja o da família que se pretende a adoção ou a designação pela qual a criança ou adolescente se identifica ou são conhecidos no seu meio social. Pode ser concretizado por meio de tutela antecipatória, antes do julgamento do mérito da ação de adoção[49], para ser utilizado apenas em relações sociais, como em instituições escolares e de saúde.

Essa utilização garante o direito fundamental à identidade pessoal das crianças e adolescentes em processos de adoção, fortalecendo o vínculo dos pretensos adotantes com o adotado. A utilização do nome afetivo dá à criança e à família o sentido de integração, de pertencimento a um núcleo familiar, evitando, também, situações sociais embaraçosas para todos os envolvidos, permitindo à criança o exercício de sua identidade no meio social. Além disto, a morosidade das ações de destituição da autoridade parental e até mesmo de adoção, que muitas vezes dura anos, pode gerar uma situação indefinida para a criança, relacionando crise de identidade

---

[46] Art. 158 (...) § 3º Quando, por 2 (duas) vezes, o oficial de justiça houver procurado o citando em seu domicílio ou residência sem o encontrar, deverá, havendo suspeita de ocultação, informar qualquer pessoa da família ou, em sua falta, qualquer vizinho do dia útil em que voltará a fim de efetuar a citação, na hora que designar, nos termos do art. 252 e seguintes da Lei nº 13.105, de 16 de março de 2015 (Código de Processo Civil).

[47] Art. 158 (...) § 4º Na hipótese de os genitores encontrarem-se em local incerto ou não sabido, serão citados por edital no prazo de 10 (dez) dias, em publicação única, dispensado o envio de ofícios para a localização.

[48] Art. 152 (...) § 2º Os prazos estabelecidos nesta Lei e aplicáveis aos seus procedimentos são contados em dias corridos, excluído o dia do começo e incluído o dia do vencimento, vedado o prazo em dobro para a Fazenda Pública e o Ministério Público.

[49] (...) Conquanto existam indícios de que a possibilidade de uso do nome afetivo, ainda no curso da ação de adoção, será benéfica à criança, não se pode olvidar que se trata de questão afeta aos direitos da personalidade e que ainda se encontra em debate perante o Poder Legislativo, pois exige modificação no Estatuto da Criança e do Adolescente, razão pela qual o deferimento de tutela antecipatória a esse respeito exige extrema cautela e sólido respaldo técnico e científico. (STJ, REsp: 1.878.298 MG 2020/0135883-7, Rel. Min. Ricardo Villas Bôas Cueva, 3ª Turma, publicação: DJe 26/04/2021).

e pertencimento, além de expor ao *bullying* infantil[50], que é um dos mais cruéis. É preciso configurar o respeito à nova história destas crianças, vítimas da negligência, abandono e invisibilidade, para que com isso sejam respeitados os princípios da absoluta prioridade, proteção integral e melhor interesse da criança e do adolescente. Nada mais razoável do que facilitar a vida dos futuros pais, para que eles possam, por sua vez, tornar mais leve e amorosa a vida de seus futuros filhos. Embora não haja uma lei federal que autorize expressamente o uso do nome afetivo (PLS 330/2018), alguns Estados já o fizeram, a exemplo: Lei nº 7.930/2018 – RJ; Lei nº 5.210/2018 – MS; Lei nº 16.785/2018 – SP; Lei nº 19.746/2018 – PR; Lei nº 11.289/2018 – PB; Lei nº 8.508/2019 – SE; Lei nº 16.674/2019 – PE; Lei nº 11.061/2019 – ES; Lei nº 15.617/2021 – RS; Lei nº 8.448/2021 – AL; Lei nº 18.231/2021 – SC; Lei nº 7.638/2021 – PI.

O art. 57, § 8º, da Lei de Registros Públicos, incluído pela Lei nº 11.924, de 2009, e com alterações promovida pela Lei nº 14.382/2022, abriu espaço para o reconhecimento do nome afetivo, que aqui se entrelaça com o nome social: § 8º O enteado ou a enteada, se houver motivo justificável, poderá requerer ao oficial de registro civil que, nos registros de nascimento e de casamento, seja averbado o nome de família de seu padrasto ou de sua madrasta, desde que haja expressa concordância destes, sem prejuízo de seus sobrenomes de família[51].

14.8 APADRINHAMENTO

É o ato de apadrinhar, isto é, tornar-se padrinho, aquele que protege ou assiste alguém. Do latim *patrinus,* diminutivo de *pater*, pai. Na linguagem comum, padrinho designa também a testemunha de um casamento. Tem também o sentido de patrocinador. No sentido religioso, tem o significado de padrinho do casamento, padrinho de batismo, padrinho de crisma. Aquele a quem se apadrinha é o afilhado. Para o Direito Canônico, padrinho e afilhado estabelecem uma relação espiritual e um certo compromisso de cuidado do padrinho com seu afilhado, ocupando um lugar de pai substituto ou suplementar[52]. É neste sentido que nasce no Direito de Família brasileiro, o instituto do apadrinhamento, a exemplo do que já existe no ordenamento jurídico

---

50 Lei nº 14.811/2024, que institui medidas de proteção à criança e ao adolescente contra a violência nos estabelecimentos educacionais ou similares, prevê a Política Nacional de Prevenção e Combate ao Abuso e Exploração Sexual da Criança e do Adolescente e altera o Decreto-Lei nº 2.848, de 7 de dezembro de 1940 (Código Penal), e as Leis nos 8.072, de 25 de julho de 1990 (Lei dos Crimes Hediondos), e 8.069, de 13 de julho de 1990 (Estatuto da Criança e do Adolescente). Entre as alterações, o Decreto-Lei nº 2.848, de 7 de dezembro de 1940 (Código Penal), passou a vigorar acrescido do seguinte art. 146-A: "Intimidação sistemática (*bullying*) Art. 146-A. Intimidar sistematicamente, individualmente ou em grupo, mediante violência física ou psicológica, uma ou mais pessoas, de modo intencional e repetitivo, sem motivação evidente, por meio de atos de intimidação, de humilhação ou de discriminação ou de ações verbais, morais, sexuais, sociais, psicológicas, físicas, materiais ou virtuais: Pena – multa, se a conduta não constituir crime mais grave. Intimidação sistemática virtual (*cyberbullying*) Parágrafo único. Se a conduta é realizada por meio da rede de computadores, de rede social, de aplicativos, de jogos *on-line* ou por qualquer outro meio ou ambiente digital, ou transmitida em tempo real: Pena – reclusão, de 2 (dois) anos a 4 (quatro) anos, e multa, se a conduta não constituir crime mais grave".

51 O Provimento 149/2023 do CNJ prevê: Art. 515-M. A inclusão do sobrenome do padrasto ou da madrasta na forma do § 8º do art. 55 da Lei nº 6.015, de 31 de dezembro de 1973, depende de: (incluído pelo Provimento nº 153, de 26.9.2023) I – motivo justificável, o qual será presumido com a declaração de relação de afetividade decorrente do padrastio ou madrastio, o que, entretanto, não importa em reconhecimento de filiação socioafetiva, embora possa servir de prova desta; (incluído pelo Provimento nº 153, de 26.9.2023) II – consentimento, por escrito, de ambos os pais registrais e do padrasto ou madrasta; (incluído pelo Provimento nº 153, de 26.9.2023) e III – comprovação da relação de padrastio ou madrastio mediante apresentação de certidão de casamento ou sentença judicial, escritura pública ou termo declaratório que comprove relação de união estável entre um dos pais registrais e o padrasto/madrasta. (incluído pelo Provimento nº 153, de 26.9.2023).

52 PEREIRA, Rodrigo da Cunha. *Dicionário de Direito de Família e Sucessões ilustrado*. São Paulo: Saraiva, 2018, p. 114.

português, instituído pela Lei n° 103/09, e depois alterada pela Lei n° 121/10, que definiu como sendo uma relação jurídica, tendencialmente de caráter permanente, entre uma criança ou jovem e uma pessoa singular ou uma família que exerça os poderes e deveres próprios dos pais e que com ele estabeleçam vínculos afetivos que permitam o seu bem-estar e desenvolvimento, constituída por homologação ou decisão judicial e sujeita a registro civil (art. 2°).

Mesmo antes da introdução expressa no sistema jurídico brasileiro, de leis específicas sobre o apadrinhamento civil ou afetivo, os princípios constitucionais do melhor interesse da criança e do adolescente, associados aos princípios da dignidade da pessoa humana, da solidariedade, da responsabilidade, autorizam essa saudável prática de amparo e proteção às crianças que foram abandonadas, estão em abrigos, ou casas de acolhimento, e não encontraram pais adotantes, ou mesmo por não se tratar de casos de adoção. Em 2017, a Lei n° 13.509 alterou o ECA, introduzindo o artigo 19-B[53], estabelecendo expressamente sobre o apadrinhamento. Ainda que bem-intencionado, esta regra é perversa ao dizer que o padrinho não pode se tornar pai afetivo. A justificativa é que esta seria uma forma de burlar o cadastro da adoção[54].

O apadrinhamento tem sido incentivado pelos abrigos, casas de acolhimento e Ministério Público e consiste em um adulto responsabilizar-se pela ajuda na criação e educação, e muitas vezes convivência, de crianças necessitadas, disponíveis para adoção ou não. O apadrinhamento não gera nenhuma obrigação jurídica de alimentos ou sucessões, mas tão somente o dever de cuidado que o próprio "Padrinho" se incumbe durante o período que ele se dispôs a apadrinhar.

14.9 DESADOÇÃO

O processo judicial da adoção no Brasil reveste-se de segurança jurídica que vem sofrendo variações ao longo do tempo, de acordo com as concepções jurídicas de cada época. Por mais variações que tiveram, no cerne de todas elas, está a proteção da criança e adolescente, consagrada na Convenção sobre os Direitos da Criança[55], e na Constituição da República de 1988

---

[53] Art. 19-B. A criança e o adolescente em programa de acolhimento institucional ou familiar poderão participar de programa de apadrinhamento. (Incluído pela Lei n° 13.509, de 2017). § 1° O apadrinhamento consiste em estabelecer e proporcionar à criança e ao adolescente vínculos externos à instituição para fins de convivência familiar e comunitária e colaboração com o seu desenvolvimento nos aspectos social, moral, físico, cognitivo, educacional e financeiro. (Incluído pela Lei n° 13.509, de 2017) § 2° Podem ser padrinhos ou madrinhas pessoas maiores de 18 (dezoito) anos não inscritas nos cadastros de adoção, desde que cumpram os requisitos exigidos pelo programa de apadrinhamento de que fazem parte. (Incluído pela Lei n° 13.509, de 2017). § 3° Pessoas jurídicas podem apadrinhar criança ou adolescente a fim de colaborar para o seu desenvolvimento. (Incluído pela Lei n° 13.509, de 2017). § 4° O perfil da criança ou do adolescente a ser apadrinhado será definido no âmbito de cada programa de apadrinhamento, com prioridade para crianças ou adolescentes com remota possibilidade de reinserção familiar ou colocação em família adotiva. (Incluído pela Lei n° 13.509, de 2017). § 5° Os programas ou serviços de apadrinhamento apoiados pela Justiça da Infância e da Juventude poderão ser executados por órgãos públicos ou por organizações da sociedade civil. (Incluído pela Lei n° 13.509, de 2017). § 6° Se ocorrer violação das regras de apadrinhamento, os responsáveis pelo programa e pelos serviços de acolhimento deverão imediatamente notificar a autoridade judiciária competente. (Incluído pela Lei n° 13.509, de 2017)

[54] Enunciado IBDFAM n° 36 – As famílias acolhedoras e os padrinhos afetivos têm preferência para adoção quando reconhecida a constituição de vínculo de socioafetividade.

[55] Decreto 99.710/1990, que promulga a Convenção sobre os Direitos da Criança. Artigo 21. Os Estados Partes que reconhecem ou permitem o sistema de adoção atentarão para o fato de que a consideração primordial seja o interesse maior da criança. Dessa forma, atentarão para que: a) a adoção da criança seja autorizada apenas pelas autoridades competentes, as quais determinarão, consoante as leis e os procedimentos cabíveis e com base em todas as informações pertinentes e fidedignas, que a adoção é admissível em vista da situação jurídica da criança com relação a seus pais, parentes e representantes legais e que, caso solicitado, as pessoas interessadas tenham dado, com conhecimento de causa, seu consentimento à adoção, com base no assessoramento que possa ser necessário; b) a adoção efetuada em outro país possa ser considerada como outro meio de cuidar da criança, no caso em que a mesma não possa ser colocada em um lar de adoção ou

que consagrou o princípio do melhor interesse da criança e do adolescente (art. 227). Então, o foco e decisão gira em torno da prioridade absoluta da pessoa em desenvolvimento. Embora o sistema de adoção no Brasil não atenda, verdadeiramente,[56] ao interesse das crianças, em razão do preconceito e falta de políticas públicas sérias, instalando uma cruel realidade[57], ele tem a boa intenção de proteger esses sujeitos vulneráveis.

Uma das formas de segurança no atual arcabouço jurídico é o estágio de convivência, seja nas adoções nacionais ou internacionais, precedido da habilitação, que faz uma pré-seleção de quem tem capacidade para ser pai/mãe, recebendo ao final, uma chancela do Estado de que "pode ser pai ou mãe". Mas é no estágio de convivência, prazo máximo de 90 dias, podendo ser prorrogado ou dispensado, se a criança e adolescente já estiver sob a guarda dos pretensos adotantes (art. 46, ECA), que acontece a "prova de fogo" da adoção.

O estágio de convivência é a oportunidade das partes de se conhecerem, formarem seus vínculos, criar e reforçar os laços de afeto, e já se portarem como se pais e filhos fossem. É como se fosse uma "pré-adoção". Na maioria dos casos, a adoção se concretiza após esse período de teste, que culmina com a sentença concessiva da adoção, que é constitutiva e, portanto, produzirá os efeitos a partir do trânsito em julgado (art. 47, § 7o). Mas há casos em que a conclusão, pelos pretensos adotantes é pela inadequação da adoção[58], ou seja, acabam "devolvendo" a criança/adolescente, que estava sob sua guarda, ao invés de concluir o processo de adoção.

As situações de rompimento de vínculo com as crianças, mesmo no estágio de convivência, cuja função é mesmo de teste, é traumática[59] para quem tinha a expectativa pretendida de ser filho, e perdeu aquela chance de sê-lo. Pode até ser que a criança encontre outra família que

---

entregue a uma família adotiva ou não logre atendimento adequado em seu país de origem; c) a criança adotada em outro país goze de salvaguardas e normas equivalentes às existentes em seu país de origem com relação à adoção; d) todas as medidas apropriadas sejam adotadas, a fim de garantir que, em caso de adoção em outro país, a colocação não permita benefícios financeiros indevidos aos que dela participarem; e) quando necessário, promover os objetivos do presente artigo mediante ajustes ou acordos bilaterais ou multilaterais, e envidarão esforços, nesse contexto, com vistas a assegurar que a colocação da criança em outro país seja levada a cabo por intermédio das autoridades ou organismos competentes.

[56] O IBDFAM lançou o seu Projeto "Crianças Invisíveis" para dar vez e voz às milhares de crianças e adolescentes em abrigos/casas de acolhimento a espera de uma família que nunca chega. Dentre as ações deste projeto, discutido com várias entidades ligadas a esse objetivo, está o PLS 394/2017, apresentado pelo Senador Randolfe Rodrigues, denominado Estatuto da Adoção, cujo objetivo é melhorar o sistema de adoção no Brasil.

[57] DIAS, Maria Berenice. *Manual de Direito das famílias*. Editora Jus Podivm, 2020, p. 365.

[58] (...) O Estatuto da Criança e do Adolescente, em seu art. 46, prevê que a adoção será precedida de estágio de convivência, que, nada mais é do que um período de adaptação da criança com a nova família e dessa família com a criança. No caso, o estágio de convivência restou frustrado, seja pelo comportamento das crianças, entendido como inadequado pelos adotantes, ou mesmo por estes não estarem realmente preparados para receber novos membros na família. Contudo, não há vedação legal para que os futuros pais, ora recorridos, desistam da adoção quando estiverem apenas com a guarda dos menores. E a própria lei prevê a possibilidade de desistência, no decorrer do processo de adoção, ao criar a figura do estágio de convivência. Recurso desprovido. (Apelação Cível No 70080332737, Oitava Câmara Cível, Tribunal de Justiça do RS, Relator: Liselena Schifino Robles Ribeiro, Julgado em 28/02/2019).

[59] (...) 1. A desistência da adoção durante o estágio de convivência não configura ato ilícito, não impondo o Estatuto da Criança e do Adolescente nenhuma sanção aos pretendentes habilitados em virtude disso. 2. Embora o fato de a criança ter recebido diagnóstico de doença grave e incurável possa ter contribuído para a desistência da adoção, haja vista que os candidatos a pais eram pessoas extremamente simples e sem condições financeiras, o fato de a genitora biológica ter contestado o processo de adoção e ter requerido, sucessivamente, que a criança lhe fosse devolvida ou que lhe fosse deferido o direito de visitação, não pode ser desprezado nesse processo decisório. 3. A desistência da adoção nesse contexto está devidamente justificada, não havendo que se falar, em situações assim, em abuso de direito, especialmente, quando, durante todo o estágio de convivência, a criança foi bem tratada, não havendo nada que desabone a conduta daqueles que se candidataram no processo. (...) (STJ, REsp 1.842.749/MG, Rel. Min. Maria Isabel Gallotti, Quarta Turma, DJe 3/11/2023).

será melhor para ela. Mesmo assim ela ficará marcada psiquicamente para sempre, afinal estará diante do pior sentimento que um ser humano pode experimentar: a rejeição. E neste caso, o seu sentimento de desamparo é duplo, pois será a segunda vez que alguém não a quis como filho.

Devolver uma criança em vias de adoção, como no estágio de convivência, caracteriza-se quase "desadoção". Seja qual for o motivo, os pretensos adotantes devem se responsabilizar por isto, afinal foi exercido, ainda que por um curto período, as funções de pais, mesmo que "provisórios". A expectativa da criança e adolescente de ter uma família, criada no estágio de convivência, e a perda da chance de tê-la, pode ser fonte de reparação civil. Obviamente que isto não apagará os transtornos deixados na criança, pois podem ser indeléveis, mas pelo menos poderá ajudá-la com o sustento, psicoterapias a elaborar psiquicamente os transtornos deixados pela devolução da criança, que as remete a lugar de objeto e não de sujeito. O assunto é pouco tratado pela doutrina, mas a jurisprudência vem se encarregando de delinear os contornos dessa quase 'desadoção' como se vê exemplificativamente, por ordem cronológica, dos julgamentos abaixo transcritos:

> (...) Possibilidade de desistência da adoção durante o estágio de convivência, prevista no art. 46, da Lei n.º 8.069/90, que não exime os adotantes de agirem em conformidade com a finalidade social deste direito subjetivo, sob pena de restar configurado o abuso, uma vez que assumiram voluntariamente os riscos e as dificuldades inerentes à adoção. 8. Desistência tardia que causou ao adotando dor, angústia e sentimento de abandono, sobretudo porque já havia construído uma identidade em relação ao casal de adotantes e estava bem adaptado ao ambiente familiar, possuindo a legítima expectativa de que não haveria ruptura da convivência com estes, como reconhecido no acórdão recorrido. 9. Conduta dos adotantes que faz consubstanciado o dano moral indenizável, com respaldo na orientação jurisprudencial desta Corte Superior, que tem reconhecido o direito a indenização nos casos de abandono afetivo. 10. Razoabilidade do montante indenizatório arbitrado em 50 salários mínimos, ante as peculiaridades da causa, que a diferenciam dos casos semelhantes que costumam ser jugados por esta Corte, notadamente em razão de o adolescente ter sido abandonado por ambos os pais socioafetivos. (...) STJ, REsp nº 1.981.131/MS, Rel. Min. Paulo de Tarso Sanseverino, 3ª Turma, j. 8/11/2022, DJe de 16/11/2022.

> (...) Estágio de convivência" é o período no qual o adotante e o adotando convivem como se família fossem, sob o mesmo teto, em intimidade de pais e filhos, já devendo o adotante sustentar, zelar, proteger e educar o adotando. É um período de teste para se aquilatar o grau de afinidade entre ambos os lados e se, realmente, fortalecem-se os laços de afetividade, que são fundamentais para a família" (NUCCI, Guilherme de Souza. Estatuto da Criança e do Adolescente comentado. O resultado esperado, desejado, para o processo de estágio de convivência, disciplinado no art. 46 da Lei n. 8.069/90, é o que culmine na concretização da adoção, com a criação de uma nova unidade familiar, fraterna e amorosa. As relações humanas, entretanto, são complexas e delicadas, especialmente no seio familiar, em que é intenso o convívio. A frustração das expectativas inicialmente criadas não são necessariamente resultado apenas da negligência dos pretendentes a pais adotivos ou dos profissionais que buscaram auxiliar o processo, havendo uma série de fatores a determinar o sucesso ou o insucesso da medida. Sendo possível verificar a caracterização do dever de responsabilização dos pretendentes à adoção por danos experimentados pelos menores após frustrado o período de convivência e mediante sua devolução às instituições acolhedoras estatais, o pensionamento mensal com vistas ao tratamento psicoterápico deve ser estabelecido de maneira razoável, respeitando o pedido trazido na inicial e impondo-se limitação temporal por período capaz de proporcionar tratamento adequado em relação à extensão

500 DIREITO DAS FAMÍLIAS – *Rodrigo da Cunha Pereira*

> *do abalo psicológico. (TJSC, Agravo de Instrumento nº 0009542-43.2016.8.24.0000, de Joinville, rel. Des. Sebastião César Evangelista, 2ª Câmara de Direito Civil, j. 15-09-2016)*

> (...) "A intenção de adoção exige cautela na aproximação das partes, e durante o estágio de convivência que precede a adoção para adaptação da criança/adolescente à família substituta, uma vez que filhos não são mercadoria, sejam eles biológicos ou não, cabendo aos seus guardiões o dever de assistir, criar e educar, proporcionando-lhes conforto material e moral, além de zelar pela sua segurança, dentre outras obrigações. A devolução injustificada do menor/adolescente durante o estágio de convivência acarreta danos psíquicos que devem ser reparados." (TJ-SC – AI: 40255281420188240900 Joinville 4025528-14.2018.8.24.0900, Relator: Marcus Tulio Sartorato, 3ª Câmara de Direito Civil, j.: 29/01/2019)

> (...) O Estatuto da Criança e do Adolescente, em seu art. 46, prevê que a adoção será precedida de estágio de convivência, que, nada mais é do que um período de adaptação da criança com a nova família e dessa família com a criança. No caso, o estágio de convivência restou frustrado, seja pelo comportamento das crianças, entendido como inadequado pelos adotantes, ou mesmo por estes não estarem realmente preparados para receber novos membros na família. Contudo, não há vedação legal para que os futuros pais, ora recorridos, desistam da adoção quando estiverem apenas com a guarda dos menores. E a própria lei prevê a possibilidade de desistência, no decorrer do processo de adoção, ao criar a figura do estágio de convivência. Recurso desprovido. (TJRS, Apelação Cível Nº 70080332737, 8ª Câmara Cível, Relator: Liselena Schifino Robles Ribeiro, Julgado em 28/02/2019).

Se a intenção da adoção que não se concretizou com o estágio de convivência, pode ser fonte de responsabilidade civil, muito mais deverá ser responsabilizado aqueles que já haviam concretizado a adoção e, após a sentença querem "devolver" o filho, ou seja, "desadotá-lo". Pablo Stolze Gagliano e Fernanda Carvalho Leão Barretto são enfáticos sobre o assunto:

> Assim, entendemos que a "devolução fática" de filho já adotado caracteriza ilícito civil, capaz de suscitar amplo dever de indenizar, e, potencialmente, também, um ilícito penal (abandono de incapaz, previsto no art. 133 do CP), sem prejuízo de se poder defender, para além da impossibilidade de nova habilitação no cadastro, a mantença da obrigação alimentar, uma vez que os adotantes não podem simplesmente renunciar ao poder familiar e às obrigações civis daí decorrentes[60].

Não há nenhuma previsão legal de "desadoção". Uma vez filho, adotado ou não, será para sempre, já que filhos e pais mesmo depois da morte permanecem vivos dentro de nós. Não há hipótese da revogação da adoção[61], adoção inexistente, nula ou anulável, como se pode dizer na

---

[60] GAGLIANO, Pablo Stolze; BARRETO, Fernanda. Responsabilidade Civil pela desistência da adoção. Disponível: https://www.ibdfam.org.br/artigos/1513/Responsabilidade+civil+pela+desist%C3%AAncia+na+ado%-C3%A7%C3%A3o Acesso em: 13/10/2020.

[61] (...) é possível inferir a existência de dano moral à criança em decorrência dos atos praticados pelos pais adotivos que culminaram com a sua reinserção no sistema de acolhimento institucional após a adoção, de modo que a falha estatal no processo de adoção deve ser levada em consideração tão somente para aferir o grau de culpa dos pais, mas não para excluir a responsabilização civil destes. 9 – A formação de uma família a partir da adoção de uma criança é um ato que exige, dos pais adotivos, elevado senso de responsabilidade parental, diante da necessidade de considerar as diferenças de personalidade, as idiossincrasias da pessoa humana e, especialmente, a vida pregressa da criança adotada, pois o filho decorrente da adoção não é uma espécie de produto que se escolhe na prateleira e que pode ser devolvido se se constatar a existência de vícios ocultos. (...) Mesmo quando houver a destituição do poder familiar, não há correlatamente a desobrigação de

formação de uma família conjugal pela via do casamento[62]. Ademais com o desenvolvimento da teoria da socioafetividade, que tem o princípio da afetividade como norteador de todo o Direito de Família, o procedimento da adoção não pode se submeter a rigidez das formalidades processuais. Se o Direito deve proteger muito mais a essência do que a formalidade que o cerca, nas adoções essa premissa deve ser ainda mais levada a sério.

14.10 RESUMO

A verdadeira paternidade/maternidade é adotiva: se eu não adotar o meu filho, mesmo biológico, jamais serei pai/mãe.

A adoção tem suas raízes históricas desde o início da civilização. No Brasil é regida pelo Estatuto da Criança e Adolescente – ECA, Lei nº 8.069/90.

O milenar instituto da adoção é a comprovação de que família não é um fato da natureza, mas da cultura.

A adoção no Brasil já pôde ser feita por escrituras pública, quando o adotado era maior de idade (CCB 1916). Atualmente só pode ser feita via processo judicial, antecedida em regra pela habilitação dos adotantes, em processo administrativo para verificação das reais condições da adoção, sempre para atender o princípio do melhor interesse da criança/adolescente.

Em 12/10/2019 foi criado o SNA – Sistema nacional de adoção e acolhimento, que nasceu da união do cadastro nacional de crianças e adolescentes acolhidos (CNA), instituído pela Portaria 11/2018 do CNJ, com o objetivo de subsidiar e monitorar políticas públicas sobre o tema. O SNI que é regulamentado Resolução do CNJ nº 289/2019, funciona também como um sistema de alerta, para milhares de crianças e adolescentes que aguardem o retorno às suas famílias de origem, ou para serem adotadas. Juízes e corregedorias poderão acompanhar todos esses processos, e a ideia é dar maior agilidade.

Os Provimentos nº 32, de 24 de junho de 2013, e nº 36, de 5 de maio de 2014, por meio de ato específico da Corregedoria Nacional de Justiça, deverão ter sua redação adequada aos termos da Resolução 289/2019, substituindo-se, onde couber, Cadastro Nacional de Crianças de Adolescentes Acolhidos – CNCA e Cadastro Nacional de Adoção – CNA, por Sistema Nacional de Adoção e Acolhimento – SNA.

Para que haja adoção é necessário que os genitores sejam destituídos de sua condição de pais registrais, para que os pais adotivos tomem o seu lugar. Há exceção quando se constitui a multiparentalidade, isto é, ao invés de excluir os pais biológicos, soma-se a ele(s) a nova paternidade/maternidade.

---

prestação de assistência material ao filho, uma vez que a destituição do poder familiar apenas retira dos pais o poder que lhes é conferido para gerir a vida da prole, mas, ao revés, não rompe o vínculo de parentesco. (...) (STJ, REsp 1698728/MS, Rel. Ministro Moura Ribeiro, Rel. p/ acórdão Ministra Nancy Andrighi, 3ª T., *DJe* 13/05/2021).

[62] O mineiro Dimas Messias de Carvalho, citando Maria Helena Diniz fala de inexistência, nulidade e anulação da adoção. A adoção será inexistente se faltar o consentimento do adotante e adotado. Será nula se violadas as prescrições legais, apesar de não se exigir rigor absoluto (...). Será anulada se faltar assistência do representante legal ao consentimento do adotado relativamente incapaz (art. 171 CC); se o consentimento for manifestado soo mente pelo adotado relativamente incapaz, por vício do consentimento (erro, dolo e coação – art. 171 II do CC); ausência de anuência da pessoa cuja guarda se encontra o menor. CARVALHO, Dimas Messias. São Paulo: Saraiva, 2018, p. 733.

As várias modalidades:

1. Adoção à brasileira:

   Quando não há o devido processo legal, e registra-se o filho adotivo ilicitamente.

2. Adoção *intuitu personae* ou consentida:

   É quando os pais biológicos escolhem os pais adotivos, manifestando perante autoridade judiciária o desejo da entrega do filho somente a determinados pais. Não há regulamentação específica (arts. 43 e 50, § 13, ECA).

3. Adoção de maiores:

   Os maiores de 18 anos que forem adotados precisam também passar por processo judicial.

4. Adoção de nascituro:

   Não há regulamentação específica, mas doutrina majoritária é no sentido de sua possibilidade.

5. Adoção/doação de embrião:

   Não há proibição legal para adoção de embriões. Em vários outros países há regulamentação para este tipo de adoção.

6. Adoção homoparental:

   É aquela feita por casais homoafetivos.

7. Adoção internacional:

   É a modalidade em que a pessoa ou casal postulante, nacional ou estrangeiro é residente em país diverso do adotivo. Os procedimentos para adoção internacional estão estabelecidos também na Lei nº 13.509/2017, que alterou o art. 51 do ECA, estabelece as regras da adoção internacional, de acordo com a Convenção de Haia (de 1993 – Decreto nº 3.087/99).

8. Adoção Plena:

   Expressão usada pelo revogado Código de Menores (Lei nº 6.697/79), em contraposição à expressão adoção simples. Embora todas as adoções sejam plenas, assim como todas as filiações. Não se usa mais tal expressão.

9. Adoção por testamento:

   Não se faz adoção por testamento, mas se pode declarar em testamento a intensão e vontade de adotar alguém, que precisará efetivá-lo via processo judicial.

10. Adoção póstuma:

    É aquela que se faz depois da morte do adotante quando ele manifestou inequívoca vontade em tal adoção, o que pode ser feita de várias formas, inclusive por testamento.

11. Adoção tardia:

    É a expressão utilizada para adoções de criança que já tem desenvolvimento parcial em relação à sua autonomia e interação com o mundo. Em geral após os 7 anos de idade.

12. Adoção unilateral:

Quando consta no registro de nascimento do adotando o nome de apenas um dos pais, e ele autoriza a adoção do novo cônjuge/companheiro, ou mesmo se não for cônjuge ou companheiro, já que paternidade pode ser dissociada da conjugalidade.

13. Apadrinhamento:

É o ato de tornar-se padrinho de uma criança/adolescente, isto é, estabelecer com ela uma relação afetiva propiciando-lhe afeto e cuidados sem que daí nasça uma obrigação de alimentos ou herança. (artigo 19-B do ECA, incluído pela Lei nº 13.509/2017).

14. "Desadoção":

Se a intenção da adoção que não se concretizou com o estágio de convivência, pode ser fonte de responsabilidade civil, muito mais deverá ser responsabilizado aqueles que já haviam concretizado a adoção e, após a sentença querem "devolver" o filho, ou seja, "desadotá-lo".

FILMOGRAFIA

1. *Mães de verdade*, 2020, filme, Japão, Naomi Kawase.
2. *Um sonho possível*, 2010, filme, EUA, John Lee Hancock.
3. *De repente uma família*, 2018, filme, EUA, Sean Anders.
4. *Juno*, 2008, filme, EUA, Jason Reitman.
5. *Dupla sem par*, 1995, filme, EUA, Peter Yates.
6. *Um verão para toda vida*, 2007, filme, Austrália/EUA/Reino Unido, Rod Hardy.
7. *Segredos e mentiras*, 1996, filme, França/Reino Unido, Mike Leigh.
8. *Lion: uma jornada para casa*, 2016, filme, EUA/Austrália/Reino Unido, Garth Davis.
9. *O contador de histórias*, 2009, filme, Brasil, Luiz Villaça.
10. *Philomena*, 2013, filme, Reino Unido/França/Estados Unidos, Stephen Frears.
11. *Anne com E*, 2017, série, Canadá, Moira Walley-Beckett.
12. *The Fosters, a família adotiva*, 2013, série, filme, EUA, Peter Paige, Bradley Bredeweg.
13. *Transtorno explosivo*, 2019, filme, Alemanha, Nora Fingscheidt.
14. *This is us*, 2016, série, EUA, Dan Fogelman.
15. *A luz entre oceanos*, 2016, filme, EUA, Derek Cianfrance.
16. *Ele tem mesmo seus olhos*, 2016, França, Lucien Jean-Baptiste.
17. *A luz entre oceanos*, filme, 2018, Austrália, Derek Cianfrance.

15

TUTELA, CURATELA, TOMADA DE DECISÃO APOIADA

15.1 DA TUTELA

15.1.1 Introdução – Panorama geral

Um dos esteios do sistema de proteção aos incapazes do ordenamento jurídico brasileiro é a tutela, ao lado da curatela e do poder familiar, a que Caio Mário da Silva Pereira tão acertadamente denominou de trilogia assistencial, hoje repaginada face aos avanços da Lei nº 13.146/2015 (Estatuto da Pessoa com Deficiência), que incorporou a Tomada de Decisão Apoiada – TDA no cenário protetivo, que fez uma releitura na capacidade civil.

A Tutela é o encargo conferido a alguém para dar assistência, representar e administrar os bens de menores de idade que não estejam sob o poder familiar (autoridade parental). Ao menor que está sob tutela dá-se o nome de tutelado ou pupilo, e a quem é atribuído esse encargo, tutor.

O "espírito" da tutela é fazer cumprir as funções daqueles que estariam exercendo o poder familiar, ou seja, alguém que presumivelmente estaria exercendo as funções do pai e/ou mãe. Por isso é que todo o sistema da tutela, sua estrutura, seus mecanismos e efeitos, em todos os ordenamentos jurídicos são desenvolvidos à imagem e semelhança do poder familiar, mas não são idênticos.

A alteração na ordem da vocação da tutela, trazida pelo atual Código Civil, acabando com a preferência masculina para o tutor, tem suas raízes muito mais profundas que o princípio constitucional da igualdade entre homens e mulheres. Acima desse princípio da igualdade está a mudança da concepção filosófica que introduziu o princípio do melhor interesse da criança/adolescente, iniciada pelos movimentos que fizeram os Tratados Internacionais para crianças e adolescentes, ratificadas pelo Brasil e consolidadas as suas concepções na Lei nº 8.069/90, mais conhecida como Estatuto da Criança e do Adolescente – ECA, um dos textos normativos mais avançados do mundo e que serviu de base e referência para vários outros países.

Foi o ECA, consolidando essas noções do melhor interesse da criança e do adolescente, que introduziu em nosso ordenamento jurídico a expressão "família substituta", para as hipóteses de

506 DIREITO DAS FAMÍLIAS – *Rodrigo da Cunha Pereira*

perda ou destituição do poder familiar, ou mesmo para atribuição da guarda ou acolhimento por terceiro que não seja a família biológica.

A tutela, como a curatela e a tomada de decisão apoiada são institutos jurídicos protetivos dos 'incapazes', que não podem praticar, por si e sem alguma assistência, atos da vida civil, objetivando, por isso, o suprimento dessas incapacidades de fato. Tal definição refere-se à chamada "capacidade de fato", que se diferencia da "capacidade de direito", que é a aptidão para adquirir direitos e exercê-los por si ou por outrem (equivalente à capacidade de gozo, assim tratada pelo Direito Civil francês). A capacidade de direito não pode ser recusada ao indivíduo, sob pena de negar-lhe a qualidade de pessoa, despindo-o dos atributos da personalidade. Contudo, isto não quer dizer que tais atributos não possam ser restringidos legalmente quanto ao seu exercício pela intercorrência de um fator genérico, tal como a restrição à liberdade do condenado, por exemplo.

Não houve mudanças substanciais no CCB/2002 em relação ao Código Civil de 1916. Podemos apontar, entretanto, a introdução da figura do protutor (art. 1.742), que deve funcionar como uma espécie de "vice-tutor" ou "tutor adjunto", para fiscalizar o exercício da tutela. Além disto, e mais significativo, foi a alteração na ordem da vocação da tutela. No código anterior havia uma preferência pela linhagem masculina, como se as mulheres, ou a linhagem materna, fossem menos capacitadas para exercer os encargos da tutela. Na verdade, isto apenas demonstra o caráter patrimonialista e hierarquizado da família patriarcal, que vem perdendo cada vez mais lugar para a família fincada no princípio da afetividade. Além de preconceituosa essa preferência e distinção (art. 409 – CCB/1916), era também equivocada. Historicamente foram as mulheres quem criaram e educaram os filhos, ou seja, sempre foram as mulheres que estiveram mais próximas dos filhos. Prova disto é que até se criou um mito do amor materno e que hoje tem feito com que homens estejam lutando bravamente no Judiciário em disputa de guarda de filhos ou pela guarda compartilhada, para demonstrarem que o pai é capaz de cuidar de filhos tanto quanto a mãe.

A tutela é incompatível com o poder família (autoridade parental), já que se existir poder familiar não pode existir tutela, e uma vem em substituição a outra. A exceção à regra é somente quando o testador instituir a um menor de idade, herdeiro ou legatário, e também um curador especial para cuidar dos bens a ele destinados (art. 1.733, § 2°, do CCB/2002).

15.1.2 Breve histórico – A tutela no Direito Romano

Ainda que estejamos falando de direito do século XXI, não se pode deixar de fazer referências ao direito romano. Além de residirem aí as bases do direito civil ocidental, é importante a noção histórica e a influência que ele ainda exerce nos ordenamentos jurídicos contemporâneos. Entender o passado nos ajuda a ver melhor o futuro. A tutela hoje é apenas uma variação e adaptação do instituto nascido no direito romano.

Em Roma podia uma pessoa ter capacidade de direito e, no entanto, em razão da idade, do sexo ou da mente, poderia não ter capacidade de fato. Esta pessoa era então tida como incapaz, vez que não tinha a faculdade de lutar por seus direitos em juízo, pessoalmente.

Ebert Chamoun define o instituto como *"uma instituição estabelecida no interesse do pupilo e patrocinada pelo Estado que nomeia tutores e recebe-lhes as contas"*[1].

No direito romano, considerava-se absolutamente incapazes os infantes (que nos direitos pré-clássicos e clássicos eram os que não sabiam falar, e no direito pós-clássico, as crianças até sete anos), os *infanti proximi* e os doentes mentais (*furiosi*, dementes e *metecapti*), exceto durante os intervalos de lucidez. Estes não tinham vontade e não podiam praticar, por si só, atos que produzissem efeitos jurídicos.

---

[1]   CHAMOUN, Ebert. *Instituições de direito romano*. Rio de Janeiro: Forense, 1957. p. 199.

Os relativamente incapazes eram as crianças saídas da infância (*infanti proximi* ou *pubertati proximi*), as mulheres, os pródigos e os púberes de ambos os sexos e menores de 25 anos. Não lhes cabia a prática de atos que importassem em diminuição de seu patrimônio.

No que concerne à administração dos bens, nem os absoluta e nem os relativamente incapazes eram providos de tal prerrogativa, pois estavam subordinadas ao *pater familias*. E, com relação aos direitos pessoais o direito romano lançou mão dos institutos da tutela e curatela para dispor da gestão destes incapazes.

Foi a Lei das XII Tábuas que, pela primeira vez, deu ao *pater familias* o direito de, em seu testamento, designar pessoa que não fosse herdeira do incapaz para ser tutor, destacando-se a tutela da herança.

José Carlos Moreira Alves lembra que Sérvio assim definia a tutela: "Tutela est, ut Seruius definit, uis ac potestas in capite libero ad tuendum eum, qui propter aetatem sua sponte se defendere nequit, iure ciuili data ac permissa". Na tradução do próprio autor: "*A tutela é, como define Sérvio, a força e o poder sobre o homem livre, dados e permitidos pelo direito civil, para proteger aquele que, por causa da idade, não se pode defender de si mesmo*"[2].

A tutela perdurou por toda a evolução do direito romano para os impúberes, mas desapareceu para as mulheres púberes no baixo império.

15.1.2.1 *Tutela dos impúberes no Direito Romano*

Eram impúberes aqueles que ainda não atingiram a idade da puberdade, entendida como a época da existência a partir da qual o homem e a mulher têm desenvolvimento físico suficiente para o casamento.

Matteo Marrone, em sua obra "*Istituzioni di diritto romano*", citada por Álvaro Villaça Azevedo, define a tutela dos impúberes ('tutela impuberum') como "um instituto ao mesmo tempo potestativo e protetivo: nesse sentido, que sobre o pupilo o tutor exercitava um poder no interesse da família ('communi iure'), para a boa conservação do patrimônio familiar, e ao mesmo tempo o tutor cumpria um dever, assegurando ao pupilo assistência e proteção. O tutor era, portanto, um poder-dever"[3].

A tutela dos impúberes (ou "pupilli") dava-se das três formas abaixo mencionadas:

a) tutela testamentária – sendo o tutor designado pelo *pater familias*, em testamento ou codicilo confirmado por testamento; a investidura do tutor ao cargo era condicionada à validade do testamento. Se presente algum vício, a nomeação podia ser ratificada pelo Juiz;

b) tutela legítima – dava-se na ausência de tutor testamentário, sendo deferida ao herdeiro legítimo presumido do impúbere, atendendo-se ao princípio "ubi *emolumentum successionis, ibi tutelae onus, esse debet*" (onde há o benefício da sucessão, verifica-se o encargo da tutela);

c) tutela honorária ou dativa – ocorria na falta do tutor testamentário e do legítimo, sendo o tutor chamado "*tutor atiliano ou dativo*". Esta tutela só surgiu no século II a.C., foi instituída por uma lei Atília (por isto, também conhecida como *tutela atiliana*), e era aplicada somente em Roma, onde a nomeação, inicialmente, competia ao pretor urbano.

---

2   ALVES, José Carlos Moreira. *Direito romano*. Rio de Janeiro: Forense, 2002. vol. II, p. 325.

3   AZEVEDO, Álvaro Villaça. Ob. cit., p. 318.

Além das formas acima nominadas, já existia no Direito Romano a figura do "tutor especial", nomeado pelo Juiz para realização de um ato específico, nas hipóteses em que não pudesse ser praticado pelo tutor permanente que, por exemplo, poderia ter interesse contraposto ao do menor impúbere tutelado. Este "tutor especial" foi posteriormente substituído pelo "curador especial", figura existente no ordenamento jurídico pátrio.

A princípio, para que determinada pessoa pudesse ser nomeada tutora, deveria reunir os seguintes atributos: ser livre, ser cidadão romano e ser *pater familias*. Logo, estavam excluídos os escravos, as mulheres e os estrangeiros. Posteriormente, passou-se a exigir outros requisitos: que a pessoa fosse púbere, idônea, capaz de proteger o patrimônio do incapaz. Uma vez indicado como tutor, ainda que por testamento, este poderia eximir-se do encargo em determinadas circunstâncias (*abdicatio tutelae*), por declaração solene, prestada perante testemunhas. As mais importantes das *excusationes* eram:

- ordem pessoal: idade superior a 70 anos, pobreza extrema, saúde precária;
- familiares: ter o tutor 3 a 5 filhos, já estar exercendo 3 tutelas ou curatelas;
- função pública ou de interesse público: se magistrado ou membro de conselhos;
- privilégios: ser veterano de exército, atleta coroado, sacerdote ou médico.

Enquanto a tutela destinava-se à preservação dos direitos hereditários do tutor, a este competia, ainda, cuidar da pessoa do pupilo, através do exercício de seu *pater familias*. No aspecto patrimonial a ele competia administrar os bens do pupilo, o que fazia através da gestão de negócios – pela qual ele agia como representante indireto, ou seja, por conta do tutelado, mas em seu próprio nome; era mais arriscada para o pupilo – ou da *auctoritatis interpositio* – pela qual é o pupilo que realiza o ato, contando com a assistência do tutor, que o aprova ou não.

Se no início os poderes do tutor eram absolutos, com o tempo, passaram a carecer de autorização e chancela judicial, como forma de proteger o incapaz. Antes, ele agia como se fosse o proprietário dos bens e dos direitos, gerindo-os livremente; no direito clássico as limitações cresceram consideravelmente, sendo cada vez mais necessária a intervenção judicial, sobretudo para as hipóteses que representassem desfazimento do patrimônio do tutelado. Tal vigilância judicial consolidou-se no tempo de Justiniano.

Em contrapartida aos poderes, o tutor era dotado, também, de várias obrigações. No início do cargo, cabia-lhe elaborar o inventário dos bens; depois, gerir o patrimônio com a máxima cautela e diligência, como um *bonus pater familias* e, ao final do exercício do cargo, prestar contas ao ex-pupilo, ou ao novo tutor, em caso de manutenção da tutela.

Era possível, no Direito Romano, que ao menor impúbere fossem nomeados vários tutores, ao mesmo tempo. Normalmente, isto se dava quando havia dois ou mais parentes aptos a serem chamados à tutela legítima, ou foram designados mais de um tutor no testamento ou pelo juiz. Se não houvesse determinação expressa dispondo sobre a divisão da administração dos bens pelos tutores, presumia-se o exercício conjunto, o que acabava por causar dano ao próprio tutelado – hipótese em que os tutores respondiam solidariamente pelo ressarcimento.

Pelo lado do pupilo, a tutela cessava quando ele falecia, ou tornava-se púbere. Quanto ao tutor, quando ele tornava-se incapaz para a tutela ou encontravam-se presente as hipóteses de escusa, quando morria ou era destituído, ou quando se cumpria a condição ou termo estabelecida em testamento.

15.1.2.2   Tutela das mulheres impúberes e púberes

Em Roma, a menina tornava-se núbil *("viripotens")* aos 12 anos, sendo antes disto tida como impúbere e sendo-lhe conferida a tutela "perpétua". Se, no entanto, ela era considerada "sui juris" – o que ocorria quando fosse órfã ou emancipada – caía sob a tutela "perpétua".

Cap. 15 – TUTELA, CURATELA,TOMADA DE DECISÃO APOIADA **509**

Logo, a tutela das mulheres dividia-se conforme fossem impúberes ou púberes, sendo esta última de caráter perpétua, posto que já alcançada a puberdade.

Ebert Chamoun salienta que "a tutela das mulheres (*tutela mulierum*) decorria ou da debilidade intelectual (*infirmitas consilii*) ou de uma certa leviandade (*levistas animi*) que envolveria os atos femininos"[4].

Enquanto impúberes, a tutela das mulheres obedecia as regras dispostas acima, aplicáveis a todos os menores nesta condição. Quando púberes, dava-se a chamada *tutela milierum*, em que estava presente a pluralidade de tutores, inclusive aquele que poderia ser por ela escolhido. Seu objetivo central era proteger os interesses dos herdeiros presumidos e não a pessoa da mulher. Poderiam ocorrer as três espécies tradicionais de tutela – testamentária, legítima ou dativa (inicialmente tida como honorária) – e outras tantas, a saber:

- *tutor cessicius* – quando o tutor legítimo cede a tutela que lhe foi conferida, recebendo-a de volta em caso de falecimento do cessionário;
- *tutor optiuus* – quando o tutor é escolhido pela mulher, mediante concessão feita pelo falecido marido em testamento, onde deveria estar prevista, ainda, autorização para que ela pudesse mudar de tutor uma ou duas vezes;
- *tutor praetorius* – quando, a pedido da mulher, o Juiz nomeava tutor provisório ou especial para prática de determinado ato, diante do conflito de interesses entre o tutor permanente e a tutelada.
- *tutor fiduciarius* – a mulher, com o assentimento de seu tutor, e sem se casar, se submetia à *manus* de um homem que a vendia solenemente(a "*mancipava*") a quem ela quisesse, transferindo-se a este comprador a tutela.

Ao contrário do que ocorria com a tutela dos menores impúberes, não competia ao tutor a administração dos bens da mulher, cabendo, pois, dar autorização para certos atos, dentre os quais podem ser citados: propor ação, realizar negócios de direito civil, alienar bens, contrair obrigações etc.

15.1.3 A tutela no Estatuto da Criança e do Adolescente – ECA

O Estatuto da Criança e Adolescente (Lei nº 8.069/90) ou simplesmente ECA, que revogou o Código de Menores (Lei nº 6.697/79), obviamente também trata da tutela. Para o ECA, a tutela é uma forma de colocação da criança e do adolescente em família substituta[5].

Além de regras, o ECA estabelece princípios norteadores fundamentais para a infância e juventude[6]. Esta lei instalou novos paradigmas e concepções para o Direito de Família, introduziu uma nova terminologia jurídica, substituindo, por exemplo, a expressão "visitas" por "convivência familiar", reconheceu que a família é muito mais da ordem da cultura do que da natureza, ao introduzir a expressão "família substituta".

---

4   CHAMOUN, Ebert. Ob. cit., p. 205.
5   Art. 36. A tutela será deferida, nos termos da lei civil, a pessoa de até 18 (dezoito) anos incompletos. (Redação dada pela Lei nº 12.010, de 2009) Parágrafo único. O deferimento da tutela pressupõe a prévia decretação da perda ou suspensão do poder familiar e implica necessariamente o dever de guarda.
6   ECA, Art. 37: O tutor nomeado por testamento ou qualquer documento autêntico, conforme previsto no parágrafo único do art. 1.729 da Lei nº 10.406, de 10 de janeiro de 2002 – Código Civil, deverá, no prazo de 30 (trinta) dias após a abertura da sucessão, ingressar com pedido destinado ao controle judicial do ato, observando o procedimento previsto nos arts. 165 a 170 desta Lei.(Redação dada pela Lei nº 12.010, de 2009).Parágrafo único. Na apreciação do pedido, serão observados os requisitos previstos nos arts. 28 e 29 desta Lei, somente sendo deferida a tutela à pessoa indicada na disposição de última vontade, se restar comprovado que a medida é vantajosa ao tutelando e que não existe outra pessoa em melhores condições de assumi-la.(Redação dada pela Lei nº 12.010, de 2009).

510 DIREITO DAS FAMÍLIAS – *Rodrigo da Cunha Pereira*

Em um corpo de normas e princípios, o ECA instalou e mudou a concepção filosófica sobre os direitos da infância (0 a 12 anos) e juventude (13 a 18 anos), colocando-os como sujeitos de direitos e instalando definitivamente o princípio do melhor interesse e da proteção integral.

O Estatuto da Criança e do Adolescente estabeleceu normas protetivas segundo as diretrizes e princípios constitucionais: *Art. 3º A criança e o adolescente gozam de todos os direitos fundamentais inerentes à pessoa humana, sem prejuízo da proteção integral de que trata esta Lei, assegurando-se-lhes, por lei ou por outros meios, todas as oportunidades e facilidades, a fim de lhes facultar o desenvolvimento físico, mental, moral, espiritual e social, em condições de liberdade e de dignidade.* No mesmo sentido e ampliando a abrangência dos direitos, estabeleceu responsabilidade desta proteção integral além da família[7]. Tais dispositivos traduzem e reafirmam a Convenção Internacional dos Direitos da Criança, adotada pela Assembleia Geral das Nações Unidas, em 20 de novembro de 1989. Esta Convenção foi ratificada no Brasil em 26 de janeiro de 1990, pelo Decreto Legislativo nº 28, de 14/09/1990, promulgada pelo Decreto Presidencial nº 99.710, de 21/11/1990: Todas as ações relativas às crianças, levadas a efeito por instituições públicas ou privadas de bem-estar social, autoridades administrativas ou órgãos legislativos, devem considerar, primordialmente, o interesse maior da criança.

15.1.4   A tutela no Código Civil; espécies

Assim como no CCB/1916, a tutela manteve a mesma classificação no CCB/2002, ou seja, a tutela legítima, testamentária e dativa. **Tutela testamentária**[8] é aquela que se faz em testamento, pelos pais e deve ser em conjunto, e se estiverem no exercício do poder familiar: É nula tal nomeação se, ao tempo da morte, não detinha o poder familiar (art. 1.730 do CCB/2002).

O tutor pode, também, ser nomeado por meio de codicilo ou outro documento autêntico (art. 1.729 do CCB).

Se for nomeado mais de um tutor, sem a indicação de preferência, deve-se entender que a tutela será deferida ao primeiro, e os outros virão na falta do primeiro nomeado.

Tutela legítima é a que se defere aos parentes na ordem estabelecida em lei, na falta da tutela testamentária válida: Em falta de tutor nomeado pelos pais incumbe a tutela aos parentes do menor, por esta ordem: I – aos ascendentes, preferindo o de grau mais próximo ao mais remoto; II – aos colaterais até o terceiro grau, preferindo os mais próximos aos mais remotos, e, no mesmo grau, os mais velhos aos mais moços; em qualquer dos casos, o juiz escolherá entre eles o mais apto a exercer a tutela em benefício do menor (art. 1.731, CCB).

Tutela dativa é a tutela em que o juiz, na falta de tutela legítima ou testamentária, nomeia alguém de sua confiança e estranho à ordem da vocação estabelecida pela tutela legítima.

15.1.5   Nomeação do tutor; quem pode ser tutor?

A preferência de nomear tutor é dos pais, e na falta de nomeação por eles, a tutela recairá sobre os parentes mais próximos, ou seja, os ascendentes, depois os colaterais até o terceiro grau

---

[7]   Art. 4º É dever da família, da comunidade, da sociedade em geral e do poder público assegurar, com absoluta prioridade, a efetivação dos direitos referentes à vida, à saúde, à alimentação, à educação, ao esporte, ao lazer, à profissionalização, à cultura, à dignidade, ao respeito, à liberdade e à convivência familiar e comunitária.

[8]   O tutor nomeado por testamento ou qualquer documento autêntico, conforme previsto no parágrafo único do art. 1.729 da Lei nº 10.406, de 10 de janeiro de 2002 – Código Civil, deverá, no prazo de 30 (trinta) dias após a abertura da sucessão, ingressar com pedido destinado ao controle judicial do ato, observando o procedimento previsto nos arts. 165 a 170 desta Lei. (Redação dada pela Lei nº 12.010, de 2009). Na apreciação do pedido, serão observados os requisitos previstos nos arts. 28 e 29 desta Lei, somente sendo deferida a tutela à pessoa indicada na disposição de última vontade, se restar comprovado que a medida é vantajosa ao tutelando e que não existe outra pessoa em melhores condições de assumi-la (art. 37 e parágrafo único do ECA).

Cap. 15 – TUTELA, CURATELA,TOMADA DE DECISÃO APOIADA **511**

(art. 1.731 do CCB/2002). Mas obviamente que em primeiro plano está sempre o princípio do melhor interesse dos menores de idade.

As concepções destas nomeações estabelecidas no CCB/2002, como se disse, são quase uma repetição do CCB/1916, cujo contexto histórico da família assentava-se em uma ideologia patriarcal e de cunho essencialmente patrimonialista. No atual Direito de Família, em que o afeto tornou-se um valor jurídico, e o princípio da afetividade passou a ser o vetor e catalisador de toda a concepção judicial para as relações familiares, esta ordem estabelecida nos arts. 1.731 e seguintes do CCB/2002, tornou-se apenas um roteiro referencial, que poderá, obviamente ser alterado para atender o princípio do melhor interesse da criança/adolescente.

As crianças e adolescentes, sem pai e mãe, abandonadas, terão tutores nomeados pelo juiz, ou ficarão sob a tutela das pessoas que voluntária e gratuitamente quiserem criá-las. Na prática isto dificilmente acontece atualmente, pois quando há crianças órfãs e abandonadas, elas são levadas a casas de acolhimento, e se já não estão sob poder familiar/autoridade parental são entregues à adoção.

Nem todas as pessoas podem assumir o encargo de uma tutela: quem não pode administrar os próprios bens; os que tenham alguma demanda contra os pais falecidos ou contra os próprios menores; os inimigos do tutelado ou de seus pais; ou condenados por crime de furto, estelionato ou contra os costumes; pessoas com maus procedimentos e que já tenha sido excluído de tutelas anteriores e pessoas cujo exercício profissional for incompatível com a tutela. Há aqueles que tem compatibilidade com a tutela, mas podem se recusar ao encargo (art. 1.736 do CCB/2002)[9].

Mesmo quem não pode por lei recusar, na prática, se não quiser, não há como assumir a tutela, pois é um encargo que está diretamente ligado ao desejo. Se não tiver desejo presente nesta relação, certamente os encargos ficarão comprometidos. Embora dentre os objetivos da tutela esteja a administração patrimonial do tutelado, se não se estabelecer aí uma relação de afeto, ela não andara bem.

15.1.6   Do exercício da tutela; direitos e obrigações do tutor

Ao ser nomeado pelo juiz, o tutor deve assinar termo circunstanciado em que se discriminará os bens e valores do tutelado, que ficarão sob sua administração e responsabilidade. O CCB/1916 dizia hipoteca legal dos bens do tutor como garantia, o que também previa o Art. 37 do ECA. O CCB/2002 simplificou o exercício da tutela no que se refere a garantia, estabelecendo apenas uma caução, mas que também pode ser dispensada, e na prática geralmente o é, se o juiz assim entender, de acordo com a idoneidade do tutor.

Ao exercer o encargo, o tutor se investe de obrigações em relação ao tutelado, como se estivesse no exercício da autoridade parental/poder familiar. Assim é sua obrigação, educá-lo, sustentá-lo, representá-lo em juízo e fora dele (art. 1.747 do CCB/2002), administrar seus bens, sob a inspeção do juiz (art. 1.740 do CCB/2002). Se forem muitos bens e exigirem uma administração mais complexa, mediante aprovação judicial, pode-se a nomeação de um protutor, que tem também a função de fiscalização (art. 1.742 do CCB/2002). O juiz também tem a responsabilidade direta, e responsabilidade subsidiária, quando não remover o tutor suspeito de má administração (art. 1.744 do CCB/2002).

Os bens imóveis do tutelado, assim como os do curatelado, só podem ser vendidos, sob pena de nulidade, com autorização judicial, quando demonstrada vantagens ao menor. Da mesma forma, a aquisição de bens, ou disposição gratuita (arts. 1.749 e 1.750 do CCB/2002).

---

[9]   Podem escusar-se da tutela: I – mulheres casadas; II – maiores de sessenta anos; III – aqueles que tiverem sob sua autoridade mais de três filhos; IV – os impossibilitados por enfermidade; V – aqueles que habitarem longe do lugar onde se haja de exercer a tutela; VI – aqueles que já exercerem tutela ou curatela; VII – militares em serviço.

512 DIREITO DAS FAMÍLIAS – *Rodrigo da Cunha Pereira*

O tutor deve responder por prejuízos causados com o exercício da tutela. Por outro lado, tem direito a ser ressarcido pelo que tiver gastado com o tutelado. Tutor e protutor são solidários pelo exercício da tutela. O tutor tem direito a remuneração, assim como o curador, quando o tutelado tiver bens ou rendimentos suficientes, cujo valor será fixado pelo juiz com base no patrimônio do tutelado e nas circunstâncias do exercício da tutela. O protutor também tem direito a uma remuneração, obviamente menor, pela fiscalização efetivada do exercício da tutela (art. 1.752 do CCB/2002).

15.1.7 Cessação da tutela e prestação de contas

A tutela é um instituto que nasce com prazo certo para ser extinta, que é com a maioridade. Mas pode também cessar automaticamente com a emancipação (ver capítulo 11, item 3), e também se o tutelado for adotado.

O tutor deve prestar contas de sua administração, cada final de dois anos de seu exercício, ainda que os pais tenham dispensado, pois os direitos dos menores são indisponíveis (art. 1.745 do CCB/2002). Este período pode ser reduzido se o juiz assim o entender, ou quando o Ministério Público assim o exigir. A aprovação de contas tem que ser homologada pelo juiz, com a anuência do Ministério Público.

Com o fim da tutela, seja pela emancipação, maioridade, ou adoção, a quitação dada ao tutor só terá efeitos depois de aprovada as contas pelo juiz. E se morre o tutor, seus herdeiros são responsáveis por essas contas (art. 1.755 do CCB/2002).

15.2 CURATELA

15.2.1 Introdução – Panorama geral

A Curatela é um dos institutos de proteção aos incapazes, ao lado da TDA – tomada de decisão apoiada), Tutela e do Poder Familiar/guarda. Está regulamentado no CCB/2002 dos artigos 1.767 a 1.783 e trata da proteção aos maiores incapazes. Tal incapacidade, em geral, decorrente de um estado mental "incompleto" ou que produz uma "certa loucura", na linguagem do CCB/1916, "ou pessoa com deficiência mental", na expressão do CCB/2002, inviabilizando e comprometendo o elemento volitivo do sujeito[10]. Com a Lei nº 13.146/2015 – Estatuto da Pessoa com Deficiência – EPD[11], estas expressões para designar os sujeitos com determinados estados mentais, passaram a ser chamados de "Pessoas com Deficiência", que é diferente de pessoa deficiente (ver item 15.2.6). Novas expressões ressignificam e introduzem novos significados

---

[10] (...) A Lei nº 13.146/2015, que instituiu o Estatuto da Pessoa com Deficiência, tem por objetivo assegurar e promover a inclusão social das pessoas com deficiência física ou psíquica e garantir o exercício de sua capacidade em igualdade de condições com as demais pessoas. 3. A partir da entrada em vigor da referida lei, a incapacidade absoluta para exercer pessoalmente os atos da vida civil se restringe aos menores de 16 (dezesseis) anos, ou seja, o critério passou a ser apenas etário, tendo sido eliminadas as hipóteses de deficiência mental ou intelectual anteriormente previstas no Código Civil. 4. Sob essa perspectiva, o art. 84, § 3º, da Lei n. 13.146/2015 estabelece que o instituto da curatela pode ser excepcionalmente aplicado às pessoas portadoras de deficiência, ainda que agora sejam consideradas relativamente capazes, devendo, contudo, ser proporcional às necessidades e às circunstâncias de cada caso concreto. 5. Recurso especial provido. (STJ, REsp 1927423/SP, Rel. Min. Marco Aurélio Bellizze, 3ª T., *DJe* 04/05/2021).

[11] (...) o caráter de direito humano fundamental, sempre alinhado à visão de que a deficiência não é problema na pessoa a ser curado, mas um problema na sociedade, que impõe barreiras que limitam ou até mesmo impedem o pleno desempenho dos papéis sociais. (...). E mais, dispõe expressamente tratar-se a acessibilidade um direito da pessoa com deficiência, que visa garantir ao indivíduo "viver de forma independente e exercer seus direitos de cidadania e de participação social" (art. 53). (STJ, REsp 1912548/SP, Rel. Min. Nancy Andrighi, 3ª Turma, *DJe* 07/05/2021).

Cap. 15 – TUTELA, CURATELA, TOMADA DE DECISÃO APOIADA **513**

e significantes para a incapacidade do sujeito. Mas não podemos perder o fio da história e, portanto, é preciso entender como o Direito sempre tratou a loucura.

A loucura, a insanidade e a demência interessam ao Direito porque está aí a medida da determinação da capacidade do sujeito para praticar atos da vida civil. Atos que fazem fatos, que fazem contratos, que fazem negócios, enfim, que expressam vontade. Vontade dentro dos limites de uma razão. Interessa, então, ao Direito saber qual o limite da razão e da desrazão, o limite da loucura e da sanidade. Os atos jurídicos são determinados essencialmente pelo elemento volitivo, que por sua vez estão contidos na ordem psíquica, que vão demarcar os limites da capacidade.

A expressão "louco de todo gênero", utilizada pelo Código Civil de 1916, não foi recepcionada pelo CCB/2002. Ela adveio da influência do Código Criminal do Império (1850), tornou-se corriqueira, embora já fosse criticada desde o início de seu uso por Clóvis Beviláqua[12].

Não é fácil encontrar uma expressão totalmente adequada e assertiva para designar aqueles que são passíveis de curatela. O atual código, ao utilizar as expressões "enfermidade ou deficiência mental", traduz uma evolução do conceito, embora ainda esteja em evolução. Como se disse, o Estatuto da Pessoa com Deficiência passou denominá-las apenas de "Pessoas com Deficiência". No futuro, já que as palavras evoluem e mudando o seu significante, provavelmente, serão chamadas de "Pessoas com diversidade funcional ou diversidade orgânica".

Independentemente da nomeação que se dê ao sujeito incapaz de praticar atos da vida civil, o cerne da questão está em saber, objetivamente, os limites da capacidade e responsabilidade de seus atos. Para o Direito Penal pode ocasionar a inimputabilidade. No Direito Civil, a incapacidade declarada em processo judicial passa a ter necessidade de alguém que responda civilmente pela pessoa, isto é, um curador. Sempre foi mais fácil "excluir" o "louco" colocando-o em manicômios judiciais, ou hospícios. Com o movimento da luta antimanicomial, iniciada na Itália, na década de 1990, e o Estatuto da Pessoa com Deficiência – Lei nº 13.146/2015, os ordenamentos jurídicos começaram a se reposicionar em relação a capacidade e tratamento de todas as categorias das pessoas com deficiência. Foi assim que, em 2023, o CNJ expediu a Resolução 487, instituindo a Política Antimanicomial do Poder Judiciário, implementando assim a Convenção Internacional dos Direitos da Pessoa com Deficiência e a Lei nº 10.216/2001, no âmbito do Processo Penal, e das medidas de segurança. Com isso, foi traduzindo para o Direito Civil, todas as diretrizes da referida convenção, como se vê adiante, na transcrição do art. 3º da Resolução 487/2023:

> *São princípios e diretrizes que regem o tratamento das pessoas com transtorno mental no âmbito da jurisdição penal: I – o respeito pela dignidade humana, singularidade e autonomia de cada pessoa; II – o respeito pela diversidade e a vedação a todas as formas de discriminação e estigmatização, com especial atenção aos aspectos interseccionais de agravamento e seus impactos na população negra, LGBTQIA+, mulheres, mães, pais ou cuidadores de crianças e adolescentes, pessoas idosas, convalescentes, migrantes, população em situação de rua, povos indígenas e outras populações tradicionais, além das pessoas com deficiência; III – o devido processo legal, a ampla defesa, o contraditório e o acesso à justiça em igualdade de condições; IV – a proscrição à prática de tortura, maus-tratos,*

---

[12] "Esta é a expressão tradicional em nosso direito; mas não é a melhor. O projeto primitivo preferia a expressão alienados de qualquer espécie, porque há casos de incapacidade civil que se não poderiam, com acerto, capitular como de loucura. Alienados são aqueles que por organização cerebral incompleta, por moléstia localizada no encéfalo, lesão somática ou vício de organização, não gozam de equilíbrio mental e clareza de razão suficientes para se conduzirem, socialmente, nas várias relações da vida (...) Só será alienado, diz Afranio Peixoto, aquele cujo sofrimento o torne incompatível com o meio social". BEVILÁQUA, Clóvis. *Comentários ao Código Civil dos Estados Unidos do Brasil*. Rio de Janeiro: Francisco Alves, 1951. vol. 1, p. 194.

tratamentos cruéis, desumanos ou degradantes; V – a adoção de política antimanicomial na execução de medida de segurança; VI – o interesse exclusivo do tratamento em benefício à saúde, com vistas ao suporte e reabilitação psicossocial por meio da inclusão social, a partir da reconstrução de laços e de referências familiares e comunitárias, da valorização e do fortalecimento das habilidades da pessoa e do acesso à proteção social, à renda, ao trabalho e ao tratamento de saúde; VII – o direito à saúde integral, privilegiando-se o cuidado em ambiente terapêutico em estabelecimentos de saúde de caráter não asilar, pelos meios menos invasivos possíveis, com vedação de métodos de contenção física, mecânica ou farmacológica desproporcional ou prolongada, excessiva medicalização, impedimento de acesso a tratamento ou medicação, isolamento compulsório, alojamento em ambiente impróprio e eletroconvulsoterapia em desacordo com os protocolos médicos e as normativas de direitos humanos; VIII – a indicação da internação fundada exclusivamente em razões clínicas de saúde, privilegiando-se a avaliação multiprofissional de cada caso, pelo período estritamente necessário à estabilização do quadro de saúde e apenas quando os recursos extra-hospitalares se mostrarem insuficientes, vedada a internação em instituição de caráter asilar, como os Hospitais de Custódia e Tratamento Psiquiátrico (HCTPs) e estabelecimentos congêneres, como hospitais psiquiátricos; IX – a articulação interinstitucional permanente do Poder Judiciário com as redes de atenção à saúde e socioassistenciais, em todas as fases do procedimento penal, mediante elaboração de PTS nos casos abrangidos por esta Resolução; X – a restauratividade como meio para a promoção da harmonia social, mediante a garantia do acesso aos direitos fundamentais e a reversão das vulnerabilidades sociais; XI – atenção à laicidade do Estado e à liberdade religiosa integradas ao direito à saúde, que resultam na impossibilidade de encaminhamento compulsório a estabelecimentos que não componham a Raps ou que condicionem ou vinculem o tratamento à conversão religiosa ou ao exercício de atividades de cunho religioso; e XII – respeito à territorialidade dos serviços e ao tratamento no meio social em que vive a pessoa, visando sempre a manutenção dos laços familiares e comunitários.

15.2.2 A história da loucura em Foucault, Machado de Assis e Teixeira de Freitas; capacidade e deficiência

A loucura atravessa o tempo e o espaço. Como o inconsciente ela é atemporal e a espacial. Ela nos tem sido mostrada pelas notícias de crimes e atos que nos deixam perplexos. Foucault, em seu livro "História da Loucura", foi quem fez, pela primeira vez, uma análise contextualizada da loucura, trazendo-nos a relatividade de seu conceito desde a idade antiga, indicando-nos a relação de poder e o incômodo causado pelos desarrazoados. Na Grécia, em Roma, na Idade Média, Moderna e Contemporânea, o ângulo pelo qual se via a loucura era variável de acordo com o poder, a crença, o interesse e o incômodo que ela causava. Esta variação de conceito do louco e não louco, de capaz e não capaz apresentou-se de forma diferente no Código Civil de 1916 e no de 2002. A diferença não está apenas na nomenclatura, quando muda de "louco de todo gênero" para "enfermidade ou deficiência mental", mas principalmente na concepção psíquica e social da loucura e incapacidade. Com a evolução das noções de Direitos Humanos, dignidade da pessoa humana, os modelos institucionais instalados para tratamento dos "loucos" ocasionaram uma crise nas instituições manicomiais. O louco, como um excluído da ordem social, um não cidadão, como tão bem descreveu Foucault[13], foi obrigado, pela noção de inclusão e cidadania que a ordem contemporânea exige, a ser recolocado pelos ordenamentos jurídicos. Na Alemanha, por exemplo, desde 1992, o instituto da Curatela foi substituído pela

---

[13] FOUCAULT, Michel. *História da loucura*. Tradução de José Teixeira Coelho Netto. São Paulo: Perspectiva, 1972, passim.

Cap. 15 – TUTELA, CURATELA,TOMADA DE DECISÃO APOIADA **515**

"Betreuung", cuja tradução da expressão, por João Baptista Villela, foi feita por "orientação". Isto significa, não apenas uma mudança de expressão, repita-se. Significa uma mudança de concepção sobre capacidade e incapacidade, possível somente em razão da evolução do conhecimento *psy*, como bem expressado no Estatuto da Pessoa com Deficiência – EPD (Lei nº 13.146/2015).

A história sempre colocou os loucos de um lado, em contraposição à razão. Mas esta fronteira entre o normal e o anormal deve ser questionada, mesmo porque ela sofreu variações ao longo do tempo. A insensatez, a feitiçaria, a paixão desesperada... eram loucura. Loucura que não tinha remédio, apenas a misericórdia de Deus. O que se fez e se faz até hoje no campo jurídico é a demarcação dos limites da razão para que o Estado possa dizer quem pode e quem não pode praticar atos da vida civil.

Machado de Assis (1839/1908) tinha uma preocupação constante com esta questão. Publicou várias obras em que as personagens se desviam de um padrão de conduta tido como normal (Quincas Borba/1891 e Memórias Póstumas de Brás Cubas/1881). Especialmente em seu conto "O Alienista", o desenvolvimento do tema é exatamente a procura, pela personagem central, Simão Bacamarte, da norma delineadora da sanidade e da insanidade mental. Mas o trágico é o final, quando aquele que dizia ter a razão tem sua posição invertida. Entretanto, parecia saber dizer a razão:

> *Suponho o espírito humano uma vasta concha. O meu fim, Sr. Soares, é ver se posso extrair a pérola, que é a razão; por outros termos, demarquemos definitivamente os limites da razão e da loucura. A razão é o perfeito equilíbrio de todas as faculdades; fora daí insânia, insânia e insânia.*[14]

Será mesmo possível demarcar os limites da razão? Ele é demarcável? O Direito precisa saber disto para estabelecer os limites da responsabilidade, do ilícito, do dolo e da vontade...

Um outro caso conhecido de loucura é o de Teixeira de Freitas. Um dos maiores juristas brasileiros, conhecido pela sua grande contribuição à ciência jurídica, terminou os seus dias privado da razão. O Dicionário Enciclopédico brasileiro de Aloísio Magalhães[15] registra que "ao falecer estava privado da razão em virtude do excesso de estudo." Isto faz-nos pensar que a normalidade é um conceito onipresente e talvez não seja o espelho da razão.

Dois casos clássicos da psiquiatria ilustram e trazem para o Direito uma reflexão importante sobre incapacidade e, que devem ser associados às novas concepções de não exclusão trazidas pela declaração dos Direitos Humanos e pela noção de Dignidade da Pessoa Humana.

15.2.3 O caso do Juiz Schreber

Daniel Paul Schreber nasceu em 1842 em Leipzig, Alemanha, de uma família de burgueses protestantes, cultos e ricos. Seus antepassados eram conhecidos pelas obras publicadas em Direito, Economia etc. A família era grande, tradicional e de rígida moralidade. Quando tinha 19 anos, morreu seu pai. Ele decide estudar Direito para manter a tradição da família. Em 1878, casa-se com uma mulher quinze anos mais jovem. Sua carreira, como jurista e funcionário do Ministério da Justiça do Reino da Saxônia, andava muito bem. Sucessivas promoções: escrivão-adjunto, auditor da Corte de Apelação, assessor do Tribunal, conselheiro da Corte de Apelação, vice-presidente do Tribunal Regional de Chemmit, em 1884. Quis voar mais alto e, em outubro deste mesmo ano concorreu às eleições parlamentares pelo Partido

---

[14] VILLELA, João Baptista. BGB – Familienrecht (Wilfried Schlüter). *Revista Brasileira de Direito de Família*, Porto Alegre: Ibdfam: Síntese, vol. 1, n.º 1, p. 144, abr.-jun. 1999. ASSIS, Machado de. O alienista. São Paulo: Ática, 1991, p. 30.

[15] MAGALHÃES, Aloísio. *Dicionário Enciclopédico Brasileiro*. Porto Alegre: Globo, 1955.

516 DIREITO DAS FAMÍLIAS – *Rodrigo da Cunha Pereira*

Nacional Liberal. Não suportou a derrota. Foi internado em 08.12.1884 em uma clínica para doenças nervosas em Leipzig, com manifestações delirantes e duas tentativas de suicídio. Foi sua primeira internação, mas há registros de crises de hipocondria anteriores a este fato. Ficou seis meses internado, até junho de 1885.

Em janeiro de 1886, considerando-se totalmente curado, reassumiu suas atividades profissionais como juiz-presidente do Tribunal de Leipzig. Frustrado por não ter tido filhos, acabou adotando uma menina. Sua vida seguia normal. Mais evolução e ascensão profissional: nomeação para presidente do Tribunal Regional de Freiberg (1889) e duas eleições internas para membro do Colegiado Distrital de Freiberg.

Em junho de 1893, o ministro da Justiça da Saxônia visitou-o, pessoalmente, para convidá-lo, ou melhor, nomeá-lo para o cargo de Senatsprasidente (juiz-presidente da Corte de Apelação) na cidade de Dresden. Era um cargo muito elevado para seus, apenas, 51 anos, e era determinação direta do Rei, sendo, além disso, um cargo que não podia ser solicitado e nem recusado, sob pena de delito de lesa-majestade. Certamente, chegara a este posto por puro merecimento e reconhecimento de sua competência. Entre o convite e a posse, devido aos esforços e talvez ao medo de não atender bem às exigências do novo posto, ele entra em colapso mental, com primeiros sintomas de insônia, angústia intensa, hipersensibilidade a ruídos. Tenta fazer um tratamento em casa, mas o seu estado se agrava. É, então, internado, em 23 de novembro de 1893. Desta vez, fica nove anos com diagnóstico de "dementia paranoides". Em 1894 é posto sob curatela provisória.

Em 1900, ainda hospitalizado, escreve "Memória de um doente de nervos", onde relata seus delírios, experiências e impressões como um interno num hospício. Aí ele acreditava estar em permanente "conexão nervosa" com Deus e todas as suas instâncias intermediárias: raios, almas, vozes. Acreditava ser a mulher de Deus e que seria fecundado por Ele, e geraria uma nova humanidade.

O juiz-presidente Schreber negava a condição de doente mental, mas sabia perfeitamente que sua vida carregava a marca da loucura.

Doente de nervos, sim, mas não uma pessoa que sofre de turvação da razão. Minha mente é tão clara quanto a de qualquer outra pessoa[16].

Schreber, em 1899, ainda internado, e já sob curatela provisória, começa a se interessar e a denunciar sua situação de incapaz. Ele mesmo inicia um processo para recuperar sua capacidade civil. Em março de 1890, o Tribunal, além de não lhe conceder sentença favorável, transforma sua interdição provisória em definitiva, da qual ele próprio recorre. Em julho de 1902, a Corte de Apelação, em resposta ao recurso, cancela a interdição, devolvendo-lhe a capacidade civil plena. Neste mesmo ano ele termina de escrever suas memórias.

A longa, densa e bem-fundamentada sentença do Tribunal de Apelação traz elementos importantes para a reflexão do jurista em relação à tradicional ideia da incapacidade dos loucos ou doentes mentais. Ela realça, por exemplo, do laudo pericial: o elemento mais importante para a apreciação da capacidade de agir do paciente consiste no fato de que tudo que se apresenta a uma observação objetiva, como alucinação e ideia delirante, é para ele verdade inabalável e legítimo motivo de ação[17].

A parte final da sentença e sua fundamentação, com extraordinária clareza, trazem-nos importantes elementos para reflexões sobre capacidade e loucura. Embora tenha sido prolatada em julho de 1902, permanece de impressionante atualidade, e sua transcrição faz-se necessária, pois ela traduziu o espírito do estatuto da Pessoa com Deficiência, que no mesmo sentido deste julgado alemão de 1902, atribuiu capacidade e restaura a dignidade da pessoa:

---

[16] SCHREBER, Daniel Paul. *Memórias de um doente de nervos*. Trad. Marilene Carone. Rio de Janeiro: Graal, 1985. p. 336.

[17] SCHREBER, Daniel Paul. Ob. cit., p. 424.

Cap. 15 – TUTELA, CURATELA,TOMADA DE DECISÃO APOIADA **517**

"Que o queixoso seja doente mental é algo que está fora de dúvida, também para a Corte de Apelação. Mas não se pretenderá discutir com o queixoso sobre a presença da doença mental identificada como paranoia. Falta-lhe, justamente, compreensão sobre o caráter mórbido das inspirações e das ideias que o movem. O que se apresenta à observação objetiva como alucinação e delírio é para ele certeza inabalável.

Até hoje, ele conserva inamovível a convicção de que Deus se revela diretamente a ele e não cessa de realizar milagres em sua pessoa. A convicção, como ele próprio afirma, se ergue altíssima, acima de toda e qualquer ciência ou compreensão humana. Mas a constatação de que o queixoso se encontra em um estado de perturbação mental de natureza patológica não é suficiente para a interdição. (...) Nem toda anomalia mental leva necessariamente à negação da capacidade civil (...). O juiz, encarregado da interdição, deverá ter que levar em conta o dado da experiência de que a influência das ideias delirantes que dominam o doente de paranoia não costuma se manifestar de modo uniforme em todos os setores da vida civil. (...) Como já se demonstrou, a presença da paranoia não incompatível com a conservação integral da capacidade de administrar os próprios negócios.

(...)

Essas chamadas vociferações, que ocorrem de modo automático e compulsivo, contra a vontade do doente, nada têm a ver com a questão da interdição. Eventualmente, se a tranquilidade noturna foi perturbada por elas, podem requerer uma intervenção policial (grifamos), mas não podem servir como justificativa para a interdição, mesmo porque o meio escolhido não teria o menor resultado e permaneceria ineficaz. (...) Mas o Direito e a ordem jurídica só podem considerar esta possibilidade no momento em que ela se transforma em um perigo real (...) Ele, tal como uma mulher, costuma enfeitar seu peito, que no seu delírio está se transformando num busto feminino. Naturalmente, se ele fosse inteiramente normal, do ponto de vista mental, jamais gastaria dinheiro com essas coisas tolas (pequenos adereços femininos) (...) Não há a menor dúvida de que o queixoso, quanto à sua capacidade intelectual, está inteiramente à altura de administrar o seu patrimônio e o de sua esposa (...) Assim sendo, a Corte de Apelação chegou à convicção de que o queixoso, em todos os setores vitais aqui considerados – e os mais importantes são aqueles em que a lei prevê uma regulamentação específica –, está à altura das exigências da vida. Em todo caso, não se dispõe de nenhuma evidência, nem se pode considerar como certo o fato de que suas ideias delirantes o tornam incapaz para administrar seus negócios. Isto leva a considerar o recurso por ele apresentado e a anular a medida legal de interdição que pesava sobre o queixoso, sem que seja necessário examinar as provas testemunhais mais recentes, acrescentadas por ele (art. 672 do Código de Processo Civil)" (26.07.1902)[18]*.*

15.2.4 As estruturas da personalidade. Quem é curatelável?

Para compreensão dos limites da razão e desrazão, capacidade e incapacidade é necessário buscar ajuda em outros campos do conhecimento, para ampliar a noção do justo e por uma melhor aplicação da lei jurídica. A Psicanálise nos dá uma noção das estruturas da personalidade e poderá, certamente, nos aproximar do ideal de justiça.

Quando da promulgação do nosso Código Civil (1916), a psiquiatria caracterizava-se por uma abordagem basicamente fenomenológica e apenas descrevia sintomas. Com a evolução da Psicologia e o desenvolvimento da Psicanálise, a abordagem *psi* tomou outro rumo.

Com a Psicanálise, Freud veio explicar como os sintomas aparecem na vida adulta, concentrando seus estudos principalmente na etiologia das neuroses, e no desenvolvimento da

---

18 SCHREBER, Daniel Paul. Ob. cit., p. 417-449.

libido, a partir do Complexo de Édipo (como marco referencial). Podemos afirmar, de acordo com a teoria psicanalítica, que a personalidade humana tem três estruturas: neurótica, psicótica e perversa. Elas são formadas pela entrada, passagem e dissolução do Complexo de Édipo, ou seja, a partir do momento em que se instala a "Lei-do-Pai" (*nom du père*), lei básica, fundamental, que possibilita ao homem a passagem da natureza para a cultura. A diferença entre estas estruturas está referenciada no conceito de castração, recalque (*Verdrangung*), recusa (*Verleugnung*) e de forclusão ou foraclusão (*Verwerfung*). Acrescente-se que a estrutura dos neuróticos, segundo Lacan, subdivide-se em histéricos e obsessivos. Não cabe aqui, nos limites de um livro jurídico, detalhar conceitos psicanalíticos. Mas, genericamente, pode-se dizer que a ideia destas estruturas, estudadas por Freud, é a instalação de uma oposição a Rousseau, que acreditava que todos os homens nascem bons e a sociedade os corrompe. Aqui, é ao contrário: todos os homens são maus, isto é, nascem puro instinto e pulsão, e a civilidade vai tornando-os sociáveis, na medida em que vão sendo marcados pelas leis (no sentido psicanalítico). Para Freud e Lacan, a formação do sujeito se faz em uma destas três estruturas em relação à lei (nom du père). Assim, podemos dizer, por exemplo, que o psicótico forclui a lei (falta o significante paterno, não há simbólico, rejeita-se a realidade e surge o delírio). O perverso recusa a lei e se defende pela divisão do ego. No neurótico ocorre uma divisão do aparelho psíquico e cria-se a fantasia – a sua realidade psíquica –, tal como encontramos nos histéricos e obsessivos, a partir do recalque. Este recalcamento (*Verdrangung*) é um processo psíquico universal e está na origem da constituição do indivíduo e do inconsciente, e é somente a partir dele que o ser humano se constitui como sujeito. O recalcamento é um mecanismo básico utilizado pelas pessoas e pelos neuróticos (os normais?).

Destas estruturas, a mais alcançável pelo método terapêutico é a neurótica. É certo que existe uma gradação de neuroses, mas é ela, a estrutura neurótica, que está presente e que constitui a maioria dos cidadãos. Uma sociedade dita "normal" é sempre neurótica, ou seja, a "normalidade", que tanto buscamos, possui de qualquer forma um certo grau de neurose. Assim, os neuróticos são os normais de uma sociedade. Fazendo uma grande simplificação da complexa obra de Freud, podemos dizer, então, que a loucura estaria nas estruturas perversas e psicóticas.

Há várias formas e gêneros de loucura, mas qualquer que seja, estará sempre dentro de uma destas três estruturas ou, para ser mais exato, dentro de duas estruturas, dependendo do grau (grau de recusa e forclusão) ela se mantém contida. Nos neuróticos, recalcada. Seguindo, então, o raciocínio psicanalítico, os loucos seriam sempre os psicóticos ou perversos e os "normais" os neuróticos. Talvez fosse melhor dizer "loucos em potencial", pois nem sempre esta loucura (estrutura perversa ou psicótica) inviabiliza ou prejudica a ordem social. E é exatamente neste ponto que interessa ao Direito saber sobre a loucura, modernizando conceitos para possibilitar-nos pensar a capacidade e a incapacidade civil (sem esquecermos que aí intrinsecamente está a noção de periculosidade). Torna-se mais evidente esta necessidade, se tomarmos os exemplos de "loucos" furiosos. Além do filósofo Althusser[19] e do Juiz Schreber, há entre nós o destacado jurista Teixeira de Freitas, um dos maiores desta terra, que trouxe grande contribuição ao Direito brasileiro, que, em um momento de sua vida, teve a sua razão atravessada pela loucura. Mas isto não invalidou sua obra. Arriscaríamos a dizer que a estrutura da personalidade deste grande jurisconsulto era psicótica, como a de tantas outras grandes personalidades de nosso e de outros tempos, inclusive de governantes e dirigentes de Estado. Esta loucura, mesmo se às vezes potencializada ou descontrolada em alguns momentos, não invalida, anula ou incapacita os atos desses "loucos", ou mesmo os desresponsabiliza.

---

[19] O filósofo francês relata em se livro "O futuro dura muito tempo as mazelas de sua interdição e inimputabilidade. Ele diz que preferia ter sido condenado pelo assassinato de sua esposa, do que ter vivido a exclusão de sua interdição, pois assim teria pago sua dívida com a sociedade, e a falta de loucura dentro dela".

15.2.5 Depoimento de uma ex-curatelada

A partir da Declaração Universal dos Direitos Humanos e com a consolidação e desenvolvimento da noção de "Dignidade da Pessoa Humana", que acabou insculpida nas constituições mais modernas do mundo, à ideia de cidadania ficou incorporada à inclusão daqueles histórica e socialmente excluídos. O grito da contemporaneidade passou a ser, então, o aprendizado da convivência com os diferentes. Inclusão significa conviver com as diferenças, sem intolerância. Nesta categoria de excluídos sempre estiveram, também, os chamados "loucos de todo gênero", cuja "interdição" acaba sendo um reforço da própria incapacidade do sujeito.

O depoimento de uma "ex-interditada", cujo registro está nos anais do I Congresso Brasileiro de Direito de Família, ajuda-nos a dimensionar melhor o transtorno social que se estabelece a partir desse transtorno mental, para usar uma expressão do novo Código Civil. A "interdição", como se disse, pode reforçar a incapacidade do sujeito, uma vez que ela é uma medida de exclusão, uma oficial exclusão do mundo civil. Paradoxalmente ela, às vezes, se fez necessária, para proteção do próprio curatelado. Os sistemas jurídicos contemporâneos tendem a rever o instituto da curatela e interdição, como já o fez o ordenamento jurídico alemão, que denomina de orientação, ao invés de curatela. Aqui no Brasil, ele foi ressignificado com a Lei nº 13.146/2015 (EPD). Os então denominados "loucos", passaram a ser denominados simplesmente de "Pessoas com Deficiência". O repensar desses institutos estão diretamente ligados à ideia de inclusão e exclusão, ou seja, não se pode mais dissociar interdição de cidadania. É o que nos faz refletir o depoimento abaixo e que muita semelhança tem com os casos anteriormente descritos:

> Tem feito parte do meu rico cotidiano, o meu testemunho de como venci os empecilhos da interdição e de como retomei o rumo de minha vida, após quatorze anos sem a posse de meus direitos civis.
>
> (...)
>
> A primeira pergunta que me vem à cabeça é: qual a finalidade da interdição e posterior curatela? Proteger? Cuidar? Posso afirmar absolutamente que durante os quatorze anos em que estive curatelada, vivi sob o signo do abandono e do descaso. A interdição é um dispositivo de controle e coerção social, desagregador e excludente. Conto a minha história.
>
> Vim a sofrer o meu primeiro surto psicótico em 1971, numa situação pós-parto. Fui internada novamente em 1973. Durante essa época vivia em meu apartamento com minha filha recém-nascida, mais uma empregada e sob os constantes cuidados de minha mãe maravilhosa, que viria falecer em novembro de 1975. No final de 1976, entrei outra vez em crise e recorri aos irmãos de minha mãe – meus tios –, que não me procuraram sequer uma vez depois que minha mãe morreu. Fui imediatamente internada em março de 1977, em clínica onde fiquei por um ano. As médias de tempo de internação naquela época eram de 6 a 7 meses contra a média atual, mais humana e adequada, de 20 a 30 dias. Enquanto estive internada, o diretor-médico do hospital falou-me certo dia que eu iria ser examinada por uma junta médica. Qual a minha surpresa e estupefação, quando me vi no Fórum da cidade do Rio de Janeiro, diante do juiz e sem nenhuma preparação ou um advogado de defesa ou mesmo defensor público.
>
> A partir de então, minha vida mudou radicalmente. Fui retirada de meu apartamento e passei a morar em vagas de pensionatos. (...) Deambulava pelas ruas sem destino, pegava os ônibus circulares ou trens suburbanos sem rumo certo. Não foram poucas as vezes que encontrei pessoas solidárias que me ofereciam um prato de comida e uma palavra de conforto em troca de coisa alguma. Ficou marcada na minha memória a solidariedade viva de anônimos que, com calor humano, tornavam minha rotina menos desumana e violenta. (...)

Meus amigos sumiram. Vivia à margem, sem qualquer vínculo social. Era uma pária que finalmente concordava e acreditava com o veredito de meu médico daquela época: eu era um caso perdido, nada a fazer. As crises e os surtos psicóticos foram se acelerando e eu passava mais tempo dentro dos muros altos dos hospitais do que no abandono das ruas. Sendo interditada, curatelada, e portanto, considerada incapacitada para os atos da vida civil, não podia trabalhar, não podia exercer o meu direito de voto, e mesmo se quisesse não poderia abrir uma conta em banco (...).

O levantamento da curatela se deu em 1990, 1991. Voltei para meu apartamento em 1993, venho administrando a minha vida e parcas finanças competentemente e, para minha alegria e felicidade maiores, minha filha voltou a morar comigo. Somos grandes amigas e ela é uma admiradora do meu trabalho. (...)

Nós, os chamados doentes mentais, somos, como dizia o filósofo marxista francês Louis Althusser, os desaparecidos, ou excluídos até mesmo da campanha da CNBB, ou ausentes como diz Pedro Gabriel Delgada em seu livro as Razões da Tutela, ou ainda humilhados e ofendidos como queria Dostoievski. Quando teremos – e estamos lutando pelo nosso reconhecimento como pessoas autônomas e responsáveis pelos seus atos e ações e conquista de nossos direitos – um lugar ao sol?[20].

15.2.6 Conceito de curatela de acordo com o Estatuto da Pessoa com Deficiência – EPD

A expressão curatela tem origem no Direito Romano, de curare, cuidar, olhar, velar. É um dos institutos de proteção aos incapazes, assim como a tomada de decisão apoiada, ao lado da tutela e do poder familiar/guarda. É o encargo conferido judicialmente a alguém para que zele pelos interesses de outrem, que não pode administrar seus bens e direitos em razão de sua incapacidade ou uma deficiência permanente ou temporária, que inviabiliza o discernimento, entendimento e compromete o elemento volitivo do sujeito. Em geral tal incapacidade é decorrente de um estado mental com alguma deficiência ou um demenciamento, uma circunstância temporária como o estado de coma, um desarrazoamento como prodigalidade e alcoolismo.

No Direito Romano, visava não apenas a proteção do incapaz, mas também a de seus futuros herdeiros, que detinham a prerrogativa de cuidar do patrimônio que oportunamente lhes pertenceria, cabendo a eles a nomeação para o cargo de tutor ou curador. A curatela era exercida em favor do curador e não do curatelado, pois aquele, geralmente, era o parente mais próximo que, após a sua morte seria seu herdeiro. Havia apenas a curatela legítima, isto é, somente os herdeiros legítimos eram nomeados.

Com o Estatuto da Pessoa com Deficiência – Lei nº 13.146/2015 (EPD – Estatuto da Pessoa com Deficiência[21]), houve alteração no sistema de incapacidades estatuído pelo Código Civil. Pela nova sistemática, são absolutamente incapazes somente os menores de 16 anos. Todos os demais, inclusive os que por deficiência mental, não tiverem o necessário discernimento para a prática dos atos da vida civil e os que, por causa transitória, não puderem exprimir sua vontade, passam a ser relativamente incapazes. Por esta sistemática a curatela passou a ser para questões patrimoniais e negociais, não alcança os atos existenciais e o direito ao próprio corpo, à sexualidade, ao casamento, à privacidade, à educação, à saúde, ao trabalho e ao voto,

---

[20] FERNANDES, Maria da Graça Dias. Depoimento. In: PEREIRA, Rodrigo da Cunha (Coord.). *Repensando o direito de família. Anais do I Congresso Brasileiro de Direito de Família.* Belo Horizonte: Del Rey, IBDFAM, OAB/MG, 1999, p. 117-121.

[21] Lei nº 14.624, de 17.7.2023, alterou a Lei nº 13.146, de 6 de julho de 2015 (Estatuto da Pessoa com Deficiência), para instituir o uso do cordão de fita com desenhos de girassóis para a identificação de pessoas com deficiências ocultas.

Cap. 15 – TUTELA, CURATELA,TOMADA DE DECISÃO APOIADA **521**

traduzindo uma verdadeira conquista social, ao inaugurar um sistema normativo inclusivo, que homenageia o princípio da dignidade da pessoa humana em diversos níveis (art. 85 do EPD).

O Estatuto da Pessoa com Deficiência admite a curatela, somente em caráter excepcional sem associá-la à incapacidade absoluta, pois agora são absolutamente incapazes somente os menores de 16 anos.

Portanto, a curatela constitui medida extraordinária, devendo constar da sentença as razões e motivações de sua definição, preservados os interesses do curatelado. Assim, o art. 1.767 do CCB/2002 sofreu grande reformulação com a Lei nº 13.146/2015, provocando uma revolução paradigmática e alterações na teoria das incapacidades prevista no Código Civil, modificando a redação dos arts. 3º e 4º do Código Civil e o capítulo que trata da curatela, estabelecido pelos arts. 1.767 e seguintes, instituindo a denominada "ação de curatela" e não mais ação de interdição.

Antes da entrada em vigor do Estatuto da Pessoa com Deficiência, eram considerados absolutamente incapazes de exercer pessoalmente os atos da vida civil, na redação anterior do art. 4º do CCB (I) os menores de 16 anos, (II) os que, por enfermidade ou deficiência mental, não tivessem o necessário discernimento para a prática desses atos e (III) os que, mesmo por causa transitória, não pudessem exprimir sua vontade. Já no que diz respeito à incapacidade relativa, eram considerados incapazes, relativamente a certos atos ou à maneira de os exercer (I) os maiores de 16 e menores de 18 anos, (II) os ébrios habituais, os viciados em tóxicos, e os que, por deficiência mental, tivessem o discernimento reduzido, (III) os excepcionais, sem desenvolvimento mental completo e (IV) os pródigos (art. 4º, CCB/2002).

Em razão do art. 6º da Lei nº 13.146/2015 preconizar que "a deficiência não afeta a plena capacidade civil da pessoa"[22], agora, somente os menores de 16 anos são considerados absolutamente incapazes de exercer pessoalmente os atos da vida civil, repita-se (art. 3º do CCB/2002). Da mesma forma, houve mudanças na lei civil acerca da incapacidade relativa (art. 4º do CC), sendo retiradas as previsões de incapacidade relativa quanto aos que tivessem discernimento reduzido por deficiência mental e quanto aos excepcionais, sem desenvolvimento mental completo. A par disso, aqueles que, mesmo por causa transitória, não puderem exprimir sua vontade – que anteriormente eram considerados absolutamente incapazes –, agora são considerados relativamente incapazes.

As definições de capacidade civil foram reconstruídas para dissociar diversas deficiências de incapacidade. E foi neste sentido que o EPD trouxe a nova concepção de quem pode ser curatelado, isto é, substituir por aquelas que, por causa transitória ou permanente, não puderem exprimir sua vontade: *considera-se pessoa com deficiência aquela que tem impedimento de longo prazo de natureza física, mental, intelectual ou sensorial, o qual, em interação com uma ou mais barreiras, pode obstruir sua participação plena e efetiva na sociedade em igualdade de condições com as demais pessoas (art. 2º da Lei nº 13.146/2015).*

15.2.7 Quem pode ser curatelado e quem pode requerer a curatela? Interdição?

Com o início da vigência da Convenção sobre os Direitos da Pessoa com Deficiência, ratificada pelo Brasil, por meio do Decreto 6.949/2009, do qual originou a Lei nº 13.146/2015,

---

[22] (...) Nos termos do novel Estatuto da Pessoa com Deficiência, Lei nº 13.146 de 2015, pessoa com deficiência é a que possui impedimento de longo prazo, de natureza física, mental, intelectual ou sensorial (art. 2º), não devendo ser mais tecnicamente considerada civilmente incapaz, na medida em que a deficiência não afeta a plena capacidade civil da pessoa (conforme os arts. 6º e 84). 9. A partir do novo regramento, observa-se uma dissociação necessária e absoluta entre o transtorno mental e o reconhecimento da incapacidade, ou seja, a definição automática de que a pessoa portadora de debilidade mental, de qualquer natureza, implicaria na constatação da limitação de sua capacidade civil deixou de existir (STJ, REsp 1.694.984/MS, Rel. Min. Luis Felipe Salomão, Quarta Turma, DJe 1/2/2018).

mais conhecida como Estatuto da Pessoa com Deficiência – EPD, concepção de capacidade foi ressignificada[23], inclusive com a introdução de uma nova expressão, pessoa com deficiência (e não portadora de deficiência ou pessoa deficiente). E assim não se pode mais falar de interdição e interditado. Não se interdita pessoas e direitos, apenas protege-se. De acordo com o EPD essas expressões ainda presentes no CCB/2002 e no CPC/15 devem ser lidas como curatela, curatelado.

Estão sujeitos à curatela as pessoas que não têm total controle de suas vontades, seja em razão de saúde mental, ébrios contumazes, viciados, pródigos, enfim todos àqueles que praticam atos prejudiciais a si próprios e a seus próximos.

A idade avançada, por si só, não é motivo para a curatela (ver cap. 16).

Pode requerer a curatela[24] as pessoas mais próximas do curatelado (art. 747 do CPC/2015), seguindo-se uma ordem de proximidade, seja em razão de parentesco ou conjugalidade. Conforme art. 1.775 do CCB/2002, quem requerer a curatela, não necessariamente a exercerá (REsp nº 1.346.013). Obviamente que não pode ser curador quem tem desavenças com o curatelado.

O CPC/2015 revogou os arts. 1.768 a 1.773 do CCB/2002, que tratavam da promoção da curatela, que na linguagem antiga, denominava interdição, por não serem regras de direito processual. Entretanto, essas regras do CPC, devem ser interpretadas de acordo com o EPD, que regulamenta a Convenção dobre os Direitos da Pessoa com deficiência, que tem força de Emenda Constitucional (art. 5º, § 3º, da CR)[25].

Aplica-se as regras da tutela à curatela (art. 1.781 do CCB/2002), inclusive em relação a prestação de contas, à exceção do cônjuge/companheiro, que não precisam prestar contas, se o regime for o da comunhão universal de bens (art. 1.783 do CCB/2002) e art. 1.783-A, §§ 1º, 2º, 3º, 4º e 5º, acrescentados pela Lei nº 13.146/2015[26].

---

[23] (...) A interpretação conferida aos arts. 84 e 85 da Lei nº 13.146/2015 objetiva impedir distorções que a própria Lei buscou evitar, mostrando-se adequada a extensão da curatela não apenas aos atos negociais e patrimoniais, mas também a outros atos da vida civil, excepcionalmente e de forma fundamentada, com o propósito de proteger o curatelado diante das especificidades do caso concreto, conforme se observa na situação em apreço. 4. Recurso especial não provido. (STJ, REsp 2.013.021/MG, Rel.ª Min.ª Nancy Andrighi, Rel. p/ acórdão Min. Ricardo Villas Bôas Cueva, Terceira Turma, DJe 11/12/2023.)

[24] O artigo 756, § 1º, do CPC/2015 ampliou o rol de legitimados para o ajuizamento da ação de levantamento da curatela previsto no artigo 1.186, § 1º, do CPC/1973, a fim de expressamente permitir que, além do próprio interdito, também o curador e o Ministério Público sejam legitimados para o ajuizamento dessa ação, acompanhando a tendência doutrinária que se estabeleceu ao tempo do código revogado. É, portanto, possível afirmar que a razão de existir do artigo 756, § 1º, do CPC/2015, até mesmo pelo uso pelo legislador do verbo "poderá", é de, a um só tempo, enunciar ao intérprete quais as pessoas têm a faculdade de ajuizar a ação de levantamento da curatela, garantindo-se ao interdito a possibilidade de recuperação de sua autonomia quando não mais houver causa que justifique a interdição, sem, contudo, excluir a possibilidade de que essa ação venha a ser ajuizada por pessoas que, a despeito de não mencionadas pelo legislador, possuem relação jurídica com o interdito e, consequentemente, possuem legitimidade para pleitear o levantamento da curatela. É correto concluir, dessa forma, que o rol previsto no dispositivo em questão não enuncia todos os legitimados a propor a ação de levantamento da curatela, havendo a possibilidade de que outras pessoas, que se pode qualificar como terceiros juridicamente interessados em levantá-la ou modificá-la, possam propor a referida ação" (REsp 1.735.668-MT, Rel. Min. Nancy Andrighi, por unanimidade, julgado em 11.12.2018, DJe 14.12.2018).

[25] "(...) Acerca do tema, o Decreto nº 6.949/2009 promulgou e internalizou a Convenção Internacional sobre os Direitos das Pessoas com Deficiência e seu Protocolo Facultativo, assinados em Nova York, em 30/03/2007. A norma foi anteriormente aprovada pelo Congresso Nacional, em 09/07/2008, por meio do Decreto Legislativo nº 186/2008, nos termos do art. 5º, § 3º, da Constituição Federal de 1988, tendo, pois, eficácia de emenda constitucional" (STJ, AgInt no REsp 2.085.791/RN, Rel. Ministro Francisco Falcão, Segunda turma, DJe 04/09/2024).

[26] Art. 1.783-A. A tomada de decisão apoiada é o processo pelo qual a pessoa com deficiência elege pelo menos 2 (duas) pessoas idôneas, com as quais mantenha vínculos e que gozem de sua confiança, para prestar-lhe apoio na tomada de decisão sobre atos da vida civil, fornecendo-lhes os elementos e informações necessários para que possa exercer sua capacidade. (Incluído pela Lei nº 13.146, de 2015). § 1º Para formular pedido

15.2.8 Extinção da curatela

A curatela se extingue, quando não tem prazo determinado pelo juiz, com a morte do curatelado ou quando os motivos geradores dela se modificarem e não há mais necessidade de sua manutenção. As causas mais comuns de suspensão ou extinção da curatela são quando o sujeito recobrou o estado de consciência, saiu do coma, cessou o alcoolismo, ou alguém que mesmo não tendo cura mantém tratamento que restitui sua estabilidade emocional que lhe devolve a lucidez, e o reabilitar a praticar os atos negociais.

Independentemente de cessar a curatela deve-se fazer a prestação de contas, como previsto nas regras de tutela (arts. 1.755 e seguintes). O CPC também estabeleceu regras de prestação de contas[27] em seu artigo 763, § 2º.

15.2.9 Curatela do nascituro

É a curatela daquele que ainda não nasceu, mas está para nascer, ou seja, nascituro.

A personalidade civil da pessoa começa do nascimento com vida, mas desde a concepção, o nascituro já tem seus direitos assegurados (art. 2º do CCB/2002). O artigo 1.779 do CCB/2002 disciplina uma curatela especial, determinando que dar-se-á curador ao nascituro, se o pai falecer estando grávida a mulher, e não tendo o poder familiar. E, se a mulher estiver

---

de tomada de decisão apoiada, a pessoa com deficiência e os apoiadores devem apresentar termo em que constem os limites do apoio a ser oferecido e os compromissos dos apoiadores, inclusive o prazo de vigência do acordo e o respeito à vontade, aos direitos e aos interesses da pessoa que devem apoiar.(Incluído pela Lei nº 13.146, de 2015). § 2º O pedido de tomada de decisão apoiada será requerido pela pessoa a ser apoiada, com indicação expressa das pessoas aptas a prestarem o apoio previsto no *caput* deste artigo.(Incluído pela Lei nº 13.146, de 2015). § 3º Antes de se pronunciar sobre o pedido de tomada de decisão apoiada, o juiz, assistido por equipe multidisciplinar, após oitiva do Ministério Público, ouvirá pessoalmente o requerente e as pessoas que lhe prestarão apoio.(Incluído pela Lei nº 13.146, de 2015). § 4º A decisão tomada por pessoa apoiada terá validade e efeitos sobre terceiros, sem restrições, desde que esteja inserida nos limites do apoio acordado.(Incluído pela Lei nº 13.146, de 2015). § 5º Terceiro com quem a pessoa apoiada mantenha relação negocial pode solicitar que os apoiadores contra-assinem o contrato ou acordo, especificando, por escrito, sua função em relação ao apoiado.(Incluído pela Lei nº 13.146, de 2015). § 6º Em caso de negócio jurídico que possa trazer risco ou prejuízo relevante, havendo divergência de opiniões entre a pessoa apoiada e um dos apoiadores, deverá o juiz, ouvido o Ministério Público, decidir sobre a questão. (Incluído pela Lei nº 13.146, de 2015). § 7º Se o apoiador agir com negligência, exercer pressão indevida ou não adimplir as obrigações assumidas, poderá a pessoa apoiada ou qualquer pessoa apresentar denúncia ao Ministério Público ou ao juiz. (Incluído pela Lei nº 13.146, de 2015). § 8º Se procedente a denúncia, o juiz destituirá o apoiador e nomeará, ouvida a pessoa apoiada e se for de seu interesse, outra pessoa para prestação de apoio.(Incluído pela Lei nº 13.146, de 2015). § 9º A pessoa apoiada pode, a qualquer tempo, solicitar o término de acordo firmado em processo de tomada de decisão apoiada.(Incluído pela Lei nº 13.146, de 2015). § 10. O apoiador pode solicitar ao juiz a exclusão de sua participação do processo de tomada de decisão apoiada, sendo seu desligamento condicionado à manifestação do juiz sobre a matéria.(Incluído pela Lei nº 13.146, de 2015). § 11. Aplicam-se à tomada de decisão apoiada, no que couber, as disposições referentes à prestação de contas na curatela. (Incluído pela Lei nº 13.146, de 2015).

27   (...) Como sabido, os curadores são obrigados a prestar contas da sua administração correspondente aos valores recebidos pelos interditados, consoante artigos 1.755 e 1.781 do Código Civil. O dever de prestar contas constitui uma obrigação inafastável de quem exerce a curatela de incapaz, vez que a prestação de contas possibilita a fiscalização da administração do curador, garantindo a proteção dos bens do interditando. De acordo com a disposição legal do Código Civil em seu art. 1.783 "Quando o curador for o cônjuge e o regime de bens do casamento for de comunhão universal, não será obrigado à prestação de contas, salvo determinação judicial". Ainda, o § 4º do art. 84 da Lei nº 13.146/15 (Estatuto da Pessoa com Deficiência) diz que "Os curadores são obrigados a prestar, anualmente, contas de sua administração ao juiz, apresentando o balanço do respectivo ano". No caso, está correta a determinação judicial de prestação de contas (...) (STJ – AREsp: 1159163 RS 2017/0213472-2, Relator: Ministro Paulo de Tarso Sanseverino, Data de Publicação: *DJ* 16/11/2017).

524 DIREITO DAS FAMÍLIAS – *Rodrigo da Cunha Pereira*

interdita, seu curador será o do nascituro. Nesta hipótese podendo ser titular de direitos, desde que subordinado a condição suspensiva que é o nascimento com vida.

15.2.10 Curatela compartilhada

É o compartilhamento do exercício da curatela, ou seja, a curatela exercida conjuntamente por duas ou mais pessoas. Tal modalidade amplia a proteção do curatelado ao dividir responsabilidades, além de tornar mais eficaz a fiscalização e a prestação de contas.

Desde que o afeto tornou-se um valor jurídico, ampliou-se o entendimento de todos os encargos e proteção aos incapazes, daí o surgimento da guarda compartilhada, cujo entendimento se estendeu por analogia, também, aos curatelados e tutelados. Se antes recaia alguma dúvida sobre o compartilhamento da curatela, o EPD veio sepultá-la, quando incluiu o art. 1.775-A ao CCB/2002: *"na nomeação de curador para a pessoa com deficiência, o juiz poderá estabelecer curatela compartilhada a mais de uma pessoa"* (ver item 12.2).

A curatela compartilhada pode funcionar também como um antídoto da alienação parental de adultos com vulnerabilidades.

15.2.11 Curatela mandato

É uma curatela especial com poderes mais restritos, e para atender às necessidades de um enfermo ou alguém que não pode locomover, por exemplo, mas que se encontra em pleno gozo de sua capacidade mental. É uma curatela que não retira a capacidade civil, como bem assinalou o jurista paraense Zeno Veloso[28].

À exceção dos enfermos que estão hospitalizados e em unidade de tratamento intensivo, ela pode ser requerida pelo próprio curatelado. Daí poder-se dizer que é uma curatela mandato, pois muito próxima está de um mandato para gestão e administração de bens e negócios, e não de pessoa, já que não se trata propriamente de uma curatela.

15.2.12 Autocuratela

É a curatela em que o próprio e possível curatelado nomeia seu curador por meio de um mandato futuro, caso haja necessidade. Isto se viabiliza, por meio de uma procuração com poderes específicos outorgados, geralmente por alguém que já tenha conhecimento de sua doença degenerativa, ou situações em que o mandante poderia ficar incapacitado de expressar sua vontade, outorgando poderes ao mandatário para administrar seus bens e atos da vida civil, bem como respeitar sua vontade estabelecida após sua incapacidade. Isto evita curadores indesejados ou disputa de curatela. Nas palavras da professora mineira Thaís Câmara:

> *Um negócio jurídico atípico, realizado através de um documento preventivo, no qual a própria pessoa, no pleno gozo de suas faculdades mentais, pode planejar antecipadamente a sua futura curatela ao dispor sobre questões preliminares e/ou existenciais para serem implementadas em uma eventual situação de ausência de discernimento, desde que não violem o ordenamento jurídico[29].*

A autocuratela é uma forma preventiva para garantir direitos do futuro curatelado, assegurando sua vontade, ao escolher antecipada e preventivamente seu curador, ou mesmo

---

[28]   VELOSO, Zeno. *Código Civil comentado*. São Paulo: Atlas, 2003. t. XVII. p. 227.

[29]   COELHO, Thaís Câmara Maia Fernandes. *Autocuratela*. Rio de Janeiro: Lumen Juris, 2016, p. 142.

Cap. 15 – TUTELA, CURATELA,TOMADA DE DECISÃO APOIADA **525**

excluir alguém do rol de curadores, sem necessidade de nomeação judicial para as vontades e determinações estabelecidas naquele mandato. Em verdade, a autocuratela é o indicativo de uma autodeterminação, que se concretizará com a curatela propriamente dita, com um processo judicial futuro.

É o princípio da liberdade e da autonomia privada que autoriza tais instrumentos, ainda que não haja regras expressas para fazê-lo. Mas afinal, nada melhor para expressar a vontade da pessoa, no caso de futura incapacidade, do que esse instrumento, que muito se assemelha à curatela mandato. O instrumento da autocuratela tem condição suspensiva, pois só terá eficácia caso o mandante perca a capacidade. É baseado no princípio da confiança, e por isto, não pode ter substabelecimento.

15.2.13 Curatela extensiva

É a curatela que se estende à pessoa e aos bens dos filhos do curatelado, tal como disposto no art. 1.778 do CCB/2002. Assim, o curatelado perde o controle não apenas de sua própria vida, assim como sobre a vida de seus filhos. Em outras palavras, ele é destituído automaticamente de sua autoridade parental/poder familiar. Da mesma forma, o CPC/15, repetiu e reforçou a curatela extensiva, em seu artigo 757: *A autoridade do curador estende-se à pessoa e aos bens do incapaz que se encontrar sob a guarda e a responsabilidade do curatelado ao tempo da interdição, salvo se o juiz considerar outra solução como mais conveniente aos interesses do incapaz.*

Embora o artigo 1.778 do CCB não tenha sido revogado expressamente pelo EPD – Lei nº 13.146/2015, ele se tornou incompatível com as disposições gerais da curatela, que passou a ser apenas patrimonial, como estabelecido no artigo 85 e § 1º do EPD: *A curatela afetará tão somente os atos relacionados aos direitos de natureza patrimonial e negocial. § 1º A definição da curatela não alcança o direito ao próprio corpo, à sexualidade, ao matrimônio, à privacidade, à educação, à saúde, ao trabalho e ao voto.*

Portanto, a curatela extensiva, em muitas situações ofende direitos e garantias do curatelado, como retirar automaticamente o seu poder familiar. Mas há casos graves em que o curatelado não tem mesmo condições de exercício de sua autoridade parental, e somente nestes casos, a curatela será exercida extensivamente aos filhos do curatelado. O CPC ainda que usando a expressão inadequada, ou seja, interdição, ao invés de curatela, deixa claro a possibilidade de relativização desta extensão ao dizer em seu artigo 757, que o juiz pode levar em conta cada caso.

15.2.14 Curatela no Direito Alemão

A importância do direito comparado, como o que aqui traz, é buscar luzes e melhor compreensão sobre o instituto da curatela, que vem sofrendo reformulações em todo mundo, em razão da noção das noções de cidadania e conhecimento do aparelho psíquico humano. Na Alemanha, a curatela teve profundas modificações e suas concepções vêm ao encontro do que o Direito brasileiro começou a praticar, a partir do EPD.

O direito alemão aboliu, ou pelo menos modificou profundamente a curatela dos doentes mentais, substituindo-a parcialmente pelo instituto da "orientação". Tal modificação vem na esteira da evolução e de uma nova compreensão sobre a loucura que não pode ser mais um fator de exclusão. A tradicional noção de curatela e interdição trazia consigo esses elementos que já não coadunavam mais com as concepções de inclusão e dignidade da pessoa humana.

526 DIREITO DAS FAMÍLIAS – *Rodrigo da Cunha Pereira*

Wilfried Schlüter, um dos grandes juristas germânicos, leciona que "o Direito alemão tem a tarefa de apoiar pessoas que, em razão da idade ou doenças físicas, psíquicas ou emocionais, se tornaram dependentes de ajuda"[30].

Durante o período compreendido entre 1900 e 1991 tal proteção ocorria através do instituto da interdição (§ 6 BGB aF), então complementado pelas regras concernentes ao instituto da tutela para maiores e da curatela do inabilitado.

A interdição provocava, pelo menos em parte, a perda da capacidade civil do maior de idade.

Com a Lei da Reforma do Direito da Tutela e Curatela para Maiores (Lei de Orientação), que vigorou a partir de 01.01.1992 ficou derrogado o instituto da interdição e a tutela para maiores e a curatela de interditos foi substituída pelo instituto jurídico da orientação ou assistência. Tal mudança teve como mola propulsora um relatório, publicado em 1975, elaborado após longo levantamento da situação da psiquiatria na República Federal da Alemanha. Depois, houve ainda a reforma do Direito da Tutela, pela Lei de Reforma do Direito de Tutela (BtÄndG), em 25.06.1998, que dispõe detalhadamente sobre a remuneração do orientador que, inicialmente, é pago pelo orientado. Caso este não disponha de recursos, pode-se, então, cobrar do Estado (Lei de Reforma do Direito de Tutela – §§ 1836 al. 1, 2, 1908i al. 1 BGB). O valor da remuneração é de acordo com a qualificação do orientador, bem como pela extensão e dificuldade dos atos a serem praticados por ele.

15.2.14.1 Direito de orientação

A pessoa que recebe a orientação é denominada "orientado", e aquele que se ocupa dos interesses do orientado chama-se "orientador". Relevante para o direito de orientação que a vontade e os desejos do orientado sejam considerados e levados em consideração, bem como as medidas limitadoras se restrinjam ao necessário. Em razão dessa consideração ao sujeito, o orientado é ouvido antes da determinação da orientação.

O orientador é nomeado a pedido da pessoa orientada (independentemente de sua capacidade civil), ou de ofício (§ 1896 al. 1 frase 1, 2 BGB) quando o orientado for civilmente incapaz. A ordem e nomeação do orientador é tomada a termo, num documento denominado "sentença uniforme". O instituto alemão do Betreuung (§§ 1896 ff. BGB), que nasceu em substituição à curatela e à tutela, oferece uma espécie de cuidado jurídico à pessoa com deficiência que não incide sobre assuntos existenciais, visando a preservação do direito fundamental a autodeterminação.

O requisito para o pedido de orientador se uma pessoa de maior idade, por motivo de doença mental ou deficiência física, mental ou psicológica, não puder, no todo ou em parte, cuidar de seus assuntos, o tribunal de custódia, a seu pedido ou por iniciativa própria, nomeia um custodiante para ele (§ 1896 al. 1 frase BGB)[31].

Quando formulado o pedido de orientação, recomenda a lei processual que o juiz verifique, inicialmente, a possibilidade de outorga de procuração previdencial, como alternativa da orientação, onde constem os poderes que seriam dados ao orientador. Daí decorre a natureza subsidiária da orientação, que será instituída se não houver outra forma de assistência para determinados atos ou negócios – por procuração, por exemplo. Em síntese, devem ser buscadas

---

[30] SCHLÜTER, Wilfried. *Código Civil alemão*: direito de família. Trad. 9. ed. de Elisete Antoniuk. Porto Alegre: Fabris, 2002, p. 469.

[31] A Alemanha revogou os institutos da curatela e da tutela, substituindo-os pelo Betreuung (§§1896 ff. BGB), a fim de preservar a capacidade jurídica da pessoa e garantir-lhe o direito fundamental à autodeterminação previsto na Constituição (art. 2, nº 1). MONTIJANO, Martín García-Ripoll. La nueva legislación alemana sobre la tutela o asistencia (Betreuung) de los enfermos físicos y psíquicos: otro modelo (1). Disponível em: <http://laleydigital.laley.es/Content/Inicio.aspx>. Acesso em: 18.01.2020.

Cap. 15 – TUTELA, CURATELA, TOMADA DE DECISÃO APOIADA **527**

alternativas para a prática de atos e negócios que não possam ser praticados pela pessoa atingida, antes de se concluir pela necessidade da orientação/assistência.

Como forma de proteger o orientado, não se exclui de plano a possibilidade de instituição da orientação quando o pretenso representante ou orientador é uma das pessoas mencionadas no § 1897 al. BGB:

(1) O tribunal de custódia designa como custodiante uma pessoa singular que é adequada para cuidar dos negócios da pessoa sob custódia, do ponto de vista legal dentro do grupo de tarefas determinado pelo tribunal e para cuidar dele. extensão necessária.

(2) O funcionário de uma associação de custódia reconhecida de acordo com a seção 1908f, que seja parcial ou exclusivamente empregado como custodiante (depositário da associação) pode ser nomeado apenas com o consentimento da associação. O mesmo se aplica ao funcionário de uma autoridade pública competente em questões de custódia, que é exclusiva ou parcialmente empregada como custodiante (custodiante de autoridade pública).

(3) Uma pessoa que esteja em situação de dependência ou em outra conexão íntima com uma instituição, um lar ou outro estabelecimento com o qual a pessoa de maior idade tenha sido comprometida ou em que vive não pode ser nomeada custodiante.

(4) Se a pessoa de maior idade sugerir uma pessoa que pode ser nomeada custodiante, essa sugestão deve ser seguida, a menos que seja inconsistente com os melhores interesses da pessoa de maior idade. Se ele sugere que uma pessoa em particular não deve ser nomeada, isso deve ser levado em consideração. As frases 1 e 2 também se aplicam às sugestões que a pessoa de maior idade tenha feito antes do processo de custódia, a menos que discernivelmente não deseje sustentar essas sugestões.

(5) Se a pessoa de maior idade sugerir que ninguém possa ser nomeado custodiante, quando o custodiante for selecionado, será necessário levar em consideração a família e outros laços pessoais da pessoa de maior idade, em particular os laços com os pais., aos filhos, ao cônjuge e ao parceiro civil e do perigo de conflitos de interesse.

(6) Uma pessoa que realiza custódia como parte do exercício de sua ocupação ou profissão deve ser nomeada custodiante somente se não houver outra pessoa adequada que esteja preparada para administrar a custódia voluntariamente. Se o custodiante tomar conhecimento de circunstâncias que indiquem que a pessoa de maior idade pode ser atendida por uma ou mais pessoas adequadas fora do exercício de uma ocupação ou profissão, deve notificar o tribunal sobre isso.

(7) Se uma pessoa, sob as condições da subseção (6) sentença 1, for nomeada custodiante pela primeira vez no distrito do tribunal de custódia, o tribunal deverá antes disso ouvir a autoridade pública competente sobre a adequação do candidato selecionado. custodiante e nas conclusões a serem feitas sob a seção 1 (1) da sentença 1 segunda alternativa da Lei de Pagamento de Guardiões e Guardiões [Vormünder – und Betreuervergütungsgesetz]. A autoridade competente deve solicitar que a pessoa apresente um certificado de boa conduta e um relatório de status da lista de devedores.

(8) Se uma pessoa é nomeada sob a condição da subseção (6) frase 1, deve declarar o número e o volume das custódias que está conduzindo profissionalmente.

A Lei de Orientação visa, sobretudo, que se estabeleça entre orientado e orientador uma relação mais pessoal e direta, o que não ocorre propriamente em relação à "tutela". Por isto, a prioridade é que o orientador seja uma pessoa natural, idônea e capaz de cuidar dos interesses do orientado, assisti-lo pessoalmente na extensão de suas funções. Na medida do possível, deve o orientado opinar na escolha deste orientador. Quando não o faz, ou não está em condições de fazê-lo, tal escolha é reputada ao Juiz da Tutela, que deverá acima de tudo observar as condições pessoais do orientado, sobretudo suas relações com pais, filhos, cônjuge ou parceiro. Inexistindo possibilidade de nomeação de pessoa natural, poderá ser nomeado um órgão público competente (§ 1900 al. 4 BGB). O cargo de orientador é um cargo honorífico.

Para determinados atos ou negócios jurídicos, o orientador necessita de autorização do Juízo da Tutela, por exemplo: consentir em exames e intervenções médicas da pessoa atingida, quando existe perigo de vida ou de prejuízo à saúde desta (§ 1904 al. 1 BGB). Ele só pode consentir a tais tratamentos se o orientado tiver capacidade de consentimento e decidir neste sentido.

Há casos em que mesmo outorgando-se procuração a terceiros, os poderes mencionados no instrumento não garantem o resguardo adequado dos interesses da pessoa atingida, ou outros em que o mandante não consegue controlar o mandatário. Daí exsurge a necessidade da orientação, delimitando-se expressamente os limites da atuação do orientador frente ao representante, ou mandatário.

Conforme § 1896 al. 2 frase 1BGB, o círculo de tarefas do orientador deve ser medido de forma que compreenda somente questões das quais o próprio orientando não pode ocupar-se (ex.: orientação de saúde, apoio em processo de divórcio etc.). Em linhas gerais, o orientador representa o orientado judicial e extrajudicialmente, sendo, pois, um legítimo "representante legal".

O Tribunal pode, em cada caso concreto, limitar a participação de um orientado nas relações jurídicas determinando, por exemplo, que ele necessite do consentimento do orientador para uma declaração de vontade que diga respeito ao círculo de tarefas deste, desde que isto seja necessário para afastar um grande perigo para a pessoa ou o patrimônio do orientado – § 1903 al. 1 BGB. Trata-se de uma reserva de consentimento (§ 1903 al. 1 frase 2 BGB), que não se estende às declarações de vontade, como por exemplo, celebração de casamento, constituição de união estável e disposição de última vontade.

Os §§ 1896 e 1903 permitem uma limitação gradativa da capacidade jurídico-negocial do orientado. O juízo da tutela deve avaliar se, e em que extensão, uma pessoa necessita de um orientador. Tem que decidir quando a necessidade e a extensão da capacidade jurídico-negocial do orientado deve ser restringida através de uma reserva de consentimento nos moldes do § 1903 do BGB. Trata-se do princípio da proporcionalidade que, em síntese, rege a dose de intervenção na capacidade geral do orientado segundo cada situação.

Todas as normas que regem o instituto da orientação têm por finalidade ou justificativa o bem-estar do orientado (§ 1901 al. 2 BGB) especialmente para criar a possibilidade que ele mesmo possa organizar sua vida segundo seus desejos e ideais, atendidos, por óbvio, os limites de sua capacidade.

O § 1901 al. 3 BGB também dispõe que o orientador deve satisfazer às vontades do orientado, desde que isto não se oponha ao seu bem-estar. Sempre que possível não se deve excluir o orientado do gozo de seu patrimônio e de seus rendimentos.

Se, antes mesmo de instituído ou iniciado o procedimento de orientação, os desejos e vontades do eventual orientado tenham sido registrado num documento denominado "disposição de orientação" ou "testamento de orientação", o detentor desse documento deve apresentá-lo ao Juiz da Tutela tão logo tenha notícia da instalação da orientação, para salvaguardar a vontade deste orientado.

O BGB traz norma específica regulando a esterilização do orientado. Se ele consentiu eficazmente em tal procedimento, não há qualquer empecilho para tal prática. Não sendo assim, a decisão pela esterilização compete ao orientador, mas sempre com a autorização do Juízo da Tutela (§ 1905 al. 2 BGB). Discute-se, entre os doutrinadores alemães, se esta não seria

Cap. 15 – TUTELA, CURATELA,TOMADA DE DECISÃO APOIADA   **529**

uma esterilização forçada, já que sem consentimento do orientado, o que afasta a máxime do instituto da orientação que é a busca do bem-estar do protegido.

O § 1906 versa sobre a possibilidade de internação do orientado, a critério justificado do orientador, com autorização do Juízo da Tutela, verificando-se se este procedimento é realmente necessário para o bem do orientado, em razão do perigo para si mesmo ou necessidade de tratamento.

Para garantir que a orientação seja mantida somente no tempo em que for necessária, o § 1908 al. 1 BGB prevê que ela possa ser anulada ou limitada de ofício se seus requisitos deixarem de existir. Por outro lado, o encargo da orientação também tem seu termo, que é o máximo de 5 (cinco) anos, permitindo-se prorrogação.

O processo de instituição da orientação é da competência dos Juízos da Tutela e são organizados como os processos de jurisdição voluntária (§ 1907 BGB), onde a pessoa orientada será pessoalmente ouvida.

Além da "orientação", que veio substituir a curatela dos "doentes mentais", o direito civil alemão prevê a instituição da curatela (pfle-gschaft) nos §§ 1909 a 1921 do BGB, nos seguintes casos: curatela "complementar", curatela em caso de ausência, curatela do nascituro ou concebido, curatela de parte desconhecida, curatela para patrimônios coletivos.

15.2.14.2   Curatela complementar

A "curatela complementar" é um instituto destinado a proteção daquele que se encontra sob cuidado paterno ou sob tutela, mas que para determinados assuntos tenha impedimento dos pais ou tutores. Nomeia-se, então, curador especialmente para administrar o patrimônio adquirido causa mortis ou a título gratuito, quando o *de cujus* ou doador tiverem decidido, respectivamente, por disposição de última vontade ou nos termos da doação, que nem os pais nem os tutores devem administrar o patrimônio. É o que dispõe o § 1.909, que ainda menciona que sendo necessária a curatela, deverá ser imediatamente comunicado o Tribunal Tutelar pelos pais ou pelo tutor. Esta "curatela complementar" cessa quando o curatelado deixa de submeter-se ao cuidado paterno ou tutela (§ 1.918 al. 1 BGB).

Também ao maior de idade que for considerado ausente será nomeado curador para seus assuntos patrimoniais, na medida em que necessitem ser administrados. Principalmente quando este ausente tenha outorgado mandato ou poder a terceiro, que, por força das circunstâncias surgidas, devam ser revogados (§ 1.911).

Caberá, ainda, nomeação de curador ao "concebido ainda não nascido" ou nascituro, para que sejam resguardados seus futuros direitos se estes necessitam de assistência. Ou ainda a pedido do departamento tutelar de jovens ou da futura mãe, quando se supuser que o filho nascerá fora do matrimônio (§ 1.912). Cessa esta curatela com o nascimento do curatelado.

Quando não se sabe ou não se conhece a pessoa que é parte num determinado assunto a ele poderá ser nomeado curador para esta questão específica, caso haja necessidade de administração (§ 1.913), cessando o encargo com a efetivação ou término do assunto que o motivou (§ 1.918 al. 3 BGB).

Caberá nomeação de curador para patrimônios que constituam uma coleção pública, para um determinado período, que atuará somente nos casos em que o administrador competente não estiver disponível.

Quanto ao exercício da curatela, aplicar-se-ão as normas referentes à tutela, salvo quando a lei dispuser de forma diversa, como é o caso de nomeação de curador quando se tratar de "curatela complementar" em que há vedação expressa à aplicação dos dispositivos sobre tutela – § 1.916. Não há previsão no BGB de nomeação de um "procurador" ou cargo equivalente ao "protutor".

530 DIREITO DAS FAMÍLIAS – *Rodrigo da Cunha Pereira*

Para a curatela "complementar" (§ 1.909) o curador será aquele nomeado na disposição de última vontade ou instrumento da doação que tiver disposto sobre os impedimentos dos pais ou tutores. Aplica-se neste caso o previsto no § 1.778 (impedimentos ao exercício do cargo de tutor). As dispensas mencionadas nos §§ 1.852 a 1.854 só serão aplicáveis quando mencionadas nas disposições de última vontade ou instrumento de doação, podendo o Tribunal Tutelar revogá-las quando forem contrárias aos interesses do curatelado, nos termos do § 1.917.

Numa previsão geral, o BGB estabelece, no § 1.919, que a curatela será revogada pelo Tribunal Tutelar quando desaparecer a causa que a tiver motivado:

> § 1919 (revogação da curatela por desaparecimento de sua causa). A curatela será revogada pelo Tribunal tutelar quando a causa de sua instituição tiver desaparecido (Tradução livre)[32].

15.2.15 O procedimento da curatela; curatela provisória

Para que alguém seja juridicamente incapaz é necessário que seja declarado como tal, o que deve ser feito via processo judicial, cujas regras procedimentais são as descritas nos arts. 747 e seguintes do CPC, bem como os dispositivos de Lei de Registro Públicos – Lei nº 6.015/73 e suas modificações posteriores. Estas regras devem ser compatibilizadas como o EPD – Lei nº 13.146 de 06/07/2015, o que nos obriga a ler como ação de Curatela, e não mais interdição. De acordo com as regras e princípios do EPD e a Convenção Internacional da Pessoa com Deficiência, ratificada pelo Brasil, e, portanto, com força de norma constitucional, não se interdita direitos ou pessoas, apenas protege-se, repita-se. Portanto não há mais interdição no ordenamento jurídico brasileiro, mas curatela. E isto significa muito mais que uma simples mudança de nomes. As palavras têm força e poder e trazem consigo além de um significado, um significante. E é assim que a substituição da palavra interdição para curatela ressignifica todo o sentido de proteção às pessoas com deficiência.

Pode ser autor de ação de curatela o cônjuge, companheiro, parentes e tutores, o representante de entidade em que a pessoa se encontrar obrigada, ou mesmo o Ministério Público (art. 747 do CPC).

Ao pronunciar-se sobre a curatela o juiz pode ouvir a opinião de especialistas que dará suporte para o entendimento da capacidade ou incapacidade, ou seja, se tem discernimento para praticar atos da vida civil. Se os documentos levados aos autos não forem suficientes para conceder a curatela provisória, o juiz deve marcar uma audiência para que ele tenha a sua impressão pessoal do caso, e associado ao suporte do especialista, se necessário, poderá conceder a curatela provisória, se houver motivos urgentes que assim a autorize, nomeando-se um curador provisório. Este é um típico caso de tutela provisória de natureza satisfativa. E a tutela antecipada, não é somente em razão da urgência, mas também à probabilidade da existência do direito, tal como preceitua o art. 300 do CPC.

No curso do processo o juiz determinará a realização de uma perícia técnica, pois nem sempre os sinais da deficiência são muito visíveis ou perceptíveis. Nem sempre o periciando tem sinais muito claros e durante o processo judicial, ou particularmente na audiência, em que o juiz e o representante do Ministério Público terão sua impressão pessoal do curatelando, ele pode estar totalmente estabilizado, levando à impressão de que pode praticar os atos patrimoniais da vida civil.

---

[32] "§ 1919 (Aufhebung der Pflegschaft bei Wegfall des Grun-des) Die Pflegschaft ist von dem Vormundschaftsgericht au-fzuheben, wenn der Grund für die Anordnung der Pflegschaft weggefallen ist".

Cap. 15 – TUTELA, CURATELA,TOMADA DE DECISÃO APOIADA **531**

Caso o curatelando não possa se deslocar até o local da audiência, o juiz o ouvirá onde ele estiver (art. 751, §§ 1º, 2º e 3º, CPC). E, no prazo de 15 dias após tal entrevista, o curatelando poderá impugnar o pedido.

Ao pronunciar sobre a curatela que deve ser apenas patrimonial, salvo exceções, o juiz após ouvir o Ministério Público deve estabelecer quais os seus limites, ou seja, quais atos podem ou não serem praticados pelo curatelado (art. 755, CPC). A prova técnica é a mais importante, mas em muitas situações deve-se ouvir pessoas próximas do curatelado e parentes (art. 751, CPC).

Pronunciada a sentença, ou mesmo a decisão liminar, seus efeitos começam desde já (*ex nunc)* independentemente de recurso (art. 1.012, § 1º, VI, do CPC), cuja decisão deve ser inscrita no registro de pessoas naturais e publicada na internet, enfim dando ampla publicidade (art. 755, § 3º, CPC). Se omissa a publicação, ela não torna nula ou ineficaz a curatela. Mas deve-se presumir a boa-fé de terceiros que acaso tenham feito negócio jurídico com o curatelado, e não sabia de sua condição, cujo negócio pode ser desfeito. Não precisará indenizar por eventuais frutos recebidos.

15.3 TOMADA DE DECISÃO APOIADA (TDA)

É um instrumento jurídico inspirado na legislação italiana *do amministratore di sostegno,* ou seja, o administrador de apoio. Introduzido no ordenamento pátrio pelo Estatuto da Pessoa com Deficiência – Lei nº 13.146/2015, ela já estava prevista no art. 12.3 da Convenção Internacional sobre os Direitos das Pessoas com Deficiência, instituída pelo Decreto 6.949/2009. O Estatuto versa que o referido instrumento deve ser observado como a primeira opção assistencial, antes de se pretender a sujeição à curatela do deficiente, preservando, assim, sua capacidade civil de maneira quase intacta[33].

A Tomada de Decisão Apoiada é o processo pelo qual a pessoa com deficiência elege pelo menos 2 (duas) pessoas idôneas, com as quais mantenha vínculos e que gozem de sua confiança, para prestar-lhe apoio na tomada de decisões sobre os atos da vida civil, fornecendo-lhes os elementos e informações necessárias para que possa exercer sua capacidade (art. 1.783-A do CCB). Diferencia-se da tutela e da curatela uma vez que não limita a capacidade de fato do beneficiário, mas tão somente sua legitimidade para praticar episódicos atos da vida civil[34]. O que nos afigura claro é que a TDA é quantitativa e qualitativamente diversa da curatela. *O apoio não se destina unicamente às pessoas com deficiência psíquica ou intelectual. Ele alcança*

---

[33] Cristiano Chaves de Farias e Nelson Rosenvald, no que diz respeito a distinção da Tomada de Decisão apoiada, com relação a Tutela e Curatela, esclarecem:"Cuida-se de figura bem mais elástica do que a tutela e a curatela, pois estimula a plena capacidade de agir e a autodeterminação da pessoa beneficiária do apoio, sem que sofra o estigma social da curatela, medida nitidamente invasiva à liberdade. Não se trata, pois, de um modelo limitador da capacidade, mas de um remédio personalizado para as necessidades existenciais de uma pessoa, no qual as medidas de cunho patrimonial surgem em caráter acessório, prevalecendo o cuidado assistencial e vital ao ser humano. Enquanto a curatela e a incapacidade relativa parecem atender preferencialmente à sociedade (isolando os incapazes) e à família (impedindo que dilapide o seu patrimônio), em detrimento do próprio interdito, a Tomada de Decisão Apoiada objetiva resguardar a liberdade e dignidade da pessoa com deficiência, sem amputar ou restringir indiscriminadamente seus desejos e anseios vitais" in *Curso de Direito Civil*, Volume 1, 14ª edição, Salvador: JusPodivm, p. 340.

[34] "O que nos afigura claro é que a TDA é quantitativa e qualitativamente diversa da curatela. O apoio não se destina unicamente às pessoas com deficiência psíquica ou intelectual. Ele alcança qualquer pessoa em situação de vulnerabilidade – mesmo transitória ou futura – que deseje preservar a integralidade de sua autodeterminação no tríplice aspecto da intimidade, privacidade e plano patrimonial. Em contrapartida, a curatela excepcionalmente penetrará o campo existencial do curatelado, pois o que se deseja é evitar a transferência coercitiva de direitos fundamentais para o curador" (ROSENVALD, Nelson. Novas reflexões sobre a tomada de decisão apoiada: como conciliar autonomia, cuidado e confiança. *Revista IBDFAM* – Famílias e Sucessões, v. 20, p. 58, Belo Horizonte: IBDFAM, mar.-abr. 2017.

532 DIREITO DAS FAMÍLIAS – *Rodrigo da Cunha Pereira*

qualquer pessoa em situação de vulnerabilidade – mesmo transitória ou futura – que deseje preservar a integralidade de sua autodeterminação no tríplice aspecto da intimidade, privacidade e plano patrimonial. Em contrapartida, a curatela excepcionalmente penetrará o campo existencial do curatelado, pois o que se deseja é evitar a transferência coercitiva de direitos fundamentais para o curador[35].

Assim, esse modelo beneficia as pessoas deficientes com capacidade psíquica plena[36], porém com impossibilidade física ou sensorial (*v.g.* tetraplégico, obesos mórbidos, cegos, sequelados de AVC e vítimas de outras enfermidades que as privem da deambulação para a prática de negócios e atos jurídicos de cunho econômico[37]).

O art. 84, *caput*, do EPD estabelece que "a pessoa com deficiência tem assegurado o direito ao exercício de sua capacidade legal em igualdade de condições com as demais pessoas", apresentando os §§ 1º e 2º do mesmo artigo as formas para o exercício da capacidade legal: "a tomada de decisão apoiada e a curatela, sendo esta última medida excepcional, que tão somente poderá afetar os atos relacionados aos direitos de natureza patrimonial e negocial" (art. 85). O art. 1.783-A do CCB/2002, com a nova redação dada pelo EPD estabelece que o juiz, antes de se pronunciar sobre a TDA deve ouvir o Ministério Público, a equipe multidisciplinar e, obviamente, o sujeito que receberá o apoio e os que prestarão o apoio.

A Tomada de Decisão apoiada depende de uma formalização que estabelece os limites do apoio e os compromissos dos apoiadores, prazo de vigência, que deve ser feito judicialmente na Vara de Família, ou na falta dela, quem exerça tal competência, após ouvido o apoiado, apoiadores e o Ministério Público.

A TDA, embora se assemelhe, é diferente da curatela, pois não se destina unicamente às pessoas com deficiência psíquica ou intelectual, mas qualquer pessoa com vulnerabilidade transitória ou futura. O apoiador não representa ou assiste o apoiado, enquanto o curador o representa, e às vezes adentra na esfera não patrimonial. Nelson Rosenvald fez uma boa síntese da TDA *ao dizer que ela edifica um sistema de três centros de interesse: a) a pessoa apoiada que mantém sua autonomia e plena liberdade de trânsito jurídico; b) os apoiadores, imbuídos do dever de cuidado pelo próprio apoiado em específicos atos da vida civil; c) terceiros, cuja confiança deverá ser resguardada, pois eventualmente praticarão aos jurídicos com a pessoa apoiada*[38].

A TDA é um modelo jurídico que se diferencia dos institutos protetivos clássicos, tanto na estrutura como na função. Ele vem muito mais em direção à desejada personalização da pessoa humana, é mais amplo e elástico do que a curatela, sem contar que não tem o estigma e o significante do que a curatela traz consigo[39].

---

[35] ROSENVALD, Nelson. Novas reflexões sobre a tomada de decisão apoiada: como conciliar autonomia, cuidado e confiança. *Revista IBDFAM* – Famílias e Sucessões, v. 20, p. 58, Belo Horizonte: IBDFAM, mar.-abr. 2017.

[36] "(…) A medida de tomada de decisão apoiada é preferível em relação à interdição, pois se trata de medida restritiva menos gravosa e potencialmente mais interessante e benéfica ao curatelado. (…) 5. A medida de tomada de decisão apoiada exige requerimento da pessoa com deficiência, que detém a legitimidade exclusiva para pleitear a implementação da medida, não sendo possível a sua instituição de ofício pelo juiz. Precedente. 6. Admite-se a representação do potencial beneficiário da medida de tomada de decisão apoiada na hipótese em que essa pretensão seja deduzida em ação de levantamento de interdição e curatela. 7. Conquanto o acidente cardiovascular seja referido pela doutrina como uma possível situação em que a tomada de decisão apoiada seria preferível em relação à interdição, a medida poderá ser desaconselhável quando a debilidade da pessoa não for apenas motora, mas também mental, como na hipótese sob julgamento" (STJ, REsp 2.107.075/SP, Rel. Ministra Nancy Andrighi, Terceira Turma, *DJe* 29/08/2024).

[37] ROSENVALD, Nelson. Curatela. In: PEREIRA, Rodrigo da Cunha (Coord.). *Tratado de direito das famílias*. Belo Horizonte: IBDFAM, p. 755.

[38] RONSEVALD, Nelson. In *Tratado de Direito das Famílias*. Coord. Rodrigo da Cunha Pereira. 3ª edição. Belo Horizonte: IBDFAM, 2019, p. 852.

[39] Op. cit. p. 852.

Na TDA não há transferência de poderes ao apoiador como acontece na curatela. Se houver divergência entre os apoiadores em relação a determinado negócio jurídico, o juiz deverá decidir considerando o melhor interesse do apoiado.

A TDA se extingue, quando se cumpre o seu tempo determinado, ou se o apoiador assim o desejar, ou se um dos apoiadores quiser sair do encargo e não tiver outro que o substitua (art. 1.783-A, § 10, do CCB/2002).

15.4 CASAMENTO E TESTAMENTO DE PESSOAS CURATELADAS E/OU COM APOIO (TDA)

A principal contribuição do Estatuto da Pessoa com Deficiência, Lei nº 13.146/2015, foi ter dado à pessoa com deficiência um "lugar ao sol" ao atribuir-lhes capacidade para gerir determinados atos da vida civil, relativizando, assim, a capacidade civil daqueles que eram "carimbados" de incapazes. Dessa forma, a curatela foi relativizada e passou a ser apenas para as questões patrimoniais. Obviamente, há casos em que a pessoa não tem como gerir todos os atos da vida civil, como, por exemplo, quando estiver em coma ou estado vegetativo. Entretanto, na maioria dos casos dos curatelados, a capacidade civil fica relativizada, em razão do discernimento de cada um desses curatelados. Por exemplo, alguém que seja curatelado em razão de esquizofrenia ou algo semelhante e, devido ao uso de medicação, tem um quadro de estabilidade. Essa pessoa, ainda que curatelada deve ter os seus desejos e vontades respeitados quanto aos atos da vida civil. Portanto, de acordo com o art. 76, § 1º, do Estatuto da Pessoa com Deficiência, esta pessoa pode votar, casar (art. 6º) e até mesmo fazer testamento (Cf. cap. 3, item 3.5).

O Estatuto da Pessoa com Deficiência não restringe o exercício dos direitos fundamentais das pessoas com deficiência. Pelo contrário, preserva sua autonomia, sua dignidade e sua igualdade de condições com as demais pessoas, em todos os aspectos da vida, sendo compatível com a Convenção Sobre o Direito das Pessoas com Deficiências, promulgada pelo Decreto nº 6.949, de 25 de agosto de 2009, que, nos termos do art. 5º, § 3º, da Constituição Federal, equivale a uma Emenda Constitucional.

Grande parte das pessoas curateladas, ou que precisam de apoio (TDA), trazem consigo alguma vulnerabilidade. Em razão disso, os cuidados e a cautela para a prática dos atos da vida civil devem ser redobrados. Elas estão mais vulneráveis, por exemplo, a "golpes do baú". Mas seria injusto, indigno e contrário ao Estatuto da Pessoa com Deficiência, que elas fossem impedidas de se relacionarem afetivamente e que tal relação não pudesse evoluir para o casamento ou união estável. Da mesma forma, não poderem fazer testamento, principalmente, quando for para excluir cônjuge/companheiro ou irmãos unilaterais com quem não teve nenhuma relação de afetividade ou se foi hostilizado e discriminado por eles. Para aumentar a segurança jurídica da prática de tais atos, a depender do caso concreto, é conveniente que tais atos sejam levados ao judiciário e, com assistência do Ministério Público, autorize a lavratura de escritura de testamento público e do pacto antenupcial, ou contrato de união estável.

15.5 RESUMO

Um dos esteios do sistema de proteção aos incapazes do ordenamento jurídico brasileiro é a tutela, ao lado da curatela e do poder familiar, hoje repaginada face aos avanços da Lei nº 13.146/2015 (Estatuto da Pessoa com Deficiência), que incorporou a tomada de decisão apoiada no cenário protetivo e fez uma ressignificação na capacidade civil.

A Tutela é o encargo conferido a alguém para dar assistência, representar e administrar os bens de menores que não estejam sob o poder familiar (autoridade parental).

A expressão curatela tem origem no Direito Romano, de curare, cuidar, olhar, velar. É o encargo conferido judicialmente a alguém para que zele pelos interesses de outrem, que não pode administrar seus bens e direitos em razão de sua incapacidade ou uma deficiência permanente ou temporária, que inviabiliza o discernimento, entendimento e compromete o elemento volitivo do sujeito.

Com o Estatuto da Pessoa com Deficiência (EPD), expressões para designar determinados estados mentais, passaram a ser chamados como pessoas com deficiência, que antes eram os "loucos de todo gênero".

Para compreensão dos limites da razão e desrazão, capacidade e incapacidade é necessário buscar ajuda em outros campos do conhecimento, para ampliar a noção do justo e por uma melhor aplicação da lei jurídica. A Psicanálise nos dá uma noção das estruturas da personalidade e poderá, certamente, nos aproximar do ideal de justiça.

O Estatuto da Pessoa com Deficiência admite a curatela, somente em caráter excepcional sem associá-la à incapacidade absoluta, pois agora são absolutamente incapazes somente os menores de 16 anos.

A curatela constitui medida extraordinária, devendo constar da sentença as razões e motivações de sua definição, preservados os interesses do curatelado. Assim, o art. 1.767 do CCB/2002 sofreu grande reformulação com a Lei nº 13.146/2015, provocando uma revolução paradigmática e alterações na teoria das incapacidades prevista no Código Civil, modificando a redação dos arts. 3º e 4º do Código Civil e o capítulo que trata da curatela, estabelecido pelos arts. 1.767 e seguintes, instituindo a denominada "ação de curatela" e não mais ação de interdição.

É possível o casamento e a união estável de pessoas curateladas, bem como fazerem testamento. Houve mudanças na lei civil acerca da incapacidade relativa (art. 4º do CC), sendo retiradas as previsões de incapacidade relativa quanto aos que tivessem discernimento reduzido por deficiência mental e quanto aos excepcionais, sem desenvolvimento mental completo.

Pela Convenção sobre os Direitos da Pessoa com Deficiência, ratificada pelo Brasil, por meio do Decreto 6.949/2009, do qual originou a Lei nº 13.146/2015 (EPD), concepção de capacidade foi ressignificada, inclusive com a introdução de uma nova expressão, pessoa com deficiência (e não portadora de deficiência). E assim não se pode mais falar de interdição e interditado. Não se interdita pessoas e direitos, apenas protege-se. De acordo com o EPD essas expressões ainda presentes no CCB/2002 e no CPC/15 devem ser lidas como curatela, curatelado.

A Tomada de Decisão Apoiada é o processo pelo qual a pessoa com deficiência elege pelo menos 2 (duas) pessoas idôneas, com as quais mantenha vínculos e que gozem de sua confiança, para prestar-lhe apoio na tomada de decisão sobre os atos da vida civil, fornecendo-lhes os elementos e informações necessárias para que possa exercer sua capacidade (art. 1.783-A do CCB).

FILMOGRAFIA

1. *Para sempre Alice*, 2015, filme, EUA, Richard Glatzer e Wash Westmoreland.
2. *Longe da árvore*, 2019, filme, EUA, Rachel Dretzin.
3. *A linguagem do coração*, 2016, filme, França, Jean-Pierre Améris.
4. *Intocáveis*, 2012, filme, França, Eric Toledano e Olivier Nakache.
5. *Amor louco* (1995), filme, EUA (país de origem), Antonia Bird.

Cap. 15 – TUTELA, CURATELA,TOMADA DE DECISÃO APOIADA **535**

6. *Mamãezinha querida*, 1981, filme, EUA, Frank Perry.
7. *Milagre na cela 7*, 2020, filme, Turquia, Mehmet Ada Öztekin.
8. *Cromossomo 21*, 2016, filme, Brasil, Alex Duarte.
9. *Mucize*, 2015, filme, Turquia, Mahsun Kırmızıgül.
10. *O filho da noiva*, 2010, filme, Argentina, Juan José Campanella.
11. *Eu me importo*, 2021, filme, EUA, J. Blakeson.
12. *Meu pai*, 2020, filme, Reino Unido, Florian Zeller.
13. *Bicho de 7 cabeças*, 2001, filme, Brasil, Laís Bodanzky.
14. *Special*, 2019, série, EUA, Ryan O'Connell.
15. *Esperando Bojangles*, 2022, filme, França, Régis Roinsard.
16. *Antes que eu me esqueça*, 2018, filme, Brasil, Tiago Arakilian.
17. *Maudie – sua vida e sua arte*, 2016, filme, Canadá/Reino Unido/Irlanda, Aisling Walsh.
18. *No ritmo do coração*, 2021, filme, EUA, Siân Heder.
19. *Amores modernos*, filme, 2022, México, Matias Meyer.
20. *Uma família extraordinária*, filme, 2022, EUA, Matt Smith.
21. *Uma lição de amor*, filme, 2001, EUA, Jessie Nelson.
22. *Goyo*, filme, 2024, Argentina, Marcos Carnevale.

16
DIREITO DAS PESSOAS IDOSAS

 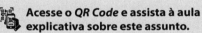

16.1 QUEM É A PESSOA IDOSA? UMA FERIDA NARCÍSICA?

É a pessoa que tem mais de 60 anos de idade, de acordo com a Organização Mundial de Saúde (OMS), e também assim definido pela Lei nº 10.741/03, mais conhecido como Estatuto da Pessoa Idosa[1]: A pessoa idosa[2] goza de todos os direitos fundamentais inerentes à pessoa humana, sem prejuízo da proteção integral de que trata esta Lei, assegurando-se-lhe, por lei ou por outros meios, todas as oportunidades e facilidades, para preservação de sua saúde física e mental e seu aperfeiçoamento moral, intelectual, espiritual e social, em condições de liberdade e dignidade (art. 2º). Idoso é uma palavra ampla e o seu significado pode ser relativo. Por exemplo, um atleta profissional frequentemente é considerado velho aos 35 anos para o mercado de trabalho. Um profissional com 50 anos já é visto como velho para o mercado.

A população idosa no Brasil tem crescido cada vez mais. Segundo projeção do IBGE – Instituto Brasileiro de Geografia e Estatística, no ano de 2040, 25% da população terá mais de 60 anos. Apesar disto ainda não há políticas públicas sérias de garantias e proteção à essa crescente população. Apesar disto, querendo ou não, para cumprir o ciclo da vida, todos vamos envelhecer. *E sempre haverá mais tempos adiante. Os que estão atrás não nos alcançarão, e nós não alcançaremos os que nos antecedem. Nessa estrada que não terminara enquanto existirmos, seguiremos, velhos, olhando para outros velhos e nos sentindo menos velhos. Depois da velhice vem mais vida. E mais vida. E mais vida. Velhos são os outros. Até o fim*[3].

O preconceito com **a pessoa idosa**[4] tem produzido injustiças e equívocos nas políticas públicas de saúde e, consequentemente, de proteção às famílias. Se o "velho" não produz e

---

[1] A Lei 14.423/2022 alterou a Lei nº 10.741, de 1º de outubro de 2003, para substituir as expressões "idoso" e "idosos" por "pessoa idosa" e "pessoas idosas".

[2] Enunciado 49 do IBDFAM: Em nome do princípio da competência adequada, no caso de inexistência de Vara específica da pessoa idosa, a competência para processar ações de alienação parental contra a pessoa idosa será de competência das Varas de Família.

[3] PACHÁ, Andréa. *Velhos são os outros*. Rio de Janeiro. Intrínseca, 2018, p. 13.

[4] Cf. A Resolução do CNJ 520/2023 que dispõe sobre a Política Judiciária sobre Pessoas Idosas e suas interseccionalidades. Estabelece o art. 2º que: Esta Resolução é regida pelos seguintes princípios: I – dignidade da

não consome, ele não existe para a sociedade capitalista. Ou seja, eles se tornaram invisíveis socialmente. No entanto, é necessário reconhecer que, se eles já não fazem mais parte da cadeia produtiva do país, já deram sua parcela de contribuição econômica, significando em última análise, o reconhecimento e a atribuição de um lugar de merecimento, e não de invisibilidade. Um dos preconceitos que se tem com as pessoas idosas está na desconsideração de sua sexualidade. A sexualidade é a energia motriz da vida, que começa com o nascimento e só termina com a morte. Pode até sofrer variações, mas está sempre presente no sujeito, inclusive nas pessoas idosas. Reconhecer que há sexualidade para as pessoas idosas, é ajudar diminuir o preconceito e a sua exclusão do laço social.

As pessoas idosas não são incapazes, porém compõem um grupo vulnerável[5]. A incapacidade é um estado da pessoa que presume a sua vulnerabilidade, mas a recíproca não é válida. **As pessoas idosas**, por suas peculiaridades, têm uma gradação de vulnerabilidade acentuada, uma vulnerabilidade potencializada[6]. O envelhecimento nos lança a experiências dilacerantes ao constatarmos a deterioração do nosso corpo e dos nossos sentidos. Daí podermos dizer que o envelhecimento é uma ferida narcísica[7], que atende não só a autoestima, mas também a economia. Mas ainda assim é melhor do que morrer. *Crescer, amadurecer, envelhecer, morrer: a passagem do tempo é uma fatalidade. A morte transforma a vida em destino*[8].

16.2 IDADISMO, ETARISMO E AGEÍSMO

Idadismo, etarismo e ageísmo são palavras sinônimas para expressar o preconceito e a discriminação baseados em qualquer faixa etária, mas na maioria das vezes em relação às pessoas idosas, trazendo-lhes prejuízos, desvantagens e injustiças em razão da idade. Numa sociedade excludente, com a cultura do corpo jovem, as pessoas com mais de 60 anos são esquecidas pelo poder público e pela sociedade. Apesar da Lei nº 8.842/1994, que dispõe sobre a Política Nacional do Idoso, e do Estatuto da Pessoa Idosa, Lei nº 10.741/2003, serem textos normativos modernos, politicamente corretos, e vêm para resgatar a dignidade das pessoas da chamada terceira idade, ainda há preconceitos a serem vencidos. O primeiro deles é o flagrante equívoco da concepção sobre a sexualidade. Talvez o equívoco e a falta de visibilidade dessa sociedade excludente estejam no fato de que as pessoas com mais de 60 anos já não fazem parte da engrenagem política e econômica.

O Estatuto da Pessoa Idosa, para não virar letra morta, precisa ser efetivamente implementado e fazer parte das políticas públicas, gerando respeito e dignidade a essas pessoas que, de certa forma, já deram sua parcela de contribuição à sociedade, mas que ainda carregam

---

pessoa humana; II – respeito à autonomia da pessoa idosa; III – melhor interesse da pessoa idosa quanto à gestão dos conflitos familiares; IV – solidariedade intergeracional; V – abordagem multidisciplinar na atenção à pessoa idosa; e VI – acesso à justiça.

[5] A Recomendação 47/2021 do CNJ dispõe sobre medidas preventivas para que se evitem atos de violência patrimonial ou financeira contra pessoa idosa, especialmente vulnerável, no âmbito das serventias extrajudiciais e da execução dos serviços notariais.

[6] ROSENVALD, Nelson. *Tratado de direito de família*. Rodrigo da Cunha Pereira. Belo Horizonte: IBDFAM, 2015, p. 789.

[7] O narcisismo não tem, necessariamente, um sentido negativo. Pode-se dizer que ele é necessário ao ser humano na medida que tem relação com a formação do ego. Todos nós precisamos de uma certa dose de narcisismo. Sem ele nossa autoestima ficaria diminuída. O problema é quando o narcisismo é em excesso, o que poderíamos chamar de distúrbio narcísico, e neste caso ele está no campo das patologias. PEREIRA, Rodrigo da Cunha – Dicionário de Direito de Família e Sucessões – Ilustrado. São Paulo, Saraiva, 2018, p. 531.

[8] BEAUVOIR, Simone de. *A velhice*. Trad. Maria Helena Franco Monteiro. Rio de Janeiro: Nova Fronteira, 1990, p. 660.

consigo a energia vital e podem contribuir para que tenhamos uma sociedade mais justa e solidária. É preciso, portanto, atribuir-lhes um lugar de sujeito de direito e de desejo, e de autonomia, para saírem da invisibilidade social. Em nossa cultura ocidental, o preconceito mais acentuado vem na seguinte ordem: racismo, sexismo, etarismo. Os mais velhos são frequentemente vistos e considerados menos capazes e menos competentes que os mais jovens. Isto sem contar que muitas vezes se tornam um peso para a família e sociedade, ao invés de valorizarem sua experiência profissional e sabedoria de vida. O ageísmo muitas vezes é internalizado pelos próprios idosos, que aceitam como naturais os tratamentos discriminatórios, desrespeitosos e paternalistas, que mais o infantilizam do que respeitam, e os protegem com a aparente intenção de gentileza.

O etarismo não perdoa ninguém. De todos os preconceitos, é o único que atinge ou atingirá a todos, mesmos aqueles que nunca sofreram outros preconceitos. É a "malha fina" dos julgamentos sociais.

De todos os "ismos" tóxicos, o único que não preserva ninguém é o etarismo. Não há privilegiados aqui. Mulher, homens, trans, cis, indígena, branco, preto, judeu, ateu, magro, gordo, sem-terra, latifundiário, rapper, cantora lírica, presidente da República, famosos e anônimos. Eu, você, nossos filhos, se estivermos vivos, seremos alvo da fobia final. Aos 50 anos, seremos, aos olhos do mundo, inábeis tecnológicos. Aos 60, ultrapassados na fala e impotentes na força. Aos 70, ridículos na dança e senis na memória. Aos 80, invisíveis (cf. jornal o Globo, de 04/07/2024, segundo caderno, texto de Júlio Maria).

16.3 O ESTATUTO DA PESSOA IDOSA – LEI Nº 10.741/2003 – CURATELA E GESTÃO DE SAÚDE

A Lei nº 10.741/03, mais conhecida como **Estatuto da Pessoa Idosa**, além de regras, traz princípios que tutelam direitos e garantias fundamentais dos idosos, estabelecendo oportunidades e facilidades para preservação da saúde física e mental e aperfeiçoamento moral, intelectual, espiritual e social, em condições de liberdade e dignidade.

Dados da Organização Mundial da Saúde (OMS) informam que até o ano de 2025, o Brasil será o sexto país em população de idosos, o que reforça a necessidade de políticas públicas para o idoso no sentido de atribuir-lhes direitos, proteção e inclusão.

A Lei nº 13.466/2017 alterou os arts. 3º, 15 e 71 da Lei nº 10.741, de 1º de outubro de 2003, para assegurar prioridade especial aos maiores de oitenta anos, atendendo-se suas necessidades sempre preferencialmente em relação aos demais idosos, inclusive em processos judiciais (ver item 16.7).

O art. 17 da Lei nº 10.741/2003 (com redação dada pela Lei nº 14.423/2022) estabelece que não é necessário que a pessoa idosa seja curatelada para que alguém da família possa assumir toda a gestão de sua saúde. Assim, quando houver disputa pela curatela da pessoa idosa, que administrará os bens da curatelada, outra pessoa, diferente do(a) curador(a), poderá assumir a gestão da saúde da pessoa idosa vulnerável; em outras palavras, a gestão da saúde da pessoa idosa, pode ser o curador ou não. Independentemente de a pessoa ser curatelada, se houver divergência ou disputa por gestão da saúde, o juiz pode nomear um gestor (art. 17, parágrafo único, I e II).

16.4 ALIMENTOS

A Constituição Federal prevê no seu artigo 229 que "os pais têm o dever de assistir, criar e educar os filhos menores, e os filhos maiores têm o dever de ajudar e amparar os pais na

540 DIREITO DAS FAMÍLIAS – *Rodrigo da Cunha Pereira*

velhice, carência ou enfermidade". O Estatuto do Idoso prevê, no seu artigo 12[9] que *a obrigação alimentar é solidária*[10], *podendo o idoso optar entre os prestadores*. Isto resolveu e fez encurtar anos e anos de disputa judicial em que o idoso tinha que chamar todos os filhos à lide. Além da demora daí decorrente para a citação de todos, que nem sempre era possível, ficava-se discutindo a proporcionalidade que cada um dos filhos pagaria. Enquanto isto o alimentário ficava sem receber tal pensionamento.

O critério de fixação dos alimentos para **as pessoas idosas**, obviamente, é a mesma para todos, e está estabelecida no artigo 1.694 do CCB/2002 que determina que *podem os parentes, os cônjuges ou companheiros pedir uns aos outros os alimentos*[11] *de que necessitem para viver de modo compatível com a sua condição social, inclusive para atender às necessidades de sua educação. O direito à prestação de alimentos é recíproco entre pais e filhos, e extensivo a todos os ascendentes, recaindo a obrigação nos mais próximos em grau, uns em falta de outros* (art. 1.696 do CCB/2002).

A regra geral é que a obrigação alimentar tem por característica a divisibilidade, ou seja, se o parente que deve alimentos em primeiro plano, não puder fazê-lo, total ou parcialmente, os parentes de grau imediato serão chamados. Se forem parentes coobrigados, eles concorrerão na proporção de seus recursos (art. 1.698 CCB/2002). O professor Rolf Madaleno, lembra-nos, por exemplo, que em razão do artigo 1.698 do CCB/2002, que por ser a obrigação alimentar divisível, um credor neto não pode exigir de um único avô a pensão por inteiro[12]. Entretanto, na relação inversa, ou seja, se o avô pedir pensão aos filhos, e na falta deles aos netos, ele poderá escolher apenas um deles. O STJ, depois do Estatuto do Idoso, já dissipou essa discussão que havia da referida lei, como se vê abaixo transcrito:

> (...) *Para tanto, mudou a natureza da obrigação alimentícia de conjunta para solidária, com o objetivo de beneficiar sobremaneira a celeridade do processo, evitando discussões acerca do ingresso dos demais devedores, não escolhidos pelo credor-idoso para figurarem no pólo passivo. Dessa forma, o Estatuto do Idoso oportuniza prestação jurisdicional mais rápida na medida em que evita delonga que pode ser ocasionada pela intervenção de outros devedores. (...) Por fim, a Lei Especial, art. 12, permite ao idoso optar entre os prestadores, litigar com o filho que lhe interessar, (...). Por conseguinte e em conclusão, não há violação ao art. 46 do CPC, por inaplicável na espécie de dívida solidária de alimentos. Forte nestas razões, e obediente à natureza solidária dos alimentos, ditada pelo art. 12 do Estatuto do Idoso, mantenho o dispositivo do acórdão recorrido, para limitar o pólo passivo da ação ao filho-devedor de alimentos indicado, porém, com fundamento diverso*[13].

---

[9] (...) O escopo do art. 12 do Estatuto do Idoso, de acordo com precedente do STJ e com a doutrina, ao estabelecer para os casos que disciplina a natureza da obrigação alimentícia como solidária, é beneficiar a celeridade do processo, evitando discussões acerca do ingresso dos demais devedores, não escolhidos pelo credor-idoso para figurarem no pólo passivo (TJ-RS – AI: 70053605408 RS, Rel. Ricardo Moreira Lins Pastl, 8ª CC, publ. 21/05/2013).

[10] "Na obrigação alimentar dos filhos para com os genitores o traço característico é, nos termos do art. 12 do Estatuto do Idoso (Lei nº 10.741, de 1º de outubro de 2003), a solidariedade entre todos os prestadores, sendo faculdade do alimentando, no entanto, optar, para fins de endereçamento do pleito, entre um dos co-obrigados solidários." (TJSC, AI nº 2011.087767-0, rel. Des. Trindade dos Santos, j. em 31-05-2012).

[11] CAHALI pontua que "a obrigação de prestar alimentos fundada no jus sanguinis repousa sobre o vínculo de solidariedade que une os membros do agrupamento familiar e sobre a comunidade de interesses, impondo aos que pertencem ao mesmo grupo, o dever recíproco de socorro" (Dos Alimentos. 4ª ed. São Paulo: Revista dos Tribunais, 2002. p. 674).

[12] MADALENO, Rolf. *Curso de Direito de Família*. 2ª ed. Rio de Janeiro: Forense, 2008. p. 646.

[13] REsp nº 775.565-SP sob a relatoria da Ministra Nancy Andrighi.

16.5 ABANDONO AFETIVO INVERSO

Denomina-se abandono afetivo inverso, o abandono de quem tem a responsabilidade e o dever de cuidado de filhos com relação aos pais na velhice. Diz-se inverso, pois no imaginário popular, os pais é quem cuidam dos filhos[14]. *Essa reciprocidade ganhou previsão como princípio constitucional: "Os pais têm o dever de assistir, criar e educar os filhos menores, e os filhos maiores têm o dever de ajudar e amparar os pais na velhice, carência ou enfermidade" (art. 229, CR 1988).* Trata-se da reciprocidade familiar no cuidado ao próximo. É o descuido, a conduta omissiva, especialmente dos filhos com relação aos pais na velhice.

Além de princípios, há regras também estabelecendo a obrigação desse cuidado. Assim como há obrigação de cuidado dos pais em relação aos filhos (art. 1.634 do CCB/2002), **o Estatuto da Pessoa Idosa** prevê expressamente que *"nenhum idoso será objeto de qualquer tipo de negligência, discriminação, violência, crueldade ou opressão, e todo atentado aos seus direitos, por ação ou omissão, será punido na forma da lei" (art. 4º da Lei nº 10.741/2003).* O Abandono afetivo inverso é o não exercício da função de filho em relação a seus pais idosos. O exercício deste dever de assistência para com o outro traduz-se em uma imposição jurídica e o seu descumprimento caracteriza um ato ilícito, podendo ser fato gerador de reparação civil.

No Direito Penal, *abandonar pessoa que está sob seu cuidado, guarda, negligência ou autoridade, e, por qualquer motivo, incapaz de defender-se dos riscos resultantes do abandono – é crime com pena de prisão que varia de seis meses a doze anos (art. 133 do CP).* A discussão do abandono afetivo inverso transcende os seus aspectos jurídicos e éticos para atingir uma dimensão política e social. Os idosos abandonados nos asilos estão diretamente relacionados ao abandono dos filhos com relação aos pais na velhice, e não apenas à omissão do Estado em suas políticas públicas. No campo jurídico o afeto é mais que um sentimento. É uma ação, uma conduta, presente ou não o sentimento. Portanto, está na categoria dos deveres que podem ser impostos como regra jurídica. E, a toda lei corresponde uma sanção, sob pena de se tornar mera regra ou princípio moral. Por isso é necessária a responsabilização dos filhos em relação aos pais na velhice, que têm especial proteção da Constituição da República. Na falta dos filhos, os netos também são responsabilizados pelo abandono de seus avós.

O abandono dos filhos e netos, em relação aos pais/avós, é um ato de indignidade. E, uma vez caracterizado, ele pode ser invocado como ato/fato de deserdação, assim como o abandono material e a violência doméstica. O art. 1.961, que enumera as causas de deserdação, não é *numerus clausus*, pois consiste na manifestação de vontade expressa pelo autor da herança em deserdar um ou mais herdeiros necessários, ou seja, aqueles que têm direito à legítima. Essa exclusão é permitida por rol exemplificativo elencado no Código Civil, como ofensas físicas, injúrias graves, crimes contra a vida do autor da herança, entre outros.

16.6 RESTRIÇÕES AO DIREITO DE CASAR

A Lei nº 12.344/2010 aumentou para setenta anos a limitação da idade para a escolha do regime de bens do casamento. Enquanto, na vigência do CCB/2002, era sessenta anos tanto para homens, quanto para mulheres, no CCB/16 era de cinquenta anos para mulheres e sessenta para homens.

O STF, em 01/02/2024, apreciando o Tema 1.236 da repercussão geral, fixou a seguinte tese: *"Nos casamentos e uniões estáveis envolvendo pessoa maior de 70 anos, o regime de separação de bens previsto no art. 1.641, II, do Código Civil, pode ser afastado por expressa manifestação de vontade das partes, mediante escritura pública".* De uma forma ou de outra, preservaram-se a

---

[14] Enunciado 10 do IBDFAM. É cabível o reconhecimento do abandono afetivo em relação aos ascendentes idosos.

autonomia da vontade, a dignidade humana, a vedação à discriminação contra pessoas idosas e a liberdade patrimonial.

O fundamento e "espírito" desta proibição é evitar os chamados popularmente de "golpes do baú". Parte-se do pressuposto que alguém com mais de sessenta anos, e a partir de 2010, com setenta, não tem mais a capacidade de discernir o certo ou errado e está mais vulnerável de ser enganado pelo seu pretenso cônjuge ou companheiro. "Golpes do baú" sempre existiram e continuarão, independentemente do regime de bens do casamento. Para essas exceções a receita é a de sempre, ou seja, em se constatando a enganação ou o engodo, o contrato de casamento pode ser desfeito ou anulado através dos instrumentos jurídicos próprios.

A imposição de limite de idade para escolha do regime de bens, nos proporciona a importante discussão sobre os limites de intervenção do Estado na vida privada dos cidadãos, sobre a contradição da restrição à liberdade de escolha do regime de bens do casamento, sobre expectativas de herança, enfim, sobre os perigos das paixões.

O Superior Tribunal de Justiça – STJ e alguns tribunais estaduais já haviam se posicionado pela inconstitucionalidade desta regra (art. 1.641, II, do Código Civil) restritiva de liberdade individual (Recurso Especial 471.958). A contradição, e, portanto, a ainda inadequação da nova lei, ao continuar impondo limite de idade para escolha do regime de bens do casamento, é flagrante se pensarmos que grande parte dos julgadores dos tribunais superiores, ocupantes de cargos no legislativo e executivo, têm mais de sessenta, e boa parte até mais de setenta anos, tomam decisões importantes para a vida econômica do país e não podem decidir sobre a economia de sua própria vida[15]?

Apesar dessa discriminação, o STF, em 01/02/2024, não declarou a inconstitucionalidade do artigo 1.641, II, do CCB/2002, mas ampliou a possibilidade de escolha do regime de bens para pessoas acima de 70 anos, desde que haja expressa manifestação de vontade, mediante escritura pública. Para o senso comum, alguém com mais de sessenta ou setenta anos de idade que estabelece uma relação amorosa com outra pessoa bem mais nova está sendo ludibriada e deve ser protegida. O preconceito está principalmente em acreditar que pessoas mais velhas não são capazes de despertar o amor e o desejo em alguém bem mais jovem. E é assim que se vai construindo histórias de exclusão e expropriação da cidadania. Como bem nos lembra Tânia da Silva Pereira:

> *A proteção do patrimônio do idoso não pode ocorrer de maneira impositiva, desconsiderando-se a vontade do mesmo, de modo a restringir de forma injustificada a sua liberdade. A nosso ver, a utilização do critério etário para determinação coercitiva do regime da separação de bens não se justifica no contexto principiológico da Constituição Federal e do Estatuto do Idoso[16].*

Ainda bem que a maturidade, a segurança emocional e o próprio dinheiro podem ser outros novos elementos de atração e sedução para quem está na chamada terceira idade, já que o corpo certamente não é mais o encanto principal. Não há mal nenhum alguém ter dinheiro e isto ter se tornado um "valor agregado", para usar uma expressão do mercado econômico, que tange e conduz também o mercado erótico e amoroso.

---

[15]   (...) No presente caso, ao casar, o varão não tinha 70 anos. Ao revés, tinha apenas 29. E inexiste vedação para alteração de regime de quem casou com a idade que ele casou. A norma que impõe a adoção do regime da separação obrigatória aos maiores de 70 anos não se aplica aos litigantes, porque diz respeito apenas a quem vai casar e tem mais de 70 anos. Apelantes casados há 47 anos, que constituíram família com 02 filhos maiores de idade, e vivem em estado de comunhão durante todo o tempo, de forma que a alteração no registro só vai transformar em realidade jurídica aquilo que já é a realidade de fato. Deram parcial provimento (TJ-RS – AC: 70070107396 RS, Rel. Rui Portanova, 8ª Câmara Cível, public. 08/08/2016).

[16]   PEREIRA, Tânia da Silva. Tratado de Direito das Famílias. *In: Proteção dos Idosos. Restrições ao direito de amar: o regime da separação legal.* 3ª ed. Belo Horizonte: IBDFAM, 2019, p. 402.

Cap. 16 – DIREITO DAS PESSOAS IDOSAS **543**

Se a juventude detém o futuro, como triunfo, os idosos detêm o passado, e este pode se traduzir em experiência e sabedoria de encontros amorosos verdadeiros.

16.7 IDOSOS COMO AVÓS: DIREITO DE CONVIVÊNCIA COM SEUS NETOS; ALIENAÇÃO PARENTAL

Da mesma forma que as crianças e adolescentes têm o direito constitucional de conviver com seus pais, têm também com seus avós, e toda a família extensa. Retirar esse direito dos filhos/netos é interferir negativamente na formação e estruturação psíquica desses sujeitos. Cada um de nós se constitui psiquicamente em uma rede simbólica, consciente e inconscientemente, como diz a psicanálise lacaniana:

> *O homem, desde antes de seu nascimento e para além da sua morte, está preso na cadeia simbólica que fundou a linhagem, antes que nela seja abordada a história*[17].

O direito de convivência dos avós em relação aos netos é um princípio constitucional previsto no Art. 227 da CR[18], cuja regra do CCB diz expressamente sobre esse direito avoengo: *o direito de visita estende-se a qualquer dos avós, a critério do juiz, observados os interesses da criança ou do adolescente* (art. 1.589 CCB). O Estatuto da criança e Adolescente também prevê essa convivência com a família extensa (ver item 1.10.11) em seu artigo 19[19] com foco no desenvolvimento biopsíquico das crianças e adolescentes e sua inserção social.

Como se não bastasse esse direito assegurado pelo foco dos menores de idade em desenvolvimento e formação, há também o foco do direito do outro sujeito vulnerável: os idosos.

Há filhos, que por motivos diversos, impedem seus filhos de conviverem com os avós, o que constitui em abuso do poder familiar (RT 187/932 – TJSP AG 5508134/00 SP – Julg. 08/09/2008). O fato da relação do pai/mãe com seus ascendentes não ser amistosa, por si só, não pode ser impeditivo do convívio dos netos com seus avós. Há sempre que prevalecer o interesse, bem-estar e proteção da criança/adolescente[20].

A doutrina e jurisprudência são unânimes[21] quando não há fatos que desabonem a conduta dos avós, em determinar o convívio com seus netos[22], como se vê exemplificativamente abaixo:

> Por ser indispensável a presença avoenga na vida da criança, com evidente contribuição para sua formação e desenvolvimento, deve ser reservado aos avós o direito de visita-lo de forma a infundir no neto o conceito de tutela e convívio familiar[23].

---

[17] LACAN, J. Écrits, Paris: Seuil, 1966 Apud ALTOÉ, Sônia. *Sujeito do direito*. Sujeito do desejo. p. 1.

[18] Art. 227 CR – É dever da família, da sociedade e do Estado assegurar à criança, ao adolescente e ao jovem, com absoluta prioridade, o direito à vida, à saúde, à alimentação, à educação, ao lazer, à profissionalização, à cultura, à dignidade, ao respeito, à liberdade e à convivência familiar e comunitária, além de colocá-los a salvo de toda forma de negligência, discriminação, exploração, violência, crueldade e opressão.

[19] Art. 19 ECA – É direito da criança e do adolescente ser criado e educado no seio de sua família e, excepcionalmente, em família substituta, assegurada a convivência familiar e comunitária, em ambiente que garanta seu desenvolvimento integral. (Redação dada pela Lei nº 13.257, de 2016).

[20] A oposição à relação de amizade e de certo intercâmbio espiritual entre avós e netos mostra-se odiosa e injusta, constituindo-se um verdadeiro abuso de pátrio poder (TJRJ – 14º CC – AC 2005.001.25415. Rel. Des. Ferdinaldo do Nascimento. Julg. 24/01/06).

[21] TJMG – AI 10459120005010001. Rel. Belizário de Lacerda. Julg. 11/06/13.
TJRS – AC 70064675036. Rel. Jorge Luiz Dal'Agnol. Julg. 26/08/15.

[22] (...) – Nos termos no artigo 1.589 do Código Civil, o direito de visitas se estende aos avós, a critério do juiz, observados os interesses da criança ou adolescente. II – É direito da criança e adolescente a convivência com os avós maternos e paternos, desde que inexista justa causa para sua vedação. (...) (TJ-GO – AI: 03843353520188090000, Relator: Norival Santomé, 6ª Câmara Cível, publ. 17/11/2019).

[23] TJSP 0004673 – 64.2012.8.26.0568. Rel. Rui Fagundes. Julg. 11/01/2003.

DIREITO DAS FAMÍLIAS – *Rodrigo da Cunha Pereira*

A desavença entre os adultos, filhos e pais idosos especialmente, não pode ser impeditivo do convívio dos avós com seus netos. Ambos têm vulnerabilidades que devem ser respeitadas e protegidas. Impedir os avós de conviverem com seus netos é um ato de vingança, que os retira do lugar de sujeito e transforma crianças e adolescentes em objeto de vingança. Em outras palavras, além de grave violação a direito a crianças e adolescentes e idosos, este ato de impedimento e afastamento pode caracterizar-se também como alienação parental[24] (ver item 16.4).

O respeito **às pessoas idosas**, especialmente àqueles que são avós, é direito fundamental que invoca princípios da dignidade solidariedade, paternidade responsável e afetividade. Os netos são a reedição do afeto, privá-los desta convivência é violar direitos fundamentais de ambos os lados, ou seja, dos netos e dos avós:

> O neto é a hora do carinho ocioso e estocado, não exercido nos próprios filhos, e que não pode morrer conosco. Por isto os avós são tão desmesurados e distribuem tão incontrolável afeição. Os netos são a última oportunidade de reeditar o nosso afeto[25].

16.8 TRAMITAÇÃO PRIORITÁRIA

Uma das "ações afirmativas" que vem em respeito às pessoas idosas, é que os processos judiciais tenham tramitação prioritária, conforme previsto nos artigos 71 do Estatuto da pessoa idosa e 1.048, I do Código de Processo Civil de 2015. Em 2017, a Lei nº 13.466 concedeu prioridade especial aos idosos maiores de 80 anos. Toda essa premissa para dar efetividade ao artigo 230 da CR/1988. Entretanto, cabe ao idoso postular a obtenção do benefício fazendo prova da sua idade. Depende, portanto, de manifestação de vontade do interessado, por se tratar de direito subjetivo processual.

No âmbito desta Corte Superior do STJ[26], a Resolução nº 11/2003 disciplina a matéria e também estabelece a necessidade do pedido de prioridade na tramitação do processo, o qual será dirigido ao Presidente do Tribunal ou ao respetivo relator:

> Art. 1º No âmbito do Superior Tribunal de Justiça, dar-se-á prioridade na tramitação, no processamento, no julgamento e nos demais procedimentos dos processos judiciais em que figure como parte ou interveniente pessoa com idade igual ou superior a 60 (sessenta) anos.

---

[24] Lei da Alienação Parental – Lei n.º 12.318 – Art. 2º Considera-se ato de alienação parental a interferência na formação psicológica da criança ou do adolescente promovida ou induzida por um dos genitores, pelos avós ou pelos que tenham a criança ou adolescente sob a sua autoridade, guarda ou vigilância para que repudie genitor ou que cause prejuízo ao estabelecimento ou à manutenção de vínculos com este (...).
Art. 3º A prática de ato de alienação parental fere direito fundamental da criança ou do adolescente de convivência familiar saudável, prejudica a realização de afeto nas relações com genitor e com o grupo familiar, constitui abuso moral contra a criança ou o adolescente e descumprimento dos deveres inerentes à autoridade parental ou decorrentes de tutela ou guarda.

[25] SANT'ANNA, Afonso Romano de. *O homem que conheceu o amor*. Rio de Janeiro: ROCCO, 1988.

[26] (...) Recurso especial interposto contra acórdão publicado na vigência do Código de Processo Civil de 2015 (Enunciados Administrativos nºs 2 e 3/STJ). 2. Cinge-se a controvérsia a definir quem legitimamente pode postular a prioridade de tramitação do feito atribuída por lei ao idoso. 3. A prioridade na tramitação do feito é garantida à pessoa com idade igual ou superior a 60 (sessenta) anos que figura como parte ou interveniente na relação processual (arts. 71 da Lei nº 10.471/2003 e 1.048 do CPC/2015). 4. A pessoa idosa é a parte legítima para requerer a prioridade de tramitação do processo, devendo, para tanto, fazer prova da sua idade. 5. Na hipótese dos autos, a exequente – pessoa jurídica – postula a prioridade na tramitação da execução de título extrajudicial pelo fato de um dos executados ser pessoa idosa, faltando-lhe, portanto, legitimidade e interesse para formular o referido pedido. 6. Recurso especial não provido. (STJ, REsp nº 1.801.884 – SP, Rel. Min. Ricardo Villas Bôas Cueva, 3ª Turma, publ. 30/05/2019).

Art. 2º Para obter a prioridade de que trata o artigo anterior, o interessado deverá requerer o benefício ao Presidente do Tribunal ou ao Relator do feito, conforme o caso, fazendo juntar à petição prova de sua idade.

Art. 3º Para fins de cumprimento do disposto no art. 1º, os processos com pedido de prioridade, na forma desta Resolução, serão identificados por uma etiqueta verde-oliva afixada na capa dos autos, em que constará a indicação maior de 60 (sessenta) anos em cor branca.

A Resolução nº 277/2003 do Supremo Tribunal Federal apresenta as mesmas regras para a obtenção da prioridade ao idoso:

Art. 1º No âmbito do Supremo Tribunal Federal dar-se-á prioridade na tramitação, no processamento, no julgamento e nos demais procedimentos dos feitos judiciais em que figure como parte ou interveniente pessoa com idade igual ou superior a sessenta anos.

Art. 2º Para obter a prioridade de que trata o artigo anterior, o interessado deverá requerer o benefício ao Presidente do Tribunal ou ao Relator do feito, conforme o caso, fazendo juntar à petição prova de sua idade.

Art. 3º Para fins de cumprimento do disposto no art. 1º, os processos com pedido de prioridade na forma desta Resolução serão identificados por meio de etiqueta afixada na capa dos autos.

Para parte da doutrina, a necessidade do requerimento é justificada pelo fato de que nem toda tramitação prioritária será benéfica ao idoso, especialmente em processos nos quais há alta probabilidade de que o resultado lhe seja desfavorável. Cabe ao titular do direito à preferência, por meio de pedido dirigido ao magistrado, demonstrar o seu interesse em fazer jus ao benefício legal.

16.9 SENEXÃO

É um novo instituto jurídico cuja expressão tem sua etimologia no latim, *senex*, que corresponde a idoso, e o sufixo "ão" designa pertencimento a uma aldeia, cidade. Vem sendo traduzida, então, como "adoção de idosos", mas, na verdade, com ela não se deve confundir. A senexão é a colocação da pessoa idosa em um lar afetivo sem, entretanto, alterar seu estado de filiação, como acontece na adoção[27].

Senector é a pessoa que acolhe a pessoa idosa, e o senectado é a pessoa amparada, que pode passar a ser, inclusive, sustentada pelo senector.

Tramita na Câmara dos Deputados o Projeto de Lei nº 105/2020, que trata da senexão, propondo inserir no Estatuto do Idoso esse novo instituto de amparo e proteção às pessoas idosas, especialmente aquelas em situação de abandono e vulnerabilidade.

16.10 RESUMO

Pessoa idosa – Quem tem mais de 60 anos – Art. 1º do Estatuto da Pessoa Idosa – Lei nº 10.741/2003.

Superidoso – Quem tem mais de 80 anos – Lei nº 13.466/2017.

Alimentos – A pessoa idosa pode escolher a qual dos filhos pedir alimentos – art. 12 do Estatuto da Pessoa Idosa.

---

[27] Cf. Lei nº 8.842/1994 que dispõe sobre a política nacional do idoso e cria o conselho nacional da pessoa idosa.

Abandono afetivo – É possível pedido de reparação civil aos filhos, ou na falta deles aos netos, aos filhos que abandonarem seus pais na velhice.

Restrições ao idoso – quem tem mais de 70 anos tem liberdade de escolher regime de bens de seu casamento, desde que haja expressa manifestação de vontade, mediante escritura pública (Tema 1.236, STF).

Os avós têm direito de conviverem com seus netos, assim como os netos com seus avós – Art. 227, CR, Art. 1.589 do CCB/2002, e Art. 16 do ECA.

Alienação parental não é apenas de um dos pais em relação ao outro pai/mãe. Pode ser caracterizada também em relação à família extensa, especialmente os avós.

Tramitação processual prioritária:

- Art. 71 do Estatuto do Idoso
- Art. 1.048, I, CPC
- Prioridade especial aos maiores de 80 anos.

FILMOGRAFIA

1. *E se vivêssemos todos juntos*, 2010, filme, Alemanha/França, Stéphane Robelin.
2. *Gideon – Um anjo em nossas vidas*, 1999, filme, EUA, Claudia Hoover.
3. *Meu pai, uma lição de vida*, 1989, filme, EUA, Gary David Goldberg.
4. *Amor*, 2012, filme, França, Alemanha/Áustria, Michael Haneke.
5. *Em família*, 1971, filme, Brasil, Paula Porto.
6. *Álbum de família*, 2013, filme, EUA, John Wells.
7. *O exótico hotel Marigold*, 2012, filme, Reino Unido, John Madden.
8. *Nossas noites*, 2017, filme, EUA, Ritesh Bastra.
9. *Agente duplo*, 2020, documentário, Chile, Maite Alberdi.
10. *The Kominsky Method*, 2018, série, EUA, Chuck Lorre.
11. *Amigas de sorte*, 2021, filme, Brasil, Homero Olivetto.
12. *A despedida*, 2016, filme, Brasil, Marcelo Galvão.
13. *Ella e John*, filme, 2017, Itália/França, Paolo Virzi.
14. *Amores modernos*, filme, 2022, México, Matias Meyer.
15. *A grande fuga*, filme, 2023, Reino Unido, Oliver Parker.

17
VIOLÊNCIA DOMÉSTICA – MEDIDAS PROTETIVAS E A LEI MARIA DA PENHA

 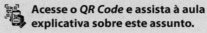

Acesse o *QR Code* e assista à aula explicativa sobre este assunto.

> https://uqr.to/ofqi

17.1 A ECLOSÃO DE CONFLITOS FAMILIARES E O POTENCIAL DE AGRESSIVIDADE HUMANA

O movimento feminista foi um grande marco do século XX e deu à mulher um lugar de sujeito e não mais de assujeitada ao pai ou ao marido, permitindo-a apropriar-se do seu desejo, o que provocou uma reviravolta nas relações familiares, culminando, inclusive, na quebra do princípio da indissolubilidade do matrimônio, já que não estaria mais disposta a tudo submeter-se. Essa resignação histórica que sustentava os casamentos encobria, também, a violência doméstica. As mulheres não tinham coragem e nem força social para denunciar as agressões sofridas. Alguns costumes ajudavam a manutenção do sistema patriarcal em que cabia tal abuso, como, "casou, aguenta!"; "em briga de marido e mulher, ninguém mete a colher". E, assim, repetia-se e se perpetuava o ciclo da violência doméstica e da dominação[1] de um gênero sobre o outro.

Segundo Sigmund Freud, as relações mais intrincadas e complexas são as familiares e, por isso mesmo, é aí que eclodem os maiores conflitos. Em outras palavras, é na intimidade do casal e da família que se externa afeto, carinho e também agressividade. É, portanto, da intimidade do casal, dos desejos contidos, das inseguranças, do ódio e do amor que vem a explosão da violência. Pode-se até compreendê-la, mas nada a justifica, nem mesmo a relação sadomasoquista que empreende um *continuum* ciclo de prazer e desprazer, pois, se levado às últimas

---

[1] (…) A "legítima defesa da honra" é recurso argumentativo/retórico odioso, desumano e cruel utilizado pelas defesas de acusados de feminicídio ou agressões contra a mulher para imputar às vítimas a causa de suas próprias mortes ou lesões. Constitui-se em ranço, na retórica de alguns operadores do direito, de institucionalização da desigualdade entre homens e mulheres e de tolerância e naturalização da violência doméstica, as quais não têm guarida na Constituição de 1988. (…) STF, ADPF 779 MC-Ref, Rel Min. Dias Toffoli, Pleno, j. 15/03/2021.

548 DIREITO DAS FAMÍLIAS – *Rodrigo da Cunha Pereira*

consequências, este "gozo", em seu ponto final, pode ser a própria morte. Assim, o Estado deve interferir nesta intimidade para coibir e colocar limites neste gozo, muitas vezes mortífero[2].

O fim do casamento nem sempre é tão pacífico como deveria ser. É comum que os restos do amor se transmutem em agressões, inclusive físicas[3], cometidas, na maioria das vezes, pelo homem contra a mulher[4]. Tal violência está diretamente relacionada à dominação erótica de um gênero sobre o outro. A violência doméstica[5], embora praticada no âmbito da vida privada, ganhou visibilidade, passando a ser tratada como uma preocupação não restrita apenas à ordem da intimidade. Na medida em que se publiciza a violência, ela se politiza[6]. Foi assim que, em agosto de 2006, sancionou-se a Lei nº 11.340, mais conhecida como *Lei Maria da Penha*, em referência ao caso da farmacêutica Maria da Penha, vítima de violência conjugal, que ficou paraplégica em razão de um tiro de espingarda dado pelo seu marido em uma das tentativas de homicídio cometidas contra ela. Esta lei, que teve como base a Convenção de Belém do Pará,[7]

---

[2]   Na linguagem lacaniana, gozo engloba uma satisfação pulsional e seu paradoxo de prazer e desprazer. Cf. o verbete gozo no meu Dicionário de Direito de Família e Sucessões – ilustrado. São Paulo: saraiva, 2018, p. 396.

[3]   A Lei nº 13.894/2019 alterou a Lei nº 11.340, de 7 de agosto de 2006 (Lei Maria da Penha), para prever a competência dos Juizados de Violência Doméstica e Familiar contra a Mulher para a ação de divórcio, separação, anulação de casamento ou dissolução de união estável nos casos de violência e para tornar obrigatória a informação às vítimas acerca da possibilidade de os serviços de assistência judiciária ajuizarem as ações mencionadas. Além disso, alterou a Lei nº 13.105, de 16 de março de 2015 (Código de Processo Civil), para prever a competência do foro do domicílio da vítima de violência doméstica e familiar para a ação de divórcio, separação judicial, anulação de casamento e reconhecimento da união estável a ser dissolvida, para determinar a intervenção obrigatória do Ministério Público nas ações de família em que figure como parte vítima de violência doméstica e familiar, e para estabelecer a prioridade de tramitação dos procedimentos judiciais em que figure como parte vítima de violência doméstica e familiar.

[4]   Resolução nº 492 de 17/03/2023 – Estabelece, para adoção de Perspectiva de Gênero nos julgamentos em todo o Poder Judiciário, as diretrizes do protocolo aprovado pelo Grupo de Trabalho constituído pela Portaria CNJ nº 27/2021, institui obrigatoriedade de capacitação de magistrados e magistradas, relacionada a direitos humanos, gênero, raça e etnia, em perspectiva interseccional, e cria o Comitê de Acompanhamento e Capacitação sobre Julgamento com Perspectiva de Gênero no Poder Judiciário e o Comitê de Incentivo à Participação Institucional Feminina no Poder Judiciário.

[5]   O Conselho Nacional de Justiça (CNJ), em atos normativos, trouxe Recomendação 123/2022, e a concepção do Protocolo de Julgamento com Perspectiva de Gênero, pela Recomendação 128 de 2022 e pela Resolução 492 de 2023, que concebeu diretrizes hermenêuticas para a concretização dos direitos humanos das mulheres, junto ao Poder Judiciário.

[6]   A Lei nº 14.022/2020 alterou a Lei nº 13.979, de 6 de fevereiro de 2020, e dispõe sobre medidas de enfrentamento à violência doméstica e familiar contra a mulher e de enfrentamento à violência contra crianças, adolescentes, pessoas idosas e pessoas com deficiência durante a emergência de saúde pública de importância internacional decorrente do coronavírus, responsável pelo surto de 2019.

[7]   A convenção de Belém do Pará, de 09 de junho de 1994, reitera que a violência contra a mulher constitui violação dos direitos humanos e liberdades fundamentais, claramente demonstrados em seu preâmbulo: Os estados-partes nesta convenção, reconhecendo que o respeito irrestrito aos direitos humanos foi consagrado na Declaração Americana dos Direitos e Deveres do Homem e na Declaração Universal dos Direitos Humanos e reafirmado em outros instrumentos internacionais e regionais;
Afirmando que a violência contra a mulher constitui violação dos direitos humanos e liberdades fundamentais e limita total ou parcialmente a observância, gozo e exercício de tais direitos e liberdades;
Preocupados porque a violência contra a mulher constitui ofensa contra a dignidade humana e é manifestação das relações de poder historicamente desiguais entre mulheres e homens;
Recordando a Declaração para a Erradicação da Violência contra a Mulher, aprovada na 25ª Assembleia de Delegadas da Comissão Interamericana de Mulheres, e afirmando que a violência contra a mulher permeia todos os setores da sociedade, independentemente de classe, raça ou grupo étnico, renda, cultura, nível educacional, idade ou religião, e afeta negativamente suas próprias bases;
Convencidos de que a eliminação da violência contra a mulher é condição indispensável para seu desenvolvimento individual e social e sua plena e igualitária participação em todas as esferas de vida; e
Convencidos de que a adoção de uma convenção para prevenir, punir e erradicar todas as formas de violência contra a mulher, no âmbito da Organização dos Estados Americanos, constitui positiva contribuição no sentido de proteger os direitos da mulher e eliminar as situações de violência contra ela (...)

Cap. 17 – VIOLÊNCIA DOMÉSTICA – MEDIDAS PROTETIVAS E A LEI MARIA DA PENHA **549**

objetiva combater toda e qualquer forma de violência doméstica e familiar praticada contra o gênero feminino[8] e significa a efetivação e implementação de políticas públicas para diminuição do tormentoso quadro de violência doméstica[9].

Com pioneirismo e propriedade sobre as questões de gênero, Maria Berenice Dias nos traz importante reflexão e contribuição à compreensão da violência doméstica:

> *Silêncio e indiferença. Reclamações, reprimendas e reprovações. Castigos e punições. É assim que começa a violência psicológica, que não demora a se transformar em violência física. Aos gritos seguem-se empurrões, tapas, socos, pontapés, num crescer sem fim. As agressões não se cingem à pessoa da vítima. O varão destrói os objetos de estimação da mulher, a humilha diante dos filhos. Sabe que estes são os seus bens mais preciosos e ele ameaça maltratá-los. Em um primeiro momento, a vítima encontra explicações e justificativas para o comportamento do parceiro. Acredita que é uma fase que vai passar, que ele anda estressado, trabalhando muito ou com pouco dinheiro. Procura agradá-lo, ser mais compreensiva, boa parceira. Para evitar problemas, afasta-se dos amigos, submete-se à vontade do agressor. Vive constantemente assustada, pois não sabe quando será a próxima explosão, e tenta não fazer nada de errado. Torna-se insegura e, para não incomodar o companheiro, começa a perguntar a ele o quê e como fazer, tornando-se sua dependente. Anula a si própria, seus desejos, seus sonhos de realização pessoal e seus objetivos de vida.[10]*

Para alcançar tal finalidade, o legislador criou louváveis mecanismos[11] para agilizar os trâmites legais[12] e processuais[13] de modo que as vítimas da violência sejam prontamente

---

[8] Lei nº 11.340 – Art. 2º Toda mulher, independentemente de classe, raça, etnia, orientação sexual, renda, cultura, nível educacional, idade e religião, goza dos direitos fundamentais inerentes à pessoa humana, sendo-lhe asseguradas as oportunidades e facilidades para viver sem violência, preservar sua saúde física e mental e seu aperfeiçoamento moral, intelectual e social.
Art. 3º Serão asseguradas às mulheres as condições para o exercício efetivo dos direitos à vida, à segurança, à saúde, à alimentação, à educação, à cultura, à moradia, ao acesso à justiça, ao esporte, ao lazer, ao trabalho, à cidadania, à liberdade, à dignidade, ao respeito e à convivência familiar e comunitária.

[9] Lei nº 14.786/2023 – Cria o protocolo "Não é Não", para prevenção ao constrangimento e à violência contra a mulher e para proteção à vítima; institui o selo "Não é Não – Mulheres Seguras"; e altera a Lei nº 14.597, de 14 de junho de 2023 (Lei Geral do Esporte).

[10] DIAS, Maria Berenice. Tratado de Direito das Famílias. *In: Violência Doméstica*. Rodrigo da Cunha Pereira (org.). 3ª edição. Belo Horizonte: IBDFAM, 2019, p. 973.

[11] Lei nº 14.994/2024 – Altera o Decreto-Lei nº 2.848, de 7 de dezembro de 1940 (Código Penal), o Decreto-Lei nº 3.688, de 3 de outubro de 1941 (Lei das Contravenções Penais), a Lei nº 7.210, de 11 de julho de 1984 (Lei de Execução Penal), a Lei nº 8.072, de 25 de julho de 1990 (Lei dos Crimes Hediondos), a Lei nº 11.340, de 7 de agosto de 2006 (Lei Maria da Penha) e o Decreto-Lei nº 3.689, de 3 de outubro de 1941 (Código de Processo Penal), para tornar o feminicídio crime autônomo, agravar a sua pena e a de outros crimes praticados contra a mulher por razões da condição do sexo feminino, bem como para estabelecer outras medidas destinadas a prevenir e coibir a violência praticada contra a mulher.

[12] Resolução nº 417/2021 do CNJ, com alterações pela Resolução nº 577/2024, institui e regulamenta o Banco Nacional de Medidas Penais e Prisões (BNMP 3.0) e dá outras providências.

[13] O Superior Tribunal de Justiça dispensou citação em medidas protetivas de urgência da Lei Maria da Penha: dessa forma, não cabe falar em instauração de processo próprio, com citação do requerido, tampouco com a possibilidade de decretação de sua revelia em caso de não apresentação de contestação no prazo de cinco dias", afirmou o Min. Joel Ilan Paciornik, autor do voto que prevaleceu no julgamento (STJ, REsp 2.009.402, Rel. Min. Ribeiro Dantas, 5ª Turma, j. 08/11/2022).

550 DIREITO DAS FAMÍLIAS – *Rodrigo da Cunha Pereira*

atendidas[14] e assistidas através do recebimento das medidas protetivas de urgência[15]. Também tornou mais severa[16] a punição pelo violento ato praticado pelo agressor[17], afastando a possibilidade dessa aversiva conduta ser convertida em pena pecuniária mediante pagamento de cestas básicas ou de se poder realizar transação penal (art. 41 da Lei Maria da Penha), o que, por muito tempo, propiciou o sentimento de impunidade e favoreceu a sensação de que era "barato bater em mulher".

17.2 UMA LEI SÓ PARA MULHERES? TRANSGÊNEROS

Mesmo diante de tantos e necessários avanços, a lei recebeu diversas críticas, sobretudo quanto à sua (in)constitucionalidade, por ser aplicável apenas à mulher. Tal discussão não nos parece pertinente frente aos conceitos de igualdade formal e material[18].

Não se pode negar a submissão das mulheres[19] ao longo da história e o quanto foram subjugadas em seus direitos e desejos, revelando-se completamente dependentes do gênero masculino, seja do ponto de vista material e afetivo. Indiscutível que tal cenário mudou. Os tempos são outros. Os movimentos políticos e sociais ocorridos no último século contribuíram, e muito, para uma mudança desta realidade. A ideia de que a mulher não é mais o "sexo frágil" foi conquistada e propagada pelos próprios ideários feministas que apregoaram direitos iguais.

Entre os gêneros[20], existem as inevitáveis e naturais diferenças da ordem biológica, química e física. Mas não há diferenças quanto às personalidades (boas ou más) que justifiquem

---

[14] Lei nº 14.717/2023 – Institui pensão especial aos filhos e dependentes crianças ou adolescentes, órfãos em razão do crime de feminicídio tipificado no inciso VI do § 2º do art. 121 do Decreto-Lei nº 2.848, de 7 de dezembro de 1940 (Código Penal), cuja renda familiar mensal *per capita* seja igual ou inferior a 1/4 (um quarto) do salário mínimo.

[15] Resolução 346/2020 do CNJ: Dispõe sobre o prazo para cumprimento, por oficiais de justiça, de mandados referentes a medidas protetivas de urgência, bem como sobre a forma de comunicação à vítima dos atos processuais relativos ao agressor, especialmente dos pertinentes ao ingresso e à saída da prisão (art. 21 da Lei nº 11.340/2006). Em seu artigo 1º consta: Art. 1º Os mandados referentes a medidas protetivas de urgência, nos casos de violência doméstica e familiar contra a mulher, deverão ser expedidos e atribuídos ao oficial de justiça imediatamente após a prolação da decisão que as decretarem e cumpridos no prazo máximo de 48 horas, a contar da respectiva carga ao oficial de justiça. Parágrafo único. Nos casos de imperiosa urgência, o juiz poderá assinalar prazo inferior ao previsto no *caput*, ou determinar o imediato cumprimento do mandado.

[16] STJ, AgRg no HC 674.418/MG, Rel. Min. Reynaldo Soares da Fonseca, 5ª Turma, *DJe* 10/08/2021.

[17] (...) A vedação constante do art. 17 da Lei nº 11.340/2006 consubstancia vontade clara do legislador de maximizar a função de prevenção geral das penas decorrentes de crimes perpetrados no contexto de violência doméstica e familiar contra a mulher, de modo a evidenciar à coletividade que a prática de agressão contra a mulher traz sérias consequências ao agente ativo, que vão além da esfera patrimonial, interpretação essa que implica a compreensão de que a proibição também abrange à hipótese em que a multa é prevista como pena autônoma no preceito secundário do tipo penal imputado. (...) (STJ, REsp 2.049.327/RJ, Rel. Min. Sebastião Reis Júnior, 3ª Seção, j. 14/6/2023, DJe 16/6/2023.)

[18] (...) Diante da alteração sexual, comportando-se a recorrido como mulher e assim assumindo seu papel na sociedade, sendo dessa forma admitida e reconhecida, a alteração do seu registro civil representa apenas mais um mecanismo de expressão e exercício pleno do gênero feminino pelo qual optou, não podendo representar um empecilho para o exercício de direitos que lhes são legalmente previstos. 3. Recurso provido. (TJ-DF 20181610013827 DF 0001312-52.2018.8.07.0020, Rel.: Silvanio Barbosa dos Santos, 2ª Turma Criminal, DJE: 20/02/2019).

[19] Lei nº 14.786/2023: Cria o protocolo "Não é Não", para prevenção ao constrangimento e à violência contra a mulher e para proteção à vítima; institui o selo "Não é Não – Mulheres Seguras"; e altera a Lei nº 14.597, de 14 de junho de 2023 (Lei Geral do Esporte).

[20] (...) A vulnerabilidade de uma categoria de seres humanos não pode ser resumida tão somente à objetividade de uma ciência exata. As existências e as relações humanas são complexas e o Direito não se deve alicerçar em argumentos simplistas e reducionistas. 4. Para alicerçar a discussão referente à aplicação do art. 5º da Lei Maria da Penha à espécie, necessária é a diferenciação entre os conceitos de gênero e sexo, assim como breves

Cap. 17 – VIOLÊNCIA DOMÉSTICA – MEDIDAS PROTETIVAS E A LEI MARIA DA PENHA **551**

a aplicação desta lei apenas às mulheres. Restringir o campo de abrangência da Lei. 11.340 somente à mulher pode reforçar a suposta inferioridade feminina e dizer que apenas os homens são maus e violentos, que elas são sempre as vítimas, seres bons e incapazes de agredir maridos, companheiros, filhos e outros afetos do sexo masculino com quem convivem no ambiente familiar. O fato e a constatação histórica de as mulheres sofrerem agressão em maior número não significa dizer que não há homens violentados por mulheres, que carecem de eficaz proteção jurisdicional. O potencial de agressividade e de maldade humana está presente também no gênero feminino, embora seja menor sob o aspecto da agressão física. Portanto, é injustificável conferir a proteção da Lei Maria da Penha exclusivamente às mulheres, até porque, repita-se, isso acaba por reforçar a desigualdade culturalmente postulada durante anos e tão rechaçada na contemporaneidade. Se o espírito e as regras desta lei são tão contundentes e eficazes no combate à violência doméstica, por que não os aproveitar integralmente no âmbito familiar, protegendo tanto as mulheres quanto os homens vítimas de violência? Qual seria o prejuízo, já que as mulheres continuariam recebendo o mesmo tipo de amparo e proteção? O caráter finalístico da referida lei deve comportar tal entendimento e concepção.[21] Da mesma forma e, no mesmo sentido, deve-se estender a aplicação da Lei Maria da Penha para as pessoas que "transitam" de um gênero a outro[22], ou não se enquadram nos convencionais padrões de

---

noções de termos transexuais, transgêneros, cisgêneros e travestis, com a compreensão voltada para a inclusão dessas categorias no abrigo da Lei em comento, tendo em vista a relação dessas minorias com a lógica da violência doméstica contra a mulher. 5. A balizada doutrina sobre o tema leva à conclusão de que as relações de gênero podem ser estudadas com base nas identidades feminina e masculina. Gênero é questão cultural, social, e significa interações entre homens e mulheres. Uma análise de gênero pode se limitar a descrever essas dinâmicas. O feminismo vai além, ao mostrar que essas relações são de poder e que produzem injustiça no contexto do patriarcado. Por outro lado, sexo refere-se às características biológicas dos aparelhos reprodutores feminino e masculino, bem como ao seu funcionamento, de modo que o conceito de sexo, como visto, não define a identidade de gênero. Em uma perspectiva não meramente biológica, portanto, mulher trans mulher é. 6. Na espécie, não apenas a agressão se deu em ambiente doméstico, mas também familiar e afetivo, entre pai e filha, eliminando qualquer dúvida quanto à incidência do subsistema da Lei nº 11.340/2006, inclusive no que diz respeito ao órgão jurisdicional competente – especializado – para processar e julgar a ação penal. 7. As condutas descritas nos autos são tipicamente influenciadas pela relação patriarcal e misógina que o pai estabeleceu com a filha. O *modus operandi* das agressões – segurar pelos pulsos, causando lesões visíveis, arremessar diversas vezes contra a parede, tentar agredir com pedaço de pau e perseguir a vítima – são elementos próprios da estrutura de violência contra pessoas do sexo feminino. Isso significa que o modo de agir do agressor revela o caráter especialíssimo do delito e a necessidade de imposição de medidas protetivas. 8. Recurso especial provido, a fim de reconhecer a violação do art. 5º da Lei nº 11.340/2006 e cassar o acórdão de origem para determinar a imposição das medidas protetivas requeridas pela vítima L. E. S. F. contra o ora recorrido (STJ, REsp 1.977.124/SP, Rel. Min. Rogerio Schietti Cruz, Sexta Turma, DJe 22/4/2022).

[21] (…) Por algumas vezes me deparei com casos em que o homem era vítima do descontrole emocional de uma mulher que não media esforços em praticar todo o tipo de agressão possível contra o homem. Já fui obrigado a decretar a custódia preventiva de mulheres "à beira de um ataque de nervos", que chegaram a tentar contra a vida de seu ex-consorte, por pura e simplesmente não concordar com o fim de um relacionamento amoroso. Não é vergonha nenhuma o homem se socorrer ao Poder Judiciário para fazer cessar as agressões da qual vem sendo vítima. Também não é ato de covardia. É, sim, ato de sensatez, já que não procura o homem/vítima se utilizar de atos também violentos como demonstração de força ou de vingança. E compete à Justiça fazer o seu papel de envidar todos os esforços em busca de uma solução de conflitos, em busca de uma paz social. No presente caso, há elementos probantes mais do que suficientes para demonstrar a necessidade de se deferir as medidas protetivas de urgência requeridas, pelo que defiro o pedido e determino à autora do fato o seguinte: 1. que se abstenha de se aproximar da vítima, a uma distância inferior a 500 metros, incluindo sua moradia e local de trabalho; 2. que se abstenha de manter qualquer contato com a vítima, seja por telefonema, e-mail, ou qualquer outro meio direto ou indireto. Expeça-se o competente mandado e consigne-se no mesmo a advertência de que o descumprimento desta decisão poderá importar em crime de desobediência e até em prisão (TJMT, Decisão interlocutória própria – proferida fora de Audiência. Autos de nº 1074/2008, Juiz Mário Roberto Kono de Oliveira, Distribuição 10.10.2008).

[22] "(...). A Lei Maria da Penha atribuiu às uniões homoafetivas o caráter de entidade familiar, ao prever, no seu artigo 5º, parágrafo único, que as relações pessoais mencionadas naquele dispositivo independem de orientação sexual" (STJ, REsp 827962/RS, Rel. Min. João Otávio de Noronha, Quarta Turma, publ. 08.08.2011). "(…) A expressão 'mulher' constante da Lei Maria da Penha alcança todas as pessoas do gênero feminino, inclusive, transgêneros, lésbicas, travestis, transexuais. 2. A vítima, nascida sob o sexo feminino e que se

552 DIREITO DAS FAMÍLIAS – *Rodrigo da Cunha Pereira*

masculino e feminino, como os transexuais e travestis[23]. A este respeito o Tribunal de Justiça de Santa Catarina, sob a argumentação de se assegurar direitos humanos e o princípio da dignidade humana, já se posicionou:

> (...) Tendo como norte a necessidade de assegurar os direitos humanos dentro de toda a sua plenitude, subjetiva e objetiva, individual e social, é que a Justiça pode vencer a pecha – para não dizer a realidade – de ser um poder incompetente e sacralizador de injustiças.
>
> É por isso que, para a resolução do conflito em tela, não há como desconsiderar a peculiar situação vivenciada pela ofendida que, malgrado não existir essa indicação em seus documentos de identificação civil, é reconhecida como mulher, tanto pela medicina quanto pelas pessoas de seu convívio social. Além disso, tal condição foi materializada após a realização da cirurgia reparadora que a tornou, definitivamente, uma mulher, sendo, portanto, destinatária dos mecanismos de proteção elencados pela Lei. 11.340/06. Negar a aplicação desse diploma legal implica ofensa ao princípio da dignidade da pessoa humana, norma fundamental preconizada no inciso III do art. 1º da Constituição Federal (...)[24].

17.3 VIOLÊNCIA PATRIMONIAL

A violência patrimonial[25] se caracteriza quando a parte economicamente mais forte na relação conjugal, e na maioria das vezes após o seu fim, usa e abusa de seu poder e domínio da administração dos bens de propriedade comum[26], não repassando ao outro os frutos dos bens

---

identifica com o gênero masculino (transgêneros), faz jus à proteção deferida pela Lei Maria da Penha. 3. Conflito admitido e afirmada a competência do Suscitado" (TJ-DF 0747254-53.2023.8.07.0000 1797915, Rel. Waldir Leôncio Lopes Júnior, Câmara Criminal, j. 05/12/2023, publ. 15/12/2023).

[23] O Supremo Tribunal Federal, por meio do MI 7452, determinou a incidência da norma protetiva da Lei Maria da Penha aos casais homoafetivos do sexo masculino e às mulheres travestis ou transexuais nas relações intrafamiliares. No entendimento dos ministros, a ausência de norma que estenda a proteção da lei Maria da Penha aos casais homoafetivos masculinos e às mulheres transexuais e travestis tem inviabilizado a fruição de referido direito fundamental por este grupo social, considerada especialmente a proibição de proteção deficiente oriunda do princípio da proporcionalidade.

[24] TJSC, Processo: 2009.006461-6, Rel. Roberto Lucas Pacheco, 14/08/2009.

[25] Conflito de jurisdição. Violência patrimonial. Incidência da Lei Maria da Penha. Fato é que há uma relação familiar entre as partes, pois foram casados e se está diante de uma situação de violência patrimonial motivada pelo gênero pela vulnerabilidade dela em relação ao ex-marido. O acusado não admite o término do relacionamento entre eles e está retendo os objetos pessoais da ex-mulher. A vítima recorre ao Judiciário, porque tem medo da sua reação, pois ele não aceita a separação. Diante desse contexto, está assinalada a vulnerabilidade e hipossuficiência. Assim, a competência para o exame do procedimento é do Juizado Criminal. Aplicação do artigo 7º, IV, da Lei nº 11.340. Conflito de jurisdição improcedente. (TJRS, Conflito de Jurisdição, nº 70081305781, Primeira Câmara Criminal, Tribunal de Justiça do RS, Rel.: Sylvio Baptista Neto, j. 12/06/2019).

[26] "(...) Em se tratando de violência doméstica, observado o contexto da Lei Maria da Penha, a palavra da vítima possui especial relevância probatória. Havendo indícios suficientes da prática de violência patrimonial em desfavor da vítima, a aplicação da medida de afastamento do agressor do lar é medida que se impõe" (TJMG, AI 0929945672023813000, Rel. Des. Maria das Graças Rocha Santos, 9ª Câmara Criminal Especializada, publ. 27/09/2023). "(…) O objetivo da Lei Maria da penha, ao prever mecanismos de proteção ao patrimônio da mulher vítima de violência domástico-familiar, é o de garantir que ela não tenha qualquer prejuízo em razão da situação de violência vivenciada ou, ao menos, tentar minimizar os prejuízos já causados – Segundo o art. 7º da Lei nº 11.340/2006, constitui forma de violência doméstica qualquer conduta que configure retenção, subtração ou, ainda, destruição dos bens da mulher – Como forma de resguarda a mulher vítima de violência domástico-familiar da violência patrimonial, o art. 24, I, da Lei Maria da Penha prevê, entre outras ações, que seja determinada a 'restituição de bens indevidamente subtraídos pelo agressor à ofendida' – *In casu*, não

conjugais, gerando uma situação de opressão, dominação e abuso de poder sobre o outro. São todos os atos comissivos ou omissivos do agressor que afetam a saúde emocional e a sobrevivência dos membros da família. Inclui o roubo, o desvio e a destruição de bens pessoais[27] ou da sociedade conjugal, a guarda ou retenção de seus documentos pessoais, bens pecuniários ou não, a recusa de pagar a pensão alimentícia ou de participar nos gastos básicos para a sobrevivência do núcleo familiar, o uso dos recursos econômicos da pessoa idosa, da tutelada ou do incapaz, destituindo-a de gerir seus próprios recursos e deixando-a sem provimentos e cuidados (art. 7º, IV, Leiº 11.340/06). E assim, além das medidas cíveis, como a reivindicação de pensão alimentícia, cobrança dos frutos, prestação de contas da administração do casal, desconsideração da pessoa jurídica descortinando o véu societário encobridor de fraude, é possível também a invocação das medidas protetivas prescritas na Leiº 11.340/06[28].

O conceito de violência sofreu variações ao longo da história e ganhou importância e maior significado para o Direito com o movimento feminista ao reivindicar o lugar de sujeito de direito e de desejo tanto quanto os homens, e também com a compreensão de que criança/adolescente são sujeitos de direitos. Embora o potencial de agressividade que gera violência doméstica esteja presente em homens e mulheres, a violência no âmbito doméstico, na maioria das vezes, é praticada pelos homens.

A violência se alimenta de grandes paixões negativas, como o ódio, a frustração, o medo, sentimento de rejeição, a crueldade e, principalmente, o desejo de dominação associado ao potencial de agressividade que há em todo ser humano. Ela pode se expressar por meio de atos de força física, o que se denomina agressão, mas pode se expressar também pela dominação, ocultação e sonegação de patrimônio ou de seus frutos que seriam partilháveis. Desejar propriedade e poder é legítimo na medida em que permite ao indivíduo conseguir sua independência perante os outros. Contudo, os adversários que se opõem em um conflito têm ambos uma tendência natural a exigir cada vez mais. Nada é suficiente e nunca ficam satisfeitos. Não sabem parar, não conhecem limites. O desejo exige mais, muito mais do que o necessário. Há sempre um sentido de ilimitado no desejo[29].

No fim das relações conjugais, uma das partes fica sempre com a sensação de perda. Este imaginário, a sensação de vazio, e de que o outro está em vantagem, ou de que não é justo que o outro fique com a parte do patrimônio é o que gera a violência patrimonial. Os exemplos mais comuns são a sonegação, não repasse dos frutos dos bens que deveriam ser entregues ao outro, beneficiando-se da parte que seria do outro cônjuge/companheiro. Caracteriza-se, também, como violência patrimonial deixar de pagar pensão alimentícia ao ex-cônjuge/companheiro, enquanto estiver na posse e administração de bens do casal que poderiam, por si só, proporcionar o sustento de quem não detém a posse e administração dos bens do casal.

---

há nada nos autos que coloque em dúvida a palavra da vítima, a qual comprovou documentalmente suas alegações e juntou nota fiscal do celular de sua propriedade, assim como evidências de que o bem está na posse do apelante" (TJ-MG – Apelação Criminal 3500080-33.2022.8.13.0134, Rel. Des. Kárin Emmerich, 9ª Câmara Criminal Especializa, j. 06/03/2024, publ. 06/03/2024).

27 (…) A violência patrimonial, entendida como qualquer conduta que configure retenção, subtração, destruição parcial ou total de seus objetos, instrumentos de trabalho, documentos pessoais, bens, valores e direitos ou recursos econômicos, incluindo os destinados a satisfazer suas necessidades. Como exemplos de violência patrimonial temos o controlar o dinheiro, deixar de pagar pensão alimentícia, destruição de documentos pessoais, dano, causar danos propositais a objetos da mulher ou dos quais ela goste, etc. (…) (TJRR, ACr. 08282047720208230010, Rel. Leonardo Cupello, Câmara Criminal, publ. 03/10/2023).

28 Enunciado IBDFAM nº 20: O alimentante que, dispondo de recursos econômicos, adota subterfúgios para não pagar ou para retardar o pagamento de verba alimentar, incorre na conduta descrita no art. 7º, inc. IV, da Lei nº 11.340/2006 (violência patrimonial).

29 ŽIŽEK, Slavoj. Violência: seis reflexões laterais. Trad. Miguel Serras Pereira. São Paulo: Boitempo, 2014. p. 61.

17.4 (IN)CONSTITUCIONALIDADE DA LEI MARIA DA PENHA

O Supremo Tribunal Federal em julgamento de duas Ações do Controle Concentrado de Constitucionalidade (ADC 19 e ADIn 4424), em 09/02/2012 confirmou a constitucionalidade dos artigos 1º, 12, I, 16, 33 e 41 da Lei nº 11.340/2006. No entendimento da maioria, concluiu-se que: "não seria desproporcional ou ilegítimo o uso do sexo como critério de diferenciação, visto que a mulher seria eminentemente vulnerável no tocante a constrangimentos físicos, morais e psicológicos sofridos em âmbito privado"[30]. Além disto, a Lei Maria da Penha apresenta uma sintonia com os objetivos solidificados na Convenção de Belém do Pará, ratificados pelo Brasil: "Na seara internacional, a Lei Maria da Penha seria harmônica com o que disposto no art. 7º, item "c", da Convenção de Belém do Pará ("Artigo 7º. Os Estados-Partes condenam todas as formas de violência contra a mulher e convêm em adotar, por todos os meios apropriados e sem demora, políticas destinadas a prevenir, punir e erradicar tal violência e a empenhar-se em: (...) c. incorporar na sua legislação interna normas penais, civis, administrativas e de outra natureza, que sejam necessárias para prevenir, punir e erradicar a violência contra a mulher, bem como adotar as medidas administrativas adequadas que forem aplicáveis") e com outros tratados ratificados pelo país"[31]. Quanto ao argumento da autonomia política legislativa dos entes federados: "Concluiu-se que, por meio do referido art. 33, a Lei Maria da Penha não criaria varas judiciais, não definiria limites de comarcas e não estabeleceria o número de magistrados a serem alocados nos Juizados de Violência Doméstica e Familiar. Apenas facultaria a criação desses juizados e atribuiria ao juízo da vara criminal a competência cumulativa de ações cíveis e criminais envolvendo violência doméstica contra a mulher, haja vista a necessidade de conferir tratamento uniforme, especializado e célere, em todo território nacional, às causas sobre a matéria"[32]. Por fim, o Supremo Tribunal Federal confirmou que não necessita mais da representação da vítima, nos crimes dessa natureza: "O Plenário, por maioria, julgou procedente ação direta, proposta pelo Procurador Geral da República (ADIn 4424), para atribuir interpretação conforme a Constituição aos artigos 12, I; 16 e 41, todos da Lei nº 11.340/2006, e assentar a natureza incondicionada da ação penal em caso de crime de lesão corporal, praticado mediante violência doméstica e familiar contra a mulher"[33]. Esta decisão produzirá eficácia contra todos e efeito vinculante, relativamente aos demais órgãos do Poder Judiciário e à administração pública direta e indireta, nas esferas federal, estadual e municipal[34].

O Superior Tribunal de Justiça atento a essa realidade social, editou a Súmula nº 542 "(...) prevendo que *'A ação penal relativa ao crime de lesão corporal resultante de violência doméstica contra a mulher é pública incondicionada'*. Além disso, consolidou a tese de que *'a ação penal nos crimes de lesão corporal leve cometidos em detrimento da mulher, no âmbito doméstico e familiar, é pública incondicionada'*(...)". Posteriormente tivemos as Súmulas nº 588 e 589 (...) 'a prática de crime ou contravenção penal contra a mulher com violência ou grave ameaça no ambiente doméstico impossibilita a substituição da pena privativa de liberdade por restritiva de direitos' e de que 'é inaplicável o princípio da insignificância nos crimes ou contravenções penais praticados contra a mulher no âmbito das relações domésticas'. Por último, a aprovação do verbete sumular nº 600 prevendo que: *'para configuração da violência doméstica e familiar prevista no*

---

30 STF, ADC 19, Rel. Min. Marco Aurélio, j. 09.02.2012.

31 STF, ADC 19, Rel. Min. Marco Aurélio, j. 09.02.2012.

32 STF, ADC 19, Rel. Min. Marco Aurélio, j. 09.02.2012.

33 STF, ADIn 4424, Rel. Min. Marco Aurélio, j. 09.02.2012.

34 CR 1988, Art. 102 § 2º: As decisões definitivas de mérito, proferidas pelo Supremo Tribunal Federal, nas ações diretas de inconstitucionalidade e nas ações declaratórias de constitucionalidade produzirão eficácia contra todos e efeito vinculante, relativamente aos demais órgãos do Poder Judiciário e à administração pública direta e indireta, nas esferas federal, estadual e municipal. (Redação dada pela Emenda Constitucional nº 45, de 2004.)

Cap. 17 – VIOLÊNCIA DOMÉSTICA – MEDIDAS PROTETIVAS E A LEI MARIA DA PENHA

art. 5º da Lei. 11.340/2006, Lei Maria da Penha, não se exige coabitação entre autor e vítima'''. Além disso, pela reforma do processo penal, como previsão do art. 387, inc. IV, autorizando o juiz a fixar valor mínimo da indenização dos danos decorrentes da infração penal, aplica-se perfeitamente em casos de violência doméstica familiar, bastando haver pedido expresso na denúncia, para que o magistrado fixe o valor mínimo a título de reparação dos danos morais causados pela infração perpetrada. Desnecessária produção de prova específica para aferição da profundidade e/ou extensão do dano. O merecimento à indenização é ínsito à própria condição de vítima, que em análise específica voltada para violência doméstica e familiar. O dano, pois, é *'in re ipsa'''.* Essa é a conclusão do STJ em análise do tema repetitivo 983, que assim decidiu:

> *(...) O Superior Tribunal de Justiça – sob a influência dos princípios da dignidade da pessoa humana (CF, art. 1º, III), da igualdade (CF, art. 5º, I) e da vedação a qualquer discriminação atentatória dos direitos e das liberdades fundamentais (CF, art. 5º, XLI), e em razão da determinação de que "O Estado assegurará a assistência à família na pessoa de cada um dos que a integram, criando mecanismos para coibir a violência no âmbito de suas relações" (art. 226, § 8º) – tem avançado na maximização dos princípios e das regras do novo subsistema jurídico introduzido em nosso ordenamento com a Lei. 11.340/2006, vencendo a timidez hermenêutica no reproche à violência doméstica e familiar contra a mulher, como deixam claro os verbetes sumulares nº 542, 588, 589 e 600. 2. Refutar, com veemência, a violência contra as mulheres implica defender sua liberdade (para amar, pensar, trabalhar, se expressar), criar mecanismos para seu fortalecimento, ampliar o raio de sua proteção jurídica e otimizar todos os instrumentos normativos que de algum modo compensem ou atenuem o sofrimento e os malefícios causados pela violência sofrida na condição de mulher. (...) 4. Entre diversas outras inovações introduzidas no Código de Processo Penal com a reforma de 2008, nomeadamente com a Lei. 11.719/2008, destaca-se a inclusão do inciso IV ao art. 387, que, consoante pacífica jurisprudência desta Corte Superior, contempla a viabilidade de indenização para as duas espécies de dano – o material e o moral –, desde que tenha havido a dedução de seu pedido na denúncia ou na queixa. (...). No âmbito da reparação dos danos morais – visto que, por óbvio, os danos materiais dependem de comprovação do prejuízo, como sói ocorrer em ações de similar natureza –, a Lei Maria da Penha, complementada pela reforma do Código de Processo Penal já mencionada, passou a permitir que o juízo único – o criminal – possa decidir sobre um montante que, relacionado à dor, ao sofrimento, à humilhação da vítima, de difícil mensuração, deriva da própria prática criminosa experimentada. (STJ, REsp 1643051/MS, Rel. Min. Rogerio Schietti Cruz, 3ª Seção, publ. 08/03/2018).*

Atento a essa realidade voltada para proteção das mulheres, o legislativo vem editando normas significativas:

1. *Lei nº 13.505/2017, que acrescentou dispositivos à Lei nº 11.340, de 7 de agosto de 2006 (Lei Maria da Penha), para dispor sobre o direito da mulher em situação de violência doméstica e familiar de ter atendimento policial e pericial especializado, ininterrupto e prestado, preferencialmente, por servidores do sexo feminino.*
2. *Lei nº 13.772/2018 alterou a Lei nº 11.340, de 7 de agosto de 2006 (Lei Maria da Penha), e o Decreto-Lei nº 2.848, de 7 de dezembro de 1940 (Código Penal), para reconhecer que a violação da intimidade da mulher configura violência doméstica e familiar e para criminalizar o registro não autorizado de conteúdo com cena de nudez ou ato sexual ou libidinoso de caráter íntimo e privado.*
3. *A Lei nº 13.641/2018 alterou a Lei nº 11.340, de 7 de agosto de 2006 (Lei Maria da Penha), para tipificar o crime de descumprimento de medidas protetivas de urgência.*

4. *A Lei nº 13.721/2018 alterou o Decreto-Lei nº 3.689, de 3 de outubro de 1941 (Código de Processo Penal), para estabelecer que será dada prioridade à realização do exame de corpo de delito quando se tratar de crime que envolva violência doméstica e familiar contra mulher ou violência contra criança, adolescente, idoso ou pessoa com deficiência.*

5. *A Lei nº 13.827/2019 introduz na Lei Maria da Penha o art. 12-C: "Art. 12-C. Verificada a existência de risco atual ou iminente à vida ou à integridade física da mulher em situação de violência doméstica e familiar, ou de seus dependentes, o agressor será imediatamente afastado do lar, domicílio ou local de convivência com a ofendida: I – pela autoridade judicial; II – pelo delegado de polícia, quando o Município não for sede de comarca; ou III – pelo policial, quando o Município não for sede de comarca e não houver delegado disponível no momento da denúncia."*

6. *A Lei nº 13.836/2019 acrescenta dispositivo ao art. 12 da Lei nº 11.340, de 7 de agosto de 2006, para tornar obrigatória a informação sobre a condição de pessoa com deficiência da mulher vítima de agressão doméstica ou familiar.*

7. *A Lei nº 13.871/2019 altera a Lei nº 11.340, de 7 de agosto de 2006 (Lei Maria da Penha), para dispor sobre a responsabilidade do agressor pelo ressarcimento dos custos relacionados aos serviços de saúde prestados pelo Sistema Único de Saúde (SUS) às vítimas de violência doméstica e familiar e aos dispositivos de segurança por elas utilizados.*

8. *A Lei nº 13.880/2019 altera a Lei nº 11.340, de 7 de agosto de 2006 (Lei Maria da Penha), para prever a apreensão de arma de fogo sob posse de agressor em casos de violência doméstica, na forma em que especifica.*

9. *A Lei nº 13.882/2019 altera a Lei nº 11.340, de 7 de agosto de 2006 (Lei Maria da Penha), para garantir a matrícula dos dependentes da mulher vítima de violência doméstica e familiar em instituição de educação básica mais próxima de seu domicílio.*

10. *A Lei nº 13.894/2019 altera a Lei nº 11.340, de 7 de agosto de 2006 (Lei Maria da Penha), para prever a competência dos Juizados de Violência Doméstica e Familiar contra a Mulher para a ação de divórcio, separação, anulação de casamento ou dissolução de união estável nos casos de violência e para tornar obrigatória a informação às vítimas acerca da possibilidade de os serviços de assistência judiciária ajuizarem as ações mencionadas; e altera a Lei nº 13.105, de 16 de março de 2015 (Código de Processo Civil), para prever a competência do foro do domicílio da vítima de violência doméstica e familiar para a ação de divórcio, separação judicial, anulação de casamento e reconhecimento da união estável a ser dissolvida, para determinar a intervenção obrigatória do Ministério Público nas ações de família em que figure como parte vítima de violência doméstica e familiar, e para estabelecer a prioridade de tramitação dos procedimentos judiciais em que figure como parte vítima de violência doméstica e familiar.*

11. *A Lei nº 13.984/2020 alterou o art. 22 da Lei nº 11.340, de 7 de agosto de 2006 (Lei Maria da Penha), para estabelecer como medidas protetivas de urgência frequência do agressor a centro de educação e de reabilitação e acompanhamento psicossocial.*

12. *A Lei nº 14.132, de 31.3.2021, acrescenta o art. 147-A ao Decreto-Lei nº 2.848, de 7 de dezembro de 1940 (Código Penal), para prever o crime de perseguição; e revoga o art. 65 do Decreto-Leiº 3.688, de 3 de outubro de 1941 (Lei das Contravenções Penais).*

13. *A Lei nº 14.188, de 28 de 2021, define o programa de cooperação Sinal Vermelho contra a Violência Doméstica como uma das medidas de enfrentamento da violência doméstica e familiar contra a mulher previstas na Lei nº 11.340, de 7 de agosto de 2006 (Lei Maria da Penha), e no Decreto-Lei nº 2.848, de 7 de dezembro de 1940 (Código Penal), em todo o território nacional; e altera o Decreto-Lei nº 2.848, de 7 de dezembro de 1940 (Código Penal), para modificar a modalidade da pena da lesão*

corporal simples cometida contra a mulher por razões da condição do sexo feminino e para criar o tipo penal de violência psicológica contra a mulher.

14. *A Lei nº 14.192, de 04 de agosto de 2021 estabelece normas para prevenir, reprimir e combater a violência política contra a mulher; e altera a Lei nº 4.737, de 15 de julho de 1965 (Código Eleitoral), a Lei nº 9.096, de 19 de setembro de 1995 (Lei dos Partidos Políticos), e a Lei nº 9.504, de 30 de setembro de 1997 (Lei das Eleições), para dispor sobre os crimes de divulgação de fato ou vídeo com conteúdo inverídico no período de campanha eleitoral, para criminalizar a violência política contra a mulher e para assegurar a participação de mulheres em debates eleitorais proporcionalmente ao número de candidatas às eleições proporcionais.*

15. *Lei nº 14.232, de 28 de outubro de 2021, que Institui a Política Nacional de Dados e Informações relacionadas à Violência contra as Mulheres (PNAINFO).*

16. *A Lei nº 14.310, de 8 de março de 2022 alterou a Lei nº 11.340, de 7 de agosto de 2006 (Lei Maria da Penha), para determinar o registro imediato, pela autoridade judicial, das medidas protetivas de urgência deferidas em favor da mulher em situação de violência doméstica e familiar, ou de seus dependentes.*

17. *A Lei nº 14.550, de 19 de abril de 2023, alterou a Lei nº 11.340, de 7 de agosto de 2006 (Lei Maria da Penha), para dispor sobre as medidas protetivas de urgência e estabelecer que a causa ou a motivação dos atos de violência e a condição do ofensor ou da ofendida não excluem a aplicação da Lei.*

18. *A Lei nº 14.612, de 3.7.2023, alterou a Lei nº 8.906, de 4 de julho de 1994 (Estatuto da Advocacia), para incluir o assédio moral, o assédio sexual e a discriminação entre as infrações ético-disciplinares no âmbito da Ordem dos Advogados do Brasil.*

19. *A Lei nº 14.674, de 14 de setembro de 2023, alterou a Lei nº 11.340, de 7 de agosto de 2006 (Lei Maria da Penha), para dispor sobre auxílio-aluguel a ser concedido pelo juiz em decorrência de situação de vulnerabilidade social e econômica da ofendida afastada do lar.*

20. *A Lei nº 14.717, de 31 de outubro de 2023, instituiu pensão especial aos filhos e dependentes crianças ou adolescentes, órfãos em razão do crime de feminicídio tipificado no inciso VI do § 2º do art. 121 do Decreto-Lei nº 2.848, de 7 de dezembro de 1940 (Código Penal), cuja renda familiar mensal per capita seja igual ou inferior a 1/4 (um quarto) do salário-mínimo.*

21. *A Lei nº 14.786, de 28 de dezembro de 2023, criou o protocolo "Não é Não", para prevenção ao constrangimento e à violência contra a mulher e para proteção à vítima; institui o selo "Não é Não – Mulheres Seguras"; e altera a Lei nº 14.597, de 14 de junho de 2023 (Lei Geral do Esporte).*

22. *A Lei nº 14.847, de 25 de abril de 2024, altera a Lei nº 8.080, de 19 de setembro de 1990 (Lei Orgânica da Saúde), para dispor sobre o atendimento de mulheres vítimas de violência em ambiente privativo e individualizado nos serviços de saúde prestados no âmbito do Sistema Único de Saúde.*

23. *A Lei nº 14.857, de 21 de maio de 2024, altera a Lei nº 11.340, de 7 de agosto de 2006 (Lei Maria da Penha), para determinar o sigilo do nome da ofendida nos processos em que se apuram crimes praticados no contexto de violência doméstica e familiar contra a mulher.*

24. *A Lei nº 14.887, de 12 de junho de 2024, altera a Lei nº 11.340, de 7 de agosto de 2006 (Lei Maria da Penha), para estabelecer prioridade na assistência à mulher em situação de violência doméstica e familiar, e a Lei nº 13.239, de 30 de dezembro de 2015, para determinar que a mulher vítima de violência tenha atendimento prioritário para a cirurgia plástica reparadora entre os casos de mesma gravidade.*

25. *A Lei nº 14.994, de 9 de outubro de 2024, altera o Decreto-Lei nº 2.848, de 7 de dezembro de 1940 (Código Penal), o Decreto-Lei nº 3.688, de 3 de outubro de 1941 (Lei das Contravenções Penais), a Lei nº 7.210, de 11 de julho de 1984 (Lei de Execução*

Penal), a Lei nº 8.072, de 25 de julho de 1990 (Lei dos Crimes Hediondos), a Lei nº 11.340, de 7 de agosto de 2006 (Lei Maria da Penha), e o Decreto-Lei nº 3.689, de 3 de outubro de 1941 (Código de Processo Penal), para tornar o feminicídio crime autônomo, agravar a sua pena e a de outros crimes praticados contra a mulher por razões da condição do sexo feminino, bem como para estabelecer outras medidas destinadas a prevenir e coibir a violência praticada contra a mulher.

17.5 TESES DO STJ A PARTIR DE SEUS JULGADOS

As teses aqui resumidas foram elaboradas pela secretaria de jurisprudência do STJ, em sua base de dados, com julgados publicados até 16/09/2015.

VIOLÊNCIA DOMÉSTICA E FAMILIAR CONTRA MULHER

1) **A Lei nº 11.340/2006, denominada Lei Maria da Penha, objetiva proteger a mulher da violência doméstica e familiar que lhe cause morte, lesão, sofrimento físico, sexual ou psicológico, e dano moral ou patrimonial, desde que o crime seja cometido no âmbito da unidade doméstica, da família ou em qualquer relação íntima de afeto.**

   Precedentes: HC 310.154/RS, Rel. Min. Sebastião Reis Júnior, 6ª Turma, j. 28/04/2015, DJe 13/05/2015; AgRg no REsp 1.427.927/RJ, Rel. Min. Moura Ribeiro, 5ª Turma, j. 20/03/2014, DJe 28/03/2014; HC 172.634/DF, Rel. Min. Laurita Vaz, 5ª Turma, j. 06/03/2012, DJe 19/03/2012.

2) **A Lei Maria da Penha atribuiu às uniões homoafetivas o caráter de entidade familiar, ao prever, no seu art. 5º, parágrafo único, que as relações pessoais mencionadas naquele dispositivo independem de orientação sexual.**

   Precedentes: REsp 1.183.378/RS, Rel. Min. Luis Felipe Salomão, 4ª Turma, j. 25/10/2011, DJe 01/02/2012; REsp 827.962/RS, Rel. Min. João Otávio de Noronha, 4ª Turma, j. 21/06/2011, DJe 08/08/2011; REsp 1.026.981/RJ, Rel. Ministra Nancy Andrighi, 3ª Turma, j. 04/02/2010, DJe 23/02/2010; REsp 1.236.524/SP (decisão monocrática), Rel. Min. Massami Uyeda, j. 08/09/2011, DJe 15/09/2011.

3) **O sujeito passivo da violência doméstica objeto da Lei Maria da Penha é a mulher, já o sujeito ativo pode ser tanto o homem quanto a mulher, desde que fique caracterizado o vínculo de relação doméstica, familiar ou de afetividade, além da convivência com ou sem coabitação.**

   Precedentes: HC 277.561/AL, Rel. Min. Jorge Mussi, 5ª Turma, j. 06/11/2014, DJe 13/11/2014; HC 250.435/RJ, Rel. Ministra Laurita Vaz, 5ª Turma, j. 19/09/2013, DJe 27/09/2013; HC 181.246/RS, Rel. Min. Sebastião Reis Júnior, 6ª Turma, j. 20/08/2013, DJe 06/09/2013; HC 175.816/RS, Rel. Min. Marco Aurélio Bellizze, 5ª Turma, j. 20/06/2013, DJe 28/06/2013; CC 88.027/MG, Rel. Min. Og Fernandes, 3ª Seção, j. 05/12/2008, DJe 18/12/2008; RHC 046.278/AL (decisão monocrática), Rel. Min. Gurgel de Faria, j. 09/06/2015, DJe 16/06/2015 (Vide Informativo de Jurisprudência nº 551).

4) **A violência doméstica abrange qualquer relação íntima de afeto, dispensada a coabitação.**

   Precedentes: HC 280.082/RS, Rel. Min. Jorge Mussi, 5ª Turma, j. 12/02/2015, DJe 25/02/2015; REsp 1.416.580/RJ, Rel. Ministra Laurita Vaz, 5ª Turma, j. 01/04/2014, DJe

Cap. 17 – VIOLÊNCIA DOMÉSTICA – MEDIDAS PROTETIVAS E A LEI MARIA DA PENHA **559**

15/04/2014; HC 181.246/RS, Rel. Min. Sebastião Reis Júnior, 6ª Turma, j. 20/08/2013, DJe 06/09/2013; RHC 27.317/RJ, Rel. Min. Gilson Dipp, 5ª Turma, j. 17/05/2012, DJe 24/05/2012; CC 91.979/MG, Rel. Min. Maria Thereza de Assis Moura, 3ª Seção, j. 16/02/2009, DJe 11/03/2009; HC 179.130/SP (decisão monocrática), Rel. Min. Marilza Maynard (Desembargadora convocada do TJ/SE), j. 22/05/2013, DJe 06/06/2013; CC 107.238/MG (decisão monocrática), Rel. Min. Og Fernandes, j. 16/09/2009, DJe 24/09/2009; CC 105.201/MG (decisão monocrática), Rel. Min. Felix Fischer, j. 03/08/2009, DJe 06/08/2009 (Vide Informativo de Jurisprudência nº 551).

5) **Para a aplicação da Lei nº 11.340/2006, há necessidade de demonstração da situação de vulnerabilidade ou hipossuficiência da mulher, numa perspectiva de gênero.**

Precedentes: AgRg no REsp 1.430.724/RJ, Rel. Min. Maria Thereza de Assis Moura, 6ª Turma, j. 17/03/2015, DJe 24/03/2015; HC 181.246/RS, Rel. Min. Sebastião Reis Júnior, 6ª Turma, j. 20/08/2013, DJe 06/09/2013; HC 175.816/RS, Rel. Min. Marco Aurélio Bellizze, 5ª Turma, j. 20/06/2013, DJe 28/06/2013; HC 176.196/RS, Rel. Min. Gilson Dipp, 5ª Turma, j. 12/06/2012, DJe 20/06/2012; CC 96.533/MG, Rel. Min. Og Fernandes, 3ª Seção, j. 05/12/2008, DJe 05/02/2009 (Vide Informativo de Jurisprudência nº 524).

6) **A vulnerabilidade, hipossuficiência ou fragilidade da mulher têm-se como presumidas nas circunstâncias descritas na Lei nº 11.340/2006.**

Precedentes: RHC 55.030/RJ, Rel. Min. Reynaldo Soares da Fonseca, 5ª Turma, j. 23/06/2015, DJe 29/06/2015; HC 280.082/RS, Rel. Min. Jorge Mussi, 5ª Turma, j. 12/02/2015, DJe 25/02/2015; REsp 1.416.580/RJ, Rel. Min. Laurita Vaz, 5ª Turma, j. 01/04/2014, DJe 15/04/2014 (Vide Informativo de Jurisprudência nº 539).

7) **A agressão do namorado contra a namorada, mesmo cessado o relacionamento, mas que ocorra em decorrência dele, está inserida na hipótese do art. 5º, III, da Lei nº 11.340/2006, caracterizando a violência doméstica.**

Precedentes: REsp 1.416.580/RJ, Rel. Ministra Laurita Vaz, 5ª Turma, j. 01/04/2014, DJe 15/04/2014; AgRg no AREsp 59.208/DF, Rel. Min. Jorge Mussi, 5ª Turma, j. 26/02/2013, DJe 07/03/2013; HC 182.411/RS, Rel. Min. Adilson Vieira Macabu (desembargador convocado do TJ/RJ), 5ª Turma, j. 14/08/2012, DJe 03/09/2012; RHC 27.317/RJ, Rel. Min. Gilson Dipp, 5ª Turma, j. 17/05/2012, DJe 24/05/2012; CC 92.591/MG, Rel. Min. Felix Fischer, 3ª Seção, j. 05/12/2008, DJe 16/03/2009; AREsp 517.728/RJ (decisão monocrática), Rel. Min. Walter de Almeida Guilherme (Desembargador convocado do TJ/SP), j. 28/11/2014, DJe 05/12/2014; RHC 45.743/RJ (decisão monocrática), Rel. Min. Sebastião Reis Júnior, j. 29/05/2014, DJe 02/06/2014; RHC 42.629/RJ (decisão monocrática), Rel. Min. Moura Ribeiro, j. 08/11/2013, DJe 14/11/2013; REsp 1.305.218/MG (decisão monocrática), Rel. Ministra Marilza Maynard (Desembargadora convocada do TJ/SE), j. 05/06/2013, DJe 25/06/2013 (vide Informativo de Jurisprudência nº 388).

8) **Os Juizados de Violência Doméstica e Familiar contra a Mulher têm competência cumulativa para o julgamento e a execução das causas decorrentes da prática de violência doméstica e familiar contra a mulher, nos termos do art. 14 da Lei nº 11.340/2006.**

Precedentes: REsp 1.475.006/MT, Rel. Min. Moura Ribeiro, 3ª Turma, j. 14/10/2014, DJe 30/10/2014 (vide Informativo de Jurisprudência nº 550).

560 DIREITO DAS FAMÍLIAS – *Rodrigo da Cunha Pereira*

9) **O descumprimento de medida protetiva de urgência não configura o crime de desobediência, em face da existência de outras sanções previstas no ordenamento jurídico para a hipótese.**

Precedentes: AgRg no HC 305.448/RS, Rel. Min. Rogerio Schietti Cruz, 6ª Turma, j. 30/06/2015, DJe 03/08/2015; Ag no REsp 1.519.850/DF, Rel. Min. Leopoldo de Arruda Raposo (Desembargador convocado do TJ/PE), 5ª Turma, j. 19/05/2015, DJe 08/06/2015; HC 312.513/RS, Rel. Min. Jorge Mussi, 5ª Turma, j. 21/05/2015, DJe 28/05/2015; AgRg no REsp 1.454.609/RS, Rel. Min. Gurgel de Faria, 5ª Turma, j. 07/05/2015, DJe 26/05/2015; AgRg no REsp 1.490.460/DF, Rel. Min. Ericson Maranho (Desembargador convocado do TJ/SP), 6ª Turma, j. 16/04/2015, DJe 11/05/2015; HC 305.442/RS, Rel. Min. Felix Fischer, 5ª Turma, j. 03/03/2015, DJe 23/03/2015; AgRg no AREsp 575.017/DF, Rel. Min. Nefi Cordeiro, 6ª Turma, j. 05/03/2015, DJe 17/03/2015; HC 299.165/RS, Rel. Min. Walter de Almeida Guilherme (Desembargador convocado do TJ/SP), 5ª Turma, j. 04/12/2014, DJe 12/12/2014; AgRg no REsp 1.482.990/MG, Rel. Min. Sebastião Reis Júnior, 6ª Turma, j. 18/11/2014, DJe 05/12/2014; AgRg no REsp 1.477.632/DF, Rel. Min. Maria Thereza de Assis Moura, 6ª Turma, j. 23/09/2014, DJe 17/12/2014 (vide Informativo de Jurisprudência nº 544).

10) **Não é possível a aplicação dos princípios da insignificância e da bagatela imprópria nos delitos praticados com violência ou grave ameaça no âmbito das relações domésticas e familiares.**

Precedentes: REsp 1.537.749/DF, Rel. Min. Rogerio Schietti Cruz, 6ª Turma, j. 30/06/2015, DJe 04/08/2015; AgRg no REsp 1.464.335/MS, Rel. Min. Maria Thereza de Assis Moura, 6ª Turma, j. 24/03/2015, DJe 31/03/2015; AgRg no AREsp 19.042/DF, Rel. Min. Marco Aurélio Bellizze, 5ª Turma, j. 14/02/2012, DJe 01/03/2012; REsp 1.538.562/SP (decisão monocrática), Rel. Min. Sebastião Reis Júnior, j. 03/08/2015, DJe 05/08/2015; AREsp 652.428/DF (decisão monocrática), Rel. Min. Leopoldo de Arruda Raposo (Desembargador convocado do TJ/PE), j. 26/03/2015, DJe 31/03/2015; HC 317.781/MS (decisão monocrática), Rel. Min. Newton Trisotto (Desembargador convocado do TJ/SC), j. 16/03/2015, DJe 20/03/2015.

11) **O crime de lesão corporal, ainda que leve ou culposo, praticado contra a mulher no âmbito das relações domésticas e familiares, deve ser processado mediante ação penal pública incondicionada.**

Precedentes: REsp 1.537.749/DF, Rel. Min. Rogerio Schietti Cruz, 6ª Turma, j. 30/06/2015, DJe 04/08/2015; AgRg no REsp 1.442.015/MG, Rel. Min. Sebastião Reis Júnior, 6ª Turma, j. 20/11/2014, DJe 12/12/2014; RHC 42.228/SP, Rel. Min. Maria Thereza de Assis Moura, 6ª Turma, j. 09/09/2014, DJe 24/09/2014; AgRg no REsp 1.358.215/MG, Rel. Min. Nefi Cordeiro, 6ª Turma, j. 04/09/2014, DJe 19/09/2014; RHC 45.444/MG, Rel. Min. Jorge Mussi, 5ª Turma, j. 08/05/2014, DJe 20/05/2014; AgRg no REsp 1.428.577/DF, Rel. Min. Moura Ribeiro, 5ª Turma, j. 08/05/2014, DJe 14/05/2014; AgRg no HC 213.597/MT, Rel. Min. Og Fernandes, 6ª Turma, j. 19/09/2013, DJe 01/10/2013; HC 184.923/DF, Rel. Min. Assusete Magalhães, 6ª Turma, j. 04/09/2012, DJe 14/03/2013; RHC 33.881/MG, Rel. Min. Marco Aurélio Bellizze, 5ª Turma, j. 23/10/2012, DJe 30/10/2012; HC 242.458/DF, Rel. Min. Laurita Vaz, 5ª Turma, j. 11/09/2012, DJe 19/09/2012 (vide Informativo de Jurisprudência nº 509; vide súmulas anotadas).

Cap. 17 – VIOLÊNCIA DOMÉSTICA – MEDIDAS PROTETIVAS E A LEI MARIA DA PENHA 561

12) **É cabível a decretação de prisão preventiva para garantir a execução de medidas de urgência nas hipóteses em que o delito envolver violência doméstica.**

Precedentes: AgRg no HC 285.844/RS, Rel. Min. Felix Fischer, 5ª Turma, j. 04/08/2015, DJe 12/08/2015; RHC 56.620/RS, Rel. Min. Gurgel de Faria, 5ª Turma, j. 30/06/2015, DJe 04/08/2015; RHC 60.394/MA, Rel. Min. Maria Thereza de Assis Moura, 6ª Turma, j. 18/06/2015, DJe 30/06/2015; HC 312.513/RS, Rel. Min. Jorge Mussi, 5ª Turma, j. 21/05/2015, DJe 28/05/2015; AgRg no HC 298.460/RS, Rel. Min. Sebastião Reis Júnior, 6ª Turma, j. 06/11/2014, DJe 25/11/2014; AgRg no REsp 1.445.446/MS, Rel. Min. Moura Ribeiro, 5ª Turma, j. 03/06/2014, DJe 06/06/2014; RHC 43.425/RS, Rel. Min. Laurita Vaz, 5ª Turma, j. 11/03/2014, DJe 27/03/2014; RHC 40.567/DF, Rel. Min. Regina Helena Costa, 5ª Turma, j. 05/12/2013, DJe 11/12/2013; HC 246.481/DF, Rel. Min. Marco Aurélio Bellizze, 5ª Turma, j. 18/09/2012, DJe 21/09/2012; REsp 1.537.239/DF (decisão monocrática), Rel. Min. Leopoldo de Arruda Raposo (Desembargador convocado do TJ/PE), j. 23/06/2015, DJe 25/06/2015 (vide Informativo de Jurisprudência nº 538).

13) **Nos crimes praticados no âmbito doméstico e familiar, a palavra da vítima tem especial relevância para fundamentar o recebimento da denúncia ou a condenação, pois normalmente são cometidos sem testemunhas.**

Precedentes: HC 318.976/RS, Rel. Min. Leopoldo de Arruda Raposo (Desembargador convocado do TJ/PE), 5ª Turma, j. 06/08/2015, DJe 18/08/2015; RHC 51.145/DF, Rel. Min. Sebastião Reis Júnior, 6ª Turma, j. 11/11/2014, DJe 01/12/2014; AgRg no AREsp 423.707/RJ, Rel. Min. Nefi Cordeiro, 6ª Turma, j. 07/10/2014, DJe 21/10/2014; HC 263.690/RJ, Rel. Min. Moura Ribeiro, 5ª Turma, j. 17/10/2013, DJe 24/10/2013; AgRg no AREsp 213.796/DF, Rel. Min. Campos Marques (Desembargador convocado do TJ/PR), 5ª Turma, j. 19/02/2013, DJe 22/02/2013; HC 151.204/RJ, Rel. Min. Marilza Maynard (Desembargadora convocada do TJ/SE), 5ª Turma, j. 23/10/2012, DJe 26/10/2012; HC 179.364/DF, Rel. Min. Marco Aurélio Bellizze, 5ª Turma, j. 07/08/2012, DJe 16/08/2012; AREsp 547.181/DF (decisão monocrática), Rel. Min. Rogerio Schietti Cruz, j. 25/05/2015, DJe 03/06/2015; AREsp 574.212/DF (decisão monocrática), Rel. Min. Jorge Mussi, j. 25/11/2014, DJe 28/11/2014; AREsp 329.687/DF (decisão monocrática), Rel. Min. Laurita Vaz, j. 05/06/2013, DJe 12/06/2013.

14) **A suspensão condicional do processo e a transação penal não se aplicam na hipótese de delitos sujeitos ao rito da Lei Maria da Penha (Súmula 536 do STJ).**

Precedentes: REsp 1.537.749/DF, Rel. Min. Rogerio Schietti Cruz, 6ª Turma, j. 30/06/2015, DJe 04/08/2015; RHC 54.493/SP, Rel. Min. Gurgel de Faria, 5ª Turma, j. 24/02/2015, DJe 03/03/2015; RHC 42.092/RJ, Rel. Min. Jorge Mussi, 5ª Turma, j. 25/03/2014, DJe 02/04/2014; EDcl no REsp 1.416.580/RJ, Rel. Min. Laurita Vaz, 5ª Turma, j. 08/05/2014, DJe 16/05/2014; HC 201.529/MS, Rel. Min. Assusete Magalhães, 6ª Turma, j. 28/05/2013, DJe 17/06/2013; RHC 31.661/SP, Rel. Min. Maria Thereza de Assis Moura, 6ª Turma, j. 05/03/2013, DJe 13/03/2013; AgRg no HC 173.664/MG, Rel. Min. Sebastião Reis Júnior, 6ª Turma, j. 28/08/2012, DJe 12/09/2012; HC 198.736/MS, Rel. Min. Napoleão Nunes Maia Filho, 5ª Turma, j. 24/05/2011, DJe 15/06/2011; HC 283.785/RS (decisão monocrática), Rel. Min. Moura Ribeiro, j. 25/08/2014, DJe 27/08/2014; HC 47.611/RS (decisão monocrática), Rel. Min. Nefi Cordeiro, j. 19/05/2014, DJe 16/06/2014 (vide súmulas anotadas).

DIREITO DAS FAMÍLIAS – *Rodrigo da Cunha Pereira*

15) **É inviável a substituição da pena privativa de liberdade por restritiva de direitos nos casos de violência doméstica, uma vez que não preenchidos os requisitos do art. 44 do CP.**

Precedentes: AgRg no AREsp 700.718/MS, Rel. Min. Maria Thereza de Assis Moura, 6ª Turma, j. 30/06/2015, DJe 03/08/2015; AgRg no AREsp 700.745/MS, Rel. Min. Rogerio Schietti Cruz, 6ª Turma, j. 30/06/2015, DJe 03/08/2015; HC 320.816/MS, Rel. Min. Reynaldo Soares da Fonseca, 5ª Turma, j. 09/06/2015, DJe 17/06/2015; HC 318.817/MS, Rel. Min. Gurgel de Faria, 5ª Turma, j. 19/05/2015, DJe 01/06/2015; AgRg no HC 291.889/MS, Rel. Min. Sebastião Reis Júnior, 6ª Turma, j. 02/06/2015, DJe 15/06/2015; AgRg no AREsp 558.706/MS, Rel. Min. Ericson Maranho (Desembargador convocado do TJ/SP), 6ª Turma, j. 21/05/2015, DJe 29/05/2015; AgRg no HC 293.551/MS, Rel. Min. Leopoldo de Arruda Raposo (Desembargador convocado do TJ/PE), 5ª Turma, j. 10/03/2015, DJe 14/05/2015; HC 306.856/MS, Rel. Min. Felix Fischer, 5ª Turma, j. 05/03/2015, DJe 10/04/2015; HC 311.090/MS, Rel. Min. Newton Trisotto (Desembargador convocado do TJ/SC), 5ª Turma, j. 24/02/2015, DJe 03/03/2015; AgRg no REsp 1.474.891/MS, Rel. Min. Nefi Cordeiro, 6ª Turma, j. 18/12/2014, DJe 12/02/2015 (vide Informativo de Jurisprudência nº 506).

16) **O *habeas corpus* não constitui meio idôneo para se pleitear a revogação de medidas protetivas previstas no art. 22 da Lei nº 11.340/2006 que não implicam constrangimento ao direito de ir e vir do paciente.**

Precedentes: RHC 31.984/PI, Rel. Min. Jorge Mussi, 5ª Turma, j. 25/06/2013, DJe 06/08/2013; HC 32.883/PI (decisão monocrática), Rel. Min. Marco Aurélio Bellizze, j. 15/06/2012, DJe 29/06/2012; RHC 57.814/SP (decisão monocrática), Rel. Min. Sebastião Reis Júnior, j. 07/05/2015, DJe 11/05/2015.

17) **A audiência de retratação prevista no art. 16 da Lei nº 11.340/06 apenas será designada no caso de manifestação expressa ou tácita da vítima e desde que ocorrida antes do recebimento da denúncia.**

Precedentes: RHC 41.545/PB, Rel. Min. Maria Thereza de Assis Moura, 6ª Turma, j. 04/09/2014, DJe 16/09/2014; HC 184.923/DF, Rel. Min. Assusete Magalhães, 6ª Turma, j. 04/09/2012, DJe 14/03/2013; AgRg no AREsp 40.934/DF, Rel. Min. Marilza Maynard (Desembargadora convocada do TJ/SE), 5ª Turma, j. 13/11/2012, DJe 23/11/2012; HC 167.898/MG, Rel. Min. Og Fernandes, 6ª Turma, j. 14/02/2012, DJe 18/06/2012; AgRg no Ag 1.380.117/SE, Rel. Min. Laurita Vaz, 5ª Turma, j. 22/05/2012, DJe 05/06/2012; RHC 27.317/RJ, Rel. Min. Gilson Dipp, 5ª Turma, j. 17/05/2012, DJe 24/05/2012; REsp 1.533.691/MG (decisão monocrática), Rel. Min. Gurgel de Faria, j. 23/06/2015, DJe 03/08/2015; AREsp 518.363/DF (decisão monocrática), Rel. Min. Marco Aurélio Bellizze, j. 24/06/2014, DJe 27/06/2014.

As teses aqui resumidas foram elaboradas pela secretaria de jurisprudência do STJ, em sua base de dados, com julgados publicados até 16/09/2015.

MEDIDAS PROTETIVAS NA LEI MARIA DA PENHA – Lei nº 11.340/2006

18) **As medidas protetivas previstas na Lei nº 11.340/2006 são aplicáveis às minorias, como transexuais, transgêneros, cisgêneros e travestis em situação de violência doméstica, afastado o aspecto meramente biológico.**

Julgados: REsp 1.977.124/SP, Rel. Min. Rogerio Schietti Cruz, 6ª Turma, j. 05/04/2022, DJe 22/04/2022 (Vide Informativo de Jurisprudência nº 732).

Cap. 17 – VIOLÊNCIA DOMÉSTICA – MEDIDAS PROTETIVAS E A LEI MARIA DA PENHA   563

19) **As medidas protetivas impostas pela prática de violência doméstica e familiar contra a mulher possuem natureza satisfativa, motivo pelo qual podem ser pleiteadas de forma autônoma, independentemente da existência de outras ações judiciais.**

Julgados: AgInt no REsp 1.979.684/PE, Rel. Min. Maria Isabel Gallotti, 4ª Turma, j. 15/08/2022, DJe 17/08/2022; RHC 106.214/SP, Rel. Min. Ribeiro Dantas, 5ª Turma, j. 15/08/2019, DJe 20/08/2019; AgRg no REsp 1.783.398/MG, Rel. Min. Reynaldo Soares da Fonseca, 5ª Turma, j. 02/04/2019, DJe 16/04/2019; AgRg no REsp 1.566.547/MG, Rel. Min. Joel Ilan Paciornik, 5ª Turma, j. 27/06/2017, DJ 01/08/2017; REsp 1.419.421/GO, Rel. Min. Luis Felipe Salomão, 4ª Turma, j. 11/02/2014, DJe 07/04/2014 RHC 160.668/ES (decisão monocrática), Rel. Min. Sebastião Reis Júnior, 6ª Turma, j. 10/05/2022, publicação: 12/05/2022.

20) **Não se aplica o art. 308 do CPC/2015, que exige o ajuizamento de ação principal no prazo de trinta dias, à medida protetiva de alimentos deferida com fundamento na Lei nº 11.340/2006, que possui natureza satisfativa e não cautelar. Art. 806 do CPC/1973.**

Julgados: RHC 100.446/MG, Rel. Min. Marco Aurélio Bellizze, 3ª Turma, j. 27/11/2018, DJe 05/12/2018 (vide Informativo de Jurisprudência nº 640).

21) **A medida protetiva de alimentos deferida com fundamento na Lei nº 11.340/2006 subsiste enquanto perdurar a situação de vulnerabilidade desencadeada pela prática de violência doméstica e familiar, e não apenas durante a situação de violência.**

Julgados: RHC 100.446/MG, Rel. Min. Marco Aurélio Bellizze, 3ª Turma, j. 27/11/2018, DJe 05/12/2018.

22) **O Juizado de Violência Doméstica e Familiar contra a Mulher é competente para executar os alimentos fixados como medida protetiva de urgência em decorrência de aplicação da Lei Maria da Penha pela Vara especializada.**

Julgados: RHC 100.446/MG, Rel. Min. Marco Aurélio Bellizze, 3ª Turma, j. 27/11/2018, DJe 05/12/2018; REsp 1.475.006/MT, Rel. Min. Moura Ribeiro, 3ª Turma, j. 14/10/2014, DJe 30/10/2014 REsp 1.427.850/MT (decisão monocrática), Rel. Min. Antonio Carlos Ferreira, 4ª Turma, publicação: 28/06/2019; REsp 1.527.770/MT (decisão monocrática), Rel. Min. Maria Isabel Gallotti, 4ª Turma, j. 15/08/2017, publicação: 18/08/2017; CC 151.768/RS (decisão monocrática), Rel. Min. Paulo de Tarso Sanseverino, 2ª Seção, j. 01/08/2017, publicação: 03/08/2017; REsp 1.505.367/MT (decisão monocrática), Rel. Min. Marco Buzzi, 4ª Turma, j. 31/08/2016, publicação: 08/09/2016 (Vide Informativo de Jurisprudência nº 550) (Vide Jurisprudência em teses nº 41 – Tema 8).

23) **A decisão proferida em processo penal que fixa alimentos em razão de prática de violência doméstica constitui título hábil para imediata cobrança e, em caso de inadimplemento, é possível a decretação de prisão civil. Art. 22, V, da Lei. 11.340/2006.**

Julgados: RHC 100.446/MG, Rel. Min. Marco Aurélio Bellizze, 3ª Turma, j. 27/11/2018, DJe 05/12/2018 (Vide Informativo de Jurisprudência nº 640).

24) **Não é possível decretar a prisão do paciente por descumprimento de cautelar de prestação de alimentos sem a indicação concreta de prejuízo efetivo à vítima quando há contra ele a imputação de ataques físicos e morais à vítima e foram fixadas diversas medidas protetivas que preservam a segurança dela.**

Julgados: HC 454.940/GO, Rel. Min. Laurita Vaz, Rel. p/ acórdão Min. Sebastião Reis Júnior, 6ª Turma, j. 15/08/2019, DJe 02/09/2019.

564 DIREITO DAS FAMÍLIAS – *Rodrigo da Cunha Pereira*

25) **O Juizado de Violência Doméstica e Familiar contra a Mulher é competente para conhecer e julgar ação de divórcio ou de reconhecimento e dissolução de união estável na hipótese em que houve anterior promoção de medida protetiva, ainda que tenha sido extinta por homologação de acordo entre as partes. Art. 14 da Lei nº 11.340/2006.**

Julgados: REsp 1.496.030/MT, Rel. Min. Marco Aurélio Bellizze, 3ª Turma, j. 06/10/2015, DJe 19/10/2015 REsp 1.532.189/MT (decisão monocrática), Rel. Min. Marco Buzzi, 4ª Turma, j. 30/09/2016, publicação: 07/10/2016.

26) **O Juízo da Vara Especializada em Violência Doméstica e Familiar ou, na ausência deste, o Juízo Criminal é competente para apreciar o pedido de imposição de medida protetiva de manutenção de vínculo trabalhista da ofendida em razão de afastamento do trabalho decorrente de violência doméstica e familiar.**

Julgados: REsp 1.757.775/SP, Rel. Min. Rogerio Schietti Cruz, 6ª Turma, j. 20/08/2019, DJe 02/09/2019 (vide Informativo de Jurisprudência nº 655).

27) **Compete à Justiça Federal apreciar pedido de medida protetiva de urgência decorrente de crime de ameaça contra mulher, iniciado no estrangeiro com resultado no Brasil e cometido por meio de rede social de grande alcance.**

Julgados: CC 150.712/SP, Rel. Min. Joel Ilan Paciornik, 3ª Seção, j. 10/10/2018, DJe 19/10/2018 (vide Informativo de Jurisprudência nº 636).

17.6 RESUMO

O potencial de agressividade humana está presente no gênero masculino e feminino. Mas 90% da violência doméstica é praticada por homens.

As relações mais intrincadas e complexas são as relações familiares. Por isso, daí eclodem os maiores conflitos (Freud).

Amor e ódio: polaridade que tempera a vida humana.

É na intimidade do casal, dos desejos contidos, das inseguranças, do ódio/amor, que vem a explosão da violência.

A violência doméstica nasce, também, por não suportar a rejeição e o desamparo.

As relações de gênero trazem consigo e em seu âmago as maiores forças de sustentação da vida: o desejo de poder e o poder de desejo.

Discussões, e até uma certa dose de agressividade, podem integrar a cena familiar e o fim do amor. Mas violência não.

Lei Maria da Penha – Lei nº 11.340/2006 – Introduz novos significantes e significados à violência doméstica e o seu grande mérito foi romper a banalização da violência doméstica.

Violência doméstica é aquela praticada dentro de casa ou no âmbito familiar, entre pessoas com laços de conjugalidade, namoro, parentesco ou que tenha laços de afeto – Lei nº 11.340/2006.

Foi o primeiro texto legislativo a usar a palavra afeto (art. 5º, III).

As medidas protetivas da Lei nº 11.340/2006 vão de afastamento e proibição do agressor de aproximação da vítima até sua prisão.

Cap. 17 – VIOLÊNCIA DOMÉSTICA – MEDIDAS PROTETIVAS E A LEI MARIA DA PENHA **565**

Caracteriza-se como violência doméstica não apenas a agressão física e psicológica, mas também a violência patrimonial (art. 5º da Lei nº 11.340/2006).

A ADC 19 e ADIN 4424 em 09/02/12 confirmou a constitucionalidade dos Arts. 1º, 12, I, 16, 33 e 41 da Lei nº 11.340/2006.

Complementam o raciocínio e caracterização da violência doméstica as Súmulas 536, 542, 588 e 600 do STF.

FILMOGRAFIA

1. *Além da traição*, 1994, filme, EUA, Beyond Betrayal.
2. *A cor púrpura*, 1986, filme, EUA, Steven Spielberg.
3. *Big little lies*, 2017-2019, série, EUA, Liane Moriarty, David E. Kelley.
4. *Vidas partidas*, 2016, filme, Brasil, Marcos Schechtman.
5. *Alice não mora mais aqui*, 1974, filme, EUA, Martin Scorsese.
6. *Um céu de estrelas*, 1996, filme, Brasil, Tata Amaral.
7. *Para sempre Lilya*, 2002, filme, Dinamarca/Suécia, Lukas Moodysson.
8. *Pelos meus olhos*, 2004, filme, Espanha, Icíar Bollaín.
9. *Miss Violence*, 2012, filme, Grécia, Alexandros Avranas.
10. *Dormindo com o inimigo*, 1991, filme, EUA, Joseph Ruben.
11. *Bom dia, Verônica*, 2020, série, Brasil, José Henrique Fonseca Izabel Jaguaribe.
12. *Maid*, 2021, série, EUA, Molly Smith Metzler.
13. *O cara perfeito*, 2015, filme, EUA, David Rosenthal.
14. *Mãe coragem*, 1989, filme, Itália, Dino Risi.

18

FAMÍLIAS NO DIREITO INTERNACIONAL PRIVADO

 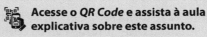

Acesse o *QR Code* e assista à aula explicativa sobre este assunto.

> https://uqr.to/ofqj

18.1 FAMÍLIAS GLOBALIZADAS

No mundo globalizado, com meios e sistemas de comunicação ágeis, especialmente pela rede de computadores, internet, aplicativos de encontros, os relacionamentos afetivos entre pessoas de países diferentes têm aumentado e se tornado mais frequente. Embora os sistemas de comunicação tenham facilitado as relações afetivas, as regras jurídicas para solucionar questões e conflitos daí decorrentes continuam sendo aquelas que esbarram em seus limites territoriais. Apesar do aumento do número de Convenções Internacionais e do crescente número dos países signatários, não há uma regra ou legislação internacional que venha dar respostas aos conflitos de ordem privada quando estes envolvam pessoas de nacionalidades diferentes. É a legislação de cada país que dará amparo àqueles que buscam respostas às suas questões envolvendo Direito de Família, bem como os tratados e convenções de cooperação internacional.

Muitas vezes essas questões ultrapassam as fronteiras territoriais, entrelaçando duas ou mais legislações de países diferentes. As situações são as mais variadas e imagináveis possíveis, tais como: brasileira casada com inglês, cujo casamento foi celebrado no Brasil, divorciaram-se na França onde residiam; divórcio de estrangeiros que vivem no Brasil ou de brasileiros que vivem no exterior; o registro do casamento ou do divórcio estrangeiro no Brasil etc. Qual legislação aplicar nas controvérsias transnacionais? São essas as situações que se busca no Direito Internacional Privado, os subsídios de cada caso concreto.

Uma das autoridades do assunto no Brasil, a professora e jurista carioca Nádia de Araújo, nos lembra que o Direito Internacional Privado – DIP é uma disciplina jurídica autônoma e sua denominação, apesar de imperfeita, já está consagrada no mundo jurídico. Imperfeita, porque não é internacional e nem é privada, pois é ramo do direito público. As regras desta disciplina apenas determinam quando o direito estrangeiro deverá ser aplicado no território nacional.[1] Ferrer Correa, citado por Nádia de Araújo, acrescenta e conclui:

---

[1] ARAÚJO, Nádia de. *Direito Internacional privado: Teoria e prática brasileira*, 4. ed. atualizada e ampliada. Rio de Janeiro: Renovar, 2008, p. 33 e 34.

O direito Internacional Privado é o ramo da ciência jurídica onde se definem os princípios, formulam-se os critérios, se estabelecem as normas a que deve obedecer a pesquisa de soluções adequadas para os problemas emergentes das relações privadas de caráter internacional. São essas relações (ou situações) aquelas que entram em contato, através dos seus elementos, com diferentes sistemas de direito. Não pertencem a um só domínio ou espaço legislativo: são relações "plurilocalizadas".[2]

Essas relações plurilocalizadas são solucionadas pelo próprio ordenamento jurídico interno de cada país, o qual direciona a legislação aplicável ao caso concreto. Situações afetas ao Direito de Família, envolvendo brasileiros com estrangeiros, têm a base de suas respostas no Decreto-Lei nº 4.657, de 04 de setembro de 1942[3], mais conhecido como a Lei de Introdução às Normas do Direito Brasileiro – LINDB[4], que, apesar de modificada por legislações posteriores, e mesmo com o advento de um novo Código Civil em 2002, continua em vigor, mas necessitando de uma atualização. Vejamos:

> Art. 7º A lei do país em que for domiciliada a pessoa determina as regras sobre o começo e o fim da personalidade, o nome, a capacidade e os direitos de família.
>
> § 1º Realizando-se o casamento no Brasil, será aplicada a lei brasileira quanto aos impedimentos dirimentes e às formalidades da celebração.
>
> § 2º O casamento de estrangeiros poderá celebrar-se perante autoridades diplomáticas ou consulares do país de ambos os nubentes.
>
> § 3º Tendo os nubentes domicílio diverso, regerá os casos de invalidade do matrimônio a lei do primeiro domicílio conjugal.
>
> § 4º O regime de bens, legal ou convencional, obedece à lei do país em que tiverem os nubentes domicílio, e, se este for diverso, à do primeiro domicílio conjugal.
>
> § 5º O estrangeiro casado, que se naturalizar brasileiro, pode, mediante expressa anuência de seu cônjuge, requerer ao juiz, no ato de entrega do decreto de naturalização, se apostile ao mesmo a adoção do regime de comunhão parcial de bens, respeitados os direitos de terceiros e dada esta adoção ao competente registro.
>
> § 6º O divórcio realizado no estrangeiro, se um ou ambos os cônjuges forem brasileiros, só será reconhecido no Brasil depois de 1 (um) ano da data da sentença, salvo se houver sido antecedida de separação judicial por igual prazo, caso em que a homologação produzirá efeito imediato, obedecidas as condições estabelecidas para a eficácia das sentenças estrangeiras no país. O Superior Tribunal de Justiça, na forma de seu regimento interno, poderá reexaminar, a requerimento do interessado, decisões já proferidas em pedidos de homologação de sentenças estrangeiras de divórcio de brasileiros, a fim de que passem a produzir todos os efeitos legais (alterado pela Lei nº 12.036, de 1º.10.2009).

As normas do Direito Internacional Privado carecem de novas regras e de uma reformulação mais ampla. Os valores e a família mudaram, há novas estruturas parentais e conjugais, e isso nos remete também a conflitos de leis e de jurisdições estrangeiras. É preciso adequar o fenômeno de internacionalização dos Direitos Humanos às regras do Direito Internacional Privado no campo de Direito de Família, como nos lembra o professor paulista Carlos Boucault:

---

[2]   CORREA, A. Ferrer. *Lições de Direito Internacional Privado*, vol. I, Coimbra: Almedina, 2000. p. 11 *apud* ARAÚJO, Nádia de. *Direito Internacional privado: Teoria e prática brasileira*, 4. ed. atualizada e ampliada. Rio de Janeiro: Renovar, 2008, p. 31.

[3]   A Lei nº 12.874/2013 alterou o art. 18 do Decreto-Lei nº 4.657, de 4 de setembro de 1942, para possibilitar às autoridades consulares brasileiras celebrarem a separação e o divórcio consensuais de brasileiros no exterior.

[4]   A Lei nº 12.376/2010 alterou a ementa da LINDB para: Lei de Introdução às normas do Direito Brasileiro.

Os novos fenômenos sociais fronteiriços, e os fluxos excepcionais de migração vinculados à estratégia de firmas, já exercem uma certa influência sobre o conteúdo dos direitos nacionais de família, cuja evolução passa agora por uma sistemática de circulação de modelos jurídicos.[5]

Em 2023, o CNJ, por meio do Provimento 152, estabeleceu regras importantes para esclarecer sobre o procedimento de alteração do prenome e /ou prenome das pessoas transgênero perante a autoridade consular brasileira, que deverão observar os seguintes critérios:

> Art. 518-A. O procedimento de alteração do prenome e/ou do gênero da pessoa transgênero realizado perante autoridade consular brasileira deverá observar os requisitos exigidos neste Código. § 1º Em se tratando de brasileiro nascido no exterior, a certidão de que trata o art. 518, § 6º, I, deste Código será substituída pela certidão do registro do traslado de nascimento, observada a Resolução CNJ nº 155/20126. § 2º As certidões de que tratam os incisos XI a XVI do § 6º do art. 518 deste Código poderão ser substituídas por declaração que indique residência no exterior há mais de cinco anos, acompanhada de prova documental do alegado. § 3º O envio do procedimento ao ofício do RCPN competente para a realização da averbação deverá ser realizado eletronicamente por meio da Central de Informações de Registro Civil das Pessoas Naturais – CRC. § 4º O recolhimento dos emolumentos devidos se dará diretamente perante o ofício de registro civil competente, por meio de plataforma disponibilizada pela Central de Informações de Registro Civil das Pessoas Naturais – CRC, devendo o respectivo comprovante ser apresentado à autoridade consular. § 5º As representações consulares brasileiras no exterior que não reúnam condições tecnológicas para acesso à plataforma da Central de Informações de Registro Civil das Pessoas Naturais – CRC poderão enviar o procedimento ao ofício do RCPN competente por meio do Ministério das Relações Exteriores, mantida a forma de pagamento dos emolumentos pelo requerente descrita no parágrafo anterior.

18.2 EFEITOS E EFICÁCIA DO DIVÓRCIO DE ESTRANGEIRO NO BRASIL

A Lei nº 6.515/77, mais conhecida como Lei do Divórcio, alterou a redação da Lei de Introdução às normas do Direito Brasileiro (anteriormente denominada de Lei de Introdução ao Código Civil) – Decreto-lei nº 4.657, de 04 de setembro de 1942. Tal alteração adveio da necessidade de adaptação das regras do divórcio brasileiro, o que obviamente não existia à época da promulgação do referido Decreto. Esta Lei é ainda a base de compreensão para todas as questões de família envolvendo transnacionalidades, repita-se. Com a Emenda Constitucional nº 66/2010, que alterou o art. 226, § 6º, da Constituição da República, não há mais a condição de lapso temporal para se obter o divórcio. Portanto, a leitura dos artigos da referida LINDB deve ser feita considerando e se adaptando ao novo texto constitucional.

Quando a dissolução do casamento se der pelo divórcio em situações que envolvam litígios que transcendem as fronteiras territoriais, devemos considerar duas assertivas. A primeira é a do casamento que foi realizado no exterior, mas o divórcio realizado no Brasil. A segunda vertente

---

[5] BOUCAULT, Carlos. "Multiculturalismo e Direito de Família nas normas de direito internacional privado". In: CUNHA PEREIRA, Rodrigo da (Coord.). *Anais do III Congresso Brasileiro de Direito de Família – Família e Cidadania.* O novo CCB e a "vacatio legis", Belo Horizonte: Del Rey, 2000, p. 164.

[6] A Resolução nº 583/2024 alterou a Resolução CNJ nº 155/2012, que dispõe sobre traslado de certidões de registro civil de pessoas naturais emitidas no exterior.

do raciocínio são os efeitos daí decorrentes, tanto do casamento no Brasil como no exterior. Esta, por sua vez, apresenta seus significados de ordens econômica, social e comportamental.[7]

A regra prescrita no art. 7º da LINDB elucida os casos do casamento realizado no exterior, e as partes aqui domiciliadas manifestam sua vontade pelo divórcio no Brasil[8]. Neste caso, a autoridade brasileira, segundo os artigos 21 e 23 do CPC/2015[9], sintetiza tais hipóteses, inclusive em caso de competência concorrente. Os efeitos econômicos e patrimoniais, isto é, a partilha de bens, encontra resposta no § 4º do referido art. 7º, ou seja, o regime de bens obedece à lei do país em que os nubentes, ou melhor, os cônjuges, forem domiciliados. Se tiverem domicílio diversos, considerar-se-á a lei do primeiro domicílio conjugal.

Se o divórcio de brasileiros ocorrer no exterior, podemos sintetizar os pressupostos para admissibilidade e validade do ato no art. 15 da LINDB:

---

[7] ARAUJO, Nádia de. *Direito Internacional privado: Teoria e prática brasileira*, 4. ed. atualizada e ampliada, Rio de Janeiro: Renovar, 2008, p. 462.

[8] A Resolução nº 583/2024 alterou a Resolução CNJ nº 155/2012, que dispõe sobre traslado de certidões de registro civil de pessoas naturais emitidas no exterior. "Art. 1º – Alterar o art. 13, § 3º, da Resolução CNJ nº 155/2012, que passa a vigorar com a seguinte redação: Art. 13. (...) § 3º – Faculta-se a averbação do regime de bens posteriormente, sem a necessidade de autorização judicial, mediante apresentação de documentação comprobatória. Para fins de referida averbação complementar, o regime de bens deverá indicar o país cuja legislação se aplica, sendo adotado o respectivo nomen juris de origem, o qual será comprovado pela apresentação de documento comprobatório do domicílio dos nubentes, no momento da celebração do casamento, quando domiciliados no mesmo estado, ou do primeiro domicílio conjugal, após a celebração do casamento mediante ao menos um dos documentos abaixo identificados: a) certificação de 2 (dois) advogados em exercício no país cuja lei seja aplicável, sobre sua vigência e sentido, conforme art. 409 do Código Bustamante (Decreto nº 18.871/1929), devidamente legalizada ou apostilada, traduzida na forma juramentada e registrada perante o Oficial de Registro de Títulos e Documentos nos termos do art. 129, item 6, Lei nº 6.015/1973; b) declaração prestada pela representação consular do país cuja lei é aplicável, na qual seja indicado o regime de bens aplicável, ou as regras acerca da regência patrimonial dos bens adquiridos na constância do casamento; ou c) apresentação da lei aplicável, conforme art. 7º, § 4º, da Lei de Introdução às Normas do Direito Brasileiro (LINDB), à regência patrimonial dos bens adquiridos na vigência do casamento, conforme art. 376 do Código de Processo Civil, devidamente traduzida na forma juramentada por tradutor registrado na Junta Comercial; e d) declaração prestada pela representação consular brasileira no país de origem que especifique o regime de bens aplicável ou as regras acerca da regência patrimonial dos bens adquiridos na constância do casamento. § 3º-A – A omissão do regime de bens na certidão de casamento realizado no exterior, mas regido pelas leis nacionais (na forma do art. 7º, § 4º, da LINDB – Decreto-Lei nº 4.657/1942), poderá ser suprida mediante apresentação de requerimento dirigido ao Oficial de Registro Civil de Pessoas Naturais competente, para que se proceda, à margem da transcrição de casamento, após devido procedimento, a averbação do regime de comunhão parcial de bens (se for o caso da aplicação do art. 1.640 do Código Civil – CC) ou regime da separação obrigatória de bens (se aplicável o art. 1.641 do CC), instruindo o pedido com a cópia autenticada da identidade dos cônjuges e certidão atualizada de registro civil do cônjuge brasileiro anterior ao casamento, para verificação das hipóteses previstas no art. 1.523 do CC. § 3º-B – Na hipótese de declaração de inexistência de pacto antenupcial, deve ao menos 1 (um) dos cônjuges firmar declaração, sob pena de responsabilidade, quanto a inexistência de excepcionalidade ao regime de bens aplicável. § 3º-C – Ausente pacto antenupcial, quando a legislação estrangeira remeter a solução do regime de bens à legislação brasileira ou não estabelecer o regime de bens, aplica-se o disposto nos arts. 1.640, *caput*, e 1.641, do Código Civil, observado o procedimento estabelecido nos §§ 3º-A e 3º-B".

[9] Art. 21. Compete à autoridade judiciária brasileira processar e julgar as ações em que: I – o réu, qualquer que seja a sua nacionalidade, estiver domiciliado no Brasil; II – no Brasil tiver de ser cumprida a obrigação; III – o fundamento seja fato ocorrido ou ato praticado no Brasil. Parágrafo único. Para o fim do disposto no inciso I, considera-se domiciliada no Brasil a pessoa jurídica estrangeira que nele tiver agência, filial ou sucursal. (...) Art. 23. Compete à autoridade judiciária brasileira, com exclusão de qualquer outra: I – conhecer de ações relativas a imóveis situados no Brasil; II – em matéria de sucessão hereditária, proceder à confirmação de testamento particular e ao inventário e à partilha de bens situados no Brasil, ainda que o autor da herança seja de nacionalidade estrangeira ou tenha domicílio fora do território nacional; III – em divórcio, separação judicial ou dissolução de união estável, proceder à partilha de bens situados no Brasil, ainda que o titular seja de nacionalidade estrangeira ou tenha domicílio fora do território nacional.

Será executada no Brasil a sentença proferida no estrangeiro que reúna os seguintes requisitos:

a) haver sido proferida por juiz competente;

b) terem sido as partes citadas ou haver-se legalmente verificado à revelia;

c) ter passado em julgado e estar revestida das formalidades necessárias para a execução no lugar em que foi proferida;

d) estar traduzida por intérprete autorizado;

e) ter sido homologada pelo Supremo Tribunal Federal (EC 45 transferiu competência para o Superior Tribunal de Justiça, art. 105, I, *i*, da CR/1988).

Parágrafo único. (Revogado pela Lei nº 12.036/09).

Em casos de partilha de bens localizados no Brasil, a jurisprudência e a doutrina são unânimes de que compete exclusivamente à justiça brasileira decidir sobre a partilha de bens imóveis situados no Brasil. O STJ e o STF já se manifestaram no sentido de que não há ofensa à soberania nacional e à ordem pública quanto a sentença estrangeira que dispõe sobre bem localizado no território brasileiro se tiver tido acordo entre as partes, já que tal decisão seria apenas uma ratificação daquilo que foi pactuado. Ou seja, não há ofensa ao art. 89 do CPC ne nem mesmo ao art. 12, § 1º, da Lindb (STJ, 1.304/US, Rel Raul Araújo, DJe 03/03/2008).

Em 2023, o STJ analisou a controvérsia sobre a jurisdição do juízo brasileiro para inventário e partilha de bens, que se encontrava no exterior. Ele reformou a sentença, com base no art. 23, II, do CPC, que estabelece a competência da justiça brasileira em analisar matéria sucessória e de partilha, ainda que o autor da herança seja estrangeiro[10]. Assim ficou reafirmada a regra do referido art. 23, II, do CPC/2015 e que por extensão deve-se interpretar também a partilha de bens, não apenas da sucessão hereditária, mas também aqueles decorrentes do divórcio e dissolução de união estável (STJ, REsp 1.447.246, Rel.ª Min.ª Isabel Gallotti).

18.3 HOMOLOGAÇÃO DE SENTENÇA ESTRANGEIRA

Com a Emenda Constitucional nº 45, a competência para homologação de sentença estrangeira[11] deixou a Suprema Corte – STF e foi para o Superior Tribunal de Justiça, conforme dispõe o art. 105, I, *i*, da Constituição da República.[12] O CPC/2015 prevê em seu art. 40 que a cooperação jurídica internacional para a execução de decisão estrangeira será por carta

---

[10] Art. 23. Compete à autoridade judiciária brasileira, com exclusão de qualquer outra: I – conhecer de ações relativas a imóveis situados no Brasil; II – em matéria de sucessão hereditária, proceder à confirmação de testamento particular e ao inventário e à partilha de bens situados no Brasil, ainda que o autor da herança seja de nacionalidade estrangeira ou tenha domicílio fora do território nacional; III – em divórcio, separação judicial ou dissolução de união estável, proceder à partilha de bens situados no Brasil, ainda que o titular seja de nacionalidade estrangeira ou tenha domicílio fora do território nacional.

[11] (...) A homologação de decisão estrangeira é ato meramente formal, por meio do qual esta Corte exerce tão somente um juízo de delibação, não adentrando o mérito da disputa original, tampouco averiguando eventual injustiça do decisum alienígena. A homologação tem como única e exclusiva finalidade transportar para o ordenamento pátrio, se cumpridos todos os requisitos formais exigidos pela legislação brasileira, a decisão prolatada no exterior, nos exatos termos em que proferida. 4. Pedido de homologação da decisão estrangeira deferido. (...) (STJ, HDE 4.289/EX, Rel. Min. Raul Araújo, Corte Especial, *DJe* 23/08/2021).

[12] Art. 105. Compete ao Superior Tribunal de Justiça:

I – processar e julgar, originariamente: (...)

i) a homologação de sentenças estrangeiras e a concessão de *exequatur* às cartas rogatórias.

Súmula 381 – STF – Não se homologa sentença de divórcio obtida por procuração em país de que os cônjuges não eram nacionais.

rogatória ou por homologação de sentença estrangeira, como previsto nos arts. 960 e seguintes desse mesmo diploma processualista. No mesmo sentido, o Provimento nº 53, de 16 de maio de 2016, do Conselho Nacional de Justiça estabeleceu diretrizes para procedimentos de averbação de decisões estrangeiras de divórcio no estrangeiro, judiciais ou não judiciais, que tenham sido proferidas com base no consenso dos cônjuges.

O Superior Tribunal de Justiça[13] ao apreciar homologação de sentença estrangeira[14] assim interpretou em conformidade com a EC 66/2010:

> A sentença estrangeira encontra-se apta à homologação, quando atendidos os requisitos dos arts. 5º e 6º da Resolução STJ nº 9/2005: (i) a sua prolação por autoridade competente; (ii) a devida ciência do réu nos autos da decisão homologanda; (iii) o seu trânsito em julgado; (iv) a chancela consular brasileira acompanhada de tradução por tradutor oficial ou juramentado; (v) a ausência de ofensa à soberania ou à ordem pública. 2. A nova redação dada pela EC 66, de 2010, ao § 6º do art. 226 da CF/88 tornou prescindível a comprovação do preenchimento do requisito temporal outrora previsto para fins de obtenção do divórcio. 3. Afronta a homologabilidade da sentença estrangeira de dissolução de casamento a ofensa à soberania nacional, nos termos do art. 6º da Resolução nº 9, de 2005, ante a existência de decisão prolatada por autoridade judiciária brasileira a respeito das mesmas questões tratadas na sentença homologanda. 4. A exclusividade de jurisdição relativamente a imóveis situados no Brasil, prevista no art. 89, I, do CPC, afasta a homologação de sentença estrangeira na parte em que incluiu bem dessa natureza como ativo conjugal sujeito à partilha. 5. Pedido de homologação de sentença estrangeira parcialmente deferido, tão somente para os efeitos de dissolução do casamento e da partilha de bens do casal, com exclusão do imóvel situado no Brasil (STJ, Sentença Estrangeira Contestada nº 5.302-EX, Rel. Min. Nancy Andrighi, Corte Especial, publ. 07/06/2011).

Quando tratar-se de divórcio estrangeiro consensual, de acordo com o art. 961, § 5º, do CPC, não há mais a necessidade de sua homologação pelo STJ: *A sentença estrangeira de divórcio consensual produz efeitos no Brasil, independentemente de sua homologação pelo Superior Tribunal de Justiça.* Se houver dúvida, ou as sentenças estrangeiras de divórcio litigioso, continua sendo obrigatória a homologação pelo STJ.

18.3.1 Divórcio no consulado brasileiro

A Lei nº 12.874/2013 alterou a Lei de Introdução às normas do Direito Brasileiro (Decreto-Lei nº 4.657/1942) para conferir às autoridades consulares brasileiras a atribuição de realizarem divórcio e separação consensual[15]. Tal função vem à imagem e semelhança dos poderes outorgados aos tabeliães brasileiros, pela Lei nº 11.441/2007. O art. 18 da referida LINDB passou a vigorar com a seguinte redação:

> Art. 18. Tratando-se de brasileiros, são competentes as autoridades consulares brasileiras para lhes celebrar o casamento e os mais atos de Registro Civil e de tabelionato, inclusive o registro de nascimento e de óbito dos filhos de brasileiro ou brasileira nascido no país da sede do Consulado.
>
> § 1º As autoridades consulares brasileiras também poderão celebrar a separação consensual e o divórcio consensual de brasileiros, não havendo filhos menores ou incapazes do

---

[13] SEC: 15686 EX 2016/0123674-0.

[14] STJ, SEC nº 493-EX – 2011/0034271-1/STJ, SEC nº 4.403-JP.

[15] Cf. Provimento 149/2023: arts. 463 e seguintes.

Cap. 18 – FAMÍLIAS NO DIREITO INTERNACIONAL PRIVADO **573**

casal e observados os requisitos legais quanto aos prazos, devendo constar da respectiva escritura pública as disposições relativas à descrição e à partilha dos bens comuns e à pensão alimentícia e, ainda, ao acordo quanto à retomada pelo cônjuge de seu nome de solteiro ou à manutenção do nome adotado quando se deu o casamento.

§ 2º É indispensável a assistência de advogado, devidamente constituído, que se dará mediante a subscrição de petição, juntamente com ambas as partes, ou com apenas uma delas, caso a outra constitua advogado próprio, não se fazendo necessário que a assinatura do advogado conste da escritura pública.

Os divórcios[16] realizados no consulado brasileiro constituem escrituras públicas, tal qual nos tabelionatos, e não precisam ser homologados no Brasil, já que o consulado é território brasileiro. Entretanto, se as partes quiserem que tal divórcio tenha validade no país estrangeiro, na hipótese de seu registro naquele país, deverão verificar a sua necessidade conforme a legislação do país respectivo.

18.4 PROBLEMAS E QUESTÕES DO MULTICULTURALISMO: POLIGAMIA *VERSUS* MONOGAMIA; REGISTRO DE CASAMENTO E DIVÓRCIO DE CASAIS HOMOAFETIVOS

Como conciliar o casamento poligâmico em ordenamentos jurídicos monogâmicos? É possível proceder ao registro do casamento em cartório de registro civil de um cidadão marroquino, casado naquele país com três mulheres, e que fixou residência no Brasil? O professor de Direito Internacional, Carlos Boucault, tratou deste tema durante o III Congresso Brasileiro de Direito de Família, dizendo o seguinte:

> A dicotomia casamento monogâmico-poligâmico parece enfrentar novos enquadramentos teóricos e assumir outras formas de organização familiar que se distanciam dos conceitos tradicionais doutrinários e da visão jurisprudencial plasmada no princípio de ordem pública como mecanismo de limitações à eficácia do direito estrangeiro. Os critérios tradicionais que se fundamentam na ordem pública parecem estar concentrados nos mecanismos da fraude à lei, para limitar a aplicação de normas de direito estrangeiro, vez que situações de Direito de Família anteriormente inadmissíveis já comportam o reconhecimento por parte de ordenamentos jurídicos...[17]

O problema não é singelo. A legislação que regulamenta a matéria, ou seja, a Lei de Introdução às normas do Direito Brasileiro, é de 1942, de uma época em que o multiculturalismo não tinha, nem de longe, a tônica que tem hoje, com a economia globalizada, e que, consequentemente, tem um outro fluxo de pessoas e famílias cada vez mais internacionalizadas. A legislação do Direito Internacional Privado está anacrônica perante esta realidade. Os critérios de domicílio

---

[16] CPC/2015: Art. 961. A decisão estrangeira somente terá eficácia no Brasil após a homologação de sentença estrangeira ou a concessão do *exequatur* às cartas rogatórias, salvo disposição em sentido contrário de lei ou tratado. (…) § 5º A sentença estrangeira de divórcio consensual produz efeitos no Brasil, independentemente de homologação pelo Superior Tribunal de Justiça. § 6º Na hipótese do § 5º, competirá a qualquer juiz examinar a validade da decisão, em caráter principal ou incidental, quando essa questão for suscitada em processo de sua competência.

[17] BOUCAULT, Carlos. "Multiculturalismo e direito de família nas normas de direito internacional privado". In: CUNHA PEREIRA, Rodrigo da (Coord.) *Anais do III Congresso Brasileiro de Direito de Família – Família e cidadania*. "O novo CCB e a *vacatio legis*". Belo Horizonte: IBDFAM, Del Rey, 2002, p. 168.

DIREITO DAS FAMÍLIAS – *Rodrigo da Cunha Pereira*

e de nacionalidade estão assentados na perspectiva clássica do conceito de soberania nacional, enquanto os tribunais têm sido conservadores na aplicação do Direito estrangeiro.[18]

Provavelmente, o único artigo da LINDB que pode ser invocado para socorrer o caso aqui exemplificado seja o art. 5º,[19] por determinar ao juiz que atenda, na aplicação da lei, aos fins sociais a que ele se destina. Mesmo assim não temos a solução do problema, que só encontrará resposta, obviamente, em uma base principiológica.

Mas, afinal, qual é o princípio a ser invocado, se há um encontro ou desencontro de dois princípios polarizados? A aplicação aqui deverá ser a do princípio da menor intervenção estatal em consonância com a hermenêutica constitucional, que dá ao brasileiro e estrangeiro residente no Brasil os mesmos direitos (art. 5º).[20] Entre esses direitos garantidos estão o da cidadania e o da liberdade, pressupondo aí o respeito à identidade cultural diferente. Sendo assim, entendemos possível o registro de casamento poligâmico estrangeiro em cartório brasileiro, aliás requisito obrigatório para que eles tenham eficácia no Brasil, da mesma forma que é possível o registro de um casamento francês, espanhol etc. Este direito sustenta-se, em síntese, no respeito à identidade cultural dos povos, cuja base principiológica está na Constituição da República. A França e a Inglaterra, em razão de um multiculturalismo mais intenso, há muito já autoriza o registro de casamentos estrangeiros poligâmicos.[21]

Outro aspecto importante do multiculturalismo e que esbarra em conceitos morais veiculados pela legislação de diferentes países, é quando o casamento de pessoas do mesmo sexo não era permitido no Brasil[22]. Por exemplo: duas mulheres que se casaram em um país que admite o casamento entre pessoas do mesmo sexo[23] e depois fixam residência no Brasil e aqui pretendem se divorciar. Para que o divórcio possa ser feito no Brasil, é necessário que o casamento também seja registrado aqui em razão dos limites territoriais da lei de cada país, conforme dispõe a Lei nº 6.015/73.[24] Temos aí a primeira questão: era possível registrar o casamento estrangeiro entre pessoas do mesmo sexo em cartório brasileiro? Se se admitia o seu registro, obviamente era juridicamente possível também o divórcio. Embora essa questão já esteja superada no Brasil, o exemplo nos serve à reflexão sobre a importância do respeito à diversidade cultural entre os ordenamentos jurídicos. Por outro lado, é um problema quando um casal homoafetivo pretende tornar válido seu casamento brasileiro, em um país em que não é possível o casamento homoafetivo.

---

[18] BOUCAULT, Carlos. "Multiculturalismo e direito de família nas normas de direito internacional privado". In: CUNHA PEREIRA, Rodrigo da (Coord.) *Anais do III Congresso Brasileiro de Direito de Família – Família e cidadania.* "O novo CCB e a *vacatio legis*". Belo Horizonte: IBDFAM, Del Rey, 2002, p. 170.

[19] Art. 5º Na aplicação da lei, o juiz atenderá aos fins sociais a que ela se dirige e às exigências do bem comum.

[20] Art. 5º da Constituição da República: Todos são iguais perante a lei, sem distinção de qualquer natureza, garantindo-se aos brasileiros e *aos estrangeiros* residentes no país a inviolabilidade do direito à vida, à liberdade, à igualdade, à segurança e à propriedade (...).

[21] BOUCAULT, *op. cit.*, p. 169.

[22] Em 2013 a Resolução 175 do CNJ admitiu o casamento homoafetivo.

[23] O primeiro país a admitir o casamento entre pessoas do mesmo sexo foi a Holanda em 2001, seguido pela Bélgica (2003), alguns Estados americanos a partir de 2004, Espanha (2005), Canadá (2005), África do Sul (2006), Noruega (2009), Suécia (2009), Portugal (2010), Argentina (2010) e Brasil (2013).

[24] Art. 32 da Lei nº 6.015/73: Os assentos de nascimento, óbito e de casamento de brasileiros em país estrangeiro serão considerados autênticos, nos termos da lei do lugar em que forem feitos, legalizadas as certidões pelos cônsules ou quando por estes tomados, nos termos do regulamento consular.

§ 1º Os assentos de que trata este artigo serão, porém, transladados nos cartórios de 1º ofício do domicílio do registro ou no 1º ofício do Distrito Federal, em falta de domicílio conhecido, quando tiverem de produzir efeito no país, ou, antes, por meio de segunda via que os cônjuges serão obrigados a remeter por intermédio do Ministério das Relações Exteriores.

Cap. 18 – FAMÍLIAS NO DIREITO INTERNACIONAL PRIVADO **575**

O mesmo problema pode ser encontrado quando um casal, hetero ou homoafetivo, que vive em união estável, muda para outro país e quer reconhecer ou pôr fim àquela conjugalidade. Isto porque muitos países não reconhecem a união estável tal como ela é tratada aqui no Brasil. A França, por exemplo, embora seja a "pátria do Direito concubinário" (ver item 5.1), e onde surgiram os primeiros julgados sobre conjugalidades que não tenham sido pelo casamento, não evoluiu como no Direito brasileiro, e lá não se reconhece direitos da união estável como se conhece aqui.

O art. 17 da LINDB[25] proíbe registro no Brasil de atos, declarações de vontade, sentenças e leis estrangeiras que ofenderem: a) a soberania nacional; b) a ordem pública e c) os bons costumes. O registro de um casamento/divórcio entre pessoas do mesmo sexo nenhuma relação tem com a questão da soberania nacional. Seria então contrário à ordem pública? Não vemos como aspectos da vida privada possam interferir na organização da *polis*, assim como a vida privada e a sexualidade dos governantes ou ocupantes de cargos públicos nenhuma relação têm com o cargo ocupado. Quanto aos bons costumes, não se pode mais dizer que a maneira como uma pessoa se relaciona sexualmente, ou seja, as escolhas ou preferências sexuais de alguém, se hetero ou homossexuais, se monogamia ou poligamia possa se enquadrar na categoria contrária aos bons costumes. Prova disso é a evolução jurisprudencial que reconheceu as uniões homoafetivas como entidade familiar, independentemente do nome que se dê a elas.

O encontro de ordenamentos jurídicos de países diferentes, e cujos costumes são diferentes, não pode significar desamparo e proteção jurídica aos estrangeiros. O respeito às diferenças, inclusive culturais, é um princípio que deve nortear todas as relações jurídicas. Na era dos Direitos Humanos não cabe mais segregar pessoas em razão de suas diferenças ideológicas, de gênero, raça ou preferências sexuais.

O registro de casamentos ou divórcios estrangeiros de pessoas do mesmo sexo no Brasil não afrontava a ordem jurídica, assim como o de casamentos poligâmicos não afronta. Ao contrário, tais registros apenas corroboram a Declaração Universal dos Direitos Humanos em prol do reconhecimento de que as diferenças culturais não podem ser inviabilizadoras das relações entre os povos de culturas e costumes diferentes.

18.5 GUARDA DE CRIANÇA NO PLANO INTERNACIONAL

A guarda de filhos, expressão que tende a ser substituída no Brasil por autoridade parental, em razão de seu significante de objeto, pode receber denominações diferentes em outros países. Nos EUA, por exemplo, tem o nome de *custody*, quando se refere aos pais, e *guardianship* quando atribuída a terceiros. Em muitos países de língua espanhola, por exemplo, o que passamos a chamar de poder familiar a partir do CCB/2002 (antes pátrio poder), eles nomeiam de *patria potestad*. No direito italiano, o conceito de autoridade parental foi substituído pelo conceito de responsabilidade parental[26]. No Brasil a guarda compartilhada é obrigatória, o que não acontece em todos os países. De qualquer forma, a lei a ser aplicada será a do domicílio habitual da criança. Conforme dispõe o *caput* do art. 7º da LINDB, a lei do país do domicílio da pessoa é que determina as regras sobre o começo e fim da personalidade, nome, capacidade e os direitos decorrentes das relações familiares. Entretanto, as regras de qualquer país, devem sempre estar de acordo com os princípios constitucionais (ver cap. 2) daquele país, assim como as regras do DIP devem estar de acordo com os Tratados Internacionais[27] (ver item 18.8), especialmente a

---

25 Art. 17, LINDB. As leis, atos e sentenças de outro país, bem como quaisquer declarações de vontade, não terão eficácia no Brasil, quando ofenderem a soberania nacional, a ordem pública e os bons costumes.

26 Art. 316 do Código Civil Italiano.

27 CR/1988, art. 5º, § 3º. Os tratados e convenções internacionais sobre direitos humanos que forem aprovados, em cada Casa do Congresso Nacional, em dois turnos, por três quintos dos votos dos respectivos membros, serão equivalentes às emendas constitucionais.

DIREITO DAS FAMÍLIAS – *Rodrigo da Cunha Pereira*

Convenção sobre os Direitos das Crianças, que, em seu art. 3º, 1, estabelece o princípio maior: *"Todas as ações relativas às crianças, levada a efeito por instituições públicas ou privadas de bem-estar social, tribunais, autoridades administrativas ou órgãos legislativos, devem considerar, primordialmente, o interesse maior da criança".*

Assim, são os princípios constitucionais de cada país, que podem dar mais vida e vivacidade à frieza da lei. Gustavo Mônaco, em seu livro *Guarda internacional de crianças*, é assertivo, ao realçar essa proximidade: *"Regras de conexão fixas, inflexíveis, que determinam a lei aplicável, para se adotar o princípio amplo e flexível da lei mais próxima, intimamente vinculada com as partes e com a questão jurídica, que faculta aos tribunais maior poder discricionário na escolha da lei aplicável"*[28].

São esses princípios que permitirão, por exemplo, que no Brasil não se apliquem regras de países em que a guarda de filhos fica com o pai, em razão da infidelidade conjugal, bem como não se poder prender o devedor de alimentos, em países em que não há tal previsão etc.

Enfim, a disputa de guarda e o convívio com os filhos menores no âmbito internacional, repita-se, obedecem às regras do Direito Internacional Privado (LINDB e CPC), em consonância com os Tratados Internacionais, cujos países envolvidos sejam signatários, e obviamente os princípios constitucionais de cada país[29]. Patrícia Novais Calmon, em seu livro sobre o assunto, é elucidativa quando traz o seguinte exemplo: uma ação é proposta no Brasil, domicílio do genitor guardião, visando à regulamentação de guarda de um filho que tem domicílio nos Estados Unidos da América. O Juiz brasileiro se utilizará dos conceitos legais presentes na lei brasileira para qualificação do instituto da guarda, ainda que na prática, a lei material aplicável seja a americana (local do domicílio da criança). Logo, primeiro qualifica-se o instituto, para apenas depois descobrir o elemento de conexão incidente no caso da guarda domicílio da criança[30].

18.6 SEQUESTRO INTERNACIONAL/INTERPARENTAL DE CRIANÇAS – AUTORIDADE CENTRAL

Na era da globalização e da internet, as barreiras e os limites nacionais estão sendo cada vez mais ampliados. Com isto, é natural que as pessoas estabeleçam relações afetivas, constituindo famílias conjugais e parentais com pessoas de outros países. É comum também que as relações se desfaçam, que as pessoas se desentendam e tenham opiniões diferentes sobre o melhor local ou país para se criar filhos. Como esses desentendimentos aumentaram muito nas últimas décadas, foi preciso caracterizar determinados atos, como levar o filho para outro país sem o consentimento do outro genitor como sequestro internacional. A expressão mais adequada deveria ser "sequestro interparental". E assim foi necessário um tratado internacional para coibir tais práticas.

A Convenção sobre os Aspectos Civis do Sequestro Internacional de Crianças, realizada em Haia, em 25/10/80, ratificada pelo Decreto nº 3.413/00, designou as práticas de remoção e retenção de criança no âmbito internacional. Ela considera sequestro internacional a retirada da criança do país de sua residência, geralmente por um dos pais ao voltar ao seu país de origem, após o fim da relação conjugal, sem a autorização do outro genitor ou de suprimento judicial do consentimento.

---

[28]   MÔNACO, Gustavo Ferraz de Campos. *Guarda internacional de crianças*. São Paulo: Quartier Latin, 2012, p. 83.

[29]   Cf. material informativo do Ministério das Relações Exteriores. Disponível em: https://www.gov.br/mre/pt-br/assuntosportal-consular/arquivos/cartilhas/guarda_e_subtraçãointernacional de menores/cartilha-Londes_PDF. Acesso: 12 jan. 2024.

[30]   CALMON, Patrícia Novais. *Direito de Família internacional*. Indaiatuba: Foco, 2024, p. 92.

Os exemplos mais comuns de sequestro são: 1) quando a criança é levada por um dos pais, com autorização judicial, para fora do país para passar férias e não mais retorna após o período previsto, modalidade conhecida como retenção; 2) quando um dos pais subtrai a criança do país de forma ilícita, ou seja, sem autorização da Justiça ou do outro genitor, conhecida como remoção.

Dados da Secretaria de Direitos Humanos da Presidência da República, sob auxílio da Autoridade Central Federal – ACAF, encarregada de dar cumprimento às obrigações impostas pela Convenção de Haia sobre Aspectos Civis do Sequestro Internacional de Crianças, revelam que as mães são as que mais praticam o sequestro ou retenção. Autoridade central é a expressão utilizada para designar o órgão técnico-especializado para o recebimento e a transmissão de pedidos de cooperação jurídica internacional, nascido da Convenção de Haia de comunicação de atos processuais (1965). Este modelo mostrou-se eficiente no mundo todo, e mais eficaz e célere do que via diplomacia. O CPC/2015 inovou ao sistematizar os artigos 21 a 41 sobre as regras dessa cooperação jurídica internacional.

O objetivo da Convenção de Haia, conforme se extrai de seu art. 1º, é repor à criança seu *status quo*, preservando o foro do país de sua residência habitual[31] como o competente para julgar pedido de guarda, por configurar o juízo natural onde se pressupõe sejam mais bem discutidas as questões a ela referentes e mais fácil a colheita de provas. Essa presunção, aliás, reforça a ideia de que a decisão sobre a guarda e regulamentação do direito de convivência não é objeto da ação de busca e apreensão, ou do retorno manejado pela autoridade central. Também corrobora esse entendimento o disposto nos arts. 16, 17 e 19 da Convenção de Haia, cuja redação é a seguinte:

> Art. 16 – Não podem as autoridades judiciais ou administrativas do Estado Contratante para onde a criança foi ilicitamente levada ou esteja retida, tomar decisões sobre o fundo do direito de guarda, após ciência da transferência ou retenção ilícitas e antes de resolvido o pedido de restituição. Art. 17 – A existência de decisão relativa à guarda não poderá servir de base para justificar a recusa de fazer retornar a criança ao país de origem, podendo, apenas, sua motivação ser levada em consideração pelo juiz que apreciará o pedido de devolução da criança. (...) Art. 19 – Qualquer decisão sobre o retorno da criança não afeta os fundamentos do direito de guarda.

A jurisprudência tem corroborado e reafirmado essas regras da Convenção, cujo trâmite processual, especificamente quanto ao retorno, ou não, da criança se dá na Justiça Federal. Mas a discussão de guarda é no juízo de família. Em outras palavras, a justiça federal é competente para decidir sobre questões da cooperação internacional (STJ – CC: 132100 BA 2014/0002719-9, Rel. Min. João Otávio de Noronha, *DJe* 14/04/2015).

Assim, no momento da devolução da criança, a discussão é tão somente se ela está sendo retida ilicitamente de sua residência habitual, e não qual o melhor guardião, ou o que é melhor

---

31 (...) embora a subjacente ação de restituição tenha sido ajuizada antes do prazo de um ano desde a alegada retenção indevida pela mãe, o art. 12 da Convenção de Haia consente com a não devolução das crianças em questão, caso já se encontrem integradas no seu novo meio ou ainda quando, por outros motivos revestidos de gravidade, o retorno ao país de origem se mostre prejudicial a elas – argumento, aliás, que lastreou o acórdão recorrido. 5. Da mesma sorte, é lícito ressaltar que os arts. 13 e 20 da Convenção de Haia indicam exceções à obrigatoriedade de restituição de filho menor, independentemente do tempo em que já se encontre residindo no Estado Parte requerido. 6. Logo, não evidenciado com robustez o fumus boni iuris necessário à concessão da tutela de urgência, isso aliado ao superveniente juízo negativo de admissibilidade do especial perante o Tribunal local, não se descortina ambiente favorável ao acolhimento da pretensão do genitor agravante. 7. Agravo interno não provido. (STJ, AgInt na Pet 14.174/SP 2021/0098230-6, Rel. Ministro Sérgio Kukina, 1ª T., *DJe* 17/08/2021).

DIREITO DAS FAMÍLIAS – *Rodrigo da Cunha Pereira*

para ela. Segundo a convenção, é a autoridade judicial do Estado de residência habitual da criança que tem a competência após a solução do conflito internacional, aplicar o Direito de Família interno com base no princípio do melhor interesse da criança/adolescente. Assim, como nos lembra Mônica Sifuentes, pode ocorrer uma dualidade[32] de jurisdição (federal e local), e o juiz que está analisando o pedido de guarda, feito pelos autos da subtração no país do refúgio, não ser o mesmo que recebeu o pedido de restituição do menor com base na convenção. *Nesse caso, o juiz competente para apreciar a restituição, que no Brasil é o Juiz Federal, comunicará ao Juiz de Família (local), responsável pelo processo de guarda, que se encontra em curso o procedimento de retorno previsto na Convenção de Haia. O Juiz de Família deverá, então, suspender o processo relativo ao pedido de guarda do menor, até que se decida acerca da procedência ou improcedência do pedido de retorno.*"[33]

A autoridade central não será obrigada a determinar o retorno da criança, e se demonstrar e provar que ela se encontrava em risco no país de residência habitual, ou se estar provado que a pessoa demandando o retorno da criança não tinha sua guarda, ou tinha concordado com a alteração do domicílio (art. 13 da Convenção de Haia).

A Resolução 449/2022 do CNJ dispõe sobre a tramitação das ações judiciais fundadas na Convenção da Haia sobre os aspectos civis do sequestro internacional de crianças (1980), em execução por força do Decreto nº 3.413, de 14 de abril de 2000. Entre os considerandos, prevê que a Convenção é aplicável a qualquer criança que tenha residência habitual em um Estado Contratante, imediatamente antes da violação do direito de guarda ou de visita, e que essa aplicação cessará quando a criança atingir a idade de dezesseis anos, diante do conceito convencional de criança. Além disso, que o retorno imediato da criança é a medida prevista pela convenção como aquela que melhor atende ao interesse da criança em caso de transferência ilícita ou retenção indevida. Por fim, que a Convenção não admite a modificação das condições de guarda, as quais devem ser demandadas em ação própria perante a autoridade do Estado da residência habitual da criança (art. 16).

18.7 ALIMENTOS NO PLANO INTERNACIONAL

A fixação de alimentos para quem deles necessita, quando há dois ou mais países envolvidos, será de acordo com as regras do país onde se fizer tal pedido. E o foro competente é o do país do alimentário que tem preferência para esta escolha.

O problema dos alimentos no plano internacional é maior, quando o alimentante deixa de cumprir sua obrigação e torna-se necessário fazer tal cobrança, do que propriamente a sua fixação. Se a execução de alimentos dentro do próprio país, na própria cidade, já é um calvário, quando envolve outro país, as dificuldades aumentam muito. Mesmo com toda a tecnologia disponível atualmente, e apesar dos Tratados Internacionais sobre a matéria, a cobrança de alimentos envolvendo dois países ainda continua sendo uma verdadeira tormenta.

---

[32] *In casu*, a titularidade da relação discutida no processo é unicamente da União que busca o cumprimento de tratado de cooperação jurídica internacional acerca de sequestro internacional de crianças (Convenção de Haia), do qual o Brasil é signatário (Decreto nº 3.413/2000). 3. A legitimação exclusiva da União para propositura da ação denota a ausência de identidade jurídica entre o direito a ser tutelado na presente demanda e o objeto pretendido pelo ora recorrente, de modo que inexiste interesse de agir próprio do pretenso assistente, mas sim interesse reflexo aos efeitos que o julgamento favorável da presente lide podem gerar em face do autor que supostamente lhe assiste. 4. Agravo interno não provido. (STJ – AgInt no REsp: 1454399 PR 2014/0112828-8, Rel. Min. Mauro Campbell Marques: *DJe* 23/05/2017).

[33] Pedido de restituição x Direito de guarda: análise do art. 16 da Convenção de Haia de 1980. In LEX Coletânea de Legislação e Jurisprudência, ano 33, nº 392, agosto/2011. LEX Editora S.A. São Paulo, p. 12.

Cap. 18 – FAMÍLIAS NO DIREITO INTERNACIONAL PRIVADO **579**

No plano internacional a cobrança de alimentos, tanto pela estrutura dos judiciários nacionais para apreciação de ações dessa natureza quanto pelo reconhecimento e execução de decisões estrangeiras, tem sido encarada como questão de ordem humanitária, financeira e social, para além dos aspectos técnicos e legais[34]. Há vários tratados de cooperação internacional, e em muitos deles o Brasil é signatário e trazem distintas abordagens de normas processuais. A grande contribuição dos Tratados nesta área específica tem sido a de fornecer instrumentos de harmonização e uniformização das regras relativas à lei aplicável, aperfeiçoamento de cooperação jurídica.

O primeiro Tratado Internacional sobre esta matéria foi a Convenção de Nova York, 1958 sobre prestação de alimentos no estrangeiro, e foi um marco significativo nas relações diplomáticas, pois tem adesão de mais de 60 países. Somente em 1965, por via do Decreto 56.826 o Brasil a ratificou. No campo prático, esta convenção não conseguiu ultrapassar as barreiras e dificuldades com a citação, intimação etc.

Em razão destas dificuldades, e com o objetivo de aprimorar a cooperação internacional, a Conferência da Haia de Direito Internacional Privado, produziu a Convenção da Haia sobre cobrança internacional de alimentos e seu Protocolo sobre Lei aplicável de 2007. Além do Brasil que a ratificou pelo Decreto 9.176/2017, são partes signatárias Albânia, Alemanha, Áustria, Bélgica, Bielorrússia, Bósnia e Herzegovina, Brasil, Bulgária, Burkina Faso, Canadá, Cazaquistão, Chipre, Croácia, Eslováquia, Eslovénia, Espanha, Estados Unidos da América, Estónia, Finlândia, França, Grécia, Hungria, Irlanda, Itália, Letónia, Lituânia, Luxemburgo, Malta, Montenegro, Nicarágua, Noruega, Nova Zelândia, Países Baixos, Polónia, Portugal, Reino Unido da Grã-Bretanha e Irlanda do Norte, República Checa, República da Macedónia do Norte, Roménia, Sérvia, Suécia, Turquia, Ucrânia, União Europeia[35].

Esta convenção de Haia sobre cobrança de alimentos, e seu protocolo, foi um importante avanço no plano internacional, pois criou mecanismo e instrumentos mais céleres de cooperação para a execução e alimentos entre as autoridades centrais[36]. Os recursos de comunicação desta convenção são bem mais ágeis, pois podem ser feitos eletronicamente os pedidos de informação, localização e pessoas, bens ativos etc. Em seu art. 34, ela prevê: como medida para se atingir o devedor: a) retenção de salário/remuneração; b) bloqueio de conta bancária e/ou outras fontes; c) deduções nas prestações de seguro social; d) gravame ou alienação forçada de bem; e) retenção do reembolso de tributos; f) retenção ou suspenção de benefícios de pensão;

---

[34] PASQUOT POLIDO, Fabrício Bertini. *In Tratado de direito das Famílias*, 3ª ed. – coord. Rodrigo da Cunha Pereira. Belo horizonte: IBDFAM, 2019.

[35] É possível consultar a lista atualizada em: https://www.hcch.net/pt/instruments/conventions/status-table/?cid=131.

[36] Art. 4º da Convenção instituída pelo Decreto 9.176/2017 – Designação de Autoridades Centrais: § 1º Cada Estado Contratante designará uma Autoridade Central encarregada de cumprir as obrigações que a Convenção impõe a tal Autoridade. § 2º Estados federativos, Estados com mais de um sistema jurídico ou Estados que possuem unidades territoriais autônomas poderão designar mais de uma Autoridade Central e especificar o âmbito territorial ou pessoal de suas funções. O Estado que fizer uso dessa faculdade designará a Autoridade Central à qual pode ser endereçada qualquer comunicação para transmissão à Autoridade Central competente dentro desse Estado. § 3º A designação da Autoridade Central ou das Autoridades Centrais, seus dados de contato e, quando cabível, o alcance de suas funções, conforme o § 2º, serão comunicados pelo Estado Contratante à Secretaria Permanente da Conferência da Haia de Direito Internacional Privado no momento do depósito do instrumento de ratificação ou de adesão ou da declaração feita conforme o art. 61. Os Estados Contratantes informarão prontamente à Secretaria Permanente qualquer modificação nessa designação.

580 DIREITO DAS FAMÍLIAS – *Rodrigo da Cunha Pereira*

g) informação aos organismos de crédito; h) denegação, suspensão ou revogação de certas permissões, como carteira de motorista.

Uma das dificuldades da execução de alimentos, quando há pedido de prisão do devedor, como é comum aqui no Brasil, é que nem todos os países signatários da convenção são adeptos da prisão civil.

Em um âmbito mais restrito para as Américas, temos a Convenção Interamericana sobre obrigação alimentar, de 15/07/89, ratificada pelo Brasil em 17/12/97 pelo Decreto 2.428[37]. Ela estabelece em seu art. 4º o direito convencional interamericano a toda pessoa, de receber alimentos sem distinção de raça, sexo, religião, filiação, origem, situação migratória ou qualquer tipo de discriminação. *Têm competência, na esfera internacional, para conhecer das reclamações de alimentos, a critério do credor: a) o juiz ou autoridade do Estado de domicílio ou residência habitual do credor; b) o juiz ou autoridade do Estado de domicílio ou residência habitual do devedor; c) o juiz ou autoridade do Estado com o qual o devedor mantiver vínculos pessoais, tais como posse de bens, recebimento de renda ou obtenção de benefícios econômicos* (art. 8º).

O CPC em seu art. 22[38], inciso I, estabeleceu uma regra específica dizendo que o juiz brasileiro pode processar e julgar demandas de alimentos com conexão internacional. E o art. 53, II, do CPC estabelece a preferência do foro para o alimentário. Essas regras do CPC, bem como o Estatuto da Criança e Adolescente, estão dentro dos mesmos princípios das convenções internacionais, que dão prevalência para o foro do credor de alimentos, parte vulnerável, para facilitar o acesso à justiça, como é o caso em particular da Convenção de Haia de Direito Internacional Privado e das Convenções Interamericana da OEA.

18.8 AS CONVENÇÕES INTERNACIONAIS DE DIREITO DE FAMÍLIA E CRIANÇAS E ADOLESCENTES

Além das convenções acima mencionadas, que tratam especificamente de alimentos, Convenção de Nova York (1958), Convenção de Haia e Convenção Interamericana, há outras convenções que merecem ser mencionadas para contextualizar o Direito de Família no Direito Internacional Privado. São elas:

---

[37] Art. 1º da Convenção Interamericana: esta convenção tem como objeto a determinação a determinação do direito aplicável à obrigação alimentar, bem como à competência e à cooperação processual internacional, quando o credor de alimentos tiver seu domicílio ou residência habitual num Estado-Parte e o devedor de alimentos tiver seu domicílio ou residência habitual, bens ou renda em outro Estado-Parte.

Esta Convenção aplicar-se-á às obrigações alimentares para menores considerados como tal e às obrigações derivadas das relações matrimoniais entre cônjuges ou ex-cônjuges. Os Estados poderão declarar, ao assinar ou ratificar esta Convenção, ou a ela aderir, que a mesma limita-se à obrigação alimentar para menores.

[38] Art. 22, I, CPC. Compete, ainda, à autoridade judiciária brasileira processar e julgar as ações: I – de alimentos, quando: a) o credor tiver domicílio ou residência no Brasil; b) o réu mantiver vínculos no Brasil, tais como posse ou propriedade de bens, recebimento de renda ou obtenção de benefícios econômicos; II – decorrentes de relações de consumo, quando o consumidor tiver domicílio ou residência no Brasil; III – em que as partes, expressa ou tacitamente, se submeterem à jurisdição nacional.

Cap. 18 – FAMÍLIAS NO DIREITO INTERNACIONAL PRIVADO **581**

Ocasiões da Convenção[39]	Convenção	Conteúdo	Decreto de Internalização
CÓDIGO DE BUSTAMANTE HAVANA – 1928	Código de Bustamante Havana – 1928 Convenção de Direito Internacional Privado dos Estados Americanos	Do Matrimônio e do Divórcio (arts. 36 a 56), Da Paternidade e Filiação (arts. 57 a 66), Dos alimentos entre Parentes (arts. 69 a 72), Da Adoção (arts. 73 a 77), Da Ausência (arts. 78 a 83), Da Tutela (arts. 84 a 97), Da Prodigalidade (arts. 98 a 100), Da Emancipação e Maioridade (arts. 101 e 102)	Decreto 18.871, de 13 de agosto de 1929
CONVENÇÕES DA CIDIP – OEA	Convenção Interamericana sobre conflitos de Leis em Matéria de Adoção de Menores La Paz – 1984	Adoção de Menores	Decreto Legislativo 60 de 19/06/96 publicado em 20/06/96
CONVENÇÕES DA CIDIP – OEA	Convenção Interamericana sobre Obrigação de Prestar Alimentos Montevidéu – 1989	Alimentos	Decreto Legislativo 1 de 28 – 02-96 publicado em 29/02/96
CONVENÇÕES DA CIDIP – OEA	Convenção Interamericana sobre Restituição Internacional de Menores Montevidéu – 1989	Restituição Internacional de Menores	Decreto Legislativo 3 de 04/02/94 Decreto 1.212 de 03/08/94 publicado em 04/08/94
CONVENÇÕES DE HAIA – 1ª FASE HAIA – 1902/1905	Convenção para Regular os Conflitos de Leis em Matéria de Casamento – 1902	Casamento	
CONVENÇÕES DE HAIA – 1ª FASE HAIA – 1902/1905	Convenção para Regular os Conflitos de Leis e de Jurisdições em Matéria de Divórcio e de Separação de Pessoas – 1902	Separação e Divórcio	
CONVENÇÕES DE HAIA – 1ª FASE HAIA – 1902/1905	Convenção Concernente aos Conflitos de Leis Relativos aos Efeitos do Casamento sobre os Direitos e Deveres dos Cônjuges, nas suas relações Pessoais, e sobre os Bens dos Cônjuges – 1905	Casamento, direitos e deveres dos cônjuges, bens	
CONVENÇÕES DE HAIA – 2ª FASE HAIA – 1956	Convenção sobre a Lei Aplicável a Obrigações Alimentícias com Relação aos Filhos – 1956	Alimentos	
CONVENÇÕES DE HAIA – 2ª FASE HAIA – 1956	Convenção Concernente ao Reconhecimento e Execução de Decisões em Matéria de Obrigações Alimentícias com Relação aos Filhos – 1958	Alimentos	
CONVENÇÕES DE HAIA –	Convenção Concernente à	Proteção de Menores	
2ª FASE HAIA – 1956	Competência das Autoridades e Lei Aplicável em Matéria de Proteção de Menores – 1961		
CONVENÇÕES DE HAIA – 2ª FASE HAIA – 1956	Convenção sobre os conflitos de Leis em Matéria de Forma das Disposições Testamentárias – 1961	Testamentos	

---

[39] Disponível em: https://www.gontijo-familia.adv.br/2008/artigos_pdf/Maristela_Basso/ConvInterna.pdf. Acesso em 12.02.2020.

582 DIREITO DAS FAMÍLIAS – *Rodrigo da Cunha Pereira*

Ocasiões da Convenção[40]	Convenção	Conteúdo	Decreto de Internalização
CONVENÇÕES DE HAIA – 2ª FASE HAIA – 1956	Convenção Relativa à Competência de Autoridades, Lei Aplicável e Reconhecimento de Decisões em Matéria de Adoção – 1965	Adoção	
CONVENÇÕES DE HAIA – 2ª FASE HAIA – 1956	Convenção sobre o reconhecimento de Divórcios e Separação de Corpos – 1970	Divórcio e Separação de Corpos	
CONVENÇÕES DE HAIA – 2ª FASE HAIA – 1956	Convenção sobre a Administração internacional das Sucessões – 1973	Sucessões	
CONVENÇÕES DE HAIA – 2ª FASE HAIA – 1956	Convenção Concernente ao Reconhecimento e Execução de Decisões Relativas às Obrigações Alimentícias – 1973	Alimentos	
CONVENÇÕES DE HAIA – 2ª FASE HAIA – 1956	Convenção sobre a Lei Aplicável às Obrigações Alimentícias – 1973	Alimentos[41]	
CONVENÇÕES DE HAIA – 2ª FASE – HAIA – 1956	Convenção sobre a Lei Aplicável aos Regimes Matrimoniais – 1978	Regime de Bens	
CONVENÇÕES DE HAIA – 2ª FASE HAIA – 1956	Convenção sobre celebração e Reconhecimento da Validade dos Casamentos – 1978	Casamento	
CONVENÇÕES DE HAIA – 2ª FASE HAIA – 1956	Convenção sobre os Aspectos Civis do Sequestro Internacional de Menores –1980	Sequestro de Menores	
CONVENÇÕES DE HAIA – 2ª FASE HAIA – 1956	Convenção sobre a Lei Aplicável às Sucessões *causa mortis* – 1989	Sucessões	
CONVENÇÕES DE HAIA – 2ª FASE HAIA – 1956	Convenção sobre a Cooperação Internacional e Proteção de Crianças e Adolescentes em Matéria de Adoção Internacional – 1993	Adoção	Decreto Legislativo 63, de 19/04/95 publicado em 28/04/95
NAÇÕES UNIDAS	Convenção sobre os Direitos da Criança – 1990	Estatuto da Criança e do Adolescente (ECA)	Ratificado em 24/09/90 Decreto Legislativo 28 de 14/09/90 Decreto 99.710 de 21/11/90

---

[40] Disponível em: https://www.gontijo-familia.adv.br/2008/artigos_pdf/Maristela_Basso/ConvInterna.pdf. Acesso em 12.02.2020.

[41] O Decreto 9.176/2017 promulgou a Convenção sobre a Cobrança Internacional de Alimentos para Crianças e Outros Membros da Família e o Protocolo sobre a Lei Aplicável às Obrigações de Prestar Alimentos, firmados pela República Federativa do Brasil, em Haia, em 23 de novembro de 2007, facilitando a execução de alimentos entre países.

18.9 RESUMO

1) O DIP é o ramo do direito interno que normatiza as relações jurídicas com conexão internacional, oferecendo soluções para o conflito/concurso de leis no espaço.

2) Bases legais – Arts. 4º, 5º, 12, 13, 14 da LINDB; Lei nº 12.376/2010; Lei nº 6.015/1973.

3) Objeto – No DIP, busca-se regulamentar o concurso de leis no espaço, a nacionalidade, a condição jurídica do estrangeiro, o concurso de jurisdição e a cooperação jurídica internacional.

4) Fonte – além das bases legais acima; Leis e Tratados Internacionais.

A lei do país em que domiciliada a pessoa determina as regras sobre o começo e o fim da personalidade, o nome, a capacidade e os direitos de família. O começo e o fim da personalidade (as presunções de morte, o nome, a capacidade e os direitos de família, que constituem o estado civil, ou seja, o conjunto de qualidades que constituem a individualidade jurídica de uma pessoa, terão suas questões resolvidas através do direito domiciliar, de acordo com o que determina o art. 7º da LINDB.

A capacidade para o casamento e os direitos de família, são regidos pela lei pessoal dos nubentes, ou seja, a lei do seu domicílio. Uma vez o casamento tendo sido consumado, seus efeitos e limitações serão submetidos à lei domiciliar.

O disposto no art. 7º, § 2º, da LINDB, permite que os estrangeiros, ao se casarem fora de seu país, possam fazê-lo perante o agente consular ou diplomático de seu país, no consulado ou fora dele. A Resolução nº 155/2012, alterada pela Resolução nº 583/2024 do CNJ dispõe sobre traslado de certidões de registro civil de pessoas naturais emitidas no exterior.

O § 3º do art. 7º da LINDB dispõe que a invalidade do casamento será apurada pela lei do domicílio comum dos nubentes ou pela lei de seu primeiro domicílio conjugal.

O § 5º do art. 7º da LINDB permite ao estrangeiro naturalizado brasileiro, com a expressa anuência de seu cônjuge, a adoção da comunhão parcial de bens, que é o regime de casamento "automático" (legal supletivo), resguardados os direitos de terceiros anteriores à concessão da naturalização, ficando os mesmos inalterados, como se o regime não tivesse sofrido qualquer alteração.

As leis, atos e sentenças de outro país, bem como quaisquer declarações de vontade, não terão eficácia no Brasil, quando ofenderem a soberania nacional, a ordem pública e os bons costumes.

Convenção da Haia de 1980, que trata dos Aspectos Civis do Sequestro Internacional de Menores, foi aprovada pelo Congresso Nacional por meio do Decreto Legislativo nº 79, de 15 de setembro de 1999, e promulgada pelo Decreto Presidencial nº 3.413, de 14 de abril de 2000 (Resolução 257/2018 do CNJ – Dispõe sobre a aplicação da Convenção de Haia sobre os aspectos civis do sequestro internacional de menores).

A Resolução nº 449/2022 do CNJ dispõe sobre a tramitação das ações judiciais fundadas na Convenção da Haia sobre os aspectos civis do sequestro internacional de crianças (1980).

O Decreto 9.176/2017 promulgou a Convenção sobre a Cobrança Internacional de Alimentos para Crianças e Outros Membros da Família e o Protocolo sobre a Lei Aplicável às Obrigações de Prestar Alimentos, firmados pela República Federativa do Brasil, em Haia, em 23 de novembro de 2007, facilitando a execução de alimentos entre países.

As Convenções e Tratados internacionais constituem as mais importantes fontes do DIP, e grande parte deles trata de Direito de Família.

FILMOGRAFIA

1. *Ninguém segura esse bebê*, 1994, filme, EUA, Patrick Read Johnson.
2. *Nunca sem minha filha*, 1991, filme, EUA, Brian Gilbert.
3. *O filho uruguaio*, 2017, filme, França/Uruguai, Olivier Peyon.
4. *O julgamento de Viviane Amsalem*, 2014, filme, França/Israel/Alemanha, Shlomi Elkabetz e Ronit Elkabetz.
5. *Passagem para Índia*, 1984, filme, EUA, David Lean.
6. *O jardineiro fiel*, 2005, filme, EUA, Fernando Meirelles.
7. *Nimby*, 2020, filme, Finlândia, Teemu Nikki.

ANEXO

REFERÊNCIAS NORMATIVAS EM DIREITO DE FAMÍLIA POR ORDEM CRONOLÓGICA

O leitor poderá acessar para consulta as referências às normas relacionadas ao Direito de Família citadas no livro, por meio do *QR Code* abaixo:

Acesse o *QR Code* e confira a relação de normas.

> *https://uqr.to/1pp3q*

BIBLIOGRAFIA

AGUIRRE, João Ricardo Brandão. A tutela. *In*: PEREIRA, Rodrigo da Cunha (coord.). *Tratado de Direito das Famílias*. Belo Horizonte: IBDFAM, 2019.

ALBERDI, Beatriz Saura. *La pensión compensatoria; criterios delimitadores de su importe y extensión*. Valencia: Tirant monografias, 2004.

ALTOÉ, Sônia. *Sujeito do direito*. Sujeito do desejo. 2. ed. São Paulo: Revinter, 2004.

ALVARES, Carlos Lasarte. *Compendio de Derecho de la Persona y del Patrimonio*. 7. ed. [s.l.]: Editorial Dykinson, 2017.

ALVES, Jones Figueirêdo. A família no contexto da globalização e a sociafetividade como seu valor jurídico fundamental. In: CASSETTARI, Christiano. *10 anos de vigência do Código Civil de 2002: estudos em homenagem ao professor Carlos Alberto Dabus Maluf*. São Paulo: Saraiva, 2013.

ALVES, José Carlos Moreira. *Direito romano*. Rio de Janeiro: Forense, 2002. vol. II.

AMARILLA, Silmara Domingues Araújo. *Parentalidade sustentável*: o ilícito parental e a precificação do (des)afeto nas estruturas familiares contemporâneas. Curitiba: Juruá, 2019.

ANDRADE NETO, Carlos Gonçalves de. Alimentos por ato ilícito e a possibilidade de prisão do devedor por seu inadimplemento. *Revista Brasileira de Direito das Famílias e Sucessões*, Porto Alegre: Magister; Belo Horizonte: IBDFAM bimestral, vol. 8, p. 19-27, fev./mar. 2009.

ANTUNES ROCHA, Cármen Lúcia. O princípio da dignidade da pessoa humana e a exclusão social. *Anais do XVVI Conferência Nacional dos Advogados – Justiça: realidade e utopia*, Brasília: OAB, Conselho Federal, p. 72, vol. I, 2006.

ARAUJO, Nádia de. *Direito Internacional privado: teoria e prática brasileira*. 4. ed. Rio de Janeiro: Renovar, 2008.

ARAÚJO, Nádia de. *Direito internacional privado*: teoria e prática. 9. ed. São Paulo: Thomson Reuters Brasil, 2020.

ASPIRI, Jorge O. *Régimen de bienes en el matrimonio*. Buenos Aires: Hammurabi, 2007.

ASSIS, Machado de. *O alienista*. São Paulo: Ática, 1991.

AZEVEDO, Francisco. *O arroz de palma*. Rio de Janeiro: Record, 2008.

BARROS, Rafaela Rojas. *Abandono afetivo da pessoa idosa e exclusão da herança*. São Paulo: Dialética, 2023.

BEAUVOIR, Simone de. *A velhice*. Trad. Maria Helena Franco Monteiro. Rio de Janeiro: Nova Fronteira, 1990.

BEVILÁQUA, Clóvis. *Comentários ao Código Civil dos Estados Unidos do Brasil*. Rio de Janeiro: Francisco Alves, 1951. vol. 1.

BIANCHINI, A.; MARQUES, I. L.; ROSSATO, L. A.; SILVA, L. P. E.; GOMES, L. F.; LÉPORE, P. E.; CUNHA, R. S. *Pedofilia e abuso sexual de crianças e adolescentes*. São Paulo: Saraiva, 2013, e-book.

BITTENCOURT, Edgar de Moura. *Concubinato*. São Paulo: LEUD, 1975.

BOUCAULT, Carlos. Multiculturalismo e Direito de Família nas normas de direito internacional privado. In: PEREIRA, Rodrigo da Cunha (Coord.). *Anais do III Congresso Brasileiro de Direito de Família – Família e Cidadania*. O novo CCB e a "vacatio legis", Belo Horizonte: Del Rey, 2000.

BRASILEIRO, Luciana. *As famílias simultâneas e seu regime jurídico*. Belo Horizonte: Fórum, 2019.

BUENO, Cássio Scarpinella. *Curso sistematizado de direito processual civil*. São Paulo: Saraiva, 2009. v. 4.

BUZZI, Marco Aurélio Gastaldi. *Alimentos transitórios: uma obrigação por tempo certo*. Curitiba: Juruá, 2003.

CAHALI, Francisco José. *União estável e alimentos entre companheiros*. São Paulo: Saraiva, 1996.

CAHALI, Yussef Said. *Dos alimentos*. 6. ed. São Paulo: Revista dos Tribunais, 2009.

CALÇADA, Andreia Soares. *Pedras irreparáveis*: alienação parental e falsas acusações de abuso sexual. 3. ed. Rio de Janeiro: Fólio Digital, 2022.

CALDERON, Ricardo Lucas. *Princípio da afetividade no Direito de Família*. Rio de Janeiro: Forense, 2017.

CALMON, Patrícia Novaes. *Direito das famílias e do idoso*. Indaiatuba: Foco, 2022.

CALMON, Patrícia Novais. *Direito de Família internacional*. Indaiatuba: Foco, 2024.

CALMON, Rafael. Direito das famílias e sucessões na era digital. In: SANCHES, Patrícia Corrêa (coord.). PEREIRA, Rodrigo da Cunha; DIAS, Maria Berenice (orgs.). *Partilha e sucessão hereditária de bens digitais*: muito mais perguntas que respostas. Belo Horizonte: IBDFAM, 2021.

CALMON, Rafael. *Manual de Direito processual das famílias*. 2. ed. São Paulo: Saraiva, 2021.

CALMON, Rafael. *Partilha de bens na separação, no divórcio e na dissolução de união estável*: aspectos materiais e processuais. 2. ed. São Paulo: Saraiva, 2018.

CAMBI, Eduardo Augusto Salomão. *Direito das Famílias com perspectiva de gênero*: aplicação do protocolo de julgamento do Conselho Nacional de Justiça (Recomendação 128/2022 e Resolução 192/2023.) Indaiatuba: Foco, 2024.

CAMPOS, Paulo Mendes. *O amor acaba*. Rio de Janeiro: Civilização Brasileira, 1999.

CARDOSO, Fabiane Domingues. *A indignidade no direito aos alimentos*. São Paulo: IASP, 2018.

CARVALHO, Dimas Messias de. *Direito das Famílias*. 6. ed. São Paulo: Saraiva, 2018.

CHAMOUN, Ebert. *Instituições de direito romano*. Rio de Janeiro: Forense, 1957.

CHAVES, Marianna. Disputa de guarda de animais de companhia em sede de divórcio e dissolução de união estável: reconhecimento da família multiespécie? *Revista Unifacs*, n. 187, 2016. Disponível em: https://revistas.unifacs.br/index.php/redu/article/view/4066/2788. Acesso em: 24/07/2019.

CNJ – Conselho Nacional de Justiça. Grupo de Trabalho instituído pela Portaria CNJ nº 73, de 23 de fevereiro de 2024. Protocolo para julgamento com perspectiva racial, [s.l.], 2024. Disponível em: https://www.cnj.jus.br/wp-content/uploads/2024/11/protocolo-para-julgamento-com-perspectiva-racial-1.pdf. Acesso em: jan. 2025.

COELHO, Thaís Câmara Maia Fernandes. *Autocuratela*. Rio de Janeiro: Lumem Juris, 2016.

COLTRO, Antonio Carlos Mathias; TELES, Marília Campos Oliveira. A indignidade sob a perspectiva da obrigação alimentar no direito civil brasileiro. *In:* MADALENO, Rolf; PEREIRA, Rodrigo da Cunha. *Direito de Família – processo, teoria e prática*. Rio de Janeiro: Forense, 2008.

CORDEIRO, Antonio Meneses. *Da boa fé no direito civil*. Coimbra: Almedina, 2023.

COSTA, Judith Martins. *A boa fé no direito privado*: critérios para sua aplicação. São Paulo: Saraiva, 2024.

COSTA, Tarcísio José Martins. *Estatuto da Criança e do Adolescente Comentado*. Belo Horizonte: Del Rey, 2004.

CRETELLA Júnior, J. *Curso de direito romano*: o direito romano e o direito civil brasileiro. Rio de Janeiro: Forense, 2002.

CRISPINO, Nicolau Eládio Bassalo. *A união estável e os negócios entre companheiros e terceiros*. Belo Horizonte: Del Rey, 2009.

CUNHA GONÇALVES, Luiz da. *Tratado de direito civil*. Coimbra: Coimbra Editora, 1929.

DEL VECCHIO, Giorgio. *Lições de filosofia do direito*. Trad. Antônio José Brandão. Coimbra: Arménio Amado, 1959. v. VII.

DELGADO, Mário Luiz. *Da renúncia prévia ao direito concorrencial por cônjuges e companheiros, Conjur,* 7 de abril de 2019. Disponível em: https://www.conjur.com.br/2019-abr-07/processo-familiar-renuncia-previa-direito-concorrencial-conjuge-companheiro. Acesso em: 29/12/2023.

DELGADO, Mário Luiz. Divórcio. *In:* PEREIRA, Rodrigo da Cunha (coord.). *Tratado de Direito das Famílias*. Belo Horizonte: IBDFAM, 2019.

DIAS, Maria Berenice. Casados até depois da morte? Considerações acerca dos efeitos jurídicos da separação de fato no ordenamento jurídico – Acórdão do Superior Tribunal de Justiça (AgRg nos EDcl no REsp n. 1.333.425/SP. *Revista IBDFAM – Famílias e Sucessões*, Belo Horizonte: IBDFAM, v. 44, mar./abr. 2021.

DIAS, Maria Berenice. *Manual de direito das famílias*. 15. ed. Salvador: JusPodivm, 2022.

DIAS, Maria Berenice. *Manual de direito das famílias*. 16. ed. Salvador: JusPodivm, 2023.

DIAS, Maria Berenice. Mullticonjugalidades. *Revista IBDFAM*: Famílias. V, 59 (set./out.), Editora IBDFAM: Belo Horizonte, 2023.

DORIA, Rogéria Dotti. *A tutela antecipada em relação à parte incontroversa da demanda*. São Paulo: Editora Revista dos Tribunais, 2015.

DWORKIN, Ronald. *Levando os direitos a sério*. Trad. Nelson Boeira. São Paulo: Martins Fontes, 2010.

ENGELS, Friedrich. *A origem da família, da propriedade privada e do Estado*. Trad. Leandro Konder. Rio de Janeiro: Bertrand Brasil, 1995.

EURÍPIDES. Medeia. In: ÉSQUILO; SÓFOCLES; EURÍPIDES. *Prometeu acorrentado; Édipo Rei; Medeia*. São Paulo: Abril Cultural, 1980.

FACHIN, Luis Edson. *Direito de famílias:* elementos críticos à luz do novo Código Civil brasileiro. 2. ed. Rio de Janeiro: Renovar, 2003.

FACHIN, Luiz Edson. *Da paternidade:* relação biológica e afetiva. Belo Horizonte: Del Rey, 1996.

FACHIN, Luiz Edson. Direito, guerra e paz no campo da família: limites do processo judicial. *Anais do VII Congresso Brasileiro de Direito das Famílias,* Belo Horizonte: IBDFAM, 2010.

FACHIN, Luiz Edson. *Estatuto jurídico do patrimônio mínimo.* Rio de Janeiro: Renovar, 2001.

FACHIN, Luiz Edson. *Questões do direito civil brasileiro contemporâneo.* Rio de Janeiro: Renovar, 2008.

FACHIN, Luiz Edson; RUZYK, Carlos Eduardo P. Direitos fundamentais, dignidade da pessoa humana e o novo Código Civil: uma análise crítica. In: SARLET, Ingo Wolfgang (org.). *Constituição, direitos fundamentais e direito provado.* Porto Alegre: Livraria do Advogado, 2003.

FARIAS, Cristiano Chave; ROSA, Conrado, Paulino da. *Teoria Geral do afeto.* Salvador: JusPodivm, 2020.

FARIAS, Cristiano Chaves de; ROSENVALD, Nelson. *Curso de Direito Civil:* famílias. 14. ed. Salvador: JusPodivm, 2022.

FARIAS, Cristiano Chaves de; ROSENVALD, Nelson. *Direito das famílias.* Rio de Janeiro: Editora Lumen Juris, 2008.

FERNANDES, Maria da Graça Dias. Depoimento. In: PEREIRA, Rodrigo da Cunha (Coord.). *Repensando o direito de família.* Anais do I Congresso Brasileiro de Direito de Família. Belo Horizonte: Del Rey, IBDFAM, OAB/MG, 1999, p. 117-121.

FERREIRA, Marieta de Moraes. Notas iniciais sobre a história do tempo presente e a historiografia no Brasil. *Tempo e Argumento,* Florianópolis, v. 10, n. 23, p. 80-108, jan./mar. 2018.

FIDELIS, Márcia Lima. Lei nº 14.382/2022: primeiras reflexões interdisciplinares do registro civil das pessoas naturais e o Direito das Famílias. *Revista IBDFAM: Famílias e Sucessões,* v. 51 (maio/jun.), Belo Horizonte: IBDFAM, 2022.

FIGUEIREDO, Jones. Alienação parental. Ilicitude civil. *Revista informativa do IBDFAM.* Edição 32, maio 2019.

FIGUEIREDO, Luciano. *Manual de Direito Civil.* 4. ed. São Paulo: JusPodivm, 2023.

FIÚZA, Cézar; SÁ, Maria de Fátima Freire; NAVES, Bruno Torquato. *O direito civil no contexto da superação do positivismo jurídico:* a questão do sistema. Direito civil: atualidades. Belo Horizonte: Del Rey, 2003.

FONSECA, Priscila M. P. Corrêa da. *Manual do planejamento patrimonial das relações afetivas e sucessórias.* 3. ed. São Paulo: Thomson Reuters Brasil, 2022.

FOUCAULT, Michel. *História da loucura.* Trad. José Teixeira Coelho Netto. São Paulo: Perspectiva, 1972.

FRANÇA, Genival Veloso. *Medicina legal.* 11. ed. Rio de Janeiro: Guanabara Koogan, 2017.

FREUD, Sigmund. cf. Totem e tabu. *Obras psicológicas completas.* Trad. Orizon Carneiro Muniz. Rio de Janeiro: Imago, 1995, v. XIII.

FREUD, Sigmund. Luto e melancolia. *Obras Psicológicas Completas.* Trad. Themira O. Britto, Paulo H. Britto e Cristiano M. Oiticica. Rio de Janeiro: Imago, 1974, v. XIV.

BIBLIOGRAFIA **591**

FREUD, Sigmund. O mal-estar na civilização. *Obras psicológicas completas.* Trad. José Octavio de A. Abreu. Rio de Janeiro: Imago, v. XXI.

FREYRE, Gilberto. *Casa grande e senzala:* formação da família brasileira sob o regime da economia patriarcal.

FUX, Luiz. A tutela de urgência na jurisdição de família: cautelares, tutela antecipada. *Revista da EMERJ*, Rio de Janeiro, vol. 4, n. 14, p. 51-61, 2001.

FUX, Luiz. *Curso de Direito Processual Civil.* Rio de Janeiro: Forense, 2001.

GABURRI, Fernando. *Direito das Famílias.* São Paulo: Dialética, 2023.

GAGLIANO, Pablo Stolze; BARRETO, Fernanda. Responsabilidade Civil pela desistência da adoção, IBDFAM, 27 jul. 2020. Disponível em: https://www.ibdfam.org.br/artigos/1513/Responsabilidade+civil+pela+desist%C3%AAncia+na+ado%C3%A7%C3%A3o. Acesso em: 13 out. 2020.

GARCIA, Célio. *Paternidade e família.* Belo Horizonte, 1995. (mimeo).

GOMES, Orlando *apud* CAHALI, Yussef Said. *Dos alimentos.* 4. ed. São Paulo: Revista dos Tribunais, 2002.

GRISARD, Waldyr Filho. *Guarda compartilhada*: um novo modelo de responsabilidade parental. 4. ed. São Paulo: Revista dos Tribunais, 2009.

HARMATIUK, Ana Carla Matos. Direito de Família e a proibição do retrocesso social. In: PEREIRA, Rodrigo da Cunha (coord.). *Tratado de Direito das Famílias.* Belo Horizonte: IBDFAM, 2019.

HIRONAKA, Giselda Maria F. Novaes. *Direito civil*: estudos. Belo Horizonte: Del Rey, 2000.

HIRONAKA, Giselda Maria Fernandes Novaes. A indignidade como causa de escusabilidade do dever de alimentar. *Anais do VI Congresso Brasileiro de Direito de Família*, Belo Horizonte, IBDFAM, 2008.

HIRONAKA, Giselda; TARTUCE, Flávio. Famílias paralelas – visão atualizada. *Revista IBDFAM: Famílias e Sucessões.* v. 33. maio/jun. Belo Horizonte: IBDFAM, 2019.

JONAS, Hans. *O princípio da responsabilidade – Ensaio de uma ética para a civilização tecnológica.* Trad. Marijane Lisboa e Luiz Barros Montez. Rio de Janeiro: Contraponto, Ed. PUC-Rio, 2006.

KANT, Immanuel. *Fundamentação da metafísica dos costumes.* Trad. Paulo Quintela. São Paulo: Edições 70, 2007. (Coleção Textos Filosóficos.)

KARNAL, Leandro; FERNANDES, Luis Estevam de Oliveira. *Preconceito*: uma história. São Paulo: Cia. das Letras, 2023.

KAUFMANN, Pierre. *Dicionário enciclopédico de psicanálise: o legado de Freud e Lacan.* Trad. Vera Ribeiro, Maria Luíza de A. Borges. Rio de Janeiro: Jorge Zahar, 1996.

KELSEN, Hans. *Teoria Pura do Direito.* Trad. João Baptista Machado. São Paulo: Martins Fontes, 1991.

LACAN, Jacques. *Os complexos familiares na formação do indivíduo, ensaio de análise de uma função em Psicologia.* Rio de Janeiro: Jorge Zahar, 1985.

LAGRASTA NETO, Caetano. *Direito de família*: a família brasileira no final do século XX. São Paulo: Malheiros, 2000.

LASARTE, Carlos. A pensão derivada da separação ou do divórcio na experiência Espanhola. *Anais do IV Congresso Brasileiro de Direito de Família*, Del Rey: Belo Horizonte, 2004.

LOBO, Fabíola de Albuquerque. *Multiparentalidade*: efeitos no Direito de Família. 2. ed. Indaiatuba: Foco, 2023.

LÔBO, Paulo Luiz Netto. A repersonalização das relações familiares. In: BITTAR, Calos Alberto (coord.). *O Direito de Família na Constituição de 1988*. São Paulo: Saraiva, 1989. p. 53-82.

LÔBO, Paulo Luiz Netto. Autodeterminação existencial e autonomia privada em perspectiva. *Revista IBDFAM* – Famílias e Sucessões. Editora: IBDFAM, edição 53, set./out. 2022.

LÔBO, Paulo Luiz Netto. *Código Civil Comentado*. São Paulo: Atlas, 2003.

LÔBO, Paulo Luiz Netto. Conferência Magna – Princípio da Solidariedade Familiar. *Anais do VI Congresso Brasileiro de Direito de Família*. Rio de Janeiro: IBDFAM – Lumen Juris, 2008.

LÔBO, Paulo Luiz Netto. *Direito Civil – Famílias*. 11. ed. São Paulo: Saraiva, 2021.

LÔBO, Paulo Luiz Netto. Entidades Familiares Constitucionalizadas: para além do *numerus clausus*. *Anais do III Congresso Brasileiro de Direito de Família*. Família e cidadania. O novo CCB e a vacatio legis. Belo Horizonte: IBDFAM/Del Rey, 2002.

LÔBO, Paulo. A PEC do divórcio: consequências jurídicas imediatas. *Revista Brasileira de Direito das Famílias e Sucessões*, vol. 11, p. 05-17, Porto Alegre: Magister; Belo Horizonte: IBDFAM, ago./set. 2009.

LÔBO, Paulo. *A repersonalização das relações de família*. Revista Brasileira de Direito de Família. Porto Alegre: Síntese/IBDFAM, v. 6, n. 24, p. 142, jun./jul. 2004.

LÔBO, Paulo. *Divórcio e os modelos de separação entre o Código Civil e o Código de Processo Civil de 2015*. Revista IBDFAM – Famílias e Sucessões. V. 13 (jan./fev.). Belo Horizonte, 2016.

LÔBO, Paulo. Princípio da solidariedade familiar. *Revista Brasileira de Direito das Famílias e Sucessões*, Porto Alegre: Magister; Belo Horizonte: IBDFAM, p. 144, out.-nov. 2007.

LOUZADA, Ana Maria Gonçalves. *Alimentos: doutrina e jurisprudência*. Belo Horizonte: Del Rey, 2008.

LOUZADA. Ana Maria. *Alimentos*. Encarte *Alimentos Gravídicos. Alimentos Compensatórios*. Belo Horizonte: Del Rey, 2008.

LÜDERITZ, Alexander; DETHLOFF, Nina. *Familienrecht*. München: Verlag C. H. Beck, 2007.

MADALENO, Rolf Hanssen. A criança no novo Direito de Família. In: Coord. WELTER, Belmiro Pedro; MADALENO, Rolf Hanssen (coords.). *Direitos Fundamentais do Direito de Família*. Porto Alegre: Livraria do Advogado, 2004.

MADALENO, Rolf. A desconsideração inversa da personalidade jurídica no Direito de Família e no novo CPC. *Revista IBDFAM* – Famílias e sucessões. v. 13 (jan./fev.), Belo Horizonte: IBDFAM, 2016.

MADALENO, Rolf. *A desconsideração judicial da pessoa jurídica e da interposta pessoa física no direito e família e no direito das sucessões*. Rio de Janeiro: Forense, 2009.

MADALENO, Rolf. A revogação da lei da alienação parental no Brasil e no exterior. *Revista IBDFAM – Famílias e Sucessões*, Belo Horizonte: IBDFAM, v. 45, maio/jun. 2021.

MADALENO, Rolf. *Manual de Direito de Família*. 2. ed. Rio de Janeiro: Forense, 2019.

MADALENO, Rolf. O calvário da execução de alimentos. *Revista Brasileira de Direito de Família*, n. 1, Porto Alegre: Síntese em parceria com IBDFAM, 1999.

MADALENO, Rolf. Renúncia de herança no pacto antenupcial. *Revista IBDFAM*. Famílias e Sucessões, vol. 27, maio/jun. 2018.

MADALENO, Rolf. Tratado de Direito das Famílias. *In:* PEREIRA, Rodrigo da Cunha Pereira (org.). *Alimentos compensatórios.* Belo Horizonte: IBDFAM, 2015.

MADALENO, Rolf. Tratado de Direito das Famílias. *In:* PEREIRA, Rodrigo da Cunha Pereira (org.). *Separação de fato e corpos.* Belo Horizonte: IBDFAM, 2015.

MADALENO, Rolf; CARPES MADALENO, Ana Carolina; MADALENO, Rafael. *Fraude no Direito de Família e Sucessões.* 2. ed. Rio de Janeiro: Forense, 2022.

MADALENO, Rolf. Comentários ao REsp 1.817.812/SP – Imprescritibilidade da partilha. *Revista IBDFAM – Famílias e Sucessões.* v. 66, nov./dez., Belo Horizonte: IBDFAM, 2024.

MAGALHÃES, Aloísio. *Dicionário Enciclopédico Brasileiro.* Porto Alegre: Globo, 1955.

MALUF, Adriana Caldas do Rego Freitas Dabus. *Novas modalidades de família na pós-modernidade.* São Paulo: Atlas, 2010.

MALUF, Carlos Alberto Dabus; MALUF, Adriana Caldas do Rego Freitas Dabus. *Curso de Direito de Família.* 4. ed. São Paulo: Saraiva, 2021.

MANUEL, Joaquim da Silva. Da residência exclusiva à alternada, um percurso jurisprudencial em Portugal. *Revista IBDFAM – Famílias e Sucessões.* Belo Horizonte: IBDFAM, v. 9, p. 179-202, maio/jun. 2015.

MARINA, José Antônio. *O quebra-cabeça da sexualidade.* Trad. Diana Araújo Pereira. Rio de Janeiro: Guarda Chuva, 2008.

MARINHO PAULO, Beatrice. *Como o leão da montanha,* Belo Horizonte: IBDFAM, 24 de novembro de 2009. Disponível em: http://www.ibdfam.org.br/?artigos&artigo=567. Acesso em: 16 dez. 2009.

MARINONI, Luiz Guilherme. *In*: MARINONI, Luiz Guilherme; ARENHART, Sérgio Cruz; MITIDIERO, Daniel. *Novo Código de Processo Civil Comentado.* São Paulo: Revista dos Tribunais, 2015.

MÁRIO, Delgado Luiz. *In:* PEREIRA, Rodrigo da Cunha Pereira (org.). *Famílias e Sucessões – Polêmicas, tendências e inovações.* Belo Horizonte: IBDFAM, 2018.

MATOS, Marlise. *Reinvenções do vínculo amoroso: cultura e identidade de gênero na modernidade tardia.* Belo Horizonte: Ed. UFMG; Rio de Janeiro: IUPERG, 2000.

MIRANDOLA, Picodella. *A dignidade do homem.* Trad. Luiz Feracine. São Paulo: Lafonte, 2024.

MÔNACO, Gustavo Ferraz de Campos. *Guarda internacional de crianças.* São Paulo: Quartier Latin, 2012.

MORAES, Maria Celina Bodin de. A família democrática. *Anais do V Congresso Brasileiro de Direito de Família,* Belo Horizonte: Del Rey, 2006.

MORAES, Maria Celina Bodin de. *Danos à pessoa humana:* uma leitura civil-constitucional dos danos morais. Rio de Janeiro: Renovar, 2003.

MORAES, Maria Celina Bodin de. Danos morais em família? Conjugalidade, parentalidade e responsabilidade civil. In: PEREIRA, Rodrigo da Cunha; PEREIRA, Tânia da Silva (coord.). *A ética da convivência familiar:* sua efetividade no cotidiano dos tribunais. Rio de Janeiro: Forense, 2005.

MORAES, Maria Celina Bodin de. Sobre o nome da pessoa humana. *Revista Brasileira de Direito de Família*. Porto Alegre: Síntese, IBDFAM, vol. 2, n. 7, out./dez., p. 51, 2000.

MORAES, Maria Celina de. Tratado de Direito das Famílias. *A responsabilidade e a reparação civil no Direito de Família*. 3. ed. Belo Horizonte: IBDFAM, 2019.

MOREIRA, Adilson José. *Letramento racial*: uma proposta de reconstrução da democracia brasileira. São Paulo: Contracorrente, 2024.

NAHAS, Luciana Faisca. Pacto antenupcial – o que pode e o que não pode constar? Reflexões sobre cláusulas patrimoniais e não patrimoniais. *In*: PEREIRA, Rodrigo da Cunha Pereira; DIAS Maria Berenice (coords.). *Famílias e sucessões. Polêmicas, tendências e inovações*. Belo Horizonte: IBDFAM, 2018.

NERY JÚNIOR, Nelson; NERY, Rosa Maria de Andrade. *Código de Processo Civil Comentado*. São Paulo: RT, 2007.

NOSCH GONÇALVES, Thomas. Família multiespécie e divórcio extrajudicial com guarda de animais sencientes. *Revista IBDFAM – Famílias e sucessões*. v. 30, nov./dez. Belo Horizonte, 2018.

OLIVEIRA, Carlos Elias de; TARTUCE, Flávio. *Lei do sistema eletrônico de registros públicos*: registro civil, cartórios eletrônicos, incorporação e loteamentos. Rio de Janeiro: Forense, 2022.

OLIVEIRA, Catarina Almeida de. In: ALBUQUERQUE, Fabíola Santos; EHRHARDT JR., Marcos; OLIVEIRA, Catarina Almeida (coord.). *Famílias no direito contemporâneo*: estudos em homenagem a Paulo Luiz Netto Lôbo. Salvador: JusPodivm, 2010.

OLIVEIRA, Euclides. Alienação parental e as nuances da parentalidade – Guarda e Convivência familiar. *In*: PEREIRA, Rodrigo da Cunha Pereira (org.). *Tratado de Direito das Famílias*. Belo Horizonte: IBDFAM, 2019.

PACHÁ, Andréa. *Velhos são os outros*. Rio de Janeiro: Intrínseca, 2018.

PAES, Wlademir de Lira. *Revista IBDFAM* – Famílias e Sucessões. Alimentos entre cônjuges e divórcio liminar. v. 61, jan./fev. Belo Horizonte: IBDFAM, 2024.

PASQUOT POLIDO, Fabrício Bertini. *In*: PEREIRA, Rodrigo da Cunha Pereira (org.). *Tratado de direito das Famílias*. 3. ed. Belo horizonte: IBDFAM, 2019.

PEREIRA, Caio Mário da Silva. *Instituições de direito civil*. 23. ed. Rio de Janeiro: Forense, 2009.

PEREIRA, Rodrigo da Cunha. *A sexualidade vista pelos Tribunais*. Belo Horizonte: Del Rey, 2001.

PEREIRA, Rodrigo da Cunha. *Dicionário de Direito de Família e Sucessões* – Ilustrado. São Paulo: Saraiva, 2018.

PEREIRA, Rodrigo da Cunha. *Dicionário de Direito de Família e Sucessões ilustrado*. 3. ed. São Paulo: Saraiva, 2023.

PEREIRA, Rodrigo da Cunha. *Direito de família*: uma abordagem psicanalítica. 4. ed. Rio de Janeiro: Forense, 2016.

PEREIRA, Rodrigo da Cunha. *Princípios fundamentais norteadores do direito de família*. 4. ed. Curitiba: Juruá, 2022.

PEREIRA, Sérgio Gischkow. *Direito de Família*: aspectos do casamento, sua eficácia, separação, divórcio, parentesco, filiação, regime de bens, alimentos, bem de família, união estável, tutela e curatela. Porto Alegre: Livraria do Advogado, 2007.

PEREIRA, Tânia da Silva. Tratado de Direito das Famílias: *Proteção dos idosos. Restrições ao direito de amar: o regime da separação legal.* 3. ed. Belo Horizonte: IBDFAM, 2019.

PEREIRA, Tânia da Silva. Vicissitudes e certezas que envolvem a adoção consentida. *Anais do VIII Congresso Brasileiro de Direito de Família* – IBDFAM. Família entre o Público e o Privado, Porto Alegre: 2012.

PHILLIPIS, Adam. *Monogamia.* Trad. Carlos Sussekind. São Paulo: Cia. das Letras, 1997.

PLANIOL; RIPERT. *Traité pratique de droit civil français.* Paris: LGDJ, 1950.

POLIDO, Fabrício. As famílias nas relações privadas transnacionais: aportes metodológicos do Direito internacional privado. *In:* PEREIRA, Rodrigo da Cunha Pereira (coord.). *Tratado de Direito das Famílias.* Belo Horizonte: IBDFAM, 2019.

PORTO, Duina. *Poliamor:* reconhecimento jurídico como multiconjugalidade consensual e estrutura familiar. Curitiba: Juruá, 2022.

PÓVOA, Maria Luiza. *Separação, divórcio e inventário por via administrativa.* Belo Horizonte: Del Rey, 2009.

RAWLS, John. *O direito dos povos.* Trad. Luís Carlos Borges. São Paulo: Martins Fontes, 2004.

RIBEIRO, Renato Janine. *A família na travessia do milênio. Anais do II Congresso Brasileiro de Direito de Família.* Belo Horizonte: IBDFAM/Del Rey, 2000.

RIZZARDO, Arnaldo. *Direito de família.* 2. ed. Rio de Janeiro: Forense, 2004.

RODRIGUES, Silvio. *Direito civil.* 18. ed. São Paulo: Saraiva, 1993. v. VI.

RONSEVALD, Nelson. *In:* PEREIRA, Rodrigo da Cunha Pereira (coord.). 3. ed. Belo Horizonte: IBDFAM, 2019.

RONSEVALD, Nelson; BRAGA, Felipe Neto. *Responsabilidade Civil* – Teoria Geral. Indaiatuba: Foco, 2024.

ROSA, Conrado Paulino da. *Direito de Família contemporâneo.* 8. ed. Salvador: JusPodivm, 2021.

ROSA, Conrado Paulino da; SANHUDO, Victória Barbosa. Relações *sugar* enquanto meio de realização das relações afetivas: Apontamentos à luz dos planos do negócio jurídico. *Revista Brasileiro de Direito Contratual.* Lex Magister/IBDCONT, v. 5, n. 17, out./dez, Porto Alegre, 2023.

ROSENVALD, Nelson. Novas reflexões sobre a tomada de decisão apoiada: como conciliar autonomia, cuidado e confiança. *Revista IBDFAM – Famílias e Sucessões*, v. 20, p. 58, Belo Horizonte: IBDFAM, mar./abr. 2017.

ROSENVALD, Nelson; BRAGA NETTO, Felipe. *Responsabilidade Civil.* Teoria Geral. Indaiatuba: Foco, 2024.

ROUDINESCO, Elisabeth. *Dicionário amoroso da psicanálise.* Trad. André Telles. Rio de Janeiro: Zahar, 2019.

SANCHES, Patrícia Corrêa. *Direito das famílias e sucessões na era digital. In:* PEREIRA, Rodrigo da Cunha; DIAS, Maria Berenice (org.). Editora IBDFAM, 2021.

SANT'ANNA, Afonso Romano de. *O homem que conheceu o amor.* Rio de Janeiro: Rocco, 1988.

SANTANA, Natan Galvez; VIEIRA, Tereza Rodrigues. *Famílias simultâneas e poliafetivas:* novos modelos de conjugalidades e parentalidades. Brasília: Zakarewicz, 2022.

SCHLÜTER, Wilfried. *Código Civil alemão*: direito de família. 9. ed. Trad. Elisete. Porto Alegre: Sergio Antonio Fabris Editor, 2002.

SCHREBER, Daniel Paul. *Memórias de um doente de nervos*. Trad. Marilene Carone. Rio de Janeiro: Graal, 1985.

SCHREIBER, Anderson. *Manual de Direito Civil contemporâneo*. São Paulo: Saraiva, 2022.

SEABRA, Gustavo Cives. *Manual de Direito da Criança e do Adolescente*. Belo Horizonte: CEI, 2020.

SEREJO, Lourival. *Direito constitucional da família*. Belo Horizonte: Del Rey, 2004.

SILVA, Fernando Moreira Freitas da. *Adoção*: um diálogo entre os direitos fundamentais e a realidade dos acolhimentos institucionais. Londrina: Thoth, 2022.

SILVA, Leonardo Amaral Pinheiro da. *Pacto dos noivos*: o que você gostaria de saber sobre regime de bens, mas tem receio de perguntar. Rio de Janeiro: Lumen Juris, 2018.

SILVA, Marcos Alves da. *Da monogamia*: sua superação como princípio estruturante do direito de família. Curitiba: Juruá, 2013.

SILVA, Marcos Alves. O reconhecimento de conjugalidades simultâneas afronta o ordenamento jurídico brasileiro? *Revista IBDFAM* – Família e Sucessões, n. 30, nov./dez. 2018.

SILVA, Paulo Lins e. *Casamento, o antes, durante e depois*. Rio de Janeiro: Edições de Janeiro, 2016.

SIMÃO, José Fernando. *Prescrição e decadência*. Início dos prazos. São Paulo: Atlas, 2013.

SOARES, Ronner Botelho. Direito de Família conforme interpretação do STJ. Alimentos: aspectos processuais. In: CALMON, Rafael; PORTANOVA, Rui; D' ALESSANDRO, Gustavo (coords.). *A teoria da aparência nas ações de alimentos*. Indaiatuba: Foco, 2024.

SPENGLER, Fabiana Marion; SPENGLER NETO Theobaldo. *Inovações em direito e processo de família*. Porto Alegre: Livraria do Advogado, 2004.

STOLZE, Pablo; PAMPLONA, Rodolfo. *Novo Curso de Direito Civil* – Parte Geral. São Paulo: Saraiva, 2006.

STRAUSS, Claude Lévi. *Estruturas elementares do parentesco*. Trad. Mariano Ferreira. Petrópolis: Vozes, 1982.

STRENGER, Guilherme Gonçalves. *Guarda de filhos*. São Paulo: *Revista dos Tribunais*, 1991.

TARTUCE, Fernanda. Encaminhamento consensual adequado das ações de família no regime do novo Código de Processo Civil. *Revista IBDFAM* – Famílias e Sucessões, v. 13, jan./fev, Belo Horizonte, 2016. p. 97-106.

TARTUCE, Fernanda. *Processo civil aplicado ao direito de família*. São Paulo: Método, 2012.

TARTUCE, Fernanda. Tratado de Direito das Famílias. *In*: PEREIRA, Rodrigo da Cunha (org.). *Processos judiciais e administrativos em Direito de Família*. Belo Horizonte: IBDFAM, 2015.

TARTUCE, Fernanda. Tratado de Direito das Famílias. *In*: PEREIRA, Rodrigo da Cunha (org.). *Processos judiciais e administrativos em Direito de Família*. 3. ed. Belo Horizonte: IBDFAM, 2019.

TARTUCE, Flávio. *Direito civil*: Direito de Família. 13. ed. Rio de Janeiro: Forense, 2018. v. 5.

TARTUCE, Flávio. *Direito civil*: Direito de Família. 17. ed. Rio de Janeiro: Forense, 2022. v. 5.

TEIXEIRA, Newton Carvalho. As medidas de urgência no novo Código de Processo Civil. *Revista IBDFAM* – Famílias e Sucessões, v. 13, jan./fev., Belo Horizonte: IBDFAM, 2016.

TEPEDINO, Gustavo José Mendes. Controvérsias sobre o regime de bens no Novo Código Civil. *Anais do VI Congresso Brasileiro de Direito de Família – Família e Solidariedade*. Rio de Janeiro: IBDFAM – Lumen Juris, 2008.

TEPEDINO, Gustavo. Contratos em direito de família. *In*: PEREIRA, Rodrigo da Cunha (org.). *Tratado de Direito das Famílias*. Belo Horizonte: IBDFAM, 2019.

THEODORO JÚNIOR, Humberto. *Curso de Direito Processual Civil – Procedimentos especiais*. Rio de Janeiro: Forense, 1990.

THEODORO JÚNIOR, Humberto. *Curso de Direito Processual Civil*. 32. ed. Rio de Janeiro: Forense, 2001. v. II.

TOLEDO, Renata Maria Silveira. *Submissão feminina*: patriarcado e violência patrimonial contra a mulher: um libo jurídico marcado pelo capitalismo e pelo afeto. São Caetano do Sul: Autora, 2024.

TOLEDO, Renata Maria Silveira. *Submissão feminina*: patriarcado e violência contra a mulher: um limbo jurídico marcado pelo capitalismo e pelo afeto. São Caetano do Sul: Da autora, 2024.

VALADARES, Nathália de Campos. *Famílias coparentais*. Curitiba: Juruá, 2022.

VARELLA, Dráuzio. Violência contra homossexuais. *Folha de S. Paulo*, p. E12, São Paulo, 4 dez. 2010.

VARGAS, M. M. *Adoção tardia*: da família sonhada à família possível. São Paulo: Casa do Psicólogo, 1998.

VASCONCELOS, Ana. Do cérebro à empatia. Do divórcio à guarda partilhada com residência alternada. *A Tutela Cível do Superior Interesse da Criança*, t. I, jul. 2014, e-book CEJ, p. 10. Disponível em: http://www.cej.mj.pt/cej/recursos/ebooks/familia/Tutela_Civel_Superior_Interesse_Crianca_TomoI.pdf. Acesso em: 16 nov. 2019.

VELOSO, Zeno. *Código Civil comentado*. São Paulo: Atlas, 2003. t. XVII.

VELOSO, Zeno. Nome civil da pessoa natural. In: PEREIRA, Rodrigo da Cunha. *Tratado de Direito das famílias*. 3. ed. Belo Horizonte: IBDFAM, 2019. p. 510.

VELOSO, Zeno. Tratado de Direito das Famílias. In: PEREIRA, Rodrigo da Cunha (org.). *Nome Civil da pessoa natural*. Belo Horizonte: IBDFAM, 2015.

VENOSA, Sílvio de Salvo. Família conjugal. In: PEREIRA, Rodrigo da Cunha (coord.). *Tratado de Direito das Famílias*. Belo Horizonte: IBDFAM, 2019.

VIEIRA, Tereza Rodrigues. In: SILVA, Camilo Henrique (coord.). *Famílias multiespécie*: animais de estimação e Direito. Brasília: Zakarewicz, 2020.

VILELLA, João Batista. *Separação, divórcio e concubinato*. Rio de Janeiro: Arquivos do Ministério da Justiça, 1979.

VILLELA, João Baptista. BGB – Familienrecht (Wilfried Schlüter). *Revista Brasileira de Direito de Família*, Porto Alegre: Ibdfam: Síntese, vol. 1, n. 1, p. 144, abr./jun. 1999.

VILLELA, João Batista. Desbiologização da paternidade. *Revista da Faculdade de Direito da Universidade Federal de Minas Gerais*, n. 21, 1979.

WAHL, Albert. La recherche de la paternité. *Revue Trimestrielle de Droit Civil*, v. 12, p. 5-105, 1913.

WELTER, Belmiro Pedro. *Alimentos no Código Civil*. Porto Alegre: Síntese, 2003.

XAVIER, Marília Pedroso. *Contrato de namoro:* amor líquido e direito de família mínimo. Belo Horizonte: Fórum, 2020.

ZAMPIER, Bruno. *Bens digitais*. Indaiatuba: Foco, 2021.

ZENO, Veloso. Novo casamento do cônjuge do ausente. *Revista Brasileira de Direito de Família,* Porto Alegre: IBDFAM/Síntese, n. 23, p. 53, abr./maio 2004.

ŽIŽEK, Slavoj. *Violência:* seis reflexões laterais. Trad. Miguel Serras Pereira. São Paulo: Boitempo, 2014.

ZULIANI, Ênio Santarelli. In: COLTRO, Antônio Carlos Mathias (coord.). *Estudos jurídicos em homenagem ao centenário de Edgard de Moura Bittencourt:* a revisão do direito de família. Rio de Janeiro: GZ Ed., 2009.

ZYGMUNT, Bauman. *Amor líquido:* sobre a fragilidade das relações humanas. Trad. Carlos Alberto Medeiros. Rio de Janeiro: Jorge Zahar, 2004.